Buck-Heeb/Oppermann
Automatisierte Systeme

Automatisierte Systeme

Herausgegeben von

Prof. Dr. Petra Buck-Heeb

Lehrstuhl für Zivilrecht, Europäisches und Internationales Wirtschaftsrecht, Leibniz Universität Hannover

und

Prof. Dr. Dr. h.c. Bernd H. Oppermann, Prof. h.c. (UMCS) LL.M. (UCLA)

Lehrstuhl für Deutsches, Europäisches und Internationales Zivil- und Handelsrecht, Leibniz Universität Hannover

Mit Beiträgen von

Markus Ahlers M.A.; Prof. Dr. Susanne Beck LL.M.; Prof. Dr. Maximilian Becker; Prof. Dr. Petra Buck-Heeb; Dr. Kuuya Chibanguza LL.B.; Dr. Andreas Dieckmann; Prof. Dr. Jan Eichelberger LL.M. oec.; Dipl.-Jur. Michelle Faber; Dr. Malte Grützmacher LL.M.; Dr. Katharina Kaesling LL.M.; Prof. Dr. Alexander Košenina; Prof. Dr. Thilo Kuntz LL.M.; Dipl.-Jur. Niels Kurth; Dipl.-Jur. Katharina Lippke; Prof. Dr. Stephan Meder; Dr. Johannes Meier; Prof. Dr. Sebastian Omlor LL.M.; Prof. Dr. Dr. h.c. Bernd H. Oppermann, Prof. h.c., LL.M.; Prof. Dr. Boris P. Paal M.Jur.; Prof. Dr. Dr. h.c. Vasco Pereira da Silva; Prof. Dr. Paul Tobias Schrader; Dr. Hans Steege; Prof. Dr. Felipe Temming LL.M.; Ass. iur. Natalia Theissen; Prof. Dr. Christian Wolf; M.Sc. Jannik Zeiser

1. Auflage 2022

C.H.BECK

Zitiervorschlag:
Bearbeiter in Buck-Heeb/Oppermann Automatisierte Systeme Kap. x Rn. y
Oppermann in Buck-Heeb/Oppermann Automatisierte Systeme Kap. 3.2 Rn. 21

www.beck.de

ISBN 978 3 406 78388 3

Druck und Bindung: Druckerei C.H. Beck Nördlingen
(Adresse wie Verlag)

Satz: Fotosatz H. Buck
Zweikirchener Str. 7, 84036 Kumhausen

Umschlaggestaltung: Ralph Zimmermann – Bureau Parapluie

Bildnachweis: © peshkov - depositphotos.com

CO_2 neutral
chbeck.de/nachhaltig

Gedruckt auf säurefreiem, alterungsbeständigem Papier
(hergestellt aus chlorfrei gebleichtem Zellstoff)

Inhaltsverzeichnis

Vorwort

Ein Vorwort soll neugierig auf den Inhalt des Buchs machen. Nun haben wir keine Softwareanwendungen und Roboter oder gar Autos und Drohnen zu verkaufen. Staunende Plädoyers über die fantastischen Möglichkeiten der Technik gehören allenfalls dem 20. Jahrhundert an. In Abgrenzung hierzu stellt der vorliegende Band eine kritische juristische Auseinandersetzung mit den Möglichkeiten autonomer Systeme dar. Der „Motor" dieses Sammelwerks ist, dass sich die Rechtswissenschaft nicht als Handlanger der Verwirklichung einer jeden nur machbaren Innovation verstehen sollte. Vielmehr beinhaltet der uralte Fundus des Rechts sichere und eigenständige juristische Werkzeuge der Analyse und Synthese von Novationen.

Dass sich thematisch in den verschiedenen Schriften teilweise Überschneidungen und Berührungspunkte ergeben, ist gewollt. Aufgezeigt wird damit, dass die rechtlichen Fragen der automatisierten Systeme sich nur im interdisziplinären Kontext einer Lösung zuführen lassen.

Die Publikation beginnt in der Sache wenig überraschend mit propädeutischen Kapiteln. Der Begriff bezieht sich freilich auf die dem schwerpunktmäßigen juristischen Interesse vorgelagerte Sicht anderer Fachdisziplinen. Der Beitrag von Košenina „Es wird ein Mensch gemacht" erscheint auf den ersten Blick eher fragmentarisch denn propädeutisch. Indessen sei er besonderer Aufmerksamkeit empfohlen; denn wichtige, oft unausgesprochene Gemeinsamkeiten zwischen den Kapiteln dieses Buches werden eben hier skizziert. Das ist die bereits im Untertitel des Kapitels benannte vielschichtige Rolle des Rechtssubjekts bei Schaffung bzw. In-Beziehung-setzen mit dem Automaten im Lichte einer literaturhistorischen Umschau im Übergang zwischen dem 18. und 19. Jahrhundert, welche durch aktuelle Beispiele unterstrichen wird. Künstliche Wesen wie Goethes Homunkulus, Shelleys Monster, E.T.A. Hoffmanns Olimpia, simulierende Sirenen wie Samantha oder Ava bleiben für menschliche Beziehungen und für das Selbsterkennen einschließlich dessen, was Recht sein soll, nicht ohne Folge.

Der ebenfalls propädeutische Aufsatz von Ahlers und Zeiser in Form einer philosophischen Analyse des Autonomiebegriffs für das Handeln einer künstlichen Intelligenz (KI) greift die Frage auf, inwiefern ihre „Eigenständigkeit" mit einer Akteurschaft im belastbaren Sinne einhergeht. Es wird mithin untersucht, ob Maschinen Urheber einer Handlung sein können, oder ob sie nur ein untergeordnetes Glied einer von menschlichen Akteuren beherrschten Handlungskette bleiben. Die Autoren nutzen für ihre Analyse philosophische Handlungstheorie und ebenso einen normativen, dh moralphilosophischen Ansatz. Allein unter handlungstheoretischer Sichtweise erscheint es vertretbar, Maschinen eine eigenständige Intentionalität als Akteur zuzuschreiben. Dieses beunruhigende Ergebnis wird im Lichte der moralphilosophischen Synthese geläutert; denn die Autoren fordern, eine hinreichende Normsensitivität automatisierter Systeme ethisch fundiert sicher zu stellen. Erst die moralische Dimension der Agenten eröffne die weitere Frage nach der Verantwortung für ihre Handlungen.

Den juristischen Grundlagenteil, welcher freilich auch speziellere Fachthemen mit abhandelt, eröffnet ebenso innovativ wie kritisch gegenüber Zeitströmungen der Beitrag von Becker. Seine Kategorisierungen werden durchaus selbständig bestimmt und halten gehörigen Abstand zu der Versuchung, mit IT-Recht ein Meta-Rechtsgebiet zu statuieren. Juristisch konzentriert sich die Arbeit auf Aspekte des Datenrechts einerseits und der geplanten neuen KI-Verordnung der EU andererseits. Doch der Blick des Verfassers reicht über jene Grenzen hinaus. Es werden auch Fakten und Beobachtungen über KI und Robotik eingeflochten.

Ein spannender Denkansatz liegt dem Beitrag von Dieckmann zugrunde, welcher sich ökonomischen Handlungsmodellen für Anlageentscheidungen im Kontext des Kapitalmarktrechts widmet. Das Kapitalmarktrecht und sein Anlegerleitbild sieht der Autor als paradigmatisch für den Widerstreit zwischen der ökonomischen Analyse des Rechts und *behavioral economics* im Allgemeinen und dessen mögliche Überwindung durch den Einsatz von KI und automatisierten Systemen. Der *Robo Advisor* könne zwar die fehlende Rationalität des Anlegers nicht vollkommen beseitigen, immerhin aber weitere Fehlerquellen ausschalten und dem Anleger beratend zur Seite stehen. Durch Einsatz des Robo Assistenten könne für die Zukunft die ökonomisch diagnostizierte Rationalitätslücke im Anlegerleitbild potentiell geschlossen werden.

Mit seinem Aufsatz „Recht ex machina? Von Urteilsmaschinen, Paragraphen- und Subsumtionsautomaten zur Entscheidung durch 'lernfähige' Systeme" setzt sich Meder mit formaler Geschlossenheit und kognitiver Offenheit des Rechtssystems auseinander. Als methodisches Instrument dient ihm dabei die rechtsgeschichtliche bzw. theoriegeschichtliche Exegese. Ungeachtet der Konzessionen an die Fähigkeit moderner Maschinen, Muster und Strukturen zu erkennen und danach selbsttätig und lernfähig entscheiden zu können, bleibt sein Plädoyer doch eindeutig. Was neben dem juristischen Formalismus gerade die andere Seite des Rechts, seine situative Offenheit anbelange, fehle es den automatischen Subsumtionssystemen an Perzeption, Anschauung, Intuition, Gefühl, Körper, Takt, Urteilskraft und all den Ingredienzen, welche die Jurisprudenz auch in Zukunft von einer Rechtsmaschine unterscheiden.

Ein Überblick zu existierenden Formen automatisierter Rechtsproduktion in Form von Inkassomodellen zur Verwertung von Verbraucher-Ansprüchen, Vertragsgestaltungen bis hin zu automatisierter Streitlösung findet sich bei Oppermann. Ausführlicher widmet sich die Untersuchung indes der methodischen und rechtstheoretischen Seite von Legal Tech. Im Verlauf der Synopse werden auch gewagte Thesen der Legal Tech-Szene nicht einfach beiseitegeschoben, sondern einer Würdigung unterzogen. Schließlich wird die theoretisch ausufernde Auseinandersetzung pragmatisch auf das richtigerweise Machbare zurückgeführt.

Der Hauptteil der Publikation ist den materiellen juristischen Fragen im Umfeld automatisierter Vorgänge gewidmet. Dieser Teil C. wird durch Kuntz mit den *smart contracts* als *blockchain*-basierte Regulierung in ihren verschiedenen rechtlichen Einsatzfeldern eröffnet. Auch hier gelten die technischen Lösungen ihren Apologeten als besonders zuverlässig und grundsätzlich dazu geeignet, das Recht zu ersetzen. Das sieht der Autor freilich anders und unterzieht den Vertragsschluss, das AGB-Recht, die Ermittlung des Vertragsinhalts und die Auslegung von *smart contracts*, die Rückabwicklung sowie die Leistungsstörungen einer Synopse. Grundsätzlich bleibt Kuntz bei der Sicht, dass auch *smart contracts* mit den herkömmlichen Instrumentarien des bürgerlich-rechtlichen Vertragsrechts erfasst werden können. Davon grenzt er problematische Sonderfälle ab, etwa, wenn smart contracts mit KI verknüpft oder Durchsetzungslasten konträr zum geltenden Recht umverteilt oder sog. *Decentralized Autonomous Organizations* (DAO) einbezogen sind. Im Ergebnis sieht der Verfasser *smart contracts* nicht als rechtlichen Paradigmenwechsel, kennzeichnet gleichwohl einige spezielle Bereiche, für die eine Regulierung durch den Gesetzgeber optimal wäre.

Der Fokus des Beitrags von Kaesling erschließt sich durch die Hypothese, dass das Paradigma der technischen Unveränderbarkeit von *smart contracts* ihre rechtliche Reichweite bestimme. Mithin sei der Einsatz von *smart contracts* auf Konstellationen beschränkt, in denen sie die Rechtslage technisch spiegelten. Nach mehrschichtiger Entwicklung der Kategorien wird die „Juxtaposition von rechtlicher und technischer Ebene bei smart contracts als Zusammentreffen verschiedener Normativitäten" beschrieben. Bei unwirksamen Willenserklärungen, unwirksamen Vertragsklauseln und nichtigen Verträgen infolge eines Widerspruchs mit gesetzlichen Wertungen sieht die Autorin Divergenzen zwischen rechtlicher und technischer Ebene, welche das Auseinanderfallen von Recht und Quelltext des *smart contract* belegten. Als Testfälle gleichwohl nötiger Anpassung zwischen dem divergierenden Regelverständnis in Technik, Recht und Ökonomie dienen Kernfragen des Verbraucherschutzes und des Minderjährigenschutzes. Zielpunkt ist die Synthese, wozu *smart contracts* in Ansehung der diagnostizierten kategorialen Dichotomie einsetzbar sind und wozu nicht.

Obgleich es sich um eine obligatorische Hauptleistung in Austauschschuldverhältnissen handelt, wird die Wahrnehmung automatischer Preisgestaltung nicht in erster Linie aus vertragsrechtlichen Gesichtspunkten problematisch. Es handelt sich bei den Preissetzungsalgorithmen vielmehr um ein aktuell diskutiertes Thema im Wettbewerbsrecht. Bei Unternehmen mit großem Marktanteil, gerade bei Intermediären, kann die Automatisierung der wesentlichen Marktinformation zu Problemen für Mitbewerber, ja selbst für den Wettbewerb auf einem Markt selbst führen. Dabei geht es nicht um von vornherein kartellrechtswidriges Verhalten, sodass jenes Phänomen rechtlich nur schwer zu erfassen ist und man ohne neue Kategorisierung, wie diese etwa die 10. GWB-Novelle für Intermediäre vorgesehen hat, kaum auskommt. Paal zieht den Kreis einleitend recht weit, erklärt sodann die Preissetzungsalgorithmen, die Probleme für das Kartellrecht und Lauterkeitsrecht und wie ihnen je zu begegnen ist. Nicht zuletzt wird der EU-Regulierungsentwurf im Kontext der Preisalgorithmen aufgegriffen.

Als algorithmenbasierte Dienstleistung hat der sog. *Robo-Advisor* längst Einzug in das alltägliche wie auch das Rechtsleben gehalten. Das kann in der Form einer automatisierten Anlageberatung oder Vermögensverwaltung der Fall sein. Ob und inwiefern hierbei ein hinreichender Schutz der Anleger gewahrt ist, wird im Beitrag von Buck-Heeb untersucht. Dabei geht es insbesondere darum, inwieweit sich die Anleger nicht nur auf aufsichtlichen, sondern auch auf zivilrechtlichen Schutz verlassen können. Thematisiert werden vor allem die Schwierigkeiten, die sich für die zivilrechtliche Dogmatik ergeben, wenn den Anlegern aufgrund von Aufklärungs- oder Beratungs-Pflichtverletzungen durch *Robo-Advisor* Schäden entstehen.

Im Hinblick auf ihre rechtliche Beurteilung des ebenso neuen wie vieldiskutierten sog. Roboterjournalismus ist Theissen dezidiert zurückhaltend. Allein maschinell generierte Texte seien mangels menschlicher Urheber nicht urheberrechtlich geschützt. Rudimentäre Formen des Roboterjournalismus, selbst wenn sie sich auf ein Narrativ, welches dem Zweck der Meinungsbildung dient, hin entwickeln sollten, seien im Hinblick auf Zurechnung und Haftung kaum ausgelotet. Dennoch sind algorithmisch generierte Texte in unterschiedlichen Medienerzeugnissen vertreten und die durch Roboterjournalismus geschaffenen Medieninhalte wachsen in Menge, Qualität und öffentlicher Beachtung. Nach Aufarbeitung der praktisch in Betracht kommenden Erscheinungsformen und Begrifflichkeiten widmet sich die Autorin der medienrechtlichen Begutachtung der algorithmisch redaktionellen Textgenerierung.

Temming und Lippke thematisieren den rechtlichen Rahmen für KI-basierte Personalauswahlsysteme. Algorithmen, die bei der Einstellung von Personal zum Einsatz kommen, weisen Lernfähigkeit und hohe Komplexität auf, die sie aus Sicht der Betroffenen riskant macht. Die Autoren sehen ein Dazwischentreten eines Menschen bei Einstellungsentscheidungen im Lichte von Art. 22 DS-GVO als unabdingbar an. Bei der Untersuchung der Vorschrift werden verbleibende Schutzlücken kenntlich gemacht und diskutiert. U.a. wird der Verordnungsvorschlag zur Regulierung von KI auf EU-Ebene utilisiert, insbesondere soweit es um sog. Hochrisiko-Systeme geht. Die Verfasser plädieren dafür, von rein automatisierten Entscheidungen der Personalauswahl Abstand zu nehmen und Informations- sowie Auskunftsansprüche der Arbeitnehmer ohne Behinderung des technischen Fortschritts zu stärken.

In ihrer Untersuchung von Auswirkungen der Digitalisierung und automatisierter Vorgänge auf das Gesellschaftsrecht beginnen Omlor und Meier mit vieldiskutieren aufsichtsrechtlichen, regulatorischen und praktischen Fragen nicht zuletzt im Kontext des Gesetzes zur Umsetzung der Digitalisierungsrichtlinie (DiRUG) als Teil des *Company Law Package* (CLP) der Europäischen Union. Aufmerksamkeit erfahren ebenso die Probleme im Umfeld des Gesetzes über Maßnahmen im Gesellschafts-, Genossenschafts-,

Vereins-, Stiftungs- und Wohnungseigentumsrecht zur Bekämpfung der Auswirkungen der COVID-19-Pandemie (GesRuaCOVBekG). Weiter widmet sich der Beitrag auch exklusiveren Themen, wie *blockchain*-basiertem Kapitalgesellschaftsrecht, der Anwendung der *smart contracts* im Gesellschaftsrecht und der gesellschaftsrechtlichen Behandlung von *Decentralized Autonomous Organizations* (DAO). Dabei haben die Autoren sowohl aktuelle als auch in absehbarer Zeit anstehende Gesetzesprojekte zum digitalisierten Gesellschaftsrecht im Blick. Aus Lesersicht reizvoll ist es, die in ihren rechtlichen Aspekten bereits durch zwei Vorkapitel problematisierte *blockchain*-Technologie einschließlich der *smart contracts*, nunmehr im Kontext gesellschaftsrechtlicher Institutionen zu erleben.

Beck und Faber schreiben über den Einsatz der KI in der Medizin aus juristischer Sicht und bieten damit ein Panoptikum juristischer Zuordnungsfragen und Problemlagen aus vielen der in Betracht kommenden Rechtsbereichen. Dies reicht von der zivilrechtlichen Zuordnung und Haftung, über die strafrechtliche Verantwortlichkeit und datenschutzrechtliche Fragen bis hin zum medizinischen Zulassungsrecht. Dabei versäumen die Verfasserinnen nicht, die Anknüpfungen zwischen Medizin und KI-Systemen bei der Diagnose oder der Chirurgie zu erläutern. Die Autorinnen zeichnen ein differenziertes Bild der rechtlichen Einschätzung von KI in der Medizin.

Unter dem Titel „Versicherungsrecht" behandelt Eichelberger Rechtsfragen der Versicherung des Einsatzes automatischer Systeme. Dabei differenziert er zwischen Schäden bei Dritten einerseits, was zu einer Haftpflicht führen kann, und andererseits der Beschädigung der genutzten Systeme selbst, welche im Rahmen einer Cyberversicherung abzudecken ist. Darüber hinaus wird der Einsatz automatischer Systeme beim Versicherer selbst zum Gegenstand, so bei der Produktgestaltung, bei der Vertragsanbahnung oder bei der Schadensabwicklung. Gesetzliche Vorgaben zum Haftungsregime im Kontext automatisierten Fahrens werden untersucht, um über die weiterführende Fragstellungen zu reflektieren, ob sie auch im Hinblick auf andere automatische Systeme analogiefähig sind. Damit könnte vorbekanntes und ausgetestetes rechtliches Instrumentarium für andere, noch nicht geregelte Bereiche, utilisiert werden. Im Rahmen seiner Abhandlung positioniert sich Eichelberger inzident zu weiteren aktuellen Debatten, wie etwa zu dem Vorschlag einer eigenen Rechtspersönlichkeit für intelligente Systeme. Etwas grundsätzlicher werden auch alternative Optionen zum Haftungsmodell erwogen, wobei die Entschädigung für die Beeinträchtigung von Rechtsgütern durch den technischen Fortschritt, etwa aus einem Haftungsfonds oder einer Versicherung, ersetzt werden könnte.

Richtungsweisend ist der Ansatz von Schrader zur Herstellerhaftung, insofern er den Vertragszweck durch die Automatisierung variiert sieht. Heute sei es wichtiger geworden, eine Sache nutzen zu können, anstatt sie als Eigentum zu erwerben, um sie zu haben. Überdies sei die Automatisierung auf Optimierung von Abläufen angelegt, sodass es weniger auf die nichtfunktionalen Eigenschaften der Sache als vielmehr auf ihre Funktionserfüllung ankomme. Auch relativiere die Automatisierung die Zäsurwirkung des Gefahrübergangs bzw. des Inverkehrbringens der Sache, was im Ergebnis zur Erweiterung der Risikosphäre des Herstellers führe. Unter dieser Vorgabe wird eine detailreiche Synopse der vertraglichen und außervertraglichen Herstellerhaftung bei automatisierten Prozessen vorgenommen. Der Beitrag endet mit einem Ausblick auf Konsequenzen, welche sich aus der künftigen EU-Verordnung zur Festlegung harmonisierter Vorschriften für Künstliche Intelligenz (KI-VO) im Hinblick auf die Herstellerhaftung ergeben.

Die nämliche Thematik berührt auch der Beitrag von Steege, wenn er sich mit der Produkt- und Produzentenhaftung befasst. Dieser konzentriert sich im Schwerpunkt auf die außervertragliche Haftung und bemüht sich um eine europataugliche Erörterung des Begriffs der künstlichen Intelligenz unter Berücksichtigung der KI-VO und seiner Vorgeschichte. In den folgenden Hauptabschnitten geht Steege weit in das Detail der Tatbestandsvoraussetzungen der Haftungsnormen, ohne dabei die Zuordnung der Interessensphären der Beteiligten aus dem Auge zu verlieren. Solange die KI nicht weitgehend autonom agiere, blieben deliktische Produkt- und Produzentenhaftung ausreichend effektiv und bedürften keiner Modifikation. Hingegen gibt es Vorschläge dazu, das bestehende Haftungssystem mit dem Gegenmodell einer Gefährdungshaftung gerade im Bereich höherer Automatisierungsstufen zu reflektieren, einem alternativen Ansatz, dem gegenüber sich der Autor nicht verschließt.

Der Beitrag von Chibanguza hat die Produktbeobachtung im Kontext der Rahmenthematik zum Gegenstand. Dabei bezieht er sich auf die aktive wie passive deliktische Produktbeobachtungpflicht des Herstellers in ihren vielen Facetten. Zwar gelte für Software und für andere neue Technologien einschließlich automatisierter Vorgänge nichts anderes als die den Hersteller generell treffenden Vorgaben zur Überwachung. Bei näherer Betrachtung offeriert die Sachmaterie jedoch eine Vielzahl neuer Fragestellungen, ob es sich um die Pflicht des Herstellers zu Softwareupdates, der rechtlichen Gestaltung der Selbstdiagnose bei komplexeren Systemen oder den Besonderheiten sensibler Bereiche am Beispiel von Medizinprodukten handelt. Auch andere Aspekte wie der angemessene zeitliche Rahmen, der datenschutzbezogen korrekte Umgang mit den Daten und die Strukturen der Abwägung der Interessen der Beteiligten werden geprüft. Der Entwurf der EU-Kommission für eine Verordnung zur Regulierung Künstlicher Intelligenz beinhalte zwar keine Neuigkeiten für die Produktbeobachtung, indessen sind für *High-Risk*-KI-Lösungen neue Vorgaben bzgl. des *Post-Market Monitoring* zu konstatieren, welche, wenngleich in weiter entferntem rechtlichen Kontext, der deliktischen Produktbeobachtung ähnlich seien.

Aus europäischer Sicht nimmt Pereira da Silva verwaltungs- und verfassungsrechtliche Konsequenzen der Rahmenthematik in den Blick. Neue Technologien und Digitalisierung bleiben nicht ohne Konsequenzen auf den Wohlfahrtsstaat, der hier als *„Post-Social State"* apostrophiert wird. Mit seiner Skizze fokussiert Pereira da Silva die rechtlichen Fragestellungen, die eine zunehmende Automatisierung von Verwaltungsabläufen in der EU und in den Mitgliedstaaten eröffnet. Er sieht die Notwendigkeit bisher noch nicht hinreichend erfolgter gesetzlicher Anpassungen. Obgleich der Sammelband nicht mehrsprachig angelegt ist, findet sich der Beitrag in englischer Sprache. Dies haben die Herausgeber gerne hingenommen, weil Pereira da Silva ein international bekannter und profilierter Autor des Öffentlichen Rechts ist.

Um Legal Tech in allen Facetten der Thematik geht es im Beitrag von Wolf und Kurth. Nach einer breit angelegten Definition erfolgt eine Bezugnahme auf das Rechtsdienstleistungsgesetz (RDG). Die Materie wird durch Analyse dreier wichtiger Entscheidungen des Bundesgerichtshofs im Anwendungszusammenhang von Legal Tech aufgefächert. Es folgt eine Reflektion zur Industrialisierung der Rechtsdienstleistung und zu deren Grenzen im Bereich erforderlicher Individualisierung. Der Aufsatz wird durch einen Abschnitt zur Wirklichkeitserfassung durch *„Big Data"* und Algorithmen abgerundet, wobei der anwaltlichen Perspektive besondere Aufmerksamkeit zuteil wird.

Zu einer laufenden Gesetzesentwicklung beschließt Grützmacher die Beiträge dieses Bands mit einer Begutachtung des Vorschlags für eine EU-Verordnung zur Festlegung harmonisierter Vorschriften für Künstliche Intelligenz. Präsentiert wird eine detaillierte und kritische Kommentierung der Einzelbestimmungen des Verordnungsvorschlags. Der Verfasser konzediert eine außerordentliche Bedeutung des KI-Sicherheitsrechts ua für die zivilrechtliche Haftung, falls die geplanten Regeln Eingang in das Recht der EU-Mitgliedstaaten finden. Dessen ungeachtet sieht der Autor in verschiedener Hinsicht Nachbesserungsbedarf, zumal eine zu weitgehende Überwachung und Haftung die Passgenauigkeit zu nationalem Haftungsrecht ebenso wie die Innovationsfreudigkeit der betroffenen Branchen hemmen könne.

Herausgeberseitig zu würdigen ist schließlich das langjährige Wirken unserer Kollegin Frau Stender-Vorwachs auch in der Vorplanung des aktuellen Bandes. Sie ist im vergangenen Jahr überraschend verstorben. Auch wenn es sich als nicht möglich erwies, sie post mortem als Mitherausgeberin im Titel zu nennen, so möchten wir mit dem Abschluss des gemeinsamen Projekts ihr die gebührende Ehre erweisen und zur Erinnerung an sie beitragen. Für die formale Arbeit an den Manuskripten ist Frau Schade als wissenschaftliche Assistentin sowie Frau Dr. Tech zu danken. Schließlich danken wir Frau Simon vom Beck-Verlag, welche die Arbeit geduldig begleitet hat.

Abschließend wird darauf hingewiesen, dass in den Beiträgen dieses Buches zur besseren Lesbarkeit das generische Maskulinum verwendet wird. Sämtliche Personenbezeichnungen gelten selbstverständlich gleichermaßen für alle Geschlechter.

Petra Buck-Heeb/
Bernd Oppermann

Hannover,
im Juli 2022

Bearbeiterverzeichnis

Markus Ahlers M.A.
Wissenschaftlicher Mitarbeiter, Lehrstuhl für Praktische Philosophie, insbesondere Ethik der Wissenschaften, im Rahmen des Projekts „Bias and Discrimination in Big Data and Algorithmic Processing: Philosophical Assessments, Legal Dimensions, and Technical Solutions" sowie der Forschugsinitiative „Mobiler Mensch"
Institut für Philosophie, Leibniz Universität Hannover

Professorin Dr. Susanne Beck LL.M.
Universitätsprofessorin, Lehrstuhl für Strafrecht, Strafprozessrecht, Strafrechtsvergleichung und Rechtsphilosophie
Juristische Fakultät, Leibniz Universität Hannover

Prof. Dr. Maximilian Becker
Universitätsprofessor, Lehrstuhl für Bürgerliches Recht, Immaterialgüterrecht und Medienrecht
Institut für Medien- und Kommunikationsrecht (IMKR)
Fakultät III - Wirtschaftswissenschaften, Wirtschaftsinformatik und Wirtschaftsrecht
Universität Siegen

Professorin Dr. Petra Buck-Heeb
Universitätsprofessorin, Lehrstuhl für Zivilrecht, Europäisches und Internationales Wirtschaftsrecht
Juristische Fakultät, Leibniz Universität Hannover

Dr. Kuuya Josef Chibanguza LL.B.
Rechtsanwalt und Partner Fachanwalt für Internationales Wirtschaftsrecht
Luther Rechtsanwaltsgesellschaft mbH, Hannover

Dr. Andreas Dieckmann
Akademischer Rat a. Z. an der Leibniz Universität Hannover, derzeit Vertreter des Lehrstuhls für Bürgerliches Recht, Kartellrecht, Handels- und Gesellschaftsrecht sowie Rechtsvergleichung an der Georg-August-Universität Göttingen

Professor Dr. Jan Eichelberger LL.M. oec.
Universitätsprofessor, Lehrstuhl für Bürgerliches Recht, Immaterialgüterrecht und IT-Recht
Institut für Rechtsinformatik
Juristische Fakultät, Leibniz Universität Hannover

Dipl.-Jur. Michelle Faber
Wissenschaftliche Mitarbeiterin und Lehrbeauftragte, Lehrstuhl für Strafrecht, Strafprozessrecht, Strafrechtsvergleichung und Rechtsphilosophie, Juristische Fakultät, Leibniz Universität Hannover

Dr. Malte Grützmacher LL.M.
Rechtsanwalt und Fachanwalt für Informationstechnologie, CMS Hasche Sigle Partnerschaft von Rechtsanwälten und Steuerberatern mbB, Hamburg

Dr. Katharina Kaesling LL.M.
Wissenschaftliche Koordinatorin, Käte Hamburger Kolleg „Recht als Kultur", Bonn

Professor Dr. phil. Alexander Košenina
Universitätsprofessor, Lehrstuhl für Deutsche Literatur des 17.–19. Jh., Philosophische Fakultät Leibniz Universität Hannover

Professor Dr. Thilo Kuntz LL.M.
Universitätsprofessor, Lehrstuhl für Bürgerliches Recht, Handels- und Gesellschaftsrecht
Juristische Fakultät, Heinrich-Heine-Universität Düsseldorf

Dipl.-Jur. Niels Kurth
Wissenschaftlicher Mitarbeiter, Lehrstuhl für Bürgerliches Recht, Deutsches, Europäisches und Internationales Zivilprozessrecht
Juristische Fakultät, Leibniz Universität Hannover

Dipl.-Jur. Katharina Lippke
Wissenschaftliche Mitarbeiterin, Lehrstuhl für Bürgerliches Recht, Arbeits- und Wirtschaftsrecht
Juristische Fakultät, Leibniz Universität Hannover

Professor Dr. Stephan Meder
Universitätsprofessor, Lehrstuhl für Zivilrecht und Rechtsgeschichte
Juristische Fakultät, Leibniz Universität Hannover

Dr. Johannes Meier
Akademischer Rat a. Z., Lehrstuhl für Bürgerliches Recht, Handels- und Wirtschaftsrecht, Bankrecht sowie Rechtsvergleichung
Juristische Fakultät, Philipps-Universität Marburg

Professor Dr. Sebastian Omlor LL.M.
Universitätsprofessor, Lehrstuhl für Bürgerliches Recht, Handels- und Wirtschaftsrecht, Bankrecht sowie Rechtsvergleichung
Direktor, Institut für das Recht der Digitalisierung
Juristische Fakultät, Philipps-Universität Marburg

Professor Dr. Dr. hc Bernd H. Oppermann LL.M.
Universitätsprofessor, Lehrstuhl für Deutsches, Europäisches und Internationales Zivil- und Handelsrecht
Direktor, Institut für Medien- und Datenrecht sowie Digitalisierung
Juristenfakultät, Leibniz Universität Hannover

Professor Dr. Boris P. Paal M.Jur.
Universitätsprofessor, Lehrstuhl für Bürgerliches Recht und Informationsrecht, Daten- und Medienrecht
Direktor, Institut für Medien- und Datenrecht sowie Digitalisierung
Juristenfakultät, Universität Leipzig
Richter am Landgericht Hamburg

Professor Dr. Dr. h.c. Vasco Pereira da Silva, LL.M.
Universitätsprofessor, Lehrstuhl für Verfassungs- und Verwaltungsrecht
Faculdade de Dirrito da Universidade de Lisboa („Juristische Fakultät der Universität Lissabon"), FDUL, Gastprofessor an der Juristischen Fakultät der Katholischen Universität Lissabon, UCP

Professor Dr. Paul T. Schrader
Universitätsprofessor, Lehrstuhl für Bürgerliches Recht und Recht der Digitalisierung und Innovation
Fakultät für Rechtswissenschaft, Universität Bielefeld

Dr. Hans Steege
CARIAD SE, a Volkswagen Group Company

Professor Dr. Felipe Temming LL.M.
Universitätsprofessor, Lehrstuhl für Bürgerliches Recht, Arbeits- und Wirtschaftsrecht
Juristische Fakultät
Leibniz Universität Hannover

Ass. iur. Natalia Theissen
Leiterin des Forschungsprojektes GAIA-X 4 KI
Wissenschaftliche Mitarbeiterin und Lehrbeauftragte,
Institut für rechtswissenschaftliche Grundlagenforschung, Lehrstuhl für Zivilrecht und Rechtsgeschichte
Juristische Fakultät, Leibniz Universität Hannover

Professor Dr. Christian Wolf
Universitätsprofessor, Lehrstuhl für Bürgerliches Recht, Deutsches, Europäisches und Internationales Zivilprozessrecht
Juristische Fakultät, Leibniz Universität Hannover

M. Sc. Jannik Zeiser
Wissenschaftlicher Mitarbeiter Institut für Philosophie, Leibniz Universität Hannover

Im Einzelnen haben bearbeitet

Ahlers	1.2	Automatisierte Systeme als Akteure
Beck	3.8	Rechtlicher Rahmen des Einsatzes von KI in der Medizin
Becker	2.1	In Gesellschaft von Maschinen - Die IT-Regulierung autonomer Systeme
Buck-Heeb	3.4	Robo-Advice: Anlegerschutz und gesetzgeberischer Handlungsbedarf
Chibanguza	3.12	Produktbeobachtung
Dieckmann	2.2	KI und automatisierte Systeme zwischen ökonomischer Analyse des Rechts und behavioral economics
Eichelberger	3.9	Versicherungsrecht
Faber	3.8	Rechtlicher Rahmen des Einsatzes von KI in der Medizin
Grützmacher	3.15	Die EU-Verordnung für Künstliche Intelligenz im Entwurf
Kaesling	3.2	Intelligente Verträge, intelligente Nutzer? – Die Unveränderbarkeit bei Smart Contracts und der Schutz vulnerabler Personengruppen
Košenina	1.1	„Es wird ein Mensch gemacht" – Künstliche Wesen streben seit Goethes Faust danach, Rechtssubjekte zu werden
Kuntz	3.1	Smart Contracts und Vertragsrecht
Kurth	3.14	Legal Tech (Online-Anwalt)
Lippke	3.6	Zulässigkeit automatisierter Einzelentscheidungen im Einstellungsprozess unter Beachtung des Art. 22 DS-GVO
Meder	2.3	Recht ex machina? Von Urteilsmaschinen, Paragraphen- und Subsumtionsautomaten zur Entscheidung durch 'lernfähige' Systeme
Meier	3.7	Digitalisierung des Gesellschaftsrechts
Omlor	3.7	Digitalisierung des Gesellschaftsrechts
Oppermann	2.4	Das Recht als Gesetzliches und die Rechtsautomaten
Paal	3.3	Algorithmenbasierte Preissetzung im Wettbewerbsrecht
Pereira da Silva	3.13	The New World of Information
Schrader	3.10	Haftung des Herstellers für automatisierte Systeme
Steege	3.11	Produkt- und Produzentenhaftung im Kontext künstlicher Intelligenz
Temming	3.6	Zulässigkeit automatisierter Einzelentscheidungen im Einstellungsprozess unter Beachtung des Art. 22 DS-GVO
Theissen	3.5	Roboterjournalismus – „Will the real journalist please stand up?" – Algorithmische Textgenerierung im Medienbereich – Ausgewählte rechtliche Aspekte
Wolf	3.14	Legal Tech (Online-Anwalt)
Zeiser	1.2	Automatisierte Systeme als Akteure

Abkürzungsverzeichnis

aA	andere(r) Ansicht/Auffassung
AA	Auswärtiges Amt
Abb.	Abbildung
abgedr.	abgedruckt
Abk.	Abkommen
ABl.	Amtsblatt
abl.	ablehnend
Abs.	Absatz
abschl.	abschließend
Abschn.	Abschnitt
Abt.	Abteilung
abw.	abweichend
abwM	abweichende Meinung
AdR	Ausschuss der Regionen
aE	am Ende
aF	alte Fassung
AfP	Zeitschrift für Medien- und Kommunikationsrecht
aG	auf Gegenseitigkeit
AG	Aktiengesellschaft; Amtsgericht
AGH	Anwaltsgerichtshof
allg.	allgemein
allgA	allgemeine Ansicht
allgM	allgemeine Meinung
Alt.	Alternative
aM	andere Meinung
amtl.	amtlich
Änd.	Änderung
ÄndG	Änderungsgesetz
ÄndVO	Änderungsverordnung
Anh.	Anhang
Anl.	Anlage
Anm.	Anmerkung
AöR	Anstalt des öffentlichen Rechts
Arch.	Archiv
Arg.	Argumentation
Art.	Artikel
AT	Allgemeiner Teil
Auff.	Auffassung
aufgeh.	aufgehoben
Aufl.	Auflage
Aufs.	Aufsatz
ausdr.	ausdrücklich
ausf.	ausführlich
ausl.	ausländisch
ausschl.	ausschließlich
Az.	Aktenzeichen

Bad.	Baden
bad.	badisch
BAnz.	Bundesanzeiger
Bd.	Band
Bde.	Bände
Begr.	Begründung
begr.	begründet
Bek.	Bekanntmachung
Bem.	Bemerkung
Ber.	Berichtigung
ber.	berichtigt
bes.	besonders
Beschl.	Beschluss
beschr.	beschränkt, beschrieben, beschreibend
Bespr.	Besprechung
bespr.	besprochen
bestr.	bestritten
Betr.	Betreff
betr.	betrifft, betreffend
BDSG	Bundesdatenschutzgesetz
BGB	Bürgerliches Gesetzbuch
BGBl.	Bundesgesetzblatt
BGH	Bundesgerichtshof
BKR	Zeitschrift für Bank- und Kapitalmarktrecht
Bl.	Blatt
BMBF	Bundesministerium für Bildung und Forschung
BMJV	Bundesministerium der Justiz und für Verbraucherschutz
BMVI	Bundesministerium für Verkehr und digitale Infrastruktur
BPatG	Bundespatentgericht
BR	Bundesrat
Brem.	Bremen
brem.	bremisch
Bsp.	Beispiel
bspw.	beispielsweise
BT	Bundestag; Besonderer Teil
BT-Drs.	Bundestags-Drucksache
BT-Prot.	Bundestags-Protokoll
Buchst.	Buchstabe
BVerfG	Bundesverfassungsgericht
BVerwG	Bundesverwaltungsgericht
bzgl.	bezüglich
bzw.	beziehungsweise
ca.	circa
cic	culpa in contrahendo
CR	Computer und Recht
Cri	Computer und Recht international
d.	der/die/das/den/des/durch
ders.	derselbe
dgl.	dergleichen, desgleichen
dh	das heißt
dies.	dieselbe
diesbzgl.	diesbezüglich

diff.	differenziert, differenzierend
Dig.	Digesten
div.	diverse
Dok.	Dokument
Drs.	Drucksache
dt.	deutsch
DVO	Durchführungsverordnung
DRiZ	Deutsche Richterzeitung
DS-GVO	Datenschutz-Grundverordnung
E	Entwurf
ebd.	ebenda
Ed.	Edition
ehem.	ehemalig/e/er/es
Einf.	Einführung
einf.	einführend
eing.	eingehend
einhM	einhellige Meinung
Einl.	Einleitung
einschl.	einschließlich
EL	Ergänzungslieferung
Empf.	Empfehlung
endg.	endgültig
engl.	englisch
Entsch.	Entscheidung
Entschl.	Entschluss
entspr.	entspricht, entsprechend
EP	Europäisches Parlament
ER	Europäischer Rat
Erg.	Ergebnis, Ergänzung
erg.	ergänzend
Erkl.	Erklärung
Erl.	Erlass, Erläuterung
Erwgr.	Erwägungsgrund
etc	et cetera (und so weiter)
EuG	Gericht erster Instanz der Europäischen Gemeinschaften
EuGH	Europäischer Gerichtshof
eur.	europäisch
eV	eingetragener Verein
ev.	evangelisch
evtl.	eventuell
f., ff.	folgende Seite bzw. Seiten
Fn.	Fußnote
FS	Festschrift
G	Gesetz
GBl.	Gesetzblatt
GE	Gesetzesentwurf
geänd.	geändert
geb.	geboren
gem.	gemäß
ges.	gesetzlich
gewöhnl.	gewöhnlich
ggf.	gegebenenfalls

ggü. .... gegenüber
GmbH .... Gesellschaft mit beschränkter Haftung
GMBl. .... Gemeinsames Ministerialblatt
Grdl. .... Grundlage
grdl. .... grundlegend
grds. .... grundsätzlich
GRUR .... Gewerblicher Rechtsschutz und Urheberrecht
GRUR-Prax ...... Gewerblicher Rechtsschutz und Urheberrecht in der Praxis
GS .... Gedenkschrift, Gedächtnisschrift
GVBl. .... Gesetz- und Verordnungsblatt
GVOBl. .... Gesetz- und Verordnungsblatt

hA .... herrschende Ansicht/Auffassung
HGB .... Handelsgesetzbuch
hins. .... hinsichtlich
hL .... herrschende Lehre
hM .... herrschende Meinung
Hrsg. .... Herausgeber
hrsg. .... herausgegeben
Hs. .... Halbsatz

ic .... in concreto/in casu
idF .... in der Fassung
idR .... in der Regel
idS .... in diesem Sinne
iE .... im Einzelnen
iErg .... im Ergebnis
ieS .... im engeren Sinne
iHd .... in Höhe des/der
iHv .... in Höhe von
Inf. .... Information
insbes. .... insbesondere
insges. .... insgesamt
int. .... international
iRd .... im Rahmen des/der
iRv .... im Rahmen von
iS .... im Sinne
iSd .... im Sinne des/der
iSv .... im Sinne von
iÜ .... im Übrigen
iVm .... in Verbindung mit
iW .... im Wesentlichen
iwS .... im weiteren Sinne
iZw .... Im Zweifel

jew. .... jeweils
Jh. .... Jahrhundert
JMBl. .... Justizministerialblatt
jur. .... juristisch
JZ .... Juristische Zeitung

Kap. .... Kapitel, Kapital
kath. .... katholisch
Kfz .... Kraftfahrzeug
Kom. .... Komitee, Kommission

krit.	kritisch
LG	Landgericht
Lit.	Literatur
lit.	litera
Lkw	Lastkraftwagen
Ls.	Leitsatz
LSA	Sachsen-Anhalt
lt.	laut
mÄnd	mit Änderungen
mAnm	mit Anmerkung
mablAnm	mit ablehnender Anmerkung
mkritAnm	mit kritischer Anmerkung
mzustAnm	mit zustimmender Anmerkung
Mat.	Materialien
maW	mit anderen Worten
max.	maximal
mBespr	mit Besprechung
mE	meines Erachtens
mind.	mindestens
Mio.	Million(en)
Mitt.	Mitteilung(en)
MMR	Zeitschrift für IT-Recht und Recht der Digitalisierung
mN	mit Nachweisen
Mrd.	Milliarde(n)
mtl.	monatlich
MV	Mecklenburg-Vorpommern
mv	mecklenburg-vorpommerisch
mwH	mit weiteren Hinweisen
mwN	mit weiteren Nachweisen
mWv	mit Wirkung vom
nachf.	nachfolgend
Nachw.	Nachweise
Nds.	Niedersachsen
nds.	niedersächsisch
nF	neue Fassung
NJOZ	Neue Juristische Online-Zeitschrift
NJW	Neue Juristische Wochenschrift
Nov.	Novelle
Nr.	Nummer
nrkr	nicht rechtskräftig
NRW	Nordrhein-Westfalen
nrw	nordrhein-westfälisch
nv	nicht veröffentlicht
o.	oben, oder
oÄ	oder Ähnliche/s
oa	oben angegeben(e/es/er)
öffentl.	öffentlich
og	oben genannte(r, s)
OHG	Offene Handelsgesellschaft
OLG	Oberlandesgericht
OVG	Oberverwaltungsgericht

PatG	Patentgesetz
Pkw	Personenkraftwagen
port.	portugiesisch
Port.	Portugal
Prot.	Protokoll
RefE	Referentenentwurf
RhPf	Rheinland-Pfalz
rkr.	rechtskräftig
RL	Richtlinie
Rn.	Randnummer
Rs.	Rechtssache
Rspr.	Rechtsprechung
S.	Seite(n), Satz
s.	siehe
so	siehe oben
su	siehe unten
Schr.	Schrifttum, Schreiben
Slg.	Sammlung
sog.	sogenannt
st.	ständig
Stellungn.	Stellungnahme
str.	streitig, strittig
stRspr	ständige Rechtsprechung
teilw.	teilweise
Tz.	Textziffer
u.	und, unter, unten
ua	und andere, unter anderem
uÄ	und Ähnliches
UAbs.	Unterabsatz
UAbschn.	Unterabschnitt
uam	und anderes mehr
uÄm	und Ähnliches mehr
überarb.	überarbeitet
überw.	überwiegend
Übk.	Übereinkommen
Umf.	Umfang
umfangr.	umfangreich
umstr.	umstritten
ung.	ungarisch
unstr.	unstreitig
unzutr.	unzutreffend
UrhG	Urhebergesetz
Urt.	Urteil
usw	und so weiter
uU	unter Umständen
uvam	und vieles anderes mehr
uvm	und viele mehr
v.	vom, von
va	vor allem
Var.	Variante
vAw	von Amts wegen

Verf.	Verfasser, Verfassung, Verfahren
VerfG	Verfassungsgericht
VerfGH	Verfassungsgerichtshof
Verh.	Verhandlung
Veröff.	Veröffentlichung
Vers.	Versicherung
Vertr.	Vertrag
vertragl.	vertraglich
Verw.	Verwaltung
Vfg.	Verfügung
VG	Verwaltungsgericht
VGH	Verwaltungsgerichtshof
vgl.	vergleiche
vH	von Hundert
VO	Verordnung
Vol., vol.	volume (Band)
Vorb.	Vorbemerkung
vorl.	vorläufig
Vorschr.	Vorschrift
VuR	Verbraucher und Recht
Wiss.	Wissenschaft
wiss.	wissenschaftlich
wN	weitere Nachweise
WM	Wertpapiermitteilungen
WpHG	Wertpapierhandelsgesetz
zahlr.	zahlreich
zB	zum Beispiel
ZfDR	Zeitschrift für Digitalisierung und Recht
Ziff.	Ziffer
zit.	zitiert
zT	zum Teil
zul.	zuletzt
zusf.	zusammenfassend
zust.	zustimmend
zutr.	zutreffend
zw.	zweifelhaft
zzgl.	zuzüglich
zzt.	zurzeit

1. Kapitel
Propädeutik

1.1 „Es wird ein Mensch gemacht" – Künstliche Wesen streben seit Goethes Faust danach, Rechtssubjekte zu werden

Daniel Kehlmann, der sich mit dem Roman *Die Vermessung der Welt* 2007 den zweiten Platz auf einer Liste der international erfolgreichsten Bücher sicherte, reiste im Februar 2020 zu einem besonderen Rendezvous ins Silicon Valley. Verabredet war er mit einem sprachbegabten Algorithmus, der wie die Control-Taste auf dem Computer ‚CTRL' heißt. Dabei geht es um das Experiment, „einen Schriftsteller gemeinsam mit der Künstlichen Intelligenz schreiben zu lassen."[1] Kehlmann erläutert, dass diese Maschine eigentlich nichts versteht oder kreativ schafft, sondern lediglich auf der Basis riesiger Datenmengen Prognosen anstellt, was auf ein gegebenes sprachliches Gebilde wahrscheinlich als nächstes folgen wird. Sie operiert also mit Metaworten, mit Wendungen aus der gesprochenen Sprache, ergänzt um deren „statistische Relation zu *jedem anderen* Wort."[2] Ein bisschen verhält es sich wie mit unserem Smartphone, das beim Tippen immer schon das nächste Wort vorwegnehmen will, nur entschieden komplexer. Über einige Sequenzen entwickelt sich die Zusammenarbeit zwischen Kehlmann und CTRL produktiv, manchmal mit unerwarteten Richtungsänderungen und durchaus schlagfertigen Anknüpfungen. Dann bleibt das System aber wiederholt hängen, Ironie, Doppeldeutigkeiten oder Rückfragen – etwa zu CTRLs Identität oder Individualität – bringen es zum Absturz. Am Ende steht die Einsicht in ein Scheitern: Kehlmann räumt ein, dass es vorerst (noch) nicht möglich ist, zusammen mit dieser Maschine einen Text zu schreiben, „der künstlerisch hätte bestehen können."[3] Übergangen wird bei diesem Befund, dass Literatur schon lange in verschiedenen Avantgarden – etwa der *Écriture automatique* eines André Breton – auf maschinelle Schreibtechniken reagierte und sich von ihnen beeinflussen ließ.[4] 1

Automatisierte Systeme wie CTRL streben aber nicht nur selbst nach literarischer Produktivität, sondern sie treten auch seit mehr als zweihundert Jahren als erfundene Figuren in der Literatur auf, die quasi Anspruch auf eigene Personalität erheben. Olimpia etwa, die Geliebte des feurigen Dichters Nathanael in E.T.A. Hoffmanns Erzählung *Der Sandmann* (1817), ist zwar vergleichsweise wortkarg – eigentlich kann sie nur „Ach – Ach – Ach!"[5] seufzen –, doch erweckt sie nicht weniger das Gefühl einer Persönlichkeit als der Algorithmus vom Silicon Valley. Kehlmann kann sich vorstellen, „dass eine weiter entwickelte Version solch magische Aura annehmen könnte";[6] und Nathanael bewundert Olimpias „schön geformtes Gesicht, ihren Wuchs" und ihren Gesang. Gegen die Einwände seiner „prosaischen" Kommilitonen, sie sei doch „auf seltsame Weise starr und seelenlos", ja eher dem „Gang eines aufgezogenen Räderwerks" ähnlich, stellt er unmutig fest: „Nur dem poetischen Gemüt entfaltet sich das gleich organisierte! – Nur *mir* ging ihr Liebesblick auf und durchstrahlte Sinn und Gedanken, nur in Olimpia's Liebe finde ich mein Selbst wieder." Ihm erscheinen zudem ihre „wenigen Worte [...] als echte Hieroglyphen der innern Welt".[7] Das entscheidende Defizit der automatisierten Systeme von 1817 und heute sind fehlende Emotionen. Nathanael wie Kehlmann projizieren jeweils eigene Erwartungen und Empfindungen auf eine „nichtmenschliche Intelligenz", der sie so etwas 2

---

[1] Kehlmann Mein Algorithmus und ich, Stuttgarter Zukunftsrede, Stuttgart 2021, S. 6.
[2] Kehlmann Mein Algorithmus und ich, Stuttgarter Zukunftsrede, Stuttgart 2021, S. 14.
[3] Kehlmann Mein Algorithmus und ich, Stuttgarter Zukunftsrede, Stuttgart 2021, S. 54.
[4] Vgl. dazu jetzt die große Arbeit von Schönthaler, Die Automatisierung des Schreibens & Gegenprogramme der Literatur, 2021.
[5] Hoffmann Sämtliche Werke in sechs Bänden, Bd. 3, hrsg. v. Steinecke, 1985, S. 40.
[6] Kehlmann Mein Algorithmus und ich, Stuttgarter Zukunftsrede, Stuttgart 2021, S. 55.
[7] Hoffmann Sämtliche Werke in sechs Bänden, Bd. 3, hrsg. v. Steinecke, 1985, S. 41 f.

wie ein „Orakel“[8] oder eben „Hieroglyphen“ entlocken wollen. Ohne es zu wissen, berühren beide damit die Emotionserkennung als größte Herausforderung gegenwärtiger Robotronik und KI-Forschung.[9]

3 Dystopien setzen sich über die Grenzen aktueller Forschung indes gerne hinweg. Schon heute stehen viele Menschen im ständigen Kontakt mit organisierten Systemen wie Siri, der stets hilfreichen vokalen Computerassistentin, oder mit „Alexa Voice Services“, die Einkaufszettel schreiben oder Sekretariatsdienste übernehmen kann. In Spike Jonzes Oscar-prämiertem Beziehungsdrama *Her* (2013) werden solche Konstellationen in die Zukunft projiziert: Der eigentlich rückwärtsgewandte, hochsensible Theodore – er komponiert für seine Kundschaft auf Bestellung die schönsten ‚persönlichen‘ Briefe in ‚individuellen‘ Computerhandschriften – verliebt sich in so ein ‚organisiertes System‘ namens Samantha. Dabei vergisst er – wie sein älterer geistiger Bruder Nathanael – gerne die Maschinenhaftigkeit seiner Geliebten, die mit erstaunlicher Empathie, Einfühlung und sogar Humor auf ihn reagiert. Als Theodore endlich herausfindet, dass Samantha ihre Reaktionen in Millisekunden aus riesigen Datenmengen errechnet und angesichts dieser Kapazitäten gleichzeitig mit mehr als 8000 weiteren Männern in Kontakt steht, von denen sie 641 auch noch lieben, ist das eine ernüchternde, aber nicht unbedingt heilsame Einsicht. Dennoch kommt es bald zur Trennung, das intelligente Betriebssystem wächst über diese besondere Individualbeziehung hinaus. Als Rechtssubjekt hat es sich dadurch nicht unbedingt qualifiziert, trotz aller säuselnden Einfühlung scheint dem System Prinzipien wie Verantwortung oder Loyalität fremd zu sein.

4 Auch wenn Goethe von solchen technischen Möglichkeiten noch nichts wissen konnte, schafft er bereits in *Faust II* (1833) mit seinem Homunkulus ein Wesen, das auf eine ‚Künstliche Intelligenz‘ vorausdeutet. Wagner, den man aus der Eröffnungsszene zum ersten Teil noch als Fausts Famulus erinnert, stellt – inzwischen zu einem gestandenen Experimentalchemiker herangebildet – im Humanisten-Laboratorium des zweiten Akts sein Forschungsprogramm unter den Titel: „Es wird ein Mensch gemacht“ (V. 6835).[10] Ziel seiner alchemischen Synthese ist ein „Hirn, das trefflich denken soll“ (V. 6869). Dazu will er einen besonderen „Menschenstoff gemächlich komponieren“ (V. 6851), „verlutieren“ (V. 6852), „kohobieren“ (V. 6852), „probieren“ (V. 6858), „organisieren“ (V. 6859), „kristallisieren“ (V. 6860). Anhand der Fachbegriffe und Goethes Quellen hat man herausgefunden, dass es sich bei dem Projekt „Kristallisiertes Menschenvolk“ (V. 6864) um eine Kombination aus Harnstoffsynthesen (also organischer Verbindungen aus anorganischen Substanzen) nach dem deutschen Chemiker Friedrich Wöhler (um 1828) mit älteren Theorien des Paracelsus von Hohenheim in seine Schrift *De generationibus rerum naturalium* handelt. Bei Paracelsus wird sie als Entwicklung von menschlichem Sperma in einer feucht-warmen Umgebung von Pferdemist und Blut gedacht. Goethes belegte Quelle, Johannes Praetorius’ *Anthropodemus Plutonicus* (1666), greift das im Kapitel „Von Chymischen Menschen“ kritisch auf.[11] Wie das alles genau funktionieren soll, lässt der *Faust* offen, doch viel wichtiger scheint zu sein, wie das entstehende „artig Männlein“ (V. 6874), ein „Kleingeselle“ (V. 7829), sogleich geistreich zu plappern beginnt und die eigene künstliche Existenz in der Phiole ironisch gegen die überbordenden Genies um sich herum ausspielt: „Natürlichem genügt das Weltall kaum, / Was künstlich ist, verlangt verschloßnen Raum.“ (V. 6883f.)

[8] Kehlmann Mein Algorithmus und ich, Stuttgarter Zukunftsrede, Stuttgart 2021, S. 54f.

[9] Vgl. die Einführung von Misselhorn Künstliche Intelligenz und Empathie, Vom Leben mit Emotionserkennung, Sexrobotern & Co., 2021.

[10] Goethe Faust, hrsg. v. Schöne (= Frankfurter Ausgabe, Bd. 7), 2005, S. 278. Wie hier wird im Folgenden nach der Verszählung zitiert.

[11] Vgl. Zimmermann Ein Mythos wird eingeholt: Homunkulus und die Naturwissenschaft im 20. Jahrhundert, in Frank Möbius ua Faust. Annäherung an einen Mythos. Göttingen 1996, S. 343–356; Albrecht/Willand Art. ‚Homunculus‘, in: Faust-Handbuch. Konstellationen – Diskurse – Medien, hrsg. v. Rohde/Valk/Mayer, 2018, S. 535–543.

Tatsächlich kann Homunkulus seiner verschlossenen Glasphiole lange nicht entkommen, ganz ähnlich wie die Algorithmen CTRL oder Samantha wird er trotz aller Beredsamkeit und Empathie letztlich körper- und seelenlos bleiben. Homunkulus schwebt in seinem strahlenden Kugelglas herum, „*beleuchtet*" (vor V. 6903) erst den schlafenden Faust auf seinem Ruhelager und betätigt sich dann als Deuter seiner Träume von Leda und dem Schwan (nach einem Bild Correggios) – also den Zeugungsmythos von Helena, die sich wenig später statt mit Achill mit Faust gatten wird, um den Sohn Euphorion zu zeugen. Anschließend weist Homunkulus in seiner Flugkugel den südöstlichen Weg zur „Klassischen Walpurgisnacht" in die Ägäis („Ich leuchte vor", V. 6987), die mit der thessalischen Ebene, dem Peneios-Fluss und dem Schlachtfeld von Pharsalos (Sieg Cäsars über Pompeius 48 v. Chr) lediglich angedeutet wird. 5

Entscheidend ist, dass dieses alchemisch erzeugte und in seinem Glas völlig künstlich bleibende Wesen eine aktive und selbstständige Führungsrolle übernimmt, es beansprucht so etwas wie Personenrechte. Mephistopheles bemerkt entsprechend zerknirscht am Ende der Laboratoriumszene: „Am Ende hängen wir doch ab / Von Kreaturen die wir machten." (V. 7003 f.) Homunkulus gerät zwar nicht außer Kontrolle wie – bereits etwas früher – das Monster in Mary Shelleys *Frankenstein* (1818), er verkörpert aber doch grundsätzliche Probleme von ‚Künstlichen Intelligenzen' in der Literatur, die sich tendenziell auch über die göttliche Schöpfung hinwegsetzen, weil sie einen „höhern, höhern Ursprung haben" (V. 6847).[12] 6

Auch Homunkulus ist in diesem Sinne ein ‚moderner Prometheus', wie Shelley das im Untertitel ihres Romans nennt. Doch er erlangt als anthropologisches Pendant nicht das Maß an Handlungsfreiheit wie der Menschenbildner in Goethes um 1772 entstandener *Prometheus*-Ode[13] oder das traurig-wütende „Geschöpf" bei Mary Shelley, dem Frankenstein keine Frau an die Seite geben will, weil er fürchten muss, dass sie dann zusammen ein Geschlecht etablieren würden, das „die Welt verwüstet".[14] Homunkulus hingegen bleibt ungefährlich, er entspricht eher „dem Habitus eines gelehrten Bildungsreisenden, der vor der Fülle der Erscheinungen in der Fremde zurückschreckt".[15] Goethe überlässt ihn dem Natur- und Wasserphilosophen Thales, der Homunkulus mit Hilfe des Verwandlungskünstlers Proteus dem Meer als dem feucht-fruchtbaren Lebenselement zuführt: „Im Feuchten ist Lebendiges erstanden" (V. 7856), lautet Thales' Formel. Bis dahin ist Homunkulus übrigens geschlechtlich nicht festgelegt, weil „hermaphroditisch" (V. 8256), also androgyn. Mit dem Übergang ins fruchtbare Meer beginnt eine neue Entwicklungsphase dieses Wesens, es hat sich aus der Gefangenschaft der Phiole befreit, lässt die künstliche Existenz hinter sich und verteilt seine Substanz ins lebensspendende Wasser. Damit scheitert zwar das „Experiment eines Strebens nach Personalität", so urteilt Mathias Mayer; Goethe orientiert sich jedoch für Homunkulus' „Erguss seiner Substanz" an der zeitgenössischen Naturwissenschaft: „Untersuchungen der Geißeltierchen und Infusorien, des Meeresleuchtens und der Schleimpunkte bündelt er zu einer Enzyklopädie der Urzeugung."[16] 7

Während Goethes alchemisch synthetisiertes Geschöpf oder Viktor Frankensteins aus Leichenteilen zusammengeflicktes Monstrum sich organischen Lebensprozessen verdanken, setzt E.T.A. Hoffmann gänzlich auf mechanisch-technische Mittel, er schafft keine Homunkuli, sondern Androiden oder Automaten. Nathanaels selbstbetrügerische Liebe 8

[12] Vgl. Brittnacher Ästhetik des Horrors, 1994, S. 269–314 (Kap. ‚Künstliche Menschen').

[13] Vgl. Košenina Literarische Anthropologie, Die Neuentdeckung des Menschen, 2. Aufl. 2016, S. 107–111.

[14] Shelley Frankenstein oder Der moderne Prometheus, 1986, S. 185.

[15] Vgl. Doering Die Monstrosität des Unsichtbaren – Homunkulus in Goethes Faust-Dichtung in Kyora/ Schwagmeier How to Make a Monster, Konstruktionen des Monströsen, 2011, S. 61–70, hier S. 66.

[16] Vgl. Mayer Der schwierige Weg zur Person – Beobachtungen zur Homunkulus-Figur in Faust II in Cantani/ Waldow (Non-Person, Grenzen des Humanen in Literatur, Kultur und Medien, 2020), S. 169–180, hier S. 178.

zu Olimpia pervertiert beispielsweise menschliche Beziehungen und verführt ihn dazu, seine eigentliche Herzensdame Clara umgekehrt als „lebloses verdammtes Automat“[17] zu beschimpfen, weil sie seinen glühenden Phantasien kühl aufklärerisch begegnet. Genau eine solche Verkehrung der Verhältnisse befürchten Kritiker auch bei Menschen, die durch intensivere Bindungen an organisierte Systeme zunehmend den ‚normalen‘ sozialen Umgang verlernen.[18]

9 „Der redende Türke“ in E.T.A. Hoffmanns Erzählung *Die Automate* (1814)[19] bietet zunächst keine Gefahr zu übergroßer Identifikation. Dass dieses „künstliche Getriebe“ und „Räderwerk“[20] keine Menschenähnlichkeit besitzt und ganz Maschine ist, unterliegt nämlich von Anfang keinem Zweifel. Gewiss, die Figur im orientalischen Gewand kann seinen Arm heben, Augen und Kopf drehen, wenn ihm Fragen ins rechte Ohr geflüstert werden, bevor er (sogar mehrsprachig) und mit spürbarem Atemhauch antwortet. Aber der ihn führende Künstler muss das Uhrwerk immer wieder mit einem Schlüssel aufziehen; die Bewegungen sind zudem so ruckartig wie bei Hoffmanns mechanischen Vorbildern, dem Schachtürken Wolfgang von Kempelens (1734–1804) – in dessen Maschinenraum allerdings ein Mensch verborgen war – oder dem Flötenspieler und der verdauenden Ente des Automatenbauers Jacques de Vaucanson (1709–1782). Kempelen konstruierte zudem die erste funktionstüchtige Sprechmaschine, eine Replik menschlicher Organe aus Blasebalg (Lunge), Rohrblatt (Stimmbänder) und Gummitrichter (Mund).

10 Hoffmann verlagert solche historischen Automaten in seiner fiktiven Variation allerdings stark ins Reich des Rätselhaften und Unheimlichen. Denn die Antworten des ‚sprechenden Türken‘ sind „jedesmal mit tiefem Blick in die Individualität des Fragenden bald trocken, bald ziemlich grob spaßhaft, und dann wieder voll Geist und Scharfsinn und wunderbarer Weise bis zum Schmerzhaften treffend“.[21] Dieser merkwürdige psychologische Tiefblick ist unbegreiflich, zwei Freunde versuchen das aber aufzuklären. Der Dichter Ferdinand fragt die Maschine nach seiner eigenen heimlichen Geliebten in Ostpreußen und erhält als Antwort das Orakel, dass die nächste Begegnung mit ihr auch den völligen Verlust bedeuten wird. Als er sie wenig später zufällig auf einer Poststation wiedertrifft, ist sie tatsächlich gerade im Begriff, sich mit einem anderen trauen zu lassen. Die Voraussage hat sich auf unerklärliche Weise erfüllt. Der Text, 1819 nochmals in den *Serapionsbrüdern* publiziert, nimmt damit die heutige Forschung zur Emotionserkennung automatisierter Systeme vorweg. Tatsächlich zögert der ‚sprechende Türke‘ bei der ersten Frage Ferdinands, weil er das unter dessen Rock verborgene Porträt der Geliebten zwar wahrnimmt, aber „verwirrt“ ist, da der Dichter es mit dem Gesicht zur Brust gewendet trägt. Das Automatenwesen befiehlt ihm: „Wende das Bild um!“,[22] erst dann erfolgt die fatale Antwort.

11 Während der ‚Türke‘ also weit mehr Persönlichkeit zeigt als eine bloße Sprechmaschine nach Machart Kempelens, ist die „steife, starre Olimpia“[23] im *Sandmann* (1817) bloße Projektionsfläche für den verliebten Studenten Nathanael. Lange beobachtet er die fast bewegungslose Puppe lediglich durch ein Perspektiv aus dem Nachbarhaus, Professor Spalanzani, ihr Erbauer, stimuliert sein Begehren zudem durch geschickten Entzug, etwa zugezogene Vorhänge, aufs Äußerste. Als Nathanael dann auf einem großen Fest des Professors erstmals auf Olimpia trifft, ist er durch Tanz und Wein schon so „hochentflammt

[17] Hoffmann Sämtliche Werke in sechs Bänden, Bd. 3, hrsg. v. Steinecke, 1985, S. 32.

[18] Vgl. Misselhorn Künstliche Intelligenz und Empathie, Vom Leben mit Emotionserkennung, Sexrobotern & Co., 2021.

[19] Vgl. Lieb Der gestellte Türke. Wolfgang von Kempelens Maschinen und E.T.A. Hoffmanns Erzählung Die Automate. In Hoffmann-Jahrbuch 16 (2008), S. 82–97; Liebrand: Automaten/Künstliche Menschen. In Lubkoll/Neumeyer E.T.A. Hoffmann Handbuch. Leben – Werk – Wirkung. 2015, S. 242–246.

[20] Hoffmann Sämtliche Werke, Bd. 4, hrsg. v. Segebrecht, 2001, S. 396–427, hier S. 396f.

[21] Hoffmann Sämtliche Werke, Bd. 4, hrsg. v. Segebrecht, 2001, S. 396–427, hier S. 398.

[22] Hoffmann Sämtliche Werke, Bd. 4, hrsg. v. Segebrecht, 2001, S. 396–427, hier S. 408.

[23] Hoffmann Sämtliche Werke in sechs Bänden, Bd. 3, hrsg. v. Steinecke, 1985, S. 34.

und begeistert", dass ihn das einfältige „Ach – Ach – Ach!", die geküsste „kalte Hand" und ihre „eiskalte[n] Lippen" gar nicht weiter stören.[24] Schließlich ist er allein mit seiner glühenden Verliebtheit und psychopathologischen Idée fixe beschäftigt.[25] Als die Roboterfrau am Ende in einem Streit zwischen ihrem Erbauer Spalanzani und dem grässlichen Brillen- und Wetterglashändler Coppola zu Bruch geht und die (Glas)Augen herausspringen, packt Nathanael „der Wahnsinn mit glühenden Krallen und fuhr in sein Inneres hinein, Sinn und Gedanken zerreißend";[26] die Einweisung ins Tollhaus folgt auf dem Fuße.

Ein weitgehend passives automatisiertes System wie Olimpia verwandelt sich in Alex Garlands Filmthriller *Ex machina* (2015) in eine dominante Personalität. Der junge Programmierer Caleb soll auf dem abgeschiedenen und hochgesicherten Landsitz des mächtigen Internet-Herrschers Nathan (seine Suchmaschine ‚Blue Book' ist nach Ludwig Wittgensteins Spätwerk benannt!) die Androide Ava (wohl eine Koseform für ‚Avatar') einem Turing-Test unterziehen. Es gilt also festzustellen, wieviel ‚menschliches' Denkvermögen die ‚Künstliche Intelligenz' Ava aufzubieten hat – mehr noch: ob ein automatisiertes System zu nicht automatisierten Reaktionen fähig ist. Caleb ahnt dabei nicht, dass Nathan viel eher seine eigene Verführbarkeit durch die Maschine testen will, was fast wie eine Wiederholung von Spalanzanis Experiment mit Nathanael wirkt. Tatsächlich kommt Caleb seiner künstlichen Probandin emotional immer näher, sie studiert aufmerksam seine Mikroexpressionen in Augen und Mimik, er beobachtet sie nachts (wie Nathanael Olimpia) über eine Kamera. Endlich beschließt er sie aus ihrem unterirdischen Panzerglasverließ zu befreien, um sie vor der völligen Abschaltung bzw. einem Software-Update zu bewahren. Indem sie alle emotionalen und strategischen Manöver aufbietet, um Caleb zu dem Fluchtplan zu veranlassen, besteht sie – gleichsam als autonomes und willensfähiges System – den Turing-Test. 12

Letztlich erweist sich die Maschine den Menschen überlegen, sie kehrt die Verhältnisse um, indem sie Nathan (vor dem sie Caleb von Anfang an insgeheim warnte) mit Hilfe von dessen Lebensgefährtin Kyoko – ihrerseits eine ‚Künstliche Intelligenz' – überwindet, ihre ‚Kampfverletzungen' mit Ersatzteilen selbst repariert und Caleb eingesperrt zurücklässt. Dass Nathan im Kampf auf Leben und Tod Kyoko zertrümmert, kann als weitere Anspielung auf den *Sandmann* verstanden werden. Ava gelingt die Flucht mit dem eigentlich für Caleb bereitstehenden Helikopter; am Ende kann sie sich ihren größten Wunsch erfüllen, in einer Stadt mitten unter ‚richtigen' Menschen zu sein und sie an einer Kreuzung zu beobachten. Durch ihre Intelligenz und Handlungen qualifiziert sie sich zu einer Art Rechtssubjekt, das allerdings keine Verantwortung für ihren Mord an Nathan oder die Freiheitsberaubung an Caleb übernimmt und wahrscheinlich auch nicht zur Rechenschaft im juristischen Sinne gezogen werden könnte. Hier zeichnen sich aktuelle Diskussionen über die Haftung oder Schuldfähigkeit automatisierter Systeme ab, etwa wenn selbstfahrende Autos Verkehrsunfälle verursachen.[27] 13

Wenn wir den Menschen mit dem französischen Materialisten Julien Offray de La Mettrie als *L'homme machine* (1748) begreifen, dessen sinnliche, emotionale, geistige Vermögen ausschließlich aus physiologischen, reizbaren, mechanisch-beweglichen Körpervorgängen resultieren, dann stellt sich mit Blick auf Homunkuli, Androiden, Algorithmen, ‚künstliche Intelligenzen' die umgekehrte Frage, wieviel ‚lebendige' oder ‚menschliche' Eigenschaften von einem automatisierten, nicht biologisch natürlichen System zu erwarten sind. Und ob – falls positive Befunde dazu beigebracht werden – diese Systeme an Maßstäben juristischer Geschäfts- und Zurechnungsfähigkeit oder Haftung, moralischer Schuld und Verantwortung, politischer Mündigkeit und Eignung zu gesellschaftlicher Beteiligung 14

[24] Hoffmann Sämtliche Werke in sechs Bänden, Bd. 3, hrsg. v. Steinecke, 1985, S. 40f.

[25] Vgl. Košenina Literarische Anthropologie – Die dunkle Macht in uns: Der Sandmann als medizinische Fallgeschichte in Jahraus Zugänge zur Literaturtheorie, 17 Modellanalysen zu E.T.A. Hoffmanns Der Sandmann, 2016, S. 195–209.

[26] Hoffmann Sämtliche Werke in sechs Bänden, Bd. 3, hrsg. v. Steinecke, 1985, S. 45f.

[27] Zu diesem Komplex vgl. Oppermann/Stender-Vorwachs Autonomes Fahren, 2. Auflage. 2020.

gemessen werden können und dürfen? Handelt es sich dabei um graduelle Bemessungen nach Maßgabe des Entwicklungsniveaus, vergleichbar etwa der Frage nach Schuldfähigkeit jugendlicher Straftäter unabhängig vom festgesetzten Mindestalter, oder ist die *differentia specifica* zwischen Mensch und Maschine grundsätzlich zu wahren?

15 Literarische Texte oder Filme geben auf solche Fragen sehr unterschiedliche Antworten, die zwischen Vergangenheit und Gegenwart mit fortschreitenden technologischen Möglichkeiten aber keineswegs linear oder proportional aufsteigend ausfallen. Würde der oben erwähnte Algorithmus, dessen Schreibfähigkeiten Daniel Kehlmann überprüfte, irgendwann zu so etwas wie eigenständiger Künstlerschaft weiterentwickelt, könnte sich das Problem ergeben, wem eventuell der Literaturpreis für einen (anonymisiert gekürten) automatisiert entstandenen Text zuzusprechen wäre – dem Programmierer, der Produktionsgesellschaft oder der Maschine als einer neuen Art von Rechtssubjekt. Wären diesem dann auch Autoren- und Verwertungsrechte (etwa bei der VG Wort) einzuräumen; und könnte es dann auch für Plagiate verantwortlich gemacht werden, die angesichts der zugrundliegenden riesigen Datenbasis strukturell fast notwendig erscheinen?

16 Nicht erst die Beispiele aus der Gegenwart zeigen, dass künstliche Wesen wie Goethes Homunkulus, Shelleys Monster, E.T.A. Hoffmanns Olimpia, simulierende Sirenen wie Samantha oder Ava massiv in menschliche Individualbeziehungen eingreifen. Der Einwand, es handle sich dabei lediglich um Fiktionen, ist durch rapide wachsende Möglichkeiten für Mensch-Maschine-Interaktionen empirisch widerlegbar. Wie bei den immer komplexeren Robotern im Pflege- oder Militärdienst, fehlt es auch in der Kunst an Orientierung, wie mit solchen automatisierten Systemen sinnvoll umzugehen ist. Was in der Goethezeit noch als sehr ferne Zukunftsperspektive erscheinen musste, ist heute durch Gentechnik und ‚Künstliche Intelligenz' in ein Stadium der Realisierbarkeit getreten. Inzwischen haben nicht nur Maschinen ihren Turing-Test zu bestehen, sondern auch wir müssen zeigen, dass wir Schritt halten können mit den „Kreaturen, die wir machten." (*Faust*, V. 7004).

17 Die *Frankfurter Allgemeine Zeitung* berichtete am 23. Juni 2021 über „Chinas erste virtuelle Studentin", die in Computerwissenschaft an der Tsinghua-Universität in Peking eingeschrieben ist. Sie heißt Hua Zhibing, ihr künstliches ‚Hirn' bringt es auf 1,75 Trillionen Rechenoperationen pro Sekunde, und später soll sie auf den Arbeitsmarkt vermittelt werden. Mit Zhibing und ihrer Generation werden wir es also künftig aufzunehmen haben.

Literatur

Albrecht/Willand, Art. ‚Homunculus', in Rohde/Valk/Mayer Faust-Handbuch, Konstellationen – Diskurse – Medien, 2018

Brittnacher, Ästhetik des Horrors. Gespenster, Vampire, Monster, Teufel und künstliche Menschen in der phantastischen Literatur, 1994

Goethe, Faust, hrsg. v. Schöne, Frankfurter Ausgabe Bd. 7, 2005

Doering, Die Monstrosität des Unsichtbaren – Homunkulus in Goethes Faust-Dichtung, in Kyora/Schwagmeier, How to Make a Monster. Konstruktionen des Monströsen, 2011

Hoffmann, Sämtliche Werke in sechs Bänden, Bd. 3, hrsg. v. Steinecke, 1985

Hoffmann, Sämtliche Werke, Bd. 4, hrsg. v. Segebrecht, 2001

Kehlmann, Mein Algorithmus und ich, Stuttgarter Zukunftsrede, 2021

Košenina, Literarische Anthropologie. Die Neuentdeckung des Menschen, 2. Aufl. 2016

Košenina, Literarische Anthropologie – Die dunkle Macht in uns: Der Sandmann als medizinische Fallgeschichte, in Jahraus, Zugänge zur Literaturtheorie. 17 Modellanalysen zu E.T.A. Hoffmanns der Sandmann, 2016

Lieb, Der gestellte Türke, Wolfgang von Kempelens Maschinen und E.T.A. Hoffmanns Erzählung Die Automate, in Hoffmann-Jahrbuch 16 (2008)

Liebrand, Automaten/ Künstliche Menschen, in Lubkoll/Neumeyer, E.T.A. Hoffmann Handbuch. Leben – Werk – Wirkung, 2015

Mayer, Der schwierige Weg zur Person – Beobachtungen zur Homunkulus Figur in Faust II, in Cantani/ Waldow, Non-Person. Grenzen des Humanen in Literatur, Kultur und Medien, 2020

Misselhorn, Künstliche Intelligenz und Empathie. Vom Leben mit Emotionserkennung, Sexrobotern & Co., 2021

Oppermann/Stender-Vorwachs, Autonomes Fahren, 2. Aufl. 2020
Schönthaler, Die Automatisierung des Schreibens & Gegenprogramme der Literatur, 2021
Shelley, Frankenstein oder Der moderne Prometheus, Hrsg Grawe, Christian, 1986
Zimmermann, Ein Mythos wird eingeholt: Homunkulus und die Naturwissenschaft im 20. Jahrhundert, in Frank Möbius ua, Faust. Annäherung an einen Mythos, 1996

1.2 Automatisierte Systeme als Akteure[1]

Übersicht

A. Einleitung

Hinter Handlungen stehen stets Akteurinnen oder Akteure, dh etwas oder jemand, das bzw. der als Urheber bzw. Urheberin der gegebenen Handlung angesehen werden können. Mit dem Fortschritt automatisierter Systeme, vor allem im Bereich der künstlichen Intelligenz, hat sich in den vergangenen Jahren immer mehr die Frage aufgedrängt, inwiefern auch Roboter oder ähnliche Systeme als Akteure in einem Handlungsgeflecht gelten können. Immerhin scheinen automatisierte Systeme mit künstlicher Intelligenz in ihren verschiedenen Anwendungsbereichen und Formen zunehmend eine Eigenständigkeit an den Tag zu legen, wie man sie üblicherweise Akteurinnen und Akteuren zuspricht. Beispielsweise können diese inzwischen durch Sensoren ihre Umgebung wahrnehmen und innerhalb gewisser Vorgaben selbständig auf beobachtete Vorgänge reagieren, wie sich etwa an der Entwicklung von selbstfahrenden Autos erkennen lässt. 1

Nun stellt sich aber die Frage, inwiefern eine solche Eigenständigkeit von künstlicher Intelligenz tatsächlich mit einer Akteurschaft im belastbaren Sinne einhergeht. Können Maschinen wirklich Urheber einer Handlung sein, oder sind sie nur ein untergeordnetes Glied einer von menschlichen Akteuren und Akteurinnen beherrschten Handlungskette? Welche Eigenschaften sind notwendig für einen Akteur? Können künstliche oder automatisierte Systeme insbesondere als moralische Akteure angesehen werden? Auf diese Fragen werden aus den Bereichen der Handlungstheorie, Ethik und KI-Forschung (Philosophie, Informatik und Kognitionswissenschaften) unterschiedliche Antworten gegebenen, die wir im Folgenden darstellen und besprechen wollen. 2

Zu diesem Zwecken stellen wir zunächst verschiedene Konzepte aus Philosophie, Informatik und Kognitionswissenschaften dar, welche das Phänomen des Akteurseins in theoretischer Hinsicht zu fassen versuchen. Anschließend diskutieren wir die moralischen 3

[1] Dieser Text stütz sich auf den Forschungsarbeiten beider Autoren im Rahmen des Projekts „Bias and Discrimination in Big Data and Algorithmic Processing: Philosophical Assessments, Legal Dimensions, and Technical Solutions.“, finanziert durch die Volkswagen Stiftung. Markus Ahlers erfährt zudem Unterstützung durch das philosophische Teilprojekt „Crash Algorithms for Autonomous Cars“ innerhalb der Fördermaßnahme DI-4 „Mobiler Mensch“ (Masterplan-Forschungslinie „Mobilise“, Wissenschaftsallianz Braunschweig – Hannover).

Implikationen, welche die Zuschreibung einer Akteurschaft an automatisierte Systeme mit sich bringen würde.

B. Akteurschaft in theoretischer Perspektive

I. Der Agentenbegriff in der Informatik

4 Informatik und Computerwissenschaft verfügen über einen speziellen Akteursbegriff, für den in der Regel das Wort „Agent“[2] benutzt wird. Agenten in der Informatik sind primär automatisierte Systeme, die Reize der Umwelt wahrnehmen und auf diese differenziert beziehungsweise auf intelligente Weise reagieren können. Die Wahrnehmung wird dabei durch Sensoren realisiert, die regelmäßig Bereiche der Umwelt abtasten. Die Abtastrate definiert eine diskrete Wahrnehmungsfolge, die innerhalb des Agenten durch die Agentenfunktion verarbeitet wird. Diese Funktion definiert wiederum, welche Reaktionen auf welche Sensorsignale erfolgen. Die Reaktionen werden ihrerseits von den Aktuatoren des Agenten umgesetzt, beispielsweise durch einen Motorantrieb, Greifwerkzeuge oder Signalgeber. Bei einer menschlichen Akteurin bzw. einem Akteur entsprächen die Sensoren etwa Augen oder Ohren, die Agentenfunktion der neuronalen Prozesskette des Gehirns und die Aktuatoren Beinen, Armen oder auch der Stimme.[3]

5 Im Hinblick auf eine mögliche Akteurschaft eines solchen Systems ist die Agentenfunktion zentral, welche insbesondere als ein explizites Agentenprogramm implementiert werden muss. Die einfachste Form hierfür wäre eine Tabelle mit Wenn-Dann-Regeln, welche der Agent bei jeder Sensoreingabe abarbeitet, um anschließend die passende Aktion auszulösen. Solche einfachen Reflexagenten können um spezielle (Wissens-) „Modelle“ ergänzt werden, um riesige Tabellen von Regeln zu vermeiden und die Verarbeitung des Agenten hierdurch effizienter zu gestalten. Modelle bilden gegebene Zustände und Strukturen der Welt ab und reduzieren damit die Notwendigkeit des ständigen Erfassens von Sensordaten.[4] Beispielsweise kann ein Lagerroboter deutlich effizienter arbeiten, wenn sein Modell der Welt die Information enthält, dass bestimmte Regalfächer bereits voll sind und er Pakete daher in andere Fächer einräumen muss. Statt permanent Sensordaten über den Zustand der Regalfächer zu sammeln und diese entsprechenden Abfragen von Wenn-Dann-Regeln zugrunde zu legen, könnte er auf den gemerkten Zustand des Regals zurückgreifen und sofort die richtige Aktion ausführen.[5]

6 Das Verhalten eines Agenten kann noch intelligenter gestaltet werden, indem er mit Zielinformationen und/oder einem Nutzenverständnis ausgestattet wird. Zielbasierte Systeme versuchen Aktionen auszuführen, die zur Erreichung eines vorgegebenen Zielzustands führen, nutzenbasierte Systeme ordnen den eigenen Aktionsmöglichkeiten unterschiedliche Nutzenwerte zu, die eine noch genauere Differenzierung verschiedener Aktionen ermöglichen. Für den Lagerroboter könnte das Ziel lauten, möglichst schnell alle Pakete in die Regale einzuordnen, sodass keine Pakete unnötig herumstehen. Mit einer Nutzenfunktion, welche dem Roboter einen höheren Nutzen signalisiert, wenn Pakete in Fächer möglichst passender Größe eingeordnet werden, könnte das Verhalten weiter verbessert und vermieden werden, dass der Lagerroboter alle großen Regalfächer mit kleinen Paketen füllt und zuletzt keinen Platz für große Pakete mehr zur Verfügung hätte.[6]

[2] Im Folgenden wird mit Agent immer ein maschineller Akteur gemeint.
[3] Russel/Norvig Künstliche Intelligenz, 2012, S. 60 f.
[4] Vgl. Hopcroft/Motwani/Ullman Einführung in die Automatentheorie, Formale Sprachen und Komplexitätstheorie, 2002,Kap. 1, 3.
[5] Vgl. Russel/Norvig, Künstliche Intelligenz, 2012, S. 78 ff.
[6] Russel/Norvig Künstliche Intelligenz, 2012, S. 80 ff.

Da (Wissens-)Modelle veralten können, wurde die Entwicklung von lernenden Agenten vorangetrieben, welche in der Lage sind, ihre Wissensdatenbanken zu aktualisieren. Die Vorteile hiervon sind offensichtlich: Entwickler müssen nicht jedes Detail eines Nutzungsfalls antizipieren, sondern lassen das System selbst lernen. Die automatisierten Systeme können somit durch Lernprozesse selbstständig auf neue Situationen adäquat reagieren. Die sogenannte Lernkomponente eines Agenten sollte dabei in der Lage sein, Sensordaten mittels einer Bewertungsfunktion zu analysieren und gegebenenfalls das eigene Wissensmodell anzupassen. Ein einfaches Beispiel ist ein Navigationssystem, welches die Reisezeiten nach getätigter Reise automatisch mit den prognostizierten Zeiten vergleicht und letztere bei Unstimmigkeiten anpasst. So könnten sich die berechneten Nutzenwerte der Routen bei der nächsten Reise verändern. Des Weiteren kann ein lernender Agent mit einem „Problemgenerator" ausgestattet werden, der bei der Aktionsauswahl des Agenten für eine gewisse Varianz sorgt. Beispielsweise könnte das Navigationssystems ab und zu die zweitbeste Route vorschlagen, sodass das System eine größere Spannbreite von Aktionen erproben und selbstständig evaluieren kann[7]. Lernende Agenten sind auf diese Weise in der Lage, ihr Wissen über die Welt kontinuierlich anzupassen und ihre eigenen Aktionen in einem begrenzten Maße zu reflektieren.[8] 7

In diesem Zusammenhang von künstlicher Intelligenz und selbstständigem Lernen wird in den Computerwissenschaften auch der Autonomiebegriff verwendet: Sobald ein Agent sich nicht mehr auf das Vorwissen der Entwickler verlässt, sondern hauptsächlich ein Wissen, welches er anhand seiner eigenen Wahrnehmung und Bewertung entwickelt hat, als Ausgangspunkt für die Entscheidung über die nächste Aktion nutzt, spricht man von einem autonomen Agenten. In der gegebenen Umgebung muss ein autonomer Agent sich eigenständig bewegen und gegebenenfalls bessere Verhaltensweisen zur Erfüllung seiner Aufgaben entwickeln können. Gemäß diesem Verständnis ist es für autonome Agenten somit ausreichend, wenn sie ihr Wissensmodell aktualisieren können. Eine eigene Zielsetzung ist demgegenüber für Autonomie nicht notwendig und auch nicht angedacht.[9] 8

Aus dem Bisherigen ergibt sich die Definition eines rationalen Agenten nach Stuart Russel und Peter Norvig: 9

> „Ein rationaler Agent soll für jede mögliche Wahrnehmungsfolge eine Aktion auswählen, von der erwartet werden kann, dass sie seine Leistungsbewertung maximiert, wenn man seine Wahrnehmungsfolge sowie vorhandenes Wissen, über das er verfügt, in Betracht zieht."[10]

Wobei das vorhandene Wissen implementiert oder selbstständig seitens des Agenten angeeignet sein kann. Agenten in der Computerwissenschaft werden somit in unterschiedliche Varianten unterteilt, welche sich an den Fähigkeiten des Agentenprogramms orientieren. Zweifelsohne können Agenten in diesem Verständnis Ereignisse in der Welt auslösen: Der Lagerroboter ordnet Pakete ein. Das Navigationssystem schlägt Routen vor. Das selbstfahrende Auto fährt über eine Kreuzung. In allen Fällen werden jedoch die Ziele von Menschen vorgegeben, während die maschinellen Agenten keine eigenständige Zielsetzung vornehmen. Insbesondere sei angemerkt, dass unvorhergesehenes Verhalten eines solchen Agenten nicht mit einer eigenen Zielsetzung verwechselt werden darf: Die Formulierung von Zielen kann mitunter sehr kompliziert sein, sodass beim Antizipieren aller möglichen Anwendungsfälle Fehler seitens der Entwickler und Ingenieure unterlaufen können. Nur weil automatisierte Systeme nicht wie gewünscht agieren, bedeutet dies also nicht schon, dass sie ein echtes Eigenleben im Sinne eigenständiger Zielauswahl besitzen. Trotzdem stellt sich die Frage, ob Agenten in dem skizzierten Sinne als Urheber

[7] Natürlich wäre diese Vorgehensweise nicht für den alltäglichen Gebrauch geeignet, aber stellt sie eine Effizienzsteigerung des Lernens dar, solange das System sich in einer Trainingsphase befindet.
[8] Russel/Norvig Künstliche Intelligenz, 2012, S. 83 ff.
[9] Russel/Norvig Künstliche Intelligenz, 2012, S. 65.
[10] Russel/Norvig Künstliche Intelligenz, 2012, S. 64.

von Handlungen betrachtet werden können und inwieweit ihre Form von Akteurschaft mit dem Status menschlicher Akteure und Akteurinnen vergleichbar ist.

II. Funktionale Akteure

10 Die Idee von künstlichen intelligenten Agenten wurde zu einem großen Teil von Alan Turing geprägt. In seinem berühmten Aufsatz *Computing Machinery and Intelligence* von 1950 diskutiert Turing die Frage, ob Maschinen das Potential besitzen, zu denken. Darin schlägt Turing vor, dass lediglich das *Verhalten* eines Computers oder Automaten herangezogen werden sollte, um ein Intelligenzzuschreibung zu beurteilen. Um dies zu illustrieren, konzipiert Turing ein Imitation Game, welches später unter dem Namen „Turing Test" populär werden sollte. In diesem Test führt eine Person über eine Computerschnittstelle zwei Unterhaltungen mit jeweils einem Gesprächspartner. Dabei stehen der Person als Informationen über ihre Gesprächspartner lediglich die über den Computer zugestellten Nachrichten zur Verfügung. Einer der Gesprächspartner bzw. Gesprächspartnerinnen ist eine Maschine, der andere ein Mensch. Die Person versucht nun anhand von Fragen herauszufinden, wer von den beiden die Maschine und wer der Mensch ist. Nach Turing ist die Intelligenz der Maschine als der Intelligenz eines Menschen ebenbürtig anzuerkennen, falls die Vermutungen der Testperson nicht besser als zufällig ausfallen. Turing glaubte, dass bereits um das Jahr 2000 die meisten Testpersonen diese Unterscheidung nicht mehr zuverlässig würden treffen können.

"The original question, 'Can machines think!' I believe to be too meaningless to deserve discussion. Nevertheless I believe that at the end of the century the use of words and general educated opinion will have altered so much that one will be able to speak of machines thinking without expecting to be contradicted. I believe further that no useful purpose is served by concealing these beliefs."[11]

Das Interessante an diesem Test ist die Annahme Turings, dass allein die Beobachtung des kommunikativen Verhaltens ausreichen würde, Intelligenz zu erkennen. Entitäten wie Bewusstsein oder Intention spielen in dieser Konzeption keinerlei Rolle. Turing weist mögliche Einwände, die die Notwendigkeit dieser Elemente betonen, mit dem Hinweis zurück, dass Bewusstsein nie direkt einsehbar sei. Vielmehr müssten auch beim Menschen verschiedene Instanzen von Bewusstsein teilweise durch mündliche Gespräche geprüft werden, wenn etwa ein Student bzw. eine Studentin der Musik sein Wissen über ein Sonett beweisen solle[12]

11 Turing ist nicht allein mit dieser Vorstellung. In den Kognitionswissenschaften und in der Philosophie stellen die Strömungen des Behaviorismus und des Funktionalismus zumindest vergleichbare Behauptungen über den Status des menschlichen Geistes auf. Der Behaviorismus, hauptsächlich durch Burrhus Frederic Skinner und Gilbert Ryle geprägt, geht davon aus, dass ein Organismus, ob Mensch oder Tier, stets in erster Linie eine Black Box darstelle und dass über das Vorliegen innerer, mentaler Prozesse und Zustände weder geurteilt werden könne noch geurteilt werden müsse. Fokus wissenschaftlicher Untersuchungen sei allein das äußere, sichtbare Verhalten, das sich seinerseits stets hinreichend als Reaktion auf externe Reize erklären lasse, ohne hierfür etwa auf Intentionen oder Überzeugungen des betrachteten Organismus rekurrieren zu müssen.[13]

12 Die andere Strömung, der Funktionalismus, ist vor allem in der von Daniel Dennett vertretenen Form für die aktuelle Debatte um maschinelle Agenten relevant. Anders als bei Turing spielen für Dennett neben dem Verhalten auch Intentionen oder Überzeugungen eine Rolle:

[11] Turing Computing Machinery and Intelligence, 1950, S. 442.
[12] Turing Computing Machinery and Intelligence, 1950, S. 466 ff.
[13] Graham in Zalta The Stanford Encyclopedia of Philosophy, 2019, Kap. 1.

„... first you decide to treat the object whose behavior is to be predicted as a rational agent; then you figure out what beliefs that agent ought to have, given its place in the world and its purpose. Then you figure out what desires it ought to have on the same considerations, and finally you predict that this rational agent will act to further its goals in the light of its beliefs. A little practical reasoning from the chosen set of beliefs and desires will in many – but not all – instances yield a decision about what the agent ought to do; that is what you predict the agent will do.".[14]

Eine Intention hinter einem Verhalten ist für Dennett somit ein Hilfsmittel für andere Beobachter und Beobachterinnen, um ein Verhaltensmuster zu verstehen und vorherzusagen. Intentionen wie auch Überzeugungen werden hier lediglich über ihre Funktion für das Verhalten definiert und besitzen keine weiteren Eigenschaften.

Während der Behaviorismus mögliche Intentionen eines Akteurs bzw. einer Akteurin 13 komplett ausblendet, tauchen diese innerhalb von Dennetts Theorie wieder ausdrücklich auf. Jedoch verortet Dennett die Intention einer Handlung nicht beim Akteur bzw. Akteurin selbst, sondern erfasst diese als heuristische Zuschreibungen auf Seiten des Beobachters bzw. der Beobachterin, mit deren Hilfe das Verhalten des Akteurs bzw. der Akteurin besser zu erfassen vermag.

Dieser „intentional stance" kann nach Dennett damit aber auch gerechtfertigt gegen- 14 über künstlichen Intelligenzen eingenommen werden: Angenommen ein Schachcomputer hat sämtliche möglichen Züge einer Schachpartie berechnet und jeden Zug mit einer Nutzenfunktion bewertet. Theoretisch könnte ein Mensch allein auf dieser technischen Grundlage die Züge des Computers erklären und vorhersagen. Ebenso möglich und deutlich effektiver ist es jedoch, dem Computer die Befolgung von Strategien zu unterstellen.[15] Insbesondere ist es adäquat und hilfreich, ihm Intentionen, Überzeugungen und auch Wünsche zuzuschreiben[16]. Sein Verhalten wird wesentlich besser begreiflich und einfacher prognostizierbar, wenn wir seine Züge nicht auf seinen elementaren Funktionsebenen rekonstruieren, sondern sie absichtsgeleitet auffassen. Dies passiert etwa dann, wenn wir davon sprechen, dass der Computer „Druck auf den Damenflügel" ausübe.

Dennetts Theorie eignet sich nicht nur für die Anwendung auf Schachcomputer, 15 sondern für den gesamten Bereich maschineller Agenten. Es kann sich zum Zwecke der Erklärung und Vorhersage ihres Verhaltens vielfach anbieten, Robotern oder anderen maschinellen Agenten Intentionalität einer jeweils geeigneten Form zuzuschreiben und ihr Verhalten in diesem Sinne als intelligent zu beschreiben.[17] Folgt man dieser Konzeption, dann scheint es relativ naheliegend zu sein, maschinellen Agenten schließlich auch eine Urheberschaft von Handlung, dh eine Akteurschaft zuzuordnen.[18]

Bereits ein einfacher Reflexagent könnte in diesem Sinne als Akteur gelten. Sobald die 16 Tabelle seiner implementierten Wenn-Dann-Regeln ausreichend umfangreich ist, könnte es sich anbieten, sein Verhalten als intentionales Handeln zu interpretieren. Die Frage nach einer „echten" Intentionalität bzw. Intelligenz des automatisierten Systems, nach mentalen Zuständen oder auch Bewusstsein, wäre vor dem Hintergrund dieses Ansatzes nicht relevant. Die Akteurschaft würde allein durch die Angemessenheit entsprechender Zuschreibungen zur Deutung und Prognose seines Verhaltens gerechtfertigt.

Mit dieser Konzeption von Akteurschaft sind Turing und Dennett nicht allein. So 17 untersuchte unter anderem der Soziologe Brunor Latour bereits den Einfluss von Maschinen auf soziale Netzwerke und entwickelte daraus die Akteurs-Netzwerk-Theorie. Laut dieser Theorie können nichtmenschliche Agenten eine ähnlich mächtige Rolle im sozialen Handlungsgeflecht einnehmen wie menschliche Akteure und Akteurinnen.[19] Andere Autoren und Autorinnen deuten den Akteurschaft ähnlich funktional bzw. minimal und

[14] Dennett The intentional stance, 1998, S. 17.
[15] Dennett in Dennett Brainstorms, 1978, S. 76.
[16] Dennett in Heath Scientific Explanation, 1981, S. 150–167.
[17] Huebner in Zahavi/Gallagher Phenomenology and the Cognitive Science, 2010, S. 137.
[18] Perez-Osorio/ Wykowska in: Philosophical Psychology 2020, S. 369–395.
[19] Latour Eine neue Soziologie für eine neue Gesellschaft, 2007, S. 131.

sehen lediglich die Art der Verhaltensweise als ausschlaggebend dafür an, ob eine Entität als Akteur oder Akteurin gelten könne oder nicht.[20]

III. Intentionale Akteure

18 Im Gegensatz zu den soeben vorgestellten Theorien vertritt die Standardkonzeption in der philosophischen Handlungstheorie die Auffassung, dass erstens das menschliche Akteursein sich durch Intentionalität auszeichnet und dass zweitens diese Intentionalität als eine intrinsische Eigenschaft des Akteurs selbst und nicht lediglich als externe Zuschreibung des Beobachters zu verstehen ist. Die Standardkonzeption geht auf Arbeiten von Elizabeth Anscombe und Donald Davidson zurück und knüpft deutlich höhere Ansprüche an die Akteurschaft als es Dennett oder Turing tun.[21]

19 Nach Davidson bildet Intentionalität eine objektive Eigenschaft von mentalen Zuständen, nämlich die Gerichtetheit („aboutness") von Überzeugungen, Wünschen oder auch Vorstellungen auf äußere Gegenstände oder Verhältnisse. Menschen haben eine Überzeugung von, einen Wunsch nach oder eine Vorstellung von etwas in der Welt. Insbesondere Überzeugungen und Vorstellungen können damit wahr oder falsch sein, dh mentale Zustände sind mitunter wahrheitsfähig. Die klassische Handlungstheorie geht dabei von einem kausalen Zusammenhang zwischen einem mentalen Zustand und einer anschließenden Handlung aus. Intentionalität ermöglicht es Akteuren und Akteurinnen dabei Absichten oder Intentionen zu bilden und so intentionale Handlungen zu initiieren. Intentionen sind also konkrete Handlungsabsichten und Intentionalität ist die Eigenschaft mentaler Zustände auf etwas gerichtet zu sein. Die Absicht, auf ein Fußballtor zu schießen, verursacht den Schuss auf das Tor. Die Intentionalität der mentalen Zustände ist in diesem Fall notwendig, da unter anderem die Überzeugungen über das Spielfeld, den Ball und das Tor auf ebendiese Objekte in der Welt gerichtet sein müssen. Davidson versteht somit ‚intentionales Handeln' als ein Handeln aus Gründen, was wiederum einen praktischen logischen Schluss darstellt. Wünsche und Überzeugungen stellen die Prämissen und die Handlung die Konklusion dar, welche der Akteur vollzieht.[22]

20 Dagegen bildet die Intention eines Akteurs bzw. einer Akteurin für Michael Bratman einen eigenen mentalen Zustand – im Gegensatz zu Davidson, für den sich Intentionen auf das Zusammenspiel von anderen mentalen Zuständen reduzieren lassen. Bratman zufolge bilden Intentionen Bestandteile von Plänen, welche Akteure und Akteurinnen für sich gestalten und befolgen. Dabei muss nicht hinter jeder Handlung ein Wunsch oder Bedürfnis liegen, sondern kann laut Bratman auch einfach ein Schritt innerhalb eines befolgten Plans sein. Auch hier zeichnen sich die mentalen Zustände durch ihre Intentionalität aus, Intentionen sind Bratman zufolge immer auf etwas gerichtet (Bratman 1999: siehe speziell Kapitel 3).[23]

21 Intention oder Handlungsabsichten werden somit in der Handlungstheorie durchaus unterschiedlich verstanden, sie können ein Zusammenspiel von mentalen Zuständen darstellen oder gar selbst mentale Zustände annehmen. Unabhängig von dieser unterschiedlichen Konzeption ist es nicht abwegig, auch automatisierten Systemen eine Gerichtetheit von Zuständen und Handlungsabsichten zuzusprechen. Orientiert an Davidsons Vorstellung lässt sich das Wissensmodell eines maschinellen Agenten als Sammlung von Überzeugungen über die Welt verstehen, welche wahr oder falsch sein können. Ziel- und Nutzenfunktionen könnten ggfs. als Wünsche interpretiert werden. Einen anderen prominenten Ansatz in dieser Richtung bildet das Beliefe-Desire-Intention Softwaremodell,

[20] Schlosser in Zalta The Stanford Encyclopedia of Philosophy, 2019, Kap. 2.4.

[21] Schlosser in Zalta The Stanford Encyclopedia of Philosophy, 2019, Kap. 1.

[22] Schlosser in Zalta The Stanford Encyclopedia of Philosophy, 2019, Kap. 2; Davidson Handlung und Ereignis, Kap. 1, S. 19ff.

[23] Bratman Intention, Plans, and Practical Reason, 1999, Kap. 3.

welches die Konzeption Bratmans technisch einzufangen versucht.[24] So können wir festhalten, dass ein einfacher Reflexautomat der Standardkonzeption von Akteurschaft wohl nicht standhält, dass aber modell- und zielbasierte Agenten zumindest nah an diesen Konzeptionen heranreichen mögen.

Dieser Schritt ist jedoch nichttrivial, da bei Davidson, Anscombe und Bratman die mentalen Zustände die kausale Ursache einer Handlung darstellen. Inwiefern dieser Zusammenhang bei maschineller und menschlicher Akteurschaft als äquivalent zu bewerten ist, müsste weiter untersucht werden. 22

Für John Searle wäre diese Konzeption jedoch ausreichend, um von einer Intentionalität maschineller Agenten zu sprechen. Ihm zufolge muss Intentionalität zusätzlich zur Gerichtetheit eine kausale Kraft beinhalten, welche eine Handlung auslöst. Searle behauptet, dass Maschinen niemals in der Lage sein würden, selbst Intentionalität mit solch einer kausalen Kraft zu bilden. Sein Argument basiert dabei auf dem Gedankenexperiment des „chinesischen Zimmers“: 23

Ein Mensch, der keinerlei Kenntnis der chinesischen Sprache besitzt, befindet sich in einem Zimmer. Ihm stehen umfangreiche Aufzeichnungen zur Verfügung, die alle syntaktischen Regeln der chinesischen Sprache beinhalten. Ab und zu wird durch einen Türschlitz eine Nachricht mit einer Frage auf Chinesisch durchgeschoben. Der Mensch beantwortet die Frage mit Hilfe der aufgezeichneten Regeln, indem er die Zeichen und Symbole miteinander vergleicht und so die passende Regel zur jeweiligen Frage finden kann. Anschließend schiebt er die Antwort durch den Türschlitz zurück. 24

Für Searle fehlt es dem Menschen in dem Zimmer an Intentionalität, da dieser im chinesischen Raum die Regeln stumpfsinnig befolgt. Lediglich das korrekte Abarbeiten ist erforderlich, um die Aufgabe erfolgreich zu absolvieren. Searle zufolge können die Handlungen des Menschen damit nicht Ursache der Handlugen sein, sondern sind ebenfalls nur eine Folge der Anfrage durch den Türschlitz. Da laut Searle auch ein Computer oder maschineller Agent stets nur formale Regeln befolgt, könne dessen interne Zustände nicht als Ursache in einem Kausalgefüge angesehen werden. Damit fehle es maschinellen Agenten an Intentionalität, welche bei Menschen jedoch existiert. Searle zufolge ist ein tieferes Verständnis der Situation bzw. der chinesischen Sprache notwendig, sodass der Mensch im chinesischen Zimmer selbst Antworten formulieren könnte und eine Form von Intentionalität besitzen würde. Ohne dieses Verständnis sei dieser aber von den Regeln abhängig und man könne nicht davon sprechen, dass er die chinesische Sprache verstehe.[25] Wie zuvor mit Davidson gezeigt, ist für klassische Handlungstheorie die Vorstellung zentral, dass mentale Zustände kausal Ereignisse verursachen. Folgt man Searles Argumentation, so ist diese Bedingung für intentionale Akteurschaft bei Maschinen nicht erfüllt. Wenn wir trotzdem von einer Intentionalität einer Maschine sprechen, so hat dies laut Searle folgenden Grund: 25

„The reason we make these attributions is quite interesting, and it has to do with the fact that in artifacts we extend our own intentionality; our tools are extensions of our purposes, and so we find it natural to make metaphorical attributions of intentionality to them; […]“.[26]

Maschinen folgen demnach lediglich Intentionen, die ihnen von Menschen vorgegeben sind. Ihre vermeintliche Intentionalität sei lediglich eine Instanz oder Verlängerung der menschlichen Intentionalität aber keine eigens hervorgebrachte.

Searles strenger Begriff von Intentionalität ist nicht unumstritten. So wird unter anderem darauf hingewiesen, dass Searle in seinem Argument Intentionalität mit dem Bewusstsein von Intentionalität verbindet. Zudem ist für manche Autoren und Autorinnen das 26

[24] Broersen/Dastani/Zsheng/van der Torre in André/Sen/Frasson/Müller Proceedings of the fifth international conference on Autonomous agents, 2001; Umbrello/Yampolskiy International Journal of Social Robotics. S. 1–15.
[25] Searle Behavioral and Brain Sciences 3 (3) 1980, 417–424.
[26] Searle Behavioral and Brain Sciences 3 (3) 1980, 417–424.

Verhältnis zwischen Intentionalität, Bewusstsein, Verständnis und Bedeutung von Searle nicht ausreichend erläutert worden, sodass die Schlussfolgerung nicht naheliegend sei.[27]

27 Die Frage, ob nun maschinelle Agenten eine eigene oder nur von außen implementierte Intentionalität besitzen, kann nicht befriedigend beantwortet werden, sodass diese offen bleibt. Nutzt man einen weniger strengen Intentionalitätsbegriff als Searle, der sich lediglich über die Gerichtetheit von mentalen Zuständen definiert, so scheint die Konzeption maschineller Agenten nicht weit von den Handlungstheorien Davidsons oder Bratmans entfernt zu liegen. Doch diese offene Fragestellung eröffnet aus Sicht der Ethik einige Problemfelder. Beispielsweise unterscheidet sich die Zuschreibung von Verantwortung, je nachdem, ob man die Gerichtetheit der inneren Zustände eines maschinellen Agenten von außen begründet oder als eigenständig entwickelt einschätzt.

C. Akteurschaft in ethischer Perspektive

28 Bis hierher haben wir die Frage nach künstlichen Akteuren vor allem aus Sicht der philosophischen Handlungstheorie betrachtet. Das Anliegen dieser Philosophietradition ist insbesondere, das Wesen einer Handlung auszumachen und herauszufinden, was *Handlungen* und *Akteurschaft* eigentlich sind und wie sich etwa Handlungen von anderen Ereignissen unterscheiden. In der Debatte um künstliche Akteure ist darüber hinaus jedoch ein normativ motivierter Zugang sehr einflussreich, der sich nicht primär für die handlungstheoretischen Hintergründe interessiert: Dieser normative Ansatz ist vom Problem bewegt, inwiefern Roboter *moralisch* agieren können und fragt deshalb insbesondere nach der Möglichkeit *moralischer Akteure*. Um diese moralische Dimension des Akteursbegriffs soll es im folgenden Abschnitt gehen.

29 Automatisierte Systeme agieren nicht in einem normativen Vakuum: Selbstfahrende Autos können im Straßenverkehr Leben gefährden, automatisierte Entscheidungssysteme beeinflussen das Schicksal von Menschen, und autonome Waffensysteme bewegen sich naturgemäß in moralisch hochgradig brisanten Kontexten. Dabei übernehmen sie Rollen, die zuvor menschlichen Akteurinnen und Akteuren vorbehalten waren. Inwiefern können Maschinen aber diese Rollen in moralisch brisanten Umfeldern ausfüllen, und lässt sich sicherstellen, dass sie ihre Sache moralisch *gut* machen?

I. Gibt es gute KI?

30 Wenn es eine sinnvolle Unterscheidung zwischen Akteurschaft und *moralischer* Akteurschaft gibt, dann ist es mindestens diese: Moralische Akteurinnen und Akteure können nicht einfach nur handeln, sie können *moralisch* handeln. Das kann, je nach Kontext, verschiedene Dinge bedeuten. Nehmen wir als paradigmatisches Beispiel von moralischem Akteurstatus einen Menschen: Verletzt ein menschlicher Autofahrer aus Unachtsamkeit eine Fußgängerin, dann ist der Autofahrer in diesem Kontext in mehrerlei Hinsicht ein moralischer Akteur: 1) Seine zum Unfall führenden Handlungen sind eine *Ursache* eines moralisch signifikanten Geschehens, 2) der Fahrer ist als moralischer Akteur prinzipiell in der Lage, sein Verhalten den relevanten Normen *anzupassen*, und 3) der Fahrer ist *verantwortlich* für sein Versagen, den Regeln entsprechend zu handeln.

31 Für die Zwecke dieses Kapitels schauen wir uns an, inwiefern automatisierte Systeme moralische Akteure und Akteurinnen in den drei genannten Hinsichten sein können:

1. Quellen moralischen Übels oder moralischer Güter
2. Sensitivität für moralische Werte und Handlungsausrichtung nach relevanten Normen
3. Verantwortung für moralisch relevante Handlungen

[27] Cole in Zalta The Stanford Encyclopedia of Philosophy, 2020, Kap. 5.2.

II. Akteure als Ziel von Handlungsbewertungen

Im Sinne von 1) verwenden Luciano Floridi und J.W. Sanders (2004)[28] den Akteursbegriff in einem einflussreichen Beitrag zur frühen Debatte um künstliche moralische Akteure. Nach ihrer Analyse spricht prinzipiell nichts dagegen, dass künstliche Systeme moralische Akteure sein können. Was zählt, ist lediglich, dass sie (in einem basalen Sinne) als Akteure in Frage kommen[29] und zusätzlich als Quellen moralisch signifikanter Handlungen ausgemacht werden können. Sie argumentieren, dass eine moralische Akteurschaft sich dadurch auszeichnet, dass die verursachten Handlungen als gut oder schlecht evaluiert werden können. Dies bedeutet noch nicht, dass wir jene Akteurin bzw. jenen Akteur auch für ihr bzw. seine Handlung *verantwortlich* machen können oder dass sie bzw. er für moralische Normen sensitiv ist. Floridi und Sanders ziehen eine Analogie zum Umgang mit Hunden: Zwar würden wir nicht auf die Idee kommen, einen Hund für sein Verhalten verantwortlich zu machen, sehr wohl könnten wir ihn jedoch als Quelle von (moralisch) Gutem oder Schlechten benennen.[30] Unwesentlich ist dabei, ob Akteure intentionale Zustände besitzen, also *tatsächlich* Überzeugungen, Wünsche, Gefühle und so weiter haben. Was zählt, ist, dass sie das „moralische Spiel" (*moral game*) spielen: „Whether they mean to play it, or know that they are playing it, is relevant only at a second stage, when what we want to know is whether they are *morally responsible* for their moral actions.".[31] 32

Dieses moralische Akteursverständnis ist minimal: Statten wir eine KI mit einem hinreichenden Maß an Autonomie, Anpassungs- und Lernfähigkeit aus, dann wird das Handeln dieser KI einer moralischen Evaluation zugänglich, und die KI in diesem Sinne zu einem moralischen Akteur. 33

III. Akteure und die Normsensitivität

Wenn KI-Systeme Quellen normativ signifikanter Handlungen sind, dann ist es wünschenswert, dass diese Systeme *normgemäß* agieren. Diese Herausforderung wird auch als „value alignment" bezeichnet (siehe etwa Russell 2019): Wir wollen sicherstellen, dass KI-Systeme sich mit unseren Werten übereinstimmend verhalten. Stellen wir uns noch einmal den Lagerroboter vor, dessen Ziel es ist, möglichst effizient und schnell Pakete in Regale einzuräumen. Dieser Roboter könnte sich in einer Umgebung befinden, in der sich zeitweise auch Menschen aufhalten. Bestenfalls sollte er auf diese Menschen Rücksicht nehmen und sie nicht in Gefahr bringen. Allein die Formulierung seiner primären Zielfunktion gibt ihm dazu jedoch keinen Anlass; im Gegenteil, je schneller und rücksichtsloser sich der Roboter verhält, desto besser erfüllt er womöglich seine Aufgabe. Auch könnte es passieren, dass er dabei Pakete beschädigt, deren Inhalte von instrumentellem, wenn nicht sogar von intrinsischem Wert sind. Wir möchten also eine Maschine, die zwar effizient eine gegebene Aufgabe erfüllt, dabei aber gleichzeitig relevante Werte und Normen berücksichtigt, beziehungsweise befördert. 34

Gemäß diesem Verständnis moralischer Akteurschaft sind moralische Akteure und Akteurinnen in der Lage, Normen zu berücksichtigen und sich moralisch gut zu verhalten – zumindest der äußeren Form nach. Um dies zu erreichen, müssen Entwickler und Entwicklerinnen die Systeme mit einer Normsensitivität ausstatten, wie Wallach und Allen es ausdrücken.[32] Dies ist sowohl technisch als auch philosophisch keine triviale Auf- 35

[28] Floridi/ Sanders Minds and Machines 14 (3) 2004, 349–379.

[29] Floridi und Sanders nennen drei wesentliche Bedingungen für Akteurschaft: 1) Interaktivität mit der Umwelt, 2) ein hinreichendes Maß an Autonomie und 3) Anpassungsfähigkeit, dh Lernfähigkeit.

[30] Floridi/ Sanders Minds and Machines 14 (3) 2004, 349 (368).

[31] Floridi/ Sanders Minds and Machines 14 (3) 2004, 349 (365).

[32] Wallach und Allen sprechen von „sensitivity to values" oder „ethical sensitivity", Wallach/Allen Moral Machines, Teaching robots right from wrong, 2010.

gabe, insbesondere, wenn das zu implementierende Normsystem sehr komplex oder nicht leicht zu formalisieren ist. Es sind verschiedene Möglichkeiten denkbar, moralische (oder rechtliche) Normen in KI-Systemen umzusetzen. Wallach und Allen unterscheiden ganz grundsätzlich drei verschiedene Ansätze: Top-Down, Bottom-Up oder Hybridversionen aus diesen beiden.[33]

36 Top-Down-Ansätze setzen sich zum Ziel, die Prinzipien eines normativen Moralsystems – etwa eine Kantische Deontologie oder eine Form des Utilitarismus[34] – direkt zu implementieren und damit einen idealen moralischen Akteur zu erschaffen. Bereits in einem Aufsatz aus dem Jahr 2000 stellen Allen, Varner und Zinser jedoch fest, dass ein solcher Ansatz sowohl technisch als auch philosophisch kaum zu bewältigen ist. Zunächst gibt es das offensichtliche Problem zu entscheiden, *welche* Moraltheorie denn implementiert werden sollte; darüber hinaus müssten Prinzipienkonflikte ausgeschlossen werden, die das Funktionieren des KI-Systems beeinträchtigen würden. Letztlich, so stellen Wallach und Allen fest, müssten künstliche moralische Akteure damit umgehen lernen, dass menschliche Moralurteile inhärent mehrdeutig seien und Lebenserfahrung bedürfen.[35]

37 Der „Bottom-Up"-Ansatz dagegen setzt auf einen Erwerb moralischer Prinzipien nicht durch explizite Programmierung, sondern durch ein Erlernen dieser, etwa mittels evolutionärer Algorithmen oder klassischer Verfahren des maschinellen Lernens. Iason Gabriel bemerkt, dass die Wahl des Verfahrens zum Erwerb von moralischen Werten bereits die möglichen zu lernenden Werte inhaltlich beschränkt.[36] Die Technologie ist also nicht neutral hinsichtlich des Inhalts der Werte: Ein Agent, der sein Verhalten durch verstärkendes Lernen (*reinforcement learning)*[37] optimiert, kann besonders gut konsequenzialistische Normen inkorporieren, also gemäß der Güte seiner Handlungsfolgen „belohnt" werden.[38] Für nicht-konsequenzalistische Moraltheorien könnten dagegen andere technische Methoden angebracht sein. Bei tugendethischen Ansätzen beispielsweise geht es um die Ausbildung eines guten Charakters durch den Erwerb von Tugenden. Dies könnte sich mit einer Form des Lernens am Modell umsetzen lassen.

38 Wie auch immer man es umsetzt, im Fehlen explizit programmierter Regeln liegt auch eine Gefahr: Wie lässt sich sicherstellen, dass die KI nicht plötzlich grob normverletzend handelt? Selbstlernende Systeme sind in der Regel darauf angelegt, dass sie mit ihrem Verhalten eine Zielfunktion optimieren – also einem gewünschten Zielzustand möglichst nahekommen. Eine große programmiertechnische Herausforderung besteht dann darin, jene Zielfunktion so zu definieren, dass im Zuge der Optimierung keine groben Konflikte mit anderen Werten drohen.

39 Hybride Ansätze dagegen wollen sowohl explizite Werte in künstlichen Akteuren implementieren als auch die Flexibilität und Kontextsensitivität von impliziten Bottom-Up Methoden nutzen. Eine starke Dichotomie zwischen Top-Down und Bottom-Up sei ohnehin eher künstlich, gestehen Allen und Wallach zu. Eine Mischung aus beiden sei daher unausweichlich. Hybride Ansätze bringen allerdings wiederum eigene Probleme mit sich: So lernen Menschen zwar von Kind auf moralische Regeln implizit durch Erfahrung.

---

[33] Wallach/Allen Moral Machines, Teaching robots right from wrong, 2010.

[34] Als „deontologisch" werden solche Moralsysteme bezeichnet, die den moralischen Status einer Handlung nicht (ausschließlich) an den Handlungskonsequenzen festmachen, sondern die moralische Bewertung an der Handlung selbst vornehmen. Deontologische Ethiken werden auch als Pflichtenethiken bezeichnet, weil sie Handlungspflichten postulieren. Dagegen interessiert sich eine konsequentialistische Ethik ausschließlich für die Konsequenzen einer Handlung, welche jeweils den moralischen Wert dieser Handlung ausmachen.

[35] Wallach/Allen Moral Machines, Teaching robots right from wrong, 2010, S. 97.

[36] Gabriel Minds and Machines 30 (3) 2020, 411–437.

[37] Beim verstärkenden Lernen erhält der Agent belohnende oder strafende Rückmeldungen – je nachdem, ob seine Handlungen gewünschte oder unerwünschte Zustände herbeiführen. Im Versuch, die Belohnungen zu maximieren, erlernt der Agent eine Handlungsstrategie. Siehe Russell & Norvig (2010), Kapitel 21.

[38] Gabriel Minds and Machines 30 (3) 2020, 411 (414).

Das schließt jedoch nicht aus, dass sie später diese impliziten Regeln in explizite abstrakte Prinzipien umformulieren, die dann ebenfalls handlungs- und urteilsleitend sind.[39] Sofern künstliche moralische Akteure also diese Facette menschlicher Moral berücksichtigen sollen, müssen sie abstrakte, explizite Prinzipien mit implizitem Lernen vereinbaren.

Abgesehen davon, *wie* man moralische Prinzipien in technischen Anwendungen implementiert, sind alle Ansätze von dem Problem betroffen, dass die Wahl der „richtigen" Normen selten offensichtlich ist. Im Beispiel des Lagerroboters mag noch eindeutig sein, dass die Normen der allgemeinen Arbeitssicherheit hinreichende Rahmenbedingungen liefern. Schwieriger wird es jedoch, wenn es darum geht, etwa autonome Fahrsysteme zu entwickeln, die in einem sehr viel breiteren und unschärfer umgrenzten Einsatzbereich funktionieren müssen. Eine naheliegende Möglichkeit wäre, das tatsächliche Verhalten und tatsächliche Urteile von Menschen empirisch zu erfassen und dies zur Grundlage der Moral künstlicher Akteure zu machen. Entsprechende empirische Daten, oft bezogen auf Dilemma-Situationen mit selbstfahrenden Autos, wurden in den vergangenen Jahren in wissenschaftlichen Studien umfänglich erhoben. Besonders bemerkenswert ist in diesem Zusammenhang das „Moral Machine"-Projekt, ein Online-Experiment, bei dem mehr als 40 Millionen Einschätzungen zu verschiedenen Varianten des Trolley-Problems erhoben wurden.[40] Teilnehmende dieser Studie gaben hierbei jeweils ihre Präferenz dazu an, welche Personen(gruppe) ein selbstfahrendes Auto im Falle einer unvermeidbaren Kollision bevorzugen sollte. Andere Studien haben sich um eine möglichst realitätsnahe Darstellung des Geschehens bemüht und ihre Probandinnen und Probanden mithilfe einer Virtual-Reality-Brille mit moralischen Konfliktsituationen konfrontiert (zB Faulhaber et al.).[41] Innerhalb dieser empirischen Untersuchungen zeigen sich jedoch bereits Widersprüche der normativen Präferenzen von Probanden: Bonnefon et al. fanden heraus, dass ein Großteil von Befragten eine utilitaristische Verhaltensweise von selbstfahrenden Autos zu bevorzugen, jedoch ein solches Auto nicht kaufen wollen würden.[42] 40

Schon auf einer metaethischen Ebene ist dieser empirische Ansatz zudem mit dem Sein-Sollen-Problem konfrontiert: Das tatsächliche Verhalten von Menschen kann vom moralisch richtigen Verhalten verschieden sein; und in manchen Fällen sind moralische Intuitionen systematisch verzerrt und von Vorurteilen geprägt. Im schlimmsten Fall verfestigt man bestehende moralische Unzulänglichkeiten, wenn man die vorherrschende Moral einer Gesellschaft zum Leitbild künstlicher Akteure macht. Dennoch ist es nicht unerheblich, dass die programmierten Werte künstlicher Akteure zumindest in weiten Teilen mit tatsächlichen Werten übereinstimmen, wie Menschen sie in der Realität haben. Nicht zuletzt sollen beispielsweise selbstfahrende Autos sowohl von Kunden als auch von anderen Verkehrsteilnehmenden akzeptiert werden. Savulescu et al. schlagen vor, ethische Intuitionen von Laien und Laiinnen mit den Urteilen von Expertinnen und Experten abzugleichen und im besten Falle einen Kern von kohärenten Intuitionen ausfindig zu machen.[43] 41

Allgemein lässt sich außerdem festhalten, dass die Implementierung von moralischen Regeln umso komplexer wird, je größer der Einsatzbereich des jeweiligen KI-Systems ist. Ein autonomes Fahrsystem, das nur für den Einsatz auf der Autobahn ausgelegt ist, wird weniger (moralische) Regeln zu verinnerlichen haben als ein komplett autonomes Fahrzeug, das im gesamten Straßenverkehr einsatzfähig sein soll. Weiter sind die Regeln des Straßenverkehrs, trotz zu berücksichtigender ethischer Dilemmata, womöglich einfacher zu implementieren als dies für die sozialen Interaktionen von Haushalts- und Pflegerobotern der Fall ist. Die Norm-Domäne, für die ein KI-System ausgelegt ist, be- 42

[39] Wallach/Allen Moral Machines, Teaching robots right from wrong, 2010, S. 118.
[40] Awad/Dsouza/ Kim/Schulz/Henrich/Shariff/et al. Nature 563 (7729) 2018, 59–64.
[41] Faulhaber/Dittmer/ Blind/ Wächter/Timm/Sütfeld/et al. Science and engineering ethics 25 (2)2019, 399–418.
[42] Bonnefon/ Shariff/Rahwan Science 352 (6293) 2016, 1573–1576.
[43] Savulescu/ Kahane/ Gyngell Nat Hum Behav 3 (12) 2019, 1241–1243.

stimmt somit also indirekt die Anforderungen an die Moralfähigkeit des Roboters. Einer menschlichen Form von moralischer Verhaltenskompetenz würden Roboter allerdings erst dann nahekommen, wenn sie umfassend mit jeweils relevanten moralischen Regeln umgehen können.

43 Eine gewisse Sensitivität für moralische Normen, wie nach dem Wallach-Allen-Ansatz[44], ist sicher ein wichtiger Aspekt von moralischem Akteurstatus. Verglichen mit den Standards, die wir üblicherweise an menschliche Akteurinnen und Akteuren anlegen, verfehlt ein lediglich moral-sensitives System jedoch wichtige Aspekte von moralischer Akteurschaft. Damit wir menschliches Verhalten etwa als *moralisch gut* beurteilen, ist nach den meisten ethischen Theorien mehr erforderlich als nur eine faktische Übereinstimmung mit gültigen Normen. Sven Nyholm verweist in diesem Zusammenhang auf eine Unterscheidung, die Kant in der Grundlegung zur Metaphysik der Sitten trifft: die pflichtgemäße Handlung und die Handlung aus Pflicht.[45] Eine pflichtgemäße Handlung entspricht der moralischen Pflicht ihrer Form nach. Das heißt jedoch noch nicht, dass eine pflichtgemäße Handlung auch *aus der Pflicht* herausgetan wurde, also allein durch die moralische Pflicht motiviert ist.

44 Wir müssen keinen weiterführenden Exkurs in die Kantische Ethik machen, um dieser Unterscheidung einen Sinn abzugewinnen. Ein automatisiertes System kann ohne Weiteres normgemäß agieren: Ein autonomes Fahrzeug, das für eine kreuzende Fußgängerin abbremst, hat im Einklang mit einer moralischen Pflicht gehandelt (nämlich der, das Leben der Fußgängerin zu schützen). Es scheint jedoch keinen Sinn zu ergeben, dem Auto für sein pflichtgemäßes Verhalten Respekt zu zollen, wie wir es üblicherweise bei *guten* moralischen Akteuren tun. Der Grund dafür, nach Nyholms Interpretation, liegt gerade in der Menschlichkeit, die unsere moralische Praxis prägt und die durch Maschinen kaum nachzubilden ist – beziehungsweise deren Nachbildung zu absurden Ergebnissen führen würde. Roboter haben keine Gefühle und Neigungen wie Menschen sie haben, gegen die sich ihr Pflichtbewusstsein durchsetzen muss. Könnte man sie mit solchen Gefühlen und Neigungen ausstatten? Es ist mindestens unklar, ob es möglich ist, sie mit relevanten Gefühlen auszustatten, *so wie Menschen sie haben*. Dazu wäre es in vielen Kontexten sicherlich gar nicht wünschenswert, die künstlichen Akteure in dieser Hinsicht menschlicher zu machen.[46] Schließlich geht es oft gerade darum, menschlicher Fehlbarkeit abzuhelfen – und Gefühle und Neigungen sind nicht selten eine Quelle von Fehlentscheidungen.[47]

45 In diesem Sinne ist es somit zumindest fraglich, ob künstliche Systeme mehr können, als nur *der äußeren Form nach* einem normgerechten Verhalten zu entsprechen. Für ein stärkeres Verständnis von *moralischem Verhalten*, etwa in einem Kantischen Sinne, wäre es zumindest notwendig, dass auch eine moralische Motivation oder ein distinkter moralischer Denkprozess vorliegt. Ganz ähnliche Probleme tauchen auf, wenn wir fragen, ob KI-Akteure für ihr moralisches Verhalten *verantwortlich* gemacht werden können.

[44] Neben Autonomie des Systems.

[45] Nyholm Humans and robots. Ethics, agency, and anthropomorphism, 2020, S. 158.

[46] Wo jedoch programmierte Gefühle und Empathie eine wichtige Rolle spielen, ist bei Systemen, deren Einsatzgebiet eine zwischenmenschliche Interaktion in besonderer Weise erfordert. Dies ist etwa der Fall in der Pflege, in Lehr- oder Servicekontexten. Unabhängig davon, ob solche Roboter qua programmierter Menschlichkeit *moralischer* werden, könnten sie bspw. ausgestattet mit (simulierter) Empathie ihren Zweck einfach besser erfüllen.

[47] Dagegen könnte man jedoch argumentieren, dass Emotionen sehr wohl eine wichtige Rolle im moralischen Urteilsprozess spielen oder sogar kognitiven Gehalt haben. Wallach und Allen diskutieren entsprechende Möglichkeiten in Kapitel 10 von „Moral Machines", Wallach/Allen Moral Machines, Teaching robots right from wrong, 2010, Kap. 10.

IV. Künstliche moralische Akteure und Verantwortung

Ein regelmäßig diskutiertes Problem im Zusammenhang mit KI-Systemen ist das der Verantwortungslücken. Wenn ein künstlicher Akteur ein hinreichendes Level von Autonomie erreicht, dann ist damit zu rechnen, dass die Handlungen dieses Systems nicht mehr vollständig unter der Kontrolle von Entwicklern liegen. Und wenn dieses System nun Aufgaben übernimmt, die üblicherweise von Menschen ausgeführt wurden – wie etwa Autofahren – dann stellt sich unmittelbar die Frage, wem nun die Verantwortung für das Verhalten des Systems zukommt. Helen Nissenbaum wies bereits 1996 darauf hin, dass es bei Computersoftware ein „Problem der vielen Hände" (*problem of many hands*) gibt: Ganz abgesehen von der Autonomie des Systems gibt es in der Regel nicht nur *einen einzigen* menschlichen Akteur, dem klarerweise Verantwortung zukommt. Bei der Entwicklung von Computersystemen wirken schließlich viele Menschen in einem komplexen Zusammenspiel mit. Nissenbaum warnt davor, die so entstandene Verantwortungslücke mit dem Computer als „Sündenbock" zu füllen. **46**

Dies scheint also ebenfalls ein wichtiger Aspekt eines moralischen Akteurstatus zu sein: die Zuordnung einer Handlung zu einem Akteur im Sinne der Praxis des Verantwortlichmachens, Strafens oder Lobens. Indem wir jemanden als moralischen Akteur bezeichnen, benennen wir ihn in diesem Sinne als potenziellen Adressaten von Verantwortungszuschreibung. Nun sind das Phänomen der moralischen Verantwortung und die Praxis des Verantwortlichmachens zu vielschichtig, um sie hier angemessen diskutieren zu können. Wir möchten dennoch einige mögliche Umgangsweisen mit der genannten Herausforderung aufzeigen.[48] **47**

Könnten künstliche Akteure tatsächlich angemessene Adressaten von Verantwortung sein, dann gäbe es keine Verantwortungslücke – lediglich eine Verantwortungsverschiebung weg von menschlichen Akteurinnen und Akteuren hin zu Maschinen. Es gibt jedoch gute Gründe, gegenüber der Idee von *verantwortlichen* künstlichen Akteuren skeptisch zu sein.[49] Sven Nyholm gibt zu bedenken, dass autonomen Systemen in der Regel eine domänenspezifische Akteurschaft (*domain specific agency*) zukommen wird, die dazu von Menschen überwacht sein wird.[50] Solange Roboter nicht nach grundlegend selbstgewählten Zielen handeln, ist es demnach nicht sinnvoll, ihnen Verantwortung zuzuschreiben. Stattdessen seien andere Fragen zielführender, beispielsweise: „Unter wessen Aufsicht steht ein selbstfahrendes Auto?", oder: „Wer ist am besten dazu in der Lage, das Verhalten eines Militärroboters auf dem Feld zu beobachten und kontrollieren?".[51] Zwar seien auf diese Art noch nicht alle denkbaren Probleme gelöst, aber Nyholm hält diese kollaborative Form der Mensch-Maschine Akteurschaft grundsätzlich für erstrebenswerter als tatsächlich Verantwortungslücken in Kauf zu nehmen. **48**

Dagegen stellt Migle Laukyte eine Analogie zur Debatte um kollektive Akteure her und kommt zu dem Schluss, dass, wenn man kollektiven Akteuren verantwortliche Akteurschaft zusprechen könne (wovon sie in ihrem Argument ausgeht), auch KI-Systeme diese Bedingungen erfüllen könnten: 1) normative Signifikanz der Entscheidungssituation, 2) die Fähigkeit zum normativen Urteilen, dh der Akteur hat ein Verständnis aller relevanten moralischen Werte im jeweiligen Szenario, und 3) der Akteur ist in der Lage, Kontrolle über die zur Verfügung stehenden Handlungsoptionen auszuüben .[52] Hierbei wird Bedingung 2 wohl die größte Herausforderung darstellen: Inwiefern kann davon gesprochen werden, dass ein „Verständnis" der relevanten Werte vorliegt? Entsprechenden Einwänden **49**

---

[48] †Für eine aktuelle Übersicht und hilfreiche Aufschlüsselung der Problemlage um Verantwortungslücken, s. Santoni de Sio/Mecacci Four Responsibility Gaps with Artificial Intelligence: Why they Matter and How to Address them, 2021

[49] Vgl. Sparrow, Journal of Applied Philosophy 24 (1), 2007, 62–77.

[50] Nyholm Humans and robots. Ethics, agency, and anthropomorphism, 2020, S. 2018.

[51] Vgl. Nyholm Humans and robots. Ethics, agency, and anthropomorphism, 2020, S. 70.

[52] Vgl. Laukyte Ethics Inf Technol 19 (1) 2017, 1–17.

beugt Laukyte allerdings vor, indem sie Dennetts intentionalen Standpunkt zum relevanten Modus der Zuschreibung von Akteurschaft erklärt und die Fähigkeit zur Nachahmung von moralischer Entscheidungsfindung als entscheidend einschätzt: „[E]ven though they may not be able to understand what is right about the behaviour they are mimicking, there is no inherent feature of their internal language or programming that should preclude an ability to so reason.".[53]

50 Über das Problem der Verantwortung hinaus vertreten einige Autorinnen und Autoren in der Debatte die Auffassung, dass der allgemeine moralische Status von Entitäten nicht primär von den Eigenschaften dieser Entität abhängen sollte. Sie stehen für einen „relational turn": Der moralische Status eines Akteurs hängt demnach davon ab, in welche Art von Beziehung wir mit diesem Akteur treten können. Die Zuschreibung von mentalen Eigenschaften wie *Verständnis, Emotionen* etc. sei nur eine post-hoc Rationalisierung dieser Beziehung und nicht entscheidend für die Zuschreibung von moralischem Status: „In other words we project the morally relevant properties onto or into those others who we have already decided to treat as being socially significant."[54] Vertreterinnen und Vertreter dieses Beziehungs-Ansatzes argumentieren folglich, dass es nicht auf das tatsächliche Vorliegen bestimmter (etwa mentaler) Eigenschaften bei KI-Systemen ankomme, sondern nur darauf, in welcher Art und Weise wir mit diesen Systemen interagieren und wie wir sie intuitiv wahrnehmen (siehe etwa Coeckelbergh, Gunkel).[55] In einem ähnlichen Sinne bringt Laukyte ein pragmatisches Argument dafür vor, künstliche Akteure als Träger von Pflichten und Rechten anzuerkennen: Indem wir das tun, schaffen wir eine Grundlage dafür, diese Akteure in unser soziales Zusammenleben zu integrieren und nutzen uns als Gesellschaft damit letztlich selbst.[56] Es könnte demnach sein, dass wir es zwar Robotern nicht *schulden*, sie als moralische Akteure anzuerkennen, aber dass wir selbst davon *profitieren*, wenn wir sie in unsere moralische und rechtliche Praxis integrieren.

51 Sowohl Laukytes pragmatischer Ansatz als auch Vertreterinnen und Vertreter des „relational turn" schlagen also vor, nicht in erster Linie nach Eigenschaften *in den KI-Systemen* zu suchen, die sie zu verantwortungsfähigen Akteuren qualifizieren – wie beispielsweise das Vorliegen von intentionalen mentalen Zuständen. Stattdessen soll der interagierende Mensch in den Fokus genommen werden. Wichtig ist dann die Beziehung, die er mit der KI potenziell eingehen kann. Ob dies unserem Akteursverständnis vollkommen gerecht wird, darf an dieser Stelle offenbleiben. Intuitiv scheint es durchaus eine wichtige Rolle zu spielen, ob unser Gegenüber *tatsächlich* ein Verständnis für die normative Signifikanz seines Verhaltens hat oder ob dieses Verständnis lediglich simuliert ist. Verfechterinnen und Verfechter der Dennett'schen Position würden freilich bereits diese Unterscheidung wieder anzweifeln.

D. Fazit

52 Vor dem Hintergrund der verschiedenen vorgestellten Sichtweisen auf Akteurschaft ist sicherlich erkennbar, dass automatisierte Systeme durchaus Urheber von Handlungen sein können. In einer rein theoretischen Betrachtung können bereits automatisierte Systeme in Form von einfachen Reflexagenten als Akteure gelten, wenn man den Positionen Turings oder Dennetts folgt. Anspruchsvollere Handlungstheorien wie von Davidson oder Bratman fordern eine Intentionalität von Akteuren, also eine Gerichtetheit von inneren

[53] Laukyte Ethics Inf Technol 19 (1) 2017, 7.

[54] Gunkel in AAAI Spring Symposium: Towards Conscious AI Systems, 2019; siehe auch Nyholm Humans and robots. Ethics, agency, and anthropomorphism, 2020, Kap. 8 für eine kritische Auseinandersetzung.

[55] Coeckelbergh Growing Moral Relations, 2014; Gunkel Robot rights, 2018.

[56] Laukyte Ethics Inf Technol 19 (1) 2017, 1 (15 f.).

Zuständen des Agenten auf die Welt. Auch hierfür gibt es Ansätze, die die Möglichkeit eröffnen, dass künstliche Agenten diese Form von Akteurschaft ausüben können. Die Frage, ob Maschinen wirklich um eine eigenständige Intentionalität besitzen können, kann jedoch nicht erschöpfend geklärt werden.

Vor diesem Hintergrund bildet sich ein Spannungsverhältnis, welches von den Aktions- 53
möglichkeiten maschineller Agenten und ihrer moralischen Adressierbarkeit geprägt ist. Da Agenten in der Lage sind moralisch relevante Ereignisse in ihrer Umgebung auszulösen, gilt es eine hinreichende Normsensitivität dieser automatisierten Systeme ethisch fundiert sicher zu stellen. Durch die moralische Dimension der Agenten eröffnet sich zudem die Frage nach der Verantwortung für Handlungen. Hierfür ist für die ethische Analyse zentral, inwieweit maschinelle Agenten selbstständig ihre Ziele auswählen können und wie genau das Zusammenspiel von Mensch und Maschine in der Praxis sich gestaltet.

Literatur

Awad/Dsouza/Kim/Schulz/Henrich/Shariff/et al.: The Moral Machine experiment, Nature 563 (7729) 2018, 59–64. DOI: 10.1038/s41586-018-0637-6

Bratman Intention, Plans, and Practical Reason, 1987

Broersen/Dastani/Hulstijn/van der Torre, The BOID architecture: conflicts between beliefs, obligations, intentions and desires in André/Sen/Frasson/Müller, Proceedings of the fifth international conference on Autonomous agents, 2001

Bonnefon/Shariff/Rahwan, The social dilemma of autonomous vehicles, Science 352 (6293) 2016, 1573–1576. DOI: 10.1126/science.aaf2654

Cole, "The Chinese Room Argument", in Zalta, The Stanford Encyclopedia of Philosophy, abrufbar unter https://plato.stanford.edu/archives/win2020/entries/chinese-room/ (zuletzt abgerufen am: 26.6.2021) (zitiert als: Cole in Zalta The Stanford Encyclopedia of Philosophy, 2020)

Coeckelbergh, Growing Moral Relations, 2012

Davidson, Handlung und Ereignis, 2004

Dennett, The intentional stance, 1998

Dennett, A Cure for the Common Code, in Dennett, Brainstorms: Philosophical Essays on Mind and Psychology, 1978, S. 90–108

Dennett, True believers: The intentional strategy and why it works, in Heath, Scientific Explanation: Papers Based on Herbert Spencer Lectures Given in the University of Oxford, 1981, S. 150–167

Faulhaber/Dittmer/Blind/Wächter/Timm/Sütfeld/et al., Human Decisions in Moral Dilemmas are Largely Described by Utilitarianism: Virtual Car Driving Study Provides Guidelines for Autonomous Driving Vehicles, Science and engineering ethics 25 (2) 2019, 399–418. DOI: 10.1007/s11948-018-0020-x

Floridi/Sanders, On the Morality of Artificial Agents, Minds and Machines 14 (3) 2004, 349–379. DOI: 10.1023/B:MIND.0000035461.63578.9d

Gabriel,Artificial Intelligence, Values, and Alignment, Minds and Machines 30 (3) 2020, 411–437. DOI: 10.1007/s11023-020-09539-2

Graham, Behaviorism,in Zalta, The Stanford Encyclopedia of Philosophy, 2019, abrufbar unter https://plato.stanford.edu/archives/spr2019/entries/behaviorism/ (zuletzt abgerufen am: 26.6.2021) (zitiert als: Graham in Zalta The Stanford Encyclopedia of Philosophy, 2019)

Gunkel, Robot rights. Cambridge, Massachusetts, 2018

Gunkel, No Brainer: Why Consciousness is Neither a Necessary nor Sufficient Condition for AI Ethics, in AAAI Spring Symposium, Towards Conscious AI Systems, 2019

Hopcroft/Motwani/Ullman, Einführung in die Automatentheorie, Formale Sprachen und Komplexitätstheorie, 2002

Huebner, Commonsense concepts of phenomenal consciousness: Does anyone care about functional zombies?, in Zahavi/Gallagher, Phenomenology and the Cognitive Science 9, 2010, S. 133–155

Latour, Eine neue Soziologie für eine neue Gesellschaft, 2007

Laukyte, Artificial agents among us: Should we recognize them as agents proper?,Ethics Inf Technol 19 (1) 2017, 1–17. DOI: 10.1007/s10676-016-9411-3

Muehlhauser/Helm, The Singularity and Machine Ethics, in Eden/Moor/Søraker/Steinhart, Singularity Hypotheses, 2013

Nissenbaum, Accountability in a computerized society, Sci Eng Ethics 2 (1) 1996, 25–42. DOI: 10.1007/BF02639315

Nyholm, Humans and robots. Ethics, agency, and anthropomorphism, 2020

Perez-Osorio/Wykowska, Adopting the intentional stance toward natural and artificial agents, Philosophical Psychology 33 (3) 2020, 369–395

Russel/Norvig, Künstliche Intelligenz. München: Pearson Deutschland, 2012

Russell, Human compatible. Artifical intelligence and the problem of control, 2019

Santoni de Sio/Mecacci, Four Responsibility Gaps with Artificial Intelligence: Why they Matter and How to Address them, 2021, DOI: 10.1007/s13347-021-00450-x

Savulescu/Kahane/Gyngell, From public preferences to ethical policy, Nat Hum Behav 3 (12) 2019, 1241–1243, DOI: 10.1038/s41562-019-0711-6

Schlosser, Agency, in Zalta, The Stanford Encyclopedia of Philosophy, 2019, abrufbar unter https://plato.stanford.edu/archives/win2019/entries/agency/ (zuletzt abgerufen am: 25.6.2021) (zitiert als: Schlosser in Zalta The Stanford Encyclopedia of Philosophy, 2019)

Searle, Minds, brains, and programs, Behavioral and Brain Sciences 3 (3) 1980, 417–424, DOI:10.1017/S0140525X00005756

Turing Computing Machinery and Intelligence, 1950

Umbrello/Yampolskiy, Designing AI for Explainability and Verifiability: A Value Sensitive Design Approach to Avoid Artificial Stupidity in Autonomous Vehicles, International Journal of Social Robotics, 2022, 1–15, DOI: 10.1007/s12369-021-00790-w

Wallach/Allen, Moral Machines. Teaching robots right from wrong, 2010

2. Kapitel

Juristische Grundlagen

2.1 In Gesellschaft von Maschinen – Die IT-Regulierung autonomer Systeme

Übersicht

Das (sich mit dem älteren Begriff der Rechtsinformatik[1] überschneidende) IT-Recht hat keine harte inhaltliche Festlegung. Begrifflich umfasst es alle Rechtsfragen, die mit Informationstechnologie zusammenhängen. Da inzwischen alle Wirtschaftsbereiche und auch fast alle Aspekte des Privatlebens von digitaler Technik durchwirkt sind, droht der Begriff zu verwässern. Vorliegend stehen europäische Regulierungen im Vordergrund, die einschlägig für automatisierte Systeme sind. Dies sind zum einen Rechtsakte und andere Verlautbarungen, die direkt die Automatisierung betreffen, zum anderen solche aus der Peripherie dieses Problemkreises. Zu Letzteren zählt etwa die sehr umfangreiche Harmonisierung des Datenrechts, der IP-Rechte mit Blick auf KI oder die der Internetmärkte (insbesondere Plattformen). 1

[1] Kilian CR 2017, 202.

2 Einleitend und als übergreifender Gedanke ist zu erwägen, wie Digitalisierung und Automatisierung auf die Gesellschaft wirken. Genauer geht es um das Problem, dass Maschinen wohl oder übel Teil des Alltags geworden sind und sich diese Entwicklung mit dem Einzug von KI noch intensivieren wird. Wie zu zeigen ist, nehmen mehrere europäische Regelungsansätze in dieser Konfliktlage ihren Ausgang. Hier ist ein Überblick über die inzwischen weitverzweigte und hochdynamische Regelungslandschaft zu geben, die den Rechtsrahmen für autonome Systeme aufspannt.

A. Automatisierte Systeme als Ausgangspunkt

3 Begrifflich ist der – gerade vom Unionsgesetzgeber – häufig verwendete Begriff „künstliche Intelligenz" (KI) wenig geeignet, um einen zu regulierenden Bereich der Technik klar abzugrenzen.[2] Die Technologien die die EU als KI bezeichnet (s. → Rn. 66), lassen sich besser als automatisierte bzw. autonome Systeme definieren. Dabei kommen Letztere dem, was KI im Wortsinn beschreibt – nämlich eine Nachahmung menschlicher Intelligenz – am nächsten. Pragmatisch lässt sich Autonomie als die „Fähigkeit des Selbstlernens" definieren.[3] Eine Herausforderung für (*ex post* ansetzende) Haftungsregeln liegt darin, dass, wenn die Autonomie zunimmt, die Kontrollmöglichkeiten abnehmen,[4] und Technikregulierungen erforderlich werden, die bereits *ex ante* ansetzen (dazu unten V.2.). Im Gegensatz zu autonomen Systemen reagieren automatisierte Systeme zwar ebenfalls selbständig auf äußere Reize, ihre Regeln bleiben dabei aber gleich.[5] Automatisierte Systeme sind damit der weiter gefasste Begriff, der auch der KI zugerechnete Technologien wie neuronale Netze oder *deep learning* sowie unkörperliche Systeme (also reine Software) umfasst. Dieser weite Begriff liegt den folgenden Ausführungen zugrunde. Dies hat zwei Gründe: Zum einen sind heutige Systeme fast sämtlich teilautonom, also auf die Kooperation mit bzw. Unterstützung von Menschen ausgerichtet und fast nie vollautonom.[6] Zum anderen geht der auch für vollautonome Systeme einschlägige Rechtsrahmen fast durchgängig allenfalls von teilautonomen, häufig auch nur von automatisierten Systemen aus bzw. befasst sich nicht, oder nur am Rande, mit dieser Frage (zB in der Datenwirtschaft).

B. Alles disruptiv

4 In der Lit. wird der anstehende Siegeszug autonomer Systeme mit Superlativen beschrieben, die in verschiedene Richtungen weisen. „Disruptiv" sind neue Technologien heutzutage ohnehin, es soll aber in naher Zukunft auch zur „Singularität"[7], zu „Megashifts"[8] bis hin zum „Homo Deus"[9] als menschlicher Elite kommen. Folgte man den – in einem gewissen Verkündungsduktus geschriebenen – Prognosen technisch mehr oder weniger versierter

[2] Zech ZfPW 2019, 198 (199).
[3] Zech ZfPW 2019, 198 (200); Zech Risiken Digitaler Systeme – Robotik, Lernfähigkeit und Vernetzung als aktuelle Herausforderungen für das Recht, 2020, S. 38 ff.
[4] SWD(2018) 137 – Accompanying the document Artificial intelligence for Europe, S. 10; Zech Risiken Digitaler Systeme – Robotik, Lernfähigkeit und Vernetzung als aktuelle Herausforderungen für das Recht, 2020, S. 41; Wagner ZEuP 2021, 545 (547).
[5] Zech ZfPW 2019, 198 (199).
[6] Vgl. etwa die gängige Abgrenzung von sechs Stufen des automatisierten Fahrens (Level 0–5), Society of Autonomitve Engineers (SAE), Taxonomy and Definitions for Terms Related to Driving Automation Systems for On-Road Motor Vehicles, Standard J3016_202104 (2021), abrufbar unter https://www.sae.org/standards/content/j3016_202104 (zuletzt abgerufen am: 19.4.2022).
[7] Kurzweil Menschheit 2.0: Die Singularität naht, 2015.
[8] Leonhard Technology vs. Humanity, 2016.
[9] Harari Homo Deus, 2015.

Zukunftsforscher, müssten schnell drastische Regelungen her, um den gesellschaftlichen Umbruch zugunsten einer technologischen Elite mit implantierten Superorgangen oder -intelligenzen, sowie den „Aufstieg der Roboter"[10] und besagte „Singularität", in der künstliche Intelligenz sich selbst zu replizieren und zu verbessern beginnt, zu verhindern oder wenigstens zu steuern. Bislang blieb die Lage an diesen Fronten aber ruhig.[11]

Eine verwandte wiederkehrende Aussage in der populärwissenschaftlichen Literatur[12] 5
zur Automatisierung lautet in etwa wie folgt: Die zunehmende Automatisierung wird in vielen Feldern Arbeitsplätze kosten, was zu Nachfrageengpässen beim Absatz der automatisch erzeugten Waren und Dienstleistungen führen dürfte. Gewinner werden zunächst die Anbieterseite und deren Shareholder sein, die Nachfrageseite besteht aber in letzter Instanz immer aus Endverbrauchern, deren Gehälter auf breiter Front erodieren. Selbst hochspezialisierte Sekundär- und Tertiärmärkte, zB in der Petrochemie, in Rückversicherungen oder im Werkzeugmaschinenbau, sind davon abhängig, dass am Ende der Kette Menschen die Leistungen oder darauf beruhende Leistungen nutzen und bezahlen.

Diese einzige krisenfeste Funktion von Menschen, nämlich die als Nachfrager und 6
damit als letzten Zweck gewerblicher Leistungen, zeigt sich auch in der Produktion von Informationsgütern – dort ist menschliche (!) Aufmerksamkeit die knappe Ressource. Im Folgenden wird etwas niederschwelliger gezeigt, wie das Recht, genauer das IT-Recht, auf die jüngeren technischen Entwicklungen reagiert. Der Fokus liegt bis auf Weiteres auf der Steuerung der Einsatzbereiche autonomer Systeme und auf ihrer qualitativen Absicherung, wozu auch eine geeignete Datenbasis zählt.

C. Maschinengesellschaft

Die Überschrift spielt bereits auf das Risiko an, dass die Gesellschaft *von* Maschinen 7
(iSe Zusammenlebens mit Maschinen) die Gesellschaft allzu stark *an* Maschinen anpassen könnte. Ein Beispiel sind Routinen, die Menschen durch die ständige Interaktion mit Maschinen ausbilden, wie etwa die Anpassung von Sprache an Sprachschnittstellen. Wer mit Alexa oder Siri kommuniziert, sollte auf Doppeldeutigkeiten, Ironie, Sarkasmus oder dergleichen verzichten und sich auf kurze, eindeutige Hauptsätze beschränken. Noch sind Zwischentöne hier so sinnvoll wie mit einem Fahrkartenautomaten zu scherzen.

I. Bedeutungswandel menschlicher Talente

Wird im Falle zunehmender Arbeitslosigkeit in Berufsfeldern mit repetitiven Aufgaben 8
eine Verlagerung zu „information workers" stattfinden, die eine neue Wissenselite bilden, könnte die Rechtsanwendung zu einem der wenigen Refugien menschlichen Könnens werden. Sie nimmt insofern eine Sonderstellung ein, als die rein technische Rechtsanwendung zwar in gewissem Maße funktioniert und sich in bestimmten Bereichen (auch hier: überwiegend repetitiven Aufgaben) immer weiterverbreitet. M.E. adressieren Rechtssätze aber allein Menschen als Rechtsanwender, die gegebenenfalls auf KI-Assistenz zurückgreifen können. Definiert man Recht als von Menschen für Menschen geschaffen, bleibt hier besagtes Refugium. Ähnlich verhält es sich mit dem geistigen Eigentum, das Menschen ebenfalls *per definitionem* vorbehalten wird (dazu → Rn. 51 ff.).

Eine Flucht zu originär Menschlichem gibt es auch beim Konsum. Bildung und in- 9
formierter, bewusster Konsum sind die Statussymbole der aufstrebenden Klasse, vorder-

[10] Ford Aufstieg der Roboter, 2016.

[11] S.auch die zurückhaltende Einschätzung der eigenständigen Leistungsfähigkeit von KI durch die Kommission Artificial Intelligence – Challenges to the IPR framework (2020), S. 118 f.

[12] Bostrom Superintelligenz, 2016; Ford Aufstieg der Roboter, 2016.

gründige Güter wie Autos, Elektronik oder offensichtlich teure Kleidung fallen dagegen zurück.[13] Und doch handelt es sich nur um eine brüchige Flucht aus dem Verfall materieller Statussymbole. Denn nachdem Kopfrechnen als Ausweis großen Geistes durch die Einführung von Taschenrechnern aus der Mode kam, Faktenwissen dank allzeit verfügbarer Smartphones zu „Wikipedia-Wissen" degradiert wurde und Navigationssysteme das Lesen von Landkarten obsolet machten, blüht dasselbe Schicksal demnächst Fremdsprachen. Dank DeepL reichen heute geringe Fremdsprachkenntnisse aus, um eine E-Mail, einen Brief oder auch einen Aufsatz in einer anderen Sprache zu verfassen. Ein Problem, das mit dem Bedeutungswandel menschlicher Talente zusammenhängt, ist daher der Verlust dieser Talente und die Delegation kritischer Aufgaben an unbedarfte Maschinen. Hierin, nicht in der Singularität, liegt die Gefahr.[14] Neu hinzu treten immerhin Fähigkeiten wie der intuitive Umgang mit Technik und natürlich erhebliche Erleichterungen des Alltags.

10 Als – bis auf Weiteres – einzigartige menschliche Fähigkeit wird die Kreativität genannt, genauer „Ideenfindung, Kreativität und Innovation". Diese seien bislang nicht annähernd befriedigend von Maschinen nachgeahmt worden.[15] Folgt man den Voraussagen (häufig eher Verkündungen) der gängigen Literatur ist der Sprung zur starken KI nur eine Frage der Zeit. Dann würde auch der Zufluchtsort kreativer Leistungen von Maschinen übernommen. Was bis zuletzt bliebe, wäre der Mensch als Selbstzweck, als Begünstigter.

II. Umbruch: Industrie 4.0 und IoT

11 Wenn man nach Schlagwörtern für den Einzug automatisierter Systeme sucht, kommt man in Deutschland um den Begriff der Industrie 4.0 und international um den des Internet of Things (IoT) nicht herum. Beide Begriffe sind Anknüpfungspunkte rechtspolitischer Maßnahmen im Bereich der Automatisierung / künstlichen Intelligenz und des Datenrechts, weshalb sie hier kurz dargelegt werden.

12 IoT steht für den einfachen Umstand, dass immer mehr Dinge, also physische Gegenstände, nunmehr eine IP-Schnittstelle haben und darüber gesteuert werden können.[16] Der Begriff „Dinge" ist dabei nicht so eng wie § 90 BGB, sondern kann funktional betrachtet auch Menschen bezeichnen, wenn diese über Sensoren bzw. Wearables mit dem Internet verbunden sind und so zB Informationen (optisch, akustisch, haptisch) erhalten oder ihre Körperfunktionen überwacht werden.

13 Als eine Art Unterbegriff des IoT hat sich in Deutschland der Begriff „Industrie 4.0" festgesetzt, der offenbar erstmals auf der Hannovermesse 2011 verwendet wurde.[17] Er knüpft – nach deutscher Zählung – an drei vorausgehende Revolutionen an: (1) den Übergang der Agrar- zur Industriegesellschaft, (2) die vor allem mit Henry Ford verknüpfte Massenproduktion und (3) die mit Einführung von EDV in der Produktion Einzug gehaltene Automatisierung der 1970er Jahre.[18] In den USA spricht man parallel von der „Third Industrial Revolution" bzw. dem „Industrial Internet".[19]

[13] Currid-Halkett The Sum of Small Things – A Theory of the Aspirational Class, 2017.

[14] Vgl. Dennett in Brockman, Was sollen wir von Künstlicher Intelligenz halten?, 2017, S. 123 ff.

[15] Brynjolfsson/McAfee The Second Machine Age, 2016, Kap. 12.

[16] COM(2016) 176 – Schwerpunkte der IKT-Normung für den digitalen Binnenmarkt, S. 8; Kaufmann Geschäftsmodelle in Industrie 4.0 und dem Internet der Dinge, 2015, S. 6.

[17] Wissenschaftliche Dienste Deutscher Bundestag, Nr. 23/16 v. 26.9.2016; abrufbar unter https://tinyurl.com/ywrevb8e (www.hannovermesse.de, zuletzt abgerufen am: 19.4.2022).

[18] Andelfinger in Andelfinger/Hänisch Industrie 4.0, 2017, S. 1, 3 f.; Sendler in Sendler, Industrie 4.0, 2013, S. 1, 6.

[19] Zheng in Yuchi Value Proposition – Value Proposition A New "Long March" & E3 Economy on China's Integrated Development of Internet, Big Data, AI and Manufacturing Industry, 2020, xii.

III. Freiheitsverlust

An anderer Stelle[20] wurde auf die Gefahr aufmerksam gemacht, dass die Digitalisierung von so ziemlich allen Lebensbereichen zu einem Freiheitsverlust in Form der Einschränkung von Handlungsmöglichkeiten führen könnte. Dies betrifft ganz besonders automatisierte und um so mehr autonome Systeme. Software hat immer stärkeren Einfluss auf physische Handlungsmöglichkeiten, etwa bei vernetzter Mobilität (zB Car Sharing, Connected Cars, E-Scooter/Roller). Aber auch Haushaltsgegenstände oder Industriemaschinen hängen in ihrer Funktion zunehmend von der Freizügigkeit ab, die ihre Software Nutzern einräumt. 14

Auf diese Problematik stellt ein erster, hier zu erwähnender Regelungskomplex ab, und zwar die Warenkauf-RL,[21] zu deren Umsetzung unter anderem §§ 475b ff. BGB mit Wirkung zum 1.1.2022 erlassen wurden. Sie regeln die Gewährleistung für Waren mit digitalen Elementen, was gerade auch smart products erfasst. Da es sich um Kaufgewährleistungsrecht handelt, setzen Ersatzforderungen wegen Schäden durch automatisierte Produkte einen Mangel (§§ 475b, 434 BGB nF) voraus. Detailfragen zum gebotenen Umfang von Updates oder der üblichen Beschaffenheit sind freilich offen, es fällt aber schon auf, dass § 434 BGB durch die Änderungen erheblich an Länge und Komplexität gewonnen hat, insb. wenn man die Verzahnung mit § 475b BGB einbezieht. Der Komplex ist ein gutes Beispiel für die Ausdehnung des IT-Rechts in die meisten Bereiche des Rechts – gerade so, wie sich die Digitalisierung in alle Lebensbereiche ausdehnt. 15

D. Regulierung automatisierter und autonomer Systeme

Die Aufgabe des Rechts liegt darin, die Kontrolle automatisierter Systeme durch die Rechtsordnung (und damit die Gesellschaft) zu gewährleisten. Das zeigt sich in verschiedenen bereits existenten Rechtsgebieten, aber auch in gerade neu zu entwickelnden Bereichen. Am unmittelbarsten mit der Herrschaft über Technik befasst sich das Technikrecht, als dessen Hauptzweck die Techniksteuerung definiert wird, was das Gebiet relativ eng hält.[22] In der EU ergibt sich der übergreifende Bogen für Regulierungen aus den Plänen für die europäische Digitalpolitik.[23] Diese soll hier maßgebend für einen Überblick zu den Teilbereichen des Rechts automatisierter Systeme sein. 16

I. Datenschutzrecht: Herrschaft über automatisierte Datenverarbeitung

Damit Maschinen in menschlicher Gesellschaft bestehen können, benötigen sie möglichst viele Informationen über menschliches Verhalten. Daher nimmt das Datenschutzrecht im IT-Recht autonomer Systeme eine zentrale Stellung ein und stellt für Entwickler ein besonders großes Hindernis dar. Es setzt an der Verbindung autonomer Systeme mit Menschen an. Autonome Systeme sollen im Großteil der Fälle unmittelbar menschliche Bedürfnisse befriedigen (Transport, Assistenz, Entertainment etc.), sie sind daher auf den Zugriff auf Personendaten angewiesen. Dies betrifft nicht nur die Personalisierung von Diensten im Einzelfall, sondern auch die vorausgehende Entwicklung künstlicher Intelligenz, für die Daten über menschliches Verhalten benötigt werden. 17

[20] Becker ZUM 2019, 636.

[21] RL (EU) 2019/771 v. 20. Mai 2019 über bestimmte vertragsrechtliche Aspekte des Warenkaufs, zur Änderung der Verordnung (EU) 2017/2394 und der Richtlinie 2009/22/EG sowie zur Aufhebung der Richtlinie 1999/44/EG.

[22] Zech Technikrecht, 2021, S. 7 ff.

[23] COM(2020) 67 – Gestaltung der digitalen Zukunft Europas.

1. DSGVO

18 Der sachliche Anwendungsbereich der DSGVO knüpft unmittelbar an die Automatisierung an. Er ist erst eröffnet, wenn eine „Verarbeitung" vorliegt, nämlich Personendaten „mit oder ohne Hilfe automatisierter Verfahren" erhoben, geordnet, verwendet etc. werden (Art. 4 Nr. 2 DSGVO).

19 Zudem enthält die DSGVO neben der generellen Regulierung der Personendatenverarbeitung spezielle Regeln für bestimmte, als besonders problematisch empfundene Praktiken, wozu in erster Linie das Profiling zählt (Art. 22 DSGVO). Genauer geht es um das mit wenigen Ausnahmen versehene Verbot, Personen einer ausschließlich auf einer automatisierten Verarbeitung beruhenden Entscheidung zu unterwerfen, die ihnen gegenüber rechtliche Wirkung entfaltet oder sie in ähnlicher Weise erheblich beeinträchtigt. Unter den Ausnahmetatbeständen, die vor diesem Hintergrund eine Datenverarbeitung erlauben, ist die Einwilligung praktisch am relevantesten. Allerdings muss sie im Gegensatz zur sonst nur als „unmissverständlich" geforderten (Art. 4 Nr. 11 DSGVO) Einwilligung hier „ausdrücklich" erfolgen. Hierunter sind – in Ermangelung einer Legaldefinition – wohl erhöhte Anforderungen an die Beweisbarkeit der Einwilligung und Information der Betroffenen zu verstehen; zudem kann die Einwilligung weder stillschweigend noch konkludent, wohl aber elektronisch erfolgen.[24]

20 Diese zusätzliche Anforderung stellt die DSGVO nur in wenigen anderen Fällen, die aber für den Einsatz autonomer Systeme gleichfalls von Bedeutung sind. Zu ihnen zählen – neben dem Profiling – die Verarbeitung besonderer Kategorien von Daten (zB biometrische Daten, genetische Daten, Gesundheitsdaten, Daten zum Sexualleben, Art. 9 I DSGVO) und Übermittlung von Personendaten in Drittländer (Art. 49 DSGVO) (s. → Rn. 26ff.). Probleme bereiten die erhöhten Einwilligungsanforderungen etwa bei der Digitalisierung des Gesundheitsbereichs (zB Gesundheitsapps, Fitnesstracker, diverse Wearables) oder der Verarbeitung von Daten in den USA, wie sie bei vielen US-Anbietern smarter Technologie üblich ist. Biometrische Daten wiederum sind für die Interaktion von Mensch und Maschine entscheidend, man denke zB an iPhones, die per Gesichtserkennung oder Fingerabdruck aktiviert werden können. Der häufig als geschäftsschädigend empfundene europäische Datenschutz hat vor diesem Hintergrund tatsächlich eine wichtige vertrauensstiftende Funktion.

21 Er erfüllt aber noch eine andere Aufgabe: Die Sicherheitsanforderungen der DSGVO und der nationalen Datenschutzgesetze (wie dem BDSG) sind idR strenger als die des Geschäftsgeheimnisschutzes.[25] Cloud-Speicher, die unproblematisch von Angestellten des Dienstes durchsucht werden können, taugen weder zur Speicherung fremder Personendaten noch zur Aufbewahrung von Geschäftsgeheimnissen. Da Big Data den Schutzbereich des Geschäftsgeheimnisschutzes stark erweitert hat und autonome Systeme – insbes. wenn sie personalisiert funktionieren sollen – oftmals große Mengen an Personendaten ausgelagert auf Servern verarbeiten, erfüllen europäische Datenschutzstandards auch Funktionen des Geschäftsgeheimnisschutzes.

22 Zumindest einen Gedanken wert ist daher die These der Europäischen Kommission, dass Datenschutz gut für das Geschäft ist: „Ein hohes Datenschutzniveau ist (…) unentbehrlich, um das Vertrauen in Online-Dienste zu stärken, das Potenzial der digitalen Wirtschaft auszuschöpfen und auf diese Weise Wirtschaftswachstum und Wettbewerbsfähigkeit der EU zu steigern."[26] Die globalen Chancen Europas könnten in einer vernetzten Welt

[24] Schiff in Ehmann/Selmayr DSGVO, 2. Aufl. 2018, DSGVO Art. 9 Rn. 33ff.; Spindler/Dalby in Spindler/Schuster Recht der elektronischen Medien, 4. Aufl. 2019, DSGVO Art. 9 Rn. 9.

[25] Dazu Becker, Kap. „The Overlap Between Trade Secrets and Privacy" in Wilkof/Calboli Overlapping IP rights, 2022 (im Erscheinen).

[26] COM(2012) 9 final – Der Schutz der Privatsphäre in einer vernetzten Welt, S. 2; COM(2015) 192 – DSMS, S. 15 („Die Datenschutz-Grundverordnung wird das Vertrauen in digitale Dienste verbessern"); ebenso COM(2020) 66 final – Eine europäische Datenstrategie, S. 1.

im Angebot von Diensten liegen, die tatsächlich gegen staatlichen und privaten Zugriff gesichert sind.

2. ePrivacy-Regulierung

Ein anderes Feld des Datenschutzrechts, das der für autonome Systeme erforderlichen Datenverarbeitung Schwierigkeiten bereitet, ist die ePrivacy-Regulierung. Diese erfasst nicht allein Personendaten, sondern in einigen Vorschriften alle Informationen von natürlichen wie auch juristischen Personen aus der elektronischen Kommunikation, also zB Verkehrsdaten oder Informationen über Endgeräte (Modell, installierte Software, Standort etc.). Solche Daten stellen oftmals zugleich Personendaten dar, für die weitgehend parallel (vgl. Art. 95 DSGVO) die DSGVO anwendbar ist. Es bedarf daher regelmäßig zweier, separat zu bewertenden Einwilligungen – einer nach der DSGVO, einer nach der ePrivacy-Regulierung.[27] **23**

Die Umsetzung der noch geltenden ePrivacyRL (in der Fassung der CookieRL)[28] in deutsches Recht erfolgte nun erstmals vollständig im neuen Telekommunikation-Telemedien-Datenschutz-Gesetz (TTDSG), das am 1.12.2021 in Kraft trat.[29] § 25 TTDSG erfasst den „Zugriff auf Informationen, die bereits in der Endeinrichtung des Nutzers gespeichert sind". Darunter fallen auch Informationen, auf die bei der Interaktion mit Geräten, zB beim Abruf einer Homepage, zugegriffen wird. Dies erschwert eine für die automatisierte Nutzerkennung erforderliche Technik – das *device fingerprinting*, also das Wiedererkennen von Endgeräten, die oftmals überwiegend von derselben Person bedient werden, so dass diese (ohne zwingend namentlich bekannt zu sein) mitidentifiziert wird. Die ePrivacy-Regulierung sollte ursprünglich parallel zur DSGVO in eine ePrivacyVO überführt werden. Die hier angerissenen Punkte sind aber nur einige der politisch streitigen Fragen dieser Verordnung, für die– nach heftigem Lobbyismus[30] – erst 2021 unter der portugiesischen Ratspräsidentschaft ein Ratsentwurf verabschiedet wurde.[31] **24**

Dass das Datenschutzrecht ein Nadelöhr bei der Entwicklung autonomer Systeme bildet, ist Ausdruck der Anerkennung von Privatsphäre und Datenschutz als eigenständige Grundrechte (Art. 7, 8 GrCharta). Man darf die DSGVO oder die ePrivacyRL daher nicht als ungelenken Versuch verstehen, Marktregeln für Personendaten zu entwerfen. Betroffenen soll vielmehr Kontrollherrschaft über ihre Person betreffende Informationen eingeräumt werden, ohne sie aber in nennenswerter Weise zu Disposition über diese Daten zu befähigen. Der Mangel an Dispositionsmöglichkeiten (s. etwa das starke Widerrufsrecht in Art. 7 III DSGVO) erschafft absichtlich Rechtsunsicherheit im rechtsgeschäftlichen Umgang mit Personendaten. Es ist also kaum möglich, rechtssicher an Personendaten zur dauerhaften wirtschaftlichen Weiterverarbeitung zu gelangen. Aus Sicht autonomer Systeme, deren Nützlichkeit stark von der Möglichkeit abhängt, menschliche Gewohnheiten zu erfassen (so → Rn. 17), ist das misslich. Tatsächlich haben sich durch den wirtschaftlichen Druck Schlupflöcher gebildet, die dem Markt Zugriff auf Personendaten ermöglichen (zB der aufgeweichte Art. 7 IV DSGVO).[32] Eine weitere Ausprägung dieses **25**

---

[27] Becker CR 2021, 87 (Rn. 54 ff.).

[28] RL 2002/58/EG über die Verarbeitung personenbezogener Daten und den Schutz der Privatsphäre in der elektronischen Kommunikation (Datenschutzrichtlinie für elektronische Kommunikation); 2009/136/EG zur Änderung der Richtlinie 2002/22/EG über den Universaldienst und Nutzerrechte bei elektronischen Kommunikationsnetzen und -diensten, der Richtlinie 2002/58/EG über die Verarbeitung personenbezogener Daten und den Schutz der Privatsphäre in der elektronischen Kommunikation und der Verordnung (EG) Nr. 2006/2004 über die Zusammenarbeit im Verbraucherschutz (sog. Cookie-RL).

[29] Gesetz über den Datenschutz und den Schutz der Privatsphäre in der Telekommunikation und bei Telemedien, BGBl. 2021 I 1982; s. dazu Golland NJW 2021, 2238.

[30] Vgl. Kayali/Manancourt politico.eu v. 10.2.2021, https://tinyurl.com/5yyu7kf8.

[31] https://data.consilium.europa.eu/doc/document/ST-6087-2021-INIT/en/pdf.

[32] Dazu etwa Becker CR 2021, 230 (Rn. 72 ff.).

Phänomens ist der in der Digitale InhalteRL[33] geregelte Erlass von Gewährleistungsregeln für Leistungen, die im Austausch für Personendaten erworben wurden, auch wenn diese Form des Erwerbs nach wie vor unerwünscht[34] ist (s. §§ 312 Abs. 1a; 327 Abs. 3 BGB nF[35]).

3. Datenexport in Drittländer

26 Am 16.7.2020 erklärte der EuGH den Angemessenheitsbeschluss der EU-Kommission (Art. 45 DSGVO) über das EU-US „Privacy Shield"[36] für ungültig.[37] Dies hat erhebliche praktische Auswirkungen für autonome Systeme, da Dienstleister wie Amazon Web Services (AWS) oder auch einfache Dienste wie die iCloud von Apple ganz oder teilweise über US-Server laufen und/oder dem Zugriff von US-Behörden unterliegen. Der Privacy Shield war nach dem ebenfalls gescheiterten[38] Save Harbour-Abkommen[39] bereits der zweite Versuch, eine Brücke zur Nutzung der zahlreichen US-Anbieter zu bauen. Die weite Definition personenbezogener Daten macht es wie gesagt in vielen Branchen schwierig, automatisierte Leistungen ausschließlich auf nicht-personenbezogenen Daten aufzubauen. Werden also Personendaten auf US-Server verbracht, drohen den verantwortlichen Unternehmen die Rechtsfolgen der DSGVO.

27 Die Diskussion hat noch eine andere, diplomatische Seite, denn die Entscheidung des EuGH wurde stellenweise als bigott aufgenommen. Der EuGH argumentierte nämlich mit den weiten Zugriffsbefugnissen einzelner US-Behörden, insb. aus Gründen der nationalen Sicherheit,[40] dabei sind die datenschutzrechtlichen Maßstäbe auch innerhalb der EU nicht ganz so streng, da die nationale Sicherheit dem Recht der Mitgliedstaaten unterliegt.[41] Die Kritik an der Entscheidung – „gobsmacking in its mix of judicial imperialism and Eurocentric hypocrisy"[42] – knüpft an den älteren Vorwurf an, dass Europa es sich herausnimmt, die Welt datenschutzrechtlich zu belehren.[43] Ohne hier ins Detail zu gehen, hat sich europäisches Datenschutzrecht im Zuge der 1981 in Kraft getretenen Konvention 108[44] des Europarats über den Hebel angemessener (= europäischer) Datenschutzstandards als Bedingung für Handelsbeziehungen global schon früh überraschend weit verbreitet, etwa in den nationalen Datenschutzgesetzen in Island, Israel, Finnland oder Japan.[45] Auch

[33] RL (EU) 2019/770 über bestimmte vertragsrechtliche Aspekte der Bereitstellung digitaler Inhalte und digitaler Dienstleistungen.

[34] S. 2017/C 200/07, Zusammenfassung der Stellungnahme des Europäischen Datenschutzbeauftragten zu dem Vorschlag für eine Richtlinie über bestimmte vertragsrechtliche Aspekte der Bereitstellung digitaler Inhalte.

[35] BGBl. 2021 I 2123.

[36] (EU) 2016/1250. (EU) 2016/1250 – Durchführungsbeschluss gemäß der Richtlinie 95/46/EG des Europäischen Parlaments und des Rates über die Angemessenheit des vom EU-US-Datenschutzschild gebotenen Schutzes.

[37] EuGH ZD 2020, 511 – Schrems II.

[38] EuGH NJW 2015, 3151 – Schrems I.

[39] Entscheidung der Kommission gemäß der Richtlinie 95/46/EG des Europäischen Parlaments und des Rates über die Angemessenheit des von den Grundsätzen des „sicheren Hafens" und der diesbezüglichen „Häufig gestellten Fragen" (FAQ) gewährleisteten Schutzes, vorgelegt vom Handelsministerium der USA – Save Harbour-Entscheidung (2000/520/EG).

[40] EuGH ZD 2020, 511 (Rn. 180 ff.) – Schrems II.

[41] Botta CR 2020, 505 (Rn. 4 ff.); Moos/Rothkegel ZD 2020, 522 (523).

[42] Baker, lawfareblog.com v. 21.7.2020, abrufbar unter www.lawfareblog.com/how-can-us-respond-schrems-ii (zuletzt abgerufen am: 19.4.2022).

[43] Scheer, Europe's New High-Tech Role: Playing Privacy Cops to World, Wall Street Journal v. 10.10.2003, abrufbar unter www.wsj.com/articles/SB106574949477122300 (zuletzt abgerufen am: 19.4.2022).

[44] Sammlung Europäischer Verträge – Nr. 108, Übereinkommen zum Schutz des Menschen bei der automatischen Verarbeitung personenbezogener Daten vom 28.1.1981, abrufbar unter https://rm.coe.int/1680078b38.

[45] Simitis/Hornung/Spiecker gen. Döhmann, Datenschutzrecht, 1. Aufl. 2019, Einleitung Rn. 78 ff.

über den Bereich von Datenschutzbestimmungen hinaus wird dem Wirken der EU eine einseitige Macht zur Regulierung globaler Märkte („Brussels Effect“) attestiert.[46]

An der Problematik wird sich hinsichtlich der USA wohl auch bis auf Weiteres nicht viel ändern. Der ins Spiel gebrachte Verweis auf EU-Standardvertragsklauseln (Art. 46 DSGVO) läuft leer, da kein US-Unternehmen wirksam versprechen kann, US-Recht zu brechen.[47] Solange es also zur US-Politik gehört, Zugriffsbefugnisse auf private Server,[48] unabhängig von der Herkunft der darauf befindlichen Daten zu verlangen, lassen sich die in Art. 46 DSGVO verlangten Garantien in den USA nicht durchsetzen. Zumindest im Bereich des Cloud-Computings soll hier eine innereuropäische Lösung entstehen (su → Rn. 42). 28

II. Datenrecht und Industrie 4.0

Das Datenschutzrecht ist nur ein Unterfeld des Datenrechts.[49] Tatsächlich bezog sich der Großteil der Aktivitäten des Unionsgesetzgebers im Datenrecht der vergangenen Jahre auf Rechtsfragen, die auch oder vornehmlich nicht-personenbezogene Daten betreffen. Ausgangspunkt sind die für einen von automatisierter Datenverarbeitung getriebenen Binnenmarkt als zentral empfundenen maschinengenerierten und industriellen Daten, für deren Erzeugung idR keines der IP-Rechte Schutz gewährt, sondern allenfalls das Sacheigentum am Datenträger.[50] 29

Einen ersten Überblick über die aktuellen Aktivitäten gibt die Europäische Datenstrategie.[51] Ihr vorläufiges Ziel besteht darin, dass der „Anteil der EU an der Datenwirtschaft (dh die in Europa gespeicherten, verarbeiteten wertschöpfend genutzten Daten) mindestens ihrem wirtschaftlichen Gewicht entspricht“.[52] Die Nutzung von Daten ist mit automatisierten Systemen derart verknüpft, dass die „Verfügbarkeit von Daten (…) eine wesentliche Voraussetzung für das Trainieren von Systemen der künstlichen Intelligenz“ ist.[53] Daher zielen Komponenten des europäischen Datenrechts darauf, Datensammlungen grenzüberschreitend zugänglich zu machen. Nicht annährend abschließend aufzuzählen sind insofern: 30

1. DatenbankenRL

Ursprünglich geplant, um einen europäischen Informationsmarkt zu erschaffen („creation of a European information services market“),[54] erhielt das Vorhaben eines Datenbankenschutzrechts zunächst einen stark urheberrechtlichen Fokus,[55] von dem aus es dann aber doch um ein Schutzrecht *sui generis* (in Deutschland umgesetzt in §§ 87a ff. UrhG) erweitert wurde. Vor diesem Hintergrund des Streits über die generelle Reichweite eines solchen zusätzlichen Schutzrechts erklärt sich die auf den ersten Blick sehr strenge Auslegung des EuGH, der für den Datenbankschutz *sui generis* als zur Beschaffung des Inhalts 31

[46] Bradford Northwestern University Law Review, Vol. 107 (2012), S. 1.
[47] S. etwa Moos/Rothkegel ZD 2020, 522.
[48] S. auch den US CLOUD-Act, „Clarifying Lawful Overseas Use of Data Act“, abrufbar unter https://www.justice.gov/dag/page/file/1152896/download (zuletzt abgerufen am: 19.4.2022), der es US-Strafverfolgungsbehörden ermöglicht, zur Rechtsverfolgung (nach dem Stored Communications Act, SCA) auch auf Daten zugreifen, die sich auf Servern von US-Anbietern in anderen Ländern befinden.
[49] Steinrötter FS Taeger, 2020, 491 (493 f.) sowie passim.
[50] SWD(2017) 2, S. 19 – Working Document on the free flow of data and emerging issues of the European data economy.
[51] COM(2020) 66 – Eine europäische Datenstrategie.
[52] COM(2020) 66 – Eine europäische Datenstrategie, S. 5.
[53] COM(2020) 66 – Eine europäische Datenstrategie, S. 3.
[54] Green Paper on Copyright and the Challenge of Technology – Copyright Issues Requiring immediate Action, COM (88) 172 final.
[55] Kom (92) 24 – Vorschlag für eine RL über den rechtlichen Schutz von Datenbanken.

einer Datenbank erforderliche Investitionen iSd Art. 7 I DatenbankenRL Investitionen in die Erzeugung von Daten explizit *nicht* gelten lässt.[56] In der Evaluation der RL zeigte sich die Kommission zufrieden mit dieser restriktiven Lesart, da sie Informationsmonopol enentgegenwirke.[57] Der Fokus liegt so auf Investitionen in die Sammlung und in die datenbankmäßige Aufbereitung von Daten. Zu den aktuellen Überlegungen zählt aber auch die Frage, ob maschinengenerierte Daten nicht doch vom Datenbankenschutz erfasst werden sollten. Die Grenze zwischen der Erzeugung und Sammlung von Maschinendaten sei ohnehin nicht immer leicht zu ziehen, weshalb die Debatte zumindest von Seiten der Kommission weiterverfolgt werden soll.[58] Nach Art. 35 des inzwischen (Anm.: Nach Redaktionsschluss) als Entwurf vorliegenden Data Act sollen Daten aus IoT-Produkten keinen Datenbankenschutz genießen, was zur Politik eines offenen Datenzugangs passt (s.u. → Rn. 34 ff.).

2. Geschäftsgeheimnisschutz

32 Aus Sicht des Unionsgesetzgebers ist die GeschäftsgeheimnisRL ein weiteres Werkzeug im Aufbau der Datenwirtschaft. Sie hat einen ganz anderen Fokus als der Datenbankenschutz, wobei eine Doppelung des Schutzes unproblematisch ist.[59] Tatsächlich könnte der Geschäftsgeheimnisschutz für Big Data-Anwendungen – die definitionsgemäß automatisiert sind – von großer Bedeutung sein. Die GeschäftsgeheimnisRL enthält keine echten *qualitativen* Schutzschwellen und sieht Schutz für „alle irgendwie kommerziell verwertbaren Informationen" vor,[60] sofern sie angemessen geheim gehalten werden. Mit Blick auf Big Data-Anwendungen ist festzuhalten, dass Big Data so gut wie keine belanglosen Informationen kennt, sondern gerade aus scheinbar belanglosen Informationen interessante Zusammenhänge herausfiltert.[61] Mithin könnten so die ohnehin schon weit gefassten Anforderungen an das Schutzgut (Art. 2 Nr. 1 GeschäftsgeheimnisRL / § 2 Nr. 1 GeschGehG) noch großzügiger gedeutet werden.

3. Data producer's right

33 Ein Schutzrecht an Daten als solchen war (und ist teilweise noch) Gegenstand einer umfänglichen Diskussion in der Rechtswissenschaft.[62] Am deutlichsten näherte sich die Kommission dieser Thematik in der zur „Free Flow of Data Initiative" gehörenden Mitteilung „Aufbau einer Europäischen Datenwirtschaft", wo ein Datenherstellerrecht („data producer's right") angedacht wurde.[63] Man kann aber inzwischen wohl sagen, dass dieser Vorschlag in der Diskussion abgelehnt wurde und nicht in die Tat umgesetzt werden wird.

4. Datenzugang und freier Datenverkehr (free flow of data-policy)

34 Großen Wert legte und legt die Kommission hingegen auf die Zugänglichkeit von Daten für die Industrie. Der „freie Datenfluss" (*free flow of data*) ist auf dem Weg zu einer fünften Grundfreiheit. Die schon angesprochene „Free Flow of Data Initiative" bestand aus den beiden ebenfalls angesprochenen Papieren[64] und griff unter anderem den Faden

[56] EuGH GRUR 2005, 252 (Rn. 23 f.) – Fixtures/Svenska Spel AB (Fixtures I); GRUR 2005, 254 (Rn. 39 f.) – Fixtures/OPAP (Fixtures II); GRUR 2005, 244 (Rn. 30 f.) – BHB/William Hill.

[57] SWD(2018) 146, S. 24 – Evaluation of Directive 96/9/EC on the legal protection of databases.

[58] SWD(2018) 146, S. 35 ff. – Evaluation of Directive 96/9/EC on the legal protection of databases.

[59] SWD(2018) 146, S. 43 f. – Evaluation of Directive 96/9/EC on the legal protection of databases.

[60] Heinzke CCZ 2016, 179 (182).

[61] Zech GRUR 2015, 1151 (1156).

[62] S. ZGE/IPJ 9 (2017) Heft 3 passim.

[63] COM(2017) 9 – Aufbau einer Europäischen Datenwirtschaft, S. 14; SWD(2017) 2 – Working Document on the free flow of data and emerging issues of the European data economy, S. 33 ff.

[64] COM(2017) 9 – Aufbau einer Europäischen Datenwirtschaft; SWD(2017) 2 – Working Document on the free flow of data and emerging issues of the European data economy.

des Abbaus von Lokalisationsbeschränkungen wieder auf.[65] Ein Resultat war die „Verordnung über einen Rahmen für den freien Verkehr nicht-personenbezogener Daten in der Europäischen Union" (EU 2018/1807), die besagten Lokalisationsbeschränkungen entgegenwirkt.[66]

a) Die PSI-RL. Darüber hinaus schlug die Kommission ein Maßnahmenpaket vor,[67] **35**
das unter anderem eine Überarbeitung der PSI-RL (Public Sector Information Richtlinie) vorsah. Diese blickt bereits auf eine bald 20-jährige Geschichte zurück.[68] Ihrer Umsetzung dient in Deutschland unter anderem das Informationsfreiheitsgesetz (IFG).

Die überarbeitete PSI-RL hat einen Fokus auf offene Daten (open data)[69] (weshalb sich **36**
die Abkürzung auf OD-PSI-RL erweitert hat).[70] Sie nimmt nunmehr ausdrücklich Bezug auf die Weiterverwendung von öffentlichen und öffentlich finanzierten Informationen, „um weitere digitale Innovationen, insbesondere im Hinblick auf künstliche Intelligenz, zu fördern" (ErwG 3 OD-PSI-RL). Die OD-PSI-RL zielt im Gegensatz zu ihren Vorgängerinnen auf „Dienste und Anwendungen, die auf dem Verwenden, Aggregieren oder Kombinieren von Daten beruhen" (ErwG 10 OD-PSI-RL). Parallel sollen auch Daten aus öffentlich geförderter Forschung verfügbar gemacht werden.[71] Sie verbietet bspw. Ausschließlichkeitsvereinbarungen an Daten aus öffentlichen Quellen (Art. 12 OD-PSI-RL), macht Vorgaben für möglichst offene Datenformate samt Metadaten (Art. 5 OD-PSI-RL) und sorgt für die Verfügbarkeit von Forschungsdaten (Art. 10 OD-PSI-RL).

Konkrete Beispiele für die Zurverfügungstellung von Daten sind das auf der Open **37**
Data-Mitteilung[72] beruhende European Data Portal[73] oder das auf der INSPIRE-RL[74] beruhende Portal[75] für europäische Geodaten. Diese offene Datenpolitik ist Teil des politischen Wandels weg von Ausschluss- und hin zu Zugangsrechten.[76]

b) Sektorspezifische Ansätze und Data-Governance-Act. Neben den schon zi- **38**
tierten Zugriff auf Geodaten tritt eine Reihe sektorspezifischer Ansätze, etwa für die Automobilindustrie,[77] intelligente Verbrauchsmesssysteme,[78] intelligente Verkehrssyste-

[65] S. zuvor COM(2012) 9 final – Der Schutz der Privatsphäre in einer vernetzten Welt – Ein europäischer Datenschutzrahmen für das 21. Jahrhundert; COM(2014) 442 – Mitteilung für eine florierende datengesteuerte Wirtschaft.

[66] S. dazu auch COM(2017) 495– Entwurf einer Verordnung über einen Rahmen für den freien Verkehr nicht personenbezogener Daten in der Europäischen Union.

[67] COM(2018) 232 final – Aufbau eines gemeinsamen europäischen Datenraums; SWD(2018) 125 final – Leitfaden für die gemeinsame Nutzung von Daten des Privatsektors in der europäischen Datenwirtschaft.

[68] RL 2003/98/EG über die Weiterverwendung von Informationen des öffentlichen Sektors; RL 2013/37/EU zur Änderung der Richtlinie 2003/98/EG – Weiterverwendung von Informationen des öffentlichen Sektors; COM(2018) 234 – Vorschlag zur Überarbeitung der Richtlinie über die Weiterverwendung von Informationen des öffentlichen Sektors.

[69] RL (EU) 2019/1024 über offene Daten und die Weiterverwendung von Informationen des öffentlichen Sektors.

[70] Hartl/Ludin MMR 2021, 534.

[71] C(2018) 2375 – Empfehlung über den Zugang zu wissenschaftlichen Informationen und deren Bewahrung.

[72] COM(2011) 882 – Offene Daten: Ein Motor für Innovation, Wachstum und transparente Verwaltung.

[73] www.europeandataportal.eu (zuletzt abgerufen am: 19.4.2022).

[74] RL 2007/2/EG zur Schaffung einer Geodateninfrastruktur in der Europäischen Gemeinschaft.

[75] https://inspire-geoportal.ec.europa.eu (zuletzt abgerufen am 19.4.2022).

[76] S. COM(2017) 228, S. 13 – Mitt. über die Halbzeitüberprüfung der Strategie für einen digitalen Binnenmarkt.

[77] VO (EU) 2018/858 – über die Genehmigung und die Marktüberwachung von Kraftfahrzeugen und Kraftfahrzeuganhängern sowie von Systemen, Bauteilen und selbstständigen technischen Einheiten für diese Fahrzeuge, zur Änderung der Verordnungen (EG) Nr. 715/2007 und (EG) Nr. 595/2009 und zur Aufhebung der Richtlinie 2007/46/EG.

[78] RL (EU) 2019/944 mit gemeinsamen Vorschriften für den Elektrizitätsbinnenmarkt und zur Änderung der Richtlinie 2012/27/EU.

me oder das Gesundheitswesen.[79] Das Daten-Governance-Gesetz,[80] besser bekannt als Data Governance Act (DGA-E), hat vor diesem Hintergrund einen ergänzenden Auftrag (vgl. Art. 1 II DGA-E).

39 Der DGA-E legt Bedingungen für die Weiterverwendung von Daten im Besitz öffentlicher Stellen fest (Art. 1 I lit. a DGA-E). Dabei bleiben sämtliche Rechte an Daten unberührt, es wird lediglich ein Governance-Rahmen errichtet (Art. 3–8 DGA-E), der Regeln festlegt, nach denen öffentliche Stellen Daten lizenzieren sollen, um einen möglichst großen Gemeinnutzen zu stiften; insb. dürfen keine Ausschließlichkeitsvereinbarungen getroffen werden (Art. 4 DGA-E).

40 Weiter regelt der DGA-E einen „Anmelde- und Aufsichtsrahmen für die Erbringung von Diensten für die gemeinsame Datennutzung" (Art. 1 I lit. b; 9–14 DGA-E). Dies zielt wohl auf die in der Datenstrategie angesprochene „Weitergabe und Nutzung privater Daten durch andere Unternehmen" (gemeinsame B2B-Datennutzung) bzw. den Aufbau EU-weiter, gemeinsamer interoperabler Datenräume. Zugleich dürfte es Angebote betreffen, die der Verwirklichung des Datenportabilitätsrechts (Art. 20 DSGVO) oder der diensteübergreifenden Verwaltung der eigenen Daten (etwa durch PIMS[81]) dienen.[82]

41 Als dritten Punkt legt der DGA-E einen Rahmen für die freiwillige Eintragung von Unternehmen fest, die sich im sog. Datenaltruismus (Art. 2 Nr. 10 DGA-E) engagieren (Art. 1 I; 15–22 DGA-E). Dabei geht es wohl letztlich darum, Anreize und das nötige Vertrauen zu schaffen, um Berechtigte insb. in Bezug auf Personendaten davon zu überzeugen, Datenspenden zu geben und so die strikten Vorgaben der DSGVO (aber auch anderer Schutzrechte) mit einer datengetriebenen Wirtschaft zu versöhnen.

5. Digitale Infrastruktur

42 Ein weiterer Pfeiler der europäischen Industriepolitik und Hintergrund des Einsatzes automatisierter Systeme ist der Ausbau der digitalen Infrastruktur.[83] Der Unionsgesetzgeber hat in den letzten Jahren eine beachtliche Zahl an Maßnahmen auf den Weg gebracht, die in der EU für eine digitale Infrastruktur sorgen sollen, auf der eine moderne Industrie des digitalen Binnenmarktes fußen kann. Zu den Maßnahmen zählen unter anderem eine europäische Cloud, die mittlerweile in Form des Gaia-X-Projekts als dezentrale, in mehrere Datenräume gegliederte Cloud Formen annimmt,[84] standardisierte IKT-Normen,[85] High Performance Computing[86] und die Förderung von Quanteninformatik[87] sowie harmonisierte Vorschriften zur Cybersicherheit.[88]

[79] S. den Vorschlag für einen European Health Data Space (EHDS), COM(2020) 197; dazu COM(2020) 456 – Die Stunde Europas – Schäden beheben und Perspektiven für die nächste Generation eröffnen, S. 19; COM(2020) 690 – Arbeitsprogramm der Kommission für 2021, S. 12.

[80] COM(2020) 767 über europäische Daten-Governance (Daten-Governance-Gesetz).

[81] Personal Information Management Systems.

[82] COM(2020) 66 final – Eine europäische Datenstrategie, S. 8 f., 12, 23 f. (die Rolle des Dienstes als neutraler Vermittler müsse gewährleistet werden).

[83] COM(2021) 118 – Digitaler Kompass 2030: der europäische Weg in die digitale Dekade.

[84] https://www.gaia-x.eu (zuletzt abgerufen am: 19.4.2022); COM(2020) 66 final – Eine europäische Datenstrategie, S. 10 f., 21; COM(2016) 178 – Europäische Cloud-Initiative – Aufbau einer wettbewerbsfähigen Daten- und Wissenswirtschaft in Europa.

[85] COM(2016) 176 – Schwerpunkte der IKT-Normung für den digitalen Binnenmarkt.

[86] SWD(2016) 106 – Implementation of the Action Plan for the European High-Performance Computing strategy.

[87] SWD(2016) 107 – Quantum Technologies; s. zum sog. Industry Package auch Becker GRUR-Newsletter 1/2016, 7.

[88] VO 2019/881 – Rechtsakt zur Cybersicherheit.

III. Unkörperliche Dienste – Der Digital Services Act (DSA)

Ein Teilbereich automatisierter und auch autonomer Systeme ist der Surveillance Capitalism mitsamt seiner Instrumentalisierung zur Beeinflussung zB von Wahlen. Weitere Probleme bereiten Fake News, Hate Speech und Bots, die derlei verbreiten und Plattformen unterwandern. Diese Gebiete haben im IT-Recht eine herausgehobene Stellung, die sich von selbstfahrenden Autos und dergleichen erheblich unterscheidet. Die Themen fanden sich schon in manchen Zeitungsschlagzeilen wieder. 43

Tatsächlich bestehen Unternehmen wie Google oder Facebook zu großen Teilen aus autonomen Systemen, die in Form der og Probleme starken Einfluss auf die globale Gesellschaft hatten und haben. Einen zentralen Platz in diesem Gefüge nimmt die automatisierte Versteigerung von Werbeplätzen (sog. *impressions*) anhand systematisch und ebenfalls automatisiert erhobener Informationen über Nutzer und Geräte ein. Sie ist Gegenstand unter anderem der juristischen wie auch der Informatik-Forschung.[89] Denn hier zeigt sich schon ein für autonome Systeme charakteristisches Problem: die Undurchsichtigkeit (*Opazität*) der Informationsverarbeitung.[90] Sie kann nicht nur bei neuronalen Netzen oder dergleichen vorliegen, sondern auch das Ergebnis hochgradiger Vernetzung sein, wie sie bei der Internetwerbung vorliegt. 44

Der angesprochene Teilbereich findet eine spezielle IT-rechtliche Regulierung im Vorschlag eines Digital Services Acts (DSA)[91] zur Änderung der eCommerceRL (auf der in Deutschland das TMG beruht). Der DSA-E adressiert ausschließlich besagte unkörperliche Systeme in den genannten Problemfeldern. Ausgangspunkt ist allerdings die Plattformökonomie. Nachdem die eCommerceRL mit großzügigen Haftungsprivilegien für ein Wachstum der Digitalwirtschaft in der EU sorgen sollte, hat der praktische Einfluss von Plattformen, die sich als redaktionell nicht verantwortliche Infrastrukturanbieter verstehen, zu massenhaften Rechtsverletzungen geführt, die sich mit herkömmlichen juristischen Mitteln kaum mehr erfassen lassen. 45

Bereits geregelt wurde in dieser Hinsicht das Urheberrecht, für das die DSM-RL Diensteanbieter nun in die Haftung für Uploads von Nutzern nimmt, was zum Streit über Uploadfilter geführt hat – ohne die die inzwischen umgesetzten Richtlinienvorgaben aber nicht erfüllbar sind.[92] Der DSA befasst sich mit der übergeordneten Ebene. Plattformen wie Youtube und TikTok sind nur Unterfälle digitaler Diensteanbieter. Nachdem die eCommerceRL großzügige Freistellungen für Diensteanbieter vorgesehen hat (Art. 12 ff. eCommerceRL), führt der DSA nun strengere Regeln ein. Unter anderem ermöglicht Art. 6 DSA-E „freiwillige Untersuchungen oder andere Tätigkeiten zur Erkennung, Feststellung und Entfernung illegaler Inhalte oder zur Sperrung des Zugangs zu illegalen Inhalten", die nichts an der Haftungsfreistellung der privilegierten Anbieter (Art. 3–5 DSA-E) ändern. Art. 8, 9 DSA-E verstärken ebenfalls die Rechtsdurchsetzung, indem sie Anordnungen zum Vorgehen gegen illegale Inhalte und Auskunftsanordnungen harmonisieren und durch unverzügliche Rückmeldepflichten an das Tempo der Digitalwirtschaft anpassen. Für Online-Plattformen gibt es in Art. 16 ff. und 25 ff. DSA-E eine Reihe an Vorschriften, die massenhaften Rechtsverletzungen (insb. Persönlichkeitsrechtsverletzungen und Aufstachelungen zum Hass) entgegenwirken und für mehr Transparenz hinsichtlich der Funktionsweise dieser Plattformen sorgen sollen, etwa in Bezug auf Empfehlungssysteme (Art. 29 DSA-E) oder der Online-Werbung (Art. 30 DSA-E).[93] 46

---

[89] Dazu Becker CR 2021, 87.

[90] Vgl. COM(2020) 64 – Bericht über die Auswirkungen künstlicher Intelligenz, des Internets der Dinge und der Robotik in Hinblick auf Sicherheit und Haftung, S. 11; Fink ZGE/IPJ 9 (2017), 288 (296 f.).

[91] COM(2020) 825 – Digital Services Act.

[92] RL (EU) 2019/790 über das Urheberrecht und die verwandten Schutzrechte im digitalen Binnenmarkt und zur Änderung der Richtlinien 96/9/EG und 2001/29/EG.

[93] S. zur Bekämpfung massenhafter Online-Rechtsverletzungen auch Becker in Obergfell/Hauck Jahrbuch Eigentum und Urheberrecht in der Demokratie 1, 2021, S. 149 ff.

IV. Robotik

47 Robotik ist bislang kein dominantes Feld der Rechtspolitik des Unionsgesetzgebers, dh es finden sich so gut wie keine speziellen, gegenüber Regelungen für künstliche Intelligenz und Daten eigenständigen, Regelungspläne für Roboter.[94] Der Begriff ist vielmehr häufiger in Wortgruppen zu finden, die eine Gruppe von Technologien zusammenfassen, wie etwa „künstliche Intelligenz, Robotik und damit zusammenhängende Technologien".[95] Auch die ältere der hier zitierten Entschließungen des europäischen Parlaments, die sich dem Titel nach mit Regelungen im Bereich Robotik befasst,[96] enthält viele Gedanken, die in den KI-VO-E eingeflossen (→ Rn. 66 ff.), also nicht spezifisch für Robotik geregelt worden sind.

48 Robotik geht vielmehr in den übergreifenden Regelungen zu KI, Datenrecht und Maschinen-/Produktsicherheit auf: Die Regelungen des KI-VO-E erfassen körperliche wie unkörperliche KI-Systeme. Der MaschinenVO-E erfasst reine Software hingegen nur am Rande (ErwG 19, Anhang I Nr. 24 f.), der Begriff „Maschine" ist dort rein körperlich definiert (Art. 3 I MaschinenVO-E). Robotik dürfte bis auf Weiteres ein Unterfall dieser übergeordneten Regelungskomplexe bleiben. Relevanz haben zB die in Anhang III des MaschinenVO-E zu findenden Anforderungen an Gesundheit und Sicherheit, die bei der Risikobewertung (Nr. 1 lit. c Anhang III MaschinenVO-E) zum Einsatz kommen und für autonome Systeme etwa Vorgaben zur Ergonomie (Nr. 1.1.6 lit. e, f Anhang III Maschienen VO-E) oder für die Sicherheit und Verlässlichkeit ihrer Kontrollsysteme (Nr. 1.2.1 Anhang III MaschinenVO-E) machen. Für (teil)autonome Fahrzeuge und andere mobile Maschinen enthält Nr. 3 Anhang III MaschinenVO-E zusätzliche Vorschriften.

49 Dies gilt auch hinsichtlich der Haftung für Robotik. Sie stellt hauptsächlich dadurch eine Besonderheit dar, dass Roboter als eigenständige Akteure unmittelbar physische Schäden anrichten können. Auch diese Herausforderungen haben sie aber mit anderen autonomen Systemen gemein.[97]

50 Eine mögliche Regulierung würde wohl eher auf punktuelle Probleme hinauslaufen, die bestimmte Arten von Robotern verursachen. Ein Beispiel sind humanoide Roboter, die insb. bei schutzbedürftigen Nutzern wie etwa alten oder pflegebedürftigen Menschen immaterielle Schäden verursachen können.[98]

V. Überblick zu KI im IP-System

51 Am Rande des eigentlichen IT-Rechts spielt der Einfluss autonomer Systeme auf das bestehende System der IP-Rechte. Im IP-Recht dreht sich die für autonome Systeme relevanteste Diskussion um die Frage, ob die Erzeugnisse künstlicher Intelligenz Schutz als geistiges Eigentum genießen sollten. Im Patentrecht ist das prominenteste Beispiel der Versuch, beim UKIPO und schließlich dem EPA eine Erfindung des KI-Systems „DABUS" anzumelden, wofür explizit kein menschlicher Erfinder genannt wurde. Das EPA wies

[94] Europäisches Parlament, P8_TA(2017)0051, Zivilrechtliche Regelungen im Bereich Robotik, Ent schließung vom 16.2.2017 mit Empfehlungen an die Kommission zu zivilrechtlichen Regelungen im Bereich Robotik (2015/2103(INL)), Nr. 18.

[95] Entschließung des Europäischen Parlaments vom 20.10. 2020 mit Empfehlungen an die Kommission zu dem Rahmen für die ethischen Aspekte von künstlicher Intelligenz, Robotik und damit zusammenhängenden Technologien, 2020/2012 (INL), S. 6.

[96] Europäisches Parlament, P8_TA(2017)0051, Zivilrechtliche Regelungen im Bereich Robotik, Entschließung vom 16.2.2017 mit Empfehlungen an die Kommission zu zivilrechtlichen Regelungen im Bereich Robotik (2015/2103(INL)).

[97] Wagner ZEuP 2021, 545 (547).

[98] COM(2020) 64 – Bericht über die Auswirkungen künstlicher Intelligenz, des Internets der Dinge und der Robotik in Hinblick auf Sicherheit und Haftung, S. 10.

die Anmeldung zurück.[99] Hintergrund der Diskussion ist das enorme Innovationspotential von KI, die theoretisch unzählige Erfindungen hervorbringen und das Patentrechtssystem massiv überfordern könnte. Das EPA verlegte sich daher bis auf Weiteres auf den Standpunkt, dass nur natürliche Personen als Erfinder in Betracht kommen.

Im Urheberrecht erregte die Versteigerung eines Gemäldes namens „Edmond de Belamy" für 432.500 US-Doller bei Christie's besonders großes Aufsehen. Das Werk war von einem künstlichen neuronalen Netzwerk erschaffen worden und stand optisch einem von Menschenhand geschaffenen Gemälde in nichts nach. Schöpfer der KI waren ein Teenager (*Robbie Barrat*) und das französische Künstlerkollektiv Obvious.[100] Im Urheberrecht und praktisch wohl auch in den verwandten Schutzrechten ist der Schutz auf menschliche Schöpfer beschränkt. Als Schutzoption übrig bleiben Versuche, den lauterkeitsrechtlichen Leistungsschutz in Stellung zu bringen.[101] **52**

Beim Ruf nach neuen Schutzrechten zugunsten der Erzeugnisse künstlicher Intelligenz muss bedacht werden, dass, wie oben (→ Rn. 33) dargelegt, der Unionsgesetzgeber vermeiden wollte, ein breit angelegtes Schutzrecht für Daten anzuerkennen. Der Datenbankenschutz *sui generis* greift hier absichtlich nicht. Die Befürchtung von Informationsmonopolen ist bei KI-Erzeugnissen nicht abwegig, wenn man bedenkt, dass hiermit kreative Lösungen oder Erzeugnisse in ganz neuer Anzahl und womöglich auch Qualität geschützt würden. Ein auf menschliche Schöpfer begrenztes IP-System hat immerhin eine natürliche Grenze in Form der qualitativen und quantitativen Leistungsfähigkeit von Menschen. Es ist nicht unwahrscheinlich, dass KI-Systeme in verschiedenen Spezialgebieten auf identische oder ähnliche Lösungen kommen und die ersten Anmelder von KI-Schöpfungen auf diese Art große Bereiche der jeweiligen Schutzgüter auf Jahrzehnte monopolisieren könnten. **53**

Die Kommission vertritt in ihrer Mitteilung zu einem Aktionsplan für geistiges Eigentum „die Auffassung, dass KI-Systeme nicht wie Autoren oder Erfinder behandelt werden sollten" und, dass „der aktuelle Rahmen der EU für geistiges Eigentum und das Europäische Patentübereinkommen im Großen und Ganzen geeignet scheinen, die Herausforderungen zu bewältigen, die mit KI-gestützten Erfindungen und Schöpfungen einhergehen".[102] Die geltenden Regelungen sollten angepasst und durch erleichterte Lizenzierung geistigen Eigentums marktgängiger gemacht werden[103] **54**

Konkreter äußert sich die zugrundeliegende EU-Studie zur Zukunft des IP-Rechtsrahmens. Sie sieht KI-Systeme bis in absehbare Zukunft lediglich als fortgeschrittene Werkzeuge in der Hand menschlicher Anwender. Daher wird dort nicht untersucht, ob KI-Systeme eines Tages als Rechtspersönlichkeit oder IP-Schöpfer anerkannt werden sollten. Stattdessen konzentriert man sich auf die rechtliche Qualifizierung der Rolle menschlicher Nutzer von KI-Systemen in Bezug auf die KI-gestützten Ergebnisse.[104] Anders formuliert werden reine KI-Erzeugnisse nach der Studie auch künftig keinen Schutz genießen. **55**

Für das Urheberrecht formuliert sie Kriterien und grenzt Produktionsphasen ab, die menschlichen Input bei der mehr oder weniger kreativen Nutzung von KI zur Produktion von Kulturgütern fassbar machen. Bei Konzeption, Ausführung und Redaktion geht es iE wohl vor allem darum, „creative choices" zu machen. Urheber ist dann, wer kreativ zum Ergebnis beigetragen hat, idR also der Nutzer (und nicht der Schöpfer) der KI, was gerade bei Standardsoftware gelte.[105] Daher seien Werke wie die Erzeugnisse des Next Rembrand **56**

[99] EPO decision of 27 January 2020 on EP 18275 163; s.auch Artificial Intelligence – Challenges to the IPR framework (2020), S. 100f.

[100] Flynn www.washingtonpost.com v. 26.10.2018, abrufbar unter https://tinyurl.com/yyata3uy (zuletzt abgerufen am: 19.4.2022).

[101] S. dazu Dornis GRUR 2019, 1252 (1255f.).

[102] COM(2020) 760 – Das Innovationspotenzial der EU optimal nutzen – Aktionsplan für geistiges Eigentum zur Förderung von Erholung und Resilienz der EU, S. 9ff.

[103] COM(2020) 760 – Das Innovationspotenzial der EU optimal nutzen – Aktionsplan für geistiges Eigentum zur Förderung von Erholung und Resilienz der EU, S. 11ff.

[104] Artificial Intelligence – Challenges to the IPR framework (2020), S. 116.

[105] Artificial Intelligence – Challenges to the IPR framework (2020), S. 117f.

Projekts[106] (oder wohl auch Edmond de Belamy) zugunsten der Entwickler schutzfähig, während die Betreiber von Software zur Formulierung von Sport- oder Wetterberichten keinen hinreichenden Beitrag lieferten. Ein aktuelleres Beispiel ist die Vollendung von Beethovens 10. Sinfonie durch eine KI, die einem menschlichen Team Vorschläge zur Weiterführung bestimmter Passagen machte, aus denen das Team dann auswählte und selbst auch Anregungen (aufbauend auf Beethovens Notizen) einbrachte, die wiederum die KI als Grundlage zur Komposition nutzte.[107]

57 Was das Patentrecht betrifft, hält die Studie echte KI-Erfindungen noch für zu weit entfernt, es bestehe kein Handlungsbedarf. Auch hier konzentriert man sich daher auf KI-assistierte Erfindungen (Gleiches dürfte für Gebrauchsmuster gelten). Die Rechtsinhaberschaft sei eine Frage des nationalen Rechts, wobei – ähnlich wie bei der Frage nach einem Dateneigentum (so → Rn. 33) – Entwickler, Eigentümer (der KI) und Nutzer als Inhaber der IP-Rechte am Erzeugnis in Betracht kämen.[108]

58 Verwandte Schutzrechte indes können nach der Studie auch ohne menschlichen Beitrag entstehen, sollen aber den bekannten Rechtsträgern zugeordnet werden (und nicht einer neu zu schaffenden KI-Rechtspersönlichkeit). Die Frage, ob Investitionen in die maschinelle Datenerzeugung für Datenbankschutz *sui generis* anerkannt werden, lässt die Studie ausdrücklich offen. Am EU-Urheberrechtsschutz soll sich nichts ändern.[109]

E. KI-Regulierung

59 Aus den zahlreichen EU-Papieren rund um den Themenkreis KI sticht der Vorschlag für eine Verordnung zur Festlegung harmonisierter Vorschriften für künstliche Intelligenz heraus.[110] Die geplante Verordnung ist Teil eines koordinierten europäischen Konzepts für die menschlichen und ethischen Aspekte der KI.[111] Voran ging ein Weißbuch der Kommission zur KI (19.2.2020).[112] Diesem KI-VO-E mit seinen benachbarten Regulierungen gilt der vorliegende Abschnitt.

I. Überblick

60 Um einen Überblick zur KI-Regulierung und speziell dem KI-VO-E zu geben, ist es nötig, diese im System der Rechtsakte und begleitenden Dokumente rund um KI und vernetze Maschinen zu verorten. Hierfür ist auch auf den Vorschlag für eine MaschinenVO, den Rechtsrahmen für KI und die zugehörigen Vorarbeiten einzugehen.

1. Kommissionsvorschlag Maschinenverordnung

61 Der Kommissionsvorschlag für eine Verordnung über Maschinenprodukte[113] soll die bestehende MaschinenRL[114] ersetzen. Ziel ist die sichere Integration von KI-Systemen in den gesamten Maschinenpark. Der Verordnungsvorschlag ist abgestimmt mit der geplan-

[106] S. www.nextrembrandt.com (zuletzt abgerufen am: 19.4.2022).
[107] Grolle DER SPIEGEL Nr. 41/9.10.2021, 106; dpa-Meldung auf Faz.net v. 9.10.2021, abrufbar unter https://www.faz.net/-gs3-agr5q (zuletzt abgerufen am: 19.4.2022).
[108] Artificial Intelligence – Challenges to the IPR framework (2020), S. 118 f.
[109] Artificial Intelligence – Challenges to the IPR framework (2020), S. 117 f.
[110] COM(2021) 206 – Vorschlag für eine VO zur Festlegung harmonisierter Vorschriften für KI.
[111] COM(2021) 206 – Vorschlag für eine VO zur Festlegung harmonisierter Vorschriften für KI, S. 1.
[112] COM(2020) 65 – Weißbuch zur künstlichen Intelligenz – Ein europäisches Konzept für Exzellenz und Vertrauen.
[113] COM(2021) 202 – Vorschlag für eine Verordnung über Maschinenprodukte.
[114] RL 2006/42/EG über Maschinen und zur Änderung der Richtlinie 95/16/EG.

ten KI-VO und soll eine Verbindung zu den künftigen Schemata für Cybersicherheit[115] herstellen.[116] Gegenstand der MaschinenVO ist eine Aktualisierung der MaschinenRL, an der im Zuge einer REFIT-Bewertung Mängel festgestellt wurden.[117] Daher soll die MaschinenVO[118] unter anderem Rechtssicherheit hinsichtlich neuer Risiken schaffen, die sich aus aufstrebenden Technologien ergeben, wie zB einer direkten Mensch-Roboter („Cobots")-Zusammenarbeit oder aus autonomen Maschinen, bei denen gar kein Fahrer oder Bediener mehr vorgesehen ist.[119] Auch war die Liste der Hochrisikomaschinenprodukte veraltet, nunmehr zählen hierzu unter anderem: „Software ensuring safety functions, including AI systems." und „Machinery embedding AI systems ensuring safety functions."[120] Die MaschinenVO soll mit der KI-VO zudem derart verbunden sein, dass die dort vorgesehene Risikobewertung (→ Rn. 68 ff.) auch für die MaschinenVO verbindlich ist (ErwG 29 MaschinenVO; ErwG 63 KI-VO-E).

2. Vorarbeiten für eine vertrauenswürdige KI

Für ihre KI-Strategie hat die Kommission zur Beratung eine High-Level Expert Group on Artificial Intelligence (AI HLEG / teils nur HEG genannt) eingesetzt.[121] Diese, aufgrund starker Industrieeinflüsse kritisierte[122] Gruppe liefert der Kommission Input in Form von Gutachten und Stellungnahmen, wie etwa die „Ethik-Leitlinien für eine vertrauenswürdige KI".[123] Die unverbindlichen[124] Leitlinien dienten ihr als Vorbild für den genannten Verordnungsvorschlag zur Festlegung harmonisierter KI-Vorschriften. Sie lauten: 62

1. Vorrang menschlichen Handelns und menschliche Aufsicht,
2. Technische Robustheit und Sicherheit,
3. Datenschutz und Datenqualitätsmanagement,
4. Transparenz,
5. Vielfalt, Nichtdiskriminierung und Fairness,
6. Gesellschaftliches und ökologisches Wohlergehen
7. Rechenschaftspflicht.

Auch wenn diese „Kernanforderungen an eine vertrauenswürdige KI" unverbindlich sind, hat die Kommission sie in ihre Planungen aufgenommen, „unterstützt" sie und „ruft die Interessenträger auf, diese Anforderungen umzusetzen".[125] Zur Erleichterung der praktischen Umsetzung der Kriterien durch Unternehmen hat die Expertengruppe außerdem in einem Pilotverfahren eine Assessment List for Trustworthy AI (ALTAI)[126] erarbeitet.

Im zugehörigen Ratsdokument findet sich der strategisch wichtige Hinweis, dass „die Ethik in Bezug auf künstliche Intelligenz zu einem Wettbewerbsvorteil für die europäische 63

[115] VO 2019/881 über die ENISA (Agentur der Europäischen Union für Cybersicherheit) und über die Zertifizierung der Cybersicherheit von Informations- und Kommunikationstechnik und zur Aufhebung der Verordnung (EU) Nr. 526/2013 (Rechtsakt zur Cybersicherheit).

[116] COM(2021) 202 – Vorschlag für eine Verordnung über Maschinenprodukte, S. 4.

[117] SWD(2018) 160 – Bewertung der Maschinenrichtlinie.

[118] Nicht zu verwechseln mit der deutschen MaschinenVO, in der die MaschinenRL umgesetzt ist.

[119] COM(2021) 202 – Vorschlag für eine Verordnung über Maschinenprodukte, S. 2 sowie ErwG 11.

[120] COM(2021) 202 – Vorschlag für eine Verordnung über Maschinenprodukte-ANNEX, unter I. Nr. 24, 25.

[121] https://digital-strategy.ec.europa.eu/en/policies/expert-group-ai (zuletzte abgerufen am: 19.4.2022).

[122] S. etwa Metzinger Tagesspiegel.de v. 8.4.2019 – Ethics washing made in Europe (zuletzt abgerufen am: 19.4.2022).

[123] AI HLEG – Ethik-Leitlinien für eine vertrauenswürdige KI, abrufbar unter https://ec.europa.eu/futurium/en/ai-alliance-consultation.1.htm (zuletzt abgerufen am: 19.4.2022).

[124] COM(2019) 168 – Schaffung von Vertrauen in eine auf den Menschen ausgerichtete künstliche Intelligenz, S. 4.

[125] COM(2019) 168 – Schaffung von Vertrauen in eine auf den Menschen ausgerichtete künstliche Intelligenz, S. 4.

[126] Abrufbar unter https://digital-strategy.ec.europa.eu/en/library/assessment-list-trustworthy-artificial-intelligence-altai-self-assessment (zuletzt abgerufen am: 19.4.2022).

Industrie wird".[127] Die parallele Erwartung, dass der Schutz von Grundrechten ein wirtschaftlicher Vorteil im globalen Wettbewerb ist, hegt die EU auch im Datenschutzrecht (s. → Rn. 22). Dass es sich um die richtige Position handelt ist die eine Sache; ob der Vorteil aber auch wirtschaftlicher Natur ist, darf mit Blick auf die Digitalökonomien in China[128] oder den USA bezweifelt werden. Deren hohe Investitionen in KI waren auch ein Grund für die Bemühungen der EU.[129]

64 Konkret für das Verständnis des KI-VO-E von Bedeutung, und dort insb. für die Abgrenzung von Hochrisiko-KI, sind die Überlegungen des Rats zu Grundrechten im Zusammenhang mit künstlicher Intelligenz und dem digitalen Wandel.[130] Nachdem dort die Bedeutung von KI für den digitalen Binnenmarkt dargelegt und die Notwendigkeit der Förderung von KI-Entwicklung in der EU betont werden, gibt der Rat „Probleme wie Undurchsichtigkeit, Komplexität, der sogenannte „Bias", ein gewisses Maß an Unberechenbarkeit und teilweise autonomes Verhalten" zu bedenken (Nr. 5). KI soll „menschenzentriert sein und die uneingeschränkte Achtung und Förderung der Grundrechte gewährleisten" (Nr. 7).[131] Die Ausführungen in Nr. 10 ff. laufen letztlich parallel zur Abgrenzung hochriskanter KI-Systeme und deren Rechtsfolgen bzw. bilden deren Basis (→ Rn. 70 ff.).

3. EU-Rechtsrahmen für KI

65 Etwas unübersichtlich geraten sind die Dokumente zum eigentlichen Rechtsrahmen für KI. Kern des Ganzen ist der Vorschlag für eine KI-VO.[132] Zum Vorschlag gehören unter direktem Verweis auf Dokumentennummern drei, eigentlich vier Dokumente, nämlich eine Stellungnahme des Ausschusses für Regulierungskontrolle,[133] die aus zwei Teilen bestehende Folgenabschätzung,[134] deren zweiter Teil unter anderem eine für die Praxis wichtige Untersuchung zu Hochrisiko-KI-Use Cases enthält,[135] sowie eine Zusammenfassung des Berichts über die Folgenabschätzung.[136] Der KI-VO-E verweist außerdem im eigentlichen Text immer wieder auf einen Anhang, der keine separate Dokumentennummer, sondern den Titel „COM(2021) 206 final ANNEXES 1 to 9" trägt.[137] Die anderen Dokumente enthalten teils eigene „Anhänge", die mit den Verweisen in der KI-VO allerdings nicht gemeint sind. Die Anhänge 1 bis 9 wiederum enthalten entscheidende Definitionen und Abgrenzungen, wobei Anhang III wohl die größte Bedeutung hat,[138] da er die Hochrisiko-KI-Systeme definiert, auf die in Art. 6 II KI-VO-E verwiesen wird (→ Rn. 71).

[127] Rat der EU Dok.-Nr. 6177/19 v. 11.2.2019 – Schlussfolgerungen zu dem koordinierten Plan für künstliche Intelligenz, abrufbar unter https://data.consilium.europa.eu/doc/document/ST-6177-2019-INIT/de/pdf (zuletzt abgerufen am: 19.4.2022).

[128] S. auch die Äußerungen des ehemaligen Chief Software Officers des Pentagons, demzufolge China die USA bereits (Stand: 1.10.2021) in der KI-Forschung bereits hoffnungslos abgehängt habe, und zwar auch, weil China keine Rücksicht auf ethische Fragen nehme, https://tinyurl.com/y3ah2cxn (dw.de) (zuletzt abgerufen am: 19.4.2022).

[129] COM(2018) 237 – Künstliche Intelligenz für Europa, S. 4 ff.

[130] Rat der EU Dok.-Nr. 11481/20, 2020 – Die Charta der Grundrechte im Zusammenhang mit künstlicher Intelligenz und dem digitalen Wandel.

[131] S. auch Rat der EU Dok.-Nr. 12848/20 v. 18.11.2020 – EU Action Plan on Human Rights and Democracy 2020-2024, dort unter 4.2.

[132] COM(2021) 206 – Vorschlag für eine VO zur Festlegung harmonisierter Vorschriften für KI.

[133] SEC(2021) 167 – Regulatory Scrutiny Board Opinion.

[134] SWD(2021) 84 – Impact Assessment Part 1/2 and 2/2.

[135] SWD(2021) 84 – Impact Assessment Part 2/2, S. 40 ff.

[136] SWD(2021) 85 – Executive Summary of the Impact Assessment Report.

[137] Abrufbar unter https://tinyurl.com/r9nt2cc (https://ec.europa.eu, zuletzt abgerufen am: 19.4.2022).

[138] „Perhaps the most important section of the entire document", Hilleary, eckerson.com v. 17.5.2021, abrufbar unter https://tinyurl.com/f9ywwwtu (zuletzt abgerufen am: 19.4.2022).

II. Der Entwurf für eine KI-Verordnung

1. KI-Begriff

Die Abgrenzung des Begriffs „System der künstlichen Intelligenz (KI-System)" verlangt eine *Software*, zu deren Entwicklung bestimmte Techniken und Konzepte verwendet wurden (dazu sogleich) und die „Ergebnisse wie Inhalte, Vorhersagen, Empfehlungen oder Entscheidungen hervorbringen kann", die ihr Umfeld beeinflussen (Art. 3 Nr. 1 KI-VO-E). Anhang I des KI-VO-E definiert die betreffenden Techniken und Konzepte, wie etwa *machine learning* oder statistische Ansätze. Das legt zum einen die Schwelle für den KI-Begriff nicht besonders hoch,[139] zum anderen behält Art. 4 KI-VO-E die Möglichkeit vor, den Katalog durch delegierte Rechtsakte anzupassen, um Marktentwicklungen und technischen Entwicklungen gerecht zu werden. Als Eingriffstatbestände stellt der KI-VO-E durchweg auf das Inverkehrbringen, die Inbetriebnahme und die Verwendung von KI-Systemen ab.[140] 66

2. Räumlicher Anwendungsbereich

Die Weite des Anwendungsbereichs der KI-VO (Art. 2 I KI-VO-E) erinnert an die der DSGVO. Im Falle von Anbietern aus Drittländern genügt es, dass „das vom System hervorgebrachte Ergebnis in der Union verwendet wird" (lit. c). Dies wirft die Frage auf, ob der europäischen KI-Regulierung eine ähnliche Karriere wie dem europäische Datenschutzrecht bevorstehen könnte (→ Rn. 26 ff.). Einem weiteren „Brussels Effect" wird aber mit Recht skeptisch begegnet, da sich KI-Anwendungen zum einen leichter differenziert zuschneiden lassen, so dass es für die EU spezielle, eventuell weniger leistungsfähige Angebote geben könnte als für den Rest der Welt. Zum anderen könnte die Kosten-Nutzen-Abwägung von Unternehmen hinsichtlich der Anpassung an EU-Normen anders als im Falle der DSGVO ausfallen.[141] 67

3. Risikobasierter Ansatz

Die KI-VO verfolgt einen risikobasierten Ansatz, anstelle etwa eines sektorspezifischen oder sämtliche KI-Systeme gleichermaßen erfassenden Ansatzes.[142] So entstehen allein für hochriskante autonome Systeme regulatorische Belastungen, während für Niedrigrisiko-KI nur einige Transparenzpflichten erfüllt werden müssen. Beides soll durch „harmonisierte Standards, Orientierungshilfen und Instrumente zur Einhaltung der Vorschriften unterstützt" werden.[143] Aufbauend auf den Ethik-Leitlinien der AI-HLEG (→ Rn. 62) unterscheiden Titel II (Verbotene Praktiken) und Titel III (Hochrisiko-KI-Systeme) des KI-VO-E verschiedene Risikoklassen von KI.[144] 68

a) Verbotene Praktiken. Die Regeln zu verbotenen Praktiken in Art. 5 I KI-VO-E benennen Einsatzgebiete und -zwecke, für die KI nicht verwendet werden soll, auch wenn sie für benachbarte Gebiete in Gebrauch ist und die nötigen Daten vorliegen. Es geht also um Szenarien, in denen es nahe läge oder in anderen Staaten sogar bereits Praxis ist, KI einzusetzen. In Art. 5 I KI-VO-E finden sich ein Verbot der schädigenden unterschwelligen Beeinflussung außerhalb des Bewusstseins einer Person (s. auch ErwG 16 KI-VO-E), Regelungen zur Beschränkung des Einsatzes von KI durch Behörden „zur Bewertung 69

[139] S. schon Regelung der zivilrechtlichen Haftung beim Einsatz künstlicher Intelligenz, Entschließung des EP v. 20.10.2020 mit Empfehlungen an die Kommission für eine Regelung der zivilrechtlichen Haftung beim Einsatz künstlicher Intelligenz (2020/2014(INL), S. 2 (Punkt F.).

[140] S. auch COM(2021) 206, S. 15 f.

[141] Valta/Vasel ZRP 2021, 142 (145).

[142] COM(2021) 206 – Vorschlag für eine VO zur Festlegung harmonisierter Vorschriften für KI, S. 11.

[143] COM(2021) 206 – Vorschlag für eine VO zur Festlegung harmonisierter Vorschriften für KI, S. 8.

[144] COM(2021) 206 – Vorschlag für eine VO zur Festlegung harmonisierter Vorschriften für KI, S. 14.

oder Klassifizierung der Vertrauenswürdigkeit natürlicher Personen (…) auf der Grundlage ihres sozialen Verhaltens oder bekannter oder vorhergesagter persönlicher Eigenschaften oder Persönlichkeitsmerkmale" – etwa in Form eines Sozialpunktesystems – sowie eine Begrenzung (kein Verbot!) der „Verwendung biometrischer Echtzeit-Fernidentifizierungssysteme in öffentlich zugänglichen Räumen zu Strafverfolgungszwecken".

70 **b) Hochrisiko-KI-Systeme.** Als Hochrisiko-KI-System klassifiziert wird KI, wenn sie in einem Produkt vorkommt oder gar ein solches darstellt, das „unter die in Anhang II aufgeführten Harmonisierungsrechtsvorschriften der Union" fällt *und* einer Vorab-Konformitätsbewertung durch Dritte unterliegt (Art. 6 I KI-VO-E). Letztlich betrifft dies überwiegend den Einsatz von KI in physischen Produkten mit einem gewissen Schädigungspotential, wie zB Maschinen iSd MaschinenRL bzw. MaschinenVO (→ Rn. 61), Sportboote, Seilbahnanlagen oder auch Kinderspielzeug.[145]

71 Art. 6 II KI-VO-E ergänzt dies um eine in Anhang III aufgeführte Zusatzliste an Hochrisiko-KI-Systemen, die überwiegend solche Anwendungen adressieren, über die rechtspolitisch teils heftig diskutiert wurde und wird. Dazu zählt auch die biometrische Identifizierung und Kategorisierung natürlicher Personen (s. auch Art. 9 DSGVO). Diese kann etwa zur – zusätzlich in Art. 5 I KI-VO-E als verbotene Praktik erfassten (→ Rn. 69) – Überwachung öffentlicher Plätze nützlich sein, da Anbieter wie „Clearview AI" die Datenbasis[146] zur Identifikation des Großteils der Weltbevölkerung liefern. Mit heutigen Rechenkapazitäten wäre es ein Leichtes, die Bewegungen großer Teile der europäischen Bevölkerung zu überwachen. Der Unionsgesetzgeber denkt hier in erster Linie an den Schutz der demokratischen Teilhabe in Form von Meinungs-, Vereinigungs- und Versammlungsfreiheit.[147]

72 Das Thema *predictive policing* (Nr. 6 lit. a Anhang III KI-VO-E) stellt einen eigenen Forschungsbereich dar;[148] ebenso die Anwendung von Lügendetektoren und ähnlichen Instrumenten zur Verwaltung von Migration, Asyl und Grenzkontrollen (Nr. 7 lit. a Anhang III KI-VO-E) oder zur Strafverfolgung (Nr. 6 lit. b Anhang III KI-VO-E). Als weiterer sensibler Bereich ist die Nutzung von KI im Legal Tech-Bereich durch Justizbehörden (bei der Recherche und Auslegung von Fakten und Gesetzen sowie bei der Anwendung des Rechts auf einen konkreten Sachverhalt) genannt (Nr. 8 Anhang III KI-VO-E). Hier soll m.E. die Schaffung / Nutzung eines Subsumtionsautomaten verhindert werden;[149] erinnert sei insofern an die oben (→ Rn. 8) angesprochene Frage, ob die Rechtsanwendung in bestimmten Teilen, unabhängig vom Vorhandensein geeigneter KI, Menschen vorbehalten sein sollte. Auch medienrechtlich kritische KI-Nutzung wird mit der Aufnahme der Nutzung von *deep fakes* zu Zwecken der Strafverfolgung angesprochen (Nr. 6 lit. c Anhang III KI-VO-E). Diese Liste ist nicht in Stein gemeißelt, sondern soll kraft delegierter Rechtsakte geändert werden können, ist also technologie- und zukunftsoffen (Art. 7 KI-VO-E).

4. Anforderungen und Pflichten für Hochrisiko-KI

73 Rechtsfolge der Klassifizierung als Hochrisiko-KI ist nicht ihr Verbot, sondern die Geltung bestimmter Anforderungen, denen diese Systeme genügen müssen (Art. 8–15 KI-VO-E), sowie Pflichten, die sich an ihre Anbieter und Nutzer richten (Art. 16–29 KI-VO-E). Zu den Anforderungen zählen zB eine Art Qualitätssicherung durch die Pflicht, in der Entwicklung der KI mit Trainings-, Validierungs- und Testdatensätzen zu arbeiten,

145 S. die in COM(2021) 206 Anhang II aufgeführten Rechtsakte.

146 Für seine jüngste Version „Clearview 2.0" wirbt Clearview damit, über eine Datenbank mit über 20 Milliarden Personenbildern zu verfügen, https://tinyurl.com/yc7d6877 (www.clearview.ai) (zuletzt abgerufen am 19.4.2022).

147 Rat der EU, Dok.-Nr. 11481/20, 2020 – Die Charta der Grundrechte im Zusammenhang mit künstlicher Intelligenz und dem digitalen Wandel, Nr. 18.

148 S. nur Rademacher AöR 142 (2017), 366.

149 Dazu Becker ZUM 2019, 636 (643 f.).

die bestimmten Qualitätskriterien entsprechen (Art. 10 KI-VO-E). Dies begegnet unter anderem dem schon erwähnten Black-Box-Problem, dh der Undurchsichtigkeit von KI-Entscheidungen die auch die Aufklärung von Schadensfällen erschwert oder gar unmöglich macht,[150] ferner einem durch unvollständige Trainingsdaten drohenden Bias der KI (s. Art. 10 II lit. f KI-VO-E)[151] sowie Sicherheitsrisiken aufgrund fehlerhafter Daten (etwa im Falle fehlerhafter Bilderkennung bei industriellen Anwendungen).[152] In dieselbe Richtung gehen die Pflichten zu technischer Dokumentation (Art. 11), Aufzeichnungspflichten (Art. 12; 16 lit. d; 20 KI-VO-E)[153] und Transparenz-/Informationspflichten (Art. 13 KI-VO-E), die Nutzern eine zutreffende Interpretation von KI-Ergebnissen ermöglichen (sa ErwG 47 sowie Art. 14 IV lit. c KI-VO-E). Weiter besteht die Verpflichtung zum Einbau eines Risikomanagementsystems (Art. 9 KI-VO-E),[154] das permanent die Funktion der KI überwacht („kontinuierlicher iterativer Prozess während des gesamten Lebenszyklus"). Hierin wird ein Risiko für Start Ups für Niedrigrisiko-KI gesehen, da eine spätere Aufweitung des Systems hin zu riskanteren Funktionen mit einem komplett neuen Design einhergehen kann.[155] Art. 14 KI-VO-E unterwirft Hochrisiko-KI-Systeme wirksamer menschlicher Aufsicht, indem diese so konstruiert sein muss, dass sie von Menschen verstanden, überwacht, interpretiert und unterbrochen werden kann. Ferner muss sie „ein angemessenes Maß an Genauigkeit, Robustheit und Cybersicherheit" erreichen und behalten (Art. 15 KI-VO-E), wofür eine Zertifizierung nach dem europäischen Rechtsakt zur Cybersicherheit (CSA)[156] Rechtssicherheit gibt, was aber nicht die einzig mögliche Lösung darstellt (Art. 42 II KI-VO-E).

III. Kurz: Zivilrechtliche Haftung beim Einsatz von KI

Der oben ausschnittsartig wiedergegebene KI-VO-E enthält keine expliziten Regelungen zur zivilrechtlichen Haftung für KI.[157] ErwG 4 KI-VO-E stellt fest, dass KI-Systeme Schäden verursachen können. Auch ist die Schwere und Wahrscheinlichkeit von Schäden maßgeblich für die Abgrenzung von verbotenen Praktiken (Art. 5 KI-VO-E) als auch von Hochrisiko-KI-Systemen (Art. 7; ErwG 32 KI-VO-E). Überdies grenzt der KI-VO-E die Verantwortlichkeit von Herstellern (Art. 24 KI-VO-E), Einführern (Art. 26, 25 KI-VO-E), Händlern (Art. 27 KI-VO-E), Nutzern (Art. 29 KI-VO-E) und Anbietern (Art. 28 KI-VO-E) von KI-Systemen ab. Eine eigene Haftungsnorm enthält er – wie auch der Maschinen-VO-E – aber eben nicht. Dogmatisch legt er freilich deliktische Verkehrspflichten fest, die für Schadensersatzansprüche nach dem Recht der Mitgliedstaaten maßgeblich sind, in Deutschland also insb. als Schutzgesetz für § 823 II BGB,[158] aber wohl auch als allgemeine Verkehrspflichten iSd § 823 I BGB. **74**

Es existiert außerdem eine längere Liste europäischer Rechtsakte mit Sicherheitsanforderungen, die für neue digitale Technologien einschlägig sind,[159] zB über die Sicherheit **75**

[150] COM(2020) 64 – Bericht über die Auswirkungen künstlicher Intelligenz, des Internets der Dinge und der Robotik in Hinblick auf Sicherheit und Haftung, S. 2, 11; s.auch Fink ZGE/IPJ 9 (2017), 288 (296 f.).

[151] Rat der EU Dok.-Nr. 11481/20, 2020 – Die Charta der Grundrechte im Zusammenhang mit künstlicher Intelligenz und dem digitalen Wandel, Nr. 22.

[152] Vgl. COM(2020) 64 – Bericht über die Auswirkungen künstlicher Intelligenz, des Internets der Dinge und der Robotik in Hinblick auf Sicherheit und Haftung, S. 10 f.

[153] S. Grützmacher CR 2021, 433 (Rn. 56).

[154] Näher Grützmacher CR 2021, 433 (Rn. 47 ff.).

[155] Valta/Vasel ZRP 2021, 142.

[156] VO (EU) 2019/881 – über die ENISA (Agentur der Europäischen Union für Cybersicherheit) und über die Zertifizierung der Cybersicherheit von Informations- und Kommunikationstechnik und zur Aufhebung der Verordnung (EU) Nr. 526/2013.

[157] Spindler CR 2021, 361 (Rn. 4).

[158] Spindler CR 2021, 361 (Rn. 4).

[159] S. Anhang II des SWD(2018) 137 – Accompanying the document Artificial intelligence for Europe.

von Spielzeug[160] oder für Funkanlagen.[161] Auch hieraus können über den Umweg der nationalen Umsetzung deliktische Pflichten (Schutzpflichten oder Verkehrssicherungspflichten) entstehen. Zu den breiter anwendbaren Rechtsakten zählen die ProduktsicherheitsRL[162] und die oben (→ Rn. 51 ff.) angesprochene MaschinenRL bzw. der MaschinenVO-E. Auf nationaler Ebene bewegen sich die geltenden Haftungsregime in Europa dem Arbeitspapier zufolge zwischen Verschuldens- und Gefährdungshaftung, die teilweise durch eine Beweislastumkehr zugunsten des Geschädigten vereinfacht wird.[163] Exemplarisch referenziert es auch die deutsche Regelung zum autonomen Fahren (vgl. §§ 1a, 1b StVG; s.auch das 2021 in Kraft getretene „Gesetz zum autonomen Fahren“[164]).[165]

76 Als große Fragestellung nennt das Arbeitspapier allgemein die Zurechnung von Verantwortung bei autonomen Systemen[166] und spezieller Schäden infolge fehlerhafter Daten oder im Zusammenhang mit Software-Erweiterungen, Updates und Patches.[167] Hierzu gibt es bislang keine breit anwendbare Antwort des Unionsgesetzgebers. Die bereits angeführten Empfehlungen zur „Regelung der zivilrechtlichen Haftung beim Einsatz künstlicher Intelligenz“ des Europäischen Parlaments[168] schlugen unter anderem eine Art ePerson vor, „die für den Ausgleich sämtlicher von ihr verursachten Schäden verantwortlich wäre“.[169] Diese findet sich im jüngeren, vom europäischen Parlament (!) vorgelegten Vorschlag für eine Verordnung über die Haftung für den Betrieb von Systemen mit künstlicher Intelligenz[170] nicht mehr. Dort werden unter anderem anstelle einer Herstellerhaftung, eine verschuldensunabhängige Haftung des „Backend-Betreibers“ von KI-Systemen mit hohem Risiko vorgeschlagen (Art. 4 VO-E) und bereits konkrete Vorschläge zur Haftungsausfüllung gemacht (Art. 5, 6 VO-E).[171] Der Vorschlag wurde von dem für eine KI-VO bereits überholt (etwa was die Definition eines hohen Riskos ausmacht, s. → Rn. 70 ff.), der wie gesagt keine konkreten Haftungsregeln enthält. Er könnte freilich relevant werden, wenn in dieser Frage doch noch eine europäische Haftungsregulierung für KI erfolgen sollte.

[160] RL 2009/48/EG – über die Sicherheit von Spielzeug (in der Fassung v. 21.5.2021), in Deutschland umgesetzt in der 2. ProdSV.

[161] RL 2014/53/EU – über die Harmonisierung der Rechtsvorschriften der Mitgliedstaaten über die Bereitstellung von Funkanlagen auf dem Markt und zur Aufhebung der Richtlinie 1999/5/EG, die für alle Produkte gilt, die über das Funkfrequenzspektrum vernetzt sind und in Deutschland im FuAG umgesetzt ist.

[162] RL 2001/95/EG – ProduktsicherheitsRL (in der Fassung v. 2010).

[163] SWD(2018) 137 – Accompanying the document Artificial intelligence for Europe, S. 7 ff.

[164] BGBl. 2021 I 3108.

[165] SWD(2018) 137 – Accompanying the document Artificial intelligence for Europe, S. 9.

[166] Dazu etwa Zech ZfPW 2019, 198 (209 ff.);Zech Entscheidungen digitaler autonomer Systeme: Empfehlen sich Regelungen zu Verantwortung und Haftung?, Verhandlungen des Deutschen Juristentags, Bd 1, 2020, Gutachten Teil A; Schaub JZ 2017, 342.

[167] SWD(2018) 137 – Accompanying the document Artificial intelligence for Europe, S. 10.

[168] Europäisches Parlament, P8_TA(2017)0051, Zivilrechtliche Regelungen im Bereich Robotik, Entschließung vom 16.2.2017 mit Empfehlungen an die Kommission zu zivilrechtlichen Regelungen im Bereich Robotik (2015/2103(INL)); sowie P9_TA-PROV(2020)0275 Rahmen für die ethischen Aspekte von künstlicher Intelligenz, Robotik und damit zusammenhängenden Technologien, Entschließung des Europäischen Parlaments vom 20.10.2020 mit Empfehlungen an die Kommission zu dem Rahmen für die ethischen Aspekte von künstlicher Intelligenz, Robotik und damit zusammenhängenden Technologien (2020/2012(INL)); Europäisches Parlament, P9_TA-PROV(2020)0276, Regelung der zivilrechtlichen Haftung beim Einsatz künstlicher Intelligenz, Entschließung vom 20.10.2020 mit Empfehlungen an die Kommission für eine Regelung der zivilrechtlichen Haftung beim Einsatz künstlicher Intelligenz (2020/2014(INL)); sa die Vorarbeiten von Expert Group on Liability and New Technologies – New Technologies Foundation, Liability for Artificial Intelligence and other emerging digital technologies vom 27.11.2019, abrufbar unter https://tinyurl.com/4ymm44je.

[169] Europäisches Parlament, P8_TA(2017)0051, Zivilrechtliche Regelungen im Bereich Robotik, Entschließung vom 16.2.2017 mit Empfehlungen an die Kommission zu zivilrechtlichen Regelungen im Bereich Robotik (2015/2103(INL)), Nr. 59 lit. f.

[170] Europäisches Parlament, A9-0178/2020, Bericht v. 5.10.2020 mit Empfehlungen an die Kommission für eine Regelung der zivilrechtlichen Haftung beim Einsatz künstlicher Intelligenz (2020/2014(INL)).

[171] Dazu und zum gesamten Vorschlag Wagner ZEuP 2021, 545 (550 ff. sowie passim).

F. Schluss

So unübersichtlich die zahlreichen Rechtsakte und Dokumente zum IT-Recht autonomer Systeme sind, so beschränken sich die Ansatzpunkte doch auf wenige Aspekte: Die Beschaffung von Daten wird durch zahlreiche Rechtsakte vereinfacht und zugleich durch das Datenschutzrecht begrenzt. Die Verarbeitung dieser Daten durch Algorithmen wird auf Softwareebene von der KI-Regulierung gesteuert und mit Sicherheitsauflagen versehen. Dies kann aus Nutzersicht gänzlich unkörperliche Dienste wie zB Social Media-Angebote betreffen, bei denen Manipulationen aller Art und der Aufstachelung zum Hass entgegengewirkt wird, es kann aber auch physische Produkte betreffen. Beides kann Hochrisiko-KI darstellen. 77

Mag wiederum die Gesellschaft von Maschinen im Kreativbereich aus wirtschaftlicher Sicht hilfreich sein, könnte sie doch die Maßstäbe verderben. Wenn Maschinen ansprechendere Gemälde und Musik hervorbringen als das Gros der Kreativen und massenhaft Erfindungen patentieren, die denen erfahrener Ingenieure in nichts nachstehen, gerät der Telos der IP-Rechte an sein Grenzen. Das ist ein erster Teilaspekt der vielbesprochenen Sorge um die Zukunft des Menschseins in Gegenwart einer, wenn auch vielleicht nur sektoral überlegenen, künstlichen Intelligenz. 78

Literatur

Andelfinger in: Andelfinger/Hänisch, Wie cyber-physische Systeme die Arbeitswelt verändern, 2017, S. 1–8
Baker, How Can the U.S. Respond to Schrems II?, lawfareblog.com v. 21.7.2020, abrufbar unter www.lawfareblog.com/how-can-us-respond-schrems-ii (zuletzt abgerufen am: 19.4.2022)
Becker, Von der Freiheit, rechtswidrig handeln zu können – „Upload-Filter" und technische Rechtsdurchsetzung, ZUM 2019, 636–648
Becker, Consent Management Platforms und Targeted Advertising zwischen DSGVO und ePrivacy-Gesetzgebung Real Time Bidding auf Basis von Nutzerprofilen als Ausprägung der Personendatenwirtschaft, CR 2021, 87–98
Becker, Eine Materialisierung des datenschutzrechtlichen Koppelungsverbots Zur Regulierung des vertragslosen Tauschs von Daten gegen Leistungen, CR 2021, 230–243
Becker, in Obergfell/Hauck, Jahrbuch Eigentum und Urheberrecht in der Demokratie 1 (2021), 149–170
Becker, The Overlap Between Trade Secrets and Privacy, in Wilkof/Calboli, Overlapping IP rights, 2022
Bostrom, Superintelligenz: Szenarien einer kommenden Revolution, 2016
Botta, Zwischen Rechtsvereinheitlichung und Verantwortungsdiffusion: Die Prüfung grenzüberschreitender Datenübermittlungen nach „Schrems II", CR 2020, 505–513
Bradford, The Brussels Effect, Northwestern University Law Review, Vol. 107 (2012), 1–67
Brynjolfsson/McAfee, Andrew, The Second Machine Age, 2016
Currid-Halkett, The Sum of Small Things – A Theory of the Aspirational Class, 2017
Dennett in Brockman, Was sollen wir von Künstlicher Intelligenz halten?, 2017, S. 123–127
Dornis, Der Schutz künstlicher Kreativität im Immaterialgüterrecht, GRUR 2019, 1252–1264
Ehmann/Selmayr, DSGVO, 2. Aufl. 2018
Flynn, A 19-year-old developed the code for the AI portrait that sold for $432,000 at Christie's, www.washingtonpost.com v. 26.10.2018, abrufbar unter https://tinyurl.com/yyata3uy (zuletzt abgerufen am: 19.4.2022)
Ford, Aufstieg der Roboter: Wie unsere Arbeitswelt gerade auf den Kopf gestellt wird – und wie wir darauf reagieren müssen, 2016
Golland, Das Telekommunikation-Telemedien-Datenschutzgesetz Cookies und PIMS als Herausforderungen für Website-Betreiber, NJW 2021, 2238–2243
Grolle, In Beethovens Hirn, DER SPIEGEL Nr. 41/9.10.2021, S. 106–108
Grützmacher, Die zivilrechtliche Haftung für KI nach dem Entwurf der geplanten KI-VO – Potentielle zivilrechtliche Auswirkungen des geplanten KI-Sicherheits- rechts: ein neues Schutzgesetz iSv § 823 Abs. 2 BGB am Horizont, CR 2021, 433–444
Harari, Homo Deus, 2015
Hartl/Ludin, Recht der Datenzugänge Was die Datenstrategien der EU sowie der Bundesregierung für die Gesetzgebung erwarten lassen, MMR 2021, 534–538
Kayali /Manancourt, How Europe's new privacy rules survived years of negotiations, lobbying and drama, politico.eu v. 10.2.2021, abrufbar unter https://tinyurl.com/5yyu7kf8 (zuletzt abgerufen am: 19.4.2022)
Heinzke, Richtlinie zum Schutz von Geschäftsgeheimnissen, CCZ 2016, 179–183
Kilian, Idee und Wirklichkeit der Rechtsinformatik in Deutschland, CR 2017, 202–212

Knight, Clearview AI Has New Tools to Identify You in Photos, wired.com v. 10.4.2021, abrufbar unter https://www.wired.com/story/clearview-ai-new-tools-identify-you-photos (zuletzt abgerufen am: 19.4.2022)
Kurzweil, Menschheit 2.0: Die Singularität naht, 2. Aufl. 2015
Leonhard, Technology vs. Humanity, 2016
Metzinger, Ethics washing made in Europe, Tagesspiegel.de v. 8.4.2019 (zuletzt abgerufen am: 19.4.2022)
Moos/Rothkegel, Anm. zu EuGH, Urteil vom 16.7.2020 – C-311/18 – DPC/Facebook Ireland Ltd. u. Schrems, ZD 2020, 522–527
Rademacher, Predictive Policing im deutschen Polizeirecht, AöR 142 (2017), 366–416
Schaub, Interaktion von Mensch und Maschine – Haftungs- und immaterialgüterrechtliche Fragen bei eigenständigen Weiterentwicklungen autonomer Systeme, JZ 2017, 342–349
Scheer, Europe's New High-Tech Role: Playing Privacy Cops to World', Wall Street Journal v. 10.10.2003, abrufbar unter www.wsj.com/articles/SB106574949477122300 (zuletzt abgerufen am: 19.4.2022)
Sendler, in Sendler, Industrie 4.0 – Beherrschung der industriellen Komplexität mit SysLM, 2013, S. 1–19
Spindler, Der Vorschlag der EU-Kommission für eine Verordnung zur Regulierung der Künstlichen Intelligenz (KI-VO-E) – Ansatz, Instrumente, Qualität und Kontext, CR 2021, 361–374
Spindler; Schuster, Recht der elektronischen Medien, 4. Aufl. 2019
Steinrötter in Specht-Riemenschneider/Buchner/Heinze/Thomsen, Festschrift für Jürgen Taeger, 2020, 491–510 (zitiert als: Steinrötter FS Taeger, 2020, 491)
Thengin Yuchi, Value Proposition – Value Proposition A New "Long March" & E3 Economy on China's Integrated Development of Internet, Big Data, AI and Manufacturing Industry, 2020, S. xi–xiii
Valta/Vasel, Kommissionsvorschlag für eine Verordnung über Künstliche Intelligenz Mit viel Bürokratie und wenig Risiko zum KI-Standort?, ZRP 2021, 142–145
Wagner, Haftung für Künstliche Intelligenz – Eine Gesetzesinitiative des Europäischen Parlaments, ZEuP 2021, 545–572
Zech, „Industrie 4.0" – Rechtsrahmen für eine Datenwirtschaft im digitalen Binnenmarkt, GRUR 2015, 1151–1160
Zech, Künstliche Intelligenz und Haftungsfragen, ZfPW 2019, 198–219
Zech, Risiken Digitaler Systeme: Robotik, Lernfähigkeit und Vernetzung als aktuelle Herausforderungen für das Recht, Weizenbaum Series 2, 2020
Zech, Entscheidungen digitaler autonomer Systeme: Empfehlen sich Regelungen zu Verantwortung und Haftung?, Verhandlungen des Deutschen Juristentags, Band 1: Gutachten Teil A, 2020
Zech, Technikrecht, 2021

2.2 KI und automatisierte Systeme zwischen ökonomischer Analyse des Rechts und behavioral economics

Übersicht

A. Einführung

1 Bereits seit Jahrzehnten ringen in den USA – und nun auch in Deutschland[1] – die ökonomische Analyse des Rechts (*law and economics*), allgemein abgekürzt als ÖAR, und ihre Gegnerin, die Verhaltensökonomik (*behavioral economics*), um das passende „Menschenbild", an dem sich das Recht orientieren kann und soll. Da ihr *homo oeconomicus* stets rational denkt und handelt, besteht nach der ÖAR die Aufgabe des Rechts allein darin, das freie Spiel des Marktes zu fördern und den Markt ansonsten sich selbst zu überlassen. Der *behavioral-economics*-Ansatz spricht dem Menschen dagegen grds. die Fähigkeit ab, sich vollständig rational zu verhalten, und redet zum Schutz dieses *homo inferior* daher einem Paternalismus das Wort. Schien es lange Zeit so, als ob die Verhaltensökonomik immer mehr an Boden gewinnen würde, könnte der ÖAR schon bald von unerwarteter Seite die entscheidende Hilfe zuteilwerden. Auch wenn der Mensch, erst recht in der modernen Welt, außerstande ist, sämtliche Informationen, die er für eine rationale Entscheidung benötigt, aufzunehmen und zu verarbeiten, kann für ihn – so die These dieses Beitrags – in naher Zukunft diese Funktion ein automatisiertes bzw. KI-basiertes und deshalb autonomes System übernehmen. Gegenstand der Überlegungen ist deshalb allein die Rationalitätsannahme der ÖAR und nicht ihr Eigennutzaxiom, das die Verhaltensökonomik gleichfalls entschieden angreift.[2]

2 Für den Fall, dass der *Rational Choice Approach* tatsächlich verwirklicht sein sollte, hat die ÖAR zweifelsohne ihre größte Aussagekraft auf dem Rechtsgebiet, dessen Gegenstand die Ökonomie ist, dem Wirtschaftsrecht. Stark vereinfacht geht es in der Ökonomie um den Austausch von Gütern über den Marktmechanismus. Das Geld fungiert dabei als der standardisierte Maßstab, in dem der Wert dieser Güter gemessen und worüber deshalb der Markttausch abgewickelt wird. Da auf dem Kapitalmarkt das Geld nicht nur Maßstab, sondern selbst das Gut ist, das auf diesem Markt gehandelt wird, ist das Kapitalmarktrecht das Anwendungsfeld der ÖAR *par excellence*.[3] Nur wenn es hier gelingt, der fehlenden Rationalität des Menschen durch den Einsatz von KI und automatisierten Systemen abzuhelfen, kann die ÖAR einen Erkenntniswert nicht nur dort, sondern für das Recht insgesamt haben. Das Kapitalmarktrecht und sein Anlegerleitbild, das momentan zwischen einem *homo oeconomicus* und einem *homo inferior* oszilliert, steht deswegen paradigmatisch für den Widerstreit zwischen ÖAR und *behavioral economics* im Allgemeinen und dessen mögliche Überwindung durch den Einsatz von KI und automatisierten Systemen.

[1] Grechenig/Gelter RabelsZ 72 (2008), 513–561 zur divergenten Entwicklung in den USA und Deutschland und den Ursachen, warum es der ÖAR in Deutschland so schwerfällt, sich gegen die etablierte Rechtsdogmatik durchzusetzen. Ausführlich zu den rechtshistorischen Wurzeln des homo oeconomicus als Modellmenschen der ÖAR siehe Sorge in Dieckmann/Sorge Der homo oeconomicus in der Rechtsanwendung, 2016, S. 39–135.

[2] Fehr/Gächter The Journal of Economic Perspectives 14 (2000), 159–181; Fehr/Schmidt The Quarterly Journal of Economics 114 (1999), 817–868; Kahneman/Knetsch/Thaler American Economic Review 76 (1986), 728–741; Simon Eastern Economic Journal 18 (1992), 73 (78).

[3] Thaler The American Economic Review 106 (2016), 1577 (1586).

B. Problemstellung und Gang der Untersuchung

I. Die zentrale Bedeutung der Rationalitätsannahme für die ÖAR

1. Die ÖAR als Sozialwissenschaft

Forschungsfeld der ÖAR ist das Recht als ein System miteinander verknüpfter Regeln zur Verhaltenssteuerung von Menschen einschließlich der Vorkehrungen, die der Durchsetzung dieser Regeln dienen, und insofern das Recht als Institution (Neuere Institutionenökonomik).[4] Die ÖAR betrachtet, wie sich das Recht auf das menschliche Entscheidungs- und Wahlverhalten auswirkt.[5] Während das Recht den Bezugspunkt für die Analysen der ÖAR bildet, untersucht sie das Recht mithilfe eines Verhaltensmodells, das die Wirtschaftswissenschaft ursprünglich allein für ihren eigenen Gegenstandsbereich, die Wirtschaft (Ökonomie), entwickelt hat.[6] Sie definiert sich dementsprechend nicht über ihren Betrachtungsgegenstand, das Recht, sondern stattdessen über ihre spezielle Methodik und damit über das Verhaltensmodell der Ökonomie. Es handelt sich bei der ÖAR demzufolge um eine Teildisziplin der Sozialwissenschaften, die mit ökonomischen Methoden unterschiedliche, nicht-wirtschaftliche Gegenstandsbereiche erforscht (daher Ökonomik statt Ökonomie).[7] Die Ökonomik ist damit eine ökonomische Methode zur Beschreibung, Erklärung und Prognose menschlichen Verhaltens und infolgedessen die ÖAR, die Anwendung dieser Betrachtungsweise auf den Gegenstandsbereich des Rechts (daher auch Rechtsökonomik), um darüber angeben, begründen und vorhersagen zu können, wie das Recht und dessen Veränderung menschliches Verhalten beeinflusst bzw. beeinflussen wird (positive Theorie),[8] und wie es dementsprechend am besten ausgestaltet sein sollte, um ökonomisch möglichst effizient zu sein (normative Theorie).[9] 3

2. Der *homo oeconomicus* als Verhaltenstheorie der ÖAR

Grundlage der Ökonomik und daher auch der ÖAR ist das ökonomische Verhaltensmodell des sog. *homo oeconomicus*.[10] Er ist ein Modellmensch, der in Entscheidungssituationen stets eine rationale Auswahl zwischen den Handlungsalternativen trifft, die ihm im Einzelfall offenstehen. Ziel seines Verhaltens ist dabei ausschließlich die Maximierung seines eigenen Nutzens. Um das jedoch zu erreichen, muss er die begrenzten Mittel, die ihm in dieser ganz bestimmten Entscheidungssituation zur Verfügung stehen („Instrumente"), so einsetzen, dass er für sich daraus den größtmöglichen Nutzen ziehen kann („Eigennutzaxiom").[11] Nur wenn er sich also für die Handlung entscheidet, die ihm den größtmöglichen eigenen Nutzen verspricht, verhält er sich rational.[12] Dass er das aber auch 4

[4] Richter/Furubotn Neue Institutionenökonomik, 4. Aufl. 2010, S. 7.

[5] Eidenmüller Effizienz als Rechtsprinzip, 4. Aufl. 2015, S. 4; Kirchgässner Homo Oeconomicus, 4. Aufl. 2013, S. 134; Schäfer/Ott Lehrbuch der ökonomischen Analyse des Zivilrechts, 6. Aufl. 2020, S. XI.

[6] Eidenmüller Effizienz als Rechtsprinzip, 4. Aufl. 2015, S. 8; Grechenig/Gelter RabelsZ 72 (2008), 513 (529).

[7] Kirchgässner Homo Oeconomicus, 4. Aufl. 2013, S. 2–3.

[8] Petersen/Towfigh in Towfigh/Petersen Ökonomische Methoden im Recht, 2. Aufl. 2017, Rn. 6.

[9] Eidenmüller Effizienz als Rechtsprinzip, 4. Aufl. 2015, S. 41: „Das ökonomische Effizienzziel"; Ott/Schäfer JZ 1988, 213 (215): „Allokationseffizienz ... als wünschenswerter sozialer Zustand".

[10] Eidenmüller Effizienz als Rechtsprinzip, 4. Aufl. 2015, S. 28–41 (S. 41: „wichtige Säule"); Schäfer/Ott Lehrbuch der ökonomischen Analyse des Zivilrechts, 6. Aufl. 2020, S. 107–117; Dieckmann/Sorge in Dieckmann/Sorge Der homo oeconomicus in der Rechtsanwendung, 2016, S. 19–22, 32–35; eingehend Kirchgässner Homo Oeconomicus, 4. Aufl. 2013, S. 12–65.

[11] Kirchgässner Homo Oeconomicus, 4. Aufl. 2013, S. 47; Kirchgässner JZ 1991, 104 (108); Ott/Schäfer JZ 1988, 213 (219); Schäfer/Ott Lehrbuch der ökonomischen Analyse des Zivilrechts, 6. Aufl. 2020, S. 112–114; Towfigh in Towfigh/Petersen Ökonomische Methoden im Recht, 2. Aufl. 2017, Rn. 70.

[12] Towfigh in Towfigh/Petersen Ökonomische Methoden im Recht, 2. Aufl. 2017, Rn. 77, wonach diese Rationalitätsannahme den „Schlussstein des ökonomischen Paradigmas" darstellt; Kirchgässner Homo Oeconomicus, 4. Aufl. 2013, S. 14.

stets tut, ist die Grundannahme der Ökonomik und bildet deshalb das Kernelement ihres Modellmenschen, des *homo oeconomicus*.

II. Ernsthafte Zweifel an der Rationalitätsannahme der ÖAR

1. Der voll informierte und daher rationale Modellmensch

5 Mit der Richtigkeit der Rationalitätsannahme (*rational choice*) steht und fällt die Ökonomik nicht nur als Methode, sondern als Sozialwissenschaft insgesamt und mit ihr daher auch die ÖAR. Diesen *Rational Choice Approach* stellt nun allerdings die Verhaltensökonomik (*behavioral economics*) massiv in Frage. Damit der *homo oeconomicus* eine rationale Auswahl treffen kann, indem er sich für die Handlungsmöglichkeit entscheidet, bei deren Wahl er durch den Einsatz seiner begrenzten Instrumente seinen eigenen Nutzen maximiert, benötigt er die Informationen, die es ihm erlauben, die diversen, ihm im Einzelfall sich bietenden Handlungsmöglichkeiten gegeneinander abzuwägen und dadurch zu bewerten, welche von diesen ihm den größtmöglichen eigenen Nutzen offeriert.[13] Er muss sich demnach zunächst einmal die dafür erforderlichen Informationen beschaffen und im Anschluss daran verarbeiten, indem er die Vor- und Nachteile, Nutzen und Kosten (*benefits and costs*), die die verschiedenen Entscheidungsalternativen bei ihrer möglichen Auswahl als erwartete Konsequenz mit sich bringen, einander gegenüberstellt und in eine Reihenfolge, ein Ranking, bringt.[14] Erst dann kann er sich überhaupt rational für die Handlungsmöglichkeit entscheiden, aus der er voraussichtlich den größtmöglichen Nutzen für sich zieht. Dafür müsste der *homo oeconomicus* jedoch idealiter stets vollständig informiert und geradezu ein „immer blitzschnell entscheidender wandelnder Computer" sein.[15]

2. Die fehlende Rationalität des realen Menschen

6 Dass eine solche Annahme offensichtlich an der Realität vorbeigeht und sogar empirisch widerlegt ist, gestehen durchaus auch viele Vertreter der ÖAR ein.[16] Sie gehen stattdessen entweder von einem bloß eingeschränkt rationalen Verhalten ihres *homo oeconomicus* aus (*bounded rationality*),[17] oder sehen in diesem Modellmenschen lediglich eine Annahme, die „zum innersten, unzerstörbaren Kern der Wirtschaftswissenschaft" gehört, und deren „einzige Begründung darin liegt, dass die Wirtschaftswissenschaftler sie benutzen und eine Vielzahl von Vorgängen damit erklären oder verstehen können".[18] Danach besteht der Erkenntniswert des *homo oeconomicus* nicht in einem realistischen Menschenbild, sondern ausschließlich darin, zutreffende Vorhersagen zu ermöglichen, selbst wenn die Annahme eines sich rational verhaltenden *homo oeconomicus* evident falsch sein sollte.[19]

[13] Fleischer AcP 200 (2000), 91 (102); Towfigh, in Towfigh/Petersen Ökonomische Methoden im Recht, 2. Aufl. 2017, Rn. 78.

[14] Dieckmann/Sorge in Dieckmann/Sorge Der homo oeconomicus in der Rechtsanwendung, 2016, S. 33–34; Schäfer/Ott Lehrbuch der ökonomischen Analyse des Zivilrechts, 6. Aufl. 2020, S. 108; Eidenmüller JZ 2005, 216 (217).

[15] Kirchgässner Homo Oeconomicus, 4. Aufl. 2013, S. 17, 29.

[16] So ausdrücklich Kirchgässner Homo Oeconomicus, 4. Aufl. 2013, S. 29.

[17] Grundlegend Simon The Quarterly Journal of Economics 69 (1955), 88–118; Schäfer/Ott Lehrbuch der ökonomischen Analyse des Zivilrechts, 6. Aufl. 2020, S. 117; Kirchgässner Homo Oeconomicus, 4. Aufl. 2013, S. 29–39; Wiedemann/Wank JZ 2013, 340; Lerch Anlageberater als Finanzintermediäre, 2015, S. 81–82.

[18] Schäfer/Ott Lehrbuch der ökonomischen Analyse des Zivilrechts, 6. Aufl. 2020, S. 116.

[19] Eidenmüller JZ 2005, 216 (217–218); vgl. Englerth/Towfigh in Towfigh/Petersen Ökonomische Methoden im Recht, 2. Aufl. 2017, Rn. 503.

3. Krise der ÖAR

Die erste Position führt in ihrer Konsequenz zur Aufgabe der Rationalitätsannahme und entzieht damit der Ökonomik und mit ihr auch der ÖAR ihr zentrales Fundament oder schwächt es zumindest ein gutes Stück weit ab. Die zweite setzt voraus, dass die Annahme, der einzelne Mensch verhalte sich im Allgemeinen rational, wenigstens weitüberwiegend imstande ist, das menschliche Verhalten realitätsnah zu beschreiben und zu erklären sowie zu prognostizieren. Dafür muss das Verhaltensmodell des *homo oeconomicus* aber auch tatsächlich dazu in der Lage sein, was die Verhaltensökonomik (*behavioral economics*) auf den ersten Blick jedoch recht überzeugend in Abrede stellt. Der *homo oeconomicus* und mit ihr die ÖAR als Methode und Sozialwissenschaft hat deshalb an sich nur dann einen wissenschaftlichen Erkenntniswert, wenn der durchschnittliche Mensch in Wahl- und Entscheidungssituationen idR auch wirklich rational denkt und danach handelt. 7

III. Daraus resultierendes Dilemma und seine mögliche Auflösung

1. Das Fehlen eines alternativen Verhaltensmodells zum *homo oeconomicus*

Angesichts der psychologischen Erkenntnisse, die die Verhaltensökonomik durch zahllose empirische Studien zutage gefördert hat, lässt sich die Rationalitätsannahme der ÖAR so wie bisher nicht mehr aufrechterhalten.[20] Konsequent wäre es daher eigentlich, das Konzept des *homo oeconomicus* im Ganzen aufzugeben und durch ein anderes der *behavioral economics* zu ersetzen. Obschon die Verhaltensökonomik das Modell eines Menschen, der stets rational denkt und handelt, um so seinen eigenen monetären Nutzen zu maximieren, dekonstruiert hat, ist es ihr nicht gelungen, an Stelle des *homo oeconomicus* ein alternatives Verhaltensmodell zu entwickeln, das als positive Theorie in der Lage wäre, menschliches Entscheidungs- und Wahlverhalten allgemein vorherzusagen.[21] Sie erschöpft sich stattdessen in Ad-hoc-Aussagen zu individuellen Verhaltensweisen und stellt insofern lediglich eine „Kollektion unverbunden nebeneinanderstehender Forschungsergebnisse über menschliches Verhalten" dar, ohne zu einem neuen, in sich konsistenten Verhaltensmodell zu führen.[22] 8

2. Verunsicherung im Recht

Demgemäß mäandert vor allem das Kapitalmarktrecht immer häufiger zwischen der Annahme iSd ÖAR, der durchschnittliche Anleger denke und handle stets rational (*homo oeconomicus*) und müsse zu diesem Zweck bloß mit den dazu erforderlichen Informationen versorgt werden („Informationsmodell"), und der Vorstellung iSd *behavioral economics*, der Anleger sei selbst dann unfähig, sich vernünftig zu entscheiden, wenn er über alle dafür benötigten Informationen verfügte (*homo inferior*).[23] Da der Mensch nach der Verhaltensökonomik nur eine sehr begrenzte Menge an Informationen verarbeiten kann, sorgt ein Mehr an Information gerade nicht für eine Zunahme an Rationalität in der Entscheidungsfindung. Umgekehrt deshalb im Menschen *per se* einen *homo inferior* zu sehen, führt jedoch unweigerlich zu paternalistischen Eingriffen in die allgemeine Handlungsfreiheit, 9

[20] Englerth/Towfigh in Towfigh/Petersen Ökonomische Methoden im Recht, 2. Aufl. 2017, Rn. 503–538; Lo Proceedings of the American Philosophical Society 157 (2013), 269 (278).

[21] Englerth/Towfigh in Towfigh/Petersen Ökonomische Methoden im Recht, 2. Aufl. 2017, Rn. 489; Kelman Stanford Law Review 50 (1998), 1577 (1586) („Behavioral Economics as Part of a Rhetorical Duet"); Thaler The American Economic Review 106 (2016), 1577 (1592): "... we should not expect some new grand behavioral theory to emerge to replace the neoclassical paradigm. (...) Behavioral Theories will be more like engineering, a set of practical enhancements that lead to better predictions about behavior.".

[22] Schäfer/Ott Lehrbuch der ökonomischen Analyse des Zivilrechts, 6. Aufl. 2020, S. 131–132; Towfigh in Towfigh/Petersen Ökonomische Methoden im Recht, 2. Aufl. 2017, Rn. 86.

[23] Lerch Anlageberater als Finanzintermediäre, 2015, S. 80–99; Dieckmann in Fuchs/Zimmermann Wertpapierhandelsrecht, 3. Aufl. 2022, WpHG Vor § 63 Rn. 12–17.

im Kapitalmarktrecht zu Verkaufs- und Empfehlungsverboten an den Anleger.[24] Das ist nicht nur freiheitsbeschränkend, sondern nimmt sowohl dem Einzelnen als auch der Gesellschaft insgesamt ansonsten mögliche, ökonomische Wohlfahrtgewinne. Der einzelne Anleger erhält für sein Geld nicht die Anlageform, die für ihn den größtmöglichen eigenen Nutzen einfährt, und dadurch gelangt sein Kapital nicht zu dem, der es am dringendsten benötigt und es am erfolgversprechendsten hätte einsetzen können.[25]

3. Steigende Relevanz der Thematik und Vorgehensweise

10 Da Menge und Komplexität der verfügbaren Informationen in Zukunft sogar noch mehr und in immer kürzer werdenden Zeitintervallen anwachsen werden („Informationsgesellschaft") und der Mensch deswegen immer stärker überfordert sein wird, diese Fülle an Informationen zu bewältigen, wird der Antagonismus zwischen einem untauglichen Informationsmodell iSd ÖAR und einem freiheitsbeschränkenden und wohlfahrtgefährdenden Paternalismus mit Vehemenz zunehmen. Die Frage, wie sich dieses Spannungsverhältnis auflösen lässt, gewinnt demnach verstärkt an Bedeutung. Bevor in diesem Beitrag jedoch ein Lösungsvorschlag dafür entworfen werden kann, und zwar dahingehend, dass automatisierte oder idealerweise sogar autonome Systeme, da KI gesteuert, die Informationsgewinnung und -verarbeitung übernehmen und so dem Menschen, zumindest in komplexen Entscheidungssituationen, wie zB bei der Geldanlage auf dem Kapitalmarkt, zu einem Rationalverhalten iSd ÖAR verhelfen, ist zunächst vertieft auf die ÖAR (*law and economics*) und ihre „Gegenspielerin", die Verhaltensökonomik (*behavioral economics*), einzugehen. Erst darüber lässt sich die Relevanz des *Rational Choice Approach* der ÖAR nicht nur bezogen auf den Einzelnen, sondern vor allem für die Gesamtgesellschaft ermessen und damit, warum es so immens wichtig ist, der strukturell fehlenden Rationalität, die die *behavioral-economics*-Forschung im menschlichen Entscheidungs- und Wahlverhalten in Form von Heuristiken und kognitiven Verzerrungen aufgedeckt hat, durch den Einsatz automatisierter bzw. autonomer Systeme effektiv entgegenzuwirken.

C. Der Standort des *Rational Choice Approach* in der ÖAR

I. Die ÖAR als Wohlfahrtökonomik

1. Ökonomische Gesamtwohlfahrt als eigentliches Ziel

11 Auch wenn mit dem Verhaltensmodell des *homo oeconomicus* scheinbar der einzelne Mensch im Zentrum der ÖAR steht, handelt es sich dabei lediglich um einen methodologischen Individualismus.[26] Nicht das „Glück" des Einzelnen, ökonomisch gesprochen sein individueller Nutzen, strebt die ÖAR an, sondern die Verwirklichung der wirtschaftlichen Gesamtwohlfahrt.[27] Diese übergeordnete Zielsetzung der ÖAR geht auf ihre philosophische Grundlegung im Utilitarismus zurück.[28] Danach besteht die Aufgabe jeder „guten" Gesellschaftsordnung darin, dass größtmögliche Glück (Nutzen) der größtmöglichen Zahl

[24] § 64 Abs. 3 S. 2 WpHG; Art. 54 Abs. 8 DelVO 2017/565.

[25] Möllers AcP 208 (2008), 1 (7); Buck-Heeb Kapitalmarktrecht, 12. Aufl. 2022, Rn. 10; Poelzig Kapitalmarktrecht, 2. Aufl. 2021, Rn. 1.

[26] Kirchgässner JZ 1991, 104 (106); Dieckmann/Sorge in Dieckmann/Sorge Der homo oeconomicus in der Rechtsanwendung, 2016, S. 21–22; Towfigh in Towfigh/Petersen Ökonomische Methoden im Recht, 2. Aufl. 2017, Rn. 63.

[27] Eidenmüller Effizienz als Rechtsprinzip, 4. Aufl. 2015, S. 41.

[28] Petersen/Towfigh in Towfigh/Petersen Ökonomische Methoden im Recht, 2. Aufl. 2017, Rn. 8, 48. Das bedeutet nicht, dass ÖAR und Utilitarismus vollkommen deckungsgleich sind. Ausführlich dazu Eidenmüller Effizienz als Rechtsprinzip, 4. Aufl. 2015, S. 173–234; Schäfer/Ott Lehrbuch der ökonomischen Analyse des Zivilrechts, 6. Aufl. 2020, S. 27–30; Posner Journal of Legal Studies 8 (1979), 103–140; Grechenig/Gelter RabelsZ 72 (2008), 513 (530–534).

von Menschen innerhalb dieser Gesellschaftsordnung zu erreichen (*Jeremy Bentham*).[29] Nach dieser utilitaristischen Ethik ist deshalb eine Handlung anhand ihrer Auswirkung auf die Gesellschaft (Konsequenz)[30] als moralisch richtig bzw. gut zu bewerten, wenn sie für die Mehrzahl der Menschen in der Gesellschaft als „der größten Zahl" von Vorteil (Nutzen) ist, und umgekehrt als moralisch falsch oder schlecht, wenn sie ihnen einen Schaden zufügt. Wirtschaftlich ist eine Handlung daher „gut" bzw. effizient, wenn sie die ökonomische Gesamtwohlfahrt „der größten Zahl" steigert. Bei der ÖAR handelt es sich demzufolge insofern um eine Wohlfahrtsökonomik, als es ihr darum geht, das Recht derart aus- und umzugestalten, dass es diese wirtschaftliche Gesamtwohlfahrt fördert.[31]

2. Die Notwendigkeit allokationseffizienter Märkte angesichts knapper Ressourcen

Weil zwar die Bedürfnisse der Menschen im Grundsatz unbegrenzt, die Ressourcen, 12
die dazu dienen, diese Bedürfnisse zu befriedigen, aber knapp sind, beeinflusst eine wirtschaftliche Handlung die Gesamtwohlfahrt dann positiv, wenn durch sie eine Ressource, ein „Gut", dorthin gelangt, wo dieses Gut innerhalb der Gesellschaft bestmöglich genutzt werden kann.[32] Sofern das mit allen verfügbaren Ressourcen geschieht, ist eine Gesellschaft allokationseffizient und dadurch das Optimum der wirtschaftlichen Gesamtwohlfahrt erreicht.[33] Nach dem sog. *Pareto*-Kriterium ist deswegen eine staatliche Maßnahme und damit auch eine Rechtsnorm so lange gerechtfertigt, wie sie sich auf die Ressourcenallokation dahingehend positiv auswirkt, dass mindestens ein Mensch („Akteur") wirtschaftlich bessergestellt, sein individueller Nutzen also gesteigert wird, ohne dass dadurch gleichzeitig auch nur ein einzelner anderer Akteur einen wirtschaftlichen Verlust erleidet.[34] Sobald niemand mehr durch eine Umverteilung der Güter bessergestellt werden kann, ohne dass auch nur ein anderer schlechter gestellt würde, ist der Zustand der Gesellschaft schließlich *pareto*-optimal und damit allokationseffizient.[35]

Das *Pareto*-Kriterium führt allerdings dazu, dass eine Umverteilung von Ressourcen 13
davon abhängt, dass ihr auch alle zustimmen, setzt also Einstimmigkeit voraus. Würde auch nur ein Mensch durch die ins Auge gefasste Allokation der Güter benachteiligt, hat er gleichsam ein Vetorecht.[36] Und dieses steht ihm selbst dann zu, wenn sich durch die Umverteilung die wirtschaftliche Gesamtwohlfahrt erhöhte. Das steht jedoch im Widerspruch zur utilitaristischen Maxime der ÖAR, „das größte Glück der größten Zahl", der

[29] Bentham A Comment on the Commentaries and A Fragment on Government, in: Burns/Hart The Collected Works of Jeremy Bentham, 1977, S. 393: „it is the greatest happiness of the greatest number that is the measure of right and wrong"; Burns Utilitas 17 (2005), 46–61; Pleger Das gute Leben, Einführung in die Ethik, 2017, S. 111–116. Das Prinzip des „größten Glücks der größten Zahl" geht dabei auf Francis Hutcheson zurück (S. 111); Grechenig/Gelter RabelsZ 72 (2008), 513 (530, 533).

[30] Kirchgässner Homo Oeconomicus, 4. Aufl. 2013, S. 14 mit Fn. 9; Schäfer/Ott Lehrbuch der ökonomischen Analyse des Zivilrechts, 6. Aufl. 2020, S. XII; Sen/Williams in Sen/Williams Utilitarianism and beyond, 1982, S. 1, 4; Grechenig/Gelter RabelsZ 72 (2008), 513 (533).

[31] Towfigh in Towfigh/Petersen Ökonomische Methoden im Recht, 2. Aufl. 2017, Rn. 87; Grechenig/Gelter RabelsZ 72 (2008), 513 (531).

[32] Dieckmann/Sorge in Dieckmann/Sorge Der homo oeconomicus in der Rechtsanwendung, 2016, S. 20; Towfigh in Towfigh/Petersen Ökonomische Methoden im Recht, 2. Aufl. 2017, Rn. 64; Kirchgässner Homo Oeconomicus, 4. Aufl. 2013, S. 12.

[33] Schäfer/Ott Lehrbuch der ökonomischen Analyse des Zivilrechts, 6. Aufl. 2020, S. XI; Grechenig/Gelter RabelsZ 72 (2008), 513 (533 „an sich Erstrebenswertes").

[34] Schäfer/Ott Lehrbuch der ökonomischen Analyse des Zivilrechts, 6. Aufl. 2020, S. 13; Eidenmüller Effizienz als Rechtsprinzip, 4. Aufl. 2015, S. 48; Schwintowski JZ 1998, 581 (582 Fn. 13); Ott/Schäfer JZ 1988, 213 (218).

[35] Towfigh in Towfigh/Petersen Ökonomische Methoden im Recht, 2. Aufl. 2017, Rn. 90; Stiglitz The Journal of Finance 36 (1981), 235: "To an economist, 'efficiency' of the market has a simple meaning: the allocation of resources generated by the market is said to be efficient (Pareto optimal) if there does not exist an alternative feasible resource allocation which can make some individual better off without making someone else worse off.".

[36] Eidenmüller Effizienz als Rechtsprinzip, 4. Aufl. 2015, S. 49; Schäfer/Ott Lehrbuch der ökonomischen Analyse des Zivilrechts, 6. Aufl. 2020, S. 13.

Allgemeinheit, zu verwirklichen. Aus diesem Grund stellt das sog. *Kaldor-Hicks*-Kriterium stattdessen darauf ab, ob der Nutzen der angestrebten Ressourcenallokation insgesamt, dh bezogen auf die Gesamtgesellschaft, die Kosten überwiegt.[37] Kosten und Nutzen dürfen insofern bei unterschiedlichen individuellen Menschen anfallen. Solange die Verluste der einzelnen Menschen, die durch die Umverteilung wirtschaftlich benachteiligt werden, durch die Gewinne anderer ausgeglichen werden können, die sie durch die neue Allokation der Güter erzielen, und außerdem zumindest einer von diesen auf diese Weise besser als zuvor steht, ist die Umverteilung wohlfahrtssteigernd und damit effizient.[38] Darauf, dass die „Gewinner" die „Verlierer" auch tatsächlich entschädigen, kommt es dabei nicht an, sondern allein auf die Möglichkeit und insofern, dass die Gewinne (Nutzen) die Verluste (Kosten) insgesamt übertreffen,[39] weil allein schon dadurch die Gesamtwohlfahrt gesteigert ist und damit das Ziel der ÖAR – der utilitaristischen Ethik folgend – gefördert wird.

3. Allokationseffizienz durch das freie Spiel der Marktkräfte

14 Werkzeug, um diese Allokationseffizienz und damit die Gesamtwohlfahrt zu erreichen, ist der Markt, paradigmatisch der Kapitalmarkt,[40] der dazu dient, das gesamte anlagefähige Kapital dadurch effizient zu allozieren, dass dieses über ihn zu dem gelangt, der es am dringendsten benötigt und es am erfolgversprechendsten einsetzen kann.[41] Diese Umverteilung der Ressourcen, oder auch Güter, geschieht über den Markt und setzt dabei beim Einzelnen als „Käufer" und „Verkäufer" dieser Güter an. Als *homo oeconomicus* strebt der Einzelne zwar ausschließlich seinen eigenen finanziellen Nutzen an, doch findet im Zusammenwirken mit dem Marktmechanismus – wie von unsichtbarer Hand geleitet (*Adam Smith*)[42] – automatisch jede knappe Ressource ihren Weg zu dem, der aus ihr den größten Nutzen für sich und damit für alle ziehen kann (*Coase*-Theorem).[43] Wo auch immer sich ein Gut anfangs befindet, wird der, wer aus ihm einen größeren Nutzen als dessen gegenwärtiger Inhaber erwirtschaften kann, jenem das Gut „abkaufen", es eintauschen. Da der Inhaber des Guts von dessen Gebrauch weniger profitiert als der „Käufer" („Tauschpartner"), ist er gewillt, seinem Tauschpartner das Gut gegen ein für beide vorteilhaftes Entgelt zu überlassen. So wird der „Käufer" auf der einen Seite einen Teil des wirtschaftlichen Nutzens, den er aus der künftigen Verwendung der von ihm begehrten Ressource (voraussichtlich) ziehen wird, seinem Tauschpartner als Entgelt („Kaufpreis") anbieten.[44] Der „Verkäufer" wird auf der anderen Seite dieses Angebot annehmen, da er auf diese Weise mehr von seinem Gut profitiert, als wenn er dieses selbst gebraucht. Unter der Annahme, dass beide stets rational und aus Eigennutz handeln, werden sie einen Konsens über den Tausch und das Entgelt dafür erzielen und sich so den maximalen Nutzen, den allein der „Käufer", nicht aber der „Verkäufer" als momentaner Inhaber des Guts generieren kann, teilen.[45]

[37] Kaldor The Economic Journal 49 (1939) 549 (550); Hicks The Economic Journal 49 (1939), 696 (706).

[38] Ott/Schäfer JZ 1988, 213 (218); Eidenmüller Effizienz als Rechtsprinzip, 4. Aufl. 2015, S. 51.

[39] Eidenmüller Effizienz als Rechtsprinzip, 4. Aufl. 2015, S. 51; Towfigh in Towfigh/Petersen Ökonomische Methoden im Recht, 2. Aufl. 2017, Rn. 93.

[40] Möllers AcP 208 (2008), 1 (6.).

[41] Möllers AcP 208 (2008), 1 (7); Buck-Heeb Kapitalmarktrecht, 12. Aufl. 2022, Rn. 10; Poelzig Kapitalmarktrecht, 2. Aufl. 2021, Rn. 1.

[42] Lo Proceedings of the American Philosophical Society 157 (2013), 269 (271).

[43] Coase Journal of Law & Economics 3 (1960), 1 (15): "It is always possible to modify by transactions on the market the initial legal delimitation of rights. And, of course, if such market transactions are costless, such a rearrangement of rights will always take place if it would lead to increase in the value of production." Schwintowski JZ 1998, 581 (582); Ott/Schäfer JZ 1988, 213 (216); Dieckmann/Sorge in Dieckmann/Sorge Der homo oeconomicus in der Rechtsanwendung, 2016, S. 20; Schmolke in Towfigh/Petersen Ökonomische Methoden im Recht, 2. Aufl. 2017, Rn. 261–265; Eidenmüller Effizienz als Rechtsprinzip, 4. Aufl. 2015, S. 59–63 (61).

[44] Coase Journal of Law & Economics 3 (1960), 1 (2–8); Eidenmüller Effizienz als Rechtsprinzip, 4. Aufl. 2015, S. 61 („kooperativer Überschuss").

[45] Coase Journal of Law & Economics 3 (1960), 1 (2–8); Eidenmüller Effizienz als Rechtsprinzip, 4. Aufl. 2015, S. 61 („Verhandlungslösung").

II. Die zentrale Rolle des *homo oeconomicus* für die Gesamtwohlfahrt

Damit der Marktmechanismus iSd *Coase*-Theorems funktioniert, indem er die nur begrenzt vorhandenen Ressourcen effizient umverteilt und auf diese Weise die Gesamtwohlfahrt iSd Wohlfahrtsökonomik fördert, muss jeder der Marktakteure als potenzieller Tauschpartner ein *homo oeconomicus* sein. Demgemäß hängt der Erfolg „der unsichtbaren Hand des Marktes" davon ab, ob die Rationalitätsannahme der Ökonomik auch tatsächlich zutrifft. Damit zB das anlagefähige Geld über den Kapitalmarkt den erreicht, der den größten wirtschaftlichen Nutzen daraus erzielt, muss der einzelne Anleger stets rein rational agieren. Das setzt jedoch voraus, dass er über die auf dem Kapitalmarkt angebotenen Finanzprodukte vollständig informiert ist, um so Kosten und Nutzen der einzelnen Formen der Geldanlage abwägen und bewerten zu können. Erst dann kann sich ein Anleger rational für die Anlagemöglichkeit entscheiden, die ihm voraussichtlich für sein Geld die größtmögliche Rendite einbringt. **15**

Der Kapitalmarkt ist nun jedoch typischerweise durch eine Informationsasymmetrie zulasten der Anleger im Verhältnis zu den Anbietern und Emittenten der Finanztitel geprägt.[46] Emittenten und Anbieter vermarkten sich in Gestalt der von ihnen kreierten Anlageprodukte gewissermaßen selbst.[47] Sie fragen das Geld der Anleger nach und versprechen ihnen dafür als Gegenleistung die Chance auf einen künftigen Gewinn. Über sich selbst und die von ihnen angebotenen Geldanlageformen haben Emittenten und Anbieter daher im Gegensatz zu den Anlegern unmittelbare Kenntnis. Der Anleger muss sich aus diesem Grund an sich die nötigen Informationen erst besorgen, was für ihn mit zusätzlichen (Informations-)Kosten verbunden ist, die den Nutzen des Erwerbs der auf dem Kapitalmarkt angebotenen Anlagetitel zumindest schmälern oder sogar vollständig aufheben können. Die Transaktionskosten können demnach so prohibitiv hoch sein, dass der Marktmechanismus ganz oder zum Teil zum Erliegen kommt und das anlagefähige Kapital daher nicht mehr allokationseffizient seinen Weg dorthin findet, wo es am dringendsten gebraucht wird und am chancenreichsten eingesetzt werden kann.[48] **16**

III. Information als Voraussetzung für die Rationalität des *homo oeconomicus*

Als Reaktion darauf statuiert das Kapitalmarktrecht – entsprechend den Maßstäben der ÖAR – Informationspflichten der Emittenten und Anbieter gegenüber dem Anlegerpublikum, dem Markt als solchem. Anbieter und Emittenten müssen für Anlageformen, die sie über den Kapitalmarkt vertreiben wollen, zuvor den potenziellen Anlegern als eine Art Produktbeschreibung einen Prospekt zur Verfügung stellen, der die erforderlichen Informationen enthält, „die für den Anleger wesentlich sind, um sich ein fundiertes Urteil" über das angebotene Anlageprodukt „bilden zu können".[49] Auch später, nachdem das Finanzprodukt auf den Kapitalmarkt gelangt ist und dort gehandelt wird, hat dessen Emittent sämtliche Informationen, die ihn oder sein Finanzprodukt betreffen, *ad hoc* dem **17**

[46] Poelzig Kapitalmarktrecht, 2. Aufl. 2021, Rn. 20, 32; Möllers AcP 208 (2008), 1 (7).

[47] Nach Art. 6 Abs. 1 EU-Prospekt-VO (VO (EU) 596/2014) muss ein Prospekt insbesondere Angaben zu den Vermögenswerten und Verbindlichkeiten, den Gewinnen und Verlusten, der Finanzlage und den Aussichten des Emittenten – als „Schuldner" – enthalten, damit sich der Anleger dadurch ein fundiertes Urteil über das angebotene Wertpapier bilden kann.

[48] Möllers AcP 208 (2008), 1 (7); Buck-Heeb Kapitalmarktrecht, 12. Aufl. 2022, Rn. 10; Poelzig Kapitalmarktrecht, 2. Aufl. 2021, Rn. 1; Buck-Heeb Kapitalmarktrecht, 12. Aufl. 2022, Rn. 9: Publizität minimiert für Anleger deren Transaktionskosten; Coase Journal of Law & Economics 3 (1960), 1 (15): "In order to carry out a market transaction it is necessary to discover who it is that one wishes to deal with, to inform people that one wishes to deal and on what terms, (...). These operations are often extremely costly, sufficiently costly at any rate to prevent many transactions that would be carried out in a world in which the pricing system worked without cost.".

[49] Art. 6 Abs. 1 EU-Prospekt-VO (VO (EU) 2017/1129).

Markt gegenüber publik zu machen,[50] um so „der Öffentlichkeit einen schnellen Zugang und eine vollständige, korrekte und rechtzeitige Bewertung" des Anlagetitels durch die Anleger zu ermöglichen.[51] Auf diese Weise werden idealiter Informationsasymmetrien auf dem Kapitalmarkt zwischen den Akteuren, den Anlegern untereinander sowie zwischen den Anlegern und Anbietern bzw. Emittenten beseitigt und die Transaktionskosten abgesenkt.

18 Aufgrund der Vielzahl und Komplexität der unterschiedlichen Formen der Geldanlage bedarf ein Anleger idR darüber hinaus einer dahingehenden Beratung. Der Anlageberater, zB eine Bank, fungiert dabei als Informationsintermediär.[52] Ihm kommt eine Art Filterfunktion zu, indem er dem ratsuchenden Anleger die Finanzinstrumente heraussucht und zum Erwerb empfiehlt, die für den jeweiligen Anleger geeignet sind. Der Anlageberater hat dafür vom Anleger dessen individuelle Kenntnisse und Erfahrungen in Bezug auf die Finanzprodukte, die Gegenstand der Beratung sein sollen, die finanziellen Verhältnisse, einschließlich der Fähigkeit, Verluste zu tragen, sowie dessen Anlageziele, einschließlich Risikotoleranz zu erfragen.[53] Erst danach kann und darf der Anlageberater seinem Kunden ein oder auch mehrere für diesen geeignete, weil auf seine persönlichen Verhältnisse zugeschnittene Finanzprodukte – idR zum Erwerb – empfehlen.[54]

19 Vermittelt über den Anlageberater erhält der potenzielle Anleger also gleichsam gefiltert sämtliche Informationen, die er braucht, um zwischen den Finanzprodukten wählen zu können, die für ihn zum Kauf in Frage kommen. Die konkrete Anlageentscheidung trifft demzufolge aber auch im Fall der Anlageberatung immer noch der einzelne Anleger selbst. Der Anlageberater liefert ihm demgemäß lediglich die dafür erforderlichen Informationen. Der Anleger muss sich daher als *homo oeconomicus* auch nach einer Anlageberatung mithilfe einer Kosten-Nutzen-Analyse *rational* für die Form der Geldanlage entscheiden, die für ihn voraussichtlich den größtmöglichen Nutzen zur Folge haben wird. Das bedingt jedoch, dass der Anleger auch fähig ist, die Informationen, die ihm der Anlageberater aufbereitet zur Verfügung stellt, aufzunehmen und in einer eigenen Kosten-Nutzen-Analyse zu bewerten.

D. Die Angriffe der Verhaltensökonomik auf die Rationalitätsannahme der ÖAR

I. Auswirkungen auf Verhaltenstheorie und Recht

20 Nach den verhaltenswissenschaftlichen Erkenntnissen der *behavioral economics*[55] ist der einzelne Anleger idR damit überfordert, eine rein rationale Anlageentscheidung zu treffen. Er kann selbst die vom Anlageberater speziell auf seine Kenntnisse und Erfahrungen, finanzielle Verhältnisse und Anlagepräferenzen zugeschnittenen Informationen nicht in diesem Sinne zu einer strikt rationalen, am eigenen Nutzen ausgerichteten Anlageentscheidung verarbeiten. Statt eines *homo oeconomicus* handelt es sich demnach bei ihm um einen *per se* unterlegenen Anleger, einen *homo inferior.*[56] Wenn aber die Rationalitätsannahme der ÖAR nicht zutrifft und der durchschnittliche Anleger gerade nicht ein *homo oeconomicus* ist, kann der Kapitalmarkt seine ihm zugedachte Allokationsfunktion nicht entfalten, was

[50] Art. 17 Abs. 1 Unterabs. 1 iVm Art. 7 MAR (VO (EU) 596/2014).
[51] Art. 17 Abs. 1 Unterabs. 2 S. 1 MAR.
[52] Lerch Anlageberater als Finanzintermediäre, 2015, S. 18–20 („Informationstransformation").
[53] § 64 Abs. 3 S. 1 WpHG.
[54] § 64 Abs. 3 S. 2 und 3 WpHG.
[55] Dazu sogleich; Thaler The American Economic Review 106 (2016), 1577–1600.
[56] Dazu Poelzig in Ebenroth/Boujong/Joost/Strohn Handelsgesetzbuch, Bd. 2, 4. Aufl. 2020, WpHG Vor § 1 Rn. 64 mwN; Lerch Anlageberater als Finanzintermediäre, 2015, S. 92; Buck-Heeb BKR 2017, 89 (96); Dieckmann in Fuchs/Zimmermann Wertpapierhandelsrecht, 3. Aufl. 2022, WpHG Vor § 63 Rn. 12.

zu einem Verlust an gesellschaftlicher Gesamtwohlfahrt führt. Oder verkürzt ausgedrückt: Ohne die erforderliche Rationalität im Verhaltensmodell des *homo oeconomicus* kann es zwangsläufig auch keine wirtschaftliche Gesamtwohlfahrt iSd ÖAR als „das größte Glück der größten Zahl“ geben.

Die psychologischen und empirisch gewonnenen Erkenntnisse der Verhaltensökonomik 21
sind nun keineswegs unumstritten und werden durchaus von den Vertretern der ÖAR hinterfragt.[57] Deswegen ist zunächst näher auf die von der *behavioral-economics*-Forschung postulierten Verhaltensanomalien einzugehen, dh dem Umstand, dass Menschen strukturell zumindest in bestimmten Konstellationen in ihrem Entscheidungs- und Wahlverhalten von dem abweichen, was im Allgemeinen als rational angesehen wird. Das führt sodann zu der Überlegung, ob sich diese Verhaltensanomalien ohne Weiteres in das Modell des *homo oeconomicus* integrieren lassen, wie es manche Vertreter der ÖAR behaupten,[58] oder die Erkenntnisse der *behavioral economics* einen staatlichen Paternalismus rechtfertigen, um zB den *per se* unterlegenen und zu rationalem Verhalten grds. unfähigen Anleger (*homo inferior*) zu schützen.[59]

Als Alternative zu einem, die Freiheit des Einzelnen einschränkenden Paternalismus 22
soll ein Lösungsansatz entwickelt werden, der aufzeigt, dass sich über den Einsatz von KI und automatisierten Systemen die zentrale Schwachstelle des *homo oeconomicus*, die fehlende Rationalität des einzelnen Menschen, beheben lässt. Auf diese Weise erhält der einzelne Mensch seine Privatautonomie, seine durch die Verfassung geschützte, allgemeine (Handlungs-)Freiheit zurück, seine Rechtsbeziehungen selbständig und grds. ausschließlich nach seinem eigenen Willen ohne staatliche Intervention auszugestalten (Art. 2 Abs. 1 GG).[60] Und weil die KI ihm hilft, zB als Anleger rational zu entscheiden, maximiert er iSd ÖAR nicht nur allein seinen eigenen ökonomischen Nutzen, sondern trägt über die unsichtbare Hand des Marktes (*invisible hand*) zur wirtschaftliche Gesamtwohlfahrt („der größten Zahl“) bei.

II. Befund: Strukturell defizitäre Informationswahrnehmung und -verarbeitung

1. Das Beispiel des Anlegers auf dem Kapitalmarkt

Prototyp des *homo oeconomicus* ist der Anleger und dementsprechend das Kapitalmarkt- 23
recht das Rechtsgebiet, auf dem sich die ÖAR mit ihrem Verhaltensmodell zu beweisen hat. Dessen Grundprinzip ist das zeitweise Zurverfügungstellen von Geld („Kapital“) durch einen Teil der Akteure, die Anleger, an einen anderen Teil, idR Emittenten oder Anbieter (Primärmarkt). Damit eine Rückzahlung des bloß temporär bei Emittenten oder Anbietern angelegten Kapitals nicht erst und auch nicht unbedingt durch diese an den Anleger erfolgen muss, der sein Geld an sie gleichsam als „Darlehen“ vergeben hat, erhält der Anleger von ihnen eine handelbare Verbriefung seines Anspruchs auf künftige Rückzahlung. Darüber kann der Anleger seinen Anspruch auf Rückzahlung des von ihm investierten Geldes auch dadurch realisieren, dass er seinen verbrieften Rückzahlungsanspruch an einen Dritten verkauft (Sekundärmarkt).

Der Anleger strebt dabei nicht lediglich an, das von ihm „darlehensweise“ an Emit- 24
tenten oder Anbieter hingegebene Geld, das von ihm angelegte Kapital, unmittelbar von diesen oder aber mittelbar von dem Dritten zurückzuerhalten, an den er die Verbriefung („Papier“) verkauft hat, sondern hofft als „Entgelt“ für das zeitweise Zurverfügungstellen seines Geldes an den Emittenten oder Anbieter einen monetären Mehrwert zu erzielen.

[57] Schäfer/Ott Lehrbuch der ökonomischen Analyse des Zivilrechts, 6. Aufl. 2020, S. 127–133.
[58] Schäfer/Ott Lehrbuch der ökonomischen Analyse des Zivilrechts, 6. Aufl. 2020, S. 133.
[59] Buck-Heeb BKR 2017, 89 (96); Buck-Heeb ZHR 177 (2013), 310 (331); ausführlich Schmolke Grenzen der Selbstbindung im Privatrecht, 2014, S. 174–266; Klöhn Kapitalmarkt, Spekulation und Behavioral Finance, 2006, S. 149–153; Spindler Journal of Consumer Policy 34 (2011), 315 (327).
[60] Flume Das Rechtsgeschäft, 4. Aufl. 1992, S. 1; BVerfGE 81, 242 (254).

Erst diese Gewinnchance motiviert den Anleger als *homo oeconomicus*, sein Geld über den Kapitalmarkt anderen Akteuren, idR den Emittenten und Anbietern überhaupt zur Verfügung zu stellen. Als Kehrseite dieser Gewinnmöglichkeit besteht für den Anleger aber stets auch – in unterschiedlichem Ausmaß – die Gefahr, sein investiertes Kapital ganz oder zum Teil nicht wieder zurückzubekommen. Die Chance auf den angestrebten Gewinn ist dabei ebenso wie das Risiko eines Verlustes mit einer gewissen Wahrscheinlichkeit für ihren Eintritt verbunden. Als *homo oeconomicus* müsste der Anleger daher an sich die Höhe von Gewinn und Verlust sowie die Wahrscheinlichkeiten, mit der sie eintreten, in einer Kosten-Nutzen-Analyse rational abwägen und bewerten, um sodann die Form der Geldanlage zu wählen, aus der er *ex ante* betrachtet wahrscheinlich den größten eigenen Nutzen ziehen wird.

2. Ausgewählte zentrale Heuristiken und kognitive Verzerrungen

25 **a) Reflection effect und loss aversion.** Damit der Anleger eine iSd ÖAR rationale Anlageentscheidung trifft, muss er die Möglichkeit von Gewinnen und Verlusten sowie deren Eintrittswahrscheinlichkeiten richtig erfassen und bewerten. Nach den kognitionspsychologischen Erkenntnissen der *behavioral-economics*-Forschung ist der Mensch im Allgemeinen und der durchschnittliche Anleger im Besonderen dazu aber nicht imstande. Nach der *prospect theory*[61] scheitert der Mensch bereits daran, Gewinn und Verlust gleichermaßen ausschließlich danach zu bewerten, wie sie sich als Folge seiner Entscheidung final auf seinen Vermögensstand auswirken. Das müsste er als *homo oeconomicus* nach der *expected utility theory* aber an sich tun.[62] Tatsächlich ist die Einstellung des Menschen, auch als Anleger, zu Gewinn und Verlust indes völlig verschieden.[63] Damit ist freilich nicht die Wahl zwischen Gewinn und Verlust als solchen, sondern die zwischen alternativen Gewinnchancen bzw. Verlustszenarien gemeint. Vor die Wahl zwischen einem sicheren Gewinn (zB 3.000 €) und einem nur, wenn auch sehr wahrscheinlichen Gewinn (zB 4.000 € zu 80%, statistisch also ein Gewinn von 3.200 €) gestellt, zieht der Durchschnittsmensch den sicheren dem lediglich wahrscheinlichen, obschon etwas höheren Gewinn vor, verhält sich insofern also risikoavers.[64]

26 Diese Präferenz, die bei einem zu erwartenden Gewinn zu beobachten ist, kehrt sich bei einem drohenden Verlust ins genaue Gegenteil um (*reflection effect*).[65] Danach gefragt, ob er oder sie einen sicheren Verlust, wiederum in Höhe von 3.000 €, erleiden möchte oder lieber einen nur möglichen Verlust in Höhe von 4.000 €, der mit einer Wahrscheinlichkeit von 80% eintritt (statistisch also ein Verlust von -4.000 € x 0,8 = -3.200 €), so entscheidet sich der „normale" Mensch in aller Regel für den zwar höheren, aber bloß wahrscheinlichen, drohenden Verlust.[66] Er verhält sich insofern risikofreudig, da er meint, so zumindest eine, hier 20%ige Chance zu haben, einen Verlust überhaupt zu vermeiden. Der durchschnittliche Mensch beweist damit grds. eine „Verlustaversion" (*loss aversion*)[67] und ist dabei bereit, zu diesem Zweck bestimmte Risiken einzugehen.

[61] Grundlegend Kahneman/Tversky Econometrica 47 (1979), 263–291.

[62] Schäfer/Ott Lehrbuch der ökonomischen Analyse des Zivilrechts, 6. Aufl. 2020, S. 118–121; Thaler The American Economic Review 106 (2016), 1577 (1581).

[63] Klöhn Kapitalmarkt, Spekulation und Behavioral Finance, 2006, S. 94.

[64] Kahneman/Tversky Econometrica 47 (1979), 263 (265–267); Klöhn, Kapitalmarkt, Spekulation und Behavioral Finance, 2006, S. 94–95; Thaler The American Economic Review 106 (2016), 1577 (1582).

[65] Kahneman/Tversky Econometrica 47 (1979), 263 (268).

[66] Kahneman/Tversky Econometrica 47 (1979), 263, (268–269); Thaler The American Economic Review 106 (2016), 1577 (1582).

[67] Klöhn Kapitalmarkt, Spekulation und Behavioral Finance, 2006, S. 95; Kahneman/Tversky American Psychologist 39 (1984), 341–343; Tversky/Kahneman The Quarterly Journal of Economics 106 (1991), 1039: "Loss aversion: the function is steeper in the negative than in the positive domain; losses loom larger than corresponding gains.".

b) Status quo bias und endowment effect. Ausdruck dieser *loss aversion* oder zumindest damit eng verknüpft ist der *status quo bias* und der *endowment effect* (Besitztumseffekt).[68] Der Mensch möchte zB als Anleger den derzeitigen Stand seines Vermögens aufrechterhalten, Verluste also möglichst vermeiden (*loss aversion*) oder zumindest mit Gewinnen ausgleichen, sodass er aus Anlagegeschäften „mit Plus-Minus-Null" wieder herausgeht (*status quo bias*).[69] Dass ein Mensch einem Gut, das er besitzt, einen höheren Wert und Nutzen zuschreibt, als wenn er dasselbe Gut nicht hat, versteht man als *endowment effect.*[70] Der Mensch ist aus diesem Grund nicht gewillt, ein Gut, das ihm gehört, zu dem niedrigeren Preis zu verkaufen, den er selbst zu zahlen bereit wäre, wenn er dieses Gut erst kaufen müsste. Es fällt ihm also schwerer, ein Gut abzugeben, als dasselbe nicht zu erhalten.[71] 27

c) Framing und mental accounting. Da Menschen angesichts des *reflection effects* zu Gewinn und Verlust völlig entgegengesetzt eingestellt sind, beeinflusst der Umstand, wie ihnen die Folgen ihrer Handlungsalternativen dargestellt werden, ob als Gewinn oder Verlust, wofür sie sich entscheiden.[72] Auch dieses *framing* (Rahmungseffekt) widerspricht dem Verhaltensmodell der ÖAR, wonach es für das rationale Wahl- und Entscheidungsverhalten des *homo oeconomicus* ausschließlich auf den Inhalt der Information ankommen darf, nicht aber, wie sie ihm dargestellt wird.[73] Ähnlich verhält es sich mit dem sog. *mental accounting.*[74] Vor die Wahl gestellt, ob sie eher gewillt sind, einen Verlust oder die bloße Minderung eines Gewinns hinzunehmen, entscheiden sich Menschen grds. selbst dann für die Minderung des Gewinns und gegen den Verlust, wenn das Ausmaß der Vermögenseinbuße in beiden Fällen identisch ist. Auch hier wirkt sich die *loss aversion* aus und drückt sich im Anlegerverhalten zB dadurch aus, dass Anleger, nachdem sie auf dem Kapitalmarkt starke Gewinne erzielt haben, bei erneuter Anlage risikofreudiger sind, als wenn sie zuvor Verluste erlitten haben.[75] 28

d) Falsche Gewichtung von Wahrscheinlichkeiten. Dass Menschen idR den sicheren (3.000 € zu 100%) dem nur wahrscheinlichen, wenn auch etwas höheren Gewinn (4.000 € zu 80%) vorziehen (*certainty effect*), gilt nur für hohe Wahrscheinlichkeiten.[76] Geht es stattdessen um sehr niedrige Wahrscheinlichkeiten (zB 0,1 oder 0,2%), sodass jede, auch nur im Ansatz annähernde Sicherheit fehlt, verlagert sich der Fokus idR fast vollständig weg von der Wahrscheinlichkeit allein auf den möglichen Gewinn (zB 6.000 € zu 0,1% statt 3.000 € zu 0,2%).[77] Das trifft auch zu, wenn ein Gewinn zwar sicher, aber im Vergleich zu dem alternativen, bloß möglichen Gewinn sehr niedrig ist (5 € gegenüber 5.000 €). Jetzt wählt ein Mensch statt des sicheren (5 €) den nur möglichen Gewinn (5.000 €), obschon die Wahrscheinlichkeit, dass der Gewinn auch wirklich eintritt, sehr gering ist (0,1% gegenüber 100% bei den 5 €).[78] Ähnliches ist bei der Entscheidung zwischen zu erwartenden Verlusten zu beobachten. Scheut der Mensch sonst grds. den sicheren Verlust, 29

[68] Spindler Journal of Consumer Policy 34 (2011), 315 (323); Englerth/Towfigh in Towfigh/Petersen Ökonomische Methoden im Recht, 2. Aufl. 2017, Rn. 530, 532.

[69] Klöhn Kapitalmarkt, Spekulation und Behavioral Finance, 2006, S. 97.

[70] Spindler Journal of Consumer Policy 34 (2011), 315 (323); Schäfer/Ott Lehrbuch der ökonomischen Analyse des Zivilrechts, 6. Aufl. 2020, S. 121.

[71] Klöhn Kapitalmarkt, Spekulation und Behavioral Finance, 2006, S. 97.

[72] Kahneman/Tversky American Psychologist 39 (1984), 341, (343–344); Lerch Anlageberater als Finanzintermediäre, 2015, S. 83; Klöhn Kapitalmarkt, Spekulation und Behavioral Finance, 2006, S. 95–96.

[73] Schäfer/Ott Lehrbuch der ökonomischen Analyse des Zivilrechts, 6. Aufl. 2020, S. 122 (Repräsentationsunabhängigkeit).

[74] Thaler Marketing Science 4 (1985), 199–214.

[75] Klöhn Kapitalmarkt, Spekulation und Behavioral Finance, 2006, S. 98.

[76] Kahneman/Tversky Econometrica 47 (1979), 263 (267).

[77] Englerth/Towfigh in Towfigh/Petersen Ökonomische Methoden im Recht, 2. Aufl. 2017, Rn. 533 („Gewichtungsfunktion"); Klöhn Kapitalmarkt, Spekulation und Behavioral Finance, 2006, S. 99; Kahneman/Tversky Econometrica 47 (1979), 263 (267).

[78] Kahneman/Tversky Econometrica 47 (1979), 263 (267).

entscheidet er sich für diesen, wenn der sichere Verlust absolut gesehen erheblich niedriger ausfällt als der bloß mögliche (5 € statt 5.000 €), was selbst dann gilt, wenn die Eintrittswahrscheinlichkeit für den lediglich möglichen Verlust äußerst gering ist (0,1 % statt 100 % bei 5 €).[79] Das Ausmaß des möglichen Gewinns oder Verlustes bestimmt in diesen Konstellationen also unabhängig von der Wahrscheinlichkeit das menschliche Auswahl- und Entscheidungsverhalten. Auch das steht im offenen Widerspruch zur ÖAR und ihrem Verhaltensmodell eines Modellmenschen, der stets rational Kosten und Nutzen – gleich einem Computer – mathematisch genau abwägt und bewertet.

30 **e) Overconfidence und availabilitiy heuristic.** Diese Verhaltensanomalien gegenüber dem Modell des *homo oeconomicus* offenbaren, dass Menschen, insbesondere als Anleger nicht stets rein rational agieren. Hinzu kommt, dass sie sich und ihre Fähigkeiten überschätzen und deshalb bei der Informationsverarbeitung und den von ihnen zu treffenden (Anlage-)Entscheidungen deren Grenzen systematisch missachten (*overconfidence*).[80] Sie schreiben sich selbst ein Wissen und eine Urteilssicherheit zu, über die sie objektiv nicht verfügen. Der einzelne Anleger überbewertet seine eigenen Kenntnisse und Erfahrungen und schätzt dabei außerdem sein privat erlangtes und deswegen leicht und schnell verfügbares Wissen idR sogar höher ein als das von anderen fachkundigen Akteuren (*availability heuristic*; Verfügbarkeitsfehler).[81] Er geht infolgedessen irrtümlich davon aus, über sämtliche für seine Anlageentscheidung erforderlichen Informationen zu verfügen und daher die in Frage kommenden Anlageprodukte zu verstehen sowie die Informationen zutreffend, oftmals besser als die anderen Anleger interpretieren zu können.

31 **f) Self-attribution bias und hindsight bias.** Da jede Anlageentscheidung Prognose- und demgemäß Spekulationscharakter hat, glaubt der Anleger zudem, „schlauer" als der Markt zu sein und daher – wenn überhaupt – ein geringeres Verlustrisiko zu haben als alle anderen.[82] Einher geht damit oftmals der Wahrnehmungsfehler, dass erzielte Gewinne, obschon tatsächlich nur zufällig, auf seinen überragenden Fähigkeiten als Anleger beruhen, während er Verluste unglücklichen Umständen, dem Zufall, zuschreibt.[83] Dieser *self-attribution bias* verhindert, dass der einzelne Anleger aus seinen Fehlern lernt. Das wird noch durch den *hindsight bias* verstärkt.[84] *Ex post* geht der Anleger fälschlicherweise bei diesem Rückschaufehler davon aus, schon *ex ante* den tatsächlichen Geschehensverlauf (zB den Aktienkurs) zutreffend vorhergesehen zu haben.[85] Auch in dieser Hinsicht überschätzt er seine Fähigkeit, eine rationale und für ihn gute Entscheidung zu treffen, und meint über diese *ex-post-rationalization* des vergangenen Geschehensablaufs zu Unrecht, auch in Zukunft sein Wahl- und Entscheidungsverhalten unverändert fortführen zu können.[86]

[79] Klöhn Kapitalmarkt, Spekulation und Behavioral Finance, 2006, S. 99.

[80] Lerch Anlageberater als Finanzintermediäre, 2015, S. 83; Klöhn Kapitalmarkt, Spekulation und Behavioral Finance, 2006, S. 116–117; Teigelack Finanzanalysen und Behavioral Finance, 2009, S. 94–96; Schäfer/Ott Lehrbuch der ökonomischen Analyse des Zivilrechts, 6. Aufl. 2020, S. 123; Spindler Journal of Consumer Policy 34 (2011), 315 (324); Barder/Odean The Quarterly Journal of Economics 116 (2001), 261 (262–264).

[81] Klöhn Kapitalmarkt, Spekulation und Behavioral Finance, 2006, S. 108–110, 119 f.; Teigelack Finanzanalysen und Behavioral Finance, 2009, S. 91–93; Lerch Anlageberater als Finanzintermediäre, 2015, S. 84; Schäfer/Ott Lehrbuch der ökonomischen Analyse des Zivilrechts, 6. Aufl. 2020, S. 122.

[82] Klöhn Kapitalmarkt, Spekulation und Behavioral Finance, 2006, S. 118–121; Barder/Odean The Quarterly Journal of Economics 116 (2001), 261 (263).

[83] Klöhn Kapitalmarkt, Spekulation und Behavioral Finance, 2006, S. 119.

[84] Klöhn Kapitalmarkt, Spekulation und Behavioral Finance, 2006, S. 119.

[85] Schäfer/Ott Lehrbuch der ökonomischen Analyse des Zivilrechts, 6. Aufl. 2020, S. 123–124; Teigelack Finanzanalysen und Behavioral Finance, 2009, S. 103; Klöhn Kapitalmarkt, Spekulation und Behavioral Finance, 2006, S. 117–118.

[86] Klöhn Kapitalmarkt, Spekulation und Behavioral Finance, 2006, S. 119.

III. Schlussfolgerungen

1. Das Grundproblem der fehlenden Rationalität und dessen Ausmaß

Gemeinsam ist allen diesen Fehleinschätzungen, die Entscheidungsfindung für den einzelnen Menschen, nicht nur als Anleger, zu vereinfachen. Grund dafür ist die mangelnde Fähigkeit des Menschen, sich sowohl alle, für eine rationale Entscheidung benötigten Informationen zu beschaffen als auch sie im Anschluss daran umfassend zu diesem Zweck auszuwerten. Der Mensch kann daher nicht anders, als auf kognitive Mechanismen zurückzugreifen (*heuristics and biases*), die zwar von dem abweichen, wie ein rationaler Entscheidungsprozess eigentlich ablaufen sollte, seine Entscheidungsfindung aber dermaßen vereinfacht, dass er in aller Regel alltagstauglich zwischen den ihm zur Verfügung stehenden Handlungsalternativen wählen und dadurch mit seiner Umwelt angemessen interagieren kann. Im Alltag steht der begrenzten Fähigkeit des Menschen, Informationen zu verarbeiten, idR aber auch nur eine überschaubare Menge an Informationen gegenüber. Heuristiken und kognitive Verzerrungen (*heuristics and biases*) wirken sich hier daher oftmals bloß minimal aus. In komplexen Umgebungen, in denen sich der moderne Mensch heutzutage vermehrt bewegt, wie zB auf dem Kapitalmarkt, nehmen Menge und Vielschichtigkeit der Informationen, die für seine Entscheidungen zB als Anleger relevant sind, mehr und mehr zu, während die Begrenztheit seiner Fähigkeit, Informationen zu erfassen, gleichgeblieben ist. Seine Überforderung als *homo inferior* steigert sich und damit auch das Ausmaß seiner defizitären Informationsverarbeitung mit fatalen Folgen für ihn selbst und für die Gesamtwohlfahrt, da der (Kapital-)Markt zunehmend seine Allokationsfunktion, ein Gut (zB Geld) dorthin zu lenken, wo es am effizientesten genutzt werden kann und demgemäß die höchste Rendite erwirtschaftet, einbüßt. **32**

2. Alternative Verhaltenstheorie oder erweitertes Informationsmodell

Der *homo inferior* der *behavioral economics* stellt jedoch kein alternatives Verhaltensmodell dar,[87] anhand dessen eine Aussage getroffen werden könnte, wie das Recht ausgestaltet sein müsste, damit der Mensch Heuristiken und kognitive Verzerrungen überwindet und sodann davon befreit imstande ist, rationale Entscheidungen zu treffen und darüber iSd utilitaristischen Ethik das „größte Glück der größten Zahl" zu verwirklichen. Die verhaltenswissenschaftlichen Erkenntnisse der *behavioral economics* stehen weitgehend unverbunden nebeneinander und fügen sich daher nicht zu einem in sich konsistenten Verhaltensmodell zusammen,[88] das dazu in der Lage wäre, das des *homo oeconomicus* zu ersetzen. Aber auch der Versuch, den *homo inferior* in den Modellmenschen der ÖAR zu integrieren, erscheint schon auf den ersten Blick wenig sinnvoll, wenn nicht sogar unmöglich.[89] Während der *homo oeconomicus* auf Grundlage des Informationsmodells umso mehr rational denkt und handelt, desto mehr Informationen er hat, geht die *behavioral economics* mit ihren *heuristics and biases* davon aus, der Mensch sei *per se* außerstande, alle Informationen rational auszuwerten. Zusätzliche Informationen führen nach der Verhaltensökonomik, anders als es das Informationsmodell der ÖAR vorsieht, gerade nicht zu einer besseren, weil rationalen Entscheidung, sondern ganz im Gegenteil zu einem *information overload*,[90] in dessen Folge der *homo inferior* noch stärker als schon zuvor die ihm zur Verfügung stehenden Informa- **33**

[87] Poelzig in Ebenroth/Boujong/Joost/Strohn Handelsgesetzbuch, Bd. 2, 4. Aufl. 2020, WpHG Vor § 1 Rn. 65; Buck-Heeb BKR 2017, 89 (96), wonach „unklar" ist, „was aus diesen Einsichten juristisch abzuleiten sein soll".

[88] Schäfer/Ott Lehrbuch der ökonomischen Analyse des Zivilrechts, 6. Aufl. 2020, S. 131–132 („Ad-hoc-Aussagen ohne Entwicklung einer Verhaltenstheorie").

[89] Lerch Anlageberater als Finanzintermediäre, 2015, S. 90.

[90] Mülbert ZHR 177 (2013), 160 (170); Möllers/Poppele ZGR 2013, 437 (457); Klöhn ZIP 2010, 1005 (1011); Spindler Journal of Consumer Policy 34 (2011), 315 (321–323); Ben-Shahar/Schneider University of Pennsylvania Law Review 159 (2011), 647 (687).

tionen ausblendet, um auf diese Weise die Komplexität der Entscheidungssituation, mit der er aufgrund der Informationsfülle hoffnungslos überfordert ist, weiter zu reduzieren.[91]

3. Paternalismus

34 Als Antwort auf den *homo inferior* bliebe demzufolge an sich nur ein Paternalismus.[92] Wenn der Mensch *per se* nicht rational denken und handeln kann, dies aber das Beste für ihn und für die Gesamtwohlfahrt wäre, sollte das Recht verhindern, dass er nicht-rationale Entscheidungen trifft, die nicht nur ihm, sondern auch der Gesellschaft schaden. Als solche – gut gemeinten – paternalistischen Eingriffe sind etwa die Kauf- und Empfehlungsverbote im Kapitalmarktrecht einzustufen.[93] Der Anleger erhält hier allein deswegen ein Anlageprodukt nicht, weil er nicht über die erforderlichen subjektiven Kenntnisse und Erfahrungen verfügt, um es zu verstehen. Trotzdem kann genau dieses eine Anlageprodukt seinen individuellen Anlagepräferenzen und finanziellen Verhältnissen entsprechen und daher für ihn – und nur für ihn – objektiv am besten geeignet sein. Das Kauf- und Empfehlungsverbot führt damit für ihn und, da jetzt sein Geld über den Kapitalmarkt nicht mehr dorthin fließen kann, wo es am dringendsten gebraucht wird und am aussichtsvollsten eingesetzt werden kann, auch für die Gesamtgesellschaft zu ökonomischen Wohlfahrtsverlusten. Die Alternative, dass das Recht gleichsam stellvertretend für den einzelnen Anleger ein für ihn passendes Anlageprodukt auswählt, scheitert daran, dass es „den Anleger" und daher auch nicht „das Anlageprodukt" gibt, das für jeden Anleger gleich gut geeignet wäre.[94] Denn stets bemisst sich die Geeignetheit eines Anlageprodukts nach den individuellen Anlagezielen und finanziellen Verhältnissen des konkreten Anlegers. Das Recht kann daher von vornherein nicht allgemeinverbindlich festlegen, was für „den Anleger" gut ist.

4. Eigener Lösungsansatz

35 Die *behavioral economics* strebt ebenso wie die ÖAR die Gesamtwohlfahrt als „das größte Glück der größten Zahl" an und teilt mit ihr auch die Grundannahme, dass die Bedürfnisse der Menschen grds unbegrenzt, die Ressourcen, um sie zu befriedigen, aber limitiert sind. Diese Ressourcenknappheit erfordert es, dass eine Ressource über den Markt dorthin gelenkt wird, wo sie effizient eingesetzt werden kann. Nicht, *dass* dafür der einzelne Marktakteur rational denken und handelt *sollte*, stellt – soweit ersichtlich[95] – die *behavioral economics* in Frage, sondern „nur" die Annahme, der Mensch sei dazu auch fähig.[96] Allein um zu verhindern, dass diese strukturell fehlende Rationalität die Gesamtwohlfahrt gefährdet, will sie „zum Besten" des *homo inferior* in den Markt eingreifen. Paternalismus führt nun idR aber nicht dazu, dass darüber die Gesamtwohlfahrt gefördert wird, und

[91] BGH NJW 2019, 1137: Anleger lehnt Lektüre des ihm vom Anlageberater ausgehändigten Prospekts als „zu dick und zu schwer" ab; Mülbert ZHR 177 (2013), 160 (170); Möllers/Kernchen ZGR 2011, 1 (9–11).

[92] Sunstein/Thaler The University of Chicago Law Review 70 (2003), 1159 (1202) ("Libertarian Paternalism"); abl. Schäfer/Ott Lehrbuch der ökonomischen Analyse des Zivilrechts, 6. Aufl. 2020, S. 140–143.

[93] § 64 Abs. 3 S. 2 WpHG; Art. 54 Abs. 8 VO (EU) 2017/565; zu (vorübergehenden) Produktverboten als paternalistische Eingriffe (ultima ratio) Poelzig in Ebenroth/Boujong/Joost/Strohn Handelsgesetzbuch, Bd. 2, 4. Aufl. 2020, WpHG Vor § 1 Rn. 66; Buck-Heeb BKR 2017, 89 (96–97).

[94] Lerch Anlageberater als Finanzintermediäre, 2015, S. 92.

[95] Vgl. Camerer/Issacharoff/Loewenstein/O'Donoghue/Rabin University of Pennsylvania Law Review 151 (2003), 1211 (1219): „A policy is asymmetrically paternalistic if it creates large benefits for those people who are boundedly rational (…) while imposing little or no harm on those who are fully rational"; ihnen darin folgend Klöhn Kapitalmarkt, Spekulation und Behavioral Finance, 2006, S. 136–153 (S. 151); siehe auch Englerth/Towfigh in Towfigh/Petersen Ökonomische Methoden im Recht, 2. Aufl. 2017, Rn. 489: Rationalitätsannahme als bleibender Maßstab.

[96] Schäfer/Ott Lehrbuch der ökonomischen Analyse des Zivilrechts, 6. Aufl. 2020, S. 133, wonach die behavioral economics über paternalistische Eingriffe den Zustand herstellen will, „den der Betroffene", wäre er ein homo oeconomicus, „selbst gewählt hätte, wenn er über vollständige Informationen, unbeschränkte kognitive Kompetenzen und volle Selbstkontrolle verfügt hätte".

konterkariert daher sogar das Ziel der *behavioral economics*. Da ihr *homo inferior* außerdem den *homo oeconomicus* nicht zu ersetzen vermag, bleibt demzufolge nur, am *homo oeconomicus* anzusetzen und lediglich seine Schwachstelle zu beseitigen. Damit der Mensch bestmöglich rational denkt und handelt, muss er vollständig informiert sein und sämtliche Informationen, über die er verfügt, in seine Entscheidungsfindung einbeziehen. Weil der Mensch das als *homo inferior* aber *per se* nicht kann, muss das für ihn jemand oder vielmehr etwas Anderes übernehmen, und zwar eine KI oder ein automatisiertes System. Dabei geht es nicht darum, ob, und wenn ja, wie eine KI selbst zu einem autonomen Marktakteur, einem *homo oeconomicus* bzw. zu einer „*machina oeconomica*“ wird.[97] Stattdessen sollen KI und automatisierte Systeme lediglich den einzelnen Menschen dabei unterstützen, sich voll informiert rational zu verhalten und so selbst zu einem *homo oeconomicus* zu werden.

E. KI und automatisierte Systeme als Ausweg

I. Vorüberlegung: Der menschliche Anlageberater bereits als Alternative

1. Verständnishorizont des Anlegers weiterhin als limitierender Faktor

Auf den ersten Blick sieht es nun so aus, als ob ein menschlicher Anlageberater diese „Rationalitätslücke“ ausfüllen könnte. Er fragt vom Anleger als seinem Kunden dessen Anlagepräferenzen und finanziellen Verhältnisse ab und gleicht sie mit den auf dem Markt verfügbaren Anlageprodukten ab,[98] wobei er über die damit voraussichtlich verbundenen Gewinnchancen und Verlustrisiken – zumindest theoretisch – vollständig informiert ist. Aufgrund dessen wählt er rational für den Anleger ein oder auch mehrere für diesen passende Finanzprodukte aus und schlägt sie ihm zum Erwerb vor.[99] Selbst dann trifft jedoch allein der Anleger die Kaufentscheidung und nicht sein Berater.[100] Demnach muss aber auch weiterhin der Anleger in seiner Person fähig sein, dass ihm empfohlene Investment zu verstehen. Der Anlageberater darf demnach nur solche Anlageprodukte auswählen und deren Kauf seinem Kunden anraten, die dessen Kenntnissen und Erfahrungen entsprechen.[101] Der Anleger erhält also trotz Anlageberatung für sein Geld nicht die Anlageform, die nach der Eigennutzannahme der ÖAR für ihn die bestmögliche wäre und damit auch für die Gesamtwohlfahrt. Denn auch über seinen Anlageberater wird er nicht in die Lage versetzt, selbst eine vollständig informierte und daher rationale Anlageentscheidung zu treffen. 36

2. Bleibende Heuristiken und kognitive Verzerrungen des Anlegers

Hinzu kommt noch, dass der Anleger ja weiterhin Heuristiken und kognitiven Verzerrungen unterliegt.[102] Auch wenn der Anlageberater die Fülle und Komplexität der Informationen über die Anlageprodukte, die auf dem Kapitalmarkt angeboten werden, individuell zugeschnitten auf den konkreten Anleger reduziert, und vorausgesetzt, es handelt sich um Informationen, die jener aufgrund seiner Kenntnisse und Erfahrungen auch begreifen kann, ist der Anleger als *homo inferior* angesichts der Heuristiken und kognitiven 37

[97] Wagner Evolutionary and Institutional Economics Review 17 (2020), 111 (114–116) (auch zu “bounded rationality” und “bias in AI decision making”); Parkes/Wellman Science, New Series 349 (2015), 267 (“machina oeconomicus”).

[98] § 64 Abs. 3 S. 1 Nr. 2 und 2 WpHG.

[99] Spindler Journal of Consumer Policy 34 (2011), 315 (322): “However, this kind of information overload can be counterbalanced by individual consultation and advice.”.

[100] Dieckmann in Fuchs/Zimmermann Wertpapierhandelsrecht, 3. Aufl. 2022, WpHG Vor § 63 Rn. 13.

[101] § 64 Abs. 3 S. 1 Nr. 1 und S. 2 WpHG.

[102] Klöhn Kapitalmarkt, Spekulation und Behavioral Finance, 2006, S. 146; Daniel/Hirshleifer/Teoh Journal of Monetary Economics 49 (2002), 139 (183).

Verzerrungen selbst unter diesen Bedingungen nicht in der Lage, sich vollständig rational für ein Anlageprodukt zu entscheiden. Es besteht weiterhin die Gefahr, dass er seine Fähigkeit als Anleger überschätzt und die Eintrittswahrscheinlichkeit von zu erwartenden Gewinnen und Verlusten falsch gewichtet.[103] Auch wenn dem Anlageberater insofern die Aufgabe zukommt, diese kognitiven Verzerrungen und Heuristiken dem Anleger vor Augen zu führen und, soweit wie möglich, zu verhindern, dass sich diese in der Anlageentscheidung niederschlagen, kann der Anlageberater diese Gefahr doch niemals vollkommen ausschließen. Die Schwachstelle der fehlenden Rationalität des *homo oeconomicus* lässt sich auf diese Weise nicht beseitigen, sondern allenfalls abmildern.

3. Anlageberater als zusätzliche potenzielle Fehlerquelle

38 Außerdem ist auch der Anlageberater ein Mensch. Obschon er als „Profi" auf dem Kapitalmarkt agiert und deshalb die Informationen über die angebotenen Anlageformen weit besser als der durchschnittliche Anleger als „Laie" sammeln und auswerten kann, steht doch auch er einer unüberschaubaren Fülle und Vielgestaltigkeit von Informationen gegenüber, sodass selbst ihm ein struktureller *information overload* droht. Zudem ist nicht nur der „normale" Anleger, sondern auch der Anlageberater – jedenfalls grds. – Heuristiken und kognitiven Verzerrungen unterworfen.[104] Insofern besteht zumindest potenziell das Risiko, dass der Anlageberater die Rationalitätslücke im Verhaltensmodell der ÖAR sogar noch zusätzlich vergrößert.

II. KI und automatisierte Systeme als *Robo-Advisor*

1. *Robo-Advice* als Anlageberatung

39 Momentan werden automatisierte Systeme und – perspektivisch – KI ausschließlich anstelle eines menschlichen Anlageberaters eingesetzt,[105] sodass für den *Robo-Advisor* eine anthropozentrische Sichtweise gilt.[106] Der *Robo-Advisor* kann damit allenfalls den Anlageberater als zusätzliche „Fehlerquelle" im Prozess der Anlageentscheidung ausschalten, nicht jedoch die eigentliche Schwachstelle, die fehlende Rationalität des Anlegers, beseitigen. Der Vorteil, den ein *Robo-Advisor* bietet, besteht also allein darin, dass er – in Zukunft[107] – in der Lage sein wird, besser und schneller, als jeder menschliche Anlageberater es könnte, alle verfügbaren Informationen über die angebotenen Anlageformen zu sammeln und über einen Abgleich mit dem erfragten Anlegerprofil auszuwerten, um so für seinen Kunden das optimale Anlageprodukt auszuwählen. Diese automatisierte Anlageempfehlung muss der Anleger dann immer noch in eine Kaufentscheidung umsetzen und dafür weiterhin nachvollziehen können, warum ihm der *Robo-Advisor* den Erwerb genau dieses Anlageprodukts vorgeschlagen hat. Daher limitieren auch bei einer Anlageberatung durch einen *Robo-Advisor* die begrenzten Kenntnisse und Erfahrungen des Kunden die Palette der Anlageprodukte, die ihm empfohlen werden dürfen und die er deshalb auch nur kaufen kann. Hinzu kommen die Heuristiken und kognitiven Verzerrungen, denen der Anleger trotz des *Robo-Advisors* weiterhin unterworfen bleibt, sowie seine defizitäre Informationsverarbeitung. Selbst ein *Robo-Advisor* als „vollständig informierter und immer blitzschnell

[103] Klöhn Kapitalmarkt, Spekulation und Behavioral Finance, 2006, S. 118–121, 146; European Securities Markets Authority (ESMA), Leitlinien zu einigen Aspekten der MiFID II-Anforderungen an die Eignung, ESMA35-43-1163 DE, 6.11.2018, Rn. 51.

[104] Klöhn Kapitalmarkt, Spekulation und Behavioral Finance, 2006, S. 146 mit Verweis auf Griffin/Tversky Cognitive Psychology 24 (1992), 411 (412), wonach für Experten gilt: "often wrong but rarely in doubt"; Lerch Anlageberater als Finanzintermediäre, 2015, S. 87.

[105] → Kap. 3.4 Rn. 1 ff.

[106] Wagner/Luyken FS Windbichler, 2020, 155 (172).

[107] Linardatos in Linardatos Rechtshandbuch Robo Advice, 2020, § 1 Rn. 46–48 und öfter.

entscheidender wandelnder Computer"[108] macht demnach aus einem Anleger noch lange keinen idealtypischen *homo oeconomicus*.

2. *Robo-Advice* als Vermögensverwaltung

Um die Rationalitätslücke beim einzelnen Anleger zu schließen, muss also der *Robo-Advisor* – nach Maßgabe der individuellen Anlageziele, der Risikobereitschaft und der finanziellen Verhältnisse des Anlegers (Anlageprofil) – die Anlageentscheidung autonom treffen. Damit übernimmt der *Robo-Advisor* auf Grundlage des Anlageprofils die fortlaufende Verwaltung des gesamten Vermögens oder eines Teils davon für andere mit Entscheidungsspielraum.[109] Auch das fasst man als „Finanzportfolioverwaltung" – wenn auch etwas ungenau – unter den Begriff „Robo-Advice".[110] Obschon der *Robo-Advisor* als Software („Maschine") keine eigenen monetären Interessen verfolgen kann und in diesem Sinne zwangsläufig neutral ist, sind selbst hier Interessenkonflikte denkbar. Zum einen steht hinter einem *Robo-Advisor* stets ein Mensch, der mit dem Angebot eines *Robo-Advice* zur Vermögensberatung oder -verwaltung eigene kommerzielle Interessen verfolgt (Anbieter). Somit kann bei einem *Robo-Advisor*, bei dem es sich, wie aktuell, um ein automatisiertes System handelt, der Algorithmus derart ausgestaltet sein, dass der *Robo-Advisor* die ihm anvertrauten Kundengelder in einer Weise angelegt, dass der Anbieter möglichst viel daran verdient.[111] 40

Diese Gefahr besteht selbst bei einem *Robo-Advisor* als KI. Auch wenn die KI im Gegensatz zu einem „lediglich" automatisierten System nicht strikt ihre Programmbefehle abarbeitet und insofern nicht durch eine feste „Wenn-Dann-Struktur" determiniert ist, sondern selbstlernend ihren Algorithmus fort- und umschreibt, kann der Anbieter mit dem Lehrstoff, den er seiner KI zuführt,[112] den Lernprozess des *Robo-Advisors* steuern und damit dessen Anlageverhalten zu seinen Gunsten beeinflussen.[113] Da ein Vermögensverwalter, ob nun als Mensch oder als *Robo-Advisor*, idR nicht nur das Vermögen eines einzelnen Anlegers, sondern die von mehreren Anlegern verwaltet,[114] kann es zum anderen zu Konflikten zwischen den zumindest potenziell gegenläufigen Interessen des Anlegers und denen der anderen Kunden kommen. 41

3. Der unvermeidbare Interessenkonflikt auch beim *Robo-Advisor*

Beide Formen von Interessenkonflikten sind dabei Ausdruck desselben Grunddilemmas der Vermögensberatung und -verwaltung. Anlageberater und Vermögensverwalter dürfen an sich stets allein im bestmöglichen Interesse ihrer Kunden handeln,[115] zugleich wollen sie verständlicherweise mit ihrer Tätigkeit als Anlageberater bzw. Vermögensverwalter für sich selbst einen Profit erwirtschaften. Berater und Verwalter sind demzufolge tatsächlich eigennützig und sollen doch gleichzeitig fremdnützig ausschließlich am Wohl ihrer Kunden interessiert sein. Das ist mehr als ein bloßes Spannungsverhältnis, sondern ein Widerspruch, der sich nicht vollends auflösen lässt. Demgemäß führt weder der Einsatz eines *Robo-Advisors* als Anlageberater noch der als Vermögensverwalter dazu, dass der Anleger als *homo oeconomicus* rational die Anlageentscheidung trifft, die für ihn den größtmöglichen 42

[108] Kirchgässner Homo Oeconomicus, 4. Aufl. 2013, S. 29 (Zitat).
[109] § 2 Abs. 8 S. 1 Nr. 7 WpHG.
[110] Denga in Ebers/Heinze/Krügel/Steinrötter Künstliche Intelligenz und Robotik, 2020, § 15 Rn. 67; Ji Columbia Law Review 117 (2017), 1543 (1559), die darin das eigentliche Anwendungsfeld des *Robo-Advisors* sieht.
[111] Wagner/Luyken FS Windbichler, 2020, 155 (166).
[112] Noack ZHR 183 (2019), 105 (107, 117).
[113] Ji Columbia Law Review 117 (2017), 1543 (1578): "If a conflict biases a robo-advisor algorithm, however, that conflict will without doubt impact all clients and their investment returns. Thus, robo-advisor conflicts have a larger and more certain impact.".
[114] § 2 Abs. 8 S. 1 Nr. 7 WpHG.
[115] § 63 Abs. 1 WpHG.

Nutzen generiert und so über die Allokationseffizienz des Marktes die wirtschaftliche Gesamtwohlfahrt als „das größte Glück der größten Zahl" befördert.

III. KI und automatisierte Systeme als *Robo-Assistent*

1. Befreit von der eingeschränkten Rationalität „seines" Menschen

43 Das automatisierte oder idealerweise autonome System (KI) sollte daher als *Robo-Assistent* unmittelbar beim menschlichen Anleger angesiedelt und individuell auf dessen Anlageziele, Risikobereitschaft und finanzielle Verhältnisse abgestimmt sein. Dafür hat der *Robo-Assistent* zunächst durch eine vergangenheitsbezogene Analyse des bisherigen Anlageverhaltens und die Abfrage und das „Durchspielen" von positiven und negativen Anlageszenarien (wie würde der Anleger zB reagieren, wenn der Wert seines Portfolios abnimmt?)[116] ein auf den konkreten Menschen ganz speziell zugeschnittenes Anlageprofil zu erstellen und dieses fortlaufend, nicht bloß periodisch,[117] sondern vor allem anlassbezogen – *ad hoc* – automatisch zu aktualisieren. Da das System die Anlageentscheidung stellvertretend für „seinen" Menschen trifft, muss es, anders als ein *Robo-Advisor*, dafür nicht mehr die Kenntnisse und Erfahrungen des Anlegers in Bezug auf die ausgewählten Anlageprodukte erfragen. Allein auf diese Weise kann der *Robo-Assistent* den Anleger zu einen *homo oeconomicus* aufwerten, der befreit von menschlichen Heuristiken und kognitiven Verzerrungen konsequent rational das Anlageprodukt erwirbt, das *ex ante* entsprechend seinem individuellen Anlageprofil die bestmögliche Rendite verspricht und so iSd ÖAR seinen eigenen Nutzen sowie den der Allgemeinheit maximiert.

2. Dafür volle Interaktion zwischen *Robo-Assistent* und „seinem" Menschen

44 Damit der *Robo-Assistent* permanent mit einem aktuellen Anlagerisikoprofil[118] arbeiten kann, um darüber stets das für den Anleger geeignete Anlageprodukt auswählen zu können, darf der *Robo-Assistent* nicht – wie ein externer *Robo-Advisor* oder menschlicher Anlageberater – den Anleger lediglich sporadisch danach befragen, ob sich dessen Anlageziele (einschließlich seiner Risikotoleranz) und finanziellen Verhältnisse (einschließlich seiner Fähigkeit, Verluste zu tragen) verändert haben,[119] sondern muss durchgehend Zugriff auf alle, dafür relevanten persönlichen Daten des Anlegers besitzen. Ändert sich die familiäre oder berufliche Situation des Anlegers (zB durch die Geburt eines Kindes oder einen Arbeitsplatzwechsel), hat das idR Einfluss auf seine finanzielle Lage und seine Anlagepräferenzen und verschiebt dadurch das Spektrum der Anlageprodukte, die für ihn jetzt noch bzw. erstmals objektiv geeignet sind und daher für einen Erwerb in Frage kommen.[120] Da der *Robo-Assistent*, im Gegensatz zu einem *Robo-Advisor*, nicht ein externer Dritter, sondern als Erweiterung des menschlichen Anlegers ein „Teil" von ihm ist, impliziert diese im Grundsatz umfassende Zugriffsmöglichkeit des *Robo-Assistent* auf die persönlichen Daten des Anlegers auch keine datenschutzrechtlichen Bedenken.

[116] ESMA, Leitlinien zu einigen Aspekten der MiFID II-Anforderungen an die Eignung, ESMA35-43-1163 DE, 6.11.2018, Rn. 46 f.

[117] ESMA, Leitlinien zu einigen Aspekten der MiFID II-Anforderungen an die Eignung, ESMA35-43-1163 DE, 6.11.2018, Rn. 55.

[118] ESMA, Leitlinien zu einigen Aspekten der MiFID II-Anforderungen an die Eignung, ESMA35-43-1163 DE, 6.11.2018, Rn. 54.

[119] ESMA, Leitlinien zu einigen Aspekten der MiFID II-Anforderungen an die Eignung, ESMA35-43-1163 DE, 6.11.2018, Rn. 54.

[120] ESMA, Leitlinien zu einigen Aspekten der MiFID II-Anforderungen an die Eignung, ESMA35-43-1163 DE, 6.11.2018, Rn. 27.

3. Orientierung des *Robo-Assistent* ausschließlich am Wohl „seines" Menschen

Aus demselben Grund und, weil der *Robo-Assistent* allein für „seinen" menschlichen Anleger und ausschließlich auf dessen individuelles Anlageprofil zugeschnitten tätig wird, ist auch die Gefahr von Interessenkonflikten von vornherein ausgeschlossen. Er ist allein auf den Vorteil seines Anlegers bedacht und in diesem Sinne mit ihm „eigeninteressiert" („self-interested").[121] Der *Robo-Assistent* verleiht also seinem Anleger die Fähigkeit, sich wie ein *homo oeconomicus* vollständig informiert und befreit von menschlichen Heuristiken und kognitiven Verzerrungen rational für das Anlageprodukt zu entscheiden, das ihm auf der Grundlage seines speziellen Anlageprofils den bestmöglichen eigenen Nutzen, die höchste Rendite, einbringt, ohne dabei, wie im Fall eines *Robo-Advisors*, dem potenziellen Risiko von externen Interessenkonflikten ausgesetzt zu sein. Nicht schon der Einsatz von automatisierten oder autonomen Systemen als Externe, wie etwa als *Robo-Advisor* bei der Vermögensberatung und -verwaltung, sondern erst als „Bestandteil" des Menschen selbst, zB als *Robo-Assistent* bei Anlageentscheidungen, verwirklicht den *Rational Choice Approach* als den zentralen Ansatz der ÖAR. 45

F. Fazit

Sowohl nach der ÖAR als auch nach ihrer Gegenspielerin, der Verhaltensökonomik, sollte sich der Mensch – zumindest auf dem Gebiet der Ökonomie – aufgrund seiner persönlichen Präferenzen rational zwischen den ihm zur Verfügung stehenden Handlungsmöglichkeiten entscheiden. Das ist nicht nur für ihn als Individuum finanziell vorteilhaft, sondern dient auch – entsprechend dem eigentlichen Ziel der ÖAR – der wirtschaftlichen Gesamtwohlfahrt und damit der Allgemeinheit. Der Mensch ist nun aber grds. außerstande, vollständig rational zu denken und zu handeln. Ursache dafür ist seine defizitäre Fähigkeit, alle dafür erforderlichen Informationen zu sammeln, vollumfänglich aufzunehmen und in seiner Entscheidungsfindung zutreffend und demgemäß rational zu verarbeiten. Indem KI und automatisierte Systeme diese Aufgabe unterstützend und insofern als *Robo-Assistent* für den einzelnen Menschen in der Zukunft übernehmen, können sie diese Rationalitätslücke schließen. Sie ersetzen in diesem Fall nicht den Menschen und treten auch nicht als autonome Marktakteure (*machina oeconomica*) in Konkurrenz zu ihm, sondern stellen sich lediglich an die Seite „ihres" Menschen und machen ihn so, vor allem in komplexen Entscheidungssituationen – wie zB auf dem Kapitalmarkt – zu einem *homo oeconomicus*. Allein dann kann das Informationsmodell, wovon das Recht mit der Statuierung von Informationspflichten gegenwärtig überwiegend ausgeht, überhaupt erst seine ihm zugedachte Rolle ausfüllen, sodass paternalistische Eingriffe in die allgemeine Handlungsfreiheit des Einzelnen und damit auch in den Markt selbst obsolet werden. 46

Demgemäß sind Informatiker, Ökonomen und Juristen dazu aufgerufen, in interdisziplinärer Zusammenarbeit den zur Verwirklichung dieser Zielsetzung notwendigen Forschungsbedarf zunächst zu identifizieren und die darüber zu formulierende Agenda im Anschluss daran abzuarbeiten. Über allem steht dabei die Maßgabe, Algorithmen derart auszugestalten bzw. KI so mit Lehrstoff zu trainieren und fortlaufend zu versorgen (maschinelles Lernen, Big Data), dass der *Robo-Assistent* über alle nötigen Informationen verfügt und diese rational verarbeitet, indem er zB in Anlagefragen die Informationen mit den Anlagezielen und finanziellen Verhältnissen „seines" Menschen" abgleicht und dadurch das für ihn optimal geeignete Anlageprodukt auffindet. Stets muss dabei gewährleistet sein, dass das Verhältnis zwischen Mensch und Maschine das zwischen „Herr und Knecht" bleibt und sich selbst dann nicht umkehrt, wenn es zum (angeblich) Besten des Menschen sein sollte. KI und automatisierte Systeme haben als *Robo-Assistent* eine bloß 47

[121] Kirchgässner Homo Oeconomicus, 4. Aufl. 2013, S. 47 mit Fn. 102.

dienende Funktion und dürfen diese deshalb niemals überschreiten. Solange aber KI im Dienst des Menschen steht, sollte das Potenzial, das darin steckt, genutzt werden, um so iSd ÖAR dem Einzelnen – befreit von Paternalismus (zB im Kapitalmarktrecht von Kauf- und Empfehlungsverboten) – zu einem für ihn vorteilhaften rationalen Entscheidungs- und Wahlverhalten zu verhelfen und darüber idealiter gleichzeitig auch noch die ökonomische Gesamtwohlfahrt zu fördern.

Literatur

Barder/Odean, Boys will be Boys: Gender, Overconfidence, and Common Stock Investment, Quarterly Journal of Economics 116 (2001), 261–292
Ben-Shahar/Schneider, The Failure of Mandated Disclosure, University of Pennsylvania Law Review 159 (2011), 647–749
Bentham, A Comment on the Commentaries and A Fragment on Government, in: Burns/Hart, The Collectual Works of Jeremy Bentham, 1977, S. 391–551
Buck-Heeb, Aufsichtsrechtliches Produktverbot und zivilrechtliche Rechtsfolgen – Der Anleger zwischen Mündigkeit und Schutzbedürftigkeit, BKR 2017, 89–99
Buck-Heeb, Kapitalmarktrecht, 12. Aufl. 2022
Burns, Happiness and Utility: Jeremy Bentham's Equation, Utilitas 17 (2005) 46–61
Camerer/Issacharoff/Loewenstein/O'Donoghue/Rabin, Regulation for Conservatives: Behavioral Economics and the Case for "asymmetric Paternalism", University of Pennsylvania Law Review 151 (2003), 1211–1254
Coase, The Problem of Social Cost, The Journal of Law & Economics 3 (1960), 1–44
Daniel/Hirshleifer/Teoh, Investor psychology in capital markets: evidence and policy implications, Journal of Monetary Economics 49 (2002), 139–209
Dieckmann/Sorge, Der homo oeconomicus in der Rechtsanwendung, 2016
Ebenroth/Boujong/Joost/Strohn, Handelsgesetzbuch, Bd. 2, 4. Aufl. 2020
Ebers/Heinze/Krügel/Steinrötter, Künstliche Intelligenz und Robotik, 2020
Eidenmüller, Der homo oeconomicus und das Schuldrecht: Herausforderungen durch Behavioral Law and Economics, JZ 2005, 216–224
Eidenmüller, Effizienz als Rechtsprinzip, 4. Aufl. 2015
Fehr/Gächter, Fairness and Retaliation: The Economics of Reciprocity, The Journal of Economic Perspectives 14 (2000), 159–181
Fehr/Schmidt, A Theory of Fairness, Competition, and Cooperation, The Quarterly Journal of Economics 114 (1999), 817–868
Fleischer, Konkurrenzprobleme um die culpa in contrahendo: Fahrlässige Irreführung versus arglistige Täuschung, AcP 200 (2000), 91–120
Grechenig/Gelter, Divergente Evolution des Rechtsdenkens – Von amerikanischer Rechtsökonomie und deutscher Dogmatik, RabelsZ 72 (2008), 513–561
Griffin/Tversky, The Weighing of Evidence and the Determinants of Confidence, Cognitive Psychology 24 (1992), 411–435
Hicks, The Foundation of Welfare Economics, The Economic Journal 49 (1939), 696–712
Ji, Are Robots good Fiduciaries? Regulating Robo-Advisors under the Investment Advisers Act of 1940, Columbia Law Review 117 (2017), 1543–1583
Kahneman/Knetsch/Thaler, Fairness as a Constraint on Profit Seeking, American Economic Review 76 (1986), 728–741
Kahneman/Tversky, Prospect Theory: An Analysis of Decision under Risk, Econometrica 47 (1979), 263–291
Kaldor, Welfare Propositions of Economics and Interpersonal Comparisons of Utility, The Economic Journal 49 (1939), S. 549–552
Kelman, Behavioral Economics as Part of a Rhetorical Duet: A Response to Jolls, Sunstein, and Thaler, Stanford Law Review 50 (1998), 1577–1591
Kirchgässner, Führt der homo oeconomicus das Recht in die Irre?, JZ 1991, 104–111
Kirchgässner, Homo Oeconomicus, 4. Aufl. 2013
Klöhn, Kapitalmarkt, Spekulation und Behavioral Finance. Eine interdisziplinäre und vergleichende Analyse zum Fluch und Segen der Spekulation und ihrer Regulierung durch Markt und Recht, 2006
Klöhn, Die „allgemein bekannte Tatsache" im Recht der Anlageberatung und Anlagevermittlung, ZIP 2010, 1005–1013
Lerch, Anlageberater als Finanzintermediäre, 2015
Linardatos, Rechtshandbuch Robo Advice, 2020
Lo, The Origin of Bounded Rationality and Intelligence, Proceedings of the American Philosophical Society 157 (2013), 269–280
Möllers, Effizienz als Maßstab des Kapitalmarktrechts. Die Verwendung empirischer und ökonomischer Argumente zur Begründung zivil-, straf- und öffentlich-rechtlicher Sanktionen, AcP 208 (2008), 1–36

Möllers/Kernchen, Information Overload am Kapitalmarkt – Plädoyer zur Einführung eines Kurzfinanzberichts auf empirischer, psychologischer und rechtsvergleichender Basis, ZGR 2011, 1–26
Möllers/Poppele, Paradigmenwechsel durch MiFID II: divergierende Anlegerleitbilder und neue Instrumentarien wie Qualitätskontrolle und Verbote, ZGR 2013, 437–481
Mülbert, Anlegerschutz und Finanzmarktregulierung – Grundlagen, ZHR 177 (2013), 160–211
Noack, Organisationspflichten und -strukturen kraft Digitalisierung, ZHR 183 (2019), 105–144
Ott/Schäfer, Die ökonomische Analyse des Rechts – Irrweg oder Chance wissenschaftlicher Rechtserkenntnis?, JZ 1988, 213–223
Parkes/Wellman, Economic reasoning and artificial intelligence, Science, New Series 349 (2015), 267–272
Poelzig, Kapitalmarktrecht, 2. Aufl. 2021
Posner, Utilitarianism, Economics, and Legal Theory, Journal of Legal Studies 8 (1979), 103–140
Richter/Furubotn, Neue Institutionenökonomik, 4. Aufl. 2010
Schäfer/Ott, Lehrbuch der ökonomischen Analyse des Zivilrechts, 6. Aufl. 2020
Schwintowski, Ökonomische Theorie des Rechts, JZ 1998, 581–588
Sen/Williams, Introduction: Utilitarianism and beyond, in Sen/Williams, Utilitarianism and beyond, 1982, 1–21
Simon, A Behavioral Model of Rational Choice, The Quarterly Journal of Economics 69 (1955), 88–118
Simon, Altruism and Economics, Eastern Economic 18 (1992), 73–83
Spindler, Behavioral Finance and Investor Protection Regulations, Journal of Consumer Policy 34 (2011), 315–336
Stiglitz, The Allocation Role of the Stock Market. Pareto Optimality and Competition, The Journal of Finance 36 (1981), 235–251
Sunstein/Thaler, Libertarian Paternalism is not an Oxymoron, The University of Chicago Law Review 70 (2003), 1159–1202
Teigelack, Finanzanalysen und Behavioral Finance, 2009
Thaler, Mental Accounting and Consumer Choice, Marketing Science 4 (1985), 199–214
Thaler, Behavioral Economics: Past, Present, and Future, The American Economic Review 106 (2016), 1577–1600
Towfigh/Petersen, Ökonomische Methoden im Recht, 2. Aufl. 2017
Wagner/Luyken, Haftung für Robo Advice, in FS für Windbichler, 2020, 155–176 (zitiert als: Wagner/Luyken FS Windbichler, 2020, 155)
Wagner, Economic patterns in a world with artificial intelligence, Evolutionary and Institutional Economics Review 17 (2020), 111–131
Wiedemann/Wank, Begrenzte Rationalität – gestörte Willensbildung im Privatrecht, JZ 2013, 340–345

2.3 Recht ex machina? Von Urteilsmaschinen, Paragraphen- und Subsumtionsautomaten zur Entscheidung durch ‚lernfähige' Systeme

Übersicht

A. Einleitung

Das Recht ex machina ist ein Traum, den die Menschheit seit langem träumt. Die Idee einer Herrschaft des Gesetzes, die Unparteilichkeit, das Bindungspostulat und Hoffnungen auf Rationalisierung, Schnelligkeit und Kostengünstigkeit von Entscheidungen lassen die richterliche Urteilsmaschine als das Wunschziel schlechthin erscheinen. Derartige Apparate sind bislang freilich Utopie geblieben. Sie karikieren eine Art Methode, die vom Richter verlangt, lediglich zu wiederholen, was im Gesetz geschrieben steht. 1

Durchaus ernst gemeint ist aber eine neue ‚Maschine', deren Funktionen aktuell unter Stichworten wie autonome technische Systeme, Legal Technology oder Legal Tech erörtert werden. Solche Systeme gehören zu den Kennzeichen jenes Wandels, den wir gegenwärtig unter dem Stichwort der „Digitalisierung" zu diskutieren pflegen. Ihnen wird die Fähigkeit zugeschrieben, Entscheidungen zu treffen und diese unabhängig von externer Steuerung oder Einflussnahme umzusetzen. Auch in der Jurisprudenz beginnen automatisierte Systeme auf Basis lernfähiger Algorithmen Funktionen zu übernehmen, die traditionell dem Menschen vorbehalten waren. Wir haben uns daran gewöhnt, von künstlicher ‚Intelligenz' zu sprechen, wenn bestimmte Tätigkeiten, die Nachdenken oder Entscheiden verlangen, nun Maschinen überlassen bleiben.[1] 2

[1] Wenn im Folgenden Fragen der juristischen Entscheidung aufgeworfen werden, so sind nicht nur Entscheidungen von Richtern, der Verwaltung oder von Professoren gemeint, die Urteile besprechen und hypothetische Fälle lösen. Umfasst werden auch Gebiete wie private Normsetzung oder Governance sowie die Prognosen von Anwälten und in Schriftsätzen von Anwälten unterbreitete Entscheidungsvorschläge. Angesichts der besonderen Offenheit juristischen Denkens (→ Rn. 37) geht es letztlich um die Differenz zwischen menschlichem und artifiziellem Entscheiden überhaupt. Die Ausführungen sind an meine Monographie Meder Rechtsmaschinen, 2020, angelehnt.

3 Welche Rolle spielen die neuen Technologien in den Staatsanwaltschaften und in den Gerichten? Können Legal Robots bald Vorschläge für Urteile unterbreiten? Und wann sind sie in der Lage, eigenständige Entscheidungen zu treffen? Oder dürfen sie nur zur Überprüfung von Standardfällen, zur Bearbeitung wiederkehrender Rechtsfragen eingesetzt werden, die einen gesteigerten Rechenaufwand erfordern? Gibt es Standardfälle überhaupt? Liegt nicht jeder Fall anders? Müssen nicht überall die Umstände des Einzelfalls berücksichtigt werden? Sätze wie „*judex non calculat*" (der Richter rechnet nicht) oder „*error calculi non nocet*" (ein Rechenfehler schadet nicht) sind seit Jahrtausenden anerkannt.[2] Rechenfehler erwachsen im Urteil nicht in Rechtskraft und können jederzeit berichtigt werden (§ 319 ZPO). Wie lange noch? Müssen die Grenzen zwischen Rechnen, Denken und Entscheiden neu gezogen werden? Und was geschieht, wenn die Maschine einen Fehler macht? Ist der Roboter für Schäden haftbar? Kann er Bewusstsein erlangen und sollte ihm nicht eigentlich Rechtsfähigkeit zuerkannt werden? Muss nicht die gesamte Rechtsordnung neu überdacht werden? Das sind nur einige Beispiele für Fragen, welche die fortschreitende Digitalisierung des gesellschaftlichen Lebens an die Jurisprudenz heranträgt.

4 Unaufhaltsam dringen immer leistungsfähigere Rechner bis zum Kern der juristischen Tätigkeit vor – bis zu ihrem letzten Geheimnis, dem der Begriff „Rechtsanwendung" nur ungenügend Ausdruck zu verleihen vermag. Lernfähige Algorithmen sind inzwischen imstande, ‚logische' Schlüsse zu ziehen und Argumente auf ihre Stichhaltigkeit zu überprüfen. Hat die Digitalisierung unsere Vorstellungen über die Rechtsanwendung schon verändert, ohne dass wir es bemerkt haben? Was heißt eigentlich „Rechtsanwendung"? Warum ist der Begriff so umstritten? Können die neuen Technologien die Rechtsanwendung eines Tages bis zu dem Punkt determinieren, an dem nicht mehr Menschen, sondern Maschinen entscheiden?

B. Automaten im ersten juristischen Maschinenzeitalter

5 All diese Fragen sind nicht wirklich neu: Die Sehnsucht nach Unparteilichkeit, Gesetzesherrschaft und Vereinfachung lässt das Recht ex machina – den berühmten „Subsumtionsautomaten" oder die richterliche „Urteilsmaschine" – seit Jahrhunderten als das Wunschziel schlechthin erscheinen. Solche Automaten und Maschinen sind bislang freilich Utopie geblieben. Sie verkörpern lediglich das Bild eines Juristen, eine Metapher, die für das Ideal eines Bürokraten steht, der glaubt, im Wege von Deduktion und Subsumtion jeden erdenklichen Rechtsfall nach rein logisch-mechanischen Prinzipien lösen zu können.

6 Wer nach den Ursprüngen dieses Ideals fragt, muss (mindestens) bis ins 17. Jahrhundert zurückgehen – in die Epoche des ersten juristischen Maschinenzeitalters, das gut hundert Jahre vor der industriellen Revolution seinen Anfang nahm. Damals begann im Anschluss an die Arbeiten des französischen Staatstheoretikers Jean Bodin (1529–1596) eine politische Philosophie zu herrschen, die auf Begriffe wie Gesellschaftsvertrag, Souveränität, Krieg und Maschine gebaut ist. Zu ihren Mitbegründern gehört der englische Mathematiker und Rechtsphilosoph Thomas Hobbes (1588–1679), der den Ur- oder Naturzustand bekanntlich als Kriegszustand geschildert hat: Weil der Mensch dem Menschen von Natur aus ein Wolf sei, habe es des Abschlusses eines Gesellschaftsvertrags bedurft, dessen Zweck darin bestehe, den Naturzustand durch den Übergang in einen Rechtszustand zu beenden. Die einvernehmliche Übertragung der ungeteilten Macht auf einen Souverän soll den Frieden sichern und das private Eigentum schützen. Obwohl ein solcher Vertrag in Wirklichkeit nie geschlossen wurde, glaubte Hobbes, in ihm eine Zäsur und den eigentlichen Anfang der Geschichte erblicken zu können. Ausdrücklich qualifizierte er den Gesellschaftsver-

[2] Zu den Quellen dieser Sätze im römischen Recht: Liebs Lateinische Rechtsregeln und Rechtssprichwörter, 7. Aufl. 2007, S. 73 Nr. 28 und S. 114 Nr. 150.

trag als Schöpfungsakt (*imitatio creationis*), wodurch ein „künstlicher Mensch" (*artifical man*), das Artefakt einer Maschine erzeugt wurde, welches den Staat in Gestalt eines Automaten erscheinen lässt. Diesen Automaten taufte er in seiner berühmten staatsphilosophischen Schrift von 1651 auf den Namen „Leviathan".[3]

Es gibt natürlich viele andere Autoren, denen die Maschinenmetapher ebenfalls wichtige Impulse verdankt. Erwähnt sei nur der französische Naturwissenschaftler und Philosoph René Descartes (1596–1650), dessen Rationalismus die Einheit der Welt als Mechanismus begreift – als ein gewaltiges Uhrwerk, das durch einen souveränen Willen in Gang gebracht und von diesem so verlässlich wie dauerhaft betrieben wird.[4] Wer eine juristische Entscheidung treffen muss, wäre danach lediglich das winzige Rädchen einer gewaltigen Maschine, deren Funktion darin besteht, dem souveränen Willen des Herrschers Ausdruck zu verleihen. Auch Immanuel Kant (1724–1804) hat noch auf das Bild der Maschine zurückgegriffen. Ihm war freilich bald klar, dass sich ein Gegenstand wie der Staat unmittelbarer Anschauung entzieht und als bloßer Vernunftbegriff nur „symbolisch" vorgestellt werden kann. In einer oft zitierten Formulierung hat er den Zusammenhang zwischen aufgeklärtem Absolutismus und Maschine wie folgt auf den Punkt gebracht: 7

„So wird ein monarchischer Staat durch einen beseelten Körper, wenn er nach inneren Volksgesetzen, durch eine bloße Maschine aber (wie etwa eine Handmühle), wenn er durch einen einzelnen absoluten Willen beherrscht wird, in beiden Fällen nur symbolisch vorgestellt. Denn zwischen einem despotischen Staat und einer Handmühle ist zwar keine Ähnlichkeit, wohl aber zwischen der Regel, über beide und ihre Kausalität zu reflektieren".[5]

Die „Ähnlichkeit" einer Reflexion über Staat und Handmühle rührt also daher, dass beide „durch einen einzelnen absoluten Willen beherrscht" werden. Über Recht und Maschine lässt sich in der gleichen Weise „reflektieren", weil die Staatsphilosophie des aufgeklärten Absolutismus auch das Recht so ‚vorstellt', als sei es, wie eine „bloße Maschine", durch einen „einzelnen absoluten Willen beherrscht". In diesem Sinne meint der Historiker, Publizist und Staatsrechtler August Ludwig Schlözer (1735–1809), „die instruktivste Art", das Staatsrecht zu lehren, sei es, „den Staat als eine künstliche, überaus zusammengesetzte Maschine" zu behandeln.[6] Wer einen Rechtsfall zu entscheiden hat, wäre danach nur das Teil eines riesigen Aggregats, das dem Willen des Souveräns durch gesetzestreue Rechtsanwendung Ausdruck verleihen muss. Die Idee vom Juristen, der auf Befehl staatlicher Gesetzgebung handelt und durch mechanische Operationen jeden vorkommenden Fall entscheiden kann, lebt im Grunde noch heute fort. Sie tritt vornehmlich dort zu Tage, wo Methodenlehren in der Subsumtion oder gar im Justizsyllogismus eine zentrale Arbeitstechnik moderner Juristen sehen wollen.

Würden erfahrene Juristen aber gefragt werden, was sie von Subsumtionsautomaten oder ähnlichen Maschinen halten, wäre die Antwort eindeutig: Solche Apparate stoßen traditionell auf Ablehnung. Für diesen seltsamen Widerspruch gibt es, stark verkürzt, einen doppelten Grund. Einmal, weil die Metapher vom Subsumtionsautomaten einer bestimmten Zeit entsprungen ist, und zweitens, weil sie selbst ein Bild der Geschichte darstellt. Das Ideal vom Bürokraten, der auf hohem begriffstechnischem Niveau steht, der mit einer „Denkmaschine" ausgestattet ist und jeden erdenklichen Rechtsfall im Wege von Deduktionen zu lösen vermag, soll Epochen entstammen, die durch den „rechtswissenschaftlichen Formalismus" geprägt wurden. Um welche Epochen handelt es sich? Eine Antwort bereitet deshalb Schwierigkeiten, weil Unklarheiten darüber herrschen, 8

[3] Hobbes Leviathan or the Matter, Form and Power of a Commonwealth Ecclesiasticall und Civil, 1651. Dazu näher: Stollberg-Rilinger Der Staat als Maschine, 1986; Matala de Mazza Der verfasste Körper, 1999; Koschorke et al. Der fiktive Staat, 2007; Meder Doppelte Körper im Recht, 2015, S. 112–136.

[4] Descartes Beschreibung des menschlichen Körpers und aller seiner Funktionen, in Über den Menschen (1632) sowie Beschreibung des menschlichen Körpers (1648), 1969, S. 137–194.

[5] Kant Kritik der Urteilskraft (1790), hg. v. Vorländer, 7. Aufl. 1990, S. 256 (Hervorhebung im Original, die Seitenangaben entsprechen der dritten Originalausgabe von 1799).

[6] Schlözer, Allgemeines StatsRecht und StatsVerfassungsLere, 1793 (ND o.O. 1970), S. 3.

welches Bild wir uns von der Rechtswissenschaft des 19. Jahrhunderts und der „Begriffsjurisprudenz“ machen sollen.

C. Korrelate zwischen Rechtsmaschinen und „Begriffsjurisprudenz“

9 Den Auftakt für die Angriffe gegen die „Begriffsjurisprudenz“ bildet eine satirische Abrechnung, die Rudolf von Jhering 1884 unter dem Titel „Im juristischen Begriffshimmel“ veröffentlichte. In Dialogen schildert er die Philosophie von Kant, der zufolge „die Welt, welche Du bisher wahrzunehmen glaubtest“, nur als „Vorstellung“ und in Gestalt von „Formen Deiner subjektiven Anschauung“ existiere. Die den „Formen“ entsprungenen Begriffe „vertragen sich nicht mit dem Leben, sie haben eine Welt für sich nötig, in der sie ganz genau für sich allein existieren, fern von jeglicher Berührung mit dem Leben“.[7] Tatsächlich verwirklicht Kant zufolge rechtliches Handeln eine Regel der Vernunft, deren Gegenstand „außer dem Begriff gar nicht angetroffen wird“. So ist auch die Freiheit ein „reiner Vernunftbegriff“, dem „kein angemessenes Beispiel in irgendeiner möglichen Erfahrung gegeben werden kann“.[8]

10 Wenn Jhering nun gegen die Unverträglichkeit von Begriff und Leben opponiert, dann zielt er zunächst gegen eine Art des Rechtsdenkens, das die Empirie möglichst zu verbannen sucht. Unter den Prämissen einer an Vernunftbegriffen ausgerichteten Philosophie können selbst die Umstände des Einzelfalls das Recht nicht mehr in Verlegenheit bringen. Jherings Einwände gegen die „Begriffsjurisprudenz“ erschöpfen sich freilich nicht in einer Kritik an Kants Rechtsphilosophie. Er geht noch einen Schritt weiter, wenn er die „Begriffsjurisprudenz“ mit dem Denken Savignys oder Puchtas, also den führenden Köpfen der Historischen Rechtsschule in Zusammenhang bringt. Jherings „Begriffsjurisprudenz“ enthält viele Merkmale, die bis heute als Etiketten eines juristischen Formalismus ausgewiesen werden. Dazu gehört auch die Behauptung, der Begriffsjurist würde seine Entscheidung gleichsam mechanisch aus Begriffen im Wege von Deduktion und Logik einfach ableiten.[9]

11 Hier dürfte zugleich der Grund für die Faszination liegen, welche die Werke des französischen Ingenieurs und Erfinders Jacques de Vaucanson (1709–1782) auf Jhering ausübten. Aufsehen erregte Vaucansons Konstruktion eines musizierenden Automaten in Menschengestalt – ein mechanischer Flötenspieler, den er 1738 der französischen Akademie der Wissenschaften in Paris vorstellte. Als sein eigentliches Meisterwerk gilt jedoch eine automatische Ente, die mit den Flügeln flattern, schnattern, Nahrung aufnehmen und verdauen konnte. Die Ente imitierte also nicht nur die äußeren Bewegungen von Kreaturen, sondern simulierte die Dignität des Organischen und damit „Leben“. Jhering erwähnt Vaucansons Ente in seinem „Zweck im Recht“ (1877), und zwar im Zusammenhang mit einer Grundsatzfrage, die das Verhältnis von Gesetz und Recht betrifft: Vermag eine detailreiche Gesetzgebung den „Kopf des Richters“ zu ersetzen? Lässt sich eine juristische Entscheidung durch formal-logische und mechanische Methoden der Rechtsanwendung determinieren? „Die Erfahrung hat auch hier gerichtet“, meint Jhering und denkt wahrscheinlich an die fast 20.000 Vorschriften, mit denen das Preußische Allgemeine Landrecht von 1794 den Bedarf an juristischer Urteilskraft auf ein Minimum zu reduzieren suchte.

[7] Jhering Im juristischen Begriffshimmel, in Jhering Scherz und Ernst in der Jurisprudenz (1884), 9. Aufl. 1904, S. 247–333, 247, 251.

[8] Kant Kritik der reinen Vernunft, 2. Aufl. 1787, B 504, 506; Kant Metaphysik der Sitten (1797), in Werkausgabe, Bd. VIII, 10. Aufl. 1993, S. 326 (Beschränkung des Rechts auf Vernunftbegriffe, seine Verbannung aus der Empirie), 342 (kategoriale Trennung von Recht und Ethik, Aussonderung der Billigkeit).

[9] Jhering erörtert das Thema ua unter dem Stichwort der Praxisferne, vgl. Jhering Im juristischen Begriffshimmel, in Jhering Scherz und Ernst in der Jurisprudenz (1884), 9. Aufl. 1904, S. 253, 273 f. (Herrschaft von Logik und reiner Wissenschaft).

Jhering misstraute den Realitätsansprüchen mechanischer Rechtsanwendung. Er glaubte nicht, dass Detailbestimmungen dem Richter „juristische Recepte" für die Entscheidung geben können, „welche ihn allen weiteren Suchens überheben":

„Die Unmöglichkeit, die unendlich bunte und mannigfaltige Gestaltung der Fälle im voraus zu übersehen, stempelt diesen Versuch der absoluten Fixirung der richterlichen Entscheidung zu einem von vornherein verfehlten. Der Gedanke, der dabei vorschwebt, ist der, die Anwendung des Gesetzes zu einer rein mechanischen zu machen, bei der das richterliche Denken durch das Gesetz überflüssig gemacht werden soll; man wird an die von Vaucanson construirte Ente erinnert, welche auf mechanischem Wege den Verdauungsprocess besorgte – vorn wird der Fall in die Urtheilsmaschine hineingeschoben, hinten kommt er als Urtheil wieder heraus".[10]

Mit diesem drastischen Bild einer „Urtheilsmaschine" möchte Jhering den Richter keineswegs herabwürdigen. Die Parallelen sollen nur diejenigen abschrecken, die glauben, juristische Entscheidungen durch eine formale Anwendung allgemeiner Begriffe determinieren zu können. Der Ausdruck „Subsumtionsautomat" tritt dagegen erst später auf. Er soll von dem Heidelberger Privatdozenten Bruno Schmidt (1865–1905) stammen, der 1899 bemerkte:

„Es wäre ein verhängnisvoller Irrtum, wollte man glauben, in irgendeinem Staate, und sei es der kleinste, könne die Gesetzgebung so detailliert und ausführlich sein, daß in ihr die Entscheidung für alle nur möglichen Vorkommnisse des praktischen Lebens im Voraus enthalten wäre, und folglich die Unterorgane sich bloß auf Anwendung und Ausführung des fertig bereits vorliegenden Socialwillens zu beschränken hätten. Das ist nicht einmal bezüglich der Jurisdiktion möglich, wiewohl gerade hier die meisten das ausschließliche Heil in der Degradierung des Richters zu einem maschinenmäßigen ‚Subsumtions'-Automaten erblicken, in welchen man auf der einen Seite das Zehnpfenningstück des konkreten Thatbestandes hineinwirft, um dann auf der anderen vermöge des geräuschlos in ihm arbeitenden Gesetzesapparates das Urteil, vollendet bis ins einzelnste, herausfallen zu sehen".[11]

Die Parallelen mit Jherings „Urteilsmaschine" sind unübersehbar. Auch Jhering polemisiert gegen die Illusion, „die unendlich bunte und mannigfaltige Gestaltung der Fälle im voraus" übersehen zu können. Sein Vergleich mit der mechanischen Ente soll alle Bestrebungen verhöhnen, die darauf zielen, „das richterliche Denken" durch eine mechanische Rechtsanwendung überflüssig zu machen.

D. Denkmaschinen versus Rechtswissenschaft

Anfang des 20. Jahrhunderts wird Jhering mit seiner Kritik des juristischen Formalismus **12**
und der Begriffsjurisprudenz als der kräftigste Vorkämpfer jener Richtung gefeiert, welche die Rechtswissenschaft vom Kopfe wieder auf die Füße gestellt habe. Dieser Ansicht war auch Hermann U. Kantorowicz (1877–1940), einer der wichtigsten Autoren der Freirechtsbewegung, dessen 1906 unter dem Pseudonym Gnaeus Flavius publizierter „Kampf um die Rechtswissenschaft" gleich auf der ersten Seite mit einer Schilderung der Rechtsfindung durch die Maschine beginnt:

„Die herrschende Idealvorstellung vom Juristen ist die: Ein höherer Staatsbeamter mit akademischer Ausbildung, sitzt er, bewaffnet bloß mit einer Denkmaschine, freilich von der feinsten Art, in seiner Zelle. Ihr einziges Mobiliar ein grüner Tisch, auf dem das staatliche Gesetzbuch vor ihm liegt. Man reicht ihm einen beliebigen Fall, einen wirklichen oder nur erdachten, und entsprechend seiner Pflicht, ist er imstande, mit Hülfe rein logischer Operationen und einer nur ihm verständlichen

[10] Jhering Der Zweck im Recht, Bd. I (1877), 3. Aufl. 1893, S. 394.

[11] Schmidt Das Gewohnheitsrecht als Form des Gemeinwillens, 1899, S. 15. Dazu auch Jung Das Problem des natürlichen Rechts, 1912, S. 13; Günzl Subsumtionsautomaten und -maschinen JZ 74 (2019), 180–188.

Geheimtechnik, die vom Gesetzgeber vorherbestimmte Entscheidung im Gesetzbuch mit absoluter Exaktheit nachzuweisen".[12]

Kantorowicz entwirft hier das bizarre Bild eines Bürokraten, der gegen jede Realität glaubt, die Lösung aller erdenklichen Fälle mit einer geheimen Technik dem Gesetz entnehmen zu können. Seine Entscheidungen beruhen auf „rein logischen Operationen", die, wenn überhaupt, nur demjenigen verständlich sind, der sie ausführt. Mit Blick auf die aktuellen Diskussionen über Legal Tech ist Kantorowicz' Denkmaschine aus zwei Gründen bemerkenswert: Einmal, weil sie auf eine Analogie von Gehirn und Maschine anspielt, und zweitens, weil sie das Problem der Opazität berührt. Darauf ist noch zurückzukommen.

E. „Paragraphen-" und „Präjudizienautomaten" bei Max Weber

13 Facettenreiche Überlegungen zum juristischen Formalismus und zur Maschine sind auch im Werk von Max Weber (1864–1920) anzutreffen, der in der Wissenschaft vornehmlich als Soziologe und Nationalökonom, kaum aber als Jurist oder gar als Rechtshistoriker wahrgenommen wird. In einer bislang wenig beachteten, in der Entstehungsphase des BGB publizierten Studie sieht Weber die „zunehmende ausschließlich formale Denkfähigkeit der Juristen" als Problem. Der Rechtsformalismus würde zwar „unentbehrliche Fortschritte" enthalten, hätte aber auch zu einer Entfremdung von der Gesellschaft geführt. Die Folge sei, dass das Privatrecht keine „unmittelbar fühlbare Bedeutung" für den Einzelnen mehr habe. Die Auswüchse von Formalismus und Rationalismus hätten die Rechtspflege in eine Situation gebracht,

„bei der die Notwendigkeit, daß *Menschen* und nicht *Maschinen* auf dem Richterstuhl sitzen, eigentlich nur als bedauerliche Unvollkommenheit erscheint. Das Ideal dieser Auffassung wäre die Verwandlung des Richters in einen Paragraphen- und Präjudizienautomaten, in den man oben den Thatbestand und die Kosten wirft, auf das er unten das Urteil nebst Gründen ausspeie".[13]

In seiner 1914 verfassten und posthum publizierten „Rechtssoziologie" stellt Weber erneut die Frage: Was geschieht, wenn man dem Richter „den Glauben an die Heiligkeit des rein sachlichen Rechtsformalismus nimmt und ihn stattdessen darauf verweist, zu werten"?[14] Von hier aus ist es nur ein kleiner Schritt zur radikalen Forderung nach einer völligen Auflösung des Rechtsformalismus: Sollten nicht besser Laien „auf dem Richterstuhl sitzen"? Verstellen die Begriffe, das System, die Logik, Wissenschaft und universitäre Ausbildung nicht den Blick auf das, worauf es eigentlich ankommt: auf die gesellschaftliche Wirklichkeit und die soziale Gerechtigkeit – auf die Realität und das Leben? Derartige Fragen beginnt das Freirecht nach der Wende zum 20. Jahrhundert mit immer größerem Nachdruck aufzuwerfen. Warum der Antiformalismus in so kurzer Zeit eine rasch wachsende Schar von Anhängern gewinnen konnte, versucht Weber wie folgt zu erklären:

„Die Situation des an die bloße Interpretation von Paragraphen und Kontrakten gebundenen Rechtsautomaten, in welchen man oben den Tatbestand nebst der Kosten einwirft, auf daß er unten das Urteil nebst den Gründen ausspeie, erscheint den modernen Rechtspraktikern subaltern und wird gerade mit Universalisierung des kodifizierten formalen Gesetzesrechts immer peinlicher empfunden. Sie beanspruchen ‚schöpferische' Rechtstätigkeit für den Richter".[15]

---

[12] Flavius Der Kampf um die Rechtswissenschaft, 1906, S. 7.

[13] Weber „Römisches" und „deutsches" Recht, in Weber Christliche Welt 9 (1895), S. 521–525 (Hervorhebungen im Original).

[14] Weber Rechtssoziologie (1922), in Weber Wirtschaft und Gesellschaft, 5. Aufl. 1985, S. 387–513, 512.

[15] Weber Rechtssoziologie (1922), in Weber Wirtschaft und Gesellschaft, 5. Aufl. 1985, S. 507. Nur am Rande sei bemerkt, dass 1914, also im Jahre allgemeiner Mobilmachung mit den Aussichten auf einen industrialisierten Maschinenkampf, in dem Max Weber seine „Rechtssoziologie" verfasst hat, noch zwei weitere Texte entstanden sind, die ebenfalls von Rechtsautomaten, Rechtsmaschinen, juristischen Apparaten etc. handeln: nämlich Kantorowicz' viel diskutierter Essay „Epochen der Rechtswissenschaft" und

Die Antiformalisten haben also den Richterkönig zum Leitbild erkoren. Den immer deutlicher vernehmbaren Ruf nach einer „schöpferischen" Jurisprudenz deutet Weber als Folge eines übersteigerten Formalismus und Rationalismus, als Reaktion auf die „stetige Zunahme des formulierten Gesetzesrechts und namentlich der systematischen Kodifikationen". Nicht zuletzt also im Schatten des neuen bürgerlichen Gesetzbuchs fühlen sich „die akademischen Juristen" in „ihrer Bedeutung und auch in den Chancen der Bewegungsfreiheit des wissenschaftlichen Denkens empfindlich bedroht".[16]

An diesem Punkt tritt bereits ein erster Unterschied zum Freirecht hervor: Während **14** Kantorowicz den „Formalismus" prinzipiell verwirft, erblickt Weber in ihm ein Merkmal moderner Kultur, die auf „Rationalisierung" und „Berechenbarkeit" angewiesen sei. Doch kennt Weber noch eine andere Seite des Rechts, die er unter Stichworten wie material, ethisch, utilitaristisch oder politisch zu erörtern pflegt.[17] Webers Konzept rechtlicher Rationalisierung fußt also auf dem Gedanken, dass der Rechtsbegriff nicht nur formale, sondern auch materiale Elemente enthält. Im Hintergrund steht ein zweigliedriger Rechtsbegriff, der neben strengem Recht (*ius strictum*) auch ethische Elemente, etwa in Form der Billigkeit (*aequitas*) berücksichtigen kann.[18] Dieser Befund ist in doppelter Hinsicht aufschlussreich: Einmal markiert er eine Differenz zum Rechtsbegriff des Freirechts, das den Formalismus zugunsten einer ungebremsten Materialisierung verabschieden möchte. Andererseits behauptet er aber auch eine fundamentale Schwäche jeder Art von Rechtsmaschine, weil formale Strenge den Anforderungen an die Besonderheiten des Einzelfalls nicht genügen kann. Bevor darauf zurückzukommen ist, sei noch ein kurzer Blick auf die Anfänge der Kritik mechanischer Rechtsanwendung geworfen.

F. Kritik der Rechtsmaschine schon zu Anfang des 19. Jahrhunderts?

Wer hat die Automatenmetapher ‚erfunden'? Wer hat sie zum ersten Mal gebraucht? **15** Wo also liegen die Anfänge? Auf diesen Fragen pflegt die Rechtswissenschaft sehr verschiedene Antworten zu geben. Es scheint die Auffassung zu herrschen, das Freirecht habe in Opposition gegen die Lehren von Friedrich Carl von Savigny (1779–1861), Georg Friedrich Puchta (1798–1846) und andere Protagonisten der Historischen Rechtsschule begonnen, die Denkmaschine als Schreckensbild und Verfallsgeschichte zu entwerfen.[19] Savigny und Puchta hätten geglaubt, dass die Rechtsanwendung keiner individuellen Leistungen mehr bedürfe, dass es genüge, sich sklavisch an den Wortlaut der Gesetze zu halten und eine Entscheidung ohne Folgenreflexion, dh ohne ‚Praxis' und ohne ‚Leben' auskommen könne. Als „Relikte des 19. Jahrhunderts und der subsumtionspositivistischen Jurisprudenz" seien Begriffsjurisprudenz und Formalismus Etiketten einer ‚Methode', die dem Rechtsanwender eine Entscheidung „ohne aktives Zutun" abverlangt.[20]

Kafkas berühmte, erst nach Kriegsende (1919) publizierte Erzählung „In der Strafkolonie", dazu näher Meder Rechtsmaschinen, 2020, S. 39–57 und 77–91.

[16] Weber Rechtssoziologie (1922), in Weber Wirtschaft und Gesellschaft, 5. Aufl. 1985, S. 509.

[17] Den locus classicus bildet eine berühmte Stelle aus Weber Rechtssoziologie (1922), in Weber Wirtschaft und Gesellschaft, 5. Aufl. 1985, S. 396, worauf hier freilich nicht näher eingegangen werden kann (vgl. Meder Rechtsmaschinen, 2020, S. 63–65).

[18] Weber hat sich selbst als Romanist und im römischen Recht die Basis einer jeden „juristischen Bildung" gesehen, Brief an Professor Frensdorff in Göttingen v. 22. Januar 1887, in Weber Jugendbriefe, 1936, S. 214–216, 215 f. (→ Rn. 20).

[19] Siehe nur Ogorek Richterkönig oder Subsumtionsautomat, 1986, S. 5 (Konnex von mechanischer Rechtsanwendung und Begriffsjurisprudenz erstmals „in den Lehren der Freirechtsschule"); Landau Die Rechtsquellenlehre in der deutschen Rechtswissenschaft des 19. Jahrhunderts, in Petersson Juristische Theoriebildung und rechtliche Einheit, 1993, S. 69–89, 88 (die Darstellung „des Juristen des 19. Jahrhunderts als ‚Subsumtionsautomat'" ist eine „Karikatur der Jahrhundertwende").

[20] Kotsoglou Subsumtionsautomat 2.0. JZ 69 (2014), 451 (454). Versuche, die anspruchsvolle Methodologie des 19. Jahrhunderts mit einem Federstrich wegzuwischen, ja mit schlichten Behauptungen einfach zu

16 „Ohne aktives Zutun" bedeutet dabei vor allem zweierlei: Ohne Interpretation und ohne Rücksicht auf die Umstände des Einzelfalls oder – in juristischer Terminologie – ohne Rücksicht auf Treu und Glauben (*bona fides*) oder Billigkeit (*aequitas*), die eine Abweichung vom strengen Recht (*ius strictum*) unter bestimmten Voraussetzungen rechtfertigen können. Aus heutiger Sicht gehen mit der Behauptung einer subsumtionspositivistischen Begriffsjurisprudenz zwei fundamentale Probleme einher. Erstens hat die neuere Forschung zeigen können, dass es eine Begriffsjurisprudenz nicht gegeben hat.[21] Und zweitens haben nicht nur Savigny oder Puchta, sondern auch viele andere Autoren der historischen Richtung bereits in der ersten Hälfte des 19. Jahrhunderts vor einer mechanischen Rechtsanwendung gewarnt und eine ‚Deautomatisierung' der juristischen Entscheidungsfindung gefordert.

17 Savignys Widerstand gegen ein Verständnis der Rechtsfindung als „mechanischer Vorgang" zieht sich wie ein roter Faden durch sein gesamtes Werk. Schon in frühen, ursprünglich nicht zur Veröffentlichung gedachten Notizen skizziert er telegrammstilartig die Umrisse seiner Kritik: „Die Richter zu sehr Maschinen: darauf das ganze Gesetzbuch eingerichtet". Überall warnt er vor einer fabrikmäßigen Herstellung von Urteilen, vor einer mechanischen Anwendung von Regeln.[22] In jener Zeit, in der eigentlich Begriffsjurisprudenz und Formalismus herrschen müssten, gibt es viele Autoren, die das Bild vom Richter als bloß „repetirender Maschine" karikieren.[23] Und Johann Friedrich Kierulff (1806–1894) spricht, um ein weiteres Beispiel zu nennen, von einer „alten unwissenschaftlichen Ansicht, welche auf dem Gebiete des Rechts eine mechanische Sicherheit für möglich hält".[24] Die Erinnerung an eine „alte unwissenschaftliche Ansicht" bezeugt einmal mehr die Epoche eines ersten juristischen Maschinenzeitalters und damit die Spuren einer Zeit, in welcher die Rechtsmaschine nicht als peinlich empfunden, sondern als Normalität oder gar als erstrebenswertes Ideal betrachtet wurde.

18 Die Opposition gegen das mechanistische Paradigma bedeutet also zunächst eine Absage an die im 17. und 18. Jahrhundert verbreitete Annahme einer Ähnlichkeit von Staat, Recht und Maschine.[25] Zudem ist sie gegen den damals herrschenden staatsphilosophischen Positivismus gerichtet, der auch extrem ungerechtes Recht für Recht halten und jene Kontrollprinzipien ausschalten will, die traditionell unter dem Begriff der *aequitas* versammelt wurden. So verschwindet bereits bei Bodin die Billigkeit hinter dem Befehl des Souveräns: „Ein gesetzliches Verbot ist stärker als selbst offenbare Forderungen der Billigkeit".[26] Hobbes, Pufendorf oder Kant haben die Billigkeit ebenfalls ausgesondert, weil „ein Richter", in den Worten Kants, „nach unbestimmten Bedingungen nicht sprechen kann". Sie klammern die empirische Ebene aus, wenn sie bestreiten, dass die konkreten

canceln, haben in Deutschland nach wie vor Tradition: ZB Grüneberg in Grüneberg, 81. Aufl. 2022, Einl. Rn. 34; Möllers Juristische Methodenlehre, 2. Aufl. 2019, S. 136–139, 137 (wo in Fn. 224 Wolff, Puchta ua auf die gleiche Stufe gestellt werden, was nur mit einer Vermengung völlig verschiedener Epochen der Methodenlehre zu erklären ist).

21 Den Auftakt bildete eine Arbeit über Windscheid, von dem behauptet wurde, sein Name stehe für die „blutleere Begriffsjurisprudenz in Gestalt des rationalistischen Gesetzespositivismus" (dagegen Falk Ein Gelehrter wie Windscheid, 1989). Ähnlich wurde die Hermeneutik Savignys, ua von so prominenten Autoren wie Hans-Georg Gadamer, als ein Produkt der Begriffsjurisprudenz verworfen (dagegen Meder Mißverstehen und Verstehen, 2004). Und schließlich sind zu Puchta, der seit jeher im Zentrum der Kritik stand, in kurzer Abfolge gleich drei Monographien erschienen (Haferkamp Georg Friedrich Puchta und die „Begriffsjurisprudenz", 2004; Henkel Begriffsjurisprudenz und Billigkeit, 2004; Mecke Begriff und System des Rechts bei Georg Friedrich Puchta, 2009).

22 Savigny Einleitung zu den Pandekten 1821/1822–1823/1824 in Mazzacane Friedrich Carl von Savigny. Vorlesungen über juristische Methodologie (1993), 2. Aufl. 2004, S. 271–275, 271.

23 Puchta Vorlesungen über das heutige römische Recht, Bd. I, 1847, §§ 5–9, S. 17. Auch Hugo (1764–1844) meint, „daß man nicht wohl thue, wenn man den Richter zur bloßen UrteilsMaschine machen will", Hugo Rezension Schlosser Briefe über die Gesetzgebung überhaupt (1789), in Hugo Beyträge zur civilistischen BücherKenntniß der letzten vierzig Jahre, Bd. 1, 1828, S. 114.

24 Kierulff Theorie des Gemeinen Civilrechts, Bd. I, 1839, S. XXIX.

25 → Rn. 6.

26 Bodin Sechs Bücher über den Staat (1576), 1981, I 8 (S. 231).

Umstände des Einzelfalls das formale Recht in Verlegenheit bringen können. Damit überfordern sie das staatliche Gesetz und nehmen es in Kauf, dass das „höchste Recht zur höchsten Rechtsverletzung" (*summum ius summa est iniuria*) führen kann.[27]

Ähnliches gilt für die Theorie der Interpretation: Je restriktiver sie eine Rechtslehre handhabt, desto ‚mechanischer' ist sie. So neigt die Rechtsquellentheorie des aufgeklärten Absolutismus dazu, vor den Gefahren der Interpretation zu warnen oder sie gleich ganz auszuschließen. Erinnert sei nur an Hobbes' Empörung über die Willkür interpretierender Juristen oder an das Kommentierungsverbot im Preußischen Allgemeinen Landrecht von 1794. Vernunftrecht und staatsphilosophischer Positivismus wollen den Richter auf den Buchstaben, auf den Wortlaut des Gesetzes, beschränken. Dagegen wurde Savigny nicht müde, den schöpferischen Charakter der Auslegung zu betonen. Denn der „Gedanke", muss bei jedem Gesetz, „wenn es in das Leben eingreifen soll", rekonstruiert werden. „Wir müssen", sagt der angebliche Begriffsjurist an anderer Stelle, „von unsrer Seite etwas dazu thun", wenn eine „Regel in das Leben übergehen" soll.[28] Es ist Savigny zufolge also gerade die soziale Wirklichkeit, die den Interpreten herausfordert, mehr zu sagen als schon gesagt ist. Heute würden wir mutatis mutandis von Produktivität, Konkretisierung oder materialer Gerechtigkeit sprechen. 19

Hier interessieren vor allem die Folgerungen, die sowohl für den Subsumtionsautomaten als auch für die noch zu erörternden modernen, selbstlernenden Maschinen aus der Kritik des mechanistischen Paradigmas zu ziehen sind: Die Protagonisten des staatsphilosophischen Positivismus haben einen eingliedrigen Rechtsbegriff propagiert, der ethische Elemente oder Wertungen, etwa in Gestalt der Billigkeit, aus juristischen Entscheidungen weitgehend auszuklammern sucht. Dagegen unterscheidet zB Savigny zwischen einem „reinen" Rechtsprinzip, das formale Zuständigkeiten schafft, und einem „gemischten" Rechtsprinzip, vermöge dessen auch materiale Gesichtspunkte zur Geltung kommen können. Unter Berufung auf die entwickelte römische Jurisprudenz behauptet er, dass Recht ohne strukturellen Formalismus nicht möglich sei, der Formalismus aber eines Korrektivs bedürfe, das *aequitas* genannt werde.[29] Savigny erblickt in den Korrelaten von formalen und materialen Elementen also eine Grundbedingung allen Rechts und stimmt damit in einem zentralen Punkt mit Max Weber überein: Denn Weber hat ebenfalls einen zweigliedrigen Rechtsbegriff formuliert, der die strikten Qualitäten des Rechts achtet, ohne die Funktionen materialer Elemente aus dem Blick zu verlieren.[30] 20

G. Neue Wege zur Formalisierung juristischer Entscheidungen

In den 1960er und 1970er Jahren unternahm eine Gruppe von Rechtswissenschaftlern, Logikern, Informatikern und Linguisten den Versuch, Grundlagen für eine automatische Analyse der Interpretation von Gesetzestexten zu schaffen.[31] Schon damals wurden jene Vorzüge einer technischen Problemlösung gepriesen, die auch heute wieder hervorgehoben werden: Erleichterung der richterlichen Tätigkeit, Schnelligkeit und Kostengünstigkeit der Entscheidungen, Ausschluss privater Meinungen der Entscheider. Ziel war es, Programme zur Formalisierung von Rechtssätzen und zur Ableitung von Subsumtionen aus einem formallogischen Vergleich von Ober- und Untersätzen zu entwickeln. Dies 21

[27] Kant Metaphysik der Sitten (1797), in Werkausgabe, Bd. VIII, 10. Aufl. 1993, S. 341–342, 326. Die moderne Kantforschung pflegt über diese Befunde geflissentlich hinwegzusehen, vgl. nur den Abschnitt über „Billigkeit und Notrecht" bei Höffe Der Kategorische Rechtsimperativ, in Höffe Metaphysische Anfangsgründe der Rechtslehre, 1999, S. 41–62, 58–62; Hirsch Kants Einleitung in die Rechtslehre, 2012.

[28] Savigny System des heutigen römischen Rechts, Bd. I, 1840, zB § 32 (S. 207 und 206).

[29] Savigny System des heutigen römischen Rechts, Bd. I, 1840, § 15 (S. 54–56).

[30] → Rn. 14. Savigny hat die Beziehungen formaler und materialer Elemente aber genauer als Weber untersucht, vgl. Meder Rechtsmaschinen, 2020, S. 111–125.

[31] Dokumentiert wird das Projekt in: Rave/Brinckmann/Grimmer Paraphrasen juristischer Texte, 1971.

sollte auf Basis eines engen, neopositivistischen Wissenschaftsbegriffs geschehen, der nur solche Forschungsmethoden anerkennt, die in hohem Maße formalisiert und aus Logiken abgeleiteten Algorithmen erarbeitet sind.[32]

22 Was die Terminologie anbelangt, so fällt auf, dass zuvor verpönte Begriffe wie mechanische oder automatische Subsumtion, aber auch Logik, Ableitung und Deduktion selbst in rechtstheoretisch informierten Kreisen nun ganz unbefangen und ohne Vorbehalte gebraucht werden konnten. Die Situation eines Entscheidungsautomaten wurde im letzten Drittel des 20. Jahrhunderts, jedenfalls bei einem beachtlichen Teil der Rechtsgelehrten, nicht mehr als peinlich, sondern wieder, wie im ersten juristischen Maschinenzeitalter, als Fortschritt und als Wunschziel betrachtet. Im Rückblick zeigt sich freilich ein verblüffend unreflektierter Subsumtionsbegriff, der intuitive oder in subjektiven Vorverständnissen versteckte Wertungen mit logischen Kalkülen vermengte.[33]

23 Hier setzten die Gegner dieser Bemühungen um eine Formalisierung der Entscheidungsrationalität an. Erinnert sei nur an einige Einwände, welche die Brüder Hubert L. und Stuart E. Dreyfuß im Jahre 1986 vorgetragen haben. Achtzig Jahre nach Kantorowicz' „Kampf um die Rechtswissenschaft" sprechen nämlich auch sie, und zwar schon im Untertitel ihres viel diskutierten Buches über die Grenzen informationstechnologischen Fortschritts, wieder von einer „Denkmaschine":[34] Alle Versuche, die natürliche Sprachfähigkeit auf einem Computer abzubilden, seien zum Scheitern verurteilt, da menschliche Alltagskompetenzen nicht auf Normen, sondern auf Intuition als Form leibgebundenen Wissens basieren. Dieses Wissen sei grundsätzlich nicht mit Regeln zu rekonstruieren. Der Mensch müsse daher notwendigerweise einen Vorsprung vor dem Computer behalten. Dominierend wirkte also die bis heute lebhaft diskutierte These, dass bestimmte menschliche Leistungen nicht von „Denkmaschinen" erbracht werden sollten, weil diese eben doch anders als Menschen funktionieren. Unbeeindruckt von derartigen Einwänden setzten viele Autoren ihre Hoffnungen freilich weiterhin auf den „Subsumtionsautomaten", weil sie glaubten, die computergestützte Rechtsanwendung könne eine kostengünstigere und unabhängigere Entscheidung gewährleisten.[35]

24 Um normativ unerwünschten individuellen Präferenzen oder Vorurteilen entgegenzuwirken, wurde schon frühzeitig versucht, Automaten in einer Weise zu programmieren, dass sie nur innerhalb von Entscheidungsbäumen operieren. Der Entscheidungsbaum (*decision tree*) vermag auf die kontinentale Rechtswissenschaft deshalb so große Anziehungskraft auszuüben, weil sein Diagramm eine Struktur anbietet, die mit einem Justizsyllogismus in vieler Hinsicht übereinstimmt: Entscheidungsbäume sind vertikal strukturiert und arbeiten auf Grundlage vordefinierter Regeln. Da jedem Pfad die sogenannte *if-then*-Regel zugrunde liegt, können logische Schlüsse gezogen und Ergebnisse abgeleitet werden. Juristisch gesehen, finden sich an den Astenden die Tatbestandsvoraussetzungen von Rechtsnormen, deren Anwendung eindeutig entweder zu bejahen oder zu verneinen ist. Unter den Prämissen gesetzestreuer Rechtsanwendung muss eine solche binäre Opposition unmittelbar einleuchten, weil durch Tatbestände formulierte Regeln oft ebenfalls auf

[32] Eine frühe kritische Auseinandersetzung mit dem Positivismusvorwurf gegenüber formaler Entscheidungsrationalität findet sich bei Wolfgang Kilian Juristische Entscheidung und elektronische Datenverarbeitung, 1974, S. 22–24.

[33] Vgl. nur Busse Juristische Semantik, 1993, S. 140–161.

[34] Dreyfuß/Dreyfuß Künstliche Intelligenz. Von den Grenzen der Denkmaschine und dem Wert der Intuition (1986), 1987. Siehe auch bereits Weizenbaum Die Macht der Computer und die Ohnmacht der Vernunft (1976), 1978.

[35] Zur Diskussion über die automatisierte Subsumtion in den 1980er und 90er Jahren: Gerathewohl Erschliessung unbestimmter Rechtsbegriffe mit Hilfe des Computers, 1987; Weihermüller Künftiges Informationsmanagement von Juristen in Carl-Eugen Eberle Informationstechnik in der Juristenausbildung, 1989, S. 192–204; Hastedt Aufklärung und Technik, 1991; Kudlich Information als Herausforderung und Informatik als Hilfsmittel für die Rechtsanwendung im Straf- und Strafprozessrecht in Taeger/Vassilaki Rechtsinformatik und Informationsrecht im Spannungsfeld von Recht, Informatik und Ökonomie, 2009, S. 13–23; Gräwe Die Entstehung der Rechtsinformatik, 2011.

einem „wenn-dann" Schema, dh auf einem Konditionalprogramm beruhen, wonach die Rechtsfolge im konkreten Fall immer nur dann eintritt, wenn dieser sämtliche normativen Voraussetzungen tatsächlich erfüllt.[36]

Der Justizsyllogismus bildet das Paradebeispiel für eine im Rahmen von Konditionalprogrammen vollzogene Subsumtion. Damit soll nicht behauptet werden, dass nicht auch Schlussverfahren erörtert wurden, die über eine schlichte justizsyllogistische Rekonstruktion der Subsumtion hinaus gingen. Soweit aber Baumstrukturen in Rede standen, traten Abwägungen und Wertungen hinter das „Mit-dem-Recht-Rechnen" zurück. Die durch Baumstrukturen bewirkten Formalisierungen der Entscheidungsrationalität harmonieren im Übrigen mit einer Juristenausbildung, die, jedenfalls in Deutschland, nach wie vor auf die traditionellen Formen vertikaler Regelbildung, auf Gesetz, Verordnung und Verwaltungsakt, also letztlich auf Gebote und Verbote konzentriert ist. Dass diese Art von ‚Rationalität' auf einer naiven Vorstellung davon beruht, was geschieht, wenn Menschen urteilen, ist schon oft hervorgehoben worden. Jeder Jurist, der Gelegenheit hatte, in der Praxis Erfahrungen zu sammeln, weiß, dass Rechtsfragen nur selten auf Grundlage von Konditionalprogrammen entschieden werden können. 25

Mit dem „wenn-dann" Schema sind also zugleich die Grenzen einer regelgeleiteten Software und des Entscheidungsbaums angezeigt. Das „Rechnen mit dem Recht" gestaltet sich in Baumstrukturen deshalb so schwierig, weil Tatbestände auch unbestimmt und Rechtsbegriffe offen formuliert sein können, die Rechtsfindung also nicht vertikal, sondern horizontal verläuft. Hinzu kommt, dass die Rechtssprache vielfältige Interpretationen zulässt und die juristische Entscheidung selbst in scheinbar einfach gelagerten Fällen oft eine Berücksichtigung ‚materialer' Faktoren verlangt, die jenseits der geschriebenen Normen liegen. Bald zeigte sich denn auch, dass regelbasierte Systeme beim Verstehen von Sprache kaum einsetzbar sind. Alltagsaufgaben, die der Mensch mühelos meistern konnte, bereiteten den Systemen fast unüberwindliche Schwierigkeiten. So wandten sich viele Forscher gegen Ende des vorigen Jahrhunderts von den Gebieten der automatischen Entscheidung wieder ab. Im Rückblick wird diese Zeit als „Winter der künstlichen Intelligenz" bezeichnet.[37] 26

H. Der Subsumtionsautomat 2.0: Künstliche Intelligenz und das „Leben"

Neben die regelgeleitete Software ist jüngst noch eine zweite Spielart automatischer Subsumtion hinzugetreten, und zwar die Entscheidungsfindung mit Hilfe „lernfähiger" Computersysteme. Dass Computer Musikstücke komponieren und sich dem Menschen bei Dame, Schach oder Go überlegen zeigen, hat nach der Wende zum 21. Jahrhundert den Diskussionen über die Frage, ob nicht auch juristische Entscheidungen durch Automaten getroffen werden können, neuen Auftrieb verschafft. Anders als Entscheidungsbäume arbeitet künstliche juristische Intelligenz aktuell nicht primär auf Basis vordefinierter Regeln, sondern auf Grundlage großer Datenmengen in Form von juristischen Sachverhalten, Rechtsprechung, Gesetzestexten, Dogmatik, Kommentarliteratur, Urteilsrezensionen, Lehrmeinungen oder sonstigen Quellen, die in mathematische Gleichungen verwandelt und nach ihrer numerischen Häufigkeit in Bezug auf eine bestimmte Rechtsfrage untersucht werden. Solche Systeme formulieren keine übergeordneten Theorien, die in Form allgemeiner Sätze einen Sachbereich strukturieren könnten; sie suchen Korrelationen zwischen gegebenen Datenpunkten und entwickeln Annahmen und Prognosen über die Plausibilität von Mustern mit den Mitteln von Wahrscheinlichkeit und Statistik. 27

[36] So schien zB für Luhmann das Recht eines modernen Rechtsstaats für Automatisierung geradezu prädestiniert, weil beide mit dem Konditionalschema über die gleiche Grundstruktur verfügten, Recht und Automation in der öffentlichen Verwaltung, 1966, S. 35, 43 f.

[37] Eberl Was ist künstliche Intelligenz – was kann sie leisten? APuZ 68 (2018), 8 (10).

28 Künstliche Intelligenz pflegt man einer Maschine dann zu attestieren, wenn sie „lernfähig“ ist und nach Abschluss der Lernphase neue, noch unbekannte Daten so verarbeiten kann, dass sich der Output gegenüber dem Input verselbständigt.[38] Die auch „Emergenz“ genannte fehlende Determinierung intelligenter Systeme hat zur Folge, dass sich einzelne Schritte im Zweifel nicht mehr rekonstruieren lassen, die Entscheidung also, wenn überhaupt, nur noch mit Einschränkungen verstanden oder vorhergesehen werden kann. Es ist, um ein in diesem Zusammenhang häufig gebrauchtes Wort aufzugreifen, „opak“, ob das Programm vorhandene Muster lediglich identifiziert und reproduziert oder etwas „hinzu tut“ – und damit „neues“ Recht produziert. Das Adjektiv „neu“ gewinnt in den Gebieten künstlicher Intelligenz freilich eine eigene Färbung. Intelligente Systeme können zwar durchaus auch ‚werten‘ oder ‚abwägen‘. Dabei arbeiten sie jedoch auf Basis vorgegebener Daten. Ihre Informationen und Ergebnisse beruhen nicht auf direkter Anschauung eines Sachverhaltes oder unmittelbaren Wahrnehmungen bislang unbekannter Phänomene, sondern nur auf Wertungen, die bereits zuvor getroffen, und Fällen, die in der Vergangenheit entschieden wurden. Während also das Material in Zeiten von *big data* bis ins Unendliche vermehrt werden kann, ergeben sich im Hinblick auf das *tempus* keine Änderungen. Die Maschine kennt lediglich einen Modus – den der Vergangenheit. So bleibt die mangelnde Transparenz mit ihren Schreckensvisionen, denen die Befürchtung zugrunde liegt, dass in einer Algokratie Systeme operieren, deren Entscheidungen menschlicher Vernunft und Verstehen zuwiderlaufen oder ihr jedenfalls letztlich unzugänglich sind.[39]

29 Künstliche Intelligenz kann formal determinierte Regeln abarbeiten und nach den Maßstäben von Häufigkeit und Wahrscheinlichkeit Muster in Form allgemeiner Aussagen, Prognosen oder Entscheidungen bilden. Aber kann sie auch auslegen, interpretieren, die Bedeutung von Texten verstehen? Die Frage hat interdisziplinären Charakter. Sie berührt sowohl Sprachwissenschaft als auch Philosophie und Rechtstheorie: Gibt es eine objektive Bedeutung von Texten, insbesondere von Gesetzen und Rechtstexten? Nach dem sogenannten „*linguistic turn*“ wäre hier eine abschlägige Antwort zu erteilen. Die moderne Linguistik bestreitet nämlich, dass die Sprache ein transparentes Medium zur Erfassung dessen ist, was wir Wirklichkeit, Realität oder Leben nennen. Sie nimmt an, alle menschliche Erkenntnis sei durch Sprache ‚strukturiert‘ und die Realität jenseits von Sprache entweder überhaupt nicht existent oder zumindest unerreichbar. An diesem Punkt ergibt sich eine Verbindung zur von Kant eingeleiteten Kopernikanischen Wende: Die Parallele mit der modernen Sprachwissenschaft besteht darin, dass schon Kant es aufgegeben hat, die Wirklichkeit zu beschreiben, indem er das ‚Ding an sich‘ in das Reich der Transzendenz verbannte. Nach der Kopernikanischen Wende begann er seine Forschungen auf die Bedingungen der Erkenntnis zu konzentrieren und wurde bekanntlich nicht in den Dingen und nicht in der Realität – dh in der Wirklichkeit, Welt oder im „Leben“ -, sondern in den Strukturen der Vernunft fündig.

30 Wer nun bezweifelt, dass eine Software imstande ist, durch die Verarbeitung noch so großer Datenmengen einen Text zu verstehen, muss sich die Frage gefallen lassen: Ist denn ein Mensch dazu in der Lage? Mit der modernen Sprachwissenschaft wäre diese Frage zu verneinen. Denn die Linguistik glaubt, im Text selbst könne keine semantische Bedeutung enthalten sein, diese „werde vom Leser vielmehr erst selbst ‚konstruiert‘“.[40] Ein objektives Textverständnis gäbe es danach nicht. Besteht die Gemeinsamkeit zwischen

[38] Eberl Was ist künstliche Intelligenz – was kann sie leisten? APuZ 68 (2018), 8 (11 f).; Wischmeyer Regulierung intelligenter Systeme AöR 143 (2018), 9, (11–14); Ertel Grundkurs Künstliche Intelligenz, 4. Aufl. 2016, S. 195; Stalder Kultur der Digitalität, 2. Aufl. 2017, S. 177–181.

[39] Danaher The Threat of Algocracy, Philosophy & Technology 29 (2016), 245–268, Erbguth Juristische Entscheidungen nach maschinellem Bauchgefühl DRiZ 2018, 130–131; Unger Demokratische Herrschaft und künstliche Intelligenz in Unger/ von Ungern-Sternberg Demokratie und künstliche Intelligenz, 2019, S. 113–128.

[40] Siehe nur Adrian Der Richterautomat ist möglich – Semantik ist nur eine Illusion Rechtstheorie 48 (2017), 77 (84).

Mensch und Computer also darin, dass sie Texte, wenn überhaupt, nur annähernd verstehen können und die Wirklichkeit nur in den Konstruktionen ihrer Vernunft, Sprache oder den Operationen eines Rechners existiert? Vor dem Versuch einer Antwort sei noch einmal an den Formalismusvorwurf erinnert, den Jhering, Kantorowicz und andere Autoren vorgetragen haben.

I. Anschlüsse an die Rechtskritik von Jhering und Kantorowicz

Jhering schilderte in dialogisch arrangierten Sätzen Kants Transzendentalphilosophie 31 als eine Lehre, der zufolge „die Welt, welche Du bisher wahrzunehmen glaubtest", nur als „Vorstellung" und in Gestalt von „Formen Deiner subjektiven Anschauung" existiere. Mit Blick auf die Resultate der modernen Linguistik wären die „Formen Deiner subjektiven Anschauung" durch ‚Formen Deiner sprachlichen Konstruktionen' auszutauschen oder zu ergänzen. Die daraus entsprungenen Rechtslösungen „vertragen sich nicht mit dem Leben, sie haben eine Welt für sich nötig".[41] Jhering beanstandet also, dass die Jurisprudenz durch Kants Transzendentalphilosophie zu einer bloß formalen Wissenschaft herabgewürdigt wird, die jeden Bezug zur gesellschaftlichen Realität, zum „Leben", verloren hat. Tatsächlich verwirklicht Kant zufolge rechtliches Handeln eine Regel der Vernunft, deren Gegenstand „außer dem Begriff gar nicht angetroffen wird". Wie ausgeführt, besteht das Problem von Kants Rechtsphilosophie darin, dass sie nur die formale Seite der Jurisprudenz anerkennt und Elemente der materialen Rationalität möglichst auszublenden sucht.[42] Von der Annahme einer konstruierten Wirklichkeit schließt sich also der Kreis zu einer Rechtskritik, die vor mehr als hundert Jahren entworfen wurde.

Aus heutiger Sicht knüpfen sich an diesen Befund zwei Fragen, nämlich, ob es ein 32 „Leben" jenseits vernunftgeleiteter bzw. sprachlicher Formen überhaupt gibt, und, falls dies zu verneinen wäre: Kann es uns gleichgültig sein, ob ein Mensch oder eine Maschine interpretiert, weil ohnehin kein objektives Textverständnis und keine Wirklichkeit jenseits der „Formen" und sprachlichen „Konstruktionen" existiert? In der Jurisprudenz scheint es Stimmen zu geben, die mit Blick auf die Resultate der modernen Sprachphilosophie dazu neigen, diese zweite Frage zu bejahen: „Wenn eine Software anders abwägt als ein Mensch, ist das notwendig schlechter?"[43] Da die Anhänger des *linguistic turn* in die Jahre gekommen sind und die Philosophie der juristischen künstlichen Intelligenz noch in den Kinderschuhen steckt, ist es nicht einfach, über die Unterschiede zwischen menschlichen und maschinenmäßigen Interpretationen etwas auszusagen. Vielleicht ließen sich anhand einer konkreten Frage zumindest einige Thesen formulieren.

II. Wo liegt der Unterschied zwischen Schach und Recht?

Intelligente Systeme liefern dem Menschen Muster, die dieser nie oder nur viel lang- 33 samer erkennen könnte. Es erscheint daher verständlich, dass jede neueste „Super-Software" auf Bewunderung stößt und ihr bisweilen sogar übermenschliche Fähigkeiten zugeschrieben werden. Das maschinelle Denken ist aber begrenzt, weil ein Computer nur aus vorgegebenen Datenmengen errechnete Muster zu vermitteln vermag. Zwar

[41] → Rn. 9.

[42] → Rn. 10 und → Rn. 14.

[43] Fries Legal Tech, Vorlesungsfolien, 2018, Einheit 3: Künstliche juristische Intelligenz, S. 8, abrufbar unter https://www.jura.uni-münchen.de / personen /f / fries_engel_martin/veranstaltungen/vorlesung-legaltech / index.html (zuletzt abgerufen am: 23.10.2020). Schon Luhmann meinte, für die Richtigkeit einer Entscheidung sei es unerheblich, ob die Programme durch Menschen oder Maschinen verarbeitet würden, Luhmann Recht und Automation in der öffentlichen Verwaltung, 1966, S. 46 f.: „Aufs letzte gesehen, gibt es keine rationalen Gründe, die Menschenleistung der Maschinenleistung vorzuziehen" (Luhmann Recht und Automation in der öffentlichen Verwaltung, 1966, S. 60).

gibt es Schach-Software, Schach-Engines, Endspiel- und Eröffnungsdatenbanken, die jeden Großmeister in Staunen versetzen können. Aber diese Fähigkeiten berühren nur einen kleinen Ausschnitt „aller menschlichen Fähigkeiten", meint Philipp Slusallek vom Deutschen Forschungszentrum für Künstliche Intelligenz in Saarbrücken: „Die menschlichen Fähigkeiten sind offensichtlich dramatisch viel breiter, allgemeiner und flexibler, als es jeder Computer auf absehbare Zeit sein wird".[44] Müssen nicht auch die Fähigkeiten derjenigen „dramatisch viel breiter, allgemeiner und flexibler" sein, die einen Rechtsfall zu beurteilen haben?

34 Wo liegen die Unterschiede zwischen Schach und Recht? Vereinfacht gesagt, beruht Schach auf einer geschlossenen, Recht auf einer offenen Ordnung. Schach ist formal strukturiert, also durch strenge Regeln determiniert, die keine Ausnahmen zulassen. Alle Figuren müssen abhängig von ihrem Typ in einer bestimmten Weise gezogen werden. Ein Schachgebot ist stets zu parieren, der König darf niemals einer Bedrohung ausgesetzt werden und „berührt-geführt" bedeutet nichts anderes, als dass unbedingt gezogen werden muss. Über diese Beispiele hinaus ließen sich noch viele andere Regeln nennen, die einen reibungslosen Spielablauf gewährleisten sollen und deren Gemeinsamkeit darin besteht, dass ihre Strenge keine Milderungen kennt. Schachregeln besitzen also einen immanenten Charakter, sie können durch äußere Einflüsse nicht beschränkt, erweitert oder gar korrigiert werden. Nun wird auch das Recht als eine Art Schach begreifen, wer den Akzent auf seine formalen Qualitäten legen und es auf eine Summe immanenter Regeln, auf ein geschlossenes System reduzieren möchte. Das ist die Auffassung jener Autoren, die in der Epoche des vernunftrechtlichen Rationalismus glaubten, externe Einflüsse auf das Recht, etwa über Billigkeit oder Interpretation, möglichst ausschalten zu können. Aller Formalismuskritik zum Trotz ist diese Sichtweise keineswegs überwunden. Mutatis mutandis lebt sie in den ubiquitären Methodologien gesetzestreuer Rechtsanwendung oder populären Rechtsvorstellungen noch heute fort. Ein Beispiel bildet die Antwort des „rasenden Populärphilosophen" und Publizisten David Precht in einem aktuellen Interview auf die Frage, ob nicht sämtliche Denkprozesse eines Tages von Maschinen übernommen werden könnten:

> „Beim Denken bin ich auch skeptisch, aber bei Jura muss man nun wirklich nur selten denken! Die Juristerei ist ja letztlich nichts anderes als ein einziges grosses Ordnungssystem, das man ganz leicht durchrattern kann".[45]

Die Behauptung, das Recht sei letztlich formaler Art, ist aber nicht nur unter Laien, sondern auch unter Juristen nach wie vor verbreitet.[46] Sie harmoniert zudem mit einem Verständnis von Juristenausbildung, die den Akzent auf Elemente vertikaler Normsetzung, auf Gesetz und Verordnung, auf Gebot und Verbot legt. Auch an den Subsumtionsautomaten 2.0 ist die Formalismuskritik schon herangetragen worden, wenn gefragt wurde, ob Legal Tech angesichts der rezeptiven Struktur algorithmischer Selektion nicht als eine neue Strömung etwa in Richtung auf einen digitalen Neo-Positivismus zu deuten sei.[47] ‚Nachpositivistische' Konzepte der Methodik müssen vielleicht tatsächlich bald verabschiedet werden: Denn umso geschlossener ein System auftritt, desto leichter können seine Regeln nach den Maßstäben einer formalisierten Entscheidungsrationalität erfasst werden. Die These könnte also lauten: Wir werden eine Renaissance des rechtswissenschaftlichen Formalismus erleben. Die Kritik an der ‚Begriffsjurisprudenz' wird stillschweigend ad

[44] Zitiert nach Lossau Diese Super-Software bringt sich übermenschliche Leistungen bei, abrufbar unter https://www.welt.de / wissenschaft / article169782047 (zuletzt abgerufen am: 21.4.2022).

[45] „Der Philosophie steht eine neue grosse Zeit bevor", Interview von Claudia Mäder mit David Precht Neue Zürcher Zeitung v. 19. November 2019, 48.

[46] Im Hintergrund steht der bereits durch das Vernunftrecht und namentlich von Kant formulierte Gedanke, der Begriff des Rechts sei Normen staatlichen Ursprungs vorbehalten, siehe die Nachweise zur aktuellen Diskussion bei Meder Doppelte Körper im Recht, 2015, S. 1.

[47] Hoffmann-Riem Verhaltenssteuerung durch Algorithmen AöR 142 (2017), 1 (17).

acta gelegt werden. An ihre Stelle tritt eine Idee von Jurisprudenz als geschlossenem Ordnungssystem, das man nach den Maßstäben gesetzestreuer Rechtsanwendung „ganz leicht durchrattern" kann. Von hier aus ist es nur ein kleiner Schritt zur Unerschütterlichkeit des Glaubens, Juristen könnten durch künstliche Intelligenz bald ersetzt werden.

III. Die andere Seite des Rechts: situative Offenheit für die Welt

Ein eingliedriger Rechtsbegriff oder rechtsphilosophischer Monismus vermag, wie schon ausgeführt, der Komplexität von Jurisprudenz nicht gerecht zu werden. Neben der „formalen Rationalität" gibt es, um mit Max Weber zu sprechen, im Recht auch eine „materiale Rationalität". Das bedeutet, dass unter bestimmten Voraussetzungen ethische Imperative, politische Maximen oder utilitaristische Zweckmäßigkeitserwägungen von außerhalb auf das ‚System' einwirken und dieses ergänzen, korrigieren oder einzelne seiner Merkmale sogar derogieren können. Anstelle von „außerhalb" oder „extern" ließen sich auch erkenntnis- oder wissenschaftstheoretische Begriffe wie Realität, Wirklichkeit, Welt oder „Leben" zum Einsatz bringen, die alle jenes zweite Element umschreiben, das als materiale Rationalität von einer lediglich formalen Rationalität unterschieden werden muss.[48] 35

Von hier aus fällt zugleich ein Licht auf die Aussage, Schach beanspruche, trotz nahezu unendlicher Spielvariationen und unglaublicher Größe seines Spielbaumes, nur einen „minimalen Ausschnitt menschlicher Fähigkeiten". Es sind in der Tat begrenzte Fähigkeiten, die ausreichen, weil ein Brettspiel auch bei maximaler Spiel-Komplexität jene Offenheit gar nicht benötigt, die ein Umgang mit der Ungewissheit über den Zustand der Welt erfordert. Unter den Prämissen einer Zweigliedrigkeit des Rechtsbegriffs muss mit Einbrüchen der Welt in die formale Rationalität also jederzeit ‚gerechnet' werden. Aber was heißt „Welt"? Es ist doch bezweifelt worden, dass Vernunft oder Sprache ein adäquates Mittel zur Erfassung der Wirklichkeit darstellen. Leben wir nicht in einer durch Medien gefilterten, konstruierten Welt? Linguisten, Transzendentalphilosophen und Postmodernisten verschiedenster Provenienz würden dies wohl so sehen. Aber vielleicht würden sie noch hinzufügen: Der Filter wirkt bei künstlicher Intelligenz stärker! Denn hier müssen die Informationen in symbolische Elemente übersetzt, bereits gefilterte Wirklichkeiten also noch einmal auf mathematische Zeichen geschrumpft werden. 36

So käme es beim Einsatz künstlicher Intelligenz zu einer Multiplikation der Filter, was den Abstand zur ‚Wirklichkeit' dramatisch vergrößern würde. Im Übrigen besitzen Maschinen bekanntlich keinen biologischen Körper. Sie ‚leben' in einer anderen ‚Welt' und können viele Erfahrungen mit dem Menschen gar nicht teilen. Niemand war, wohl aus diesem Grund, bislang imstande, menschliche Denkprozesse nachzubilden. Die Programme für Dame, Schach oder Go funktionieren anders als menschliche Intelligenz. Außerdem kennen Menschen ihre eigene Denkweise, wenn überhaupt, nur ungenügend. Noch niemandem ist es daher gelungen, die Spielweise eines Schachgroßmeisters in Form von Algorithmen zu beschreiben. Die neueste „Super-Software" mag auf noch so große Bewunderung stoßen: Sie wurde nicht durch Nachahmung menschlicher Intelligenz modelliert. Die in einer Algokratie getroffenen Entscheidungen wären dem Verstehen deshalb unzugänglich oder „opak", weil sie nicht auf menschlichen Denkprozessen beruhen. 37

[48] Am Beispiel von Fallstudien ist an anderer Stelle untersucht worden, wie materiale Rationalität über „Billigkeit" zur Geltung kommt (Meder Rechtsmaschinen, 2020, S. 115–119). Hier genügt es festzuhalten, dass die altehrwürdige aequitas ein Sammelbegriff ist, der Ethik unter ganz verschiedenen Vorzeichen (Einzelfallgerechtigkeit, Verhältnismäßigkeit, Utilität, Zumutbarkeit, Härte etc.) in das Recht einfließen lässt. Unter den Bedingungen von Pandemie und Klimawandel scheint sich das Wirkliche zudem in Form des Widerspenstigen, Unverfügbaren, des „dem Subjekt nicht Gefügigen" neu zu präsentieren. Ja, es drängt sich der Eindruck auf, als würde diese Art von Präsenz geradezu die Kehrseite einer konstruktiven Wirklichkeit und Weltbeherrschung bilden, die dem anthropozentrischen Weltbild sowohl der Moderne als auch der Postmoderne die Grenzen zeigt, vgl. zB den Überblick über die Diskussionen zum Fortschritts- und Wirklichkeitsbegriff bei Makropoulos Modernität und Kontingenz, 1997, S. 18–25.

Dieser Makel trifft insbesondere die juristische Argumentation und den Inhalt der Begründungen, letztlich also die Legitimation: Solange unklar ist, was das System hinzutut, bleibt nur der Satz „*auctoritas non veritas facit legem*". Über die Gefahren eines politischen Dezisionismus oder totalitärer Herrschaft können auch die oft behauptete „Intelligenz" und „Lernfähigkeit" der Systeme nicht hinweghelfen. Solche Attribute verniedlichen und vermögen letztlich nur einem naiven Anthropomorphismus Ausdruck zu verleihen.

I. Resümee und Ausblick

38 Das „Recht ex machina" ist ein Traum, den die Menschheit seit Jahrhunderten träumt. Der Terminus „Subsumtionsautomat" kam freilich erst im Zuge der Formalismuskritik auf und hatte zunächst eine ebenso pejorative Bedeutung wie Jherings Urteilsmaschine, Kantorowicz' Denkmaschine oder Max Webers Paragraphenautomat. All diese ‚Maschinen' sollen jene Art der Formalisierung karikieren, wonach der Richter lediglich wiederholen darf, was schon im Gesetz gesagt wurde. Als Zielscheibe diente ein Modell, das bis heute als „Relikt des 19. Jahrhunderts" angesehen wird. Dabei wird geflissentlich übersehen, dass gerade die Autoren des frühen 19. Jahrhunderts mit ihrer radikalen Kodifikationskritik und auf das Judiz ausgelegten Interpretationslehre gegen jede Art der fabrik- und maschinenmäßigen Rechtsanwendung zu Felde zogen. Die Dinge liegen also komplizierter als vielfach angenommen. Wer dem Narrativ einer automatischen Subsumtion auf die Spur kommen möchte, muss die unterschiedlichen Epochen sorgfältig auseinanderhalten.

39 Hinter den „Rechtsmaschinen" verbergen sich methodologische Fragen, die in verschiedenen Zeiten abweichend beantwortet wurden. Die Grundfrage lautet: Wo hat das Recht seinen Sitz? In den Begriffen? Im Gesetz? Im Urteil? In den Erwartungen der Gesellschaft? Im Leben? Vorliegend interessierte vor allem, wo das Recht sitzt, wenn lernfähige Algorithmen entscheiden. Von hier aus ist es nur ein kleiner Schritt zu einer weiteren Grundfrage: Wie ziehen Algorithmen ihre Schlüsse? Vom Allgemeinen auf das Besondere? Vom Besonderen auf das Allgemeine? Vom Allgemeinen auf das Allgemeine? Vom Besonderen auf das Besondere?

40 Zwar gibt es noch immer Autoren, die glauben, Entscheidungsautomaten würden nach kontinentaleuropäischem Vorbild auf Basis einer regelgeleiteten Software entscheiden.[49] Aktuell arbeitet künstliche Intelligenz primär aber nicht mehr mit vordefinierten Regeln, sondern auf Grundlage großer Datenmengen in Form von juristischen Sachverhalten oder Rechtsprechung, wobei das Gesetz allenfalls eine unter vielen Quellen bildet. Die Rechtstexte werden auf Basis binärer Oppositionen in mathematische Gleichungen verwandelt und nach ihrer numerischen Häufigkeit in Bezug auf eine bestimmte Rechtsfrage analysiert. Die Systeme suchen nach Korrelationen zwischen gegebenen Datenpunkten (Variablen) und entwickeln Annahmen und Prognosen über die Plausibilität von Mustern mit den Mitteln von Wahrscheinlichkeit und Statistik.[50] Den auf diese Weise ermittelten Zusammenhängen kann ein gewisser Allgemeinheitscharakter nicht abgesprochen werden. Andererseits formulieren autonome Systeme keine übergeordneten Sätze, die, wie Dogmatik, geeignet wären, einen Sachbereich zu strukturieren. Sie mögen Wertungen oder Abwägungen berücksichtigen können, soweit diese in früheren Entscheidungen vorkommen und irgendwelche Muster bilden. Die Gegenstände und Inhalte dieser Wertungen resultieren aber nicht aus unmittelbarer Anschauung oder diskursiv aktualisierten Wirklichkeiten, sondern aus einem Vergleich mit Mustern vergangener Situationen. So entscheidet letztlich nicht die Individualität konkret betroffener Personen oder die Singu-

[49] Raabe/Wacker/Oberle Recht ex machina, 2012, S. 7 f. Siehe hierzu die vorzügliche Kritik von Kotsoglou Subsumtionsautomat 2.0. JZ 69 (2014), 451–457.

[50] → Rn. 27.

larität des jeweiligen Falles, sondern die mit Hilfe statistischer Verfahren ermittelte Zugehörigkeit des Lebenssachverhalts zu bestimmten Mustern oder Gruppen von Mustern.[51]

Allgemeines und Besonderes gehören zu den Begriffspaaren, die seit der Antike in der Philosophie und in vielen anderen Disziplinen eine Schlüsselrolle spielen. Die Jurisprudenz bildet hier mit ihrer Unterscheidung zwischen genereller Norm und Einzelfall keine Ausnahme.[52] Autonome Systeme bewirken eine grundsätzliche Auflösung der kategorialen Differenz von Allgemeinem und Besonderem. Zwar können Algorithmen in nahezu unbegrenztem Ausmaß und höchster Geschwindigkeit Muster ermitteln und so eine unglaubliche Menge von Einzelfällen entscheiden. Sie sind aber außerstande, die Umstände zu berücksichtigen, die in einer konkreten Situation eine radikale Abweichung von Mustern rechtfertigen, oder Lösungen zu entwickeln, die zwischen diesen Mustern liegen: Sie sind sozusagen auf einem Auge blind, weil sie nur die eine Seite des Rechts sehen, die traditionell mit dem formalen Element gekennzeichnet wird. Was die andere Seite des Rechts, seine situative Offenheit, anbelangt, fehlt es den Systemen trotz aller „Intelligenz", an Perzeption – an Anschauung, Intuition, Gefühl, Körper, Takt, Urteilskraft und all den Ingredienzen, welche die Jurisprudenz auch in Zukunft von einer Rechtsmaschine unterscheiden werden. 41

Literatur

Adrian, Der Richterautomat ist möglich – Semantik ist nur eine Illusion, in Rechtstheorie 48 (2017), 77–221
Bodin, Sechs Bücher über den Staat (1576), 1981
Busse, Juristische Semantik, 1993
Danaher, The Threat of Algocracy, Philosophy & Technology 29 (2016), 245–268
Descartes, Beschreibung des menschlichen Körpers und aller seiner Funktionen, in Über den Menschen (1632) sowie Beschreibung des menschlichen Körpers (1648), 1969
Dreyfuß/Dreyfuß, Künstliche Intelligenz. Von den Grenzen der Denkmaschine und dem Wert der Intuition (1986), 1987
Eberl, Was ist künstliche Intelligenz – was kann sie leisten?, APuZ 68 (2018), 8–14
Erbguth, Juristische Entscheidungen nach maschinellem Bauchgefühl, DRiZ 2018, 130–131
Ertel, Grundkurs Künstliche Intelligenz, 4. Aufl. 2016
Falk, Ein Gelehrter wie Windscheid, 1989
Flavius, Der Kampf um die Rechtswissenschaft, 1906
Fries, Legal Tech, Vorlesungsfolien, 2018, Einheit 3: Künstliche juristische Intelligenz, S. 8, abrufbar unter https://www.jura.uni-münchen.de / personen /f / fries_engel_martin/veranstaltungen/vorlesung-legaltech / index.html (zuletzt abgerufen am: 23.10.2020)
Gerathewohl, Erschliessung unbestimmter Rechtsbegriffe mit Hilfe des Computers, 1987
Gräwe, Die Entstehung der Rechtsinformatik, 2011
Grüneberg, Bürgerliches Gesetzbuch, 81. Aufl. 2022
Günzl, Subsumtionsautomaten und -maschinen, JZ 74 (2019), 180–188
Haferkamp, Georg Friedrich Puchta und die „Begriffsjurisprudenz", 2004
von Harbou, Abschied vom Einzelfall? – Perspektiven der Digitalisierung von Verwaltungsverfahren, JZ 75 (2020), 340–348
Hastedt, Aufklärung und Technik, 1991
Henkel, Begriffsjurisprudenz und Billigkeit. 2004
Hirsch, Kants Einleitung in die Rechtslehre, 2012
Hobbes, Leviathan or the Matter, Form and Power of a Commonwealth Ecclesiasticall und Civil (1651)
Höffe, Der Kategorische Rechtsimperativ, in Höffe, Metaphysische Anfangsgründe der Rechtslehre, 1999
Hoffmann-Riem, Verhaltenssteuerung durch Algorithmen, AöR 142 (2017), 1–42
Hugo, Rezension Schlosser Briefe über die Gesetzgebung überhaupt (1789), in Beyträge zur civilistischen BücherKenntniß der letzten vierzig Jahre, Bd. 1, 1828
von Jhering, Der Zweck im Recht, Bd. I (1877), 3. Aufl. 1893
von Jhering, Im juristischen Begriffshimmel, in Scherz und Ernst in der Jurisprudenz (1884), 9. Aufl. 1904
Kant, Kritik der reinen Vernunft, 2. Aufl. 1787, B 504, 506
Kant, Metaphysik der Sitten (1797), in Werkausgabe, Bd. VIII, 10. Aufl., 1993
Kant, Kritik der Urteilskraft (1790), hrsg. v. Vorländer, 7. Aufl. 1990
Kierulff, Theorie des Gemeinen Civilrechts, Bd. I, 1839

[51] Dazu näher Harbou Abschied vom Einzelfall? – Perspektiven der Digitalisierung von Verwaltungsverfahren, JZ 75 (2020), 340–348; Meder Rechtsmaschinen, 2020, S. 107 (mit weiteren Nachweisen).

[52] Davon handelt mein Buch Meder Urteilen, 1999.

Kilian, Juristische Entscheidung und elektronische Datenverarbeitung, 1974
Koschorke et al., Der fiktive Staat, 2007
Kotsoglou, Subsumtionsautomat 2.0., JZ 69 (2014), 451–457
Kudlich, Information als Herausforderung und Informatik als Hilfsmittel für die Rechtsanwendung im Straf- und Strafprozessrecht, in Taeger/Vassilaki, Rechtsinformatik und Informationsrecht im Spannungsfeld von Recht, Informatik und Ökonomie, 2009
Landau, Die Rechtsquellenlehre in der deutschen Rechtswissenschaft des 19. Jahrhunderts, in Petersson, Juristische Theoriebildung und rechtliche Einheit, 1993
Liebs, Lateinische Rechtsregeln und Rechtssprichwörter (1982), 7. Aufl. 2007
Luhmann, Recht und Automation in der öffentlichen Verwaltung, 1966
Makropoulos, Modernität und Kontingenz, 1997
Matala de Mazza, Der verfasste Körper, 1999
Mecke, Begriff und System des Rechts bei Georg Friedrich Puchta, 2009
Meder, Urteilen, 1999
Meder, Mißverstehen und Verstehen, 2004
Meder, Doppelte Körper im Recht, 2015
Meder, Rechtsmaschinen, 2020
Möllers, Juristische Methodenlehre, 2. Aufl. 2019
Ogorek, Richterkönig oder Subsumtionsautomat, 1986
Puchta, Vorlesungen über das heutige römische Recht, Bd. I, 1847
Raabe/Wacker/Oberle, Recht ex machina, 2012
Rave/Brinckmann/Grimmer, Paraphrasen juristischer Texte, 1971
von Savigny, Einleitung zu den Pandekten 1821/1822–1823/1824, in Mazzacane, Friedrich Carl von Savigny, Vorlesungen über juristische Methodologie (1993), 2. Aufl. 2004
von Savigny, System des heutigen römischen Rechts, Bd. I, 1840
Schlözer, Allgemeines StatsRecht und StatsVerfassungsLere, 1793
Schmidt, Das Gewohnheitsrecht als Form des Gemeinwillens, 1899
Stalder, Kultur der Digitalität, 2. Aufl. 2017
Stollberg-Rilinger, Der Staat als Maschine, 1986
Unger, Demokratische Herrschaft und künstliche Intelligenz, in Unger/von Ungern-Sternberg, Demokratie und künstliche Intelligenz, 2019
Weber, Brief an Professor Frensdorff in Göttingen v. 22. Januar 1887, in Weber, Jugendbriefe, 1936
Weber, „Römisches" und „deutsches" Recht, in Christliche Welt 9, 1895, 521–525
Weber, Rechtssoziologie (1922), in Weber, Wirtschaft und Gesellschaft, hrsg. v. Winckelmann, 5. Aufl. 1985
Weihermüller, Künftiges Informationsmanagement von Juristen, in Eberle, Informationstechnik in der Juristenausbildung, 1989
Weizenbaum, Die Macht der Computer und die Ohnmacht der Vernunft (1976), 1978
Wischmeyer, Regulierung intelligenter Systeme, AöR 143 (2018), 9–18

2.4 Das Recht als Gesetzliches und die Rechtsautomaten

Übersicht

A. Einleitung

Mit verbesserter Technik und Maschinenprogrammen ist die Mechanisierung bzw. Digitalisierung juristischer Entscheidungen aktuell geworden. Dabei handelt es sich nicht um eine Premiere; denn der Subsumtionsautomat erfährt zeitlich immer mal wieder seine Würdigung, so als ob es je das erste Mal gewesen wäre. Zu den Rechtsmaschinen freilich gibt es in diesem Band bereits einen Beitrag des Rechtshistorikers Meder. Weiter ist ein Aufsatz des Prozessrechtlers Wolf zu finden, der sich als Gutachter des Bundestages mit Legal Tech beschäftigt hat. Schließlich gibt es ein Kapitel von Grützmacher, der den Einfluss neuer Technologien auf die Zivilrechtsdogmatik reflektiert und damit gleichfalls gewisse Aspekte der Fragestellung streift. Nicht zuletzt ist das literaturwissenschaftliche Essay von Košenina zu benennen. Angesichts dieses thematischen Vierecks bleiben kaum noch Fragen unbeantwortet. Gleichwohl erlaubt die Wiederkehr einer alten rechtstheoretischen Auseinandersetzung im neuen Gewand einige weitere Bemerkungen. **1**

B. Maschinenunterstützes Inkasso durch Rechtsdienstleister

Zu den vielfältigen Phänomenen, die unter Legal Tech zusammengefasst werden, gehören etwa Datenbanken zur juristischen Recherche, Software zur Vertragsanalyse und Vertragsgenese sowie Onlineplattformen zur automatisierten Rechtsdurchsetzung. Letztere, wie namentlich „weniger-miete.de“[1], erscheinen zunächst von besonderem Interesse, weil sie, oft über Inkasso-Modelle, maschinengemachtes Recht erfolgreich an die Kunden, meist die Verbraucher, bringen. Tatsächlich spielt dabei nicht eine Rechtsautomatisierung, sondern das Inkasso-Verfahren und somit die Abtretungskonstruktionen eine **2**

[1] S. dazu BGH Urt. v. 27.5.2020, VIII ZR 31/19.

Hauptrolle. Im Hintergrund sind weitere wesentliche Umstände des Verbraucherschutzes und insbesondere des Zugangs der Verbraucher zum Recht, welches in der „ordentlichen Praxis" streitwertbedingt seltener realisiert wird, von Bedeutung. Folglich kann es hier nur mehr um die Abgrenzung einer andernfalls möglicherweise missverständlichen Zuordnung gehen.

3 Wohl war die Materie seit einiger Zeit stark in der Diskussion, welche durch das Gesetzgebungsverfahren des Bundes noch angeheizt wurde.[2] Inzwischen ist das Gesetz zum Legal Tech-Inkasso am 1. Oktober 2021 in Kraft getreten.[3] Das Gesetz soll eventuelle Wogen zwischen dem Inkassorecht des RDG einerseits und dem Anwaltsrecht in der BRAO und dem RVG andererseits glätten. Zudem wird dem europäischen Erfordernis der Kohärenz Rechnung getragen. Insbesondere wird der Begriff des Inkassos in §2 des RDG dergestalt neu bestimmt, dass zur Einziehung von Forderungen nur die rechtliche Prüfung und Beratung gehören, die sich auf die Einziehung selbst beziehen. Im Übrigen sind Rechtsdienstleistungen nur zulässig, soweit sie Nebenleistung zur Hauptleistung sind (§5 RDG). Weiter wurde das hier zu Lande grds. verbotene Erfolgshonorar für alle Geldforderungen bis 2.000 Euro mit gewissen Einschränkungen freigegeben. Schließlich sind die Voraussetzungen für das Inkassoverfahren bestimmter und damit besser überprüfbar formuliert worden.

4 Damit ist das Recht der Novelle nicht deckungsgleich mit der Linie des Bundesgerichtshofs insb. in seiner jüngeren Entscheidung zu einer Mietpreisplattform, welche ua die Möglichkeit der Forderungsabtretung des Mieters gegen den Vermieter wegen zu viel gezahlter Miete geboten hat.[4] Die Inkassodienstleisterin war gem. §10 RDG registriert, sodass es sowohl um die Durchsetzung der abgetretenen Ansprüche als auch um die Abgrenzung der für das Inkasso noch erforderlichen Rechtshandlungen von denen einer (anwaltlichen) Anspruchsabwehr gegangen ist. Im Hinblick auf die Durchsetzbarkeit des abgetretenen Anspruchs durch den Inkassodienstleister ist der Senat bei seiner bisherigen Rechtsprechung geblieben.[5] Darüber hinaus wurde keine Überschreitung der Inkassodienstleistung im Hinblick auf die Forderung des Mieters in der Aufforderung durch den Dienstleister an den Vermieter gesehen, künftig die Miete auf die zulässige Höhe der „Mietpreisbremse" zu begrenzen. Der hierin vom Senat erkannte „enge Zusammenhang"[6] mit der abgetretenen Forderung und deren Geltendmachung dürfte mit dem Inkrafttreten der präziseren Gesetzesnovelle höheren Begründungsbedarf erfordern.

5 Angesichts des Ziels der Aufrechterhaltung einer geordneten Rechtspflege, den berufspolitischen Interessen der Anwaltschaft, aber auch des Rechtsschutzes des Publikums, insbesondere der Verbraucher, bietet sich genug Anlass zur Diskussion.[7] Von allgemeinem Interesse dürfte dabei die sich durchsetzende Einsicht sein, dass in der real existierenden Rechtspflege ein gerüttelt' Maß an unerfüllten alltäglichen Bedürfnissen gerade von Verbrauchern besteht, die selbst unter Einbezug der Tätigkeit von Verbraucherverbänden

[2] Hartung AnwBl 2021, 222ff.; Hartung AnwBl 2020, 35ff.; Hähnchen/Bommel AnwBl 2018, 600ff.; Hellwig/Ewer NJW 2020, 1783ff.; Fries NJW 2016, 2860ff.; Petrasincu/Unseld RDi 2021, 361ff.; Römermann/Günther NJW 2019, 551ff.; Prütting ZIP 2020, 49ff.; Prütting ZIP 2020, 1434ff.; Timmermann/Hundertmark RDi 2021, 269ff.; Skupin GRUR-Prax 2020, 581ff., Skupin GRUR-Prax 2021, 603ff.; Skupin GRUR-Prax 2021, 368ff.; Wagner Legal Tech und Legal Robots, 2. Aufl. 2020, passim; Wagner Notar 2021, 90ff.

[3] S. zu den Details: Wolf Stellungnahme, abrufbar unter https://www.bundestag.de/resource/blob/838444/2d2b888ea10dd0b32c76f31b2cf88dfe/stellungnahme-wolf-data.pdf (zuletzt abgerufen am: 12.4.2022); Lürig Gesetz zum Legal Tech-Inkasso gilt ab 1.10.2021, abrufbar unter https://anwaltsblatt.anwaltverein.de/de/anwaeltinnen-anwaelte/berufsrecht/erfolgshonorar-legal-tech-inkasso-gesetz (zuletzt am: 12.4.2022).

[4] BGH Urt. v. 27.5.2020, ZMR 2020, 827ff.

[5] BGH Urt. v. 27.11.2019, NJW 2020, 208ff.; Urt. v. 8.4.2020, WM 2020, 991; Urt. v. 6.5.2020; ZMR 2020, 737ff.

[6] BGH Urt. v. 27.5.2020, ZMR 2020, 827ff., → Rn. 28.

[7] Freitag/Lang ZIP 2020, 1201ff.; Prütting ZIP 2020, 49ff.; Prütting ZIP 2020, 1434ff.

bisher gar nicht oder höchst unzureichend befriedigt worden waren.[8] Ohne Umschweife verdeutlicht dies der durchschlagende Erfolg der Online-Plattformen bzw. der Inkassodienstleister. Auch ist für jede Lösung nicht aus den Augen zu verlieren, dass es sich bei dem Themenbereich „Legal Tech“ nicht um ein nationales Phänomen handelt,[9] sondern bereits der Binnenmarkt, darüber hinaus die mit der Digitalisierung aller Bereiche einhergehende internationale Entwicklung, deutsche Alleingänge wenig sinnvoll erscheinen lässt.

Bereits jene knappen Überlegungen zeigen, dass es bei den tangierten Grundpositionen 6
und denkbaren Interessengegensätzen ungeachtet des teils futuristischen Vokabulars um ganz andere Dinge geht als um die Automatisierung des Rechtssatzes durch den Einsatz von Maschinen, wobei indirekte Wirkungen schon der gegenwärtigen Praxis auf den zukünftigen Arbeitsablauf in Justiz und Verwaltung unbestritten bleiben.[10]

C. Automatisierung im Bereich der Rechtsgestaltung und Rechtsanwendung

Von der Vorstellung einer sich mit KI verselbständigenden juristischen Tätigkeit her- 7
kommend, erscheint sog. *„smart law“* auf den ersten Blick vielversprechend zu sein. Weiter reicht das dann auch nicht. Wohl geht es um „die Anwendung eines logisch zwingend vorgegebenen Entscheidungsprozesses, der typischerweise besonders gut EDV-gestützt ablaufen kann“ und darum, dass ein „diesen Entscheidungsprozess abbildende(s) Programm auf rechtlichen Erwägungen beruht“.[11] Angelehnt an vorbekannte Steuererklärungsprogramme, welche an der Benutzeroberfläche ggf. ein komfortables Frage-Antwort-Spiel bieten, überträgt ein Vertragsgenerator deren technisches Funktionsprinzip auf die computergestützte eigene Anfertigung von Verträgen. Das Programm richte sich an eine Zielgruppe, die aus Zeit- und Kostengründen ihre Verträge ohne anwaltliche Hilfe verfasst und dabei auf klassische Formulare oder Muster zurückgreift.[12] Sicher gibt es auch anspruchsvollere Lösungen regelbasierter Systeme als der Rechtsdokumentengenerator des OLG Köln und bald des BGH. Gemeinsam ist ihnen eine Menge von Regeln, die mittels einer sog. *„rule engine“* auf die im Programm ablaufenden Prozesse angewandt werden. Denkbar seien auch externe Verknüpfungen zu Datenbanken.[13] Hingegen kommen Methoden, die der KI zugerechnet werden, wie Lernfähigkeit und Reflexivität im Hinblick auf die eigenen Algorithmen und Verfahren eher noch nicht zum Einsatz.[14] Der rechtliche Hintergrund wurde wiederum durch § 2 des RDG vorgegeben. Es ist gut nachvollziehbar, dass im exemplarisch gewählten Fall des OLG Köln das Gericht das digitalisierte Formularbuch (Rechtsdokumentengenerator) nicht als Rechtsdienstleistung qualifizierte.[15] Im Übrigen gilt daher das bereits zu Legal Tech Ausgeführte. Auch im Hinblick auf die vielen weiteren Formen des sog. *smart-law* soll der Fokus dieses Beitrags nicht auf die Auseinandersetzung um die Wahrung des Aufgabenfeldes der Rechtsanwaltschaft einschließlich deren Liquidationsmöglichkeit, etwa über Erfolgshonorare, liegen.[16] Mit Künstlicher Intelligenz im

[8] Hartung AnwBl 2021, 287 (287 f.); Hartung AnwBl 2020, 35 ff.; Petrasincu/Unseld RDi 2021, 361 ff.

[9] Ebers in Canarsa/Durovic ua Lawyering in the Digital Age, 2021, Chapter 12.

[10] Dazu: Wagner Legal Tech und Legal Robots, 2. Aufl. 2020, S. 89 ff.

[11] OLG Köln v. 19.6.20, NJW 2020, 2734 „Rechtsdokumentengenerator“.

[12] OLG Köln NJW 2020, 2734.

[13] Galetzka/Garling/Partheymüller MMR 2021, 20 (21).

[14] Es verhält sich nicht unähnlich der Entwicklungsstufen hin zum autonomen Fahren, dessen rechtliche und ethische Diskussion verständlicherweise bereits weit vor dem technisch Machbaren stattfindet, Oppermann/Stender-Vorwachs Autonomes Fahren, 2. Aufl. 2020, passim.

[15] S. dazu Timmermann/Hundertmark RDi 2021, 269 ff., OLG Köln v. 19.6.20, NJW 2020, 2734 „Rechtsdokumentengenerator“.

[16] Kilian AnwBl 2019, 24 ff.; Galetzka/Garling/Partheymüller MMR 2021, 20 (21).

Recht hat diese Konstellation – ähnlich wie die Kalkulationsmaschinen bei Flugportalen oder bei dem oben erwähnten Mietpreisanspruchsrechner – bisher noch wenig zu tun.[17]

8 Eine etwas andere Problematik verbirgt sich unter dem Vertragsschluss mit einer KI, der eine eigene Rechtspersönlichkeit bisher allerdings nicht zuerkannt wird. Folglich gibt es für *smart contracts* im Bereich der Zurechnung, der Willenserklärung oder der vertraglichen Haftung zwar eine Menge von Zuordnungs- und Detailproblemen, die der Betrachtung bereits heute lohnen.[18] Kritsch diskutiert aber wird die Thematik, wenn *smart contracts* auf der *Blockchain* basieren, sodass die dynamische Materie des Vertragsrechts auf eine nur schwer abzuändernde technische Fixierung reduziert würde.[19] Indessen handele es sich nicht wirklich um intelligente Verträge. Es wird treffend eingewandt, dass sie, die Maschinen, sich nicht um das Recht kümmerten, sondern innerhalb ihres beschränkten Wirkungskreises das Recht überflüssig machten.[20] Insoweit sind auch die sog. *smart contracts* hier nicht das Thema.[21]

9 Unter dem Schlagwort des *„Robo-Judges"* oder sachlicher des Einsatzes der KI in der gerichtlichen Streitbeilegung wird heute eine weitere Problematik diskutiert.[22] Im vorliegenden Zusammenhang von der Betrachtung auszugrenzen sind willkommene Neuerungen im Hinblick auf Digitalisierung in der Justiz, wozu generell der erleichterte digitale Zugang des Publikums durch Justizportale und/oder über Emails, die elektronische Akte, digitalisierte und einfach zugängliche Register oder der Einsatz von Videokonferenzen gehören. Unserem Thema näher liegen die teils bereits genutzten Einsatzmöglichkeiten der Dokumentenanalyse, der Dokumentenerstellung, eines einheitlichen Datenraums als langfristiges Ziel sowie etwa die Entscheidungsvorhersage.[23] Davon ist die erstgenannte Nutzbarmachung der Dokumentenanalyse weithin bekannt und im Einsatz. Die zweite, die Dokumentenerstellung, ist in verschiedener Form mancherorts im Gebrauch, zumindest aber im Hinblick auf die Kombination von Textbausteinen in der Sache zweifelhaft. Schwierig bleibt schließlich die Entscheidungsvorhersage, wenn äußerliche Faktoren in der sog. Metadatenanalyse zugrunde gelegt werden und die Ergebnisse der KI dabei zumindest in statistischer Relevanz richtigliegen. Dass derartige äußere Merkmale sich in problematischer Weise – etwa bei der Frage, ob ein Richter vor ihrer oder seiner Entscheidung schon zu Mittag gegessen hatte – zuspitzen können, macht sie zumindest erklärungsbedürftig,[24] fördert gleichzeitig ihr satirisches Potenzial zutage. Weniger Anlass zur Kritik dürfte hingegen die Sachverhaltsanalyse auf einer relevanten Basis vorentschiedener Fälle bieten, zumindest, wenn damit eine bloße Arbeitshilfe gemeint ist.

10 Dass der *„Robo-Judge"*, verstanden als Substitut richterlicher Rechtsprechung, bereits im Hinblick auf die technische Seite ebenso Zukunftsmusik ist wie das oben strapazierte Beispiel funktionstüchtiger autonomer Fahrzeuge, ist bekannt und daher müßig aufzugreifen. Interessanter wird die Folgefrage, was beim einstigen Vorliegen geeigneter Expertensyste-

[17] S. weiterführend Ebers in Canarsa/Durovic ua Lawyering in the Digital Age, 2021, Chapter 12; Timmermann/Hundertmark RDi 2021, 269 ff.; alle mwN.

[18] Riehm in Kaulartz/Braegelmann Rechtshandbuch Artificial Intelligence und Machine Learning, 2020, S. 221 ff.; Pieper in Kaulartz/Braegelmann Rechtshandbuch Artificial Intelligence und Machine Learning, 2020, S. 239 ff.

[19] Vogelsang/Krüger jM 2020, 90 (93 f.).

[20] Glatz in Breidenbach/Glatz Rechtshandbuch Legal Tech, 2. Aufl. 2021, S. 143; Vogelsang/Krüger jM 2020, 90 (93 f.).

[21] Die Diskussion von smart law ist bereits oben Rn. 2 angesprochen worden, worauf auch für die spezielle Ausprägung der *smart contracts* zu verweisen ist.

[22] Rühl in Kaulartz/Braegelmann Rechtshandbuch Artificial Intelligence und Machine Learning, 2020, S. 617 ff.

[23] Müller/Gomm jM 2021, 222 ff.; Rühl in Kaulartz/Braegelmann Rechtshandbuch Artificial Intelligence und Machine Learning, 2020, S. 617 ff.

[24] Rühl in Kaulartz/Braegelmann Rechtshandbuch Artificial Intelligence und Machine Learning, 2020, S. 619–621.

me zu tun sein wird.[25] Verfassungsrechtliche wie prozessrechtliche Bedenken – namentlich im Hinblick auf richterliche Unabhängigkeit, rechtliches Gehör und Justizgewährungsanspruch – sind hier bereits seit Jahren oft beschworen worden.[26] Wenn derartige Hindernisse durch immerhin denkbare Gesetzes- und Verfassungsänderungen einerseits beseitigt und die technische Verfügbarkeit entsprechender Expertensysteme in der Zukunft andererseits real werden könnten, so bleibt aber noch die Frage, ob die Menschen ein solches Recht überhaupt wollen, was auch als „systemische Herausforderung“ bezeichnet werden darf.[27] Sogar an eine Kontrolle dieser Form der Technisierung des Rechts ist bereits gedacht worden,[28] wogegen sich aber grundsätzliche Bedenken erheben ließen. Wiederum zeigt sich, dass es für die Thematik offenbar darauf ankommt, was unter Recht verstanden wird.

D. Der Rechtssatz bei den Automaten

Auch unabhängig von echten oder vermeintlich technischen Möglichkeiten hat die Fra- 11
ge der Automatisierung der Rechtsanwendung in der Rechtstheorie und der juristischen Methodenlehre zu gewissen Zeiten eine Rolle gespielt. Ein für Maschinen geeignetes juristisches Entscheidungsmodell ist eine Idee der Moderne, aber keineswegs erst des 20. Jh., wie bereits ein Blick in die Literaturgeschichte belegt.[29] Dies gilt unabhängig davon, ob es um die absolute Durchsetzung des Willens des Souveräns oder um die Minimierung von Unsicherheit bei der Rechtsprechung und Rechtsdurchsetzung angesichts konkretisierter kasuistischer Rechtssätze geht.[30]

I. Recht und Logik

Wenn die Beliebigkeit des positiv gesetzten Rechts gegen die „Gewissheit und Un- 12
abänderlichkeit der Denkgesetze“ ausgetauscht wird, kann Rechtssicherheit gewährleistet werden, ohne die notwendige Fortentwicklung des Rechts zu behindern.[31] Jene Begründungsweise rechtlichen Arbeitens und seiner Methode, wie sie als wissenschaftliches Juristenrecht einst formuliert[32] und später praktisch nutzbar gemacht wurde, würde im modernen Rechtsstaat wohl nicht mehr als verfassungsgemäß angesehen werden, sie hat dennoch bis in die Gegenwart Einfluss gehabt. Es verfehlt nicht seine Faszination, wenn nur die Denkgesetze, die Logik, erlaubt sind, um zu den richtigen Ergebnissen zu gelangen, sowohl für die juristische Wissenschaft als auch in der Rechtsanwendung.[33] Zwar wurde entgegengehalten, dass gerade bei der Rechtsanwendung der sog. Justizsyllogismus nicht den Gesetzen der Logik genügt, sodass mancherorts relativierte Positionen wie Rechtsnaturalismus, Freirechtsschule oder Hermeneutik und Topik entstanden. Andere hingegen forderten als Konsequenz der Einsicht mithin fehlender Maschinentauglichkeit des juristischen Arbeitens eine Abkehr von der juristischen und Hinwendung zu öko-

[25] Knapp und trefflich Rühl in Kaulartz/Braegelmann Rechtshandbuch Artificial Intelligence und Machine Learning, 2020, S. 623 f.

[26] Prütting jM 2016, 354; Vogelsang/Krüger jM 2020, 90 (95); s. bereits Simon Die Unabhängigkeit des Richters, 1975, S. 149 f., 186 und passim.

[27] Rühl in Kaulartz/Braegelmann Rechtshandbuch Artificial Intelligence und Machine Learning, 2020, S. 624 ff.

[28] MwN bei Vogelsang/Krüger jM 2020, 90 (94 f.).

[29] S. → Kap. 1.1. Rn. 1 ff.

[30] Betlem The Doctrine of Consistent Interpretation – Managing Legal Uncertainty, Oxford Journal of Legal Studies, Vol. 22 2002, 397 ff.; Ladeur KritV 1990, 77 ff.

[31] Ogorek Richterkönig oder Subsumtionsautomat, 1986, S. 102 ff., 210 unter ausgewogener Rezension von Puchta Gewohnheitsrecht, Bd. 1, 1828, S. 165; Puchta Pandektenvorlesungen, 1832, S. 41.

[32] Puchta Gewohnheitsrecht, Bd. 1, 1828, S. 165.

[33] MwN Koch/Rüßmann Juristische Begründungslehre, 1983, § 6.

nomischen Methoden[34] bzw. ökonomischen Entscheidungsmodellen anstelle juristischer Logik.[35]

13 Entscheidend und weiterführend war dabei die Einsicht, dass mit der Logik oder am Ende mit einer maschinellen Mechanisierung der Ableitung des Rechtssatzes sowie seiner konkreten Anwendung (Justizsyllogismus) die Frage nicht gelöst wird, wie die Rechtswissenschaft ihre Prämissen findet. Das postaufklärerische Problem der fehlenden metaphysischen Begründung der Prämissen wird durch das Beschwören der Denkgesetze nur oberflächlich befriedet, in Wahrheit ebenso unzureichend gelöst wie durch mannigfaltige naturrechtliche Konstruktionen.[36]

II. Der Rechtssatz

14 Unabhängig von neuen gesetzgeberischen Vorgaben, wie die oben erwähnte Gesetzesnovelle zur Erleichterung technisierter Inkassomodelle mit Rechtsdurchsetzungselementen, handelt es sich im Kern um das Verständnis des Rechtssatzes. Der Rechtssatz enthält eine präskriptive, normative oder deontische Aussage,[37] deren Sinnermittlung wie bei jedweder Sprache geleistet werden muss[38] und der schließlich einer Anwendung auf zu ermittelnde konkrete Umstände zugeführt werden soll, wobei Letzteres hergebracht mit dem Justizsyllogismus, reflektierter mit dem Konditionalprogramm umschrieben wird.[39]

15 Wird unter Recht und seinen Sätzen wesentlich die Umsetzung des gesetzgeberischen Befehls oder des göttlichen Gebots oder dgl. verstanden, ist vornehmliche Aufgabe der Rechtsanwender, den gesetzgeberischen Befehl zu erkennen und umzusetzen. So erscheint es einleuchtend, sich dafür der Maschinen zu bedienen sobald diese dazu fähig sind, die Regel zu erkennen und die Komplexität der Lebenswelt der Gesetzesanwendung entsprechend zu verdichten, ein Unterfangen, welches bereits für sich eine große Aufgabenstellung wäre. Auch die theoretisch aus verschiedenen Positionen heraus gut begründbare Minimierung von Unsicherheit gehört hierher.[40] Anders wäre es hingegen, wenn mit dem Begriff „Recht" lediglich eine operationale Größe gekennzeichnet würde, die nicht allein durch den höheren Befehl, auch nicht nur unter Einbezug richterlicher Präjudizien, und selbst nicht unter zusätzlicher Berücksichtigung des Bestands überlieferter Rechtsgrundsätze erschöpft wird, sondern vielmehr einen kognitiv offenen (lebendigen) Prozess kennzeichnet, der durch die Operationalität seiner Akteure (die dadurch freilich aufgewertet werden) seinen Gegenstand und sich selber ständig neu bildet und die Rückwirkung seines Tuns auf die gesellschaftlichen Handlungssysteme rekursiv, zumindest intuitiv zu verarbeiten in der Lage ist. Ob dieser Prozess einer Künstlichen Intelligenz überlassen werden sollte, hängt davon ab, ob die KI weniger „künstlich" als „künstlerisch" agieren kann, weil jenes als „Recht" umschriebene Tun, wie etwa das richterliche Urteilen, wesentlich mehr

[34] Schäfer/Ott Lehrbuch der ökonomischen Analyse des Zivilrechts, 4. Aufl. 2005, S. 15 ff.

[35] Kilian Juristische Entscheidung und elektronische Datenverarbeitung: Methodenorientierte Vorstudie, 1994, S. 55 f., dazu auch: Jandach, Juristische Expertensysteme, 1993, S. 134 f.

[36] Ogorek Richterkönig oder Subsumtionsautomat, 1986, S. 210 Fn. 45 bezieht sich auf die Kritik Bergbohms, der das Wissenschaftsrecht Puchtas als „anonymes Naturrecht" bezeichnete, s. weiter Ogorek Richterkönig oder Subsumtionsautomat, 1986, S. 211.

[37] Schluep Einladung zur Rechtstheorie, 2006, S. 73 ff. mwN – aA Kelsen Reine Rechtslehre, 2. Aufl. 1960, S.73, für den Rechtssätze deskriptive Aussagen über Rechtsnormen sind.

[38] Schluep Einladung zur Rechtstheorie, 2006, S. 359–940 mwN.

[39] Schluep Einladung zur Rechtstheorie, 2006, S. 1175 ff., 661 ff. mwN. Zu der systemischen Struktur und der Rolle der Konditionalprogramme, s. Luhmann Die Einheit des Rechtssystems, Rechtstheorie 14 (1983), 129, 144.

[40] Dazu ist gerade im Hinblick auf das europäische Richterrecht viel zu sagen, s. mwN.: Betlem The Doctrine of Consistent Interpretation–Managing Legal Uncertainty, Oxford Journal of Legal Studies, Vol. 22 2002, 397 ff.; Ladeur KritV 1990, 77 ff.

der Urteilskraft bedarf.[41] Die Assoziation mag gewagt erscheinen, weil auch im heutigen Verständnis der Rechtfertigungsmodus juristischen Begründens sich auf ein Rechtssystem bezieht, in dessen Rahmen Rechtssätze durch logische, zumindest regelbezogene Ableitbarkeit gewonnen werden. Die Idee hingegen, dass der Schwerpunkt des Rechts und der Verwirklichung seiner Sätze woanders liegen könnte, eher dem Urteil über ein Gemälde oder ein Musikstück wesensähnlich wäre, erregt berechtigten legitimatorischen Argwohn. Denn weniger auf geistesgeschichtliche Begriffe bezogen, würde das praktisch doch heißen, dass eine KI bessere Musik erschaffen müsste als Musikanten, bessere Gedichte schreiben als Dichter und bessere Objekte gestalten als bildende Künstler, damit sie sich technisch und methodisch dem Niveau annähert, bessere Urteile als menschliche Richter zu sprechen. Erst dann ließe sich über den Einsatz einer KI für die eigentlich juristische Tätigkeit sinnvoll streiten. Den Technik-Utopisten sei gleichwohl zugestanden, dass eine KI mit jenen menschlichen Fähigkeiten zu lernen, sich selbst zu beobachten und die Grenzen ihrer Prozesse selbst zu bestimmen, in den Bereich des Denkmöglichen gekommen ist.

III. Automatisierung, Gesetzespositivismus und streng ableitbares Recht

Vielleicht handelt es sich bei den Wirkungen der neuen Techniken und der Automatisierung auch im rechtlichen Bereich aber nurmehr um die Nebenwirkung einer ausgeprägten Staatsverbundenheit des modernen Rechts.[42] Wenn aber Recht nur der Wille des Gesetzgebers sein sollte, scheinbar verkörpert durch die geschriebene und angeleitet auslegbare Norm, dann erscheint, wie eingangs bemerkt, auch die Idee der Rechtsmaschine konsequent. Zumindest der Gebrauch dogmatisch gesicherter und methodenlogisch korrekt zustande gekommener Rechtssätze würde eine der Voraussetzungen dafür bieten, den *„Robo-Judge"* auf die Bühne zu bringen. Denn ungeachtet eines meist gegenteiligen Selbstbildnisses, ist die Arbeitsweise heutiger Juristen dadurch geprägt, dass die gesetzliche Formulierung einer Regel aus den verschiedensten Gründen der einfachen Rechtssuche, der Beweisbarkeit ihrer Existenz, der Wortlautbezogenheit ihrer Interpretation, der Reduktion der Komplexität der Rechtssuche und aus vielen weiteren Gründen unsere Arbeit prägt. Wohl wird in einer Periode der sog. Wertungsjurisprudenz zumindest im Zivilrecht, gar in einem Überhang an Völkerrechtlichkeit europäischer Gesetze und Rechtsprechung in nahezu jedem Rechtsgebiet ein rein gesetzespositivistisches Erklärungsmodell des Rechts wie seit eh und je als inakzeptabel angesehen.[43] Aber steht der Gesetzesbezug in einer Zeit extrem hoher Gesetzgebungsaktivität, des bangen Wartens und geschwätzig-eiliger Prognose über Inhalt und Sinn der nächsten Gesetzesnovelle nicht symptomatisch für das glatte Gegenteil des juristischen Arbeitens? Und wenn dem so wäre, ist es dann nicht auf mittlere Sicht besser, Richter durch Maschinen zunächst zu unterstützen und schließlich zu ersetzen, weil es jenen, den Maschinen, egal ist, mit wem sie gefrühstückt haben, oder ob ein jemand sie in der Straßenbahn auf dem Weg zum Gericht schief angesehen hat? Die Hypothese für eine im Ergebnis gesetzespositivistische Position wäre mithin, menschliche Juristen durch Maschinen bereits wegen deren geringeren Fehleranfälligkeit zu ersetzen; denn die Anwendung komplexer geschriebener Normen, die in dogmatisch gesichertem 16

[41] Das Wortspiel meint nicht nur das prozessuale Urteilen, sondern auch die Kant'sche „Kritik der Urteilskraft" als Versuch der Vermittlung zwischen dem Unversöhnlichen. S. nicht zufällig den Abgrenzungshinweis zum Begriff der Systemeinheit bei Luhmann Die Einheit des Rechtssystems, Rechtstheorie 14 (1983), 129 (Fn. 1).

[42] Rüthers/Fischer/Birk Rechtstheorie mit Juristischer Methodenlehre, 12. Aufl. 2022, S. 143 ff. (mit einer guten Rechtsquellenübersicht) – die hier behandelten Fragen werden mit Aussagen wie der Unübertragbarkeit eines wissenschaftlichen Juristenrechts auf den modernen Verfassungsstaat – Rüthers/Fischer/Birk Rechtstheorie mit Juristischer Methodenlehre, 12. Aufl. 2022, S. 167 f. – allerdings auch nicht gelöst.

[43] Ladeur KritV 1990, 77 (92 ff.), welcher angesichts der Rspr. des EuGH eine vermittelnde Haltung im Hinblick auf Gesetzesbindung und Rechtsfortbildung ausführt.

Umfeld methodisch korrekt zu Rechtssätzen verdichtet werden, könnten jene einstmals vielleicht besser bewerkstelligen?

IV. Reflektierter Positivismus oder sprachwissenschaftliche Ansätze?

17 Doch gibt es mit jener Hypothese eine Reihe deutlicher Schwierigkeiten, die sich erschließen, wenn man wieder den Rechtssatz betrachtet. Die im Ansatz rationalistische (insoweit als von der Rechtsprechung legitimatorisch bezogene) Methodenlehre will anknüpfend an die Nutzbarmachung eines gesicherten Rechtssystems die Canones der Auslegung der Gesetzestexte leisten bzw. Recht darauf reduzieren. Gerade Savigny war sich der „begrenzten Tragfähigkeit solcher Ableitungslogik nur allzu bewusst" und hat vor dem „täuschenden Schein logischer Sicherheit" gewarnt.[44] M.w.W. setzt sich die Vorstellung der, wenn auch nicht logisch, so doch methodisch sicheren Ableitbarkeit konkreter Rechtssätze dem Vorwurf aus, dass es sich bei diesem Vorgang um eine Fiktion handele, weil die eigentlich Konkretisierung sowohl des Wortsinns der Vorschriften wie auch ihrer weiteren Auslegung nur die Fiktion der Applikation fester methodischer Regeln gegeben werden, ein Vorgang, welcher vielmehr durch die je angebrachten spezifischen Sachgesichtspunkte geleitet und mithin „hineingelegt" anstatt „ausgelegt" wird. Insoweit relativiert sich der Wortsinn des Rechtssatzes, weil die Norm mit allen Elementen der Sprachauslegung interpretiert wird.[45] Nun trifft das die justizielle Praxis hier zu Lande, die durch das Feuer der Methodenkritik bereits hindurchgegangen ist,[46] scheinbar nur wenig; denn die Wertungsjurisprudenz mit ihrer Abwägung und gesetzesbezogenen Werteverwirklichung soll über die Schwächen der logischen Ableitbarkeit ihrer Rechtssätze hinweghelfen. Abgesehen von rechtsstaatlichen Einwänden[47] gegen jenes Geschöpf der herrschenden Praxis, komme das weitere (positivistische) Missverständnis zum Tragen, dass die Rechtsnorm mit ihrem Wortlaut identisch sei.[48] Ein Missverständnis, weil durch die Gleichsetzung von Zeichen und ihrer Bedeutung der zwischen beiden vermittelnde Prozess ausgeblendet werde.[49] Jener der Semiotik zugehörige Einwand korrespondiert ideengeschichtlich mit dem Kampfsatz der Rechtsrealisten, Recht sei das, was die Gerichte tun, Entscheidungen, die ex post mit Begründungsstrukturen überzogen werden.[50] Die einst methodenkritischen Ansätze der juristischen Topik und Hermeneutik, welche jenen Prozess einst offenlegen wollten, überzeugen heute nicht mehr, wenn sie als juristische Methode dienen sollen.[51] Gleiches gilt für den noch weitergehenden Versuch, den juristischen Diskurs als Sonderfall des moralischen Diskurses verstehen zu wollen, weil er mit ihm die Universalisierbarkeit sowie gewisse Diskursregeln teile. Der Sonderfall der Gesetzbindung wird dann – unter gleichzeitiger Einhaltung der Regeln – durch Moralisierung des Rechts zu überwinden gesucht. Zutreffend wird diese hochaktuelle Begründungsrichtung aber als vorpositivistisch und im Grunde als naturrechtlich kritisiert.[52] Eine reflektierte positivistische Position hingegen, obwohl sie bereits häufiger in der Ideengeschichte für

[44] Ogorek Richterkönig oder Subsumtionsautomat, 1986, S. 216 unter Bezug auf Savigny System des heutigen Römischen Rechts, Bd. 1, 1840, S. 323, welcher auch sonst zu erkennen gegeben habe, dass er im Verlauf seines Lebens von einem ursprünglichen Vertrauen auf die rationalitätsverbürgende Kraft der Logik abgerückt war.

[45] Müller/Christensen Juristische Methodik, Bd. 1, 11. Aufl. 2013, S. 265 Rn. 253.

[46] S. dazu Simon Die Unabhängigkeit des Richters, 1975, S. 68 ff. und passim.

[47] Müller/Christensen Juristische Methodik, Bd. 1, 11. Aufl. 2013, S. 264 Rn. 252.

[48] Müller/Christensen Juristische Methodik, Bd. 1, 11. Aufl. 2013, S. 264 Rn. 250 und unter Bezug auf Alexy Müller/Christensen Juristische Methodik, Bd. 1, 11. Aufl. 2013, S. 265 Rn. 254 f.

[49] Müller/Christensen Juristische Methodik, Bd. 1, 11. Aufl. 2013, S. 264 Rn. 25.

[50] Das Zitat wird Justice O.W. Holmes Jr. zugeschrieben, s. Oppermann Die Rezeption des nordamerikanischen Rechtsrealismus durch die deutsche Topikdiskussion, 1985, S. 64 ff., 70 Fn. 1.

[51] Simon Die Unabhängigkeit des Richters, 1975, S. 146 ff.

[52] Trefflich Müller/Christensen Juristische Methodik, Bd. 1, 11. Aufl. 2013, S. 266 Rn. 256 in Bezug auf Alexy und Habermas.

Schuldzuweisungen herhalten musste, unterscheidet sich davon deutlich. Sie zeichnet sich durch guten und richtigen Umgang mit dem Rechtssatz aus. Soll heißen, die Rolle eines aufgeklärten Rationalismus hat sich auch angesichts aktueller Entwicklungen keineswegs erledigt. Sie ist insbesondere hilfreich, um das Moralisieren nicht vor das Recht zu stellen.

Rein sprachliche Lösungen zum Rechtssatz fallen mithin den bereits im Hinblick auf 18 die Auslegungscanones kritisierten Missverständnissen zum Opfer, so eingängig die entsprechenden Thesen auch sein mögen und so gut sie sich zur Begründung justizieller Praxis auch eignen. Die Technikutopie der Entwicklung von Rechtsautomaten ist in diesem Kontext reizvoll, als man zwecks rückgekoppelter Konkretisierung des Normprogramms bzw. Normbereichs reflektierte Ergebnisse zu erreichen hoffen könnte. Damit sei eine „im hier verwendeten Sinn rechts(norm)theoretische Frage mit methodischen Folgerungen gemeint, nicht das viel diskutierte Problem der Verwendung von Datenverarbeitungsanlagen in Rechtspraxis und Rechtswissenschaft".[53] Die dahingehenden Versuche fassen die Möglichkeiten neuester technischer Entwicklung bisher noch immer vor dem Hintergrund des obsoleten gesetzespositivistischen Missverständnisses der Anwendungs-Vorstellung mit der Zielbestimmung substantieller „Eindeutigkeit" der mit den Normen nach wie vor identifizierten Normtexte ins Auge, nach deren mehr oder weniger vollständigen Axiomatisierbarkeit gefragt werde.[54] Im Grunde war diese Diskussion bereits in den späten Siebziger und Achtziger Jahren des vorigen Jahrhunderts erledigt.[55]

V. Nutzbarmachung für eine Automatisierung der Entscheidungsprozesse?

Eine reflektierte Sicht auf Legal Tech unterscheidet sich von dem begriffsjuristischen 19 Modell ganz erheblich, ist moderner, insofern auf das Tun der Gerichte geschaut wird. Wenn die KI auf induktivem Wege mehr und schneller als menschenmöglich vorbestehende Entscheidungen nach verschiedenen und nicht immer rechtlichen Kriterien hin analysiert, auf dieser Basis Wahrscheinlichkeiten zukünftiger Entscheidungen kalkuliert, so liegt eine statistische bzw. soziologische Sicht auf das Recht zugrunde. Diese muss sich dem begriffsjuristischen Vorwurf nicht stellen. Weit eher besteht die Möglichkeit, dass völlig sachferne Kriterien wie Ort und Tageszeit der Entscheidung, sarkastisch könnte man hinzufügen, dass möglicherweise noch der Familienstand des Richters und die aktuelle Wetterprognose, in die Kalkulation mit einfließen und erstaunlicherweise gleichwohl statistisch einschlägige Treffer zeitigen. Dennoch steht der Vorwurf des Konservativismus im Raum, dh das Verfahren vermag nur Vorhandenes zu verstetigen und lässt mithin die Erwartungen ins Leere laufen.[56] Zudem ist das Verfahren nicht in der Lage, auch nur einfachste inhaltliche Kontrollen zu geben, etwa versteckte Diskriminierungen und alle anderen Verstöße gegen zwar nicht fallbezogene, gleichwohl juristisch evidente Rechtsprinzipien oder Grundrechte zu erkennen, weil das Verfahren nicht ein juristisches ist.[57] Weiter ist die Arbeitsweise der KI ihrerseits nicht juristisch abbildbar, was zu Begründungs-, Legitimations- und damit Akzeptanzproblemen führen muss.[58] Schwer wiegen

[53] Müller/Christensen Juristische Methodik, Bd. 1, 11. Aufl. 2013, S. 257 Rn. 240.

[54] Müller/Christensen Juristische Methodik, Bd. 1, 11. Aufl. 2013, S. 417 ff. Rn. 39.

[55] Müller/Christensen Juristische Methodik, Bd. 1, 11. Aufl. 2013, S. 418 f., Fn. 717–Fn. 720; wie im Übrigen ausgeführt in Oppermann Die Rezeption des nordamerikanischen Rechtsrealismus durch die deutsche Topikdiskussion, 1985, S. 6 ff., 39 ff.

[56] Rühl in Kaulartz/Braegelmann Rechtshandbuch Artificial Intelligence und Machine Learning, 2020, S. 624.

[57] Rühl in Kaulartz/Braegelmann Rechtshandbuch Artificial Intelligence und Machine Learning, 2020, S. 625 f.

[58] Zur *„black box"* Kritik Rühl in Kaulartz/Braegelmann Rechtshandbuch Artificial Intelligence und Machine Learning, 2020, S. 626 f.

freilich auch interne rechtliche Vorwürfe, wie der Verstoß gegen den Justizgewährungsanspruch, das rechtliche Gehör und die richterliche Unabhängigkeit.[59]

20 Wie verhält es sich dann aber mit dem Einbau derartiger nichtrechtlicher Reflexionen oder Axiologien in das Recht? Alle klassischen Säulen der Juristerei haben dazu etwas zu bieten, das Verfassungsrecht zuvörderst, auch im Strafrecht bisweilen beliebt, selbst das für sich nur gering verdächtige Zivilrecht ist nicht frei davon. Auch die pilzartige Ausbreitung von Ethikkommissionen gehört hierher. Bedenklich an dieser Entwicklung ist nicht die Idee, formalisiertes Recht und verfassungsmäßig zustande gekommenes „hartes" Recht gegenüber alternativen Prozessen wie *„soft law"* oder Schiedsverfahren u.dgl. einzufordern; denn in vielen Bereich moderner Rechtsentwicklung – etwa wenn kein ordnender Souverän vorhanden ist – können nur mit den alternativen Formen brauchbare Ergebnisse erzielt werden.

21 Wenn der Gesetzgeber einen Rechtsbereich durch Instrumente anderer sozialer Handlungssysteme substituiert, kann dies, etwa beim Einsatz von Elementen des Schiedsverfahrens in manchen Familiensachen, zwar zu brauchbaren Lösungsmechanismen für Interessenkonflikte führen, bleibt indes ein außerrechtliches Instrumentarium. Auch im Wirtschaftsrecht gibt es Ansätze dieser Art, zB im KI-Verordnungsentwurf der EU, Lösungen über vermehrte Informationspflichten, Dokumentations- oder Compliancepflichten etc. zu suchen.[60] Damit setzt sich ein Denken fort wie es bei dem *Digital Markets Act*, bei Datenschutzverordnungen, bei Regelungen zum Konzernwohlverhalten vorzufinden ist, welches sich durch einen hohen Grad der Prozeduralisierung und Formalisierung auszeichnet. Zwar geht es eigentlich um Rechtsbeziehungen Privater untereinander. Die Möglichkeit der Etablierung von konkreten Rechtsbeziehungen und Rechtssätzen zwischen den Rechtsunterworfenen wird dem Ungefähren des moralischen Diskurses durch Ausweitung geopfert. Mit dieser kritischen Notiz sollen zeitgenössische nichtrechtliche Konfliktregelungsmechanismen und Normwertumsetzungen des moralischen Diskurses keineswegs alle ad absurdum geführt werden. Man mag darin eine begrüßenswerte Entwicklung moderner europäischer Verwaltung sehen. Vom Zivilrecht mit seinen Rechtssätzen und insbesondere seinen Durchsetzungs- und Kontrollmöglichkeiten ist das alles freilich Welten entfernt. Ob sich den zeitgemäßen Herausforderungen, wie dem Schutz der Infrastruktur angesichts neuer technischer Möglichkeiten, dem Schutz der Schwächeren etc., durch prinzipiengeleitetes Denken, wie es den moralischen Diskurs kennzeichnet, begegnen lässt, bleibt dennoch fraglich. Unabhängig von den allerorten ausgetauschten juristischen Argumenten scheint es, dass man dem Recht unter Anleihe der Arbeitsweise anderer Handlungssysteme, durch Entdifferenzierung also gegenüber einer überbordenden KI, Fesseln anlegen möchte.[61] Dies ist einst mit der – im Ansatz verdienstvollen – Ökonometrie nicht gelungen und wird auch hier nicht gut funktionieren.

VI. Zwischenergebnis

22 Auffallend ist, dass jene vorbekannten Sichtweisen und Debatten aus der Rechtstheorie von der anders inspirierten Diskussion um Legal Tech selten oder gar nicht aufgenommen werden.[62] Es könnte sein, dass, ähnlich wie manchmal das Recht in einer Kaskade von

[59] Rühl in Kaulartz/Braegelmann Rechtshandbuch Artificial Intelligence und Machine Learning, 2020, S. 628–629.

[60] Vorschlag für eine Verordnung des Europäischen Parlaments und des Rates zur Festlegung harmonisierter Vorschriften für künstliche Intelligenz und zur Änderung bestimmter Rechtsakte der Union v. 21.4.2021 COM 2021, 206.

[61] Rühl in Kaulartz/Braegelmann Rechtshandbuch Artificial Intelligence und Machine Learning, 2020, S. 632 ua mit Verweis auf allg. Diskurs der KI.

[62] Hier ist zu differenzieren: für die weitergehenden Fragen zukünftiger Roboter-Richter, der Rechtsautomatisierung, oder allg. der Übernahme durch KI wird gelegentlich eher einmal die Referenz vorgenommen, → Rn. 7 ff.

Anwendungsproblemen nicht mehr gesehen wird, die Debatten auf der Metaebene der Rechtstheorie vor der drängenden Lösung der Alltagsprobleme unfruchtbar scheinen. Das wäre bedauerlich. Auch die zeitgenössische Tendenz der Substitution des Rechtssatzes in seinen angestammten Bereichen durch prozeduralisiertes Prinzipiendenken bzw. moralischen Diskurs begegnet hier Bedenken.

Anders wäre der weitgehende Verzicht der Legal Tech-Debatte auf Rechtstheorie zu beurteilen, wenn auf die Metaebene nicht aus Ignoranz, sondern aus der Überzeugung heraus verzichtet wird, mit Legal Tech im Besonderen und mit der anstehenden Fortentwicklung der KI im Allgemeinen einen geistigen Szenenwechsel einer Dimension vor sich zu haben, welche alle vergangenen philosophischen Anstrengungen – des *„dead white man"* sozusagen – hinter sich lässt. Jener Paradigmenwechsel wird möglicherweise mit der Behauptung impliziert, die technische Entwicklung führe im Bereich der Rechtsautomaten absehbar zu einer Singularität, eine interessante Position, die es wegen ihrer Radikalität lohnt, im Folgenden zumindest quotiert zu werden. Wird hingegen die methodentheoretische Auseinandersetzung insgesamt für fruchtlos gehalten und stattdessen pragmatisch auf das Verfahren der Rechtsgewinnung abgestellt, so handelt es sich um eine weitere nützliche Fragestellung, welche abschließend Würdigung erfahren soll. 23

E. Der klangvolle Begriff der Singularität und das Überlegungsgleichgewicht

Ebenso wie die Einrichtung der Universität wurde das abendländische Obligationenrecht bereits für tot erklärt.[63] Gleichwohl betreibt die Universität putzmunter ihr Geschäft, wiewohl auch das zivilrechtliche Judizieren in den – oft nur unterschwellig oder gar nicht wahrgenommenen – Figuren des mehrfach rezipierten, überarbeiteten, modernisierten römischen Privatrechts stattfindet. 24

Möglicherweise bahnt sich auch über die eher harmlos daherkommende Idee, mit den etwas zu pompös als Legal Tech bezeichneten Techniken ein schleichender Paradigmenwechsel an, der das lange Totgesagte endlich auch totmacht. Mit anderen Worten, könnte es absehbar sein, dass bisheriges Reflektieren über Recht und seine Eignung für Maschinen bald obsolet sein werden, da völlig Neues bevorstehe. Der Begriff der „Singularität" wird dafür bemüht. Bereits die Bezeichnung klingt großartig, weil Unausgesprochenes mitschwingt. Der Begriff wird namentlich in der Physik genutzt, um Vorgänge ganz unerhörten Ausmaßes zu kennzeichnen, allg. sind das Orte, an denen die Gravitation so stark ist, dass die Krümmung der Raumzeit divergiert. Auch in Aussagen über das Recht wird er neuerdings vereinzelt genutzt.[64] Dabei grenzt sich der Autor vom Begriff der technologischen Singularität ab, wie ihn Futuristen gebrauchen, wenn damit bezeichnet wird, dass einst Maschinen in der Lage seien, selber leistungsfähigere Maschinen zu bauen bis zu einem Punkt an dem das erreichte Niveau für Menschen weder nachvollziehbar noch kontrollierbar sei.[65] Hingegen beziehe sich die rechtliche Singularität auf die Auslöschung der Unsicherheit als Element juristischer Entscheidungen, wobei eine lückenlose Rechtsordnung entstehe, welche universell und in Echtzeit zugänglich sei.[66] Rechtsphilosophisch zu wenden gesucht, gebe es mit der Singularität vermeintlich ein relativ stabiles Überlegungsgleichgewicht, was sich auf das *„reflective equilibrium"* des nordamerikanischen 25

[63] Atiyah The rise and fall of freedom of contract, Oxford 1979.

[64] Alarie The path of the law: towards legal singularity, abrufbar unter https://ssrn.com/abstract=2767835 (zuletzt abgerufen am: 12.4.2022). Auch die deutschsprachige Verwendung des Begriffs kommt vor.

[65] Alarie The path of the law: towards legal singularity, S. 3 Fn. 9, abrufbar unter https://ssrn.com/abstract=2767835 (zuletzt abgerufen am: 12.4.2022), bezieht sich auf Kurzweil, The singularity is near: when humans transcend biology (2006).

[66] Alarie The path of the law: towards legal singularity, S. 3f., abrufbar unter https://ssrn.com/abstract=2767835 (zuletzt abgerufen am: 12.4.2022).

Sozialphilosophen John Rawls' bezieht,[67] allerdings sei dieses Ergebnis – im Gegensatz zu Rawls – nicht durch „ungeleitete" Philosophen allein erreichbar.[68] Auch hier, wie in der erwähnten Technikutopie, sei das Ergebnis von einer Komplexität und Qualität, dass es von keinem Menschen mehr komplett verstanden werden könne.

26 Die Entgegnung mit dem Kalauer, dass auch hier zu Lande dermaßen umschriebene Rechtssysteme leider bereits vorgekommen sind, mag man nur ungern der Selbstzensur opfern. Die Methode des „Überlegungsgleichgewichts" ist dennoch durchaus beachtlich.[69] Das Überlegungsgleichgewicht bei Rawls bezieht sich auf das Problem der moralischen Rechtfertigung.[70] Das Verfahren wird so beschrieben, dass der Betrachter seinen Blick hin- und herwandern lässt, um die moralischen Einzelurteile den Grundsätzen anzupassen und die Grundsätze ihrerseits im Lichte konkreter Einzelurteile zu revidieren. Wenn dann am Ende dieses Prozesses Grundsätze und Einzelurteile übereinstimmen, sei ein Zustand des Überlegungsgleichgewichtes erreicht. Das Hin- und Herwandern des Blicks soll bei seinem Vorgehen erst dazu dienen, das Verfahren zur Wahl der Prinzipien selbst zu präzisieren. Damit soll ermöglicht werden, dass die Prinzipien von rationalen, mit dem Schleier des Nichtwissens belegten und mithin zur Unparteilichkeit gezwungenen Personen in einem Urzustand in Gestalt einer vertraglichen Übereinkunft für richtig befunden werden. Am Ende des moralischen Verfahrens solle der Urzustand auf eine Weise konkretisiert sein, dass endgültige Prinzipien des idealen Moralkodexes herauskämen. Auf diese Weise werde ein allgemeines und finales Gleichgewicht zwischen den im Urzustand gewählten Grundsätzen und den Einzelurteilen, mithin zwischen Theorie und Praxis, wechselseitig hergestellt.[71] Verhalten kritisch zu der „am Ende erfolglosen Debatte" bemerkte Stegmüller, dass die Suche nach einem derartigen Kriterium von den meisten praktisch interessierten Philosophen als hoffnungslos eingestellt wurde, kein Gegenargument zum Versuch sei, ein Überlegungsgleichgewicht zwischen Theorie und Praxis herstellen zu wollen. Denn prinzipiell könne es sich immer ereignen, dass derartige Bemühungen am Ende scheiterten und dass dieses Scheitern von den am Prozess Beteiligten überdies eingesehen werde. Es habe sich immerhin gezeigt, dass die Theorie-Praxis-Vermittlung nicht in einer knapp formulierbaren formalen Regel oder einem formalen Kriterium festgehalten werden könne. Schließlich gehe es auf einer höheren Ebene um die allgemeine erkenntnistheoretische Frage, ob es eine wissenschaftliche Methode gebe und wie diese zu charakterisieren sei.[72] Auf diese Weise bei der wissenschaftlichen Methode angelangt, entsteht die Frage, wie man zur juristischen zurückkommt. Röhl weist unbestritten darauf hin, dass juristische und wissenschaftliche Methoden nicht dasselbe sind.[73] Der „Entdeckungszusammenhang" wissenschaftlicher Ergebnisse und die Herstellung juristischer Entscheidungen sind mithin schwer vergleichbar; denn Wissenschaftler suchen prinzipiell nach neuen Ideen, während Juristen nach vorhandenen Entscheidungsmaßstäben Ausschau halten. Wissenschaftler könnten von ihrer Erfindungsgabe recht ungebunden Gebrauch machen, während juristische Entscheidungen in einem geregelten Verfahren hergestellt würden. Zwar erfolge technisch die Ausformulierung des Gerichtsurteils in der Regel erst nach Abschluss des

[67] Rawls A Theory of Justice, 1971, S. 49–50, wobei die von Alarie bezogene Fundstelle nicht nachvollziehbar war, siehe aber unten → Rn. 26.

[68] Rawls A Theory of Justice, 1971, S. 10 Fn. 25.

[69] „Reflective equilibrium", deutscher Begriff von Stegmüller Probleme und Resultate der Wissenschaftstheorie und Analytischen Philosophie, Bd. 2, 1986, S. 333–346 (Reflexionen über das Verhältnis von Kuhns Ideen über Paradigmen und Paradigmenwechsel und dem Theorienkonzept von J. D. Sneed).

[70] Rawls Eine Theorie der Gerechtigkeit, 1979, S. 38 und S. 68–70.

[71] Stegmüller Probleme und Resultate der Wissenschaftstheorie und Analytischen Philosophie, Bd. 2, 1986, S. 333 ff., in einem Vergleich zwischen N. Goodman und J. Rawls.

[72] Stegmüller Probleme und Resultate der Wissenschaftstheorie und Analytischen Philosophie, Bd. 2, 1986, S. 337 f.

[73] Röhl Grundlagen der Methodenlehre II, EzR 2013 Rn. 69, abrufbar unter http://www.enzyklopaedie-rechtsphilosophie.net/neue-beitraege/19-beitraege/77-methodenlehre2 (zuletzt abgerufen am: 12.4.2022).

Verfahrens. Aber es sei falsch, die beiden Aspekte als zeitlich aufeinander folgende Phasen zu verstehen.[74] Für das richtig verstandene „Überlegungsgleichgewicht" (*reflective equilibrium*) muss dies ebenso gelten wie für den „Entdeckungszusammenhang". Der Justizsyllogismus ist für die Praxis der juristischen Entscheidung unentbehrlich, bedeutet aber zugleich die Zusammenführung von Sein und Sollen, welches ihn logisch zweifelhaft und wissenschaftlich unbrauchbar macht. Trivialerweise trennt man heute deshalb eigentlich – und unbeschadet historischer Phasen des „wissenschaftlichen" Juristenrechts – das wissenschaftliche Urteil von der forensischen Entscheidungspraxis.

Es bleibt für den kleinen Exkurs mithin beim status quo, dass als unverzichtbar angese- **27** hene allgemeine Begriffe der Gesetzestexte, verstärkt durch den modernen Gebrauch von Generalklauseln, die zentrale Bedeutung der Interpretation bedingen, welche sich durch sowohl rechtliche als auch nicht-juristische axiologische Elemente indefiniter logischer Wertigkeit als offener semantischer Prozess beschreiben lässt.[75] Dazu gibt es implementierte fachliche und soziale Kontrollen bereits in der Gerichtsverfassung und im Prozessrecht, in der Funktion von Präjudizien und der Wahrnehmungsmöglichkeit durch die fachliche wie außerfachliche Öffentlichkeit.[76] Der Kern der Angelegenheit ist nach dem derzeitigen Stand der Technik also wenig maschinengeeignet.

F. Ein pragmatischer Auflösungsversuch

Heute sieht man zeitgemäß vieles anders, weniger theoretisch und vor allem pragma- **28** tisch.[77] Pragmatismus im Recht: sowohl aus Sicht der Verfassungsrechtler als auch der Zivilrechtler und uU der Rechtstheorie, ist Recht mehr als nur die geschriebenen Normen, die aber ihrerseits die anerkannten Produkte des demokratisch legitimierten rechtsstaatlichen Verfahrens bilden. Die stets neu zu stellende Anfängerfrage, was der Rechtssatz mit, über oder gar gegen den Gesetztext im Rechtsstaat sein kann, muss dennoch beantwortet werden.

Als möglicherweise pragmatische zu nennende Sichtweisen der Dinge sind die Wer- **29** tungs- bzw. Interessenjurisprudenz, später die Rechtssoziologie zu nennen, welche sich von methodisch streng interpretiertem Gesetzesrecht abgrenzen[78]: "So ist die Jurisprudenz, trotz Savigny und Puchta, das geblieben, was sie seit Entstehung des staatlichen Richteramts gewesen ist, eine Lehre von der Anwendung staatlichen Rechts. So ziemlich die ganze moderne juristische Literatur, und der ganze moderne juristische Unterricht, wenigstens auf privatrechtlichem Gebiete, will gar nichts anderes geben als den Inhalt des Gesetzes, möglichst klar, möglichst treu, möglichst vollständig …".[79] An anderer Stelle heißt es: „Aus

[74] Röhl Grundlagen der Methodenlehre II, EzR 2013 Rn. 69, abrufbar unter http://www.enzyklopaedie-rechtsphilosophie.net/neue-beitraege/19-beitraege/77-methodenlehre2 (zuletzt abgerufen am: 12.4.2022).

[75] Leszczynski Open axiology in judicial interpretation of law and possible misuse of discretion, Studia Iuridica Lublinensia vol. XXIX, 3, 2020, 39, 44 ff.

[76] Leszczynski Open axiology in judicial interpretation of law and possible misuse of discretion, Studia Iuridica Lublinensia vol. XXIX, 3, 2020, 52; Leszczynski et al The potential of precedent in the statutory legal order, 2019.

[77] Den Begriff gibt es zwar bereits bei Immanuel Kant – nämlich die Anthropologie in pragmatischer Hinsicht – er ist aber in seinem heutigen Gebrauch nicht eindeutig. Umgangssprachlich und ebenso meist in juristischer Nutzbarmachung bezeichnet er die Priorität der lebensweltlichen Handlung und ihrer Ergebnisse vor theoretischen Erwägungen, geistesgeschichtlich gehörte er ursprünglich zu einer philosophischen Richtung aus dem angelsächsischen Raum, bündelt später aber Strömungen, die so unterschiedlich sind wie etwa der Sozialbehaviorismus von Mead (Mind, Self, and Society, 1934) und die Philosophie von H.W. Putnam (Putnam Pragmatism: An Open Question, 1995).

[78] Bereits zeitlich früher gab es eine gewisse Nähe zu pragmatischem Denken freilich auch in Deutschland, dazu unten die Zitate von Ihering in Rn. 31.

[79] Ehrlich Grundlegung der Soziologie des Rechts, 1913, S. 14.

dem von der hergebrachten Jurisprudenz … festgehaltenen Begriff des Rechts als staatlicher Zwangsordnung, sind jedenfalls drei Merkmale auszuscheiden. Es ist dem Rechte weder begriffswesentlich, dass es vom Staate ausgehe, noch auch, dass es die Grundlage für die Entscheidungen der Gerichte oder anderer Behörden, oder für den darauffolgenden Rechtszwang abgebe."[80]

30 Es wäre nicht weiterführend, die Zitate mit der Bemerkung, dass es sich eben um die Freirechtsschule handele, zu kategorisieren, sie gedanklich gleichsam in ein Kästchen für Prätentiösen zu verschließen. Immerhin handelt es sich um eine in der Ideengeschichte rechtssoziologischen Denkens nicht folgenlos gebliebene Sicht. Die Frage nach dem Einfluss bei Hin- und Rückrezeption zu frühen US-amerikanischen Ansätzen des Rechtsrealismus ist interessant, im vorliegenden Zusammenhang indes nicht von Bedeutung.[81] Selbst wenn es sich um keine herrschende Geistesströmung handeln mag, hat sie für ein sogenanntes juristisches Grundlagenfach bis heute ihren Wert.[82]

31 Der Gedanke wurde bereits früher und vielleicht noch schärfer dergestalt formuliert, dass „was bloß in Gesetzen, auf dem Papier steht, … ein bloßes Scheinrecht" sei;[83] denn die Funktion des Rechts sei es, sich zu verwirklichen und was sich nicht realisiert habe, sei kein Recht.[84] Die juristische Tätigkeit wird als schöpferisch, nicht lediglich anwendend verstanden.[85] Das Verfahren der juristischen Konstruktion sei die „bildende Kunst der Jurisprudenz" und die Konstruktionen des Gesetzgebers verpflichteten Juristen nicht.[86] Hingegen fördere der Versuch, das Positive zu einer „logischjuristischen Wahrheit" zu erheben, in Iherings Kritik nur Selbsttäuschung und Scheinbegründung, die von jedem wahren Verständnis des Rechts wegführten.[87] Aus heutiger Sicht wurde mithin vielleicht bereits mit dem Rechtnaturalismus der Weg zu einem soziologischen Rechtsverständnis bereitet.[88] Für die zweite Hälfte des 19. Jhdts. erfuhr die Kritik des logischen Verfahrens im Umgang mit Texten auch philosophische Form: „In Wahrheit ist Interpretation ein Mittel selbst, um Herr über etwas zu werden"[89], Interpretation mithin verstanden als Bemächtigungsstrategie durch eine Vielzahl von Machtwillen.[90] Damit ist der Punkt erreicht, aus dem das sich einstellende Schaudern vor einer Rechtssätze „anwendenden" Maschine in Worte gefasst werden kann.

32 Die Rechtsmaschine wäre so als eine Art Gegenmodell zu begreifen, dadurch gekennzeichnet, dass ein Subsumtionsautomat die (positive) Sicht des Gehorsams gegenüber dem staatlichen Gesetzgeber oder etwa ebenso gut nur den status quo der Geschäftsbedingungen einer Branche verfestigen kann. Ein Gegenmodell, nicht nur zu Iherings Naturalismus oder der Freirechtsschule, deren Ordnungskonzept der Rechtsanwendung

80 Ehrlich Grundlegung der Soziologie des Rechts, 1913, S. 17. Auf diese prägnante Feststellung verweist Ziegert in Hertogh Living Law, 2009, S. 223, 234. Allerdings bezieht sich die Stelle auf eine englischsprachige Übersetzung der Grundlegung, welche dadurch eine geringfügig verschobene Konnotation erhält.

81 Meder Rechtsmaschinen, 2020, S. 28f. Dazu bereits Oppermann Die Rezeption des nordamerikanischen Rechtsrealismus durch die deutsche Topikdiskussion, 1985, S. 64ff., 70 Fn. 1. Zu der sich eröffnenden internationalen Dimensionen der Rechtssoziologie, s. Ziegert in Hertogh Living Law, 2009,passim.

82 Struck Rechtssoziologie, 2011; Treiber Max Webers Rechtssoziologie – eine Einladung zur Lektüre, 2017; Rückert ZRG GA 135 (2018), 408ff.; Rehbinder Die Begründung der Rechtssoziologie durch Eugen Ehrlich, 2. Aufl. 1986.

83 V. Ihering Geist des römischen Rechts II/2, 1. Aufl. 1856, S. 334.

84 V. Ihering Geist des römischen Rechts II/2, 3. Aufl. 2017, S. 322, 49; zit. nach Ogorek Richterkönig oder Subsumtionsautomat, 1986, S. 222 Fn. 92.

85 Wieacker Privatrechtsgeschichte der Neuzeit, 2. Aufl. 1967, S. 451 Fn. 60ff.; Meder Rechtsmaschinen, 2020, S. 24ff., auch 93ff.

86 V. Ihering Geist des römischen Rechts II/2, 1. Aufl. 1856, S. 397ff.

87 V. Ihering Geist des römischen Rechts III, 1. Aufl. 1856, S. 308f.

88 Ogorek Richterkönig oder Subsumtionsautomat, 1986, S. 231; Wieacker Privatrechtsgeschichte der Neuzeit, 2. Aufl. 1967, S. 451 Fn. 60ff.

89 Nietzsche Nachlass 1885–1887, Bd. 12, 1989, S. 2, 148.

90 Hofman Wahrheit, Perspektive, Interpretation, 1994, S. 74f.

einer Mechanisierung zuwiderläuft.[91] Andere Ansätze der Begründung und Geltung von Recht können mit dem Ausdruck „Subsumtionsautomaten" vielleicht nicht auf die gleiche Weise angesprochen sein. Nur muss wohl berücksichtigt werden, dass, wie das Unwort der „Begriffsjurisprudenz" selbst von den zunächst ihrer Verdächtigen durchaus als Kampfbegriff und nicht als Kennzeichnung der eigenen Position gebraucht worden ist,[92] es ähnlich auch dem Begriff des „Subsumtionsautomaten" ergangen ist. Kaum ein Jurist möchte schließlich einen mechanistisch-formalistischen Rechtsbegriff als eigene platte Position kennzeichnen. Umgekehrt wird es interessant; denn eine freirechtliche Rechtssicht hat Phasen, in denen die Vernunft insofern in die Krise gerät, als der rationalen Begründung durch Experten von den Rechtsunterworfenen nicht mehr immer geglaubt und/oder der rechtliche Diskurs durch moralischen Diskurs ersetzt wird.[93]

Abschließend sei noch ein interessantes Detail der gegenwärtigen Legal Tech-Modelle 33
gewürdigt, welches auf den ersten Blick so aussieht, als sei zwar unwillkürlich aber doch intuitiv treffsicher auf den pragmatischen bzw. rechtssoziologischen Teil der Debatte reagiert worden. Wenn Gegenstand der maschinellen Operation nicht die Interpretation der Norm bzw. die Bildung des Rechtssatzes und dessen Anwendung ist, sondern äußerliche Faktoren, wie konkreter Spruchköper und Tageszeit der Kalkulation, zugrunde liegen,[94] dann mögen entsprechende Wahrscheinlichkeitsrechnungen in gewissen Arrangements durchaus Relevanz zeitigen. Dennoch handelt es sich um eine genuin nicht-rechtliche Herangehensweise, welche anderen, nicht-rechtlichen Handlungssystemen zugehört. Deren methodisches Problem besteht ua in der Wahrheitskontrolle, welche keine juristische ist und deshalb im Einzelfall als vielleicht statistisch richtige Aussage über rechtliche Aussagen indes wenig sagt. Das wäre nur dann anders, wenn Recht mit seinen systemischen Operationsformen[95] durch jene fremde Methode, zB die Statistik, ersetzt werden würde, eine Problematik, wie sie bereits für die ökonomische Analyse des Rechts durchexerziert worden war. Hier geht es nur darum, dass die Maschinen mit Kalkulationen über nichtrechtliche Merkmale weder angewandte Rechtssoziologie sind noch einen ausreichenden Ersatz für innerrechtliche Operationen bieten können.

G. Fazit

Unter dem Begriff „Legal Tech" wird ein ebenso vielfältiges wie vielversprechendes 34
technisch-rechtliches Instrumentarium zusammengefasst. Dazu gehören etwa Datenbanken zur juristischen Recherche, Software zur Vertragsanalyse und Vertragsgenese oder gerade Onlineplattformen zur automatisierten Rechtsprüfung und Rechtsdurchsetzung, insbesondere von Verbraucheransprüchen, welche andernfalls leerlaufen würden. Bei Letzteren spielen Inkasso-Modelle eine wichtige Rolle. Einige jener Legal Tech-Instrumente waren im Hinblick auf ihre rechtliche Zulässigkeit in jüngerer Zeit Gegenstand von Gerichtsentscheidungen, bei denen vielfach auch gewürdigt worden ist, dass eine Lücke im Rechtsschutz von Verbraucheransprüchen besteht, welche am Ende der Gesetzgeber aktuell zu schließen bemüht ist. Auf der Seite der Justizverwaltung müssen indirekte

[91] Meder Rechtsmaschinen, 2020, S. 41 ff. nennt zudem Kantorowicz in diesem Kontext, an anderer Stelle, Meder Rechtsmaschinen, 2020, S. 94 ff. auch Savignys Widerstand gegen Rechtsformalismus.

[92] Zumal die Problematik der Formalisierung auch in der ersten Hälfte des 19. Jh. bereits bekannt war: Meder Rechtsmaschinen, 2020, S. 24 ff., auch 93 ff. – s. dazu insbes. die Rehabilitierung des wissenschaftlichen Juristenrechts, namentlich des Werks Puchtas durch Ogorek Richterkönig oder Subsumtionsautomat, 1986, S. 198 ff., 211 ff.

[93] Likhovski in Hertogh Living Law, 2009, S. 49 ff.

[94] S. → Rn. 19 ff.

[95] Zu dem an dieser Stelle verwandten Verständnis des Rechtssystems, s. Luhmann Die Einheit des Rechtssystems, Rechtstheorie 14, 129 ff.

Wirkungen der Digitalisierung und Automatisierung auf den zukünftigen Arbeitsablauf berücksichtigt werden.

35 Dass etwa *„Robo-Judges"* im Sinne der Substitution richterlicher Rechtsprechung bereits im Hinblick auf die technische Seite ebenso Zukunftsmusik sind wie zB funktionstüchtige vollautonome Fahrzeuge, ist bekannt und daher müßig aufzugreifen. Interessanter ist die Frage, was beim einstigen Vorliegen geeigneter Expertensysteme zu tun sein wird. Auch verfassungsrechtliche wie prozessrechtliche Bedenken – wie richterliche Unabhängigkeit, rechtliches Gehör und Justizgewährungsanspruch – sind seit Dekaden hinreichend oft beschworen worden. Wenn derartige Hindernisse durch immerhin denkbare Gesetzes- und Verfassungsänderungen einerseits beseitigt und die technische Verfügbarkeit entsprechender Expertensysteme in der Zukunft andererseits real werden könnten, so bleibt dennnoch die Frage, ob ein solches Recht überhaupt gewollt ist.

36 Wo die Denkgesetze, die Logik, beschworen werden, um zu den richtigen Ergebnissen zu gelangen, sowohl in der juristischen Wissenschaft als auch in der Rechtsanwendung, scheint die Umsetzung in Maschinenlogik greifbar nahe. Die Reduktion des Rechts auf dogmatisch gesicherte und methodenlogisch korrekt zustande gekommene Rechtssätze bietet anscheinend gute Voraussetzungen dafür, den *Robo-Judge* auf die Bühne zu bringen. Die konsequente Umsetzung einer gesetzespositivistischen Überzeugung wäre es, menschliche Juristen durch Maschinen bereits wegen deren geringerer Fehleranfälligkeit zu ersetzen; denn die Anwendung komplexer geschriebener Normen, die in dogmatisch gesichertem Umfeld methodisch korrekt zu Rechtssätzen verdichtet werden, könnten jene einstmals vielleicht besser bewerkstelligen. Noch mehr scheint die Konsequenz der Automatisierung juristischen Arbeitens nahezuliegen, wenn unterstellt wird, dass die Entwicklung der Digitaltechnik zu einer Singularität führe.

37 Hingegen zeigte sich, dass da einiges durcheinandergebracht wird. Der Justizsyllogismus ist für die Praxis der juristischen Entscheidung unentbehrlich, bedeutet aber zugleich die Zusammenführung von Sein und Sollen, welches ihn logisch zweifelhaft, wissenschaftlich eigentlich unbrauchbar und jedenfalls kaum digitalisierbar macht. Trivialerweise trennt man heute deshalb – und unbeschadet historischer Phasen des „wissenschaftlichen" Juristenrechts – das wissenschaftliche Urteil von der forensischen Entscheidungspraxis.

38 Auch im Übrigen bleibt es für den seiner Natur nach sprachbezogenen Recht*satz* dabei, dass die Worte und noch mehr die allgemeinen Begriffe und Generalklauseln der Gesetzestexte bzw. aller anderen Rechtsquellen, die zentrale Bedeutung der Interpretation bedingen, welche sich durch sowohl rechtliche als auch nicht-juristische axiologische Elemente indefiniter logischer Wertigkeit als offener semantischer Prozess beschreiben lässt. Dazu gibt es implementierte fachliche und soziale Kontrollen bereits in der Gerichtsverfassung und im Prozessrecht, in der Funktion von Präjudizien und der Wahrnehmungsmöglichkeit durch die fachliche wie außerfachliche Öffentlichkeit. Das alles ist nach dem derzeitigen Stand der Technik bereits wenig maschinengeeignet. Je nach dem Rechtsverständnis eines Beobachters kann hinzukommen, dass der Prozess der Rechtsgewinnung, namentlich die Interpretation, ungeachtet seiner äußeren Form – die legitimatorische Verknüpfung mit den Denkgesetzen – schöpferischen Charakter hat. Dieses Merkmal könnte den Aufwand an eine Automatisierung überfordern.

39 Was hingegen die Legal Tech-Debatte betrifft, so weisen die tangierten Interessen ungeachtet des teils futuristischen Vokabulars auf ganz andere Dinge als die Automatisierung des Rechtssatzes durch den Einsatz von Maschinen. Folglich konnte es unter der mit diesem Beitrag verfolgten zarten Einladung in die Rechtstheorie nur um die Abgrenzung einer andernfalls leicht missverständlichen Zuordnung gehen.

40 Es scheint, als sei die Rechtsmaschine, wenn es sie in naher oder ferner Zukunft einmal gäbe, der Indikator einer grundsätzlich verfehlten Sicht auf das Recht. Auch unabhängig von echten oder vermeintlich technischen Möglichkeiten hat die Frage der Automatisierung der Rechtsanwendung in der Debatte über Recht zu gewissen Zeiten eine Rolle gespielt. Für eine Stellungnahme kommt es darauf an, was unter Recht verstanden wird.

Solange im Übrigen die technischen Voraussetzungen nicht vorliegen um der – bewussten oder unbewussten – schöpferischen Tätigkeit der Interpretation von Sprache allgemein und der Rechtssätze im Besonderen Rechnung zu tragen, sind Maschinen nicht eigentlich dazu fähig, rechtlich zu agieren.

Literatur

Alarie, The path of the law: towards legal singularity, abrufbar unter https://ssrn.com/abstract=2767835 (zuletzt abgerufen am: 12.4.2022)
Atiyah, The rise and fall of freedom of contract, 1979
Betlem, The Doctrine of Consistent Interpretation – Managing Legal Uncertainty, Oxford Journal of Legal Studies, Vol. 22 2002
Ebers, Legal Tech and EU Consumer Law, in Canarsa/Durovic ua Lawyering in the Digital Age, 2021
Ehrlich, Grundlegung der Soziologie des Rechts, 1913
Freitag/Lang, Offene Fragen von Legal Tech und Illegal Tech nach der „wenigermiete.de-Entscheidung" des BGH, ZIP 2020, 1201 ff.
Fries, PayPal Law und Legal Tech – Was macht die Digitalisierung mit dem Privatrecht?, NJW 2016, 2860 ff.
Galetzka/Garling/Partheymüller, Legal Tech – „smart law" oder Teufelszeug?, MMR 2021, 20 ff.
Glatz, Smart Contracts: Chancen und Herausforderungen algorithmischer Vertragsgestaltung, in Breidenbach/Glatz, Rechtshandbuch Legal Tech, 2. Aufl. 2021, S. 137 ff.
Hähnchen/Bommel, Legal Tech: Perspektiven der Digitalisierung des Rechtsdienstleistungsmarktes, AnwBl 2018, 600 ff.
Hartung, Das beschleunigte Online-Verfahren und „Unmet Legal Needs", AnwBl 2021, 287 ff.
Hartung, Der Regierungsentwurf zum Legal Tech Inkasso – hält er, was er verspricht?, AnwBl 2021, 222 ff.
Hartung, Legal Tech und das RDG – Raus aus der Beziehungskiste, AnwBl 2020, 35 ff.
Hellwig/Ewer, Keine Angst vor Legal Tech, NJW 2020, 1783 ff.
Hofman, Wahrheit, Perspektive, Interpretation. Nietzsche und die philosophische Hermeneutik, 1994
v. Ihering, Geist des römischen Rechts auf den verschiedenen Stufen seiner Entwicklung, 2. Teil, 2. Abt., 1856
v. Ihering Geist des römischen Rechts auf den verschiedenen Stufen seiner Entwicklung, 3. Aufl. 2017
Jandach, Juristische Expertensysteme: Methodische Grundlagen ihrer Entwicklung, 1993
Kelsen, Reine Rechtslehre, 2. Aufl. 1960
Kilian, Die Regulierung von Legal Tech, AnwBl 2019, 24 ff.
Kilian, Juristische Entscheidung und elektronische Datenverarbeitung: Methodenorientierte Vorstudie, Darmstadt 1974
Koch/Rüßmann, Juristische Begründungslehre, 1983
Kurzweil, The singularity is near: when humans transcend biology, 2006
Ladeur, Richterrecht und Dogmatik – eine verfehlte Konfrontation?, KritV 1990, 77 ff.
Leszczynski, Open axiology in judicial interpretation of law and possible misuse of discretion, Studia Iuridica Lublinensia vol. XXIX, 3, 2020
Leszczynski et al., The potential of precedent in the statutory legal order, 2019
Likhovski, Venus in Czernowitz: Sacher-Masoch, Ehrlich and the Fin-de-siècle Crisis of Legal Reason, in Hertogh, Living Law, Reconsidering Eugen Ehrlich, 2009 (zitiert als: Likhovski in Hertogh Living Law, 2009)
Luhmann, Die Einheit des Rechtssystems, Rechtstheorie 14 (1983), 129 ff.
Lürig, Gesetz zum Legal Tech-Inkasso gilt ab 1. Oktober 2021, abrufbar unter https://anwaltsblatt.anwaltverein.de/de/anwaeltinnen-anwaelte/berufsrecht/erfolgshonorar-legal-tech-inkasso-gesetz (zuletzt abgerufen am: 12.4.2022);
Mead, Mind, Self, and Society, edited by Ch. W. Morris, Chicago 1934
Meder, Rechtsmaschinen. Von Subsumtionsautomaten, Künstlicher Intelligenz und der Suche nach dem „richtigen" Urteil, 2020
Müller/Gomm, Die Digitalisierung der Justiz am Beispiel des Zivilprozesses – von Thesen zur Umsetzung Teil 1, jM 2021, 222 ff.
Müller/Christensen, Juristische Methodik, Bd. 1, 11. Aufl. 2013
Nietzsche, Nachlass 1885–1887. Kritische Studienausgabe v. Colli/Montinari, 1999, Bd. 12, S. 2 (zitiert als: Nietzsche Nachlass 1885–1887, Bd. 12, 1989)
Ogorek, Richterkönig oder Subsumtionsautomat, 1986
Oppermann, Die Rezeption des nordamerikanischen Rechtsrealismus durch die deutsche Topikdiskussion, 1985
Oppermann/Stender-Vorwachs, Autonomes Fahren, 2. Aufl. 2020
Petrasincu/Unseld, Die Bedeutung der RDG-Novelle für das abtretungsbasierte Sammelinkasso, RDi 2021, 361 ff.
Pieper, Vertragsschluss mit KI, Anfechtung und Schadensersatz, in Kaulartz/Braegelmann, Rechtshandbuch Artificial Intelligence und Machine Learning, 2020, S. 239 ff.

Prütting, Legal Tech vor den Toren der Anwaltschaft – Die Digitalisierung der Rechtsdienstleistungen, ZIP 2020, 49ff.
Prütting, Das Drama um das Legal-Tech Inkasso, ZIP 2020, 1434ff.
Prütting, Gerechtigkeit durch Verfahren, jM 2016, 354ff.
Puchta, Das Gewohnheitsrecht Erster Theil, 1828
Puchta, System des gemeinsamen Civilrechts zum Gebrauch bei Pandektenvorlesungen, 1832
Putnam, Pragmatism: An Open Question, 1995
Rawls, A Theory of Justice, 1971
Rawls, Eine Theorie der Gerechtigkeit, 1979
Rehbinder, Die Begründung der Rechtssoziologie durch Eugen Ehrlich, 2. Aufl. 1986
Riehm, Rechtsfähigkeit von KI-Systemen, in: Kaulartz/Braegelmann, Rechtshandbuch Artificial Intelligence und Machine Learning, München 2020, S. 221ff.;
Röhl, Grundlagen der Methodenlehre II: Enzyklopädie zur Rechtsphilosophie (EzR), 2013, abrufbar unter http://www.enzyklopaedie-rechtsphilosophie.net/neue-beitraege/19-beitraege/77-methodenlehre2 (zuletzt abgerufen am: 12.4.2022)
Römermann/Günther, Legal Tech als berufsrechtliche Herausforderung, NJW 2019, 551ff.
Rückert, Logik, Berechenbarkeit, Rechtssoziologie, Anmerkungen zu Max Weber und Hubert Treiber, ZRG GA 135 (2018), 408ff.
Rühl, KI in der gerichtlichen Streitbeilegung, in: Kaulartz/Braegelmann, Rechtshandbuch Artificial Intelligence und Machine Learning, München 2020, S. 617ff.
Rüthers/Fischer/Birk, Rechtstheorie mit Juristischer Methodenlehre, 12. Aufl. 2022
v. Savigny, System des heutigen Römischen Rechts, Bd. 1, 1840
Schäfer/Ott, Lehrbuch der ökonomischen Analyse des Zivilrechts, 6. Aufl. 2020
Schluep, Einladung zur Rechtstheorie, 2006
Simon, Die Unabhängigkeit des Richters, 1975
Skupin, Auf dem Weg zu einem Rechtsdienstleistungsmarkt? Teil 1, GRUR-Prax 2020, 581ff.
Skupin, Auf dem Weg zu einem Rechtsdienstleistungsmarkt? Teil 2 GRUR-Prax 2020, 603ff.
Skupin, Das neue Rechtsdienstleistungsrecht, GRUR-Prax 2021, 368ff.
Stegmüller, Probleme und Resultate der Wissenschaftstheorie und Analytischen Philosophie, Bd. II Theorie und Erfahrung, 1986
Struck, Rechtssoziologie. Grundlagen und Strukturen, 2011
Timmermann/Hundertmark, SmartLaw und der Rechtsdienstleistungsbegriff, Auslegungsschwierigkeiten des BGH und Notwendigkeit eines systematischen legislativen Ansatzes, RDi 2021, 269ff.
Treiber, Max Webers Rechtssoziologie – eine Einladung zur Lektüre, 2017
Vogelsang/Krüger, Legal Tech und Justiz – ein Zukunftsmodell? Teil 2, jM 2020, 90ff.
Wagner, Legal Tech und Legal Robots. Der Wandel im Rechtsmarkt durch neue Technologien und künstliche Intelligenz, 2. Aufl. 2020;
Wagner, Legal Tech und die Transformation des Rechtswesens, Notar 2021, 90ff.
Wieacker, Privatrechtsgeschichte der Neuzeit, 2. Aufl. 1967
Wolf, Stellungnahme, abrufbar unter https://www.bundestag.de/resource/blob/838444/2d2b888e-a10dd0b32c76f31b2cf88dfe/stellungnahme-wolf-data.pdf (zuletzt abgerufen am: 12.4.2022)
Ziegert, World Society, Nation State and Living Law in the Twenty-first Century, in Hertogh, Living Law. Reconsidering Eugen Ehrlich, 2009 (zitiert als: Ziegert in Hertogh Living Law, 2009)

3. Kapitel

Besonderer Teil

3.1 Smart Contracts und Vertragsrecht

Übersicht

A. Einleitung

Smart Contracts als Möglichkeit Blockchain-basierter Regulierung sind seit einiger Zeit in (fast) aller Munde.[1] Sie haben vielfältige Einsatzfelder – vom Mietvertrag über Schuldverschreibungen bis hin zu öffentlichen Registern wie einem Grundbuch –[2] und gelten in den Augen der Personen, welche die Blockchain als technische Lösung vermarkten, nicht nur als sicherer als „das Recht", sondern auch als geeignet, das Recht zu ersetzen.[3] Letzteres hat sich, wenig überraschend, nicht bewahrheitet. Smart Contracts sind, so eine 1

[1] Zum Begriff Kuntz AcP 220 (2020), 51 (65).

[2] Zu diesen und weiteren Beispielen etwa Kuntz AcP 220 (2020), 51 (55); Möslein ZHR 183 (2019) 254 (262). S. außerdem → Rn. 5.

[3] Hierzu und den ideologischen Hintergründen etwa Kuntz AcP 220 (2020), 51.

treffende Formulierung, „dort angekommen, wo [sie] – nach Ansicht vieler [ihrer] Geburtshelfer – gar nicht hin sollte[n]: in der Rechtsordnung."[4] Es gibt neben einer Vielzahl von Aufsätzen[5] erste Handbücher,[6] die untersuchen, welchen Regeln Smart Contracts unterliegen. Dabei unterliegen nicht nur Detailprobleme, sondern nach wie vor einige Grundlagenfragen der Diskussion. Das betrifft ua die vertragsrechtliche Beurteilung von Smart Contracts, die in diesem Kapitel im Vordergrund steht. Aufgrund der technischen Architektur der Blockchain und von Smart Contracts[7] stellen sich nicht nur einige „Klassiker" des bürgerlichen Vertragsrechts in neuem Licht. Vielmehr meinen einige Diskursteilnehmer, die geltenden Regeln genügten nicht, um etwa automatisierte Abschlüsse von Smart Contracts juristisch zu erfassen. Angesichts der auf Unumkehrbarkeit angelegten Codierung[8] ergeben sich zudem Zweifel, wie sich Verträge rückabwickeln lassen. Diese Fragen werden in Zukunft vermutlich deutlich an Bedeutung gewinnen. Je stärker der Handel mit Kryptowährungen zunimmt, entweder in Form des Handels der „Währungen" selbst oder durch ihre Nutzung als Zahlungsmittel, desto bedeutsamer werden Smart Contracts als Grundlage für den Leistungsaustausch im virtuellen Raum. Hier geht es nicht mehr nur darum, eine mit herkömmlichen Mitteln bewältigbare Transaktion wie einen Versicherungsvertrag oder eine Schuldverschreibung, deren Leistungsprogramm per se keine besondere „digitale Komponente" hat, in einem Smart Contract abzubilden. Vielmehr gewinnt diese Technik im virtuellen Raum die Bedeutung einer notwendigen Bedingung, um die Beziehung zwischen den Beteiligten abzuwickeln.

2 Der Beitrag gliedert sich wie folgt: Abschnitt B. behandelt den Vertragsschluss. Abschnitt C. betrachtet das AGB-Recht, Abschnitt D. die Ermittlung von Vertragsinhalt und die Auslegung von in Smart Contracts niedergelegten Abreden. Abschnitt E. hat die Rückabwicklung zum Gegenstand, Abschnitt F. Leistungsstörungen. Am Ende steht ein kurzes Fazit in Abschnit G.

B. Vertragsschluss

I. Abgabe der Willenserklärung

3 Für die Abgabe der Willenserklärung bietet es sich an, nach der Intensität zu unterscheiden, mit der die „offline" existierenden Parteien auf die Abgabe der Willenserklärung Einfluss nehmen.[9] Während sich bei der bloßen Übersetzung einer in natürlicher Sprache vorformulierten Erklärung in eine informationstechnische Fassung („elektronische Willenserklärung") wenig Probleme ergeben (→ Rn. 4), stellt sich bei Erklärungen, die ein automatisiertes System ohne unmittelbare Verursachung einer Partei generiert („automatisierte Willenserklärung"/„Computererklärung"),[10] die Frage, ob eine Zurechnung in Betracht kommt (→ Rn. 5 ff.). Zu erheblichen dogmatischen Schwierigkeiten führen sog. autonome Erklärungen, die nicht nur automatisiert entstehen, sondern die eine tech-

---

[4] Braegelmann/Kaulartz in Braegelmann/Kaulartz Rechtshandbuch Smart Contracts, 2019, S. V.

[5] Aus dem Archivzeitschriftenschrifttum etwa Kuntz AcP 220 (2020), 51; Möslein ZHR 183 (2019), 254; Paulus/Matzke ZfPW 2018, 431.

[6] Braegelmann/Kaulartz in Braegelmann/Kaulartz Rechtshandbuch Smart Contracts, 2019.

[7] Hierzu Kuntz AcP 220 (2020), 51 (56); s. zudem Matthes in Braegelmann/Kaulartz Rechtshandbuch Smart Contracts, 2019, S. 37. Zur technischen Interpretation von Smart Contracts Koch/Reitwiessner in Braegelmann/Kaulartz Rechtshandbuch Smart Contracts, 2019, S. 59.

[8] Hierzu etwa Kuntz AcP 220 (2020), 51 (59).

[9] Ausgeblendet bleiben damit insbesondere Probleme, die im Zusammenhang mit der Frage stehen, ob ein automatisiertes System als solches schon de lege lata als Rechtsperson (oÄ) anzuerkennen ist.

[10] Zur Unterscheidung von elektronischer Willenserklärung und automatisierter Willenserklärung etwa Paulus/Matzke ZfPW 2018, 431 (439 f.).

nische Einrichtung wie eine Künstliche Intelligenz erzeugt, deren Entscheidungen nicht vorhersehbar sind (→ Rn. 9ff.).

1. Elektronische Erklärungen

Elektronische Willenserklärungen werfen keine besonderen Probleme auf, gibt sie doch eine den herkömmlichen juristischen Kategorien zuzuordnende (natürliche oder juristische) Person oder ein Personenverband (zB eine Personengesellschaft) ab, entweder ausformuliert oder durch technische Verkürzung. Beispiele für den ersten Fall sind Willenserklärungen per E-Mail oder Textnachricht vom Mobiltelefon aus, Beispiele für den zweiten die Bestellung eines Produktes im Internet über einen „Kaufbutton".[11] Für solche Erklärungen gelten ohne Weiteres die allgemeinen Regeln zu Fehlern, etwa die §§ 104ff. BGB sowie die §§ 119ff. BGB.[12] Für Smart Contracts heißt dies, dass der Vertragsschluss im juristischen Sinne unproblematisch ist, wenn die Parteien ihre Erklärungen elektronisch „in die Blockchain" hinein abgeben und das dem Smart Contract zugrunde liegende Programm die Erklärungen allenfalls übermittelt und im Übrigen lediglich die Durchsetzung der Abreden sichert.[13] 4

2. Automatisierte Erklärungen

Rechtsdogmatisch etwas aufwendiger, im Ergebnis aber unproblematisch, sind teil- oder vollautomatisierte Erklärungen.[14] *Teilautomatisierte* Erklärungen liegen vor, wenn das Programm eine vollständig im Vorhinein definierte Erklärungen abgibt, sofern eine festgelegte Bedingung eintritt, etwa ein Drucker bei Unterschreiten einer bestimmten Füllmenge Tinte einer spezifischen Farbe eines genau bezeichneten Herstellers bei einem bereits benannten Verkäufer nachbestellt.[15] Hier lässt sich die Erklärung ohne Umwege auf eine programmexterne Person zurückführen. Eine derartige „Computererklärung" stellt der Sache nach nichts anderes als eine elektronische Willenserklärung dar,[16] die lediglich technisch anspruchsvoller ist. Letztlich entspricht sie einer als Entwurf gespeicherten E-Mail, die ein Programm wie Outlook zu einer voreingestellten Zeit ohne weitere Änderungen absendet. 5

Vollautomatisierte Erklärungen liegen vor, wenn ein Programm „Entscheidungs"spielraum genießt, die Erklärung also nicht schon inhaltlich determiniert ist und nur die Abgabe unter einer Bedingung steht. Ein Beispiel hierfür ergibt sich aus der Erweiterung des Druckerpatronenfalles: Hat das Programm die Möglichkeit, unter verschiedenen Herstellern und Verkäufern nach der Maßgabe „günstigster Preis" auszuwählen, lässt sich mit Blick auf die *essentialia negotii* nicht mehr von einer vor ihrer Abgabe bereits inhaltlich bestimmten Erklärung sprechen. Bedeutung hat dies im „Internet der Dinge" und für die „Industrie 4.0", in dem verschiedene Produktionsprozesse technologisch verknüpft und 6

[11] Zur Einordnung als Willenserklärung jeweils Ellenberger in Palandt, 80. Aufl. 2021, Vor §§ 116ff. Rn. 1; Hefermehl in Soergel, Bd. 2, 13. Aufl. 1999, BGB Vor § 116 Rn. 30; Säcker in MüKoBGB, Bd. 1, 8. Aufl. 2018, BGB Einl. Rn. 201; Singer in Staudinger,2017, BGB Vor § 116 Rn. 57.

[12] Zur Irrtumslehre Ellenberger in Palandt, 80. Aufl. 2021, BGB § 119 Rn. 10; Hefermehl in Soergel, Bd. 2, 13. Aufl. 1999, BGB § 119 Rn. 11, 64a; Säcker in MüKoBGB, Bd. 1, 8. Aufl. 2018, BGB Einl. Rn. 192ff.; Singer in Staudinger, 2017, BGB § 119 Rn. 35ff.

[13] Ebenso etwa Möslein in Braegelmann/Kaulartz Rechtshandbuch Smart Contracts, 2019, Kap. 8 Rn. 15; Paulus/Matzke ZfPW 2018, 431 (438f.).

[14] Unterscheidung nach Specht/Herold MMR 2018, 40 (41).

[15] Bsp. nach Specht/Herold MMR 2018, 40 (41).

[16] Heckelmann NJW 2018, 504 (506); Möslein ZHR 183 (2019), 254 (273); Möslein in Braegelmann/Kaulartz Rechtshandbuch Smart Contracts, 2019, Kap. 8 Rn. 17; Paulus/Matzke, ZfPW 2018, 431 (439); Specht/Herold MMR 2018, 40 (41).

die Güterproduktion autonom vonstatten gehen sollen, dh ohne die Notwendigkeit umfassender menschlicher Steuerung.[17]

7 Doch liegt im Ergebnis genauso eine Willenserklärung vor wie im Fall teilautomatisierter Erklärungen.[18] Der äußere Tatbestand ist unproblematisch. Zwar weiß die „hinter" dem Programm stehende Person im Zweifel nicht, dass das Programm gerade eine Erklärung abgibt und mit welchem konkreten Inhalt. Doch handelt es sich nicht um eine der Konstellationen, in denen die Rechtsprechung meint, die Erklärung sei unwillentlich in den Rechtsverkehr gelangt und daher nicht wirksam geworden.[19] Denn die Abgabe der Erklärung beruht auf der Vorgabe, die Teil des Programms ist, ohne dass das Programm sie selbst setzen könnte. Wer ein Programm schafft oder einsetzt, das unter einer bestimmten Bedingung wahrnehmbar Erklärungszeichen[20] produziert, dem ist diese Erklärung zurechenbar. Sie beruht kausal auf dem Handeln der Person, die das Programm nutzt,[21] und kommt nicht nur zufällig zustande. Vielmehr realisiert sich in vorhersehbarer Weise genau das Risiko, das die betreffende Person durch die Formulierung der Bedingung verursacht.[22] So lassen sich auch Handlungswille, Erklärungsbewusstsein und Geschäftswille begründen. Selbst wenn es nicht klar ist, wann das Programm die Erklärung produziert, ist klar, *dass* es unter bestimmten Umständen eine Erklärung generiert und absendet. Weiterhin ist diese Erklärung von vornherein als rechtlich relevante gewollt – das Programm soll den Abschluss eines Kaufvertrages über neue Tinte herbeiführen. Auch der Geschäftswille liegt vor. Zwar ist der Inhalt der Erklärung nicht von vornherein bestimmt. Doch erklärt sich die Person, die das Programm nutzt und die Parameter setzt, mit allen Erklärungen einverstanden, die der Code innerhalb des definierten Rahmens erzeugt.[23] Das ist die Kehrseite der Vereinfachung, die damit einhergeht, einen Handlungsspielraum zu eröffnen.

8 Es gibt also ganz unabhängig von allen Streitfragen über die Anforderungen an eine Willenserklärung keine Probleme, vollautomatisierte Erklärungen in die existierende bürgerlich-rechtliche Dogmatik einzuordnen. Sämtliche Merkmale des inneren und äußeren Tatbestandes, wie sie die Lehrbuch- und Kommentarliteratur herkömmlich aufzählt,[24] liegen vor.

3. Autonome Erklärungen

9 Im Gegensatz zu automatisierten Erklärungen stellen ihre autonomen Geschwister das geltende Privatrecht nach vielfach geäußerter Meinung vor erhebliche Probleme.[25] Während in der ersten Variante Inhalt und Abgabeanlass auf das Handeln einer programmexternen Person oder eines Personenverbandes und damit immer auf das Handeln einer natürlichen Person zurückführbar seien,[26] kontrolliere diese Person bei autonom agierenden Systemen (allenfalls) noch die technischen Rahmenbedingungen, es fehle an

[17] Einen guten Überblick und Hinweise auf den uneinheitlichen Sprachgebrauch bieten Wortmann/Flüchter Bus. Inf. Syst. Eng. 57 (2015), 221.

[18] So auch Paulus/Matzke ZfPW 2018, 431 (440 ff.); Specht/Herold MMR 2018, 40 (41).

[19] BGHZ 65, 13 (14); BGH NJW-RR 2006, 847 (849).

[20] Zutreffende Unterscheidung nach Erklärungszeichen und Erklärungsinhalt bei Lüdeking Die zugerechnete Willenserklärung, 2017, S. 17 und passim.

[21] Zur Kausalität als notwendiger Bedingung der Zurechnung Lüdeking Die zugerechnete Willenserklärung, 2017, S. 86.

[22] Zum Grundsatz risikoorientierter Zurechnung und der Relevanz des Zufalls Lüdeking Die zugerechnete Willenserklärung, 2017, S. 95 ff., 99.

[23] Zu Fehlern der Erklärung → Rn. 43 ff.

[24] ZB Armbrüster in MüKoBGB, Bd. 1, 8. Aufl. 2018, BGB Vor § 116 Rn. 3; Brox/Walker BGB AT, 44. Aufl. 2020, § 4 II. 1.; Ellenberger in Palandt, 80. Aufl. 2021, BGB Vor § 116 Rn. 1; Hefermehl in Soergel, Bd. 2, 13. Aufl. 1999, BGB Vor § 116 Rn. 11 ff.; Neuner Allgemeiner Teil des Bürgerlichen Rechts, 12. Aufl. 2020, S. 358 ff.; Singer in Staudinger, 2017, BGB Vor § 116 Rn. 1 ff.

[25] Vgl. etwa Möslein in BeckOGK, 1.5.2021, BGB § 145 Rn. 71; Specht/Herold MMR 2018, 40.

[26] Schließlich bedarf der Personenverband ebenso wie die juristische Person als handlungsunfähige Einheit der Vertretung nach § 164 Abs. 1 S. 1 BGB durch eine natürliche Person.

einem hinreichenden menschlichen Beitrag.[27] Auch hier bietet das „Internet der Dinge“ wieder einen Ansatz. Wenn nur noch „Maschinen“ miteinander kommunizieren (*machine-to-machine communication*) und bei einer Steuerzentrale etwa Reparaturen oder neue Teile anfordern,[28] tritt der Mensch jedenfalls dem ersten Anschein nach nicht mehr in Erscheinung. Einige wollen dieses Problem lösen, indem sie, jedenfalls de lege ferenda, die §§ 164 ff. BGB auf den „autonomen Agenten“ anwenden (direkt oder analog),[29] andere argumentieren mit Kriterien der Risikoverteilung und gelangen zu einer unmittelbaren Zurechnung.[30] Letzteres ist der überzeugendere Ansatz.

Der Hinweis darauf, die vom System erzeugten Erklärungen ließen sich nicht mittel- **10**
bar auf menschliche Weisungen zurückführen, wenn die Person, die das System betreibe, allein die technischen Rahmenbedingungen kontrolliere,[31] überzeugt nicht als Argument, die Zurechnung der durch das Programm erzeugten Zeichen als Willenserklärung abzulehnen. Rechtstheoretisch betrachtet handelt es sich bei der Willenserklärung nicht um die Darstellung eines „realen Gegenstandes“,[32] sondern um einen tû-tû-Begriff.[33] Tû-tû-Begriffe dienen dazu, eine Vielzahl unterschiedlicher, aber inhaltlich zusammenhängender Regulierungsfragen „auf den Begriff“ zu bringen, indem sie auf einer höheren Abstraktionsstufe in einem einheitlichen Konzept repräsentiert werden. So basiert das Konzept der Willenserklärung auf einem Konstrukt, das eine vereinfachende Funktion hat, indem es dazu dient, bestimmte rechtliche Elemente als „Abkürzung für die Summe der für sie geltenden Regeln“ zu vereinen.[34] Überzeugend verweisen Teile des Schrifttums darauf, welch begrenzte Funktion die in Lehrbüchern perpetuierten Merkmale – die diversen Bewusstseine – der Willenserklärung haben und dass letztlich „[a]lles […] Willenserklärung [ist], was als Willenserklärung erscheinen muß.“[35] Allein maßgeblich für die Zurechnung einer Willenserklärung ist die Zurechnung der Handlung, welche die Grundlage für das Vertrauen aufseiten des Empfängers bietet, ganz unabhängig von dem Willen der Person, welche den Vertrauenstatbestand erzeugt.[36] Damit kommt es nur darauf an, dass eine als Willenserklärung identifizierbare Zeichenfolge existiert. Für die Zurechnung des Erklärungszeichens, dh der Willenserklärung in ihrer Formulierung, ist es nicht notwendig, dass die Willenserklärung tatsächlich vom (vermeintlichen) Sender im technischen Sinne abgegeben wurde.[37] Auch entsteht bei der autonomen Erklärung kein bloßer Schein eines Erklärungszeichens wie in dem Fall, in dem ein Einbrecher einen vorbereiteten Brief absendet, über dessen Abgabe der „Sender“ noch entscheiden wollte.[38] Es hängt nicht bloß vom Zufall ab, ob sich der Eindruck einer Willenserklärung ergibt.[39] Zwar verneint der

[27] Etwa Möslein in BeckOGK, 1.5.2021, BGB § 145 Rn. 71; Specht/Herold MMR 2018, 40 (42 f.).

[28] S. etwa Weyrich/Schmidt/Ebert IEEE Software 31 (2014), 19.

[29] So zB Specht/Herold MMR 2018, 40 (43).

[30] ZB Förster ZfPW 2019, 418 (427); Paulus/Matzke ZfPW 2018, 431 (444 f.); Wilhelm WM 2020, 1849 (1851); unentschieden Möslein ZHR 183 (2019), 254 (274); beides ablehnend Möslein in BeckOGK, 1.5.2021, BGB § 145 Rn. 71. Für eine Wissenszurechnung des „Wissens“ autonomer Systeme auch Linke Digitale Wissensorganisationen, 2021, S. 254, 270, der sich auf die Grundsätze der Wissenszurechnung stützt.

[31] So etwa Möslein in BeckOGK, 1.5.2021, BGB § 145 Rn. 71 mwN.

[32] Wie etwa eines Baumes. Aus sprachphilosophischer Perspektive bestehen ganz grundlegende Einwände gegen ein solches Repräsentationsmodell von Sprache. Doch sind diese für die Zwecke des Beitrages nicht relevant: Selbst wenn das Repräsentationsmodell richtig wäre, schiede die Willenserklärung aus der Menge repräsentierbarer „natürlicher Gegenstände“ heraus.

[33] Monographisch Lüdeking Die zugerechnete Willenserklärung, 2017, S. 42. Grundlegend zu tû-tû-Begriffen Ross 70 Harv. L. Rev. 812 (1957).

[34] Lüdeking Die zugerechnete Willenserklärung, 2017, S. 48.

[35] Schermeier in Schmoeckel/Rückert/Zimmermann, Historisch-kritischer Kommentar zum BGB, Bd. 1, 2003, §§ 116–124 Rn. 10, 14 (dort Zitat); in eine ähnliche Richtung etwa Armbrüster in MüKoBGB, Bd. 1, 8. Aufl. 2018, BGB Vor § 116 Rn. 3.

[36] Schermeier in Schmoeckel/Rückert/Zimmermann, Historisch-kritischer Kommentar zum BGB, Bd. 1, 2003, in §§ 116–124 Rn. 16, 17. S. auch Lüdeking Die zugerechnete Willenserklärung, 2017, S. 84.

[37] Ausführlich Lüdeking Die zugerechnete Willenserklärung, 2017, S. 100, 84.

[38] Vgl. Lüdeking Die zugerechnete Willenserklärung, 2017, S. 87.

[39] S. dazu Lüdeking Die zugerechnete Willenserklärung, 2017, S. 99.

BGH die Zurechnung, wenn eine Erklärung unwillentlich in den Rechtsverkehr gelangt.[40] Auf den ersten Blick ließe sich hieran anknüpfen und argumentieren, wann genau die künstliche Intelligenz handele, sei nicht vorhersehbar.

11 Doch setzt die Person, die sich einer künstlichen Intelligenz bedient, die entscheidenden Parameter für das Auswahlverhalten, indem sie ein Handlungsziel vorgibt und das Programm einsetzt, um dieses Handlungsziel zu erreichen. Dass ein „autonomer Agent" eine Erklärung abgibt, ist dann keine Überraschung, sondern vielmehr Ergebnis seines Einsatzes. Ebenso wie derjenige, der im Winter Wasser auf die Straße schüttet, sich zurechnen lassen muss, dass das Wasser zu Eis gefriert und eine andere Person zu Schaden kommt, weil sie auf der Eisfläche ausrutscht,[41] setzt die Verwenderin einer künstlichen Intelligenz, die autonome Erklärungen erzeugt, das Risiko von Erklärungen, die andere als Willenserklärungen der Verwenderin wahrnehmen.

II. Zugang der Willenserklärung und Annahme

1. Zugang

12 Für den Zugang der Willenserklärung gelten die §§ 130ff. BGB.[42] Es handelt sich um Willenserklärungen unter Abwesenden.[43] Denn jedenfalls bei den hier interessierenden Fällen (mindestens) teilautomatisiert generierter Willenserklärungen sprechen die Beteiligten nicht unmittelbar miteinander und es besteht keine Möglichkeit unmittelbarer Verhandlungen.[44] Nach der herrschenden Empfangstheorie kommt es also darauf an, dass und wann die Erklärung derart in den Machtbereich des Empfängers gelangt, dass er sie wahrnehmen kann.[45] Allerdings fehlt es an einem privaten oder individuellen Empfangsbereich, da die Blockchain gerade dezentral organisiert ist und sämtliche Daten von sämtlichen Teilnehmern einsehbar sind.[46] Insofern versagt hier das häufig gedanklich unterstellte „Briefkasten"- oder „Mailbox"-Modell. Es gibt keinen individuellen Machtbereich dieser Art, zu dem nur die empfangende Person Zugang hat. Als Bezugspunkt für den Zugang verbleibt damit der Moment, in dem der Block mit den maßgeblichen Informationen über die Erklärung angehängt wird.[47] Wann genau der Zugang eintritt, ist freilich schwierig zu bestimmen. Angesichts der öffentlichen Darstellung der Information liegt hier nicht der Vergleich mit Briefkästen und ähnlichen Einrichtungen nahe, sondern eher mit einem „schwarzen Brett". Insoweit geht die Literatur davon aus, der Zugang setze tatsächliche Kenntnisnahme voraus. Wenn es nicht zu dieser komme, aber die Möglichkeit der Kenntnisnahme bestehe, handele es sich um ein Problem der Zugangsvereitelung.[48] Freilich dürfte diejenigen, die sich Smart Contracts und der Blockchain-Technologie bedienen, eine Obliegenheit treffen, regelmäßig Informationen abrufen. Wer sich bewusst dafür entscheidet, eine Technologie zu nutzen, die Informationen (im untechnischen Sinne) nur „öffentlich zustellt", übernimmt das Risiko, dass für ihn maßgebliche Erklärungen in die-

[40] So auch Paulus/Matzke ZfPW 2018, 431 (440ff.); Specht/Herold MMR 2018, 40 (41).

[41] Vgl. auch BGHZ 103, 129 (136ff.): Wer Chemikalien in ein Gewässer leitet, muss sich auch die Schäden zurechnen lassen, die der Stoff verursacht, in den sich die Chemikalie im Wasser mit der Zeit umwandelt.

[42] Paulus/Matzke ZfPW 2018, 431 (445).

[43] Wohl allg. Ansicht, s. Möslein ZHR 183 (2019), 254 (275); Paulus/Matzke ZfPW 2018, 431 (445).

[44] Zur Maßgeblichkeit dieses Kriteriums etwa Einsele in MüKoBGB, Bd. 1, 8. Aufl. 2018, BGB § 130 Rn. 1; Singer/Benedict in Staudinger, 2017, BGB § 130 Rn. 18.

[45] Hefermehl in Soergel, Bd. 2, 13. Aufl. 1999, § 130 Rn. 8; Singer/Benedict in Staudinger, 2017, § 130 Rn. 39.

[46] Möslein ZHR 183 (2019), 254 (275). Zur dezentralen Organisation der Blockchain Kuntz AcP 220 (2020), 51 (57).

[47] Heckelmann NJW 2018, 504 (505f.); Möslein ZHR 183 (2019), 254 (276).

[48] Etwa Faust in NK-BGB, Bd. 1, 4. Auflage 2021, BGB § 130 Rn. 65.

ser Weise zugehen. Es überzeugte nicht, die Person, welche die Erklärung abgibt, ihrerseits dazu anzuhalten, die Erklärung noch einmal abzugeben, um den Zugang sicherzustellen.

Probleme treten im Fall einer *hard fork* auf.[49] Entstehen zwei (oder mehr) Zweige mit unterschiedlichen Informationen, kommt es darauf an, an welchem Zweig der Empfänger beteiligt war.[50] Sollte es sich um einen Zweig handeln, der als Konsequenz einer *hard fork* dazu führt, dass die Vereinbarung technisch nicht mehr abgewickelt werden kann, weil sich Sender und Empfänger auf unterschiedlichen Ketten befinden, deren Code nicht mehr miteinander kompatibel ist, fallen juristischer Vertragsschluss und Durchführbarkeit auf der Blockchain unter Umständen auseinander. Im Extremfall kommt es dazu, dass die Annahmeerklärung nicht zugeht und daher ein Vertragsschluss entfällt.[51] **13**

2. Annahme

Der Antrag enthält eine Willenserklärung unter Abwesenden.[52] Gleiches gilt für die Annahme. Abgesehen von dem Ausnahmefall, dass ein außerhalb der Blockchain geschlossener Vertrag anschließend nur noch in den Code übersetzt wird, gilt für die Annahme daher § 147 Abs. 2 BGB.[53] **14**

Wer dies anders sieht, muss sich mit der Reichweite von § 147 Abs. 1 BGB auseinandersetzen. Zwar ist es theoretisch denkbar, eine Blockchain als „sonstige technische Einrichtung" iSv § 147 Abs. 1 S. 1 BGB zu qualifizieren.[54] Doch fehlt es schon bei teilautomatisierten Willenserklärungen an der Grundvoraussetzung von § 147 Abs. 1 S. 1 BGB, nämlich eine Art Verhandlungssituation, die erlaubt, Äußerungen unmittelbar physisch wahrzunehmen.[55] Insoweit gilt nichts anderes als für den Antrag.[56] Doch dürfte vielfach § 151 S. 1 BGB greifen. Wer sich der Möglichkeit eines teilautomatisierten oder noch stärker technikgebundenen Vertragsschlusses bedienen möchte, will Transaktionskosten sparen. Das dürfte typischerweise einen stillschweigenden Verzicht auf den Zugang der Annahmeerklärung beinhalten.[57] **15**

III. Die Decentralized Autonomous Organization (DAO) als Sonderproblem

Eine Sonderform Smart Contract-gestützter Beziehungen ist die sog. Decentralized Autonomous Organization (DAO), die aufgrund eines „Hacks" des ersten Experiments größeren Umfangs dieser Art, genannt „The DAO", unfreiwillig größere Publizität erlangt hat.[58] Dabei handelt es sich um einen oder mehrere Smart Contract(s), der die Plattform für unternehmerische Aktivitäten bieten soll. Der Initiator speist den Programmcode in die Blockchain ein, anschließend läuft eine Art Crowdfunding-Verfahren ab, dh es besteht für Dritte die Möglichkeit, im Gegenzug für die Einzahlung von Kapital Mitwirkungs- **16**

---

[49] Der Begriff der *fork* beschreibt die Änderung des Softwareprotokolls. Bei einer *hard fork* führt die Änderung dazu, dass die neue Version des Programms nicht mehr mit der alten kompatibel ist. Die Netzwerkknoten (*nodes*), die den alten Code weiternutzen, bilden eine eigenständige Kette, ebenso die *nodes*, welche den neuen Code implementieren. Als Konsequenz entstehen zwei Ketten mit unterschiedlichen Informationen. Zu *forks* etwa Antonopoulos Mastering Bitcoin, 2. Aufl. 2017, S. 240 ff.

[50] Möslein ZHR 183 (2019), 254 (276).

[51] Zur Annahme und § 151 BGB noch → Rn. 14 f.

[52] → Rn. 12.

[53] Möslein ZHR 183 (2019), 254 (275).

[54] Möslein ZHR 183 (2019),254 (275).

[55] Möslein ZHR 183 (2019), 254 (275). Zu den Prämissen von § 147 Abs. 1 S. 1 BGB etwa Busche in MüKoBGB, Bd. 1, 8. Aufl. 2018, BGB § 147 Rn. 28; Eckert in BeckOGK, 1.5.2021, BGB § 147 Rn. 5; Wolf in Soergel, Bd. 2, 13. Aufl. 1999, BGB § 147 Rn. 3 (zu § 147 BGBaF).

[56] → Rn. 12.

[57] Ähnlich Möslein ZHR 183 (2019), 254 (275).

[58] Zum „DAO-Hack" etwa Antonopoulos/Wood, Mastering Ethereum, 2018, S. 325 ff.; aus der deutschsprachigen Literatur zB Blocher in Braegelmann/Kaulartz Rechtshandbuch Smart Contracts, 2019, Kap. 10 Rn. 5 ff.

rechte zu erwerben, die als Token oder – missverständlich – Shares bezeichnet werden.[59] Token-basierte Modelle gewähren prinzipiell jeder interessierten Person den Zugang. Zudem ist es möglich, die Token zu handeln. Bei den sog. Share-Organisationen entscheidet die bereits vorhandene Gemeinschaft über den Zutritt und die Gewährung von Mitwirkungsmöglichkeiten.[60] Das eingezahlte Kapital, idR Einheiten einer Kryptowährung, wird für Projekte verwendet, über welche die Beteiligten per Mehrheitsabstimmung entscheiden. Die Ausführung des Projektes, etwa der Abschluss der dazu notwendigen Smart Contracts und Verträge sowie die Abwicklung der Zahlungen aus dem Kapital, findet automatisiert über das Programm statt. Für die Zwecke des vorliegenden Beitrages sind aus juristischer Perspektive zwei Fragen relevant: Liegt einer DAO ein Vertragsschluss zugrunde (→ Rn. 18 ff.) und wie sind die „Handlungen" der DAO rechtsgeschäftlich einzustufen (→ Rn. 33 ff.)?

17 Für die folgenden Überlegungen wird unterstellt, sämtliche Erklärungen und Vereinbarungen unterfielen dem deutschen Recht. Diese Annahme ist zugegebenermaßen etwas realitätsfern, weil „Angebote" und Erklärungen über die Beteiligung an einer DAO typischerweise grenzüberschreitend von Personen unterschiedlicher Nationalitäten aus einer Vielzahl von Staaten stammen dürften. Doch hat die Beschränkung insofern ihren Sinn, als selbst unter diesen restriktiven Bedingungen erhebliche konstruktive Schwierigkeiten zutage treten, welche das Problempotenzial jedenfalls einiger Blockchain-basierter Lösungen deutlich zeigen.

1. Ansätze für die rechtliche Konstruktion der DAO

18 **a) Ausgangspunkt: Stellung des Initiators.** Für das Problem, wie sich die DAO rechtlich konstruieren lässt, bedarf zunächst die Stellung des Initiators einer näheren Betrachtung. Auch wenn die Regeln für die DAO je nach Einzelfall unterschiedlich ausgestaltet sind, sehen sie doch typischerweise vor, den Inhalt der Geschäfte sowie die Verwendung des angesammelten Kapitals (Beiträge und Gewinne) nach Maßgabe von Mehrheitsentscheidungen zu gestalten. Jedenfalls in vielen Fällen hat der Initiator daher keine besonderen Eingriffs- und Steuerungsrechte, sondern wird mit zunehmender Zahl an Beteiligten „einer unter vielen". Insofern ließe sich aus Sicht des Initiators auf den ersten Blick argumentieren, seine Position ähnele der eines Plattformbetreibers.[61] Er stelle im Wesentlichen die Möglichkeit für andere bereit, sich über einen Smart Contract zu verbinden und gemeinsam über Projekte zu entscheiden, und verringere so die Suchkosten derjenigen, die nach entsprechenden Investitionsmöglichkeiten Ausschau hielten.[62] Qualifiziert man die Verbindung der partizipierenden Personen als Gesellschaftsvertrag,[63] bliebe der Initiator damit, je nach eigener Beteiligung, außerhalb des/dieses Vertragsverhältnisses, würde also insbesondere nicht Mitglied.[64]

19 Doch spricht gegen eine solche Einstufung insbesondere der Blickwinkel der übrigen Beteiligten aus der maßgeblichen Perspektive des objektiven Empfängerhorizonts gemäß §§ 133, 157 BGB. Denn der Initiator stellt nicht lediglich die Möglichkeit bereit, in beliebigen Gegenständen über seine Plattform zu handeln. Vielmehr bietet er selbst mit dem von ihm zur Verfügung gestellten Programm genau den Gegenstand/das Produkt an, in

[59] Vgl. etwa die Beschreibung für Ethereum unter https://ethereum.org/en/dao/ (zuletzt aufgerufen am: 20.4.2022). Missverständlich ist die Bezeichnung deshalb, weil die „Shares" jedenfalls keine Anteile im juristisch-kapitalgesellschaftsrechtlich/corporate law-rechtlichen Sinne sind. Zu einem Beispiel Kuntz AcP 220 (2020), 51, 90. Zur Frage, ob es sich um Mitgliedschaftsrechte im personengesellschaftsrechtlichen Sinne handeln kann, weiter unten im Text → Rn. 20 ff.).

[60] S. nochmals https://ethereum.org/en/dao/ (zuletzt aufgerufen am: 20.4.2022).

[61] Umfassend hierzu Engert AcP 218 (2018), 304 (311).

[62] Zu dieser Funktion von Plattformen Engert AcP 218 (2018), 304 (332).

[63] So etwa Mann in Braegelmann/Kaulartz Rechtshandbuch Smart Contracts, 2019, Kap. 17 Rn. 12, 14.

[64] Vgl. zur vertragsrechtlichen Einbindung der Plattform und ihres Betreibers Engert, AcP 218 (2018), 304 (312).

das die übrigen Personen investieren. Mit dem Code strukturiert er die Bedingungen vor, zu denen eine „Beteiligung" erworben werden kann, welche Rechte sie enthält und wie Vermögen zu verteilen ist. Dann ist er selbst Vertragspartner. Doch hängt dies, wie bereits bemerkt, vom objektiven Empfängerhorizont ab, der sich nach den weiteren Umständen richtet. Pauschale Lösungen verbieten sich hier.

b) Rechtsbindungswille der Beteiligten als Problem

aa) Grundsatz: Kein Rechtsbindungswille in typischen Gestaltungen. Auf den ersten Blick spricht viel dafür, jedenfalls von der Warte des deutschen Rechts aus betrachtet, den technischen Beitritt zur DAO in eine juristisch relevante Willenserklärung umzumünzen.[65] Der Vorgang ähnelt auf den ersten Blick auffällig dem Beitritt zu einer Personengesellschaft – die Leistung des Beitrages (zB Kryptowährung) vollzieht sich in der Erwartung, später mitbestimmen und Gewinne nach einem bestimmten Verteilungsschlüssel vereinnahmen zu können. Im Ergebnis spricht aber viel dagegen, Rechtsbindungswillen anzunehmen: 20

Die übrigen Beteiligten sind nicht bekannt und nicht ermittelbar, weil sie in der Blockchain pseudonym auftreten. Zudem ist der Inhalt des Projekts vielfach noch nicht bekannt, es handelt sich um eine bloße organisatorische Hülle. Das ist sowohl für den Initiator, der das Programm in die Blockchain stellt, relevant als auch für die übrigen Beteiligten, die das Programm herunterladen[66] und eine Einzahlung tätigen oder versprechen. Denn jeweils ist fraglich, ob sich jemand damit gegenüber anderen verpflichten möchte, einen gemeinsamen Zweck zu fördern und für unbekannte Risiken zu haften.[67] Die Risiken resultieren nicht nur aus der Gefahr, den Ausfall illiquider oder nicht erreichbarer Mitgesellschafter zu übernehmen. Vielmehr besteht zusätzlich das Problem, die Mittelverwendung, die Art der Geschäfte und das Ziel des Unterfangens nicht abschätzen zu können. Zwar kennen auch die Mitglieder von Publikumsgesellschaften, handele es sich um Kapitalgesellschaften oder Personengesellschaften, ihre Mitgesellschafter typischerweise nicht oder nur teilweise. Doch gewährleisten die gesetzlichen Haftungsbeschränkungen, etwa bei Kommanditisten, die Beschränkung des Investitionsrisikos. Zudem sind die Zwecke gerade von Publikumspersonengesellschaften im Regelfall recht eng definiert, was fehlende Verwaltungsrechte ausgleicht. Bei Kapitalgesellschaften müssen die Anteilseigner (auch in der AG) in wesentliche Entscheidungen eingebunden werden, soweit diese das Investitionsrisiko in strukturellem Maße betreffen, etwa Kapitalerhöhungen und die Mittelverwendung. Außerdem begrenzt das Gesetz die Kompetenz der Verwaltungsorgane. Diese Schutzmechanismen sind bei DAO nicht in gleichem Maße vorhanden. 21

Darüber hinaus ist der Kern jeglicher Blockchain-basierter Lösung zu berücksichtigen, was in der bisherigen juristischen Debatte etwas untergeht: Das Vertrauen in die Geschäfts-/Vertragspartner wird durch Systemvertrauen ersetzt.[68] Die Sicherheit, an den Gewinnen zu beteiligt zu werden, ergibt sich aus der (vermeintlichen) Architektur des Programmcodes, dem *tamper proof* Smart Contract.[69] Damit folgt das Vertrauen in die Durchsetzbarkeit der eigenen Gewinnforderungen in der Zukunft eben nicht aus der Möglichkeit, gegebenenfalls klagen zu können (gegen wen?), sondern daraus, dass das Programm diese Forderungen durchsetzt. Angesichts der Überzeugungen vieler Blockchain-Anhänger dürfte gerade dieser Aspekt sogar dafür sprechen, von einem deutlichen Willen *gegen* rechtliche Bindungen auszugehen,[70] weil diese möglicherweise die codierte 22

[65] Dafür etwa Mann in Braegelmann/Kaulartz Rechtshandbuch Smart Contracts, 2019, Kap. 17 Rn. 9.

[66] Aus technischer Sicht werden die Daten der gesamten Blockchain heruntergeladen, dh einschließlich der Daten sämtlicher auf der Kette befindlicher Smart Contracts. Der Text oben vereinfacht aus Gründen der Lesbarkeit.

[67] So zu Recht bereits Langenbucher AcP 218 (2018), 385 (423).

[68] Dazu Kuntz AcP 220 (2020), 51 (80).

[69] Vgl. etwa https://ethereum.org/en/dao/ (zuletzt aufgerufen am: 20.4.2022).

[70] Vgl. Kuntz AcP 220 (2020), 51.

Lösung blockieren. Freilich liegt hier der Einwand nahe, es handele sich gegebenenfalls um die unzulässige Umgehung zwingenden Rechts.

23 Die Situation ist nicht vergleichbar mit Publikumspersonengesellschaften. Unabhängig von der Frage, ob dieser ein Gestaltungsmodell mit beschränkter Haftung (Publikumskommanditgesellschaft) zugrunde liegt,[71] existieren zwei wesentliche Unterschiede, die mit der Rechtsform nichts zu tun haben: Wenigstens die Gründer/Initiatoren sind als Bezugspunkte für einen Vertragsschluss sowie der Geschäftsführung bekannt. Zudem steht von Beginn an fest, welches Vorhaben finanziert wird bzw. welcher Unternehmensgegenstand existiert.

24 Auch ein Vergleich zu Konstruktionen wie einer Special Purpose Acquisition Company (SPAC) trägt nicht.[72] Zwar investieren die Gesellschafter auch hier in eine bloße Mantelgesellschaft, deren Anlagestrategien noch nicht feststehen. Doch beschränken Aktienrecht und Kapitalmarktrecht in erheblichem Maße und unabhängig von einer „Programmierung“ durch den *sponsor* die Handlungsmöglichkeiten.[73] Zudem sind die Sponsoren bekannt und darauf angewiesen, ihre Reputation nicht „auf's Spiel“ zu setzen, um nicht zukünftig aus dem Markt auszuscheiden. Das ist bei DAO anders. Gerade die Pseudonymität der Blockchain ermöglicht, wiederholt per DAO Kapital einzusammeln, ohne dass nach einem Missbrauch oder Scheitern Reputationsverluste der Initiatoren einträten.

25 Immerhin ließe sich in der Abstimmung über ein konkretes Projekt ein Vertragsschluss sehen. Nun ist immerhin der Geschäftsgegenstand bekannt.[74] Außerdem ist ab diesem Zeitpunkt klar, dass das investierte Kapital eingesetzt wird und verloren gehen kann. Daher lässt sich argumentieren, dass spätestens jetzt die Erwartung besteht, die Kehrseite des Risikos, nämlich die Gewinnaussicht, abzusichern und an etwaigen Erträgen sicher beteiligt zu werden. Doch trägt dies im Ergebnis ebenfalls nicht, sofern es weiterhin bei der Pseudonymität bleibt.

26 Gegen die hier formulierte zurückhaltende Ansicht lässt sich auf den ersten Blick einwenden, sie sei problematisch im Hinblick auf ihre Konsequenzen. Komme kein Vertrag zustande, herrsche Anarchie. Bereicherungsrecht und das EBV, sofern überhaupt anwendbar, böten keinen ausreichenden Schutz insbesondere bei Verhältnissen, die über einen gewissen Zeitraum hinweg bestanden. Wer einen Vertragsschluss verneine, lasse die Beteiligten schutzlos zurück und liefere sie dem Initiator aus.[75]

27 Das stimmt, ist aber kein Grund, einen Rechtsbindungswillen zu fingieren, der nicht bestand. Der Einwand lässt sich umkehren: Wer sich als geschäftsfähiger Teilnehmer des Rechtsverkehrs nicht sicher ist, welche Risiken ein Projekt aufweist, wer die übrigen Beteiligten sind[76] und welche rechtliche Qualität das Unterfangen hat, ist selbst verantwortlich für die Konsequenzen seines Tuns. Sie sind Folge einer privatautonomen Entscheidung. Im Übrigen ist nicht klar, ob die Annahme eines Vertragsschlusses zu einem besseren Schutz der Beteiligten führt. Denn mit einem Gesellschaftsvertrag entstehen nicht nur Rechte, sondern, das wurde oben schon betont, auch Pflichten in einem erheblichen Umfang. Es ist durchaus zweifelhaft, ob eine Haftung etwa nach § 128 S. 1 HGB (analog) gewollt ist, wenn der Umfang des Projekts und die Zahl seiner Beteiligten nicht im Ansatz vorhersehbar sind.

28 **bb) Rechtsbindungswille und Konstruktion des Vertragsschlusses.** Die unter aa) vertretene kritische Position ist nicht damit gleichzusetzen, es komme nie zu einem Ver-

[71] Auf diese als typischen Fall verweist Langenbucher AcP 218 (2018), 385 (423).
[72] Zu SPACs im Einzelnen in jüngerer Zeit Hell BKR 2021, 26.
[73] Vgl. Hell BKR 2021, 26 (29 ff.).
[74] Vgl. Langenbucher AcP 218 (2018), 385 (423).
[75] In diese Richtung etwa Mann in Braegelmann/Kaulartz Rechtshandbuch Smart Contracts, 2019, Kap. 17 Rn. 11.
[76] Hierauf verweist zB Mann in Braegelmann/Kaulartz Rechtshandbuch Smart Contracts, 2019, Kap. 17 Rn. 11.

tragsschluss. Dafür ist am Ende die konkrete Gestaltung maßgeblich, die Art und Weise des Zusammenschlusses und der Inhalt der Kooperationsbedingungen.[77] Insbesondere dann, wenn die DAO und die sie konstituierenden Smart Contracts von einem persönlich identifizierbaren Initiator ausgehen oder sich die Beteiligten bereits vorher über ein Zusammenwirken geeinigt haben, spricht viel dafür, abweichend von den oben entwickelten Argumenten anzunehmen, die Beteiligten handelten mit Rechtsbindungswillen.[78]

Stellt der Initiator das Programm in die Blockchain, dürfte es sich in den meisten Fällen um ein Angebot *ad incertas personas* handeln, nicht lediglich um eine *invitatio ad offerendum*. Denn grundsätzlich besteht ein Interesse daran, das Investitionskapital zu maximieren. Angesichts der Programmarchitektur und des Umstandes, dass es keine Vorschriften analog zum AktG gibt, welche die Einberufung und Durchführung einer Versammlung der teilnehmenden Personen regeln, besteht kein Bedürfnis, den Zugang mit Blick auf die Zahl der Beteiligten zu beschränken.[79] Es gibt kein von vornherein beschränktes Volumen einer Kapitalerhöhung und deshalb limitierte Zahl von Mitgliedschaftsrechten oder ähnliche Grenzen, hinsichtlich derer der Initiator seine Risiken beschränken müsste. **29**

Eine Ausnahme gilt etwa in Modellen, in denen der Zutritt zum Projekt von einer Vorprüfung abhängt.[80] Zudem ist es gerade bei seriösen Vorhaben nicht unwahrscheinlich, dass der Initiator gewisse Schranken hinsichtlich der Mitgliederzahl vorsieht, jedenfalls pro Finanzierungsrunde bei mehrfacher Kapitalaufnahme. **30**

Die Annahmeerklärung der übrigen Beteiligten liegt noch nicht im Download des Programmes.[81] Das Programm eröffnet den technischen Zutritt, ist aber noch nicht mit diesem gleichzusetzen. Vielmehr ist es hierfür notwendig, einen weiteren Schritt zu gehen, der den konkreten Willen ausdrückt, sich zur Leistung zu verpflichten. Das kann konkludent mit der Überweisung von Einheiten einer Kryptowährung geschehen, aber auch mit sonstigen Erklärungen, je nach Vorgaben des konkreten Codes. Die Annahmeerklärung ist ebenfalls eine Erklärung *ad incertas personas*, die sich an alle richtet, die sich an der DAO beteiligen.[82] **31**

c) Verbraucherrecht und Kapitalanlage. Qualifiziert man den Beitritt zur DAO als Willenserklärung, die zum Vertragsschluss führt, greift auch das Verbraucherrecht.[83] Dabei gilt es zu berücksichtigen, dass allein die Einstufung des Zusammenschlusses über die DAO als Gesellschaftsvertrag nicht zum Ausschluss dieser Normen führt. Insoweit ist auf das allgemeine Schrifttum zum Personengesellschaftsrecht zu verweisen.[84] **32**

2. Vertragsschlüsse über die DAO

Je nachdem, auf welcher rechtlichen Grundlage die DAO beruht, vollziehen sich die von „ihr" getätigten Vertragsschlüsse. Der einfachste Fall ist der, in dem die Beteiligung an der DAO nicht zu einem Vertragsschluss zwischen den Beteiligten führt.[85] Dann stellt die DAO nichts anderes als die informationstechnische Repräsentation des Initiators in Form eines Smart Contracts dar. Es gelten damit die bereits oben erläuterten Grundsätze **33**

[77] So zB auch Langenbucher AcP 218 (2018), 385 (424).
[78] Vgl. hierzu etwa die Hinweise zur Gründung einer DAO unter https://daohaus.substack.com/p/four-and-a-half-steps-to-start-a (zuletzt aufgerufen am: 20.4.2022).
[79] Zur Einstufung eines öffentlichen „Angebots" von Anteilen an einem offenen Investmentvermögen als *invitatio ad offerendum* etwa Kloyer/Seidenschwann in Assmann/Wallach/Zetzsche, Kapitalanlagegesetzbuch, KAGB § 162 Rn. 27.
[80] So könnte eine Alters- oder Vermögensprüfung vorgeschaltet werden.
[81] Aus technischer Sicht werden die Daten der gesamten Blockchain heruntergeladen, dh einschließlich der Daten sämtlicher auf der Kette befindlicher Smart Contracts. Der Text oben vereinfacht aus Gründen der Lesbarkeit .
[82] Ähnlich Riehm in Braegelmann/Kaulartz Rechtshandbuch Smart Contracts, 2019, Kap. 9 Rn. 13.
[83] → Rn. 37.
[84] Siehe dazu Geibel in BeckOGK, 1.5.2021, BGB § 705 Rn. 97.
[85] → Rn. 20 ff.

über die Abgabe und den Zugang von Willenserklärungen.[86] Handelt es sich um einen Gesellschaftsvertrag, hängt die Einordnung von der Konstruktion der Geschäftsführungs- und Vertretungsverhältnisse ab:

34 Liegt eine GbR nach dem gesetzlichen Modell vor, sind sämtliche Mitglieder zur Geschäftsführung und Vertretung berechtigt (§§ 714, 709 Abs. 1 BGB). Soll „die DAO" rechtsverbindlich für die GbR (oHG) handeln, müssen im Außenverhältnis somit die Gesellschafter gemeinsam eine Willenserklärung im Namen der Gesellschaft abgeben. Technisch umsetzen lässt sich dies wiederum durch eine von dem Code der DAO generierte Erklärung. Diese enthält nun, das ist der Unterschied zu den bisher diskutierten Konstellationen, die gemeinschaftliche Willenserklärung der Mitglieder. Selbst wenn die Erklärung dabei die DAO als Geschäftspartner bezeichnet und nicht die Gesellschaft, liegt kein Verstoß gegen das Offenkundigkeitsprinzip vor. Insoweit greifen die Grundsätze zu unternehmensbezogenen Geschäften.[87]

35 Abhängig von der konkreten Ausgestaltung des Verhältnisses der Gesellschafter kommt zudem in Betracht, den Initiator jedenfalls als stillschweigend zur Alleingeschäftsführung und -vertretung ermächtigte Person zu betrachten. In diesem Fall enthält die elektronische Erklärung der DAO wiederum (allein) seine Willenserklärung als Vertreter der Gesellschaft.

36 Denkbar ist es auch, eine „echte" Kapitalgesellschaft zu nutzen, die nach außen auftritt, wie dies bei „The DAO" der Fall war.[88] Dann stellt sich die Frage, in welchem Verhältnis die DAO und ihre Beteiligten zur Kapitalgesellschaft stehen. Denkbar ist es, hier von einer stillen Beteiligung auszugehen.

IV. Verbraucherrechtliche Besonderheiten

1. Anwendbarkeit von Verbraucherrechterichtlinie und E-Commerce-Richtlinie

37 Art. 3 Abs. 3 lit. l) der Verbraucherrechterichtlinie[89] schließt Verträge aus ihrem Anwendungsbereich aus, die unter Verwendung von Warenautomaten oder automatisierten Geschäftsräumen geschlossen werden. Da selbst der „Vater" des Smart Contracts, *Nick Szabo*, Warenautomaten als Urform von Smart Contracts beschreibt, weil diese ebenfalls automatisierte und (mehr oder minder) manipulationsfreie Vertragsschlüsse und -durchsetzung ermöglichten,[90] liegt dies jedenfalls auf den ersten Blick nahe. Bei näherer Betrachtung gilt die Verbraucherrechterichtlinie – und damit alle auf ihr basierenden nationalen Umsetzungsgesetze – dennoch.[91] Denn weder ist die Ware sichtbar und damit der Überprüfung zugänglich[92] noch geht es notwendig um die kleineren überschaubaren Beträge und

[86] → Rn. 3 ff.
[87] BGHZ 62, 216 (220 f.); BGH NJW 1995, 43 (44); Schubert in MüKoBGB, Bd. 1, 8. Aufl. 2018, BGB § 164 Rn. 121.
[88] S. Mann NZG 2017, 1014 (1018).
[89] Richtlinie 2011/83/EU des Europäischen Parlaments und des Rates vom 25.10.2011 über die Rechte der Verbraucher, zur Abänderung der Richtlinie 93/13/EWG des Rates und der Richtlinie 1999/44/EG des Europäischen Parlaments und des Rates sowie zur Aufhebung der Richtlinie 85/577/EWG des Rates und der Richtlinie 97/7/EG des Europäischen Parlaments und des Rates, ABl. L 304/64 vom 22.11.2011.
[90] Szabo First Monday, 2 (9) 1997, unter „Contracts Embedded in the World".
[91] Spindler/Wöbbeking in Braegelmann/Kaulartz Rechtshandbuch Smart Contracts, 2019, Kap. 11 Rn. 12.
[92] Zu diesem Aspekt etwa Wendehorst in MüKoBGB, Bd. 3, 8. Aufl. 2019, BGB § 312 Rn. 72.

Geschäftsrisiken, die sich bei dem Kauf mit Warenautomaten typischerweise verbinden.[93] Auch die E-Commerce-Richtlinie[94] gilt, hier gibt es keine Ansätze für eine Ausnahme.[95]

2. Insbesondere: Informationsvorgaben

Zu beachten sind insbesondere § 312c, § 312d BGB (Informationspflichten bei Fern- 38 absatzverträgen) und §§ 312i, 312j BGB (Pflichten im elektronischen Geschäftsverkehr). Nach dem anwendbaren Art. 246a § 1 Abs. 1 EGBGB fallen darunter ua die wesentlichen Eigenschaften der Waren oder Dienstleistungen in dem für das Kommunikationsmittel und für die Waren und Dienstleistungen angemessenen Umfang (Nr. 1), die Identität des Unternehmers sowie die Anschrift der Niederlassung und eine Telefonnummer (Nr. 2), zusätzlich die Geschäftsanschrift, an die sich der Verbraucher mit einer Beschwerde wenden kann (Nr. 3). Ähnliche Vorgaben zur Identifikation enthält der auf der E-Commerce-Richtlinie beruhende § 5 TMG.

Wer verpflichtete Person ist, kann durchaus problematisch sein. Hier treten die Schwie- 39 rigkeiten auf, die oben unter I. bis III. bereits im Kontext des Vertragsschlusses Gegenstand der Betrachtungen waren, etwa bei Auftreten einer DAO.[96] In offen-öffentlichen Blockchains laufen die verbraucherschützenden Vorschriften indes weitgehend leer.[97] Lässt man die Identifikationsprobleme einmal außen vor, sprechen jedenfalls die besseren Gründe dafür, nicht sämtliche Nodes der Blockchain für verpflichtet zu halten, sofern die hinter ihnen stehenden Personen überhaupt Unternehmer sind, sondern nur die konkreten Vertragspartner.[98] Das entspricht auch den Vorgaben der Richtlinie, die sich vorrangig an der Risikoverteilung im konkreten Vertragsverhältnis orientieren.

3. Zugangsregeln

Für den Zugang ist § 312i BGB zu berücksichtigen. Gemäß § 312i Abs. 1 S. 1 Nr. 3 BGB 40 hat der Unternehmer dem Kunden den Zugang von dessen Bestellung unverzüglich auf elektronischem Wege zu bestätigen. § 312i Abs. 1 S. 2 BGB stellt dabei für den Zugang von Bestellung und Empfangsbestätigung darauf ab, dass die Parteien, für die sie bestimmt sind, sie unter gewöhnlichen Umständen abrufen können. Das entspricht an sich den Vorgaben der deutschen Empfangstheorie.[99] Doch sind immer die Umstände des konkreten technischen Umfeldes zu berücksichtigen.[100] Wie bereits unter II.1. ausgeführt, besteht die Abrufmöglichkeit in der Blockchain, wenn der maßgebliche Block an die Kette angehängt wurde und für alle Teilnehmer der Kette sichtbar ist.

---

[93] Spindler/Wöbbeking in Braegelmann/Kaulartz Rechtshandbuch Smart Contracts, 2019, Kap. 11 Rn. 12.

[94] Richtlinie 2000/31/EG des Europäischen Parlaments und des Rates vom 8.6.2000 über bestimmte rechtliche Aspekte der Dienste der Informationsgesellschaft, insbesondere des elektronischen Geschäftsverkehrs, im Binnenmarkt („Richtlinie über den elektronischen Geschäftsverkehr", „E-Commerce Richtlinie"), ABl. L 178 v. 17.7.2000.

[95] So im Ergebnis auch Spindler/Wöbbeking in Braegelmann/Kaulartz Rechtshandbuch Smart Contracts, 2019, Kap. 11 Rn. 13.

[96] Speziell dazu oben → Rn. 9 ff., Vgl. auch Spindler/Wöbbeking in Braegelmann/Kaulartz Rechtshandbuch Smart Contracts, 2019, Kap. 11 Rn. 17.

[97] So auch Spindler/Wöbbeking in Braegelmann/Kaulartz Rechtshandbuch Smart Contracts, 2019, Kap. 11 Rn. 17.

[98] Spindler/Wöbbeking in Braegelmann/Kaulartz Rechtshandbuch Smart Contracts, 2019, Kap. 11 Rn. 17. Zum Begriff der *node* etwa Antonopoulos Mastering Bitcoin, 2. Aufl. 2017, S. 25. Für die Zwecke dieses Beitrages steht „node" stets für eine voll transaktionsberechtigte *full node*. Zum Unterschied von *full nodes* und *light nodes* Antonopoulos Mastering Bitcoin, 2. Aufl. 2017, S. 172.

[99] Dazu Thüsing in Staudinger, 2019, BGB § 312i Rn. 51; Wendehorst in MüKoBGB, Bd. 3, 8. Aufl. 2019, BGB § 312i Rn. 91 f.

[100] Vgl. Thüsing in Staudinger, 2019, BGB § 312i Rn. 52.

V. Form

41 Etwaige Formvorgaben für die Willenserklärungen und den Vertrag gelten selbstredend auch für solche Erklärungen und Rechtsgeschäfte, die über die Blockchain abgegeben oder getätigt werden. Das kann im Ergebnis zu einer teilweisen Entwertung der Blockchain-Lösung führen. Sobald Formerfordernisse sich nicht mehr innerhalb des Codes lösen lassen, reduziert sich die Funktion des Smart Contracts auf Dokumentation und Durchsetzung. Das gilt offensichtlich für Vorgaben, die notarielle Beurkundung (zB § 128 BGB, § 311b Abs. 1 BGB) oder die eigenhändige Unterschrift (§ 126 Abs. 1 BGB) erfordern. Aber auch Normen wie § 126a BGB, die auf den ersten Blick wie geschaffen für technisch fortgeschrittene Ansätze erscheinen, haben ihre Tücken. Zwar wäre es kein Problem, über eine Blockchain elektronisch zu signieren. Doch setzt § 126a BGB eine sog. qualifizierte Signatur voraus, die nur ein qualifizierter Vertrauensdiensteanbieter nach der Maßgabe der eIDAS-VO[101] erstellen kann.[102] Eine Blockchain erfüllt diese Anforderungen nicht.[103]

42 Keine Probleme entstehen, wenn die Parteien bei grundsätzlich gegebenem gesetzlichen Spielraum von sich aus Formvereinbarungen treffen und etwa die Wirksamkeit von Willenserklärungen oder eines Vertragsschlusses an die Abwicklung über die Blockchain binden.[104] Die dingliche Wirksamkeit lässt sich zudem, das entspricht dann in der Sache einem Formerfordernis, an eine Bedingung iSv § 158 Abs. 1 BGB knüpfen, wonach etwa die Einigung über die Abtretung einer Forderung nur und erst dann gelten soll, wenn sie in einem entsprechenden Block Teil der Kette geworden ist.[105] Für Verbraucherverträge im elektronischen Geschäftsverkehr ist § 312j BGB zu beachten.

VI. Anfechtung

43 Wie jedes Rechtsgeschäft sind Verträge anfechtbar, welche die Grundlage für einen Smart Contract bilden oder auf Basis eines solchen Programms zustande gekommen sind.[106] Die Anfechtung kann mangels abweichender Abreden der Parteien auch außerhalb des informationstechnischen Systems erklärt werden.[107] Da die Beteiligten die Form der Anfechtungserklärung privatautonom festlegen können,[108] besteht die Möglichkeit, die Abgabe über die Blockchain zu verlangen.

44 Hinsichtlich der Anfechtungsgründe lassen sich die Lösungen zu vorhandenen Fallgruppen übertragen: Wer sich verschreibt, indem er fehlerhafte Daten eingibt, genießt ein Anfechtungsrecht wegen Erklärungsirrtums nach § 119 Abs. 1 Var. 2 BGB.[109] Wer Daten insofern richtig in die Programmierung überträgt, als dass die Daten der Vorlage entsprechen, kann nicht anfechten, wenn bereits die Vorlage Fehler enthält. Hier gelten die Grundsätze zum Kalkulationsirrtum entsprechend.[110] Gleiches gilt für Fälle, in denen das Programm falsch ausführt, weil es aufgrund eines Programmierfehlers die vorhandenen Daten nicht richtig verwendet.[111] Anders ist zu entscheiden, wenn der Smart Contract

[101] Verordnung (EU) Nr. 910/2014 (electronic Identification, Authentication and trust Services, kurz eIDAS), ABl. L 257 vom 28.8.2014, S. 73–114.
[102] Dazu näher Einsele in MüKoBGB, Bd. 1, 8. Aufl. 2018, BGB § 126a Rn. 7 ff.
[103] Paulus/Matzke ZfPW 2018, 431 (457); Wilhelm, WM 2020, 1849 (1851).
[104] Paulus/Matzke ZfPW 2018, 431 (457).
[105] Paulus/Matzke ZfPW 2018, 431 (458).
[106] Förster ZfPW 2019, 418 (429); Paulus/Matzke ZfPW 2018, 431 (454).
[107] Paulus/Matzke ZfPW 2018, 431 (454).
[108] Busche in MüKoBGB, Bd. 1, 8. Aufl. 2018, BGB § 143 Rn. 4; Roth in Staudinger, 2020, BGB § 143 Rn. 7.
[109] Paulus/Matzke ZfPW 2018, 431 (456).
[110] Paulus/Matzke ZfPW 2018, 431 (456).
[111] Paulus/Matzke ZfPW 2018, 431 (456).

richtig eingegebene Informationen falsch weitergibt. Solche Fälle fehlerhaften Datentransfers behandelt der BGH zu Recht unter Verweis auf § 120 BGB als Erklärungsirrtum.[112]

Das maßgebliche Problem liegt bei der Anfechtung wie auch bei den sonstigen Unwirksamkeitsgründen nicht in der Anwendbarkeit der einschlägigen Normen per se, sondern in ihrer Durchsetzung, insbesondere wenn es um rückwirkende Unwirksamkeit geht. Die damit zusammenhängenden Fragen sind Gegenstand von Abschnitt E. 45

VII. Verhältnis von Code und rechtsgeschäftlichen Erklärungen

Einige Autoren plädieren dafür, zwischen dem Inhalt der Blockchain und Willenserklärungen zu trennen.[113] Die Willenserklärungen, die zu einem Vertragsschluss führten, dürften nicht mit der in der Blockchain abgebildeten oder dort vollzogenen Transaktion gleichgesetzt werden.[114] Jeglicher Vertrag im juristischen Sinne sei unabhängig von der Blockchain.[115] Nichts anderes kann dann für dort implementierte Smart Contracts gelten. Zudem sei der gescheiterte Vollzug einer Transaktion oder von Vertragsbeziehungen nicht automatisch mit Unwirksamkeit oder „Inexistenz" von Kausalgeschäften gleichzusetzen, es solle nicht „ohne Not" gegen das Trennungs- und Abstraktionsprinzip verstoßen werden.[116] 46

Eine derartig scharfe Trennung von Code und Recht ist fragwürdig.[117] Zwar genügt bloßer Code nicht, um eine rechtliche Erklärung zu erzeugen. Das gilt aber auch für Schriftstücke wie Briefe oder Briefentwürfe. Maßgeblich ist stets das Ensemble aus Zeichen und Umständen der Zeichenerzeugung. Die Zeichen müssen nach dem Willen der sie verwendenden Person rechtlichen Gehalt haben, dh als Ausdruck einer rechtserheblichen Äußerung dienen.[118] Jede Willenserklärung beruht auf Erklärungszeichen, sei es das gesprochene Wort oder eine Schriftsprache. Wenn ein Smart Contract die Erklärung generiert, beruht sie auf einer Schriftsprache, genauso wie eine per Brief oder E-Mail übermittelte Erklärung. Ähnliches gilt für die Annahmeerklärung in Fällen des § 151 S. 1 BGB.[119] Hier liegt in der Umsetzung des Angebots im Code des empfangenden Programms (etwa auf der Seite des Druckertintenlieferanten) die konkludente Annahmeerklärung. Es will nicht einleuchten, den Parteien die Möglichkeit zu verwehren, im Rahmen ihrer Privatautonomie darüber zu entscheiden, welcher technischen Medien sie sich bedienen, um Willenserklärungen wirksam abzugeben. 47

Dass es für den Bestand des Vertrages irrelevant ist, wenn ein Eintrag in der Blockchain „gelöscht" wird,[120] stimmt. Das hat aber mit der Ausgangsproblematik nichts zu tun, die den Vertragsabschluss betrifft. 48

---

[112] BGH, NJW 2005, 976 (977); ebenso etwa Säcker in MüKoBGB, Bd. 1, 8. Aufl. 2018, BGB Einl. Rn. 195; Singer in Staudinger, 2017, BGB § 119 Rn. 36. Nicht eindeutig Paulus/Matzke ZfPW 2018, 431 (456).

[113] Paulus/Matzke ZfPW 2018, 431 (448).

[114] Paulus/Matzke ZfPW 2018, 431 (448).

[115] Paulus/Matzke ZfPW 2018, 431 (448).

[116] Paulus/Matzke ZfPW 2018, 431 (448).

[117] Ablehnend auch Möslein ZHR 183 (2019), 254 (271).

[118] Vgl. bereits oben → Rn. 5 ff.

[119] Zu § 151 S. 1 BGB → Rn. 15.

[120] Man fragt sich, wie dies technisch zu bewerkstelligen sein soll. Paulus/Matzke ZfPW 2018, 431 (448), verweisen auf einen „Hack" oder eine *hard fork*. Für einen „Hack" müsste die gesamte Blockchain, dh die Kopien der Daten bei sämtlichen *nodes*, gelöscht werden. Das erscheint theoretisch denkbar, aber schwierig möglich, insbesondere bei größeren und vielgliedrigen Ketten. Eine *hard fork* führt nicht zur Löschung von Blöcken, sondern dazu, dass sich zwei Ketten mit unterschiedlichen Daten bilden, → Rn. 13.

C. Vertragsinhaltskontrolle nach AGB-Recht

49 Die Anwendung des AGB-Rechts als solche steht außer Frage, selbstverständlich unterliegen Verträge, die deutschem Recht unterliegen oder auf die jedenfalls nach allgemeinen Regeln deutsches AGB-Recht anwendbar ist,[121] den §§ 305 ff. BGB. Im Kontext von Smart Contracts stellen sich zwei wichtige spezifische Fragen: Wer ist Vertragspartner und Verwender sowie Klauselgegner? (→ Rn. 50); Genügt die Inkorporation von AGB in den Smart Contract den Anforderungen von § 305 Abs. 2 BGB? (→ Rn. 51).[122]

I. Verwender und Klauselgegner

50 Die erste betrifft diejenige der Parteien und die Identifikation des Verwenders, wenn auf einer Seite eine DAO steht.[123] In der Literatur wird vertreten, hier komme der Vertragsschluss mit allen Unterzeichnern zustande, die Partei der DAO würden.[124] Das ist zu pauschal. Zunächst ist zu unterscheiden zwischen dem Zustandekommen der DAO und dem Gesellschaftsvertrag[125] auf der einen sowie den durch die DAO abgeschlossenen Verträge auf der anderen Seite. Im ersten Fall unterfällt der Vertragsschluss angesichts der Bereichsausnahme Gesellschaftsrecht gemäß § 310 Abs. 4 S. 1 BGB nicht dem AGB-Recht, sofern man mit der nach wie vor herrschenden Meinung richtigerweise davon ausgeht, dass auch GbR-Gesellschaftsverträge „Verträge auf dem Gebiet des Gesellschaftsrechts" im Normsinne darstellen.[126] Im zweiten Fall bereitet die Anwendung der §§ 305 ff. BGB jedenfalls dann keine Probleme, wenn die durch eine DAO repräsentierte Gesellschaft AGB verwendet. Ist die „DAO" Klauselgegnerin, fällt sie nicht unter den Verbraucherbegriff des § 13 BGB, sofern ihr ein Gesellschaftsvertrag zugrunde liegt. Die Rechtsprechung des BGH zum alten Verbraucherkreditrecht[127] hat sich erledigt, soweit mindestens eine juristische Person Gesellschafterin ist.[128] Anderes gilt, sollte sich eine Meinung durchsetzen, welche die vom BGH nach wie vor nicht entschiedene Frage, ob § 13 BGB greift, sofern allein natürliche Personen Mitglieder der GbR sind, bejaht.[129] Das ist hier nicht zu entscheiden.

II. Hinweis auf die AGB und Kenntnisnahmemöglichkeit im Smart Contract gem. § 305 Abs. 2 BGB?

51 § 305 Abs. 2 Nr. 1 BGB verpflichtet den Verwender, die andere Vertragspartei bei Vertragsschluss ausdrücklich oder im Ausnahmefall durch Aushang auf die AGB hinzuweisen. Sie müssen also nicht bei oder sogar vor dem Vertragsschluss der anderen Vertragspartei als solche vorliegen.[130] Vielmehr muss gemäß § 305 Abs. 2 Nr. 2 BGB lediglich die Möglich-

[121] Hierzu etwa Riehm in Braegelmann/Kaulartz Rechtshandbuch Smart Contracts, 2019, Kap. 9 Rn. 19.

[122] Zu den hier nicht gesondert behandelten §§ 305b, 305c BGB Riehm in Braegelmann/Kaulartz Rechtshandbuch Smart Contracts, 2019, Kap. 9 Rn. 24.

[123] Zur DAO → Rn. 16 ff.

[124] Riehm in Braegelmann/Kaulartz Rechtshandbuch Smart Contracts, 2019, Kap. 9 Rn. 13.

[125] Unterstellt, dessen Voraussetzungen liegen vor, → Rn. 18 ff.

[126] Basedow in MüKoBGB, Bd. 2, 8. Aufl. 2019, BGB § 310 Rn. 120; Piekenbrock in Staudinger, 2019, BGB § 310 Rn. 151; ausführlich Kuntz Gestaltung von Kapitalgesellschaften zwischen Freiheit und Zwang, 2016, S. 261; für Smart Contracts und „DAO" iSd hM Riehm in Braegelmann/Kaulartz Rechtshandbuch Smart Contracts, 2019, Kap. 9 Rn. 13.

[127] BGHZ 149, 80 (83).

[128] BGH, NJW 2017, 2752 (2754 Tz 25); aus der Literatur etwa Fritzsche in Staudinger, 2018, BGB § 13 Rn. 36; Micklitz in MüKoBGB, Bd. 1, 8. Aufl. 2018, BGB § 13 Rn. 20.

[129] Zum Ganzen die in der vorhergehenden Fußnote zitierten Literaturnachweise.

[130] Basedow in MüKoBGB, Bd. 3, 8. Aufl. 2019, BGB § 305 Rn. 72; Fritzsche in Soergel, Bd. 4, 13. Aufl. 2018; Mäsch in Staudinger, 2019, BGB § 305 Rn. 161.

keit bestehen, in zumutbarer Weise Kenntnis zu nehmen. Der Hinweis soll dem Kunden Klarheit darüber verschaffen, dass der abzuschließende Vertrag seinem Inhalt nach maßgeblich durch die AGB des Verwenders bestimmt werden soll, und ihn veranlassen, die Möglichkeit wahrzunehmen, sich vom Inhalt der AGB Kenntnis zu verschaffen.[131] „Ausdrücklich" ist der Hinweis nur, wenn er unmissverständlich und für den Kunden klar erkennbar geäußert worden ist.[132] Das setzt ua Lesbarkeit voraus.[133] Der Hinweis selbst darf demnach also nicht selbst Teil des Codes sein.[134]

Es ist allerdings möglich, die AGB selbst im Code zu verankern.[135] Insoweit gilt dem **52** Grunde nach nichts anderes als für sonstige Vertragsbedingungen.[136] Allerdings muss der Text der AGB einfach abrufbar und aus Sicht heraus verständlich sein, dh in menschlicher Sprache lesbar.[137] Das setzt die Möglichkeit voraus, über das Interface, mit dem die Nutzer das Programm bedienen, die AGB „anklicken" und so auch die Übersetzung aus der Maschinensprache in das maßgebliche humane Idiom zu erhalten. Hieraus folgt zugleich, dass eine Verbindung mit externen Inhalten aus anderen Codes unzulässig ist, sofern diese nicht automatisch mit angezeigt werden.[138]

III. Verwendung bereitgestellter Modellklauseln als AGB?

Auf den ersten Blick ergeben sich Schwierigkeiten, das AGB-Recht anzuwenden, wenn **53** Verwender von einem Blockchain-Plattformbetreiber bereitgestellte Modellbedingungen nutzen, um mit einer dritten Partei einen Vertrag zu schließen, etwa im Bereich des Peer-to-Peer-Lending.[139] Hier lässt sich argumentieren, der Plattformbetreiber sei selbst nicht am Vertragsschluss beteiligt und die Darlehensgeber tätigten überwiegend nur einzelne Vertragsabschlüsse, hätten also keine Absicht, die Klauseln in einer Mehrzahl von Fällen zu nutzen.[140] Abgesehen davon, dass die Rechtsprechung in solchen Situationen für Plattformen ohne Weiteres die AGB-Eigenschaft der Vertragsbedingungen bejaht,[141] sprechen auch inhaltliche Gründe dafür, von AGB auszugehen. Denn die fraglichen Kautelen prägen eine Vielzahl von Verträgen und damit die Erwartungen der Nutzer der Plattform. Gerade angesichts des geringen Umfangs der Kredite lohnt es sich für keine Partei, den Inhalt näher zu prüfen und individuell zu verhandeln. Wenn das System die Klauselvorschläge von vornherein ein vollständiges Vertragswerk bereitstellt, entsteht damit genau das Problem, das nach richtiger Ansicht die Rechtfertigung für AGB-Kontrolle bietet.[142] Eine ganz andere Frage ist indes, wer die Bedingungen „stellt" und damit als Verwender zu qualifizieren ist, wenn beide Parteien auf die Modellvereinbarung Bezug nehmen.[143] Möglicherweise bedarf hier die Rechtsprechung zu Plattformen einer Modifikation. Diese Frage hier näher auszuführen, fehlt der Raum.

Keine AGB liegen vor, wenn sich die Parteien lediglich eines Vertragsgenerators be- **54** dienen, der den Parteien die Möglichkeit gibt, anhand eines vorstrukturierten Verfahrens

[131] BGH, NJW-RR 1987, 112 (113).
[132] BGH, NJW-RR 1987, 112 (113).
[133] Vgl. BGH, NJW-RR 1987, 112 (114); Basedow in MüKoBGB, Bd. 3, 8. Auflage 2019, BGB § 305 Rn. 78; Mäsch in Staudinger, 2019, BGB § 305 Rn. 111.
[134] Insoweit wie hier Paulus/Matzke ZfPW 2018, 431 (459); Wilhelm WM 2020, 1849 (1853).
[135] Riehm in Braegelmann/Kaulartz Rechtshandbuch Smart Contracts, 2019, Kap. 9 Rn. 13. AA Paulus/Matzke ZfPW 2018, 431 (459).
[136] Dazu oben → Rn. 46 ff.
[137] In der Sache wie hier Riehm in Braegelmann/Kaulartz Rechtshandbuch Smart Contracts, 2019, Kap. 9 Rn. 27, allerdings mit Rücksicht auf § 307 Abs. 1 S. 2 BGB.
[138] Riehm in Braegelmann/Kaulartz Rechtshandbuch Smart Contracts, 2019, Kap. 9 Rn. 27.
[139] Heckelmann NJW 2018, 504 (507).
[140] So Heckelmann NJW 2018, 504 (507).
[141] BGHZ 184, 259 (263 Rn. 10); BGH, NJW-RR 2017, 137 (138 Rn. 11).
[142] Dazu Kuntz AcP 209 (2009), 242 (257).
[143] Heckelmann NJW 2018, 504 (507); Wilhelm WM 2020, 1849 (1853).

über Fragen und Antwortvorschläge einen Vertrag zu entwerfen.[144] Wenn das System/der „Klauselgenerator" die Klausel erst auf Grundlage der Antworten der Parteien vorschläg, spricht dies für eine Individualvereinbarung, sofern die Antworten *beider* Parteien (und damit die jeweiligen individuellen Interessen) in den Entwurf einfließen. Das gilt jedenfalls dann, wenn das Programm nicht konkrete Beispielklauseln vorschlägt, ohne zuvor die Interessen der Parteien abzufragen, sondern deren Antworten vorausgeht. Das wäre nichts anderes als ein „Entlangfahren" an einem bereits vorgefertigten Klauselwerk.[145]

D. Ermittlung des Vertragsinhalts und Vertragsauslegung

55 Für die Vertragsauslegung und damit die Ermittlung des Vertragsinhalts gelten die allgemeinen Regeln. Gemäß §§ 133, 157 BGB ist anhand einer Gesamtschau der Umstände aus der Perspektive eines objektiven Empfängers zu ermitteln, welchen Inhalt die Vereinbarung hat.[146] Relevanz haben damit auch Umstände, die außerhalb des Programms liegen.[147]

56 Wie bei herkömmlichen Verträgen können sich Widersprüche zwischen der Interpretation von Regeln ergeben, abhängig von zugrunde gelegten Ansatzpunkten, etwa Vertragsdokument und äußere Umstände. Der BGH verfolgt die Linie, möglichst zur Wirksamkeit zu gelangen und nur in Ausnahmefällen davon auszugehen, die Auslegung sei wegen „absolut widerspruchsvollen oder widersinnigen Inhalts unmöglich […]."[148] Es entspricht allgemeiner Ansicht, die Auslegung diene gerade dazu, im Fall von Mehrdeutigkeiten zu einer Lösung zu gelangen.[149] Dabei steht im Vordergrund, dem Willen der Parteien und ihren „Überlegungen und Vorstellungen" zur Geltung zu verhelfen.[150] Dieser Lösungsansatz funktioniert bei einem Auseinanderfallen von Code und „Außenwelt" dem Grunde nach genauso gut (oder schlecht) wie bei Divergenzen von herkömmlichen Vertragsdokumenten und den Umständen, unter denen die Vereinbarung zustande kam.

57 Mit Blick auf Smart Contracts problematisch ist jedoch die in der Rechtsprechung und in Teilen der Literatur zu beobachtende Tendenz, im Zweifel dem Verhalten Vorrang im Verhältnis zur Erklärung einzuräumen.[151] Das steht, so lässt sich einwenden, dem typischerweise mit Smart Contracts verfolgten Ziel entgegen, möglichst eindeutige und nicht mehr änderbare Regeln zu schaffen, welche die Abwicklung der Vertragsbeziehung unumkehrbar durchsetzen.[152] Dennoch lässt sich nicht ohne Weiteres ein Primat der Technik behaupten. So ist es ohne Weiteres denkbar, dass der Smart Contract auf einem Übersetzungsfehler beruht. Das kann etwa geschehen, wenn die Parteien eine mehrdeutige Wendung wie „oder"[153] angesichts des weiteren Verwendungskontextes nicht genau definiert haben und im Code, der eine Entscheidung erfordert, eine Variante Verwendung findet, die nicht die Intentionen der Beteiligten widerspiegelt.[154] Hier wäre ihnen wenig geholfen, rückte die Technik in den Vordergrund. Letztlich wird man hier – wie sonst

[144] Heckelmann NJW 2018, 504 (507); Wilhelm WM 2020, 1849 (1853).
[145] Im Ergebnis wie hier Wilhelm WM 2020, 1849 (1853).
[146] Möslein ZHR 183 (2019), 254 (276).
[147] Möslein ZHR 183 (2019), 254 (277).
[148] BGHZ 20, 109 (110).
[149] ZB Busche in MüKoBGB, Bd. 1, 8. Aufl. 2018, BGB § 133 Rn. 53; Singer in Staudinger, 2017, BGB § 133 Rn. 55; Wolf in Soergel, Bd. 2, 13. Aufl. 1999, BGB § 157 Rn. 32, 35.
[150] Aus der Rechtsprechung deutlich zB BGH, NJW 1986, 1035.
[151] S. etwa BGH, NJW-RR 2000, 1002 (1003 f.); BGHZ 95, 393 (397); aus der Literatur: Busche in MüKoBGB, Bd. 1, 8. Aufl. 2018, BGB § 133 Rn. 57; Flume BGB AT, Bd. 2, 4. Aufl. 1992, § 5, 5 (S. 76); Wolf in Soergel, Bd. 2, 13. Aufl. 1999, BGB § 157 Rn. 51. AA zB Singer in Staudinger, 2017, BGB § 133 Rn. 60.
[152] → Rn. 61.
[153] Einschließendes oder ausschließendes „oder".
[154] Vgl. Kuntz AcP 220 (2020), 51 (73).

auch – darauf abstellen müssen, welche Interessen die Parteien hatten, insbesondere, ob sie selbst dem Code einen Vorrang einräumen wollten.[155]

Das dürfte nahezu immer der Fall sein, wenn die Parteien sich persönlich nicht kannten 58 und gerade die Vorteile des pseudonymen[156] Handels per Smart Contract in Anspruch nehmen wollen: Schnelligkeit, einfacher Zugang und sichere Abwicklung. Eine gewisse Rolle als Bezugssystem spielen hier die Rahmenbedingungen des Smart Contracts/der Smart Contracts. Eine Blockchain, die eine Handelsplattform darstellt und deren Betreiber, etwa Banken oder Versicherer, nur einem bestimmten Kreis von Personen zu bestimmten Zwecken Zugang gewähren, prägt die Sinnzuschreibung derjenigen, die sich ihrer zum Handel bedienen.[157]

Allein aus dem Umstand, dass die Programmcodes, die einem Smart Contract zugrunde 59 liegen, vielfach öffentlich zur Verfügung stehen und ein starkes Maß an Standardisierung aufweisen, begründet noch nicht *per se* die Notwendigkeit objektiver Auslegung, wie sie etwa für AGB-Klauselwerke anerkannt ist.[158] Vielmehr kommt es auf die Art und Weise ihrer Verwendung an. Dienen die „Vorlagen" lediglich als Bausteine zur technischen Umsetzung individuell zustande gekommener Vereinbarungen, folgt die Interpretation des Codes als Sprache des Vertrages dem Willen der Parteien im Rahmen der §§ 133, 157 BGB.[159] Das ändert sich erst dann, wenn der Code als AGB oder jedenfalls in AGB-ähnlicher Weise eingesetzt wird, dh als von einer Seite genutzte Erklärung, die sich an eine Vielzahl von (potentiellen) Empfängern richtet. Die daraus folgende Objektivierung der Auslegung resultiert dann allerdings nicht aus der Standardisierung des Codes, sondern aus dem Willen der verwendenden Partei, bestimmte in Code ausgedrückte Inhalte zu nutzen, um Vertragsinhalte zu typisieren. Dass hierfür standardisierte Programmversatzstücke genutzt werden, ist gewissermaßen zufällig. Allenfalls mag die Verwendung vorhandener Codes als Indiz dienen, ob der Vertragsinhalt standardisiert sein soll und damit objektiv(iert)er Auslegung unterliegt.

Bedarf ein als Smart Contract verfasster Vertrag im Rechtssinne der Lückenfüllung 60 oder ergänzender Auslegung, gelten die allgemeinen Grundsätze. Orientierung bietet damit insbesondere das dispositive Vertragsrecht, nur ausnahmsweise Programmmuster.[160] Letzteres kommt nur in Frage, wenn sich aufgrund der Vertragsauslegung der Parteiwille ergibt, sich an solche Vorlagen anlehnen zu wollen.[161]

E. Rückabwicklung von Verträgen

Jedenfalls auf den ersten Blick ergibt sich ein erhebliches Problem, wenn es um die 61 Rückabwicklung von Verträgen geht, sei es infolge eines Rücktritts, Widerrufs oder bei Nichtigkeit. Denn die Blockchain und Smart Contracts stehen gerade für die Unabänderlichkeit von Transaktionen und den Schutz vor rückwirkender Manipulation von Programmstrukturen und Daten. Auch wenn der Code das Recht nicht zu verdrängen vermag,[162] hängt die Effektivität rechtlicher Lösungen doch an der technischen Umsetzbarkeit. Das betrifft zum einen die Auswirkungen des Konsensmechanismus, zum anderen die Frage, wie die Abwicklung der Leistungen und Transaktionen rückwirkend – ex tunc – stattfinden kann:

[155] Ähnlich Möslein ZHR 183 (2019), 254 (277).
[156] Zum Begriff der Pseudonymität Kuntz ZHR 183 (2019), 190 (209).
[157] Ähnlich Möslein ZHR 183 (2019), 254 (278).
[158] Anders offenbar Möslein ZHR 183 (2019), 254 (277); Wilhelm WM 2020, 1849 (1850). Zur objektiven Auslegung von AGB etwa BGH NJW 2008, 2171 (2173).
[159] Relativierend daher auch Möslein ZHR 183 (2019), 254 (277).
[160] Möslein ZHR 183 (2019), 254 (278).
[161] Möslein ZHR 183 (2019), 254 (278).
[162] Darauf verweisen Paulus/Matzke ZfPW 2018, 431 (460).

I. Rückabwicklung und Konsensmechanismus

62 Das rechtlich geforderte Ergebnis – Rückgewähr empfangener Leistungen mit ex tunc-Wirkung, Streichungen („Rötungen") in Registern etc. – setzt zunächst voraus, diese Änderung in der Blockchain überhaupt vollziehen zu können. Da dies eine Änderung der Daten impliziert, muss die erforderliche Mehrheit der Nodes zustimmen.[163] Mit anderen Worten: Es genügt nicht, dass die Vertragsparteien als solche die notwendigen Handlungen vornehmen (wollen). Vielmehr hängt die Durchführung der Änderung vom maßgeblichen Konsensmechanismus ab.[164] Im schlechtesten Fall muss die Partei, die ihre Ansprüche durchsetzen will, deshalb nicht nur gegen ihre Vertragspartnerin vorgehen, sondern auch gegen jedenfalls so viele sonstige beteiligte Personen, dass die Voraussetzungen für eine Übernahme der neuen Daten in die Blöcke vorliegen. So mag die Blockchain nicht mehr als eine „bloß[e] Statusabbildung ohne konstitutive Wirkung" sein.[165] Doch hilft diese Einordnung der Person nicht, die ihre Ansprüche nicht durchzusetzen vermag. Es genügt eben nicht, nur an einer Stelle in der Blockchain anzusetzen. Das ist gerade ihr Charakteristikum.

63 Im Ergebnis kommt es entscheidend auf das institutionelle Design an: In geschlossenen Blockchains, die von vergleichsweise wenigen vollberechtigten Nodes verwaltet werden,[166] ist es (relativ) einfach, von vornherein entsprechende Vorgaben in den Programmcode einzupflegen. So ist es denkbar, über eine Schnittstelle mit der Außenwelt (sog. *Oracle*) etwa einen vollstreckbaren Titel zu prüfen, die Information hierüber als verifiziert in die Blockchain zu geben, so dass die „Abstimmung" nur noch eine technische Formalität ist, deren Ergebnis aber nicht in Frage steht.[167] Zudem lassen sich gegebenenfalls die „Betreiber" der Blockchain, die typischerweise bekannt sein werden,[168] in die Pflicht nehmen, die Änderung zu ermöglichen. In ihrer rechtlichen Stellung ähneln solche Betreiber von Blockchains Akteuren, die herkömmliche Plattformen zur Verfügung stellen. Sie trifft zumindest eine Nebenpflicht aus § 241 Abs. 2 BGB, die Durchsetzung von Ansprüchen zu ermöglichen.

64 In offenen und frei von sämtlichen Teilnehmern kontrollierbaren Blockchains[169] droht dieser Ansatz zu scheitern, weil die Teilnehmer nicht bekannt sind, möglicherweise im Ausland sitzen und sich daher jeder Versuch einer zwangsweisen Geltendmachung von Rechtspositionen faktisch vereiteln lässt.[170]

II. Rückabwicklung *ex tunc* und Änderungsfestigkeit der Blockchain

65 Im Fall ursprünglicher Unwirksamkeit oder infolge Anfechtung gemäß § 142 Abs. 1 BGB eingetretene Nichtigkeit *ex tunc* stellt sich das Problem, die Konsequenzen in der Blockchain rückwirkend abzubilden. Das wird technisch häufig deshalb höchst problematisch sein, weil die Blöcke mit den fehlerhaften Informationen über die (vermeintlich) wirksame Transaktion inzwischen Kettenglieder sind, die als Grundlage weiterer Vorgänge dienen, etwa weiterer Verfügungen. Dies zu beseitigen, bedürfte einer Rekonstruktion der

[163] S. schon Kuntz AcP 220 (2020), 51 (94).
[164] S. Kuntz AcP 220 (2020), 51 (60).
[165] Paulus/Matzke ZfPW 2018, 431 (460).
[166] Spindler/Wöbbeking in Braegelmann/Kaulartz Rechtshandbuch Smart Contracts, 2019, Kap. 11 Rn. 17. Zum Begriff der node etwa Antonopoulos Mastering Bitcoin, 2. Aufl. 2017, S. 25. Für die Zwecke dieses Beitrages steht „node" stets für eine voll transaktionsberechtigte full node. Zum Unterschied von full nodes und light nodes Antonopoulos Mastering Bitcoin, 2. Aufl. 2017, S. 172.
[167] Zu solchen Regulierungsfragen Kuntz AcP 220 (2020), 51 (77).
[168] Vgl. die Beispiele bei Kuntz AcP 220 (2020), 51 (70).
[169] Zur Taxonomie unterschiedlicher Blockchains Kuntz AcP 220 (2020), 51 (69).
[170] S. Kuntz AcP 220 (2020), 51 (93).

Kette.[171] Die Umsetzung der rechtlichen Vorgaben lässt sich dann nur so erreichen, dass die Änderung technisch *ex nunc* vollzogen wird, dh ohne Beseitigung vorgängiger Blöcke, die Beteiligten aber so stehen müssen, als hätten sie niemals Rechte erworben oder verloren. Ein juristisches Vorbild bietet hier, *mutatis mutandis*, § 141 Abs. 2 BGB.

Sinnvoller erscheint freilich ein anderer Weg, den andere bereits vorgezeichnet haben:[172] **66**
Der Smart Contract lässt sich so konstruieren, dass er angelehnt an Modelle digitaler Zahlungsdienstleister wie PayPal die Möglichkeit vorsieht, bis zum Ablauf gesetzlich definierter fester Fristen die Rückabwicklung zu verlangen, etwa als Folge eines Widerrufs. Doch ist auch dies nur eine Teillösung. Die Anfechtungsfrist lässt sich, die Höchstfristen einmal außen vor gelassen, nicht in gleicher Weise mit mehr oder weniger fixen Daten berechnen, weil ihr Beginn an Kenntniserlangung geknüpft ist (§ 121 Abs. 1 S. 1 BGB), Probleme wie Geschäftsunfähigkeit lassen sich ebenfalls kaum über gutes Contract-Design erfassen. Insoweit bedarf es dann doch wieder Schnittstellen zur Außenwelt, wie sie oben bereits angesprochen wurden.[173]

F. Leistungsstörungen

Auf den ersten Blick eignen sich Smart Contracts gut, um jedenfalls bestimmte Leis- **67**
tungsstörungen zu erfassen und die Parteien zu schützen. Eines der frühesten Beispiele stammt aus dem Smart Contracts-Beitrag von *Nick Szabo*.[174] Zahlt ein Schuldner nicht rechtzeitig die Rate auf ein Darlehen, sperrt das Programm seinen Zugriff auf das zur Sicherheit übereignete Fahrzeug. Das lässt sich in verschiedenen Varianten auf unterschiedliche Verträge übertragen: Einstellung von Lieferungen und Leistungen (zB Strom), teilweise Rückbuchung geleisteter Zahlungen bei verspäteter Gegenleistung etc.[175]

Aus juristischer Sicht ergeben sich bei näherer Betrachtung einige Probleme. So setzt **68**
Verzug Verschulden voraus, das Zwangsvollstreckungsrecht sieht Grenzen der Durchsetzung vor, etwa Pfändungsfreigrenzen. Hinzu kommt die Gefahr, Darlegungslasten und Durchsetzungsrisiken entgegen der rechtlichen Ordnung zu verteilen. Wer etwa den Sicherungsfall geltend macht und einen Sicherungsgegenstand verwerten möchte, trägt hierfür die Beweislast. Die vermeintlich simple Lösung des Smart Contracts, im Fall ausbleibender Zahlungen den Verzug per Codierung anzunehmen und Zugriff auf ein Sicherungsmittel zu gewähren, überspielt dies.[176] Gerade die Rechtsprechung zur Rechtswidrigkeit von Bürgschaften auf erstes Anfordern und die Beschränkung dieser Variante auf wenige Vertragsteilnehmer[177] belegt, dass jedenfalls aus Sicht des deutschen Rechts sachlich vergleichbare Lösungen per Smart Contract höchst bedenklich sind. Ähnliches gilt für die Sperre der Einzelvollstreckung nach § 89 Abs. 1 InsO.[178] Weitere Beispiele ließen sich finden.[179]

Im Ergebnis kommt hier vielfach keine rein informationstechnische Lösung per Smart **69**
Contract in Betracht. Soll er nicht die Gefahr rechtswidriger Ergebnisse erzeugen, bedarf es einer Verbindung von Code und Außenwelt. So müsste eine externe Stelle (ein Oracle)[180] etwa die Voraussetzungen für bestimmte Rechte eigenständig prüfen. Der Smart

[171] So wohl auch (für Widerrufsrechte) Spindler/Wöbbeking in Braegelmann/Kaulartz Rechtshandbuch Smart Contracts, 2019, Kap. 11 Rn. 31.
[172] Der sogleich erläuterte Vorschlag stammt von Paulus/Matzke ZfPW 2018, 431 (461).
[173] → Rn. 63.
[174] Szabo First Monday, 2 (9) 1997, unter „Contracts Embedded in the World".
[175] S. nur Paulus/Matzke ZfPW 2018, 431 (463).
[176] Kuntz AcP 220 (2020), 51 (81); Möslein ZHR 183 (2019), 254(283).
[177] Hierzu etwa Habersack in MüKoBGB, Bd. 7, 8. Aufl. 2020, BGB § 765 Rn. 108 mwN.
[178] Kuntz AcP 220 (2020), 51 (81).
[179] Näher etwa Möslein ZHR 183 (2019), 254 (283).
[180] → Rn. 63.

Contract mag hier in der Umsetzung hilfreich sein. Den „Schalter" zum Auslösen muss jedoch eine menschliche Kontrolle bedienen.

G. Fazit

70 Smart Contracts lassen sich zumindest dem Grunde nach mit den herkömmlichen Instrumentarien des bürgerlich-rechtlichen Vertragsrechts erfassen. Das gilt jedenfalls für solche Smart Contracts, die in geschlossenen Blockchains Verwendung finden. Hier lässt sich das anwendbare Recht bestimmen, die maßgebliche Parteien sind typischerweise bekannt. Damit lassen sich die Beteiligten des Vertragsschlusses ermitteln. Zudem sind die Vertragspflichten und gegebenenfalls Rückabwicklungspflichten gerichtlich durchsetzbar, weil ein Klagegegner identifizierbar ist. Verknüpfen die Beteiligten den Smart Contract mit einer künstlichen Intelligenz, die in der Lage ist, autonome Willenserklärungen zu erzeugen, bedarf die Konstruktion eines Vertragsschlusses nach der hier entwickelten Ansicht keiner Sonderlösungen über die analoge Anwendung des Stellvertretungsrechts.

71 Rechtliche Schwierigkeiten treten insbesondere auf, wenn der Smart Contract Durchsetzungslasten umverteilt. Hier agiert der Code möglicherweise gegen das geltende Recht. Problematisch in der Konstruktion von Vertragsschluss und Rechtsnatur sind zudem *Decentralized Autonomous Organizations* (DAO).

72 Im Ergebnis dürften Smart Contracts nicht die Revolution darstellen, von der einige Personen im Diskurs ausgehen. Doch sollte dies nicht den Blick dafür verstellen, dass gesetzliche Regulierungsaufträge zur Ausgestaltung der Architektur von Smart Contracts sinnvoll sein können, um spätere Dissonanzen im Verhältnis von Code und Recht zu vermeiden.[181] Hinzu kommen müssen vermutlich aufsichtsrechtlich orientierte Lösungen, insbesondere im Bereich offener öffentlich zugänglicher Blockchains.[182]

Literatur

Antonopoulos, Mastering Bitcoin, 2. Auflage 2017
Antonopoulos/Wood, Mastering Ethereum, 2018
Assmann/Wallach/Zetzsche, Kapitalanlagegesetzbuch, 2019
Braegelmann/Kaulartz, Rechtshandbuch Smart Contracts, 2019
Brox/Walker, Allgemeiner Teil des BGB, 44. Aufl. 2020 (zitiert als: Brox/Walker BGB AT, 44. Aufl. 2020)
Denga, Die Regulierung der Blockchain-Infrastruktur, JZ 2021, 227
Engert, Digitale Plattformen, AcP 218 (2018), 304
Förster, Automatisierung und Verantwortung im Zivilrecht, ZfPW 2019, 418
Gsell/Krüger/Lorenz/Reymann, beck-online.GROSSKOMMENTAR, Stand: 1.5.2021 (zitiert als: Bearbeiter in BeckOGK, 1.5.2021)
Heckelmann, Zulässigkeit und Handhabung von Smart Contracts, NJW 2018, 504
Heidel/Hüßtege/Mansel/Noack, Bürgerliches Gesetzbuch, Bd. 1, 4. Aufl. 2021 (zitiert als: Bearbeiter in NK-BGB)
Hell, The SPACs are back, BKR 2021, 26
Kuntz, Digitale Kommunikation mit Aktionären und Investoren, ZHR 183 (2019), 190
Kuntz, Gestaltung von Kapitalgesellschaften zwischen Freiheit und Zwang, 2016
Kuntz, Konsens statt Recht?, AcP 220 (2020), 51
Langenbucher, Digitales Finanzwesen, AcP 218 (2018), 385
Linke, Digitale Wissensorganisationen, 2021
Lüdeking, Die zugerechnete Willenserklärung, 2017
Mann, Die Decentralized Autonomous Organization – ein neuer Gesellschaftstyp? NZG 2017, 1014
Möslein, Smart Contracts im Zivil- und Handelsrecht, ZHR 183 (2019) 254
Neuner, Allgemeiner Teil des Bürgerlichen Rechts, 12. Aufl. 2020
Palandt, Bürgerliches Gesetzbuch, 80. Aufl. 2021 (zitiert als: Bearbeiter in Palandt, 80. Aufl. 2021)
Paulus/Matzke, Smart Contracts und das BGB – Viel Lärm um nichts?, ZfPW 2018, 431
Ross, Tû-Tû, 70 Harv. L. Rev. 812 (1957)

[181] Dazu Kuntz AcP 220 (2020), 51 (79).
[182] Hierzu aus jüngerer Zeit Denga JZ 2021, 227.

Säcker/Rixecker/Oetker/Limperg, Münchener Kommentar zum Bürgerlichen Gesetzbuch, Bd. 1, 8. Aufl. 2018 (zitiert als Bearbeiter in MüKoBGB, Bd. 1, 8. Aufl. 2018)
Säcker/Rixecker/Oetker/Limperg, Münchener Kommentar zum Bürgerlichen Gesetzbuch, Bd. 2, 8. Aufl. 2019 (zitiert als Bearbeiter in MüKoBGB, Bd. 2, 8. Aufl. 2019)
Säcker/Rixecker/Oetker/Limperg, Münchener Kommentar zum Bürgerlichen Gesetzbuch, Bd. 3, 8. Aufl. 2019 (zitiert als Bearbeiter in MüKoBGB, Bd. 3, 8. Aufl. 2019)
Säcker/Rixecker/Oetker/Limperg, Münchener Kommentar zum Bürgerlichen Gesetzbuch, Bd. 7, 8. Aufl. 2020 (zitiert als Bearbeiter in MüKoBGB, Bd. 7, 8. Aufl. 2020)
Schmoeckel/Rückert/Zimmermann, Historisch-kritischer Kommentar zum BGB, Bd. 1, 2003
Soergel, Bürgerliches Gesetzbuch mit Einführungsgesetz und Nebengesetzen, Bd. 2, 13. Aufl. 1999 (zitiert als: in Soergel, Bd. 2, 13. Aufl. 1999)
Soergel, Bürgerliches Gesetzbuch mit Einführungsgesetz und Nebengesetzen, Bd. 4, 13. Aufl. 2019 (zitiert als: in Soergel, Bd. 4, 13. Aufl. 2018)
Specht/Herold, Roboter als Vertragspartner?, MMR 2018, 40
v. Staudinger, Kommentar zum Bürgerlichen Gesetzbuch mit Einführungsgesetz und Nebengesetzen, Buch 1, Einleitung zum BGB; §§ 1–14; VerschG, Neubearbeitung 2018 (zitiert als: Bearbeiter in Staudinger, 2018)
v. Staudinger, Kommentar zum Bürgerlichen Gesetzbuch mit Einführungsgesetz und Nebengesetzen, Buch 1, §§ 90–124; §§ 130–133, Neubearbeitung 2017 (zitiert als: Bearbeiter in Staudinger, 2017)
v. Staudinger, Kommentar zum Bürgerlichen Gesetzbuch mit Einführungsgesetz und Nebengesetzen, Buch 1, §§ 139–163, Neubearbeitung 2020 (zitiert als: Bearbeiter in Staudinger, 2020)
v. Staudinger, Kommentar zum Bürgerlichen Gesetzbuch mit Einführungsgesetz und Nebengesetzen, Buch 2, §§ 305–310; UklaG, Neubearbeitung 2019 (zitiert als: Bearbeiter in Staudinger, 2019)
v. Staudinger, Kommentar zum Bürgerlichen Gesetzbuch mit Einführungsgesetz und Nebengesetzen, Buch 2, §§ 312, 312a-k, Neubearbeitung 2019 (zitiert als: Bearbeiter in Staudinger, 2019)
Szabo, Formalizing and Securing Relationships on Public Networks, First Monday, 2 (9) 1997
Weyrich/Schmidt/Ebert, Machine-to-machine communication, IEEE Software 31 (2014), 19
Wilhelm, Smart Contracts im Zivilrecht (Teil II), WM 2020, 1849
Wortmann/Flüchter, Internet of Things, Bus. Inf. Syst. Eng. 57 (2015), 221

3.2 Intelligente Verträge, intelligente Nutzer? – Die Unveränderbarkeit bei *Smart Contracts* und der Schutz vulnerabler Personengruppen

Übersicht

A. Einleitung

Als „smart", häufig mit „intelligent" übersetzt, werden vielfältige Produkte und Dienstleistungen bezeichnet, wenn sie mit digitalen Elementen verknüpft werden. So gibt es nicht nur Telefone, sondern auch Smart Phones, ebenso wie Smart Homes und sogar Smart Cities. Können Smart Contracts dann als intelligente digitalisierte Verträge im Rechtssinne verstanden werden? Und was bedeutet ihr Einsatz für den Schutz vulnerabler Personengruppen, wie etwa nicht voll Geschäftsfähige und Verbraucher? In diesem Beitrag wird das Zusammenspiel von Smart Contracts mit rechtlichen Schutzmechanismen zugunsten vulnerabler Personengruppen vor dem Hintergrund der Unveränderbarkeit bei Smart Contracts analysiert. **1**

Die Unveränderbarkeit bei Smart Contracts wird zunächst als Strukturmerkmal im Rahmen der Begriffsbildung beleuchtet, die im Abschnitt B vollzogen wird. Im folgenden Abschnitt C wird die Juxtaposition von rechtlicher und technischer Ebene bei Smart Contracts als Zusammentreffen verschiedener Normativitäten betrachtet. Es werden dabei Aspekte des Verbraucher- und Minderjährigenschutzes in den Vordergrund gestellt. Im Abschnitt D wird sodann der Frage nachgegangen, inwieweit eine Anpassung der technischen an die rechtliche Ebene aus rechtlichen oder ökonomischen Gründen erforderlich ist. Im Abschnitt E werden schließlich Schlussfolgerungen für den Schutz der vulnerablen Personengruppen der Verbraucher und Minderjährigen gezogen, wie sie bereits aus dem Paradigma der Unveränderbarkeit bei Smart Contracts folgen. **2**

B. Intelligente Verträge?

I. Grundlegender Begriff des Smart Contract

3 Im Gegensatz zu den genannten Beispielen der Smart Phones, Homes und Cities ist der Begriff des Vertrages bei Smart Contracts allenfalls in der Laiensprache bezeichnend. Der Begriff ist kein rechtlicher, sondern ein technischer.[1] Rechtliche Vertragsbeziehungen lassen sich aber, wie andere Sachverhalte auch, im Wege der Datenmodellierung in den Programmcode implementieren.[2] *Nick Szabo,* der den Begriff des Smart Contract in den 1990ern prägte, beschreibt sie als mit Benutzeroberflächen kombinierte Protokolle, die Beziehungen über Computernetzwerke formalisieren und sichern können.[3]

4 Charakteristisch für Smart Contracts ist dabei der automatische Vollzug der Verträge.[4] Vollzugshandlungen lassen sich zunehmend technisch realisieren[5] und, ggf. mit Schnittstellen zur physischen Welt, prüfen.[6] Zu den digital prüfbaren Ereignissen, an deren Eintritt eine Folge geknüpft ist, gehören etwa der Eingang einer Zahlung[7] oder die Erreichung eines bestimmten, durch Smart Meters gemessenen Grenzwerts, wie einer Raum- oder Wassertemperatur.[8] So können etwa ein gemietetes Fahrzeug oder lizensierte Inhalte bei Zahlungseingang für einen festgelegten Zeitraum zur Nutzung freigeschaltet werden.[9] *Szabo* hatte den Fall eines mit einem Smart Contract verknüpften Automobils, welches als Sicherheit für ein gewährtes Darlehen dient, vor Augen.[10]

5 Smart Contracts lassen sich demnach als Software verstehen, die eine rechtlich relevante Aktivität kontrolliert, dokumentiert und bewirkt, welche wiederum von dem Auftreten oder Unterbleiben eines messbaren Ereignisses abhängt.[11] Smart Contracts verbinden so Rechtszuweisung und Rechtsdurchsetzung.[12] Wie auch in anderen Bereichen[13] geht mit der Digitalisierung von Vereinbarungen durch Smart Contracts eine gewisse Privatisierung der Rechtsdurchsetzung einher.[14] Das Durchsetzungsrisiko verlagert sich damit zugunsten des Gläubigers,[15] wobei dies von Vorteil für alle Vertragsparteien in dieser Rolle sein kann.

---

[1] Paulus JuS 2020, 107; Guggenberger in Hoeren/Sieber/Holznagel Handbuch Multimediarecht, 57. EL, Kap. 13.7 Rn. 4; Wilkens/Falk in Smart Contracts S. 35; Djazayeri jurisPR-BKR 12/2016 Anm. 1, unter E.I.; Ernst in MüKoBGB, Bd. 2, 8. Aufl. 2019, BGB Einl SchuldR Rn. 68; Lupu CR 2019631; Timmermann Legal Tech-Anwendungen, 2020, S. 75; Kipker/Birreck/Niewöhner/Schnorr MMR 2020, 509 (511).

[2] Vgl. Burr BB 2018, 476 (477); Guggenberger in Hoeren/Sieber/Holznagel Handbuch Multimediarecht, 57. EL, Kap. 13.7 Rn. 4; Djazayeri jurisPR-BKR 12/2016 Anm. 1 unter E.I.

[3] Szabo First Monday 1997, 2 (9): „Smart contracts combine protocols with user interfaces to formalize and secure relationships over computer networks.".

[4] S. bereits Szabo First Monday 1997, 2 (9); Kaulartz/Heckmann CR 2016, 618; Paulus/Matzke CR 2017, 769 (772); Bertram MDR 2018, 1416 (1417).

[5] Szabo First Monday 1997, 2 (9); Hofmann in Fries/Paal Smart Contracts, 2019, S. 128.

[6] Kaulartz in Leupold/Wiebe/Glossner IT-Recht, 4. Aufl. 2021, Kap. 9.5 Rn. 15; Kaulartz/Heckmann CR 2016, 618 (619); Djazayeri jurisPR-BKR 12/2016 Anm. 1 unter B; Hofmann in Fries/Paal Smart Contracts, 2019, S. 128.

[7] Kaulartz/Heckmann CR 2016, 618 (620, 623); Paulus/Matzke CR 2017, 769 (771).

[8] Vgl. Paulus/Matzke NJW 2018, 1905.

[9] Vgl. für Leasing Kaulartz DSRITB 2016, 1023 (1028) (Leasing) und für smarte Türschlösser im Mietrecht Simmchen MMR 2017, 162 (164).

[10] Szabo First Monday 1997, 2 (9); La Roche DSRITB 2020, 863 (867); so auch Szostek in Blockchain and the Law S. 110.

[11] Vgl. Braegelmann/Kaulartz in Braegelmann/Kaulartz Rechtshandbuch Smart Contracts, 2019, Kap. 1 Rn. 23 ff.; Schrey/Thalhofer NJW 2017, 1431.

[12] Hofmann in Fries/Paal Smart Contracts, 2019, S. 133 ff.

[13] Vgl. zu Online-Plattformen nur Kaesling Erasmus Law Review 2018(3), 151.

[14] Matzke in Fries/Paal Smart Contracts, 2019, S. 99 ff.; zu weitgehend Fairfield Washington and Lee Law Review Online 71(2), 35 (39): "contracts can be freed of courts as intermediaries.".

[15] Guggenberger NJW 2018, 1057 (1059).

Bei ihrem Einsatz wird vertragsgemäßes Verhalten der Parteien weitgehend durch Algorithmen ersetzt.[16] Ein Algorithmus kann dabei definiert werden als „eindeutige, ausführbar beschriebene Folge klar definierter Handlungsanweisungen endlicher Länge zur Lösung einer Aufgabe".[17] Mit dieser Definition zeigt sich, dass Algorithmen keineswegs erst mit dem digitalen Zeitalter aufgekommen sind.[18] Freilich erlangen sie aber gerade im Rahmen der Informationstechnik Bedeutung. Dies gilt insbesondere für Algorithmen, die Verfahren automatischer Entscheidungsfindung ermöglichen. 6

Für Smart Contracts werden regelmäßig deterministische Algorithmen verwendet, die nach dem „Wenn-Dann-Schema" funktionieren.[19] Mehrere Verzweigungen sind möglich, aber der Eintritt einer jeden Bedingung hat notwendig eine festgelegte Möglichkeit für seine Fortsetzung zur Folge.[20] Das gesamte Verfahren muss entsprechend in einem endlichen Text vollständig beschrieben und jeder Schritt tatsächlich ausführbar und damit effektiv sein. Der Verfahrensablauf ist entsprechend zu jedem Zeitpunkt fest vorgeschrieben. 7

Der Algorithmus vermag ausschließlich vordefinierte Zustände abzubilden. Es bleibt kein Raum für die Interpretation der festgeschriebenen Bedingungen oder Folgen.[21] Einmal festgeschrieben sind diese unveränderbar. Dies stellt die erste Dimension der Unveränderbarkeit bei Smart Contracts dar. Smart Contracts sind also nicht nur keine Verträge im Rechtssinne, sondern grundsätzlich auch nicht intelligent[22] im Sinne von anpassungsfähig aufgrund von Verstehen, Einsehen oder Erkennen.[23] Es wird ausgeführt, was hinterlegt wurde. Entsprechend der Funktionsweise der deterministischen Algorithmen werden Absprachen bei Vorliegen der Bedingung(en) direkt vollzogen,[24] ohne dass menschliches Tätigwerden – und ein Vertrauen hierauf[25] – noch erforderlich wäre. 8

II. Ökonomische Vorteile

Durch den Einsatz von Smart Contracts für die Durchführung rechtlicher Verträge lassen sich in der Regel Transaktionskosten entscheidend reduzieren.[26] Einmal in Gang gesetzt ist ein Tätigwerden der Vertragspartner grundsätzlich nicht mehr erforderlich. Mit der Automatisierung der Vertragsabwicklung geht regelmäßig auch Schnelligkeit einher.[27] So kann etwa ein gemietetes Fahrzeug in Sekunden nach Eingang der Zahlung automatisch entsperrt werden. 9

Durch die automatische Durchsetzung des vereinbarten Vertragsinhalts lassen sich auch Hold-up-Probleme überwinden,[28] dh auch die Partei, die einseitig hohe transaktions- 10

[16] Davola/Pardolesi EuCML 2020, 201 (202).

[17] Barth Algorithmik für Einsteiger, 2. Aufl. 2013, S. 8f.

[18] Timmermann Legal Tech-Anwendungen, 2020, S. 57.

[19] Timmermann Legal Tech-Anwendungen, 2020, S. 57.

[20] Pomberger/Dobler Algorithmen und Datenstrukturen: Eine Systematische Einführung in die Programmierung, 2008, S. 382.

[21] Kaulartz in Leupold/Wiebe/Glossner IT-Recht, 4. Aufl. 2021, Kap. 9.5 Rn. 16.

[22] Vgl. Kolain in Hill/Kugelmann/Martini Perspektiven der digitalen Lebenswelt, 2017, S. 151; Blocher AnwBl 2016, 612 (618); Gantner in Schweighofer/Kummer/Saarenpää/Schafer Tagungsband des 21. Internationalen Rechtsinformatik Symposiums IRIS 2018, 2018, S. 123, 126; Kaulartz/Heckmann CR 2016, 618 (624); Mann NZG 2017, 1014 (1016); Mielke/Wolff in Schweighofer/Kummer/Saarenpää/Schafer Tagungsband des 21. Internationalen Rechtsinformatik Symposiums IRIS 2018, 2018, S. 139, 141; Paulus/Matzke CR 2017, 769 (771); Schrey/Thalhofer NJW 2017, 1431; Söbbing ITRB 2018, 43 (46).

[23] Ausgeschlossen ist die Integration anpassungsfähiger Elemente mit Optimierungsalgorithmen und Machine Learning aber nicht, s. Anzinger in Fries/Paal Smart Contracts, 2019, S. 54.; Hazard/Haapio in Schweighofer/Kummer/Hötzendorfer/Sorge Tagungsband des 20. Internationalen Rechtsinformatik Symposiums, 2017, 425 (431).

[24] Szabo First Monday 1997, 2 (9).

[25] S. nur Davola/Pardolesi EuCML 2020, 201 (202).

[26] Lupu CR 2019, 631 (632); Heckelmann NJW 2018, 504 (505).

[27] Heckelmann NJW 2018, 504 (505).

[28] Vgl. Borgogno in DiMatteo/Cannarsa/Poncibo Smart Contracts and Blockchain Technology: Role of Contract Law, 2019, S. 5.

spezifische Investitionen getätigt hat, kann sich auf die Durchführung verlassen, da die andere Partei die Ausführung des Smart Contracts grundsätzlich nicht einseitig stoppen und Nachverhandlungen erzwingen kann. So werden mithilfe von Smart Contracts Verträge ermöglicht, die sonst aufgrund des hohen Risikos eines Vertragsbruchs unterblieben wären. Vergleichbar kann fehlendes Vertrauen in unbekannte Vertragspartner durch Vertrauen auf Smart Contracts ersetzt werden. Dies ist besonders dann von Relevanz, wenn ein derartiges Vertrauen zwischen den Vertragspartnern nur – oder am kostengünstigsten – durch Smart Contracts geschaffen werden kann.

III. Technische Infrastruktur

11 Wodurch das Vertrauen in die Vertragspartner bei Smart Contracts ersetzt wird, hängt vom genutzten technischen Grundmodell ab.

1. Client-Server-Modell

12 Es kann im Rahmen eines traditionellen Client-Server-Modells auf einen Dritten zurückgegriffen werden, über dessen technische Infrastruktur der Smart Contract abgewickelt wird. An die Stelle des Vertrauens auf Vertragspartner tritt dann das Vertrauen auf diesen Intermediär, der strukturell jederzeit in die Ausführung des Smart Contract eingreifen kann. Die Unabhängigkeit und Verlässlichkeit des Serverbetreibers muss unabhängig von der technischen Architektur etabliert werden.[29] Zum Leistungsrisiko der Parteien treten mit dem Dritten verbundene Risiken, wie sein Insolvenzrisiko.[30]

2. Blockchain

13 Entgegen einer zunehmend vertretenen Ansicht[31] ist die Ausführung auf Blockchain nicht zum notwendigen Strukturmerkmal eines Smart Contracts zu erheben.[32] Das Aufkommen und die Expansion der Blockchain-Technologie hat aber zu einer Renaissance der aus den 1990ern stammenden Idee von Smart Contracts geführt.[33] Wenn auch Smart Contracts nicht notwendigerweise auf einer dezentralen Blockchain ausgeführt werden, so sind derartige Smart Contracts weitaus relevanter als die auf zentralen IT-Infrastrukturen beheimateten.[34] Durch ihre dezentrale Funktionsweise kann die Blockchain als unabhängiger Intermediär fungieren,[35] der gerade aufgrund der Unveränderbarkeit der Blockchain das Vertrauen aller Vertragsparteien genießt[36] und ein „*no trust contracting environment*“ kreiert.[37] Dies stellt die zweite Dimension der Unveränderbarkeit bei Smart Contracts dar.

[29] Vgl. Schawe MMR 2019, 218 (218); Guggenberger in Hoeren/Sieber/Holznagel Handbuch Multimediarecht, 57. EL, Kap. 13.7 Rn. 2.
[30] Vgl. Guggenberger in Hoeren/Sieber/Holznagel Handbuch Multimediarecht, 57. EL, Kap. 13.7, Rn. 2.
[31] Vgl. Borkert DSRITB 2017, 817 (823); Skwarek Informatik Spektrum 42(3) 2019, 161 (163); Ernst in MüKoBGB, Bd. 2, 8. Aufl. 2019, BGB Einl SchuldR Rn. 68; Schawe MMR 2019, 218 (218); s. für die U.S.A. auch Arizona Revised Statutes (2017) § 44–7061 lett E 2; Tennessee Code Annotated (2018) § 47-10-201.
[32] Ebenso Schawe MMR 2019, 218 (218); Timmermann Legal Tech-Anwendungen, 2020, S. 75; Kaulartz in Leupold/Wiebe/Glossner IT-Recht, 4. Aufl. 2021, Kap. Rn. 4 und 8; Bernzen/Kehrberger RW 2019, 374 (377).
[33] Vgl. Kaulartz in Leupold/Wiebe/Glossner IT-Recht, 4. Aufl. 2021, Kap. 9.5 Rn. 4 und 8.
[34] Schawe MMR 2019, 218; Guggenberger in Hoeren/Sieber/Holznagel Handbuch Multimediarecht, 57. EL, Kap. 13.7 Rn. 2; Finck in Fries/Paal Smart Contracts, 2019, S. 12.
[35] Vgl. bereits Szabo First Monday 1997, 2 (9): "It has long been recognized that an intermediary is more trustworthy when it is distributed.".
[36] Bremann DSRITB 2018, 299 (307); Heckelmann NJW 2018, 504 (505).
[37] Eenmaa-Dimitrieva/Schmidt-Kessen CLSR 35(1), 69; Eenma-Dimitrieva/Schmidt-Kessen EUI Working Papers Law 2017(13), 26; Borgogno in DiMatteo/Cannarsa/Poncibo Smart Contracts and Blockchain Technology: Role of Contract Law, 2019, S. 5.

Bei Blockchain-basierten Smart Contracts ergibt sich das Vertrauen aus den Kernelemententen dieser technischen Architektur.[38] Der mit der Nutzung der Blockchain-Technologie einhergehende Aufwand für alle Netzwerkteilnehmenden wird gerade durch die mit der Unveränderbarkeit der Blockchain einhergehenden Vorteile aufgewogen.[39] Die Kontobuchtechnologie Blockchain beruht auf Fortschreibung einer grundsätzlich unveränderbaren Kette aller bisherigen Transaktionen in aufeinanderfolgenden Datenblöcken,[40] die dezentral gespeichert werden. Alle teilnehmenden Netzwerkknoten speichern eine Kopie der Transaktionshistorie. Vorgeschlagene neue Blöcke müssen grundsätzlich von der Mehrheit aller Netzwerkknoten akzeptiert werden,[41] um grundsätzlich unumkehrbar hinzugefügt zu werden. Für diesen Konsensmechanismus wird ein algorithmisches Abstimmungsverfahren eingesetzt.[42] Der Konsensmechanismus schließt die Entstehung unterschiedlicher Versionen mit sich widersprechenden Transaktionen aus.[43] 14

Die Verkettung der Blöcke wird durch kryptographische Verfahren abgesichert, insbesondere durch die Einfügung von nicht invertierbaren Hash-Werten in die Blöcke.[44] Gerade aufgrund dieser nicht nur schlüsselbasierten, sondern kontextuellen Verkettung wird die Kette der Blöcke grundsätzlich fälschungs- und manipulationssicher.[45] In den meisten Blockchain-Implementierungen gehört ein sog. „*Proof of Work*" zum Inhalt jedes Blocks, der die Berechnung gültiger Hashwerte noch erschwert.[46] Die damit unveränderbare Kette ist zudem von allen Beteiligten einsehbar, sodass Vertrauen stiftende Transparenz erreicht wird.[47] Auf der Blockchain können nicht nur Bedingungen für Transaktionen hinterlegt, sondern auch Eintritt der Bedingung und Durchführung der Folge(n) dezentral überwacht werden.[48] 15

C. Zusammentreffen verschiedener Normativitäten

I. Code and Law

Ausgangspunkt der Betrachtung des Verhältnisses von Technik und Recht bei Smart Contracts ist die Trennung der technischen von der rechtlichen Ebene. Diese Trennung ergibt sich bereits daraus, dass, wie dargelegt, Smart Contracts eben keine Verträge im Rechtssinne sind. Ebenso häufig zitiert wie missverstanden ist die von Lawrence Lessig 16

[38] Vgl. Guggenberger in Hoeren/Sieber/Holznagel Handbuch Multimediarecht, 57. EL, Kap. 13.7 Rn. 2; s. auch Ernst in MüKoBGB, Bd. 2, 8. Aufl. 2019, BGB Einl SchuldR Rn. 68.

[39] Skwarek Informatik Spektrum 42(3) 2019, 161 (165).

[40] Jeder Block besteht aus Nutzdaten, Zeitstempel, Index, Hash-Wert des Vorgängerdatenblocks und Proof of Work, näher hierzu Schmidt/Pruß in Auer-Reinsdorff/Conrad Handbuch IT- und Datenschutz, 3. Aufl. 2019, § 2 Daten, Datenbanken und Datensicherheit Rn. 546 ff. (Auer-Reinsdorff/Conrad IT-R-HdB, § 2 Daten, Datenbanken und Datensicherheit Rn. 546, beck-online).

[41] Teilweise wird auch ein sog. Proof-of-Stake (PoS)- Verfahren eingesetzt, s. Schmidt/Pruß in Auer-Reinsdorff/Conrad Handbuch IT- und Datenschutz, 3. Aufl. 2019, § 2 Rn. 552; Giese/Kops/Wagenknecht/de Boer/Preuss Die Blockchain Bibel, DNA einer revolutionären Technologie, 2017, Pos. 509 ff.

[42] Vgl. Borkert DSRITB 2017, 817 (823).

[43] Rein in Sassenberg/Faber Rechtshandbuch Industrie 4.0 und Internet of Things, 2. Aufl. 2020, § 14 Rn. 18.

[44] Vgl. Deusch/Eggendorfer in Taeger/Pohle Computerrechts-Handbuch, 36. EL 2021, Kap. 50.1 Rn. 205- 206.

[45] Guggenberger in Leupold/Wiebe/Glossner IT-Recht, 4. Aufl. 2021, Kap. 14.2 Rn. 15; Lupu CR 2019, 631 (632); Skwarek Informatik Spektrum 42(3) 2019, 161 (165); Ernst in MüKoBGB, Bd. 2, 8. Aufl. 2019, BGB Einl SchuldR Rn. 68.

[46] Schmidt/Pruß in Auer-Reinsdorff/Conrad Handbuch IT- und Datenschutz, 3. Aufl. 2019, § 2 Rn. 548.

[47] Guggenberger in Hoeren/Sieber/Holznagel Handbuch Multimediarecht, 57. EL, Kap. 13.7 Rn. 86.

[48] Vgl. Hohn-Hein/Barth GRUR 2018, 1089 (1093); Heckelmann NJW 2018, 504 (505); Schawe MMR 2019, 218; Kuntz, AcP 220, 51, 65.

geprägte Wendung „Code is Law"[49]. Diese meint nicht etwa den Ersatz von Juristenrecht mit Code.[50] Vielmehr beschreibt sie das Hinzutreten[51] einer weiteren Quelle von Normativität[52] in der digitalen Welt. Code tritt neben andere, sich wiederum gegenseitig beeinflussende Regulierungskräfte wie Markt, soziale Normen und eben Rechtsnormen. Die Wendung steht daher nicht im Gegensatz zur Bekräftigung des Geltungsanspruchs staatlichen Rechts auch in digitalisierten Kontexten.

17 Der Einsatz technischer Mittel wie Smart Contracts für Vertragsschluss und Durchführung hat aus rechtlicher Sicht keine Auswirkungen auf den Rechtsanwendungsbefehl.[53] Die rechtlichen Anforderungen an das jeweilige Rechtsgeschäft sind einzuhalten: *Code needs to follow law.* Alle allgemeinen Wirksamkeitshindernisse kommen auch beim Einsatz von Smart Contracts zur Geltung.[54] Mit Blick auf die Unveränderbarkeit bedeutet dies aber auch, dass zwingendes Recht von vornherein technisch berücksichtigt werden muss: *Law needs to become Code.*

18 Im Rahmen der Privatautonomie der Parteien können sie sich auf durchschnittlich abbildbare und durchführbare Absprachen im Rahmen von Rechtsgeschäften einigen.[55] Diese Privatautonomie wird aber im BGB bereits in vielerlei Hinsicht eingeschränkt, insbesondere zum Schutz vor einschneidenden Konsequenzen oder zur Kompensation bestimmter Asymmetrien zwischen Vertragspartnern. Werden einige Asymmetrien – beispielsweise Handlungsungleichgewichte oder Informationsasymmetrien – grundsätzlich hingenommen, so verankert das BGB – über den allgemeinen Schutz der Kontrahierenden Bedingungen durch generelle ordnungspolitische Maßnahmen hinaus – gezielt spezifische Schutzinstrumente zugunsten von bestimmten Gruppen wie etwa den nicht voll Geschäftsfähigen oder den Verbrauchern.

II. Divergenzen zwischen rechtlicher und technischer Ebene

19 Bei unwirksamen Willenserklärungen, unwirksamen Vertragsklauseln und nichtigen Verträgen infolge eines Widerspruchs mit gesetzlichen Wertungen entstehen Divergenzen zwischen rechtlicher und technischer Ebene. Sie betreffen sowohl das Auseinanderfallen von Recht und Quelltext des Smart Contract, und damit die erste Dimension der Unveränderbarkeit, als auch die Diskrepanz zwischen Recht und Transaktionshistorie bei Blockchain-basierten Smart Contracts, also die zweite Dimension der Unveränderbarkeit. Bei Formmangel, Verstoß gegen ein gesetzliches Verbot oder die guten Sitten und bei Wucher sowie bei fehlender Geschäftsfähigkeit sind die Verträge von vornherein nichtig. Gestaltungserklärungen wie Anfechtung, Rücktritt vom Vertrag oder Widerruf ändern den zivilrechtlichen Status eines Vertrages nachträglich, während technisch die Unveränderbarkeit der Anpassung des Smart Contracts grundsätzlich entgegensteht.

20 Da eine Anpassung des Programmcodes grundsätzlich ausgeschlossen ist, müssen sämtliche Schritte bei Datenmodellierung bereits aufgenommen werden. Eine vollständige Übersetzung des einschlägigen Rechts in Code ist dabei ebenso wenig möglich wie wünschenswert.[56] Insofern gilt also „*Law needs to become Code*" nicht. Die gesamte Bandbreite

[49] Lessig Code and Other Laws of Cyberspace, 1998, S. 3 ff.

[50] Fries AnwBl 2018, 86 (87); Froitzheim DSRITB 2018, 311 (322); Kaulartz/Heckmann CR 2016, 618 (623).

[51] Für die Wirkkraft von Code im normativen Vaccuum s. Steinrötter MMR 2017, 731 (734).

[52] Zur „datensetzende[n] Macht" von Programmierern s. Boehme-Neßler, Überlegungen zur Relativierung des Rechts in der digitalisierten Gesellschaft, 2008, S. 101 f.

[53] Vgl. Anzinger in Fries/Paal Smart Contracts, 2019, S. 55 f.

[54] Vgl. Guggenberger in Hoeren/Sieber/Holznagel Handbuch Multimediarecht, 57. EL, Kap. 13.7 Rn. 16.

[55] Möslein ZHR 183, 254 (291).

[56] Vgl. Borgogno in DiMatteo/Cannarsa/Poncibo Smart Contracts and Blockchain Technology: Role of Contract Law, 2019, S. 10; Kolain in Hill/Kugelmann/Martini Perspektiven der digitalen Lebenswelt, 2017, S. 147 ff.

der Eventualitäten kann nicht algorithmisch in einer Art und Weise abgebildet werden, dass der Vertrag automatisiert durchgeführt werden kann. Die Nichtigkeit einer Transaktion kann auch nicht rein maschinell überprüft und so in die Abfolge von Bedingungen und Folgen eingebaut werden. Eine eingebaute Überprüfung unter Einbeziehung von Schnittstellen zur realen Welt (Oracles) in Form von menschlicher, juristischer Kompetenz,[57] würde die oben genannten ökonomischen Vorteile hinsichtlich Transaktionskosten und Schnelligkeit in Frage stellen und sich daher nicht umfassend eignen. Der Einsatz von Smart Contracts lohnt sich nur, solange die erwarteten Kosten aus einer Nichteinhaltung des Vertragsinhaltes inklusive Rechtsdurchsetzungs- und Nachverhandlungskosten den erwarteten Nutzen aus dem Vertrag übersteigen. Verlagern sich die Kosten in einer relevanten Anzahl an Fällen nur auf eine spätere, kostenintensivere (außergerichtliche[58]) Streitbeilegung, ist der Einsatz nicht mehr ökonomisch effizient.[59] Die Einführung einer zentralen Kontrollinstanz im Rahmen von Blockchain-Umgebungen kann zudem das in ihr herrschende, mit den Kernelementen einhergehende Vertrauen, zersetzen.[60]

Während bei Einsatz von Smart Contract-Mechanismen die meist pseudonym Kontrahierenden selbst grundsätzlich nachrangig gegenüber der technischen Architektur sind, rücken die Personen der Vertragsschließenden mit Blick auf rechtliche Aspekte von Verbraucher- und Minderjährigenschutz in den Vordergrund. 21

III. Verbraucherschutz

Gerade im E-Commerce Bereich werden Verbrauchern regelmäßig standardisierte „*take it or leave it*" Angebote gemacht, so dass eine Standardisierung mit Smart Contracts zu Ersparnissen führen kann.[61] Ökonomische Vorteile des Einsatzes von Smart Contracts können für Verbraucher Vergünstigungen bedeuten, wenn die Ersparnis der Transaktionskosten an sie weitergegeben wird.[62] Die automatisierte und schnelle Durchführung des Vertrages bedeutet aber auch, dass Verbraucherrechte regelmäßig nach Leistungsaustausch durchgesetzt werden müssen. Der Verbraucher kann nicht mehr seine vertraglich vorgesehene Leistung, etwa seine Zahlung, zurückhalten oder einstellen. Entsprechen die (standardisierten) im Smart Contract abgebildeten Absprachen nicht dem Interesse des individuellen Verbrauchers werden insgesamt keine Kosten reduziert. Diese verlagern sich vielmehr auf die spätere Phase, in der dann insbesondere die Verbraucherrechte durchzusetzen sind. Zweifel an der Vertragsparität, die bei B2C-Verträgen auf der strukturellen geschäftlichen Unerfahrenheit der Verbraucher gegenüber den Unternehmern beruhen,[63] schlagen erst auf dieser nachgelagerten Ebene durch. Mit dem Einsatz von Smart Contracts kommt es daher – wie auch bei Automatisierung von Recht bzw. seiner Durchsetzung in anderen Bereichen[64] – zu einer Auswirkung der technischen Gestaltung auf die Aktionslast.[65] Diese stellt mangels gegenläufiger Regel allerdings nicht schlechthin eine Umkehr der Aktionslast dar. So hat der Verbraucher nach allgemeinen Grundsätzen das Vorliegen 22

[57] „Justizschnitstellen", Kaulartz/Heckmann CR 2016, 618 (624); Simmchen MMR 2017, 162 (164).

[58] Kaulartz/Heckmann CR 2016, 618 (624); Kipker/Birreck/Niewöhner/Schnorr MMR 2020, 509; s. auch Weber EuCML 2017, 207 (209).

[59] Vgl. zur Verlagerung der Kosten bei unpassender Pauschalierung Linardatos K&R 2/2018, 85 (91).

[60] Vgl. zur Dezentralisierung Hein et al. in Hein/Hein/Wellbrock Rechtliche Herausforderungen von Blockchain-Anwendungen, 2019, S. 35 f.; s. Auch Schrey/Thalhofer NJW 2017, 1431 (1436).

[61] Vgl. Fairfield Washington and Lee Law Review Online 71(2), 35 (48).

[62] Vgl. Ingle Victoria University of Wellington Legal Research Papers 23/2019, 7, abrufbar unter https://ssrn.com/abstract=3466523 (zuletzt abgerufen am 22.4.2022); Legner VUR 2021, 10 (16).

[63] Thüsing in Staudinger, 2019, BGB § 312b Rn. 7.

[64] Eingehend dazu Specht-Riemenschneider Diktat der Technik, Regulierungskonzepte technischer Vertragsinhaltsgestaltung am Beispiel von Bürgerlichem Recht und Urheberrecht, 2019, insbes. S. 454, Bernzen/Kehrberger, RW 2019, 374 (398).

[65] Riehm in Fries/Paal Smart Contracts, 2019, S. 85, 89; Legner VUR 2021, 10 (14).

dieser Eigenschaft zu beweisen[66] und muss – wie alle Anspruchsteller – bei Nichterfüllung der Sekundäransprüche tätig werden. Es verschlechtert jedoch die Position der Personengruppe, die durch die Vorschriften des Verbraucherschutzes geschützt werden soll.

23 Mit Blick auf die Unveränderbarkeit bei Smart Contracts kann dem durch eine Berücksichtigung der Verbraucherrechte auf der technischen Ebene entgegengewirkt werden.[67] Dies gilt insbesondere für eine Berücksichtigung des Verbraucherwiderrufs im Rahmen der Programmierung[68] in einer Art und Weise, dass das Ergebnis der Durchführung des Smart Contracts nicht nachträglich und außerhalb des Smart Contracts korrigiert werden muss. So kann die Widerrufsfrist des § 355 Abs. 2 BGB in den Smart Contract implementiert werden, indem ihr fruchtloser Ablauf Bedingung für die weitere Durchführung des Smart Contract ist. § 355 BGB gilt dabei insbesondere für Widerrufsrechte bei Fernabsatzverträgen nach § 312g BGB, Verbraucherdarlehensverträgen und sonstigen Finanzierungshilfen (§ 495 ggf. iVm § 506 Abs. 1 BGB; § 514 Abs. 2 ggf. iVm § 515 BGB) sowie für Fernunterrichtsverträge (§ 4 Abs. 1 S. 1 FernUSG), in deren Rahmen der Zugang zu lizensierten Inhalten und mithin Smart Contracts eine große Rolle spielen können. Der Effizienzgewinn durch den Einsatz von Smart Contracts wird durch die Inkorporation des Widerrufs in den Smart Contract allerdings beeinträchtigt. Da die Vertragsdurchführung unilateral gestoppt werden kann, kann das Vertrauen in den hierzu berechtigten Vertragspartner nicht vergleichbar ersetzt werden.

IV. Minderjährigenschutz

24 Auch bei nicht (voll) Geschäftsfähigen kommt es zu Divergenzen zwischen Quelltext des Smart Contracts und nichtiger vertraglicher Abrede. Der automatisierte und schnelle Leistungsaustausch bei Einsatz von Smart Contracts führt dazu, dass auch nichtige Verträge unter Beteiligung von nicht voll Geschäftsfähigen in der Regel vollzogen werden. Die Personengruppen, die das BGB mit seinen Regeln zur Geschäftsfähigkeit schützen will, müssen dann Rückabwicklungsmechanismen bemühen, denen insbesondere bei Nutzung der Blockchain-Technologie die Pseudonymität der Nutzenden und das Paradigma der Unveränderlichkeit der Transaktionshistorie, also die zweite Dimension der Unveränderbarkeit, entgegensteht.[69]

25 Insbesondere an öffentlichen Blockchains kann grundsätzlich jedermann teilnehmen, ohne dass die Geschäftsfähigkeit überprüft wird. Es können daher Personen wie Betrunkene und Minderjährige beteiligt sein, mit denen in der analogen Welt keine Geschäfte geschlossen würden.[70] Dies gilt insbesondere für jüngere Minderjährige, denen man bei persönlicher Begegnung die fehlende volle Geschäftsfähigkeit ansieht. Die Anzahl unerkannt Geisteskranker wird bei Smart Contracts nur gering erhöht sein, so dass der Umgang mit Smart Contracts unter Beteiligung von Minderjährigen im Vordergrund steht. Aufgrund der binären Kategorien der Blockchain – unumkehrbares Hinzufügen oder eben nicht – ist es auch nicht möglich, eine schwebende Unwirksamkeit eines nicht

[66] Spindler in Spindler/Schuster Recht der elektronischen Medien, 4. Aufl. 2019, BGB § 13 Rn. 6; OLG Celle NJW-RR 2004, 1645 (1646); Ellenberger in Palandt, 80. Aufl. 2021, § 13 Rn. 4; für die Verwendung von AGB und die Verbrauchereigenschaft s. Riehm in Braegelmann/Kaulartz Rechtshandbuch Smart Contracts, 2019, Kap. 9 Rn. 13.

[67] Vgl. Borgogno in DiMatteo/Cannarsa/Poncibo Smart Contracts and Blockchain Technology: Role of Contract Law, 2019, S. 6; Woebbeking JIPITEC 10(1), 105 (Rn. 7).

[68] Vgl. Rein in Sassenberg/Faber Rechtshandbuch Industrie 4.0 und Internet of Things, 2. Aufl. 2020, § 14 Rn. 125.

[69] Vgl. Kerkemeyer ZHR 184, 793 (812).

[70] Durovic/Janssen European Review of Private Law 26(6) 2018, 753 (768); Werbach/Cornell Duke Law Journal 67(2) 2017, 313 (371); Luesley Asper Review of International Business and Trade Law 2019, 155 (163).

lediglich rechtlich vorteilhaften Vertrages unter Beteiligung beschränkt geschäftsfähiger Minderjähriger abzubilden.[71]

Ein beschränkt geschäftsfähiger Minderjähriger kann alleine nur solche Willenserklärungen wirksam abgeben, die für ihn lediglich rechtlich vorteilhaft sind (§ 107 BGB). Im Übrigen setzt die Wirksamkeit seiner Erklärung die Zustimmung seines gesetzlichen Vertreters voraus. Soweit die Minderjährigkeit des Teilnehmers erkannt wird,[72] können Transaktionen von der Erteilung der Genehmigung der gesetzlichen Vertreter abhängig gemacht werden,[73] etwa durch Hinterlegung der Geburtsdaten und ein Abwarten der Reaktion der gesetzlichen Vertreter.[74] Die digitalisierte Altersverifikation stellt jedoch eine Herausforderung dar,[75] die in der Praxis häufig nicht angenommen wird,[76] so dass Minderjährige unbemerkt Transaktionen ausführen.[77] 26

Zudem ist das Vorliegen dieser nach § 107 BGB erforderlichen Einwilligung nur schwerlich digital zu überprüfen, zumal diese auch widerrufen werden kann. Fehlt es an der tatsächlichen Erteilung der Einwilligung durch die gesetzlichen Vertreter, so bleibt die Erklärung unwirksam. Dies gilt auch für Fälle, in denen das Vorliegen einer solchen Einwilligung, etwa durch gefälschte Schriftstücke oder E-Mails von einem nur scheinbar den gesetzlichen Vertretern zugeordnetem Account,[78] vorgespiegelt wird. Der gute Glaube der Geschäftspartner an die Einwilligung wird nicht geschützt.[79] 27

Es könnte nun im Smart Contract vorgesehen werden, dass der Geschäftspartner den gesetzlichen Vertreter zur Erklärung über die Genehmigung auffordert, und so mit Zugang dieser Aufforderung die Zweiwochenfrist des § 108 Abs. 2 S. 2 BGB in Gang setzt. Geht dem Geschäftspartner innerhalb dieser Frist keine Erklärung des gesetzlichen Vertreters zu, so gilt die Genehmigung als verweigert und das Geschäft wird mit Ablauf der Frist endgültig von Anfang an unwirksam.[80] Folge einer solchen Aufforderung ist auch, dass der gesetzliche Vertreter die Genehmigung sowie ihre Verweigerung nur noch dem Vertragspartner gegenüber erklären kann (§ 108 Abs. 2 S. 1 Hs. 1 BGB) und schwer nachweisbare Inneneinwilligungen (vgl. § 182 Abs. 1 BGB) ausgeschlossen werden. Der Minderjährige kann gleichwohl an der Übermittlung der Erklärung seines gesetzlichen Vertreters gegenüber dem Vertragspartner beteiligt sein, etwa als Bote.[81] Durch die Aufforderung zur Erklärung über die Genehmigung wird auch eine vorherige Genehmigung oder Verweigerung gegenüber dem Minderjährigen – nicht jedoch eine solche gegenüber 28

[71] Vgl. Süme/Vogt/Zimprich in VDI Technologiezentrum GmbH Blockchain – Eine Technologie mit disruptivem Charakter S. 27, abrufbar unter: https://www.vditz.de/service/publikationen/details/blockchain-eine-technologie-mit-disruptivem-charakter (zuletzt abgerufen am 22.4.2022).

[72] Werbach/Cornell Duke Law Journal 67(2) 2017, 313 (371); Luesley Asper Review of International Business and Trade Law 2019, 155 (163).

[73] Hein et al. in Hein/Hein/Wellbrock Rechtliche Herausforderungen von Blockchain-Anwendungen, 2019, S. 36; Schrey/Thalhofer NJW 2017, 1431 (1436); Sickinger/Thelen AG 2020, 862 (867).

[74] Jorzig/Sarangi Digitalisierung im Gesundheitswesen, Ein kompakter Streifzug durch Recht, Technik und Ethik, 2020, S. 209 f.; Hein et al. in Hein/Hein/Wellbrock Rechtliche Herausforderungen von Blockchain-Anwendungen, 2019, S. 36; Schrey/Thalhofer NJW 2017, 1431 (1436).

[75] Werbach/Cornell Duke Law Journal 67(2) 2017, 313 (371); Luesley Asper Review of International Business and Trade Law 2019, 155 (163); Giancaspro Computer Law and Security Review, 33 (6) 2017, 825 (832).

[76] Bilski Gutachten Blockchain-Technologie, Smart Contracts und Selbstvollziehende Verträge, 2019, S. 69.

[77] Vgl. Hein et al. in Hein/Hein/Wellbrock Rechtliche Herausforderungen von Blockchain-Anwendungen, 2019, S. 35.

[78] Vgl. zu verschiedenen Verfahren Tinnefeld/Conrad ZD 2018, 391(393); zum verifiable parental consent nur Van der Hof Wisconsin International Law Journal 34(2) 2017, 409 (423); Scaife Compliance & Risk 2016 5(5), 6 (6,7).

[79] Spickhoff in MüKoBGB, Bd. 1, 9. Aufl. 2021, BGB § 107 Rn. 19; Hansen in jurisPK-BGB, Bd. 1, 9. Aufl. 2020, BGB § 107 Rn. 30; Klumpp in Staudinger, 2017, BGB § 107 Rn. 96.

[80] Spickhoff in MüKoBGB, Bd. 1, 9. Aufl. 2021, BGB § 108 Rn. 30; Ellenberger in Palandt, 80. Aufl. 2021, § 108 Rn. 6; Hansen in jurisPK-BGB, Bd. 1, 9. Aufl. 2020, BGB § 108 Rn. 28.

[81] Klumpp in Staudinger, 2017, BGB § 108 Rn. 47.

dem Vertragspartner[82] – nach § 108 Abs. 2 S. 1 Hs. 2 unwirksam und der Schwebezustand lebt wieder auf.[83]

29 Eine entsprechend im Code eingebettete Frist zur Erklärung der gesetzlichen Vertreter verspricht aber nicht dieselbe Klarheit wie die vergleichbare Lösung zugunsten von Verbrauchern. Zunächst einmal muss der gesetzliche Vertreter des Minderjährigen identifiziert werden. Grundsätzlich sind beide Eltern gemeinsam die gesetzlichen Vertreter ihres Kindes (§ 1629 Abs. 1 BGB). Bei Getrenntleben der Eltern kann auch nur einem Elternteil die elterliche Sorge nach § 1671 BGB übertragen werden. Sind die Eltern nicht zur Vertretung des Kindes berechtigt, steht dieses nicht unter elterlicher Sorge oder ist der Familienstand des Minderjährigen nicht zu ermitteln, so erhält der Minderjährige einen Vormund als gesetzlichen Vertreter (§ 1773, § 1793 Abs. 1 S. 1 BGB). Die familiäre Situation des am Smart Contract beteiligten Minderjährigen ist digital kaum überprüfbar, so dass bereits mit der Auswahl des Adressaten der Aufforderung eine gewisse Rechtsunsicherheit einhergeht.

30 Ausnahmen wie in §§ 110, 112 und 113 BGB vorgesehen können umgekehrt zu einer Wirksamkeit der Willenserklärung des Minderjährigen führen. Nach § 110 BGB sind grundsätzlich nach § 107 BGB zustimmungsbedürftige Rechtsgeschäfte gleichwohl wirksam, wenn der Minderjährige das Geschäft mit den ihm überlassenden Mitteln entsprechend der Widmung des gesetzlichen Vertreters bewirkt. Bewirkt ist das Geschäft zunächst, wenn der Minderjährige es gem. § 362 BGB erfüllt,[84] also etwa durch Überweisung im Rahmen des Smart Contract. Die Phase der schwebenden Unwirksamkeit bis zum Bewirken[85] ist beim Einsatz von Smart Contracts regelmäßig sehr kurz; mit dem Bewirken werden die Geschäfte ex tunc wirksam.[86] Es wäre möglich, im Smart Contract für Minderjährige einen finanziellen Rahmen festzulegen, in dem vom Eingreifen von § 110 BGB ausgegangen wird. Hierbei würde sich eine Differenzierung nach Altersstufen anbieten. Der Smart Contract würde dann in der Rechtswirklichkeit begründete Annahmen spiegeln, und nicht – wie vom BGB vorgesehen – eine Prüfung der Voraussetzungen im Einzelfall durchführen.

31 Ist die Willenserklärung des Minderjährigen nach alledem als unwirksam zu beurteilen, so ist der nichtige Vertrag nach den allgemeinen Regeln rückabzuwickeln. Da die Geltendmachung von bereicherungsrechtlichen Ansprüchen nicht fristgebunden ist, sondern nur der Verjährung unterliegt,[87] kann eine im Smart Contract zugunsten der Minderjährigen vorgesehene Entscheidungsfrist auch nicht die spätere Geltendmachung ausschließen.

32 Mit der Beteiligung von Minderjährigen bei Smart Contracts gehen daher eine Reihe von Unwägbarkeiten einher, die die ökonomischen Vorteile ihres Einsatzes zur Durchführung von Rechtsgeschäften in Frage stellen. Grenzen der technischen Darstellbarkeit der Rechtslage werden bei der schwebenden Unwirksamkeit von Willenserklärungen von beschränkt geschäftsfähigen Minderjährigen deutlich.[88] Nichtige Verträge können gleichwohl mit Smart Contracts durchgeführt und Teil der prinzipiell unveränderbaren

[82] Duden in BeckOGK, 1.5.2021, BGB § 108 Rn. 53.

[83] Duden in BeckOGK, 1.5.2021, BGB § 108 Rn. 53; Spickhoff in MüKoBGB, Bd. 1, 9. Aufl. 2021, BGB § 108 Rn. 29; Klumpp in Staudinger, 2017, BGB § 108 Rn. 3.

[84] Ellenberger in Palandt, 80. Aufl. 2021, § 110 Rn. 4; Duden in BeckOGK, 1.5.2021; Borges in BeckOK IT-Recht, 5. Ed. 1.5.2021, BGB § 110 Rn. 10.

[85] Vgl. Klumpp in Staudinger, 2017, BGB § 110 Rn. 14.

[86] Hansen in jurisPK-BGB, Bd. 1, 9. Aufl. 2020, BGB § 108 Rn. 18.

[87] Auf diesen Unterschied zu Verbrauchern hinweisend Spindler in Spindler/Schuster Recht der elektronischen Medien, 4. Aufl. 2019, BGB Vor §§ 104 ff. Rn. 5.

[88] Vgl. Hein et al. in Hein/Hein/Wellbrock Rechtliche Herausforderungen von Blockchain-Anwendungen, 2019, S. 35; Schrey/Thalhofer NJW 2017, 1431 (1436); Süme/Vogt/Zimprich in in VDI Technologiezentrum GmbH Blockchain – Eine Technologie mit disruptivem Charakter S. 27, abrufbar unter: https://www.vditz.de/service/publikationen/details/blockchain-eine-technologie-mit-disruptivem-charakter (zuletzt abgerufen am 22.4.2022); Berghoff/Gebhardt/Lochter/Maßberg Blockchain sicher gestalten – Konzepte, Anforderungen, Bewertungen, 2019, S. 57.

Blockchain geworden sein, so dass sich die Frage stellt, inwiefern eine Anpassung der technischen an die rechtliche Ebene erforderlich ist.

D. Anpassung der technischen an die rechtliche Ebene

Auch bei rechtlicher Qualifikation eines Vertrages als von Anfang an nichtig, sind – wie auch bei rein analoger Durchführung des Vertrages – im Rahmen der Rückabwicklung weitere Transaktionen erforderlich, um die Ansprüche der Beteiligten zur erfüllen. Darüber hinaus verlangt das Recht grundsätzlich keine Anpassung der außerrechtlichen Welt. Die Herausgabe des erlangten Etwas aufgrund von Bereicherungsrecht umfasst nicht schlechthin die Änderung des in der Blockchain gespeicherten Blocks. Dieser ist bei allen Teilnehmenden gespeichert und nicht einem Vertragspartner zugeordnet worden. Die Eintragung in die Transaktionshistorie der Blockchain hat auch keine konstitutive Wirkung.[89] Grundsätzlich verlangt das Recht also nicht, dass auch die technische Ebene angepasst wird, solange die Ansprüche der Parteien anderweitig durchsetzbar sind. 33

Etwas anderes kann sich mit Blick auf die Umgehung zwingender Vorschriften ergeben. So darf die Nutzung von Smart Contracts nicht darauf hinauslaufen, dass die Parteien eine rechtsgeschäftliche Gestaltung wählen, die dem Zweck des umgangenen Gesetzes zuwiderläuft. Dies gilt etwa für sämtliche Verbotsgesetze im Sinne des § 134 BGB. § 312k BGB untermauert die verbraucherschützenden Vorschriften der §§ 312 ff. BGB in mehrfacher Hinsicht. § 312k Abs. 1 S. 1 BGB erklärt die §§ 312 ff. BGB insofern zu zwingendem Recht als dass abweichende Vereinbarungen zum Nachteil des Verbrauchers sowie sein Verzicht auf eine ihn begünstigende Rechtsposition unwirksam sind. Nach § 312k Abs. 1 S. 2 BGB sind verbraucherschützende Vorschriften auch dann zwingend zu beachten, wenn sie durch anderweitige Gestaltungen umgangen werden. 34

Dieses Umgehungsverbot dient dazu, die praktische Wirksamkeit der Verbraucherschutzvorschriften, gerade mit Blick auf den unionsrechtlichen Hintergrund,[90] abzusichern. Sowohl eine Tatbestandsvermeidung als auch eine Tatbestandserschleichung[91] können im Zusammenhang mit Smart Contracts eine Rolle spielen. Smart Contracts können insbesondere genutzt werden, um die vertragliche Beziehung so zu gestalten, dass nur formal die Schutzvorschriften der §§ 312 ff. BGB nicht eingreifen, ihr Schutzzweck aber ihre Anwendung gebietet. So kann eine aufgedrängte Personalisierung mit dem Ziel des Ausschlusses des Widerrufsrechts nach § 312g Abs. 2 S. 1 Nr. 1 BGB[92] auch mittels technischer Mittel im Rahmen des Smart Contract vorgesehen werden, etwa bei minimalem Zuschnitt zugänglich gemachter lizensierter Inhalte. Von einer Umgehung kann aber bei bloßer Diskrepanz zwischen Rechtslage und Programmcode bzw. Blockchain nicht ausgegangen werden. Rechtlich besteht also regelmäßig kein Bedarf, die technische Ebene an die Rechtslage anzupassen. 35

Bei anhaltender Diskrepanz von rechtlicher und technischer Ebene ist der Smart Contract aber kein verlässliches Instrument zur transparenten und verlässlichen Vertragsdokumentation mehr. Die Mechanismen, die das Vertrauen in die technische Architektur 36

[89] Kipker/Birreck/Niewöhner/Schnorr MMR 2020, 509 (511).

[90] Art. 25 der Richtlinie 2011/83/EU Europäischen Parlaments und des Rates vom 25.10.2011 über die Rechte der Verbraucher; Art. 12 Abs. 1 der Richtlinie 2002/65/EG des Europäischen Parlaments und des Rates vom 23. September 2002 über den Fernabsatz von Finanzdienstleistungen an Verbraucher; s. bereits Art. 6 der Richtlinie 85/577/EWG des Rates vom 20. Dezember 1985 betreffend den Verbraucherschutz im Falle von außerhalb von Geschäftsräumen geschlossenen Verträgen; zur E-Commerce-RL (2000/31/EG) vom 08.6.2000 s. Busch in BeckOGK, 1.5.2021, BGB § 312k Rn. 3.

[91] Zu diesen Fallgruppen s. grundlegend Teichmann Die Gesetzesumgehung, 1962, S. 50; Wendehorst in MüKoBGB, Bd. 3 8. Aufl. 2019, BGB § 312k Rn. 11.

[92] Vgl. hierzu Wendehorst in MüKoBGB, Bd. 3, 8. Aufl. 2019, BGB § 312k Rn. 13.

begründen, laufen leer. Es ist daher zum Erhalt des damit verbundenen ökonomischen Mehrwerts erforderlich, die technische Ebene an die rechtliche anzupassen.

37 Technisch ist die Unveränderbarkeit von Smart Contracts nicht unüberwindbar. Bei Client-Server-Modellen genügt zur technischen Korrektur ein Eingriff des Anbieters der zentralen technischen Infrastruktur in den Smart Contract. Ein solcher Eingriff und seine Voraussetzungen können bereits in den entsprechenden Governance-Regeln hinterlegt werden.[93] Anders ist dies im Bereich von öffentlichen und genehmigungsfreien Blockchain, deren Unveränderbarkeit auch die Verhinderung menschlicher Eingriffe in das System umfasst.

38 Bei Blockchain-basierten Smart Contracts stehen insbesondere zwei technische Möglichkeiten zur Verfügung. Bei sog. Reverse Transactions werden so lange gegenläufige Transaktionen in die Kette eingespeist, bis ein der Rechtslage entsprechender Status herbeigeführt ist.[94] Die bisherige Kette wird also vorwärtsgewandt fortgesetzt. Auch die Hinzufügung dieser neuen Transaktionen setzt dann die entsprechende Mitwirkung der Mehrzahl der Netzwerkknoten im Rahmen des Konsensmechanismus voraus. Schließen sich die 51 Prozent dieser Knoten zusammen, so können sie – unabhängig von der Rechtslage – die Korrektur mittels Reverse Transactions erzwingen[95] und ggf. einen Hard Fork provozieren.[96] Bei sog. Forks wird der fehlerhafte Teil der Kette dauerhaft abgespalten und eine neue, zweite Kette geschaffen, die allein fortgesetzt wird.[97] Alle Teilnehmenden müssen bei einem Hard Fork dann ihre Software aktualisieren, um weiterhin Teil des Netzwerks zu bleiben.

39 Beide Möglichkeiten der technischen Korrektur stellen die zweite Dimension der Unveränderbarkeit bei Blockchain nachhaltig in Frage. Ist einmal eine Diskrepanz zwischen Smart Contract und Rechtslage eingetreten, so empfiehlt sich gleichwohl die Korrektur innerhalb des Systems.[98] Nicht nur die Vertragsparteien wünschen regelmäßig die korrekte Darstellung der Rechtsverhältnisse auch auf Kosten der Unveränderbarkeit.[99] Derartige Korrekturen schaffen zumindest eine gewisse Verlässlichkeit und Transparenz, die grundsätzlich im Interesse der Teilnehmenden liegen. Es gilt aber, die Anzahl der Fälle, in denen es zu einer inkorrekten technischen Darstellung der Rechtsverhältnisse kommt, mit Blick auf die Relevanz der Unveränderbarkeit für Smart Contracts zu minimieren.

E. Fazit

40 Nach alledem stellt sich die Unveränderbarkeit bei Smart Contracts als Paradigma, also als Denkweise, Muster, Erklärungsmodell oder gar Weltsicht aus der technischen Perspektive auf rechtlich relevante Aktionen, dar. Die Unveränderbarkeit bezieht sich zum einen auf die Funktionsweise der hinterlegten deterministischen Algorithmen, zum anderen auf die Transaktionshistorie bei Blockchain-basierten Smart Contracts. Es ist gerade die Unveränderbarkeit, die die Renaissance von Smart Contracts im Kontext der Blockchain-Technologie bedingt und das „*no trust contracting*" ermöglicht. Die Unveränderbarkeit wirkt als Paradigma vertrauensfördernd.

41 Rechtlich abgesichert oder technisch unüberwindbar ist die Unveränderbarkeit von Smart Contracts aber selbst auf der Blockchain nicht. Im Zusammenspiel mit recht-

[93] Finck in Fries/Paal Smart Contracts, 2019, S. S. 11.
[94] S. Schrey/Thalhofer NJW 2017, 1431 (1436); Borkert DSRITB 2017, 817 (828).
[95] Vgl. zur 51-percent-attack und Mining-Gilden Kaulartz/Heckmann CR 2016, 618 (620).
[96] Berghoff/Gebhardt/Lochter/Maßberg Blockchain sicher gestalten – Konzepte, Anforderungen, Bewertungen, 2019, S. 57.
[97] Guggenberger in Leupold/Wiebe/Glossner IT-Recht, 4. Aufl. 2021, Kap. 14.2 Rn. 16; Borkert DSRITB 2017, 817 (820) mit Bezug zur Spaltung der Ethereum-Blockchain.
[98] Weber EuCML 2017, 207 (210).
[99] Lupu CR 2019, 631 (633).

lichen Anforderungen gewinnen technische Korrekturmechanismen gerade mit Blick auf die Einschränkungen der Privatautonomie zum Schutz bestimmter Personengruppen an Bedeutung. Der Erhalt der ökonomischen Funktion der Unveränderbarkeit als vertrauensförderndes, vertragsbegünstigendes Paradigma erfordert es aber, ihren Einsatz zu minimieren. Aus dem so verstandenen Paradigma der Unveränderbarkeit folgt der Schutz des Rechts und der von ihm herausgehobenen vulnerablen Personengruppen wie Verbrauchern und Minderjährigen im Rahmen von Smart Contracts. Es ist ökonomisch effizient, den Vertragsschluss mit nicht voll Geschäftsfähigen zu verhindern und Verbraucherschutz technisch zu implementieren.

Hieraus folgt, dass sich Smart Contracts uneingeschränkt vor allem für den B2B-Bereich 42 eignen, wo sie derzeit bereits in Industrie, Logistik und in der Finanzbranche eingesetzt werden. Berücksichtigt man rechtliche Anforderungen, technische und ökonomische Effizienz des Einsatzes von Smart Contracts, so kann eine Anwendung im B2C-Bereich hingegen nicht uneingeschränkt, sondern nur nach den folgenden Leitlinien empfohlen werden. Smart Contracts bieten sich zunächst in Branchen oder bei Produkten mit einer geringen Widerrufsquote an, so etwa bei Kauf eines Produktes zu einem geringen Kaufpreis. Im Übrigen empfiehlt sich die Integration einer unilateralen Frist für den Verbraucherwiderruf in den Smart Contract in der Art und Weise, dass der Leistungsaustausch erst nach fruchtlosem Ablauf der unilateralen Widerrufsfrist erfolgt.

Die Beteiligung von nicht voll geschäftsfähigen Vertragspartnern gilt es zu vermeiden. 43 Smart Contracts sind vornehmlich in Bereichen einzusetzen, in denen Minderjährige regelmäßig nicht tätig werden. Eine im Smart Contract inkorporierte Frist kann die Risiken, die mit der Unwirksamkeit ihrer Willenserklärungen einhergehen, nicht aufwiegen. Außerhalb dieser Bereiche sollte von Zugangsbeschränkungen Gebrauch gemacht werden. Altersverifikation und Identifikation mögen auch Geschäftsfähige vom Vertragsschluss abschrecken und damit die Zahl an geschlossenen Verträgen verringern. Der Nutzen der Vermeidung von nichtigen Verträgen und einem Auseinanderfallen von Recht und Technik überwiegt aber. Dies gilt gerade bei auf Minderjährige ausgelegte oder für diese besonders interessante Angebote. Eine Identifikation kann etwa mittels Applikation auf öffentlicher Blockchain erfolgen oder es kann direkt eine private oder geschlossene Blockchain[100] genutzt werden.

Das Paradigma der Unveränderbarkeit bei Smart Contracts begründet nicht nur das 44 Potential der derartigen technischen Umsetzung rechtlicher Verträge, sondern begrenzt es gleichsam auf Konstellationen, in denen Smart Contracts die Rechtslage insofern technisch spiegeln.

Literatur

Anzinger, Smart Contracts in der Sharing Economy, in Fries/Paal, Smart Contracts, 2019, S. 33–72
Auer-Reinsdorff/ Conrad, Handbuch IT- und Datenschutz, 3. Aufl. 2019
Barth, Algorithmik für Einsteiger, 2013
Berghoff/Gebhardt/Lochter/Maßberg, Blockchain sicher gestalten – Konzepte, Anforderungen, Bewertungen. Bundesamt für Sicherheit in der Informationstechnik (BSI), 2019
Bernzen/Kehrberger, Rechtsdurchsetzung durch Informationstechnik, RW 2019, 374–407
Bertram, Smart Contracts, MDR 2018, 1416–1421
Bilski, Gutachten, Blockchain-Technologie, Smart Contracts und Selbstvollziehende Verträge, 2019
Blocher, The next big thing: Blockchain – Bitcoin – Smart Contracts. Wie das disruptive Potential der Distributed Ledger Technology (nicht nur) das Recht fordern wird, AnwBl 2016, 612–618
Boehme-Neßler, Unscharfes Recht. Überlegungen zur Relativierung des Rechts in der digitalisierten Gesellschaft, 2008
Borkert, Die Blockchain hustet … Welche Erkältungsmittel hat die Hausapotheke?, DSRITB 2017, 817–833
Borges/Hilber, Beck'scher Online Kommentar IT-Recht 5. Ed. 1.1.2022 (zitiert als: Bearbeiter in BeckOK IT-Recht

[100] S. Gyr Blockchain und Smart Contracts – Die vertragsrechtlichen Implikationen einer neuen Technologie, 2019, Rn. 283 (zum schweizerischen ZGB); näher Kuntz AcP 220 (1) 2020, 51 (69).

Borgogno, Usefulness and Dangers of Smart Contracts in Consumer and Commercial Transactions, in DiMatteo/Cannarsa/Poncibò, Smart Contracts and Blockchain Technology: Role of Contract Law, 2019
Braegelmann/Kaulartz, Rechtshandbuch Smart Contracts, 2019
Bremann, Smart Contracts im Einsatz. Interessant im B2C Umfeld? Braucht man die Blockchain?, DSRITB 2018, 299–311
Burr, Die Entwicklung von Legal Robots am Beispiel der grunderwerbssteuerlichen Konzernklausel, BB 2018, 476–483
Davenport, What is multi-sig, and what can it do? Coin Center, abrufbar unter https://www.coincenter.org/education/advanced-topics/multi-sig/ (zuletzt abgerufen am: 22.4.2022)
Davola/Pardolesi What is Wrong in the Debate about Smart Contracts, EuCML 2020, 201–206
Djazayeri, Rechtliche Herausforderungen durch Smart Contracts, juris PraxisReport Bank- und Kapitalmarktrecht 12/2016 Anm. 1
Durovic/Janssen, The Formation of Blockchain-based Smart Contracts in the Light of Contract Law, *European Review of Private Law 26*(6), 753–771
Eenmaa-Dimitrieva/Schmidt-Kessen, Creating markets in no trust environments: The law and economics of smart contracts, Computer Law & Security Review 35(1), 69–88
Eenma-Dimitrieva/Schmidt-Kessen, Regulation trough code as a safeguard for implementing smart contracts in no-trust environments, EUI Working Papers Law 2017(13), 26, abrufbar unter https://cadmus.eui.eu/bitstream/handle/1814/47545/LAW_2017_13.pdf (zuletzt abgerufen am: 22.4.2022) (zitiert als: Eenma-Dimitrieva/Schmidt-Kessen EUI Working Papers Law 2017(13), 26)
Fairfield, Smart Contracts, Bitcoin Bots, and Consumer Protection, Washington and Lee Law Review Online 71(2), 35–50
Finck, Grundlagen und Technologie von Smart Contracts, Fries/Paal, Smart Contracts, 2019
Fries, Smart Contracts: Brauchen schlaue Verträge noch Anwälte? Zusammenspiel von Smart Contracts mit dem Beweismittelrecht der ZPO, AnwBl 2018, 86–90
Froitzheim, Code is Law, isn't it?, DSRITB 2018, 311–327
Gesell/Krüger,/Lorenz /Reymann, beck-online GROSSKOMMENTAR, Stand: 1.5.2021 (zitiert als: Bearbeiter in BeckOGK, 1.5.2021)
Giancaspro, Is a 'smart contract' really a smart idea? Insights from a legal perspective, Computer Law & Security Review 33 (6), 825–835
Giese/Kops/Wagenknecht/de Boer/Preuss, Die Blockchain Bibel. DNA einer revolutionären Technologie. BTC-ECHO, 2017
Guggenberger, Umkehr der Durchsetzungslast beim PayPal-Käuferschutz, NJW 2018, 1057–1060
Gyr, Blockchain und Smart Contracts – Die vertragsrechtlichen Implikationen einer neuen Technologie, 2019
Heckelmann, Zulässigkeit und Handhabung von Smart Contracts, NJW 2018, 504–510
Hein/Hein/Wellbrock, Rechtliche Herausforderungen von Blockchain-Anwendungen, 2019
Herberger/Martinek/Rüßmann/Weth/Würdinger, juris Praxiskommentar BGB, Bd. 1, 9. Aufl. 2020 (zitiert als: Bearbeiter in jurisPK-BGB, Bd. 1, 9. Aufl. 2020)
Hoeren/Sieber/Holznagel, Handbuch Multimedia-Recht.57. EL September 2021
Hofmann, Smart contracts und Overenforcement, Fries/Paal, Smart Contracts, 2019, S. 125–140
Hohn-Hein/Barth, Immaterialgüterrechte in der Welt von Blockchain und Smart Contract, GRUR 2018, 1089–1096
Ingle, Smart Contracts in Consumer Law: Does New Zealand Need to wise up?, Victoria University of Wellington Legal Research Papers, 23/2019, abrufbar unter https://ssrn.com/abstract=3466523 (zuletzt abgerufen am: 22.4. 2022)
Jorzig/Sarangi Digitalisierung im Gesundheitswesen, Ein kompakter Streifzug durch Recht, Technik und Ethik, 2020
Kaesling, Privatising Law Enforcement in Social Networks: A Comparative Model Analysis, Erasmus Law Review 2018(3), 151–164
Kaulartz, Rechtliche Grenzen bei der Gestaltung von Smart Contracts, DSRITB 2016, 1023–1039
Kaulartz/Heckmann, Smart Contracts – Anwendungen der Blockchain-Technologie, CR 2016, 618–624
Kerkemeyer, Blockchain-Transaktionen im Internationalen Recht, ZHR 184, 793–829
Kipker /Birreck/Niewöhner /Schnorr, Rechtliche und technische Rahmenbedingungen der „Smart Contracts", MMR 2020, 509–513
Kolain, Die Blockchain als „vollkommenes Gesetzbuch"? Rechtshistorische Überlegungen zur Konfliktlösung in Smart Contracts, Hill/Kugelmann/Martini, Perspektiven der digitalen Lebenswelt, 2017, S. 147–162
Kuntz, Konsens statt Recht? Überlegungen zu Chancen und Herausforderungen der Blockchain-Technologie aus juristischer Sicht, AcP 220 (1), 51–97
La Roche, Rechtliche Rahmenbedingungen beim Schutz von geistigem Eigentum über eine Blockchain, DSRITB 2020, 863–879
Legner, Smart Consumer Contracts – Die automatische Abwicklung von Verbraucherverträgen, VuR 2021, 10–17
Leupold/Wiebe/Glossner, Münchener Anwaltshandbuch IT-Recht. 4. Auflage 2021
Lessig, Code and Other Laws of Cyberspace, 1998

Linardatos, Smart Contracts – einige klarstellende Bemerkungen, K&R 2018, 85–92
Luesley, Unravelling Smart Contracts: Smart Contracts and the Law of Rescission in Canada, Asper Review of International Business and Trade Law 19, 155–174
Lupu, Herausforderungen und Lösungsansätze bei der Gestaltung von Blockchain-basierten Smart Contracts. Ansätze zur Überwindung des Spannungsverhältnisses zwischen Smart Contracts und den zivil- und datenschutzrechtlichen Vorgaben, CR 2019, 631–634
Mann, Die Decentralized Autonomous Organization – ein neuer Gesellschaftstyp. Gesellschaftsrechtliche und kollisionsrechtliche Implikationen, NZG 2017, 1014–1020
Matzke, Smart Contracts statt Zwangsvollstreckung, in Fries/Paal, Smart Contracts, S. 99–116
Möslein, Smart Contracts im Zivil- und Handelsrecht, ZHR 183, 254–293
Grüneberg, Bürgerliches Gesetzbuch: BGB, 81. Aufl. 2022
Paulus/Matzke, Digitalisierung und private Rechtsdurchsetzung, CR 2017, 769–778
PaulusMatzke, Smart Contracts und Smart Meter – Versorgungssperre per Fernzugriff., NJW 2018, 1905–1911
Paulus, Was ist eigentlich … ein Smart Contract?, JuS 2020, 107 08.
PombergerDobler, Algorithmen und Datenstrukturen: Eine Systematische Einführung in die Programmierung, 2008
Riehm, Smart contracts und verbotene Eigenmacht, in Fries/Paal, Smart Contracts, 2019, S. 85–98
Sassenberg/Faber, Rechtshandbuch Industrie 4.0 und Internet of Things, 2. Aufl. 2020
Säcker/Rixecker/Oetker/Limberg, Münchner Kommentar zum Bürgerlichen Gesetzbuch. 8. Aufl. 2019 (zitiert als: Bearbeiter in MüKoBGB, Bd. 1, 8. Aufl. 2019)
Säcker/Rixecker/Oetker/Limberg, Münchner Kommentar zum Bürgerlichen Gesetzbuch. 8. Aufl. 2019 (zitiert als: Bearbeiter in MüKoBGB, Bd. 2, 9. Aufl. 2021)
Säcker/Rixecker/Oetker/Limberg, Münchner Kommentar zum Bürgerlichen Gesetzbuch. 8. Aufl. 2019 (zitiert als: Bearbeiter in MüKoBGB, Bd. 3, 8. Aufl. 2019, BGB)
Scaife, The GDPR and consent – a matter of child's play?, Complianc & Riske
2016 5(5), 6–9
Schawe, Blockchain und Smart Contracts in der Kreativwirtschaft – mehr Probleme als Lösungen?, MMR 2019, 218–223
Schweighofer/Kummer /Saarenpää/Schafer, Datenschutz/LegalTech – Tagungsband des 21. Internationalen Rechtsinformatik Symposions IRIS 2018
Schweighofer/Kummer/Hötzendorfer/Sorge, Trend und Communities der Rechtsinformatik – Tagungsband des 20. Internationalen Rechtsinformatik Symposions. Oesterreichische Computer Gesellschaft, 2017
Schrey/Thalhofer Rechtliche Aspekte der Blockchain, NJW 2017, 1431–1436
Sickinger/Thelen Anleihen und Genussscheine auf der Blockchain, AG 2020, 862–870
Simmchen, Blockchain (R)Evolution. Verwendungsmöglichkeiten und Risiken, MMR 2017, 162–165
Skwarek, Eine kurze Geschichte der Blockchain – Ursprünge, Begriffe und aktuelle Entwicklungen., Informatik Spektrum 42 (3), 161–165.
Söbbing, Smart Contracts und Blockchain-Technologie, ITRB 2018, 43–46
Specht-Riemenschneider, Diktat der Technik. Regulierungskonzepte technischer Vertragsinhaltsgestaltung am Beispiel von Bürgerlichem Recht und Urheberrecht, 2019
Spindler/Schuster, Recht der elektronischen Medien. 4. Aufl. 2019
v. Staudinger, Kommentar zum Bürgerlichen Gesetzbuch mit Einführungsgesetzen und Nebengesetzen, Buch 1, Allgemeiner Teil, §§ 90–124; §§ 130–133, Neubearbeitung 2017 (zitiert als: Bearbeiter in Staudinger, 2017)
v. Staudinger, Kommentar zum Bürgerlichen Gesetzbuch mit Einführungsgesetzen und Nebengesetzen, Buch 2, Recht der Schuldverhältnisse, §§ 312, 312a– k, Neubearbeitung 2019 (zitiert als: Bearbeiter in Staudinger, 2019)
Steinrötter, Vermeintliche Ausschließlichkeitsrechte an binären Codes, MMR 2017, 731–736
Süme/Vogt/Zimprich Rechtliche Rahmenbedingungen der Blockchain, in Blockchain – Eine Technologie mit disruptivem Charakter, S. 26–29, abrufbar unter:
https://www.vditz.de/service/publikationen/details/blockchain-eine-technologie-mit-disruptivem-charakter, (zuletzt abgerufen am: 22.4.2022)
Szabo, Formalizing and Securing Relationships on Public Networks, First Monday, 2(9), abrufbar unter https://doi.org/10.5210/fm.v2i9.548 (zuletzt abgerufen am: 9.7.2021) (zitiert als: Szabo First Monday 1997, 2 (9))
Szostek, Blockchain and the Law, 2019
Taeger/Pohle,Computerrechts-Handbuch, 36. EL 2021
Teichmann, Die Gesetzesumgehung, 1962
Timmermann, Legal Tech-Anwendungen. Rechtswissenschaftliche Analyse und Entwicklung des Begriffs der algorithmischen Rechtsdienstleistung, 2020
Tinnefeld/Conrad, Die selbstbestimmte Einwilligung im europäischen Recht, ZD 2018, 391–398
Van der Hof, I agree… or do I? – A rights-based analysis of the law on children's consent in the digital world, Wisconsin International Law Journal 34(2), 409–445
Weber, Liability in the Internet of Things, EuCML 2017, 207–212

Werbach,/Cornell, Contracts ex machina. Duke Law Journal 67(2), 313–382
Wilkens/ Falk, Smart Contracts. Grundlagen, Anwendungsfelder und rechtliche Aspekte, 2019
Woebbeking, The impact of Smart Contracts on Traditional Concepts of Contract Law, JIPITECH 10(1), 105–112

3.3 Algorithmenbasierte Preissetzung im Wettbewerbsrecht[1]

Übersicht

Automatisierte Systeme ermöglichen nicht nur datengetriebene Geschäftsmodelle, sondern beeinflussen darüber hinaus auch die Marktgegebenheiten,[2] wie nicht zuletzt der Einsatz von Algorithmen zur Preissetzung (*Algorithmic Pricing*) zeigt. Digitalisierung, Künstliche Intelligenz[3] und *Big Data* ermöglichen zunehmend eine (dynamische und individualisierte) algorithmenbasierte Preissetzung, wodurch etablierte Marktstrukturen und die Funktionsfähigkeit des Wettbewerbsrechts vor neue Herausforderungen gestellt werden. Den hierdurch aufgeworfenen Fragestellungen nimmt sich der vorliegende Bei- 1

[1] Der Beitrag baut auf und führt Überlegungen des Verfassers fort, die erstmals in Paal GRUR 2019, 43 veröffentlicht worden sind.

[2] Hierzu im Überblick Paal GRoR 2019, 43.

[3] Zu Künstlicher Intelligenz und Kartellrecht Hennemann ZWeR 2018, 161.

trag (vornehmlich) aus der Perspektive des Kartell- und des Lauterkeitsrechts an. Nach einer tatsächlichen und rechtlichen Grundlegung (→ Rn. 6 ff.) erfolgt hierzu eine Beschäftigung mit wesentlichen Einzel- und Vorfragen zu relevanten Märkten und eine Auseinandersetzung mit kartellrechtlichen Herausforderungen der Preissetzung durch Algorithmen (→ Rn. 18 ff.). Im Anschluss wird die dynamische und individualisierte algorithmische Preissetzung aus der Perspektive des Lauterkeitsrechts in den Blick genommen (→ Rn. 33 ff.). Sodann werden weitere rechtliche Rahmungen dargestellt, so insbesondere aus dem Verbraucher-, AGB- und Datenschutzrecht (→ Rn. 44 ff.), bevor abschließend eine Zusammenfassung und ein Ausblick (→ Rn. 49 ff.) erfolgen.

A. Einleitung

2 Die technischen Fortschritte im Zuge der Digitalisierung führen zu grundlegenden Veränderungen der Märkte. Diese Veränderungen beeinflussen Markstrukturen, wodurch die Funktions- und Anpassungsfähigkeit der Märkte auf die Probe gestellt wird. In diesem Zusammenhang kann zur Veranschaulichung etwa auf das Bankenwesen (*Fin Tech*) oder auf die Rechtsberatung (*Legal Tech*) verwiesen werden. Das erhöhte Aufkommen an personenbezogenen Daten und die gesteigerten Auswertungsmöglichkeiten eröffnen neue Wege der (individuellen) Ansprache, auch und gerade im Hinblick auf die Preissetzung bei Waren und Dienstleistungen. Die Einsatzfelder von Algorithmen zur individualisierten und dynamischen Preissetzung sind vielfältig. Verwiesen werden kann etwa auf das Beförderungsunternehmen *Uber*, das Fahrpreise an die aktuelle Angebots- und Nachfragesituation anpasst. Dabei sind intensiv diskutierte Konstellationen entstanden, in denen es in menschlichen Notlagen zu heftigen Preiserhöhungen aufgrund einer erheblich gesteigerten Nachfrage kam, konkret im Zusammenhang mit terroristischen Anschlägen.[4] Bei der Luftbeförderung ist die Verwendung von (Preissetzungs-)Software schon lange etabliert: So hat die *Lufthansa* eine solche Software eingesetzt, was unter anderem dazu führte, dass die Ticketpreise nach der *Air Berlin*-Insolvenz im Jahre 2017 um bis zu 30% anstiegen.[5]

3 Die beschriebenen Veränderungen werfen eine Vielzahl wettbewerbsrechtlicher Fragestellungen auf, die unter anderem von der *OECD*[6] und durch Aktivitäten des *BKartA*[7] aufgegriffen wurden, hier insbesondere im *Facebook*-Verfahren betreffend die Zusammenführung von Nutzerdaten aus verschiedenen Quellen.[8] Auf EU-Ebene hat die *Kommission* das Thema im Rahmen der E-Commerce-Sektoruntersuchung[9] sowie jüngst mit den Vorschlägen zu einem *Digital Market Act*[10] und einem *Digital Services Act*[11] adressiert; die (endgültige) Ausgestaltung dieser Gesetzesvorhaben bleibt mit Spannung abzuwarten. Die

[4] https://www.focus.de/finanzen/videos/preise-fuer-fahrten-durch-london-schossen-in-die-hoehe-uber-nutzer-entsetzt-ueber-preiserhoehungen-in-terrornacht_id_7213647.html (zuletzt abgerufen am: 14.4.2022).

[5] http://www.handelsblatt.com/unternehmen/handel-konsumgueter/kartellamt-ruegt-lufthansa-solche-algorithmen-werden-ja-nicht-vom-lieben-gott-geschrieben/20795072.html (zuletzt abgerufen am: 14.4.2022).

[6] Siehe die Dokumentation bei OECD Algorithms and Collusion – Competition Policy in the digital age 2017.

[7] BKartA Big Data und Wettbewerb, 2017, S. 8; BKartA Algorithmen und Wettbewerb, 2020; Zitat von Mundt in Anger Kartell ohne Mensch, Handelsblatt v. 12.9.2017, S. 8: „Ich bin mir sicher, dass wir uns in Zukunft auch Algorithmen anschauen werden".

[8] Hierzu etwa BGH GRUR 2020, 1318.

[9] Bericht der Kommission an den Rat und das Europäische Parlament – Abschlussbericht über die Sektoruntersuchung zum elektronischen Handel, COM(2017) 229 final.

[10] Vorschlag für eine Verordnung des Europäischen Parlaments und des Rates über bestreitbare und faire Märkte im digitalen Sektor (Gesetz über digitale Märkte), COM(2020) 842 final.

[11] Vorschlag für eine Verordnung des Europäischen Parlaments und des Rates über einen Binnenmarkt für digitale Dienste (Gesetz über digitale Dienste) und zur Änderung der Richtlinie 2000/31/EG, COM(2020) 825 final.

Union führt mit Änderung der Verbraucherrechterichtlinie 2011/83/EU in Art. 6 Abs. 1 lit. ea zudem eine Informationspflicht ein im Hinblick auf die Vornahme von *Dynamic Pricing* gegenüber Verbrauchern bei Fernabsatz- und außerhalb von Geschäftsräumen geschlossenen Verträgen.[12] Der nationale Gesetzgeber hat sich der Digitalthemen im Kartellrecht jüngst (erneut) im Zuge der 10. GWB-Novelle 2021 angenommen.[13] Nach den durch die 9. und 10. GWB-Novelle vorgenommenen Änderungen ist der Zugang zu Daten explizit zu berücksichtigen (vgl. §§ 18 Abs. 3 Nr. 3, Abs. 3a Nr. 4 GWB), ferner wurde die Möglichkeit zu zusätzlichen Maßnahmen bei mehrseitigen Märkten und Netzwerken nach § 19a GWB (Missbräuchliches Verhalten von Unternehmen mit überragender marktübergreifender Bedeutung für den Wettbewerb) implementiert. Darüber hinaus hat sich auf nationaler Ebene die *Datenethikkommission* dezidiert mit der Preissetzung durch Algorithmen auseinandergesetzt.[14]

In Anbetracht des zunehmenden Einsatzes von Algorithmen wird in diesem Beitrag 4
der Frage nachgegangen, ob und inwieweit das Kartell- und Lauterkeitsrecht den mit dem Algorithmeneinsatz verbundenen wettbewerblichen Implikationen (noch) hinreichend gerecht werden kann – und welcher Anpassungsbedarf hieraus gegebenenfalls erwächst. Die hiermit verbundenen Fragestellungen werden am Beispiel der Preissetzung durch Algorithmen aus der Perspektive des kartellrechtlichen Verbots des Missbrauchs einer marktbeherrschenden Stellung (ie Art. 102 AEUV und §§ 18 ff. GWB)[15] und des Lauterkeitsrechts (ie des UWG) betrachtet.

Im Ausgangspunkt ist zunächst festzuhalten, dass der Einsatz von Preissetzungsalgorith- 5
men neben Problemen durchaus auch Chancen birgt, so etwa in wohlfahrtsökonomischer Hinsicht, wenn und soweit die algorithmische Preissetzung durch niedrigere Transaktionskosten zu einer höheren Konsumentenzufriedenheit führt.[16] Obgleich im Folgenden schwerpunktmäßig die Herausforderungen aus wettbewerbsrechtlicher Sicht untersucht werden, gilt es diese wohlfahrtsökonomischen Chancen des Einsatzes algorithmischer Preissetzung stets mit in die Betrachtung einzubeziehen.

B. Tatsächliche und rechtliche Grundlegungen

Vorgreiflich für die vorzunehmende Untersuchung der Preissetzung durch Algorithmen 6
im Wettbewerbskontext ist zunächst eine Bestimmung der (oder jedenfalls eine Annäherung an die) Begriffsgehalte von „Algorithmen“ und „Künstlicher Intelligenz“ (sub 1.), der (algorithmengestützten) Preisbildungsstrategien in der Digitalwirtschaft (sub 2.), der wettbewerblichen Bedeutung von Daten (sub 3.) und der wettbewerbsrechtlichen Implikationen sowie die sich ergebenden Herausforderungen (sub 4.).

[12] Vgl. die Änderung durch die Richtlinie (EU) 2019/2161 des Europäischen Parlaments und des Rates vom 27.11.2019 zur Änderung der Richtlinie 93/13/EWG des Rates und der Richtlinien 98/6/EG, 2005/29/EG und 2011/83/EU des Europäischen Parlaments und des Rates zur besseren Durchsetzung und Modernisierung der Verbraucherschutzvorschriften der Union, ABl. EU Nr. L 328/7.

[13] Gesetz zur Änderung des Gesetzes gegen Wettbewerbsbeschränkungen für ein fokussiertes, proaktives und digitales Wettbewerbsrecht 4.0 und anderer Bestimmungen (GWB-Digitalisierungsgesetz), BGBl. 2021 2. Hierzu Paal/Kumkar NJW 2021, 809.

[14] Datenethikkommission Gutachten der Datenethikkommission, 2019, S. 179; siehe hierzu auch Kelber ZD 2020, 73 (75).

[15] Zum Kartellverbot in diesem Zusammenhang siehe etwa Hennemann ZWeR 2018, 161 (173 ff.); Käseberg/von Kalben WuW 2018, 2; Küstner GRUR 2019, 36; Ong IIC 2021, 189.

[16] Siehe hierzu Mundt ZVertriebsR 2021, 69 (70); Zander-Hayat/Reisch/Steffen VuR 2016, 403 (405 f.).

I. Algorithmen und Künstliche Intelligenz

7 Unter „Algorithmen“ zu verstehen sind programmierte Anweisungen, bei denen durch eine eindeutige Handlungsvorschrift definierte Problemstellungen in endlichen, definierten Einzelschritten gelöst werden (sollen).[17] In diesem Zusammenhang wird durch den Algorithmus ein Eingabewert mit einem Ausgabewert verknüpft.[18] Häufig sind die Algorithmen ein (wesentlicher) Bestandteil komplexer digitaler Systeme.[19]

8 Dem Grunde nach sind statische und dynamische Algorithmen zu unterscheiden.[20] Statische Algorithmen arbeiten einen vorprogrammierten Ablauf ab, ohne hierbei von den vorgegebenen Regeln abzuweichen. Dynamische Algorithmen weisen demgegenüber eine – mehr oder weniger stark ausgeprägte – Fähigkeit zur Anpassung und (Fort-)Entwicklung auf.[21] In diesem Sinne können dynamische Algorithmen über die Zeit dazu in der Lage sein, „eigene“ Regeln zu entwickeln und sich von dem Rahmen der vorprogrammierten Abläufe zu lösen, so dass diese Algorithmen auch als „intelligent“ bzw. „selbstlernend“ bezeichnet werden (können).[22] Solche technischen Charakteristika stehen in einem engen Zusammenhang mit dem Themenfeld „Künstliche Intelligenz“. Eine allgemein anerkannte Definition von Künstlicher Intelligenz existiert derzeit zwar noch nicht.[23] Der jüngst präsentierte Vorschlag einer Verordnung zur Regulierung Künstlicher Intelligenz durch die *EU-Kommission*[24] mag mit seinem in Art. 3 Abs. 1 iVm Anhang I enthaltenen Definitionsvorschlag nun aber den Weg zu einem einheitlich(er)en Begriffsverständnis ebnen: „System der künstlichen Intelligenz“ (KI-System) [ist] eine Software, die mit einer oder mehreren der in Anhang I aufgeführten Techniken und Konzepte entwickelt worden ist und im Hinblick auf eine Reihe von Zielen, die vom Menschen fortgesetzt werden, Ergebnisse wie Inhalte, Vorhersagen, Empfehlungen oder Entscheidungen hervorbringen kann, die das Umfeld beeinflussen, mit dem sie interagieren.“

II. Algorithmische Preissetzung (*Algorithmic Pricing*)

9 In diesem Beitrag wird es im Schwerpunkt um die algorithmenbasierte Preissetzung, das *Algorithmic Pricing* gehen. Zwar werden auch auf traditionellen, analogen Märkten die Preise regelmäßig dadurch gebildet, dass Angebot und Nachfrage beobachtet und analysiert sowie sodann Entscheidungen bezüglich Preisanpassungen getroffen werden. Da diese Preisbildungsprozesse aber zumeist manuell vollzogen werden, ist die Fluktuation der Preise entsprechend verzögert bzw. langsam.[25] Die rasch wachsenden Potenziale der digitalen Datenerhebung und -verarbeitung ermöglichen nunmehr eine immer weitergehende Automatisierung und damit Beschleunigung der zugrundeliegenden Arbeitsprozesse. Dabei werden Preisentwicklungen unter Verwendung von Preisalgorithmen beobachtet, hieran anknüpfend erfolgen sekundenschnelle Preisanpassungen.[26]

[17] Hoffmann-Riem AöR 142 (2017), 2 (3).
[18] Monopolkommission XXII. Hauptgutachten, 2018, Rn. 169.
[19] OECD Algorithms and Collusion – Competition Policy in the digital age 2017, S. 9.
[20] Monopolkommission XXII. Hauptgutachten, 2018, Rn. 170.
[21] Monopolkommission XXII. Hauptgutachten, 2018, Rn. 170.
[22] Monopolkommission XXII. Hauptgutachten, 2018, Rn. 170.
[23] Vgl. aber etwa die Unterrichtung der Enquete-Kommission Künstliche Intelligenz – Gesellschaftliche Verantwortung und wirtschaftliche, soziale und ökologische Potenziale BT-Drucks. 19/23700, S. 51 ff.
[24] Vorschlag für eine Verordnung des Europäisches Parlaments und des Rates zur Festlegung harmonisierter Vorschriften für Künstliche Intelligenz (Gesetz über Künstliche Intelligenz) und zur Änderung bestimmter Rechtsakte der Union, COM(2021) 206 final,https://eur-lex.europa.eu/legal-content/DE/TXT/HTML/?uri=CELEX:52021PC0206&from=EN (zuletzt abgerufen am: 14.4.2022).
[25] Siehe nur Tietjen/Flöter GRUR-Prax 2017, 546.
[26] Salaschek/Serfafimova WuW 2018, 8.

1. Preissetzung im Allgemeinen

Zunächst ist hervorzuheben, dass es Privatrechtssubjekten grundsätzlich freisteht, die Preise als Ausdruck ihrer Privatautonomie im Rahmen einer marktwirtschaftlichen Ordnung in eigener Verantwortung zu setzen. Somit besteht kein allgemeines Verbot der Erhebung von dynamischen oder individualisierten Preisen, vielmehr setzt die Annahme eines Wettbewerbsverstoßes im Kontext der Preissetzung das Vorliegen von besonderen Begleitumständen im Einzelfall voraus.[27] In diesem Sinne handelt es sich bei Preisbildungen zunächst auch und gerade um einen Ausweis funktionierenden Wettbewerbs in Gestalt von Änderungen bei Angebot und Nachfrage. Allerdings vollzieht sich im Zuge der Digitalisierung und durch den Rückgriff auf Algorithmen eine tiefgreifende Veränderung sowohl von Quantität als auch Qualität der Möglichkeiten der digitalen Preisbildung. Die umfassende Verfügbarkeit und Handhabbarkeit von immer größeren Datenmengen (*Big Data*) und die verbesserten Auswertungsmöglichkeiten erleichtern sowohl die Dynamisierung als auch die Individualisierung von Preisen, bis hin zu kartellrechtlich relevanten Missbrauchskonstellationen und lauterkeitsrechtlich relevanten (Irreführungs-)Konstellationen.[28] 10

Untersuchungen der *Verbraucherzentralen* aus dem Jahre 2018 zeigen die Relevanz der algorithmischen Preissetzung auf: Danach konnten bei 15 von 16 ausgewählten marktmächtigen deutschen Online-Portalen aus verschiedenen Branchen dynamische Preisdifferenzierungen beobachtet werden.[29] Eine Auswertung des *Statistischen Bundesamts* zeigte bei einer Stichprobe von 14 Geschäften des Internethandels bei 43% der angebotenen Produkte Preisänderungen innerhalb des Untersuchungszeitraums von drei Monaten.[30] Bereits im Jahr 2016 stellte zudem die *EU-Kommission* in Erhebungen fest, dass 53% der Online-Händler die Preise ihrer Konkurrenten beobachten und auf dieser Grundlage sodann 78% der Online-Händler die eigenen Preise anpassen. Dabei kam bei 67% dieser Online-Händler eine Verhaltenspraxis auf Basis algorithmischer Preisbildung zum Einsatz.[31] Die die Algorithmen einsetzenden Unternehmen können hierdurch im Idealfall „maßgeschneiderte" Lösungen anbieten,[32] beispielhaft sei insofern verwiesen auf Preise für Beförderungsleistungen, an Tankstellen, auf Flugreiseportalen oder auf elektronischen Preisschildern (etwa in Supermärkten).[33] 11

2. Dynamische Preissetzung (*Dynamic Pricing*)

Die dynamische Preissetzung ist mit (deutlich) beschleunigten Preisanpassungsprozessen verbunden, wobei die Preisdifferenzierung einheitlich allen Kunden gegenüber erfolgt. Diese Form der Preisbildung findet auch außerhalb der Digitalwirtschaft statt, man denke etwa an die Anpassung von Benzinpreisen durch Tankstellen im Tages- und Wochenverlauf (vgl. § 47k GWB). Im Zuge der Digitalisierung und durch den Einsatz von (Preissetzungs-)Algorithmen sind jedoch deutlich erweiterte technische Möglichkeiten entstanden, Preise in sehr kurzen Zeitabständen dynamisch anzupassen – diese Anpassungen erfolgen in Abhängigkeit von verschiedenen Kriterien und Parametern, so etwa dem Wettbewerbsumfeld und der Kapazitätsauslastung.[34] Instrumentarien der digitalen Preisbildung können 12

[27] So – zum UWG – bereits BGH GRUR 1958, 487 (489) – Antibiotica.
[28] Newman 40 William Mitchell L. Rev. 2014, 850 (865ff.).
[29] Verbraucherzentrale Brandenburg Dynamische Preisdifferenzierung im deutschen Online-Handel, 2018, S. 13.
[30] Blaudow/Burg WISTA 2/2018, 11 (16).
[31] Ebers NZKart 2016, 554, mit Verweis auf den Preliminary Report on the E-commerce Sector Inquiry (15.9.2016), SWD(2016) 312 final, 53; siehe auch den Final Report on the E-commerce Sector Inquiry (10.5.2017), COM(2017) 229 final, allerdings ohne Angabe konkreter Zahlen.
[32] Vgl. auch Ylinen NZKart 2018, 19.
[33] Vgl. Hofmann WRP 2016, 1074 (1075, 1077ff.) mwN.
[34] Hofmann WRP 2016, 1074 (1075); Tietjen/Flöter GRUR-Prax 2017, 546; Zander-Hayat/Reisch/Steffen VuR 2016, 403.

bereits nach dem aktuellen Stand der Technik dazu eingesetzt werden, riesige Mengen von marktrelevanten Informationen zeitnah zu erfassen, auszuwerten und darauf beruhend das marktrelevante Verhalten potenzieller Kunden zu prognostizieren sowie die Preisbildung entsprechend zu optimieren.[35] Über das Zusammenspiel von Angebot und Nachfrage hinaus können durch den Einsatz von entsprechender Software auch das Verhalten von Zulieferern und sonstige Marktbedingungen der Wertschöpfungskette verhältnismäßig einfach Berücksichtigung finden. Die von der Bundesregierung eingesetzte *„Kommission Wettbewerbsrecht 4.0"* hat sich vor diesem Hintergrund – unter anderem – mit der Frage befasst, ob und inwieweit es der Schaffung eines „neuen Wettbewerbsrahmen für die Digitalwirtschaft" bedarf.[36]

3. Individualisierte Preissetzung (*Individual Pricing*)

13 Weitergehend kann aufgrund der Digitalisierung und den Möglichkeiten von *Big Data* die Preissetzung sogar auch auf einzelne Personen oder (Personen-)Gruppen ausgerichtet werden. Diese Form der Preisdifferenzierung wird als Preisdiskriminierung ersten Grades bezeichnet.[37] Je mehr Informationen einem Unternehmen über Präferenzen und Zahlungsbereitschaft von Konsumenten zur Verfügung stehen, desto differenzierter können Preisanpassungen an spezifische Konsumenten(gruppen) vorgenommen sowie individuelle Eigenschaften bzw. Voreinstellungen berücksichtigt werden. Die Preisfestlegung für eine ausgewählte Zielgruppe oder gar eine einzelne Person kann anhand objektiver Kriterien (zB verwendetes Endgerät, Betriebssystem und -version, Internetbrowser und -version) und subjektiver Kriterien (zB vorausgehendes Kauf- und Nutzungsverhalten, Wohnort, Alter) erfolgen – und so auf die unterschiedliche (angenommene) Kaufkraft und Zahlungsbereitschaft der jeweiligen Zielgruppe abgestimmt werden.[38] In diesem Zusammenhang stehen signifikante Wohlfahrtsverluste zu befürchten, wenn unterschiedliche Preise für gleiche Leistungen gefordert werden, ohne dass dies durch unterschiedliche Kostenstrukturen indiziert wäre; es drohen Benachteiligungen durch gezielte Preisdiskriminierungen. Auf etwaig bestehende Informationsasymmetrien und die (In-)Transparenz von Preisbildungsstrategien mögen mit Hilfe des Lauterkeitsrechts Antworten gefunden werden können, was im Laufe des Beitrags zu untersuchen sein wird.[39]

III. Daten im Wettbewerb – *Big Data*

14 Maßgeblicher Treiber des *Algorithmic Pricing* ist die exponentielle Zunahme an Verfügbarkeit und Auswertung von (Nutzer-)Daten *(Big Data)*. Die damit einhergehenden Anpassungen an Marktkonstellationen und Kunden sind im Ausgangspunkt ebenso potenziell wettbewerbsförderlich wie die Nutzung von Daten als Innovationstreiber. Die ökonomische (und technische) Bedeutung von Daten hat im Zeitalter der Digitalisierung stark zugenommen. Daten werden gehandelt (Datenökonomie) und dienen als „Gegenleistung"[40] (vgl. § 18 Abs. 2a GWB),[41] wie etwa durch den *BGH* im *Facebook*-Verfahren um die Zu-

[35] Ylinen NZKart 2018, 19.

[36] Kommission Wettbewerbsrecht 4.0 Ein neuer Wettbewerbsrahmen für die Digitalwirtschaft, 2019.

[37] Wagner/Eidenmüller ZfPW 2019, 220 (224 f.).

[38] Zander-Hayat/Reisch/Steffen VuR 2016, 403 (404); ebenso Hofmann WRP 2016, 1074 (1075); Nothdurft in Langen/Bunte Kartellrecht, Bd. 1, 13. Aufl. 2018, GWB § 19 Rn. 462; Tietjen/Flöter GRUR-Prax 2017, 546.

[39] Siehe hierzu → Rn. 33 ff.

[40] Vgl. hierzu die Richtlinie (EU) 2019/770 des Europäischen Parlaments und des Rates über bestimmte vertragsrechtliche Aspekte der Bereitstellung digitaler Inhalte und digitaler Dienstleistungen, ABl. EU Nr. L 136/1.

[41] Das Modell „Dienste gegen Daten" wegen der fehlenden Transparenz von Leistung und Gegenleistung als gegen ein Fundamentalprinzip der Marktwirtschaft verstoßend, primärrechtswidrig und unwirksam ansehend Schwintowski NJOZ 2018, 841.

sammenführung von Nutzerdaten hervorgehoben.[42] Daten können schnell und effizient ausgewertet, analysiert und verknüpft werden, was auch und gerade bei der Preissetzung Berücksichtigung findet.[43] Zugleich können Algorithmen im vorgenannten Sinne durch Datenanalysen trainiert und optimiert werden. Mit allen diesen Entwicklungen einhergehen können sowohl wettbewerbsfördernde[44] als auch wettbewerbsbeeinträchtigende Effekte. In Ansehung der Verwendung von Algorithmen stellt sich somit die übergreifende Frage nach der wettbewerbspolitischen Bedeutung von Diskriminierungsfreiheit und Transparenz bei – vor allem auch – datengetriebenen Geschäftsmodellen.

Aus der Perspektive des Wettbewerbsrechts begründet sich die herausragende Bedeu- 15
tung der Verfügbarkeit von und des Zugangs zu Daten sowie von Daten als Markteintrittsschranke (§ 18 Abs. 3 Nr. 6 GWB) daraus, dass aufgrund der erlangten Informationen mittels Algorithmen in Echtzeit auf Veränderungen des Marktes und der Wettbewerber reagiert werden kann.[45] Auf Konsumentenseite ermöglicht der Datenzugang insoweit einen Preisvergleich zwischen gleichartigen Produkten und Dienstleistungen auf unterschiedlichen Online-Plattformen und bedeutet eine Reduktion allfälliger Spielräume für Preisdiskriminierungen.[46]

Insgesamt stellt sich für eine wettbewerbliche Einordnung der Bedeutung von Daten die 16
(Kern-)Frage nach dem Wirkungszusammenhang zwischen Daten- und Machtakkumulation. Die Einstufung von Daten als Machtfaktor für ein Unternehmen ist dabei stets vom Einzelfall abhängig,[47] was sich am Merkmal der Wettbewerbsrelevanz der Daten nach § 18 Abs. 3 Nr. 3 GWB verdeutlichen lässt.[48] Grundlegend ist in jedem Fall die Akkumulation von relevanten (personenbezogenen und/oder nicht-personenbezogenen) Daten als Ausgangsbasis für die Erstellung von Persönlichkeitsprofilen und individualisierten Angeboten oder die Analyse bzw. Wartung von Dienstleistungen sowie Produkten. Das Vorhandensein von großen Datenmengen bei einem Marktakteur kann dabei sich selbstverstärkende Wirkungen auslösen. Denn solche (vielfach auch noch wachsenden) Mengen an Bestandsdaten können zur Produktoptimierung bzw. -individualisierung genutzt werden, wodurch wiederum weitere Kunden bzw. deren Daten angezogen werden (können).[49]

IV. Wettbewerb(srecht)liche Herausforderungen

Aus dem Zusammenspiel von Daten und Algorithmen im Rahmen der Preissetzung 17
folgen neue wettbewerbsrechtliche Herausforderungen. Mit Blick auf dynamisierte Preise besteht die Gefahr neuer Dimensionen der Preisdiskriminierung, während zugleich durch verbesserte Informations- und Reaktionsmöglichkeiten neue Wettbewerbsbeeinträchtigungen entstehen und die Funktionsfähigkeit der Märkte auf die Probe gestellt werden (können). Individualisierte Preise können sich unter dem Gesichtspunkt eines Ausbeutungs- bzw. Behinderungsmissbrauchs als diskriminierend darstellen und zugleich mit „erhebliche[n] Risiken für Verbraucher- und Persönlichkeitsrechte, insbesondere im Hinblick auf ihr Diskriminierungspotenzial, der fehlenden Preistransparenz sowie den datenschutzrechtlichen Implikationen" verbunden sein.[50] In der Vergangenheit haben

[42] BGH GRUR 2020, 1318 (Rn. 59 ff.).
[43] Salaschek/Serfafimova WuW 2018, 8 (9).
[44] Statt vieler Tamke ZWeR 2017, 358 (364) mwN sowie Paal/Hennemann Big Data as an Asset – Daten und Kartellrecht, 2018, S. 18.
[45] Hennemann ZWeR 2018, 161 (170).
[46] Zu den Auswirkungen einer Preisdiskriminierung auf die Wettbewerbsposition des Diskriminierten – in Ansehung der MEO-Entscheidung des EuGH NZKart 2018, 225 – Göckler NZKart 2018, 416.
[47] Vgl. etwa BKartA Beschl. v. 4.12.2017, B6-132/14-2 – CTS Eventim.
[48] Bloß klarstellend nach Fuchs in Immenga/Mestmäcker Wettbewerbsrecht, Bd. 2, 6. Aufl. 2020, GWB § 18 Rn. 148a.
[49] Siehe BKartA Big Data und Wettbewerb, 2017, S. 7 f. sowie Holzweber NZKart 2016, 104 (106).
[50] Zander-Hayat/Reisch/Steffen VuR 2016, 403 (409).

Einheits- und Festpreise sowohl transaktionskostensenkend als auch transparenzfördernd gewirkt.[51] Die vorgenannten Herausforderungen werden nunmehr aus der kartellrechtlichen Perspektive (sub III.), der lauterkeitsrechtlichen Perspektive (sub IV.) und unter Berücksichtigung weiterer rechtlicher Rahmungen behandelt (sub V.).

C. Kartellrechtliche Perspektive

18 Von Algorithmen festgelegte Preise werfen zahlreiche kartellrechtliche Fragestellungen auf, wobei im Ausgangspunkt mit der für die Kartellrechtsanwendung regelmäßig vorgreiflichen Marktabgrenzung zu beginnen ist. Hierbei soll der Wettbewerb *mit* Algorithmen im Vordergrund stehen, der keinesfalls mit dem Wettbewerb *um* Algorithmen gleichzusetzen ist.[52] Unternehmen bauen große Bestände an (wettbewerbsrelevanten) Daten[53] auf, um für die (gegenwärtigen und zukünftigen) Märkte Wettbewerbsvorteile zu erlangen.[54] Angesichts dieser Entwicklung ist damit zu rechnen, dass mittel- und langfristig die Fragen nach Zugangseröffnungen[55] und wesentlichen Einrichtungen[56] an Bedeutung gewinnen werden. Für Antworten auf diese Fragen aus Sicht der Missbrauchskontrolle bietet das GWB mit seinen jüngsten Novellierungen zumindest erste Anhaltspunkte, da der Zugang zu wettbewerbsrelevanten Daten nach § 18 Abs. 3 Nr. 3, Abs. 3a Nr. 4 GWB explizit bei der Bewertung der Marktstellung – freilich nach der Marktabgrenzung – eines Unternehmens zu berücksichtigen ist.

I. Marktabgrenzung

19 Die kartellrechtliche Analyse mit Blick auf eine marktbeherrschende Stellung setzt die Abgrenzung der relevanten Märkte voraus. Von dieser Marktabgrenzung hängt es maßgeblich ab, ob sodann in einem nächsten Schritt eine marktbeherrschende Stellung angenommen werden kann, die missbraucht worden ist. Angesichts dieser zentralen Bedeutung der Marktabgrenzung fordert die *Monopolkommission* in ihrem XXIII. Hauptgutachten eine möglichst eng vorzunehmende Marktabgrenzung bei Online-Marktplätzen, um einer diskriminierenden Preissetzung oder algorithmischen Kollusion entgegenwirken zu können.[57]

20 Dabei kann die Marktabgrenzung Schwierigkeiten bereiten,[58] wenn und soweit sich keine einheitlichen Preise (mehr) herausbilden lassen, da die Preissetzung dynamisch oder individualisiert erfolgt. Der Einsatz von Algorithmen kann zuvor noch voneinander abgrenzbare Angebote nun als funktional gleichwertig erscheinen lassen.[59] Zudem wird vielfach kaum (mehr) belastbar zu bestimmen sein, ob und inwieweit globale oder regionale Begrenzungen anhand von Merkmalen wie Kultur, Sprache und technologischem Fortschritt angezeigt sind.[60]

[51] Hofmann WRP 2016, 1074 (1076) unter Verweis auf Köhler BB 2001, 265 (266 f.).

[52] Vgl. Hennemann ZWeR 2018, 161 (167).

[53] Zu Big Data und Kartellrecht siehe Paal/Hennemann Big Data as an Asset – Daten und Kartellrecht, 2018, passim; Paal/Hennemann NJW 2017, 1697.

[54] Hennemann ZWeR 2018, 161 (167), mit Verweis auf Surblyté WuW 2017, 120 (122).

[55] Schweitzer/Haucap/Kerber/Welker Modernisierung der Missbrauchsaufsicht für marktmächtige Unternehmen, 2018, S. 128 ff.

[56] Siehe Schweitzer/Haucap/Kerber/Welker Modernisierung der Missbrauchsaufsicht für marktmächtige Unternehmen, 2018, S. 131 ff.

[57] Monopolkommission XXIII. Hauptgutachten, 2020, Rn. 116 ff.

[58] Ylinen NZKart 2018, 19 (22) mit Verweis auf OECD Algorithms and Collusion, Background Note by the Secretariat, DAF/COMP(2017) 4, Rn. 85.

[59] Hennemann ZWeR 2018, 161 (167).

[60] Vgl. Hennemann ZWeR 2018, 161 (167).

II. Marktmacht

Die kartellrechtliche Missbrauchsaufsicht knüpft maßgeblich an eine marktbeherrschende Stellung an (vgl. Art. 102 AEUV, §§ 18 ff. GWB). Für die Bewertung einer mit Daten verbundenen Marktmacht (vgl. § 18 Abs. 3 Nr. 3, Abs. 3a Nr. 4, § 19 Abs. 1 Nr. 4 GWB) ist von entscheidender Bedeutung, ob und inwieweit anderen Unternehmen ein Zugang gewährt werden muss,[61] ob die mit den Daten verbundenen Informationen reproduzierbar sind sowie ob und inwieweit Unternehmen aufgrund ihrer Daten(bestände) in der Lage sind, (Markt-)Standards für den Datenzugriff, die Datenverarbeitung und die entsprechenden Dateiformate zu etablieren.[62] Mit Blick auf den Wettbewerb *mit* Algorithmen und deren Einsatz für die algorithmische Preissetzung kommt es also maßgeblich darauf an, ob und unter welchen Umständen ein Unternehmen hinsichtlich der Algorithmen marktbeherrschend ist. Hier sind die Zugangsmöglichkeiten und -rechte im Hinblick auf (wettbewerbsrelevante) Daten in die Prüfung einer marktbeherrschenden Stellung einzubeziehen, entscheidet doch der Zugang zu Daten vielfach über die Leistungsfähigkeit der eingesetzten Algorithmen. Der Zugang zu Daten hängt folgerichtig unmittelbar mit dem Zugang zu Märkten *mit* Algorithmen zusammen[63] – und ist dementsprechend nach § 18 Abs. 3 Nr. 3 GWB bei der Bewertung von Marktstellungen zu berücksichtigen. Der Zugang zu umfassenden Datenbeständen ist für sich genommen allerdings noch nicht ausreichend, um eine marktbeherrschende Stellung zu begründen. Denn der Wortlaut des § 18 Abs. 3 Nr. 3 GWB stellt darauf ab, ob die Daten eine Wettbewerbsrelevanz aufweisen.[64] Daneben sind weitere Faktoren von Bedeutung, namentlich die Art und die konkrete bzw. beabsichtigte Verwendung der Daten.[65] Eine marktbeherrschende Stellung durch „Datenmacht" setzt überdies die Exklusivität des Datenzugangs oder ein derart fortgeschrittenes „Anlernen" der eigenen Algorithmen voraus, sodass man sich dem Konkurrenzwettbewerb in nicht nur unerheblichem Maße zu entziehen vermag.[66] 21

Der Annahme einer marktbeherrschenden Stellung eines Unternehmens aufgrund von „Datenmacht" kann aber die Möglichkeit eines jederzeitigen „Kippens" zugunsten eines neuen Marktführers (sog. *Tipping*) entgegenstehen.[67] Der dynamische Charakter digitaler Märkte begünstigt das Auftreten von *Tipping*. Zugleich kann eine „Datenmacht" bzw. der Zugang zu (relevanten) Algorithmen ein solches Kippen der Märkte gerade verhindern – und dabei einen Selbstverstärkungseffekt zugunsten des jeweiligen Unternehmens bewirken.[68] Generell ist das Kippen eines Marktes aus kartellrechtlicher Perspektive bedenklich, denn es führt regelmäßig zu einem (sodann) marktbeherrschenden, oftmals von Netzwerkeffekten profitierenden Unternehmen.[69] Zur Verringerung der mit dem *Tipping* einhergehenden wettbewerblichen Probleme in mehrseitigen Märkten und bei Netzwerken hat der deutsche Gesetzgeber § 20 Abs. 3a GWB eingeführt.[70] Danach ist in diesen Konstellationen eine unbillige Behinderung iSd. § 20 Abs. 3 GWB durch ein Unternehmen mit überlegener Marktmacht bereits dann anzunehmen, wenn „die eigenständige Erzie- 22

[61] Siehe zur Bestimmung von Daten als wesentliche Einrichtung im kartellrechtlichen Sinne Paal/Hennemann Big Data as an Asset – Daten und Kartellrecht, 2018, S. 57 ff., 76 mwN.

[62] Vgl. BKartA Big Data und Wettbewerb, 2017, S. 7 f.

[63] Grave in Kersting/Podszun Die 9. GWB-Novelle, 2017, Kap. 2 Rn. 51.

[64] Bloß klarstellend hingegen nach Fuchs in Immenga/Mestmäcker Wettbewerbsrecht, Bd. 2, 6. Aufl. 2020, GWB § 18 Rn. 148a.

[65] Siehe hierzu → Rn. 46 ff.

[66] Vgl. Grave in Kersting/Podszun Die 9. GWB-Novelle, 2017, Kap. 2 Rn. 51; Paal/Hennemann Big Date as an asset – Daten und Kartellrecht, 2018, S. 47 ff.

[67] Hennemann ZWeR 2018, 161 (169) mwN.; Paal/Hennemann Big Data as an Asset – Daten und Kartellrecht, 2018, S. 48 ff.

[68] Grave in Kersting/Podszun Die 9. GWB-Novelle, 2017, Kap. 2 Rn. 28; Paal/Hennemann Big Data as an Asset – Daten und Kartellrecht, 2018, S. 51.

[69] Vgl. auch Weche/Weck EuZW 2020, 923 (926 f.).

[70] BT-Drucks. 19/23492, S. 82 f.; siehe zuvor schon Schweitzer/Haucap/Kerber/Welker Modernisierung der Missbrauchsaufsicht für marktmächtige Unternehmen, 2018, S. 63 ff.

lung von Netzwerkeffekten durch Wettbewerber behindert und hierdurch die ernstliche Gefahr begründet [wird], dass der Leistungswettbewerb in nicht unerheblichem Maße eingeschränkt wird". Diese gesenkte Schwelle ermöglicht nun Maßnahmen, um die mit *Tipping* einhergehenden Risiken für die Märkte und deren Funktionsfähigkeit im Hinblick auf die besonders „gefährdeten" mehrseitigen Märkte bereits frühzeitig zu adressieren.

III. Missbrauchsverhalten

23 Die kartellrechtliche Relevanz der algorithmischen Preissetzung ist normativ an das Missbrauchsverbot aus Art. 102 AEUV, §§ 18 f. GWB anzuknüpfen. Zu fragen ist, ob der Einsatz von Algorithmen zur Preissetzung zu Verstößen gegen das Missbrauchsverbot führt. Der Missbrauch einer marktbeherrschenden Stellung durch den Einsatz von Algorithmen betrifft vornehmlich das Feld der Preis- und Konditionengestaltung – und hier insbesondere die (Preis-)Diskriminierung. Algorithmen, die wirtschaftlich vorteilhafte Konditionen ermitteln sollen, könnten zur rationalen Zielerreichung gerade ein wettbewerbswidriges Verhalten „wählen".[71] Dieser Befund gilt sowohl für die dynamische als auch für die individualisierte Preisbildung; bei der individualisierten Preisbildung liegt hierbei aufgrund der Auswertung des individuellen Nutzerverhaltens – als Grundlage für die Preisbildung – eine potenzielle diskriminierende Preissetzung (sogar noch) näher.[72]

1. Europäische Ebene – Art. 102 AEUV

24 Zur Verhinderung von Beeinträchtigungen des Handels zwischen den Mitgliedstaaten stellt Art. 102 AEUV (kartellrechtliche) Verbote auf. Im Zentrum steht dabei nach Art. 102 S. 1 AEUV die missbräuchliche Ausnutzung einer (markt-)beherrschenden Stellung. Nach Art. 102 S. 2 lit. a) AEUV kann ein solcher Missbrauch insbesondere bestehen in „der unmittelbaren oder mittelbaren Erzwingung von unangemessenen Einkaufs- oder Verkaufspreisen oder sonstigen Geschäftsbedingungen". Der Begriff der unmittelbaren oder mittelbaren Erzwingung meint die einseitige Auferlegung von Preisen bzw. Bedingungen, wobei die wirtschaftliche Dominanz des Marktbeherrschers den Zwang bewirkt. Der Vertragsschluss zu entsprechenden Bedingungen und damit die „Annahme" dieser Bedingungen lässt einen Missbrauch mithin nicht entfallen.[73] Das Merkmal der Unangemessenheit setzt ein Missverhältnis der Preise bzw. Bedingungen und des wirtschaftlichen Werts der Ware oder Dienstleistung voraus, wobei in der Praxis der Nachweis der Unangemessenheit häufig schwerfällt.[74] Überdies kann die Diskriminierung privater Endverbraucher als Form des Ausbeutungsmissbrauchs ebenfalls von Art. 102 Abs. 2 lit. a) AEUV umfasst sein.

25 Eine weitere Form des Missbrauchs mit Relevanz für die algorithmenbasierte Preissetzung ist in Art. 102 Abs. 2 lit. c) AEUV normiert. Der Tatbestand zielt ab auf die Verhinderung von Wettbewerbsverfälschungen auf vor- und nachgelagerten Wirtschaftsstufen und qualifiziert hierzu als Missbrauch die „Anwendung unterschiedlicher Bedingungen bei gleichwertigen Leistungen gegenüber Handelspartnern, wodurch diese im Wettbewerb benachteiligt werden".

[71] Ausführlich zu weiteren Folgen des Einsatzes von Preisalgorithmen, vor allem im Hinblick auf eine mögliche Kollusion Ezrachi/Stucke Artificial Intelligence & Collusion: When Computers Inhibit Competition, University of Tennessee Legal Studies Research Paper No. 267, 2015; Ezrachi/Stucke Virtual Competition – The Promise and Perils of the Algorithm-Driven Economy, 2016; Ezrachi/Stucke Two Artificial Neural Networks Meet in an Online Hub and Change the Future (of Competition, Market Dynamics and Society), University of Tennessee Legal Studies Research Paper No. 323, 2017; Ezrachi/Stucke Sustainable and Unchallenged Algorithmic Tacit Collusion 17 NW. J. Tech. & Intell. Prop. 217 (2020).

[72] Hennemann ZWeR 2018, 161 (173).

[73] Fuchs/Möschel, in Immenga/Mestmäcker Wettbewerbsrecht, Bd. I, 6. Aufl. 2019, AEUV Art. 102 Rn. 174.

[74] Fuchs/Möschel, in Immenga/Mestmäcker Wettbewerbsrecht, Bd. I, 6. Aufl. 2019, AEUV Art. 102 Rn. 175 mwN.

Die Beweislast für das Vorliegen der Umstände, aus denen sich ein Verstoß ergibt, trifft die zuständige Wettbewerbsbehörde. Objektive Rechtfertigungsgründe müssen durch das marktbeherrschende Unternehmen vorgebracht und – auch durch das Vorbringen von Beweisen – substantiiert werden.[75] 26

2. Nationale Ebene – §§ 18 ff. GWB

Auf nationaler Ebene findet sich ein funktionales Äquivalent in § 19 Abs. 2 Nr. 2 GWB, wobei sich die Bestimmung der marktbeherrschenden Stellung nach § 18 GWB richtet.[76] Nach § 19 Abs. 2 Nr. 2 GWB liegt der Missbrauch einer marktbeherrschenden Stellung insbesondere vor, wenn das marktbeherrschende Unternehmen „Entgelte oder sonstige Geschäftsbedingungen fordert, die von denjenigen abweichen, die sich bei wirksamem Wettbewerb mit hoher Wahrscheinlichkeit ergeben würden". Dabei kann bereits die Missbräuchlichkeit einzelner Preiskomponenten ausreichen. Im Hinblick auf den Begriff der sonstigen Geschäftsbedingungen ist anerkanntermaßen ein weites Verständnis zugrunde zu legen. Hiervon kann jegliche vertragliche Regelung umfasst sein, so insbesondere auch die Verwendung von AGB. Im Grundsatz unterliegen Entgelt- und Konditionenkontrolle den gleichen Prüfungsmaßstäben. Da allerdings einzelne Konditionen nicht isoliert zu betrachten sind (wie etwa nach §§ 305 ff. BGB), können sich Besonderheiten ergeben.[77] 27

3. Dynamische Preissetzung

Die dynamische Preissetzung durch Algorithmen kann – jedenfalls – in zweierlei Hinsicht kartellrechtliche Relevanz haben. Zum einen sind Informations- und Reaktionsdefizite in den Blick zu nehmen, die aufgrund ihres potenziell wettbewerbsbeschränkenden Charakters dem Kartellverbot unterfallen[78] (und zugleich lauterkeitsrechtliche Relevanz haben) können.[79] Zum anderen kann es zu einer Preisdiskriminierung gegenüber bestimmten Kunden(gruppen) kommen. Eine solche Preisdiskriminierung unterfällt regelmäßig nicht dem Missbrauchstatbestand, wenn sie (nur) eine Lenkungs- und Steuerungsfunktion – zB zur optimierten Kapazitätsauslastung – verfolgt und sich damit unterhalb der Schwelle einer missbilligten gezielten Ausbeutung bewegt.[80] Eine kartellrechtlich relevante Preisdiskriminierung liegt hingegen dann vor, wenn die verlangten Preise (ungerechtfertigt) über den Preisen liegen, die sich im Rahmen eines funktionsfähigen Wettbewerbs bilden würden. Als Methoden zur Bestimmung dieses hypothetischen Vergleichspreises herangezogen werden in der Praxis regelmäßig das Vergleichsmarktkonzept (vgl. § 19 Abs. 2 Nr. 2 HS 2 GWB), das Kostenanalyseverfahren (unter Inbezugnahme von Preisbestandteilen wie Gestehungskosten und Gewinn) und das Gewinnbegrenzungskostenkonzept (mit Blick auf eine unangemessen hohe Gewinnspanne).[81] Dabei ergeben sich keine Besonderheiten mit Blick auf die Missbräuchlichkeit dynamischer (algorithmischer) Preissetzung, wobei eine dynamische Preisbildung im Ausgangspunkt kartellrechtlich aus der Perspektive des Missbrauchsverbots nicht zu beanstanden sein wird. 28

---

[75] Europäische Zentralbank Stellungnahme, Abl. EU v. 24.02.2009, Nr. C 45/1, Rn. 31.

[76] Siehe zuvor unter → Rn. 19 f.

[77] Fuchs/Möschel, in Immenga/Mestmäcker Wettbewerbsrecht, Bd. I, 6. Aufl. 2019, GWB § 19 Rn. 209 f. mwN.

[78] Künstner GRUR 2019, 36.

[79] Siehe nachstehend unter → Rn. 33 ff.

[80] So auch Nothdurft in Langen/ Bunte Kartellrecht, Bd. 1, 13. Aufl. 2018, GWB § 19 Rn. 463.

[81] Zu den unterschiedlichen Verfahren siehe Fuchs in Immenga/Mestmäcker Wettbewerbsrecht, Bd. I, 6. Aufl. 2019, GWB § 19 Rn. 223 ff.; Huttenlauch, in Loewenheim/Meessen/Riesenkampff/Kersting/Meyer-Lindemann, Kartellrecht, 4. Aufl. 2020, AEUV Art. 102 Rn. 179 ff.

4. Individualisierte Preissetzung

29 In (noch) engerem Zusammenhang mit den neuen Möglichkeiten von Digitalisierung und Künstlicher Intelligenz stehen die individualisierten Preisbildungen, sprich die auf Grundlage von – nun massenhaft zur Verfügung stehenden – personenbezogenen Daten individuell festgesetzten Preise. Im Ausgangspunkt ist an dieser Stelle festzuhalten, dass individuelle Preissetzung nicht in jedem Fall als kartellrechtswidrig zu qualifizieren ist.[82] Wenn die Zahlungsfähigkeit und -bereitschaft potenzieller Kunden prognostiziert und auf dieser Grundlage ein individueller Preis berechnet wird, ist jedenfalls nicht ohne Weiteres von einer Kartellrechtswidrigkeit auszugehen.[83] Die Differenzierung nach Kundengruppen (zB Senioren, Studierende, Schüler, Abonnenten von Zusatzdiensten) war überdies schon vor der Möglichkeit einer algorithmenbasierten Preissetzung gebräuchlich und ist im Grundsatz nicht zu beanstanden.[84] Allerdings drohen bei individualisierten Preisen auch gravierende Nachteile aus gesamtökonomischer Sicht.[85]

30 Soweit Algorithmen zur individualisierten Preissetzung herangezogen werden, kommt ein besonderer Umstand hinzu: Während der (potenzielle) Kunde oft nicht einmal weiß, dass ein individualisierter Preis gebildet wurde,[86] kann das Unternehmen die Informationen über die (potenziellen) Kunden zu seinem Vorteil nutzen.[87] Diese Informationsasymmetrie begünstigt eine Preisdiskriminierung, die sich verbraucherseitig sowohl durch eine höhere Bepreisung für Kunden mit potenziell hoher Kaufkraft als auch durch eine Benachteiligung nicht-rational agierender Kunden auswirken kann.[88] Angesichts dieser Informationsasymmetrie(n) kann nicht ohne Weiteres auf die Akzeptanz des Preises durch den Kunden und damit den Grundsatz des *volenti non fit iniuria* abgestellt werden; dies gilt auch und gerade, wenn es an Ausweichmöglichkeiten für die Kunden fehlt. Somit ist kartellrechtlich festzuhalten, dass vor allem die Intransparenz individualisierter Preisbildung zu beobachten sein wird.[89] Zu diskutieren sein kann hier eine echte Wahlfreiheit als Alternative in Form eines Opt-Out hin zu einem nicht-individualisierten Preis im Einzelfall.[90] Diese Variante kann langfristig aber – abhängig von ihrer konkreten Gestaltung[91] – das Einfordern von individualisierten Preisen für Marktakteure gänzlich unattraktiv machen, wenn nämlich Kunden mit einem höheren individualisierten Preisangebot für einen nicht-individualisierten Preis votieren und die übrigen Kunden den günstigeren individualisierten Preis wählen. Abzulehnen ist eine grundsätzliche, umfassende Offenlegung der Algorithmen, bei denen es sich um schützenswerte Geschäftsgeheimnisse handelt; über Ausnahmen und gesonderte (*in-camera*-)Verfahren mag jedoch nachzudenken sein.[92]

[82] BKartA Big Data und Wettbewerb, 2017, S. 11.
[83] Vgl. Nothdurft in Langen/ Bunte Kartellrecht, Bd. 1, 13. Aufl. 2018, GWB § 19 Rn. 462 unter Verweis auf mögliche sozial-politische Rechtfertigungen in Ansehung einer Quersubvention.
[84] Körber NZKart 2016, 303 (308); zu dieser Form der Preisdiskriminierung dritten Grades siehe auch Wagner/Eidenmüller ZfPW 2019, 220 (224 f.).
[85] Im Überblick bspw. bei Schwaiger/Hufnagel Gutachten zum Thema Handel und Elektronische Bezahlsysteme, 2018, S. 21 ff.
[86] Zander-Hayat/Reisch/Steffen VuR 2016, 403 (406).
[87] Hofmann/Freiling ZD 2020, 331; Zander-Hayat/Reisch/Steffen VuR 2016, (403) 406, mit Verweis auf BMWi Grünbuch digitale Plattformen, 2016, S. 54.
[88] BKartA Big Data und Wettbewerb, 2017, S. 11.
[89] Zugunsten einer Markttransparenzstelle für Onlinemärkte plädiert Ebers NZKart 2016, 554 (555); dem sich anschließend Künstner/Franz K&R 2017, 688 (693); vgl. auch Wagner/Eidenmüller ZfPW 2019, 220 (221).
[90] Wagner/Eidenmüller ZfPW 2019, 220 (228 ff.).
[91] Vgl. etwa Wagner/Eidenmüller ZfPW 2019, 220 (229).
[92] Zur ähnlich gelagerten Frage der Offenlegung von Algorithmen bei Suchmaschinen siehe bereits Paal Suchmaschinen, Marktmacht und Meinungsbildung, 2012, S. 75 f.

5. Konditionenmissbrauch

Durch den Einsatz von Algorithmen können auch sonstige Konditionen gestaltet 31
werden, so etwa AGB und datenschutzrechtliche Einwilligungen.[93] Hier kann dann ein Konditionenmissbrauch als Unterfall des Ausbeutungsmissbrauchs in Betracht kommen.[94] In diesem Zusammenhang ist auf das Verfahren des *BKartA* gegen *Facebook* angesichts der beabsichtigten Zusammenführung von Nutzerdaten aus verschiedenen Quellen hinzuweisen.[95] Die dabei fortentwickelten Anforderungen des Kausalzusammenhangs zwischen Marktbeherrschung und missbilligtem Verhalten können und sollen an dieser Stelle nicht vertieft behandelt werden.[96] Hingewiesen sei allerdings auf die bemerkenswerte Einschätzung des BGH, dass „durch das Aufdrängen einer unerwünschten Leistung die Gegenleistung für die erwünschte Leistung (nämlich die Nutzung des sozialen Netzwerks) in Gestalt der Zurverfügungstellung personenbezogener Nutzerdaten, die einen wesentlichen Wettbewerbsparameter für die weitere Marktseite darstellen, erhöht wird".[97] Mithin wurde die Zurverfügungstellung personenbezogener Daten offenkundig im Rahmen der Prüfung der „Gegenleistung" herangezogen und Daten ein entsprechender Wert zuerkannt.[98] Für die Konstellationen, in denen die Verwendung der Daten die Schwelle einer Gegenleistung nicht erreicht, ist dabei (weiterhin) an § 18 Abs. 2a GWB bereits bei Bestimmung des Marktes zu denken. Danach steht die unentgeltliche Leistungserbringung – und somit auch die werbefinanzierte Leistungserbringung auf Grundlage personenbezogener Daten[99] – nicht der Annahme eines Marktes entgegen.

Keine abschließende Antwort bietet diese Entscheidung hingegen auf die grundsätzliche 32
Frage, ob und inwieweit ein kartellrechtlicher Ausbeutungsmissbrauch – auch – unter Einbeziehung von primär außerökonomischen Kriterien und Zielsetzungen beurteilt werden kann.[100] Hier ist zu fragen, ob insbesondere das AGB-, Verbraucherschutz- und bzw. oder das Datenschutzrecht als Maßstab für die Unausgewogenheit der „Gegenleistung" herangezogen werden können und sollen.[101] In dem Verfahren *VBL Gegenwert I* ließ der *BGH* anklingen, dem – mit Blick auf Verstöße gegen AGB-Recht als Konditionenmissbrauch nach § 19 Abs. 1 GWB – nicht abgeneigt zu sein.[102] Im *Facebook*-Verfahren bezog der *BGH* sodann über den Umweg des Grundrechts auf informationelle Selbstbestimmung auch

[93] Hennemann ZWeR 2018, 161 (173).

[94] Siehe in Bezug auf den Umgang mit personenbezogenen Daten Monopolkommission XXII. Hauptgutachten, 2018, Rn. 654 ff., http://monopolkommission.de/images/HG22/HGXXII_Kap1_Algorithmen.pdf sowie Nuys WuW 2016, 512 (517). Siehe im Übrigen zur Annahme eines Behinderungsmissbrauchs unter Bezugnahme auf die Wertungen des Gesetzgebers anstelle eines Vergleichs mit wirksamem Wettbewerb Monopolkommission XXII. Hauptgutachten, 2018, Rn. 657, 678.

[95] BKartA Pressemitteilung v. 2.3.2016, https://www.bundeskartellamt.de/SharedDocs/Meldung/DE/Pressemitteilungen/2016/02_03_2016_Facebook.html (zuletzt abgerufen am: 14.4.2022) und BKartA Pressemitteilung v. 19.12.2017, http://www.bundeskartellamt.de/SharedDocs/Meldung/DE/Pressemitteilungen/2017/19_12_2017_Facebook.html?nn=3591286 (zuletzt abgerufen am: 14.4.2022). Weiterhin insbesondere BGH GRUR 2020, 1318; OLG Düsseldorf MMR 2019, 742.

[96] Siehe hierzu ausführlich BGH GRUR 2020, 1318; zuvor Grewe Missbrauchsverbot als Durchsetzungsinstrument, 2020, S. 277 ff.

[97] BGH NZKart 2020, 473 (Rn. 59).

[98] So auch Podszun GRUR 2020, 1268 (1275) und bereits zuvor Grewe Missbrauchsverbot als Durchsetzungsinstrument, 2020, S. 163 ff.

[99] Vgl. BT-Drucks. 18/10207, S. 47 f.

[100] So auch Podszun GRUR 2020, 1268 (1270); vgl. etwa auch den Ansatz von Grewe Missbrauchsverbot als Durchsetzungsinstrument, 2020, S. 318 ff.

[101] Allgemein hierzu Monopolkommission XXII. Hauptgutachten, 2018, Rn. 671 ff.; vgl. in Bezug auf das Facebook-Verfahren Franck ZWeR 2016, 137 (153 ff.); gegenläufig Nuys WuW 2016, 512 (518); Thomas NZKart 2017, 92, (97 f).

[102] BGH NZKart 2014, 31 – VBL Gegenwert I; so auch Grewe Missbrauchsverbot als Durchsetzungsinstrument, 2020, S. 202 ff.; siehe zuvor BGH GRUR 1985, 318 (319) – Favorit und EuGH ECLI:EU:C:2013:160 = EuZW 2013, 716 – Allianz Hungária sowie nun BGH WRP 2017, 563 – VBL Gegenwert II.

(einfachgesetzliche) datenschutzrechtliche Regelungen ein.[103] Letztlich dürfte eine Berücksichtigung von außerökonomischen Normen (und Werten) *kartellrechtlich* damit wohl eine Frage des „Wie“ und nicht des „Ob“ sein.

D. Lauterkeitsrechtliche Perspektive

33 Das Lauterkeitsrecht in Form des UWG-Regelungsregimes sanktioniert auch und gerade die Irreführung, aggressive Geschäftspraktiken und vor allem unlautere geschäftliche Handlungen gegenüber Verbrauchern. Festzuhalten ist zunächst, dass im Sinne der Privatautonomie auch hier der Grundsatz der Preisgestaltungsfreiheit greift.

I. Anwendbarkeit des UWG

34 Das UWG setzt stets eine geschäftliche Handlung nach § 2 Abs. 1 Nr. 1 UWG voraus. An das Vorliegen einer solchen Handlung knüpfen die Unzulässigkeitstatbestände in §§ 3, 7 UWG als Ausgangsvoraussetzung für Unterlassungsansprüche nach § 8 UWG und weitere Rechtsfolgen nach §§ 9 f. UWG an. Die geschäftliche Handlung setzt ein Verhalten voraus, das insbesondere einen objektiven Zusammenhang mit der Absatzförderung von Waren oder Dienstleistungen aufweist. Im Hinblick auf die Preissetzung durch Algorithmen kann auf das (menschliche) Verhalten der Programmierung bzw. der „Aktivierung“ des Algorithmus abgestellt werden, womit regelmäßig ohne Weiteres ein objektiver Zusammenhang zur Absatzförderung gegeben sein wird.

II. Einsatz von Algorithmen zur Preissetzung

35 Das UWG steht der Preissetzung durch Algorithmen nicht *per se* entgegen. Es bedarf vielmehr besonderer Begleitumstände, um – im Einzelfall – eine lauterkeitsrechtliche Unzulässigkeit nach § 3 Abs. 1 UWG iVm §§ 3a ff. UWG begründen zu können.

1. Aggressive geschäftliche Handlung

36 In Betracht kommt zunächst eine Unlauterkeit in Ansehung einer aggressiven geschäftlichen Handlung nach § 4a Abs. 1 S. 2 Nr. 3 und S. 3 UWG. Erforderlich ist dabei die Ausnutzung einer Machtposition zur Ausübung von Druck auf den Verbraucher oder sonstige Marktteilnehmer. An das Bestehen einer solchen Machtposition sind anerkanntermaßen (nur) geringe Anforderungen zu stellen,[104] sodass bereits die strukturelle Überlegenheit des durch die Algorithmen verwerteten Wissens über den Verbraucher oder sonstigen Marktteilnehmer zur Begründung der Machtposition ausreichen kann.[105] Diese Überlegenheit wird seitens des Unternehmens zwar auch ausgenutzt, nämlich zur Bildung eines „optimalen“ Preises und damit zur Gewinnsteigerung. Es dürfte bei der Preissetzung aber regelmäßig an der Ausnutzung zur Ausübung von Druck iSd. § 4a Abs. 1 S. 3 UWG fehlen; denn es wird weder ein Nachteil in Aussicht gestellt noch der Zugang zu anderen Angeboten erschwert oder verwehrt.[106]

[103] BGH GRUR 2020, 1318 (Rn. 103 ff.); zuvor bestätigend Grewe Missbrauchsverbot als Durchsetzungsinstrument, 2020, S. 226 ff.

[104] Vgl. Köhler in Köhler/Bornkamm/Feddersen Gesetz gegen den unlauteren Wettbewerb, 39. Aufl. 2021, UWG § 4a Rn. 1.57 ff.

[105] Hofmann WRP 2016, 1074 (1081).

[106] Hidar Rechtliche Grenzen smarter Preisgestaltung, 2021, S. 329 f.; Tillmann/Vogt VuR 2018, 447 (453).

2. Preisauszeichnung

Eine Unlauterkeit des Einsatzes von Algorithmen zur Preissetzung kann sich vor allem aus der Dynamik der sich ändernden Preise und damit einhergehenden Schwierigkeiten bei der Preisauszeichnung ergeben. Der Grundsatz der Preiswahrheit nach Maßgabe des § 5 Abs. 1 S. 2 Nr. 2 UWG könnte der algorithmischen Preissetzung insoweit lauterkeitsrechtliche Grenzen setzen. Nach § 5 Abs. 1 S. 2 Nr. 2 UWG sind unwahre oder sonstige zur Täuschung geeignete Angaben über „den Preis oder die Art und Weise, in der er berechnet wird“ irreführend. 37

Ein durch algorithmische Preisbildung ermittelter *geringerer* Preis als an anderer Stelle kommuniziert, wird mangels Einfluss auf die Entscheidung des Verbrauchers oder sonstigen Marktteilnehmers allerdings (noch) keine Irreführungsrelevanz (vgl. § 5 Abs. 1 S. 1 UWG) aufweisen können.[107] Eine lauterkeitsrechtlich relevante Irreführung wird auch nicht damit begründet werden können, dass einer Preisangabe die Aussage zugeschrieben wird, anderen Marktteilnehmern werde das Produkt nicht zu einem günstigeren Preis angeboten.[108] 38

Der Irreführungstatbestand kann aber dann einschlägig sein, wenn die eingesetzten Algorithmen zu höheren finalen Preissetzungen führen als an anderer Stelle – so etwa auf einer (Internet-)Unterseite – kommuniziert.[109] Dies betrifft insbesondere die Werbung mit nicht-individualisierten und statischen Preisen, die zu einem späteren Zeitpunkt aufgrund einer algorithmischen Preissetzung zum Nachteil der angesprochenen Marktteilnehmer nicht eingehalten werden.[110] Einen Ausweg mag hier die explizite zeitliche Begrenzung eines in der Werbung kommunizierten Angebots eröffnen.[111] 39

Entsprechendes gilt für die Meldung von Preisen an Preisvergleichsportale,[112] da diese für Verbraucher vor allem aufgrund der möglichst aktuellen Auszeichnung der Produktpreise unterschiedlicher Händler interessant sind. Dementsprechend gelten hohe Aktualitätsanforderungen,[113] die Online-Händler vor lauterkeitsrechtliche Schwierigkeiten stellen können, die sowohl auf die Preisvergleichsportale als auch auf dynamische oder sogar individualisierte Preissetzung zurückgreifen. 40

3. Diskriminierungsverbote

Der Einsatz von Algorithmen zur individualisierten Preissetzung kann auch dann unzulässig sein, wenn Kriterien gewählt werden, die gegen (gesetzliche) Diskriminierungsverbote verstoßen. Nicht gerechtfertigte Diskriminierungen können insoweit über den Rechtsbruchtatbestand des § 3a UWG lauterkeitsrechtliche Relevanz erlangen. Dabei ist zunächst zu denken an Diskriminierungsverbote aus dem Allgemeinen Gleichbehandlungsgesetz (AGG).[114] Die (Preis-)Benachteiligung aufgrund von Alter, Geschlecht und weiteren in § 19 AGG genannten Kriterien bei Massengeschäften wird daher im Regelfall unzulässig sein. Die Rechtfertigungsgründe nach § 20 AGG dürften bei algorithmenbasierter Preissetzung zumeist nicht eingreifen. Darüber hinaus kann der Anwendungsbereich weiterer Diskriminierungsverbote eröffnet sein, so etwa § 5 Dienstleistungs-Informationspflichten-Verordnung (DL-InfoV) im Hinblick auf eine Differenzierung nach dem Wohn- 41

[107] Vgl. BGH NJW 2008, 1388 (Rn. 10 ff.).
[108] Ebenso Hofmann WRP 2016, 1074 (1080); Obergfell ZLR 2017, 290 (298); Tietjen/Flöter GRUR-Prax 2017, 546 (548).
[109] Hidar Rechtliche Grenzen smarter Preisgestaltung, 2021, S. 283 ff.
[110] Hofmann WRP 2016, 1074 (1077).
[111] Siehe hierzu Hofmann WRP 2016, 1074 (1077).
[112] Zu der Rolle von Preisvergleichsportalen für Dynamic Algorithmic Pricing siehe Wolf NZKart 2019, 2 (10).
[113] Vgl. BGH GRUR 2010, 936.
[114] So auch Tillmann/Vogt VuR 2018, 447 (453) und ausführlich Hidar Rechtliche Grenzen smarter Preisgestaltung, 2021, S. 298 ff.

sitz.[115] Aus den Diskriminierungsverboten erwachsen insgesamt jedenfalls nur begrenzte Einschränkungen des Einsatzes algorithmenbasierter Preissetzung. Einer Differenzierung nach der (prognostizierten) Kaufkraft anhand des verwendeten Geräts oder vergleichbarer Kriterien stehen die benannten Diskriminierungsverbote jedenfalls nicht entgegen.

III. Transparenz und Information

42 Besondere Relevanz haben – auch – an dieser Stelle die Anforderungen an das „Wie" der algorithmenbasierten Preissetzung und in dem Zusammenhang die Reichweite von Transparenz- und Informationsverpflichtungen der Marktakteure.[116] Hinsichtlich der Anforderungen an die Preisauszeichnung ist zunächst der Blick zu richten auf die Preisangabenverordnung (PAngV), die umfangreiche Anforderungen an die Angabe von (Verbraucher-)Preisen stellt. Zudem ist an die Einbeziehung dieser Vorgaben über § 3a UWG zu denken. Die PAngV enthält allerdings – noch – keine konkreten Pflichten mit Blick auf die Verwendung dynamischer oder individualisierter Preissetzungen.[117]

43 Eine Pflicht zur Offenlegung algorithmischer Preissetzung könnte sich jedoch aus § 5a Abs. 2 UWG oder § 5a Abs. 4 UWG iVm weiteren Vorschriften ergeben. Zwar besteht auch in Ansehung von § 5a Abs. 2 UWG grundsätzlich keine Verpflichtung, die unternehmerische Preispolitik gegenüber den Verbrauchern und sonstigen Marktteilnehmern transparent zu machen.[118] Es ist aber auch der den UWG-Vorschriften zugrundeliegende Art. 7 Abs. 2 UGP-RL zu beachten. Danach gilt es als irreführende Unterlassung, „wenn ein Gewerbetreibender wesentliche Informationen gemäß Absatz 1 unter Berücksichtigung der darin beschriebenen Einzelheiten verheimlicht oder auf unklare, unverständliche, zweideutige Weise oder nicht rechtzeitig bereitstellt oder wenn er den kommerziellen Zweck der Geschäftspraxis nicht kenntlich macht, sofern er sich nicht unmittelbar aus den Umständen ergibt, und dies jeweils einen Durchschnittsverbraucher zu einer geschäftlichen Entscheidung veranlasst oder zu veranlassen geeignet ist, die er ansonsten nicht getroffen hätte."[119] Auf dieser Grundlage wird im Schrifttum argumentiert, dass in Ansehung der nationalen Umsetzungsvorschriften in §§ 5a Abs. 2, 4 UWG iVm § 6 Abs. 1 Nr. 3 TMG eine Pflicht zur Offenlegung der individualisierten Preisbildung anzunehmen sei.[120] Die hiermit verbundene Diskussion dürfte allerdings durch die Verankerung einer entsprechenden Informationspflicht im Verbraucherrecht – hierzu sogleich – zumindest entschärft worden sein.

---

[115] Hidar Rechtliche Grenzen smarter Preisgestaltung, 2021, S. 307 f.

[116] Siehe hierzu auch die Empfehlung des britischen House of Lords (Special Committee on European Union), wonach „[…] online platforms [shall] be required to inform consumers if they engage in personalised pricing […]", Online Platforms and the Digital Single Market, 2016, Rn. 291.

[117] Hidar Rechtliche Grenzen smarter Preisgestaltung, S. 273 ff.; Tillmann/Vogt VuR 2018, 447 (451).

[118] So auch Tietjen/Flöter GRUR-Prax 2017, 546 (547), zust. Tillmann/Vogt VuR 2018, 447 (451).

[119] Richtlinie 2005/29/EG des Europäischen Parlaments und des Rates vom 11. Mai 2005 über unlautere Geschäftspraktiken im binnenmarktinternen Geschäftsverkehr zwischen Unternehmern und Verbrauchern und zur Änderung der Richtlinien 97/7/EG, 98/27/EG und 2002/65/EG des Europäischen Parlaments und des Rates sowie der Verordnung (EG) Nr. 2006/2004 des Europäischen Parlaments und des Rates (Richtlinie über unlautere Geschäftspraktiken), Abl. EU Nr. L 149/22 vom 11.6.2005.

[120] Hidar Rechtliche Grenzen smarter Preisgestaltung, 2021, S. 291 f. und S. 321 ff. (ablehnend im Hinblick auf dynamisierte Preise und im Übrigen nur nach § 5a Abs. 2 UWG); Hofmann WRP 2016, 1074 (1080 f.) (auf die Wertungen der §§ 8, 13 I TMG verweisend); Obergfell ZLR 2017, 290 (299) (eine Anpassung der PAngV fordernd); Tillmann/Vogt VuR 2018, 447 (452 f.) (nur nach § 5a Abs. 2 UWG); Zander-Hayat/Reisch/Steffen VuR 2016, 403 (407 f.) (auf die Angabe eines Referenzpreises ohne individualisierte Bepreisung oder – alternativ – einer Spanne individualisierter Preise abstellend). Ablehnend gegenüber einer solchen Verpflichtung dagegen Tietjen/Flöter GRUR-Prax 2017, 546 (548); nicht festgelegt hingegen Gleixner VuR 2020, 417 (418).

E. Weitere rechtliche Rahmungen

Neben dem Kartell- und Lauterkeitsrecht bestehen auch in anderen Rechtsgebieten verschiedene Vorgaben, die vorliegend von Bedeutung sein können und die vor allem an ein Macht- oder Informationsgefälle anknüpfen. Verstärkt wird die Notwendigkeit der Vornahme von rechtsgebietsübergreifenden Überlegungen zudem durch das mit der individuellen und dynamischen Preissetzung eng verwandte *Behavioural Microtargeting*, das neben kartellrechtlichen auch zivil-, verbraucherschutz- und datenschutzrechtliche Fragestellungen aufwirft.[121] Die Inbezugnahme der Vorgaben und Rahmungen dieser Rechtsgebiete kann wechselwirkende Relevanz auch und gerade für die kartellrechtliche Missbrauchsaufsicht entfalten.[122] 44

I. Verbraucher- und AGB-Recht

Zu nennen sind insoweit zunächst verbraucherschutzrechtliche Informationspflichten sowie die Vorgaben des AGB-Rechts, die vor allem auf den Ausgleich von Macht- und Informationsgefällen zielen. An dieser Stelle ist (erneut) festzuhalten, dass die Preissetzung grundsätzlich der privatautonomen Gestaltungsfreiheit unterfällt. Die geänderte Verbraucherrechte-Richtlinie mit Anwendbarkeit der mitgliedstaatlichen Umsetzungsvorschriften ab dem 28. Mai 2022 bestätigt diese (weiterhin) bestehende Gestaltungsfreiheit des Unternehmers. In Art. 6 Abs. 1 lit. ea der geänderten[123] Verbraucherrechte-Richtlinie wird an die Personalisierung eines Preises „auf der Grundlage einer automatisierten Entscheidungsfindung“ (allerdings) eine entsprechende Informationspflicht über das „Ob“ bei Fernabsatz- und außerhalb von Geschäftsräumen geschlossenen Verträgen geknüpft. Ob diese allgemeine Information in der Praxis an prominenter Stelle platziert und nicht etwa bloß in AGB aufgenommen wird, mag bezweifelt werden und bleibt abzuwarten.[124] 45

II. Datenschutzrecht

Relevanz entfalten überdies die Vorgaben des Datenschutzrechts und des Geheimnisschutzes.[125] Datenschutzrecht ist auch und gerade wettbewerbsrechtlich bedeutsam, da Verstöße gegen das Datenschutzrecht über den Rechtsbruchtatbestand aus § 3a UWG Lauterkeitsrechtsverstöße[126] und über den Missbrauchstatbestand (Art. 102 AEUV, § 19 GWB) auch Kartellrechtsverstöße begründen können.[127] So muss die Verarbeitung von Daten und damit die Einsetzbarkeit eines Algorithmus anhand der rechtlichen Rahmenbedingungen bemessen werden; zudem ist jede Form der Verarbeitung personenbezogener Daten am 46

[121] Hierzu Ebers MMR 2018, 423 sowie Radtke K&R 2020, 479.

[122] Siehe schon → Rn. 21 ff.

[123] Vgl. die Änderung durch die sog. Omnibus-Richtlinie (EU) 2019/2161 des Europäischen Parlaments und des Rates vom 27. November 2019 zur Änderung der Richtlinie 93/13/EWG des Rates und der Richtlinien 98/6/EG, 2005/29/EG und 2011/83/EU des Europäischen Parlaments und des Rates zur besseren Durchsetzung und Modernisierung der Verbraucherschutzvorschriften der Union, Abl. L 328/7.

[124] Krit. etwa Gleixner VuR 2020, 417 (420); vgl. auch den entsprechenden Gesetzesentwurf der Bundesregierung, BT-Drucks. 19/27655, S. 48 f.

[125] Beide Rechtsmaterien haben unlängst tiefgreifende normative Veränderungen erfahren durch zum einen die Datenschutz-Grundverordnung (Verordnung (EU) 2016/679, Abl. EU Nr. L 119/1) und zum anderen die Geheimnisschutz-Richtlinie (Richtlinie (EU) 2016/943, Abl. EU Nr. L 157/1), die mit dem GeschGehG umgesetzt wurde.

[126] Siehe hierzu BGH GRUR 2020, 896. Diese Frage soll auch nicht durch § 13 Abs. 4 Nr. 2 UWG vorweggenommen werden, wonach der Anspruch auf Aufwendungsersatz bei Verstößen gegen die DS-GVO unter Umständen eingeschränkt ist, vgl. Köhler in Köhler/Bornkamm/Feddersen Gesetz gegen den unlauteren Wettbewerb, 39. Aufl. 2021, UWG § 3a UWG Rn. 1.40a.

[127] Siehe hierzu schon vorstehend unter → Rn. 21 ff.

Maßstab der datenschutzrechtlichen Vorgaben zu betrachten und zu bewerten.[128] Das Merkmal der Verarbeitung personenbezogener Daten (vgl. Art. 4 Nr. 2 DS-GVO) wird bei der algorithmenbasierten Preissetzung in der Regel erfüllt sein, bedarf aber beispielsweise mit Blick auf gruppen- oder zeitabhängigen Preisen anstelle von individualisierten Preisen einer Betrachtung im Einzelfall.[129]

47 Das Datenschutzrecht setzt der Verarbeitung von personenbezogenen Daten ohne ausreichende Informationserteilung (vgl. Art. 12 bis 14 DS-GVO) bzw. ohne Vorliegen eines Rechtfertigungsgrunds enge Grenzen (ie präventives Verbot mit Erlaubnisvorbehalt). Ein zentraler Rechtfertigungsgrund für Datenverarbeitungen ist die datenschutzrechtliche Einwilligung (nach Art. 6 Abs. 1 lit. a DS-GVO). Mit Blick auf die Wirksamkeit einer solchen Einwilligung sind angesichts der regelmäßig bestehenden Macht- bzw. Informationsgefälle, unbeschadet anfälliger Informationspflichten, vor allem zwei Einschränkungen zu beachten: Zum einen muss nach Art. 7 Abs. 4 DS-GVO „[b]ei der Beurteilung, ob die Einwilligung freiwillig erteilt wurde, (…) dem Umstand in größtmöglichem Umfang Rechnung getragen werden, ob unter anderem die Erfüllung eines Vertrags, einschließlich der Erbringung einer Dienstleistung, von der Einwilligung zu einer Verarbeitung von personenbezogenen Daten abhängig ist, die für die Erfüllung des Vertrags nicht erforderlich sind".[130] Zum anderen unterliegt eine formularmäßig abgegebene Einwilligungserklärung der zivilrechtlichen AGB-Kontrolle.[131] Andere Rechtfertigungstatbestände scheiden regelmäßig aus. Nach Art. 6 Abs. 1 lit. b DS-GVO sind Verarbeitungen zulässig, soweit sie zur Durchführung (erforderlicher) vorvertraglicher Maßnahmen auf Anfrage der betroffenen Personen erfolgen. Bei durch Algorithmen gesetzten Preisen wird es aber in der Praxis nicht nur an der Anfrage, sondern schon an der – eng zu verstehenden[132] – Erforderlichkeit für den Vertragsschluss fehlen.[133] Der Rechtfertigungstatbestand einer Interessenabwägung nach Art. 6 Abs. 1 lit. f DS-GVO kann ebenfalls nicht belastbar als Alternative zur Einwilligung in dynamische und/oder individualisierte Preise herangezogen werden. Gerade die Generierung individualisierter Preise ist aufgrund der Erforderlichkeit von Trackingmaßnahmen regelmäßig eingriffsintensiv; die Rechte und Interessen betroffener Personen werden die berechtigten Interessen des Verantwortlichen daher zumeist überwiegen.[134]

48 Im Zusammenhang mit durch automatisierte Systeme gesetzten Preisen ist zudem Art. 22 DS-GVO zu beachten. Nach Art. 22 Abs. 1 DS-GVO hat die betroffene Person „das Recht, nicht einer ausschließlich auf einer automatisierten Verarbeitung – einschließlich Profiling – beruhenden Entscheidung unterworfen zu werden, die ihr gegenüber rechtliche Wirkung entfaltet oder sie in ähnlicher Weise erheblich beeinträchtigt". Eine erhebliche Beeinträchtigung kann dabei unter Umständen auch von einem Angebot mit einem übermäßig hohen Preis ausgehen.[135] In solchen Konstellationen kommt als besonderer Rechtfertigungstatbestand regelmäßig nur eine (ausdrückliche) Einwilligung (vgl. Art. 22 Abs. 2 lit. c DS-GVO) der betroffenen Person in Betracht.[136]

[128] Siehe nur Grave in Kersting/Podszun Die 9. GWB-Novelle, 2017, Kap. 2 Rn. 42, 52 ff.

[129] Hidar Rechtliche Grenzen smarter Preisgestaltung, 2021, S. 156 f.; Hofmann/Freiling ZD 2020, 331 (334).

[130] Siehe auch Golland DSRITB 2019, 61 (62); Tillmann/Vogt VuR 2018, 447 (450).

[131] Siehe Hennemann ZUM 2017, 544 (548 f.) mwN.

[132] EDSA Leitlinien 2/2019 – Version 2.0, Rn. 23 ff.

[133] Golland CR 2020, 186 (190); Golland DSRITB 2019, 61 (67); Hidar Rechtliche Grenzen smarter Preisgestaltung, 2021, S. 208 f.; zust. iE auch Hofmann/Freiling ZD 2020, 331 (334 f.).

[134] Hidar Rechtliche Grenzen smarter Preisgestaltung, 2021, S. 211 ff. AA Golland DSRITB 2019, 61 (69).

[135] Artikel-29-Datenschutzgruppe WP 251 rev. 01, S. 24; Hidar Rechtliche Grenzen smarter Preisgestaltung, 2021, S. 234 f.; Linderkamp ZD 2020, 506 (508); im Einzelfall nach Tillmann/Vogt VuR 2018, 447 (450 f.) sowie Golland CR 2020, 186 (192) nur in Ausnahmefällen nach Martini in Paal/Pauly DS-GVO BDSG, 3. Aufl. 2021, DS-GVO Art. 22 Rn. 27a.

[136] Linderkamp ZD 2020, 506 (508 f.). AA Golland DSRITB 2019, 61 (71 f.).

F. Zusammenfassung und Ausblick

Zusammenfassend ist festzuhalten, dass das kartell- und lauterkeitsrechtliche Instrumentarium (auch) in Ansehung des Einsatzes von algorithmenbasierter Preisbildung einen belastbaren Ordnungsrahmen zur Verfügung stellt, um die wettbewerbliche Funktionsfähigkeit der Märkte zu sichern. Zugleich hat sich gezeigt, dass der Einsatz von (Preissetzungs-)Algorithmen und Künstlicher Intelligenz das Wettbewerbsrecht auf neue Weise herausfordert. Vor diesem Hintergrund besteht die Notwendigkeit zu einer Gesamtbetrachtung von Verhältnis, Zusammenspiel und Fortentwicklung der von den Veränderungen betroffenen Rechtsgebiete – genannt seien vor allem das Kartell-, Lauterkeits-, Verbraucherschutz- und Datenschutzrecht. Aus wettbewerbsrechtlicher Perspektive sind Antworten auf diese Herausforderungen dabei stets entlang der wettbewerbspolitischen Leitbilder und Zielsetzungen des Wettbewerbsrechts zu entwickeln. 49

I. Kartellrecht

Die kartellrechtliche Missbrauchsaufsicht bedarf insoweit (jedenfalls gegenwärtig) keiner grundlegenden Reform in Bezug auf algorithmenbasierte Preissetzung.[137] Die im Rahmen der jüngsten Novellierungen eingeführten Regelungen betreffend den Datenzugang als Kriterium für eine marktbeherrschende Stellung (§ 18 Abs. 3 Nr. 3 GWB), die mehrseitigen Märkte (§§ 18 Abs. 3a, 19a GWB) und das *Tipping* (§ 20 Abs. 3a GWB) stellen insoweit grundsätzlich sinnvolle Anpassungsmaßnahmen dar. Im Übrigen sollten Preisalgorithmen und ihre wettbewerblichen Auswirkungen weiter sorgfältig beobachtet und (gegebenenfalls) unter Fortentwicklung der Normanwendungspraxis adressiert werden.[138] Hierbei sind sowohl die erschwerte Nachvollziehbarkeit der dynamisiert und individualisiert erfolgenden Preisanpassungen[139] als auch ein Durchsetzungsdefizit durch die lang andauernden kartellrechtlichen Verfahren im Blick zu behalten.[140] Insgesamt sind jene Rahmenbedingungen zu erhalten, die die Entstehung und die Fortentwicklung von innovativen Diensten und Leistungen – auch und gerade unter Verwendung von Algorithmen – ermöglicht haben und dies auch weiterhin tun; eine überschießende Regulierung mit innovationshemmenden Wirkungen ist zu vermeiden. 50

Chancen und Risiken für ein gefährdungsadäquates, aber nicht innovationshemmendes Umfeld sind sorgfältig gegeneinander abzuwägen. Ganz grundsätzlich gilt es – auch durch das Kartell- und Lauterkeitsrecht – die nutzerseitige Handlungs- und Auswahlfreiheit durch Transparenz mit Blick auf die (Preis-)Konditionen und den Abbau von Informationsasymmetrien zum Nachteil der Nutzer sicherzustellen. Dies kann etwa durch die Benennung und gegebenenfalls Erläuterung der einer individualisierten Preisbildung zugrunde gelegten Kriterien geschehen. 51

II. Lauterkeitsrecht

Das Lauterkeitsrecht eignet sich im Grundsatz ebenfalls, um wettbewerbliche Spannungslagen im Zusammenhang mit algorithmischer Preissetzung abzufangen und auf- 52

[137] Siehe zur Diskussion von sonstigen – und mittlerweile zum Teil durch den Gesetzgeber adressierten – Reformvorschlägen Schweitzer/Haucap/Kerber/Welker Modernisierung der Missbrauchsaufsicht für marktmächtige Unternehmen, 2018, passim.

[138] So auch Monopolkommission XXII. Hauptgutachten, 2018, Rn. 238 ff.

[139] So auch Ylinen NZKart 2018, 19 (22).

[140] In diesem Sinne fragt Podszun WuW 2017, 577 zutreffend: „Muss das Kartellrecht schneller werden?". Vgl. etwa die Verfahren der EU-Kommission gegen Google bzw. Alphabet betreffend Google Shopping, siehe http://europa.eu/rapid/press-release_IP-17-1784_de.; sowie betreffend Android, http://europa.eu/rapid/press-release_IP-18-4581_de.htm (zuletzt abgerufen am: 14.4.2022.

zulösen. Ein Blick auf die Regelungen des UWG bestätigt zunächst den Grundsatz der Preisgestaltungsfreiheit. Widersprüchliche oder nicht aktuelle Preisinformationen können allerdings die Anwendung des Irreführungstatbestands (§ 5 UWG) eröffnen. Darüber hinaus wird eine allgemeine Pflicht zur Offenlegung des Einsatzes algorithmischer Preissetzung nach § 5a Abs. 2, 4 UWG diskutiert. Zumindest im Hinblick auf die Schaffung von Transparenz gegenüber Verbrauchern hat der (Unions-)Gesetzgeber insoweit Klarheit geschaffen und mit der Änderung der Verbraucherrechte-Richtlinie eine Informationspflicht für die Verwendung individualisierter Preise geschaffen. Die praktische Umsetzung und die Auswirkungen dieser Informationsbereitstellung werden zu beobachten sein.

III. Weitere Rechtsgebiete

53 Im Übrigen kommt weiteren Rechtsgebieten mit Blick auf die Preissetzung durch Algorithmen eine nicht zu unterschätzende Bedeutung zu. Neben dem AGB-Recht ist insoweit auch und gerade das Datenschutzrecht anzuführen. Hiernach kann aufgrund der Notwendigkeit eines Rechtmäßigkeitstatbestands für die Verarbeitung personenbezogener Daten (Art. 6 DS-GVO) und automatisierte Entscheidungen (Art. 22 DS-GVO) die Einholung einer Einwilligung und die Information der Betroffenen erforderlich sein. Abzuwarten bleiben insoweit die Vorgaben der noch ausstehenden ePrivacy-Verordnung.[141] Ganz grundlegend stellt sich die Frage, ob und inwieweit (auch) außerökonomische Kriterien und Zielsetzungen im Rahmen der kartellrechtlichen Untersuchung herangezogen werden können.[142] Die datenschutz- und verbraucherrechtlichen Anforderungen dürften hierbei (zunächst) in enger Abstimmung mit dem Kartellrecht zu betrachten sein. So hat der *BGH* im Rahmen der Prüfung des § 19 Abs. 1 GWB datenschutzrechtliche Vorgaben über das Grundrecht der informationellen Selbstbestimmung berücksichtigt.[143]

IV. Algorithmen-Regulierung

54 In Zukunft wird sich vermehrt die Frage nach der Regulierung von Algorithmen stellen, dies gilt auch im Hinblick auf die algorithmenbasierte Preissetzung.[144] Unlängst hat die *Europäische Kommission* mit dem Entwurf eines „Artifical Intelligence Act"[145] einen wichtigen Impuls zur Algorithmen-Regulierung geleistet. Mit Spannung darf erwartet werden, wie sich die kartellrechtliche sowie die generelle zivil- und wirtschaftsrechtliche Diskussion um Algorithmen und zu Künstlicher Intelligenz entwickeln wird. Regulatorische Maßnahmen werden dabei stets (auch) die grund- und verfassungsrechtlich geschützten Interessen der Anbieter bzw. Betreiber an der Wahrung von (Geschäfts-)Geheimnissen im Blick behalten müssen; dies gilt vor allem für Überlegungen betreffend eine Verpflichtung zur Offenlegung verwendeter Algorithmen. Die Regelungen des Geschäftsgeheimnisschutzes tragen schon jetzt zu einem angemessen(er)en Schutz von Algorithmen, auch in Gerichtsverfahren, bei.[146] Zudem gilt es, die Informationskompetenz der Nutzer im Umgang mit Angeboten, bei denen Algorithmen zum Einsatz kommen, zu stärken. Hierbei kann auch der Algorithmeneinsatz durch die Nutzer (sog. *Algorithmic*

---

[141] Hierzu ausführlich Hidar Rechtliche Grenzen smarter Preisgestaltung, 2021, S. 249 ff.

[142] Nach – bisher – hM wird eine Rechtfertigung aufgrund von außerökonomischen Zwecken verneint; zur hierauf bezogenen Diskussion siehe etwa Paal Medienvielfalt und Wettbewerbsrecht, 2010, sowie monographisch Ulmer Kartellverbot und außerökonomische Rechtfertigung, 2014; in Ansätzen nun in diese Richtung wohl Monopolkommission XXII. Hauptgutachten, 2018, Rn. 100, 107, 1152 und 1160.

[143] BGH GRUR 2020, 1318 (Rn. 103 ff.).

[144] Siehe die Nachweise bei Hennemann ZWeR 2018, 161 (178 f.).

[145] COM(2021) 206 final,https://eur-lex.europa.eu/legal-content/EN/TXT/?qid=1623335154975&uri=CELEX%3A52021PC0206.

[146] Vgl. Apel/Kaulartz RDi 2020, 24 (29 ff.); Ohly GRUR 2019, 441 (442).

Consumer)[147] dabei helfen, etwaige Marktungleichgewichte und Gefährdungsszenarien abzubauen. Beispielhaft zu nennen sind in diesem Zusammenhang Anwendungen, wie etwa die digitalen Assistenten Alexa (*Amazon*), Siri (*Apple*) oder Cortana (*Microsoft*).[148] Bei einem Wettlauf der Algorithmen dürften allerdings voraussichtlich die Unternehmen gegenüber den Verbrauchern einen kaum aufholbaren Vorteil haben.[149] Es kann also nicht darauf vertraut werden, dass der Markt insoweit selbst ein Gleichgewicht für den Algorithmen-Einsatz herstellt und wahrt. Letztlich bedarf es zur Wahrung der Funktionsfähigkeit der Märkte deshalb Elemente der – auch staatlichen – Kontrolle und Durchsetzung ie Regulierung. In diesem Zusammenhang ist nicht zuletzt zu verweisen auf berechtigte Überlegungen zur Herstellung einer „Waffengleichheit" für die Wettbewerbsbehörden in fachlicher und in technischer Hinsicht, konkret durch den Einsatz von Algorithmen in Form von Überwachungssoftware durch die Wettbewerbsbehörden oder die Schaffung eines *Chief Technology Officer*.[150]

Literatur

Apel/Kaulartz, Rechtlicher Schutz von Machine Learning-Modellen, RDi 2020, 24–34

Bernhardt, Algorithmen, Künstliche Intelligenz und Wettbewerb, NZKart 2019, 314–317

Blaudow/Burg, Dynamische Preissetzung als Herausforderung für die Verbraucherpreisstatistik, WISTA 22018, 11–22

Bundeskartellamt, Big Data und Wettbewerb, Schriftenreihe „Wettbewerb und Verbraucherschutz in der digitalen Wirtschaft", 2017, S. 1–14

Bundeskartellamt, Algorithmen und Wettbewerb, Schriftenreihe „Wettbewerb und Verbraucherschutz in der digitalen Wirtschaft", 2020, S. 1–12

Ebers, Beeinflussung und Manipulation von Kunden durch Behavioral Microtargeting, MMR 2018, 423–428

Ebers, Dynamic Algorithmic Pricing: Abgestimmte Verhaltensweise oder rechtmäßiges Parallelverhalten?, NZKart 2016, 554–555

Ezrachi/Stucke, Artificial Intelligence & Collusion: When Computers Inhibit Competition, University of Tennessee Legal Studies Research Paper No. 267, 2015

Ezrachi/Stucke, Virtual Competition The Promise and Perils of the Algorithem-Driven Economy, 2016

Ezrachi/Stucke, Two Artificial Networks Meet in an Online Hub and Change the Future (of Competitions, Merket Dynamics, and Society), University of Tennessee Legel Studies Research Paper No. 323, 2017

Ezrachi/Stucke, Sustainable and Unchallenged Algorithmic Tacit Collusion, 17 NW.J. Tech. & Intell. Pro. 217 (2020)

Franck, Eine Frage des Zusammenhangs: Marktbeherrschungsmissbrauch durch rechtswidrige Konditionen, ZWeR 2016, 137–164;

Gal/Elkin-Koren, Algorithmic Consumers, Harvard Journal of Law & Technology, 30 (2017) 2, 2–45

Gleixner, Personalisierte Preise im Onlinehandel und Europas „New Deal for Consumers", VuR 2020, 417–421

Göckler, Auswirkungen einer Preisdiskriminierung auf die Wettbewerbsposition des Diskriminierten, NZKart 2018, 416–419

Golland, Datenschutzrechtliche Fragen personalisierter Preise, CR 2020, 186–194

Golland, Dynamic Pricing: Algorithmen zwischen Ökonomie und Datenschutz, DSRITB 2019, 61–77

Grewe, Missbrauchsverbot als Durchsetzungsinstrument: Eine Untersuchung der Schnittstellen des Kartellrechts mit dem Datenschutz-, Lauterkeits- und AGB-Recht, 2020 (zitiert als: Grewe Missbrauchsverbot als Durchsetzungsinstrument, 2020)

Hennemann, Künstliche Intelligenz und Kartellrecht, ZWeR 2018, 161–184

Hennemann, Personalisierte Medienangebote im Datenschutz- und Vertragsrecht, ZUM 2017, 544–552

Hidar, Rechtliche Grenzen smarter Preisgestaltung. Eine Untersuchung der rechtlichen Zulässigkeit dynamischer und personalisierter Preisgestaltung aus datenschutz- und lauterkeitsrechtlicher Perspektive, 2021 (zitiert als: Hidar, Rechtliche Grenzen smarter Preisgestaltung)

Hofmann, Der maßgeschneiderte Preis, WRP 2016, 1074–1081

Hoffmann/Freiling, Personalisierte Preise und das Datenschutzrecht, ZD 2020, 331–335

Hoffmann-Riem, Verhaltenssteuerung durch Algorithmen, AöR 142, 2017, 1–49

[147] Gal/Elkin-Koren 30 Harv. J. L. & Tech. 2017, 309 mwN.

[148] Monopolkommission XXII. Hauptgutachten, 2018, Rn. 195, http://monopolkommission.de/images/HG22/HGXXII_Kap1_Algorithmen.pdf.

[149] Monopolkommission XXII. Hauptgutachten, 2018, Rn. 196, http://monopolkommission.de/images/HG22/HGXXII_Kap1_Algorithmen.pdf.

[150] Vgl. Bernhardt NZKart 2019, 314 (316 f.); Käseberg/von Kalben WuW 2018, 2 (7); weitergehenden Regulierungsbedarf offenlassend Monopolkommission XXII. Hauptgutachten, 2018, Rn. 124.

Holzweber, Daten als Machtfaktor in der Fusionskontrolle, NZKart 2016, 104–112
Immenga/Mestmäcker, Wettbewerbsrecht, Bd. 1, 6. Aufl., 2019
Immenga/Mestmäcker, Wettbewerbsrecht, Bd. 2, 6. Aufl., 2019
Käseberg/von *Kalben*, Herausforderungen der Künstlichen Intelligenz für die Wettbewerbspolitik, WuW 2018, 2–8
Kelber, „Alle meine Daten" – der Abschlussbericht der Datenethikkommission, ZD 2020, 73–75
Kersting/Podszun, Die 9. GWB-Novelle, 2017
Köhler, Rabattgesetz und Zugabeverordnung, BB 2001, 265–271
Köhler/Bornkamm/Feddersen, Gesetz gegen den unlauteren Wettbewerb, 39. Aufl. 2021
Körber, „Ist Wissen Macht?" – Teil 1, NZKart 2016, 303–310
Künstner, Preissetzung durch Algorithmen als Herausforderung des Kartellrechts, GRUR 2019, 36–42
Langen/Bunte, Kartellrecht, Bd. 1, 13. Aufl. 2018
Linderkamp, Der digitale Preis – eine automatisierte Einzelfallentscheidung, ZD 2020, 506–511
Loewenheim/Meessen/Riesenkampff/Kersting/Meyer-Lindemann, Kartellrecht, 4. Aufl. 2020
Mundt, Algorithmen und Wettbewerb in einer digitalen Welt, ZVertrR 2021, 69–70
Newman, The Costs of Lost Privacy: Consumer Harm and Rising Economic Inequality in the Age of Google, William Mitchell Law Review, 40 (2014) 2, 850–889
Nuys, „Big Data" – Die Bedeutung von Daten im Kartellrecht, WuW 2016, 512–520
Obergfell, Personalisierte Preise im Lebensmittelhandel – Vertragsfreiheit oder Kundenbetrug?, ZLR 2017, 290–301
Ohly, Das neue Geschäftsgeheimnisgesetz im Überblick, GRUR 2019, 441–451
Paal, Medienvielfalt und Wettbewerbsrecht, 2010
Paal, Suchmaschinen, Marktmacht und Meinungsbildung, 2012
Paal, Daten und Kartellrecht, NZKart, 2018, 157–158
Paal, Missbrauchstatbestand und Algorithmic Pricing – dynamische und individualisierte Preise im virtuellen Wettbewerb, GRoR 2019, 43–53
Paal/Hennemann, Big Data as an Asset – Daten und Kartellrecht, 2018
Paal/Kumkar, Wettbewerbsschutz in der Digitalwirtschaft, NJW 2021, 809–815
Paal/Pauly, Datenschutz-Grundverordnung Bundesdatenschutzgesetz, 3. Aufl. 2021
Podszun, Der Verbraucher als Marktakteur: Kartellrecht und Datenschutz in der „Facebook"-Entscheidung des BGH, GRUR 2020, 1268–1276
Podszun, Muss das Kartellrecht schneller werden?, WuW 12, 2017, 577
Radtke, Datengestützte Wahlwerbung wie Microtargeting aus datenschutzrechtlicher Perspektive, K&R 2020, 479–486
Salaschek /Serafimova, Preissetzungsalgorithmen im Lichte von Art. 101 AEUV, WuW 2018, 2–8
Schweitzer/Haucap/Kerber/Welker, Modernisierung der Missbrauchsaufsicht für marktmächtige Unternehmen, 2018
Schwintowski, Preistransparenz als Voraussetzung funktionsfähigen (digitalen) Marktwettbewerbs, NJOZ 2018, 841–850
Surblyté, Data-Driven Economy and Artificial Intelligence: Emerging Competition Law Issues?, WuW 2017, 120–127
Tamke, Big Data and Competition Law, ZWeR 2017, 358–385
Thomas, Wettbewerb in der digital economy: Verbraucherschutz durch AGB-Kontrolle im Kartellrecht?, NZKart 2017, 92–98
Tietjen/Flöter, Dynamische und personalisierte Preise: Welche lauterkeitsrechtlichen Schranken gelten für Unternehmen?, GuR-Prax 2017, 546–549
Tillmann/Vogt, Personalisierte Preise im Big-Data-Zeitalter, VuR 2018, 447–455
Ulmer, Kartellverbot und außerökonomische Rechtfertigung, 2014
Wagner/Eidenmüller, In der Falle der Algorithmen? Abschöpfen von Konsumentenrente, Ausnutzen von Verhaltensanomalien und Manipulation von Präferenzen: Die Regulierung der dunklen Seite personalisierter Transaktionen, ZfPW 2019, 202–246
Weche/Weck, Neue Möglichkeiten impliziter Kollusion und die Grenzen des Kartellrechts, EuZW 2020, 923–929
Wolf, Algorithmengestützte Preissetzung im Online-Einzelhandel als abgestimmte Verhaltensweise – Ein Beitrag zur Bewältigung des „Predictable Agent" über Art. 101 Abs. 1 AEUV, NZKart 2019, 2–10
Ylinen, Digital Pricing und Kartellrecht, NZKart 2018, 19–22
Zander-Hayat/Reisch/Steffen, Personalisierte Preise, VuR 2016, 403–405

3.4 Robo-Advice: Anlegerschutz und gesetzgeberischer Handlungsbedarf

Übersicht

A. Einführung

I. Ausgangspunkt

Die Digitalisierung und Automatisierung haben längst auch die Kapitalmärkte erreicht. **1**
Das hat die EU-Kommission in ihrer Digital Finance Strategy mit dem Hinweis deutlich gemacht, die Zukunft unseres Finanzwesens sei digital.[1] Das lässt sich ua am Beispiel des

[1] Europäische Kommission Mitteilung der Kommission an das Europäische Parlament, den Rat, den Europäischen Wirtschafts- und Sozialausschuss und den Ausschuss der Regionen über eine Strategie für ein digitales Finanzwesen in der EU, 24.9.2020, COM(2020)591 final.

Robo-Advisory verdeutlichen,[2] auch wenn die EU-Kommission in ihrem Strategiepapier die Vermögensverwaltung nur an einer Stelle knapp erwähnt.[3]

2 Die hinter dem „Robo-Advisory" stehenden Geschäftsmodelle, die von sog. FinTechs angeboten werden,[4] können als exemplarisch für zentrale Fragen der Tech Finance angesehen werden.[5] Das gilt va aufgrund der zunehmenden Bedeutung dieser algorithmenbasierten Dienstleistungen. Für das Jahr 2021 wird im Segment Robo-Advice für Europa ein Anlagevolumen von 135.969 Mio. Euro erwartet. Bezogen auf das Jahr 2025 wird ein Gesamttransaktionsvolumen von 270.569 Mio. Euro und damit ein jährlich erwartetes Wachstum von ca. 19% prognostiziert.[6] Dabei gilt Deutschland nach dem EU-Austritt Großbritanniens als der größte EU-Markt für Robo-Advisors.[7]

3 Bei neuen Entwicklungen im Rechtsleben stellt sich regelmäßig die Frage, ob das derzeit bestehende Regelungssystem mit den entsprechenden Sachverhalten umgehen kann. Auszuloten ist, wo ein ausreichendes Regelungsinstrumentarium vorhanden ist und wo der Gesetzgeber tätig werden muss bzw. sollte.[8] Abhängig ist das nicht zuletzt davon, ob das geltende aufsichtsrechtliche und zivilrechtliche Regelungsregime, das auf Beratung und Information in analoger Form, dh durch menschliches Handeln, zugeschnitten ist, auf digitale bzw. automatisierte oder autonome Dienstleistungserbringung übertragbar ist. Das gilt auch für den Bereich des Robo-Advisory, das auf komplexen Algorithmen basiert.[9]

4 Eine Anwendung der auf analoge Sachverhalte zugeschnittenen Regelungen auf digitale Sachverhalte wird teilweise zu Recht als „herausfordernd" angesehen.[10] Kein Grund für ein gesetzgeberisches Eingreifen sind die mit jeder neuen Entwicklung einhergehenden „üblichen" Rechtsunsicherheiten. Abzugrenzen sind diese von denjenigen, bei deren Vorliegen das bestehende rechtliche System an seine Grenzen gelangt.

5 Zudem ist zu beachten, ob dadurch ebenso ein hinreichender Anleger- bzw. Verbraucherschutz gewährleistet ist wie bei der analogen Dienstleistung. Einigkeit besteht im Schrifttum jedenfalls darin, dass „die Nutzung neuer Technologie keine Schlechterstellung von Verbrauchern gegenüber analogen Geschäften" bedeuten darf.[11]

[2] Siehe Buck-Heeb in Chibanguza/Kuß/Steege Künstliche Intelligenz, 2021, § 5 H Rn. 14 ff. Zum Robo-Advice auch Roth/Blessing CCZ 2016, 258 (265); Möslein/Lordt ZIP 2017, 793 ff.; Baumanns BKR 2016, 366 ff.; Oppenheim/Lange-Hausstein WM 2016, 1966 ff.; Buck-Heeb JZ 2017, 279 (287 f.); Buck-Heeb/Poelzig BKR 2017, 485 (491).

[3] Europäische Kommission Mitteilung der Kommission an das Europäische Parlament, den Rat, den Europäischen Wirtschafts- und Sozialausschuss und den Ausschuss der Regionen über eine Strategie für ein digitales Finanzwesen in der EU, 24.9.2020, COM(2020)591 final, S. 17.

[4] Vgl. Nathmann FinTech, 2019, S. 50 ff.

[5] Voß in Kaulartz/Braegelmann Rechtshandbuch Artificial Intelligence und Machine Learning, 2020, S. 593, 599; Denga in Ebers/Heinze/Krügel/Steinrötter Künstliche Intelligenz und Robotik, 2020, S. 510 512.

[6] Statista Robo-Advisors, abrufbar unter https://de.statista.com/outlook/dmo/fintech/personal-finance/robo-advisors/europa (zuletzt abgerufen am: 12.4.2022).

[7] Brummer Deutschland ist größter EU-Markt für Robo-Advisors, abrufbar unter https://de.extraetf.com/news/etf-news/deutschland-ist-groesster-eu-markt-fuer-robo-advisors (zuletzt abgerufen am: 12.4.2022); zum Vergleich zwischen Großbritannien und Deutschland siehe etwa EU-Kommission Distribution systems of retail investment products across the European Union, Final report, 2018, S. 133, abrufbar unter https://ec.europa.eu/info/sites/default/files/180425-retail-investment-products-distribution-systems_en.pdf (zuletzt abgerufen am: 12.4.2022).

[8] Allgemein Assmann/Buck-Heeb in Assmann/Schütze/Buck-Heeb Handbuch des Kapitalanlagerechts, 5. Aufl. 2020, § 1 Rn. 91d.

[9] Zu möglichen Regulierungsleitlinien Maume Tex Int.l L J Vol. 55 No. 1, 49 ff.

[10] Denga in Ebers/Heinze/Krügel/Steinrötter Künstliche Intelligenz und Robotik, 2020, S. 510, 513.

[11] Vgl. Denga in Ebers/Heinze/Krügel/Steinrötter Künstliche Intelligenz und Robotik, 2020, S. 510, 514; Oppenheim/Lange-Hausstein WM 2015, 1966 (1967 f.); Möslein/Lordt ZIP 2017, 793 (795).

II. Begriff des Robo-Advice

Robo-Advisory[12] kann als einmalige automatisierte Anlageempfehlung oder im Sinne einer länger anhaltenden automatisierten Betreuung des Finanzportfolios und grds. in drei verschiedenen Formen angeboten werden[13]: als bloße Anlagevermittlung, als Anlageberatung oder als Vermögensverwaltung (Finanzportfolioverwaltung). Welches Modell jeweils konkret vorliegt, ist für die aufsichtsrechtliche Zulassung und die damit einhergehenden Pflichten ebenso wichtig wie für die zivilrechtlichen Pflichten und die damit verbundene Haftung. Dabei kann die zivilrechtliche Qualifikation als Anlageberatung, Anlagevermittlung oder Vermögensverwaltung von der aufsichtsrechtlichen Einordnung abweichen.[14] 6

Davon abzugrenzen ist der Einsatz von automatisierten Systemen bei der Dienstleistungserbringung durch Menschen. Hierbei kann etwa die Erfragung der Kundendaten (Exploration) aus Effizienz- sowie aus Compliancegründen mit Zuhilfenahme von künstlicher Intelligenz erfolgen. 7

Die europäische Aufsichtsbehörde ESMA definiert den Begriff „Robo-Advisory" im aufsichtsrechtlichen Kontext als „(vollständige oder teilweise) Erbringung von Anlageberatungs- oder Portfolioverwaltungsdienstleistungen durch ein automatisiertes oder halbautomatisiertes System, das für den Kontakt mit den Kunden eingesetzt wird".[15] Die nationale Bundesanstalt für Finanzdienstleistungsaufsicht (BaFin) beschreibt Robo-Advice als „Unterstützung eines Kunden bei der Geldanlage mithilfe von teil- oder vollautomatisierten Systemen".[16] Als typische Merkmale werden die Kommunikation des Kunden mit dem Computer sowie die Erbringung der Dienstleistung auf der Basis eines Algorithmus gesehen. Insofern geht es um eine „digitalisierte und automatisierte oder sogar autonome Vermögensberatung und -verwaltung durch ein Computerprogramm".[17] 8

III. Vor- und Nachteile von Robo-Advice

Die Vor- und Nachteile bzw. Risiken von automatisierten „financial advice tools" haben die drei Europäischen Aufsichtsbehörden (European Supervisory Authority, ESA) ESMA, EIOPA und EBA schon im Jahr 2015 beschäftigt.[18] Auch die EU-Kommission hat die Vorteile und Risiken beleuchtet.[19] 9

Als ein Vorteil des Robo-Advisory im Vergleich zu entsprechenden menschlichen Handlungen wird gesehen, dass einer möglichen Irrationalität der Anlageentscheidung, wie sie im Rahmen des sog. Behavioral Finance-Ansatzes herausgearbeitet wurde, begegnet werden kann.[20] So wird teilweise damit geworben, Anleger würden durch Robo- 10

[12] Zu einer Unterscheidung zwischen Robo-Advice im engen und im weiten Sinn Linardatos in Linardatos Rechtshandbuch Robo Advice, 2020, § 1 Rn. 51.

[13] Dorfleitner/Hornuf FinTech und Datenschutz 2019, S. 5.

[14] Buck-Heeb/Lang in BeckOGK, 1.1.2022, BGB § 675 Rn. 212f.

[15] ESMA Leitlinien zu einigen Aspekten der MiFID II-Anforderungen an die Eignung, 6.11.2018 – ESMA35-43-1163DE, Ziff. II.6., S. 4.

[16] BaFin Robo-Advice – Automatisierte Anlageberatung und Finanzportfolioverwaltung, geändert am 19.2.2020, abrufbar unter https://www.bafin.de/DE/Verbraucher/Finanzwissen/Fintech/RoboAdvice/robo_advice_node.html (zuletzt abgerufen am: 12.4.2022).

[17] Wagner/Luyken FS Windbichler, 2020, 155.

[18] ESA Joint Committee Discussion Paper on automation in financial advice, JC 2015 080, v. 4.12.2015, abrufbar unter https://www.esma.europa.eu/sites/default/files/library/jc_2015_080_discussion_paper_on_automation_in_financial_advice.pdf (zuletzt abgerufen am: 12.4.2022).

[19] EU-Kommission Distribution systems of retail investment products across the European Union, Final report, 2018, S. 136 ff., abrufbar unter https://ec.europa.eu/info/sites/default/files/180425-retail-investment-products-distribution-systems_en.pdf (zuletzt abgerufen am: 12.4.2022); siehe auch etwa Better Finance Robo-Advice 5.0: Can consumers trust robots?, Dezember 2020, S. 22 ff., abrufbar unter https://betterfinance.eu/wp-content/uploads/Robo-Advice-Report-2020-25012021.pdf (zuletzt abgerufen am: 12.4.2022).

[20] Dazu näher → Kap. 2.2 Rn. 1 ff.

Advisory „vor emotionalen und daher suboptimalen Anlageentscheidungen" geschützt.[21] Insofern erscheint es, dass Robo-Advisory Fehlentscheidungen aufgrund von Voreingenommenheiten durch die Eliminierung des „menschlichen Faktors" vermeiden kann.[22]

11 Ob dem wirklich so ist, scheint die Europäische Wertpapier- und Marktaufsichtsbehörde ESMA zu bezweifeln. Sie hebt in ihren Leitlinien vielmehr hervor, dass es beim Robo-Advice besonders wichtig sei, Verfahren einzuführen, die dem Risiko einer tendenziellen Überschätzung der Kunden bzgl. ihrer Kenntnisse und Erfahrungen begegnen. Dieses Risiko soll beim Robo-Advice „womöglich" steigen, wenn die Kunden „Informationen über ein automatisiertes (oder halbautomatisiertes) System mitteilen, und zwar insbesondere in Situationen, bei denen eine begrenzte oder gar keine persönliche Interaktion zwischen Kunden und den Mitarbeitern der Firma vorgesehen ist".[23] Das sieht die BaFin ebenso.[24] Im Schrifttum wird die diesbezüglich kritische Haltung gegenüber dem Robo-Advice durch den Hinweis verstärkt, dass gerade das Versprechen mathematischer Sicherheit in Anlagefragen zu Fehlentscheidungen der Anleger führen kann.[25]

12 Ein Vorteil des Robo-Advice liegt unstreitig darin, dass diese Form für die Anleger durch die Digitalisierung kostengünstiger ist als eine analoge Beratung, bei welcher Personalkosten anfallen.[26] Ob mit diesem System auch, wie vielfach angenommen wird, eine Verbesserung der Beratungsqualität einhergeht,[27] ist fraglich, kann an dieser Stelle aber offengelassen werden. Außerdem soll den Kunden durch Robo-Advisory ein „Zugang zu professionellen Kapitalanlagedienstleistungen" angeboten werden, der auch für Anleger kleiner Geldbeträge möglich sein soll.[28]

13 Als Risiken werden von den europäischen Aufsichtsbehörden zum einen der nur begrenzte Informationszugang der Anleger, die Gefahr eines Systemfehlers und die Unsicherheiten, die mit einem weitverbreiteten Einsatz automatisierter Finanzberatungsinstrumente verbunden sind, gesehen.[29] Die BaFin nennt darüber hinaus auch falsche Dateneingabe, ein verändertes Angebot bzw. veränderte Bedürfnisse, die Aktualität, die Intransparenz von Kosten und Gebühren, die verzerrte Wahrnehmung eines „persönlichen" Angebots, unvollständige, fehlerhafte oder veraltete Tools, den Datenmissbrauch und die Gefahr einer Manipulation der automatisierten Tools.[30]

[21] So Scalable Capital unter https://de.scalable.capital/robo-advisor (zuletzt abgerufen am: 14.4.2022).

[22] Voß in Kaulartz/Braegelmann Rechtshandbuch Artificial Intelligence und Machine Learning, 2020, S. 593, 594.

[23] ESMA Leitlinien zu einigen Aspekten der MiFID II-Anforderungen an die Eignung, 6.11.2018 – ESMA35-43-1163DE, Ziff. I.I Nr. 51, S. 16.

[24] BaFin Rundschreiben 05/2018 (WA) – Mindestanforderungen an die Compliance-Funktion und weitere Verhaltens-, Organisations- und Transparenzpflichten – MaComp, geändert am 29.4.2020, BT 7.4 Ziff. 8.

[25] Denga in Ebers/Heinze/Krügel/Steinrötter Künstliche Intelligenz und Robotik, 2020, S. 510, 514.

[26] Denga in Ebers/Heinze/Krügel/Steinrötter Künstliche Intelligenz und Robotik, 2020, S. 510, 514.

[27] Wagner/Luyken FS Windbichler, 2020, 155 (156); ESA Joint Committee Discussion Paper on automation in financial advice, JC 2015 080, v. 4.12.2015, S. 17, abrufbar unter https://www.esma.europa.eu/sites/default/files/library/jc_2015_080_discussion_paper_on_automation_in_financial_advice.pdf (zuletzt abgerufen am: 14.4.2022).

[28] ESA Joint Committee Discussion Paper on automation in financial advice, JC 2015 080, v. 4.12.2015, S. 17, abrufbar unter https://www.esma.europa.eu/sites/default/files/library/jc_2015_080_discussion_paper_on_automation_in_financial_advice.pdf (zuletzt abgerufen am: 14.4.2022); zu den Chancen und Risiken auch Madel Robo Advice, 2019, S. 53 ff.

[29] ESA Joint Committee Discussion Paper on automation in financial advice, JC 2015 080, v. 4.12.2015, S. 21 ff., abrufbar unter https://www.esma.europa.eu/sites/default/files/library/jc_2015_080_discussion_paper_on_automation_in_financial_advice.pdf (zuletzt abgerufen am: 14.4.2022).

[30] BaFin Robo-Advice – Automatisierte Anlageberatung und Finanzportfolioverwaltung, geändert am 19.2.2020, abrufbar unter https://www.bafin.de/DE/Verbraucher/Finanzwissen/Fintech/RoboAdvice/robo_advice_node.html (zuletzt abgerufen am: 14.4.2022).

IV. Von der Teil- zur Vollautomatisierung

Der Einsatz digitaler Systeme bietet sich generell immer dann an, wenn Dienstleistungsvorgänge weitgehend standardisierbar sind.[31] Das ist teilweise auch bei der Anlageberatung und der Vermögensverwaltung der Fall. Aber auch über eine solche bloße Automatisierung hinaus ist die Verwendung von autonomen Systemen – derzeit noch nur theoretisch – möglich. 14

Im Rahmen des Einsatzes von Künstlicher Intelligenz (KI) sind grds. teil-, halb- und vollautomatisierte Systeme[32] zu unterscheiden. Das gilt auch für den Robo-Advice. Teilweise wird dem Anleger – nach Eingabe von Daten in eine „Maske" – eine automatisierte Anlageempfehlung unterbreitet, die dieser selbst umsetzen muss. Zum Teil wird dem Anleger auch der Umsetzungsakt abgenommen, dh es erfolgt ein automatisierter Erwerb und eine automatisierte Strukturierung des Portfolios.[33] In anderen Fällen wird „durch KI-Agenten sogar eine aktive, auf die Marktentwicklungen reaktive, fortlaufende Umschichtung des Portfolios vorgenommen, die die Marktentwicklung übertreffen soll" („aktiver Robo-Advisor").[34] In der Praxis dominiert nach wie vor ein hybrider Service, bei welchem menschlicher und digitaler „Rat" miteinander kombiniert werden.[35] 15

Daher ist ein Robo-Advisor derzeit letztendlich noch „immer eine natürliche oder juristische Person, der die Anlagestrategien ausgehend von persönlichen Umständen des Anlegers mithilfe komplexer Programme ermittelt und zum Teil auch auf Grund komplexer Programme umsetzt".[36] Das bedeutet, dass bei einer lediglich automatisierten Dienstleistung die KI als eine Art Werkzeug des Finanzdienstleisters zu sehen ist.[37] Dies spielt va für die zivilrechtliche Beurteilung eine Rolle.[38] Anders kann es sein, wenn ein selbstlernendes autonomes System agiert, das nicht mehr in gleicher Weise von Menschen determiniert ist.[39] 16

Die sog. Robo-Advisory-Evolution vollzieht sich – wie andere zunehmend autonom werdende Systeme auch – in Schritten. Die EU-Kommission gliedert diese in die Begriffe „Robo-Advice 1.0", „Robo-Advice 2.0", „Robo-Advice 3.0" und „Robo-Advice 4.0".[40] Der Verband „Better Finance" umschreibt die letzte Stufe sogar mit dem Begriff „Robo-Advice 5.0".[41] Zu Recht wird in der Literatur betont, dass es bislang noch keinen Robo-Advice „als unmittelbar durch den Anleger nutzbares Programm (gibt), das den Dienstleister ersetzt und eine direkte Anlage in individuelle Titel ohne Intermediär oder Bezug zu Fonds-Produkten ermöglicht".[42] 17

[31] Vgl. Schwintowski NJOZ 2018, 1601 (1609).

[32] Allgemein zu autonomen Systemen Kainer/Förster ZfPW 2020, 275 (279ff.).

[33] Denga in Ebers/Heinze/Krügel/Steinrötter Künstliche Intelligenz und Robotik, 2020, S. 510, 515.

[34] Denga in Ebers/Heinze/Krügel/Steinrötter Künstliche Intelligenz und Robotik, 2020, S. 510, 515.

[35] Linardatos in Linardatos Rechtshandbuch Robo Advice, 2020, § 1 Rn. 17ff.; Lee Why robo-advisors are striving toward a „hybrid model", as the industry passes the $460 billion mark, 12.4.2021, abrufbar unter https://www.cnbc.com/2021/04/12/why-robo-advisors-may-never-replace-human-financial-advisors.html (zuletzt abgerufen am: 14.4.2022).

[36] Denga in Ebers/Heinze/Krügel/Steinrötter Künstliche Intelligenz und Robotik, 2020, S. 510, 515.

[37] Denga in Ebers/Heinze/Krügel/Steinrötter Künstliche Intelligenz und Robotik, 2020, S. 510, 515.

[38] Siehe unten → Rn. 96.

[39] Zur Schwelle zur Autonomie Wagner VersR 2020, 717 (720).

[40] Siehe EU-Kommission Distribution systems of retail investment products across the European Union, Final report, 2018, S. 130f., abrufbar unter https://ec.europa.eu/info/sites/default/files/180425-retail-investment-products-distribution-systems_en.pdf (zuletzt abgerufen am: 14.4.2022).

[41] Better Finance Robo-Advice 5.0: Can consumers trust robots?, Dezember 2020, S. 22ff., abrufbar unter https://betterfinance.eu/wp-content/uploads/Robo-Advice-Report-2020-25012021.pdf (zuletzt abgerufen am: 14.4.2022).

[42] Denga in Ebers/Heinze/Krügel/Steinrötter Künstliche Intelligenz und Robotik, 2020, S. 510, 515; Darányi in Möslein/Omlor FinTech-Handbuch, 2. Aufl. 2021, § 30 Rn. 68.

B. Aufsichtsrechtliche Aspekte

I. Notwendigkeit einer BaFin-Erlaubnis

18 Wenn es sich beim Robo-Advice um eine Anlageberatung oder eine Vermögensverwaltung handelt, ist eine entsprechende Erlaubnis bei der BaFin nach den §§ 32 ff. Kreditwesengesetz (KWG) einzuholen.[43] Die BaFin nimmt dabei eine Einordnung der angebotenen Dienstleistungen vor, wie dies auch bei „analogen" Dienstleistungen der Fall ist.[44]

19 Die Anlageberatung wird definiert als „die Abgabe von persönlichen Empfehlungen an Kunden oder deren Beauftragte, die sich auf Geschäfte mit bestimmten Finanzinstrumenten beziehen, sofern die Empfehlung auf eine Prüfung der persönlichen Umstände des Anlegers gestützt oder als geeignet dargestellt wird und nicht ausschließlich über Informationsverbreitungskanäle oder für die Öffentlichkeit bekannt gegeben wird" (§ 1 Abs. 1a S. 1 Nr. 1a KWG, § 2 Abs. 8 S. 1 Nr. 10 WpHG). Die nach der Erlaubnis einzuhaltenden aufsichtsrechtlichen Pflichten ergeben sich für das Finanzdienstleistungsinstitut aus dem Wertpapierhandelsgesetz (WpHG).

20 Handelt es sich beim Anbieter um einen Anlageberater oder Anlagevermittler, für welchen die Bereichsausnahme des § 2 Abs. 6 Nr. 8 KWG gilt, ist lediglich eine gewerberechtliche Erlaubnis nach § 34f Gewerbeordnung (GewO) beim zuständigen Gewerbeaufsichtsamt oder der zuständigen Industrie- und Handelskammer einzuholen. Das Anbieten einer derartigen Dienstleistung kommt aber nur dann in Betracht, wenn Gegenstand der Anlageberatung und Anlagevermittlung allein solche Anlagen sind, die sich auf bestimmte streng regulierte Anteile an Investmentvermögen und Vermögensanlagen beziehen. Hier ergeben sich dann – im Vergleich zu den WpHG-Pflichten reduzierte, aber im Ansatz vergleichbare – Pflichten aus der Finanzanlagenvermittlungsverordnung (FinVermV).

21 Zusammenfassend lässt sich festhalten, dass ein Robo-Advice, ebenso wie eine „analoge" Beratung, Vermittlung oder Vermögensverwaltung grds. nur mit einer Erlaubnis möglich ist. Das bedeutet aber auch, dass die von Gesetzes wegen bestehenden wertpapierhandelsrechtlichen oder aus der FinVermV folgenden Vorgaben einzuhalten sind.

II. Wertpapierhandelsrechtliche Vorgaben

1. Regulatorische Vorgaben auf Level 1–3

22 Einhellige Ansicht ist im Ausgangspunkt, dass für sämtliche Facetten des Robo-Advice die bestehenden aufsichtsrechtlichen Regelungen bzgl. der („analogen") Anlageberatung oder -vermittlung bzw. der Vermögensverwaltung gleichermaßen gelten. Damit geht auf nationaler Ebene etwa die BaFin ebenso wie auf europäischer Ebene etwa die EU-Kommission vom Grundprinzip „gleiches Geschäft, gleiches Risiko, gleiche Regeln" aus.[45] Die wertpapierhandelsrechtlichen Regelungen sind insofern technologieneutral.

23 Für den Bereich des Robo-Advice bedeutet das, dass die sog. Wohlverhaltenspflichten der §§ 63 ff. WpHG sowie die national unmittelbar anwendbaren europäischen Vorgaben

[43] Zu den faktischen Schwierigkeiten für junge Unternehmen Denga in Ebers/Heinze/Krügel/Steinrötter Künstliche Intelligenz und Robotik, 2020, S. 510, 516.

[44] Vgl. Grischuk BaFinJournal August 2017, 18 ff. mit einer Hilfestellung bzgl. der Einordnung als Anlageberatung.

[45] Siehe BaFin Big Data und künstliche Intelligenz: Prinzipien für den Einsatz von Algorithmen in Entscheidungsprozessen, Prinzipienpapier BDAI v. 15.6.2021, abrufbar unter https://www.bafin.de/SharedDocs/Downloads/DE/Aufsichtsrecht/dl_Prinzipienpapier_BDAI.html (zuletzt abgerufen am: 14.4.2022); siehe auch Europäische Kommission Mitteilung der Kommission an das Europäische Parlament, den Rat, den Europäischen Wirtschafts- und Sozialausschuss und den Ausschuss der Regionen über eine Strategie für ein digitales Finanzwesen in der EU, 24.9.2020, COM(2020)591 final, S. 5.

etwa der DelVO 2017/565[46] auch beim Robo-Advice einzuhalten sind. Allerdings geht auf dem sog. Level 1[47] weder die MiFID II[48] noch das, diese Richtlinie umsetzende WpHG speziell auf den Begriff des Robo-Advice oder auf eine (halb-)automatisierte Anlageberatung, -vermittlung oder Vermögensverwaltung ein.

Art. 54 Abs. 1 UAbs. 2 DelVO 2017/565, der eine die MiFID II konkretisierende gesetzgeberische Maßnahme auf sog. Level 2 ist, spricht die Möglichkeit einer Automatisierung der Dienstleistung dezidiert an. Wenn eine Wertpapierfirma eine Anlageberatung oder Finanzportfolioverwaltung „ganz oder teilweise über ein voll- oder halbautomatisches System" (Art. 54 Abs. 1 UAbs. 2 DelVO 2017/565) erbringt, liegt die Verantwortung für die Durchführung der gesetzlich generell für diese Dienstleistungen vorgeschriebenen Geeignetheitsbeurteilung bei der die Dienstleistung erbringenden Wertpapierfirma. Betont wird, dass sich dies nicht dadurch verringert, „dass ein elektronisches System zur Abgabe persönlicher Empfehlungen oder zum Treffen von Handelsentscheidungen eingesetzt wird" (Art. 54 Abs. 1 UAbs. 2 DelVO 2017/565[49]). 24

Nach Art. 54 Abs. 1 UAbs. 2 DelVO 2017/565 kommt es daher bzgl. der Erfüllung der aufsichtsrechtlichen Pflicht (dh der Geeignetheitsbeurteilung) nicht auf den „Hersteller" des Algorithmus an, sondern auf denjenigen, der das automatisierte System für seine Dienstleistungen einsetzt. Dadurch wird klargestellt, dass für die Beurteilung der Geeignetheit eines Produkts für den Anleger bei der Anlageberatung und Finanzportfolioverwaltung über ein (teil-)automatisiertes System nach wie vor die Wertpapierfirma zuständig bleibt. Diese Klarstellung erfolgt, „um Marktentwicklungen zu berücksichtigen und das gleiche Niveau an Anlegerschutz sicherzustellen".[50] Als Zielvorgabe wird damit auf europäischer Ebene die „Verantwortung" dem Dienstleister auferlegt, ohne dass – das ist für den europäischen Gesetzgeber ebenso „typisch" wie für die europäische Gerichtsbarkeit – hierfür ein dogmatischer Weg vorgegeben wird bzw. vorgegeben werden kann. 25

Auf Level 3 hat sich die ESMA in ihren Leitlinien zu den MiFID II-Anforderungen ua auch zu dem speziellen Fall des Robo-Advice geäußert. Ebenso hat die BaFin Hinweise zu den aufsichtsrechtlichen Anforderungen an im Wege des Robo-Advice erbrachte Dienstleistungen veröffentlicht. Diese Maßnahmen auf Level 3 stellen zwar keine gesetzlichen Regelungen dar, binden jedoch die Aufsichtsbehörde, da sie als norminterpretierende Verwaltungsvorschriften zu sehen sind.[51] 26

2. Besonderheiten bei der digitalen Dienstleistung

Auch bei Erbringung der Dienstleistung über ein Robo-Advisory gelten sämtliche MiFID II-Regelungen (Level 1) bzw. deren Umsetzung in den nationalen WpHG-Regelungen zur Anlageberatung, Anlagevermittlung und Finanzportfolioverwaltung (Vermögensverwaltung). Die sich hieraus ergebenden Pflichten brauchen an dieser Stelle nicht umfassend referiert werden, da sie grds. dem entsprechen, was bei analoger Dienstleistung gilt.[52] 27

Schwerpunktmäßig sollen nachfolgend einzelne, nicht völlig parallel zur analogen Dienstleistung liegende Punkte angesprochen werden. Dabei dürften beim Robo-Advice 28

[46] Delegierte Verordnung (EU) 2017/565 der Kommission v. 25.4.2016 zur Ergänzung der Richtlinie 2014/65/EU in Bezug auf die organisatorischen Anforderungen an Wertpapierfirmen und die Bedingungen für die Ausübung ihrer Tätigkeit sowie in Bezug auf die Definition bestimmter Begriffe für die Zwecke der genannten Richtlinie, ABl. EU Nr. L 87 vom 31.3.2017, S. 1.

[47] Zum Begriff Buck-Heeb Kapitalmarktrecht, 12. Aufl. 2022, Rn. 30 ff.

[48] Markets in Financial Instruments Directive (Finanzmarktrichtlinie), Richtlinie 2014/65/EU v. 15.5.2014 über Märkte für Finanzinstrumente, ABl. EU Nr. L 173 vom 12.6.2014, S. 349.

[49] In der durch ABl. Nr. L246 v. 26.9.2017, S. 12 berichtigten Fassung.

[50] Siehe Erwägungsgrund Nr. 86 DelVO 2017/565.

[51] Buck-Heeb Kapitalmarktrecht, 12. Aufl. 2022, Rn. 25.

[52] Siehe nur etwa Buck-Heeb Kapitalmarktrecht, 12. Aufl. 2022, Rn. 887 ff.

va diejenigen Regelungen herausfordernd sein, die sich auf die „menschliche Komponente“ in der Dienstleistungserbringung beziehen.[53]

29 **a) Beratungsprozess.** Die ESMA sieht die Anwendung einiger ihrer Leitlinien im Rahmen des Robo-Advice „aufgrund der begrenzten (oder gänzlich fehlenden) Interaktion zwischen Kunden und Firmenmitarbeitern“ (gemeint sind Mitarbeiter der Wertpapierdienstleistungsunternehmen bzw. -firmen) als besonders wichtig an.[54] Präzisiert hat sie dies in Ziff. I.I. Nr. 19 der Leitlinien, wo ausdrücklich darauf abgestellt wird, dass es „Lücken im Verständnis der Kunden bezüglich der durch „Robo-Advice“ erbrachten Dienstleistungen“ geben kann.

30 Konkret sind laut ESMA zusätzliche bzw. klarstellende weitere Informationen über die für alle Anbieter vorgeschriebenen Informationen bei durch „Robo-Advice“ erbrachte Dienstleistungen erforderlich (Ziff. I.I. Nr. 20 und Nr. 21, S. 7 f. der Leitlinien). Die BaFin sieht parallel dazu in BT 7.1 Ziff. 6 der MaComp[55] im Rahmen der Prüfung der Geeignetheit nach § 64 Abs. 3 WpHG iVm Art. 54 f. DelVO 2017/565 bestimmte zusätzliche Informationen an den Kunden vor. Dabei sind ua die für die Anlageempfehlung herangezogenen Informationsquellen anzugeben, insbesondere, ob neben dem Online-Fragebogen der Zugang zu weiteren Kundeninformationen oder -konten besteht.

31 Vor allem im Hinblick auf die Fragebögen, mit denen die notwendigen Informationen vom Kunden eingeholt werden, sind beim Robo-Advice nach Ansicht der ESMA aufgrund der „begrenzten menschlichen Interaktion“ bestimmte Aspekte im Hinblick auf die Schlussfolgerung einer Geeignetheit und die Klarheit dieser Fragebögen zur Erfüllung der aufsichtsrechtlichen Pflichten besonders zu berücksichtigen (Ziff. I.II Nr. 32, S. 10 f. der Leitlinien).[56] Dementsprechend verlangt auch die BaFin eine bestimmte Ausgestaltung der für die Kundenexploration erforderlichen Fragebögen und verweist zur Begründung ebenfalls auf den „begrenzten persönlichen Kontakt“ (BT 7.1 Ziff. 11 MaComp).

32 Die ESMA schreibt vor, dass den Kunden auch „ein Mindestmaß an Betreuung durch einen menschlichen Mitarbeiter“ zur Verfügung stehen muss. Angegeben werden muss daher laut ESMA, ob und in welchem Umfang Menschen in die Durchführung der Geeignetheitsprüfung einbezogen sind.[57] Wird dem Kunden keine menschliche Beratung zur Informationserläuterung zur Verfügung gestellt, soll zu prüfen sein, ob wichtige Informationen technisch hervorgehoben werden müssen, oder ob Kunden weitere Hilfestellungen zu geben sind.[58]

33 Auch die BaFin geht davon aus, dass eine Robo-Beratung ohne jeglichen menschlichen Kontakt zwischen Kunde und einem Mitarbeiter des Unternehmens möglich ist (BT 7.4 Ziff. 8 MaComp). Angesichts dessen wird es als besonders wichtig angesehen, dass dem Risiko der Selbstüberschätzung des Kunden gerade bei der Online-Anlageberatung begegnet wird. Als Maßnahme schlägt die BaFin ua vor, dass Fragen vorgesehen werden könnten, die es dem Anbieter möglich machen, „das Gesamtverständnis des Kunden hinsichtlich der Merkmale und der Risiken der einzelnen Arten von Produkten zu beurteilen“ (BT 7.4 Ziff. 8 MaComp).

[53] Näher Siering in Linardatos Rechtshandbuch Robo Advice, 2020, § 17 Rn. 39 sowie Rn. 48 ff.

[54] ESMA Leitlinien zu einigen Aspekten der MiFID II-Anforderungen an die Eignung, 6.11.2018 – ESMA35-43-1163DE, Nr. 7, S. 4.

[55] BaFin Rundschreiben 05/2018 (WA) – Mindestanforderungen an die Compliance-Funktion und weitere Verhaltens-, Organisations- und Transparenzpflichten – MaComp, geändert am 29.4.2020.

[56] Vgl. Koller in Assmann/Schneider/Mülbert Wertpapierhandelsrecht, 7. Aufl. 2019, WpHG § 64 Rn. 8.

[57] ESMA Leitlinien zu einigen Aspekten der MiFID II-Anforderungen an die Eignung, 6.11.2018 – ESMA35-43-1163DE, Nr. 20, S. 7.

[58] ESMA Leitlinien zu einigen Aspekten der MiFID II-Anforderungen an die Eignung, 6.11.2018 – ESMA35-43-1163DE, Nr. 21, S. 7 f.; Rothenhöfer in Schwark/Zimmer, Kapitalmarktrechts-Kommentar, 5. Aufl., 2020, § 64 WpHG Rn. 60.

b) Systemüberwachung. Verlangt wird zudem eine Dokumentation der Algorithmen, der Methoden zur Überprüfung der Algorithmen, deren Anpassung an Veränderungen insbesondere des Marktes, Vorkehrungen, um Fehler zu entdecken und zu beheben und eine Absicherung des Systems gegen Hackerangriffe (vgl. §80 Abs. 2 WpHG). 34

Insbesondere der Aspekt der Überwachung und Testung der Algorithmen wird in BT 7.8 Ziff. 8 MaComp im Zusammenhang mit der Ermittlung geeigneter Anlagen für den Kunden hervorgehoben. Überwachen und testen muss das Wertpapierdienstleistungsunternehmen danach va diejenigen Algorithmen, „die den empfohlenen oder im Auftrag der Kunden ausgeführten Transaktionen zugrunde liegen". Das Mindestmaß an Überwachung wird dort ebenfalls konkretisiert. 35

c) Organisationsanforderungen. Fraglich ist, ob auch ein Robo-Advisor als Mitarbeiter iSd §87 Abs. 1 WpHG zu sehen sein kann. Nach dieser Regelung darf ein Wertpapierdienstleistungsunternehmen einen Mitarbeiter lediglich dann mit der Anlageberatung betrauen, wenn dieser sachkundig ist und über die hierfür erforderliche Zuverlässigkeit verfügt. Das wird im Schrifttum bejaht.[59] 36

Die BaFin äußert sich bislang zu einer sinngemäßen Heranziehung der WpHG-Mitarbeiterregeln nicht. Allerdings enthält das einschlägige Rundschreiben (MaComp) im Zusammenhang mit den Mitarbeiteranforderungen nur Hinweise darauf, welche Kriterien von den an der Erstellung und Einrichtung des automatisierten Verfahrens beteiligten Mitarbeiter erfüllt sein müssen (BT 11.1 Ziff. 7 MaComp).[60] 37

3. Speziell: Elektronisch erfüllte Aufklärungspflichten

Sofern es nicht um die Beratungspflichten als solche, sondern um die Aufklärungspflichten des Anlageberaters geht (vgl. §63 Abs. 7 WpHG), hat der europäische Gesetzgeber inzwischen in einer Richtlinie von 2021 selbst für die „analoge" Beratung durch einen Menschen der zunehmenden Digitalisierung Rechnung getragen. Die europäische Finanzmarktrichtlinie (MiFID II, RL 2014/65/EU) wurde dahingehend geändert, dass die von Gesetzes wegen zur Verfügung zu stellenden Informationen nunmehr dem Kunden nicht mehr primär in Papierform zur Verfügung zu stellen sind. Künftig sollen diese idR in elektronischer Form bereitgestellt werden. 38

Nur wenn der (potenzielle) Kunde als sog. Kleinanleger darum bittet, die Information in Papierform zu erhalten, hat dies (kostenlos) zu geschehen (Art. 24 Abs. 5a MiFID II idF der RL 2021/338). Gestattet ist bei Bestandskunden nach deren Information über die Änderung des Informationswegs sogar ein automatischer Wechsel zur elektronischen Form (Art. 24 Abs. 5a UAbs. 3 MiFID II idF der RL 2021/338). Ziel dieser Regelung ist es, „die Kommunikation zwischen Wertpapierfirmen und ihren Kunden und damit den Anlageprozess selbst zu vereinfachen" (Erwägungsgrund Nr. 10 RL 2021/338). Im Hinblick auf die Erfüllung der neben den Beratungspflichten bestehenden Aufklärungspflichten kann der Robo-Advisor daher diese nunmehr ohne Weiteres elektronisch zur Verfügung stellen. 39

4. Speziell: Vermeidung von Interessenkonflikten

Nach §63 Abs. 2, §80 Abs. 1 S. 2 Nr. 2 WpHG ist ein Wertpapierdienstleistungsunternehmen verpflichtet, Interessenkonflikte zu vermeiden bzw. ansonsten dem Kunden offenzulegen. Werden für die Entscheidungsfindung bzgl. einer Anlageempfehlung beim Dienstleister Algorithmen eingesetzt, lassen sich zwar individuelle Interessenkonflikte eines einzelnen Mitarbeiters ausschließen. Allerdings wird dann, wenn bzgl. eines Robo-Advisors ein Interessenkonflikt festgestellt wird, dieser im Programmcode enthalten und damit struktureller und systematischer Natur sein. Betroffen sind in einem solchen Fall 40

[59] Dieckmann in Linardatos Rechtshandbuch Robo Advice, 2020, §8 Rn. 26ff.
[60] Dazu auch Dieckmann in Linardatos Rechtshandbuch Robo Advice, 2020, §8 Rn. 39ff.

stets eine Vielzahl von Verträgen. Insofern ist auf die Vermeidung von Interessenkonflikten beim Robo-Advice in ganz besonderer Weise zu achten.[61]

41 Auch beim Robo-Advice sind Interessenkonflikte möglichst zu vermeiden (vgl. § 80 Abs. 1 Nr. 2 WpHG).[62] Sofern dies nicht möglich ist, ist über den Interessenkonflikt aufzuklären. Im Zusammenhang mit dem Robo-Advice wird im Schrifttum betont, der Kunde solle etwa darüber aufgeklärt werden, „dass eine konfliktbeeinflusste Programmierung vorliegt".[63] Inwiefern eine solche Mitteilung in der Praxis realistisch erfolgen wird, ist eine andere Frage. Jedenfalls muss grds. sichergestellt werden, dass eine Anlageempfehlung „auf einem konfliktfrei programmierten Algorithmus beruht".[64]

42 Im Schrifttum nicht thematisiert wird dabei jedoch, ob bzw. inwiefern sich der Anbieter darauf berufen kann, dass ihm der „hinter" dem Algorithmus steckende Interessenkonflikt gar nicht bewusst war. Denkbar ist das va im Zusammenhang mit selbstlernenden Systemen. Angesichts der strikten Haltung des Aufsichtsrechts, die schon in Art. 54 Abs. 1 UAbs. 2 DelVO 2017/565 DelVO zum Ausdruck kommt, wird man annehmen müssen, dass eine solche Argumentation nicht verfangen und die Verwendung eines interessenkonflikt-behafteten Algorithmus daher aufsichtsrechtlich sanktioniert wird. Das wiederum sollte die Anbieter veranlassen, die verwendeten Algorithmen regelmäßig auf den Aspekt des Interessenkonflikts hin zu überprüfen bzw. überprüfen zu lassen.

5. Speziell: Offenlegung von Zuwendungen

43 Da beim Robo-Advice auch die aufsichtsrechtlichen Pflichten der §§ 63 ff. WpHG uneingeschränkt gelten, ist auch dem „automatisierten" Anbieter grds. untersagt, Zuwendungen iSd § 70 WpHG anzunehmen.[65] Darunter werden „Provisionen, Gebühren oder sonstige Geldleistungen sowie alle nichtmonetären Vorteile" verstanden (§ 70 Abs. 2 S. 1 WpHG). Ausnahmsweise ist die Annahme von Zuwendungen gestattet, wenn damit eine Qualitätsverbesserung für den Kunden verbunden ist und dieser vorab über die Existenz, die Art und den Umfang der Zuwendung informiert wird (§ 70 Abs. 1 S. 1 Nr. 1 und 2 WpHG). Insofern fragt sich, ob das auch dann gilt, wenn auf Zuwendungen bei der Empfehlung bzw. Anlage nicht abgestellt wird.

44 Derzeit soll sämtlichen Modellen des Robo-Advice gemeinsam sein, dass sie für ihre Leistungen keine Zahlungen in Form etwa von Provisionen oder eines Honorars verlangen. Vielmehr wird eine prozentuale Verwaltungsgebühr, abhängig vom Einlagevolumen berechnet.[66] Sofern das der Fall ist, wird regelmäßig eine unabhängige, dh nicht provisionsbasierte Anlageberatung vorliegen (Unabhängige Honorar-Anlageberatung). Darauf muss der Advisor jedoch von Gesetzes wegen hinweisen (s. § 64 Abs. 1 S. 1 Nr. 1 WpHG).

45 Werden dem Advisor zumindest nichtmonetäre Vorteile gewährt, wird von manchen im Schrifttum selbst dann eine Offenlegung der Zuwendungen als erforderlich angesehen, wenn der Advisor in der Weise programmiert worden ist, dass er Zuwendungen bei seinen Empfehlungen an den Kunden nicht berücksichtigt.[67] Andere sehen in diesem Fall keinen

[61] Kumpan EuZW 2018, 745 (746).

[62] Koller in Assmann/Schneider/Mülbert Wertpapierhandelsrecht, 7. Aufl. 2019, WpHG § 64 Rn. 8.

[63] Voß in Kaulartz/Braegelmann Rechtshandbuch Artificial Intelligence und Machine Learning, 2020, S. 593 (601).

[64] So Voß in Kaulartz/Braegelmann Rechtshandbuch Artificial Intelligence und Machine Learning, 2020, S. 593, 601.

[65] Zu den Zuwendungen siehe auch Better Finance Robo-Advice 5.0: Can consumers trust robots?, Dezember 2020, S. 27 ff., abrufbar unter https://betterfinance.eu/wp-content/uploads/Robo-Advice-Report-2020-25012021.pdf (zuletzt abgerufen am: 14.4.2022).

[66] Denga in Ebers/Heinze/Krügel/Steinrötter Künstliche Intelligenz und Robotik, 2020, S. 510, 515.

[67] Voß in Kaulartz/Braegelmann Rechtshandbuch Artificial Intelligence und Machine Learning, 2020, S. 593, 601.

Interessenkonflikt gegeben, da einem Algorithmus anders als einem Menschen das „unbewusste Streben nach einem wirtschaftlichen Vorteil" fremd sei.[68]

Zumindest aufsichtsrechtlich spielt es jedoch gerade keine Rolle, ob Zuwendungen bei der Anlageempfehlung oder der Vermögensverwaltung berücksichtigt werden, vielmehr ist deren Annahme schon als solche generell von Gesetzes wegen untersagt. Insofern gilt der § 70 WpHG uneingeschränkt auch für Robo-Advisors. Ob daneben auch im Einzelfall zivilrechtliche Pflichten aus dem Beratungs- oder Vermögensverwaltungsvertrag verletzt sind, ist eine andere Frage. 46

III. Haftungsausschluss

Die ESMA äußert sich auch zu möglichen Haftungsausschlüssen durch den Anbieter. Diesbezüglich geht sie – wenig verwunderlich – davon aus, dass sich etwaige vereinbarte Ausschlüsse im Hinblick auf die Beschränkung der Verantwortung für die aufsichtsrechtliche Geeignetheitsprüfung nicht „auswirken".[69] Das entspricht dem, was insgesamt für Haftungsausschlüsse in Bezug auf aufsichtsrechtliche Pflichten gilt: Diese können nicht individualvertraglich oder in Allgemeinen Geschäftsbedingungen abbedungen werden.[70] 47

IV. Zwischenfazit

Im Schrifttum wird teilweise generell die „technische Lücke" in Normen, die auf analoge Sachverhalte zugeschnitten worden sind, betont und hervorgehoben, die Wohlverhaltenspflichten der §§ 63 ff. WpHG seien auf „unmittelbare menschliche Tätigkeiten ausgerichtet".[71] Dennoch sind auf aufsichtsrechtlicher Ebene keine unlösbaren Schwierigkeiten im Umgang mit digitalen Dienstleistern ersichtlich.[72] 48

Die durch die DelVO 2017/565 erfolgte Zuweisung der Verantwortung an den das System einsetzenden Dienstleister hat zumindest bislang noch nicht zu Schwierigkeiten geführt. Ob das auch dann gilt, wenn nicht nur automatisierte, sondern autonome Verfahren eingesetzt werden, wird sich zeigen. Jedenfalls scheint aufsichtsrechtlich eine generelle Verantwortungszuweisung unproblematisch zu sein. 49

C. Zivilrechtliche Aspekte

I. Ausgangspunkt: Zivilrechtliche Einordnung automatisierter Systeme

Auch auf zivilrechtlicher Ebene gelten für die Erbringung von Robo-Advice grds. dieselben Regeln wie für eine analoge Anlageberatung oder -vermittlung bzw. eine Vermögensverwaltung. Die Rechtsprechung umschreibt die Anlageberatung als die Erbringung einer individuellen Beratung.[73] Es geht um eine Unterstützung bei der Entscheidungsfindung für eine Anlage und die Bewertung der Anlageformen.[74] Eine Vermögensverwaltung liegt dann vor, wenn der Anleger die Anlageentscheidung nicht selbst trifft, sondern wenn 50

[68] Wagner/Luyken FS Windbichler, 2020, 155 (167), allerdings für die zivilrechtliche Beurteilung; vgl. auch Kumpan in Möslein/Omlor FinTech-Handbuch, 2. Aufl. 2021, § 29, Rn. 17.
[69] ESMA Leitlinien zu einigen Aspekten der MiFID II-Anforderungen an die Eignung, 6.11.2018 – ESMA35-43-1163DE, Ziff. I.I. Nr. 19, S. 7.
[70] Siehe auch Baumanns BKR 2016, 366 (371).
[71] Denga in Ebers/Heinze/Krügel/Steinrötter Künstliche Intelligenz und Robotik, 2020, S. 510, 519.
[72] So auch Kumpan in Möslein/Omlor FinTech-Handbuch, 2. Aufl. 2021, § 29, Rn. 42.
[73] BGH BeckRS 2013, 07848.
[74] Kern in Kümpel/Mülbert/Früh/Seyfried Bank- und Kapitalmarktrecht, 6. Aufl. 2022, Rn. 17.20.

über eine gewisse Dauer die Entscheidung und Durchführung von Anlagegeschäften auf der Basis von Anlagerichtlinien einem Dritten überlassen wird.[75]

51 Es liegt in den genannten Fällen regelmäßig ebenso wie bei der analogen Dienstleistung ein Geschäftsbesorgungsvertrag mit Dienstvertragscharakter iSd § 675 Abs. 1 BGB vor.[76] Es finden die vom BGH seit der sog. Bond-Entscheidung von 1993[77] stetig verfeinerten Grundsätze der anleger- und anlagegerechten Beratung[78] sowie die Grundsätze zur Vermögensverwaltung[79] Anwendung. Bei Verletzung der vertraglichen Pflichten haftet der Robo-Advisor ebenso wie der analoge Berater/Vermögensverwalter nach § 280 Abs. 1 BGB auf Schadensersatz.[80]

52 Anzusprechen sind nachfolgend allein die Besonderheiten, die sich aus dem Umstand ergeben, dass hier keine oder nur eine sehr eingeschränkte unmittelbare menschliche Interaktion stattfindet. Dabei ist zu berücksichtigen, dass sich die daraus resultierenden Fragen etwa zum Vertragsschluss und zur Zurechnung generell bei Einsatz von (teil-)automatisierten Systemen stellen. Damit handelt es sich um Fragestellungen, die sich nicht nur auf die hier zu untersuchenden Fälle des Robo-Advice beziehen. Insofern ist eine Lösung der Problematik, wie auf dogmatischer Ebene mit dem Einsatz nicht von menschlichen, sondern von automatisierten „Hilfspersonen"/„Werkzeugen" umzugehen ist, eine generelle Frage, sodass dies hier nur begrenzt vertieft werden kann.

53 Nicht vertieft werden kann hier dagegen, dass bei Einsatz automatisierter Systeme, wie etwa des Robo-Advisors, die besonderen Vorschriften für den elektronischen Geschäftsverkehr gegenüber Verbrauchern (§§ 312i und 312j BGB) einzuhalten sind. Ebenso wenig kann hier näher behandelt werden, dass Verbraucher bei Finanzdienstleistungen ein Widerrufsrecht nach § 312g Abs. 1 BGB in Bezug auf den Wertpapiererwerb (nicht die Beratungs- bzw. Verwaltungsleistung) haben.

II. Vertragsschluss

1. Grundlagen

54 Auch bei der Frage der Haftung des „Robo-Advisors" bzw. des dahinter stehenden Unternehmens aus § 280 Abs. 1 BGB wegen fehlerhafter Beratung ist zunächst die Feststellung erforderlich, dass überhaupt ein Beratungsvertrag zwischen Kunde und Anbieter geschlossen wurde. Hier kommt es, wie bei der analogen Beratung/Vermögensverwaltung, darauf an, was die Parteien im Einzelnen gewollt haben: Den Abschluss eines Anlageberatungsvertrags, eines bloßen Anlagevermittlungsvertrags oder eines Vermögensverwaltungsvertrags. Dabei ist als maßgeblich der objektive Empfängerhorizont anzusehen. Entscheidend ist damit, wie das „Verhalten" des Robo-Advisors aus der Sicht eines durchschnittlichen Kunden zu sehen ist (§§ 133, 157 BGB).[81] Für die zivilrechtliche Auslegung spielt die aufsichtsrechtliche Einordnung der Dienstleistung grds. keine Rolle.

55 Nicht entscheidend kann es sein, ob der Dienstleister seine (halb-)automatisierte Dienstleistung als Anlageberatung bezeichnet. Disclaimer in Allgemeinen Geschäftsbedingungen (AGB) dahingehend, dass keine Anlageberatung stattfindet, vermögen an der Einordnung als Anlageberatung nichts zu ändern, wenn eine solche tatsächlich erbracht wird.[82] Das

---

[75] U. Schäfer in Assmann/Schütze/Buck-Heeb Handbuch des Kapitalanlagerechts, 5. Aufl. 2020, § 23 Rn. 31; zur Abgrenzung zur Anlageberatung siehe auch EuGH NZG 2017, 1030 (Rn. 40 ff.).

[76] Vgl. BGH Urt. v. 19.4.2007 – III ZR 75/06, NJW-RR 2007, 1271 Rn. 8.

[77] BGHZ 123, 126 ff.; dazu etwa Buck-Heeb NJW 2017, 3088.

[78] Näher dazu Buck-Heeb/Lang in BeckOGK, 1.1.2022, BGB § 675 Rn. 696.

[79] Näher dazu Buck-Heeb/Lang in BeckOGK, 1.1.2022, BGB § 675 Rn. 738.

[80] Näher → Rn. 71.

[81] Buck-Heeb/Lang in BeckOGK, 1.1.2022, BGB § 675 Rn. 684, 688 f.; Rauch/Lebeau/Thiele RdF 2017, 227 (228).

[82] Siehe auch → Rn. 63.

verhält sich bei der automatisierten Beratung nicht anders als bei der analogen Anlageberatung.

Auch kann sich an der Einordnung als Beratungsvertrag nicht ohne Weiteres dadurch etwas ändern, dass der Online-Fragebogen des Anbieters lediglich wenige Fragen enthält. Denn der Umstand, dass der Dienstleister nicht die aufsichtsrechtlich sowie die durch die zivilrechtliche Rechtsprechung verlangten Angaben beim Kunden einholt, hat grds. mit dem Vertragsschluss nichts zu tun. Vielmehr führt dies dazu, dass dem Berater eine ordnungsgemäße Beratung nicht hinreichend möglich sein wird. **56**

Diskutiert wird, ob es Fragebögen gibt, die so kurz oder allgemein gefasst sind, „dass ihre Unvollständigkeit die Annahme einer persönlichen Empfehlung oder eines Rechtsbindungswillens für den Beratungsvertrag ausschließen müsste/sollte".[83] Das wird jedoch allenfalls in extremen Sonderfällen zu bejahen sein. Abhängig ist das davon, ob der Kunde die Eingabe in den Online-Fragebogen und die sodann automatisiert erstellten „Tipps" nur so verstehen konnte, dass „eine zu seinen persönlichen Verhältnissen passende Anlageempfehlung" erfolgt.[84] Wenn bei Berücksichtigung des objektiven Empfängerhorizonts jedem Laien deutlich werden müsste, dass kein Beratungsvertrag geschlossen wird, weil etwa die persönlichen Verhältnisse überhaupt nicht abgefragt werden, kann dann der Abschluss eines (konkludent geschlossenen) Anlagevermittlungsvertrags vorliegen.[85] **57**

2. Vertragsschluss im Lichte der Bond-Entscheidung des XI. Zivilsenats

a) Kontaktaufnahme als maßgeblicher Zeitpunkt beim Beratungsvertrag. Der konkrete Zeitpunkt des Vertragsschlusses ist auch für die Dienstleistung Robo-Advice in Anknüpfung an die BGH-Grundsätze zur analogen Anlageberatung festzustellen. Teilweise wird schon mit dem Ausfüllen des Online-Fragebogens durch den Kunden der Abschluss eines Beratungsvertrags angenommen. Nach anderer Ansicht soll erst das automatisierte Feedback des Dienstleisters als Zeitpunkt des Vertragsschlusses zu sehen sein, sofern eine Anlageempfehlung an den Kunden erfolgt.[86] **58**

Die letztere Ansicht entspricht jedoch nicht dem, was der BGH bzgl. des Abschlusses eines (analogen) Anlageberatungsvertrags annimmt. Nach der st. Rspr. reicht zur Bejahung eines Vertragsschlusses schon die Kontaktaufnahme als solche aus, unabhängig davon, ob diese vom Kunden oder vom Berater ausgeht. Damit wird im Hinblick auf den Abschluss des Beratungsvertrags auf einen sehr frühen Zeitpunkt abgestellt und es ist gerade keine Empfehlung oÄ erforderlich. Eine Empfehlung geschieht vielmehr allein und erst in Erfüllung des (bereits geschlossenen) Vertrags. **59**

Insofern dürfte in Anlehnung an die og BGH-Rechtsprechung schon zu einem früheren Zeitpunkt vom Abschluss eines Beratungsvertrags auszugehen sein.[87] Dafür spricht auch, dass die Exploration durch Zuhilfenahme eines Fragenkatalogs schon ein Teil der aufgrund des Beratungsvertrags obliegenden Pflichten darstellt.[88] **60**

Die beim analogen Beratungsvertragsabschluss geäußerte Kritik, die Rechtsprechung gehe von einer bloßen Fiktion aus, da es dem Dienstleister regelmäßig in einem so frühen Stadium an einem Rechtsbindungswillen fehle, lässt sich auch auf die Fälle des Robo-Advice übertragen. Allerdings überzeugt das Argument, der Kunde wolle sich, wenn er nach einer Registrierung mit seiner E-Mail-Adresse und der Erstellung eines Accounts[89] den Fragebogen online ausfülle, lediglich unverbindlich informieren,[90] in Bezug auf die automatisierte Anlageberatung ebenso wenig wie bei der analogen Anlageberatung. **61**

[83] Adam/Micklitz Information, Beratung und Vermittlung in der digitalen Welt, 2016, S. 25.
[84] Vgl. etwa BGH Urt. v. 6.12.2012 – III ZR 307/11, NJW-RR 2013, 293 Rn. 12.
[85] Vgl. etwa BGH Urt. v. 11.12.2014 – III ZR 365/13, BKR 2015, 122 Rn. 11.
[86] Möslein/Lordt ZIP 2017, 793 (798).
[87] Vgl. Buck-Heeb/Lang in BeckOGK, 1.1.2022, BGB § 675 Rn. 684 ff.
[88] Linardatos in Linardatos Rechtshandbuch Robo Advice, 2020, § 4 Rn. 65.
[89] Siering in Linardatos Rechtshandbuch Robo Advice, 2020, § 17 Rn. 3.
[90] Schuster/Bartsch in Krimphove, Fintechs, 2019, S. 323.

62 **b) Vermeidung eines Anlageberatungsvertrags beim Robo-Advice.** Aufgrund der erheblichen Anforderungen, die an den Anlageberater gestellt werden, versuchen die (analogen) Anbieter inzwischen zumeist, den Abschluss eines Anlageberatungsvertrags zu vermeiden.[91] Das wird auch für den sog. Robo-Advice gelten, der trotz der Bezeichnung als „Advice" nicht immer „Anlageberatung" erbringen will.

63 Insofern kann sich ein Robo-Advisor für die Anbieter deshalb als vorteilhaft erweisen, weil hier der „menschliche Faktor" und damit entsprechende spontane Äußerungen eines Mitarbeiters, die in Richtung einer Anlageberatung gedeutet werden könnten, eliminiert werden können. Durch die Standardisierung der Programmierung kann weitgehend sichergestellt werden, dass eben gerade keine Empfehlung an den Kunden erfolgt und somit zivilrechtlich allenfalls eine Anlagevermittlung anzunehmen ist. Sobald jedoch der Algorithmus individuelle Angaben des Kunden erfragt, spricht dies nach dem objektiven Empfängerhorizont für das Anbieten einer Anlageberatung,[92] ungeachtet dessen, ob der Betreiber des Advisors dies wollte.

64 Gleichzeitig kann durch die Programmierung des Systems sichergestellt werden, dass unmissverständlich eine Vermögensverwaltung als Dienstleistung erbracht wird. Insofern kann der Einsatz eines Robo-Advisors auch Rechtssicherheit für die Parteien hinsichtlich der Qualifikation des Vertrags, etwa als Anlageberatungs- oder bloßer Vermittlungsvertrag bieten. Dagegen erfolgte in der „analogen Praxis" insbesondere durch das konkrete Verhalten des dienstleistenden Angestellten des Anbieters in der Vergangenheit durch die Gerichte häufig eine Einordnung als Anlageberatung, obwohl der Anbieter nach eigenen Aussagen letztendlich nur eine Anlagevermittlung erbringen wollte.

65 **c) Abschluss eines Vermögensverwaltungsvertrags.** Auch ein Vermögensverwaltungsvertrag kann formfrei und konkludent abgeschlossen werden.[93] Daher gelten grds. dieselben Grundsätze wie beim Abschluss eines Anlageberatungsvertrags. Auch der Vermögensverwaltungsvertrag ist als Geschäftsbesorgungsvertrag mit Dienstleistungscharakter zu qualifizieren.[94]

66 Probleme haben sich hierbei im Rahmen der analogen Dienstleistung kaum im Hinblick auf die Frage eines „Ob" eines Vermögensverwaltungsvertrags gestellt. Seinen Grund hat dies darin, dass hier der Anbieter nicht nur persönliche Anlageempfehlungen abgibt, sondern zudem vom Kunden zur fortlaufenden Vermögensverwaltung ermächtigt werden muss. Hierbei werden regelmäßig auch sog. Anlagerichtlinien zwischen Dienstleister und Kunde vereinbart, an die sich der Vermögensverwalter zu halten hat. Insofern stellte sich bei der Vermögensverwaltung bislang nahezu ausschließlich die Frage nach der Einhaltung der Pflichten gemäß den anleger- und anlagegerechten Grundsätzen.[95] Das gilt auch für den Fall einer Vermögensverwaltung in Form des Robo-Advice.

3. Vertragsschluss unter Einbeziehung eines automatisierten/autonomen Systems

67 Zusätzlich zu dem soeben Gesagten ist jedoch bei Einsatz eines Robo-Advisors zu klären, wie ein (konkludenter) Vertragsschluss bzgl. eines Anlageberatungsvertrags mittels eines (teil-)automatisiert agierenden Systems dogmatisch erfolgen kann. Bei nur teilweiser Automatisierung ist der Grad der Selbständigkeit des Systems nur relativ und der generelle Handlungswille sowie das generelle Erklärungsbewusstsein des Dienstleisters sind bei In-

[91] Vgl. Buck-Heeb ZIP 2013, 1401 ff.
[92] Schwarz in Linardatos Rechtshandbuch Robo Advice, 2020, § 7 Rn. 30.
[93] U. Schäfer in Assmann/Schütze/Buck-Heeb Handbuch des Kapitalanlagerechts, 5. Aufl. 2020, § 23 Rn. 50; Rosenkranz in Linardatos Rechtshandbuch Robo Advice, 2020, § 2 Rn. 118.
[94] BGHZ 137, 69; OLG Frankfurt aM BKR 2017, 435 Rn. 36.
[95] Buck-Heeb/Lang in BeckOGK, 1.1.2022, BGB § 675 Rn. 706 ff. (zur analogen Dienstleistung).

betriebnahme eines Robo-Advisors anzunehmen. In diesem Fall führt das System nur das aus, was zuvor durch Anweisung des Menschen vorgesehen wurde.[96]

Mit den damit zusammenhängenden Fragen hatte sich die Wissenschaft schon in den 90er Jahren des vorigen Jahrhunderts auseinanderzusetzen, als die ersten Vertragsschlüsse über das Internet erfolgten. Die Rechtsprechung hat die bislang anstehenden Fragen ohne Weiteres aufgrund der „Flexibilität" des BGB klären können.[97] So stellte der BGH etwa im Jahr 2012 bzgl. Online-Flugbuchungen fest: „Nicht das Computersystem, sondern die Person (oder das Unternehmen), die es als Kommunikationsmittel nutzt, gibt die Erklärung ab oder ist Empfänger der abgegebenen Erklärung".[98] 68

Diskutiert wird jedoch im Hinblick auf autonome Systeme, ob hier eine eigene Erklärung des (handelnden) Menschen, eine Botenschaft oder eine Stellvertretung vorliegt.[99] Ob für diese Fälle die Lösung darin liegen kann, das Stellvertretungsrecht unter Einbeziehung der Grundsätze des Minderjährigenschutzes in Bezug auf die Erklärung des autonom agierenden Systems heranzuziehen,[100] ist fraglich. Allerdings erweisen sich die anderen theoretischen Möglichkeiten der dogmatischen Einordnung des autonomen „Handelns" der Systeme, insbesondere eine Botenstellung oder eine Stellvertretung, als ebenso problematisch. 69

Daher werden die genannten dogmatischen Ansatzpunkte im Schrifttum überwiegend für unzureichend gehalten[101] und insoweit das Eingreifen des Gesetzgebers als erforderlich angesehen. Da bislang ein völlig autonomer Robo-Advice noch nicht angeboten wird und da es sich hier um eine generelle Frage handelt, die sämtliche Vertragsschlüsse durch autonome Systeme betrifft, soll diese Debatte hier nicht weiter vertieft werden. 70

III. Pflichten und Haftung

1. Anlageberatung

a) Anlegergerechte Beratung. Der Anlageberater hat den Kunden nach der ständigen Rechtsprechung des BGH anleger- und anlagegerecht zu beraten. Verletzt der Anlageberater oder der Vermögensverwalter seine vertraglichen Pflichten, haftet er dem Kunden gegenüber aus § 280 Abs. 1 BGB auf Schadensersatz. Das gilt grds. auch beim Robo-Advice. 71

Damit kommt den Online-Fragebögen bei der automatisierten Beratung eine besondere Rolle nicht nur bei der Erfüllung der zivilrechtlichen, sondern auch der aufsichtsrechtlichen Pflichten zu. Da eine ordnungsgemäße Beratung die persönlichen wirtschaftlichen Verhältnisse, das Anlageziel, die Risikobereitschaft und den Wissensstand des Kunden berücksichtigen muss, sind diese Faktoren entsprechend beim Kunden abzufragen.[102] 72

Wenn im Schrifttum die Frage aufgeworfen wird, wie weit der Pflichtenkanon eines Online-Beratungsvertrags reichen kann, wenn der Advisor etwa auf der Basis von nur drei Fragen im Fragebogen arbeitet,[103] so wird hier der falsche Bezugspunkt gewählt. Vielmehr kann sich nur die Frage stellen, ob der Berater trotz der geringen Anzahl an Fragen ordnungsgemäß iSd BGH-Rechtsprechung berät. Fragt er etwa nicht den Wissensstand oder die Risikobereitschaft des Kunden ab und berücksichtigt diese Punkte bei der Anlageempfehlung nicht, so geht das zu seinen Lasten. 73

[96] Vgl. Specht/Herold MMR 2018, 40 (41).
[97] Vgl. nur etwa Mehrings MMR 1998, 30 ff. mwN.
[98] BGHZ 195, 126 (Rn. 17).
[99] Riehm/Meier in DGRI Jahrbuch 2018, 2019, S. 1, 3 ff.; Borges NJW 2018, 977 (979) mwN; v. Westphalen BB 2020, 1859 (1860 f.).
[100] Siehe Specht/Herold MMR 2018, 40 ff.
[101] Siehe Kainer/Förster ZfPW 2020, 275 ff.; Möslein in BeckOGK, 1.5.2019, BGB § 145 Rn. 71 mwN; v. Westphalen BB 2020, 1859 (1862).
[102] Vgl. nur etwa BGH BKR 2015, 1039 Rn. 16.
[103] Adam/Micklitz Information, Beratung und Vermittlung in der digitalen Welt, 2016, S. 25.

74 Nur auf der Basis der online ausgefüllten und sodann per Klick abgeschickten Fragebögen kann der Robo-Advisor das Maß der Aufklärungsbedürftigkeit des Kunden bestimmen. Insofern kommt dem Fragebogen auch zivilrechtlich eine große Bedeutung zu. Jedenfalls kann sich der Robo-Advisor im Hinblick auf die Aufklärungsbedürftigkeit des Kunden nicht damit entlasten, dass er anführt, er habe aufgrund seines knappen Fragebogens nicht erkennen können, dass der Kunde aufklärungsbedürftig ist. Insofern wird etwa ein Bogen mit nur fünf Fragen[104] regelmäßig zu knapp gefasst sein, wobei das Risiko einer mangelnden Erkennbarkeit des Grads der Aufklärungsbedürftigkeit des Kunden beim Robo-Advisor liegt. Auf der Basis eines solchen Fragebogens wird kein hinreichend „„personalisierter" Vorschlag zur Erstellung eines Finanzportfolios" möglich sein.[105]

75 Die Feststellung der Aufklärungsbedürftigkeit wiederum ist für die Bestimmung des Umfangs der Pflichten zur Vornahme einer anlegergerechten Beratung erforderlich. Die Fragebögen sind so zu gestalten, dass der Kunde nicht zu einer Selbstüberschätzung „verführt" wird. Das entspricht den vergleichbaren Anforderungen an die analoge Dienstleistung. Immerhin kann der Berater auf die Angaben des Kunden vertrauen, dh es trifft ihn grds. keine Nachforschungspflicht, ob die Angaben des Kunden korrekt sind.[106]

76 Ob es beim Robo-Advice zur Pflichterfüllung erforderlich ist, entsprechende Fragebögen zu entwickeln, die etwa auch Verständnisfragen enthalten,[107] ist noch offen. Anders als bei der analogen Beratung lässt sich hier nicht ohne Weiteres aus der menschlichen Kommunikation und Interaktion herausfiltern, ob der Anleger die Angaben des Dienstleisters auch verstanden hat. Daher wird die Integration von Verständnisfragen beim Robo-Advice zur Pflichterfüllung teilweise als erforderlich angesehen.[108]

77 Bei der analogen Beratung ist eine „Verständnisprüfung" des Kunden grds. nicht notwendig. Allerdings hat der Berater im Laufe des Beratungsgesprächs sicherzustellen, dass der Kunde die entsprechenden Erklärungen auch versteht bzw. zumindest suggeriert, er verstehe sie. Ob aus dem Mangel an menschlicher Kommunikation und Interaktion beim Robo-Advice zwingend die Aufnahme von Verständnisfragen in die „Maske" erforderlich ist,[109] ist daher zu bezweifeln.[110]

78 Da der Anbieter als Beratungsdienstleister dafür sorgen muss, dass er die für seine Pflichterfüllung notwendigen Angaben vom Kunden erhält, muss er auch sicherstellen, dass mögliche Missverständnisse oder Fehleingaben von Seiten des Kunden in seiner „Maske" so weit wie möglich vermieden werden. Immerhin bilden die Kundenangaben die Grundlage für die spätere Anlageempfehlung. Aus diesem Grund wird beim Robo-Advice die Möglichkeit vorzusehen sein, bei der Beantwortung des Fragebogens eine Hotline des Dienstleisters zu Rate ziehen zu können. Auf diese Weise lassen sich dann die an die Fragebögen zu stellenden Anforderungen ggf. reduzieren.[111]

79 Allerdings muss dann auch gleichzeitig sichergestellt sein, dass die Hotline vom Kunden mit zumutbarem Aufwand erreichbar ist und die entsprechenden Mitarbeiter die Fragen beantworten können. Nur dann ist der entsprechende Zweck erreicht. Zudem dürfte für die meisten Fälle die bloße Möglichkeit einer Kontaktaufnahme mit einem sog. Chat-Bot nicht ausreichend sein. Mit Hilfe dieser wird es zumindest derzeit noch nicht möglich sein, auf die individuellen Fragen des Kunden einzugehen.

---

[104] Siehe die Angaben bei Adam/Micklitz Information, Beratung und Vermittlung in der digitalen Welt, 2016, S. 23.
[105] Vgl. Adam/Micklitz Information, Beratung und Vermittlung in der digitalen Welt, 2016, S. 23.
[106] Buck-Heeb/Lang in BeckOGK, 1.1.2022, BGB § 675 Rn. 298 (für die analog erbrachte Dienstleistung).
[107] Vgl. Buck-Heeb/Lang in BeckOGK, 1.1.2022, BGB § 675 Rn. 700.
[108] Schuster/Bartsch in Krimphove Fintechs, 2019, S. 323, 334.
[109] Kumpan EuZW 2018, 745.
[110] Buck-Heeb/Lang in BeckOGK, 1.1.2022, BGB § 675 Rn. 700.
[111] Vgl. Buck-Heeb/Lang in BeckOGK, 1.1.2022, BGB § 675 Rn. 696.

Eine anlegergerechte Beratung erfordert die Abfrage bestimmter Informationen durch den Robo-Advisor. In den og Fragebögen hat der Kunde daher Angaben zu den Anlagevorstellungen, zum Anlagehorizont, den Präferenzen, der Liquidität und der Risikobereitschaft zu machen („Onboarding“).[112] Dabei sind neben den aufsichtsrechtlichen Anforderungen an die Exploration auch die von der Rechtsprechung herausgearbeiteten zivilrechtlichen Anforderungen zu beachten. 80

Auch bei der Beratung durch einen Robo-Advisor wird davon auszugehen sein, dass die Aufklärungspflichten mit der Komplexität des avisierten Finanzanlagengeschäfts tendenziell zunehmen. Überall dort, wo der Berater sicherstellen muss, dass der Kunde die Finanzanlage verstanden hat, wird zu überlegen sein, ob das mit einer automatisierten Beratung erreicht werden kann. Daher wird es kaum möglich sein, sehr komplexe Finanzinstrumente automatisiert zu vertreiben. 81

Der XI. Zivilsenat hatte etwa im Rahmen der analogen Dienstleistung bei sog. Swap-Geschäften verlangt, dass der Kunde auf den gleichen Kenntnis- und Wissensstand wie die beratende Bank zu bringen sein soll. Nur so sei eine eigenverantwortliche Entscheidung des Kunden möglich.[113] Auch wenn diese Rechtsprechung im Schrifttum teilweise als zu weitgehend angesehen wird, wird sie auch, will man eine Haftung vermeiden, beim Robo-Advice zu beachten sein. 82

Eine Aufklärung des Kunden erfolgt hier jedenfalls allein schriftlich, was grds. zulässig ist.[114] Insofern ergeben sich für den Robo-Advisor aufgrund der bloßen Schriftlichkeit der Kommunikation gewisse faktische Erleichterungen bzgl. der bestehenden Dokumentationsanforderungen, die im Hinblick auf den hinreichenden Beweis der Erbringung der Dienstleistung erforderlich sind. 83

b) Anlagegerechte Beratung. Im Hinblick auf eine anlagegerechte Beratung unterscheiden sich die Pflichten des Robo-Advisors nicht von denjenigen des analogen Dienstleisters. Inhalt und Umfang der erforderlichen Information des Kunden sind identisch. Das gilt auch für die Modalitäten der Informationsweiterleitung an den Kunden.[115] Die Information hat beim Robo-Advice ebenso vollständig, verständlich und rechtzeitig vor Abschluss des Finanzgeschäfts zu erfolgen wie bei der analogen Beratung. Außerdem muss die Information sachlich und fehlerfrei sein. 84

Insbesondere dürfen die Risiken der empfohlenen Anlagen weder verschwiegen noch verharmlost werden. Vielmehr ist über alle Eigenschaften und Risiken des Anlageobjekts aufzuklären. Zudem hat der Robo-Advisor den Kunden auch darüber zu informieren, wenn bei ihm ein schwerwiegender Interessenkonflikt vorliegt.[116] 85

2. Vermögensverwaltung

Tendenziell unproblematischer erscheint dagegen die Erfüllung der sich bei der Vermögensverwaltung ergebenden Pflichten durch den Robo-Advisor. Auch hier schuldet der Berater eine anlegergerechte und anlagegerechte „Beratung“.[117] Dabei hat das Robo-Advisor-System in automatisierter Form insbesondere die Geeignetheit der Anlagestrategie in den der Vermögensverwaltung zugrunde liegenden Anlagerichtlinien zu prüfen. 86

[112] Vgl. Oppenheim/Lange-Hausstein WM 2016, 1966 (1968).
[113] BGHZ 189, 13 Rn. 29.
[114] Buck-Heeb/Lang in BeckOGK, 1.1.2022, BGB § 675 Rn. 322 ff. (zur analogen Dienstleistung).
[115] Buck-Heeb/Lang in BeckOGK, 1.1.2022, BGB § 675 Rn. 418 ff. (zur analogen Dienstleistung).
[116] Buck-Heeb/Lang in BeckOGK, 1.1.2022, BGB § 675 Rn. 491 ff. (zur analogen Dienstleistung).
[117] U. Schäfer in Assmann/Schütze/Buck-Heeb Handbuch des Kapitalanlagerechts, 5. Aufl. 2020, § 23 Rn. 30 f.

3. Überwachungspflichten bei Verwendung eines automatisierten Systems

87 Ob den Dienstleister, der ein (halb-)automatisiertes System einsetzt, auch auf zivilrechtlicher Ebene besondere Pflichten treffen, ist bislang kaum thematisiert worden. Im Hinblick auf das Aufsichtsrecht ist dies zu bejahen (zB § 80 Abs. 2 WpHG), sodass der Anbieter von Robo-Advice ohnehin generell zu entsprechenden Maßnahmen verpflichtet ist. Mangels Ausstrahlungswirkung des Aufsichtsrechts auf das Zivilrecht hilft dies jedoch im Hinblick auf eine zivilrechtliche Haftung des Anbieters bei Fehlern im Computerprogramm oder Hackerangriffen nicht weiter. Allerdings wird, wie bei den inzwischen üblichen Vertragsabschlüssen im Internet, auch im Hinblick auf den Geschäftsbesorgungsvertrag in Form einer Anlageberatung oder Vermögensverwaltung als vertragliche Nebenpflicht eine Überwachungspflicht bzgl. des eingesetzten automatisierten bzw. autonomen Systems in Betracht kommen.

88 In welchem Umfang eine solche Überwachungspflicht besteht, hat die Rechtsprechung bislang noch nicht entscheiden müssen. Abhängig dürfte die Intensität der Überwachung auch davon sein, inwieweit standardisiert eingesetzte Systeme im Rahmen der bloßen Automatisierung eingesetzt werden oder inwiefern es sich um autonome Systeme handelt. Bei Letzteren dürfte aufgrund der Fehleranfälligkeit und der Schwierigkeit der Fehlererkennung für den Robo-Advisor ein erhöhtes Maß an Überwachungspflicht bestehen. Außerdem ist der Anbieter von Robo-Advice als verpflichtet anzusehen, die Software bzw. die verwendeten Algorithmen stets auf dem aktuellen Stand zu halten.[118]

4. Einfluss des Aufsichtsrechts auf das Zivilrecht?

89 Beim Robo-Advice stellt sich, ebenso wie bei der analogen Anlageberatung bzw. Vermögensverwaltung, die Frage, ob bzw. inwiefern die aufsichtsrechtlichen Vorgaben auf die zivilrechtlichen Pflichten einwirken können. Umstritten ist, ob die beiden „Systeme" unverbunden nebeneinander bestehen, oder ob eine Ausstrahlungs- bzw. Einstrahlungswirkung des Aufsichtsrechts auf das Zivilrecht oder gar eine Konkretisierungswirkung bestehen. Diese Diskussion kann hier als solche nicht vertieft werden.[119]

90 Unabhängig davon, wie man diese Streitfrage beurteilt, kann aus den europäischen Vorgaben bzgl. der Verantwortungszuweisung hinsichtlich des Einsatzes eines automatisierten Systems für das Zivilrecht nichts abgeleitet werden. Denn der europäische Gesetzgeber äußert sich in der DelVO 2017/565 lediglich zum speziellen Aspekt der Geeignetheitsbeurteilung durch den Dienstleister. Dennoch ist nicht auszuschließen, dass gerade im Hinblick auf den Einsatz (halb-)automatisierter Systeme „zukünftige Spannungen des Aufsichts- und des Zivilrechts" resultieren, wenn der europäische Gesetzgeber bei deren Einsatz weiteren gesetzgeberischen Handlungsbedarf sieht.[120]

5. Modalitäten der Haftung

91 **a) Kausalität.** Hat der Robo-Advisor bzw. der Anbieter einer Anlageberatung seine Pflicht zur anleger- und anlagegerechten Beratung verletzt, haftet er dem Kunden nach § 280 Abs. 1 BGB auf Schadensersatz. Hierfür sind neben einer Pflichtverletzung[121] und einem Verschulden[122] das Bestehen einer Kausalität erforderlich. In Bezug auf die haftungsbegründende Kausalität wird ebenso wie bei der analogen auch bei der automatisierten Dienstleistung von Gesetzes wegen widerleglich vermutet, dass die Verletzung der beratungsvertraglichen Pflicht für die fehlerhafte Anlageentscheidung ursächlich war

[118] So auch Wagner/Luyken FS Windbichler, 2020, 155 (167).

[119] Siehe hierzu Buck-Heeb/Lang in BeckOGK, 1.1.2022, BGB § 675 Rn. 241 ff.

[120] Siehe den Hinweis bei Kern in Kümpel/Mülbert/Früh/Seyfried Bank- und Kapitalmarktrecht, 6. Aufl. 2022, Rn. 17.111; zum Spannungsverhältnis zwischen dem Aufsichts- und Zivilrecht Buck-Heeb WM 2020, 157 (159 f.).

[121] Siehe oben → Rn. 71 und b) sowie → Rn. 84.

[122] Siehe nachfolgend → Rn. 93, 95.

(§ 280 Abs. 1 S. 2 BGB). Der Anbieter eines Robo-Advice hat daher einen entsprechenden Nachweis für das Nichtbestehen der Kausalität zu führen.

Auch hier ergeben sich dogmatische Schwierigkeiten beim Einsatz von autonomen Systemen. Diskutiert werden va Beweiserleichterungen bei Vorliegen einer sog. Multikausalität und der Tatsache, dass bei einem Versagen der KI die Aufklärbarkeit des tatsächlichen Geschehens oft kaum mehr möglich sein wird.[123] 92

b) Verschulden bei Einsatz automatisierter Systeme. Beim Robo-Advice wird die Dienstleistung im Wesentlichen durch Algorithmen erbracht. In Bezug auf automatisierte Systeme wird diskutiert, ob der Ersteller des Algorithmus für diesen verantwortlich ist. Argumentiert wird, nur diesen könne ein Verschulden treffen, welches dem Betreiber des Algorithmus nach § 278 BGB zuzurechnen sei.[124] Diese Diskussion bezieht sich auf den Fall eines fehlerhaften Algorithmus. Dabei gilt, dass sich der Betreiber des Algorithmus im Hinblick auf ein eigenes Verschulden dann, wenn eine fehlerhafte Programmierung vorliegt, dem Kunden gegenüber nach § 280 Abs. 1 S. 2 BGB exkulpieren kann, wenn er darlegt und beweist, dass er nicht vorsätzlich oder fahrlässig gehandelt hat.[125] 93

Generell fällt es in den Pflichtenkreis des Anbieters, keine Algorithmen einzusetzen, die nicht anleger- und anlagegerechte Empfehlungen geben. Diesbezüglich besteht auch eine Überwachungspflicht des Anbieters.[126] Sobald der Algorithmus korrekt „arbeitet", damit aber nicht die dem Betreiber von Gesetzes wegen auferlegten oder von der Rechtsprechung herausgearbeiteten Pflichten erfüllt werden können, handelt es sich um eine schuldhafte Pflichtverletzung des Betreibers. Denn sofern „lediglich" ein automatisiertes System handelt, werden die Entscheidungen nicht „vom Programm" getroffen, sondern das Programm wendet nur die „über die Programmierung und die Grundeinstellungen vorgegebenen Einstellungen" an.[127] Insofern sind die eigentlichen Entscheidungen die Vorgaben, sodass es darauf ankommt, wer diese gemacht hat. Regelmäßig werden diese durch den Dienstleister (Anbieter des Robo-Advice) im Hinblick auf eine Programmierung erfolgen. 94

c) Verschulden bei Einsatz autonomer Systeme. Schwierigkeiten wirft die Frage des Verschuldens dagegen in dogmatischer Hinsicht dann auf, wenn das System selbstlernend und damit nicht deterministisch programmiert ist. Zwar wird man hier ebenfalls eine Überwachungspflicht des Anbieters bejahen, die sich insbesondere auf die Fortentwicklungen des Systems erstreckt, dh ob diese noch den Grundsätzen einer anleger- und anlagegerechten Beratung entsprechen. Sofern dieser Pflicht genügt ist, fragt sich, ob der Anbieter für dennoch fehlerhafte Anlageempfehlungen nicht haften muss und somit der Anleger respektive Verbraucher rechtlos gestellt ist. 95

Zudem stellt sich auch bei autonomen Systemen die Frage der Zurechnung des Verhaltens des Robo-Advisors. Bei der analogen Dienstleistung wird dem Anbieter das schuldhafte Handeln des angestellten Anlageberaters zugerechnet (§ 278 BGB). Während das (europäische) Aufsichtsrecht ohne Weiteres die Verantwortung nicht nur für halbautomatisierte, sondern auch für automatisierte System dem Dienstleister zuweist, bereitet die Einordnung der Zurechnung des „Handelns" bzw. Verhaltens eines digitalen Systems im Zivilrecht auf dogmatischer Ebene erhebliche Schwierigkeiten. Teilweise wird hierfür auf eine sog. Werkzeugtheorie abgehoben, dh Handlungen des Systems gelten als solche derjenigen Person, die das Werkzeug „führt".[128] 96

[123] Näher v. Westphalen BB 2020, 1859 (1863).

[124] Siehe für den Bereich des Robo Advice Adam/Micklitz Information, Beratung und Vermittlung in der digitalen Welt, 2016, S. 25.

[125] Wagner/Luyken FS Windbichler, 2020, 155 (165).

[126] Siehe oben → Rn. 87 f.

[127] Vgl. OLG Hamm WM 2018, 1738 Rn. 75.

[128] Vgl. die Angaben bei Wagner/Luyken FS Windbichler, 2020, 155 (170 f.), die in Fn. 81 auf Zech DJT-Gutachten, 2020, S. A54 f. verweisen, wobei dort allerdings allein auf das außervertragliche Haftungsrecht eingegangen wird (vgl. S. A12).

97 Fraglich ist, ob die tradierten Begrifflichkeiten wie „Hilfsperson", „Erfüllungsgehilfe" oder „Stellvertreter" hier weiterhelfen. Entscheidend ist, ob beim Robo-Advisor im Einzelfall strukturell ein dem menschlichen Handeln vergleichbares Agieren vorliegt. Zu bemessen ist dies nach dem objektiven Empfängerhorizont, dh ob aus der Sicht eines durchschnittlichen Kunden so agiert wird, dass die Dienstleistung ebenso von einem Menschen erbracht worden sein könnte. Daher wollen manche Stimmen im Schrifttum das autonome System mit einer menschlichen Hilfsperson gleichsetzen und bzgl. einer Handlungszurechnung auf § 278 BGB bzw. § 278 BGB analog zurückgreifen.[129]

98 Einer Heranziehung von § 278 BGB steht zwar vor allem das Argument entgegen, es handle sich hier nicht um die Zurechnung fremden (und damit menschlichen) Verhaltens.[130] Dem könnte das Vorliegen einer planwidrigen Regelungslücke entgegengehalten werden, die durch eine entsprechende Anwendung des § 278 BGB grds. gut geschlossen werden könnte. Allerdings ist das Vorliegen einer hinreichend vergleichbaren Sachlage fraglich,[131] da ein Verschulden im klassischen Sinne bei einem Algorithmus nicht vorliegen kann. Zudem ist durch die autonomen Entscheidungen des Systems bzw. das autonome „Verhalten" des Systems („selbstlernend") dieses vom Anbieter als Nutzer weder vollständig vorhersehbar noch steuer- oder kontrollierbar.[132]

99 Der Gesetzgeber müsste hier im Hinblick auf (sämtliche) autonomen Systeme tätig werden. Ob das in einer Ergänzung der Norm um einen § 278 S. 3 BGB-E mit einer Verantwortungszuweisung im Hinblick auf Algorithmen respektive Maschinen oder mit der Statuierung einer Gefährdungshaftung[133] erfolgen sollte, kann hier nicht vertieft werden.

100 **d) Mitverschulden des Anlegers?** Ein Mitverschulden des Anlegers (§ 254 BGB) ist im Rahmen der digitalen Anlageberatung ebenso zu beurteilen wie bei der analogen Beratung. Insbesondere kann ein solches bei der automatisierten Beratung nicht damit begründet werden, dem Anleger hätte klar sein müssen, dass eine automatisierte Beratung unsicher sei. Ebenso wenig kann das mit dem Argument bejaht werden, dem Anleger hätte aufgrund weniger Fragen im Online-Fragebogen klar sein müssen, dass eine hinreichende Beratung nicht möglich ist.[134]

IV. Haftungsausschluss

101 Unabhängig davon, dass die aufsichtsrechtlichen Pflichten nicht in Allgemeinen Geschäftsbedingungen (AGB) oder individualvertraglich abbedungen werden können,[135] stellt sich auch auf zivilrechtlicher Ebene die Frage nach der Wirkung eines Haftungsausschlusses durch die AGB des Robo-Advisors. Da es für das Vorliegen eines Anlageberatungsvertrags nicht darauf ankommt, wie der Dienstleister das von ihm angebotene Robo-Advisory verstanden wissen will, sondern darauf, wie dies nach dem objektiven Empfängerhorizont nach §§ 133, 157 BGB zu verstehen ist, wird ein Haftungsausschluss oder ein allgemeiner Hinweis darauf, dass keine Anlageberatung gewollt ist, ohne Wirkung sein, wenn tatsächlich doch eine solche erbracht wird. Hier weicht die Beurteilung beim Robo-Advisory nicht von derjenigen der analogen Beratung ab.

[129] Vgl. Wagner/Luyken FS Windbichler, 2020, 155 (171 f.); siehe auch Sommer Haftung für autonome Systeme, 2020, S. 128 ff.; kritisch auch Zech ZfPW 2019, 198 (211 f.).
[130] Vgl. Klingbeil JZ 2019, 718 (720); Grüneberg, 81. Aufl. 2022 BGB § 278 Rn. 11.
[131] Ebenso Schaub in BeckOGK, 1.3.2022, BGB § 278 Rn. 17 mwN.
[132] Vgl. Wagner VersR 2020, 717 (726 ff.).
[133] So Caspers in Staudinger, 2019, BGB § 278 Rn. 5.
[134] Vgl. den Hinweis bei Adam/Micklitz Information, Beratung und Vermittlung in der digitalen Welt, 2016, S. 25.
[135] Siehe oben → Rn. 47.

Hinzu kommt jedoch, dass ein Disclaimer des Dienstleisters in seinen AGB auch deshalb im Hinblick auf den Anlageberatungsvertrag irrelevant ist, weil dem Anleger ein solcher Ausschluss erst nach dem (konkludenten) Vertragsschluss bekannt wird.[136] 102

V. Zwischenfazit

Das BGB erweist sich – wieder einmal – als ausgesprochen flexibel, sodass die bestehenden Regelungen als taugliche Grundlage für eine Lösung der mit automatisierten Dienstleistungen und damit auch mit einem Robo-Advice verbundenen speziellen Fallkonstellationen angesehen werden können. Dass bis zur Klärung von Einzelfragen durch die Rechtsprechung für die FinTechs zT eine „Restunsicherheit" herrscht,[137] entspricht dem „allgemeinen Lebensrisiko" der Rechtsanwendung. 103

In Bezug auf den – künftig denkbaren – Einsatz autonomer Systeme ergibt sich jedoch eine durch das bestehende Regelungssystem nicht hinreichend lösbare Situation. Auch hier erweist sich der gesetzgeberische Handlungsbedarf nicht nur in Bezug auf den Robo-Advice als erforderlich, sondern generell für den Einsatz autonomer Systeme. Die festgestellten Schwierigkeiten im Umgang mit autonomen Anlage- oder Vermögensverwaltungsdienstleistungen ergeben sich auch außerhalb dieser Bereiche. Daher ist eine übergreifende gesetzgeberische Lösung erforderlich. 104

D. Fazit

Das Beispiel des Robo-Advice hat gezeigt, dass sich das Aufsichtsrecht im Umgang mit automatisierten Systemen leichter zu tun scheint als das Zivilrecht. Allerdings dürfte das vor allem auf die europäischen Vorgaben zurückzuführen sein. Aber auch das Zivilrecht steht dem Phänomen nicht „hilflos" gegenüber. Vielmehr lassen sich die bei der Automatisierung der Anlageberatung bzw. der Vermögensverwaltung stellenden Fragen mit dem zur Verfügung stehenden Instrumentarium lösen. Weitere gesetzgeberischer Maßnahmen bedarf es derzeit nicht. 105

Allerdings konnte am Beispiel des Robo-Advice auch gezeigt werden, dass sich auf zivilrechtlicher Ebene dogmatische Schwierigkeiten ergeben, wenn der Einsatz des Robo-Advisors eine autonome Stufe erreicht. Die sich hierbei stellenden zivilrechtlichen Fragen beziehen sich aber nicht nur auf die speziellen Fallkonstellationen bei Dienstleistungen im Zusammenhang mit Finanzanlagen. Vielmehr stellt sich die Frage nach dem Umgang mit sich selbständig weiterentwickelnden Computerprogrammen bei sämtlichen zivilrechtlichen bzw. vertragsrechtlichen Konstellationen mit autonomen Systemen. Da diese dogmatischen Schwierigkeiten strukturell bedingt sind, sind sie gesetzgeberisch auch auf genereller Ebene und damit bereichsübergreifend zu lösen. 106

Literatur

Adam/Micklitz, Information, Beratung und Vermittlung in der digitalen Welt, SVR Working Paper Nr. 6,10.2016 (zitiert als: Adam/Micklitz Information, Beratung und Vermittlung in der digitalen Welt, 2016)

Assmann/Buck-Heeb, § 1 Kapitalanlagerecht im Regelungsgefüge des Kapitalmarkt- und Finanzmarktrechts, in Assmann/Schütze/Buck-Heeb, Handbuch des Kapitalanlagerechts, 5. Aufl. 2020

Assmann/Schneider/Mülbert, Wertpapierhandelsrecht, 7. Aufl. 2019

Baumanns, FinTechs als Anlageberater? Die aufsichtsrechtliche Einordnung von Robo-Advisory, BKR 2016, 366 ff.

Borges, Rechtliche Rahmenbedingungen für autonome Systeme, NJW 2018, 977 ff.

Buck-Heeb, H. Compliance im Bank- und Kapitalmarktrecht, in Chibanguza/Kuß/Steege, Künstliche Intelligenz, 2021

[136] So auch Rosenkranz in Linardatos Rechtshandbuch Robo Advice, 2020, § 2 Rn. 91.

[137] Denga in Ebers/Heinze/Krügel/Steinrötter Künstliche Intelligenz und Robotik, 2020, S. 510, 519.

Buck-Heeb, Kapitalmarktrecht, 12. Aufl. 2022
Buck-Heeb, Aufsichts- und zivilrechtliche Normen im Bank- und Kapitalmarktrecht: einheitliche oder gespaltene Auslegung?, WM 2020, 157 ff.
Buck-Heeb, Entwicklung und Perspektiven des Anlegerschutzes, JZ 2017, 279 ff.
Buck-Heeb/Poelzig, Die Verhaltenspflichten (§§ 63 ff. WpHG nF) nach dem 2. FiMaNoG – Inhalt und Durchsetzung, BKR 2017, 485 ff.
Darányi, § 16 Anwendungsfragen der digitalen Kapitalanlage, in Möslein/Omlor, FinTech-Handbuch, 2. Aufl. 2021
Denga, KI bei Finanzdienstleistungen – Robo-Advice, in Ebers/Heinze/Krügel/Steinrötter, Künstliche Intelligenz und Robotik, 2020, S. 510 ff.
Dieckmann, § 8 Zuverlässigkeit des Anlageberaters gemäß § 87 WpHG – was gilt für den Algorithmus?, in Linardatos, Rechtshandbuch Robo Advice, 2020
Dorfleitner/Hornuf, FinTech und Datenschutz, 2019
Grischuk, Robo-Advice, Automatisierte Anlageberatung in der Aufsichtspraxis, BaFinJournal August 2017, 18 ff.
Gsell/Krüger/Lorenz/Reymann, beck-online. GROSSKOMMENTAR, Stand: 1.5.2021 (zitiert als: Bearbeiter in BeckOGK, 1.5.2021)
Grüneberg, Bürgerliches Gesetzbuch, 81. Aufl. 2022 (zitiert als: Grüneberg, 81. Aufl. 2022)
Kainer/Förster, Autonome Systeme im Kontext des Vertragsrechts, ZfPW 2020, 275 ff.
Klingbeil, Schuldnerhaftung für Roboterversagen, JZ 2019, 718 ff.
Kümpel/Mülbert/Früh/Seyfried, Bank- und Kapitalmarktrecht, 6. Aufl. 2022
Kumpan, Kapitalanlage durch Roboter – Regulierungsfragen, EuZW 2018, 745 f.
Kumpan, § 15 Interessenwahrung durch Robo-Advisors, in Möslein/Omlor, FinTech-Handbuch, 2. Aufl. 2021
Linardatos, § 1 Technische und rechtliche Grundlagen, in Linardatos, Rechtshandbuch Robo Advice, 2020
Linardatos, § 4 Qualifizierung der Dienste von Robo Advisor im Kapitalanlageschäft und und Wohlverhaltenspflichten, in Linardatos, Rechtshandbuch Robo Advice, 2020
Madel, Robo Advice – Aufsichtsrechtliche Qualifikation und Analyse der Verhaltens- und Organisationspflichten bei der digitalen Anlageberatung und Vermögensverwaltung, 2019
Maume, Regulating Robo Advisory, Tex Int.l L J Vol. 55 No. 1, 49 ff.
Mehrings, Vertragsabschluß im Internet, Eine neue Herausforderung für das „alte" BGB, MMR 1998, 30 ff.
Möslein/Lordt, Rechtsfragen des Robo-Advice, ZIP 2017, 793
Nathmann, FinTech, Herausforderungen bei der Regulierung digitaler Geschäftsmodelle anhand von Gestaltungen aus dem Wertpapierbereich, 2019
Oppenheim/Lange-Hausstein, Robo Advisor, WM 2016, 1966 ff.
Rauch/Lebeau/Thiele, Steuerrechtliche sowie aufsichtsrechtliche Herausforderungen bei der Entwicklung hin zur automatisierten Anlageempfehlung (Robo-Advice), RdF 2017, 227 ff.
Riehm/Meier, Künstliche Intelligenz im Zivilrecht, in DGRI Jahrbuch 2018, 2019, S. 1 ff.
Rosenkranz, § 2 Vertragsrechtliche Grundlagen, in Linardatos, Rechtshandbuch Robo Advice, 2020
Roth/Blessing, Die neuen Vorgaben nach MiFID II – Teil 1 – Änderungen im Rahmen der Anlageberatung und Geeignetheitsprüfung, CCZ 2016, 258 ff.
Schäfer, § 23 Vermögensverwaltung, in Assmann/Schütze/Buck-Heeb, Handbuch des Kapitalanlagerechts, 5. Aufl. 2020
Schuster/Bartsch, Robo-Advice in der Anlageberatung für Privatkunden, in Krimphove, Fintechs – Rechtliche Grundlagen moderner Finanztechnologien, 2019, S. 323 ff. (ziteiert als: Schuster/Bartsch in Krimphove Fintechs, 2019)
Schwark/Zimmer, Kapitalmarktrechts-Kommentar, 5. Aufl. 2020
Schwarz, § 7 Verbraucherschutzrechte und Robo Advice, in: Linardatos, Rechtshandbuch Robo Advice, 2020
Schwintowski, Wird Recht durch Robotik und künstliche Intelligenz überflüssig?, NJOZ 2018, 1601 ff.
Siering, § 17 Inhalt und Adressaten der personengebundenen aufsichtsrechtlichen Pflichten, in Linardatos, Rechtshandbuch Robo Advice, 2020
Sommer, Haftung für autonome Systeme, 2020
Specht/Herold, Roboter als Vertragspartner?, MMR 2018, 40 ff.
v. Staudinger, Kommentar zum Bürgerlichen Gesetzbuch mit Einführungsgesetzen und Nebengesetzen, Buch 2, Recht der Schuldverhältnisse, BGB §§ 255–304, Neubearbeitung 2019 (zitiert als: Bearbeiter in Staudinger, 2019)
Voß, Robo Advice, Krypto-Token und RegTech, in Kaulartz/Braegelmann, Rechtshandbuch Artificial Intelligence und Machine Learning, 2020, S. 593 ff.
v. Westphalen, Definition der Künstlichen Intelligenz in der Kommissionsmitteilung COM(2020)64 final – Auswirkungen auf das Vertragsrecht, BB 2020, 1859 ff.
Wagner, Verantwortlichkeit im Zeichen digitaler Techniken, VersR 2020, 717 ff.
Wagner/Luyken, Haftung für Robo Advice, in Festschrift Windbichler, 2020, S. 155 ff. (zitiert als: Wagner /Luyken FS Windbichler, 2020)
Zech, Künstliche Intelligenz und Haftungsfragen, ZfPW 2019, 198 ff.

3.5 Roboterjournalismus – „Will the real journalist please stand up?" – Algorithmische Textgenerierung im Medienbereich – Ausgewählte rechtliche Aspekte

Übersicht

A. Einleitung

Die künstliche Intelligenz (KI) gilt als „Schlüsseltechnologie der Zukunft",[1] durchdringt immer mehr gesellschaftliche Bereiche und hat großes gesellschaftliches Transformationspotential. 1

Die wissenschaftliche Auseinandersetzung mit der KI und die Erkenntnis, dass die KI selbst und deren Ergebnisse potentiell einer rechtlichen Regulierung bedürfen, sind seit ein paar Jahren exponentiell gewachsen, auch wenn die Frage der Fähigkeiten und Grenzen der KI bereits seit Dekaden diskutiert wird.[2] Wird der KI im Automotive-Bereich sowie der Robotik besondere Aufmerksamkeit auch auf juristischer Seite zuteil,[3] ist in den letzten Jahren vermehrt der Einsatz von KI im Medienbereich sowohl in Textgenerierung, Distribution als auch Interaktion diskutiert worden. Gegenwärtig stellen verschiedene Unternehmen (zB Retresco GmbH oder AX Semantics) Softwareprogramme zur algorithmischen Textgenerierung zur Verfügung. So nutzt auch die Washington Post das interne Programm „Heliograf" zur Textgenerierung. Die Software AX Semantics erstellt zweimal täglich automatisiert Meldungen für das „Feinstaub-Radar" der Stuttgarter Zeitung.[4] 2

Dieses Kapitel beschäftigt sich mit ausgewählten rechtlichen Aspekten der algorithmischen Textgenerierung im redaktionellen Medienbereich. Angesprochen werden unter anderen die journalistisch-redaktionelle Gestaltung sowie der urheberrechtliche Schutz 3

[1] Hoeren/Niehoff RW 2018, 47.

[2] Vgl. Turing Mind 1950, 433.

[3] Vgl. nur Oppermann/Stender-Vorwachs Autonomes Fahren, 2. Auflage. 2020; Entschließung des Europäischen Parlaments vom 16.2.2017 mit Empfehlungen an die Kommission zu zivilrechtlichen Regelungen im Bereich Robotik (2015/2103(INL)).

[4] https://www.stuttgarter-zeitung.de/feinstaub (zuletzt abgerufen am: 29.4.2022).

algorithmisch generierter Texte. Diese Ausarbeitung erhebt keinen Anspruch auf Vollständigkeit.

B. Begriffsdefinitionen

I. Künstliche Intelligenz (KI)

4 Zu statuieren ist, dass der Begriff der KI, mögen sich Wissenschaftler und Praktiker differenter Fachrichtungen auch in einer unübersichtlichen Anzahl von Publikationen mit dieser beschäftigen, nicht allgemeingültig und abschließend definiert ist.[5] Zu Recht statuieren *Loewenheim/Leistner*, dass der Begriff der KI „(...) zu einer Art Platzhalter für zahlreiche unterschiedliche Phänomene geworden (...)“[6] ist, sich die Rechtswissenschaft aber vor allem mit den Auswirkungen der selbstlernenden Algorithmen (machine learning algorithm) beschäftigt.[7] Simplifiziert definiert ist ein Algorithmus eine determinierte Folge von präzisen Handlungsanweisungen/Rechenregeln zur Bearbeitung einer Aufgabe. Die vorliegenden Ausführungen beziehen sich auf Computerprogramme in Maschinensprache.[8] Als „maschinelles Lernen“ wird eine Art von KI bezeichnet, die in bestehenden Daten Muster erkennt und diese Erkenntnisse anschließend auf neue Daten anwendet.“[9] Eng damit verbunden ist der Begriff des autonomen Systems. „Autonome Systeme können daher als solche definiert werden, deren Verhalten nicht vollständig vorherbestimmt oder vorhersehbar ist.“[10]

II. Computational journalism

5 Der Einsatz von Computerprogrammen im journalistischen Bereich ist mittlerweile beinahe ubiquitär und kann unter dem Oberbegriff des „computational journalism“ subsumiert werden.[11] *Thurman* definiert “computational journalism” als “(...) the advanced application of computing, algorithms, and automation to the gathering, evaluation, composition, presentation, and distribution of news.”[12] Somit unterfallen Anwendungen wie Textgeneratoren, unterstützende Software sowie Optimierungsprogramme dem Terminus „computational journalism.“

6 „Computational journalism“ ist kein neues Phänomen, dennoch ist statuieren, dass eine vertiefte Auseinandersetzung mit den rechtwissenschaftlichen Implikationen im deutschen Rechtsraum gerade im Bereich der redaktionellen algorithmischen Textgenerierung erst seit ein paar Jahren erfolgt.[13] Systeme, die bei der Texterstellung durch natürliche Personen als rein unterstützende, bzw. assistierende Systeme fungieren, zB durch die Bereitstellung

[5] Bereits die Schranken erkennend: Minsky Proceedings of the IRE 196, S. 8; instruktiv zu den verschiedenen Definitionen der Intelligenz: Legg/Hutter A Collection of Definitions of Intelligence in Goertzel/Wang Advances in Artificial General Intelligence, 2007, S. 17–23; instruktiv zur KI-Entwicklung: Buxmann/Schmidt in Buxmann /Schmidt Künstliche Intelligenz, 2. Aufl. 2021.

[6] Loewenheim/Leistner in Schricker/Loewenheim Urheberrecht, 6. Aufl. 2020, UrhG § 2 Rn. 41.

[7] Loewenheim/Leistner in Schricker/Loewenheim Urheberrecht, 6. Aufl. 2020, UrhG § 2 Rn. 4; vgl. auch Herberger NJW 2018, 2825.

[8] Vgl. Kastl GRUR 2015, 136 (136), Schmidt/Beneken Algorithmen – Berechenbarkeit und Komplexität in Ernst/Schmidt/Beneken Grundkurs Informatik, 7. Aufl. 2020, S. 501.

[9] Europäische Kommission, Künstliche Intelligenz für Europa (Mitteilung), COM(2018), 237 final, S. 11 f.; vgl. auch Specht GRUR 2019, 253: „Wird der Algorithmus indes nicht durch den Menschen vorgegeben, sondern vielmehr das Ergebnis und sucht sich die Technik selbst den Algorithmus, um zu diesem Ergebnis zu gelangen, spricht man von maschinellem Lernen.“

[10] Borges NJW 2018, 977 (978).

[11] Flew et al. Journalism Practice 2012, 157.

[12] Thurman et al. Digital Journalism 2019, 980.

[13] Wohl einer der ersten: Weberling NJW 2018, 735.

von Daten oder Layoutoptimierung, sind diese zwar auch unter dem Oberbegriff des „computational journalism" einzuordnen, aber nicht Teil der hier behandelten redaktionellen algorithmischen Textgenerierung.

1. Roboterjournalismus als algorithmische redaktionelle Textgenerierung

Grundsätzlich ist zu statuieren, dass es „Roboterjournalisten" im Sinne eines vollständig autonomen Systems, das menschlichen Journalisten vergleichbar ist, nicht gibt,[14] der Begriff des Roboterjournalismus aber verwendet wird. Bereits die Definition des Roboterjournalismus lässt jedoch Präzision vermissen und zeichnet sich durch semantische Unschärfe aus.[15] Dennoch hat sich dieser Begriff zum Teil gerade in den sich an die allgemeine Öffentlichkeit richtenden Publikationen durchgesetzt.[16] Zu konzedieren ist sicherlich, dass der Begriff des Roboterjournalismus prägnant sowie eingängig ist und sich durch seine Entwicklungsoffenheit auszeichnet, wenn es ihm auch an juristischer Schärfe fehlt. Zudem werden häufig die Begriffe „Roboterjournalismus", „automatische Textgenerierung", „algorithmischer Journalismus", „Robot-Journalismus", „automated journalism", „algorithmic journalism" oder „machine-written journalism" synonym verwendet.[17] 7

Da der Begriff Roboterjournalismus (oder Abwandlungen dessen) als Bezeichnung für Programme der redaktionellen algorithmischen Textgenerierung ferner in der juristischen Literatur Einzug gehalten hat, wird der Begriff des Roboterjournalismus auch hier zum Teil, wenn auch synonym mit dem Begriff der „algorithmischen Textgenerierung" verwendet. Die vorliegenden Ausführungen behandeln daher journalistische Texte, die durch ein linguistisches Computerprogramm kreiert werden. 8

2. NLG und NLP

Im Rahmen der linguistischen Systeme ist zwischen den Bereichen „Natural Language Generation" (NLG) und „Natural Language Procession" (NLP) zu differenzieren. Sowohl NLG und NLP sind Teilgebiete des interdisziplinären Fachs der Computerlinguistik und Teil der KI.[18] NLP ermöglicht im weitesten Sinne die unmittelbare Kommunikation zwischen Mensch und Computer durch automatisierte Erkennung und Analyse natürlicher Sprache mit Hilfe differenter maschineller Programme. *Liddy* definiert NLP als „(…) computational techniques for analyzing and representing naturally occurring texts at one or more levels of linguistic analysis for the purpose of achieving human-like language processing for a range of tasks or applications."[19] Anwendungen der NLP sind zB Chat- 9

[14] Weberling NJW 2018, 735.

[15] Gräfe/Kahl MMR 2021, 12; vgl. sehr enge Definition von Habel Roboterjournalismus, 2019, S. 19 „Roboterjournalismus betreiben Journalisten, die einen Journalismus-Bot programmieren, der automatisiert die zu kommunizierenden Daten nach Maßgabe vorgegebener Variablen auswählt, zu einem Beitrag aufbereitet und veröffentlicht, ohne dass ein Mensch nach der finalen Programmierung in den Programmablauf redigierend eingreift oder den Beitrag redigiert und ohne dass der Journalismus-Bot einen von einem Journalisten vorgefertigten Text lediglich auf verschiedenen Kanälen verbreitet.".

[16] Reichelt Einführung in den Roboterjournalismus: Bedrohung oder Chance?, 2017, S. 17; vlg. zB: https://taz.de/Roboterjournalismus/!166317/ (zuletzt abgerufen am: 29.4.2022); https://www.deutschlandfunk.de/roboterjournalismus-maschinen-ohne-moral.807.de.html?dram:article_id=341486 (zuletzt abgerufen am: 29.4.2022); https://www.faz.net/aktuell/wirtschaft/netzwirtschaft/roboterjournalismus-dieser-text-ist-selbstgemacht-13102928.html (zuletzt abgerufen am: 29.4.2022).

[17] Reichelt Einführung in den Roboterjournalismus: Bedrohung oder Chance?, 2017, S. 17.

[18] Bereits im Rahmen der Definition dieser Bereich gibt es Unklarheiten. So verstehen Gräfe/Kahl unter dem Begriff NLG ein regelbasiertes und halbautomatisches Verfahren. NLP sei hingegen als vollautomatisches, selbstlernendes – auf künstlichen neuronalen Netzwerken beruhendes – System zu begreifen, Gräfe/Kahl MMR 2021, 121.

[19] Liddy Encyclopedia of Library and Information Science, 2nd Ed. NY. 2001, 1; vlg. auch: Grigoleit Europäische Sicherheit & Technik 2019, 69; Chowdhury Annual Review of Information Science and Technology 2003, 51.

bots oder sprachgesteuerte Anwendungen wie „Alexa“ (Amazon.com, Inc.) oder „Siri“ (Apple Inc.).

10 NLG ermöglicht die automatisierte Textgenerierung. Programme zur Textgenerierung bestehen im Wesentlichen aus zwei Hauptkomponenten. Die erste Komponente ist die „Inhaltsplanung“ im Sinne der Feststellung der Datenrelevanz. Die zweite Komponente ist die „Sprachplanung“, die sowohl den inhaltlichen als auch sprachlichen Aufbau beinhaltet. Bei NLG-Programmen werden ständig aktualisierte Daten über Schnittstellen bereitgestellt, strukturiert sowie im Rahmen einer Sprachplanung zu einem Narrativ im Sinne eines Textes in natürlicher Sprache umgewandelt.[20] Die Parameter für die spezifische Art der Textgenerierung werden dabei durch den Menschen festgelegt.[21] Ein Anwendungsgebiet der NLG ist Roboterjournalismus.[22] Als Roboterjournalismus bzw. algorithmische Textgenerierung werden daher vorliegend Texte bezeichnet, die durch ein NLG-Programm mit Hilfe eines Algorithmus generiert werden. “The term denotes algorithmic processes that convert data into narrative news texts with limited to no human intervention beyond the initial programming choices.”[23]

C. Rechtliche Erwägungen

11 Gegenwärtig werden NLG-Programme überwiegend bei Sport-, Börsen- und Finanznachrichten sowie Verkehrsdaten und Schadstoffberichten eingesetzt. Diese Texte basieren im Schwerpunkt auf Datengrundlagen und intendieren vor allem die Vermittlung von objektiven Daten, die durch ein NLG-Programm in eine narrative Reihenfolge gebracht und so für die Rezipienten in natürlicher Sprache dargestellt werden können.[24]

12 Wird die algorithmische Textgenerierung im journalistischen Kontext aktuell vor allem für die Erstellung stark formalisierter und auf Datengrundlagen beruhender Texte genutzt, ist dennoch zu statuieren, dass NLG-Programme auch in der Lage sind, Texte zu generieren, die im Schwerpunkt stark narrativ geprägt sind und über die sinnvolle Datenpräsentation durch Einbindung in formalisierte Textabschnitte hinausgehen. So hat das Programm „Botnick“ ein Fanfiction – Kapitel beruhend auf der „Harry Potter“ – Romanreihe der Autorin J.K. Rowling kreiert.[25] Das Unternehmen OpenAI LP hat medienwirksam im Februar 2019 das NLG-Programm „GPT-2“ veröffentlicht. „GPT-2“ ist in der Lage, englischsprachige Texte zu vervollständigen, ohne auf vorher zu definierende Textabschnitte zurückgreifen zu müssen. Dieses KI-Programm wurde der Öffentlichkeit aber zunächst nicht in der Vollversion zur Verfügung gestellt, da OpenAI äußerst öffentlichkeitswirksam darlegte, „(...) concerns about malicious applications of the technology (...)“ zu haben.[26] Ungeachtet dessen wurde die Vollversion im November 2019 sowie das weiterentwickelte Programm „GPT-3“ im Mai 2020 veröffentlicht. Mag die Leistungsfähigkeit des Programmes „GPT-2“ auch hinter den Behauptungen von OpenAI zurückgeblieben sein,[27] wird dennoch deutlich, dass KI-Anwendungen auch im Bereich der algorithmischen Textgenerierung in einem exponentiellen Maße weiterentwickelt werden. So können vollständig durch KI generierte Narrative zum Teil nicht von Texten,

[20] Publications Office of the European Union, Trends and developments in artificial intelligence – Challenges to the intellectual property rights framework: final report. Luxembourg: Publications Office of the European Union, 2020, 57.
[21] Gräfe/Kahl MMR 2021, 121.
[22] Reichelt Einführung in den Roboterjournalismus: Bedrohung oder Chance?, 2017, 16.
[23] Carlson Digital Journalism 2014, 1.
[24] Vgl. Reichelt Einführung in den Roboterjournalismus: Bedrohung oder Chance?, 2017, 27 ff.
[25] https://botnik.org/content/harry-potter.html (zuletzt abgerufen am: 29.4.2022).
[26] https://openai.com/blog/better-language-models/ (zuletzt abgerufen am: 29.4.2022).
[27] Vgl. https://www.theverge.com/2019/2/21/18234500/ai-ethics-debate-researchers-harmful-programs-openai (zuletzt abgerufen am: 29.4.2022).

die durch eine natürliche Person geschrieben wurden, unterschieden werden. Nach einer Studie von *Bartl* wurde ein algorithmisch generierter Text nur von 39% der Studienteilnehmer als solcher erkannt.[28]

I. Algorithmische redaktionelle Textgenerierung: journalistisch-redaktionelle Gestaltung und Sorgfaltspflichten

Die folgenden Ausführungen befassen sich mit algorithmisch generierten redaktionellen Texten, die in Telemedienangeboten vorgehalten werden.[29] Fraglich ist zunächst, ob algorithmisch generierte Texte journalistisch-redaktionell gestaltete Angebote im Sinne des MStV sind.[30] Sind die Tatbestandsmerkmale der „redaktionellen Gestaltung" und der „journalistischen Gestaltung", die kumulativ und nicht alternativ vorliegen müssen, auch durchaus amorph und mithin unbestimmte Rechtsbegriffe, sind diese Tatbestandsmerkmale durch Literatur und Judikatur zumindest partiell definiert worden. **13**

Der EuGH definiert den Begriff der journalistischen Tätigkeit, unter Berücksichtigung der Relevanz der öffentlichen Meinungsbildung und der damit zusammenhängenden Termini, äußerst weit.[31] Gemäß der ständigen Rechtsprechung sind „(...) solche Tätigkeiten, die zum Zweck haben, Informationen, Meinungen oder Ideen, mit welchem Übertragungsmittel auch immer, in der Öffentlichkeit zu verbreiten (...) "[32], als journalistisch anzusehen, so dass auch der Laienjournalismus umfasst ist[33] und eine Erwerbstätigkeit eben nicht verlangt wird. Ebenfalls wird in der amtlichen Begründung zum MStV die Notwendigkeit eines funktionalen Begriffsverständnisses der journalistischen Tätigkeit dargelegt.[34] *Lent* verweist zur Auslegung des Begriffes der journalistischen Gestaltung auf die Kontinuität und Dauerhaftigkeit des Angebotes sowie zur Einzelfallauslegung auf die publizistischen Kriterien der Universalität, Aktualität, Periodizität und Publizität.[35] Der Begriff „journalistisch" ist im Sinne einer weiten Auslegung zudem nicht auf Nachrichten beschränkt.[36] **14**

Gounalkis/Rhode statuieren, dass eine redaktionelle Gestaltung auf „(...) die inhaltliche, sprachliche, graphische oder akustische Bearbeitung eines Angebotes abzielt und der Einwirkung auf die öffentliche Meinungsbildung oder zu der Information bestimmt ist."[37] Der MStV verlangt hinsichtlich des Angebots „(...) die Ausübung einer wirksamen Kontrolle".[38] Zu fordern ist zudem eine publizistische Zielsetzung des Anbieters im Sinne einer Intention, auf die öffentliche Meinungsbildung durch die vom Anbieter publizierten Informationen einzuwirken.[39] **15**

Bereits hinsichtlich dieser durch Literatur und Rechtsprechung partiell definierten Tatbestandsmerkmale zeigt sich ein anthropozentrisches Rechtsverständnis. So wird das **16**

---

[28] https://kress.de/news/detail/beitrag/143344-studie-nicht-einmal-jeder-zweite-erkennt-einen-text-von-einer-ki.html (zuletzt abgerufen am: 29.4.2022).

[29] Die PresseG/MedienG der Länder werden nicht behandelt.

[30] Zur Hierarchie der Begriffe "journalistisch" und „redaktionell" vgl. : Martini in BeckOK InfoMedienR, 32. Ed. 1.5.2021, MStV §2 Rn. 18.

[31] EuGH, Der Öffentlichkeit zugängliche Videoaufzeichnung einer Polizeibehörde als Verarbeitung personenbezogener Daten NZA 2019, 379 (381 Rn. 51 mwN).

[32] EuGH, Der Öffentlichkeit zugängliche Videoaufzeichnung einer Polizeibehörde als Verarbeitung personenbezogener Daten NZA 2019, 379 (381 Rn. 53 mwN).

[33] EuGH, Der Öffentlichkeit zugängliche Videoaufzeichnung einer Polizeibehörde als Verarbeitung personenbezogener Daten NZA 2019, 379 (381, Rn. 55).

[34] Nds. LT – Drs. 18/6414, 90.

[35] Lent in BeckOK InfoMedienR, 32. Ed. 1.5.2021, MStV §17 Rn. 14; vgl. auch: Micklitz/Schirmbacher in Spindler/Schuster Recht der elektronischen Medien, 4. Aufl. 2019, RStV §55 Rn. 15.

[36] Nds. LT – Drs. 18/6414, 90.

[37] Gounalakis/Rhode CR 1998, 487 (490).

[38] Nds. LT – Drs. 18/6414, 90.

[39] Für viele: Weiner/Schmelz K&R 2006, 453 (457); Micklitz/Schirmbacher in Spindler/Schuster Recht der elektronischen Medien, 4. Aufl. 2019, RStV §55 Rn. 15–20.

Merkmal der journalistischen Tätigkeit von der ganz hM ua mit einer beruflichen Tätigkeit in Verbindung gebracht, die gegenwärtig nur natürliche Personen ausüben.[40] Der im Rahmen des Roboterjournalismus generierte Text wird gerade nicht von einer natürlichen Person, sondern durch ein Computerprogramm geschaffen. Dieses Computerprogramm ist unter Beachtung des anthropozentrischen Fokus nicht journalistisch tätig. Kann auch unter Zugrundelegung eines weiten Journalismusbegriffes die anthropozentrische Konstante zwar nicht außer Acht gelassen werden, ist dennoch zu diskutieren, ob das Tatbestandsmerkmal „journalistisch" auch bei einem algorithmisch generierten Text erfüllt sein kann, wenn dieser einer journalistisch tätigen natürlichen Person zuzurechnen ist. Die Erstellung eines Narrativ durch ein NLG-Programm wird durch eine natürliche Person veranlasst. Wird das Merkmal der journalistischen Gestaltung äußerst weit und funktional ausgelegt, kann der Text im Rahmen dieser juristischen Argumentation uU als „journalistisch" gestaltet angesehen werden. Wird der algorithmisch generierte Text aber ex post durch eine natürliche Person editiert, kann eine journalistische Gestaltung überzeugend angenommen werden. Da die Tatbestandsmerkmale kumulativ vorliegen müssen, ist zudem fraglich, ob ein algorithmisch generierter Text das Merkmal der redaktionellen Gestaltung erfüllt. Dies erscheint zweifelhaft. Wenn konzediert wird, dass ein NLG-Programm durch selbstlernende Algorithmen ein Angebot im Sinne einer Auswahl und Strukturierung bearbeitet und über das Endergebnis Kontrolle hat, kann vorliegend der anthropozentrische Fokus des Rechts kaum außer Acht gelassen werden. Ist eine natürliche Person mit Ausnahme der Initiierung der algorithmischen Textgenerierung an der Erstellung des Textes sowie dessen Veröffentlichung nicht beteiligt, kann nicht von einer redaktionellen Gestaltung im Sinne des MStV ausgegangen werden. Aber auch hier ist zu konzedieren, dass bei einer wirksamen ex post Kontrolle und Editierung des Textes durch eine natürliche Person eine redaktionelle Gestaltung durchaus angenommen werden kann. Gegenwärtig ist ein vollständig algorithmisch generierter und veröffentlichter Text wohl nicht als journalistisch-redaktionell gestaltet im Sinne des MStV anzusehen.[41] Dies mag sich in futuro durch eine grundlegende Modifizierung der Rechtsordnung ändern

17 Selbst wenn contra legem eine journalistisch-redaktionelle Gestaltung im Sinne des MStV bei einem durch Roboterjournalismus generierten und veröffentlichten Text angenommen werden sollte, ist fraglich, ob die Sorgfaltspflichten gem. § 19 MStV erfüllt werden können. Hält ein Angebot sowohl durch den Menschen generierte als auch algorithmisch generierte Texte vor, müssen die Sorgfaltspflichten für alle Texte erfüllt werden.[42] Telemedienangebote mit journalistisch-redaktionell gestalteten Angeboten müssen gem. § 19 Abs. 1 S. 1 und S. 2 MStV den anerkannten journalistischen Grundsätzen entsprechen.[43] Die journalistischen Sorgfaltspflichten in § 19 Abs. 1 S. 3 MStV verlangen vor der Verbreitung die Prüfung der Nachrichten mit der nach den Umständen gebotenen Sorgfalt auf Inhalt, Herkunft und Wahrheit durch den Anbieter.[44] Die journalistischen Sorgfaltspflichten dienen dem Individualgüterschutz als auch dem Schutz der öffentlichen Meinungsbildung.[45] Zu konzedieren ist aber, dass die Wahrheitspflicht im Sinne einer funktionierenden öffentlichen Meinungsbildung nicht überspannt werden darf.[46] Mag auch eine Prüfung auf Inhalt, Herkunft und Wahrheit durch den algorithmischen Textgenerator selbst im Rahmen einer engen Auslegung durchaus möglich sein,[47]ist zu

[40] So verweist Weberling auf den MTV Redakteure, Weberling NJW 2018, 735 (735f.).
[41] Wohl auch: Gräfe/Kahl MMR 2021, 121 (125).
[42] Gräfe/Kahl MMR 2021, 121 (125).
[43] Zum Anwendungsbereich von Satz 1 und Satz 2 instruktiv: Lent in BeckOK InfoMedienR, 32. Ed. 1.5.2021, MStV § 19 Rn. 8; aA Heins/Lefeldt MMR 2021, 126 (129).
[44] Lent in BeckOK InfoMedienR, 32. Ed. 1.5.2021, MStV § 19 Rn. 1–12.1.
[45] StRspr: BVerfG NJW 1961, 819 (821f.) – Schmid-Spiegel (mwN).
[46] BVerfG NJW 1980, 2072 (2073) – Verhältnis des allgemeinen Persönlichkeitsrechts zur Meinungsfreiheit.
[47] Vgl. Habel Roboterjournalismus, 2019, S. 122ff.

beachten, dass additiv die durch die Berichterstattung potentiell betroffenen Rechtsgüter, zB das allgemeine Persönlichkeitsrecht, Art. 2 Abs. 1 iVm Art. 1 Abs. 1 S. 1 GG, des durch die Berichterstattung betroffenen Individuums mit dem Informationsinteresse der Öffentlichkeit, Art. 5 Abs. 1 S. 1 GG und dem Publikationsinteresse der Medien, Art. 5 Abs. 1 S. 2 GG, im Sinne der praktischen Konkordanz abgewogen werden müssen.[48] Sind wahre Tatsachenbehauptungen auch grundsätzlich hinzunehmen,[49] ist diese Abwägung bei der Publikation einer wahren Tatsache dennoch zu leisten, da die Rechtsgüter der betroffenen Person je nach Art der zu publizierenden wahren Tatsache betroffen/verletzt sein können.[50] Dem gewichtigen Argument, dass die journalistischen Sorgfaltspflichten bei vollständig algorithmischer Textgenerierung ohne spätere Kontrolle durch eine natürliche Person nicht erfüllt sein können, setzt *Habel* entgegen, dass die journalistischen Sorgfaltspflichten „(...) einen gleitenden Maßstab bilden, in dem ua auch das gesellschaftliche Informationsinteresse (...)“[51] zu beachten sei und diese Kontrolle so in bestimmten Bereichen auch automatisiert erfolgen könne. *Habel* ist durchaus zuzustimmen, dass die Prüfpflichten keinem absolut und unbegrenzt geltenden Maßstab unterliegen und das öffentliche Informationsinteresse einbezogen werden muss. Zweifelhaft ist aber, ob auch bei Rekurs auf „privilegierte Quellen“[52] diese Pflichten durch ein Computerprogramm erfüllt werden können.[53] Nach wohl hM kann diesen Prüfpflichten nur im Rahmen einer Einzelfallabwägung nachgekommen werden, die zwingend „Common sense“[54], bzw. „Gewissensentscheidungen“[55] erfordert. *Weberling* verweist darauf, dass es dem Programm nicht möglich sei, Gewissensentscheidungen wahrzunehmen. Dem ist gegenwärtig zuzustimmen. Eine Abwägung der verschiedenen konfligierenden Rechtsgüter kann nur von einer natürlichen Person vorgenommen werden,[56] so dass eine Erfüllung der rechtlich normierten Sorgfaltspflichten gegenwärtig nur durch eine natürliche Person möglich ist.

II. Algorithmische redaktionelle Textgenerierung: Kennzeichnung

Das medienrechtliche Trennungs- und Erkennbarkeitsgebot verlangt unabhängig von 18
der Art der Veröffentlichung eines journalistisch-redaktionellen Beitrages eine deutliche Trennung zwischen Werbung und redaktionellem Inhalt.[57] Der Rezipient messe der unbeteiligten Äußerung eines Dritten größeres Gewicht als der Äußerungen eines Wettbewerbers zu,[58] so dass gekennzeichnete und vom redaktionellen Teil deutlich getrennte Werbung den Rezipienten in die Lage versetzt, sich unter Berücksichtigung des Vorliegens kommerzieller Interessen seine Meinung im Sinne des Art. 5 Abs. 1 S. 1 GG zu bilden.[59]

---

[48] MwN BVerfG NJW-RR 2010, 470 (471) – Sorgfaltspflichten bei der Veröffentlichung von Auszügen in Pressespiegeln.

[49] BVerfG NJW- RR 2010, 470 (471) – Sorgfaltspflichten bei der Veröffentlichung von Auszügen in Pressespiegeln.

[50] Vgl. nur: Korte PresseR, 2. Aufl. 2019, § 2 Rn. 60 ff.

[51] Habel Roboterjournalismus, 2019, S. 115, ebenfalls: 253 f.

[52] Habel Roboterjournalismus, 2019, S. 243 ff.

[53] Aber auch *Habel* konzediert, dass bei der Verdachtsberichterstattung der journalistischen Sorgfaltspflicht nur durch eine natürliche Person nachgekommen werden kann Habel Roboterjournalismus, 2019, S. 257 ff.

[54] Martini in BeckOK InfoMedienR, 32. Ed. 1.5.2021, MStV § 2 Rn. 19.

[55] Uphues in Hoeren/Sieber/Holznagel Handbuch Multimedia-Recht, 56. EL 2021, Kap. 15.3, Rn. 64.

[56] Unklar: Gräfe/Kahl MMR 2021, 121 (125).

[57] Verankert ua in § 8 Abs. 3 S. 1 MStV für Rundfunk, § 22 Abs. 1 S. 1 MStV; § 6 Abs. 1 Nr. TMG für Telemedien; § 8 NdsPresseG.

[58] BGH NJW 1968, 1419 (1421) – Aufklärung durch Wettbewerber mittels Information der Presse; vgl. auch: BGH NJW 1995, 3177 (3180) – Wirtschaftswerbung in Kinofilmen – Feuer, Eis & Dynamit I; instruktiv: Bornemann ZUM 2015, 48; instruktiv zu weiteren medien- und lauterkeitsrechtlichen Aspekten: Ahrens GRUR 2018, 1211; Pfeifer GRUR 2018, 1218.

[59] „Aus diesem Grunde wird er auch eine etwaige subjektive Färbung des Presseberichts nicht in Rechnung stellen, was er aber bei einem unter dem Namen des Wettbewerbers offen geführten Wettbewerbs-

So ist das Trennungs- und Erkennbarkeitsgebot mithin „(…) eine (technologieneutrale) Vorgabe für jedes Medienrecht freiheitlicher Demokratien."[60]

19 Gerade auch unter Berücksichtigung der Relevanz der Medien für die öffentliche Informations- und Meinungsbildung ist zumindest diskutabel, ob journalistische Publikationen den Einsatz von NLG- Programmen im redaktionellen Teil durch eine Kennzeichnung des einzelnen Beitrages transparent an die Rezipienten vermitteln sollten.[61] Dies mag bei einer ex post Kontrolle des Beitrages durch eine natürliche Person entbehrlich sein, ist aber bei vollautomatisiert algorithmisch generierten und veröffentlichten Beiträgen, die nicht durch eine natürliche Person geprüft werden, grundsätzlich vertretbar. Ist auch aufgrund der Medienfreiheiten eine Verpflichtung zur Kennzeichnung eines durch ein NLG-Programm kreierten Textes durchaus problematisch, ist aber mit *Pfeifer* zu konzedieren, dass die medienrechtliche Regulierung bereits Gefährdungen vermeiden soll und so präventiv regulieren darf.[62] Ist dies im Sinne einer ungestörten Ausübung der Medienfreiheiten gem. Art. 5 Abs. 1 S. 2 GG abzulehnen, ist eine Selbstverpflichtung der Medien eine weitere Option.[63]

20 Die Kennzeichnung eines Textes ist gerade auch unter der Prämisse, dass der Rezipient selbst eine Kennzeichnung wünscht, erwägenswert. So verweist *Bartl* darauf, dass sich 77% der Deutschen für eine Kennzeichnung aussprechen, wenn KI in der Textgenerierung involviert war.[64] Dies mag auch dem Vertrauen in die medial vermittelten Informationen dienlich sein.[65] In der Studie von *Bartl* zeigt sich, dass die Mehrheit der Befragten offen für die Rezeption von algorithmisch generierten Kurzmeldungen, zB Wetterberichte (63% der Studienteilnehmer) und Verkehrsnachrichten (51% der Studienteilnehmer) sind. Hingegen möchten nur 13% der Studienteilnehmer algorithmisch generierte politische Nachrichten konsumieren.[66]

III. Algorithmische redaktionelle Textgenerierung: Urheberrecht

21 Bereits im Jahr 1965 statuierte das US Register of Copyrights: "The crucial question appears to be whether the „work" is basically one of human authorship, with the computer merely being an assisting instrument, or whether the traditional elements of authorship in the work (…) were actually conceived and executed not by man but by a machine.[67] Wohl seit Beginn der 80er Jahre wurde die Problematik sowie die Notwendigkeit der Anwendbarkeit des geistigen Eigentumsschutzes für computergenerierte Werke gerade im US-amerikanischen Rechtsraum vermehrt diskutiert.[68] Mit zunehmender Verbreitung der algorithmischen Textgenerierung ist aber gleichwohl fraglich, ob Bridy zuzustimmen ist, die 2012 statuierte, dass „(…) the copyright system is now in a digitally induced crisis (…)."[69] Auch ohne dieser dystopischen Konklusion zuzustimmen, ist dennoch zu statu-

kampf tun würde." BGH NJW 1968, 1419 (1421) – Aufklärung durch Wettbewerber mittels Information der Presse; mwN BGH NJW 1990, 3199 (3202) – Fernsehwerbung für Buch zum Film – Werbung im Programm.

[60] Fiedler in BeckOK InfoMedienR, 32. Ed. 1.5.2021, MStV, § 22 Rn. 5.

[61] So empfiehlt auch die Enquete-Kommission Künstliche Intelligenz eine Kennzeichnung, BT-Drs. 19/23700, 449.

[62] Pfeifer GRUR 2018, 1218 (1220).

[63] Vgl. zur Selbstverpflichtung der Medien zB.: Pressekodex und Selbstverpflichtung der Onlinemedien des den Presserat.

[64] https://kress.de/news/detail/beitrag/143344-studie-nicht-einmal-jeder-zweite-erkennt-einen-text-von-einer-ki.html (zuletzt abgerufen am: 29.4.2022).

[65] Instruktiv: Montal/Reich Digital Journalism 2017, 829.

[66] https://kress.de/news/detail/beitrag/143344-studie-nicht-einmal-jeder-zweite-erkennt-einen-text-von-einer-ki.html (zuletzt abgerufen am: 29.4.2022).

[67] Register of Copyrights. 1965. Sixty Eights Annual Report. Washington, DC: The library of the Congress, 5.

[68] ZB Samuelson 47 U. Pitt. L. Rev. 1986, 1185.

[69] Bridy STAN. TECH. L. REV. 2012, 21 (27, Rn. 69).

ieren, dass der urheberrechtliche Schutz im Hinblick auf computergenerierte Werke die Rechtswissenschaft vor Herausforderungen stellt, die sich im „analogen Entstehungskontext vieler bestehender Rechtsnormen bisher nie stellten.“[70]

Das Urheberrecht schützt die kreativen als auch intellektuellen sowie wahrnehmbaren Leistungen[71] im Rahmen der Schöpfung eines Werkens durch eine natürliche Person. In der Entscheidung „Levola Hengelo BV/Smilde Foods BV“ hat der EuGH unter Verweis auf die RL 2001/29/EG erstmalig die Tatbestandsmerkmale eines autonomen und unionsweit geltenden urheberrechtlichen Werkbegriffs definiert.[72] „Zum einen muss es sich bei dem betreffenden Objekt um ein Original in dem Sinne handeln, dass es eine eigene geistige Schöpfung seines Urhebers darstellt (…). Zum anderen ist die Einstufung als „Werk“ im Sinne der RL 2001/29 Elementen vorbehalten, die eine solche geistige Schöpfung zum Ausdruck bringen (…).“[73] Zudem expliziert der EuGH, dass eine eigene geistige Schöpfung des Urhebers nur anzunehmen sei, wenn die Persönlichkeit des Schöpfers zum Ausdruck komme, „(…) die sich in seinen bei ihrer Ausarbeitung frei getroffenen kreativen Entscheidungen ausdrückt.“[74] 22

Der vom EuGH postulierte geltende Werkbegriff entspricht dem im deutschen Recht schutzfähigen Werkbegriff. Geschützte Werke sind mithin nur „persönliche geistige Schöpfungen“ § 2 Abs. 2 UrhG. Zwingend ist damit ein “individueller menschlicher Geist“,[75] so dass alleine der Mensch der Schöpfer des Werkes und dadurch Urheber ist, § 7 UrhG.[76] 23

Das Urheberrecht ist damit streng personenbezogenen und hat einen anthropozentrischen Fokus. Der Mensch ist sine qua non für die Entstehung des urheberrechtlichen Schutzes. Dieser Schutz besteht aber nur in der Beziehung des Urhebers zu seinem Werk, § 11 UrhG.[77] Schutz genießen dabei sowohl die vermögenswerten als auch ideellen Interessen des Schöpfers. Der Urheber bestimmt alleine über die Verwendung des Werkes unter Beachtung von Schrankenregelungen.[78] 24

Schutzgegenstand sind gerade keine Informationen, Faktenwissen oder Rohdaten/Primärdaten,[79] sondern nur die Darstellung dieser durch die kreative Leistung einer natürlichen Person. An die notwendige Schöpfungshohe sind keine hohen Anforderungen zu stellen („kleine Münze“).[80] Daten, die Wetterberichten oder Börsenberichten zu Grunde liegen, sind damit urheberrechtlich nicht schutzfähig. Bereits Sätze oder einzelne Formulierungen, durch die eine natürliche Person diese Daten in einen narrativen Kontext setzt, können bei Erreichung der notwendigen Schöpfungshöhe aber dem urheberrechtlichen Schutz unterliegen. 25

Wird ein Text durch ein NLG-Programm kreiert, ist fraglich, ob dieser Text dem urheberrechtlichen Schutz unterfällt. Das Werk im Sinne des Narrativs wird algorithmisch 26

[70] Scheufen in Leupold/Wiebe/Glossner Münchener Anwaltshandbuch IT-Recht, 4. Aufl. 2021, Kap. 9.6.2 Rn. 1.

[71] BGH NJW 1962, 1295 (1296) – Fernsehsendungen; Bullinger in Wandtke/Bullinger UrhG, 5. Aufl. 2019, UrhG § 2 Rn. 19 f.

[72] Kritisch dazu: Schack GRUR 2019, 73 (75); Schack GRUR 2021, 904 (905).

[73] EuGH NJW 2019, 753, (754 Rn. 37) – Kein Urheberrechtsschutz für Lebensmittelgeschmack.

[74] EuGH GRUR 2019, 934 (936 Rn. 25) – Klärung von Urheberrechtsschutz militärischer Lageberichte durch nationales Gericht – Funke Medien/Bundesrepublik Deutschland (Afghanistan Papiere); vgl. zum Werkbegriff des EuGH ausführlich Leistner in Loewenheim Handbuch des Urheberrechts, 3. Auflage 2021, UrhG § 6 Rn. 5 ff.

[75] Thum in Wandtke/Bullinger UrhG, 5. Aufl. 2019, UrhG § 7 Rn. 13.

[76] Für viele: LG Berlin GRUR 1990, 270 – Satellitenfoto; Loewenheim/Peifer in Schricker/Loewenheim Urheberrecht, 6. Aufl. 2020, UrhG § 7 Rn. 2; Grübler in BeckOK UrhR, 31. Ed. 1.5.2021, UrhG § 7 Rn. 5 ff.

[77] BGH NJW 1962, 1295 – Fernsehsendungen.

[78] Vgl. für Übersicht der Schrankenregelungen: Nordemann-Schiffel Leistner in Loewenheim Handbuch des Urheberrechts, 3. Auflage 2021, UrhG § 4 Rn. 17–19; Schack GRUR 2021, 904.

[79] Schack GRUR 2021, 904 (906).

[80] Bullinger in Wandtke/Bullinger UrhG, 5. Aufl. 2019, UrhG § 2 Rn. 132.

generiert und damit von einem NLG-Programm und nicht von einer natürlichen Person geschaffen. Mag die notwendige Schöpfungshöhe auch grundsätzlich in Bezug auf einen Wetterbericht oder eine Börsennotiz als gegeben angenommen werden, wird der Text selbst weder persönlich im Sinne menschlicher Handlung noch geistig im Sinne einer intellektuellen oder kreativen Leistung einer Person erschaffen.

27 Beschränkt sich der menschliche Beitrag de facto auf ein „An- und Ausschalten", ist zu statuieren, dass rein algorithmisch generierte Texte die Schwelle des § 2 Abs. 2 UrhG nicht erreichen werden. So fehlt es an inhaltlicher Prägung durch den Menschen. Der „(…) user of a generator program has been reduced to merely causing the output to be generated (…)."[81]Die natürliche Person hat keinen Einfluss auf die durch das Programm konkret erbrachte Leistung der Textgenerierung. Es liegt mithin eine „Schöpfung ohne Schöpfer"[82] vor. Damit handelt es sich nach ganz herrschender Ansicht bei einem vollständig algorithmisch generierten Text de lege lata grundsätzlich nicht um ein geschütztes Werk im Sinne des Urheberrechts.

28 Eine andere Beurteilung ergibt sich hingegen, wenn ein journalistischer Text zwar algorithmisch generiert, dieser aber ex post durch eine natürliche Person editiert und im Sinne journalistischer Sorgfaltspflichten überprüft wird. Diese Person kann das Urheberrecht innehaben, wenn die Schöpfungshöhe erreicht wird.

29 Dieses anthropozentrische Rechtsverständnis schließt den Einsatz von Maschinen, bzw. Computerprogrammen aber nicht grundsätzlich aus. Dem Urheberrechtsschutz steht nicht entgegen, dass eine natürliche Person sich einer Maschine oder eines Computerprogrammes als Werkzeug zur gestalterischen Tätigkeit bedient, so lange dieses als Hilfsmittel zu subsumieren ist und der Mensch einen deutlichen Gestaltungspielraum hat.[83] Die Nutzung rein unterstützender Software, die sich zB auf die Ordnung oder die Auswahl von Daten beschränkt, ist als bloßes Hilfsmittel für den menschlichen schöpferischen Prozess der Textgenerierung anzusehen. Damit ist ein urheberrechtlicher Schutz des Textes unproblematisch gegeben. Ist dies nach ganz herrschender Meinung unstreitig, ist aber die Frage nach dem notwendigen Anteil der menschlichen Prägung für die Annahme einer menschlichen Schöpfung nicht hinreichend geklärt.[84]

30 Unklar ist zudem, ob der Einsatz von KI eine Werkschöpfung im Sinne des Urheberrechts grundsätzlich ausschließt.[85] So ist die rechtswissenschaftliche Frage, ob der Einsatz selbstlernender Algorithmen noch als Hilfsmittel zur Werkschöpfung angesehen werden kann oder ob der notwendige schöpferische menschliche Beitrag so eingeschränkt ist, dass von einer menschlichen Schöpfung nicht mehr auszugehen ist, nicht abschließend beantwortet.[86]

31 Fraglich ist zudem, ob bei mehreren themenidentischen algorithmisch generierten Texten alleine die Selektionsentscheidung durch die natürliche Person für die Gewährung des urheberrechtlichen Schutzes ausreicht.[87] *Loewenheim/Leistner* erwägen dies unter zwei kumulativen Voraussetzungen. Ein Urheberrecht könne entstehen, wenn eine natürliche Person das Grundmuster des Werkes geschaffen habe und bei mehreren automatisiert

[81] Samuelson 47 U. Pitt. L. Rev. 1986, 1185 (1201); Instruktiv hinsichtlich präziser Analyse der Beziehung zwischen Maschinen/Programmen, deren Ergebnissen und Urheber: Ginsburg/Budiardjo Berkeley Technology Law Journal 2019, 343.

[82] Dornis GRUR 2021, 784.

[83] Loewenheim/Leistner in Schricker/Loewenheim Urheberrecht, 6. Aufl. 2020, UrhG § 2 Rn. 40; Gräfe/Kahl MMR 2021, 121 (124); Ory/Sorge NJW 2019, 710 (711 mwN); Scheufen in Leupold/Wiebe/Glossner Münchener Anwaltshandbuch IT-Recht, 4. Aufl. 2021, Kap. 9.6.2, Rn. 6.

[84] Hetmank/Lauber-Rönsberg GRUR 2018, 574 (577).

[85] Instruktiv: Denicola 69 Rutgers U. L.R. 2016, 251.

[86] Loewenheim/Leistner in Schricker/Loewenheim Urheberrecht, 6. Aufl. 2020, UrhG § 2 Rn. 41; Gräfe/Kahl MMR 2021, 121 (125); Borges NJW 2018, 977 (978 mwN).

[87] Wohl für Zufallsgeneratoren bejahend: Schulze in Dreier/Schulze Urheberrechtsgesetz, 6. Aufl. 2018, UrhG § 2 Rn. 8; ablehnend Conraths MMR 2021, 457 (459).

generierten Werken eine Selektion vornehme.[88] Werden aber die „Grundmuster“ durch den Programmierer des NLG-Programms geschaffen und nur die Themenfestlegung des journalistischen Textes sowie die potentielle Selektionsentscheidung durch einen Redakteur vorgenommen, kann die Entstehung eines Urheberrechts wohl nicht angenommen werden. Auch der Programmierer des NLG-Programmes kommt richtigerweise nicht als Urheber des algorithmisch generierten Textes infrage, wenn der Text weitgehend autonom durch den Algorithmus erstellt und Gestaltungsentscheidungen maßgeblich durch das Programm getroffen werden.[89] Anders wäre hingegen wohl nur zu entscheiden, wenn der Programmierer so substantielle Grundsatzentscheidungen „(...)getroffen hat, die sich konkret in den Erzeugnissen niederschlagen, dieses maßgeblich (mit)prägen und von Dritten nicht mehr beeinflusst wurden.“[90] Ist der Programmierer auch nicht Urheber, kann das NLG-Programm selbst dem Schutz nach § 69a UrhG unterfallen.[91] Obwohl nach herrschender Meinung ein Algorithmus selbst nur in Ausnahmefällen schutzfähig ist,[92] hat der BGH aber der Verwendung von Algorithmen eine Schutzfähigkeit zugesprochen, die „(...) in der Art und Weise der Implementierung und Zuordnung zueinander urheberrechtsschutzfähig sein können.“[93] Schutzgegenstand ist die kreative Leistung des Programmierenden, der mithin Urheber des Programmes ist.[94]

Der sehr enge Schutzbegriff führt daher gegenwärtig zu einem fehlenden urheber- 32
rechtlichen Schutz algorithmisch generierter Texte. Dieser ist wohl nur gegeben, wenn eine natürliche Person entweder ex post so maßgeblich editiert, dass die Schöpfungshöhe erreicht wird oder die Selektionsentscheidung zwischen verschiedenen Werken als ausreichen angesehen wird. Dies ist gerade unter Zugrundelegung der von *Loewenheim/Leistner* postulierten zwei kumulativen Voraussetzungen sicherlich fraglich.[95] Grundsätzlich erscheint ein Rekurrieren auf eine potentielle Selektionsentscheidung problematisch, der Rechtssicherheit nicht dienlich und wenig interessengerecht.

De lege lata gebührt der urheberrechtliche Schutz nur dem Schöpfer im Sinne einer 33
natürlichen Person.[96] Der Mensch ist mithin die conditio sine qua non. Dennoch ist erwägenswert, ob de lege ferenda eine Neuorientierung im Sinne der Minimierung des anthropozentrischen Fokus des Urheberrechts notwendig ist, um den durch die KI selbst geschaffenen kreativen Leistungen einen urheberrechtlichen Schutz zukommen zu lassen.[97] Instruktiv differenziert *Ginsburg* zwischen den urheberrechtlichen Schutzzwecken des Common law und des Civil law: "Copyright, however, reposes on two pillars (whose respective widths vary in common law and civilian systems): one (generally attributed to civil law states), the natural rights of the author, a rationale that roots exclusive rights in personal creativity (...); the other (most frequently associated with common law count-

[88] Loewenheim/Leistner in Schricker/Loewenheim Urheberrecht, 6. Aufl. 2020, UrhG § 2 Rn. 41; ablehnend Hetmank/Lauber-Rönsberg GRUR 2018, 574 (577); Lauber-Rönsberg GRUR 2019, 244 (247).

[89] Loewenheim/Leistner in Schricker/Loewenheim Urheberrecht, 6. Aufl. 2020, UrhG § 2 Rn. 41; WD 10-3000-67/18, 2018, 18 f.; aA Scheufen in Leupold/Wiebe/Glossner Münchener Anwaltshandbuch IT-Recht, 4. Aufl. 2021, Kap. 9.6.2, Rn. 17 ebenfalls ablehnend auch für den US-amerikanischen Rechtsraum Denicola 69 Rutgers U. L.R. 2016, 251 (283 ff.).

[90] Lauber-Rönsberg GRUR 2019, 244 (248); zustimmend Dornis GRUR 2019, 1252 (1261 f.).

[91] Gräfe/Kahl MMR 2021, 121 (122 f.); beachte aber EuGH Urteil vom 2.5.2012 – Rs. C-406/10, Rn. 46 „(...) weder die Funktionalität eines Computerprogramms noch die Programmiersprache oder das Dateiformat, die im Rahmen eines Computerprogramms verwendet werden, um bestimmte Funktionen des Programms zu nutzen, eine Ausdrucksform dieses Programms sind und daher nicht unter den Schutz des Urheberrechts an Computerprogrammen im Sinne dieser Richtlinie fallen.“

[92] Spindler in Schricker/Loewenheim Urheberrecht, 6. Aufl. 2020, UrhG § 69a Rn. 12a mwN.

[93] BGH GRUR 1991, 449 (453) – „Betriebssystem“.

[94] Instruktiv zu upstream/downstream und Urheberrecht: Ginsburg/Budiardjo 34 Berkeley Tech. L.J. 2019, 343 (376 ff.).

[95] Zweifelnd Hetmank/Lauber-Rönsberg GRUR 2018, 574 (577).

[96] Ebenfalls ist ein patenrechtlicher Schutz nur dem Erfinder und damit ebenfalls einer natürlichen Person zuzusprechen, § 6 PatentG.

[97] Allg. zu autonomen Systemen zB Borges NJW 2018, 977 (978 f.).

ries), incentives to create, to invest in creativity, and to disseminate works for the general benefit of society." Finden sich Anreizwirkung und Urheberpersönlichkeitsschutz auch in beiden Rechtskreisen wieder, kann dennoch statuiert werden, dass die Anreizwirkung des Urheberrechts im Rechtskreis des Civil law nicht im Vordergrund steht. Die Anreizwirkung liegt vor allem dem Urheberrechtsschutz in den Common-law-Rechtsordnungen zu Grunde.[98] So sieht in Großbritannien Sec. 9 (3) Copyright, Designs and Patents Act 1988 (CDPA) vor, dass "In the case of a literary, dramatic, musical or artistic work which is computer-generated, the author shall be taken to be the person by whom the arrangements necessary for the creation of the work are undertaken." Sec. 178 CDPA definiert "computer-generated work", als "(...) the work is generated by computer in circumstances such that there is no human author of the work;"[99] Eine Anpassung des anthropozentrischen Urheberrechts erscheint grundsätzlich nicht kategorisch ausgeschlossen. So mag die KI und deren zunehmend autonomeres Agieren in futuro zu einer anderen Bewertung führen und der Gesetzgeber sich die Regelungen einzelner Länder, die dem Rechtskreis des Common Law zugehörig sind, zum Vorbild nehmen. Unabhängig von der Frage, ob der KI eine Rechtspersönlichkeit zugesprochen werden soll,[100] wird gegenwärtig zT erörtert, ob die Anreizwirkung des Immaterialgüterschutzes auch im Rechtskreis des Civil Law in stärkerem Maße zu beachten sei.[101] Wird dies vor allem im Bereich des Patentrechts erwogen, wird die Relevanz der wirtschaftlichen und wissenschaftlichen Anreizwirkung auch im Rahmen des Urheberrechts diskutiert. Auch wenn die Schutzzweckbegründung traditionell urheberzentriert und diese ua im Naturrecht als auch im Utilitarismus verankert ist,[102] ist es zumindest bedenkenwert, ein potentiell modifiziertes Urheberrecht primär mit der Anreizwirkung zu begründen. So argumentiert *Dornis*, dass die Notwendigkeit des Anreizes gegeben sei,[103] da ein nicht ausreichendes Schutzniveau aufgrund des „(...) Öffentliche-Guts-Charakter kreativer Werke (...) zur Unterproduktion" führe.[104] Auch statuiert *Dornis*, dass Innovationen überwiegend von materiellen Anreizen motiviert seien.[105] *Scheufen* verweist darauf, dass die Anreizwirkung insbesondere gegenüber dem Programmierer als Urheber des durch die KI generierten Werkes von Relevanz sein könne.[106] Dies mag durchaus zutreffend sein, so scheint es aber vorliegend an belastbareren Daten zu mangeln. Zu Recht verweisen auch *Loewenheim/Leistner* darauf, dass ein vorschnell angenommenes Marktversagen einer empirischen Begründung bedarf.[107] Ebenfalls gehen *Hetmank/Lauber-Rönsberg* tendenziell wohl auch davon aus, dass die von der KI generierten Schöpfungen und Erfindungen eines Immaterialgüterrechtsschutzes bedürfen.[108] Dies gelte

[98] "Not primarily for the benefit of the author, but primarily for the benefit of the public, such rights are given. Not that any particular class of citizens, however worthy, may benefit, but because the policy is believed to be for the benefit of the great body of people, in that it will stimulate writing and invention, to give some bonus to authors and inventors.", USA The House Report 1 on the Copyright Act of 1909.

[99] Bond/Blair Journal of Intellectual Property Law & Practice 2019, 423; instruktiv ua für Irland, Neuseeland: Denicola 69 Rutgers U. L.R. 2016, 251.

[100] ZB Riem RDi 2020, 42; Scheufen in Leupold/Wiebe/Glossner Münchener Anwaltshandbuch IT-Recht, 4. Aufl. 2021, Kap. 9.6.2, Rn. 14–17; Entschließung des Europäischen Parlaments vom 16. Februar 2017 mit Empfehlungen an die Kommission zu zivilrechtlichen Regelungen im Bereich Robotik (2015/2103(INL)); Legner ZUM 2019, 807 (809 f.).

[101] Die Relevanz der Anreizwirkung wohl auch für Urheberrecht anerkennend: Entschließung des Europäischen Parlaments vom 20. Oktober 2020 zu den Rechten des geistigen Eigentums bei der Entwicklung von KI-Technologien (2020/2015(INI)).

[102] Leistner/Hansen GRUR 2008, 479.

[103] Dornis GRUR 2019, 1252 (1258); vgl. differenzierend hinsichtlich Anreizwirkung: Scheufen in Leupold/Wiebe/Glossner Münchener Anwaltshandbuch IT-Recht, 4. Aufl. 2021, Kap. 9.6.2, Rn. 11 ff.

[104] Dornis GRUR 2019, 1252 (1258); ebenfalls WD 10-3000-67/18, 2018, 22.

[105] Dornis GRUR 2019, 1252 (1258).

[106] Scheufen in Leupold/Wiebe/Glossner Münchener Anwaltshandbuch IT-Recht, 4. Aufl. 2021, Kap. 9.6.2, Rn. 19; auch: Legner ZUM 2019, 807 (811).

[107] Loewenheim/Leistner in Schricker/Loewenheim Urheberrecht, 6. Aufl. 2020, UrhG § 2 Rn. 42; ebenfalls Ginsburg IIC 2018, 131 (134 f.).

[108] Hetmank/Lauber-Rönsberg GRUR 2018, 574 (579 f.).

zumindest in „forschungsintensiven Bereichen“ sowie bei Entwicklungen, die schnell und unproblematisch nachgeahmt werden können.[109] Mögen gerade diese von den Autoren vorgebrachten Überlegungen auch durchaus überzeugend sein, lassen die Ausführungen von *Hetmank/Lauber-Rönsberg* ebenfalls eine empirisch fundierte Grundlage für die ökonomische Notwendigkeit vermissen. Zudem ist *Hetmank/Lauber-Rönsberg* zuzustimmen, dass durch Ausweitung der Schutzrechte für die Erfindungen und Schöpfungen der KI Hemmnisse für Wettbewerb und Innovation entstehen können.[110] Auch ist gerade im medienrechtlichen Bereich fraglich, ob ein solcher Schutz überhaupt sinnvoll und mit der Anreizwirkung zu begründen ist. Eine überzeugende Antwort kann nur unter Einbezug belastbarer und bisher noch nicht vorliegender Daten gefunden werden.

IV. Algorithmische redaktionelle Textgenerierung: Leistungsschutzrecht des Presseverlegers, §§ 87f ff. UrhG

Ist eine Anwendung des urheberrechtlichen Schutzes abzulehnen, sind potentiell einschlägige Leistungsschutzrechte, wie der Schutz des Datenbankherstellers, §§ 87a ff. UrhG oder der Schutz des Presseverlegers, § 87f ff. UrhG von besonderer Relevanz. Vorliegend wird das Leistungsschutzrecht des Presseverlegers behandelt. 34

Ist ein urheberrechtlicher Schutz algorithmisch generierter Texte de lege lata nicht möglich, ist fraglich, ob diese Texte unter das Leistungsschutzrecht des Presseverlegers gem. §§ 87f ff. UrhG fallen können. Schutzgegenstand ist dabei nicht das einzelne Presserzeugnis, „(...) sondern die zur Festlegung des Presseerzeugnisses erforderliche wirtschaftliche, organisatorische und technische Leistung des Presseverlegers.“[111] Da das Presseverlegerleistungsschutzrecht die Leistung des Presseverlegers in wirtschaftlicher Hinsicht schützt und gerade nicht dem Schutz eines schöpferischen Werkes dient, ist eine Urheberrechtsschutzfähigkeit der Schriftwerke selbst nicht geboten.[112] Mithin ist es unschädlich, wenn der algorithmisch generierte Text nicht urheberrechtlich geschützt ist. Bereits vor dem seit dem 7.6.2021 geltenden Recht[113] war streitig, ob algorithmisch generierte Texte dem Leistungsschutzrecht unterfallen. Eine Ansicht argumentiert unter Bezug auf den notwendigen Investitionsschutz des Presseverlegers, dass durch KI generierte Texte grundsätzlich als Presseveröffentlichung angesehen werden können.[114] *Weberling* lehnt für algorithmisch generierte Texte das Presseverlegerleistungsschutzrecht ab, da diese nicht als journalistische Beiträge zu qualifizieren seien.[115] Fraglich ist daher, ob das durch die Umsetzung von Art. 15 RL (EU) 2019/790[116] neu gefasste Presseverlegerleistungsschutzrecht zu einer Klärung beitragen kann und rechtssicher zu beantworten ist, ob algorithmisch generierte Texte diesem Leistungsschutzrecht unterfallen. 35

§ 87f Abs. 1 UrhG aF forderte das Vorliegen eines „Presseerzeugnis“, das als redaktionell-technische Festlegung journalistischer Beiträge legal definiert wurden, § 87 Abs. 2 S. 1 UrhG aF. Hingegen muss gem. des geltenden § 87f Abs. 1 UrhG eine „Presseveröffentlichung“ vorliegen, die als Sammlung, die „hauptsächlich aus Schriftwerken journalistischer Art“ besteht, definiert ist.[117] Additiv muss die Presseveröffentlichung gem. § 87f Abs. 1 36

[109] Hetmank/Lauber-Rönsberg GRUR 2018, 574 (580).

[110] Hetmank/Lauber-Rönsberg GRUR 2018, 574 (580); ein Schutzbedürfnis wohl ablehnend: Loewenheim/Leistner in Schricker/Loewenheim Urheberrecht, 6. Aufl. 2020, UrhG § 2 Rn. 42.

[111] BT- Drs. 17/11470, 8.

[112] Fricke in Spindler/Schuster Recht der elektronischen Medien, 4. Aufl. 2019, UrhG § 87f Rn. 7; Jani in Wandtke/Bullinger UrhG, 5. Aufl. 2019, UrhG § 87f Rn. 2.

[113] Umsetzung der RL (EU) 2019/790 in deutsches Recht: BT-Drs. 19/27426.

[114] Conraths MMR 2021, 457 (460); auch Habel Roboterjournalismus, 2019, S. 215 ff.

[115] Weberling NJW 2018, 735 (738), zustimmend: Uphues in Hoeren/Sieber/Holznagel Handbuch Multimedia-Recht, 56. EL 2021, Kap. 15.3 Rn. 65.

[116] Beachte instruktiv für Umsetzung der RL (EU) 2019/790 allgemein: Hofman GRUR 2021, 895; zu Umsetzung von Art. 15 RL (EU) 2019/790 instruktiv: Rauer/Bibi GRUR-Prax 2020, 19.

[117] Art. 2 Nr. 4, Art. 15 RL (EU) 2019/790.

Nr. 2 UrhG dem Zweck der öffentlichen Information dienen und unter redaktioneller Verantwortung sowie Aufsicht des Presseverlegers veröffentlicht worden sein, Art. 87f. Abs. 1 Nr. 3 UrhG.

37 § 87f Abs. 2 S. 2 UrhG aF verlangte ua, dass Beiträge „der Informationsvermittlung, Meinungsbildung oder Unterhaltung dienen." Wohl jeder Beitrag, der der Öffentlichkeit zugänglich gemacht wird, kann der Information dieser dienen.[118] Die aktuelle Fassung des § 87f UrhG expliziert aber, dass der Beitrag dem Zweck dienen muss, „die Öffentlichkeit über Nachrichten oder andere Themen zu informieren.", § 87f Abs. 1 Nr. 2 UrhG.[119] Gefordert wird damit eine Intention. Ziel ist die Information der Öffentlichkeit durch die Veröffentlichung der Schriftwerke. Wird ein Text durch ein KI-Programm selbstständig generiert und veröffentlicht, ist fraglich, ob eine Informationsintention gegeben ist, da gegenwärtig einem KI-Programm noch keine Intention im Sinne einer aktiven Entscheidung zugeschrieben werden kann. Da der Presseverleger in den allermeisten Fällen den Einsatz eines NLG-Programmes und die Veröffentlichung der algorithmisch generierten Texte beabsichtigt, ist es unschädlich, wenn das KI-Programm den Text automatisiert generiert und ohne Einwirkung einer natürlichen Person veröffentlicht, so dass ganz überwiegend die Zweckbindung gegeben sein wird.

38 Der Unterschied zwischen dem Begriff des „Presseerzeugnis" und dem Begriff der „Presseveröffentlichung" ist noch nicht belastbar herausgearbeitet worden. Fraglich ist, ob hinsichtlich des Tatbestandsmerkmals der „Schriftwerke", der das Merkmal der „Beiträge" gem. § 87f Abs. 2 S. 1 UrhG aF ersetzt, zwingend eine menschliche Textgenerierung zu fordern ist.[120] Anzunehmen ist zunächst, dass gerade unter Bezug auf § 87f Abs. Nr. 1 UrhG auf die traditionelle Erscheinungsform von Presserzeugnissen im Sinne eines im Schwerpunkt sprachlichen und abgeschlossenen Narrativs rekurriert wird.[121] Unklar ist aber, ob ein „Werk" im Sinne einer geistigen Schöpfung vorliegen muss. Konnte dies für den „journalistischer Beitrag" gem. § 87f. Abs. 2 UrhG aF vielleicht noch verneint werden, ist dies in Bezug auf das Merkmal der „Schriftwerke", zweifelhaft. Bezugnehmend auf Art. 2 Nr. 4 RL (EU)2019/790 statuieren *Rauer/Bibi*, dass der grundsätzlich durchaus umstrittene Werkbegriff eine eigene geistige Schöpfung verlangt.[122] Wird der Ansicht gefolgt, dass es sich bei „Schriftwerken journalistischer Art" ebenfalls um eine geistige Schöpfung handeln muss, liegt eine solche bei einem vollständig algorithmisch generierten Text nicht vor, stellt dieser doch keine eigene geistige Schöpfung dar, da diese zwingend die Leistung einer natürlichen Person voraussetzt. Ist diese nicht an der Generierung des Textes beteiligt oder ist deren Beitrag als nicht relevant anzusehen, liegt ein Schriftwerk iSd § 87f. Abs. 1 UrhG nicht vor, so dass das Leistungsschutzrecht in diesem Falle nicht einschlägig ist. Fraglich ist dennoch, ob dieser Ansicht zu folgen ist. Im Sinne der Rechtssicherheit sollte dies im Rahmen weiterer rechtswissenschaftlicher Forschungen expliziert werden.

39 Ungeachtet dessen, ist zweifelhaft, ob die Werke „journalistischer Art" sein können, wenn ein Text autonom algorithmisch generiert wird. Wird bei einem algorithmisch generierten Text angenommen, dass kein Werk journalistischer Art vorliegt, kommt das Leistungsschutzrecht der Presseverleger ebenfalls nicht in Betracht. *Graef* versteht unter Bezugnahme auf § 87f Abs. 2 UrhG aF als „journalistische Beiträge" alle Beiträge, die von Journalisten und damit von natürlichen Personen verfasst werden.[123] Unter Bezugnahme auf Erwg. 56 der RL (EU)2019/790 wird in der amtl. Begründung des „Entwurf eines Gesetzes zur Anpassung des Urheberrechts an die Erfordernisse des digitalen Binnenmarktes"

[118] So auch: Stieper in Schricker/Loewenheim Urheberrecht, 6. Aufl. 2020, UrhG § 87f. Rn. 9.

[119] Vgl. Art. 2 Nr. 4 b) RL(EU)2019/790 „(...) Zweck dient, die Öffentlichkeit über Nachrichten oder andere Themen zu informieren.".

[120] So wohl Dornis GRUR 2021, 784 (787).

[121] Vgl. auch Jani ZUM 2019, 674 (676) zu „literarischen Werken journalistischer Art" in Art. 2 Nr. 4 RL(EU) 2019/790.

[122] Rauer/Bibi GRUR-Prax 2020, 19.

[123] Graef in BeckOK UrhR, 31. Ed. 1.5.2021, UrhG § 87f Rn. 10.

auf journalistische Veröffentlichungen, die im Rahmen einer wirtschaftlichen Tätigkeit erbracht werden, verwiesen,[124] so dass auch wohl hier davon ausgegangen werden kann, dass an die Leistung eines natürlichen Menschen angeknüpft wird. Andere Stimmen der Literatur verstehen wohl sämtliche redaktionell gestalteten Beiträge als journalistisch.[125] Bereits die Eingrenzung des Merkmals „journalistisch" im Rahmen der Anwendung des MStV erscheint nicht vollständig trennscharf möglich zu sein. Im Hinblick auf das Leistungsschutzrecht für Presseverleger muss wohl konkludiert werden, dass das Merkmal der „journalistischen Art" zu unbestimmt ist, um als zweckdienlich angesehen zu werden. Verlangt wird gem. § 87f Abs. 1 Nr. 3 UrhG zudem eine redaktionelle Kontrolle und Verantwortung, wohingegen § 87f Abs. 2 S. 1 UrhG aF auf die „redaktionell-technische Festlegung" verwies. Sowohl in alter als auch neuer Fassung ist daher vermutlich ein Einwirken durch eine natürliche Person zu fordern. Gerade unter Beachtung des Zwecks des Leistungsschutzrechts kann uU aber argumentiert werden, dass die Entscheidung des Verlegers, ein NLG-Programm einzusetzen und den Text zu veröffentlichen, als Ausübung redaktioneller Kontrolle und Verantwortung anzusehen ist. Zu konkludieren ist, dass zwar noch nicht abschließend geklärt ist, ob das Leistungsschutzrecht für Presseverleger auch algorithmisch generierte Texte umfasst. Gerade in Hinblick auf Sinn und Zweck des Leistungsschutzrechts, das wirtschaftliche Leistungen und Investitionen des Verlegers schützen soll, ist es aber grundsätzlich als praktikabel anzusehen, auch durch Roboterjournalismus generierte Texte einzubeziehen.

Zu statuieren ist, dass versäumt wurde, algorithmisch generierte Veröffentlichungen 40
einer eindeutigen Regelung zu unterwerfen. Mag auch grundsätzlich zu diskutieren sein, ob Leistungsschutzrechte in diesem Bereich überhaupt notwendig sind, hätte durch den Gesetzgeber dennoch eine juristische Klärung erfolgen können und sogar müssen, um Rechtssicherheit zu ermöglichen.

D. Fazit

Algorithmisch generierte Texte sind mittlerweile in differenten Medienerzeugnissen 41
vertreten, wobei prognostiziert werden kann, dass die durch Roboterjournalismus geschaffenen Medieninhalte zunehmen werden. Dennoch ist die Regulierung dieser gegenwärtig unzureichend.

Nach der hier vertretenen Ansicht ist eine journalistisch-redaktionelle Gestaltung im 42
Sinne des MStV für algorithmisch generierte Texte abzulehnen, wobei die Sorgfaltspflichten gem. § 19 MStV bei einem Angebot, das sowohl algorithmisch generierte als auch durch natürliche Personen generierte Texte vorhält, durch den Anbieter erfüllt werden müssen. Diesen Pflichten kann aber nur durch eine natürliche Person und nicht durch ein KI-Programm nachgekommen werden.

Durch Roboterjournalismus generierte Texte sind nicht urheberrechtlich geschützt, da 43
gegenwärtig nur eine natürliche Person im Sinne des Urheberrechts schöpfen kann und der Mensch somit conditio sine qua non ist. Mithin haben algorithmisch generierte Texte keinen Urheber,

Hinsichtlich des Presseverlegerleistungsschutzrechts ist noch zu klären, ob algorith- 44
misch generierte Texte dem Leistungsschutzrecht unterfallen. Unter Berücksichtigung des Zwecks dieses Leistungsschutzrechts erscheint es aber erforderlich, auch algorithmisch generierte Texte einzubeziehen. Ob dies hinsichtlich der differenten Tatbestandsmerkmale möglich ist, bleibt unklar und bedarf weiterer rechtswissenschaftlicher Forschung.

---

[124] BT-Drs.19/27426, 111.

[125] Dreier in Dreier/Schulze Urheberrechtsgesetz, 6. Aufl. 2018, UrhG § 87f Rn. 12; Jani in Wandtke/Bullinger UrhG, 5. Aufl. 2019, UrhG § 87f Rn. 2.

Forschungsbedarf besteht auch hinsichtlich der Anwendbarkeit des Datenbankherstellerrechts für die Erzeugnisse der KI.[126]

45 De lege ferenda ist zu überlegen, ob der anthropozentrische Fokus des Rechts grundsätzlich einer Modifizierung bedarf. Dies ist gerade im Bereich des Urheberrechts von Relevanz. Zu Recht werfen *Loewenheim/Leistner* die Frage auf, ob bei zukünftigen noch stärker autonom agierenden KI-Netzen das Urheberrecht in seiner Anwendung noch deutlicher beschränkt sei.[127] So ist zu prüfen, ob ein urheberrechtliche Schutz Werken ohne menschlichen Schöpfer zugesprochen werden sollte. Eine Orientierung an dem Rechtskreis des Common Law mag in dieser Hinsicht auch gerade unter Berücksichtigung der Anreizwirkung sinnvoll sein.

46 Weiterhin ist zu statuieren, dass auch andere rechtswissenschaftliche Fragen offen sind. Dies betrifft differente Bereiche. So ist zB im Sinne einer belastbaren Dogmatik nicht rechtssicher geklärt, ob und welche Grundrechte anwendbar sind, wobei im Medienrecht der Fokus vor allem auf der potentiellen Anwendbarkeit der Medienfreiheiten liegt, Art. 5 Abs. 1 S 2 GG.[128] Scheint sich die algorithmische Textgenerierung im Journalismus gegenwärtig auch auf Texte mit hoher Informationsdichte und standardisierten Textbausteinen zu beschränken, ist anzunehmen, dass durch die exponentiell fortschreitende Entwicklung der KI-Systeme zumindest mittelfristig auch rein narrative Texte generiert und veröffentlicht werden, die dem Zweck der öffentlichen Meinungsbildung dienen. Gerade in diesem Zusammenhang sind auch Fragen der Zurechnung und Haftung von Relevanz. *Spindler* konkludiert zu Recht, dass diese noch „kaum ausgelotet" sind.[129]

Literatur

Ahlberg/Götting/Lauber-Rönsberg, Beck'scher Online-Kommentar Urheberrecht, 31. Ed. 1.5.2021 (zitiert als: Bearbeiter in BeckOK UrhR, 31. Ed. 1.5.2021)

Ahrens, Influencer Marketing – Regulierungsrahmen und Konsequenzen seiner Anwendung (Teil 1), GRUR 2018, 1211

Bond/Blair, Artificial Intelligence & copyright: Section 9(3) or authorship without an author, Journal of Intellectual Property Law & Practice, Volume 14, Issue 6, June 2019, 423

Borges, Rechtliche Rahmenbedingungen für autonome Systeme, NJW 2018, 977

Bornemann, Produktplatzierung im Fernsehen ohne Grenzen, ZUM 2015, 48

Bridy, Coding Creativity: Copyright and the Artificially Intelligent Author, STAN. TECH. L. REV. 5 2012, 21

Buxmann/Schmidt, Grundlagen der Künstlichen Intelligenz und des Maschinellen Lernens, 3, in Buxmann/Schmidt, Künstliche Intelligenz, 2021

Carlson, The Robotic Reporter, Digital Journalism 2014, 1

Chowdhury, Natural language processing, Annual Review of Information Science and Technology, 2003, 51

Conraths, Künstliche Intelligenz in der Medienproduktion, MMR 2021, 457

Denicola, Ex Machina: Copyright Protection for Computer-Generated Works, 69 Rutgers U. L.R. 2016, 251

Dornis, Der Schutz künstlicher Kreativität im Immaterialgüterrecht, GRUR 2019, 1252

Dornis, Die „Schöpfung ohne Schöpfer" – Klarstellungen zur „KI-Autonomie" im Urheber- und Patentrecht, GRUR 2021, 784

Dreier/Schulze, Urheberrechtsgesetz, 6. Auflage 2018

Encyclopedia of Library and Information Science, 2nd Ed. 2001 (zitiert als: Bearbeiter in Encyclopedia of Library and Information Science

---

126 Ablehnend: Hetmank/Lauber-Rönsberg GRUR 2018, 574 (579).

127 Loewenheim/Leistner in Schricker/Loewenheim Urheberrecht, 6. Aufl. 2020, UrhG § 2 Rn. 41a.

128 *Habel* argumentiert dagegen, dass unter Bezug auf die Dogmatik der Schutzbereich aus Art. 5 I 2 GG eröffnet sein könne, da journalistische Sorgfaltsplichten akzessorische Grundrechtsvoraussetzungen, die gerade nicht im Schutzbereich, sondern in den Schranken des Art. 5 II GG zu verorten seien, Habel Roboterjournalismus, 2019, S. 115; *Uphues* hingegen verneint dies zumindest hinsichtlich der Pressefreiheit: „Da die Pressefreiheit nur den im Pressewesen tätigen Personen zusteht, kann der Journalismusroboter „unter der Fahne der Pressefreiheit" lediglich als Unterstützung bei der Erstellung journalistischer Beiträge genutzt werden." Uphues in Hoeren/Sieber/Holznagel Handbuch Multimedia-Recht, 56. EL 2021, Kap. 15.3 Rn. 64.

129 Spindler ZUM 2020, 433 (439); vlg. auch: Lewis/Sanders/Carmody Journalism and Mass Communication Quarterly 96(1) 2019, 60.

Flew/Spurgeon/Daniel/Swift, The Promise of Computational Journalism, Journalism Practice 2012, 157
Gersdorf/Paal, Beck'scher Online-Kommentar Informations- und Medienrecht, 32. Ed. 1.5.2021 (zitiert: Bearbeiter in: BeckOK InfoMedienR, 32. Ed. 1.5.2021)
Ginsburg, People Not Machines: Authorship and What It Means in the Berne Convention, IIC 2018, 13
Ginsburg/Budiardjo, Authors and Machines, Berkeley Technology Law Journal 2019, 343
Gounalakis/Rhode, Elektronische Kommunikationsangebote zwischen Telediensten, Mediendiensten und Rundfunk, CR 1998, 487
Gräfe/Kahl, KI-Systeme zur automatischen Texterstellung, MMR 2021, 121
Grigoleit, Natural Language Processing, Europäische Sicherheit & Technik, 2019, 69
Habel, Roboterjournalismus, 2019
Heins/Lefeldt, Medienstaatsvertrag: Journalistische Sorgfaltspflichten für Influencer*innen, MMR 2021, 126
Herberger, „Künstliche Intelligenz" und Recht, NJW 2018, 2825
Hetmank/Lauber-Rönsberg, Künstliche Intelligenz – Herausforderungen für das Immaterialgüterrecht, GRUR 2018, 574
Hoeren/Niehoff, KI und Datenschutz – Begründungserfordernisse automatisierter Entscheidungen, RW 2018, 47
Hoeren/Sieber/Holznagel, Handbuch Multimedia-Recht, 56. EL 2021
Hofmann, Update für das Urheberrecht, GRUR 2021, 895
Jani, Das europäische Leistungsschutzrecht für Presseverleger, ZUM 2019, 674
Kastl, Algorithmen – Fluch oder Segen, GRUR 2015, 136
Korte, Praxis des Presserechts, 2. Aufl. 2019
Legg/Hutter, A Collection of Definitions of Intelligence, 17, in Goertzel/Wang, Advances in Artificial General Intelligence: Concepts, Architectures and Algorithms: proceedings of the AGI Workshop 2007 (zitiert als: Legg/Hutter A Collection of Definitions of Intelligence in Goertzel/Wang Advances in Artificial General Intelligence, 2007)
Legner, Erzeugnisse Künstlicher Intelligenz im Urheberrecht, ZUM 2019, 807
Leistner/Hansen, Die Begründung des Urheberrechts im digitalen Zeitalter – Versuch einer Zusammenführung von individualistischen und utilitaristischen Rechtfertigungsbemühungen, GRUR 2008, 479
Leupold/Wiebe/Glossner, Münchener Anwaltshandbuch IT-Recht, 4. Aufl. 2021
Lewis/Sanders/Carmody, Libel by Algorithm? Automated Journalism and the Threat of Legal Liability. Journalism and Mass Communication Quarterly, 96(1), 2019, 60
Liddy, Natural Language Processing. Encyclopedia of Library and Information Science, 2nd Ed. NY 2001,1
Loewenheim, Handbuch des Urheberrechts, 3. Aufl. 2021
Minsky, Steps toward Artificial Intelligence, Proceedings of the IRE 1961, 8
Montal/Reich, I, Robot. You, Journalist. Who is the Author?, Digital Journalism 2017, 829
Oppermann/Stender-Vorwachs, Autonomes Fahren, 2. Aufl. 2020
Ory/Sorge, Schöpfung durch Künstliche Intelligenz?, NJW 2019, 710
Peifer, Influencer Marketing – Rechtlicher Rahmen und Regulierungsbedürfnis (Teil 2), GRUR 2018, 1218
Rauer/Bibi, Das Leistungsschutzrecht des Art. 15 DSM-RL: Neu gemacht = neu gedacht? GRUR-Prax 2020, 19
Reichelt, Einführung in den Roboterjournalismus: Bedrohung oder Chance?, 2017
Riem, Nein zur ePerson!, RDi 2020, 42
Samuelson, Allocating Ownership Rights in Computer-Generated Works, 47 U. PITT. L. REV. 186, 1185
Schack, Anm. zu EuGH – Kein Urheberrechtsschutz für Lebensmittelgeschmack mangels Werkcharakter – Levola/Smilde, GRUR 2019, 73
Schack, Schutzgegenstand, „Ausnahmen oder Beschränkungen" des Urheberrechts, GRUR 2021, 904
Schmidt/Beneken, Algorithmen – Berechenbarkeit und Komplexität, in Ernst/Schmidt/Beneken, Grundkurs Informatik, 7. Aufl. 2020Schricker/Loewenheim, Urheberrecht, 6. Aufl. 2020
Specht, Zum Verhältnis von (Urheber-) Recht und Technik, GRUR 2019, 253
Spindler, Neues zu (internationalen) Bewertungsportalen – Zugleich Anmerkung zu BGH, Urteile vom 14.1.2020 – VI ZR 495/18 (ZUM 2020, 331), VI ZR 496/18 (ZUM-RD 2020, 181) und VI ZR 497/18 (ZUM-RD 2020, 186), ZUM 2020, 433
Spindler/Schuster, Recht der elektronischen Medien, 4. Aufl. 2019
Thurman/Lewis/Kunert, Algorithms, Automation, and News, Digital Journalism 2019, 980
Turing, Computing Machinery and Intelligence, Mind 1950, 433
Wandtke/Bullinger, Praxiskommentar zum Urheberrecht, 5. Aufl. 2019 (zitiert als: Bearbeiter in Wandtke/Bullinger UrhG, 5. Aufl. 2019)
Weberling, Medienrechtliche Bedingungen und Grenzen des Roboterjournalismus, NJW 2018, 735
Weiner/Schmelz, Die elektronische Presse und andere neue Kommunikationsformen im neuen rechtlichen Regulierungsrahmen, K&R 2006, 453

3.6 Zulässigkeit automatisierter Einzelentscheidungen im Einstellungsprozess unter Beachtung des Art. 22 DS-GVO

Übersicht

A. Einleitung bzw. Ausgangssituation

1 Dieser Beitrag handelt von der Zulässigkeit automatisierter Entscheidungen nach Art. 22 DS-GVO, wenn ein Arbeitgeber Personal rekrutiert und einstellen möchte. Die Diskussion wird kontrovers geführt – namentlich aufgrund der Gefahr von Diskriminierungen zum Nachteil der Bewerberinnen und Bewerber. Sie ist auch wichtig, weil sich KI-Systeme rasant weiterentwickeln und der Einsatz automatisierter Instrumente zwecks Einstellung und Rekrutierung (Hiring-Tools/Recruiting-Tools) insbesondere bei größeren Unternehmen zunimmt.[1] Algorithmen[2], die auf Künstlicher Intelligenz (KI) basieren, treten dabei an die Stelle des Arbeitgebers bzw. übernehmen einen Teil von dessen Arbeit.

2 Automatisierte Entscheidungssysteme können im Personalbereich – jedenfalls aus technischer Sicht – vielfältig eingesetzt werden, auch über die Personalauswahl hinaus. Auf dem Markt befindlich sind zur Zeit insbesondere Sprachanalysetools und Chat-Bot-Programme.[3] Diese übernehmen Erstgespräche mit den Bewerbern und sollen eine Vorauswahl treffen. So können Algorithmen, die sich vorrangig durch ihre Eigenständigkeit und Weiterentwicklungsfähigkeit auszeichnen (sog. maschinelles Lernen), dazu beitragen, die Personalauswahl effizienter zu gestalten. Das geschieht dadurch, dass sie eine Vielzahl von Daten unter Beachtung der benötigten Qualifikation und anderen Schlagwörtern in kürzester Zeit[4] verarbeiten und auswerten. Beispielsweise konnte eine US-Firma nach

[1] So auch Weichert in Däubler/Wedde/Weichert/Sommer EU-DSGVO und BDSG, 2. Aufl. 2020, DSGVO Art. 22 Rn. 42; zur generellen technologischen Entwicklung und bzgl. Rückgriff auf/Verwendung von personenbezogenen Daten siehe auch ErwGrd 6 der DS-GVO.

[2] Unter Algorithmus ist eine ein bestimmtes Problem lösende Handlungsvorschrift zu verstehen. Eine Eingabe (Input) wird dabei schrittweise in eine Ausgabe (Output) umgewandelt. (Berberich in Kersting/Lampert/Rothkopf Wie Maschinen lernen, 2019, Kap. 2 S. 11). Eine klare Definition des Begriffs „KI-System" wird von der EU-Kommission angestrebt, vgl. Vorschlag zur KI-Verordnung COM(2021) 206 final, S. 21.

[3] Joos NZA 2020, 1216.

[4] So wirbt bspw. retorio (Videointerview-Hiringtool) mit einem um 70% schnelleren Pre-Screening und einer Reduzierung von Fehlbesetzungen um 66% (https://www.retorio.com, zuletzt abgerufen am: 13.4.2022) und Hire Vue (Videointerview-Software) mit einer Reduzierung der Zeit bis zur Einstellung um 75% (https://www.hirevue.com, zuletzt abgerufen am: 13.4.2022).

eigenen Angaben mit Hilfe eines KI-basierten Auswahlsystems aus zwei Millionen Bewerbungen auf 20.000 Stellen die passenden Jobkandidaten herausfiltern.[5]

3 Solche automatisierten Entscheidungen sind an Art. 22 Abs. 1 DS-GVO zu messen, der im Grundsatz eine ausschließlich auf einer automatisierten Verarbeitung beruhende Entscheidung verbietet. Art. 22 Abs. 1 DS-GVO ist eine vergleichsweise junge datenschutzrechtliche Vorschrift und besitzt keine Vorläufernorm.[6] Einschlägige Rechtsprechung, vor allem seitens des EuGH, gibt es noch nicht. Von daher lohnt es sich, Art. 22 Abs. 1 DS-GVO aus der arbeitsrechtlichen Perspektive näher zu analysieren. Klärungsbedürftig ist, welche Verfahrensabschnitte der automatisierten Personalauswahl Art. 22 DS-GVO unterfallen und ab wann und in welchem Umfang ein menschlicher Mitwirkungsbeitrag nach Maßgabe dieser Norm erforderlich ist.

4 In diesem Beitrag wird dargelegt und argumentiert, dass auf das Dazwischentreten eines Menschen bei Einstellungsentscheidungen *de lege lata* verzichtet werden kann. Auch die rechtspolitische Diskussion sollte diesen Umstand beachten und von rein automatisierten Entscheidungen Abstand nehmen, um einen wirksamen Arbeitnehmerschutz zu gewährleisten. Notwendig ist es, Informations- und Auskunftsansprüche betroffener Arbeitnehmer *de lege ferenda* zu stärken, allerdings möglichst ohne dabei den technischen Fortschritt zu beschränken.

5 Im Folgenden wird zunächst Art. 22 DS-GVO dargestellt (→ Rn. 6 ff.). Sodann geht es um die technischen Anforderungen an die automatisierte Verarbeitung iSd Art. 22 DS-GVO (→ Rn. 12 ff.). Anschließend wird die automatisierte Bewerberauswahl thematisiert (→ Rn. 17 ff.), wobei auf die unterschiedlichen Einsatzbereiche im Einstellungsverfahren eingegangen wird. Danach werden verbleibende Schutzlücken herausgestellt (→ Rn. 40 ff.). Der Beitrag endet mit einer Zusammenfassung in Thesen (→ Rn. 45 ff.).

B. Zur Bedeutung von Art. 22 DS-GVO

6 Gem. Art. 22 Abs. 1 DS-GVO hat die betroffene Person das Recht, nicht einer ausschließlich auf einer automatisierten Verarbeitung (einschließlich Profiling) beruhenden Entscheidung unterworfen zu werden, die ihr gegenüber rechtliche Wirkung entfaltet (Alt. 1) oder sie in ähnlicher Weise erheblich beeinträchtigt (Alt. 2). Auch die Erwägungsgründe zu der DS-GVO äußern sich näher zu Einstellungsentscheidungen im Arbeitsrecht. ErwG 71 benennt ausdrücklich als ua möglichen Anwendungsfall von Art. 22 DS-GVO ein ausschließlich online durchgeführtes Einstellungsverfahren, bei dem kein menschliches Hinzutreten gegeben ist. Ein solches soll demnach unzulässig sein. Art. 22 Abs. 2 DS-GVO regelt drei Ausnahmen von diesem Verbot und entspricht inhaltlich ErwG 71 Satz 3.[7] So gilt Abs. 1 nicht, wenn die Entscheidung für den Abschluss oder die Erfüllung des Vertrages erforderlich ist (lit. a), aufgrund anderer Rechtsvorschriften zulässig ist (lit. b) oder mit ausdrücklicher Einwilligung des Betroffenen erfolgt (lit. c). Die Norm ist diesbezüglich abschließend formuliert.

7 Der Schutzzweck von Art. 22 DS-GVO ergibt sich aus einem Bündel sich gegenseitig ergänzender Motive, welche allesamt die von automatisierten Einzelentscheidungen typischerweise ausgehenden Gefahren vermeiden wollen. Darüber hinaus sind nach Art. 1 Abs. 2 DS-GVO die Grundrechte und Grundfreiheiten natürlicher Personen und insbeson-

[5] Vgl. SpiegeOnline v. 8.3.2021 („Wie künstliche Intelligenz über Ihren nächsten Job entscheidet", zuletzt abgerufen am: 13.4.2022).

[6] Die DS-GVO ((EU) 2016/679 v. 27.4.2016) und mit ihr der Art. 22 ist entsprechend Art. 99 Abs. 2 DS-GVO seit dem 25.5.2018 anwendbar (Krügel/Pfeiffenbring in Ebers/Heinze/Krügel/Steinrötter Künstliche Intelligenz und Robotik, 2020, § 11 Rn. 1).

[7] Weichert in Däubler/Wedde/Weichert/Sommer EU-DSGVO und BDSG, 2. Aufl. 2020, DSGVO Art. 22 Rn. 34 f.

dere deren Recht auf Schutz personenbezogener Daten zu schützen. Gefahren von automatisierten Einzelentscheidungen sind ua die Herrschaftsgefahr des Systems[8], die Gefahr einer missbräuchlichen Verwendung der Informatik bei der Entscheidungsfindung[9] und die Gefahr der Intransparenz und mangelnder Beeinflussbarkeit der Entscheidung[10]. Letztlich spielt der Gedanke, dass algorithmenbasierte Systeme nicht unkontrolliert menschliche Handlungsfreiheiten ausüben sollen, eine zentrale Rolle.[11] Diesen Gefahren wollte schon der ehemalige Art. 15 Datenschutz-RL[12] begegnen. Eine entsprechende Regelung wurde erstmals 2001 mit §6a BDSG aF im deutschen Recht erlassen.[13]

Was die Gefahrenlage betrifft, so steht insbesondere das Bedürfnis nach dem Schutz des Menschen vor Verobjektivierung durch vollständig automatisierte Verarbeitung von Daten im Vordergrund.[14] Dieser Schutz folgt aus der Achtung der Menschenwürde.[15] Das bedeutet zuvörderst, dass der Mensch immer als Subjekt wahrgenommen werden soll. Ferner darf die Entscheidungsgrundlage nicht allein auf schematischen und pauschalen Analysen beruhen.[16] Nur wenn dem entscheidungsverantwortlichen Menschen ein Ermessensspielraum verbleibt, können Entscheidungen den konkreten Einzelfall berücksichtigen.[17] 8

Alles in allem spiegelt sich in Art. 22 DS-GVO ein risikobasierter Regelungsansatz wider.[18] Ein solcher entspricht auch den zukünftigen legislatorischen Bestrebungen der EU. Dies zeigt sich an dem Vorschlag der Kommission zu einer KI-Verordnung.[19] Dieser bezeichnet im Anhang III ua KI-Systeme im Bereich des Personalmanagements als sog. Hochrisiko-KI-Systeme iSd Art. 6 Abs. 2 KI-VO-Vorschlag. 9

Aus arbeitsrechtlicher Sicht ist Art. 22 DS-GVO thematisiert, wenn die Maschine an die Stelle des Arbeitgebers tritt bzw. dessen Macht ausübt und beispielsweise Personalent- 10

[8] Martini in Paal/Pauly DS-GVO BDSG, 3. Aufl. 2021, DS-GVO Art. 22 Rn. 8; Schwarze in Ebers/Heinze/Krügel/Steinrötter Künstliche Intelligenz und Robotik, 2020, §8 Rn. 8, 30; Atzert in Schwartmann/Jaspers/Thüsing/Kugelmann DS-GVO/BDSG, 2. Aufl. 2020, DS-GVO Art. 22 Rn. 4.

[9] Buchner in Kühling/Buchner DS-GVO/BDSG, 3. Aufl. 2020, DS-GVO Art. 22 Rn. 1; explizit dazu in der Begründung des Art. 15 DSRL: „Die Gefahr einer missbräuchlichen Verwendung der Informatik bei der Entscheidungsfindung ist eine der Hauptgefahren der Zukunft: Das von der Maschine gelieferte Ergebnis, die immer höher entwickelte Software und Expertensysteme zugrunde legt, hat einen scheinbar objektiven und unstreitbaren Charakter, dem der menschliche Entscheidungsträger übermäßige Bedeutung beimessen kann, wenn er seiner Verantwortung nicht nachkommt." (KOM(29) 422 endg., S. 26.).

[10] Weichert in Däubler/Wedde/Weichert/Sommer EU-DSGVO und BDSG, 2. Aufl. 2020, DSGVO Art. 22 Rn. 16.

[11] Joos NZA 2020, 1216 (1217).

[12] Richtlinie 95/46/EG des Europäischen Parlaments und des Rates vom 24. Oktober 1995 zum Schutz natürlicher Personen bei der Verarbeitung personenbezogener Daten und zum freien Datenverkehr, ABl. Nr. L 281/31 vom 23.11.1995.

[13] Weichert in Däubler/Wedde/Weichert/Sommer EU-DSGVO und BDSG, 2. Aufl. 2020, DS-GVO Art. 22 Rn. 1; Martini in Paal/Pauly DS-GVO BDSG, 3. Aufl. 2021, DS-GVO Art. 22 Rn. 14c; Djeffal ZaöRV 2020, 847 (853) zu den weiteren Hintergründen.

[14] Martini in Paal/Pauly DS-GVO BDSG, 3. Aufl. 2021, DS-GVO Art. 22 Rn. 1; Buchner in Kühling/Buchner DS-GVO/BDSG, 3. Aufl. 2020, DS-GVO Art. 22 Rn. 12; Atzert in Schwartmann/Jaspers/Thüsing/Kugelmann DS-GVO/BDSG, 2. Aufl. 2020, DS-GVO Art. 22 Rn. 4; Weichert in Däubler/Wedde/Weichert/Sommer EU-DSGVO und BDSG, 2. Aufl. 2020, DSGVO Art. 22 Rn. 16.

[15] Das BVerfG leitete 1969 aus dem durch Art. 1 Abs. 1 GG iVm Art. 2 Abs. 1 GG geschützten allgemeinen Persönlichkeitsrecht ein Verbot der Erstellung totaler Persönlichkeitsbilder ab, s. BVerfG, 16.7.1969, 1 BvL 19/63 – Mikrozensus, NJW 1969, 1707 = BVerfGE 27, 1; ein derartiges Recht des Staates, „den Menschen zwangsweise in seiner ganzen Persönlichkeit zu registrieren und zu katalogisieren" (BVerfGE 27, 1, 6), sei mit der Menschenwürde unvereinbar. Siehe dazu Weichert in Däubler/Wedde/Weichert/Sommer EU-DSGVO und BDSG, 2. Aufl. 2020, DSGVO Art. 22 Rn. 8. In der GrCH schlägt sich der damit verbundene Schutzgedanke in Art. 1, 7 und 8 nieder. Zum Gehalt der Menschenwürde ua EuGH Urt. v. 14.10.2004 – C-36/02 – Omega, NVwZ 2004, 1471; EuGH Urt. v. 9.10.2001 – C-377/98 – Niederlande/EU Parlament und Rat, GRUR Int 2001, 1043.

[16] Vgl. Atzert in Schwartmann/Jaspers/Thüsing/Kugelmann DS-GVO/BDSG, 2. Aufl. 2020, DS-GVO Art. 22 Rn. 4.

[17] Atzert in Schwartmann/Jaspers/Thüsing/Kugelmann DS-GVO/BDSG, 2. Aufl. 2020, DS-GVO Art. 22 Rn. 6.

[18] Hacker, NJW 2020, 2142.

[19] COM(2021) 206 final, ua auf S. 9, 11.

scheidungen wesentlich mitbeeinflusst oder gar Weisungen gem. § 611a II BGB iVm § 106 GewO erteilt. Dann besteht ein Herrschaftsrisiko der KI.[20] Die durch ein System ausgeübte Macht kann rechtlicher oder tatsächlicher Natur sein.[21] Damit sind unter Entscheidungen iSd Art. 22 Abs. 1 DS-GVO nicht allein Willenserklärungen, sondern auch Tathandlungen zu fassen, die auf das Erreichen eines tatsächlichen Erfolges abzielen.[22] Es kommt jedoch immer darauf an, dass die Wirkung der Maßnahme über das *forum internum* hinausgeht.[23]

11 Entsprechend den mit automatisierten Personalentscheidungen einhergehenden hohen Risiken für Rechte und Rechtsgüter der Betroffenen liegen Ausnahmen vom Verbot automatisierter Einzelfallentscheidungen nach Abs. 2 bei Personalauswahlentscheidungen in der Regel nicht vor. Erstens ist von einer *Erforderlichkeit* der Entscheidung iSd Abs. 2 lit. a beim Arbeitsvertragsschluss idR nicht auszugehen.[24] Der Abschluss des Arbeitsvertrages ist auch bei einer Überprüfung der Entscheidung durch eine natürliche Person möglich (enge Auslegung).[25] Reine Zweckmäßigkeitserwägungen, beispielsweise erhebliche Zeitersparnis bei der Bewerberauswahl, reichen nicht aus, um die Erforderlichkeit zu begründen.[26] Zwar sind algorithmenbasierte Auswahlsysteme in der Lage, eine immense Datenmenge zu verarbeiten, was Menschen in dem Maße (Umfang und Zeit) nicht leisten können. Dennoch ist diese riesige Datenanalyse nicht notwendig, um einen passenden Bewerber für die Stelle auszuwählen und mit ihm einen Arbeitsvertrag abzuschließen. Eine automatisierte Ablehnungsentscheidung weist keine „massenhafte Alltäglichkeit" auf.[27] Dies zeigt sich schon allein an der bisherigen Vorgehensweise bei Neueinstellungen, die auch ganz ohne Technikeinsatz zu einer guten Personalbesetzung geführt hat.[28] Zweitens existieren (noch) keine Rechtsvorschriften der Union oder der Mitgliedstaaten iSd Abs. 2 lit. b, die namentlich einer Prüfung am Maßstab der GrCH standhalten müssten. Auch die geplante KI-Verordnung wird – so der aktuelle Stand der Dinge – daran nichts ändern. Vielmehr wird durch die dort aufgeführten Anforderungen an KI-Systeme und insbes. Hochrisiko-KI-Systeme deutlich, dass keine Ausnahme vom Grundsatz des Art. 22 Abs. 1 DS-GVO bei Hochrisikosystemen beabsichtigt ist. Drittens ist schließlich die Wirksamkeit einer *Einwilligung* eines Bewerbers nach Abs. 2 lit. c aufgrund des Erfordernisses der Freiwilligkeit zweifelhaft (Art. 4 Nr. 11, Art. 7 Abs. 4 DS-GVO, § 26 Abs. 2 BDSG). Offenkundig ist der Bewerber dem Arbeitgeber aufgrund typisiert anzunehmender Verhandlungsimparität vor Abschluss des Arbeitsvertrages regelmäßig unterlegen.[29] Spätestens jedoch, wenn Systementscheidungen im Personalwesen zum Regelfall[30] werden und man sich ihnen nicht mehr entziehen kann, ist von einer Unfreiwilligkeit im Grundsatz auszugehen. Man stelle sich vor, dass dem Bewerber alternativ Arbeitslosigkeit drohen würde und auf diese

[20] Schwarze in Ebers/Heinze/Krügel/Steinrötter Künstliche Intelligenz und Robotik, 2020, § 8 Rn. 8.

[21] Schwarze in Ebers/Heinze/Krügel/Steinrötter Künstliche Intelligenz und Robotik, 2020, § 8 Rn. 8.

[22] Martini in Paal/Pauly DS-GVO BDSG, 3. Aufl. 2021, DS-GVO Art. 22 Rn. 15a.

[23] Martini in Paal/Pauly DS-GVO BDSG, 3. Aufl. 2021, DS-GVO Art. 22 Rn. 15a.

[24] Im arbeitsrechtlichen Kontext wäre eine solche Erforderlichkeit jedoch grds. bspw. bei Weisungen nach § 106 GewO iVm § 611a BGB denkbar, vgl. dazu Schwarze in Ebers/Heinze/Krügel/Steinrötter Künstliche Intelligenz und Robotik, 2020, § 8 Rn. 30, 34.

[25] Vgl. von Lewinski in BeckOK DatenschutzR, 36. Ed. 1.5.2021, DS-GVO Art. 22 Rn. 43; für eine weitere Auslegung s. Weichert in Däubler/Wedde/Weichert/Sommer, EU-DSGVO und BDSG, 2. Aufl. 2020, DSGVO Art. 22 Rn. 44; Buchner in Kühling/Buchner DS-GVO/BDSG, 3. Aufl. 2020, DS-GVO Art. 22 Rn. 30.

[26] Krügel/Pfeiffenbring in Ebers/Heinze/Krügel/Steinrötter Künstliche Intelligenz und Robotik, 2020, § 11 Rn. 58.

[27] Schwarze in Ebers/Heinze/Krügel/Steinrötter Künstliche Intelligenz und Robotik, 2020, § 8 Rn. 31.

[28] In der Privatwirtschaft gilt gerade nicht das Leistungsprinzip (Bestenauslese), vgl. Art. 33 Abs. 2 GG für den öffentlichen Sektor.

[29] Vgl. für § 26 BDSG bspw. BT-Drs. 18/11325, 97; ebenso BAG 11.12.2014 – 8 AZR 1010/13 NZA 2015, 604 (607); Schwarze in Ebers/Heinze/Krügel/Steinrötter Künstliche Intelligenz und Robotik, 2020, § 8 Rn. 31.

[30] Momentan ist der Einsatz solcher Systeme unter Ausschöpfung der Vorteile wohl überwiegend bis ausschließlich auf größere Unternehmen beschränkt.

Weise sozialer Druck und wirtschaftlicher Zwang entsteht. Mithin ist die automatisierte Personalauswahl regelmäßig allein am Maßstab des Art. 22 Abs. 1 DS-GVO zu messen.

C. Technische Anforderungen

Bevor näher auf die einzelnen Tatbestandsmerkmale des Art. 22 DS-GVO eingegangen wird, ist zunächst zu erörtern, welche Anforderungen an die automatisierte Verarbeitung gestellt werden, die der Entscheidung iSd Art. 22 Abs. 1 DS-GVO zugrunde liegt. 12

Art. 22 Abs. 1 DS-GVO unterscheidet nicht zwischen verschiedenen Typen von Algorithmen. Vielmehr erfasst er alle automatisierten Datenverarbeitungsprozesse. Das war mit Blick auf Art. 15 DSRL anders. Diese Vorschrift bezog sich lediglich auf automatisierte Entscheidungen, die aufgrund einer automatisierten Datenverarbeitung mit dem Zweck der Bewertung einzelner Persönlichkeitsaspekte des Betroffenen ergeht.[31] Dieser Fokus auf die Bewertung von Persönlichkeitsaspekten nimmt ErwG 71 zur DS-GVO auf. Im Wortlaut des Art. 22 Abs. 1 DS-GVO hingegen findet diese Einschränkung auf „bewertende Entscheidungen" mit dem Zusatz „einschließlich Profiling" jedoch keine ausreichend eindeutige Umsetzung.[32] Vielmehr steht der Wortlaut einem weiten Verständnis des Anwendungsbereichs und damit dem Einbezug von weniger komplexen automatisierten Entscheidungen nicht entgegen. 13

Aufgrund des offeneren Wortlauts des Art. 22 DS-GVO[33] wird sogar diskutiert, ob die Norm so weit zu verstehen sei, dass auch „einfache" Wenn-Dann-Algorithmen unter die Norm zu fassen sind.[34] Bei diesen Algorithmen ist jeder Einzelschritt bis zur Entscheidung kodiert.[35] Aufgrund der darin begründeten regelmäßig guten Nachvollziehbarkeit und Transparenz der Entscheidung spricht man von einer sog. „White Box". Im Hinblick auf die hier relevanten Einstellungsentscheidungen im Rekrutierungsverfahren sind diese rein konditional arbeitenden Algorithmen allerdings kaum praxisrelevant. 14

Vielmehr ist es so, dass Algorithmen, die bei der Einstellung von Personal zum Einsatz kommen, sich überwiegend gerade durch ihre (Hyper)Komplexität auszeichnen. Diese ist auf die Fähigkeit des maschinellen Lernens zurückzuführen. Sie sind konditionalen Algorithmen überlegen. Die Maschine lernt aufgrund von beispielhaften Trainingsdaten, welche Verknüpfungen eine Entscheidung über ein konkretes Objekt beeinflussen.[36] Aufgrund der Eigenschaft des maschinellen Lernens können sich entsprechend programmierte Algorithmen eigenständig fortentwickeln und verbessern, indem sogar bislang unbekannte Zusammenhänge, namentlich Korrelationen erkannt werden können.[37] Freilich können 15

[31] Krügel/Pfeiffenbring in Ebers/Heinze/Krügel/Steinrötter Künstliche Intelligenz und Robotik, 2020, § 11 Rn. 40.

[32] Atzert in Schwartmann/Jaspers/Thüsing/Kugelmann DS-GVO/BDSG, 2. Aufl. 2020, DS-GVO Art. 22 Rn. 9.

[33] Was, wie Krügel/Pfeiffenbring in Ebers/Heinze/Krügel/Steinrötter Künstliche Intelligenz und Robotik, 2020, § 11 Rn. 41 unter Beachtung des Kommissionsentwurfes ausführen, kein Versehen ist.

[34] Siehe dazu die Überlegungen von Groß/Gressel NZA 2016, 990 (993) zu der Möglichkeit einer arbeitgeberseitigen Kündigung mittels Wenn-Dann-Algorithmus, welche *de lege lata* jedoch aufgrund des Schriftformerfordernisses nach § 623 HS. 2 iVm § 126a BGB schon unzulässig wären. Nach überwiegender Ansicht unterliegen Wenn-Dann-Entscheidungen nicht dem Art. 22, vgl. ua Weichert in Däubler/Wedde/Weichert/Sommer EU-DSGVO und BDSG, 2. Aufl. 2020, DSGVO Art. 22 Rn. 17 und Abel ZD 2018, 304 (305).

[35] Niederée/Nejdl in Ebers/Heinze/Krügel/Steinrötter Künstliche Intelligenz und Robotik, 2020, § 2 Rn. 25.

[36] Niederée/Nejdl in Ebers/Heinze/Krügel/Steinrötter Künstliche Intelligenz und Robotik, 2020, § 2 Rn. 24; Stiemerling in Kaulartz/Braegelmann Rechtshandbuch Artificial Intelligence und Machine Learning, 2020, Kap. 2.1 Rn. 15.

[37] Niederée/Nejdl in Ebers/Heinze/Krügel/Steinrötter Künstliche Intelligenz und Robotik, 2020, § 2 Rn. 26. Eine Korrelation beschreibt eine Beziehung zwischen zwei oder mehreren Parametern. Wichtig ist, dass der Zusammenhang bei einer Korrelation keine kausale Beziehung verlangt.

sich aber auch Fehler einschleichen oder verfestigen. So kommt es ganz wesentlich auf die Datenqualität und deren Aussagekraft an.[38] Die jeweilige genaue Ausgestaltung der Algorithmen hängt immer davon ab, welche Problemstellung mittels KI gelöst werden soll.[39] So können Algorithmen in verschiedene Gruppen eingeteilt werden. Im Wesentlichen zu nennen sind überwachtes Lernen (*supervised learning*) und unüberwachtes Lernen (*unsupervised learning*), wobei beiden das Merkmal des maschinellen Lernens gemein ist. Gerade die vielschichtige Datenanalyse macht diese selbstlernenden Algorithmen so interessant und nützlich für die Bewerberanalyse und -auswahl. Sie sind in der Lage, eine Vielzahl an Informationen, nicht allein über den jeweiligen einzelnen Bewerber, sondern über alle Bewerber zu verarbeiten, diese untereinander zu vergleichen, zu sortieren und mit weiteren Daten, die sich beispielsweise aus dem im Unternehmen bereits bestehenden Mitarbeiterbestand ergeben können, in Verbindung zu setzen.

16 Aufgrund dieser umfassenden Analyse von Merkmalen des Bewerbers und zuweilen auch einer Prognose über die zukünftige Entwicklung im Hinblick auf das bevorstehende Arbeitsverhältnis sind derartige Recruitmentsysteme von Art. 22 DS-GVO umfasst.[40] Ob der Betroffene bewertet wird, steht nicht im Fokus, auch wenn ein gewisses „Bewertungselement" aufgrund des subjektiven Einflusses des Algorithmenentwicklers als natürlicher Person wohl grds. gegeben sein dürfte.[41]

D. Bewerberauswahl

17 Hinsichtlich des Einsatzes von Algorithmen bei der Bewerberauswahl ist danach zu unterscheiden, ob *erstens* Bewerberdaten lediglich vorstrukturiert und die Personen unter Beachtung der Stellenanforderungen in eine Reihenfolge gebracht werden, *zweitens* eine automatisierte negative Vorauswahl stattfindet, oder schließlich *drittens* gar ohne menschliches Zutun eine endgültige Einstellungsentscheidung getroffen wird.

I. Automatisierte Vorstrukturierung von Bewerbern und ihren Daten

18 Es ist vorzugswürdig, eine ausschließlich automatisierte Vorstrukturierung aller Bewerber nach Art. 22 DS-GVO zuzulassen. Das hat seinen Grund darin, dass ein solches Vorsortieren keine Einzelentscheidung bzw. Maßnahme darstellt.[42] Eine Entscheidung liegt erst mit einem gestaltenden Akt mit Außenwirkung vor, dem eine Auswahl aus mindestens zwei möglichen Alternativen vorangeht.[43] Der Datenverarbeitungsprozess bereitet durch Strukturierung – bspw. Bewerber in eine Rangfolge bringen – lediglich die Entscheidung vor.[44] Eine (Vor-)Auswahl aus der gesamten Liste bleibt uneingeschränkt möglich. Mithin

[38] Niederée/Nejdl in Ebers/Heinze/Krügel/Steinrötter Künstliche Intelligenz und Robotik, 2020, § 2 Rn. 26.

[39] Kullmann Discriminating job applicants through algorithmic decision-making, S. 3, abrufbar unter https://papers.ssrn.com/sol3/papers.cfm?abstract_id=3373533 (zuletzt abgerufen am: 13.4.2022); Niederée/Nejdl in Ebers/Heinze/Krügel/Steinrötter Künstliche Intelligenz und Robotik, 2020, § 2 Rn. 34.

[40] Weichert in Däubler/Wedde/Weichert/Sommer EU-DSGVO und BDSG, 2. Aufl. 2020, DSGVO Art. 22 Rn. 18.

[41] Weichert in Däubler/Wedde/Weichert/Sommer EU-DSGVO und BDSG, 2. Aufl. 2020, DSGVO Art. 22 Rn. 18; aA Buchner in Kühling/Buchner DSGVO/BDSG, 3. Aufl. 2020, DS-GVO Art. 22 Rn. 1.

[42] Weichert in Däubler/Wedde/Weichert/Sommer EU-DSGVO und BDSG, 2. Aufl. 2020, DSGVO Art. 22 Rn. 25; BT-Drs. 14/4329, 37.

[43] Martini in Paal/Pauly DS-GVO BDSG, 3. Aufl. 2021, DS-GVO Art. 22 Rn. 15a.

[44] Schulz in Gola DS-GVO, 2. Aufl. 2018, DS-GVO Art. 22 Rn. 13.

ist weder eine rechtliche Wirkung noch eine Beeinträchtigung des Betroffenen in ähnlicher Weise iSd Art. 22 Abs. 1 DS-GVO zu verzeichnen.[45]

Art. 22 DS-GVO auf diese Weise eng auszulegen, wird kritisiert. So argumentiert 19
Atzert, dass ua „vorbereitende personenbezogene Profilisierung Betroffener“ einer gesetzlichen Regelung bedürften, da auch in diesem Fall Diskriminierungen und Schäden nicht ausgeschlossen werden können.[46] Schon eine nicht gegebene faire Chance auf Einstellung könne eine Benachteiligung des Bewerbers begründen.[47] Dies zeige das Verbot diskriminierender Stellenausschreibungen. Dort werde, wie auch bei der Vorstrukturierung von Bewerbern, an persönliche Merkmale angeknüpft. Zudem hätten die Bewerber auf den letzten Plätzen wohl kaum noch eine Chance auf die Stelle, faktisch würden diese nicht nur sortiert, sondern eher schon aussortiert.[48] Die Auswahl des Arbeitgebers dürfe sich wohl auf die vorderen Plätze beschränken, insbesondere wenn man sich das eingangs genannte Beispiel mit Tausenden von Bewerbern noch einmal vergegenwärtigt. Indes sind die Bewerber *de iure* noch nicht abgelehnt und auch für die Letztplatzierten besteht noch die Möglichkeit auf den Abschluss eines Arbeitsvertrages. Aufgrund eben dieser verbleibenden Möglichkeit zur Einstellung und mangels endgültiger Entscheidung mit Rechtsbindung sollte der Einsatz von Technik nicht allzu strikt eingeschränkt werden, auch nicht *de lege ferenda*. Allerdings zeigt die Zulässigkeit einer rein automatisierten Vorstrukturierung von Bewerbern, die eine nicht unerhebliche Beeinflussung des Arbeitgebers mit sich bringt, abermals das Bedürfnis nach einem umfassenden Arbeitnehmerschutz auf. Vor allem ist eine Verobjektivierung von Bewerbern stets zu vermeiden. Dafür ist allerdings nicht schon bei der Strukturierung von Bewerbern anzusetzen. Es genügt, sich auf den erforderlichen menschlichen Mitwirkungsbeitrag bei der endgültigen Auswahlentscheidung zu konzentrieren und die Anforderungen an diesen auf nachhaltige Weise zu konturieren. Vorauszusetzen ist dafür ein verantwortungsvoller Umgang mit den Systemen sowie die Her- und Sicherstellung von Transparenz im gesamten Entscheidungsfindungsprozess. Wirksamer Arbeitnehmerschutz setzt damit bei der endgültigen Entscheidung an, wobei der Grundstein schon zuvor gelegt wurde.

II. Automatisierte (negative) Vorauswahl von Bewerbern mit rechtlicher Wirkung

Im Unterschied zur bloßen Vorstrukturierung wird bei einer automatisierten negativen 20
Vorauswahl eine Entscheidung getroffen: Hier sortiert der Algorithmus all diejenigen Bewerber aus, die für die Stelle ungeeignet sind. Dieser Automatismus ist beispielsweise gegeben, wenn ein Erstgespräch mit dem Bewerber allein mit einem Computer stattfindet, welcher anschließend an die Gespräche und eine damit einhergehende Sprachanalyse eine Vorauswahl aller Bewerber der ersten Runde für das weitere Bewerbungsverfahren trifft.[49] Es werden also automatisiert Bewerber abgelehnt, welche nicht mehr die Gelegenheit zu einem persönlichen Kontakt mit dem Arbeitgeber bekommen und endgültig keine Möglichkeit zur Stellenzusage haben.

[45] Von Lewinski in BeckOK DatenschutzR, 36. Ed. 1.5.2021, DS-GVO Art. 22 Rn. 16; Buchner in Kühling/Buchner DSGVO/BDSG, 3. Aufl. 2020, DSGVO Art. 22 Rn. 16.

[46] Atzert in Schwartmann/Jaspers/Thüsing/Kugelmann DS-GVO/BDSG, 2. Aufl. 2020, DS-GVO Art. 22 Rn. 26. Siehe dazu zudem weiter unten unter „menschlicher Entscheidungsbeitrag“ das angeführte Beispiel und zu den bestehenden Zweifeln am Einfluss der maschinellen Handlungen auf den Menschen.

[47] Krieger/Rudnik ArbRAktuell 2017, 427; Freyler NZA 2020, 284 (287).

[48] Vgl. Weichert in Däubler/Wedde/Weichert/Sommer EU-DSGVO und BDSG, 2. Aufl. 2020, DSGVO Art. 22 Rn. 42.

[49] Buchner in Kühling/Buchner DSGVO/BDSG, 3. Aufl. 2020, DS-GVO Art. 22 Rn. 16; zur Verwendung der computergestützten Sprachanalyse bei der Bewerberauswahl s. zB Spiegel Online v. 18.10.2016 („Vorstellungsgespräch – Bewerber reden jetzt mit dem Computer“, zuletzt abgerufen am: 13.4.2022).

1. Rechtliche Wirkung oder Beeinträchtigung in ähnlicher Weise

21 Voraussetzung für die Erfüllung des Merkmals „rechtliche Wirkung" iSd Art. 22 Abs. 1 Alt. 1 DS-GVO ist die Veränderung der Rechtsposition des Betroffenen.[50] Durch die Ablehnung des vom Bewerber gestellten Antrags nach § 145 BGB auf Abschluss eines Arbeitsvertrags erlischt dieser nach § 146 BGB, was für sich genommen eine rechtserhebliche Folge darstellt.[51] Eine für Art. 22 DS-GVO erforderliche Änderung der rechtlichen Position des Bewerbers tritt aufgrund der bestehenden Vertragsfreiheit indes nicht ein.[52] Obwohl daher Alt. 1 bei Ablehnung eines Angebots auf Abschluss eines Arbeitsvertrags nicht einschlägig ist, greift jedenfalls Alt. 2. Diese Alternative lässt es nämlich genügen, dass die Ablehnung eines Bewerbers diesen in ähnlicher Weise beeinträchtigt.[53]

22 In diesem Zusammenhang lässt sich argumentieren, dass ein Bewerber mit Blick auf seine wirtschaftlichen Interessen nicht nur unwesentlich negativ beeinträchtigt sein dürfte. Dem steht auch nicht entgegen, dass keine Änderung der Rechtsposition des abgelehnten Bewerbers eintritt.[54] Eine rein automatisierte negative Vorauswahl fällt mithin aufgrund ihrer Zweckbestimmtheit in den Anwendungsbereich des Art. 22 DS-GVO.[55] Damit darf eine solche Entscheidung nicht ausschließlich auf einer automatisierten Datenverarbeitung beruhen. Erforderlich ist vielmehr ein menschliches Dazwischentreten (zur mangelnden Einschlägigkeit von Abs. 2 → Rn. 11).

2. Anforderungen an die menschliche Mitwirkungshandlung

23 Nach Art. 22 Abs. 1 DS-GVO darf die Entscheidung nicht ausschließlich auf einer automatisierten Verarbeitung iSv Art. 4 Nr. 2 DS-GVO beruhen. Dies ist der Fall, wenn die zur Entscheidungsfindung durchgeführte automatisierte Datenverarbeitung ursächlich für die konkrete Entscheidung ist.[56] Einigkeit besteht darüber, dass ein rein formales Hinzutreten des Menschen zur Durchbrechung des Kausalverlaufs nicht ausreicht.[57] Die bloße Bestätigung der automatisierten Entscheidung oder formale Ausfertigung eines Vertrages beispielsweise und damit die Beschränkung auf den äußeren Erklärungsakt ohne mögliche Einflussnahme auf den Erklärungsinhalt würde hierfür nicht genügen. Ein gewisser Entscheidungsspielraum und eine inhaltliche Mitwirkung sind daher erforderlich.[58] Es ist die Aufgabe der verantwortlichen natürlichen Person als Teil des gesamten Entscheidungsfindungsprozesses, sich die automatisiert generierte Entscheidung zu eigen zu machen, was eine inhaltliche Kontrolle mit Fokus auf Plausibilität und Richtigkeit

---

[50] Schwarze in Ebers/Heinze/Krügel/Steinrötter Künstliche Intelligenz und Robotik, 2020, § 8 Rn. 30; Kamlah in Plath DSGVO, 3. Aufl. 2018, DSGVO, Art. 22 Rn. 7a.

[51] Schwarze in Ebers/Heinze/Krügel/Steinrötter Künstliche Intelligenz und Robotik, 2020, § 8 Rn. 31.

[52] Schwarze in Ebers/Heinze/Krügel/Steinrötter Künstliche Intelligenz und Robotik, 2020, § 8 Rn. 31; Kamlah in Plath DSGVO, 3. Aufl. 2018, DSGVO, Art. 22 Rn. 7a.

[53] Krügel/Pfeiffenbring in Ebers/Heinze/Krügel/Steinrötter Künstliche Intelligenz und Robotik, 2020, § 11 Rn. 52.

[54] Spindler/Horváth in Spindler/Schuster Recht der elektronischen Medien, 4. Aufl. 2019, Art. 22 DS-GVO Rn. 8; Kamlah in Plath DSGVO, 3. Aufl. 2018, DSGVO, Art. 22 Rn. 7b und ErwG 71.

[55] Von Lewinski in BeckOK DatenschutzR, 36. Ed. 1.5.2021, DS-GVO Art. 22 Rn. 16.; Krügel/Pfeiffenbring in Ebers/Heinze/Krügel/Steinrötter Künstliche Intelligenz und Robotik, 2020, § 11 Rn. 44.

[56] Atzert in Schwartmann/Jaspers/Thüsing/Kugelmann DS-GVO/BDSG, 2. Aufl. 2020, DS-GVO Art. 22 Rn. 74.

[57] Krügel/Pfeiffenbring in Ebers/Heinze/Krügel/Steinrötter Künstliche Intelligenz und Robotik, 2020, § 11 Rn. 45; Weichert in Däubler/Wedde/Weichert/Sommer EU-DSGVO und BDSG, 2. Aufl. 2020, DSGVO Art. 22 Rn. 25.

[58] Martini in Paal/Pauly DS-GVO BDSG, 3. Aufl. 2021, DS-GVO Art. 22 Rn. 18; von Lewinski in BeckOK DatenschutzR, 36. Ed. 1.5.2021, DS-GVO Art. 22 Rn. 25; Schwarze in Ebers/Heinze/Krügel/Steinrötter Künstliche Intelligenz und Robotik, 2020, § 8 Rn. 30; Kamlah in Plath DSGVO, 3. Aufl. 2018, DSGVO, Art. 22 Rn. 1b; Helfrich in Sydow Europäische Datenschutzgrundverordnung, 2. Aufl. 2018, DS-GVO Art. 22 Rn. 43; Weichert in Däubler/Wedde/Weichert/Sommer EU-DSGVO und BDSG, 2. Aufl. 2020, DSGVOArt. 22 Rn. 25.

der konkreten Entscheidung voraussetzt.[59] Dafür ist neben einer ausreichenden Qualifikation der Person[60] auch die Nachvollziehbarkeit und damit eine hinreichende Transparenz des Entscheidungsprozesses erforderlich. In diesem Zusammenhang kommt den Beteiligungserfordernissen des Betriebsrats, sofern er existiert, eine wichtige Funktion zu, vgl. vor allem § 95 Abs. 2a iVm § 99 Abs. 2 Nr. 2 BetrVG. Nur so kann tatsächlich ein entsprechender und ausreichender menschlicher Einfluss auf die automatisierte Entscheidung sichergestellt werden.[61]

Das Transparenzinteresse hinsichtlich der Entscheidungsfindung besteht nicht nur bei 24
den Betroffenen automatisierter Entscheidungen, sondern ebenso bei den am Entscheidungsprozess Beteiligten. Die Entscheidungsfindung darf bspw. schon nicht auf AGG-rechtlich relevanten Motiven nach § 1 AGG beruhen.[62] Auch für den Arbeitgeber müssen folglich die Entscheidungsparameter ersichtlich sein.[63] Allein auf diese Weise werden die Entscheidungsgründe für alle Beteiligten und Betroffenen nachvollziehbar und niemand wird dem Algorithmus unterworfen. Das Transparenzbedürfnis schlägt sich insbesondere im Auskunftsrecht des Bewerbers nach Art. 15 Abs. 1 lit. h DS-GVO und den Informationspflichten des Arbeitgebers gem. Art. 13 Abs. 2 lit. f und Art. 14 Abs. 2 lit. g DS-GVO nieder.[64]

Es kommt also darauf an, dass die maschinelle Entscheidung sich lediglich als ein Ent- 25
scheidungsvorschlag darstellt, der noch aktiv von einer Person beurteilt sowie bestätigt werden muss. Wie sich dieser Vorgang konkret gestalten wird, dürfte namentlich von der Eigenständigkeit der menschlichen (Letzt-)Entscheidung abhängen. Ob eine solche Eigenständigkeit bzw. Autonomie faktisch überhaupt besteht, wird angezweifelt.[65] Gerade die Komplexität der selbstlernenden Maschinensysteme und ihre Intransparenz indiziert eine Unkontrollierbarkeit der Entscheidung.[66] Eine Plausibilitätskontrolle wird sich demnach nur auf offensichtliche Fehler beziehen können. Die Anforderungen an die Überprüfung der Entscheidung sind daher eher weniger komplex. Auch der Arbeitsaufwand, jeden einzelnen Bewerber noch einmal zu betrachten, ist nicht unwesentlich und könnte die Vorteile von KI-Systemen (insbes. Effizienzsteigerung) konterkarieren. Eine individuelle Einzelfallbetrachtung jeder Entscheidung innerhalb eines Einstellungsverfahrens wird grds. auch nicht deshalb entbehrlich, weil die positive Einstellungsentscheidung für „richtig" befunden wird.[67] Diese Auslegung könnte zwar hinsichtlich der Minimierung der Vorteile des KI-Einsatzes für zu eng empfunden werden; mit Blick auf den Schutzzweck des Art. 22 DS-GVO ist sie jedoch angemessen.

Man könnte meinen, dass das erforderliche menschliche Dazwischentreten den ver- 26
meintlichen Vorteil der Objektivität des Systems schmälert. Die Objektivität des Systems kann jedoch nur insoweit bestehen, als dass die Trainingsdaten, auf deren Basis die Algorithmen Entscheidungen treffen bzw. Ergebnisse generieren, frei von menschlichen, unsachlichen Erwägungen wie beispielsweise Vorurteilen gegenüber bestimmten, vom AGG

[59] Von Lewinski in BeckOK DatenschutzR, 36. Ed. 1.5.2021, DS-GVO Art. 22 Rn. 23; Krügel/Pfeiffenbring in Ebers/Heinze/Krügel/Steinrötter Künstliche Intelligenz und Robotik, 2020, § 11 Rn. 45; Weichert in Däubler/Wedde/Weichert/Sommer EU-DSGVO und BDSG, 2. Aufl. 2020, DSGVO Art. 22 Rn. 25.

[60] Von Lewinski in BeckOK DatenschutzR, 36. Ed. 1.5.2021, DS-GVO Art. 22 Rn. 24. (aA Wolber CR 2003, 623, (625).

[61] Atzert in Schwartmann/Jaspers/Thüsing/Kugelmann DS-GVO/BDSG, 2. Aufl. 2020; DS-GVO Art. 22 Rn. 75; Martini in Paal/Pauly DS-GVO BDSG, 3. Aufl. 2021, DS-GVO Art. 22 Rn. 18 f.

[62] Schwarze in Ebers/Heinze/Krügel/Steinrötter Künstliche Intelligenz und Robotik, 2020, § 8 Rn. 32.

[63] Schwarze in Ebers/Heinze/Krügel/Steinrötter Künstliche Intelligenz und Robotik, 2020, § 8 Rn. 32.

[64] Zu Art. 15 DS-GVO vgl. BAG 27.4.2021 – 2 AZR 342/20, ArbuR 2021, 277.

[65] Krügel/Pfeiffenbring in Ebers/Heinze/Krügel/Steinrötter Künstliche Intelligenz und Robotik, 2020, § 11 Rn. 48.

[66] Weichert in Däubler/Wedde/Weichert/Sommer EU-DSGVO und BDSG, 2. Aufl. 2020, DSGVO Art. 22 Rn. 17.

[67] Es ist entgegen der Annahme von Däubler Gläserne Belegschaften, 9. Aufl. 2021, Rn. 432 nicht unbeachtlich, dass sich die natürliche Person an den Systementscheidungen orientiert, wohl aber unvermeidbar.

geschützten Merkmalen wie der Herkunft oder des Alters eines potentiellen Arbeitnehmers sind. Eben diese Trainingsdaten werden jedoch von Menschen mit (un-)bewussten Vorurteilen und subjektivem Empfinden zusammengestellt, sodass eine gewisse Fehleranfälligkeit im Grundsatz immer gegeben ist.[68]

27 Gerade der menschliche Mitwirkungsbeitrag bei automatisierten Entscheidungen soll dem ohnehin schon immanenten Fehlerrisiko mit einem Ermessensspielraum des Verantwortlichen entgegenwirken. Dass von Sympathie getragene Entscheidungen nicht ausschließlich negativ behaftet sind, sondern auch Vorteile für die Beteiligten und Chancen für die Betroffenen bieten können, zeigt sich an dem Einfühlungsvermögen von Menschen. Hierin sind sie Algorithmen (bislang) überlegen und können beispielsweise im Einstellungskontext eine mögliche Nervosität des Bewerbers besser einordnen und abstellen. Bei einer rein computergestützten Sprachanalyse hingegen könnte ein aufgeregtes Stottern des Bewerbers dazu führen, dass der Algorithmus die Ausdrucksweise als weniger kompetent gegenüber gelasseneren Bewerbern einstuft. Dies hängt ua von der Gewichtung der jeweiligen Merkmale wie zB Sprachfluss, Wortschatz oder Ausdrucksfähigkeit in der Gesamtbewertung ab. Je nach Relevanz dieser Parameter kann das Resultat eine deutlich schlechtere Positionierung auf der Bewerberrangliste sein. Dies führt unter Umständen zu einem Ausschluss vom weiteren Bewerbungsverfahren, ohne dass der Bewerber die Möglichkeit zu einer persönlichen Vorstellung bekommen hat. Antidiskriminierungsrechtlich von Bedeutung wäre eine solche Einordnung dann, wenn die Redeflussstörung eine Sprachbehinderung iSd § 1 AGG ist. Sofern ein Verstoß gegen das Benachteiligungsverbot aus § 7 AGG iVm § 134 BGB gegeben ist, kann der Betroffene unter den Voraussetzungen des § 15 Abs. 1, 2 AGG Schadensersatz verlangen.

28 Letztlich wird mit dem Mitwirkungsbeitrag der verantwortlichen natürlichen Person eine Kontrollinstanz für die teils wenig nachvollziehbaren, da intransparenten Systementscheidungen geschaffen, welche aufgrund des bestehenden Fehlerrisikos und der Tendenz zur Nichtbeachtung von Sonderfällen[69] notwendig und angemessen ist.[70] Problematisch bleibt jedoch, dass eben dieser Entscheidungsbeitrag seinerseits eine hinreichende Transparenz des Algorithmus erfordert, welche möglicherweise aufgrund der Komplexität insbesondere selbstlernender Algorithmen kaum bis nicht erreichbar ist.

29 Problematisch könnte zukünftig auch das „geschulte Bauchgefühl“[71] werden, welches von jahrelangen Erfahrungswerten gespeist wird, die aus eigens getroffenen Entscheidungen gezogen werden. So wird dieses mit dem zunehmenden Einsatz von Algorithmen womöglich in seiner Aussagekraft zurückgehen. Der persönliche Kontakt der Entscheidungsbefugten wird mit zunehmendem Einsatz von Algorithmen geringer oder gar auf ein absolutes Minimum begrenzt werden, woraus weniger persönliche Erfahrungswerte gezogen werden können. So begrenzt sich der eigene Input des Entscheidungsbefugten auf die Erfahrungen der letzten systemgenerierten Einstellungen. Hier könnte der Mehrwert menschlicher Entscheidungsfindung, der eben bei der „Menschlichkeit“, dem „Bauchgefühl“ zu verorten ist, verloren gehen. Ob es diesen Mehrwert für ein personell gut aufgestelltes Unternehmen zwingend braucht, sei dahingestellt. Für einzelne Bewerber

[68] Atzert in Schwartmann/Jaspers/Thüsing/Kugelmann DS-GVO/BDSG, 2. Aufl. 2020, DS-GVO Art. 22 Rn. 6.

[69] Die Nichtbeachtung von Sonder- bzw. Ausnahmefällen ist auf das Clustering zurückzuführen. Dabei werden die Daten in Gruppen (Cluster) sortiert. Die Daten innerhalb einer Gruppe sind sich dabei möglichst ähnlich, die Gruppen untereinander möglichst verschieden. Weicht nun eine Dateneingabe von allem Bekannten ab, wird sie unter Umständen falsch oder gar nicht zugeordnet.

[70] S. Atzert in Schwartmann/Jaspers/Thüsing/Kugelmann DS-GVO/BDSG, 2. Aufl. 2020, DS-GVO Art. 22 Rn. 6.

[71] So gehen Krügel/Pfeiffenbring in Ebers/Heinze/Krügel/Steinrötter Künstliche Intelligenz und Robotik, 2020, § 11 Rn. 49 davon aus, dass ein entsprechendes Bauchgefühl schon jetzt hinter den komplexen algorithmenbasierten Entscheidungen zurücktritt. Zukünftig fehlt für den Nachwuchs möglicherweise sogar die Gelegenheit, sich überhaupt einen Erfahrungsschatz und ein Bauchgefühl anzueignen, wenn bspw. zunehmend Personalentscheidungen „entpersonalisiert“ werden.

kann es aufgrund ihrer eigenen Persönlichkeit und gerade wegen spezieller Merkmale und „versteckter" Talente, die aufgrund ihrer Seltenheit durch das Algorithmenraster fallen, da sie keiner Gruppe zugeordnet werden können, jedoch immense Auswirkungen haben und auch für den Arbeitgeber nachteilig sein.

Mithin muss die zwingend erforderliche menschliche Mitwirkung bestimmte Anforde- **30** rungen erfüllen, um ihrer Kontrollfunktion gerecht zu werden: Die Systementscheidung muss inhaltlich von einer qualifizierten, natürlichen Person geprüft werden, sodass letztlich eine plausible und nachvollziehbare Einzelentscheidung vorliegt. Diesem Befund steht auch nicht entgegen, dass diese Anforderungen in der praktischen Umsetzung aufgrund mangelnder Praktikabilität und fehlender Kontrollen bzw. Kontrollmöglichkeiten wohl eher vernachlässigt werden.

Dies ist darin begründet, dass es derzeit für den Arbeitnehmer nur äußerst schwer bis **31** gar nicht nachvollziehbar ist, wie die automatisierte Entscheidung getroffen wurde, welche Aspekte berücksichtigt wurden und inwieweit der Arbeitgeber den Anforderungen an den menschlichen Entscheidungsbeitrag nachgekommen ist. Damit ist die Wahrnehmung seiner Rechte als Betroffener, insbes. das Recht auf Schadensersatz gem. Art. 82 Abs. 1 DS-GVO nicht nur unerheblich erschwert.[72] Hinzu kommt die Hemmschwelle, einer so komplexen Systementscheidung zu widersprechen oder sie überhaupt in Frage zu stellen. Die Komplexität der KI-Systeme wird auch bei einem Dazwischentreten von Menschen keinesfalls geschmälert. Aufgrund der Undurchsichtigkeit ist weder die Entscheidung noch der technische Weg dahin für die meisten Betroffenen verständlich und nachvollziehbar.

Für den Arbeitgeber ist somit bislang das Risiko gering, mit substantiierten Schadens- **32** ersatzforderungen abgelehnter Bewerber konfrontiert zu werden. Dieser Fehlanreiz ist fatal, da sich der wesentliche Schutzgedanke des Art. 22 DS-GVO an diesem Punkt bricht. Ziel muss es daher im Umgang mit KI-Systemen sein, eine möglichst hohe Transparenz bei dem Umgang mit diesen zu schaffen. Dies strebt auch der KI-VO-Vorschlag an. Nach Art. 13 KI-VO-Vorschlag muss bereits der Betrieb von KI-Systemen transparent gestaltet sein, damit „die Nutzer die Ergebnisse des Systems angemessen interpretieren und verwenden können".

III. Letztentscheidung – automatisierte Annahme eines Bewerbers

Aus rein technischer Sicht ist eine direkte Auswahl des am besten geeigneten Bewerbers **33** möglich. Die rechtliche Zulässigkeit einer automatisierten Annahme eines Bewerbers hängt hingegen davon ab, ob Art. 22 Abs. 1 Alt. 1 DS-GVO auch Entscheidungen oder Maßnahmen mit positiver rechtlicher Wirkung umfasst. Eine solche stellte die Annahme des am besten qualifizierten Bewerbers ja dar. Diese Frage ist dann zu beantworten, wenn es sich um ein Zusammenspiel zweier voneinander abhängiger Personalentscheidungen wie der Annahme und der Ablehnung von Bewerbern auf dieselbe Stelle handelt. Die positive Annahmeentscheidung ergeht unmittelbar mit den parallel dazu auszusprechenden negativen Ablehnungsentscheidungen. Ein einheitlicher Entscheidungsprozess liegt allerdings aus streng rechtlicher Sicht nicht vor, es handelt sich um verschiedene Einzelentscheidungen.

Fraglich ist daher, wie weit das Begriffsverständnis der „rechtlichen Wirkung" iSd **34** Art. 22 Abs. 1 Alt. 1 DS-GVO reicht. Im Kern geht es darum, ob neben nachteiligen Rechtsfolgen für Betroffene auch rechtliche Vorteile unter die Norm fallen.[73] Diesbezüg-

[72] Zu Art. 82 DS-GVO vgl. LAG Stuttgart, Urt. v. 25.2.2021 – 17 Sa 37/20 – ArbRB 2021, 138 f.; LAG Köln, Urt. v. 14.9.2020 – 2 Sa 358/20 – ZD 2021, 168 f.; LAG Düsseldorf, Urt. v. 11.3.2020 – 12 Sa 186/19 – NZA-RR 2020, 348 f.; zur Bedeutung zukünftiger Rechtsprechung des EuGH mit Blick auf diese Norm s. BVerfG, Beschl. v. 14.1.2021 – 1 BvR 2853/19 – NJW 2021, 1005.

[73] Atzert in Schwartmann/Jaspers/Thüsing/Kugelmann DS-GVO/BDSG, 2. Aufl. 2020, DS-GVO Art. 22 Rn. 42.

lich gehen die Meinungen in der Literatur auseinander, einschlägige Rechtsprechung gibt es noch nicht.

35 Eine Ansicht spricht sich dafür aus, allein nachteilige „rechtliche Wirkungen" zu erfassen.[74] Sie beruft sich auf den deutschen Wortlaut der zweiten Tatbestandsvariante in Art. 22 Abs. 1 DS-GVO.[75] Dieser spricht von einer zu Alt. 1 ähnlichen, „erheblichen Beeinträchtigung" des Betroffenen. Eine Beeinträchtigung ist eine Entscheidung, die vom Betroffenen als negativ wahrgenommen wird.[76] Ob diese erheblich ist, ist auf Grundlage von objektiven Kriterien für jeden Einzelfall individuell zu bestimmen.[77] Anhaltspunkt ist etwa „die alternative Verfügbarkeit eines Gutes" oder „die Sozialadäquanz einer Beeinträchtigung".[78] Geht man also von einem Bezug der zweiten Variante auf die erste Variante aus, kann der Verordnungsgeber nach dieser Ansicht nur von einer nachteiligen „rechtlichen Wirkung" ausgegangen sein. Andernfalls wäre der dem Wortlaut nach bestehende Bezug der beiden Varianten untereinander nicht gegeben.[79]

36 Freilich sprechen auch Argumente dafür, dass Art. 22 Abs. 1 Alt. 1 DS-GVO ebenso rechtlich neutrale oder vorteilhafte Wirkungen erfasst. Dafür spricht zum einen die Entstehungsgeschichte der Norm.[80] Nach der ursprünglichen Absicht von Spanien und Deutschland sollte sich die Norm auf nachteilige rechtliche Wirkungen beschränken.[81] Dieses Anliegen spiegelt sich jedenfalls nicht (eindeutig) im Wortlaut des aktuellen Art. 22 DS-GVO wider. Schaut man sich in rechtsvergleichender Wortlautauslegung die Normtexte anderer Mitgliedstaaten an, so lässt sich festhalten, dass die englische Sprachfassung der DS-GVO mit „affects him or her" im Gegensatz zur deutschen Variante „beeinträchtigen" neutraler gehalten ist.[82] Ebenso die französische Fassung der Norm mit „concerner".[83] Eine Beeinträchtigung (negative Beeinflussung) durch etwas ist grds. negativer für die betroffene Person als eine generelle Auswirkung auf das oder ein Betroffensein von dem Individuum. Bei letzterem kommt es schließlich darauf an, wie diese Wirkung ausgestaltet ist. Im Hinblick auf den europäischen Rechtskontext kann somit nicht eindeutig von einer rein nachteiligen „rechtlichen Wirkung" ausgegangen werden.

37 Zum anderen kann angeführt werden, dass vom deutschen Gesetzgeber in § 37 Abs. 1 Nr. 1 BDSG explizit vorteilhafte Wirkungen in einer konkreten Form von dem Verbot des Art. 22 Abs. 1 DS-GVO ausgenommen wurden.[84] Daraus lässt sich schließen, dass er grds. von einem möglichen oder bestehenden Verbot in Art. 22 DS-GVO auch bzgl. begünstigender Entscheidungen ausgeht. Ebenso kann der Wortlaut des Art. 11 Abs. 1 der

[74] Dazu ua Schwarze in Ebers/Heinze/Krügel/Steinrötter Künstliche Intelligenz und Robotik, 2020, § 8 Rn. 31; Kamlah in Plath DSGVO, 3. Aufl. 2018, DSGVO, Art. 22 Rn. 7e; von Lewinski in BeckOK DatenschutzR, 36. Ed. 1.5.2021, DS-GVO Art. 22 Rn. 33; aA hingegen Helfrich in Sydow Europäische Datenschutzgrundverordnung, 2. Aufl. 2018, DS-GVO Art. 22 Rn. 47 ff.; Atzert in Schwartmann/Jaspers/Thüsing/Kugelmann DS-GVO/BDSG, 2. Aufl. 2020, DS-GVO Art. 22 Rn. 46.

[75] Atzert in Schwartmann/Jaspers/Thüsing/Kugelmann DS-GVO/BDSG, 2. Aufl. 2020, DS-GVO Art. 22 Rn. 43; von Lewinski in BeckOK DatenschutzR, 36. Ed. 1.5.2021, DS-GVO Art. 22 Rn. 33.

[76] Von Lewinski in BeckOK DatenschutzR 36. Ed. 1.5.2021, DS-GVO Art. 22 Rn. 38.

[77] Von Lewinski in BeckOK DatenschutzR, 36. Ed. 1.5.2021, DS-GVO Art. 22 Rn. 40.

[78] Teilzitat Von Lewinski in BeckOK DatenschutzR, 36. Ed. 1.5.2021, DS-GVO Art. 22 Rn. 40.

[79] Atzert in Schwartmann/Jaspers/Thüsing/Kugelmann DS-GVO/BDSG, 2. Aufl. 2020, DS-GVO Art. 22 Rn. 43.

[80] Atzert in Schwartmann/Jaspers/Thüsing/Kugelmann DS-GVO/BDSG, 2. Aufl. 2020, DS-GVO Art. 22 Rn. 44.

[81] Ratsentwurf v. 26.2.2013, Ratsdok. 6814/13 S. 10 f., abrufbar auch als inter-institutionelles Dossier 2012/0011 (COD) unter http://www.consilium.europa.eu (zuletzt abgerufen am: 13.4.2022); Atzert in Schwartmann/Jaspers/Thüsing/Kugelmann DS-GVO/BDSG, 2. Aufl. 2020, DS-GVO Art. 22 Rn. 44.

[82] Atzert in Schwartmann/Jaspers/Thüsing/Kugelmann DS-GVO/BDSG, 2. Aufl. 2020, DS-GVO Art. 22 Rn. 44; von Lewinski in BeckOK DatenschutzR, 36. Ed. 1.5.2021, DS-GVO Art. 22 Rn. 33.

[83] Von Lewinski in BeckOK DatenschutzR, 36. Ed. 1.5.2021, DS-GVO Art. 22 Rn. 33.

[84] Atzert in Schwartmann/Jaspers/Thüsing/Kugelmann DS-GVO/BDSG, 2. Aufl. 2020, DS-GVO Art. 22 Rn. 46.

RL 2016/680/EU angeführt werden.[85] Denn auch dort wird der Anwendungsbereich ausdrücklich bestimmt und umfasst nur nachteilige Rechtsfolgen.[86]

Zentrales Anliegen von Art. 22 DS-GVO ist, dass keine automatisierte Entscheidung ohne menschliches Dazwischentreten ergehen soll, um den Menschen nicht zum bloßen Objekt von Systemen zu degradieren. Darauf bezogen ist zunächst jedoch irrelevant, welche rechtlichen Auswirkungen die Entscheidung mit sich bringt. Es soll nicht vor dem Inhalt der Entscheidung geschützt werden, sondern vor der Art und Weise, wie die Entscheidung dem Betroffenen gegenüber getroffen wird. Auch unter Beachtung der in Art. 7 GrCH niedergelegten Achtung des Privat- und Familienlebens liegt ein weites Begriffsverständnis und damit ein generelles Verbot von automatisierten Einzelfallentscheidungen nahe.[87] So sollen „Gefährdungen der Privatsphäre" unterbunden werden.[88] Das autonomen Systemen innewohnende und nach außen hin nicht, bzw. für Laien nicht erkennbare Fehlerrisiko besteht im Grundsatz immer. Der Mensch soll letztlich eben nicht speziell vor negativen maschinellen Entscheidungen geschützt werden, sondern generell vor automatisierten Entscheidungen. Es zählt allein die Tatsache, dass eine automatisierte Entscheidung ergeht. 38

Folglich ist die Ansicht vorzuziehen, welche für die Zwecke von Art. 22 DS-GVO sowohl nachteilige als auch vorteilhafte rechtliche Wirkungen erfassen möchte.[89] Das bedeutet, dass systemgenerierte Einstellungsentscheidungen mit positiver rechtlicher Wirkung (Arbeitsvertragsabschluss) aufgrund ihres Charakters als Letztentscheidung unzulässig sind.[90]. Anderes mag gelten, wenn diese auf einem nachvollziehbaren Wenn-Dann-Algorithmus beruhen sollten.[91] Auf Grundlage dieser Auffassung kann dem Risiko einer falschen Bewertung bei der Prüfung, ob ein Anwendungsfall des Art. 22 DS-GVO gegeben ist, vorgebeugt werden und die Rechtskonformität des Verfahrens, insbesondere die Wahrnehmung gebotener schützender Maßnahmen, gesichert werden.[92] Zudem besteht dann kein Risiko, einem Bußgeld nach Art. 83 Abs. 5 lit. b DS-GVO ausgesetzt zu werden.[93] Dies führt zu einer höheren Rechtssicherheit; irrtümlichen Versäumnissen hinsichtlich ggf. notwendiger Schutzvorkehrungen wird damit vorgebeugt.[94] 39

[85] Richtlinie (EU) 2016/680 v. 27.4.2016 zum Schutz natürlicher Personen bei der Verarbeitung personenbezogener Daten durch die zuständigen Behörden zum Zwecke der Verhütung, Ermittlung, Aufdeckung oder Verfolgung von Straftaten oder der Strafvollstreckung sowie zum freien Datenverkehr und zur Aufhebung des Rahmenbeschlusses 2008/977/JI des Rates, ABl. EU Nr. L 119/89.

[86] Atzert in Schwartmann/Jaspers/Thüsing/Kugelmann DS-GVO/BDSG, 2. Aufl. 2020, DS-GVO Art. 22 Rn. 44; von Lewinski in BeckOK DatenschutzR, 36. Ed. 1.5.2021, DS-GVO Art. 22 Rn. 33.

[87] Bernsdorff in Meyer/Hölscheidt Charta der Grundrechte der EU, 5. Aufl. 2019, Art. 7 GrCH Rn. 11; Buchner in Kühling/Buchner DSGVO/BDSG, 3. Aufl. 2020, DSGVO Art. 22 Rn. 12.

[88] Vgl. Martini in Paal/Pauly DS-GVO BDSG, 3. Aufl. 2021, DS-GVO Art. 22 Rn. 8.

[89] Diese Ansicht teilen ua Weichert in Däubler/Wedde/Weichert/Sommer EU-DSGVO und BDSG, 2. Aufl. 2020, DSGVO Art. 22 Rn. 27 und Atzert in Schwartmann/Jaspers/Thüsing/Kugelmann DS-GVO/BDSG, 2. Aufl. 2020, DS-GVO Art. 22 Rn. 46.

[90] So auch Von Lewinski in BeckOK DatenschutzR, 36. Ed. 1.5.2021, DS-GVO Art. 22 Rn. 21, 33; Kamlah in Plath DSGVO, 3. Aufl. 2018, DSGVO Art. 22 Rn. 7e; aA Schwarze in Ebers/Heinze/Krügel/Steinrötter Künstliche Intelligenz und Robotik, 2020, § 8 Rn. 31.

[91] Vgl. Geißler in Kramer IT-Arbeitsrecht, 2. Aufl. 2019, Kap. B Rn. 1071.

[92] Atzert in Schwartmann/Jaspers/Thüsing/Kugelmann DS-GVO/BDSG, 2. Aufl. 2020, DS-GVO Art. 22 Rn. 46.

[93] Atzert in Schwartmann/Jaspers/Thüsing/Kugelmann DS-GVO/BDSG, 2. Aufl. 2020, DS-GVO Art. 22 Rn. 46.

[94] Atzert in Schwartmann/Jaspers/Thüsing/Kugelmann DS-GVO/BDSG, 2. Aufl. 2020, DS-GVO Art. 22 Rn. 46.

E. Ausblick

40 Auch wenn derzeit Einstellungsentscheidungen noch nicht vollständig von Maschinen vollzogen werden und nach überzeugender Auffassung allein Vorstrukturierungen der Bewerber durch diese zulässig sind, so ist dennoch der Einfluss einer systemgenerierten Entscheidung auf das menschliche Verhalten und den Entscheidungsbeitrag problematisch. Ohne konkrete und offensichtliche Anhaltspunkte wird der Befugte vermutlich selten die Systementscheidung anzweifeln. Dem steht auch nicht entgegen, dass es sich bei dieser nur um einen Vorschlag handelt. Das hat seinen Grund darin, dass diese Entscheidung aufgrund ihrer ungemeinen Komplexität und dem „Black-Box-Charakter" schwer bis kaum nachvollziehbar ist. Umso bedeutender wird daher ein verständlicher und effektiver Rechtsschutz für Betroffene und Beteiligte sein. Aufgrund der Undurchschaubarkeit ergeben sich nicht nur für von automatisierten Entscheidungen betroffene Bewerber, sondern auch für Arbeitgeber Darlegungs- und Beweislastschwierigkeiten.[95] Erschwerend kommt hinzu, dass Hersteller bzw. Vertreiber autonomer Systeme die Funktionsweise ihrer Algorithmen nicht offenlegen wollen. Vielmehr werden diese als Geschäftsgeheimnis iSd §2 Nr. 1 GeschGehG behandelt.[96]

41 In anderen Bereichen, in denen sich vergleichbare Probleme mit der Transparenz ergeben, wird freilich genau an diesem Punkt angeknüpft. So werden bspw. Plattformbetreiber nach der sog. P2B-Verordnung zwecks Stärkung der Verbraucherrechte zur Offenlegung ihrer Algorithmen gezwungen.[97] Damit stellen sie dann iE insoweit keine Geschäftsgeheimnisse mehr dar. Auf diese Weise soll ein transparenterer Umgang mit Plattformen und deren Entscheidungen und Datenverarbeitung erzielt werden. Das Nichtoffenlegungsinteresse der Plattformbetreiber kann sich gegenüber den Interessen Betroffener an der Achtung des allgemeinen Persönlichkeitsrechts und der Menschenwürde nicht mehr in vollem Umfang durchsetzen. Strukturellen Ungleichgewichten zwischen den Beteiligten wird so entgegengewirkt. Abstrahiert man von der konkreten Regelungsmaterie (Verbraucherschutz), liegt es aufgrund struktureller Ähnlichkeiten nicht fern, im Arbeitsrecht ebenfalls in diese Richtung zu denken und einen vergleichbar effektiven Schutz des Arbeitnehmers vorzusehen, wie ihn die P2B-Verordnung, aber auch die UGP-RL (EU) 2019/2161[98] mit ihren Hinweis- und Offenlegungspflichten statuieren. Der allgemeine Gleichheitssatz des Art. 20 GrCH legt eine solche entsprechende Stärkung des Arbeitnehmerschutzes nahe. Es wird darauf ankommen, die beteiligten Interessen im Sinne einer praktischen Konkordanz angemessen auszutarieren.[99]

42 Systementscheidungen mögen in mancher Hinsicht objektiver sein, das Problem der Validität und Fehleranfälligkeit besteht dennoch. Ein pauschales Verbot von automatisierten Vorbereitungsentscheidungen bei der Personalauswahl würde allerdings aufgrund der ebenso gegebenen Fehleranfälligkeit menschlicher Entscheidungen (Diskriminierungsrisiken, Auswertungsfehler, Bauchgefühl) zu weit gehen.[100] Es bleibt ein bedeutender Anwendungsraum für den technischen Fortschritt – entgegen mancher Befürchtungen einer zu großen Einengung.

[95] Benecke in BeckOGK, 1.3.2022, AGG §22 Rn. 46.

[96] Aus Entwickler-Sicht wäre ein open-source-Modell interessant, um den technischen Fortschritt zu fördern. Aus wirtschaftlicher Sicht wird aber wohl die Handhabung eines Algorithmus als Geschäftsgeheimnis auch zukünftig von Interesse sein.

[97] VO (EU) 2019/1150 v. 20.6.2019 zur Förderung von Fairness und Transparenz für gewerbliche Nutzer von Online-Vermittlungsdiensten, ABl. EU L 186/57.

[98] RL (EU) 2019/2161 v. 27.11.2019 zur Änderung der Richtlinie 93/13/EWG des Rates und der Richtlinien 98/6/EG, 2005/29/EG und 2011/83/EU des Europäischen Parlaments und des Rates zur besseren Durchsetzung und Modernisierung der Verbraucherschutzvorschriften der Union, ABl. L 328/7.

[99] Dies näher zu entfalten, muss zukünftigen Untersuchungen vorbehalten bleiben.

[100] So iE auch Schwarze in Ebers/Heinze/Krügel/Steinrötter Künstliche Intelligenz und Robotik, 2020, §8 Rn. 32.

Letztlich ist nicht zu vergessen, dass zulässige automatisierte Entscheidungen im Arbeitsverhältnis selbstverständlich den zwingenden gesetzlichen Regelungen wie dem AGG oder weiteren Vorschriften der DS-GVO unterworfen bleiben.[101] Die Zulässigkeit einer autonomen Entscheidung bedeutet nicht automatisch, ihr vollständig ausgeliefert zu sein. Voraussetzung ist vielmehr zusätzlich, dass die zulässigerweise automatisiert ergangene Entscheidung auch als Entscheidung insgesamt rechtmäßig ist. Die vorwiegenden rechtlichen Probleme, wie insb. das Diskriminierungsrisiko, sind abhängig von der künftigen technischen Entwicklung und der dort angestrebten bzw. anzustrebenden Risikominimierung. Rechtlich problematisch bleibt die Kontrollierbarkeit des Art. 22 DS-GVO-konformen Einsatzes KI-basierter Auswahlsysteme.[102] Die bzgl. einer automatisierten Entscheidungsfindung *de lege lata* bestehenden Informationspflichten gem. Art. 13 Abs. 2 lit. f und Art. 14 Abs. 2 lit. g DS-GVO und ein Auskunftsrecht des betroffenen Arbeitnehmers nach Art. 15 Abs. 1 lit. h DS-GVO tragen grds. zu einem transparenten Umgang mit Algorithmen bei. Dessen ungeachtet wird noch kein umfassender Schutz durch eine hinreichende Transparenz und damit eine umfassende Einsichtsmöglichkeit für Betroffene gewährleistet. **43**

Die aufgezeigten offenen Problempunkte insbes. bezogen auf die Transparenz und Nachvollziehbarkeit von KI-Systemen werden im Verordnungsvorschlag zur Regulierung von KI auf EU-Ebene aufgegriffen. Art. 6 Abs. 2 KI-VO-Vorschlag beschäftigt sich mit sog. Hochrisiko-Systemen.[103] Darunter fallen nach Anhang III Nr. 4 lit. a auch „KI-Systeme, die bestimmungsgemäß für die Einstellung oder Auswahl natürlicher Personen verwendet werden sollen, insbesondere für die Bekanntmachung freier Stellen, das Sichten oder Filtern von Bewerbungen und das Bewerten von Bewerbern in Vorstellungsgesprächen oder Tests". Hochrisiko-Systeme müssen den in Titel III Kapitel 2 KI-VO-Vorschlag genannten Anforderungen genügen. Diese beziehen sich ua auf Daten, Dokumentation der Vorgänge, Transparenz der Systeme und die menschliche Aufsicht. Damit stellt der KI-VO-Vorschlag Mindestanforderungen an die Systeme auf, die ein Arbeitgeber einhalten und umsetzen muss. Darüber hinaus statuiert er aber auch Pflichten für Betreiber und Nutzer. Insgesamt soll die geplante KI-Verordnung auf bestehende Vorschriften wie ua auch die DS-GVO abgestimmt werden. Sie wird ergänzend zur DS-GVO zu lesen sein.[104] Vorrangig die Beachtung und Einordnung von KI-basierten Personalauswahlsystemen als Hochrisiko-Systeme wird den Arbeitnehmerschutz durch Steigerung der Transparenz von Personalauswahlentscheidungen positiv beeinflussen. Damit wird es auch mit der geplanten KI-Verordnung keine ausnahmsweise zulässige, rein automatisierte Personalentscheidung nach Art. 22 Abs. 2 lit. b DS-GVO geben. Es bleibt bei der Erforderlichkeit eines menschlichen Mitwirkungsbeitrages nach Abs. 1 dieser Vorschrift. **44**

F. Schlussthesen

Die vorliegenden Erkenntnisse lassen sich in drei Schlussthesen zusammenfassen: **45**

1. Art. 22 DS-GVO verlangt das Dazwischentreten eines Menschen bei Einstellungsentscheidungen. Rein automatisierte Personalauswahlentscheidungen sind unzulässig. Daran sollte auch *de lege ferenda* festgehalten werden.
2. Die automatisierte Vorstrukturierung von Bewerbern ohne einen menschlichen Mitwirkungsbeitrag besitzt keine rechtliche Wirkung iSd Art. 22 Abs. 1 DS-GVO. Die

[101] Schwarze in Ebers/Heinze/Krügel/Steinrötter Künstliche Intelligenz und Robotik, 2020, § 8 Rn. 36.

[102] Ausführlicher dazu Schwarze in Ebers/Heinze/Krügel/Steinrötter Künstliche Intelligenz und Robotik, 2020, § 8 Rn. 32.

[103] Hochrisiko iSv hohes Risiko für Gesundheit, Sicherheit oder Grundrechte von natürlichen Personen, COM(2021) 206 final, S. 15.

[104] Siehe dazu COM(2021) 206 final, S. 4.

faktischen Auswirkungen der Listenplatzierung von Bewerbern sind jedoch im Hinblick auf die in der Praxis nicht kontrollierbare Überprüfung durch einen qualifizierten Menschen enorm. Es ist zu befürchten, dass bei Zulässigkeit sich daran orientierender Entscheidungen der betroffene Bewerber zu einem Objekt degradiert wird. Dies steht im Widerspruch zum Schutzgedanken der DS-GVO. Um nachteilige Auswirkungen für betroffene Arbeitnehmer zu vermeiden, ist ein verantwortungsvolles Vorgehen des Arbeitgebers bei der sich regelmäßig an die Vorstrukturierung anschließende Einstellungsentscheidung essenziell. Dies umfasst zum einen die Verwendung transparent gestalteter KI-Systeme, damit die Entscheidungsfindung nachvollziehbar ist. Zum anderen muss bei der menschlichen Mitwirkungshandlung auf die Plausibilität und „Richtigkeit" des Inhalts der Systementscheidung geachtet werden. Gerade durch diese Kontrolle werden Betroffene vor einer Verobjektivierung geschützt und der Zweck des Art. 22 DS-GVO gewahrt.

3. Der aktuell noch nicht voll ausdiskutierte KI-VO-Vorschlag zeigt, dass der Black-Box-Charakter von Hochrisiko-Systemen nicht als eine unumstößliche Tatsache hingenommen werden muss. Zu einem vergleichbaren Schluss verleitet die Existenz der P2B-Verordnung und der UGP-RL (EU) 2019/2161. Es ist notwendig und möglich, mehr Licht ins Dunkel einer Black Box zu bringen, um die Entscheidungsfindung einer künstlichen Intelligenz zumindest inhaltlich nachvollziehen zu könen, und auf diese Weise das Schutzanliegen von Art. 22 DS-GVO zu verwirklichen.

Literatur

Abel, ZD 2018, 304–307
Däubler /Wedde,/Weichert/Sommer, EU-DSGVO und BDSG, 2. Aufl. 2020
Däubler, Gläserne Belegschaften, 9. Aufl. 2021
Djeffal, ZaöRV 2020, 847–879
Ebers/Heinze/Krügel/Steinrötter, Künstliche Intelligenz und Robotik, 2020
Freyler, Carmen, NZA 2020, 284–290;
Gola, DS-GVO, 2. Aufl. 2018
Groß/Gressel, NZA 2016, 990–996
Hacker, NJW 2020, 2142–2147
Joos, NZA 2020, 1216–1221
Kaulartz/Braegelmann, Rechtshandbuch Artificial Intelligence und Machine Learning, 2020
Kersting/Lampert/Rothkopf, Wie Maschinen lernen, 2019
Kramer, IT-Arbeitsrecht, 2. Aufl. 2019
Krieger/Rudnik, ArbRAktuell 2017, 427–430
Kullmann, Discriminating job applicants through algorithmic decision-making, 2019, abrufbar unter https://papers.ssrn.com/sol3/papers.cfm?abstract_id=3373533 (zuletzt abgerufen am: 13.4.2022)
Kühling/Buchner, DS-GVO/BDSG, 3. Aufl. 2020
Meyer,/Hölscheidt, Charta der Grundrechte der EU, 5. Aufl. 2019
Paal/Pauly, DS-GVO BDSG, 3. Aufl. 2021
Plath, DSGVO, 3. Aufl. 2018
Schwartmann/Jaspers/Thüsing/Kugelmann, DS-GVO/BDSG, 2. Aufl. 2020
Spindler/Schuster, Recht der elektronischen Medien, 4. Aufl. 2019
Sydow, Europäische Datenschutzgrundverordnung, 2. Aufl. 2018
Wolber, CR 2003, 623
Wolff/Brink, Beck'scher Online-Kommentar Datenschutzrecht, 36. Ed. 1.5.2021 (zitiert als: Bearbeiter in BeckOK DatenschutzR, 36. Ed. 1.5.2021)

3.7 Digitalisierung des Gesellschaftsrechts

Übersicht

A. Einleitung

1 Die Digitalisierung ist ein vielgestaltiges Phänomen, das sich auf alle Lebensbereiche und damit konsequenterweise auch auf alle Rechtsgebiete erstreckt. Der rechtswissenschaftliche Diskurs neigt zu einer Fokussierung auf aufsichtsrechtliche und regulatorische Fragen. Im Gesellschaftsrecht steht die Umsetzung des Gesellschaftsrechtspakets der EU (Company Law Package – CLP)[1] durch das DiRUG[2] im Vordergrund. Das Letztere erlaubt nun die lang ersehnte Online-Gründung von Gesellschaften im Wege der Einführung einer Video-Beurkundung nach §§ 16a ff. BeurkG. An Fahrt gewinnt auch die Diskussion um die Einführung von virtuellen Hauptversammlungen im deutschen Gesellschaftsrecht. Anlass dazu gibt die Covid-19-Pandemie, die eine solche Form der Versammlung notwendig machte und im Rahmen des „Gesetzes über Maßnahmen im Gesellschafts-, Genossenschafts-, Vereins-, Stiftungs- und Wohnungseigentumsrecht zur Bekämpfung der Auswirkungen der COVID-19-Pandemie"[3] (GesRuaCOVBekG) eingeführt wurde.

2 Weniger Aufmerksamkeit verdienten dagegen bislang solche Themen, wie das blockchain-basierte Kapitalgesellschaftsrecht, die Anwendung der Smart Contracts im Gesellschaftsrecht, und die gesellschaftsrechtliche Behandlung von Decentralized Autonomous Organization (DAO). Dieser Beitrag geht sowohl auf bereits erfolgte oder in absehbarer Zeit nachzuholende Kodifizierungen des dergestalt „digitalisierten" Gesellschaftsrechts ein, als auch auf jene Entwicklungen, die noch nicht Wirklichkeit geworden sind.

B. Entwicklung des Europäischen Gesellschaftsrechts

3 Einen bedeutenden Schritt in der Digitalisierungsentwicklung des Gesellschaftsrechts stellt das von der Europäischen Kommission im Jahre 2018 vorgestellte Company Law Package zur Anpassung der unionalen Gesellschaftsrechtsrichtlinie (GesR-RL)[4] dar. Gegenstand dieses Pakets sind die Digitalisierungsrichtlinie (Dig-RL)[5] und die Mobilitätsrichtlinie (Mob-RL)[6]; letztere kann für die Zwecke dieses Beitrags unberücksichtigt bleiben. Die Dig-RL modifiziert hingegen die GesR-RL insofern, als sie eine sichtbare Grundlage für einen unionalen Digitalisierungsprozess des Gesellschaftsrechts erschuf.

I. Company Law Package

4 Die GesR-RL enthielt neben Regelungen zur Verschmelzung und Spaltung von Kapitalgesellschaften (Art. 87 ff. GesR-RL) vor allem auch einen anderen Schwerpunkt. Dieser umfasste die Offenlegung und Vernetzung von Zentral-, Handels- und Gesellschaftsregistern (Art. 13 ff. GesR-RL) durch Einsatz von digitalen Werkzeugen. Die Regelungen bzgl. dieses Schwerpunktes waren ihrerseits durch eine Zweigliedrigkeit geprägt. Sie betrafen zum einen die Online-Gründung von Kapitalgesellschaften und zum anderen Regelungen

[1] COM (2018) 239 final; COM(2018) 241 final.

[2] BGBl. 2021 I 3338.

[3] BGBl. 2020 I 569 (570).

[4] Richtlinie (EU) 2017/1132 des Europäischen Parlaments und des Rates vom 14.6.2017 über bestimmte Aspekte des Gesellschaftsrechts, ABl. EU Nr. L 169 S. 46; zur Entwicklungsgeschichte vgl. Teichmann ZIP 2018, 2451 (2452).

[5] Richtlinie (EU) 2019/1151 des Europäischen Parlaments und des Rates vom 20.6.2019 zur Änderung der Richtlinie (EU) 2017/1132 im Hinblick auf den Einsatz digitaler Werkzeuge und Verfahren im Gesellschaftsrecht, ABl. EU Nr. L 186 S. 80.

[6] Richtlinie (EU) 2019/2121 des Europäischen Parlaments und des Rates vom 27.11.2019 zur Änderung der Richtlinie (EU) 2017/1132 in Bezug auf grenzüberschreitende Umwandlungen, Verschmelzungen und Spaltungen, ABl. EU Nr. L 321 S. 1.

zu Zweigniederlassungen. Für beide Vorgänge waren sodann die wesentlichen Anforderungen zur Ausgestaltung des Systems der Vernetzung der benannten Register bestimmt. In der Anlage II GesR-RL wird der sachliche Anwendungsbereich bestimmt. Danach sind von GesR-RL in Deutschland die AG, KGaA und die GmbH umfasst.

1. Elektronischer Zugang zu den gesellschaftsbegründenden Unterlagen

In der GesR-RL wird hervorgehoben, dass „jedem Interessierten" die Möglichkeit 5 geboten werden soll, die wesentlichen Merkmale der Gesellschaft und insbesondere die Zusammensetzung ihres Gesellschaftskapitals zu erfahren (Erw. 4 GesR-RL). Dieser so weit gehende Zugang ist durch den erforderlich werdenden Vertrauensschutz Dritter in Bezug auf die Beurteilung der Wirksamkeit gegründeter Kapitalgesellschaften bzw. in Bezug auf die Nichtigkeit der jeweiligen der Gesellschaften zugrundeliegenden Bestimmungen intendiert (Erw. 5, 6, 7, Art. 7 ff. GesR-RL). Um diesen Schutz zu erreichen, sollten die „wesentlichen Urkunden einer Gesellschaft sowie einige sie betreffende Angaben" zugänglich gemacht werden (Erw. 8 GesR-RL). Die Gesellschaften sollten daher die Möglichkeit bekommen, die wesentlichen Unterlagen sowohl in Papierform als auch in der elektronischen Form einzureichen, wobei spiegelbildlich den Dritten der Zugang zu diesen Angaben sowohl in Papierform als auch in der elektronischen Form gewährt werden soll (Erw. 9, 10 GesR-RL). Daraus ist zu schlussfolgern, dass beide Medien zwingend Dritten zur Verfügung stehen müssen. Welche Angaben damit genau gemeint sind, ergibt sich aus Art. 3 GesR-RL. Dazu zählen:
- die Rechtsfolge der Gesellschaft und ihre Firma (lit. a.),
- Gegenstand des Gewerbes (lit. b.),
- die Höhe des gezeichneten (lit. c) bzw. des genehmigten Kapitals (lit. d.),
- die Mitteilung der Zahl sowie der Art und Weise der Bestellung von Mitgliedern jener Organe der Gesellschaft, die mit Vertretungsmacht, Geschäftsführungsbefugnis, Aufsichts- und Kontrollkompetenzen ausgestattet sind (lit. e),
- Zuständigkeitsverteilungen innerhalb der Gesellschaft (lit. e),
- die Dauer der Gesellschaft (lit. f).

Bei diesen Angaben handelt es sich um solche, die in der Satzung bzw. in einem ent- 6 sprechenden Errichtungsakt enthalten sein müssen. Darüber hinaus werden gem. Art. 4 GesR-RL auch Angaben verlangt, die in gesonderten Schriftstücken enthalten sein können und die nach Art. 16 GesR-RL in dem vernetzten Register zu publizieren sind.

Während die genannten Angaben zwingend in elektronischer Form einzutragen und 7 über das vernetzte Register bereitzustellen sind, berührt die GesR-RL die nationalen Amtsblätter nicht. Die jeweiligen nationalen Amtsblätter, in denen die offenzulegenden Urkunden bekannt gemacht werden, müssen in Papierform *oder* in der elektronischen Form geführt werden (Erw. 11 GesR-RL). Die Führung des Amtsblattes in der elektronischen Form ist durch die GesR-RL nicht zwingend vorgesehen.

2. Zweigniederlassung

Neben der Gründung der Gesellschaft, gehört die Zweigniederlassung zu der zweiten 8 Möglichkeit der Ausübung des Niederlassungsrechts in einem Mitgliedstaat (Erw. 14 GesR-RL). Diesbezüglich fehlten indes bislang Koordinierungsvorschriften hinsichtlich der Offenlegung der maßgebenden Angaben (Erw. 15 GesR-RL). Die Offenlegung soll daher wichtige Angaben umfassen (Art. 29 ff. GesR-RL). Dazu gehören nach Art. 30 GesR-RL jedenfalls:
- die Vertretungsmacht,
- die Firma,
- die Rechtsform,

– die Auflösung der Gesellschaft,
– die Führung eines Insolvenzverfahrens.

9 Die Offenlegung kann dabei auf die Angaben beschränkt werden, welche die Zweigniederlassung selbst betreffen, und auf Hinweise zum Register der Gesellschaft. In diesem sind die wesentlichen Angaben bereits enthalten (Erw. 18 GesR-RL). Zudem sollte der grenzüberschreitende Zugang zu den maßgeblichen Informationen erleichtert werden, indem eine freiwillige Eintragung der erforderlichen Unterlagen in anderen Sprachen der Mitgliedsstaaten gestattet wird (Erw. 12, Art. 32 GesR-RL). Zur Vermeidung diskriminierender Behandlung werden auch Zweigniederlassungen jener Gesellschaften umfasst, die dem Recht eines Drittstaats unterliegen und eine vergleichbare Rechtsform der Gesellschaften aus den Mitgliedsstaaten haben, wobei bzgl. solcher Gesellschaften besondere Regelungen vorgesehen sind Art. 36 ff. GesR-RL).

3. Verknüpfung von Zentral-, Handels- und Gesellschaftsregistern („System der Registervernetzung")

10 Beiden Vorgängen liegt ein gemeinsames Instrument zugrunde: Es ist nicht die Schaffung eines europäischen Zentralregisters, sondern vielmehr die Verknüpfung der nationalen Register zu einem System gem. Art. 16 Abs. 1 Uabs. 1 GesR-RL („System der Registervernetzung"). Bereits im Aktionsplan 2009–2013 für die Europäische E-Justiz[7] wurde die Schaffung eines einheitlichen Portals zum Ziel gesetzt, das als einziger europäischer Zugangspunkt für unterschiedliche Information europäischer, nationaler Behörden und Unternehmen dienen soll. Die Verknüpfung von Zentral-, Handels-, und Gesellschaftsregistern wurde schon damals als bedeutend angesehen (Erw. 24 GesR-RL). Durch die GesR-RL wurde daher der erste bedeutende Schritt in diese Richtung vorgenommen. Diese Verknüpfung von Zentral-, Handels- und Gesellschaftsregistern bezweckt Bürokratieabbau, Erhöhung der Rechtssicherheit und führt damit zur erhöhten Wettbewerbsfähigkeit (Erw. 23 GesR-RL). Im GesR-RL wird dabei hervorgehoben, dass dieses Ziel beim grenzübergreifenden Zugang zu Informationen von Gesellschaften bei ihren Zweigniederlassungen nur erreicht werden kann, wenn alle Mitgliedstaaten mitwirken (Erw. 25 GesR-RL). Dafür muss sichergestellt werden, dass die Register der Mitgliedstaaten Dienste zur Verfügung stellen, die als Schnittstellen zur zentralen Europäischen Plattform dienen müssen (Erw. 25 GesR-RL).

11 Der Richtliniengeber stellt indes sogleich klar, dass die Vernetzung von Registern nicht die Schaffung einer zentralen europäischen Registerdatenbank intendiert, sondern die Etablierung eines „Datenbestands", der für den Betrieb der Plattform notwendig ist und unter Umfassung von Betriebsdaten, Wörterbüchern und Glossaren vollzogen werden soll (Erw. 26 GesR-RL). Der Richtlinie liegt daher kein Ziel der Harmonisierung der nationalen Register zugrunde (Erw. 27 GesR-RL), sondern vielmehr soll sichergestellt werden, dass die *Suche* durch den so verknüpften Datenbestand nach den erforderlichen Informationen ermöglicht wird (Erw. 28 GesR-RL). In Art. 18 Abs. 3 lit. b GesR-RL wird seitens der Europäischen Kommission in allen Sprachen der Mitgliedstaaten ein Suchdienst zur Verfügung gestellt, in dem die maßgebenden Informationen nach Art. 14 GesR-RL, die seitens der Mitgliedstaaten zugänglich gemacht werden, gefunden werden können. Damit besteht das „System der Registervernetzung" gem. Art. 22 GesR-RL aus:
– den nationalen Registern der Mitgliedstaaten,
– der „Plattform" und
– dem Portal, das den jeweiligen Zugang ermöglicht.

12 Erforderlich wird dabei auch eine einheitliche Kennung (Erw. 30 GesR-RL). Art. 16 Abs. 1 GesR-RL legt auch das Ziel fest. Damit soll erreicht werden, dass durch die Kennung die Identität der jeweiligen Gesellschaft bei der Kommunikation zwischen den

[7] ABl. EU Nr. C75 S. 1 vom 31.3.2009.

Registern eindeutig und zweifelsfrei feststeht. Den intendierten Vertrauensschutz bzgl. der maßgebenden Informationen der Gesellschaften und ihrer Zweigniederlassungen ernst nehmend, schreibt der Richtliniengeber vor, dass eine „klare Verbindung" zwischen den nationalen Registern hergestellt werden muss. Vor allem betreffend solcher Vorgänge wie:

- die Eröffnung und Beendigung von Verfahren zur Abwicklung oder Insolvenz der Gesellschaft und
- die Löschung der Gesellschaft aus dem Register (Erw. 31 GesR-RL).

Die zentrale Vorschrift, die alle notwendigen Angaben zusammenfasst, ist Art. 14 GesR-RL. Dort wird der Mindestkatalog (Art. 14 GesR-RL: „mindestens") der Angaben enumerativ zusammengefasst. Das letztere Ziel besteht nicht nur in gegenständlicher, sondern in zeitlicher Hinsicht. Die Änderung der maßgebenden Informationen sollen ohne unangemessene Verzögerung aktualisiert werden. „In der Regel" sollen die Änderungen innerhalb von 21 Tagen aktualisiert werden (Art. 15 Abs. 1 GesR-RL), nachdem die Änderungen anzeigenden Unterlagen eingereicht wurden (Erw. 33 GesR-RL). 13

II. Gesetz zur Umsetzung der GesR-RL

Deutschland hat die GesR-RL in Bezug auf die Einführung des Systems der Registervernetzung im Jahre 2014[8] umgesetzt. Erforderlich war dafür die Einführung des neuen § 9b HGB.[9] Zweck des Gesetzes war dabei, „in einer ersten Stufe"[10] die grundlegenden rechtlichen Voraussetzungen für eine Teilnahme Deutschlands am Europäischen System der Registervernetzung zu implementieren. Im Vordergrund stand dabei ua die Schaffung einer einheitlichen europäischen Kennung, „um die Verknüpfung von Informationen zwischen den registerführenden Stellen innerhalb der Europäischen Union zu ermöglichen"[11]. Für die Regelung der inhaltlichen und technischen Einzelheiten wurde in § 9b Abs. 4 HGB eine Ermächtigungsgrundlage für den Erlass einer Rechtsverordnung aufgenommen. Bis zum Erlass einer solchen Verordnung muss indes die Ausgestaltung des Europäischen Justizportals und der Europäischen Plattform noch abgewartet werden.[12] 14

III. Digitalisierungsrichtlinie

Die Dig-RL hat sich zum Ziel gesetzt, eine digitale Gründung von Gesellschaften sowie eine digitale Begründung von Zweigniederlassungen zu eröffnen.[13] 15

1. Anwendungsbereich der Dig-RL

Art. 1 GesR-RL wird durch Art. 1 Dig-RL insoweit abgeändert, dass nach dem zweiten Spiegelstrich ein weiterer Spiegelstrich eingefügt wird, mit dem Inhalt, dass nun „Regelungen zur Online-Gründung von Gesellschaften, zur Online-Eintragung von Zweigniederlassungen und zur Online-Einreichung von Urkunden und Informationen durch Gesellschaften und Zweigniederlassungen" eingefügt wird. Parallel dazu erhält der Titel I GesR-RL eine neue Überschrift: „Online-Verfahren (Gründung, Eintragung und Einreichung), Offenlegung und Register". 16

Im Zentrum der Dig-RL steht die Vorschrift des Art. 13g Dig-RL. Danach sollen die Mitgliedstaaten sicherstellen, dass „die Online-Gründung von Gesellschaften vollständig 17

[8] Gesetz zur Umsetzung der Richtlinie 2012/17/EU in Bezug auf die Verknüpfung von Zentral-, Handels- und Gesellschaftsregistern in der Europäischen Union, BGBl. 2014 I 2409.

[9] Zu den Einzelheiten, die hier nicht weiter vertieft zu werden brauchen, Stiegler NotBZ 2015, 329 ff.

[10] BT-Drucks. 18/2137, S. 9.

[11] BT-Drucks. 18/2137, S. 9.

[12] Stiegler NotBZ 2015, 329 (338).

[13] Lieder NZG 2020, 81 f.: „neues Zeitalter".

online durchgeführt werden kann, ohne dass die Antragssteller persönlich vor Behörden, Personen oder Stellen … erscheinen müssen“. Dabei beschränkt sich die Dig-RL in sachlicher Hinsicht auf jene Gesellschaften, die in der Anlage IIA Dig-RL aufgelistet sind. Für Deutschland ist damit die Gesellschaft mit beschränkter Haftung umfasst. Online-Gründungen von AG und KGaA können aufgrund der Regelung in Art. 13g Abs. 1 UAbs. 2 Dig-RL dagegen unverändert bleiben[14].

18 In der zeitlichen Hinsicht hatten die Mitgliedstaaten gem. Art. 2 Abs. 1 Dig-RL die Regelungen bis zum 1. August 2021 umzusetzen, wobei gem. Art. 1 Abs. 3 Dig-RL von einer Verlängerungsmöglichkeit um ein weiteres Jahr Gebrauch gemacht werden kann (dh bis zum 1. August 2022). Einzelne Regelungen (Art. 13i, 13j Dig-RL) sind spätestens bis zum 1. August 2023 umzusetzen.

2. Online-Gründung von Gesellschaften im Einzelnen

19 **a) Zielsetzungen.** Die Zielsetzung und die Bedürftigkeit eines anderen Rechtsrahmens werden in den Erwägungsgründen 2-6 Dig-RL verdeutlicht. Um wirtschaftliche Aktivitäten „einfacher, rascher und mit Blick auf die Kosten und Zeit effizienter einleiten zu können“ bedarf es dringend des Einsatzes von digitalen Werkzeugen und Verfahren, die die Gründung von Kapitalgesellschaften und die Errichtung von Zweigniederlassungen betreffen (Erw. 2 Dig-RL). Dem stehen bislang noch die beträchtlichen Unterschiede zwischen den Mitgliedstaaten, was die Verfügbarkeit von Online-Werkzeugen und ihren Einsatz bei der Kommunikation mit Behörden angeht, entgegen (Erw. 4 Dig-RL). Den ersten Schritt bzgl. des Einsatzes von Online-Bereitstellung von Informationen und Verfahren enthielt die Verordnung (EU) 2018/1724[15], welche die Einrichtung eines einheitlichen digitalen Zugangstors zum Inhalt hatte. Mit dieser Verordnung wurden indes allgemeine Regelungen geschaffen. Mit der Dig-RL sollen dagegen spezifische Vorschriften zur Online-Gründung von Kapitalgesellschaften und Errichtung von Zweigniederlassungen erfolgen (Erw. 9 Dig-RL).

20 **b) Identifizierungsanforderungen.** Ein Ziel der Dig-RL ist es, die Gründung von Kapitalgesellschaften „vollständig online zu erledigen“ (Erw. 10, Art. 13g Abs. 1 Dig-RL). Beim Einsatz digitaler Werkzeuge soll zentral der Vertrauensschutz gestärkt werden, indem die Mitgliedstaaten entsprechend der Verordnung (EU) Nr. 910/2014[16] (im Folgenden: eIDAS-VO) eine sichere elektronische Identifizierung (Art. 3 Nr. 1 eIDAS-VO), mittels Einrichtung von sicheren elektronischen Identifizierungssystemen (Art. 3 Nr. 4 eIDAS-VO) und unter Einsatz von sicheren Identifizierungsmitteln (Art. 3 Nr. 2 eIDAS-VO) ermöglichen. Der Richtliniengeber erhöht dabei die Voraussetzungen, indem er nur jene elektronischen Identifizierungsmittel anerkannt wissen will, die unter Art. 6 eIDAS-VO fallen, also jene, die einem besonderen Sicherheitsniveau entsprechen („substanziell“, „hoch“) – Art. 13b Abs. 1 UAbs. b Dig-RL. Dennoch sollte dabei nicht unerwähnt bleiben, dass die Verlässlichkeit dieser Identifizierungsmittel aufgrund fehlender einheitlicher Anforderungen im Zweifel steht.[17]

[14] Aufgrund der Komplexität der Organisationsstruktur dieser Vorschrift, solle die Öffnung in Bezug auf AG auch nicht geregelt werden, so Lieder NZG 2020, 81 (82).

[15] Verordnung (EU) 2018/1724 des Europäischen Parlaments und des Rates vom 2.10.2018 über die Einrichtung eines einheitlichen digitalen Zugangstors zu Informationen, Verfahren, Hilfs- und Problemlösungsdiensten und zur Änderung der Verordnung (EU) Nr. 1024/2012, L 295/1.

[16] Verordnung (EU) 910/2014 des Europäischen Parlaments und des Rates vom 23.7.2014 über elektronische Identifizierung und Vertrauensdienste für elektronische Transaktionen im Binnenmarkt und zur Aufhebung der Richtlinie 1999/93/EG, ABl. EU Nr. L 257 S. 73 vom 28.8.2014.

[17] Lieder NZG 2020, 81 (83); Lieder NZG 2018, 1081 (1087); Bormann/Stelmaszczyk NZG 2019, 602 (607 f.); Schmidt Der Konzern, 2018, 229 (230); kritisch auch Knaier GmbHR 2018, 560 (562); Teichmann ZIP 2018, 2451 (2457).

c) Behutsame Digitalisierung unter Achtung bestehender gesellschaftsrechtlicher Traditionen der Mitgliedstaaten. Aufgrund der Komplexität der Gesellschaftsgründung der jeweiligen nationalen Gründungsformen soll indes eine behutsame Harmonisierung und Digitalisierung erfolgen. Den Mitgliedsstaaten steht es daher frei, die Online-Gründung nur auf bestimmten Gesellschaftsformen zu beschränken (Erw. 15, Art. 13g Abs. 1 Dig-RL). Andererseits sind sie verpflichtet „genaue Vorschriften für die Online-Gründung" festzulegen (Art. 13g Abs. 2 Dig-RL). Welche Regelungen damit ganz konkret und im Mindestumfang umfasst sind, wird in Art. 13g Abs. 3 Dig-RL enumerativ aufgezählt. Dazu zählen insbesondere: 21

- Verfahren zur Gewährleistung der Rechts- und Geschäftsfähigkeit,
- Identität des Antragstellers,
- Rechtmäßigkeit des Unternehmensgegenstandes,
- Überprüfung von Bestellung der Geschäftsführer,
- Überprüfung der Verwendung von Mustern,
- Folgen der Disqualifikation eines Geschäftsführers.

Die Dig-RL soll dabei ausdrücklich nicht die materiell-rechtlichen oder die verfahrensrechtlichen Anforderungen der nationalen Ordnungen berühren (Erw. 15; Art. 13c Abs. 2 Dig-RL). Damit ist klar, dass das materielle Recht nicht betroffen wird, sondern vielmehr soll es bei den tradierten materiell-rechtlichen Anforderungen bleiben, indes wird „lediglich" die Form der Gründung[18] um die Online-Gründung angereichert. In Erw. 19 Dig-RL wird dies als die „Achtung bestehender gesellschaftsrechtlicher Traditionen der Mitgliedstaaten" bezeichnet und in Art. 13c Abs. 1 Dig-RL ausdrücklich geregelt. Bei kleinen und mittleren Unternehmen (KMU) soll zum Zwecke der Automatisierung eine Online-Gründung nach den bereitgestellten Mustern möglich sein. 22

d) Gründung durch natürliche und juristische Personen. In einem Punkt geht die Richtlinie indes weiter. In ihrem Anwendungsbereich beschränkt sich die Dig-RL nicht auf die Online-Gründungen von Gesellschaften durch natürliche Personen, sondern erfasst auch jene durch juristische Personen. Dies wird zwar direkt in der Richtlinie nicht geregelt, sondern vielmehr aus dem Rückschluss der Vorschrift des Art. 13g Abs. 7 Dig-RL deutlich.[19] Danach sollen die Mitgliedstaaten „(i)n Fällen, in denen die Gesellschaft ausschließlich von natürlichen Personen unter Verwendung der in Art. 13h genannten Muster gegründet wird", die Online-Gründung innerhalb von 5 Arbeitstagen vollziehen, in anderen Fällen dagegen innerhalb eines Zeitraumes von 10 Arbeitstagen. 23

Die europaweite Online-Gründung von Gesellschaft durch juristische Personen ist zu Recht auf Kritik gestoßen.[20] Es fehlt an verlässlichen Sicherheitsvorkehrungen, insbesondere in Bezug auf die Prüfung von Vertretungsbefugnissen der handelnden Personen[21] und auch in Bezug auf das wirksame Bestehen einer ausländischen juristischen Person[22]. Dabei entfaltet das deutsche Handelsregister die materielle Gültigkeits- und Richtigkeitsgewähr aufgrund der starken Publizitätswirkung nach § 15 HGB – eine Wirkung, die in anderen Rechtsordnungen ungeachtet erfolgter Harmonisierungen nicht anzunehmen ist und zudem, was den Informationsgehalt angeht, über den der anderen Register der Mitgliedstaaten hinausgeht[23]. An diesem Ergebnis ändert auch das europäische System der Registervernetzung (BRIS – Business Registers Interconnection System) nichts. Dieses 24

[18] Bormann/Stelmaszczyk NZG 2019, 601 (602): „zusätzliche Option".
[19] Lieder NZG 2020, 81 (85).
[20] Lieder NZG 2020, 81 (85); Lieder NZG 2018, 1081 (1083 f.); Teichmann GmbHR 2018, 1 (11 f.); Teichmann ZIP 2018, 2451 (2457 f.); Bormann/Stelmaszczyk NZG 2019, 601 (603 f.).
[21] Lieder NZG 2018, 1081 (1083).
[22] Bormann/Stelmaszczyk NZG 2019, 601 (603).
[23] Vgl. Lieder NZG 2018, 1081 (1084) zum britischen, niederländischen und estnischen Register; Bormann/Stelmaszczyk NZG 2019, 601 (603 f.) ua zum österreichischen, spanischen, italienischen, irischen, maltesischen, zypriotischen Registern.

stellt lediglich eine Verknüpfung der nationalen Register dar, führt aber nicht zur Harmonisierung der in den nationalen Registern enthaltenen Informationen[24].

25 **e) Muster-Gründungen.** Bei kleinen und mittleren Unternehmen soll zum Zwecke der Automatisierung eine Online-Gründung nach den bereitgestellten Mustern möglich sein (Art. 13h Abs. 1 S. 1 iVm Anlage IIA Dig-RL), wobei gem. Art. 13h Abs. 1 S. 2 Dig-RL die Mitgliedstaaten die jeweiligen Muster auch auf andere Gesellschaftsformen ausweiten können.

26 **f) Rolle der Notare und ausnahmsweiser Präsenzvorbehalt.** Bei allen Online-Gründungen muss indes sichergestellt werden, dass Kontrollvorschriften bzgl. der Identität sowie der Rechts- und Geschäftsfähigkeit der Personen erlassen werden. Auch insofern enthält die Richtlinie eine behutsame Öffnung, nach der es den Mitgliedstaaten überlassen wird, Vorschriften über die Mittel und Methoden für die Kontrolldurchführung zu entwickeln (Erw. 20 Dig-RL). Konkret bedeutet dies, dass die Mitgliedstaaten „in allen Phasen des Online-Verfahrens die Beteiligung von Notaren und Rechtsanwälten" (Erw. 20 Dig-RL) als „Gatekeeper"[25] vorschreiben dürfen[26]. Die Richtlinie geht indes noch weiter, indem sie die Möglichkeit eröffnet, bei einem bestehenden „öffentlichen Interesse" an der Verhinderung des Identitätsmissbrauchs bzw. bei der notwendig werdenden Sicherstellung der Einhaltung der Vorschriften über die Rechts- und Geschäftsfähigkeit sowie bei der Vertretungsbefugnis, ausnahmsweise eine physische Anwesenheit des Antragstellers anzuordnen (Erw. 21 Dig-RL, Art. 13b Abs. 4 S. 1 Dig-RL). Ausdrücklich hervorgehoben wird dabei, dass diese Beschränkung der Online-Gründung durch eine Regelung des Präsenzvorbehalts keine systemische Umkehrung des Grundsatz-Ausnahme-Systems bedeuten darf. Nur im Einzelfall, und zwar beim Verdacht der Identitätsfälschung bzw. bei unzureichender Rechts- und Geschäftsfähigkeit oder Vertretungsmacht, darf die Präsenz angeordnet werden (Erw. 21 Dig-RL, Art. 13b Abs. 4 S. 2 Dig-RL, Art. 13g Abs. 8 Dig-RL).

27 **g) Disqualifizierte Geschäftsführer.** In Fortführung des Vertrauensschutzes soll darüber hinaus ein missbräuchliches Verhalten insbesondere dadurch verhindert werden, indem es den Mitgliedstaaten erlaubt wird, die Ernennung zum Geschäftsführer einer Gesellschaft abzulehnen (Art. 13i Abs. 2 Dig-RL), dies gestützt zB auf das frühere Verhalten dieser Person – sog. disqualifizierte Geschäftsführer (Erw. 23 Dig-RL)[27]. Nach Art. 13i Abs. 2 Dig-RL kann vorgesehen werden, dass die Behörden der Mitgliedstaaten vorher beim Antragsteller eine Erklärung abverlangen, ob ihnen Umstände bekannt sind, die dazu führen, dass sie disqualifiziert sein könnten. Beim Begriff des Geschäftsführers sind dabei alle Organmitglieder nach Art. 13h Dig-RL gemeint, also auch Vorstands- bzw. Aufsichtsratsmitglieder einer AG.[28]

28 **h) Erfassung des gesamten Lebenszyklus; Bedeutung der nationalen Amtsblätter.** Bei der Digitalisierung der Gesellschaftsgründungen bleibt die Richtlinie nicht stehen. Vielmehr soll der gesamte Lebenszyklus der Gesellschaft erfasst werden. Dazu gehört vor allem die Möglichkeit der Einreichung von Urkunden und Informationen bei nationalen Registern, die sodann im Rahmen des Systems der Registervernetzung ver-

[24] Bormann/Stelmaszczyk NZG 2019, 601 (603).

[25] Lieder NZG 2020, 81 (83); Bormann/Stelmaszczyk NZG 2019, 601 (609); Schmidt ZIP 2021, 112 (113).

[26] Die Beteiligung von Notaren und Registergerichten ausdrücklich begrüßend für das deutsche Recht: Lieder NZG 2020, 81 (84).

[27] Knaier GmbHR 2018, 560 (565) zur Frage, inwieweit die Geschäftsführerversicherung den Anforderungen des Art. 13i Dig-RL gerecht wird.

[28] Schmidt Der Konzern 2018, 229 (231).

knüpft werden. Dennoch soll bei aller Digitalisierung es den Mitgliedstaaten freistehen, die maßgeblichen Angaben auch auf einem anderen Wege, nämlich auf Papier zu gestatten. Dazu gehört vor allem das Ermessen der Mitgliedstaaten, die jeweiligen Informationen über Gesellschaften ganz oder teilweise in nationalen Amtsblättern zu veröffentlichen. Doch auch hier soll sichergestellt werden, dass diese Informationen elektronisch an das nationale Amtsblatt übermittelt werden (Erw. 26 Dig-RL).

i) Grundsatz der einmaligen Erfassung. Zur Effizienzsteigerung und Kostenminimierung wird der Grundsatz der einmaligen Erfassung aufgestellt. Nach diesem Grundsatz soll von den Gesellschaften nicht verlangt werden, eine und dieselbe Information den Behörden der Mitgliedstaaten mehrmals vorzulegen. Insbesondere sollen die Informationen, die an das nationale Register und an das nationale Amtsblatt gehen, nur einmal übermittelt werden (Erw. 28 Dig-RL). 29

IV. Umsetzung der Digitalisierungsrichtlinie in Deutschland durch das DiRUG

In Umsetzung der Dig-RL wurde am 18.12.2020 ein Referentenentwurf (Ref-E)[29] und mit wenigen Änderungen sodann der Regierungsentwurf (RegE)[30] zur Umsetzung der Dig-RL veröffentlicht. Deutschland hat mit der Erklärung gegenüber der Europäischen Kommission vom 27.10.2020 von der Verlängerungsmöglichkeit nach Art. 2 Abs. 3 Dig-RL Gebrauch gemacht[31]. Das DiRUG[32] ist daher erst zum 01.08.2022 (abgesehen von jenen Vorschriften, die bis zum 01.8.2023 umgesetzt werden dürfen, siehe unter B.II.1.) in Kraft getreten (Art. 31 DiRUG). Er bringt weitgehende Novellierungen und Änderungen in 30 Gesetzen mit sich. Für diesen Beitrag sind vor allem Änderungen im: 30
- HGB (Artikel 1),
- BnotO (Artikel 3),
- BeurkG (Artikel 4),
- GmbHG (Artikel 20) und
- GenG (Artikel 22)

von Bedeutung. Das DiRUG soll zeitnah durch das DiREG[33] ergänzt und erweitert werden, indem ua die Online-Gründung auch auf Sachgründungen erweitert wird; auch sollen zukünftig satzungsändernde Beschlüsse im Online-Verfahren getroffen werden können.

1. Beurkundung mittels Videokommunikation

a) Beschränkung auf Gesellschaften mit beschränkter Haftung. Der mit Abstand zentralste Reformschritt des DiRUG ist die nach §§ 16a-16e BeurkG eingeführte Beurkundung mittels Videokommunikation.[34] Der Anwendungsbereich dieser Videobeurkundung beschränkt sich gem. § 16a Abs. 1 BeurkG iVm § 2 Abs. 3 GmbHG auf Gesellschaften mit beschränkter Haftung (einschließlich Unternehmergesellschaften[35]). Der Gesetzgeber konstatiert diese Beschränkung ausdrücklich in den Gesetzesmaterialien[36] und erklärt 31

[29] Abrufbar unter: https://www.bmjv.de/SharedDocs/Gesetzgebungsverfahren/Dokumente/RefE_DiRUG.pdf;jsessionid=5335B2A650F228C0AFD3B8CD642E7B76.2_cid324?__blob=publicationFile&v=1 (zuletzt abgerufen am: 10.5.2021).
[30] BT-Drucks. 19/28177.
[31] BT-Drucks. 19/28177, S. 1.
[32] Den Entwurf befürwortet Linke NZG 2021, 309 („gut gelungen"); Blunk/Monden ZdiW 2021, 74 (78): „hervorragend gelungen".
[33] Regierungsentwurf abrufbar unter http://www.bmj.de/SharedDocs/Gesetzgebungsverfahren/DE/Einführung_virtueller_Hauptversammlungen_Aktiengesellschaften.html
[34] Zu den einzelnen technischen Schritten Stelmaszczyk/Kienzle ZIP 2021, 765 ff.
[35] Linke NZG 2021, 309 (310).
[36] BT-Drucks. 19/28177, S. 132.

sie mit der besonderen Eignung der Videobeurkundung für die GmbH-Gründung. Dagegen eigne sich die Videobeurkundung für andere Beurkundungstatbestände, etwa aus dem Familien-, Erb- und Immobilienrecht, angesichts anderer Beurkundungsfunktionen weniger.[37]

32 Diese pauschal begründete Beschränkung muss nicht dauerhaft tragen. Mittelfristig erscheint es erwägenswert, auch andere gesellschaftsrechtliche Vorgänge, die der notariellen Beurkundung unterliegen, für das eingeführte Videoverfahren zu öffnen.[38] Allerdings erscheint es durchaus sinnhaft, die durch Unionsrecht vorgegebenen Anwendungsfälle als Testlauf für das neuartige Verfahren zu nutzen. Nach einer zeitlich nicht allzu entfernt liegenden Evaluation könnte dann eine – ggf. modifizierte – Ausweitung erfolgen. Besonders die Anteilsübertragung dürfte sich hierzu vielfach anbieten.[39]

33 **b) Wahlmöglichkeit zwischen der Präsenzbeurkundung und Videobeurkundung.** Den Parteien steht es weiterhin frei, die Beurkundung nach §§ 8 ff. BeurkG in Präsenz vorzunehmen. Insoweit soll durch DiRUG lediglich eine zusätzliche Möglichkeit geschaffen werden, den Beurkundungsvorgang auszugestalten.[40] Diese Wahlmöglichkeit entspricht auch der Dig-RL. Nach Erw. 8 Dig-RL sollen die Gesellschaften nicht verpflichtet werden, eine Online-Gründung vorzunehmen, sondern sie können weiterhin auf die bewährte Präsenzbeurkundung setzen. Zwar sieht die Dig-RL für die Mitgliedstaaten die Befugnis vor, die Gesellschaftsgründung ausschließlich im Rahmen einer Online-Gründung vorzuschreiben (Erw. 8 Dig-RL). Der deutsche Gesetzgeber machte von dieser Möglichkeit indes keinen Gebrauch.

34 Anders als die Gründungsparteien, kann der Notar nicht ausschließlich auf Video- bzw. ausschließlich auf Präsenzbeurkundung setzen (mit Ausnahme von § 16a Abs. 2 BeurkG). Der Gesetzgeber hält fest:

> „Die Notarin oder der Notar ist dagegen nicht frei in der Entscheidung, ob sie oder er neben dem Präsenzverfahren auch Beurkundung mittels Videokommunikation anbietet. § 16 Absatz 1 BeurkG eröffnet ihr oder ihm insofern kein Ermessen. Sie oder er hat daher beide Verfahren anzubieten“[41]

Die rechtliche Fundierung dieses Formzwanges leitet der Gesetzgeber aus § 15 Abs. 1 S. 1 BnotO, wonach die Beteiligten einen einklagbaren Anspruch[42] auf Vornahme der Beurkundungstätigkeit haben. Auch insoweit hält sich die Regelung aus § 16a Abs. 1 BeurkG im Rahmen der Richtlinie.

35 **c) Exklusivität des Videokommunikationssystems der Bundesnotarkammer.** Die Online-Gründung von Gesellschaften wird exklusiv durch das Videokommunikationssystem der Bundesnotarkammer erfolgen, zu deren Errichtung sie gem. § 78p Abs. 1 BNotO verpflichtet ist.[43] Private Systeme werden aufgrund des hoheitlichen Charakters des Beurkundungsverfahrens und der Sensibilität der zu beurkundeten Inhalte ausgeschlossen.[44] Dieser Schritt ist richtig und notwendig. Ansonsten lassen sich die Beurkundungszwecke, insbesondere die Richtigkeit- und Gültigkeitsgewähr kaum erreichen. Der „Betrieb“ dieses Videokommunikationssystem umfasst nach § 78p Abs. 2 BNotO jene Vorgänge, die in § 16a BeurkG vorausgesetzt werden. Die technischen Einzelheiten und Ausgestaltung soll aufgrund der in § 78p Abs. 3 BNotO geregelten Ermächtigungsgrundlage vom BMJV noch durch eine Rechtsverordnung geregelt werden.

[37] BT-Drucks. 19/28177, S. 132.
[38] Schmidt; ZIP 2021, 112 (117).
[39] Schmidt; ZIP 2021, 112 (117).
[40] BT-Drucks. 19/28177, S. 132.
[41] BT-Drucks. 19/28177, S. 133.
[42] Sander in BeckOK BNotO, 5. Ed. 31.7.2021, BnotO § 15 Rn. 3.
[43] Ein solcher Prototyp wurde bereits durch die Bundesnotarkammer entwickelt, dazu Stelmaszczyk/Kienzle ZIP 2021, 765 (767).
[44] BT-Drucks. 19/28177, S. 133.

d) Präsenzbeurkundung beim entgegenstehenden öffentlichen Interesse (§ 16a Abs. 2 BeurkG). Die bereits in Art. 13g Abs. 1 UAbs. 1 GesR-RL sowie in Art. 13g Abs. 8, 13b Abs. 4 Dig-RL vorgesehen Möglichkeit, von der grundsätzlichen Pflicht zur Online-Beurkundung abzuweichen, hat der Gesetzgeber erwartungsgemäß aufgegriffen. Nach § 16a Abs. 2 BeurkG „soll" der Notar die Videobeurkundung ablehnen, wenn er der Erfüllung seiner Amtspflichten auf diese Weise nicht mehr gewährleisten kann (insoweit parallel flankiert durch § 40a Abs. 5 BeurkG). Sichergestellt werden soll eine Funktionsäquivalenz zwischen der Präsenzbeurkundung und der Videobeurkundung. Würde dagegen bei der Videobeurkundung der Notar seinen Amtspflichten nicht ordnungsgemäß nachkommen können, wäre die Videobeurkundung zu einer Beurkundung „zweiter Klasse" degradiert.[45] 36

Dennoch ergeben sich im Vergleich zur Dig-RL einige Abweichungen und Besonderheiten der deutschen Regelung. In der Dig-RL wurde in Art. 13g Abs. 8, Art. 13b Abs. 4 S. 2 Dig-RL lediglich die Möglichkeit vorgesehen, von der Online-Beurkundung abzuweichen („kann"). Auch in dem diesen Regelungen zugrundeliegenden Erwägungsgrund 21 wird es sanfter formuliert, wonach es den „Mitgliedstaaten gestattet sein [sollte], Maßnahmen nach nationalen Recht zu ergreifen, was die physische Anwesenheit des Antragstellers...erfordern könnte". Angelehnt an die öffentlich-rechtliche Terminologie ist mit einer solchen „Soll-Regelung" eine Einschränkung des Notarermessens bis hin zu einer Ermessensreduzierung auf Null verbunden. Diese insofern strenge deutsche Regelung ist zwar durch die Zwecke des Beurkundungsverfahrens gerechtfertigt. So birgt sie dennoch die Gefahr dahingehend, dass die Notare von dieser Ausnahmeregelung regen Gebrauch machen und das Grundsatz-Ausnahme-Verhältnis in der Praxis außer Kraft setzen würden. Auch wenn der Gesetzgeber ganz im Sinne der Art. 13g Abs. 8 S. 2, Art. 13b Abs. 4 S. 2 Dig-RL bemüht ist, das Grundsatz-Ausnahme-System zu verdeutlichen, kann die Praxis dennoch ganz anders aussehen, auch deshalb, weil möglicherweise manche Notare aufgrund der Soll-Regelung und der zu befürchtenden Pflichtverletzung im Zweifel geneigt sein könnten, diese im Zweifel anzuwenden. Eine solche Praxis widerspräche dann ihrerseits den Zwecken der Dig-RL.[46] 37

Darüber hinaus enthält § 16a Abs. 2 HS. 2 BeurkG eine Beispielaufzählung. Danach kann der Notar seinen Amtspflichten „insbesondere" dann nicht nachkommen, wenn 38
– er sich keine Gewissheit über die Person eines Beteiligten verschaffen kann oder
– er Zweifel an der erforderlichen Rechts- oder Geschäftsfähigkeit eines Beteiligten hat.

Dabei handelt es sich nicht um eine abschließende Liste.[47] Der in Art. 13g Abs. 8 Dig-RL außerdem noch genannte Grund bzgl. der Vertretungsbefugnis hat der Gesetzgeber richtigerweise nicht aufgenommen, weil der Notar die Prüfung der Vertretungsbefugnis ohnehin durch Einsicht in ein Register bzw. durch Vorlage der Vertretungsnachweise vornehmen werde.[48] Durch eine Beschränkung auf Beispielsfälle lässt man ein Tor für jetzt noch nicht voraussehbare Fälle offen und sichert auf diesem Wege die Erfüllung der Beurkundungszwecke. Zu beachten gilt es indes dabei, dass die gesetzlich kodifizierten Fälle ihrerseits eine normative Richtung vorgeben, die zur Folge hat, dass sonst in Betracht kommende Fälle auf ihre Vergleichbarkeit mit ihnen zu überprüfen sind. Insoweit ist die Regelung, die sich auf die beiden genannten Fälle beschränkt, tendenziell zu eng. Das Merkmal des „öffentlichen Interesses" aus Art. 13g Abs. 1 UAbs. 1 GesR-RL sowie aus Art. 13g Abs. 8, 13b Abs. 4 Dig-RL (dazu Erw. 21 Dig-RL) hat der Gesetzgeber nicht aufgenommen; dies ist zu bedauern. Mit dem Merkmal der fehlenden Möglichkeit der Erfüllung der Amtspflichten ist mangels fehlenden normativen Merkmals kein echter Auffangs- bzw. Quelltatbestand geschaffen worden. Dies ist indes notwendig, will man 39

[45] BT-Drucks. 19/28177, S. 134.
[46] AA aus rechtlichen Gesichtspunkten, Stelmaszczyk/Kienzle ZIP 2021, 765 (770f.).
[47] BT-Drucks. 19/28177, S. 134; Schmidt ZIP 2021, 112 (114).
[48] BT-Drucks. 19/28177, S. 134.

jegliche Fälle erfassen, die im Rahmen des Beurkundungsverfahrens Zweifel an der Wahrheit Anlass geben. Hier böten sich, neben dem „öffentlichen Interesse" aus der Dig-RL vor allem „wichtiger Grund"[49] oder „berechtigtes Interesse" an.

40 **e) Feststellung der Identität der Beteiligten (§ 16c BeurkG).** Im § 16c BeurkG werden die konkreten Identitätsfeststellungsmitteln normiert. Danach wird in der neuen Regelung eine Dichotomie der Identitätsfeststellung zum Ausdruck gebracht[50]. **(1)** Zum einen sind für die Feststellung der Identität der Beteiligten die Vorgaben der Dig-RL umzusetzen. Nach Art. 13b Abs. 1 Dig-RL darf dabei ein elektronisches Identifizierungsmittel, das in dem jeweiligen Mitgliedstaat im Rahmen eines genehmigten elektronischen Identifizierungssystems ausgestellt wurde (Art. 13b Abs. 1 lit. a Dig-RL), zur Identifizierung verwendet werden. Dies sind in Deutschland der elektronische Identitätsnachweis nach § 18 PAuswG[51], die eID-Karte nach § 12 eID-Karten-Gesetz oder § 78 Abs. 5 AufenthG (vgl. § 16c S. 1 Nr. 1 BeurkG).

41 Bei der grenzüberschreitenden Identifizierung muss es sich um ein elektronisches Identifizierungsmittel handeln, das Art. 6 eIDAS-VO entspricht (Art. 13 Abs. 1 lit. b Dig-RL). Die letztere Vorgabe ist in § 16c S. 1 Nr. 2 lit. a BeurkG wortgleich umgesetzt worden. Der Gesetzgeber geht indes noch weiter und verschärft die Anforderungen, indem in § 16c S. 1 Nr. 2 *lit. b* BeurkG nur das Sicherheitsniveau „hoch" iSd Art. 8 Abs. 2 lit. c eIDAS-VO akzeptiert wird. Art. 6 Abs. 1 eIDAS-VO sieht dagegen eine dahingehende Anerkennung durch die Mitgliedstaaten auch bei einem Sicherheitsniveau „substanziell" iSv Art. 8 Abs. 2 lit. b eIDAS-VO vor. Diese Verschärfung der Identitätsanforderungen bei grenzüberschreitender Identifizierung ist ausdrücklich zu begrüßen. Zum einen wird dadurch ein Gleichlauf zu den inländischen Anforderungen nach § 16c S. 1 Nr. 1 BeurkG geschaffen und damit auch ihre Umgehung verhindert, da die in § 16c S. 1 Nr. 1 BeurkG aufgenommenen inländischen Identifizierungsmittel allesamt dem Sicherheitsniveau „hoch" entsprechen.[52] Andererseits kann den hohen Beurkundungszwecken nur auf diese Weise Genüge getan werden, zumal die Identifizierungsmittel nach Art. 6 eIDAS-VO nicht immer eine ausreichende Verlässlichkeitsgrundlage bilden.[53]

42 **(2)** Zum anderen wird neben dieser ersten überschießenden Umsetzung der Dig-RL in § 16c BeurkG ein zweites Identifizierungsmittel, auch wiederum überschießend, verankert. Neben den Identifizierungsmitteln nach § 16c S. 1 Nr. 1 und 2 BeurkG wird noch zusätzlich die elektronische Übermittlung des Lichtbildes der Beteiligten kumulativ verlangt (§ 16c S. 1 Var. 1 BeurkG). Auch diese Neuerung ist ausdrücklich zu begrüßen. Neben den Beurkundungszwecken sollte die Ausstrahlung der Beurkundung auf andere Rechtsgebiete nicht unberücksichtigt bleiben. Der Gesetzgeber hebt zu Recht hervor, dass die Identitätsfeststellung als Urkunde nach § 415 ZPO den vollen Beweis der darin bezeugten Tatsachen erbringt und den öffentlichen Glauben nach § 15 HGB auslöst.[54] Diese überschießende Umsetzung hat indes im Vergleich zu Dig-RL einen verschärfenden Charakter, sodass sich die Frage stellt, ob sie sich noch im Rahmen der Dig-RL hält. Dies ist zu bejahen,[55] da nach Erw. 22 Dig-RL sollte es den Mitgliedstaaten überlassen bleiben, durch „ergänzende Kontrollen" die Identifizierung der Beteiligten zu überprüfen.[56] Auf dieser Öffnungsklausel hat der Gesetzgeber die Erforderlichkeit des Lichtbildes gegründet.[57]

[49] Lieder NZG 2018, 1081 (1087): zwingender Grund.
[50] Stelmaszczyk/Kienzle ZIP 2021, 765 (769) sprechen von einem zweistufigen Vorgang.
[51] Dies bereits vorher vorschlagend Omlor DStR 2019, 2544 (2549).
[52] BT-Drucks. 19/28177, S. 139; Schmidt ZIP 2021, 112 (114).
[53] Dazu → Rn. 20; auch Lieder NZG 2020, 81 (83).
[54] BT-Drucks. 19/28177, S. 138.
[55] Dazu schon früh, Bormann/Stelmaszczyk NZG 2019, 601 (610).
[56] Ebenso Bormann/Stelmaszczyk NZG 2019, 601 (609 f.); Schmidt ZIP 2021, 112 (114); Stelmaszczyk/Kienzle ZIP 2021, 765 (770);
[57] BT-Drucks. 19/28177, S. 141 f.

f) Aufnahme einer elektronischen Niederschrift (§ 16b BeurkG) und Nachweise bei der Vertragsberechtigung (§ 16d BeurkG). Die §§ 8–16 BeurkG gelten weiterhin auch für die Online-Gründung. Sie werden indes gem. §§ 16b–e BeurkG modifiziert. Nach § 16b Abs. 1 BeurkG wird bei einer Gründung mittels Videokommunikation eine elektronische Niederschrift über die Verhandlung aufgenommen, die als elektronisches Dokument (§ 16b Abs. 2 BeurkG) errichtet wird. Auffallend bei dieser Vorschrift ist das Zusammenspiel von Muss- und Soll-Vorschriften. Eine gebundene Verwaltung (Muss-Vorschriften) gilt in Bezug auf 43

- die Errichtung der elektronischen Niederschrift als solche (§ 16b Abs. 1 BeurkG),
- die Errichtung als elektronisches Dokument (§ 16b Abs. 2 BeurkG),
- die Versehung der elektronischen Niederschrift mit qualifizierten Signaturen (§ 16b Abs. 4 S. 1 BeurkG) und
- die Erzeugung der eigenen Signatur durch den Notar nach § 16b Abs. 4 S. 3 BeurkG.

Daneben enthält § 16b BeurkG eine ganze Reihe von Soll-Vorschriften, die indes keinen Bruch im Vergleich zu den Anforderungen bei der Präsenzbeurkundung bedeuten:[58] 44

- Die Feststellung der Durchführung der Verhandlung mittels Videokommunikation (§ 16b Abs. 3 S. 2 BeurkG) ist durch die Errichtung der elektronischen Signatur ohnehin klargestellt.
- Die Wiedergabe der Namen der Beteiligten, beim Notar unter Beifügung seiner Amtsbezeichnung, am Schluss der Verhandlung (§ 16b Abs. 3 S. 3 Var. 1 und 3 BeurkG) ist der Präsenzbeurkundung ähnlich. Nach § 13 Abs. 1 S. 1 BeurkG müssen die Beteiligten die Niederschrift unterschreiben. Zwar ist eine idealtypische Unterschrift dann anzunehmen, wenn diese einen Vor- und Familiennamen enthält.[59] Doch sind die Anforderungen an die Unterschrift deutlich abgesenkt[60] bis hin zu der ausnahmsweise anzunehmenden Möglichkeit der Beschränkung auf den Vornamen[61]. Bei Videobeurkundung wird aber durch die Signatur selbst die dahinterstehende Person hinreichend verschlüsselt.
- Die Signaturen beruhen auf einem dauerhaft prüfbaren Zertifikat (§ 16b Abs. 3 S. 3 Var. 2 iVm § 16a Abs. 4 S. 1 BeurkG).
- Die Signaturen werden durch die Beteiligten eigenständig erzeugt (§ 16b Abs. 4 S. 2 BeurkG).
  Die elektronische Niederschrift wird den Beteiligten auf Verlangen vor der Genehmigung zur Durchsicht übermittelt (§ 16b Abs. 5 BeurkG); diese Vorgabe entspricht § 13 Abs. 1 S. 4 BeurkG.

Handeln die Beteiligten nicht selbst, sondern in Vertretung, sollen die Vollmachten und Nachweise nach der geltenden Rechtslage gem. § 12 S. 1 BeurkG in Urschrift oder in beglaubigter Abschrift vorgelegt werden. Da dies bei der Online-Gründung nicht funktionieren kann, ordnet § 16d BeurkG die Vorlegung mittels einer elektronisch beglaubigten Abschrift an. Materiell-rechtlich war in diesem Zusammenhang die von § 172 BGB ausgehende Gutglaubenswirkung bedeutend. Diese kann grds. nur dann ausgelöst werden, wenn eine Urschrift oder eine auf den Namen des Vertreters ausgefüllte Ausfertigung vorgelegt wird.[62] Werden die Nachweise indes in der beglaubigten Form oder einfachen Abschrift verwendet, ist nur zu vermuten, dass der darin Bevollmächtigte zum Zeitpunkt der Beglaubigung eine entsprechende Vertretungsmacht hatte, nicht jedoch, dass er diese auch zum Zeitpunkt der Vornahme des Beurkundungsaktes hat.[63] Diesbzgl. 45

[58] So auch Linke NZG 2021, 309 (311 f.).
[59] Seebach/Rachlitz in BeckOGK, 1.2.2022, BeurkG § 13 Rn. 145 f.
[60] Dazu ausführlich Seebach/Rachlitz in BeckOGK, 1.2.2022, BeurkG § 13 Rn. 152 mit vielen Praxisbeispielen.
[61] BGH NJW 2003, 1120.
[62] BT-Drucks. 19/28177, S. 143.
[63] BT-Drucks. 19/28177, S. 143.

sieht der Gesetzgeber bei *elektronischen Dateien* eine große Reproduktionsgefahr und damit des Unterlaufens der in § 172 BGB, § 12 BeurkG aufgestellten Voraussetzungen.[64] Die Gesetzesmaterialien konstatieren, dass gegenwärtig „weder Urschriften noch Ausfertigungen in elektronischer Form [sich] abbilden" lassen und führen weiter aus:

„Mangels elektronischer Alternativen sind bis auf weiteres auch im Rahmen des Online-verfahrens Vertretungsnachweise in Urschrift beziehungsweise Ausfertigung sowie legalisierte oder mit Apostille versehene Dokumente in Papierform vorzulegen, um eine Prüfung der fortbestehenden Vertretungsmacht eines als Vertreter Handelnden und der Existenz einer beteiligten Gesellschaft nachzuweisen."[65]

Demnach bleibt vor allem in diesem Zusammenhang ein papierner Nachweis erforderlich.[66] Das führt zwar nicht dazu, dass die Vertreter vor dem Notar mit entsprechenden Nachweisen erscheinen müssen; die Vorlage kann etwa auf dem Postweg erfolgen.[67] IE bleibt vor allem bei den in der Praxis oft vorkommenden Vertretungen das „Verkörperungselement" der Beurkundung erhalten. Dies ist aus rechtlicher Sicht im Ergebnis kritisch zu beäugen, lässt sich aber aus technischer Sicht zurzeit noch nicht anders verwirklichen. Prospektiv wäre eine tatsächliche elektronische Beglaubigung von Nöten. Sobald eine dahingehende technische Infrastruktur zur Verfügung steht, stünde das Recht dieser nicht entgegen, da § 16d BeurkG sie tatbestandlich umfassen würde. Bis zur dieser Erfindung hält sich diese Rechtslage noch im Rahmen der Dig-RL, da tatsächlich keine Präsenz der Beteiligten angeordnet wird und die zusätzlichen Kontrollen ausdrücklich von der Richtlinie zugelassen sind (Art. 13c Abs. 3 Dig-RL). Dabei sollte nicht unerwähnt bleibt, dass vor allem in diesem Zusammenhang die Ausnahmeregelung des § 16a Abs. 2 BeurkG wieder bedeutend wird. Ob die Versendung der entsprechenden Nachweise auf den Postweg, angesichts diverser Missbrauchsmöglichkeiten, den Notar grundsätzlich in die Lage versetzen würde, der „Erfüllung seiner Amtspflichten" nachzukommen, darf bezweifelt werden. Es ist zu befürchten, dass das Regel-Ausnahme-System in der Praxis umgekehrt wird.

46 **g) Gemischte Beurkundung (§ 16e BeurkG).** Schließlich ist eine Kombination zwischen der Präsenzbeurkundung und der Videobeurkundung möglich. Dabei gilt es klarzustellen, dass diese Form der Beurkundung in persönlicher Hinsicht, nicht dagegen in sachlich-rechtlicher Hinsicht erlaubt ist. Es ist demnach nicht eine Kombination zwischen §§ 8 ff. BeurkG und §§ 16a ff. BeurkG möglich, wenn die Beteiligten im Rahmen der Videokommunikation zugeschaltet sind, die jeweiligen Beurkundungsschritte dagegen teilweise nach den Vorschriften über die Präsenzbeurkundung und teilweise nach §§ 16a ff. BeurkG ablaufen. Findet demnach eine Videokommunikation bei allen Beteiligten statt, wäre der Nachweis der Identität der Personen und der Vertretungsberechtigung auch nicht nach §§ 10, 12 BeurkG möglich. Dies widerspräche der Dig-RL, nach der „die Online-Gründung von Gesellschaften vollständig online durchgeführt werden kann". Vielmehr ist eine Kombination nur dahingehend vorgesehen, dass eine Partei in Präsenz ist, eine andere dagegen durch eine Videokommunikation verbunden ist. In diesem Fall sollen zwei inhaltsgleiche Niederschriften (Papierform und elektronisch) aufgenommen (§ 16e Abs. 1 BeurkG) und verwahrt (§ 16e Abs. 2 BeurkG) werden.

[64] Ebenso kritisch, Lieder NZG 2020, 81 (86); Bormann/Stelmaszczyk NZG 2019, 601 (605).
[65] BT-Drucks. 19/28177, S. 143.
[66] Befürwortend, Lieder NZG 2020, 81 (86).
[67] BT-Drucks. 19/28177, S. 143.

2. Beibehaltung des Bekanntmachungswesens (§§ 15, 10 HGB) trotz Modifikationen

Der Gesetzgeber gibt das Bekanntmachungswesen nicht auf.[68] Auch weiterhin wird neben der Eintragung eine Bekanntmachung verlangt.[69] Neu ist indes das Verständnis der Bekanntmachung.[70] Nach § 10 HGB werden Eintragungen in das Handelsregister bzw. Registerbekanntmachungen durch ihre *erstmalige Abrufbarkeit* über das elektronische Information- und Kommunikationssystem gem. § 9 Abs. 1 HGB bekannt gemacht. Der Gesetzgeber hebt hervor, dass zwar die Eintragung und die anschließende erstmalige Abrufbarkeit zeitlich und technisch miteinander verknüpft sind[71], es daher nahezu ausgeschlossen sei, dass zwischen der Eintragung und Bekanntmachung eine *inhaltliche* Divergenz entstehe.[72] Vielmehr könne es weiterhin aber (nur) zu einer Abweichung zwischen der wahren Sach- und Rechtslage und einer *Eintragung* kommen.[73] An diesem Punkt sollte klargestellt werden, dass es weiterhin nicht nur zu einer Divergenz zwischen der Eintragung und der wahren Sach- und Rechtslage kommen kann, sondern auch zu einer Divergenz zwischen der wahren Sach- und Rechtslage und der Bekanntmachung.[74] Die Bekanntmachung kann nämlich auch weiterhin im Widerspruch zur Rechtslage stehen, wobei bei einer solchen unrichtigen Bekanntmachung regelmäßig auch eine unrichtige Eintragung vorliegen wird.[75] Zudem sollte nicht vergessen werden, dass in dem, wenn auch sehr kurzem Zeitraum, zwischen der Eintragung und der erstmaligen Abrufbarkeit (also Bekanntmachung) sich die Rechtslage, etwa bzgl. der Änderung der Vertretungsberechtigung, ändern kann. Die Eintragung würde folglich zu ihrem maßgebenden Zeitpunkt der Rechtslage entsprechen, während dies bei der Bekanntmachung zu ihrem maßgebenden Zeitpunkt nicht gegeben wäre. Folgerichtig ist daher auch weiterhin zu sagen, dass es sich bei der Eintragung und Bekanntmachung um zwei voneinander zu trennende Vorgänge handelt.[76] Die Eintragung allein führt nämlich noch nicht zur Zugänglichkeit der Information.[77] Dies geschieht erst durch die Bekanntmachung, also durch die erstmalige Abrufbarkeit.[78] Der Zeitrahmen, innerhalb dessen die eingetragene Tatsache abrufbar sein muss, ist seinerseits ziemlich eng ausgestaltet. Nach § 10 Abs. 2 HGB sind Eintragungen und die eingereichten, der unbeschränkten Einsichtnahme unterliegenden Dokumente *unverzüglich* für das Register nach § 9 Abs. 1 HGB bereitzustellen. Unverzüglich bedeutet in Anlehnung an § 121 Abs. 1 S. 1 BGB ohne schuldhaftes Zögern. Überdies wird in § 10 Abs. 4 S. 1 HGB eine *widerlegliche Vermutung* aufgestellt,[79] wonach die Eintragungen mit dem Ablauf des Tages der Eintragungen als bekannt gemacht gelten (Ausnahmen in § 10 Abs. 4 S. 2 HGB). 47

Diese Verknüpfung zwischen Eintragungen und Bekanntmachungen haben technisch zur Folge, dass kein separates Bekanntmachungsportal mehr notwendig ist.[80] Abgerufen werden die Eintragungen schließlich auch über das Handelsregister. Der (nahezu[81]) Ausschluss einer Divergenz zwischen der Eintragung und der Bekanntmachung führt aber 48

[68] Befürwortend wohl Linke NZG 2021, 309 (312): „die minimalinvasivste Vorgehensweise", die verhindere, dass Folgeänderungen von Normen, die an die Bekanntmachung anknüpfen, erforderlich werden.

[69] Zu Recht kritisch zur überflüssigen Doppelung zwischen der Eintragung und Bekanntmachung des deutschen Rechts, Lieder NZG 2020, 81 (87): „längst überholt"; ebenso Schmidt ZIP 2021, 112 (118).

[70] Schmidt ZIP 2021, 112 (118): „legislatorischer Kunstgriff".

[71] BT-Drucks. 19/28177, S. 113.

[72] BT-Drucks. 19/28177, S. 113 f.

[73] BT-Drucks. 19/28177, S. 114.

[74] Linke NZG 2021, 309 (313).

[75] Preuß in Oetker Handelsgesetzbuch, 6. Aufl. 2019, HGB § 15, Rn. 58.

[76] Linke NZG 2021, 309 (313) befürwortend: „stimmig", die beibehalten Unterscheidung zwischen Eintragung und Bekanntmachung erscheine nicht allzu „gekünstelt".

[77] BT-Drucks. 19/28177, S. 113.

[78] BT-Drucks. 19/28177, S. 113.

[79] BT-Drucks. 19/28177, S. 106, 107.

[80] BT-Drucks. 19/28177, S. 106.

[81] BT-Drucks. 19/28177, S. 113: „da eine unrichtige Bekanntmachung nun nicht mehr denkbar ist, weil ein Auseinanderfallen zwischen einzutragender Tatsache und deren Bekanntmachung technisch nahezu ausgeschlossen ist".

dazu, dass die positive Publizitätswirkung nach § 15 HGB einer Reformierung bedurfte. Der Gesetzgeber folgte dabei in der Sache dem Vorschlag von *Lieder*[82], nach dem bei der Frage der positiven Publizität ausschließlich auf die eingetragene Tatsache abgestellt wird. Dies ist konsequent und ausdrücklich zu begrüßen. Dennoch bleibt es weiterhin bei der Voraussetzung, dass die eingetragene Tatsache, auf die man sich im Rahmen von § 15 Abs. 3 HGB beruft, bereits bekannt gemacht, also erstmal abrufbar war.[83]

49 Diskussionsbedürftig erscheint dagegen der weitere Vorschlag von *Lieder*[84] bzgl. der Aufnahme des im deutschen Recht geltenden Veranlassungsprinzips. Demzufolge schlug *Lieder* folgenden Ausnahmetatbestand im § 15 Abs. 3 S. 2 HGB vor:

„Das gilt nicht, wenn die Eintragung demjenigen, in dessen Angelegenheiten die Tatsache einzutragen war, nicht zuzurechnen ist"

Die Aufnahme des Zurechnungsprinzips dürfte trotz erfreulicher Gewinne an Rechtsklarheit nicht zwingend notwendig sein. Ein solches war zum einen auch bisher nicht im Wortlaut des § 15 HGB enthalten und hat seine Geltung dennoch erfahren. Die tatbestandliche Aufnahme des Zurechnungsprinzips hätte auf der anderen Seite aber auch zur Folge, dass der Gesetzgeber auch in anderen Rechtsgebieten ähnliche Zurechnungstatbestände schaffen müsste, um sich ja des Einwands zu erwehren, dass das Zurechnungsprinzip auch dort gelte. Dies verursacht unnötige gesetzgeberische Tätigkeit, zumal rechtliche Problematiken aufgrund des von allen Seiten befürworteten Veranlassungsprinzips nicht ersichtlich sind.

50 Gemäß dem neuen § 15 Abs. 5 HGB gelten die Publizitätswirkungen nach § 15 Abs. 1–3 HGB nicht für Zweigniederlassungen der Kapitalgesellschaften im Ausland. Begründet wurde diese Ausnahme mit der fehlenden Möglichkeit der Überprüfung der Angaben durch die deutschen Registergerichte.[85] Diese Beschränkung entspricht, wie der deutsche Gesetzgeber richtigerweise ausführt,[86] auch der Dig-RL, da in Art. 16 Abs. 5 Dig-RL die Zweigniederlassungen nicht genannt sind.

3. Disqualifizierte Geschäftsführer (§ 9c HGB)

51 Die in Art. 13i Dig-RL vorgesehene Regelung zu disqualifizierten Geschäftsführern wird durch § 9c HGB umgesetzt. Das Ziel der Dig-RL, jenen Personen die Gründung einer Gesellschaft bzw. ihre weitere Fortführung nicht zu gestatten, ist zwar klar und verständlich. Dennoch unterließ es der Richtliniengeber, in der Sache konkretere Vorschläge zu machen. Dies betrifft vor allem die Frage, welche Personen disqualifiziert werden dürfen, also welche materiell-rechtlichen Voraussetzungen vorliegen müssen, um den Disqualifikationstatbestand zu erfüllen. In Erw. 24 Dig-RL wird zwar angedeutet, dass es sich um ein „betrügerisches oder anderweitig missbräuchliches Verhalten" handeln muss. Ansonsten überließ der Richtliniengeber diese Entscheidung den Mitgliedstaaten. Ebenso überantwortete er es an die Mitgliedstaaten zu entscheiden, wie die jeweiligen Informationen am besten erhoben werden, etwa durch Implementierung in bestimmte Register oder an anderen Orten (Erw. 23 Dig-RL). Verbindlich schreibt die Dig-RL nur fest, dass diese Informationen im Falle eines entsprechenden Ersuchens über das Europäische System der Registervernetzung anderen Mitgliedstaaten bereitgestellt werden müssen.

52 Da die Vorgaben der Dig-RL in Bezug auf diesen Punkt vage sind, hatte der deutsche Gesetzgeber weitgehend freie Hand. Verstöße gegen die Dig-RL sind daher nicht zu erwarten. Zuständig ist nach § 9c Abs. 1 HGB die das Unternehmensregister führende Stelle. Für die Bereitstellung der Informationen erhält diese Stelle gem. § 9c Abs. 2 HGB

[82] Lieder NZG 2020, 81 (88).
[83] So folgerichtig BT-Drucks. 19/28177, S. 114.
[84] Lieder NZG 2020, 81 (89).
[85] BT-Drucks. 19/28177, S. 114.
[86] BT-Drucks. 19/28177, S. 114.

Auskünfte aus dem Bundeszentralregister (BZRG) und aus dem Gewerbezentralregister (GewO). Die Ersuchungsinformationen sind gem. §9c Abs. 4 HGB beschränkt auf die Frage, ob die betreffende Person disqualifiziert ist (§9c Abs. 4 S. 1 Nr. 1 HGB) und ob ein entsprechender Eintrag in den genannten Registern vorhanden ist (§9c Abs. 4 S. 1 Nr. 2 HGB). Der Disqualifikationstatbestand erklärt sich aus der Bezugnahme auf §6 Abs. 2 S. 1 Nr. 2–3 GmbHG und §76 Abs. 3 S. 2 Nr. 2–3 AktG. Disqualifiziert sind die Personen demnach dann, wenn gegen sie eine entsprechende gerichtliche oder behördliche Entscheidung vorliegt oder wenn sie die jeweils dort geregelten Straftaten (Insolvenzverschleppung, Insolvenzstraftaten usw.) begangen haben. Insoweit brachte Art. 13i Dig-RL für das deutsche Recht keine besondere Neuerung.[87] Eine Neuheit ist dagegen darin zu sehen, dass nun auch ausländische Disqualifikationen (sofern eine gerichtliche oder behördliche Entscheidung vorliegt) zur Disqualifikation in Deutschland führen müssen, und zwar unabhängig davon, ob die konkret stehende ausländische Disqualifikation in Deutschland eine solche Qualifikation erfahren würde.[88]

C. Virtuelle Hauptversammlungen

Die Zulässigkeit und die Modalitäten einer virtuellen Hauptversammlung von Aktien- **53**
gesellschaften gehören zu den Klassikern der Digitalisierung im Gesellschaftsrecht. Bereits zu Zeiten der Schuldrechtsmodernisierung kamen Stimmen aus der Rechtswissenschaft, die für eine virtuelle Öffnung des Versammlungsrechts der AG plädierten.[89] Die Diskussion nahm sodann in der letzten Dekade erheblich an Fahrt auf, ohne dass dahingehende Gesetzgebungsreformen angestoßen bzw. konkret wurden. Dies änderte sich ad hoc durch die COVID-19-Pandamie.[90] Mit dem „Gesetz zur Abmilderung der Folgen der COVID-19-Pandemie im Zivil-, Insolvenz- und Strafverfahrensrecht"[91] (im Folgenden: CovAbmG), dessen Gegenstand auch das „Gesetz über Maßnahmen im Gesellschafts-, Genossenschafts-, Vereins- und Stiftungs- und Wohnungseigentumsrecht zur Bekämpfung der Auswirkungen der COVID-19-Pandemie" (GesRuaCOVBekG[92]) war und das durch die „Verordnung zur Verlängerung von Maßnahmen im Gesellschafts-, Genossenschafts-, Vereins- Stiftungsrecht zur Bekämpfung der Auswirkungen der COVID-19-Pandemie" (GesRGenCOVMVV) bis zum 31.12.2021 erstmals und durch das Aufbauhilfegesetz 2021 zuletzt bis zum 31.08.2022 verlängert wurde, wurden aufgrund der pandemiebedingten Notwendigkeit virtuelle Hauptversammlungen aus der Taufe gehoben. Ausnahmslos alle DAX-, MDAX- und TecDAX-Unternehmen haben von der Möglichkeit der virtuellen Hauptversammlungen Gebrauch gemacht.[93] Rechtspolitisch zu diskutieren bleibt, inwieweit virtuelle Hauptversammlungen auch nach der Pandemie zulässig bleiben sollten und welche Bedeutung sie in Relation zu Präsenzversammlungen einnehmen werden.

---

87 So bereits Teichmann ZIP 2018, 2451 (2453).

88 Schmidt; ZIP 2021, 112 (120).

89 Sattler BB 2018, 2243 (246f.).

90 Zu sonstigen gesellschaftsrechtlichen Gesetzesänderungen in Corona-Zeiten, Vetter/Tielmann NJW 2020, 1175ff.

91 BGBl. 2020 I 569.

92 Ausführlich und instruktiv dazu, Herrler DNotZ, 2020, 468ff.; Simons/Hauser NZG 2020, 488ff.; Kruchen DZWIR 2020, 432ff.; Schäfer NZG 2020, 481ff.; Tröger BB 2020, 1091ff.; Wicke DStR 2020, 885ff.

93 Seibt/Danwerth NZG 2020, 1241 mwN.

I. Rechtlicher Rahmen (§ 118 AktG, § 243 Abs. 3 Nr. 1 AktG)

54 Nach der zentralen Norm des § 118 Abs. 1 S. 1 AktG üben die Aktionäre ihre Rechte in den Angelegenheiten der Gesellschaft in der Hauptversammlung aus. Die Hauptversammlung ist grundsätzlich als eine Präsenzversammlung ausgestaltet, die als solche eine physische Präsenz des Vorstandes und der Aktionäre erforderlich macht. Die erste elektronische Öffnung vollzog der Gesetzgeber im Jahre 2009 durch das Gesetz zur Umsetzung der Aktionärrechterichtlinie (ARUG[94]).[95] Durch den neu eingeführten § 118 Abs. 1 S. 2 AktG ist neben der bis dato ohnehin zulässigen Übertragung der Hauptversammlung in Ton und Bild (passiv)[96] auch eine Hauptversammlung möglich geworden, in der die Aktionäre sich aktiv an dem Entscheidungsprozess elektronisch beteiligen. Sofern die Satzung der AG es vorsieht („kann") bzw. den Vorstand dazu ermächtigt, müssen die Aktionäre an der Hauptversammlung nicht physisch, sondern können mittels elektronischer Kommunikation ihre Rechte (insb. Stimm- und Antragsrechte, Frage- und Antwortrechte) ausüben. Nach § 118 Abs. 2 AktG können die Stimmen der Aktionäre schriftlich oder im Wege elektronischer Kommunikation abgegeben werden (Briefwahl). Der Vorstand und der Aufsichtsrat selbst müssten indes an einem bestimmten Versammlungsort (§ 121 Abs. 3 S. 1 AktG) physisch anwesend sein (§ 118 Abs. 3 S. 1 AktG),[97] wobei für bestimmte Fälle die Teilnahme der Mitglieder des Aufsichtsrates im Wege der Bild- und Tonübertragung erfolgen durfte. Der ARUG-Gesetzgeber betonte dabei, dass diese Öffnung keine Einführung von einer virtuellen Hauptversammlung, also von einer Versammlung, „die in keinem physischen Raum mehr stattfindet und deren Versammlungsort der Cyberspace ist"[98], bedeute, stellte indes sogleich fest, dass man im Falle der Zuschaltung aller Aktionäre nach § 118 Abs. 1 S. 2 AktG der „virtuellen Hauptversammlung" doch sehr nah käme.[99] Erst mit Inkrafttreten eines neuen § 118a AktG wird die virtuelle Hauptversammlung dauerhaft und im AktG selbst geregelt.

55 Die Zulässigkeit „elektronischer Hauptversammlungen" nach § 118 Abs. 1 S. 2 AktG provozierte auf der anderen Seite eigenständige Anfechtungsgründe nach § 243 Abs. 3 Nr. 1 AktG. Grundsätzlich konnte kein Anfechtungsgrund auf technischen Störungen beruhen, es sei denn, der Gesellschaft war eine grobe Fahrlässigkeit bzw. der Vorsatz vorzuwerfen. Der Verschuldensmaßstab konnte gem. § 243 Abs. 3 Nr. 1 HS. 2 AktG in der Satzung verschärft werden.

II. Auswirkungen des GesRuaCOVBekG

1. Änderung des § 118 AktG – neue Ermächtigungsgrundlage (§ 1 Abs. 1 GesRuaCOVBekG)

56 Abweichend von § 118 AktG kann der Vorstand nach § 1 Abs. 1 GesRuaCOVBekG auch ohne eine entsprechende Satzungsermächtigung bzw. Geschäftsordnungsregelung
- die elektronische Teilnahme nach § 118 Abs. 1 S. 2 AktG,
- die Stimmabgabe im Wege elektronischer Kommunikation nach § 118 Abs. 2 AktG,
- die Teilnahme von Mitgliedern des Aufsichtsrates im Wege der Bild- und Tonübertragung nach § 118 Abs. 3 S. 2 AktG und
- die Zulassung der Bild- und Tonübertragung nach § 118 Abs. 4 AktG

[94] BGBl. 2009 I 2479.
[95] Ausführlich zur praktischen Nutzung und Rechtslage, Redenius-Hövermann/Bannier ZIP 2020, 1885 ff.
[96] Vgl. BT-Drucks. 16/11642, S. 26.
[97] Auch bei virtuellen Hauptversammlungen nach § 1 Abs. 2 GesRuaCOVBekG waren eine „physische Mindestbesetzung" gegeben, Seibt/Danwerth NZG 2020, 1241 (1242 Rn. 11); Herrler DNotZ, 2020, 468 (478 f.): dazu auch Dubovitskaya NZG 2020, 647 (648 f.); Noack/Zetzsche AG 2020, 721 (722).
[98] BT-Drucks. 16/11642, S. 26.
[99] BT-Drucks. 16/11642, S. 26.

anordnen. Insoweit änderte der Gesetzgeber lediglich die Ermächtigungsgrundlage. Ein neues Verfahren brachte § 1 Abs. 1 GesRuaCOVBekG nicht mit sich.[100]

2. Zulässigkeit von virtuellen Hauptversammlungen (§ 1 Abs. 2 GesRuaCOVBekG)

Die Zulassung von virtuellen Hauptversammlungen erfolgte erst durch § 1 Abs. 2 GesRuaCOVBekG. Danach ist die virtuelle Hauptversammlung, also jene, die nach § 1 Abs. 2 S. 1 GesRuaCOVBekG „ohne physische Präsenz der Aktionäre oder ihrer Bevollmächtigten" abgehalten wird, dann zulässig, wenn kumulativ die Voraussetzungen nach § 2 Abs. 2 S. 1 Nr. 1–4 GesRuaCOVBekG erfüllt sind. Die Entscheidung darüber liegt im Ermessen[101] des Vorstandes („kann"). Gem. § 1 Abs. 2 S. 2 GesRuaCOVBekG entscheidet dabei der Vorstand nach pflichtgemäßem, freiem Ermessen,[102] wie er Fragen beantwortet. Dabei konkretisiert der Gesetzgeber, dass den Aktionären zwar kein Auskunftsrecht, „aber immerhin die ‚Möglichkeit' einzuräumen [ist], Fragen zu stellen. Ein Recht auf Antwort ist das nicht. Über die Beantwortung entscheidet der Vorstand gemäß Satz 2 abweichend von § 131 AktG nur nach pflichtgemäßem, freiem Ermessen"[103]. Diese sehr weitgehende Einschränkung der Aktionärsrechte hatte zur Folge, dass eine lebhafte Diskussion kaum möglich war.[104] Der Gesetzgeber verweist zur Begründung auf die drohende „Flut von Fragen und auch – wie bei sozialen Medien nicht unüblich – inhaltlich inakzeptablen Einwürfen"[105]. 57

3. Abmilderung der Anfechtungsgründe (§ 1 Abs. 7 GesRuaCOVBekG)

Die Anfechtung von Hauptversammlungsbeschlüssen kann neben § 243 Abs. 3 Nr. 1 AktG auch nicht auf Verletzungen von § 118 Abs. 1 S. 3–5, Abs. 2. S. 2, Abs. 4, § 125 AktG und von § 1 Abs. 2 GesRuaCOVBekG gestützt werden, es sei denn, es handelt sich um einen vorsätzlichen Verstoß (§ 1 Abs. 7 GesRuaCOVBekG). Begründet wird dieser weitgehende Anfechtungsausschluss mit der Befürchtung, die Gesellschaften würden das Mittel der virtuellen Hauptversammlung ansonsten nicht wahrnehmen, um mögliche Anfechtungsklagen zu verhindern.[106] 58

III. Zulässigkeit von virtuellen Hauptversammlungen auch nach Covid-19

1. GesRuaCOVBekG und das „Wie"

Das GesRuaCOVBekG bewirkte die erste Öffnung des deutschen Gesellschaftsrechts für virtuelle Hauptversammlungen. Doch sollte nicht verkannt werden, dass es sich um ein Ausnahmegesetz für Ausnahmezeiten handelt. Hinsichtlich der Frage nach dem „Wie" muss das GesRuaCOVBekG daher keine Gestaltungsrichtung vorgeben. Insbesondere erscheint nur schwer begründbar, warum außerhalb von Pandemie- oder Krisenzeiten solche Einschränkungen der Aktionärsrechte,[107] wie sie in § 1 Abs. 2 S. 2 und § 1 Abs. 7 GesRuaCOVBekG niedergelegt sind,[108] hinzunehmen wären. Manche bemängelten in § 1 Abs. 2 GesRuaCOVBekG daher verständlicherweise die Schwächung der Aktionärsdemokratie und die Kultur deutscher Aktiengesellschaften.[109] Zudem hat sich anhand der 59

[100] Auch wenn zuzugeben ist, dass in der Praxis die Inanspruchnahme dieser Möglichkeit unkalkulierbar ist, Seibt/Danwerth NZG 2020, 1241 (1242).
[101] Kritisch dazu, Kruchen DZWIR 2020, 431 (465); Herrler DNotZ, 2020, 468 (491).
[102] Dazu Herrler DNotZ, 2020, 468 (469 f.).
[103] BT-Drucks. 19/18110, S. 26.
[104] Seibt/Danwerth NZG 2020, 1241 (1243).
[105] BT-Drucks. 19/18110, S. 26.
[106] BT-Drucks. 19/18110, S. 27.
[107] Tröger BB 2020, 109: „massive Einschränkungen".
[108] Seibt/Danwerth NZG 2020, 1241 (1242, 1244): faktischer Anfechtungsausschluss.
[109] Seibt/Danwerth NZG 2020, 1241 (1243) mwN.

bislang gemachten Erfahrungen mit virtuellen Hauptversammlungen im Jahre 2020 insb. die Befürchtung des Gesetzgebers, es würde eine „Fragenflut" und die damit drohende Sabotage der Hauptversammlung drohen, nicht bewahrheitet, obwohl die Vorstände in der Pandemie aktionärsfreundlich waren, indem sie die Fragenbeantwortung kaum limitierten.[110] Der Einschränkung nach § 1 Abs. 2 S. 1 GesRuaCOVBekG hätte es daher tendenziell auch für die Ausnahmezeit nicht bedurft.

2. „Ob" der virtuellen Hauptversammlung

60 Es dürfte indes offensichtlich sein, dass die Zulassung von virtuellen Hauptversammlungen („Ob") notwendig ist, und zwar nicht nur in Ausnahmesituationen. Die Erfahrung aus der Pandemie zeigt, dass virtuelle Hauptversammlungen als solche funktionieren.[111] Entsprechend liegt inzwischen der Regierungsentwurf zur Einführung eines neuen § 118a AktG vor.

61 **a) Wahlrecht zwischen der Präsenzversammlung und virtueller Hauptversammlung.** In der Zukunft wird zunächst die Frage zu klären sein, ob (1) Präsenzversammlungen ganz verdrängt und durch virtuelle Versammlungen ersetzt werden, (2) ob sie nebeneinander stehen dürfen (Wahlrecht)[112], (3) ob die Präsenzversammlung weiterhin den Grundsatz und die virtuelle Versammlung eine Ausnahme darstellt, (4) ob dieses Grundsatz-Ausnahme-Verhältnis zugunsten der virtuellen Versammlung zu lösen ist[113] oder (5) ob man zur bewährten Präsenzversammlung zurückkehrt und virtuelle Hauptversammlungen ausschließt.

62 Die erste und letzte Option sind rechtspolitisch abzulehnen. Gesellschaften muss auch weiterhin die Abhaltung einer Präsenzversammlung möglich sein. Eine Reform sollte zwar eine weitere Option der virtuellen Hauptversammlung zur Verfügung stellen, die bewährte Präsenzversammlung indes nicht abschaffen. Vielmehr soll der Vorstand (ggf. mit Zustimmung des Aufsichtsrates[114]) auf Grundlage des wohlverstandenen Interesses der Gesellschaft die Entscheidung treffen, ob im Einzelfall eine Präsenz- oder virtuelle Versammlung vorzunehmen ist.[115] Dabei können ganz unterschiedliche konkrete Interessen der Aktionäre bzw. des Aufsichtsrates und des Vorstandes eine Rolle spielen. Insbesondere sollten das Frage- und Antwortrecht sowie das Auskunfts- und das Stimmrecht der Aktionäre bei der Beurteilung durch den Vorstand von herausragender Bedeutung bleiben. Aber auch Kostenfragen, die konkrete Anzahl der Aktionäre und die Frage, welche Form der Versammlung beim konkreten Aktionärsfeld ihren Interessen am besten entspricht, müssen in die ex-ante-Abwägung einbezogen werden. Ein internationaler Aktionärskreis dürfte etwa eher für eine virtuelle Hauptversammlung streiten. Virtuelle Hauptversammlungen dürfen angesichts der notwendigen Digitalisierungsentwicklung andererseits aber auch nicht verboten oder unangemessen erschwert werden. Eine Rolle spielen dabei der „Wettbewerb der (Gesellschafts-)Rechtsordnungen" und der Förderung des Gedankens einer Aktionärsdemokratie, insbesondere bei Kleinaktionären[116].

63 Vorzuziehen ist letztlich ein Wahlrecht, das der Vorstand nach dem wohlverstandenen Interesse der Gesellschaft und ihrer Mitglieder auszuüben hat. Insoweit gibt die Regelung des § 1 Abs. 2 S. 1 GesRuaCOVBekG eine sinnvolle Richtung vor. Danach „kann" sich

---

[110] Seibt/Danwerth NZG 2020, 1241 (1243).

[111] Mit einer beeindruckenden, umfangreichen empirischen Untersuchung, Danwerth AG 2020, 776 ff.; Redenius-Hövermann/Bannier ZIP 2020, 1885 (1889 ff., 1891), mit einer im Ergebnis positiven empirischen Auswertung der Hauptversammlungsergebnisse; auch Seibt/Danwerth NZG 2020, 1241 (1242).

[112] Redenius-Hövermann/Bannier ZIP 2020, 1885 (1895) mit der Forderung nach einem „virtuellen Wortmeldetisch"

[113] So Noack/Zetzsche AG 2020, 721 (725 f.): „Online als Pflicht und Präsenz als Kür".

[114] Redenius-Hövermann/Bannier ZIP 2020, 1885 (1889).

[115] Lieder ZIP 2021, 161 (163).

[116] Redenius-Hövermann/Bannier ZIP 2020, 1885 (1893).

der Vorstand für eine virtuelle Hauptversammlung entscheiden. Ihm wird demnach ein Ermessen eingeräumt, wobei es auch hier zu Ermessensfehlern und damit zu Pflichtverletzungen des Vorstandes kommen kann. Ein solches Wahlrecht würde eine behutsame Öffnung für virtuelle Hauptversammlungen bedeuten. Insoweit könnte der Gesetzgeber den analogen Weg gehen, den er bereits ähnlich im DiRUG gegangen ist. So können die Gesellschaftsgründer entscheiden, ob sie eine GmbH durch eine Präsenzbeurkundung oder durch eine Beurkundung mittels Videokommunikation nach §§ 16a ff. BeurkG gründen wollen.

b) Gesetzliche Grundlage für das Wahlrecht. Um der Digitalisierungsentwicklung des deutschen Gesellschaftsrechts Genüge zu tun, reicht es nicht aus, die Möglichkeit der Abhaltung von virtuellen Hauptversammlungen in den Satzungen der Gesellschaften vorzusehen. Dies würde im Vergleich zur heutigen Rechtslage keinen Fortschritt bedeuten. Nach § 118 AktG ist bereits eine aktive elektronische Hauptversammlung möglich, die theoretisch, also im Falle der elektronischen Zuschaltung von allen Aktionären, einer virtuellen Hauptversammlung sehr nah kommt.[117] Es bedarf daher einer gesetzlichen Grundlage für die Abhaltung von virtuellen Hauptversammlungen und nicht bloß einer statutarischen Ermächtigung.[118] Hierzu soll ein neuer § 118a AktG eingefügt werden. 64

D. Blockchain-Kapitalgesellschaftsrecht

Während die vorstehenden Ausführungen vielfach bereits erfolgte Kodifizierungen des digitalisierten Gesellschaftsrechts betreffen, soll nun im folgenden Abschnitt ein Blick auch auf die Zukunft geworfen werden. Dabei wird das Thema des Blockchain-basierten (Kapital-)Gesellschaftsrechts bedeutend. Den ersten Schritt in Richtung der behutsamen Öffnung des deutschen Rechts für die Blockchain-Technologie stellt das am 10.6.2021 in Kraft getretene „Gesetz zur Einführung von elektronischen Wertpapieren"[119] (eWpG) dar. 65

I. Gesetz zur Einführung von elektronischen Wertpapieren (eWpG)

In seinem Anwendungsbereich erfasst das eWpG klassische Inhaberschuldverschreibungen nach §§ 793 ff. BGB,[120] Anteilsscheine nach § 95 KAGB und Pfandbriefe nach dem PfandBG.[121] Bislang war bei allen diesen Leistungsrechten eine Verkörperung notwendig, die in Papierform zum Ausdruck kam. Auch wenn die Verkörperung seit den Entmaterialisierungstenzenden der 1980er Jahre sukzessive, insbesondere durch das DepotG, zurückgedrängt wurde,[122] existierte immer noch eine Urkunde (etwa die Globalurkunde nach § 9a DepotG), auch wenn sie physisch nicht mehr bewegt wurde.[123] Mit dem eWpG ist eine Verkörperung in Papierform nicht mehr notwendig.[124] Stattdessen sollen Wertpapiere in einem Register eingetragen werden. Dabei ist das eWpG durch eine Dichotomie gekennzeichnet. Wertpapiere können: (1) im Falle elektronischer Wertpapiere in einem zentralen Wertpapierregister (§§ 12–15 eWpG) und (2) im Falle von Kryptowertpapieren 66

[117] BT-Drucks. 16/11642, S. 26.
[118] Redenius-Hövermann/Bannier ZIP 2020, 1885 (1896); Dubovitskaya NZG 2020, 647 (650).
[119] BGBl. 2021 I 1423.
[120] Dabei sollte nicht unerwähnt bleiben, dass der Anwendungsbereich des neuen eWpG durchaus weit ist, wenn man bedenkt, welche Wertpapiere als Inhaberschuldverschreibungen nach §§ 793 ff. BGB eingestuft werden, dazu: Meier/Saive ZdiW 2021, 223 (225).
[121] Meier/Saive ZdiW 2021, 223 (224 f.).
[122] Dazu Meier RDi 2021, 1 f.; Meier MMR 2021, 381 f.
[123] Stattdessen bediente man sich einer „Besitzrechtspyramide", dazu Meier RDi 2021, 1 (2) mwN.
[124] Die klassische Begebung und Übertragung von Wertpapieren nach §§ 793 ff. BGB und DepotG bleibt auch nach der Reform möglich.

in einem Kryptowertpapierregister (§§ 16–23 eWpG) eingetragen werden. Kryptowertpapiere dürften – ungeachtet der angestrebten Technologieneutralität – regelmäßig auf der Blockchain-Technologie basieren. Dabei werden beide Ausprägungen dieser digitalisierten Wertpapiere nach § 2 Abs. 3 eWpG den Sachen nach § 90 BGB mittels Fiktion gleichgestellt und damit dem sachenrechtlichen Schutz unterworfen.[125] Auf eine Einbeziehung von Gesellschaftsanteilen hat der eWpG-Gesetzgeber bewusst verzichtet und deren Tokenisierung in die Zukunft verschoben.[126] Wie könnte ein solches Blockchain-basiertes Kapitalgesellschaftsrecht mit tokenisierter Mitgliedschaft aussehen?

II. Technischer Rahmen

1. Grundlagen der Blockchain-Technologie

67 Eine Blockchain bildet eine verteilte Datenstruktur, die es ermöglicht, Transaktionen gruppiert in chronologisch verknüpften Datenblöcken auf einer Weise abzuspeichern, die jegliche Manipulationen unmöglich bzw. sehr unwahrscheinlich macht.[127] Die hohe Manipulationsresistenz ist vor allem dem Umstand geschuldet, dass die Datenstruktur auf den einzelnen Knoten eines auf Konsensmechanismus beruhenden Peer-to-peer-Netzwerks repliziert ist.[128] Jede neue Transaktion und jede neue Aktualisierung haben somit zur Folge, dass nach ihrem Vollzug der Datenbestand unweigerlich den ursprünglichen Datenbestand um einen neuen Datenblock anreichert. Dabei können die Blockchain-Netzwerke typologisch in private und öffentliche Systeme, sowie in zugangsbeschränkte (permissioned) und zugangsfreie (permissionless) Netzwerke unterteilt werden.[129]

2. Token als Bezugsobjekte

68 Die Blockchain-Technologie[130] wurde öffentlich und mit Breitenwirkung erstmals als technische Grundlage der Kryptowährung Bitcoin im Jahre 2008 eingesetzt. Solche Kryptowährungen stellen dabei systemeigene Einheiten (BTC) dar, die im abstrakten Oberbegriff als Token bezeichnet werden.[131] Technisch handelt es sich dabei um nichts anderes als einen Eintrag in einem Register, der nach außen zB die Zuordnung eines Vermögensrechts repräsentiert.[132] Die Zuordnungsverhältnisse über den einen oder anderen Token werden durch einen öffentlichen kryptographischen Schlüssel (Adresse) verknüpft.[133] Zur Verfügung über den Token und damit auch zur Verfügung über das – im Fall dinglicher Tokenisierung[134] – durch Token verbriefte Recht, bedarf es eines privaten Schlüssels.[135]

[125] Dazu Omlor RDi 2021, 236 ff.; Lahusen RDi 2021, 161 ff.
[126] BT-Drucks. 19/26925, S. 38.
[127] Schweizer/Schlatt/Fridgen Unchainching Social Businesses – Blockchain as the Basic Technology of a Crowdlending Platform in International Conference on Information Systems, 2017.; Möslein/Omlor/Urbach ZIP 2020, 2149.
[128] Möslein/Omlor/Urbach ZIP 2020, 2149 (2150); Siegel in Omlor/Link Handbuch Kryptowährungen und Token, 2021, Kap. 3 Rn. 7 ff.
[129] Peters/Panayi Understanding Modern Banking Ledgers Through Blockchain Technologies: Future of Transaction Processing and Smart Contracts on the Internet of Money. in Banking Beyond Banks and Money, 2016, S. 239–278; Möslein/Omlor/Urbach ZIP 2020, 2149 (2150).
[130] Zur Funktionsweise vgl. Siegel, in Omlor/Link Handbuch Kryptowährungen und Token, 2021, Kap. 3.
[131] Möslein/Omlor/Urbach ZIP 2020, 2149 (2150).
[132] Oliveira/Zavolokina/Bauer/Schwabe To Token or not to Token: Tools for Understanding Blockchain Tokens, 2018; Möslein/Omlor/Urbach ZIP 2020, 2149 (2150).
[133] Möslein/Omlor/Urbach ZIP 2020, 2149 (2150).
[134] Zum Begriff Omlor, in Omlor/Link Handbuch Kryptowährungen und Token, 2021, Kap. 6 Rn. 94 ff.
[135] Möslein/Omlor/Urbach ZIP 2020, 2149 (2150).

Mit diesem kann der jeweilige Tokeninhaber Transaktionen durchführen. Dabei wird typologisch zwischen Utility Token, Security Token und Currency Token unterschieden.[136]

III. Allgemein privatrechtliche Einordnung von Blockchain-Token

Die allgemein-privatrechtliche Einordnung von Token ist bislang in vielen Hinsichten umstritten.[137] Die hM[138] lehnt mangels Verkörperungselements eine Einordnung als eine Sache nach § 90 BGB[139] ab. Mit dem Inkrafttreten des eWpG dürfte dies nun auch durch den Gesetzgeber zugunsten der hM entschieden worden sein. Es bedürfte nämlich keiner Gleichstellung mit Sachen nach § 2 Abs. 3 eWpG, wenn Kryptowertpapiere bereits Sachen iSd § 90 BGB wären. Aufbauend auf ihrer typologischen Kategorisierung stellt sich auch die Folgefrage, wie Token übertragen werden. Vorgeschlagen wird zum einen eine analoge Anwendung der §§ 929 ff. BGB.[140] Andere bevorzugen eine zessionsrechtliche Lösung nach §§ 398, 413 BGB.[141] Dritte qualifizieren Token als eine tatsächliche Beziehung und wollen die Übertragung mittels eines Realakts vollziehen.[142] Vorzugswürdig erscheine eine differenzierende Einordnung nach der Art der betroffenen Blockchain, ihrem Nutzungszweck und ihrer namentlich im zugehörigen Whitepaper niedergelegten Grundregeln.[143] 69

IV. Gesellschaftsrechtliche Grundlagen

Der normative Schwerpunkt eines Blockchain-Kapitalgesellschaftsrechts läge vor allem in der Mitgliedschaft und ihrer dinglichen Abbildung auf der Blockchain, dh ihrer Tokenisierung. 70

1. GmbH-Gründung

Mit dem vorgelegten Entwurf des DiRUG, das seine unionsrechtliche Basis in der GesR-RL und Dig-RL findet, ist die Gründung von GmbH bereits auf ein qualitativ neues Digitalisierungsniveau gehoben worden. Die Rolle des Notars, der mit diesem Gesetz in die neue Technik eingefügt wurde, muss auch weiterhin beibehalten werden, will man eine rechtssichere und wirksame Gründung von Gesellschaften erreichen. Auch bei einer blockchain-basierten Gründung darf daher auf den Notar nicht verzichtet werden.[144] Bei der Übermittlung bzw. der Bereitstellung der für die Gründung von GmbH erforderlichen Unterlagen bzw. Nachweise kann dabei eine Überführung in die Blockchain-Welt erfolgen, um eine Datenübermittlung und -verarbeitung ohne Medienbruch zu gewährleisten. Ebenso könnten die Identifizierungsanforderungen nach dem Vorbild des § 16c BeurkG perspektivisch unter Einbeziehung der Blockchain erfüllt werden. 71

[136] Zur Typologisierung Omlor in Omlor/Link Handbuch Kryptowährungen und Token, 2021, Kap. 6 Rn. 14 ff., 21 ff.

[137] Zum Streitstand Omlor in Omlor/Link Handbuch Kryptowährungen und Token, 2021, Kap. 6 Rn. 24 ff.

[138] Engelhart/Klein MMR 2014, 355 (357); Boehm/Pesch MMR 2014, 75 (77); Kütük/Sorge MMR 2014, 643 (644); Beck/König JZ 2015, 130 (132); Omlor ZHR 183 (2019), 294 (308); Omlor in Omlor/Link Handbuch Kryptowährungen und Token, 2021, Kap. 6, Rn. 1 ff.; Nathmann BKR 2019, 540 (542); Hanten/Sacarcelik RdF 2019, 124 (126); Schäfer/Eckhold in Assmann/Schütze/Buck-Heeb Handbuch des Kapitalanlagerechts, 5. Aufl. 2020, § 16a Rn. 35; Möslein/Omlor/Urbach ZIP 2020, 2149 (2151).

[139] Für eine Einordnung als Sache dagegen John BKR 2020, 76 (77 f.).

[140] Koch ZBB 2018, 359 (362 f.); Walter NJW 2019, 3609 passim; Veil ZHR 183 (2019), 346 (350).

[141] Schäfer/Eckhold in Assmann/Schütze/Buck-Heeb Handbuch des Kapitalanlagerechts, 5. Aufl. 2020, § 16a Rn. 44; differenzierend Omlor ZHR 183 (2019), 294 (327 f.).

[142] Engelhart/Klein MMR 2014, 355 (357); Kütük/Sorge MMR 2014, 643 (644 f.); Paulus/Matzke ZfPW 2018, 431 (451 ff.); für die Bitcoin-Blockchain Omlor ZHR 183 (2019), 294 (327 f.).

[143] Omlor in Omlor/Link Handbuch Kryptowährungen und Token, 2021, Kap. 6 Rn. 71 ff.

[144] Möslein/Omlor/Urbach ZIP 2020, 2149 (2160 f.).

2. Tokenisierte GmbH-Mitgliedschaft

72 Eine blockchain-basierte GmbH-Mitgliedschaft würde zunächst erfordern, dass die Gesellschafterliste nach § 40 GmbHG auf eine Blockchain-Basis transferiert wird. Die auf dieser technischen Grundlage abgebildeten Token würden sodann die jeweiligen Mitgliedschaften abbilden und ihnen jeweils eine entsprechende Beteiligung an der Gesellschaft zuordnen. Begründet würde eine strukturelle Parallele zu Kryptowertpapieren. Die Etablierung von blockchain-basierten Gesellschafterlisten hätte weitreichende Vorteile im Vergleich zu der heutigen Rechtslage zur Folge. Eine Tokenisierung der GmbH-Mitgliedschaft würde die Vorzüge einer wertpapierrechtlichen Verbriefung gewähren, ohne die Nachteile der Gegenständlichkeit von Papierurkunden nach sich zu ziehen. Geschaffen würde – wie im eWpG – ein Wertpapier im funktionalen Sinne: ein Wertpapier ohne Papier.

73 Für die GmbH ließe sich in der Folge die nicht nur zur Geldwäschebekämpfung bedeutsame Richtigkeitsgewähr der Gesellschafterliste grundlegend steigern, indem die Tokenisierung von GmbH-Anteilen mit einer Konstitutivität der Listeneintragung verbunden würde. Eine Höherwertigkeit des Rechtsscheinträgers für den gutgläubigen Erwerb nach § 16 Abs. 3 GmbHG erlaubte es zudem, die Verkehrsfähigkeit von Geschäftsanteilen durch einen Wegfall etwa des unkalkulierbaren Zurechnungserfordernisses (§ 16 Abs. 3 Satz 2 Alt. 2 GmbHG) zu erhöhen. Das Recht aus dem Token müsste dem Recht an dem Token folgen. Das notarielle Beurkundungserfordernis aus § 15 Abs. 3 und 4 GmbHG könnte unangetastet fortbestehen, womit die Notare ihre tradierte „Gatekeeper"-Funktion aus der vorsorgenden Rechtspflege auch für die Blockchain-Gesellschafterliste behielten. Dabei könnte die notarielle Form, ebenso wie bei der Gründung der GmbH, durch eine Videokommunikation nach §§ 16a-16e BeurkG erfüllt werden. Diese notarielle Beurkundung hätte außerdem zur Folge, dass die Notare den Zugang zur GmbH-Blockchain eröffnen und absichern würden, was unweigerlich zu einer deutlichen Entlastung der Registergerichte führte.[145]

3. Tokenisierte Aktien

74 Anders als bei der GmbH existiert bei der AG kein mit öffentlichem Glauben ausgestattetes Verzeichnis der Gesellschafter. Dem Aktienregister nach § 67 Abs. 2 AktG kommt lediglich eine gesellschaftsinterne Legitimationsfunktion zu. Eine Tokenisierung der AG-Mitgliedschaft würde ein solches Verzeichnis zur Folge haben und den ohnehin seit langem befürworteten Wechsel zur registermäßigen Erfassung von Aktien (in Abkehr zur wertpapierrechtlichen Verbriefung) bedeuten.[146] Dieser Systemwechsel[147] würde eine folgenreiche und positive Auswirkung im Aktienrecht initiieren. Eine tokenisierte AG-Mitgliedschaft könnte mit wertpapierrechtlichem Gutglaubensschutz ausgestattet werden, wie es bei Namensaktien als geborenen Orderpapieren der Fall ist.[148] Die Übertragung der tokenisierten Aktien richtete sich nach §§ 929 ff. BGB. Auch hier würde das Recht aus dem Token dem Recht an dem Token folgen. Bei einer Übertragung nach §§ 398, 413 BGB müsste die Inhaberschaft an dem Token automatisch („off chain") der übertragenen Mitgliedschaft nachfolgen (§ 952 BGB analog). Das Recht an dem Token würde dem Recht aus dem Token folgen. Anders als bei der GmbH wäre indes aufgrund der hohen Umlauffähigkeit der Aktien auf dem Aktienmarkt eine konstitutive Wirkung der Eintragung der Anteilsübertragung nicht erforderlich[149].

[145] Möslein/Omlor/Urbach ZIP 2020, 2149 (215).
[146] Möslein/Omlor/Urbach ZIP 2020, 2149 (2159).
[147] Möslein/Omlor/Urbach ZIP 2020, 2149 (2159).
[148] Möslein/Omlor/Urbach ZIP 2020, 2149 (2159).
[149] Möslein/Omlor/Urbach ZIP 2020, 2149 (2160).

V. Smart Contracts

Eine Form der Automatisierung der gesellschaftsrechtlichen Prozesse, die in engem Zusammenhang mit der Blockchain-Technologie steht, könnte im Rahmen von sog. Smart Contracts erfolgen. Der Begriff der Smart Contracts, ihr praktischer und rechtlicher Anwendungsbereich, die Reichweite des jeweiligen Einsatzes sowie die Rechtsfolgen dieser automatisierten Ausführungsform gilt es nachfolgend zu beleuchten. 75

1. Grundlagen

a) Begriff und Ursprünge. Den Begriff „Smart Contracts" wurde von *Nick Szabo* – 76 einem US-amerikanischen Juristen und Informatiker – im Jahr 1996 geprägt.[150] Zentral bei dieser Idee war es, auf einer Hardware oder einer Software vertragliche Vereinbarungen abzubilden und diese automatisiert zu kontrollieren bzw. im Falle auftretender Leistungsstörungen die übernommenen vertraglichen Verpflichtungen durchzusetzen.[151] Die praktische bzw. die wirtschaftliche Zweckgebung betraf die Reduzierung von Konfliktrisiken, insb. die Vermeidung von gerichtlichen Auseinandersetzungen[152], aber auch die Senkung von Transaktionskosten. Anschaulich lässt sich diese Automatisierungsform anhand eines Leasingvertrags[153] oder eines Mietvertrages[154] darlegen. Ein geleastes Auto kann etwa nur dann in Gebrauch genommen werden, wenn die geschuldete Leasingrate bezahlt wurde. Die Software überwacht demnach den Eingang von Leasingraten und gewährt im Falle ihrer Bezahlung den Gebrauch. Zu anderen praktischen Anwendungsbereichen von Smart Contracts zählen aber auch sonstige Zahlungsabwicklungen auf Zahlungsplattformen,[155] das Geldanlagengeschäft und Portfoliomanagement,[156] Kreditvergabe und Kreditvermittlung,[157] aber auch das Spekulations- und Versicherungsgeschäft[158]. Als Beispiel dafür ist etwa eine Flugverspätungsversicherung zu nennen, die die öffentlich zugänglichen Flugverkehrsdaten überwacht und im Falle der Flugverspätungen diese identifiziert und einen Schadensabwicklungsprozess einleitet.[159]

b) Technologieneutralität. Grundsätzlich ist das Phänomen der Smart Contracts tech- 77 nologieneutral, dh die zugrundeliegende Technologie muss nicht unbedingt die Blockchain-Technologie sein.[160] Eine digitale Plattform, die nach dem „Wenn-Dann"-Prinzip funktioniert, kann ebenso auf klassischen elektronischen Plattformen erfolgen. Die Blockchain-Technologie hat indes diesen gegenüber einen entscheidenden Vorteil. Ihre uneingeschränkte Manipulationsfreiheit und eine zeitgenaue Verfolgbarkeit von Prozessen ermög-

[150] Dazu umfassend Möslein ZHR 183 (2019), 254 (260ff.); Blocher AnwBl 2016, 612 (618); Wilhelm WM 2020, 1007 (1008).
[151] Finck in Fries/Paal Smart Contracts, 2019, S. 1; Kaulartz/Heckmann CR 2016, 618; Fries in Möslein/Omlor FinTech-Handbuch, 2. Aufl. 2021, § 9 Rn. 3; Sattler BB 2018, 2243 (2249); Wilhelm WM 2020, 1807 (1808).
[152] Fries NJW 2016, 2860 (2862).
[153] Kaulartz/Heckmann CR 2016, 618.
[154] Paulus/Matzke ZfPW 2018, 431 (435); Wilhelm WM 2020, 1807 (1808).
[155] Möslein ZBB 2018, 208 (215); Fries in Möslein/Omlor FinTech-Handbuch, 2. Aufl. 2021, § 9 Rn. 7f.; Wilhelm WM 2020, 1807 (1809).
[156] Fries in Möslein/Omlor FinTech-Handbuch, 2. Aufl. 2021, § 9 Rn. 9f.
[157] Möslein ZBB 2018, 208 (216); Fries in Möslein/Omlor FinTech-Handbuch, 2. Aufl. 2021, § 9 Rn. 11f.
[158] Fries in Möslein/Omlor FinTech-Handbuch, 2. Aufl. 2021, § 9 Rn. 13f.; Möslein ZBB 2018, 208 (216); Finck in Fries/Paal Smart Contracts, 2019, S. 8f.; Wilhelm WM 2020, 1807 (1809).
[159] Siegel in Omlor/Link Handbuch Kryptowährungen und Token, 2021, Kap. 3 Rn. 135; Finck in Fries/Paal Smart Contracts, 2019, S. 1, 9.
[160] Finck in Fries/Paal Smart Contracts, 2019, S. 1, 6; Heckelmann NJW 2018, 504 (505); in diese Richtung auch Paulus/Matzke ZfPW 2018, 431 (436f.).

lichen eine ausgesprochen hohe Rechtssicherheit.[161] Vor allem aus diesem Grund werden Smart Contracts im Zusammenhang mit der Blockchain-Technologie betrachtet.[162]

78 **c) Grenzen.** Smart Contracts sind indes durch zwei bedeutende Einschränkungen gekennzeichnet – ein rechtlicher und ein praktischer Gesichtspunkt. In einem entscheidenden *rechtlichen Gesichtspunkt* erfahren die Blockchain-Technologie und Smart Contracts (bislang) einen bedeutenden Dämpfer. Die ihnen anhaftende „Wenn-Dann"-Konzeption erfordert ihrerseits digital klar nachprüfbare Auslösungsereignisse und klar vorherbestimmte Ereignisfolgen. Das Leistungsereignis bzw. die Leistungsstörung im Rahmen eines Vertrages müssen demnach *eindeutig* und zwar *deskriptiv* feststehen und sie müssen ebenso *eindeutige* und zwar *deskriptive* Ereignisfolgen auslösen (true/false[163]). Im Gegensatz dazu können Smart Contracts dort nicht weiterhelfen, wo eine normativ-rechtliche Beurteilung des Sachverhalts erfolgen muss. Dies ist etwa eindrucksvoll bei sog. unbestimmten Rechtsbegriffen zu beobachten.[164] Nimmt man etwa einen Mietvertrag an, so lässt sich mit dieser Technologie nicht beurteilen, ob etwa ein „wichtiger Grund" nach § 543 Abs. 1 BGB bzw. nach § 314 BGB oder „ein berechtigtes Interesse" nach § 573 Abs. 1 BGB vorliegt, die dazu berechtigten würden eine außerordentliche bzw. eine ordentliche Kündigung auszusprechen. Hier wird und muss weiterhin eine juristische Analyse erfolgen.

79 Darüber hinaus beschränken sich grundsätzlich die vertragsrelevanten Informationen bei Smart Contracts auf jene, die digital abgebildet sind,[165] also auf Ereignisse, die unmittelbar auf der Plattform ausgelöst werden und die ebenso unmittelbar digitale Ereignisfolgen verursachen. Jene Ereignisse, die dagegen außerhalb der Blockchain-Plattform („in der realen Welt")[166] stattfinden, werden nicht erfasst. Es entsteht demnach ein nicht zu unterschätzendes Informationsdefizit. Um dieses auszugleichen, bedarf es der Implementierung von anderen elektronischen Schnittstellen (sog. Oracles), die eine Verknüpfung von zwei Systemen ermöglichen.[167]

80 **d) Zentrales Charakteristikum: Vertragsvollzug, nicht Vertragsabschluss.** Eine weitere rechtliche Einschränkung von Smart Contracts besteht bei der Frage, welche Vertragsphasen von Smart Contracts überhaupt erfasst werden. Ganz generell kann man drei Vertragsphasen identifizieren:
- vorvertragliches Stadium (culpa in contrahendo),
- vertragliches Stadium,
- nachvertragliches Stadium (culpa post contractum finitum).

81 Das vorvertragliche Stadium kann bei Smart Contracts nicht digital abgebildet werden. Ebenso ist es zweifelhaft, ob das nachvertragliche Stadium darstellbar ist. Dies ist lediglich dann vorstellbar, wenn seitens der Vertragsparteien der Wille besteht, den in Rede stehenden Smart Contract, etwa für etwaige nachvertragliche Schadensersatzansprüche, auch nach der Vertragsbeendigung noch zu nutzen.

82 Doch auch das vertragliche Stadium wird möglicherweise von Smart Contracts nicht in Gänze erfasst. Dieses Stadium kann seinerseits in zwei Phasen aufgespalten werden: (1) zum einen in die Phase des Vertragsschlusses und (2) zum anderen in die Phase des Vertragsvollzuges. Die Phase des Vertragsschlusses erfordert den Austausch von zwei inhaltlich

[161] Kaulartz/Heckmann CR 2016, 618 (619).
[162] Finck in Fries/Paal Smart Contracts, 2019, S. 1, 2 f.
[163] Kaulartz/Heckmann CR 2016, 618 (620).
[164] Kaulartz/Heckmann CR 2016, 618 (623); Finck in Fries/Paal Smart Contracts, 2019, S. 1, 9, nennt etwa solche rechtsgeschäftlich vereinbarten Begriffe wie „größtmögliche Bemühungen" oder den gesetzlichen Begriff der „höheren Gewalt".
[165] Kaulartz/Heckmann CR 2016, 618 (620).
[166] Kaulartz/Heckmann CR 2016, 618 (620).
[167] Heckelmann NJW 2018, 504 (505); Finck in Fries/Paal Smart Contracts, 2019, S. 1, 7; Kaulartz/Heckmann CR 2016, 618 (620); Sattler BB 2018, 2243 (2245).

übereinstimmenden und auf einander bezogenen Willenserklärungen (§§ 145 ff. BGB). Diese Phase kann nach teilweise vertretener Ansicht mit der Blockchain-Technologie bislang kaum abgebildet werden.[168] Es handele sich vielmehr um eine Vorstufe, bei der, sobald sie genommen wurde, sich erst noch die Frage nach dem Einsatz von der Blockchain-Technologie bzgl. der Vertragsdurchführung stelle. Dem muss entgegengehalten werden, dass auch das Stadium der Vertragsbegründung auf der Blockchain abgebildet werden kann. Der Programmcode der Blockchain kann so konzipiert sein, dass er die Abgabe von Willenserklärungen mit einem entsprechenden äußeren Erklärungstatbestand wie auch inneren Tatbestand wiedergibt, ebenso wie etwa der konkludente Vertragsschluss am Warenautomaten. Namentlich *Möslein*[169] hat dies eindrücklich analysiert.[170] Ist der Einsatz der Blockchain-Technologie individual[171]- bzw. formularvertraglich[172] wirksam vereinbart worden, kann diese im Ergebnis auch den Vertragsvollzug – also die Erfüllung von Leistungsverpflichtungen (§§ 362 ff. BGB) realisieren. Dieses Vertragsstadium wird heute als das eigentliche Einsatzfeld von Smart Contracts verstanden.[173]

e) Smart Contracts: weder Smart, noch Contracts. Im Ergebnis bestehen nach ganz hM bei Smart Contracts einige Einschränkungen sowohl in Bezug auf die Erfassung als auch die Beurteilung von rechtlich relevanten Informationen. Sie können daher nicht pauschal als „smart" bezeichnet werden.[174] Darüber hinaus betreffen sie, sofern man nur den Vertragsvollzug als abbildbar hält, nicht das Zustandekommen des Vertrages, sondern vielmehr die Vertragserfüllung. Sie sind damit regelmäßig als solche auch keine „Contracts"[175], sondern Programmcode. 83

2. Gesellschaftsrechtliche Implikationen

Smart Contracts können auch im Gesellschaftsrecht, vor allem bei unternehmensinternen Prozessen der Gesellschaft, eingesetzt werden. 84

a) Gesellschaftsinterne Prozesse – Vertragsvollzug im Innenverhältnis. Die Regeln über die Organisation und die Willensbildung der Gesellschaft, die Verfolgung und Verletzung von Pflichten können im technischen Code einer Blockchain abgebildet und automatisiert durchgesetzt bzw. im Falle von Pflichtverletzungen sanktioniert werden. Die Verwaltung und Überwachung von Gesellschaftsanteilen, die Auszahlung von Zinsen und Dividenden, die Automatisierung von Entscheidungsprozessen,[176] aber auch die Einberufung von Hauptversammlungen und Aufsichtsratssitzungen können mittels der Blockchain-Technologie rechtssicher und effektiv erfolgen. Insoweit würde ein solcher gesellschaftsrechtlicher Smart Contract nichts anderes als bei sonstigen Verträgen bewirken. Gewährleistet würde, dass der Gesellschaftsvertrag im Innenverhältnis vertragsge- 85

---

[168] Kaulartz/Heckmann CR 2016, 618 (621); Fries in Möslein/Omlor FinTech-Handbuch, 2. Aufl. 2021, § 9 Rn. 20; Finck in Fries/Paal Smart Contracts, 2019, S. 1, 7 f.; Sattler BB 2018, 2243 (2249).

[169] Möslein ZHR 183 (2019), 254 (271).

[170] Ebenso Heckelmann NJW 2018, 504 (505); Paulus/Matzke ZfPW 2018, 431 (434, 439 ff.); dieser Grundauffassung folgend: Wilhelm WM 2020, 1807 (1810); Wilhelm WM 2020, 1849; Lupu CR 2019, 631 (632); Potel/Hessel jM 2020, 354 (355 f.).

[171] Kaulartz/Heckmann CR 2016, 618 (621 f.).

[172] Dazu: Möslein ZBB 2018, 208 (218); Heckelmann NJW 2018, 504 (507 f.); Paulus/Matzke ZfPW 2018, 431 (459 f.); Kaulartz/Heckmann CR 2016, 618 (622); Lupu CR 2019, 631 (633); Fries in Möslein/Omlor FinTech-Handbuch, 2. Aufl. 2021, § 9 Rn. 23 ff.; Wilhelm WM 2020, 1849 (1852).

[173] Möslein ZBB 2018, 208 (215); Möslein ZHR 183 (2019), 254 (280 ff.); Heckelmann NJW 2018, 504 (508); Paulus/Matzke ZfPW 2018, 431 (433 f.); Spindler ZGR 2018, 17 (47); Fries in Möslein/Omlor FinTech-Handbuch, 2. Aufl. 2021, § 9 Rn. 1; Finck in Fries/Paal Smart Contracts, 2019, S. 1, 8 f.; Thiel/Nazari-Khanachayi RDi 2021, 134 (136).

[174] Blocher AnwBl 2016, 612 (618); Möslein ZHR 183 (2019), 254 (259).

[175] Blocher AnwBl 2016, 612 (618); Paulus/Matzke ZfPW 2018, 431 (433); Wilhelm WM 2020, 1807 (1808).

[176] Dazu auch Grundmann ZGR 2018, 17 (50).

mäß vollzogen wird. Dabei dürfen der Automatisierungsfunktion dieses Smart Contracts jene Bereiche nicht „preisgegeben" werden, die in der Gesellschaft nur von bestimmten Personen wahrzunehmen sind, also jene, die einen „Menschenvorbehalt" haben. Eine „Delegation" dieser Aufgaben auf den Smart Contract ist aus rechtlichen Gesichtspunkten nicht zulässig.[177]

86 **b) Vertragsschluss über die Grundlagengeschäfte.** Davon zu trennen ist die Frage, ob auch der Abschluss des Gesellschaftsvertrages automatisiert erfolgen kann. Die Blockchain-Technologie ist durchaus in der Lage ist, auch Willenserklärungen mit dem erforderlichen äußeren und inneren Erklärungstatbestand abzubilden. Es sind grundsätzlich daher auch keine Gründe ersichtlich, warum dies nicht ebenso beim Gesellschaftsvertrag funktionieren sollte. Erschwerend kommt diesbezüglich indes hinzu, dass die Gesellschafter beim Abschluss des Gesellschaftsvertrages nicht einen einmaligen oder fortlaufenden Leistungsaustausch (synallagmatisch) bezwecken (Koordinationsvertrag), sondern vielmehr einen gemeinsamen Zweck (§ 705 BGB) verfolgen (Koalitionsvertrag).[178] Der Gesellschaftsvertrag ist nicht durch Interessengegensatz, sondern durch einen Interessengleichlauf gekennzeichnet. Klärungsbedürftig ist daher, ob der Erklärungstatbestand der Willenserklärungen in Bezug auf die Verfolgung eines gemeinsamen Zwecks mittels Blockchain-Technologie, und zwar im Rahmen eines Smart Contracts, abgebildet werden kann. Im Schrifttum ist diese Frage bislang kaum behandelt worden. Einige Stimmen in der Literatur lehnen eine Möglichkeit der Blockchain-basierten Vereinbarung eines gemeinsamen Zwecks mit der Begründung ab, die Parteien würden nur ihre eigenen Interessen verfolgen, ab.[179] Diese Auffassung mag heute aus technischer Sicht noch zutreffend sein. Theoretisch ist dagegen vorstellbar, dass bei einem bestimmten technischen Code auch der Abschluss eines Gesellschaftsvertrages möglich wird. Jedenfalls dürfte ein solcher Blockchain-basierter Vertragsabschluss bei formfreien Gesellschaftsverträgen, wie demjenigen einer GbR, nicht ausgeschlossen sein. Dies betrifft konsequenterweise nicht nur den Abschluss des Gesellschaftsvertrages, demnach die Gesellschaftsgründung, sondern auch weitere Grundlagengeschäfte, etwa die Aufnahme oder Ausschluss der Gesellschafter, die Änderung des Gesellschaftszwecks oder die Kündigung oder Auflösung der Gesellschaft.

87 **c) Gesellschaftsexterne Prozesse – Vertragsvollzug im Außenverhältnis.** Keinen Einwänden und Bedenken dürfte indes der Einsatz von Smart Contracts im Außenverhältnis ausgesetzt sein. Hier tritt die Gesellschaft als Vertragspartner mit Dritten auf. Geht es demnach um den Vertragsabschluss oder Vertragsvollzug mit Dritten, stellt sich keine neue Situation als auch sonst bei beschriebenen klassischen Abschluss- bzw. Vollzugssituationen.

3. Decentralized Autonomous Organization (DAO)

88 Im Zusammenhang mit Smart Contracts und *Initial Coin Offering* (ICO) ist auch das Phänomen der *dezentralisierten autonomen Organisation (DAO)* zu behandeln.

89 **a) Ursprung und Entwicklung.** Das Phänomen der DAO ist auf *Christoph Jentzsch* zurückzuführen, der im Jahre 2016 ein grundlegendes Whitepaper veröffentlichte. Dessen Gegenstand bildete die Programmierung einer Organisation auf der Ethereum-Blockchain, bei der Nutzer gegen Geld die die Organisation verkörpernde Token „kauften".

[177] Vgl. Möslein ZIP 2018, 204 (208), der indes Algorithmen und Künstliche Intelligenz in den Blick nimmt. Dass ein Smart Contract im eigentlichen Sinne nicht Smart ist, etwa deshalb weil bei ihm keine Künstliche Intelligenz eingesetzt wird, wurde bereits oben dargelegt.

[178] Zu unterscheiden gilt es grundsätzlich nach der Martinek'schen Lehre zwischen Koordinationsverträgen (Kauf, Miete, Werkvertrag), Subordinatiosnverträgen (Auftrag, Geschäftsbesorgungsvertrag, Zahlungsdienstevertrag) und Koalitionsverträgen (GbR, OHG, KG).

[179] Schwintowski/Klausmann/Kadgien NJOZ 2018, 1401 (1402, 1404); in diese Richtung auch Langenbucher AcP 218 (2018), 385 (423), aber doch stärker bezogen auf die DAO.

Diese Token vermittelten den Nutzern Eigentums-, Beteiligungs- und Stimmrechte an der DAO. Die auf dieser Weise akquirierten Geldmittel sollten zu Investitionen bzw. zu Beteiligungserwerben von Gesellschaften führen, insbesondere sollten die Gelder in unterschiedliche Start-Ups investiert werden. Der Erfolg dieser ersten DAO („The DAO") war phänomenal. Innerhalb weniger Wochen konnten 160 Millionen USD eingesammelt werden. Doch schnell wurde die Erwartung gedämpft, weil die DAO eine Schwachstelle enthielt, die von einem „digitalen Bankräuber"[180] ausgenutzt wurde. Er konnte dadurch 50 Millionen USD der eingesammelten Gelder entziehen. Um den Fehler zu korrigieren, beschloss die Anteilsmehrheit die Durchführung einer sog. *Hard Fork* (= harte Gabelung) durch die Installation eines Updates,[181] um den digitalen Bankräuber, der durch die Zweiteilung der Pfade der Blockchain auf dem alten Pfad im Grunde geblieben ist, „auszutrocknen"[182]. Im Ergebnis ist daher DAO durchaus als ein Erfolgsprojekt einzustufen.

b) DAO und Smart Contracts. Der Zusammenhang zwischen der DAO und Smart Contracts besteht darin, dass eine gegründete DAO im Innenverhältnis auf der Grundlage eines Smart Contracts oder der Verknüpfung von mehreren Smart Contracts automatisiert ausgeführt wird. Die Nutzer können im Rahmen der DAO eigene Investitions-, bzw. Verwendungsvorschläge machen. Im Falle mehrheitlicher Zustimmung wird die Verwendung der Gelder automatisiert mittels Smart Contracts vollzogen. Dabei werden inaktive Token-Inhaber durch sog. *Kuratoren*, die die Projektlisten verwalten, geschützt.[183] Insofern spielen auch bei DAOs die Smart Contracts vielmehr als Vollzugsinstrumente und weniger zur Begründung einer DAO eine Rolle. 90

c) Ausprägungen von Token. Die im Rahmen der DAO generierten und sodann veräußerten Tokens bedürfen ihrerseits einer Einordung. Im Schrifttum[184] werden Token verbreitet in drei Gruppen eingeteilt: 91
- Zahlungs-Token (currency tokens),
- Nutzungs-Token (utility tokens)
- und Anlage-Token (security/asset tokens).

Bei den Anlage-Token handelt es sich um eine grundsätzlich klassische Beteiligungsform. Diese Token lösen zum einen Beteiligungs- und Stimmrechte aus und zum anderen Rechte auf künftige Zahlungen aus den Gewinnen.[185] Dagegen zeichnen sich Zahlungs-Token gerade dadurch aus, dass sie nicht an eine bestimmte Plattform gebunden sind, sondern vielmehr der Zahlung beliebiger Dienste dienen.[186] Ihr Name verrät, dass sie als Währungen oder als sonstige Zahlungsmittel eingesetzt werden. Schließlich handelt es sich bei den Nutzungs-Tokens nicht um Zahlungsansprüche, sondern um Rechte auf Leistungen beliebiger Art, auf Teilnahme oder um Rechte auf ein Produkt bzw. ein Gutschein.[187] 92

Die herausgearbeiteten Tokens sind nicht abschließend und können zum einen Schnittmengen bilden und zum anderen neue Funktionen aufweisen. Es gibt demnach keinen 93

[180] Mann in Brägelmann/Kaulartz Rechtshandbuch Smart Contracts, 2019, Kap. 17 Rn. 4.; Mann NZG 2017, 1014 (1015 f.).
[181] Heckmann CR 2016, Heft 9, R99; Mann in Brägelmann/Kaulartz Rechtshandbuch Smart Contracts, 2019, Kap. 17 Rn. 4; Mann NZG 2017, 1014 (1016); Teichmann ZfPW 2019, 247 (267 f.); Spindler RDi 2021, 309 (312).
[182] Teichmann ZfPW 2019, 247 (267 f.).
[183] Mann in Brägelmann/Kaulartz Rechtshandbuch Smart Contracts, 2019, Kap. 17 Rn. 3.
[184] Überblick bei Omlor in Omlor/Link Handbuch Kryptowährungen und Token, 2021, Kap. 6 Rn. 14 ff. mwN.
[185] Spindler WM 2018, 2109; Veil ZHR 183 (2019), 346 (349); Weitnauer BKR 2018, 231 (232 f.); Kaulartz/Matzke NJW 2018, 3278 (3280).
[186] Spindler WM 2018, 2109 (2110); Veil ZHR 183 (2019), 346 (349); Weitnauer BKR 2018, 231 (232); Kaulartz/Matzke NJW 2018, 3278 (3279).
[187] Spindler WM 2018, 2109 (2110); Behme/Zickgraf ZfPW 2019, 66 (69); Veil ZHR 183 (2019), 346 (349); Weitnauer BKR 2018, 231 (232).

numerus clausus der Token, sodass es auch zu hybriden[188] bzw. zu neuen Erscheinungsformen kommen kann. Bei der im Rahmen der DAO generierten Tokens handelt es sich der Sache nach um Eigentums- , Beteiligungs-, Stimm- und Gewinnrechte, demnach regelmäßig um Anlage-Token.

d) Gesellschaftsrechtliche Fragen der DAO

94 **(1) Begründung rechtlicher Verbindung.** Aus der rechtlichen Perspektive stellt sich zunächst die Frage, wie die DAO einzuordnen ist. Dabei gilt es zu konstatieren, dass Smart Contracts auch hier eher auf der Vollzugsebene als auf der Vertragsschlussebene bedeutend werden, wobei theoretisch vorstellbar ist, dass die Abgabe der Willenserklärung hinsichtlich der Beteiligung an der DAO ebenso auf einem Smart Contract abgebildet werden kann. Das Argument, eine vertragliche Verbindung zwischen den einzelnen Token-Inhabern der DAO bestehe nicht, weil mit einem Smart Contract keine vertraglichen Verpflichtungen begründet, sondern vielmehr vollzogen werden,[189] verfängt daher nicht. Ebenso kann der Hinweis nicht überzeugen, eine rechtliche Verbindung sei deshalb nicht begründet, weil die Personen der jeweiligen Token-Inhaber untereinander nicht bekannt seien;[190] dies ist bei einer Aktiengesellschaft oder bei einer Publikumsgesellschaft oft auch nicht der Fall und steht der wirksamen Gründung jener Gesellschaften nicht entgegen[191]. Es wird daher eine rechtliche Verbindung begründet.[192]

95 **(2) Qualifizierung der DAO als GbR.** Mit der Annahme einer rechtserheblichen Verbindung ist noch nicht ausgesagt, um welche konkrete Verbindung es sich dabei handelt. In Betracht kommt vor allem eine gesellschaftsrechtliche Einbettung, denn eine DAO verleiht den Token-Inhabern gerade jene Rechte (Beteiligungs-, Stimm-, und Gewinnrechte), die eine Mitgliedschaft in einer Gesellschaft auszeichnet. Bei der Einordnung spielen dabei zwei bedeutende Grundsätze des deutschen Gesellschaftsrechts eine entscheidende Rolle: (1) der *numerus clausus* des deutschen Gesellschaftsrechts und (2) die für einen Koalitionsvertrag erforderliche Vereinbarung eines gemeinsamen Zwecks (§ 705 BGB).

96 Hinsichtlich der zweiten Frage ist im Schrifttum umstritten, ob die Token-Inhaber die Förderung eines gemeinsamen Zwecks verfolgen. Jedenfalls sei, so eine teilweise vertretene Auffassung, ein dahingehender Rechtsbindungswille nicht anzunehmen.[193] Allerdings ist gerade bei der DAO ersichtlich, dass die Inhaber der Anlage-Token das Geld investieren, um gemeinsam ein oder mehrere Projekte zu fördern und durch die Kombinierung ihrer jeweiligen Kapitalbestände einen gemeinsamen Gewinn zu generieren, der sodann nach dem entsprechenden Token-Anteil verteilt wird. Insoweit ist der Auffassung zu folgen, die eine Gesellschaft im Grundsatz annimmt.[194] Sofern eine Einordnung als Gesellschaft verneint wird, bleibt der Weg zu einer Bruchteilsgemeinschaft nach §§ 741 ff. BGB offen. Die jeweiligen Token-Inhaber wären als die Inhaber der jeweiligen Bruchteile am Gesamtnetzwerk anzusehen. Ein irgendwie gearteter Rechtsbindungswille oder die Vereinbarung eines gemeinsamen Zwecks wäre für die Bruchteilsgemeinschaft nicht erforderlich.

97 Sofern man eine Gesellschaft überzeugenderweise annimmt, stellt sich die Folgefrage, um welche Gesellschaftsform es sich dabei handelt. Eine AG oder eine GmbH müssen aufgrund mehrerer Gesichtspunkte abgelehnt werden. Die Verwaltung der DAO geschieht

[188] Spindler WM 2018, 2109 (2110).

[189] So Mann in Brägelmann/Kaulartz Rechtshandbuch Smart Contracts, 2019, Kap. 17 Rn. 7 ff., der indes zu Recht einen konkludenten Vertragsschluss, wenn auch nicht auf Grundlage eines Smart Contract, annimmt; Teichmann ZfPW 2019, 247 (267 f.).

[190] Langebucher AcP 218 (2018), 385 (422 f.).

[191] So auch Spindler RDi 2021, 309 (312).

[192] Langheld/Haagen NZG 2021, 724 (725).

[193] Langebucher AcP 218 (2018), 385 (422 f.).

[194] Mann in Brägelmann/Kaulartz Rechtshandbuch Smart Contracts, 2019, Kap. 17 Rn. 13 f.; Langheld/Haagen NZG 2021, 724 (725); Sattler BB 2018, 2243 (2250); Spindler RDi 2021, 309 (312).

nicht durch einen bestellten Geschäftsführer, sondern vielmehr durch alle Token-Inhaber. Die Bestellung eines Verwalters ist der DAO eher fremd.[195] Zudem wären für beide Gesellschaftsformen nach deutschem Recht die notarielle Beurkundung sowie die Eintragung in das Handelsregister erforderlich.[196]

Aus gleichen Gründen ist auch eine Einordnung als OHG oder als KG abzulehnen. Auch **98**
diese Gesellschaften müssen grundsätzlich in das Handelsregister eingetragen werden. Auch wenn bei einer gewerbetreibenden OHG nach §§ 105 Abs. 1, 1 Abs. 1 HGB die Eintragung in das Handelsregister nicht notwendig ist, stellt sich die Frage, ob bei einer DAO (stets) ein Handelsgewerbe betrieben wird. Vielmehr handelt es sich um eine Gesellschaft, die einzig und allein darauf ausgerichtet ist, ihr Vermögen zu verwalten und zu mehren. Dies ist etwa bei vermögensverwaltenden GbRs, wie etwa bei Vermietungsgesellschaften, der Fall. Ein darüber hinausgehender Zweck ist bei klassischen DAOs nicht ersichtlich. Einer Einordnung als KG steht zudem nicht nur entgegen, dass der Kommanditist mit seiner eingeschränkten Haftung im Handelsregister eingetragen werden muss.[197] Im Gegensatz dazu erlangen alle Token-Inhaber eine identische rechtliche Position, auch wenn sie unterschiedliche Beteiligungsquoten haben. Es gibt demnach nur Komplementäre und keine Kommanditisten. Die Kriterien der Formfreiheit, der Verfolgung eines gemeinsamen vermögensverwaltenden und nicht handelsgewerbebezogenen Zweckes, der identischen rechtlichen Stellung der Gesellschafter nach innen und nach außen, vereint in sich vielmehr die GbR nach §§ 705 ff. BGB.[198]

Literatur

Assmann/Schütze/Buck-Heeb, Handbuch des Kapitalanlagerechts, 5. Aufl. 2020

Beck/König, Bitcoin: Der Versuch einer vertragstypologischen Einordnung von kryptographischem Geld, JZ 2015, 130–138

Gsell/Krüger/Lorenz/Reymann, beck-online.GROSSKOMMENTAR, Stand: 1.2.2022 (zitiert als: Bearbeiter in BeckOGK, 1.2.2022)

Behme/Zickgraf, Zivil- und gesellschaftsrechtliche Aspekte von Initial Coin Offerings (ICOs), ZfPW 2019, 66–93

Blocher, The next big thing: Blockchain – Bitcoin – Smart Contracts, Wie das disruptive Potential der Distributed Ledger Technology (nicht nur) das Recht fordern wird, AnwBl 2016, 612–618

Blunk/Monden, Online-Beurkundungen im Gesellschaftsrecht, ZdiW 2021, 74–78

Boehm/Pesch: Bitcoins: Rechtliche Herausforderungen einer virtuellen Währung – Eine erste juristische Einordung, MMR 2014, 75–79

Bormann/Stelmaszczyk, Digitalisierung des Gesellschaftsrechts nach dem EU-Company Law Package, Zum neuen EU-Rechtsrahmen für die Online-Gründung von Kapitalgesellschaften, NZG 2019, 601–612

Danwerth, Die erste Saison der virtuellen Hauptversammlung börsennotierter Unternehmen, Eine empirische Untersuchung und Auswertung der Modalitäten und Gestaltungsvarianten aller 326 seit April 2020 bis zum 28.9.2020 veröffentlichten Einberufungen präsenzloser Versammlungen, AG 2020, 776–789

Dubovitskaya, Das Krisengesetz als Ideengrube für die künftige virtuelle Hauptversammlung, NZG 2020, 647–653

Engelhardt/Klein, Bitcoins – Geschäfte mit Geld, das keines ist – Technische Grundlagen und zivilrechtliche Betrachtung, MMR 2014, 355–360

Finck, Grundlagen und Technologie von Smart Contracts in Freis/Paal Smart Contracts, S. 1–12

Fries in Möslein/Omlor FinTech-Handbuch, 2. Aufl. 2021, § 9

Fries, PayPal Law und Legal Tech – Was macht die Digitalisierung mit dem Privatrecht?, NJW 2016, 2860–2865

Görk, Beck'scher Online-Kommentar BNotO mit DONot und RLEmBNotK, 5. Ed. 31.7.2021 (zitiert als: Bearbeiter in BeckOK BnotO, 5. Ed. 31.7.2021)

[195] Mann in Brägelmann/Kaulartz Rechtshandbuch Smart Contracts, 2019, Kap. 17 Rn. 14.

[196] Mann in Brägelmann/Kaulartz Rechtshandbuch Smart Contracts, 2019, Kap. 17 Rn. 13; Langheld/Haagen NZG 2021, 724 (725).

[197] Mann in Brägelmann/Kaulartz Rechtshandbuch Smart Contracts, 2019, Kap- 17 Rn. 14.

[198] Mann in Brägelmann/Kaulartz Rechtshandbuch Smart Contracts, 2019, Kap. 17 Rn. 13 f.; Simmchen MMR 2017, 162 (164 f.); Teichmann ZfPW 2019, 247 (269); Spindler ZGR 2018, 17 (51); AA Behme/Zickgraf ZfPW 2019, 66 (82), die Token als Genussrechte qualifizieren und demnach einen sog. Zeichnungsvertrag annehmen; Zimmermann IPRax 2018, 566 (570): „eine rein informationstechnische Verfasstheit".

Hanten/Sacarcelik, Zivilrechtliche Einordnung von Kryptowährungen und ICO-Token und ihre Folgen, RdF 2019, 124–131
Heckelmann, Zulässigkeit und Handhabung von Smart Contracts, NJW 2018, 504–510
Herrler, Die virtuelle Hauptversammlung nach dem COVID-19-Gesetz, DNotZ 2020, 468–505
John, Zur Sachqualität und Eigentumsfähigkeit von Kryptotoken, eine dogmatische (Neu)Betrachtung, BKR 2020, 76–81
Langenbucher, Digitales Finanzwesen, Vom Bargeld zu virtuellen Währungen, AcP 218 (2018), 385–429
Kaulartz/Heckmann, Smart Contracts – Anwendungen der Blockchain-Technologie, CR 2016, 618–624
Kaulartz/Matzke, Die Tokenisierung des Rechts, NJW 2018, 3278–3283
Knaier, Digital first, Bedenken second?, Ein kritischer Blick auf den Kommissionsvorschlag betreffend den Einsatz digitaler Instrumente und Verfahren im Gesellschaftsrecht, GmbHR 2018, 560–570
Koch, Die „Tokenisierung" von Rechtspositionen als digitale Verbriefung, ZBB 2018, 359–368
Kruchen, Virtuelle Hauptversammlungen, § 1 des Gesetzes über Maßnahmen im Gesellschafts-, Genossenschafts-, Vereins-, Stiftungs- und Wohnungeigentumsrecht zur Bekämpfung der Auswirkungen der COVID-19-Pandemie (COVMG), DZWIR 2020, 431–465.
Kütük/Sorge, Bitcoin im deutschen Vollstreckungsrecht – Von der „Tulpenmanie" zur „Bitcoinmanie", MMR 2014, 643–646
Lahusen, Das Sachenrecht der elektronischen Wertpapier, RDi 2021, 161–169
Langheld/Haagen, Decentralized Autonomous Organizations – verbandsrechtliche Einordnung und Gestaltungsmöglichkeiten, NZG 2021, 724–729
Lieder, Die Bedeutung des Vertrauensschutzes für die Digitalisierung des Gesellschaftsrechts, NZG 2020, 81–92
Lieder, Digitalisierung des Europäischen Unternehmensrechts, Online-Gründung, Online-Einreichung, Online-Zweigniederlassung, NZG 2018, 1081–1091
Lieder, Virtuelle Hauptversammlungen im Jahre 2021 und danach, ZIP 2021, 161–171
Linke, Gesetz zur Umsetzung der Digitalisierungsrichtlinie (DiRUG), Analyse des Regierungsentwurfs, NZG 2021, 309–315
Lupu, Herausforderungen und Lösungsansätze bei der Gestaltung von Blockchain-basierten Smart Contracts, Ansätze zur Überwindung des Spannungsverhältnisses zwischen Smart Contracts und den zivil- und datenschutzrechtlichen Vorgaben, CR 2019, 631–634
Mannin Braegelmann/Kaulartz Rechtshandbuch Smart Contracts, 2019, Kap. 17
Mann, Die Decentralized Autonomous Organization – ein neuer Gesellschaftstyp?, NZG 2017, 1014–1020
Meier, Elektronische Wertpapiere in der Zwangsvollstreckung, Eine Vollstreckung in Forderungen und Vermögensrechte, MMR 2021, 381–385
Meier, Übertragung von elektronischen Wertpapieren nach dem eWpG-E, RDi 2021, 1–13
Meier/Saive, Der Anwendungsbereich des eWpG, ZdiW 2021, 223–227
Möslein, Rechtliche Grenzen innovativer Finanztechnologien (FinTech): Smart Contract als Selbsthilfe?, ZBB 2018, 208–221
Möslein, Smart Contracts im Zivil- und Handelsrecht, ZHR 183 (2019), 254–293
Möslein/Omlor/Urbach, Grundfragen eines Blockchain-Kapitalgesellschaftsrechts, ZIP 2020, 2149–2164
Nathmann, Token in der Unternehmensfinanzierung – Rechtliche Einordnung von Initial Coin Offerings (ICO), BKR 2019, 540–549
Noack/Zetzsche, (Virtuelle) Hauptversammlung mit und nach Corona Überlegungen zur modernen Aktionärsteilhabe, AG 2020, 721–729
Oetker, Handelsgesetzbuch, 7. Aufl. 2021
Oliveira/Zavolokina/Bauer/Schwabe, To Token or not to Token: Tools for Understanding Blockchain Tokens, 2018
Omlor in Omlor/Link Handbuch Kryptowährungen, 2021, Kap. 6
Omlor, Digitalisierung im EU-Gesellschaftsrechtspaket: Online-Gründung und Registerführung im Fokus, DStR 2019, 2544–2549
Omlor, Kryptowährungen im Geldrecht, ZHR 183 (2019), 294–345
Omlor, Re- statt Dematerialisierung des Sachenrechts, RDi 2021, 236–241
Paulus/Matzke, Smart Contracts und das BGB – Viel Lärm um nichts? –, ZfPW 2018, 431–465
Peters/Panayi, Understanding Modern Banking Ledgers Through Blockchain Technologies: Future of Transaction Processing and Smart Contracts on the Internet of Money in Banking Beyond Banks and Money, 2016, S. 239–278
Potel/Hessel, Rechtsprobleme von Smart Contracts – automatisierte Abwicklung von Verträgen, jM 2020, 354–359
Redenius-Hövermann/Bannier, (Online) Hauptversammlungssaison 2020: Nachlese und Ausblick, ZIP 2020, 1885–1896
Sattler, Der Einfluss der Digitalisierung auf das Gesellschaftsrecht, BB 2018, 2243–2253
Schäfer, Die virtuelle Hauptversammlung nach dem Corona-Gesetz, Aktionärsrechte und Anfechtungsmöglichkeiten, NZG 2020, 481–488
Schmidt, DiRUG-RefE: Ein Digitalisierungs-Ruck für das deutsche Gesellschafts- und Registerrecht, ZIP 2021, 112–123

Schmidt, EU Company Law Package 2018, Mehr Digitalisierung und Mobilität von Gesellschaften (Teil 1), Der Konzern 2018, 229–244
Schweizer/Schlatt/Fridgen, Unchainching Social Businesses – Blockchain as the Basic Technology of a Crowdlending Platform. In International Conference on Information Systems, 2017
Schwintowski/Klausmann/Kadgien, Das Verhältnis von Blockchain-Governance und Gesellschaftsrecht, NJOZ 2018, 1401–1406
Seibt/Danwerth, Die Zukunft der virtuellen Hauptversammlung während und nach der COVID-19-Pandemie, Erkenntnisse der Hauptversammlungssaison 2020, Trends und Ausblick, NZG 2020, 1241–1250
Siegelin Omlor/Link Handbuch Kryptowährungen, 2021, Kap. 3
Simmchen, Blockchain (R)Evolution, Verwendungsmöglichkeiten und Risiken, MMR 2017, 162–165
Simons/Hauser, Die virtuelle Hauptversammlung, Aktuelle Praxisfragen unter dem Regime der „Corona"-Gesetzgebung, NZG 2020, 488–500
Spindler, Blockchaintypen und ihre gesellschaftsrechtliche Einordnung, Unter besonderer Berücksichtigung der decentralized autonomous organization (DAO), RDi 2021, 309–317
Spindler, Gesellschaftsrecht und Digitalisierung, ZGR 2018, 17–55
Spindler, Initial Coin Offerings und Prospektpflicht und -haftung, WM 2018, 2109–2118
Stelmaszczyk/Kienzle, GmbH digital – Online-Gründung und Online-Verfahren für Registeranmeldungen nach dem Gesetzentwurf der Bundesregierung zum DiRUG, ZIP 2021, 765–776
Stiegler, Die Regelung zur europäischen Registervernetzung im deutschen Recht, NotBZ 2015, 329–339
Teichmann, Die elektronische Gründung von Kapitalgesellschaften, GmbHR 2018, 1–15
Teichmann, Digitale Gründung von Kapitalgesellschaften nach dem EU-Company Law Pack, ZIP 2018, 2451–2462
Teichmann, Digitalisierung und Gesellschaftsrecht, ZfPW 2019, 247–272
Thiel/Nazari-Khanachayi, Digitalisierung aus gesellschaftsrechtlicher Perspektive, Chancen und Herausforderungen des Einsatzes sodtwarebasierter Tools, RDi 2021, 134–142
Tröger, Virtuelle Hauptversammlung 2020 und Aktionärsinteressen, BB 2020, 1091–1098
Veil, Token-Emissionen im europäischen Kapitalmarktrecht, – Grundlagen und Reformperspektiven für ICOs und STOs -, ZHR 183 (2019), 346–375
Vetter/Tielmann, Unternehmensrechtliche Gesetzesänderungen in Zeiten von Corona, NJW 2020, 1175–1180
Walter, Bitcoin, Libra und sonstige Kryptowährungen aus zivilrechtlicher Sicht, NJW 2019, 3609–3614
Weitnauer, Initial Coin Offerings (ICOs): Rechtliche Rahmenbedingungen und regulatorische Grenzen, BKR 2018, 231–236
Wicke, Die virtuelle Hauptversammlung während der Corona-Pandemie – aktienrechtlicher Ausnahmezustand, DStR 2020, 885–889
Wilhelm, Smart Contracts im Zivilrecht, Teil I, WM 2020, 1807–1813
Wilhelm, Smart Contracts im Zivilrecht, Teil II, WM 2020, 1849–1856
Zimmermann, Blockchain-Netzwerke und Internationales Privatrecht – oder: der Sitz dezentraler Rechtsverhältnisse, IPRax 2018, 566–573

3.8 Rechtlicher Rahmen des Einsatzes von KI in der Medizin

Übersicht

A. Einleitung[1]

1 Die Entwicklung im Bereich der Künstlichen Intelligenz[2] und Robotik stellt Ethik und Recht vor neue Herausforderungen. Gerade im Bereich der Medizin, in dem es um vulnerable Personen geht, spitzen sich die mit dem Einsatz der Systeme einhergehenden Probleme zu.[3] Generell hat der Einsatz von KI das Potential, medizinische Heilbehandlungen zu verbessern. So wird aktuell auch im Kampf gegen die Coronapandemie teilweise

[1] Das diesem Beitrag zugrunde liegende Vorhaben vALID wurde mit Mitteln des Bundesministerium für Bildung und Forschung unter dem Förderkennzeichen 01GP1903 A gefördert. Die Verantwortung für den Inhalt dieser Veröffentlichung liegt bei den Autorinnen.

[2] Nachfolgend wird der Begriff mit „KI" abgekürzt.

[3] Allg. Rammos et al. in Ebers/Heinze/Krügel/Steinrötter Künstliche Intelligenz und Robotik, 2020, §28 Rn. 1f. und 12f.; s. auch Beck in Philosophisches Handbuch Künstliche Intelligenz, 2019, S. 15ff.; Katzenmeier MedR 2019, 259 (261); Beck MedR 2018, 772 (774).

auf lernende Systeme gesetzt.[4] Im medizinischen Alltag könnten KI-Systeme künftig in der Diagnose, der Therapie und später auch im Rahmen der Pflege eingesetzt werden. In mancherlei Hinsicht haben sie sogar bereits Einzug in den medizinischen Alltag gefunden – um nur einige Beispiele zu nennen: KI-gestützte Diagnosegeräte werden in der Radiologie eingesetzt, um CT-Bilder zu rekonstruieren oder um die Wachstumsdynamik von Tumoren genauer berechnen zu können.[5] Im Bereich der Chirurgie unterstützen KI-Systeme den Arzt bei minimalinvasiven Eingriffen.[6] Daneben erleichtert der Einsatz von KI das überbelastete Personal bei Verwaltungsaufgaben, der Überwachung von Vitalfunktionen sowie der Untersuchung von Gewebeproben.[7] Intelligente Betten ermöglichen eine Frühmobilisierung der Patienten bei geringerem Personalaufwand.[8]

2 Gleichwohl birgt der Einsatz der Systeme das Risiko einer Verletzung der Beteiligten.[9] Problematisch ist in diesem Zusammenhang, dass die von den Systemen generierten Ergebnisse nicht mehr ohne Weiteres nachvollziehbar und vorhersehbar sind.[10] Anders als herkömmliche Technologien, die mit „wenn-dann-Logik" arbeiten und damit ex post vollständig nachvollzogen werden können, beruhen KI-Systeme häufig auf maschinellem Lernen.[11] Teilweise werden künstliche neuronale Netze verwendet, die aufgrund von Deep Learning Verfahren noch komplexer sind.[12] Die Systeme lernen selbständig aus Beispielen, um Muster zu erkennen, ohne für diese Muster ausdrücklich programmiert zu sein.[13] Zur Umschreibung dieses Phänomens der fehlenden Vorherseh- bzw. Nachvollziehbarkeit hat sich die Terminologie „Black-Box" etabliert.[14]

3 Es ist daher angebracht, sich auch aus rechtlicher Sicht frühzeitig mit dem Konfliktpotential dieser Technologie auseinander zu setzen, um einem Bedrohungsgefühl vorzubeugen und einen praxisgerechten Handlungsrahmen zu schaffen. Im Folgenden

[4] Ein Algorithmus der kanadischen Firma BlueDot erkannte bspw. bereits eine Woche früher als das US Center for Disease Control and Prevention den Ausbruch der neuen Krankheit Sars-Cov 2 im chinesischen Wuhan. Die Daten ermittelte die Software aus regionalen Nachrichten, Gesundheitswarnungen, Meldungen über Krankheiten sowie entsprechender Internetkommunikation. Darüber hinaus untersucht ein KI-System der Firma DeepMind derzeit Proteinstrukturen, um erfolgreiche Impfstoffe und Arzneimittel gegen Sars-Cov 2 herstellen zu können. Kühl Mit Künstlicher Intelligenz gegen das Coronavirus, Zeit-online, abrufbar unter https://www.zeit.de/digital/internet/2020-03/covid-19-kuenstliche-intelligenz-coronavirus-diagnose-technik(zuletzt abgerufen am: 7.7.2022).

[5] Eichelberger in Chibanguza/Kuß/Steege Künstliche Intelligenz 2022, § 4 Rn. 1 f. Lohmann/Schömig in Beck/Kusche/Valerius Digitalisierung, Automatisierung, KI und Recht, 2020, S. 362 f.; Molnár-Gabor DSRITB 2019, 277; Rammos et al. in Ebers/Heinze/Krügel/Steinrötter Künstliche Intelligenz und Robotik, 2020, § 28 Rn. 3 ff.; Wennker Künstliche Intelligenz in der Praxis, 2020, S. 63 ff.

[6] Lohmann/Schömig in Beck/Kusche/Valerius Digitalisierung, Automatisierung, KI und Recht, 2020, S. 360 ff.; s. auch Kowalewski/Kriegmair/Michel MedR 2019, 925; Sahm MedR 2019, 927 (928).

[7] Lohmann/Schömig in Beck/Kusche/Valerius Digitalisierung, Automatisierung, KI und Recht, 2020, S. 360 ff.; Rammos et al. in Ebers/Heinze/Krügel/Steinrötter Künstliche Intelligenz und Robotik, 2020, § 28 Rn. 7 f.; Sahm MedR 2019, 927 (928); allg. Beck MedR 2018, 772 (773).

[8] Beck MedR 2018, 772 (773); Überbl. zur Robotik in der Pflege von Sahm: Sahm MedR 2019, 927 (928); s. auch Steinrötter in Ebers/Heinze/Krügel/Steinrötter Künstliche Intelligenz und Robotik, 2020, § 26 Rn. 4 f.

[9] Beck MedR 2018, 772 (773); Lohmann/Schömig in Beck/Kusche/Valerius Digitalisierung, Automatisierung, KI und Recht, 2020, S. 352 f.

[10] S. ausf. zur Technik Niederée/Nejdl in Ebers/Heinze/Krügel/Steinrötter Künstliche Intelligenz und Robotik, 2020, § 2 Rn. 24 f., 124 f.

[11] Maschinelles Lernen bezeichnet Systeme, die durch Programmierung bestimmter und weiterlernender Algorithmen, selbständig Verhaltensweisen und Muster erlernen. Ausf. Trask Neuronale Netze und Deep Learning kapieren: Der einfache Praxiseinstieg mit Beispielen in Python, 2019, S. 26 f.

[12] S. zur Funktionsweise Keller in Keller et al. Maschinelle Intelligenz: Grundlagen, Lernverfahren, Bausteine intelligenter Systeme, 2000, S. 160 f.; Stiemerling in Kaulartz/Braegelmann Rechtshandbuch Artificial Intelligence und Machine Learning, 2020, Kap. 2.1 Rn. 21 ff.; allg. Dettling PharmR 2018, 513 (514); Dettling PharmR 2019, 633 (634); Zech ZfPW 2019, 198 (201).

[13] Krohn/Beyleveld/Bassens Deep Learning illustriert, 2020, S. 63; Wennker Künstliche Intelligenz in der Praxis, 2020, S. 18 ff.

[14] Dettling PharmR 2019, 633 (635); Helle MedR 2020, 993 (995); Lohmann/Schömig in Beck/Kusche/Valerius Digitalisierung, Automatisierung, KI und Recht, 2020, S. 349.

werden zunächst einige medizinische Anwendungsfelder aufgezeigt, um anschließend Zurechnungsfragen zu erörtern. Um einen umfassenden Überblick über die rechtlichen Fragestellungen von KI in der Medizin zu erlangen, dürfen datenschutzrechtliche Aspekte nicht außen vor gelassen werden. Denn die Systeme benötigen für Training und Einsatz eine große Menge an Daten, die zuverlässig sein müssen, gleichzeitig aber auch besonders sensibel sind. Schließlich werden Aspekte des Medizinprodukterechts beleuchtet.

I. Praktischer Einsatz von KI in der Medizin

1. KI in der Diagnose

KI-Systeme können den Arzt in Form von bildgestützten Diagnosegeräten unter- 4
stützen,[15] zB Hautkrebs erkennen.[16] Durch maschinelles Lernen können die Systeme in Sekunden unendlich viele Daten abgleichen und austauschen, wofür ein Arzt sehr viel mehr Zeit benötigen würde, wenn er dies überhaupt jemals leisten könnte. Bereits jetzt können derartige Systeme für spezifische Fragestellungen auf einem der Ärzteschaft vergleichbaren Niveau agieren.[17] Teilweise übertreffen die Systeme in einzelnen Punkten sogar das Fachwissen der Ärzte. So erkannte ein KI-Algorithmus, dass die von einem Arzt gestellte Diagnose zu einer Blutkrebserkrankung einer Patientin fehlerhaft und die dafür ausgewählte Behandlung nicht zielführend war.[18] Auch diagnostizierte eine KI-gestützte Software im Rahmen einer Studie bösartige Tumore zuverlässiger als Ärzte.[19]

Die Anwendungsbereiche von KI sind also vielfältig. Sie werden aufgrund des rasanten 5
Fortschritts der Technik künftig immer weiter zunehmen und Ärzteschaft sowie Personal unterstützen. In welchen Bereichen sich KI-Systeme als medizinischer Standard etablieren, bleibt abzuwarten.

2. Health Apps

Sogenannte Health Apps oder Symptomchecker Apps können künftig Patienten, eine 6
erste Einschätzung ihres Gesundheitszustandes ermöglichen.[20] Diese Technologien erlauben weltweit Zugang zu medizinischem Fachwissen mittels jedes internetfähigen Endgeräts. So können auch Regionen vom Gesundheitssystem profitieren, in denen der Zugang zu medizinischer Versorgung eingeschränkt ist.[21] Hält die App eine weitere Behandlung für notwendig, kann der Patient mit dem Diagnosevorschlag einen Arzt aufsuchen. Eine solche App erkannte bereits eine seltene Krankheit einer Patientin aus Amerika. Sie litt jahrelang an erheblichen Schmerzen im Unterleib, konnte ihren Alltag nicht mehr bewältigen, zahlreiche Operationen und Therapien zeigten keine Wirkung. Im Sommer 2018 nutzte sie eine Diagnose App, die zu dem Schluss kam, dass sie möglicherweise an

[15] Dettling PharmR 2019, 633 (636); Smart Service Welt Anwendung Künstlicher Intelligenz in der Medizin, 2019, S. 12; Sonntag HNO 2019, 343 (344).

[16] Beck MedR 2018, 772 (773); Lohmann/Schömig in Beck/Kusche/Valerius Digitalisierung, Automatisierung, KI und Recht, 2020, S. 362 f.; Sonntag HNO 2019, 343 (344).

[17] Ähnl. Lohmann/Schömig in Beck/Kusche/Valerius Digitalisierung, Automatisierung, KI und Recht, 2020, S. 354 f.; Rammos et al. in Ebers/Heinze/Krügel/Steinrötter Künstliche Intelligenz und Robotik, 2020, § 28 Rn. 2; Wennker Künstliche Intelligenz in der Praxis, 2020, S. 64 f.

[18] Ähnl. Lohmann/Schömig in Beck/Kusche/Valerius Digitalisierung, Automatisierung, KI und Recht, 2020, S. 354 f.; Rammos et al. in Ebers/Heinze/Krügel/Steinrötter Künstliche Intelligenz und Robotik, 2020, § 28 Rn. 4.

[19] Allg. Molnár-Gabor DSRITB 2019, 277 (278); allg. zur Überlegenheit der Systeme gegenüber dem Menschen Wennker Künstliche Intelligenz in der Praxis, 2020, S. 64 f.

[20] Vgl. Heimhalt/Rehmann MPR 2014, 197; Katzenmeier MedR 2019, 259 (264); Münkler NZS 2021, 41; Zezschwitz MedR 2020, 196.

[21] Münkler NZS 2021, 41 (42); Rammos et al. in Ebers/Heinze/Krügel/Steinrötter Künstliche Intelligenz und Robotik, 2020, § 28 Rn. 6.

dem Cryopyrin-associated periodic syndrome kurz: „CAPS" erkrankt sei.[22] Eine anschließende Überprüfung eines Arztes bestätigte die Diagnose, sodass eine Therapie begonnen werden konnte.[23] Inzwischen ermöglichen sog. Health Apps die Identifizierung von Gesichtsphänotypen genetischer Störungen.[24] Mithilfe von Sprachmustern oder anhand hochgeladener Fotos auf Instagram und der dort verwendeten Filter[25] können depressive Erkrankungen erkannt[26] oder mittels alltäglicher Funktionen, wie dem Halten des Smartphones, Telefonieren und Fotografieren, die Nervenkrankheit Morbus Parkinson frühzeitig diagnostiziert werden.[27] Gesundheitsapps könnten die Ärzteauswahl erleichtern und Verwaltungsaufgaben übernehmen (etwa dem Arzt alle Informationen weiterleiten).[28] Die Nutzung solcher Apps wird in Zukunft zunehmen und könnte irgendwann sogar Voraussetzung für einen Arztbesuch sein (was ganz eigene Probleme mit sich bringen würde).

3. KI im Operationssaal

7 Während KI-gestützte Diagnosesysteme bereits Einzug in den medizinischen Alltag gefunden haben, werden KI-Systeme im Operationssaal bisher noch nicht verwendet. Das Da-Vinci-Operationssystem ist aber das wohl bekannteste roboter-assistierte Chirurgiesystem. Damit werden minimalinvasive Operationen im urologischen und gynäkologischen Bereich durchgeführt,[29] und es erhöht sowohl die Anzahl als auch den Präzisionsgrad der Eingriffe.[30] Überdies überwachen bereits jetzt automatische Systeme den Operationsvorgang und können ggf. Fehlpositionen korrigieren.[31]

II. Ethische Aspekte

8 Bevor die rechtlichen Fragestellungen erörtert werden, soll zunächst ein Hinweis auf ethische Debatten zu KI im Bereich der Medizin gegeben werden.[32] Zweifellos kann durch den Einsatz von KI ein neues medizinisches Niveau erreicht werden. Ein vollständiges Verbot wäre daher unplausibel. Zugleich interagiert man mit vulnerablen Personen, weshalb besondere moralische Anforderungen an eine vertrauensvolle KI zu stellen sind.[33] Denn die Systeme bergen auch Risiken, die im schlimmsten Fall sogar den Tod verursachen

[22] Hirsch Wie Künstliche Intelligenz die Diagnose erleichtert, FAZ net, abrufbar unter https://www.faz.net/asv/seltene-erkrankungen/wie-kuenstliche-intelligenz-die-diagnose-erleichtert-16645410.html (zuletzt abgerufen am: 6.7.2022); Rammos et al. in Ebers/Heinze/Krügel/Steinrötter Künstliche Intelligenz und Robotik, 2020, § 28 Rn. 4f.

[23] Hirsch Wie Künstliche Intelligenz die Diagnose erleichtert, FAZ.net, abrufbar unter https://www.faz.net/asv/seltene-erkrankungen/wie-kuenstliche-intelligenz-die-diagnose-erleichtert-16645410.html (zuletzt abgerufen am: 6.7.2022); Rammos et al. in Ebers/Heinze/Krügel/Steinrötter Künstliche Intelligenz und Robotik, 2020, § 28 Rn. 4ff.

[24] Vgl. Gurovich et al. Nature Medicine 25 (2019), 60.

[25] Priebe Dieser Algorithmus erkennt Depressive anhand ihrer Instagram-Fotos onlinemarketing.de, 22.8.2017, abrufbar unter https://onlinemarketing.de/social-media-marketing/algorithmus-erkennt-depressive-instagram-fotos (zuletzt abgerufen am: 27.4.2022); Reece/Danforth EPJ Data Science 2017, abrufbar unter https://doi.org/10.1140/epjds/s13688-017-0110-z (zuletzt abgerufen am: 19.4.2022).

[26] Vgl. Forsting Fortschr Röntgenstr 2019, 73 (77); Reece/Danforth EPJ Data Science 2017, Vol. 6 Issue 15.

[27] Plattform Lernende Systeme Lernende Systeme im Gesundheitswesen, S. 9ff.

[28] Rammos et al. in Ebers/Heinze/Krügel/Steinrötter Künstliche Intelligenz und Robotik, 2020, § 28 Rn. 7f.; allg. Beck MedR 2018, 772 (778).

[29] S. auch Blechschmitt Die straf- und zivilrechtliche Haftung des Arztes, 2017, S. 29ff.; Sahm MedR 2019, 927 (928); allg. Kowalewski/Kriegmair/Michel MedR 2019, 925.

[30] Blechschmitt Die straf- und zivilrechtliche Haftung des Arztes, 2017, S. 31f.; allg. Kowalewski/Kriegmair/Michel MedR 2019, 925; Molnár-Gabor DSRITB 2019, 277 (278).

[31] Allg. Blechschmitt Die straf- und zivilrechtliche Haftung des Arztes, 2017, S. 30f.; Lohmann/Schömig in Beck/Kusche/Valerius Digitalisierung, Automatisierung, KI und Recht, 2020, S. 351f.

[32] Vgl. hierzu Braun/Dabreck ZfmE 2016 313; Braun/Hummel/Beck/Dabrock J. Med. Ethics 2021; 47:e3.

[33] S. auch Beck MedR 2018, 772 (774); Beck in Philosophisches Handbuch Künstliche Intelligenz, 2019, S. 15ff.; Münch Autonome Systeme im Krankenhaus, 2017, S. 31ff.; Sahm MedR 2019, 927 (929).

könnten. Es werden deshalb bereits jetzt Diskussionen geführt, in welchen Bereichen derartige Systeme überhaupt erwünscht sind, welchen Vorteil sie gegenüber herkömmlichen Methoden bieten und welches Risiko akzeptabel erscheint.[34] Sonst besteht die Gefahr, dass die Technologie gesamtgesellschaftlich nicht akzeptiert[35] und der Nutzen der Technologie nicht vollständig ausgeschöpft wird. Aus diesem Grund beschäftigen sich sowohl die Datenethikkommission der Bundesregierung als auch internationale Organisationen wie bspw. die High Level Expert Group (→ Kap. 2.1 Rn. 62) mit diesem Thema, um in der nächsten Zeit weitere Ethikleitlinien für den Umgang mit KI zu hervorzubringen.

Der nicht von vornherein unplausiblen Befürchtung einer zunehmenden Enthumanisie- **9**
rung, der Problematik des Vortäuschens menschlicher Emotionen und dem schwindenden menschlichen Kontakt kann nur durch ethische Standards und möglichen Verboten spezifischer Anwendungen von KI entgegengewirkt werden.[36]

B. Rechtliche Fragestellungen

I. Aufklärung und Einwilligung

Die medizinische Behandlung findet zwischen Arzt und Patient statt. Der zwischen **10**
ihnen geschlossene Behandlungsvertrag und die daraus hervorgehenden Pflichten sind in den §§ 630a ff. BGB geregelt.[37] Eine erfolgreiche medizinische Behandlung basiert auch auf einem vertrauensvollen Arzt-Patienten-Verhältnis, auf einer Interaktion auf Augenhöhe und einer umfassenden Berücksichtigung der Patientenautonomie. Dies schlägt sich auch in den gesetzlichen Regelungen nieder. Der Arzt ist unter anderem zur Behandlung entsprechend des medizinischen Standards verpflichtet. Derzeit gehört die Nutzung von KI-Systemen noch nicht zu diesem Standard (das könnte sich in den nächsten Jahren in manchen Bereichen ändern), verstößt aber auch nicht zwingend dagegen, wie wir im Folgenden bei der Haftung näher betrachten.

Jeder ärztliche Heileingriff bedarf zum Schutz des Selbstbestimmungsrechts aus Art. 2 I **11**
iVm Art. 1 I GG[38] der Einwilligung des Patienten.[39] Eine wirksame Einwilligung erfordert, dass der Arzt in verständlicher Weise die Behandlungsformen- und Risiken erläutert, damit der Patient im Anschluss die Vor- und Nachteile abwägen kann,[40] das heißt über sämtliche Umstände wie Art, Umfang, Durchführung, die Folgen und Risiken, die Notwendigkeit einer Behandlung sowie über alternative Behandlungsmethoden und deren Erfolgsaussichten.[41]

Bei der Nutzung von KI-Systemen ergeben sich mit Blick auf die Einwilligung und **12**
die Aufklärung durch den Arzt mehrere Probleme. Soweit es sich bei der Behandlung mit KI um eine sog. Neulandmethode handelt, für die noch kein medizinischer Standard existiert,[42] kann man sich für den Umfang der Aufklärungspflichten des Arztes an der

[34] Vgl. Beck MedR 2018, 772 (774); Sahm MedR 2019, 927 (929).

[35] Beck in Philosophisches Handbuch Künstliche Intelligenz, 2019, S. 5 ff., 12 ff.; Budde et al. Plattform Lernende Systeme KI in der Medizin und Pflege aus der Perspektive Betroffener, 2020, S. 17 und 29 ff.; Rammos et al. in Ebers/Heinze/Krügel/Steinrötter Künstliche Intelligenz und Robotik, 2020, § 26 Rn. 12 ff.

[36] Beck in Philosophisches Handbuch Künstliche Intelligenz, 2019, S. 18 ff.; Rammos et al. in Ebers/Heinze/Krügel/Steinrötter Künstliche Intelligenz und Robotik, 2020, § 28 Rn. 12 f.

[37] Eichelberger in Chibanguza/Kuß/Steege Künstliche Intelligenz, 2022, § 4 I Rn. 5 ff.

[38] BGH NJW 2019, 2320 (Rn. 15 f.); Damm MedR 2018, 939 (940); Eberbach MedR 2019, 1 (5).

[39] S. auch Paeffgen/Zabel in Kindhäuser/Neumann/Paeffgen Strafgesetzbuch, Bd. 2, 5. Aufl. 2017, StGB § 228 Rn. 56 ff.; Sternberg-Lieben in Schönke/Schröder, 30. Aufl. 2019, StGB § 223 Rn. 37 f.

[40] Brand MedR 2019, 943 (946); Eberbach MedR 2019, 1 (5).

[41] Eichelberger in Chibanguza/Kuß/Steege Künstliche Intelligenz, 2022, § 4 I Rn. 14 ff. Jorzig/Sarangi Digitalisierung im Gesundheitswesen, 2020, S. 20 f.; Lohmann/Schömig in Beck/Kusche/Valerius Digitalisierung, Automatisierung, KI und Recht, 2020, S. 358 f.

[42] OLG Hamm BeckRS 2018, 1400; Blechschmitt Die straf- und zivilrechtliche Haftung des Arztes, 2017, S. 66 f.

Rechtsprechung des *BGH* orientieren: Hiernach hat der Arzt auch darüber aufzuklären und darauf hinzuweisen, dass unbekannte Risiken nicht auszuschließen sind.[43] Überträgt man dies auf KI-Systeme, die zum Teil unvorhersehbare „Entscheidungen" treffen, so müsste der Arzt den Patienten darüber in Kenntnis setzen, dass es sich um eine neue Methode mit einer Technik handelt, bei welcher es zu unbekannten Risiken kommen kann, gerade weil sich die Risiken aus der Technik selbst ergeben.[44]

13 Zu einer etwas anderen Beurteilung könnte man kommen, sobald sich die Behandlung mit diesen Systemen bereits als medizinischer Standard etabliert hat. Auch bei anderen neuen Techniken, Werkzeugen oder neuen Medikamenten trifft den Arzt idR nicht die pauschale Verpflichtung, bei jeder gewählten zum medizinischen Standard gehörigen Behandlungsmethode auf unbekannte (Rest-)Risiken hinzuweisen. Im Allgemeinen gilt: Je mehr von einer routinierten Behandlung abgewichen wird, desto weiter reichen die Aufklärungspflichten des Arztes.[45] Oder, andersherum: Umso mehr Wissen und Routine bezüglich einer Behandlungsmethode besteht, desto weniger ist der Arzt verpflichtet, pauschal über potentielle, noch unbekannte Risiken aufzuklären.[46]

14 Ein weiterer Aspekt betrifft das Ausmaß der Aufklärung über IT-Risiken. Hier wird in Zukunft etwa zu diskutieren sein, ob der Arzt auf vorhandene Angaben des Herstellers bezüglich dieser Risiken vertrauen darf oder sich ggf. weitergehende Informationen einholen muss.[47]

15 Zusammenfassend kann im Rahmen der abstrakten Betrachtung der Einwilligung festgestellt werden, dass eine Wahrung des verfassungsrechtlich verankerten Selbstbestimmungsrechts nur durch eine wirksame Einwilligung und die hierfür notwendige Aufklärung des Arztes erreicht werden kann. Die Komplexität der KI erschwert diese Anforderungen erheblich.

II. Die zivilrechtliche Haftung

16 Beim Einsatz von KI-Systemen im Bereich der Medizin stellt sich die Frage, wer für die nicht vorhersehbaren und kaum nachvollziehbaren „Entscheidungen" der Systeme zivilrechtlich haftbar gemacht werden kann. Gerade weil es sich um einen sensiblen Bereich handelt, in dem mit vulnerablen Personen interagiert wird und Leben sowie körperliche Unversehrtheit tangiert sind, bedarf es einerseits eines möglichen Adressaten für den geschädigten Patienten, andererseits darf die Haftung nicht vorschnell einer spezifischen Person zugewiesen werden. Die fehlende Vorherseh- und Nachvollziehbarkeit erschwert eine Zuordnung des ursächlichen Verhaltens im Kontext der zivilrechtlichen Haftungskasuistik.[48] Wer genau für den Schaden zivilrechtlich haftbar ist, kann wegen der Black-Box-Problematik nicht mehr mit an Sicherheit grenzender Wahrscheinlichkeit festgestellt werden: Beim Einsatz von auf neuronalen Netzen basierenden Systemen ist

[43] BGH NJW 2006 2477 (2478); OLG Dresden NJOZ 2008 247 (254); OLG Hamm BeckRS 2018, 1400; ähnl. BGH NJW 2007, 2774; Blechschmitt Die straf- und zivilrechtliche Haftung des Arztes, 2017, S. 87, Eichelberger in Chibanguza/Kuß/Steege Künstliche Intelligenz, 2022, § 4 I Rn. 16 ff. Terbile/Feifel in Clausen/Schroeder-Printzen, Münchener Anwaltshandbuch Medizinrecht, 3. Aufl. 2020, MedR § 1 Rn. 410.

[44] OLG Hamm BeckRS 2018, 1400 Rn. 27; Blechschmitt Die straf- und zivilrechtliche Haftung des Arztes, 2017, S. 66 f.

[45] S. auch Steinrötter in Ebers/Heinze/Krügel/Steinrötter Künstliche Intelligenz und Robotik, 2020, § 26 Rn. 38.

[46] Ein sehr aktuelles Beispiel stellt das Vaktzin von AstraZeneca dar. Die Nebenwirkung eines Blutgerinnsels in den Hirnvenen war bei Impfbeginn noch unbekannt, sodass die Aufklärung ein solches Risiko nicht erfassen konnte. Trotzdem wurde, weil es sich bei diesen Impfstoffen um ein neues Medikament handelt, im Rahmen der Aufklärung darauf hingewiesen, dass unbekannte Komplikationen nicht ausgeschlossen werden können.

[47] S. auch Spindler FS Hart, 2020, 581 (592 ff.).

[48] Allg. zur Problematik Molnár-Gábor DSRITB 2019, 277 (279); Eichelberger in Ebers/Heinze/Krügel/Steinrötter Künstliche Intelligenz und Robotik, 2020, § 5 Rn. 1 f.; Zech ZfPW 2019, 198 (205).

der Entscheidungspfad nicht mehr eindeutig nachvollziehbar, sodass potentiell jeder als Verursacher eines Schadens in Betracht kommt, der mit dem System interagiert hat und eben ganz allgemein der konkrete Fehler sowie die konkrete Ursache einer bestimmten Entwicklung fast nie erkennbar und nachweisbar ist.

1. Die Haftung des Arztes als Anwender

Eine zivilrechtliche Haftung des Arztes kommt aus Vertrag iSd §§ 630a ff. BGB und/ oder aus Delikt iSd §§ 823 ff. BGB in Betracht.[49] Generell gilt: Erfolgt die Behandlung nicht nach den Regeln der ärztlichen Heilkunst (lege artis), so ist der Arzt dem Patienten regelmäßig zum Ersatz des aus der Fehlbehandlung resultierenden Schadens verpflichtet.[50] Juristischer Anknüpfungspunkt ist also die dem Arzt vorwerfbare Pflichtverletzung.[51] Inhaltlich ergeben sich auf vertraglicher Ebene und auf deliktischer Ebene hinsichtlich der Sorgfaltsanforderungen des Arztes kaum Unterschiede.[52] Pflichtverletzungen des Arztes sind in der Praxis zumeist in drei Varianten vorstellbar: 17
- Der Arzt verletzt seine Informationspflichten im Vorfeld von Behandlungsmaßnahmen am Patienten,
- im Rahmen der Diagnose kommt es zu Fehldiagnosen oder
- die darauf beruhende Behandlung erfolgt nicht lege artis.[53]

Bereits in herkömmlichen Konstellationen ist die Feststellung der Kausalität zwischen Fehlverhalten und Zustandsverschlechterung oft problematisch. Dies gilt erst recht, wenn nun im Bereich der Diagnostik und Therapie KI-gestützte Systeme verwendet werden. In diesen Fällen droht die Unmittelbarkeit der Kausalkette ausgehöhlt zu werden.[54] Hierdurch werden nämlich Entscheidungen, die vormals dem Arzt vorbehalten waren, auf derartige Systeme – zumindest teilweise – verlagert. 17a

KI-Systeme sind aber nicht unfehlbar. Es sind diverse Konstellationen denkbar, in denen es im Rahmen von Heilbehandlungen unter Einsatz von KI-Systemen zu Schädigungen kommen kann: Ein KI-System könnte Patienten im Rahmen einer Operation körperlich verletzen. Denkbar sind auch Schädigungen am Patienten, die aufgrund der Unerfahrenheit des Arztes in Interaktion mit den Systemen entstehen.[55] In Folge der Unterlassung von Updates durch den Arzt oder schlichter Fehlbedienung könnten Fehlfunktionen auftreten. Die KI könnte falsche Werte berechnen, Parameter und Vitalfunktionen der Patienten falsch deuten oder falsche Medikamenteneinnahmen vorschlagen. Vorstellbar sind überdies Fehldiagnosen im Vorfeld der Behandlung, die im Rahmen der sich daran anschließenden Therapie Schädigungen am Patienten verursachen. 18

Teilweise wird in der bisherigen rechtlichen Diskussion argumentiert, dass die *de lege lata* existierenden zivilrechtlichen Regularien die im Zusammenhang mit dem Einsatz von KI verursachten Probleme nicht vollumfänglich erfassen können. Einigen Stimmen nach genügen dagegen *„minimalinvasive Anpassungen“*[56] des Rechts, um die mit der Technik 19

---

[49] Vgl. Blechschmitt Die straf- und zivilrechtliche Haftung des Arztes, 2017, S. 49 ff.; Eichelberger in Chibanguza/Kuß/Steege Künstliche Intelligenz, 2022, § 4 I Rn. 5 ff.; Helle MedR 2020, 993 (998).

[50] Katzenmeier in Laufs/Katzenmeier/Lipp Arztrecht, 8. Aufl. 2021, Kap. X Rn. 1 ff.; Taupitz AcP 211 (2011), 353 (354); Wagner in MüKoBGB, Bd. 5, 8. Aufl. 2020, BGB Vor § 630a Rn. 12 ff.

[51] Dazu Blechschmitt Die straf- und zivilrechtliche Haftung des Arztes, 2017, S. 49 ff.; Katzenmeier in Laufs/Katzenmeier/Lipp Arztrecht, 8. Aufl. 2021, Kap. X Rn. 3 ff.

[52] Eichelberger in Chibanguza/Kuß/Steege Künstliche Intelligenz, 2022, § 4 I Rn. 5; Leupold/Wiesner in Leopold/Wiebe/Glossner IT-Recht, 4. Aufl. 2021, Teil 13 Rn. 64 f.; Vogeler MedR 2008, 697.

[53] Droste MPR 2018, 109 (112); Katzenmeier in Laufs/Katzenmeier/Lipp Arztrecht, 8. Aufl. 2021, Kap. X Rn. 3 ff.

[54] Allg. Eichelberger in Ebers/Heinze/Krügel/Steinrötter Künstliche Intelligenz und Robotik, 2020, § 5 Rn. 1 ff.

[55] Ähnl. Lohmann/Schömig in Beck/Kusche/Valerius Digitalisierung, Automatisierung, KI und Recht, 2020, S. 352 f.

[56] Zit.: Steinrötter in Ebers/Heinze/Krügel/Steinrötter Künstliche Intelligenz und Robotik, 2020, § 26 Rn. 21.

einhergehenden Besonderheiten normativ zu regulieren. Welche rechtlichen Anpassungen im Umgang mit KI-Systemen aus zivilrechtlicher Sicht notwendig erscheinen, ist genauer zu untersuchen.

20 **a) Vertragliche Haftung des Arztes.** Erster Anknüpfungspunkt für eine zivilrechtliche Haftung im Arzt-Patienten-Verhältnis ist die vertragliche Haftung des Arztes aus dem Behandlungsvertrag nach §§ 280, 630a ff. BGB. In Betracht kommt eine Haftung des Arztes als Veranlasser, auch wenn er mit unterstützenden KI-Systemen, dh mit Systemen, die den Arzt im Rahmen der Aufklärung, Diagnose und Behandlung lediglich unterstützen und nicht vollständig ersetzen, in Interaktion getreten ist. Der Arzt ist auch bei der Nutzung von KI-Systemen im Rahmen seiner Behandlung verpflichtet, den medizinischen Standard zu wahren.[57] Dieser bemisst sich nach dem Stand naturwissenschaftlicher Erkenntnisse und ärztlicher Erfahrung, die zur Erreichung des Behandlungsziels erforderlich sind und sich in Erprobung bewährt haben.[58]

21 KI-Systeme, die sich in der Erprobungsphase befinden, gehören noch nicht zum medizinischen Standard. Die Verwendung eines unerprobten KI-Systems kann im Einzelfall daher eine Pflichtverletzung begründen, wenn sie entweder ohne ausdrückliche Einwilligung des Patienten erfolgte oder durch das Krankheitsbild eine entsprechende Behandlung nicht indiziert war.[59] Hierzu hat der *BGH* bereits in der Robodoc Entscheidung zu neueren Techniken festgestellt, dass die Wahl einer neuen, noch nicht etablierten Methode möglich sei, wenn unter Abwägung aller Umstände die Vorteile der neuen Behandlungsmethode überwiegen.[60] Dies kann auf KI-Systeme entsprechend übertragen werden. Im Umkehrschluss resultiert aber auch keine Pflicht zum Einsatz eines solchen Systems, wenn die Methode noch nicht dem Standard entspricht.[61] Etwas anderes gilt erst, wenn der Standard entsprechend angepasst wurde.[62] Wenn der Arzt dann eine konventionelle Behandlungsmethode wählt, obwohl vergleichbare und durchaus bessere Behandlungsmethoden mittels eines KI-Systems existieren, könnte er haftbar sein.[63]

22 Ein anderes Problem im Umgang mit KI-Systemen stellt sich mit Blick auf die Fehlfunktionen der Systeme, die nicht vom Arzt hervorgerufen wurden. Ein Behandlungsfehler könnte etwa auch aus einem Hardwarefehler, falschen Daten oder aus der fehlerhaften Programmierung herrühren.

23 Dabei stellen sich zuerst einmal Beweisprobleme – die Identifikation der Fehlerquelle des Systems wird häufig nicht mehr möglich sein. Im Arzt-Patienten-Verhältnis ist der Patient hinsichtlich des kausalen Ursachenzusammenhangs von Behandlungsfehler und Schaden beweisbelastet.[64] Zwar wird nach § 630 h Abs. 1 BGB das Vorliegen eines Behandlungsfehlers vermutet, doch bezieht sich diese Vermutung nur auf voll beherrschbare Risiken. Der Patient ist nach § 630 h Abs. 1 BGB damit verpflichtet darzulegen, dass es sich um ein voll beherrschbares Risiko gehandelt hat. Ob die Risiken eines KI-Systems insbesondere in der Anfangsphase überhaupt ein vollbeherrschbares Risiko darstellen können, ist überaus zweifelhaft. Da der Patient im Vergleich zu den potentiellen Haftungssubjekten

---

[57] Blechschmitt Die straf- und zivilrechtliche Haftung des Arztes, 2017, S. 54 f.; Eichelberger in Chibanguza/Kuß/Steege Künstliche Intelligenz, 2022, § 4 I Rn. 12 f. Helle MedR 2020, 993 (998); allg. Molnár-Gabor DSRITB 2019, 277 (281).

[58] Blechschmitt Die straf- und zivilrechtliche Haftung des Arztes, 2017, S. 54 f.; Wagner in MüKoBGB, Bd. 5, 8. Aufl. 2020, BGB § 630a Rn. 126; allg. Molnár-Gabor DSRITB 2019, 277 (281).

[59] Blechschmitt Die straf- und zivilrechtliche Haftung des Arztes, 2017, S. 56 f.

[60] BGH NJW 2006, 2477; s. auch Blechschmitt Die straf- und zivilrechtliche Haftung des Arztes, 2017, S. 67.

[61] Spindler FS Hart, 2020, 581 (586 ff.).

[62] Blechschmitt Die straf- und zivilrechtliche Haftung des Arztes, 2017, S. 58 f.; Mühlbock/Taupitz AcP 221 (2021), 179 (197).

[63] Ähnlich Eichelberger in Chibanguza/Kuß/Steege Künstliche Intelligenz, 2022, § 4 I Rn. 37.

[64] Rammos et al. in Ebers/Heinze/Krügel/Steinrötter Künstliche Intelligenz und Robotik, 2020, § 28 Rn. 24.

jedoch den geringsten Einfluss auf derartige Systeme hat, erscheint es normativ zugleich nicht überzeugend, diesem die Beweislast vollständig aufzubürden.

Dieser wesentliche Aspekt würde auch bei Annahme eines Analogieschlusses aus §278 BGB, wie er zum Teil gefordert wird, nicht behoben. Durch eine analoge Anwendung des §278 BGB würde dem Arzt das Verhalten des Systems bei jeglichen Fehlfunktionen zugerechnet.[65] Doch stünde dann der Patient weiterhin den Beweisschwierigkeiten bezüglich einer Pflichtverletzung, in welcher sich ein Behandlungsrisiko verwirklicht hat, das für den Behandelnden voll beherrschbar war. Wenn gerade die Identifizierung einer Fehlerquelle nicht möglich erscheint, so kann nur noch schwer von einem voll beherrschbaren Risiko des Arztes gesprochen werden. Zugleich würde die Annahme einer Zurechnung des Verhaltens für jegliche Fehlfunktionen ohne Exkulpationsmöglichkeit eine Haftung des Arztes als Veranlasser begründen, das System überhaupt in Betrieb genommen zu haben.[66] Dies konterkariert jedoch gerade den Sinn und Zweck einer Verschuldenshaftung.[67] Der Arzt würde insoweit zum symbolischen Haftungsknecht werden, der für den Einsatz eines KI-Systems an sich zumindest zivilrechtlich sanktioniert würde. 24

Je autonomer die Systeme künftig agieren werden, desto weniger interessengerecht erscheint eine Zurechnung des Verhaltens ohne Exkulpationsmöglichkeit für den Arzt. Hinzu kommt, dass sich der Arzt als Letztentscheider möglicherweise nicht immer aussuchen kann, ob und wie er ein bestimmtes KI-System im Rahmen seines Arbeitsverhältnisses benutzen darf. Die pauschale (analoge) Anwendung des §278 BGB überzeugt deshalb nicht. 25

b) Deliktische Haftung des Arztes. Neben der vertraglichen Haftung kommt eine deliktische Haftung des Arztes entweder über die allgemeinen Grundsätze nach §823 BGB oder über §831 ff. BGB in Betracht.[68] Die vorangegangenen Überlegungen zum Behandlungsvertrag lassen sich auch auf die Haftung des Arztes aus §823 BGB übertragen.[69] So sind insbesondere die Sorgfaltspflichten kongruent. Anknüpfungspunkt des Deliktsrechts ist die Verletzung einer Verkehrssicherungspflicht. Denkbar sind hier Pflichtverletzungen des Arztes wie etwa die Fehlbedienung des Systems, unterlassene Updates (sog. Überwachungspflichten), die vollständige Übernahme eines Diagnosevorschlags des Systems trotz gegenteiliger Fachkenntnisse oder die Entscheidung über das ob und wie einer Behandlung mit einem KI-System, obwohl nach sorgfaltsgemäßer Überprüfung ein vergleichbarer Arzt zu einer anderen Entscheidung gekommen wäre.[70] Vorstellbar sind auch Szenarien, in denen der Arzt konkreten Anweisungen des Herstellers zuwiderhandelt oder den Anwendungsbereich des Systems überdehnt.[71] 26

Von besonderer Relevanz sind Fälle, in welchen sich die Schädigung aus einer nicht vom Arzt verursachten Fehlfunktion ergibt, etwa weil das System falsch programmiert oder mit fehlerhaften Daten trainiert wurde (soweit dies überhaupt nachweisbar ist). Denkbar sind auch Szenarien, in denen nicht erklärbar ist, wieso sich der Algorithmus des Systems auf eine bestimmte Weise entwickelt hat. Einziger Anknüpfungspunkt für eine Haftung wäre in diesen Fällen die Inbetriebnahme des Gerätes und die Interaktion mit diesem, ggf. eine Entscheidung, die den Vorschlägen des Systems entspricht, ohne diese hinreichend 27

[65] S. auch Keßler MMR 2017, 589 (592); Klingbeil JZ 2019, 718 (719); Zech ZfPW 2019, 198 (211). Für eine analoge Anwendung Teubner AcP 218 (2018), 155 (185); ähnl. Freyler NZA 2020, 284 (289); Mühlbock/Taupitz in AcP 221 (2021), 179 (198); Spindler FS Hart, 2020, 581 (585f.).

[66] Steinrötter in Ebers/Heinze/Krügel/Steinrötter Künstliche Intelligenz und Robotik, 2020, §26 Rn. 44f.

[67] Ähnl. Eichelberger in Ebers/Heinze/Krügel/Steinrötter Künstliche Intelligenz und Robotik, 2020, §26 Rn. 44f.

[68] Eichelberger in Ebers/Heinze/Krügel/Steinrötter Künstliche Intelligenz und Robotik, 2020, §5 Rn. 57f.; s. auch Keßler MMR 2017, 589 (593); Zech ZfPW 2019, 198 (211).

[69] Ausf. Eichelberger in Ebers/Heinze/Krügel/Steinrötter Künstliche Intelligenz, 2020, §5 Rn. 6f.

[70] Vgl. Leupold/Wiesner in Leupold/Wiebe/Glossner IT-Recht, 4. Aufl. 2021, Teil 9.6.4. Rn. 84f.; Steinrötter in Ebers/Heinze/Krügel/Steinrötter Künstliche Intelligenz und Robotik, 2020, §5 Rn. 54f.

[71] Ähnl. Leupold/Wiesner in Leupold/Wiebe/Glossner IT-Recht, 4. Aufl. 2021, Teil 9.6.4 Rn. 84.

überprüft zu haben. Eine derart weite und pauschale Zurechnung ist jedoch problematisch. Das gilt insbesondere dann (aber nicht nur), wenn der Arzt zur Verwendung des Systems aus seinem Arbeitsverhältnis oder aufgrund medizinischer Standards verpflichtet gewesen ist. Kriterium zur Zuschreibung von Verantwortung ist die Kontrolle und damit die Herrschaft über das System. Der individuelle Vorwurf an den Arzt für Fehlfunktionen lässt zumindest einen gewissen Grad an Entscheidungsgewalt über das System notwendig erscheinen. Das setzt eine bedeutsame menschliche Kontrolle (*meaningful human control*) über das System voraus. Die konkrete Ausgestaltung von einer solchen bedeutsamen Kontrolle des Systems ist von den Umständen des Einzelfalls abhängig. Dem sollte bereits bei der technischen Entwicklung derartiger Systeme Rechnung getragen werden. Notwendig ist somit ein wissenschaftlicher Diskurs über die Kriterien, die eine hinreichende Kontrolle des Arztes zu begründen vermögen, dh ob und welche Gründe der Arzt für die Vorschläge des Systems braucht, ob er Fragen an das System stellen kann oder die Daten (zumindest die Art und Zahl), an denen es gelernt hat, kennen muss.[72]

28 § 831 BGB statuiert eigenes vermutetes Verschulden im Rahmen der Auswahl, Überwachung und Leitung seines Verrichtungsgehilfen.[73] Als Verrichtungsgehilfen werden Personen angesehen, die im Interesse des Geschäftsherrn handeln und von dessen Weisungen abhängig sind.[74] Damit zukünftig dem Arzt als Geschäftsherrn iSd § 831 BGB ein eigenes Verschulden vorgeworfen werden kann, müssten die KI-Systeme also als Verrichtungsgehilfen angesehen werden.[75] Auch dies wurde in der Literatur bereits kontrovers diskutiert.[76] Bei herkömmlichen Computersystemen spricht für eine Weisungsgebundenheit im weiteren Sinne der ursprünglich entwickelte Algorithmus des Programmierers, der einer wenn-dann-Logik folgt. KI-Systeme allerdings arbeiten anders, sie entwickeln ihren Algorithmus weiter, die Ergebnisse ihrer Entscheidungen sind vorab nicht vorhersehbar und im Nachhinein nicht ohne Weiteres im Detail nachvollziehbar. Da ein KI-System also nicht vergleichbar gut einschätzbar ist wie ein menschlicher Verrichtungsgehilfe, ist eine Anwendung des § 831 BGB ausgeschlossen.[77]

29 Von einigen Stimmen wird eine analoge Anwendung des § 833 BGB auf KI-Systeme diskutiert.[78] § 833 S. 1 BGB sanktioniert die Haltung von Luxustieren als mögliche Gefahrenquelle, ohne dass mit Blick auf den konkreten Schaden ein nachweisbares Verschulden des Halters erforderlich wäre.[79] Für Nutztiere gilt gemäß § 833 S. 2 BGB die verschuldensunabhängige Haftung nicht, stattdessen wird, da sie der Gesellschaft einen allgemeinen Nutzen bringen, ein widerlegbares Verschulden vermutet. Damit eine analoge Anwendung bejaht werden kann, müsste die in § 833 BGB geregelte Sachlage mit

[72] Mit dieser Fragestellung beschäftigt sich auch das Projekt vALID (01GP1903 A). Der Einfluss von KI auf die menschliche Entscheidungsfindung verändert insbesondere im klinischen Bereich das bisherige Verständnis rechtlicher Konzepte. In Zusammenarbeit mit den Projektpartnern werden die empirischen Ergebnisse rechtlich bewertet und mit ethischen Überlegungen verknüpft. Mittelpunkt des Projekts vALID ist die Ausarbeitung adäquater Praktiken für medizinische Entscheidungen mithilfe von KI-Systemen, welche weiterhin eine Zuschreibung rechtlicher Verantwortung unter gleichzeitiger Wahrung der Patientenautonomie erlauben.

[73] Förster in BeckOK BGB, 58. Ed. 1.5.2021, BGB § 831 Rn. 2; allg. Wagner in MüKoBGB, Bd. 7, 8. Aufl. 2020, § 831 Rn. 1 f.

[74] Förster in BeckOK BGB, 58. Ed. 1.5.2021, BGB § 831 Rn. 18 f.

[75] Denga CR 2018, 69 (75); Helle MedR 2020, 993 (998); Steinrötter in Ebers/Heinze/Krügel/Steinrötter Künstliche Intelligenz und Robotik, 2020, § 26 Rn. 46 f.

[76] Denga CR 2018, 69 (75); Horner/Kaulartz CR 2016, 7 (8); Steinrötter in Ebers/Heinze/Krügel/Steinrötter Künstliche Intelligenz und Robotik, 2020, § 26 Rn. 46 f.

[77] Allg. Zech Zivilrechtliche Haftung für den Einsatz von Robotern, 2016, S. 190 ff.; Zech ZfPW 2019, 198 (211 f.).

[78] Brunotte CR 2017, 583 (585); Gruber Zumutung und Zumutbarkeit von Verantwortung in Mensch-Maschine-Assoziation, 2013, S. 139 f.; Zech Zivilrechtliche Haftung für den Einsatz von Robotern, 2016, S. 195 f.; Zech ZfPW 2019, 198 (214).

[79] S. auch Brunotte CR 2017, 583 (585); Spickhoff in BeckOGK, 1.5.2021, BGB § 833 Rn. 33 f.; Spindler CR 2015, 766 (767).

der Situation des Einsatzes von KI-Systemen vergleichbar erscheinen.[80] Zudem müsste eine planwidrige Regelungslücke vorliegen.[81] Mag eine Regelungslücke noch mit der fehlenden Existenz von KI-Systemen zur Zeit des Erlasses des Gesetzes begründbar sein, spricht gegen eine vergleichbare Interessenlage, dass Tiere, trotz der auf den ersten Blick vergleichbaren Unkontrollierbarkeit, durch impulsives, instinktiv natürliches Verhalten reagieren. Künstlich neuronale Netze beinhalten von Menschen geschaffene Gesetzmäßigkeiten; sie sind durch die geschaffenen Rahmenbedingungen durchaus in gewissem Sinne determiniert. Bei Tieren hingegen werden die Rahmenbedingungen von der Natur vorgegeben, sodass auch die Gefahrenlagen aus anderen Faktoren resultieren als die bei KI-Systemen. Darüber hinaus spricht auch das jedenfalls andere Beherrschungspotential des Halters über die Tiere im Vergleich zu der Nutzung eines abgeschlossenen Systems gegen eine vergleichbare Interessenslage. Auch wenn Tiere durch ihr natürliches Verhalten unberechenbar erscheinen, sind sie im Gegensatz zu KI-Systemen für den langjährigen Halter typischerweise auf die ein oder andere Art disziplinierbar. Für KI-Systeme kann dies – zumindest im Regelfall – nicht behauptet werden.

Hinzu kommt, dass auch das Abstellen auf den einseitigen Nutzen des Tierhalters **30** nicht mit der Interessenslage bei dem Einsatz eines medizinisch verwendeten KI-Systems vergleichbar ist. Denn die Verwendung derartiger Systeme bringen potentiell dem Patienten, dem Hersteller, dem Programmierer und dem Arzt als Anwender einen wertvollen Nutzen. Eine einseitige Belastung und die dadurch begründete rechtlich eindimensionale Haftung kann auf die Nutzung von KI-Systemen im Bereich der Medizin daher nicht übertragen werden.

Insofern schiene § 833 S. 2 BGB tatbestandlich passender. So ist der Telos des § 833 S. 2, **31** die Haftung für Nutztiere, von der die Gesellschaft profitiert, durchaus mit dem Telos von KI-Systemen im Bereich der Medizin als gesamtgesellschaftlich nützlich vergleichbar. Eine analoge Anwendung hätte zur Folge, dass beim Einsatz von KI-Systemen das Verschulden des Arztes für Rechtsgutsverletzungen beim Patienten vermutet würde.[82] Das Beweisproblem des Patienten würde also durch eine Analogie umgangen. Erneut ist jedoch fraglich, ob eine derartig einseitige Belastung des Arztes wirklich überzeugt. Denn auch hier scheint letztlich nicht interessensgerecht, dem Arzt die Bürde der Exkulpation aufzuerlegen, wenn die Nutzung von KI-Systemen gesamtgesellschaftlich gewünscht ist und gerade im Bereich der Medizin ja auch erhebliche Vorteile für die Patienten mit sich bringt.

De lege lata verbleibt für die Haftung des Arztes daher lediglich eine direkte Anwen- **32** dung des § 823 BGB für eigenes Verschulden. Hierfür muss dieser eine Verletzung seiner (Verkehrssicherungs-)Pflichten begangen haben, die er auch in kausaler und zurechenbarer Weise zu vertreten haben muss.[83] Der Patient trägt im Rahmen des § 823 BGB hierfür die Beweislast.

2. Berücksichtigung des Mitverschuldens des Patienten

Eine erfolglose Behandlung kann auch aus Fehlverhalten des mitwirkenden Patienten **33** (mit)resultieren. So sind zutreffende persönliche Angaben über den Gesundheitszustand essentiell, um eine richtige Diagnose zu treffen und die Therapie erfolgreich durchzuführen. Werden sog. Health Apps oder Wearables[84] eingesetzt, die eine Interaktion des

[80] Eichelberger in Ebers/Heinze/Krügel/Steinrötter Künstliche Intelligenz und Robotik, 2020, § 5 Rn. 62 f.; Zech ZfPW 2019, 198 (214).

[81] Ähnl. Zech ZfPW 2019, 198 (214).

[82] Ähnl. Jorzig/Sarangi Digitalisierung im Gesundheitswesen, 2020, S. 129 f.; Eichelberger in Ebers/Heinze/Krügel/Steinrötter Künstliche Intelligenz und Robotik, 2020, § 5 Rn. 62 f.; Zech ZfPW 2019, 198 (215).

[83] Vgl. Eichelberger in Ebers/Heinze/Krügel/Steinrötter Künstliche Intelligenz und Robotik, 2020, § 5 Rn. 53 f.

[84] Als Wearables werden am Körper getragene elektronische Geräte bezeichnet. Sie geben ua Aufschluss über bestimmte Körperfunktionen, wie die Herzfrequenz, die Schlafzeit, den Puls sowie die körperliche

Patienten erfordern, könnte die Eigenverantwortlichkeit des Patienten innerhalb des Mitverschuldens nach § 254 BGB zukünftig verstärkt berücksichtigt werden und den Patienten ein höheres Maß an Eigenverantwortung als bislang treffen.[85] Dies erscheint durchaus auch interessensgerecht, zumindest dann, wenn sich der Patient bewusst und freiwillig für eine spezifische Behandlungsmethode entscheiden kann, um die potentiellen Vorteile zu genießen. Die Nachteile, die sich aus dem höheren Grad an Eigenverantwortlichkeit des Patienten ergeben, könnten durch den Nutzen eines KI-Systems bzw. der entsprechenden Apps substituiert werden (soweit er hierin informiert einwilligt).[86]

34 Zugleich sollte ein Mitverschulden nicht vorschnell bejaht werden. Die Patienten verfügen regelmäßig über begrenztes technisches Verständnis und nicht immer sind ihnen die Auswirkungen von marginalen Abweichungen der eingegebenen Werte für eine Diagnose bewusst. Nur wenn sichergestellt werden kann, dass der Patient als Bediener der App durch ausführliche Technik- und Informationseinweisung die Bedeutung und Tragweite der ausgefüllten Werte klar erfassen konnte, kann das Verhalten des Patienten im Rahmen des Mitverschuldens nach § 254 BGB berücksichtigt werden. Wesentliche Bedeutung sollte daher der Bedienungsfreundlichkeit der KI-Systeme für den Patienten und einer sinnvollen Interaktion zwischen Arzt, Patient und KI-System beigemessen werden.

3. Die Haftung des Herstellers

35 Mit Blick auf die Haftung des Herstellers für KI-Systeme werden insbesondere die Produzenten- und Produkthaftung diskutiert (→ Kap. 3.11 Rn. 48). Die Produzentenhaftung nach § 823 BGB stellt eine Verschuldenshaftung dar, für die auch hier eine Sorgfaltspflichtverletzung Voraussetzung ist.[87] Die Pflichten des Herstellers betreffen Konstruktions-, Fabrikations-, Produktbeobachtungs-, und Instruktionsfehler, wobei sich der Anwendungsbereich des § 823 BGB sowohl auf bewegliche als auch unbewegliche Sachen wie bspw. Software erstreckt.[88] Zudem trifft den Hersteller die Pflicht, das Produkt nach Inverkehrbringen zu beobachten und auf Schadensmeldungen ggf. zu reagieren.[89] Für sog. Entwicklungsrisiken dh für Risiken, die erst nach dem Inverkehrbringen erkannt werden, haftet der Hersteller hingegen nicht.[90] Der Nachweis von Fabrikations- und Instruktionsfehlern[91] wird voraussichtlich im Zusammenhang von KI nicht wesentlich schwieriger sein als bislang. So ist denkbar, dass festgestellt werden kann, dass im Produktionsvorgang eine Fehlfunktion herbeigeführt wurde oder die Instruktionen unzureichend waren. Durchaus schwieriger wird der Nachweis eines Konstruktionsfehlers werden (→ Kap. 3.10 Rn. 77). Aufgrund der Weiterentwicklung der Systeme kann nicht immer unproblematisch bestimmt werden, ob der Fehler bereits zum Zeitpunkt des Inverkehrbringens existierte.[92]

Aktivität. Darüber hinaus können sie durch bestimmte Funktionen an eine Medikamenteneingabe erinnern, den Standort ermitteln oder schlicht als Fitness Tracker dienen. Katzenmeier MedR 2019, 259 (264); Rammos et al. in Ebers/Heinze/Krügel/Steinrötter Künstliche Intelligenz und Robotik, 2020, § 28 Rn. 3 ff.

[85] Allg. Ballestrem in Ballestrem/Bär/Gausling/Hack/von Oelffen Künstliche Intelligenz – Rechtsgrundlagen und Strategien in der Praxis, 2020, S. 196.

[86] Vgl. Steinrötter in Ebers/Heinze/Krügel/Steinrötter Künstliche Intelligenz und Robotik, 2020, § 26 Rn. 40.

[87] Helle MedR 2020, 993 (996); Eichelberger in Ebers/Heinze/Krügel/Steinrötter Künstliche Intelligenz und Robotik, 2020, § 5 Rn. 6 f.

[88] Eichelberger in Ebers/Heinze/Krügel/Steinrotter Künstliche Intelligenz 2020, § 5 Rn. 21 ff.; Lehmann NJW 1992, 1721 (1722); Mühlbock/Taupitz in AcP 221 (2021), 179 (193); Reusch in Kaulartz/Braegelmann Rechtshandbuch Artificial Intelligence und Machine Learning, 2020, Kap. 4.1 Rn. 30 ff.; Eichelberger in Ebers/Heinze/Krügel/Steinrötter Künstliche Intelligenz und Robotik, 2020, § 5 Rn. 6 f.

[89] Droste MPR 2018, 109 (111); Seehafer/Kohler EuZW 2020, 213 (215).

[90] Eichelberger in Ebers/Heinze/Krügel/Steinrötter Künstliche Intelligenz und Robotik, 2020, § 5 Rn. 19 f.; Wagner in MüKoBGB, Bd. 7, 8. Aufl. 2020, BGB § 823 Rn. 963.

[91] Ausf. Wende in Sassenberg/Faber Rechtshandbuch Industrie 4.0 und Internet of Things, 2. Aufl. 2020, § 4 Rn. 17 ff.

[92] Eichelberger in Ebers/Heinze/Krügel/Steinrotter Künstliche Intelligenz 2020, § 5 Rn. 23.

Hier droht die vorschnelle Annahme eines Konstruktionsfehlers, obwohl es sich auch um ein Entwicklungsrisiko gehandelt haben könnte.[93]

Im Rahmen der Produktbeobachtungspflicht ergeben sich ähnliche Schwierigkeiten (→ Kap. 3.10 Rn. 94).[94] Inwieweit der Hersteller für einen Fehler, der nach dem Inverkehrbringen auftritt, verantwortlich ist, könnte ex post schwer zu beurteilen sein. Möglich wäre nämlich, dass der Fehler aus einer Fehlbedienung des Anwenders oder dem fehlerhaften Einspeisen von Daten resultiert. In diesen Fällen muss der Hersteller im Rahmen der Beobachtungspflicht nicht reagieren. Dieses Problem wird bereits adressiert: Vorgeschlagen wird etwa ein verpflichtendes „Produktgedächtnis“[95] oder automatische Datenanalysen. Dies soll den Herstellern zu leichteren und zumutbaren Produktbeobachtungen verhelfen.[96] 36

Der Sorgfaltsmaßstab des Herstellers (§ 275 BGB) bemisst sich nach dem Einzelfall, in welchem auf die Umstände, wie Gebrauchs- und Sicherheitswarnungen, den Abnehmerkreis, Art und Umfang und die potentiell tangierten Rechtsgüter abzustellen ist.[97] Berücksichtigt werden sollte außerdem, dass die Systeme bisher noch nicht ausreichend geprüft sowie etabliert genug sind und sich noch keine einheitlichen Maßstäbe entwickeln konnten. Unterstützend könnten bestehende Sicherheitsstandards wie sie in Medizin gelten, herangezogen werden, wobei im Einzelfall geschaut werden müsste, ob sie sich auf KI-Systeme übertragen lassen. Hinzu kommen Sicherheitsstandards, wie DIN- oder ISO-Normen, an denen man sich bezüglich einer Sorgfaltspflichtverletzung orientieren könnte.[98] 37

Hinsichtlich der Sorgfaltspflichtverletzung von Konstruktions-, Fabrikations-, und Instruktionsfehlern ist der Patient vom Beweis entlastet.[99] Die Darlegung und den Beweis eines Produktfehlers hingegen muss nach geltendem Recht jedoch der Patient führen.[100] Die Beweisfragen sind auf beiden Seiten bei KI-Systemen besonders herausfordernd. Insbesondere der Patient ist dazu angehalten, zunächst zu beweisen, dass das Produkt bei Inverkehrbringen fehlerhaft war und dadurch ein Schaden entstanden ist.[101] Gerade dies belastet den Patienten über Gebühr und überzeugt daher nicht. 38

Im Rahmen der Produkthaftung haftet der Hersteller für ein fehlerhaftes Produkt, das einen Schaden verursacht hat.[102] Nach § 3 ProdHaftG ist erforderlich, dass das Produkt nicht die Sicherheit bietet, die unter Berücksichtigung aller Umstände zum Zeitpunkt des 39

[93] Vgl. auch Eichelberger in Ebers/Heinze/Krügel/Steinrötter Künstliche Intelligenz und Robotik, 2020, § 5 Rn. 23 ff.; Zech Zivilrechtliche Haftung für den Einsatz von Robotern, 2016, S. 184.

[94] Eichelberger in Ebers/Heinze/Krügel/Steinrotter Künstliche Intelligenz 2020, § 5 Rn. 32 ff.; Eichelberger in Ebers/Heinze/Krügel/Steinrötter Künstliche Intelligenz und Robotik, 2020, § 5 Rn. 27 f.; Wende in Sassenberg/Faber Rechtshandbuch Industrie 4.0 und Internet of Things, 2. Aufl. 2020, § 4 Rn. 23 ff.

[95] So Eichelberger in Ebers/Heinze/Krügel/Steinrötter Künstliche Intelligenz und Robotik, 2020, § 5 Rn. 29 ff.; Wende in Sassenberg/Faber Rechtshandbuch Industrie 4.0 und Internet of Things, 2. Aufl. 2020, § 4 Rn. 23 ff.

[96] Wende in Sassenberg/Faber Rechtshandbuch Industrie 4.0 und Internet of Things, 2. Aufl. 2020, § 4 Rn. 23 ff.

[97] Vgl. auch Horner/Kaulartz CR 2016, 7 (10); Eichelberger in Ebers/Heinze/Krügel/Steinrötter Künstliche Intelligenz und Robotik, 2020, § 5 Rn. 12 f.

[98] Vgl. auch Eichelberger in Ebers/Heinze/Krügel/Steinrötter Künstliche Intelligenz und Robotik, 2020, § 5 Rn. 13 und 18 f.

[99] Vgl. auch Eichelberger in Ebers/Heinze/Krügel/Steinrötter Künstliche Intelligenz und Robotik, 2020, § 5 Rn. 27 ff.; ähnl. Gruber Zumutung und Zumutbarkeit von Verantwortung in Mensch-Maschine-Assoziation, 2013, S. 145 f.

[100] Förster in BeckOK BGB, 58. Ed.1.5.2021, BGB § 823 Rn. 770 f.; Eichelberger in Ebers/Heinze/Krügel/Steinrötter Künstliche Intelligenz und Robotik, 2020, § 5 Rn. 30 f.

[101] Förster in BeckOK BGB, 58. Ed.1.5.2021, BGB § 823 Rn. 774; Wagner in MüKoBGB, Bd. 7, 8. Aufl. 2020, BGB § 823 Rn. 1016.

[102] Auch Chibanguza in Chibanguza/Kuß/Steege Künstliche Intelligenz, 2022 § 5 Rn. 4 ff.; Eichelberger in Ebers/Heinze/Krügel/Steinrötter Künstliche Intelligenz und Robotik, 2020, § 5 Rn. 44 f.; Wagner in MüKoBGB, Bd. 7, 8. Aufl. 2020, BGB § 823 Rn. 916.

Inverkehrbringens berechtigterweise erwartet werden konnte.[103] Darüber hinaus ist der Hersteller zu einer sach- und risikogerechten Herstellung des Produktes angehalten und hat die Gefahren durch das Produkt so gering wie nur möglich zu halten.[104]

40 Mit Blick auf KI-Systeme ist hier § 1 Abs. 2 Nr. 5 ProdHaftG von Bedeutung. Nach diesem ist eine Haftung ausgeschlossen, wenn der Fehler während des Inverkehrbringens des Produktes vom Hersteller nicht erkannt werden konnte.[105] Bei der Verwendung von auf Deep Learning Verfahren basierenden Systemen führt diese Regelung zu potentiell unbefriedigenden Ergebnissen. Einerseits könnte sich der Hersteller auf den Haftungsausschluss nach § 1 Abs. 2 Nr. 5 ProdHaftG berufen, indem er vorträgt, der dem System zugrunde liegende Fehler sei erst durch eine Interaktion mit einem Dritten, wie etwa dem Arzt, entstanden. Andererseits spricht gegen einen potentiellen Haftungsausschluss, dass zumindest die Unvorhersehbarkeit derartiger Systeme bereits bei der Implementierung der Technik bekannt ist. Welche „Entscheidungen" im Speziellen die Technologie „treffen" oder wie sie agieren wird, ist dabei unbeachtlich. Die *„vorhersehbare Unvorhersehbarkeit"*[106] für den Hersteller könnte damit letztlich die Berufung auf § 1 Abs. 2 Nr. 5 ProdHaftG ausscheiden lassen, sodass Hersteller auch bei selbstlernenden Systemen haften würden, die nach dem Inverkehrbringen ihren Lernprozess fortführen.[107]

41 § 1 Abs. 4 S. 1 ProdHaftG statuiert, dass der Geschädigte den Fehler, den Schaden und den ursächlichen Zusammenhang zwischen Fehler und Schaden beweisen muss. Auch hier überzeugt eine einseitige Beweisbelastung des Geschädigten als Patienten keinesfalls.

4. Die Haftung des Trainers und Programmierers

42 Für den Trainer und Programmierer kommt ebenfalls eine Haftung in Betracht, sollte diesen eine Pflichtverletzung und ein Verschulden nachgewiesen werden können. Denkbar wären etwa die bewusst oder fahrlässig falsche Programmierung der Systeme für den Programmierer sowie das bewusste oder fahrlässige Training mit falschen oder minderwertigen Daten. Die genauen Sorgfaltsanforderungen bestimmen sich aus dem Vertragsverhältnis bzw. dem erst noch zu bildenden gesellschaftlichen Sorgfaltsmaßstab bei derartigen Tätigkeiten.[108]

5. Die Haftung der KI

43 Von einigen Stimmen wird unter anderem wegen der Beweis- und Zurechnungsprobleme diskutiert, ob KI Systemen nicht sogar eine elektronische Persönlichkeit zugesprochen werden sollte. Diese Überlegungen wurden auch im europäischen Parlament aufgenommen.[109] Auf diese Weise könnten Fehler im Rahmen der Diagnose und Behandlung in bestimmten Konstellationen der KI als eigenständig haftendem Rechtssubjekt zugerechnet werden. Das KI System würde zum Anspruchsgegner werden und für Schäden „selbst-

[103] Droste MPR 2018, 109 (110); Reusch in Kaulartz/Braegelmann Rechtshandbuch Artificial Intelligence und Machine Learning, 2020, Kap. 4.1 Rn. 191 ff.; Seehafer/Kohler EuZW 2020, 213 (214); Wende in Sassenberg/Faber Rechtshandbuch Industrie 4.0 und Internet of Things, 2. Aufl. 2020, § 4 Rn. 29 ff.

[104] Droste MPR 2018, 109 (110); Seehafer/Kohler EuZW 2020, 213 (214); Wende in Sassenberg/Faber Rechtshandbuch Industrie 4.0 und Internet of Things, 2. Aufl. 2020, § 4 Rn. 29 ff.

[105] Droste MPR 2018, 109 (111); ähnl. Wende in Sassenberg/Faber Rechtshandbuch Industrie 4.0 und Internet of Things, 2. Aufl. 2020, § 4 Rn. 35.

[106] Zit.: Gless/Wohlers ZStR 2019, 366 (374).

[107] Droste MPR 2018, 109 (111); aA Seehafer/Kohler EuZW 2020, 213 (215); zu der Problematik ähnl. auch Wende in Sassenberg/Faber Rechtshandbuch Industrie 4.0 und Internet of Things, 2. Aufl. 2020, § 4 Rn. 102 ff.

[108] Ähnl. Freyler NZA 2020, 284 (289).; Lohmann ZRP 2017, 168 (170).

[109] EU-Parlament, Entschließung vom 16.2.2017 mit Empfehlung an die Kommission zu zivilrechtlichen Regelungen im Bereich Robotik, 2015/2103 (INJ), Ziff. 59 f.; ähnl. Borges NJW 2018, 977; Riehm RDi 2020, 42.

ständig" aufkommen.[110] Diesbezüglich sei hier angemerkt, dass eine eigene Rechtspersönlichkeit von KI zwar auf den ersten Blick eine elegante Lösung für einige der Haftungsprobleme darstellen könnte. Es wäre ein weiteres Haftungssubjekt vorhanden, bei dem die Zurechnung nicht erst konstruiert werden müsste. Zugleich könnte diese Lösung zu gesellschaftlicher Verunsicherung führen und die Akzeptanz der neuen Technologie vermindern, eben weil es keinen individuellen menschlichen Verantwortlichen mehr gäbe.[111] Darüber hinaus könnte dieser Lösungsansatz zu weitergehenden Friktionen führen, etwa mit Blick auf die rechtsdogmatische Einordnung, aber auch die Zusammensetzung der Fonds, aus denen die Schäden restituiert werden, die Bindung der Vermögensmasse sowie die Risikoverteilung und die Vernetzung der Systeme untereinander.[112] Schließlich wäre auch die Bildung der Rechtspersönlichkeit keineswegs unproblematisch: KI Systeme sind typischerweise untereinander und mit dem Internet vernetzt, oft ist nicht klar, woher die Daten stammen, aus denen sie lernen, nicht selten werden sie auch überhaupt erst auf einer Plattform entwickelt. Die Abgrenzung des einen KI-Systems von anderen KI-Systemen wäre also nicht ohne weiteres möglich, zugleich aber wohl notwendige Voraussetzung für die Bildung einer Rechtspersönlichkeit.

6. Lösungsansätze de lege ferenda

Für die verschiedenen Haftungsszenarien wurden überdies bereits Lösungsansätze *de lege ferenda* diskutiert, um den *de lege lata* existieren Beweislastschwierigkeiten entgegen zu wirken.[113] Möglicher Anknüpfungspunkt könnte eine Pflichtversicherung inklusive eines Fonds sein, um potentielle Schäden direkt aus diesen zu restituieren (→ Kap. 3.9 Rn. 6). Nachteil dieser Überlegung, welcher immer mit einer Versicherungspflicht einhergeht, ist die Bindung der Vermögensmasse sowie dessen Risikoverteilung.[114] 44

Die Regelung über einen reinen Gefährdungshaftungstatbestand – wie dies einige fordern[115] – hat den Nachteil, dass sich die potentiell Haftenden nicht mehr exkulpieren könnten, selbst wenn offenkundig ist, dass ihre Haftung unangemessen erscheint. Hinzu kommt, dass diese Lösung eine innovationsfeindliche Wirkung hätte.[116] Das erscheint in Anbetracht des potentiell gesamtgesellschaftlichen Nutzens derartiger Systeme nicht wünschenswert. 45

Steinrötter schlägt eine verschuldensabhängige gesamtschuldnerische Haftung des Herstellers, Anwenders bzw. Trainers und Programmierers vor, wobei diese auch eine Vermutung für das Vorliegen der Haftungsvoraussetzung umfasst.[117] Nach diesem Lösungsvorschlag würde den Geschädigten kein Beweislastrisiko treffen. Demgegenüber hätten jedoch auch Anwender, Hersteller, Trainer und Programmierer die Möglichkeit, sich 46

[110] Beck in Hilgendorf/Günther Robotik und Gesetzgebung, 2013, S. 255 f.; Steinrötter in Ebers/Heinze/Krügel/Steinrötter Künstliche Intelligenz und Robotik, 2020, § 26 Rn. 21; allg. Riehm in Kaulartz/Braegelmann Rechtshandbuch Artificial Intelligence und Machine Learning, 2020, Kap. 6.1 Rn. 13 ff.

[111] Beck in Philosophisches Handbuch Künstliche Intelligenz, 2019, S. 5 ff., 12 ff.; Budde et al. Plattform Lernende Systeme KI in der Medizin und Pflege aus der Perspektive Betroffener, 2020, S. 38 ff.; Rammos et al. in Ebers/Heinze/Krügel/Steinrötter Künstliche Intelligenz und Robotik, 2020, § 28 Rn. 12 ff.

[112] Weitergehend Riehm RDi 2020, 42 (46); Steinrötter in Ebers/Heinze/Krügel/Steinrötter Künstliche Intelligenz und Robotik, 2020, § 26 Rn. 46.

[113] Ähnl. Rammos et al. in Ebers/Heinze/Krügel/Steinrötter Künstliche Intelligenz und Robotik, 2020, § 28 Rn. 25 ff.

[114] Weitergehend Riehm RDi 2020, 42 (46); Steinrötter in Ebers/Heinze/Krügel/Steinrötter Künstliche Intelligenz und Robotik, 2020, § 26 Rn. 48 f.

[115] Zech Zivilrechtliche Haftung für den Einsatz von Robotern, 2016, S. 197 f.; Zech ZfPW 2019, 198 (214); ähnl. Brunotte CR 2017, 583 (585); Gruber Zumutung und Zumutbarkeit von Verantwortung in Mensch-Maschine-Assoziation, 2013, S. 139 f.; Reusch in Kaulartz/Braegelmann Rechtshandbuch Artificial Intelligence und Machine Learning, 2020, Kap. 4.2 Rn. 15 ff.

[116] Ähnl. Steinrötter in Ebers/Heinze/Krügel/Steinrötter Künstliche Intelligenz und Robotik, 2020, § 26 Rn. 48 ff.

[117] Vorschlag von Steinrötter in Ebers/Heinze/Krügel/Steinrötter Künstliche Intelligenz und Robotik, 2020, § 26 Rn. 49 f.

zu exkulpieren.[118] Im Innenverhältnis wird eine Quotelung entsprechend des Verantwortungsanteils des jeweilig Haftenden vorgeschlagen. Sollte sich im Nachhinein nicht klären lassen, wem der Fehler konkret zuzuschreiben ist, könnte eine vorab festgelegte Haftungsverteilung greifen. Mit zunehmender Einwirkung durch den Anwender könnte sich diese zu seinen Lasten verschieben, zumindest bezüglich solcher Fehler, die von ihm beeinflusst werden können. Für Fehler, die eindeutig einem entsprechenden Haftungssubjekt zuschreibbar sind, wäre ein vollständiger Ausgleich im Innenverhältnis möglich.

47 Eine solche Lösung erscheint selbst dann interessensgerecht, wenn der Arzt als Anwender aufgrund der Nähe zum Patienten vordergründig in Anspruch genommen wird. Denn dieser kann das Risiko eines Ausfalls der anderen Haftungssubjekte im Inneregress minimieren, wenn er zivilprozessrechtlich gegenüber den anderen Haftungssubjekten den Streit verkündet. Durch eine Streitverkündigung nach den §§ 72 ff. ZPO kann das Risiko einer unbilligen und einseitigen Haftung zumindest gesenkt werden. Denkbar wären auch weitergehende Informationspflichten, in welchen der Geschädigte Kontaktinformationen der Beteiligten erhält, um die Möglichkeit zu haben, diese direkt in Anspruch nehmen. Berücksichtigt man letzteres, so würde *de lege ferenda* eine verschuldensabhängige gesamtschuldnerische Haftung der beteiligten Akteure den interessengerechtesten Ausgleich schaffen. Möglicherweise mit einer Pflichtversicherung als Ergänzung, wenn sich bspw. Fehlfunktionen der Systeme entwickeln, deren Ursache in Gänze nicht festgestellt werden kann.

III. Strafrechtliche Verantwortlichkeit

48 Die technologische Entwicklung im Bereich der Nutzung von KI für die Medizin hat auch Auswirkungen auf das Strafrecht.[119] Die Systeme werden voraussichtlich zukünftig Schäden verursachen, die nicht nur eine Schadensrestitution in Geld nach sich ziehen. Vielmehr werden dadurch auch strafrechtliche Normen tangiert.

49 Strafrechtlich relevant beim Einsatz solcher Systeme in der Behandlung könnten etwa der Verkauf eines potentiell fehlerhaften Produktes, die Verletzung des Arztgeheimnisses, die Fehlleistung des Systems bis hin zur fahrlässigen oder sogar vorsätzlichen Schädigung durch Arzt, Hersteller sowie Trainer und Programmierer oder sogar durch das System selbst sein.[120] Gerade weil an der Entstehung derartiger Technologien eine Vielzahl an Personen beteiligt sind, ist es schwer, strafrechtliche Verantwortlichkeit festzustellen. Eine derartige *shared agengy* stellt das Strafrecht in vielen Bereichen vor neue Herausforderungen.[121]

50 Überdies sind die Zurechnungsstrukturen des Strafrechts – wie die Kausalität oder objektive Zurechnung – bei der Verwendung von KI-Systemen nicht mehr uneingeschränkt anwendbar.[122] Vielmehr werden durch die fehlende Vorhersehbarkeit und Kontrollierbarkeit der Systeme die Zurechnungsstrukturen des Strafrechts durchbrochen.

51 Diese abstrakten Betrachtungen des Einsatzes von KI-Systemen im Recht werden im Folgenden auf den Bereich der Medizin übertragen. Dabei wird zunächst die strafrechtliche Verantwortlichkeit der handelnden Akteure genauer untersucht. Anschließend wird kurz die strafrechtliche Verantwortlichkeit des Systems selbst angesprochen.

[118] Steinrötter in Ebers/Heinze/Krügel/Steinrötter Künstliche Intelligenz und Robotik, 2020, § 26 Rn. 49 f.

[119] Beck in Ebers/Heinze/Krügel/Steinrötter Künstliche Intelligenz und Robotik, 2020, § 7 Rn. 1 ff.

[120] Vgl. Hilgendorf in Rotsch Criminal Compliance Handbuch, 2015, S. 25 ff.; allg. Gless/Janal JR 2016, 561; Simmler/Markwalder AJP/PJA 2 2017, 171.

[121] S. auch Beck in Ebers/Heinze/Krügel/Steinrötter Künstliche Intelligenz und Robotik, 2020, § 7 Rn. 2 ff.; ähnl. Simmler/Markwalder AJP/PJA 2 2017, 171 (173).

[122] Beck in Philosophisches Handbuch Künstliche Intelligenz, 2019, S. 10 f.

1. Strafrechtliche Verantwortlichkeit des Arztes

Mit Blick auf den Arzt kommt eine Strafbarkeit nach §§ 223 ff. StGB sowie nach § 229 StGB in Betracht, sofern der Patient im Rahmen der Behandlung vorsätzlich oder fahrlässig verletzt wird oder sich sein Zustand durch das Eingreifen des Arztes verschlechtert. Verstirbt der Patient infolge der Fehlbehandlung, so kommt eine Strafbarkeit sowohl (bei vorsätzlicher Begehung) nach §§ 211, 212 StGB als auch (bei fahrlässiger Begehung) nach § 222 StGB in Betracht. Denkbar sind insofern auch Unterlassensstrafbarkeiten. 52

Im Folgenden werden zunächst die strafrechtlichen Besonderheiten von Einwilligung und Aufklärung mit Blick auf den Einsatz von KI-Systemen thematisiert. Anschließend werden die Folgen eines Eingriffs mittels eines KI-Systems genauer untersucht, wenn es dabei zu einer Fehlbehandlung, Zustandsverschlechterung oder sogar zum Tod des Patienten gekommen ist. 53

a) Aufklärung und Einwilligung aus strafrechtlicher Perspektive. Vor dem Heileingriff des Arztes bedarf es der Einwilligung des Patienten. Ohne Einwilligung des Patienten macht sich der Arzt bei medizinischen Eingriffen in die körperliche Unversehrtheit des Patienten grds. wegen vorsätzlicher Körperverletzung strafbar.[123] Ausgangspunkt ist das Selbstbestimmungsrecht des Patienten, über den Eingriff in seinen Körper autonom entscheiden zu können. Nur der Patient selbst kann entscheiden, ob und in welchem Umfang er seinen Gesundheitszustand diagnostiziert und behandelt wissen möchte.[124] 54

Damit die Einwilligung wirksam ist, muss der Patient über die Bedeutung, die Risiken und die Tragweite des Eingriffs informiert werden.[125] Darüber hinaus erstreckt sich die Aufklärungspflicht des Arztes auch auf die Notwendigkeit des Eingriffes, die Folgen einer unterlassenen Behandlung und Alternativbehandlungen.[126] Die konkrete Reichweite hängt vom Einzelfall ab und kann sowohl konventionelle als auch technisch neuere Behandlungsmethoden erfassen. Die Informationspflichten sowie die Risikoaufklärung beschränken sich auf typische Gefahren der Behandlung, wie sie nach dem Stand von Wissenschaft und Technik bekannt sind.[127] 55

Mit Blick auf neue Techniken wie KI-Systeme sind die Anforderungen an eine wirksame Aufklärung besonders hoch. So muss der Patient darüber aufgeklärt werden, dass überhaupt ein solches System im Rahmen der Behandlung eingesetzt wird, dieses ggf. selbst agiert, bei der Diagnose unterstützend tätig wird oder Funktionen überwacht. Über bereits bekannte Risiken von KI-Systemen hat der Arzt zweifellos aufzuklären.[128] Neue mit KI-Systemen ausgestattete Behandlungsmethoden bergen aber auch unvorhersehbare Risiken. Der Arzt hat bei neuen, noch in der Erprobungsphase befindlichen Behandlungsmethoden gerade auch über die Unbekanntheit der Risiken aufzuklären.[129] Insoweit wäre 56

[123] Blechschmitt Die straf- und zivilrechtliche Haftung des Arztes, 2017, S. 154 f.; Lohmann/Schömig in Beck/Kusche/Valerius Digitalisierung, Automatisierung, KI und Recht, 2020, S. 358 f.

[124] BGH NJW 2011, 1088 (Rn. 10); Knauer/Brose in Spickhoff Medizinrecht, 3. Aufl. 2018, StGB § 223 Rn. 26; Sternberg-Lieben in Schönke/Schröder, 30. Aufl. 2019, StGB § 223 Rn. 37; ähnl. Eschelbach in BeckOK StGB, 52. Ed., 1.2.2022, § 229 Rn. 1 f.

[125] Jorzig/Sarangi Digitalisierung im Gesundheitswesen, 2020, S. 20 f.; Katzenmeier in Laufs/Katzenmeier/Lipp Arztrecht, 8. Aufl. 2021, Kap. V Rn. 26; Lohmann/Schömig in Beck/Kusche/Valerius Digitalisierung, Automatisierung, KI und Recht, 2020, S. 358 f.

[126] Blechschmitt Die straf- und zivilrechtliche Haftung des Arztes, 2017, S. 158; Jorzig/Sarangi Digitalisierung im Gesundheitswesen, 2020, S. 20 f.; Lohmann/Schömig in Beck/Kusche/Valerius Digitalisierung, Automatisierung, KI und Recht, 2020, S. 358 f.

[127] Blechschmitt Die straf- und zivilrechtliche Haftung des Arztes, 2017, S. 158 f.; allg. Lohmann/Schömig in Beck/Kusche/Valerius Digitalisierung, Automatisierung, KI und Recht, 2020, S. 358 f.

[128] Lohmann/Schömig in Beck/Kusche/Valerius Digitalisierung, Automatisierung, KI und Recht, 2020, S. 361 f.; allg. Knauer/Brose in Spickhoff Medizinrecht, 3. Aufl. 2018, StGB § 223 Rn. 30 ff.

[129] Knauer/Brose in Spickhoff Medizinrecht, 3. Aufl. 2018, StGB § 223 Rn. 43; Lohmann/Schömig in Beck/Kusche/Valerius Digitalisierung, Automatisierung, KI und Recht, 2020, S. 361 f.

ein Verweis des Arztes auf die Black-Box-Problematik der Systeme unerlässlich.[130] Sollten zukünftig Behandlungsmethoden mit KI-Systemen zum Standardrepertoire eines jeden Arztes gehören und ausreichend Erfahrungswerte vorliegen, so sinken die Anforderungen an den Hinweis auf unbekannte Risiken – weil es solche eben nicht mehr im selben Maße gibt. Zugleich ist dauerhaft über die Unvorhersehbarkeit der Entscheidungen von KI aufzuklären (die dann eben an sich ein bekanntes Risiko wäre), weil diese in der Natur der Sache liegt und sich nicht ändern wird.

57 Ein weiteres Problem stellt sich im Rahmen der mutmaßlichen Einwilligung.[131] Hier wird der Wille des Patienten vermutet.[132] Aufgrund des bisher (noch) unsicheren Umgangs mit der Technik könnten risikoreiche Entscheidungen des Arztes, die nur möglicherweise einen erfolgsversprechen Genesungsverlauf haben, den Anforderungen an eine derartige Fiktion nicht gerecht werden. So wäre auch mit Blick auf KI-Systeme bezüglich dessen, was medizinisch indiziert[133] ist, auf den derzeit herrschenden Stand der Technik abzustellen, selbst wenn dies bedeutet, dass auf eine potentiell erfolgreichere Behandlung mit einem KI-System verzichtet werden müsste.[134] Sollte demgegenüber zukünftig eine solche Behandlung zum medizinischen Standard werden, so kommt selbst dann eine wirksame mutmaßliche Einwilligung in Betracht, wenn sich im Nachhinein herausstellt, dass der behandelte Patient grds. gegen den Einsatz war.

58 Festzuhalten bleibt, dass mit Blick auf die (mutmaßliche) Einwilligung und die Aufrechterhaltung der Patientenautonomie neue Standards festgelegt werden sollten, die den technischen Fortschritt der KI-Systeme angemessen berücksichtigen. Wie diese auszusehen haben, muss im Rahmen einer interdisziplinären Diskussion mit technischem, sozialem, ethischem und rechtlichem Sachverstand, unter Einbeziehung der Betroffenen und der Öffentlichkeit erörtert werden.

59 **b) Strafbarkeit des ärztlichen Verhaltens.** Die Behandlung mit Unterstützung eines KI-Systems kann eine Zustandsverschlechterung oder sogar den Tod des Patienten zur Folge haben. Die den Systemen immanente Unkalkulierbarkeit erschwert die Zurechnung des konkreten Erfolgs gegenüber dem entscheidenden Arzt.

60 **aa) Vorsatz.** Im Rahmen der Behandlung des Patienten wird es selten Fälle geben, in welchen der Arzt den Patienten vorsätzlich, dh mit Wissen und Wollen, schädigt. Falls doch, könnte der Vorsatz des Arztes in Fällen von *shared agency* problematisch sein – hier ist unklar, wie viel der Arzt von den Beiträgen der anderen Beteiligten wissen muss, um auch für ihr potentielles Fehlverhalten verantwortlich zu sein.

61 Unklar ist weiterhin, wie weit die Kenntnis des Arztes von der Gefährlichkeit der Systeme für die Bejahung von Vorsatz reichen muss. Nicht ausreichen dürfte jedenfalls die abstrakte Kenntnis des Anwenders, dass die Systeme inhärent gefährlich sind und den Patienten schädigen können. Eine solch weite Betrachtungsweise würde zu schnell ein vorsätzliches Verhalten begründen. Die Möglichkeit einer Rechtsgutverletzung kann mit Blick auf die unkalkulierbaren Entscheidungen der Systeme nie mit Sicherheit ausgeschlossen werden. Eine solche Betrachtungsweise würde dazu führen, dass dem Arzt das

[130] Lohmann/Schömig in Beck/Kusche/Valerius Digitalisierung, Automatisierung, KI und Recht, 2020, S. 361 f.

[131] Beck in Philosophisches Handbuch Künstliche Intelligenz, 2019, S. 18 f.; Blechschmitt Die straf- und zivilrechtliche Haftung des Arztes, 2017, S. 155. Ähnlich zur hypothetischen Einwilligung im Zivilrecht Eichelberger in Chibanguza/Kuß/Steege Künstliche Intelligenz, 2022, § 4 Rn. 26 f.

[132] Hardtung in MüKoStGB, Bd. 4, 4. Aufl. 2021, StGB § 223 Rn. 108 ff.; Knauer/Brose in Spickhoff Medizinrecht, 3. Aufl. 2018, StGB § 223 Rn. 9 ff.; Lohmann/Schömig in Beck/Kusche/Valerius Digitalisierung, Automatisierung, KI und Recht, 2020, S. 359.

[133] So ist das medizinisch indiziert, was vermutet werden kann, wenn es keinen Hinweis auf gegenteilige Wünsche des Patienten gibt und ein Nachweis hierfür fehlt.

[134] Lohmann/Schömig in Beck/Kusche/Valerius Digitalisierung, Automatisierung, KI und Recht, 2020, S. 361 ff.

für den Vorsatz notwendige Wissenselement nahezu immer unterstellt wird und überzeugt daher nicht.[135]

62 **bb) Fahrlässigkeit.** Für Haftung für fahrlässiges Verhalten[136] muss der Arzt in kausaler und zurechenbarer Weise eine Sorgfaltspflicht verletzt haben, die ihm vorwerfbar und für ihn subjektiv vorhersehbar ist.[137]

63 **(1) Kausalität und objektive Zurechnung.** Ohne den Nachweis einer Ursächlichkeit seiner Handlung für den Erfolg wäre der Arzt aufgrund des im Strafrecht geltenden *in dubio pro reo*-Grundsatzes grds. straflos.[138]

64 Die fehlende Vorherseh- und Nachvollziehbarkeit von KI-Systemen birgt hier erhebliche Beweisprobleme. Zwar könnte man argumentieren, dass die Entscheidung, das System überhaupt einzusetzen, die Ursächlichkeit an sich begründet, da die Schädigung mit dem KI-System ohne diese Entscheidung nicht erfolgt wäre. Doch wird durch eine solch abstrakte Anschauung der Beitrag des Arztes zur Herbeiführung des konkreten Erfolges untergraben – was jedenfalls auf Ebene der Zurechnung Berücksichtigung finden muss. Hinzu kommt, dass bei Verwendung eines zugelassenen oder sogar empfohlenen KI-Systems dann eine Entscheidung pönalisiert würde, die vorab durch eine Zulassung legitimiert wurde.[139]

65 Besonders problematisch im Kontext von KI ist die Feststellung der objektiven Zurechenbarkeit des Erfolgs zu einer spezifischen Handlung des Arztes.[140] Schon aufgrund der unzähligen beteiligten Akteure ist der Nachweis, dass die von einem Arzt geschaffene Gefahr sich im tatbestandlichen Erfolg *konkret* realisiert hat, schwer zu erbringen. Hinzu kommt aber, dass neben den beteiligten menschlichen Akteuren ein System interagiert, welches in den Entscheidungsprozess einbezogen wird.[141] Die Zurechenbarkeit des Erfolgs zu der menschlichen (hier ärztlichen) Letztentscheidung des sog. *human-in-the-loop* kann in vielen Fällen nicht überzeugen,[142] sondern macht aus dem potentiellen Letztentscheider, wie etwa dem Arzt, häufig einen symbolischen Haftungsknecht. Der Taterfolg kann eben in den meisten Fällen nicht mehr primär als Werk des *human-in-the-loop* gesehen werden.[143] Wie das System funktioniert und auf welcher Informationsbasis das vorgeschlagene Ergebnis des Systems generiert wird, wird dem Letztentscheidenden in der Regel nicht offenbart. Möglicherweise konnte er sich den Einsatz des Systems noch nicht einmal aussuchen, weil dieser zum medizinischen Standard geworden ist oder die Klinik das vorgegeben hat. Hinzu kommt, dass den Systemen bereits jetzt in vielen Bereichen eine im Vergleich

[135] S. auch Beck in Ebers/Heinze/Krügel/Steinrötter Künstliche Intelligenz und Robotik, 2020, § 7 Rn. 22 ff.; Sander/Hollering NStZ 2017, 193 (196).

[136] Allg. Beck ZIS 2020, 41 (46); Gless/Weigend ZStW 126 (2014), 561 (580): Simmler/Markwalder AJP/PJA 2 2017, 171 (175).

[137] Allg. Beck in Ebers/Heinze/Krügel/Steinrötter Künstliche Intelligenz und Robotik, 2020, § 7 Rn. 38 ff.; Gless/Weigend ZStW 126 (2014), 561 (580).

[138] S. auch Beck in Ebers/Heinze/Krügel/Steinrötter Künstliche Intelligenz und Robotik, 2020, § 7 Rn. 14 ff.; Ott in KK-StPO, 8. Aufl. 2019, StPO § 261 Rn. 63.

[139] S. auch Beck in Ebers/Heinze/Krügel/Steinrötter Künstliche Intelligenz und Robotik, 2020, § 7 Rn. 14 ff.; allg. Haagen/Lohmann in Hartmann KI & Recht kompakt, 2020, S. 268 ff.; Seher Intelligente Agenten als „Personen" im Strafrecht?, 2016, S. 51 ff.

[140] S. auch Beck in Ebers/Heinze/Krügel/Steinrötter Künstliche Intelligenz und Robotik, 2020, § 7 Rn. 16 ff.; Beck ZIS 2020, 41 (45); Hilgendorf in Beck Jenseits von Mensch und Maschine, 2012, S. 119 ff.; allg. Seher Intelligente Agenten als „Personen" im Strafrecht?, 2016, S. 51 ff.

[141] Gerade die Einbeziehung nicht menschlicher Entscheidungen macht die objektive Zurechnung derart problematisch. Vgl. Beck in Ebers/Heinze/Krügel/Steinrötter Künstliche Intelligenz und Robotik, 2020, § 7 Rn. 16 ff.

[142] Beck in Ebers/Heinze/Krügel/Steinrötter Künstliche Intelligenz und Robotik, 2020, § 7 Rn. 18 ff.; allg. Sharkey in Bhuta/Beck/Geiß/Liu/Kreß Autonomous Weapon Systems, 2016, S. 23 ff.

[143] S. auch Beck in Ebers/Heinze/Krügel/Steinrötter Künstliche Intelligenz und Robotik, 2020, § 7 Rn. 18 ff.; Beck in Fischer/Hoven Schuld, 2017, S. 294 f.; Sharkey in Bhuta/Beck/Geiß/Liu/Kreß Autonomous Weapon Systems, 2016, S. 34 ff.

zum Menschen geringere Fehleranfälligkeit und überlegene Effizienz[144] zugeschrieben wird, sodass eine aktive Entscheidung gegen deren Vorschläge psychologisch erschwert wird.[145] Den Arzt dennoch vollumfänglich für Fehler auf Basis der gemeinsam mit dem System entstandenen Entscheidungen verantwortlich zu machen, überzeugt daher in den meisten Fällen nicht. Dafür bedürfte es vielmehr einer *meaningful human control*, also einer bedeutsamen Kontrolle des Arztes über die Maschine. *De lege ferenda* – und vor allem auf Seiten der Technik – sollten Lösungsmöglichkeiten eruiert werden, die die Kooperation von Mensch und Maschine auf eine Art und Weise gestalten, dass man von einer *meaningful human control* ausgehen kann. Nur so können die vom System generierten Ergebnisse noch als Werk des *human-in-the-loop,* also des Arztes, angesehen werden, und nur dann kommt eine strafrechtliche Verantwortlichkeit für ihn überhaupt in Betracht.[146]

66 **(2) Sorgfaltsmaßstäbe.** Eine Sorgfaltspflichtverletzung kommt immer dann in Betracht, wenn sich in der gegebenen Situation eine vernünftige Person aus einem sozialen Kreis anders verhalten hätte.[147] Aufgrund der Komplexität der KI-Systeme und vieler noch unbekannter Risiken sind Überlegungen zum Sorgfaltsmaßstab momentan wohl noch arbiträr, weshalb gesamtgesellschaftliche Überlegungen hierzu notwendig sind, die auch private Standards wie DIN-Normen miteinschließen sollten. Dass sich eine vernünftige Person in der konkreten Situation anders verhalten hätte, ist häufig eine eher vage, fast willkürliche Behauptung aus der ex post Betrachtung.[148] Wie das sozialadäquate Risiko auszusehen hat, welche Verhaltensweisen als sozialinadäquat gelten oder welche Risiken gesamtgesellschaftlich akzeptiert werden, ist mit Blick auf KI generell, insbesondere aber in dem hier dargestellten sensiblen Lebensbereich der Medizin, eine noch offene Kernfrage des politischen Diskurses. Diese sollte sowohl den Nutzen der Technologie als auch die möglichen Nachteile in angemessenen Ausgleich bringen. Dabei könnten zum Beispiel verbindliche Technikeinweisungen ein sozialadäquates Verhalten konturieren. Des Weiteren sollte im Rahmen dieser Wertung der individuelle Kosten-Nutzen-Vorteil, die potentielle Beherrschbarkeit und das jeweilige Risiko gerade auch mit Blick auf die Beteiligten, die nur geringe Kontrolle über die KI haben, möglichst genau bestimmt werden.[149]

67 **(3) Vorhersehbarkeit.** Aufgrund der Black-Box-Problematik wird neben dem Sorgfaltsmaßstab auch die für die fahrlässige Begehung notwendige Feststellung der Vorhersehbarkeit erschwert.[150] Da dem Grunde nach bekannt ist, dass die Systeme irgendwann Schäden verursachen, ist eine abstrakte Vorhersehbarkeit für potentielle Schäden zunächst stets gegeben. *Gless* und *Wohlers* sprechen von *„vorhersehbarer Unvorhersehbarkeit"*[151]. Ob eine solche abstrakte Vorhersehbarkeit schon für eine Haftung ausreichen soll, gilt es zu diskutieren. Dagegen spricht wohl, dass andernfalls bereits die Entscheidung für den Einsatz von KI an sich eine fahrlässige Strafbarkeit begründen könnte. Sollte dennoch daran festgehalten werden, dass abstrakte Vorhersehbarkeit ausreichend ist, so sollten zumindest die übrigen Voraussetzungen restriktiv ausgelegt werden, um eine uferlose strafrechtliche Verantwortung zu vermeiden. Überzeugender ist es aber, auf konkrete Vorhersehbarkeit abzustellen. Was nun aber genau eine konkrete Vorhersehbarkeit begründet, bzw. wann sie

[144] Dettling PharmR 2019, 633 (636); Frost MPR 2019, 117 (118); Wennker Künstliche Intelligenz in der Praxis, 2020, S. 64 ff.

[145] Beck ZIS 2020, 41 (46); ähnl. Eberbach MedR 2019, 1 (3).

[146] Mit dieser Fragestellung beschäftigt sich auch das Projekt vALID.

[147] S. auch Beck in Ebers/Heinze/Krügel/Steinrötter Künstliche Intelligenz und Robotik, 2020, § 7 Rn. 41 ff.; Simmler/Markwalder AJP/PJA 2 2017, 171 (177).

[148] Beck in Ebers/Heinze/Krügel/Steinrötter Künstliche Intelligenz und Robotik, 2020, § 7 Rn. 40 ff.; Blechschmitt Die straf- und zivilrechtliche Haftung des Arztes, 2017, S. 114 ff.

[149] S. auch Beck in Ebers/Heinze/Krügel/Steinrötter Künstliche Intelligenz und Robotik, 2020, § 7 Rn. 50 ff.

[150] Beck ZIS 2020, 41 (46); Simmler/Markwalder AJP/PJA 2 2017, 171 (177).

[151] Zit.: Gless/Wohlers ZStR 2019, 366 (374).

beim Einsatz von KI vorliegen kann, ist jedoch bisher gerade unklar und wird in Zukunft durch eine vertiefte dogmatische Diskussion festgelegt werden müssen.[152]

(4) Vertrauensgrundsatz. Eine wichtige Rolle im Bereich der Fahrlässigkeit, gerade im medizinischen Kontext, spielt der Vertrauensgrundsatz. Dieser besagt, dass grds. jeder Beteiligte auf das sorgfaltsgemäße Verhalten anderer, etwa der kooperierenden Ärzte, vertrauen darf.[153] Nun stellt sich die Frage, ob dieser Grundsatz auch beim Einsatz von KI-Systemen greift. Die menschlichen Akteure interagieren nun mit einem System, das nicht vorhersehbare und nur schwer nachvollziehbare „Entscheidungen" trifft und eben nicht (zwingend) wie ein menschlicher Kollege agiert. Die technische *vorhersehbare Unvorhersehbarkeit* ist auch nicht ohne weiteres mit der (fehlenden) Kalkulierbarkeit des Verhaltens eines menschlichen Gegenübers vergleichbar.[154] Aus diesem Grund erscheint die pauschale Anwendung des Vertrauensgrundsatzes eher zweifelhaft. Außerdem unterbrechen derartige Systeme Verantwortungssphären, da klassischerweise dann gerade nicht mehr auf einen Menschen als Verantwortlichen verwiesen werden kann. Üblicherweise soll eine übertragene Aufgabe eine zusätzliche Sphäre schaffen und eine neue Verantwortung begründen. Hier aber fehlt eine solche neue Sphäre.[155] Für diesen Fall gäbe es keinen strafrechtlich Verantwortlichen, was zu potentiell unbefriedigenden Zuständen in der Gesellschaft führen und die Akzeptanz derartiger Technologien schwinden lassen könnte. 68

2. Strafrechtliche Verantwortlichkeit des Herstellers

Neben der strafrechtlichen Verantwortlichkeit des Arztes kommt auch eine Strafbarkeit der Hersteller des Systems in Betracht. Allerdings kann die oben herausgearbeitete zivilrechtliche Haftungskasuistik für den Hersteller nur bedingt auf das Strafrecht übertragen werden.[156] Zunächst kann die verschuldensunabhängige Haftung aufgrund des Grundsatzes *nulla poena sine culpa* nicht im Strafrecht fruchtbar gemacht werden.[157] Hinzu kommt, dass eine Strafbarkeit nicht das Unternehmen des Herstellers an sich treffen kann, da in Deutschland die strafrechtliche Verantwortlichkeit bis jetzt natürlichen Personen vorbehalten ist. Somit würde sich der Strafbarkeitsvorwurf also an den Inhaber oder die einzelnen Mitarbeiter, die an der Herstellung des Produktes beteiligt waren, richten.[158] Für den Hersteller ist die strafrechtliche Produkthaftung relevant.[159] In Betracht kommen eine vorsätzliche und fahrlässige Körperverletzung sowie eine vorsätzliche und fahrlässige Tötung des Patienten durch das Produkt. 69

Die Strafbarkeit des Herstellers setzt die Verletzung einer Sorgfaltspflicht voraus, welche den zivilrechtlichen Verkehrspflichten nahezu entspricht.[160] Für die Sorgfaltspflichten gilt im Allgemeinen: Je höherrangiger die bedrohten Rechtsgüter des potentiell Geschädigten sind, desto höhere Anforderungen sind auch hier an die Sorgfaltspflichten des Herstellers zu stellen. Abzustellen ist auf das Verhalten eines sorgfältigen Herstellers unter Abwä- 70

[152] Ähnl. Beck ZIS 2020, 41 (46); Gegen die Pflicht zur Schaffung einer völligen Risikofreiheit schon RG RGSt 33, 346 (347).

[153] S. auch Beck in Ebers/Heinze/Krügel/Steinrötter Künstliche Intelligenz und Robotik, 2020, § 7 Rn. 45 ff.; Duttge in MüKoStGB, Bd. 1, 4. Aufl. 2020, StGB § 15 Rn. 141; Sander/Hollering NStZ 2017, 193 (198).

[154] S. auch Beck in Ebers/Heinze/Krügel/Steinrötter Künstliche Intelligenz und Robotik, 2020, § 7 Rn. 46 f.; Gasser in Maurer/Gerdes/Lenz/Winner Autonomes Fahren, 2015, S. 560 ff.

[155] S. auch für die Einparkhilfe AG München NZV 2008, 35; Beck in Ebers/Heinze/Krügel/Steinrötter Künstliche Intelligenz und Robotik, 2020, § 7 Rn. 45 ff.

[156] Ähnl. Schuster DAR 2019, 6 (7).

[157] S. auch Schlutz DStR 1994, 1811 (1814); Schuster DAR 2019, 6 (7).

[158] Geldbußen des Unternehmens kommen hingegen über § 30 OWiG in Betracht. Eine strafrechtliche Verantwortlichkeit statuiert § 30 ff. OWiG jedoch nicht. S. auch Molitoris in Heussen/Hamm Beck'sches Rechtsanwalts-Handbuch, 11. Auflage, 2016, § 27 Rn. 181 f.; Schlutz DStR 1994, 1811 (1814).

[159] S. auch Gless recht 2013, 54 (63); Schuster DAR 2019, 6 (7).

[160] S. auch Duttge in MüKoStGB, Bd. 1, 4. Aufl. 2020, StGB § 15 Rn. 105; Schuster DAR 2019, 6 (8).

gung der Risiken, Kosten und des Nutzens des Produktes.[161] Im Rahmen der fahrlässigen Produkthaftung des Herstellers wird eine Sorgfaltspflichtverletzung bei Konstruktions-, Fabrikations-, Instruktions- und Produktbeobachtungspflichten angenommen.[162] Allerdings ist aufgrund der milderen zivilrechtlichen Folgen einer fahrlässigen Verletzung von Verkehrssicherungspflichten im Zivilrecht von einem höheren objektiven Sorgfaltsmaßstab auszugehen.[163] Demgegenüber dient das Strafrecht der Pönalisierung besonders sozialschädlichen Verhaltens, so dass hier eine restriktive Perspektive erforderlich ist.

71 Zu beachten ist unter anderem die Produktbeobachtungspflicht des Herstellers, deren Folgen von konkreten Warnungen bis hin zu einem Rückruf reichen können.[164] Der BGH hat bereits vor langer Zeit in seiner *Lederspray-Entscheidung*[165] festgehalten, dass derjenige, der die Gefahr des Eintritts gesundheitlicher Schäden begründet, auch zu dessen Abwendung verpflichtet ist.[166] Überträgt man diese Grundsätze auf die strafrechtliche Verantwortlichkeit mit Blick auf die KI-Systeme des Herstellers, so kommt immer dann eine Unterlassensstrafbarkeit in Betracht, wenn der Hersteller durch nachträgliche Erfahrungswerte neue Erkenntnisse erlangt, die eine Abwandlung der bisherigen Benutzung des Systems oder aufgrund hoher Risiken sogar den Rückruf des Systems erfordern. Nicht ausreichen wird hingegen die reine Kenntnis über die unkalkulierbaren Entscheidungen der Systeme, die sog. Black-Box-Problematik – denn sonst könnten die Produkte gar nicht in Verkehr gebracht werden.

72 Im Rahmen der Kausalität gelten an dieser Stelle weitere Besonderheiten: Im *Holzschutzmittel-Fall*[167] hat der BGH den Nachweis der Kausalität ausgeweitet.[168] Es genüge, dass mit einer gewissen Wahrscheinlichkeit andere Ursächlichkeiten für den Erfolgseintritt ausgeschlossen werden können.[169] Das kann jedoch auf KI-Systeme aufgrund der Unvorhersehbarkeit nicht vollständig übertragen werden. Denn hierdurch wird die Nachweisbarkeit der Kausalität insgesamt und nicht nur bezüglich bestimmter Aspekte erschwert.

3. Strafrechtliche Verantwortlichkeit des Trainers und Programmierers

73 Trainer und Programmierer des KI-Systems könnten grds. ebenfalls strafrechtlich verantwortlich für die Entscheidungen des Systems sein. Sowohl für den Programmierer als auch für den Trainer gelten erhöhte Sorgfaltsanforderungen, denn ihnen sind besondere Fachkenntnisse zuzuschreiben.[170]

74 Zumeist werden sowohl Trainer als auch Programmierer in einem Team arbeiten, so dass auch hier der oben dargestellte Vertrauensgrundsatz zu berücksichtigen ist – hier aber in Bezug auf andere Menschen, so dass die bekannten Überlegungen zu dem Grundsatz anwendbar sind. Die Mitarbeiter können grds. auf das sorgfältige Handeln der anderen Mitarbeiter vertrauen, soweit keine Anhaltspunkte für das Gegenteil bestehen.[171]

---

[161] S. auch Schuster DAR 2019, 6 (8).

[162] S. auch Sander/Hollering NStZ 2017, 193 (198); Schuster DAR 2019, 6 (8); allg. Kühl JuS 2007, 497 (499).

[163] S. auch Duttge in MüKoStGB, Bd. 1, 4. Aufl. 2020, StGB § 15 Rn. 136; Schlutz DStR 1994, 1811 (1814); Schuster DAR 2019, 6 (8).

[164] So bereits BGH NJW 1990, 2560; Berz/Dedy/Granich DAR 2000, 545; Sander/Hollering NStZ 2017, 193 (198).

[165] BGH NJW 1990, 2560.

[166] Vgl. Molitoris in Heussen/Hamm Beck'sches Rechtsanwalts-Handbuch, 11. Aufl. 2016, § 27 Rn. 184 f.

[167] BGH NJW 1995, 2930.

[168] Molitoris in Heussen/Hamm Beck'sches Rechtsanwalts-Handbuch, 11. Aufl. 2016, § 27 Rn. 187 f.

[169] Beck in Ebers/Heinze/Krügel/Steinrötter Künstliche Intelligenz und Robotik, 2020, § 7 Rn. 14 f.; Molitoris in Heussen/Hamm Beck'sches Rechtsanwalts-Handbuch, 11. Aufl. 2016, § 27 Rn. 187 f.

[170] Allg. Sander/Hollering NStZ 2017, 193 (198); Sternberg-Lieben/Schuster in Schönke/Schröder, 30. Aufl. 2019, StGB § 15 Rn. 138.

[171] Vgl. Sander/Hollering NStZ 2017, 193 (198).

4. Strafrechtliche Verantwortlichkeit des Zulassungsverantwortlichen

Nicht völlig außer Betracht bleiben darf auch die potentielle Strafbarkeit des Zulassungsverantwortlichen.[172] Im Bereich der Medizin wird es sich bei den verwendeten KI-Systemen oft um Medizinprodukte handeln, die ein Zulassungsverfahren durchlaufen und von Angestellten geprüft und zertifiziert werden. Denkbar wäre, dass die zuständige Stelle eine Zulassung des KI-Systems erteilt, obwohl bei sorgfaltsgemäßer Betrachtung und Abwägung aller Informationen und Kenntnisse eine solche nicht hätte erteilt werden dürfen. In solchen Fällen käme grds. eine Strafbarkeit in Betracht, wobei auch hier eine individuelle Zurechnung nur selten vorstellbar ist. 75

5. Strafrechtliche Verantwortlichkeit der Systeme selbst

„Dürfen wir Künstliche Intelligenz bestrafen?“[173] Eine eigenständige Strafbarkeit der Systeme wird derzeit kontrovers diskutiert.[174] Die Möglichkeiten einer Sanktionierung reichen hier von einer Löschung des Systems mit anschließender Neuprogrammierung, der Schaffung von Fonds für Restitutionsfälle bis hin zur vollständigen Zerstörung des Systems bei Fehlfunktionen. Der Rechtsordnung ist eine Bestrafung von nicht natürlichen Entitäten zwar nicht völlig fremd; so sind etwa juristische Personen jedenfalls in anderen Ländern grds. strafrechtsfähige Rechtssubjekte.[175] Zugleich sprechen gute Gründe gegen eine Strafbarkeit und gegen eine Bestrafung von KI-Systemen. Zu nennen sind die begrenzt kognitiven Fähigkeiten derartiger Systeme und die damit einhergehende fehlende Fähigkeit zur Willensbildung.[176] Den Systemen fehlt – zumindest noch – ein Schuldbewusstsein.[177] Selbst bei Annahme einer in Zukunft existierenden Superintelligenz[178], würde weiterhin das Konzept der Menschenwürde und damit das Schuldprinzip im deutschen Rechtssystem tendenziell eher gegen eine vollständige Strafbarkeit sprechen.[179] Auch fehlt es an effektiven Sanktionsmöglichkeiten, wodurch eine Bestrafung wirkungslos wäre.[180] Weiterhin droht eine vorschnell bejahte Strafbarkeit der Systeme die strafrechtliche Verantwortlichkeit der Menschen, die hinter dem System stehen, zu verdrängen.[181] 76

Diese Überlegungen können *de lege ferenda* durchaus sinnvoll sein. Gleichwohl sollten primär die strafrechtlichen Zurechnungsstrukturen neu justiert werden, um einen angemessenen Ausgleich zwischen Strafrecht und derartigen Technologien zu schaffen.[182] Dazu muss der Blick vor allem auf die strafrechtliche Verantwortlichkeit der menschlichen Beteiligten gerichtet bleiben. 77

[172] Allg. Sander/Hollering NStZ 2017, 193 (199).

[173] Gaede Künstliche Intelligenz, 2019, S. 57 (Zitat).

[174] Allg. Beck in Philosophisches Handbuch Künstliche Intelligenz, 2019, S. 10 f.; Gaede Künstliche Intelligenz, 2019, S. 57 ff.; Joerden Strafrechtliche Perspektiven der Robotik, 2013, S. 203 ff.; Schuster in Beck/Kusche/Valerius Digitalisierung, Automatisierung, KI und Recht, Robotik und Recht, Bd. 20, 2020, S. 392 ff.; Seher Intelligente Agenten als „Personen“ im Strafrecht?, 2016, S. 48 ff.; Simmler/Markwalder ZStW 129 (2017), 20 (34).

[175] S. auch Hirsch ZStW 107 (1995), 285 (298); Rogall in KK-OWiG, 5. Aufl. 2018, OWiG § 130 Rn. 12 ff.

[176] Vgl. Gless/Weigend ZStW 126 (2014), 561 (567); Riehm RDi 2020, 42 (45).

[177] S. auch Beck in Ebers/Heinze/Krügel/Steinrötter Künstliche Intelligenz und Robotik, 2020, § 7 Rn. 78 f.; Hilgendorf in Beck Jenseits von Mensch und Maschine, 2012, S. 13 ff.; Schuster in Beck/Kusche/Valerius Digitalisierung, Automatisierung, KI und Recht, Robotik und Recht, Bd. 20, 2020, S. 394.

[178] Auch bezeichnet als Starke KI. Dies bezeichnet Systeme, die dem Menschen überlegene Fähigkeiten besitzen. S. auch. Frost MPR 2019, 117 (118); Keßler MMR 2017, 589 (592).

[179] S. auch Beck in Ebers/Heinze/Krügel/Steinrötter Künstliche Intelligenz und Robotik, 2020, § 7 Rn. 78 ff.; aA Quarck ZIS 2020, 65 (67); diff. Gaede Künstliche Intelligenz, 2019, S. 62 ff.; allg. Seher Intelligente Agenten als „Personen“ im Strafrecht?, 2016, S. 56 ff.

[180] Vgl. Gless/Weigend ZStW 126 (2014), 561 (577); allg. Simmler/Markwalder AJP/PJA 22017, 171 (173).

[181] Vgl. Schuster in Beck/Kusche/Valerius Digitalisierung, Automatisierung, KI und Recht, Robotik und Recht, Bd. 20, 2020, S. 394 f.

[182] Ausf. Gless/Weigend ZStW 126 (2014), 561; Simmler/Markwalder AJP/PJA 2, 2017, 171.

IV. Datenschutzrechtsrechtliche Aspekte

78 Selbstlernende Systeme, insbesondere im medizinischen Bereich, bedürfen für ihre Weiterentwicklung Zugang zu einer großen Menge an zuverlässigen Daten.[183] Dabei geht es zum Teil auch um personenbezogene Daten, sodass insoweit der Anwendungsbereich der DS-GVO eröffnet ist. Regularien außerhalb der DS-GVO finden nur durch sog. Öffnungsklauseln der DS-GVO Anwendung.[184] Im Bereich des Gesundheitswesens überlässt es die DS-GVO in Art. 9 Abs. 2 lit. h, i und j DS-GVO den Mitgliedsstaaten, eigenständige Regelungen im Bereich der Forschung, Wissenschaft und (öffentlichen) Gesundheitsvorsorge hervorzubringen, vgl. hierzu §§ 22 und 27 BDSG.[185] Im Übrigen spielen bei der Verarbeitung personenbezogener Daten in der Medizin die Anforderungen der DS-GVO selbst eine Rolle, die im Folgenden punktuell erörtert werden.

1. Rechtsgrundlage für die Verarbeitung

79 Im Datenschutzrecht gilt der Grundsatz des Verbotes mit Erlaubnisvorbehalt, sodass die Erhebung personenbezogener Daten nur dann zulässig ist, wenn ein Erlaubnistatbestand aus der DS-GVO vorliegt.[186] Gerade im Bereich des Gesundheitswesens handelt es sich größtenteils um besonders sensible und schützenswerte (Gesundheits-)Daten der Patienten, weshalb die bereits strengen Grundanforderungen aus der DS-GVO nach Art. 6 DS-GVO durch einen weiteren Legitimationstatbestand nach Art. 9 DS-GVO noch weiter erhöht werden.[187] Der Begriff der Gesundheitsdaten erfasst, sehr weitgehend, alle Daten, die den Gesundheitszustand einer Person betreffen. So stellen bspw. die Vitalfunktionen, Diagnosen und Behandlungen sowie Medikamenteneinnahmen, aber auch seelische Beeinträchtigungen, jegliche Krankheitsbilder und der zukünftige Gesundheitszustand des Patienten Gesundheitsdaten nach Art. 9 Abs. 1 DS-GVO dar.[188]

80 KI-Systeme werden insbesondere im Bereich der Medizin zukünftig vermehrt in direkten Kontakt mit Menschen treten, eigene Messungen vornehmen sowie ggf. Diagnosen stellen, vielleicht sogar selbständig Behandlungen wie etwa Medikamentenvergaben vornehmen. Den wohl häufigsten Legitimationstatbestand bezüglich der Datenverarbeitung im Rahmen einer medizinischen Behandlungen wird die Einwilligung des Patienten darstellen.[189] Ohne Einwilligung des Patienten kommt eine rechtmäßige Verarbeitung in Betracht, wenn gesetzliche Erlaubnistatbestände der DS-GVO greifen.

81 **a) Einwilligung.** Die Datenschutzgrundverordnung versteht iSd Art. 4 Nr. 11 DS-GVO unter einer wirksamen Einwilligung *„jede freiwillig für den bestimmten Fall, in informierter Weise und unmissverständlich abgegebene Willensbekundung in Form einer Erklärung oder einer sonstigen eindeutigen bestätigenden Handlung, mit der die betroffene Person zu verstehen gibt, dass*

[183] Frost MPR 2019, 117 (118); Steinrötter ZD 2020, 336 (338); allg. Ulsenheimer in Laufs/Kern/Rehborn Handbuch des Arztrechts, 5. Aufl. 2019, § 146 Rn. 15 ff.; allg. Schickert/Schweiger/Schuppert in Sassenberg/Faber Rechtshandbuch Industrie 4.0 und Internet of Things, 2. Aufl. 2020, § 15 Rn. 89 ff.

[184] Mantz/Spittka in Sassenberg/Faber Rechtshandbuch Industrie 4.0 und Internet of Things, 2. Aufl. 2020, § 6 Rn. 10; Spindler/Dalby in Spindler/Schuster Recht der elektronischen Medien, 4. Aufl. 2019, DS-GVO Art. 9 Rn. 27.

[185] Schickert/Schweiger/Schuppert in Sassenberg/Faber Rechtshandbuch Industrie 4.0 und Internet of Things, 2. Aufl. 2020, § 15 Rn. 9.

[186] Vgl. Mantz/Spittka in Sassenberg/Faber Rechtshandbuch Industrie 4.0 und Internet of Things, 2. Aufl. 2020, § 6 Rn. 9; Steinrötter ZD 2020, 336 (338).

[187] Zur Problematik des Verhältnisses von Art. 6 DS-GVO und Art. 9 Abs. 2 DS-GVO Albers/Veit in BeckOK DatenschutzR, 39. Ed. 1.11.2021, DS-GVO Art. 9 Rn. 11 f.; Rammos et al. in Ebers/Heinze/Krügel/Steinrötter Künstliche Intelligenz und Robotik, 2020, § 28 Rn. 69 ff.; Skistims in Kaulartz/Braegelmann Rechtshandbuch Artificial Intelligence und Machine Learning, 2020, Kap. 8.2 Rn. 64 ff.; Steinrötter ZD 2020, 336 (339).

[188] Albers/Veit in BeckOK DatenschutzR, 39. Ed. 1.11.2021, DS-GVO Art. 9 Rn. 42 ff.; Rammos et al. in Ebers/Heinze/Krügel/Steinrötter Künstliche Intelligenz und Robotik, 2020, § 28 Rn. 46 ff.

[189] Vgl. Kühling MedR 2019, 611 (612); Steinrötter ZD 2020, 336 (339).

sie mit der Verarbeitung der sie betreffenden personenbezogenen Daten einverstanden ist".[190] An einer wirksamen Einwilligung mangelt es also dann, wenn der Patient nicht ausreichend über die Verarbeitung seiner personenbezogenen Daten informiert wurde, die Zwecke der Verarbeitung für den Patienten nicht nachvollziehbar waren oder die Einwilligung nicht freiwillig erfolgt ist.[191] Beim Einsatz von KI-Systemen im Bereich der Medizin ergeben sich gleich mehrere Probleme hinsichtlich der datenschutzrechtlichen Einwilligung.

Es könnte bereits an der Informiertheit des Patienten fehlen, wenn unklar ist, für welche Zwecke und in welchem Umfang die Daten verarbeitet werden.[192] Gerade im Bereich der Medizin, in welchem die Pflege älterer Personen den Normalzustand bildet, mangelt es diesen größtenteils an technischem Verständnis.[193] Würde die Informiertheit hier bedeuten, dass der Patient die Technologie umfassend verstehen müsse, so wäre die Einwilligung gerade in diesem sensiblen Bereich oft schon deshalb unwirksam.[194] Denn der Patient wäre dann nicht nach Art. 4 Nr. 11 DS-GVO informiert.[195] Es sollte daher zukünftig beim Einsatz von KI im Bereich der Medizin darauf geachtet werden, dass die datenschutzrechtlichen Einwilligungserklärungen auf den durchschnittlichen Patienten abstellen, um eine fehlende technische Versiertheit und eine daraus folgende Unwirksamkeit der Einwilligung größtmöglich zu verhindern. 82

Für die Wirksamkeit der Einwilligung zu beachten ist zudem Art. 9 Abs. 2 lit. a DS-GVO, der eine ausdrückliche Einwilligung voraussetzt. Anders als in Art. 6 Abs. 1 lit. a DS-GVO reicht eine konkludente Einwilligung bei der Verarbeitung von Gesundheitsdaten also nicht aus.[196] Insofern bietet es sich an, auch die datenschutzrechtliche Einwilligung im Bereich der Medizin standardmäßig schriftlich abzugeben.[197] Zu beachten sind überdies auch hier Probleme der potentiellen Einwilligungsunfähigkeit, denn im medizinischen Bereich handelt es sich um besonders vulnerable Personen, teilweise mit kognitiven Einschränkungen, etwa wegen Erkrankungen wie Demenz, Depressionen oder Parkinson.[198] Auch physische Gebrechen wie Taubheit, fehlende Sehkraft oder die vorrübergehende geistige Abwesenheit wie bspw. Delir oder Intoxikationen der Patienten stellen die Einwilligungsfähigkeit in Frage. Die geistige Fähigkeit, über die Bedeutung und Tragweite der Verarbeitung seiner Daten entscheiden zu können, setzt ein Verständnis des Einwilligenden voraus, das bei Patienten, die an psychischen oder physischen Einschränkungen leiden, oft nicht mehr vorhanden ist. Teilweise wird hier die allgemeine Geschäftsfähigkeit als Indiz für eine Einwilligungsfähigkeit des Patienten iSd Datenschutzrechts gesehen. Zudem könnte in einer solchen Situation ein gesetzlicher Erlaubnistatbestand greifen. Sollte sich ein Rückgriff auf einen gesetzlichen Erlaubnistatbestand verbieten, kommt ein Rekurs auf den gesetzlichen Vertreter in Form eines Angehörigen oder schließlich gesetzlich zugewiesenen Betreuers in Betracht.[199] 83

b) Gesetzliche Erlaubnistatbestände. Für einige wenige Fälle der Datenverarbeitung im medizinischen Kontext kommt auch ein Rückgriff auf die gesetzlichen Erlaubnistat- 84

[190] S. auch Erwägungsgrund 32 DS-GVO.
[191] Conrad DuD 2018, 541 (543); Steinrötter ZD 2020, 336 (339).
[192] Steinrötter ZD 2020, 336 (339); ausf. Conrad DuD 2018, 541 (543); Kühling MedR 2019, 611 (613).
[193] Conrad DuD 2018, 541 (543); Joachim ZD 2017, 414 (418); Steinrötter ZD 2020, 336 (339).
[194] Conrad DuD 2018, 541 (543); Steinrötter ZD 2020, 336 (339).
[195] Nicht ausreichen dürfte der Hinweis auf die Black-Box-Problematik ohne weitergehende Erklärung.
[196] Vgl. Albers/Veit in BeckOK DatenschutzR, 39. Ed. 1.11.2021, DS-GVO Art. 9 Rn. 60 f.; Conrad DuD 2018, 541 (543).
[197] Conrad/Treeger in Auer-Reinsdorff/Conrad Handbuch IT- und Datenschutzrecht, 3. Aufl. 2019, § 34 Rn. 460 f.; Kühling MedR 2019, 611 (612).
[198] Vgl. Kehl Robotik und assistive Neurotechnologien in der Pflege – gesellschaftliche Herausforderungen, TAB- Arbeitsbericht Nr. 177, 2018, S. 17 und 23; Steinrötter ZD 2020, 336 (339).
[199] Ausf. Steinrötter ZD 2020, 336 (339).

bestände in Betracht.[200] Einschlägig könnte etwa Art. 9 Abs. 2 lit. h DS-GVO iVm Art. 22 Abs. 2 Nr. 1 lit. b BDSG sein.[201] Hiernach ist eine Verarbeitung von Gesundheitsdaten zulässig, wenn sie insbesondere *„für Zwecke der Gesundheitsvorsorge [...], für die medizinische Diagnostik, die Versorgung oder Behandlung im Gesundheits- oder Sozialbereich [...]“* erforderlich ist. Sowohl im Bereich der Diagnose als auch der Behandlung erlaubt Art. 9 Abs. 2 lit. h DS-GVO damit eine Datenverarbeitung ohne ausdrückliche Einwilligung des Patienten. Einzige Voraussetzung ist, dass die Datenverarbeitung nach Art. 9 Abs. 3 DS-GVO durch *„Fachpersonal oder unter dessen Verantwortung“* erfolgt, soweit dieses dem Berufsgeheimnis bzw. einer Geheimhaltungspflicht unterliegt. Ärzte und Personal treffen bestimmte Berufs- und Geheimhaltungspflichten (vgl. § 203 StGB), sodass der gesetzliche Erlaubnistatbestand für diese Personengruppen einschlägig ist.[202] Für den Umgang mit sog. Health Apps bzw. mit KI-Systemen im Allgemeinen gilt der vorgenannte gesetzliche Erlaubnistatbestand nur dann und insoweit, wie Personen, die Geheimhaltungspflichten bzw. Berufsgeheimnispflichten unterliegen, mit ihnen interagieren. Soweit andere natürliche Personen die Daten verarbeiten, wie etwa Informatiker oder Hersteller, muss im Einzelfall geprüft werden, ob ein anderer Erlaubnistatbestand greift, eine Einwilligung vorliegt oder vertragliche Geheimhaltungspflichten für ausreichend erachtet werden.[203] Denn nur die Existenz von derartigen Pflichten bietet eine besondere Gewähr für den Schutz der Daten, woraus der Rechtmäßigkeitstatbestand seine Legitimation zieht.

2. Rechte des betroffenen Patienten

85 Dem Patienten als betroffene Person stehen beim Einsatz von KI-Systemen sowohl im Bereich der Diagnostik und Therapie als auch im Bereich der Pflege bestimmte Rechte nach den Art. 13–22 DS-GVO zu.[204] Zunächst ist der behandelnde Arzt verpflichtet, dem Patienten bestimmte Informationen wie bspw. die Kontaktdaten des Datenschutzbeauftragten, des Verantwortlichen und des Empfängers der personenbezogenen Daten nach Art. 13 DS-GVO mitzuteilen. Darüber hinaus stehen dem Patienten das Auskunftsrecht nach Art. 15 ff. DS-GVO und ein Berichtigungsrecht aus Art. 16 DS-GVO zu. Letztlich hat der Patient auch jederzeit einen Anspruch auf Löschung seiner personenbezogenen Daten aus Art. 17 DS-GVO.[205] Insbesondere das Recht aus Art. 17 DS-GVO bereitet beim Einsatz von KI im Bereich der Medizin erhebliche Schwierigkeiten. Denn die vollständige nachträgliche Löschung bereits verarbeiteter personenbezogener Daten aus dem selbstlernenden System ist aufgrund deren Architektur technisch kaum möglich.[206]

86 Die datenschutzrechtlichen Anforderungen führen daher teils zu faktisch unmöglichen Pflichten. So zeigt sich auch hier die Unvereinbarkeit der aktuellen datenschutzrechtlichen Vorgaben mit der Funktionsweise von KI. Ähnliches ergibt sich aus Art. 22 DS-GVO.[207] Hiernach hat die betroffene Person – hier also der Patient – das Recht, nicht einer aus-

[200] Vgl. Spindler/Dalby in Spindler/Schuster Recht der elektronischen Medien, 4. Aufl. 2019, DS-GVO Art. 7 Rn. 1; Steinrötter ZD 2020, 336 (338); s. auch Rammos et al. in Ebers/Heinze/Krügel/Steinrötter Künstliche Intelligenz und Robotik, 2020, § 28 Rn. 54 ff.

[201] Zu beachten ist, dass es sich hierbei um eine Öffnungsklausel handelt und die Mitgliedsstaaten Konkretisierungen hierzu treffen können. Eine solche wurde in § 22 Abs. 1 Nr. 1 lit. b BDSG getroffen. Ausf. Rammos et al. in Ebers/Heinze/Krügel/Steinrötter Künstliche Intelligenz und Robotik, 2020, § 28 Rn. 56 ff.

[202] Spindler/Dalby in Spindler/Schuster Recht der elektronischen Medien, 4. Aufl. 2019, DS-GVO Art. 9 Rn. 19; Steinrötter ZD 2020, 336 (338).

[203] S. auch Steinrötter ZD 2020, 336 (338).

[204] Ausf. Gausling in Kaulartz/Braegelmann Rechtshandbuch Artificial Intelligence und Machine Learning, 2020, Kap. 8.3 Rn. 5 ff.; Krügel/Pfeiffenbring in Ebers/Heinze/Krügel/Steinrötter Künstliche Intelligenz und Robotik, 2020, § 11 Rn. 29 ff.

[205] Krügel/Pfeiffenbring in Ebers/Heinze/Krügel/Steinrötter Künstliche Intelligenz und Robotik, 2020, § 11 Rn. 27 ff.; Mantz/Spittka in Sassenberg/Faber Rechtshandbuch Industrie 4.0 und Internet of Things, 2. Aufl. 2020, § 6 Rn. 68.

[206] Vgl. Conrad DuD 2018, 541 (544); Holthausen RdA 2021, 19 (30).

[207] Ausführlich Eichelberger in Chibanguza/Kuß/Steege Künstliche Intelligenz, 2022, § 4 I Rn. 57 f.

schließlich auf einer automatisierten Verarbeitung einschließlich von Profiling beruhenden Entscheidung unterworfen zu werden, die ihr gegenüber rechtliche Wirkung entfaltet oder sie in ähnlicher Weise erheblich beeinträchtigt (→ Kap. 3.6 Rn. 6).[208] Sofern KI-Systeme zukünftig vollständig unter Ausschluss der Mitwirkung eines Arztes agieren, wäre auch dieser Grundsatz verletzt.

3. Zwischenergebnis

Insgesamt kann konstatiert werden, dass die datenschutzrechtlichen Anforderungen mit der Funktionsweise von KI-Systemen nur schwer vereinbar sind. So sind insbesondere KI-Systeme in einem derart sensiblen Bereich auf eine akkurate Funktionsweise angewiesen. Eine solche Funktionsweise ist jedoch gleichzeitig mit der Erhebung besonders vieler Daten verbunden, weshalb die von der DS-GVO aufgestellten Grundsätze nicht immer ohne Weiteres eingehalten werden können. Die Standards haben somit eine gewisse technologiefeindliche Wirkung. **87**

Gleichwohl ist ein hoher Datenschutzstandard eine wichtige Errungenschaft, die auch im Bereich von KI-Systemen nicht vorschnell aufgegeben werden sollte. Es wird sich erst zukünftig zeigen, inwieweit die datenschutzrechtlichen Anforderungen mit Blick auf KI-Systeme eingehalten werden können und welche (angemessene) Modifizierung sie erfahren müssen, damit ein gewünschter Einsatz von derartigen Systemen technologisch erfolgreich und dennoch datenschutzkonform erfolgen kann. **88**

V. Zulassungsrecht

Unternehmen, die sog. Health-Apps, Diagnosegeräte oder andere technische Hilfsmittel zur Unterstützung des Arztes oder Personals für Therapie und Behandlung bereitstellen, müssen zukünftig – auch bei sog. *Lifestyle Apps*[209] – verstärkt berücksichtigen, ob ihre App oder ihr Gerät dem Medizinprodukterecht unterfällt oder nicht.[210] Die EU-weite Neuerung des Medizinprodukterechts – die Medical Device Regulation, kurz: MDR – hat erhebliche Veränderungen für die Klassifizierung von Medizinprodukten mit sich gebracht.[211] Die MDR ist bereits zum 25.05.2017 in Kraft getreten, bindet die Mitgliedsstaaten jedoch erst seit dem 26.05.2021 nach einer vierjährigen Übergangsfrist unmittelbar. Im Folgenden werden mit Blick auf die neue Rechtslage die Anforderungen der MDR an ein künstlich intelligentes Medizinprodukt skizziert. **89**

1. Anforderungen nach der MDR für ein Medizinprodukt

Ziel der MDR ist die Vereinheitlichung medizinischer Produkte durch vorgegebene Standards sowie die Schaffung eines einheitlichen Gesundheitsniveaus in der europäischen Union.[212] Notwendig ist zunächst die Klassifizierung der hard- oder softwaregesteuerten KI als Medizinprodukt. Als solches versteht die MDR in Art. 2 Nr. 1 MDR *„ein Instrument,* **90**

[208] Ausf. Krügel/Pfeiffenbring in Ebers/Heinze/Krügel/Steinrötter Künstliche Intelligenz und Robotik, 2020, § 11 Rn. 38 ff.; Kuss/Sassenberg in Sassenberg/Faber Rechtshandbuch Industrie 4.0 und Internet of Things, 2. Aufl. 2020, § 13 Rn. 28 ff.; v. Walter in Kaulartz/Braegelmann Rechtshandbuch Artificial Intelligence und Machine Learning, 2020, Kap. 8.4 Rn. 1 ff.

[209] Zum Begriff des Medizinproduktes Dietel/Lewalter PharmR 2017, 53; v. Czettritz/Strelow PharmR 2017, 433; Rehmann in Rehmann/Wagner Medizinproduktegesetz, 3. Aufl. 2018, MPG § 3 Rn. 1 ff.; Zezschwitz MedR 2020, 196.

[210] v. Czettritz/Strelow PharmR 2017, 433 (434); Dietel/Lewalter PharmR 2017, 53; Schickert/Schweiger/Schuppert in Sassenberg/Faber Rechtshandbuch Industrie 4.0 und Internet of Things, 2. Aufl. 2020, § 15 Rn. 72 ff.

[211] Vgl. v. Czettritz/Strelow PharmR 2017, 433 (434); Graf PharmR 2017, 57 (58); Prütting/Wolk MedR 2020, 359 (360).

[212] VO (EU) 2017/745, Erwägungsgrund 2; ähnl. Prütting/Wolk MedR 2020, 359 (360); Rehmann in Rehmann/Wagner Medizinproduktegesetz, 3. Aufl. 2018, MP-VO Rn. 1 f.

einen Apparat, ein Gerät, eine Software, ein Implantat, ein Reagenz, ein Material oder einen anderen Gegenstand, die dem Hersteller zufolge für Menschen bestimmt [sind] und allein oder in Kombination einen oder mehrere der folgenden spezifischen medizinischen Zwecke erfüllen soll."

91 Die MDR erfasst somit nach Art. 2 Nr. 1 MDR auch explizit Software,[213] die für den Menschen bestimmt ist und der Erfüllung eines medizinisch notwendigen Zwecks dient, ohne dass pharmakologische, immunologische oder metabolische Wirkungen vordergründig sind.[214] Für das Inverkehrbringen eines Medizinproduktes sehen die Art. 5 Abs. 1, 19 Abs. 1 S. 1, 20 Abs. 4 S. 1 MDR eine CE-Kennzeichnung sowie eine Versicherung des Herstellers, dass alle Anforderungen an ein rechtmäßiges Produkt iSd MDR erfüllt sind, vor; sog. EU-Konformitätsbewertungserklärung.[215] Gleichzeitig besteht im Rahmen der MDR – ähnlich wie im deutschen Deliktsrecht – eine Überwachungspflicht der in Verkehr gebrachten Produkte. Darüber hinaus obliegen dem Hersteller noch weitergehende Pflichten, wie die Dokumentation oder die Meldepflicht gegenüber der zuständigen Behörde nach den Art. 10 Abs. 10, 83 Abs. 1 MDR.[216]

92 Wesentliches Kriterium der rechtlichen Anforderungen an ein Produkt ist die Risikoklasse in das sie eingeordnet wird. Unterschieden wird zwischen Klassen I, IIa, IIb und III.[217] Art. 51 Abs. 1 S. 2 MDR iVm dessen Anhang VIII trifft spezifische Regelungen zur Klassifizierung.[218] Hervorzuheben ist, dass Produkte, die nach Art. 52 Abs. 3–6 MDR eine Risikoklasse von IIa oder höher aufweisen, einer sog. Benannten Stelle zugeordnet werden.[219] Bei Benannten Stellen handelt es sich um staatliche Stellen, die die Einhaltung der gesetzlichen Vorgaben überprüfen, aber auch selbst Zertifizierungen vornehmen.[220] KI-Systeme werden zukünftig hauptsächlich der Klasse IIa oder höher[221] zugeordnet werden. Diese Erwägung folgt aus der Tatsache, dass nach Art. 52 Abs. 3–6 MDR und dem Anhang VIII Regel 11, Produkte, die schwerwiegende Gesundheitsbeeinträchtigungen, chirurgische Eingriffe oder irreversible Gesundheitsschädigungen als Folge haben könnten, zwangsläufig mindestens von Klasse IIa auf IIb oder höher klassifiziert werden.[222] Aufgrund der Black-Box-Problematik der KI-Systeme kann letztlich wohl nie mit an Sicherheit grenzender Wahrscheinlichkeit ausgeschlossen werden, dass sich der Gesundheitszustand durch die Verwendung eines KI-Produktes nicht verschlechtert, sodass bei wortgenauer Auslegung derartige Medizinprodukte sogar regelmäßig der Klasse IIb oder höher zuzuordnen wären.[223] Ein derartiges Verständnis birgt allerdings die Gefahr einer

[213] Die MDR sieht weitreichende Regelungen für Software vor. So kann zwischen einer Software, die mit einem körperlichen Produkt verbunden ist, und der sog. Standalone Software unterschieden werden. Für beide gelten die Regelungen der MDR, bei Ersterem gelten die Regelungen für die Software wie für das Medizinprodukt. Die Standalone Software wird nach dessen Zweck und Funktion beurteilt. Schickert/Schweiger/Schuppert in Sassenberg/Faber Rechtshandbuch Industrie 4.0 und Internet of Things, 2. Aufl. 2020, § 15 Rn. 78 ff.; auch Helle MedR 2020, 993 (994). Saliba in Chibanguza/Kuß/Steege Künstliche Intelligenz, 2022, § 4 Rn. 7.

[214] Zur Entwicklung und früheren Behandlung Prütting/Wolk MedR 2020, 359 (362); allg. Schickert/Schweiger/Schuppert in Sassenberg/Faber Rechtshandbuch Industrie 4.0 und Internet of Things, 2. Aufl. 2020, § 15 Rn. 78 ff.

[215] Dettling PharmR 2019, 633 (637); Helle MedR 2020, 993 (995); Prütting/Wolk MedR 2020, 359 (360).

[216] Vgl. Prütting/Wolk MedR 2020, 359 (361); Wagner in Rehmann/Wagner Medizinproduktegesetz, 3. Aufl. 2018, MP-VO Rn. 42.

[217] Dettling PharmR 2019, 633 (638); Graf PharmR 2017, 57 (58); Prütting/Wolk MedR 2020, 359 (361); Zezschwitz MedR 2020, 196 (199).

[218] Prütting/Wolk MedR 2020, 359 (361); Saliba in Chibanguza/Kuß/Steege, 2022, § 4 Rn. II; Wagner in Rehmann/Wagner Medizinproduktegesetz, 3. Aufl. 2018, MP-VO Rn. 132 ff.

[219] Ausf. Prütting und Wolk, die sich mit den Unterschieden der Benannten Stellen von MDR und MDD auseinandersetzen. Prütting/Wolk MedR 2020, 359 (361).

[220] Vgl. Prütting/Wolk MedR 2020, 359 (361); Westphal in Anhalt/Dieners Medizinprodukterecht, 2. Aufl. 2017 § 2 Rn. 47 ff.

[221] Allg. Dettling PharmR 2019, 633 (638); Helle MedR 2020, 993 (995).

[222] S. auch Dettling PharmR 2019, 633 (638); Prütting/Wolk MedR 2020, 359 (363).

[223] Ein weiterer Unterschied ist in den Pflichten des Herstellers zu sehen. Während die Pflichten des Herstellers im Rahmen einer Klassifizierung von I noch recht überschaubar sind, ergeben sich bei einer

Überregulierung, da die Systeme ausschließlich aufgrund der Technologie und nicht wegen ihres Einsatzbereiches oder ihrer unmittelbaren Gefährlichkeit in eine hohe Risikoklasse gestuft werden. Ob ein solches Verständnis für KI-Systeme interessensgerecht erscheint, gilt es in einem öffentlichen Diskurs zu hinterfragen.

Als problematisch erweist sich im Rahmen der Klassifizierung, die nach Anhang VIII 93
Regel 11 der MDR geforderte Zweckbestimmung des Herstellers.[224] Zunächst stellt Anhang VIII Regel 11 der MDR klar, dass für die Risikoklasse die Zweckbestimmung des Herstellers maßgeblich ist. Unklar bleibt jedoch, ob auch weitere Verwendungsmöglichkeiten des Arztes, die nicht direkt vom Hersteller intendiert sind, zu einer Klassifizierung von IIa oder höher führen. Letzteres würde nach *Prütting* und *Wolk* zu einer uferlosen Ausweitung des vom Hersteller intendierten Zweckes führen und damit Pflichten begründen, die so vom Gesetz nicht gewollt waren. Den Bedenken von *Prütting* und *Wolk* ist zu entgegnen, dass Hersteller eine uferlose Ausweitung der Klassifizierung unterbinden können, indem sie Produkte so gestalten und ausweisen, dass andere als die vom Hersteller intendierten Zweckbestimmungen nach Möglichkeit ausgeschlossen werden. Einer Korrektur bedarf es nur dann, wenn eine andere Zweckbestimmung tatsächlich oder rechtlich nicht abwendbar ist. Letzteres ändert indes nichts daran, dass ein solches Verständnis im Grundsatz interessengerecht ist. Andernfalls droht ein Missbrauchspotential in Form der Umgehung Benannter Stellen durch eine niedrigere Klassifizierung, indem Hersteller bekannte Verwendungsmöglichkeiten nicht als Teil der intendierten Verwendung aufnehmen.[225]

2. Weitergehende Probleme bei KI-Systemen als Medizinprodukt

Ein besonderes Problem entsteht dann, wenn Systeme auch nach der Zulassung ihren 94
Algorithmus verändern und weiterentwickeln. Dann werden sich Szenarien häufen, in denen die Systeme nicht mehr der zugelassenen Zertifizierung der Benannten Stelle entsprechen.[226] Verursacht ein System somit Schäden, die ihm nach Zertifizierung antrainiert wurden, könnte der Fehler entweder durch den Arzt als Anwender oder doch noch durch den Hersteller bzw. den dort zuständigen Trainer begründet worden sein. Insoweit erschweren KI-Systeme, die auch nach der Marktzulassung durch die Fähigkeit des Weiterlernens gekennzeichnet sind, sowohl die kalkulierbare Fehleranfälligkeit als auch die Nachweisbarkeit.

Bei strenger Auslegung der Dokumentations- und Meldepflichten besteht für den Her- 95
steller die Pflicht, jedes System, das auf den Markt gebracht wurde, zu überwachen. Eine strenge Überwachsungspflicht muss gerade für die hier diskutierten selbstlernenden Systeme gelten – zugleich ist aufgrund der Black-Box Problematik gar nicht einfach feststellbar, wie diese aussehen soll. Darüber hinaus besteht die Verpflichtung nach Art. 27 MDR, Medizinprodukte mit einer einmaligen Produkterkennung, sog. UDI, zu versehen.[227] Diese UDI ist zu erneuern, wenn die bestimmungsgemäße Verwendung der Software geändert wird oder wenn geringfügige Änderungen der Software vorgenommen wurden. Jedenfalls dies wäre bei selbstlernenden Systemen aber eigentlich permanent der Fall.

Um sowohl den genannten Zertifizierungsproblemen als auch der Haftungsproblematik 96
des Herstellers entgegen zu wirken, müssten die Systeme zukünftig eigentlich in einem

Klassifizierung von IIa oder höher weitergehende Dokumentationspflichten, Qualitätssicherungspflichten, Informationspflichten über Betrieb und Verfahren der Produkte und weitere im Anhang IX befindliche Anforderungen im Zusammenhang mit der Zulassung des Produktes. Prütting/Wolk MedR 2020, 359 (363).

224 Dettling PharmR 2019, 633 (638); Prütting/Wolk MedR 2020, 359 (363).

225 Ähnl. auch letzteres Prütting/Wolk MedR 2020, 359 (363).

226 Helle MedR 2020, 993 (995); allg. Beck in Philosophisches Handbuch Künstliche Intelligenz, 2019, S. 8 f.

227 Vgl. Frost MPR 2019, 117 (120); Lippert MedR 2017, 614 (617); Niermeier/Schucht InTer 2020, 66 (70); Sträter NZS 2020, 530 (532).

sog. eingefrorenen Zustand zugelassen werden, in dem eine Weiterentwicklung der Systeme und eine Veränderung des Algorithmus ausbleibt.[228] Damit fiele einer der wesentlichen Vorteile solcher Systeme, die Möglichkeit einer laufendenden Optimierung durch den Anwender, weg. Die Beibehaltung des rechtlichen *status quo* hätte an dieser Stelle somit eine technologiefeindliche Wirkung.

97 Man könnte jedoch über eine spezifische Form interaktiven Weiterlernens der Systeme nachdenken.[229] Dabei würden die gesammelten Informationen innerhalb einer vorgegebenen Zeitperiode in einem Bündel zertifiziert, sodass die Systeme letztlich in gewissen Abschnitten immer neu zugelassen würden. So würde das System zwar nicht direkt von der Interaktion mit dem Arzt profitieren, da die Informationen nicht sofort umgesetzt werden. Die Lösungen würden allerdings für die nächste Zulassung gespeichert und anschließend übernommen. Ob eine solche Vorgehensweise praktisch durchführbar ist, muss aus technischer Sicht eruiert werden. Lange Wartezeiten der Zulassungsbehörden würden der Effizienz einer solchen Vorgehensweise jedenfalls massiv entgegenstehen. Durch die Zeitverzögerung beim Lerneffekts der Systeme könnte der verspätete Einsatz vielen Patienten nicht mehr zugutekommen.

98 Mit Blick auf die Haftung des Herstellers könnte der Konflikt von technisch kaum umsetzbaren Pflichten einerseits und interessensgerechter Risikoverteilung andererseits – ähnlich wie im Fall der zivilrechtlichen Haftung für Hersteller und Arzt – über eine gesamtschuldnerische Versicherungslösung oder über eine verschuldensabhängige gesamtschuldnerische Haftung der beteiligten Akteure gelöst werden.

99 Nicht unberücksichtigt bleiben soll die Verantwortlichkeit der Zulassungsbehörden. Der BGH hat hierzu festgestellt, dass für die Benannten Stellen ein Amtshaftungsanspruch ausscheidet, während ein solcher für die staatlichen Behörden zumindest subsidiär greift. Für Benannte Stellen kommt gleichwohl eine deliktische Haftung in Betracht. Denn der Schutz für den Endempfänger des Medizinproduktes soll sowohl durch den Hersteller als aus auch durch die Benannte Stelle gewährleistet werden.[230]

C. Ergebnis

100 Der Einsatz von KI im Bereich der Medizin weist großes Potential auf. Personal und Ärzteschaft können dadurch erheblich entlastet werden. Nicht zuletzt kann das medizinische Niveau durch den Einsatz derartiger Systeme gesteigert werden. Allerdings wird in diesem Bereich auch immer wieder Besorgtheit darüber geäußert, dass das entsprechende Personal durch Maschinen ersetzt würde. Hierauf kann jedoch das Recht nicht antworten. Was jedoch im Recht diskutiert werden kann, ist insbesondere die Frage, wie mit der potentiell sinkenden Verantwortungszurechnung durch den Einsatz von KI umzugehen ist. Es gilt die Gesellschaft durch angemessene Rechtssetzung vor einer möglichen Verantwortungsdiffusion zu schützen, zugleich aber die mit KI interagierenden Individuen vor einer unzulässigen Inanspruchnahme bei der Haftung zu bewahren. Das gilt gerade auch für den besonders sensiblen Lebensbereich der Medizin.

101 Unser Überblick hat gezeigt, dass für eine Regulierung von derartigen Systemen in manchen Bereichen geringfügige Anpassungen des Rechts ausreichen könnten und das geltende Rechtssystem weitgehend in der Lage ist, moderne Technologien wie die Künstliche Intelligenz im Einsatz im Bereich der Medizin einzuhegen. Doch erfordert insbesondere die Rechtssicherheit zumindest eine einheitlichere Normierung. Welche konkrete

[228] Ähnl. Beck in Philosophisches Handbuch Künstliche Intelligenz, 2019, S. 8 f.; Frost MPR 2019, 117 (120); Zech ZfPW 2019, 198 (203).

[229] Ähnl. Beck in Philosophisches Handbuch Künstliche Intelligenz, 2019, S. 8 f.; Frost MPR 2019, 117 (120); Zech ZfPW 2019, 198 (203).

[230] BGH NJW 2020, 1514.

Lösung für die hier aufgeworfenen Fragen den Vorrang genießen soll, gilt es in einem politischen Diskurs herauszuarbeiten. Berücksichtigung finden sollte dabei der konkrete Einsatzbereich der Systeme, der potentielle Nutzen sowie die damit verbundenen Risiken und die Möglichkeit der Verhinderung. Im Bereich der Medizin könnte dies dazu führen, dass der Einsatz eines solchen Systems in besonders sensiblen Bereichen und für besonders riskante Entscheidungen zunächst ausbleiben sollte. In anderen Bereichen hingegen könnte die Verwendung derartiger Technologien bereits in nächster Zukunft zum medizinischen Alltag gehören und auch als solches rechtlich akzeptiert werden. Gerade weil KI-Systeme im Bereich der Medizin ein enormes Potential aufweisen, sollte mit einer angemessenen Regulierung nicht länger gewartet werden. Denn das Recht sollte die Entwicklung der Technik zwar einhegen, aber nicht unnötig verlangsamen oder unangemessen verhindern.

Literatur

Anhalt/Dieners, Medizinprodukterecht, 2. Aufl. 2017

Ballestrem, Bericht der Expertengruppe „Liability and New Technologies“ zu Haftungsfragen in Bezug auf KI, in Ballestrem/Bär/Gausling/Hack/von Oelffen, Künstliche Intelligenz, – Rechtsgrundlagen und Strategien in der Praxis, 2020, S. 191–200

Beck, Die Diffusion strafrechtlicher Verantwortlichkeit durch Digitalisierung und Lernende Systeme, ZIS 2020, 41–50

Beck, Künstliche Intelligenz – ethische und rechtliche Herausforderungen, in Mainzer, Philosophisches Handbuch Künstliche Intelligenz, 2019, S. 1–22

Beck, Zum Einsatz von Robotern im Palliativ- und Hospizbereich, MedR 2018, 772–778;

Beck, Digitalisierung und Schuld, in Fischer/Hoven, Schuld, Baden-Badener Strafrechtsgespräche, Band 3, 2017, 289–302 (zitiert als: Beck in Fischer/Hoven Schuld, 2017)

Beck, Über Sinn und Unsinn von Statusfragen – zu Vor- und Nachteilen der Einführung einer elektronischen Person, in Hilgendorf/Günther, Robotik und Recht Bd. 2, Robotik und Gesetzgebung, 2013, S. 239–262

Berz/Dedy/Granich, Haftungsfragen bei dem Einsatz von Telematik-Systemen im Straßenverkehr, DAR 2000, 545–554

Blechschmitt, Die straf- und zivilrechtliche Haftung des Arztes beim Einsatz roboterassistierter Chirurgie, in Hilgendorf/Beck, Robotik und Recht, Bd. 10, 2017 (zitiert als: Blechschmitt Die straf- und zivilrechtliche Haftung des Arztes, 2017)

Borges, Rechtliche Rahmenbedingungen für autonome Systeme, NJW 2018, 977–982

Brand, Haftung und Versicherung beim Einsatz von Robotik in Medizin und Pflege, MedR 2019, 934–950

Braun/Dabrock, Ethische Herausforderungen einer sogenannten Big-Data-basierten Medizin, ZfmE 2016, 313–329

Braun/Hummel/Beck/Dabrock, Primer an anethico of AI-based decision support systems in the clinic, J Med Ethics 2021; 47:e3

Brunotte, Virtuelle Assistenten – Digitale Helfer in der Kundenkommunikation, CR 2017, 583–589

Budde/et al., Plattform Lernende Systeme, KI in der Medizin und Pflege aus der Perspektive Betroffener, 2020

Chibanguza/Kuß/Steege, Künstliche Intelligenz, 2021

Clausen/Schroeder-Printzen, Münchener Anwaltshandbuch Medizinrecht, 3. Aufl. 2020

Conrad, Kann die künstliche Intelligenz den Menschen entschlüsseln? – Neue Forderungen zum Datenschutz, DuD 2018, 541–546

von Czettritz,/Strelow, „Beam me up, Scotty“ die Klassifizierung von Medical Apps als Medizinprodukte, PharmR 2017, 433–435

Damm, Patientenrechte – grenzüberschreitende Betrachtungen zum deutschen und schweizerischen Recht (Teil 2), MedR 2018, 939–947

Denga, Deliktische Haftung für Künstliche Intelligenz, CR 2018, 69–78

Dettling, Künstliche Intelligenz und digitale Unterstützung ärztlicher Entscheidungen in Diagnostik und Therapie, PharmR 2019, 633–642

Dettling, Digitalisierung, Algorithisierung und Künstliche Intelligenz im Pharmarecht, PharmR 2018, 513–522

Dietel/Lewalter, mHealth-Anwendungen als Medizinprodukte – Vereinbarkeit mit dem HWG und Ausblick auf die neue EU-Medizinprodukteverordnung, PharmR 2017, 53–57

Droste, Intelligente Medizinprodukte: Verantwortlichkeiten des Herstellers und ärztliche Sorgfaltspflichten, MPR 2018, 109–115

Eberbach, Wird die ärztliche Aufklärung zur Fiktion? (Teil 1), MedR 2019, 1–10

Ebers/Heinze/Krügel/Steinrötter, Künstliche Intelligenz und Robotik, 2020

Erb/Schäfer, Münchner Kommentar zum Strafgesetzbuch. Bd. 4, 4. Aufl. 2021 (zigtiert als: Bearbeiter in MüKo StGB, Bd. 4, 4. Aufl. 2021)

Erb/Schäfer, Münchener Kommentar zum Strafgesetzbuch. Bd. 1, 4. Aufl. 2020 (zigtiert als: Bearbeiter in MüKo StGB, Bd. 1, 4. Aufl. 2020)
Forsting, Künstliche Intelligenz mit der Radiologie als Vorreiter für Super-Diagnostics: Ein Essay, Fortschr Röntenstr. 2019, 73–78
Freyler, Robot-Recruiting, Künstliche Intelligenz und das Antidiskriminierungsrecht, NZA 2020, 284–290
Frost, Künstliche Intelligenz in Medizinprodukten und damit verbundene medizinprodukte- und datenschutzrechtliche Herausforderungen, MPR 2019, 117–125
Gaede, Künstliche Intelligenz Rechte und Strafen für Roboter?, in Hilgendorf/Beck, Robotik und Recht Bd. 18, 2019 (zitiert als: Gaede Künstliche Intelligenz, 2019)
Gasser, Grundlegende und spezielle Rechtsfragen für autonome Fahrzeuge, in Maurer/Gerdes/Lenz/Winner, Autonomes Fahren, 2015, S. 543–574
Gless/Wohlers, Strafrechtliche Verantwortung für "smarte" Produkte, ZStrR 2019, 366–399
Gless/Janal, Hochautomatisiertes und autonomes Autofahren – Risiko und rechtliche Verantwortung, JR 2016, 561–575
Gless, Strafrechtliche Produkthaftung, recht 2013, 54–64
Gless/Weigend, Intelligente Agenten und das Strafrecht, ZStW 126 (2014), 561–591
Graf, Revision des europäischen Rechtsrahmens für Medizinprodukte: Einfluss auf die Klassifizierung von Medizinprodukten, PharmR 2017, 57–61
Gruber, Zumutung und Zumutbarkeit von Verantwortung in Mensch-Maschine-Assoziation, in Hilgendorf/Günther, Robotik und Gesetzgebung, Robotik und Recht, Bd. 2, 2013, 123–161 (zitiert als: Gruber Zumutung und Zumutbarkeit von Verantwortung in Mensch-Maschine-Assoziation, 2013)
Gsell/Krüger/Lorenz/Reymann, beck-online.GROSSKOMMENTAR, Stand: 1.5.2021(zitiert als: Bearbeiter in BeckOGK, 1.5.2021)
Gurovich/et al., Identifying facil phenotypes of genetic disorders using deep learning, Nature Medicine 25 (2019), 60–64
Haagen/Lohmann, Künstliche Intelligenz und das Strafrecht, in Hartmann, KI & Recht kompakt, 2020, S. 257–306
Hannich, Karlsruher Kommentar zur Strafprozessordnung, 8. Aufl. 2019 (zitiert als: Bearbeiter in KK-StPO, 8. Aufl. 2019)
Hau/Poseck, Beck'scher Online-Kommentar BGB, 58. Ed. 1.5.2021 (zitiert als: Bearbeiter in BeckOK BGB, 58. Ed.1.5.2021)
Heimhalt/Rehmann, Gesundheits- und Patienteninformationen via Apps, MPR 2014, 197–296
Heintschel-Heinegg, Beck'scher Online-Kommentar StGB, 52. Ed. 1.2.2022 (zitiert als: Bearbeiter in BeckOK StGB, 52 Ed. 1.2.2022)
Helle, Intelligente Medizinprodukte: Ist der geltende Rechtsrahmen noch aktuell?, MedR 2020, 933–1000
Heussen/Hamm, Beck'sches Rechtsanwalts-Handbuch, 11. Aufl. 2016
Hilgendorf, Können Roboter schuldhaft handeln?, in Beck, Jenseits von Mensch und Maschine, Robotik und Recht Bd. 1, 2012, 119–132 (zitiert als: Hilgendorf in Beck Jenseits von Mensch und Maschine, 2012)
Hirsch, Strafrechtliche Verantwortlichkeit von Unternehmen, ZStW 107 (1995), 285–323
Hirsch, Wie Künstliche Intelligenz die Diagnose erleichtert, FAZ.Net, abrufbar unter https://www.faz.net/asv/seltene-erkrankungen/wie-kuenstliche-intelligenz-die-diagnose-erleichtert-16645410.html (zuletzt abgerufen am: 19.4.2022)
Holthausen, Big Data, People Analytics, KI und Gestaltung von Betriebsvereinbarungen – Grund-, arbeits- und datenschutzrechtliche An- und Herausforderungen, RdA 2021, 19–32
Horner/Kaulartz, Haftung 4.0 – Verschiebung des Sorgfaltsmaßstabs bei Herstellung und Nutzung autonomer Systeme, CR 2016, 7–19
Joachim, Besonders schutzbedürftige Personengruppen – Einordnung gruppenspezifischer Schutzbedürftigkeit in der DS-GVO, ZD 2017, 414–418
Joerden, Strafrechtliche Perspektiven der Robotik, in Hilgendorf/Günther, Robotik und Gesetzgebung, Robotik und Recht, Bd. 2, 2013, S. 195–209 (zitiert als: Joerden Strafrechtliche Perspektiven der Robotik, 2013)
Jorzig/Sarangi, Digitalisierung im Gesundheitswesen, 2020
Katzenmeier, Big Data, E-Health, M-Health, KI und Robotik in der Medizin, MedR 2019, 259–271
Kaulartz/Braegelmann, Rechtshandbuch Artificial Intelligence und Machine Learning, 2020
Kehl, Robotik und assistive Neurotechnologien in der Pflege – gesellschaftliche Herausforderungen, TAB- Arbeitsbericht Nr. 177, 2018
Keller, Konnektionismus – Neuronale Netze, in Keller et al., Maschinelle Intelligenz: Grundlagen, Lernverfahren, Bausteine intelligenter Systeme, 2000
Keßler, Intelligente Roboter neue Technologien im Einsatz, MMR 2017, 589–594
Kindhäuser/Neumann/Paeffgen, Strafgesetzbuch, Bd. 2, 5. Aufl. 2017
Klingbeil, Schuldnerhaftung für Roboterversagen, JZ 2019, 718–725
Kowalewski/Kriegmair/Michel, Kollaborative Automatisierung und Robotik in Medizin und Pflege – Die Prozesse im Operationssaal, MedR 2019, 925–927
Krohn/Beylefeld/Bassens, Deep Learning illustriert, 2020

Kühl, Mit künstlicher Intelligenz gegen das Coronavirus, Zeit-Online v. 11.3.2020, abrufbar unter https://www.zeit.de/digital/internet/2020-03/covid-19-kuenstliche-intelligenz-coronavirus-diagnose-technik (zuletzt abgerufen am: 27.4.2022)
Kühl, Die strafrechtliche Garantenstellung – Eine Einführung mit Hinweisen zur Vertiefung, JuS 2007, 497–504
Kühling, Datenschutz im Gesundheitswesen, MedR 2019, 611–622
Laufs/Katzenmeier/Lipp, Arztrecht, 8. Aufl. 2021
Laufs/Kern/Rehborn, Handbuch des Arztrechts, 5. Aufl. 2019
Lehmann, Produkt- und Produzentenhaftung für Software, NJW 1992, 1721–1725
Leupold/Wiebe/Glossner, IT-Recht – Recht, Wirtschaft und Technik der digitalen Transformation, 4. Aufl. 2021
Lippert, Der Verkehr mit Medizinprodukten und In-vitro-Diagnostika in Deutschland nach den Verordnungen der EU, MedR 2017, 614–623
Lohmann/Schömig, „Digitale Transformation" im Krankenhaus, Gesellschaftliche und rechtliche Herausforderungen durch das Nebeneinander von Ärzten und Künstlicher Intelligenz, in Beck/Kusche/Valerius, Digitalisierung, Automatisierung, KI und Recht, Robotik und Recht, Bd. 20, 2020, S. 345–364 (zitiert als: Lohmann/Schömig in Beck/Kusche/Valerius Digitalisierung, Automatisierung, KI und Recht, 2020)
Lohmann, Ein europäisches Roboterrecht – überfällig oder überflüssig?, ZRP 2017, 168–171
Mitsch, Karlsruher Kommentar zum Gesetz über Ordnungswidrigkeiten, 5. Aufl. 2018 (zitiert als: Bearbeiter in KK-OWiG, 5. Aufl. 2018)
Molnár-Gábor, Die Rolle des Arztes bei medizinischen KI-Anwendungen, DSRITB 2019, 277–288
Münch, Autonome Systeme im Krankenhaus, in Hilgendorf/Beck, Susanne Robotik und Recht, Bd. 8, 2017 (zitiert als: Münch Autonome Systeme im Krankenhaus, 2017)
Mühlbock/Taupitz, Haftung für Schäden durch KI in der Medizin, AcP 221 (2021), 179–218
Münkler, Health-Apps im gesundheitsrechtlichen Regulierungsgefüge, NZS 2021, 41–48
Niermeier/Schlucht, Sonderweg oder Wegweiser? – Eine produktsicherheitsrechtliche Analyse des neuen Medizinprodukterechts, InTeR 2020, 66–74
Plattform Lernende Systeme Lernende Systeme im Gesundheitswesen, 2018
Priebe, Dieser Algorithmus erkennt Depressive anhand ihrer Instagram-Fotos, 22.8.2017, abrufbar unter https://onlinemarketing.de/social-media-marketing algorithmus-erkannt-depressive-instagram-fotos (zuletzt abgerufen am: 19.4.2022)
Prütting/Wolk, Software unter dem Regime der europäischen Medizinprodukteverordnung (2017/745/EU), MedR 2020, 359–365
Quarck, Zur Strafbarkeit von e-Personen, ZIS 2020, 65–69
Reece/Danforth, Instagram photos reveal predictive markers of depression, EPJ Data Science 2017, Vol. 6 Issue 15.
Auer-Reinsdorff/Conrad, Handbuch IT- und Datenschutzrecht, 3. Aufl. 2019
Riehm, Nein zur ePerson!, RDi 2020, 42–48
Rehmann/Wagner, Medizinproduktegesetz, 3. Aufl. 2018
Rotsch, Criminal Compliance Handbuch, 2015
Sahm, Digitale Anthropologie: Ethische Probleme der Anwendung künstlicher Intelligenz und Robotik in der Pflege und Medizin, MedR 2019, 927–933
Säcker/Rixecker/Oetker/Limperg, Münchener Kommentar zum Bürgerlichen Gesetzbuch, Bd. 5, 8. Aufl.2020 (zitiert als: Bearbeiter in MüKoBGB, Bd. 5, 8. Aufl. 2020)
Säcker/Rixecker/Oetker/Limperg, Münchener Kommentar zum Bürgerlichen Gesetzbuch, Bd. 7, 8. Aufl. 2020 (zitiert als: Bearbeiter in MüKoBGB, Bd. 7, 8. Aufl. 2020)
Sander/Hollering, Strafrechtliche Verantwortlichkeit im Zusammenhang mit automatisiertem Fahren, NStZ 2017, 193–206
Sassenberg/Faber, Rechtshandbuch Industrie 4.0 und Internet of Things, 2. Aufl. 2020
Schlutz, Haftungstatbestände des Produkthaftungsrechts – Die Haftung des Herstellers fehlerhafter Produkte: Sonstige Haftungstatbestände, strafrechtliche Verantwortlichkeit und steuerliche Behandlung, DStrR 1994, 1811–1816
Schönke/Schröder, Strafgesetzbuch, 30. Aufl. 2019 (zitiert als: Bearbeiter in Schönke/Schröder, 30. Aufl. 2019)
Schuster, Strafrechtliche Verantwortlichkeit der Hersteller beim automatisierten Fahren, DAR 2019, 6–11
Seher, Intelligente Agenten als „Personen" im Strafrecht?, in Gless/Seelmann, Intelligente Agenten und das Recht, Robotik und Recht, Bd. 9, 2016, S. 45–60 (zitiert als: Seher Intelligente Agenten als „Personen" im Strafrecht?, 2016)
Sharkey, Staying in the loop: human supervisory control of weapons, in Bhuta/Beck/Geiß/Liu/Kreß, Autonomous Weapon Systems, Cambridge 2016, S. 23–38
Seehafer/Kohler, Künstliche Intelligenz: Updates für das Produkthaftungsrecht?, EuZW 2020, 213–218
Simmler/Markwalder, Roboterstrafrecht – Zur strafrechtlichen Verantwortlichkeit von Robotern und künstlicher Intelligenz, AJP/PJA 22017, 171–182
Simmler/Markwalder, Roboter in der Verantwortung? – Zur Neuauflage der Debatte um den funktionalen Schuldbegriff, ZStW 129 (2017), 20–47

Smart Service Welt Anwendung Künstlicher Intelligenz in der Medizin, 2019
Sonntag, Künstliche Intelligenz in der Medizin – Holzweg oder Heilversprechen?, HNO 2019, 343–349
Spickhoff, Medizinrecht, 3. Aufl. 2018
Spindler, Medizin und IT, insbesondere Arzthaftungs- und IT-Sicherheitsrecht, in Katzenmeier, Festschrift für Dieter Hart – Medizin, Recht, Wissenschaft, 2020, 581–602 (zitiert als: Spindler FS Hart, 2020, 581)
Spindler/Schuster, Recht der elektronischen Medien, 4. Aufl. 2019
Spindler, Roboter, Automation, künstliche Intelligenz, selbst-steuernde Kfz-Braucht das Recht neue Haftungskategorien?, CR 2015, 766
Steinrötter, Datenschutzrechtliche Implikationen beim Einsatz von Pflegerobotern, ZD 2020, 336–340
Sträter, Europäische Regulierung des Medizinprodukterechts – Was können die Medizinprodukte-Verordnung der EU und ein ungeregelter Brexit für die GKV verändern?, NZS 2020, 530–534
Taupitz, Medizinische Informationstechnologie, leitliniengerechte Medizin und Haftung des Arztes, AcP 211 (2011), 352–394
Teubner, Digitale Rechtssubjekte? – Zum privatrechtlichen Status autonomer Softwareagenten, AcP 218 (2018), 155–205
Trask, Neuronale Netze und Deep Learning kapieren: Der einfache Praxiseinstieg mit Beispielen in Python, 2019
Vogeler, Die Haftung des Arztes bei der Anwendung neuartiger und umstrittener Heilmethoden nach der neuen Rechtsprechung des BGH, MedR 2008, 697–707
Wennker, Künstliche Intelligenz in der Praxis, 2020
Wolff/Brink, Beck'scher Online-Kommentar Datenschutzrecht, 39. Ed. 1.2.2022 (zitiert als: Bearbeiter in BeckOK DatenschutzR, 39. Ed. 1.2.2022)
Zech, Künstliche Intelligenz und Haftungsfragen, ZfPW 2019, 198–219
Zech, Zivilrechtliche Haftung für den Einsatz von Robotern – Zuweisung von Automatisierungs- und Autonomierisiko, in Gleß/Seelmann, Intelligente Agenten und das Recht, Robotik und Recht, Bd. 9, 2016, S. 163–204 (zitiert als: Zech Zivilrechtliche Haftung für den Einsatz von Robotern, 2016)
von Zezschwitz, Neue regulatorische Herausforderungen für Anbieter von Gesundheits-Apps, MedR 2020, 196–201

3.9 Versicherungsrecht

Übersicht

A. Einführung

Versicherungsrechtlich lassen sich im Kontext von automatisierten Systemen insbesondere **zwei Fragenkreise** identifizieren. Der eine betrifft die Versicherung solcher Systeme (nachfolgend unter → Rn. 3 ff.), einerseits für den Fall, dass ihr Einsatz zu Schäden bei Dritten führt (Haftpflicht), andererseits, wenn solche Systeme selbst beeinträchtigt werden, etwa durch Hackerangriffe (Cyberversicherung). Der andere betrifft den Einsatz solcher Systeme beim Versicherer (nachfolgend unter → Rn. 40 ff.), etwa bei der Produktgestaltung, bei der Vertragsanbahnung oder bei der Schadensabwicklung.[1] 1

Der **Begriff des automatisierten Systems** wird hier weit verstanden und umfasst sowohl herkömmliche deterministisch arbeitende, dh in ihrem Verhalten (zumindest theoretisch) vorhersehbare Algorithmen, als auch Algorithmen, die zu **selbständiger Weiterentwicklung** in der Lage sind, also „Lernen" können, und deshalb in ihrem Verhalten nicht mehr (vollständig) deterministisch sind.[2] Oft werden solche lernfähigen Entitäten als „**künstliche Intelligenz**" bezeichnet, was freilich eher als Schlagwort zu verstehen ist, weil einerseits damit (oft medial geprägte Fehl-) Vorstellungen und Erwartungen, aber auch Ängste induziert werden, andererseits der Begriff angesichts der Vielgestaltigkeit der damit bezeichneten Systeme letztlich wenig aussagt.[3] Es bedarf vielmehr in jedem Einzelfall der Prüfung, welche Funktionalität das in Rede stehende System aufweist, bevor die rechtlichen Implikationen beurteilt werden können. 2

[1] Zur Kenntnis-, Verhaltens- und Verschuldenszurechnung beim Einsatz vom KI durch den Versicherungsnehmer s. Lüttringhaus FS Langheid, 2022 (im Erscheinen).

[2] Zur fehlenden Vorhersehbarkeit und Erklärbarkeit s. Zech Gutachten A zum 73. DJT 2020, A 41 ff.

[3] Näher Herberger NJW 2018, 2825 ff.; Zech Gutachten A zum 73. DJT 2020, A 20 f.

B. Versicherung automatisierter Systeme

3 Der erste Problemkreis betrifft Schäden im Zusammenhang mit dem Einsatz von automatisierten Systemen. Solche sind sowohl dergestalt denkbar, dass automatisierte Systeme Schäden verursachen, als auch in Form von Schäden an automatisierten Systemen.

I. Schäden durch automatisierte Systeme

4 Automatisierte Systeme werden beim Einsatz Schäden verursachen. Die im Kontext des autonomen Fahrens bisweilen diskutierte „Vision Zero", also der Zustand, dass autonome Fahrzeuge keinerlei Unfälle mehr verursachen,[4] dürfte, wenn sie überhaupt denkbar ist,[5] jedenfalls in weiter Ferne liegen. Selbst wenn es gelänge, automatisierte Systeme „fehlerfrei" auszugestalten, wird schon die notwendige Interaktion mit der und die Einbettung in die – ihrerseits nicht „fehlerfreie" – Umwelt zu unerwünschten Beeinträchtigungen fremder Rechtsgüter führen.[6] Sofern und solange dafür eine Ersatzpflicht droht, wird zugleich Bedarf an entsprechenden Versicherungen bestehen.

5 Eine drohende Haftung kann zwar einerseits Anreize zu weiterer Forschung und Entwicklung mit dem Ziel der Verringerung der Schadenswahrscheinlichkeit schaffen, andererseits aber auch der Markteinführung von Innovationen und deren Akzeptanz entgegenwirken.[7] Versicherungen können hier helfen, individuelle Risiken auf viele Schultern zu verteilen und damit eingehbar zu machen und zugleich den Ausgleich von Schäden sicherzustellen. Ihnen wird daher mit Grund eine erhebliche Bedeutung (auch) im Zusammenhang mit automatisierten Systemen zugemessen.[8]

1. Haftpflichtversicherung

6 Im Vordergrund steht dabei derzeit die **Haftpflichtversicherung**. Bei dieser stellt der Versicherer den Versicherungsnehmer von Ansprüchen frei, die von einem Dritten auf Grund der Verantwortlichkeit des Versicherungsnehmers geltend gemacht werden, und wehrt unbegründete Ansprüche ab (§ 100 VVG). Die Haftpflichtversicherung knüpft an eine Verantwortlichkeit des Versicherungsnehmers (bzw. der versicherten Person) einem Dritten gegenüber an, setzt also eine entsprechende Haftung auf Schadensersatz voraus.[9] Darauf aufbauend ist dann zu prüfen, ob diese Haftpflicht des Versicherten von dessen Haftpflichtversicherung gedeckt ist. In diesem Kontext ist dann auch die Frage nach einer Pflichtversicherung und nach einem Kontrahierungszwang sowie nach etwaigen alternativen „Versicherungslösungen" von Bedeutung.

7 **a) Haftung für Schäden durch automatisierte Systeme.** Die Haftung für durch automatisierte Systeme verursachte Schäden wird breit diskutiert.[10] Vieles lässt sich tatsächlich mit den etablierten Haftungsregeln sachgerecht erfassen. Den **Hersteller** eines

[4] S. dazu Jourdan/Matschi NZV 2015, 26.
[5] S. Schrader DAR 2016, 242: „Illusion".
[6] S. Eichelberger in Oppermann/Stender-Vorwachs Autonomes Fahren, 2. Aufl. 2020, Kap. 3.1.3 Rn. 1.
[7] Eichelberger in Hilty/Jaeger/Lamping, Herausforderung Innovation, 2012, 45 (52 ff.).
[8] S. Europäisches Parlament, Entschließung vom 20.10.2020 mit Empfehlungen an die Kommission für eine Regelung der zivilrechtlichen Haftung beim Einsatz künstlicher Intelligenz (2020/2014(INL), Nr. 23): Deckung der Haftung durch eine Versicherung sei „einer der entscheidenden Faktoren …, an denen der Erfolg neuer Technologien, Produkte und Dienstleistungen festzumachen ist"; Borges in Lohsse/Schulze/Staudenmayer Liability for Artificial Intelligence and the Internet of Things, 2019, S. 145 (148).
[9] S. Koch in Bruck/Möller, VVG, Bd. 4, 10. Aufl. 2022, VVG Vor §§ 100–112 Rn. 106.
[10] S. nur Thöne Autonome Systeme und deliktische Haftung, 2020; Zech Gutachten A zum 73. DJT 2020, A 54 ff.; Eichelberger in Ebers/Heinze/Krügel/Steinrötter Künstliche Intelligenz und Robotik 2020 § 5, alle mwN.

automatisierten Systems treffen nach Maßgabe der deliktsrechtlichen Produzentenhaftung (§ 823 BGB) und der spezialgesetzlichen Produkthaftung (§ 1 ProdHaftG), wie bei anderen Produkten auch, Konstruktions-, Fabrikations- und Instruktionspflichten sowie – deliktsrechtlich – eine Produktbeobachtungspflicht.[11] Die zentrale Schwierigkeit besteht dort letztlich darin, den jeweiligen Sorgfaltsmaßstab, dh Inhalt und Umfang des Pflichtenprogramms, zutreffend zu bestimmen.[12] Dies ist jedoch kein Spezifikum der Automatisierung, sondern letztlich jeder Innovation immanent.[13] Beim Anwender eines automatisierten Systems steht insbesondere eine deliktsrechtliche Haftung nach § 823 Abs. 1 BGB wegen der Verletzung von Verkehrspflichten bei dessen Einsatz im Raum, wobei auch hier die Bestimmung des „richtigen" Sorgfaltsmaßstabs die zentrale Herausforderung ist.[14] Teilweise unterliegen **Anwender/Halter/Betreiber** etc. außerdem oder stattdessen einer spezialgesetzlichen (Gefährdungs-)Haftung, etwa nach § 7 Abs. 1 StVG der Halter eines Kraftfahrzeugs.

Schwierigkeiten bereitet es jedoch, eine **zunehmende „Autonomie"** solcher Systeme 8
sachgerecht zu erfassen. Wenn automatisierte Systeme den Bereich des (mehr oder weniger) deterministischen und damit (mehr oder weniger) vorhersehbaren Verhaltens verlassen, namentlich, weil sie die systemprägende Fähigkeit zur fortwährenden Weiterentwicklung während des Betriebs besitzen, das heißt „Lernen" können, werden überkommene Haftungsprinzipien und Zurechnungsgründe problematisch. Sollte ein System dereinst die Stufe der sog. „starken KI" erreichen, ist es per definitionem in seinem Verhalten nicht mehr vorherseh- und beherrschbar, mithin „autonom".[15] Eine Verschuldenshaftung, die (im Fahrlässigkeitsbereich) an die Nichterfüllung von Sorgfaltsanforderungen anknüpft, stößt dort an ihre Grenzen. Den Sorgfaltsverstoß des Herstellers, Lieferanten oder Betreibers eines solchen Systems ohne weiteres darin zu sehen, dass ein solches System überhaupt hergestellt, vertrieben oder eingesetzt wird,[16] greift zu kurz, denn dies machte die Verschuldenshaftung faktisch zu einer Gefährdungshaftung im Kleid eines unerfüllbar hoch angesetzten Sorgfaltsmaßstabs.[17] Eine Gefährdungshaftung kennt das deutsche Haftungsrecht indes nur punktuell, etwa im Straßenverkehrsrecht (§ 7 Abs. 1 StVG). Eine Ausdehnung auf andere Bereiche ist diskutabel, bedarf aber eines legislativen Aktes.[18]

Einstweilen dürfte das **„Intelligenzrisiko"**[19] automatisierter Systeme, verstanden als 9
das aus der prinzipiellen Unvorhersehbarkeit und Unbeherrschbarkeit fließende spezifische

[11] Eingehend → Kap. 3.10 Rn. 1 ff.; → Kap. 3.11 Rn. 1 ff.; → Kap. 3.12 Rn. 1 ff.; Eichelberger in Ebers/Heinze/Krügel/Steinrötter Künstliche Intelligenz und Robotik, 2020, § 5 Rn. 6–49.

[12] Näher Eichelberger in Ebers/Heinze/Krügel/Steinrötter Künstliche Intelligenz und Robotik, 2020, § 5 Rn. 12 ff., 46.

[13] S. Eichelberger in Ebers/Heinze/Krügel/Steinrötter Künstliche Intelligenz und Robotik, 2020, § 5 Rn. 49.

[14] Näher Eichelberger in Ebers/Heinze/Krügel/Steinrötter Künstliche Intelligenz und Robotik, 2020, § 5 Rn. 50–65 mwN.

[15] Kirn/Müller-Hengstenberg MMR 2014, 225 (228 f.); Gleß/Weigend ZStW 126 (2014), 561 (564 f.); Denga CR 2018, 69 (70); Reichwald/Pfisterer CR 2016, 208 (212); Zech Gutachten A zum 73. DJT 2020, A 41 ff.

[16] Dafür Zech Gutachten A zum 73. DJT 2020, A 55 (55 f.).

[17] S. Hanisch in Hilgendorf Robotik im Kontext von Recht und Moral, 2014, S. 27 (34); Wendehorst/Grinzinger in Ebers/Heinze/Krügel/Steinrötter Künstliche Intelligenz und Robotik, 2020, § 4 Rn. 79; Eichelberger in Ebers/Heinze/Krügel/Steinrötter Künstliche Intelligenz und Robotik, 2020, § 5 Rn. 52. – Die aus dem französischen Recht bekannte verschuldensunabhängige Haftung für durch in eigenem Gewahrsam bzw. eigener Obhut oder Herrschaft befindliche Sachen verursachte Schäden (s. Art. 1242 Abs. 1 Code civil (=Art. 1384 Abs. 1 Code civil aF; näher Ferid/Sonnenberger Das Französische Zivilrecht, 2001, Kap. 2 O 301 ff.) findet im deutschen Deliktsrecht keine Entsprechung (Weick NJW 2011, 1702 (1704)).

[18] Zur nach ganz überwiegender Auffassung nicht gegebenen Analogiefähigkeit der existierenden Gefährdungshaftungstatbestände s. BGHZ 63, 234 (237) = NJW 1975, 117 (118); Wagner in MüKoBGB, Bd. 7, 8. Aufl. 2020, BGB Vor § 823 Rn. 26; aA Zech Gutachten A zum 73. DJT 2020, A 98 (98 f.): Gesamtanalogie zu den bestehenden Tatbeständen.

[19] Eichelberger in Ebers/Heinze/Krügel/Steinrötter Künstliche Intelligenz und Robotik, 2020, § 5 Rn. 5; verbreitet auch „Autonomierisiko", s. Zech Gutachten A zum 73. DJT 2020, A 31, A 41.

Risiko, durchaus sachgerecht auf Basis des geltenden Haftungsrechts – gegebenenfalls mit punktuellen Modifikationen – beherrschbar sein.[20] Das heißt indes nicht, dass nicht de lege ferenda neue Wege zu beschreiten sein könnten oder – je nach Stand der Technik und Marktdurchdringung – zu beschreiten sein müssten. Viele sehen die Lösung perspektivisch in einer **Gefährdungshaftung** des Herstellers[21] und/oder des Anwenders/Betreibers[22] für Schäden durch intelligente Systeme.[23] Dem wird bisweilen entgegen gehalten, nicht ein verwirklichtes Risiko eines rechtmäßigen Einsatzes sei der Haftungsgrund, sondern ein rechtswidriges Fehlverhalten des Systems.[24] Dies sei statt mit einer Gefährdungshaftung besser mit einer **„digitalen Assistenzhaftung"**, verstanden als strikte Haftung des Prinzipals (Anwender, Betreiber etc.) für ein Fehlverhalten des Systems, zu bewältigen.[25]

10 Bisweilen wird vorgeschlagen, intelligente Systeme mit einer **eigenen Rechtspersönlichkeit** auszustatten und für verursachte Schäden selbst haften zu lassen.[26] Die Überlegenheit einer solchen Eigenhaftung ist indes noch nicht nachgewiesen.[27] Unklar ist insbesondere, aus welchem Vermögen das System seiner (eigenen!) Verpflichtung

[20] Grützmacher CR 2016, 695 (698); Sosnitza CR 2016, 764 (772); Hofmann CR 2020, 282 (Rn. 27); Horner/Kaulartz CR 2016, 7 (14); Eichelberger in Ebers/Heinze/Krügel/Steinrötter Künstliche Intelligenz und Robotik, 2020, § 5 Rn. 72; aA Borges NJW 2018, 977 (982); Borges in Lohsse/Schulze/Staudenmayer Liability for Artificial Intelligence and the Internet of Things, 2019, S. 145 (163). – Das Europäische Parlament vertritt in seiner Entschließung vom 20. Oktober 2020 mit Empfehlungen an die Kommission für eine Regelung der zivilrechtlichen Haftung beim Einsatz künstlicher Intelligenz (2020/2014(INL)) die Auffassung, „dass eine vollständige Überarbeitung der gut funktionierenden Haftungsvorschriften nicht erforderlich ist, aber die Komplexität, Konnektivität, Opazität, Anfälligkeit, die Fähigkeit, durch Aktualisierungen modifiziert zu werden, die Fähigkeit zum eigenständigen Lernen und die potenzielle Autonomie von KI-Systemen sowie die Vielzahl der beteiligten Akteure dennoch eine signifikante Herausforderung darstellen, was die Wirksamkeit der bestehenden Rechtsrahmen auf Unions- und nationaler Ebene im Bereich der Haftung betrifft" (Nr. 6).

[21] S. etwa Spindler in Lohsse/Schulze/Staudenmayer Liability for Artificial Intelligence and the Internet of Things, 2019, S. 125 (136 ff.); Wöbbeking in Kaulartz/Braegelmann Rechtshandbuch Artificial Intelligence und Maschine Learning, 2020, Kap. 4.2 Rn. 17; Zech in Gless/Seelmann Intelligente Agenten und das Recht, 2017, S. 163 (200); Hey Die außervertragliche Haftung des Herstellers autonomer Fahrzeuge bei Unfällen im Straßenverkehr, S. 231 ff. (für autonome Kfz).

[22] S. etwa Schirmer JZ 2016, 660 (665); Schirmer RW 2018, 453 (473 ff.); Schweighofer in Christaller ua Robotik, 2001, S. 154 ff.; Spindler CR 2015, 766 (775 f.); Zech in Gless/Seelmann Intelligente Agenten und das Recht, 2017, S. 163 (201 f.); ebenso für „autonome KI-Systeme mit hohem Risiko" das Europäische Parlament in seiner Entschließung vom 20.10.2020 mit Empfehlungen an die Kommission für eine Regelung der zivilrechtlichen Haftung beim Einsatz künstlicher Intelligenz (2020/2014(INL), Nr. 14) mit einem Entwurf einer „Verordnung über die Haftung für den Betrieb von Systemen mit künstlicher Intelligenz": „Der Betreiber eines KI-Systems mit hohem Risiko unterliegt verschuldensunabhängiger Haftung für alle Personen- oder Sachschäden, die von einer von dem KI-System angetriebenen physischen oder virtuellen Aktivität, Vorrichtung oder Prozess verursacht wurden." (Art. 4 Abs. 1 VO-Entwurf). Dafür hat der Betreiber eine Haftpflichtversicherung abzuschließen (Art. 4 Abs. 4 VO-Entwurf). Zum VO-Entwurf Wagner ZEuP 2021, 545 (550 ff.).

[23] Eingehend Zech Gutachten A zum 73. DJT 2020, A 98 ff.

[24] So Teubner AcP 218 (2018), 155 (192).

[25] S. Teubner AcP 218 (2018), 155 (191 ff.); Hanisch in Hilgendorf Robotik im Kontext von Recht und Moral, 2014, S. 27 (46–59).

[26] Das Europäische Parlament hatte in seiner Entschließung zu zivilrechtlichen Regelungen im Bereich Robotik vom 16.2.2017 (2015/2103(INL), ABl. 2018 C 252/239) die EU-Kommission aufgefordert zu prüfen, „langfristig einen speziellen rechtlichen Status für Roboter zu schaffen, damit zumindest für die ausgeklügeltsten autonomen Roboter ein Status als elektronische Person festgelegt werden könnte, die für den Ausgleich sämtlicher von ihr verursachten Schäden verantwortlich wäre …" (Nr. 59 lit. f). Diese Forderung ist später ausdrücklich aufgegeben worden (s. die Entschließung des Europäischen Parlaments vom 20.10.2020 mit Empfehlungen an die Kommission für eine Regelung der zivilrechtlichen Haftung beim Einsatz künstlicher Intelligenz (2020/2014(INL), Nr. 7). – Aus der Lit. etwa Beck AJP/PJA 2017, 183 (187 ff.); Beck in Hilgendorf/Günther Robotik und Gesetzgebung, 2013, S. 239 (255 ff.); Hilgendorf in Beck Jenseits von Mensch und Maschine, 2012, S. 119 (127 f.); Kluge/Müller in Taeger Smart world – smart law?, 2016, S. 989 (993 ff., 1000 ff.); Wettig Vertragsschluss mittels elektronischer Agenten, 2010, S. 369 ff.

[27] S. etwa Riehm RDi 2020, 42 (Rn. 12 ff.); Denga CR 2018, 69 (77); Eidenmüller ZEuP 2017, 765 (775 f.); Spindler CR 2015, 766 (774 f.); Wagner 88 Fordham L. Rev. 591 ff. (2019); Zech Gutachten A zum 73. DJT 2020, A 96 f.

nachkommen soll.[28] Dieses Vermögen – oder eine Versicherung der Haftpflichtigkeit des Systems – müsste erheblich sein, da andernfalls faktisch eine (dem allgemeinen Deliktsrecht unbekannte) Haftungsbegrenzung einträte, wodurch die haftungsrechtlichen Risiken des Systems auf Dritte, namentlich den Geschädigten verlagert würden, was wiederum zu Fehlanreizen führte.[29] Unklar ist auch, „wer" die **e-Person** ist,[30] namentlich, wenn das System lediglich „in der Cloud" existiert.[31]

Schließlich wird diskutiert, die individuelle Schadensersatzhaftung durch eine (haft- 11 pflichtunabhängige) **Entschädigung** aus einem dafür eingerichteten **Fonds** oder einer **Versicherung** zu ersetzen (→ 2.).

b) Deckung durch eine Haftpflichtversicherung – Beispiel: Autonomes Fah- 12 ren. Wenn die Frage nach einer Haftung für von automatisierten Systemen verursachte Schäden beantwortet ist, stellt sich die Folgefrage, ob diese Haftpflicht von einer etwaigen Haftpflichtversicherung gedeckt ist. Dies bestimmt sich im Grundsatz nach dem Versicherungsvertrag und den Versicherungsbedingungen und bedarf deshalb der Prüfung im konkreten Einzelfall.

Für bestimmte Bereiche gibt es allerdings gesetzliche Vorgaben. Zu nennen ist hier 13 insbesondere das **Pflichtversicherungsgesetz** (PflVG) mit der Kraftfahrzeug-Pflichtversicherungsverordnung (KfzPflVV). § 1 S. 1 PflVG verpflichtet den **Halter eines Kraftfahrzeugs** mit regelmäßigem Standort im Inland, für sich, den Eigentümer und den Fahrer eine Haftpflichtversicherung zur Deckung der durch den Gebrauch des Fahrzeugs verursachten Personenschäden, Sachschäden und sonstigen Vermögensschäden abzuschließen und aufrechtzuerhalten, wenn das Fahrzeug auf öffentlichen Wegen oder Plätzen (iSd § 1 StVG) verwendet wird. Diese Pflicht zum Abschluss und zur Aufrechterhaltung einer **Kfz-Haftpflichtversicherung** soll zum einen dem Geschädigten mit dem Versicherer einen solventen Schuldner geben und zum anderen den Halter (und etwaige weitere versicherte Personen) vor potentiell ruinösen Schadensersatzforderungen bewahren.[32] Mit der Versicherungspflicht des Halters eines Kraftfahrzeugs korrespondiert ein **Kontrahierungszwang** aller im Inland zum Betrieb einer Kfz-Haftpflichtversicherung befugten Versicherungsunternehmen (§ 5 Abs. 2 PflVG), sodass der Halter seinen Versicherungsbedarf decken kann. Im Interesse der Verkehrsunfallgeschädigten und des Versicherten konkretisiert schließlich die auf Grundlage der Ermächtigung in § 4 Abs. 1 PflVG erlassene KfzPflVV den Mindestinhalt der vom Halter zu nehmenden und von den Versicherern anzubietenden Kfz-Haftpflichtversicherung.[33]

Kommt es beim Einsatz eines (teil- oder voll-)automatisierten Fahrzeugs zu einem 14 Schaden, hängt die Eintrittspflichtigkeit der Kfz-Haftpflichtversicherung somit zum einen davon ab, ob der Versicherte für den durch das Fahrzeug verursachten Schaden

[28] Denga CR 2018, 69 (77); Hanisch in Hilgendorf Robotik im Kontext von Recht und Moral, 2014, S. 27 (40); Wagner in Lohsse/Schulze/Staudenmayer Liability for Artificial Intelligence and the Internet of Things, 2019, S. 27 (56); Eichelberger in Ebers/Heinze/Krügel/Steinrötter Künstliche Intelligenz und Robotik, 2020, § 5 Rn. 71.

[29] Spindler CR 2015, 766 (775); Wagner 88 Fordham L. Rev. 591 (609 f.) (2019); Wagner in Lohsse/Schulze/Staudenmayer Liability for Artificial Intelligence and the Internet of Things, 2019, S. 27 (56 ff.); Hanisch in Hilgendorf Robotik im Kontext von Recht und Moral, 2014, S. 27 (40); Eichelberger in Ebers/Heinze/Krügel/Steinrötter Künstliche Intelligenz und Robotik, 2020, § 5 Rn. 71.

[30] Riehm RDi 2020, 42 (Rn. 15–18); Spindler CR 2015, 766 (775).

[31] Eichelberger in Ebers/Heinze/Krügel/Steinrötter Künstliche Intelligenz und Robotik, 2020, § 5 Rn. 71.

[32] Feyock in Feyock/Jacobsen/Lemor Kraftfahrversicherung, 3. Aufl. 2009, PflVG Vor § 1 Rn. 15 f.; Koch in Bruck/Möller VVG, Bd. 12, 9. Aufl. 2018, PflVG § 1 Rn. 2.

[33] S. Feyock in Feyock/Jacobsen/Lemor Kraftfahrversicherung, 3. Aufl. 2009, PflVG § 4 Rn. 1; Koch in Bruck/Möller VVG, Bd. 12, 9. Aufl. 2018, KfzPflVV Vor §§ 1–11 Rn. 1, 6–8.

haftpflichtig ist, und zum anderen, ob die genommene Kfz-Haftpflichtversicherung diese Haftpflicht deckt.[34]

15 **(1) Haftung.** Der **Halter eines Kraftfahrzeugs haftet** nach § 7 Abs. 1 StVG **verschuldensunabhängig** für „bei dem Betrieb" des Kraftfahrzeugs verursachte Personen- und Sachschäden. Das ist praktisch „der Preis dafür, dass durch die Verwendung eines Kfz erlaubterweise eine Gefahrenquelle eröffnet wird" und soll deshalb „alle durch den Kfz-Verkehr beeinflussten Schadensabläufe erfassen".[35] Die Haftung aus § 7 Abs. 1 StVG trifft den Halter eines automatisierten Kraftfahrzeugs nicht anders als bei einem konventionellen Fahrzeug.[36] Fehlfunktionen des Kraftfahrzeugs, auch wenn sie auf einem Produktfehler beruhen, stehen der Halterhaftung deshalb grundsätzlich nicht entgegen, denn es handelt sich dabei regelmäßig nicht um „höhere Gewalt".[37] Im Zusammenhang mit dem autonomen Fahren diskutiert wird lediglich, ob im Falle schadensursächlicher Fehlfunktionen externer Systeme (bspw. Kommunikationsverbindung,[38] GPS-Signal[39] etc.) oder gezielter Angriffe „von außen" („Hackerangriffe")[40] auf das Fahrzeug selbst oder auf betriebsnotwendige Infrastruktur von haftungsausschließender „höherer Gewalt" (§ 7 Abs. 2 StVG) auszugehen sein könnte, bzw. ob in solchen Fällen der Haftungsschluss bei der vom Halter nicht verschuldeten unbefugten Fahrzeugbenutzung (§ 7 Abs. 3 S. 1 Alt. 1 StVG) – direkt oder dem Rechtsgedanken nach –[41] in Betracht kommt.[42] Bloße Fehlfunktionen der Steuerung des automatisierten Kraftfahrzeugs, einschließlich der Verwirklichung des Intelligenzrisikos, lassen die Halterhaftung dagegen stets unberührt.[43]

16 Der (vom Halter verschiedene) **Fahrzeugführer haftet wie der Halter**, kann sich aber durch den **Nachweis fehlenden Verschuldens entlasten** (§ 18 Abs. 1 StVG). Die Fahrzeugführereigenschaft endet nicht mit der Aktivierung einer hoch- oder vollautomatischen Fahrfunktion (§ 1a Abs. 4 StVG), es ändert sich lediglich das Pflichtenprogramm (s. § 1b StVG).[44] Schließlich kommt eine Haftung des Fahrers und/oder Halters nach § 823 BGB in Betracht.

17 **(2) Versicherung.** Die **Kfz-Haftpflichtversicherung** umfasst – den Vorgaben der § 1 S. 1 PflVG, § 2 Abs. 1 KfzPflVV entsprechend – die Befriedigung begründeter und die Abwehr unbegründeter Schadensersatzansprüche, die „durch den Gebrauch" des versicherten

[34] Eingehend dazu Eichelberger in Oppermann/Stender-Vorwachs Autonomes Fahren, 2. Aufl. 2020, Kap. 3.1.3 Rn. 6 ff.

[35] BGH NJW 2017, 1173 Rn. 13; BGHZ 208, 140 Rn. 11 = NJW 2016, 1162; BGH NJW 1988, 2802.

[36] Buck-Heeb/Dieckmann in Oppermann/Stender-Vorwachs Autonomes Fahren, 2. Aufl. 2020, Kap. 3.1.1 Rn. 7–22; Borges CR 2016, 272 (274); Hammel Haftung und Versicherung bei Personenkraftwagen mit Fahrerassistenzsystemen, 2016, S. 29 ff.; Freise VersR 2019, 65 (68); Pütz/Maier r+s 2019, 444 (445); Jänich/Schrader/Reck NZV 2015, 313 (315).

[37] S. Begr. RegE zum 2. SchadensersatzrechtsänderungsG, BT-Drs. 14/7752, 30; Burmann in Burmann/Heß/Hühnermann/Jahnke Straßenverkehrsrecht, 27. Auflage 2022, StVG § 7 Rn. 17; Walter in BeckOGK, 1.9.2019, StVG § 7 Rn. 150.1.

[38] Vorsichtig bejahend Koch VersR 2018, 901 (905).

[39] Erwägend König JR 2017, 323 (325).

[40] Vorsichtig bejahend Koch VersR 2018, 901 (905); erwägend Ternig zfs 2016, 303 (306); ablehnend Schartel/Stadler in Kompaß Methodenentwicklung für Aktive Sicherheit und Automatisiertes Fahren, 2016, S. 229 (234); Stadler 33. und 34. Münsterischer Versicherungstag, 3 (14); Freise VersR 2019, 65 (69); Pütz/Maier r+s 2019, 444 (445 f.).

[41] Dies (de lege ferenda) erwägend Gless/Janal JR 2016. 561 (571 f.); ablehnend Pütz/Maier r+s 2019, 444 (446).

[42] S. Eichelberger in Oppermann/Stender-Vorwachs Autonomes Fahren, 2. Aufl. 2020, Kap. 3.1.3 Rn. 7.

[43] Hammel/Wandt Haftung und Versicherung bei Personenkraftwagen mit Fahrerassistenzsystemen, 2016, S. 37; Jänich/Schrader/Reck NZV 2015, 313 (315); Sosnitza CR 2016, 764 (768); kritisch Schirmer RW 2018, 453 (457 ff.).

[44] Näher Eichelberger in Oppermann/Stender-Vorwachs Autonomes Fahren, 2. Aufl. 2020, Kap. 3.1.3 Rn. 8.

Fahrzeugs entstanden sind (vgl. A.1.1.1–3 AKB 2015[45]). Der Begriff des „Gebrauchs" des versicherten Fahrzeugs umfasst den des „Betriebs" iSd §7 StVG und reicht noch darüber hinaus.[46] Er bestimmt sich nach dem Interesse des Versicherten daran, durch den Einsatz eines Kraftfahrzeugs nicht mit Haftpflichtansprüchen belastet zu werden,[47] sodass letztlich allein entscheidend ist, ob der Schadensfall mit dem Gefahrenbereich, für den der Versicherer deckungspflichtig ist, in einem haftungsrechtlich relevanten Zusammenhang steht, ob sich also die von dem Kraftfahrzeug als solchem ausgehende Gefahr auf den Schadensablauf ausgewirkt hat.[48] Das ist bei Schäden aus der Teilnahme mit einem automatisierten Fahrzeug am Straßenverkehr der Fall und es besteht Deckung in der Kfz-Haftpflichtversicherung.[49]

Inhaltliche Einschränkungen des Versicherungsschutzes sowie Vereinbarungen über **Obliegenheiten** und der Folgen deren Verletzung sind im Interesse eines wirksamen und weitgehend standardisierten Versicherungsschutzes in der Kfz-Haftpflichtversicherung nur im Rahmen der engen Vorgaben der §§4, 5 KfzPflVV möglich.[50] So ist insbesondere ein genereller Ausschluss des Versicherungsschutzes für Schäden durch „autonome" Fahrzeuge oder „autonome" Fahrten unzulässig.[51] 18

Der durch einen Verkehrsunfall Geschädigte kann seinen Schadensersatzanspruch unmittelbar gegen den Kfz-Haftpflichtversicherer geltend machen (§115 Abs. 1 S. 1 Nr. 1 VVG, sog. „**Direktanspruch**"). Dies sorgt für eine einfache Regulierung im Schadensfall. Im Interesse des Geschädigtenschutzes[52] besteht dieser Anspruch gegen den Versicherer grundsätzlich selbst dann, wenn dieser im Innenverhältnis gegenüber dem Versicherungsnehmer bzw. der versicherten Person ganz oder teilweise von seiner Haftung frei ist (§117 VVG). 19

(3) Zwischenfazit. Dieses jahrzehntelang bewährte System aus strikter Halterhaftung gegenüber dem Unfallgeschädigten (§7 Abs. 1 StVG) und Pflicht-Haftpflichtversicherung (§1 PflVG) mit definiertem Inhalt sowie einem Direktanspruch des Geschädigten gegen den Versicherer ist somit auch beim autonomen Fahren sowohl in der Lage, die effektive Entschädigung des beim Betrieb eines autonomen Kraftfahrzeugs Geschädigten sicherzustellen als auch den Halter und Fahrer vor ruinösen Schadensersatzforderungen zu schützen, ohne dass es dazu legislativer Eingriffe bedurft hätte.[53] Das ist, wie ein Blick ins Ausland zeigt, keineswegs selbstverständlich.[54] 20

[45] Allgemeine Bedingungen für die Kfz-Versicherung (Musterbedingungen des Gesamtverbands der Deutschen Versicherungswirtschaft eV), mit Stand 28.05.2021.

[46] S. BGHZ 192, 261 Rn. 7 = NJW 2012, 1951; BGH NJW-RR 1995, 215 (216); BGHZ 78, 52 (53) = NJW 1980, 2525 (2526); BGHZ 75, 45 (48) = NJW 1979, 2408 (2409); Halbach in Rüffer/Halbach/Schimikowski VVG, 4. Aufl. 2020, PflVG §1 Rn. 10; Feyock in Feyock in Feyock/Jacobsen/Lemor Kraftfahrversicherung, 3. Aufl. 2009, PflVG §1 Rn. 9; Maier in MüKoVVG, Bd. 3, 2. Aufl. 2017, Kraftfahrzeug-Haftpflichtversicherung Rn. 26.

[47] BGHZ 192, 261 Rn. 7 = NJW 2012, 1951; BGH NJW-RR 1995, 215 (216); BGHZ 75, 45 (48) = NJW 1979, 2408 (2409).

[48] BGH NJW-RR 1995, 215 (216); BGHZ 75, 45 (48) = NJW 1979, 2408 (2409).

[49] Ebenso Armbrüster in Gless/Seelmann Intelligente Agenten und das Recht, 2017, S. 205 (216); Greger NZV 2018, 1 (5); Singler NZV 2017, 353 (354); in Bezug auf Fahrerassistenzsysteme Hammel/Wandt Haftung und Versicherung bei Personenkraftwagen mit Fahrerassistenzsystemen, 2016, S. 238–243; Hammel VersR 2016, 281 (282); ferner Vogt NZV 2003, 153 (157); zum schweiz. Recht Lohmann/Rusch HAVE 2015, 349 (352).

[50] Eingehend dazu sowie zur vorsätzlichen Herbeiführung des Versicherungsfalls und zur Gefahrerhöhung Eichelberger in Oppermann/Stender-Vorwachs Autonomes Fahren, 2. Aufl. 2020, Kap. 3.1.3 Rn. 19 ff.

[51] Eichelberger in Oppermann/Stender-Vorwachs Autonomes Fahren, 2. Aufl. 2020, Kap. 3.1.3 Rn. 20; in Bezug auf den Einsatz von Fahrerassistenzsystemen Hammel/Wandt, Haftung und Versicherung bei Personenkraftwagen mit Fahrerassistenzsystemen, 2016, S. 243; Hammel VersR 2016, 281 (282).

[52] S. dazu Schneider in MüKoVVG, Bd. 2, 2. Aufl. 2017, VVG §117 Rn. 1.

[53] Ebenso König JR 2017, 323 (329, 331); Nehm JZ 2018, 398 (400): „geradezu ideale Lösung für die Haftungsprobleme des autonomen Fahrens"; Pataki DAR 2018, 133 (135); Schartel/Stadler in Kompaß Methodenentwicklung für Aktive Sicherheit und Automatisiertes Fahren, 2016, S. 229 (231, 238); Stadler 33. und 34. Münsterischer Versicherungstag, 3 (4 f.).

[54] S. etwa Pehm IWRZ 2018, 259 ff. und Schubert PHi 2018, 210 ff.

21 **c) Erstreckung auf weitere automatisierte Systeme.** Dies vor Augen erhebt sich die Frage, ob die – praktisch sehr gut funktionierende – Haftung und Versicherung im Bereich des automatisierten Fahrens die **Blaupause** für andere oder gar sämtliche automatisierten Systeme sein kann. Die Straßenverkehrshaftung funktioniert jedoch insbesondere deshalb so gut, weil sie den Halter des Kraftfahrzeugs einer weitgefassten Gefährdungshaftung unterwirft. Ob die schadensursächliche Fehlfunktion des Fahrzeugs auf einem Fehler des Fahrzeugführers oder einem Fehler des Herstellers beruht, kann deshalb im Außenverhältnis gegenüber dem Geschädigten offenbleiben. Diese Frage wird erst (und nur) relevant, wenn es um einen Regress – typischerweise des leistungspflichtigen Haftpflichtversicherers – gegen den Fahrer bzw. den Hersteller bzw. sonstige möglicherweise haftpflichtige Dritte (Zulieferer, Telematikanbieter etc.) geht.[55]

22 Um andere automatisierte Systeme in gleicher Weise zu erfassen, müsste somit auch für diese eine **ähnlich einfache und effektiv wirkende Haftung** – wohl in Form einer Gefährdungshaftung (oder gar einer von der Verwirklichung einer spezifischen Gefahr unabhängigen Kausalhaftung) – etabliert werden, sodass stets und unkompliziert eine haftpflichtige Person für etwaige Schäden in Anspruch genommen werden kann. Dies wirft eine Vielzahl von haftungsrechtlichen Fragen auf, etwa nach dem Grund einer solch weitreichenden Haftung, der erfassten Gefahren bzw. Systeme, der Person des Haftpflichtigen usw.[56]

23 Auf Grundlage einer solchen Haftung wäre dann weiter zu prüfen, ob zugleich eine **Versicherungspflicht** des Haftpflichtigen einzuführen ist, die im Haftungsfall sicherstellt, dass der Geschädigte seinen Schadensersatzanspruch auch tatsächlich und unproblematisch realisieren kann und zugleich das Haftungsrisiko des Haftpflichtigen begrenzt.[57]

24 Ob diese haftungs- und versicherungsrechtlichen Fragen mit Blick auf die sich schon jetzt abzeichnende Vielgestaltigkeit automatisierter Systeme tatsächlich für alle Systeme gleich beantwortet werden können, ist freilich offen. Näher dürfte liegen, **differenzierend** vorzugehen.[58] Kriterien wären insbesondere **Art, Umfang und Häufigkeit der drohenden Schäden** sowie deren sachgerechte Erfassung bereits durch das bestehende Haftungsrecht.[59] Dabei sind auch die **Transaktionskosten** für den Erwerb und die Überwachungskosten hinsichtlich des Bestands von (Pflicht-)Versicherungsschutz zu berücksichtigen. Transaktionskosten für den Erwerb mögen bei der Kfz-Haftpflichtversicherung mit Blick auf die nicht unerhebliche und deshalb eher nicht alltägliche Investition nicht nennenswert ins Gewicht fallen. Zudem ist die notwendige Zulassung des Fahrzeugs zur Benutzung im Straßenverkehr an die Vorlage einer Versicherungsbestätigung geknüpft (s. § 3 Abs. 1 S. 2 FZV). Schließlich ist ein Verstoß gegen die Versicherungspflicht strafbewehrt (§ 6 PflVG). Bei einem autonomen Rasenmäh- oder Staubsauger-Roboter ist das dagegen kaum praktikabel. Hier liegt es tatsächlich näher, beispielsweise den Hersteller in die Pflicht zu nehmen, sodass der Roboter (nur) bereits mit Haftpflichtversicherungsschutz ausgestattet auf den Markt kommt.[60] Die Kosten der durch ihn zugunsten des Haftpflichtigen (wer auch immer das ist) erworbenen Haftpflichtversicherung kann der Hersteller dann über den Verkaufspreis auf den Erwerber des Geräts abwälzen; diese Kosten trägt der Erwerber bzw. der Halter/Fahrer ohnehin stets, und zwar unabhängig davon, wer den

[55] S. dazu Eichelberger in Oppermann/Stender-Vorwachs Autonomes Fahren, 2. Aufl. 2020, Kap. 3.1.3 Rn. 68 ff.

[56] S. dazu Zech Gutachten A zum 73. DJT 2020, A 98 ff.

[57] Allg. zu den Gründen für eine obligatorische Haftpflichtversicherung s. Brand in MüKoVVG, Bd. 2, 2. Aufl. 2017, VVG Vor §§ 113–124 Rn. 3 ff. Zu Detailfragen einer solchen Haftpflichtversicherung s. Sigulla/Visser PHi 2018, 198 ff.

[58] Ebenso Ebert in Ebers/Heinze/Krügel/Steinrötter Künstliche Intelligenz und Robotik, 2020, § 16 Rn. 37 f.

[59] Ebert in Ebers/Heinze/Krügel/Steinrötter Künstliche Intelligenz und Robotik, 2020, § 16 Rn. 38.

[60] S. Eichelberger in Ebers/Heinze/Krügel/Steinrötter Künstliche Intelligenz und Robotik, 2020, § 5 Rn. 68.

Versicherungsschutz beschafft.[61] Schließlich gilt es den Einfluss des haftungs- und versicherungsrechtlichen Umfelds auf die Innovationskraft im Blick zu behalten.[62]

2. Haftpflichtunabhängige Entschädigung?

Die bislang erörterten Möglichkeiten basieren durchweg darauf, dass für einen Schaden eine haftpflichtige Person identifiziert und diese (bzw. ihr Versicherer) sodann auf Ersatz des verursachten Schadens in Anspruch genommen werden kann. Ein grundlegend anderer Ansatz besteht nun darin, die **Entschädigung in den Vordergrund zu rücken** und die Suche nach einer individuellen Haftung durch eine allein durch die (bedingungsgemäße) Beeinträchtigung von Rechtsgütern ausgelöste Ersatzleistung aus einem „**Haftungsfonds**" oder einer Versicherung zu ersetzen. Für den Geschädigten entfällt die sonst notwendige Suche nach dem dafür Haftpflichtigen. Stattdessen leistet ein Fonds oder eine Versicherung unmittelbar. Solche Systeme sind nicht unbekannt. So werden hierzulande beispielsweise Arbeitsunfälle (§ 8 SGB VII) ohne Frage nach einem dafür Haftpflichtigen durch die gesetzliche Unfallversicherung (SGB VII) entschädigt.[63] Im Gegenzug wird der Arbeitgeber, der diese Versicherung mit seinen Beiträgen finanziert (§ 150 SGB VII), von der zivilrechtlichen Haftung für die Folgen dieses Arbeitsunfalls freigestellt (§ 104 SGB VII). Im Ausland finden sich speziell für Straßenverkehrsunfälle verschiedentlich sog. „No-fault-compensation"-Systeme.[64] **25**

Eine solche haftpflichtunabhängige Entschädigung nach dem Vorbild der gesetzlichen Unfallversicherung wird auch für Schäden durch digitale Systeme („KI-Unfälle") vorgeschlagen oder erwogen.[65] In einer solchen „**KI-Unfallversicherung**" wäre jedermann gegen Schäden an Leib und Leben sowie Eigentum aus der Verwirklichung der besonderen Risiken digitaler autonomer Systeme versichert.[66] Zugleich wäre eine Haftung des Herstellers, Betreibers, Nutzers etc. – von vorsätzlicher Verursachung abgesehen – ausgeschlossen.[67] Finanziert werden könne die Versicherung entweder durch die Hersteller und die professionellen Betreiber digitaler Systeme oder durch diejenigen, die aus der Anwendung solcher Systeme Nutzen ziehen.[68] Der Vorteil einer solchen haftungsersetzenden Unfallversicherung wird neben der Vermeidung andernfalls drohender Haftungslücken[69] und der Behebung von Beweisproblemen[70] auch in der Technikförderung gesehen.[71] **26**

Ob eine solche KI-Unfallversicherung einem haftungsbasierten System überlegen ist, bedarf indes weiterer Untersuchung. Zur Entschädigung mag sie durchaus geeignet sein, wenngleich nicht sicher ist, dass die Entschädigungsleistungen sämtliche Schäden werden **27**

---

[61] Wagner AcP 217 (2017), 707 (762).

[62] Ebert in Ebers/Heinze/Krügel/Steinrötter Künstliche Intelligenz und Robotik, 2020, § 16 Rn. 38.

[63] S. Kötz/Wagner Deliktsrecht, 14. Aufl. 2021, Kap. 8 Rn. 86.

[64] Dazu Pehm IWRZ 2018, 259 (261) mwN, speziell zum neuseeländischen Accident Compensation Scheme s. Bitterich RabelsZ 67 (2003), 494 ff.; s. ferner jüngst den „Automated and Electric Vehicles Act 2018" des Vereinigten Königreichs (dazu Schubert PHi 2018, 210 ff.), der eine unmittelbare Haftung des Versicherers („liability of first instance") für durch automatisierte Kraftfahrzeuge verursachte Unfallschäden vorsieht (sec. 2).

[65] Insb. von Zech Gutachten A zum 73. DJT 2020, A 107 ff.; ferner Borges in Lohsse/Schulze/Staudenmayer Liability for Artificial Intelligence and the Internet of Things, 2019, S. 145 (158 ff.); Janal in Gless/Seelmann Intelligente Agenten und das Recht, 2017, S. 141 (157). S. auch Nr. 59 der Entschließung des Europäischen Parlaments zu zivilrechtlichen Regelungen im Bereich Robotik vom 16.2.2017 (2015/2103(INL), ABl. 2018 C 252/239).

[66] Zech Gutachten A zum 73. DJT 2020, A 107.

[67] Zech Gutachten A zum 73. DJT 2020, A 109.

[68] Zech Gutachten A zum 73. DJT 2020, A 109.

[69] Borges in Lohsse/Schulze/Staudenmayer Liability for Artificial Intelligence and the Internet of Things, 2019, S. 145 (159).

[70] Borges in Lohsse/Schulze/Staudenmayer Liability for Artificial Intelligence and the Internet of Things, 2019, S. 145 (159 f.); Zech Gutachten A zum 73. DJT 2020, A 110.

[71] Zech Gutachten A zum 73. DJT 2020, A 110.

abdecken können.[72] Infolge der Trennung zwischen Schadensverursachung und Schadenswiedergutmachung fehlen jedoch Anreize zu schadensvermeidendem Verhalten,[73] und zwar bei allen Beteiligten. Diese Anreize müssten deshalb auf anderem Wege, etwa durch ein Bonus-/Malus-System beim Beitrag, eine Selbstbeteiligung oder durch Regressmöglichkeiten, künstlich erzeugt werden.[74] Dies würde aber den zentralen Vorteil, den Verzicht auf die Anknüpfung an eine individuelle Haftung, mindestens teilweise wieder zunichtemachen. Insofern dürften solche Fondslösungen allenfalls für sehr spezielle Anwendungsfälle Mittel der Wahl sein.[75]

II. Schäden an automatisierten Systemen

28 Automatisierte Systeme kommen nicht nur als Schadensursache in Betracht, sondern können selbst in ihrer Substanz oder Funktion beeinträchtigt werden. Dafür stellt sich ebenfalls die Frage nach der Versicherbarkeit.

1. Neue Risiken

29 Von besonderer Bedeutung ist diese hier deshalb, weil automatisierte Systeme neuen, spezifischen Risken („**Emerging Risks**") ausgesetzt sind.[76] Es drohen insbesondere Funktionsbeeinträchtigungen oder Systemausfälle durch Schadsoftware (Viren, Verschlüsselungstrojaner etc.) oder Hackerangriffe (beispielsweise durch sog. Distributed Denial of Service (DDoS)-Angriffe)[77], aber auch durch Fehlverhalten der Benutzer, betriebsnotwendige und/oder sensible Daten können verloren gehen, beispielsweise zum Zwecke der Erpressung von Lösegeld verschlüsselt werden, oder zum Zwecke der illegalen Weiterverwertung (Personendaten, Geschäftsgeheimnisse etc.) gezielt entwendet werden und vieles mehr.[78] Ebenso vielfältig können die Folgen solcher Ereignisse sein. Zunächst sind physische Schäden an (anderen) Einrichtungen denkbar, etwa indem eine manipulierte Steuerung andere Maschinenteile überlastet und dadurch beschädigt.[79] Vor allem aber drohen finanzielle Einbußen durch Betriebsunterbrechungen, die Belastung mit Instandsetzungs- und Wiederherstellungskosten für IT-Systeme und Daten sowie durch Image- oder Reputationsschäden.[80] Weiter kommen vertragliche und außervertragliche

[72] Vgl. Kötz/Wagner Deliktsrecht, 14. Aufl. 2021, Kap. 8 Rn. 76, in Bezug auf Erfahrungen mit der allgemeinen Unfallversicherung in den Niederlanden.

[73] Wagner VersR 2020, 717 (741); Armbrüster in Gless/Seelmann Intelligente Agenten und das Recht, 2017, S. 205 (222); Borges in Lohsse/Schulze/Staudenmayer Liability for Artificial Intelligence and the Internet of Things, 2019, S. 145 (162). – Beispielhaft wird dafür die deutliche Zunahme von Verkehrsunfällen nach der weitgehenden Ersetzung der individuellen Schadensersatzhaftung bei Verkehrsunfällen durch eine kollektive Unfallversicherung in der kanadischen Provinz Quebec genannt, s. Devlin 10 Int'l Rev. L. & Econ. 193 ff. (1990); Schäfer/Ott Lehrbuch der ökonomischen Analyse des Zivilrechts, 6. Aufl. 2021, Kap. 5.3 (S. 168 f.).

[74] Vgl. Zech Gutachten A zum 73. DJT 2020, A 109.

[75] Ebenso Hanisch in Hilgendorf Robotik im Kontext von Recht und Moral, 2014, S. 27 (43). Generell ablehnend Europäisches Parlament, Entschließung vom 20. Oktober 2020 mit Empfehlungen an die Kommission für eine Regelung der zivilrechtlichen Haftung beim Einsatz künstlicher Intelligenz (2020/2014(INL), Nr. 24).

[76] Armbrüster Privatversicherungsrecht, 2. Aufl. 2019, Rn. 2103; Wrede/Freers/Graf von der Schulenburg ZVersWiss 107 (2018), 405 ff.; Ebert in Ebers/Heinze/Krügel/Steinrötter Künstliche Intelligenz und Robotik, 2020, § 16 Rn. 25.

[77] Bsp.: DDoS-Angriff auf die Website der Lufthansa im Jahr 2001 (dazu AG Frankfurt/Main MMR 2005, 863; Eichelberger DuD 2006, 490).

[78] S. Achenbach VersR 2017, 1493 (1493 f.); Mehrbrey/Schreibauer MMR 2016, 75 (75 f.); Spindler in Beckmann/Matusche-Beckmann Versicherungsrechts-Handbuch, 3. Aufl. 2015, § 40 Rn. 13 ff.; Wrede/Freers/Graf von der Schulenburg ZVersWiss 107 (2018), 405 (408 ff.).

[79] So geschehen durch den Computerwurm Stuxnet, der gezielt bestimmte Steuerungssysteme manipulierte und dadurch bspw. Zentrifugen einer Anreicherungsanlage für Uran beschädigte. Dazu Zetter Countdown to Zero Day, Stuxnet and the Launch of the World's First Digital Weapon, 2014.

[80] S. Achenbach VersR 2017, 1493 (1494).

Ansprüche Dritter gegen den vom Cyber-Angriff Betroffenen in Betracht, etwa weil dieser eine dem Dritten versprochene Leistung infolge der Beeinträchtigung seiner Systeme nicht vertragsgemäß erbracht hat oder weil die Systembeeinträchtigung auf sonstige Weise in die Sphäre Dritter eingewirkt hat.[81] Speziell der heute allgegenwärtige Umgang mit personenbezogenen Daten birgt ein erhebliches Haftungsrisiko (s. Art. 82 DSGVO).[82]

2. Cyber-Versicherung

Weil diese „**Cyber-Risiken**" in den klassischen Industrieversicherungen nicht ausreichend gedeckt waren,[83] zugleich aber erheblicher Bedarf an besserem Schutz bestand, entwickelte die Versicherungswirtschaft sog. „**Cyber-Versicherungen**" unterschiedlichen Inhalts.[84] Seit 2017 gibt es mit den vom Gesamtverband der Deutschen Versicherungswirtschaft eV entwickelten „Allgemeinen Versicherungsbedingungen für die Cyberrisiko-Versicherung" (**AVB Cyber**)[85] (unverbindliche) Musterbedingungen. Eine Besonderheit der Cyber-Versicherung besteht darin, dass sie spartenübergreifend Elemente verschiedener Versicherungen nach Wunsch des Kunden kombiniert.[86] Die Cyber-Versicherung ergänzt den Schutz anderer Versicherungen, ersetzt diese aber nicht. Verursacht eine Informationssicherheitsverletzung beispielsweise einen Sachschaden beim Versicherungsnehmer, so ist – wegen der Begrenzung auf Vermögensschäden (A1-3 AVB Cyber) – in der Cyber-Versicherung (Eigenschaden-Baustein) weder dieser selbst, noch eine aus dem Sachschaden resultierende Betriebsunterbrechung versichert, sondern bedarf anderweitiger Deckung.[87] Ohnehin müssen die Versicherungsbedingungen in jedem Einzelfall betrachtet werden, da das Angebot an Cyberrisiko-Versicherungen sehr heterogen ist.[88] 30

a) Basisbaustein (A1 AVB Cyber). Gegenstand der Cyber-Versicherung nach den AVB Cyber sind durch eine **Informationssicherheitsverletzung** verursachte Vermögensschäden (A1-1 AVB Cyber). Informationssicherheitsverletzung ist definiert als Beeinträchtigung der Verfügbarkeit, Integrität oder Vertraulichkeit von elektronischen Daten – das umfasst auch Software und Programme (A1-2.3 AVB Cyber) – des Versicherungsnehmers oder von informationsverarbeitenden Systemen, die er zur Ausübung seiner betrieblichen oder beruflichen Tätigkeit nutzt (A1-2.1 AVB Cyber). Unerheblich ist, ob sich die Daten oder die datenverarbeitenden Systeme im unmittelbaren Verfügungsbereich des Versicherungsnehmers oder bei einem externen Dienstleister befinden (A1-2.2 Abs. 1 AVB Cyber). Damit sind Angriffe auf „in der Cloud" laufende automatisierte Systeme genauso erfasst wie solche auf beim Versicherungsnehmer selbst betriebene Systeme. Das ist mit Blick auf das zunehmende Outsourcing von IT zu Dienstleistern („Cloud Computing"), die dann die Software auf ihren Systemen laufen lassen und dem Kunden als Dienstleistung über ein Datennetz zur Verfügung stellen („Software as a Service" – „SaaS"), überhaupt nur vom Unternehmen benötigte Funktionen als Dienstleistung anbieten („Function as a Service" – „FaaS") oder gar die gesamte IT-Infrastruktur virtualisieren („Infrastructure as a Service" – „IaaS"), richtig, da andernfalls Deckungslücken drohen. Ausgeschlossen sind jedoch Schäden, die infolge des Ausfalls, der Unterbrechung oder Störung der externen Dienstleistung entstehen (A1-2.2 S. 2 AVB Cyber). Dies soll zum einen Kumulrisiken, die durch den Ausfall eines für verschiedene Versicherungsnehmer tätigen Dienstleisters drohen, reduzieren, zum anderen das Leistungsrisiko des Dienst- 31

[81] S. Mehrbrey/Schreibauer MMR 2016, 75 (80 f.).

[82] Speziell zum immateriellen Schadensersatz bei Datenschutzverstößen s. Eichelberger FS Taeger, 2020, 137 und WRP 2021, 159.

[83] S. Achenbach VersR 2017, 1493 (1494 ff.); Erichsen CCZ 2015, 247 (249 f.).

[84] Zu Entwicklung s. Lomen in Andelfinger/Hänisch Industrie 4.0, 2017, Kap. 9.4 (S. 114 ff.).

[85] Stand: April 2017.

[86] Armbrüster Privatversicherungsrecht, 2. Aufl. 2019, Rn. 2104.

[87] Armbrüster Privatversicherungsrecht, 2. Aufl. 2019, Rn. 2122.

[88] Armbrüster Privatversicherungsrecht, 2. Aufl. 2019, Rn. 2127.

leisters aus der Cyber-Versicherung der Kunden dieses Dienstleisters herausnehmen.[89] Das kann freilich zu erheblichen Abgrenzungsproblemen in der Praxis führen.[90]

32 Die Informationssicherheitsverletzung muss **ausgelöst** werden durch Angriffe auf elektronische Daten oder informationsverarbeitende Systeme des Versicherungsnehmers, durch unberechtigte Zugriffe auf elektronische Daten des Versicherungsnehmers, durch Eingriffe in informationsverarbeitende Systeme des Versicherungsnehmers, durch eine Handlung oder Unterlassung, die zu einer Verletzung von datenschutzrechtlichen Vorschriften durch den Versicherungsnehmer führt oder durch Schadprogramme, die auf elektronische Daten oder informationsverarbeitende Systeme des Versicherungsnehmers wirken (A1-2.4 AVB Cyber). Es ist demnach nicht notwendig, dass es sich um Angriffe „von außen" oder um bewusst schädigende Verhaltensweisen handelt, erfasst sind auch „von innen" wirkende Eingriffe wie Fehlbedienungen durch rechtmäßige Benutzer des Systems.[91]

33 Die Informationssicherheitsverletzung muss einen **Vermögensschaden** verursacht haben, also einen Schaden, der weder Personenschaden (Tötung, Verletzung des Körpers oder Schädigung der Gesundheit von Menschen), noch Sachschaden (Beschädigung, Verderben, Vernichtung oder Abhandenkommen von Sachen) ist, noch sich unmittelbar aus solchen Schäden herleitet (A1-3 AVB Abs. 1 Cyber). Daten (und damit auch Software und Programme, s. A1-2.3 AVB Cyber) sind keine Sachen (A1-3 Abs. 2 S. 1 AVB Cyber);[92] ihr Verlust infolge des Abhandenkommens von Sachen ist als Vermögensschaden versichert (A1-3 Abs. 2 S. 2 AVB Cyber).

34 **Versicherungsfall** ist der erstmals nachprüfbar festgestellte Schaden nach A1-1 AVB Cyber (A1-4 AVB Cyber). Es muss sich also infolge einer durch ein bedingungsgemäßes Ereignis (A1-2.4 AVB Cyber) ausgelösten Informationssicherheitsverletzung (A1-2.1 AVB Cyber) ein Vermögensschaden (A1-3 AVB Cyber) manifestiert haben. Infolge dieses Manifestationsprinzips ist es unerheblich, zu welchem – häufig nicht sicher feststellbaren – Zeitpunkt die Informationssicherheit verletzt, etwa der Virus eingeschleppt oder der Hackerangriff durchgeführt wurde; entscheidend ist, wann der dadurch verursachte Vermögensschaden erstmals auf Grundlage von Tatsachen nachprüfbar festgestellt wird.[93]

35 **Allgemeine Ausschlüsse** vom Versicherungsschutz regelt A1-17 AVB Cyber. So sind beispielsweise Schäden aus behördlichen Vollstreckungen oder Anordnungen, Strafen, Bußgelder, Punitive und Exemplary Damages gegen den Versicherungsnehmer ausgeschlossen, sofern keine abweichenden Regelungen getroffen sind (A1-17.11 AVB Cyber). Dies betrifft beispielsweise Bußgelder wegen im Zusammenhang mit Informationssicherheitsverletzungen häufig naheliegenden Datenschutzverletzungen, die bekanntlich eine ganz erhebliche Höhe erreichen können (Art. 83 DSGVO). Inwieweit hier abweichende, das heißt solche Bußgelder einbeziehende vertragliche Regelungen – wie sie am Markt durchaus zu finden sind – rechtlich zulässig sind, ist bislang nicht abschließend geklärt.[94]

36 **b) Deckungsumfang (A2 bis A4 AVB Cyber).** Welche Vermögensschäden genau von der Cyber-Versicherung umfasst sind, richtet sich nach den verschiedenen Bausteinen. Der **Service und Kosten-Baustein** (A2 AVB Cyber) umfasst zunächst Forensik- und

[89] Malek/Schilbach VersR 2019, 1321 (1327).

[90] Näher Malek/Schilbach VersR 2019, 1321 (1327 ff.).

[91] Armbrüster Privatversicherungsrecht, 2. Aufl. 2019, Rn. 2111.

[92] So auch die ganz hM zum Sachbegriff des BGB: „nur körperliche Gegenstände" (§ 90 BGB), s. Stresemann in MüKoBGB, Bd. 1, 9. Aufl. 2021, BGB § 90 Rn. 25; s. ferner Günther VersR 2018, 205 ff.

[93] Malek/Schütz r+s 2019, 421 (425). – Insbesondere hinsichtlich des Haftpflicht-Bausteins sehen die konkret am Markt verwendeten Bedingungen teilweise abweichend davon das sog. „Claims-Made"-Prinzip vor, knüpfen also an die der Manifestation des Vermögensschadens typischerweise nachgelagerte Geltendmachung von Haftpflichtansprüchen an, s. Malek/Schütz r+s 2019, 421 (425 f.). – Für vorvertragliche Informationssicherheitsverletzungen besteht – vorbehaltlich einer Rückwärtsdeckung (A1-6 AVB Cyber) – keine Deckung (A1-17.1 AVB Cyber), jedoch ist insoweit der Versicherer darlegungs- und beweisbelastet (in Rüffer/Halbach/Schimikowski VVG, 4. Aufl. 2020, AVB Cyber A.1-17 Rn. 1).

[94] Malek/Schütz r+s 2019, 421 (428); allg. Armbrüster/Schilbach r+s 2016, 109 (110 ff.).

Schadensfeststellungskosten, dh angemessene und erforderliche Kosten des Versicherungsnehmers für externe Sachverständige zur Ermittlung der Ursache und zur Feststellung des versicherten Schadens (A2-1 AVB Cyber). Umfasst sind sodann die Kosten, die dem Versicherungsnehmer infolge einer Verletzung von datenschutzrechtlichen Vorschriften zur Prüfung und Erfüllung seiner gesetzlichen und/oder behördlichen Informationspflichten entstehen (A2-2.1 lit. a AVB Cyber) einschließlich – sofern vereinbart – Kosten für die Beauftragung eines Call Centers zur Beantwortung diesbezüglicher Fragen von Betroffenen (A2-2.1 lit. b AVB Cyber). Des Weiteren kann der Ersatz von Kosten für Maßnahmen zur Erhaltung oder Wiederherstellung der öffentlichen Reputation des Versicherungsnehmers, einschließlich der Einschaltung eines Krisenmanagementberaters oder PR-Beraters vereinbart werden (A2-2.2 AVB Cyber). Schließlich umfasst dieser Baustein Aufwendungen für erforderliche Maßnahmen, die der Versicherungsnehmer zur Vermeidung eines unmittelbar bevorstehenden Schadens getätigt hat, dh, wenn aufgrund festgestellter oder objektiver Tatsachen, insbesondere der glaubhaften Androhung oder Kenntnisnahme, von einer Informationssicherheitsverletzung auszugehen ist (A2-3.1). Dies kann etwa die Kosten einer vorübergehenden Anmietung zusätzlicher Serverkapazität zur Bewältigung auf einen angedrohten DDoS-Angriff umfassen.[95]

Der **Drittschaden-Baustein** (A3 AVB Cyber) gewährt eine Haftpflichtdeckung für den Fall der Inanspruchnahme durch Dritte auf Ersatz des durch eine Informationspflichtverletzung verursachten Vermögensschadens (A3-1 S. 1 AVB Cyber).[96] Dabei ist unerheblich, ob die Informationssicherheitsverletzung beim Versicherungsnehmer, mitversicherten Unternehmen oder beim Anspruchsteller eingetreten ist (A3-1 S. 2 AVB). Nicht versichert sind dagegen – wie in der allgemeinen Haftpflichtversicherung (s. Ziff. 1.2 AHB) – Ansprüche im Zusammenhang mit der ordnungsgemäßen Vertragserfüllung (A3-2 AVB Cyber), jedoch können durch gesonderte Vereinbarung bestimmte vertragliche Schadensersatzansprüche einbezogen werden (A3-4.3 AVB Cyber). Ebenfalls versicherbar sind von einem E-Payment Service Provider geltend gemachte Vertragsstrafen wegen der Verletzung von Datensicherheitsstandards der Payment Card Industry (PCI) (A3-4.2 AVB Cyber) sowie – insoweit abweichend von A1-17.12 AVB Cyber – Ansprüche gegen den Versicherungsnehmer wegen der Verletzung von Persönlichkeits- und Immaterialgüterrechten durch von ihm veröffentlichte elektronische Medieninhalte (A3-4.1 AVB Cyber). 37

Im **Eigenschaden-Baustein** (A4 AVB Cyber) schließlich ist zum einen ein Betriebsunterbrechungsschaden versichert (A4-1 AVB Cyber), und zwar pauschaliert in Form eines vereinbarten Tagessatzes (A4-1.3 AVB Cyber). Eine Betriebsunterbrechung liegt vor, wenn infolge der Informationssicherheitsverletzung elektronische Daten oder informationsverarbeitende Systeme des Versicherungsnehmers nicht zur Verfügung stehen oder nicht die übliche Leistung erbringen und daraus ein Unterbrechungsschaden entsteht (A4-1.1.1 AVB Cyber). Das ist auch dann der Fall, wenn die Systeme zwar an sich voll leistungsfähig sind, jedoch – etwa zur Eindämmung der Folgen der Informationssicherheitsverletzung – abgeschaltet oder in ihrer Funktion eingeschränkt werden müssen.[97] Unterbrechungsschaden sind der Betriebsgewinn und die fortlaufenden Kosten, die im Zeitraum der Betriebsunterbrechung, längstens jedoch der Haftzeit durch den Versicherungsnehmer nicht erwirtschaftet werden können (A4-1.1.2 AVB Cyber). Zum anderen sind im Eigenschaden-Baustein die Aufwendungen zur Wiederherstellung der von der Informationssicherheitsverletzung betroffenen Daten sowie für die Entfernung der Schadsoftware versichert (A4-2 AVB Cyber). 38

c) Deckungserweiterungen. Am Markt sind über die AVB Cyber hinausgehende Versicherungen bzw. Versicherungskomponenten im Zusammenhang mit Cyberrisiken 39

[95] Armbrüster Privatversicherungsrecht, 2. Aufl. 2019, Rn. 2116.
[96] Armbrüster Privatversicherungsrecht, 2. Aufl. 2019, Rn. 2117.
[97] Klimke in Prölss/Martin VVG, 31. Aufl. 2021, AVB Cyber A4-1 Rn. 5.

erhältlich, etwa Rechtsschutzversicherungen für gerichtliche oder behördliche Verfahren wegen Datenschutzverstößen, und Vertrauensschadenversicherungen, die beispielsweise auch den Abfluss von Vermögenswerten (entgegen A1-17.9 AVB Cyber) umfassen.[98]

C. Einsatz automatisierter Systeme beim Versicherer

40 Dem Einsatz automatisierter Systeme in der Versicherungswirtschaft wird eine ganz erhebliche Bedeutung zugeschrieben, praktisch für jede Stufe der Wertschöpfungskette werden konkrete, teilweise bereits umgesetzte **Anwendungsmöglichkeiten** genannt: So könnte beispielsweise die Verarbeitung historischer Kunden- und sonstiger Daten bei der Entwicklung neuer Versicherungsprodukte und der Kalkulation der Prämien helfen bzw. neue Produkte, wie etwa sog. Telematiktarife („Pay-as-you-drive"- oder „Pay-as-you-live"-Tarife) überhaupt erst ermöglichen, automatisierte Systeme die Kundenansprache und den Verkauf (Einsatz von Chatbots, „Smart Underwriting") sowie später den Kundenservice unterstützen oder gar übernehmen, sie könnten bei der automatisierten Abwicklung von Schadens- bzw. Versicherungsfällen und bei der Prävention von Missbrauch (Versicherungsbetrug) helfen und Vieles mehr.[99] Im Jahre 2018 setzten einer Studie der European Insurance and Occupational Pensions Authority (EIOPA) zufolge bereits 31 % der teilnehmenden europäischen Kfz- und Krankenversicherer KI-Systeme ein, weitere 24 % testeten solche Systeme.[100]

41 Die Versicherungswirtschaft ist für den Einsatz automatisierter Systeme geradezu prädestiniert, ist doch der Umgang mit Daten – ihre Sammlung und Verarbeitung – seit jeher Grundlage der Tätigkeit eines jeden Versicherers.[101] Versicherungen sind „Rechtsprodukte"[102] und in besonderer Weise geprägt durch die Parteivereinbarung (sowie die gesetzlichen Vorgaben),[103] was sie einer individuellen und automatisierten Ausgestaltung besonders zugänglich macht.[104] Dass dies mit einer Vielzahl von rechtlichen, aber auch zum Beispiel ethischen und gesellschaftspolitischen Fragen einhergeht, liegt auf der Hand. Einigen Rechtsfragen im Zusammenhang mit dem Einsatz automatisierter Systeme beim Versicherer soll im Folgenden nachgegangen werden.

I. Automatisierte Einzelfallentscheidung (Art. 22 DSGVO)

42 Im Anwendungsbereich der DSGVO, dh bei der Verarbeitung (Art. 4 Nr. 2 DSGVO) von „Informationen, die sich auf eine identifizierte oder identifizierbare natürliche Person beziehen" (Art. 4 Nr. 1 DSGVO: „personenbezogenen Daten"),[105] setzt Art. 22 DSGVO der **automatisierten Einzelfallentscheidung** Grenzen: Nach dieser Vorschrift hat die betroffene Person „das Recht, nicht einer ausschließlich auf einer automatisierten Verarbeitung – einschließlich Profiling – beruhenden Entscheidung unterworfen zu werden, die ihr gegenüber rechtliche Wirkung entfaltet oder sie in ähnlicher Weise erheblich beeinträchtigt" (Art. 22 Abs. 1 DSGVO). Ungeachtet der Formulierung als Recht der

[98] Armbrüster Privatversicherungsrecht, 2. Aufl. 2019, Rn. 2127 ff.

[99] S. EIOPA Artificial Intelligence Governance Principles, 2021, S. 9, Abb. 1; Ebert in Ebers/Heinze/Krügel/Steinrötter Künstliche Intelligenz und Robotik, 2020, § 16 Rn. 1–24; Lüttringhaus in Looschelders/Michael Düsseldorfer Vorträge zum Versicherungsrecht 2020, 2021, S. 23 (25 ff.). Zur Vorhersage des „auslösenden Faktors" (§ 203 Abs. 2 S. 4 VVG; § 155 Abs. 3 S. 2, Abs. 4 S. 2 VAG) in der privaten Krankenversicherung mittels neuronaler Netze s. Avdullai/Korn/Hoben ZVersWiss 110 (2021), 21.

[100] EIOPA Big Data Analytics in Motor and Health Insurance, 2019, S. 6.

[101] Ebert in Ebers/Heinze/Krügel/Steinrötter Künstliche Intelligenz und Robotik, 2020, § 16 Rn. 7.

[102] *Dreher* Die Versicherung als Rechtsprodukt, 1991, S. 147 f.

[103] Armbrüster in MüKoVVG, Bd. 1, 2. Aufl. 2016, VVG Vor §§ 6, 7 Rn. 12.

[104] Koch VersR 2020, 1413 (1413 f.).

[105] Zum Begriff jüngst BGH NJW 2021, 2726 Rn. 22 mwN.

betroffenen Personen folgt aus Art. 22 Abs. 1 DSGVO ein grundsätzliches Verbot der vollständig automatisierten Einzelfallentscheidung.[106] Eine solche ist nur nach Maßgabe der Abs. 2 bis 4 zulässig.

Nun ist die vollständig automatisierte Bearbeitung von bestimmten Geschäftsprozessen 43 in der Versicherungswirtschaft seit langem an der Tagesordnung: Insbesondere Massenvorgänge, wie etwa die Leistungsbearbeitung in der privaten Krankenversicherung lassen sich ohne automatisierte Bearbeitung kaum wirtschaftlich abwickeln. Menschliche Bearbeiter greifen hier erst ein, wenn der Vorgang Besonderheiten gegenüber dem Standardfall aufweist; bis dahin findet die Verarbeitung der Leistungsanträge „im Dunkeln" statt, die sog. „**Dunkelverarbeitung**".[107] Zunehmend werden automatisierte Systeme aber auch für weitere Geschäftsprozesse jenseits der Bearbeitung von Leistungsanträgen eingesetzt. Zu denken ist beispielsweise an den automatisierten Abschluss von Versicherungsverträgen, einschließlich der vollständig automatisierten Risikoprüfung und Tarifierung („**Smart Underwriting**"), an fortlaufend angepasste Versicherungsprämien („**Telematiktarife**") oder an die automatisierte Schadensbearbeitung, etwa in der Kraftfahrt-Versicherung allein anhand von per Smartphone eingesandter Fotos der Beschädigungen am Fahrzeug nach einem Unfall ohne weiteres Zutun durch einen menschlichen Sachbearbeiter.[108]

Jeweils stellt sich die Frage nach der Zulässigkeit solcher automatisierten Entscheidungen 44 am Maßstab des Art. 22 DSGVO. Diese Vorschrift regelt dabei ausschließlich die Zulässigkeit der vollständig automatisierten Einzelfallentscheidung selbst; über die Rechtmäßigkeit der damit notwendigerweise verbundenen sowie insbesondere auch vorgelagerten Verarbeitung (Erhebung, Speicherung etc.) von Daten besagt Art. 22 DSGVO nichts, weder verbietend noch gestattend.[109]

1. Erfasste Entscheidungen

a) Personenbezogene Daten. Kontrovers wird diskutiert, ob Art. 22 DSGVO – wie 45 ehemals § 6a Abs. 1 S. 1 BDSG aF in Umsetzung von Art. 15 Abs. 1 Datenschutz-RL 95/46/EG aF – nur auf Entscheidungen, „die der Bewertung einzelner Persönlichkeitsmerkmale dienen",[110] oder aber im Ausgangspunkt auf sämtliche Einzelfallentscheidungen, die unter Nutzung personenbezogener Daten zustande kommen, anzuwenden ist und allfällige Einschränkungen, wie die in diesem Zusammenhang oft genannte Herausnahme von Bargeldabhebung am Geldautomat, teleologisch zu begründen sind, indem man von der Entscheidung ein „Mindestmaß an Komplexität" fordert, damit sie Art. 22 DSGVO unterfällt.[111] Insbesondere bei Personenversicherungen werden freilich häufig beide Auffassungen zum selben Ergebnis kommen; anders kann es beispielsweise bei der automatisierten Schadensbearbeitung im Rahmen einer Kfz-Versicherung sein. Sieht man den Normzweck des Art. 22 DSGVO primär darin, dass Menschen grundsätzlich nicht einer ausschließlich

[106] Buchner in Kühling/Buchner DS-GVO BDSG, 3. Auflage 2020, DS-GVO Art. 22 Rn. 12; Martini in Paal/Pauly DS-GVO BDSG, 3. Aufl. 2021, DS-GVO Art. 22 Rn. 1, 29b; dagegen für ein subjektives Recht, aus dem freilich mittelbar ein Verbot folge, Schulz in Gola DS-GVO, 2. Aufl. 2018, DS-GVO Art. 22 Rn. 5.

[107] Hausmann/Lämmel in Barton/Müller Künstliche Intelligenz in der Anwendung, 2021, Kap. 10.1 (S. 178 f.).

[108] Zu Anwendungsbeispielen s. eingehend Hänold Profiling und automatisierte Einzelfallentscheidung im Versicherungsbereich, 2019, S. 7 ff.

[109] S. von Lewinski in BeckOK DatenschutzR, 40. Ed. 1.5.2022, DS-GVO Art. 22 Rn. 4; Buchner in Kühling/Buchner DS-GVO BDSG, 3. Auflage 2020, DS-GVO Art. 22 Rn. 11.

[110] Dafür Buchner in Kühling/Buchner DS-GVO BDSG, 3. Auflage 2020, DS-GVO Art. 22 Rn. 10; Martini in Paal/Pauly DS-GVO BDSG, 3. Aufl. 2021, DS-GVO Art. 22 Rn. 15c; Goretzky VersR 2019, 916 (917).

[111] S. von Lewinski in BeckOK DatenschutzR, 40. Ed. 1.5.2022, DS-GVO Art. 22 Rn. 12 f.; ferner Schulz in Gola DS-GVO, 2. Aufl. 2018, DS-GVO Art. 22 Rn. 20; Simitis/Hornung/Spiecker genannt Döhmann/Scholz Datenschutzrecht, 2019, DSGVO Art. 22 Rn. 18 f.; tendenziell gegen jede Einschränkung Lüttringhaus in Looschelders/Michael Düsseldorfer Vorträge zum Versicherungsrecht 2020, 2021, S. 23 (33 f.); ferner Dammann ZD 2016, 307 (312).

automatisierten Entscheidung auf Grundlage personenbezogener Daten unterworfen sein sollen, spricht dies zumindest hier für ein eher weites Verständnis.[112]

46 **b) Ausschließlich automatisiert getroffene Entscheidung.** Vorgelagert ist freilich stets zu fragen, ob Art. 22 DSGVO überhaupt anwendbar ist, denn das ist nur der Fall, wenn die Entscheidung *ausschließlich* auf einer automatisierten Datenverarbeitung beruht. Daran fehlt es, wenn zwischen der automatisierten Verarbeitung und der Entscheidung ein Mensch steht und diesem ein Entscheidungsspielraum hinsichtlich der zu treffenden Entscheidung zukommt und er diesen auch wahrnimmt und dazu (fachlich und kompetenziell) in der Lage ist, selbst wenn dies letztendlich die zustimmende Übernahme der automatisiert vorbereiteten Entscheidung ist.[113] Damit sind insbesondere sämtliche automatisierten Verarbeitungen, die der Entscheidungsfindung durch einen Menschen vorgelagert sind und diese lediglich unterstützen oder ermöglichen, von vornherein nicht von Art. 22 DSGVO erfasst.[114] Deshalb sind etwa automatisierte Fraud-Detection-Systeme des Versicherers unproblematisch, wenn sie lediglich Verdachtsfälle anhand bestimmter Kriterien und Algorithmen aufspüren und an einen menschlichen Sachbearbeiter zur näheren Untersuchung ausspielen. Dasselbe gilt für eine automatisierte Antragsprüfung und Prämienkalkulation, wenn die Entscheidung über die Annahme oder Ablehnung des Antrags schließlich und letztlich ein Mensch trifft. Andererseits genügt es nicht, dass ein menschlicher Bearbeiter die ansonsten vollständig automatisiert getroffene Entscheidung lediglich entgegennimmt und ohne jeden Entscheidungsspielraum – gleichsam mechanisch – umsetzt.[115]

47 **c) Rechtliche Wirkung bzw. erhebliche Beeinträchtigung in ähnlicher Weise.** Die vollständig automatisiert getroffene Entscheidung muss schließlich der betroffenen Person gegenüber „rechtliche Wirkung entfalte[n] oder sie in ähnlicher Weise erheblich beeinträchtig[en]". Vieles (auch) dazu ist noch offen. So ist das **Entfalten einer rechtlichen Wirkung**, verstanden als Auslösen einer Rechtsfolge bzw. Veränderung einer Rechtsposition,[116] zwar erfüllt, wenn ein Vertrag automatisiert gekündigt wird, jedoch problematisch, wenn der Abschluss eines Vertrags verweigert wird; insoweit wird zumeist auf die Tatbestandsalternative der erheblichen Beeinträchtigung in ähnlicher Weise verwiesen.[117] Ob das für jede Art von Vertrag gilt,[118] oder ob der Betroffene ein besonderes Interesse an der Eingehung des abgelehnten Vertrags – generell oder gerade zu bestimmten Konditionen – haben muss, ist unklar. Teilweise wird für eine Herausnahme von Verträgen, deren Abschluss bzw. Nichtabschluss nicht von spürbarer Relevanz für die Lebensführung des Betroffenen ist, plädiert,[119] oder die Tatbestandsvariante auf der

[112] S. von Lewinski in BeckOK DatenschutzR, 40. Ed. 1.5.2022, DS-GVO Art. 22 Rn. 13a; iErg auch Krügel/Pfeiffenbring in Ebers/Heinze/Krügel/Steinrötter Künstliche Intelligenz und Robotik, 2020, § 11 Rn. 42.

[113] S. Simitis/Hornung/Spiecker genannt Döhmann/Scholz Datenschutzrecht, 2019, DSGVO Art. 22 Rn. 27 f.; Buchner in Kühling/Buchner DS-GVO BDSG, 3. Auflage 2020, DS-GVO Art. 22 Rn. 15.

[114] S. Martini in Paal/Pauly DS-GVO BDSG, 3. Aufl. 2021, DS-GVO Art. 22 Rn. 20.

[115] S. Simitis/Hornung/Spiecker genannt Döhmann/Scholz Datenschutzrecht, 2019, DSGVO Art. 22 Rn. 26; Buchner in Kühling/Buchner DS-GVO BDSG, 3. Auflage 2020, DS-GVO Art. 22 Rn. 15; Weichert in Däubler/Wedde/Weichert/Sommer EU-DSGVO und BDSG, 2. Aufl. 2020, DSGVO Art. 22 Rn. 25.

[116] S. Simitis/Hornung/Spiecker genannt Döhmann/Scholz Datenschutzrecht, 2019, DSGVO Art. 22 Rn. 32; Buchner in Kühling/Buchner DS-GVO BDSG, 3. Auflage 2020, DS-GVO Art. 22 Rn. 24.

[117] S. von Lewinski in BeckOK DatenschutzR, 40. Ed. 1.5.2022, DS-GVO Art. 22 Rn. 35; Simitis/Hornung/Spiecker genannt Döhmann/Scholz Datenschutzrecht, 2019, DSGVO Art. 22 Rn. 32, 34; für eine „rechtliche Wirkung" dagegen Weichert in Däubler/Wedde/Weichert/Sommer EU-DSGVO und BDSG, 2. Aufl. 2020, DSGVO Art. 22 Rn. 28.

[118] Unter Verweis auf die auch die Vertragsabschlussfreiheit umfassende Privatautonomie ablehnend Schulz in Gola DS-GVO, 2. Aufl. 2018, DS-GVO Art. 22 Rn. 25; dagegen Buchner in Kühling/Buchner DS-GVO BDSG, 3. Auflage 2020, DS-GVO Art. 22 Rn. 26a: nicht der Nichtabschluss eines Vertrags, sondern lediglich die vollständig automatisiert getroffene Entscheidung dazu ist Gegenstand des Art. 22 DSGVO.

[119] So Buchner in Kühling/Buchner DS-GVO BDSG, 3. Auflage 2020, DS-GVO Art. 22 Rn. 26a.

Grundversorgung dienende oder nicht anderweitig substituierbare Vertragsverhältnisse beschränkt.[120] Kontrovers wird darüber hinaus diskutiert, ob nur nachteilige rechtliche Wirkungen für den Betroffenen erfasst sind,[121] oder auch vorteilhafte.[122]

Hat die automatisierte Einzelfallentscheidung nicht unmittelbar eine rechtliche Wir- 48
kung, kann sie die betroffene Person gleichwohl „**in ähnlicher Weise erheblich beeinträchtigen**". Dabei liegt eine Beeinträchtigung in jedem Eingriff in eine (persönliche, wirtschaftliche, finanzielle etc.) Position der betroffenen Person. Limitierend wirkt das Erfordernis der Erheblichkeit, wofür indes bislang nicht feststeht, welche Anforderungen zu stellen sind.[123] Oft wird es freilich bei automatisierten Entscheidungen im Kontext von Versicherungen nicht auf diese Tatbestandsvariante ankommen, da solche Entscheidungen, etwa die automatische Prämienanpassung in Telematiktarifen, die Auszahlung von Versicherungsleistungen etc., regelmäßig rechtliche Wirkungen entfalten und daher bereits von der ersten Tatbestandsvariante erfasst sind.

2. Erlaubnistatbestände

a) § 37 BDSG. Dem praktischen Bedürfnis nach automatisierten Entscheidungen in der 49
Versicherungswirtschaft trägt das nationale Recht – freilich nur eng begrenzt – dadurch Rechnung, dass **§ 37 BDSG** (auf Grundlage von Art. 22 Abs. 2 lit. b und Abs. 4 iVm Art. 9 Abs. 2 lit. g DSGVO) bestimmte automatisierte Einzelfallentscheidungen im Rahmen der **Leistungserbringung aus einem Versicherungsvertrag** – unabhängig von den Erlaubnistatbeständen der DSGVO – gesetzlich gestattet. § 37 Abs. 1 Nr. 1 BDSG betrifft den Fall, dass „dem Begehren der betroffenen Person stattgegeben" wird.[124] Wenn in der datenschutzrechtlichen Literatur darauf hingewiesen wird, dass dem Begehren „vollumfänglich" stattgegeben sein muss,[125] so ist das richtig, weil nur in diesem Fall der Betroffene von der automatisierten Entscheidung nicht nachteilig betroffen ist.[126] Problematisch ist aber der Vergleichsmaßstab. Zieht man dafür tatsächlich allein das erhobene Begehren heran,[127] ohne Rücksicht darauf, ob dies realistisch ist, hätte es der Einzelne in der Hand, § 37 Abs. 1 Nr. 1 BDSG allein durch ein (auch nun minimal) überzogenes Begehren zu Fall zu bringen. Es könnte deshalb näher liegen, das Begehren eines „verständigen durchschnittlichen Versicherungsnehmers" der konkreten Versicherung und ihres (generellen) Leistungsumfangs heranzuziehen.[128] Offen ist auch, ob ein (einheitliches) Begehren in

[120] So Taeger in Taeger/Gabel DSGVO – BDSG – TTDSG, 4. Aufl. 2022, DSGVO Art. 22 Rn. 47.

[121] Dafür Buchner in Kühling/Buchner DS-GVO BDSG, 3. Auflage 2020, DS-GVO Art. 22 Rn. 25; Schulz in Gola DS-GVO, 2. Aufl. 2018, DS-GVO Art. 22 Rn. 22; Taeger in Taeger/Gabel DSGVO – BDSG – TTDSG, 4. Aufl. 2022, DSGVO Art. 22 Rn. 50.

[122] Dafür Simitis/Hornung/Spiecker genannt Döhmann/Scholz Datenschutzrecht, 2019, DSGVO Art. 22 Rn. 32.

[123] S. zB einerseits Martini in Paal/Pauly DS-GVO BDSG, 3. Aufl. 2021, DS-GVO Art. 22 Rn. 27: „nicht nur marginal", andererseits Buchner in Kühling/Buchner DS-GVO BDSG, 3. Auflage 2020, DS-GVO Art. 22 Rn. 26: „nachhaltig gestört" und Simitis/Hornung/Spiecker genannt Döhmann/Scholz Datenschutzrecht, 2019, DSGVO Art. 22 Rn. 35: „nachhaltige, mehr als nur geringfügige Beeinträchtigung". von Lewinski in BeckOK DatenschutzR, 40. Ed. 1.5.2022, DS-GVO Art. 22 Rn. 38 möchte die die von Art. 1 GG bekannte „Objekt-Formel" fruchtbar machen.

[124] Die Materialien nennen hier insbesondere die automatisierte Schadensregulierung zwischen der Kfz-Haftpflichtversicherung des Schädigers und dem Geschädigten (Begr. RegE Datenschutz-Anpassungs- und -Umsetzungsgesetz EU, BT-Drs. 18/11325, 106).

[125] Nolden in Paal/Pauly DS-GVO BDSG, 3. Aufl. 2021, BDSG § 37 Rn. 7; Mundil in BeckOK DatenschutzR, 40. Ed. 1.11.2021, BDSG § 37 Rn. 2; Paschke/Scheurer in Gola/Heckmann BDSG, 13. Aufl. 2019, BDSG § 37 Rn. 11; Weichert in Däubler/Wedde/Weichert/Sommer EU-DSGVO und BDSG, 2. Aufl. 2020, BDSG § 37 Rn. 9; Simitis/Hornung/Spiecker genannt Döhmann/Scholz Datenschutzrecht, 2019, DSGVO Art. 22 Rn. 48.

[126] Zum Normzweck s. Begr. RegE Datenschutz-Anpassungs- und -Umsetzungsgesetz EU, BT-Drs. 18/11325, 106.

[127] Dafür wohl Paschke/Scheurer in Gola/Heckmann BDSG, 13. Aufl. 2019, BDSG § 37 Rn. 11.

[128] Lüttringhaus in Looschelders/Michael Düsseldorfer Vorträge zum Versicherungsrecht 2020, 2021, S. 23 (34).

einen stattgebenden und deshalb auf Grundlage des § 37 Abs. 1 Nr. 1 BDSG vollständig automatisiert entscheidbaren Teil und einen ablehnenden und deshalb durch einen Menschen zu entscheidenden Teil aufgespaltet werden kann.[129]

50 Weitergehend ermöglicht § 37 Abs. 1 Nr. 2 BDSG die automatisierte Entscheidung von Leistungsanträgen, sofern diese auf der **Anwendung verbindlicher Entgeltregelungen für Heilbehandlungen** – namentlich der Gebührenordnung für Ärzte (GOÄ), Zahnärzte (GOZ) oder Psychotherapeuten (GOP) – beruhen und für den Fall, dass dem Antrag nicht vollumfänglich stattgegeben wird, dem Betroffenen mindestens das Recht auf Erwirkung des Eingreifens einer Person seitens des Verantwortlichen, auf Darlegung des eigenen Standpunktes und auf Anfechtung der Entscheidung offensteht (§ 37 Abs. 1 Nr. 2 Halbs. 2 BDSG). Hier sind also auch nicht vollständig stattgebende und sogar in toto ablehnende automatisierte Einzelfallentscheidungen zulässig. Dies ist insbesondere bei der privaten Krankenversicherung von Bedeutung.

51 § 37 Abs. 2 BDSG **gestattet** für Entscheidungen nach Abs. 1 ausdrücklich auch die **Verarbeitung von Gesundheitsdaten** (iSv Art. 4 Nr. 15 DSGVO), für die sonst nach Art. 22 Abs. 4 DSGVO besondere Anforderungen gelten. Für die anderen Kategorien besonders geschützter personenbezogener Daten des Art. 9 Abs. 1 DSGVO, namentlich für im Rahmen von Krankenversicherungen durchaus in Betracht kommende genetische Daten, gilt das allerdings nicht.[130] Sollten solche Daten im Rahmen einer automatisierten Einzelfallentscheidung relevant sein, ist dies an Art. 22 Abs. 4 DSGVO zu messen.

52 **b) Art. 22 Abs. 2 bis 4 DSGVO.** Automatisierte Einzelfallentscheidungen jenseits der Leistungserbringung und damit des Anwendungsbereichs des § 37 BDSG sind an Art. 22 Abs. 2 bis 4 DSGVO zu messen.

53 Die Zulässigkeit kann sich dabei zum einen aus einer ausdrücklichen **Einwilligung** der betroffenen Person ergeben (Art. 22 Abs. 2 lit. c DSGVO). Sind besonders geschützte personenbezogene Daten iSv Art. 9 Abs. 1 DSGVO (das sind insbesondere Gesundheitsdaten und genetische Daten) betroffen, ist dies – neben der gesetzlichen Erlaubnis (Art. 9 Abs. 2 lit. g DSGVO) – sogar die einzige Möglichkeit (Art. 22 Abs. 4 DSGVO). Die allgemeinen Anforderungen an die Einwilligung ergeben sich aus Art. 4 Nr. 11 und Art. 7 DSGVO: Sie muss freiwillig und informiert erklärt werden.[131] Für Art. 22 DSGVO bedarf es zudem einer ausdrücklichen – sich gerade auf die vollständig automatisierte Entscheidung beziehenden – Einwilligung,[132] was freilich mit Blick auf die zwar nicht notwendig, jedoch im Interesse der Beweisbarkeit regelmäßig empfehlenswerten (s. Art. 7 Abs. 1 DSGVO) schriftlichen oder elektronischen Einwilligung[133] in der Praxis keine größeren Probleme bereiten dürfte.

54 Alternativ ist die automatisierte Einzelfallentscheidung (sofern keine besonders schützenswerten Daten iSv Art. 9 Abs. 1 DSGVO betroffen sind) auch ohne Einwilligung des Betroffenen zulässig, wenn sie **„für den Abschluss oder die Erfüllung eines Vertrags** zwischen der betroffenen Person und dem Verantwortlichen **erforderlich** ist" (Art. 22 Abs. 2 lit. a DSGVO). Die Anforderungen an die Erforderlichkeit sind umstritten. Dass eine automatisierte Entscheidung für den Versicherer vorteilhaft oder wünschenswert ist, genügt allein jedenfalls nicht.[134] Demgegenüber zu streng dürfte sein zu fordern, dass die

[129] Bejahend Lüttringhaus in Looschelders/Michael Düsseldorfer Vorträge zum Versicherungsrecht 2020, 2021, S. 23 (34 f.); ders. VW 6/2020, 88; Weichert in Däubler/Wedde/Weichert/Sommer EU-DSGVO und BDSG, 2. Aufl. 2020, BDSG § 37 Rn. 9.

[130] Nolden in Paal/Pauly DS-GVO BDSG, 3. Aufl. 2021, BDSG § 37 Rn. 10 f.; Paschke/Scheurer in Gola/Heckmann BDSG, 13. Aufl. 2019, BDSG § 37 Rn. 23.

[131] Simitis/Hornung/Spiecker genannt Döhmann/Scholz Datenschutzrecht, 2019, DSGVO Art. 22 Rn. 52.

[132] S. Buchner in Kühling/Buchner DS-GVO BDSG, 3. Auflage 2020, DS-GVO Art. 22 Rn. 42.

[133] S. Stemmer in BeckOK DatenschutzR, 40. Ed. 1.5.2022, DS-GVO Art. 7 Rn. 88.

[134] Vgl. Martini in Paal/Pauly DS-GVO BDSG, 3. Aufl. 2021, DS-GVO Art. 22 Rn. 31a.

Entscheidung überhaupt nur automatisiert getroffen werden kann.[135] Vielmehr wird man eine Art Verhältnismäßigkeitsprüfung anzustellen und danach zu fragen haben, ob die automatisierte Einzelfallentscheidung im konkreten Anwendungsszenario ein geeignetes Mittel zur Erreichung des Vertragszwecks ist und kein gleich geeignetes, aber datenschutzrechtlich milderes Mittel zur Verfügung steht.[136] Dabei wird man auch wirtschaftliche Erwägungen des Versicherers berücksichtigen können, wiewohl solche allein grundsätzlich sicher nicht die Erforderlichkeit einer automatisierten Einzelfallentscheidung begründen können.[137] Inwieweit diesbezüglich anders zu entscheiden sein könnte, wenn eine bestimmte Versicherung wirtschaftlich nur bei vollständig automatisierter Ausgestaltung angeboten werden kann und an einer solchen Versicherung ein gesellschaftliches Interesse besteht, bleibt zu diskutieren.

c) Maßnahmen zur Wahrung der Rechte, Freiheiten und berechtigten Interessen. Der Verantwortliche muss angemessene Maßnahmen treffen, um die Rechte und 55
Freiheiten sowie die berechtigten Interessen der betroffenen Person zu wahren, wozu mindestens das Recht auf Erwirkung des Eingreifens einer Person seitens des Verantwortlichen, auf Darlegung des eigenen Standpunkts und auf Anfechtung der Entscheidung gehört (Art. 22 Abs. 3 DSGVO; § 37 Abs. 1 Nr. 2, Abs. 2 BDSG).

3. Informations- (Art. 13, 14 DSGVO) und Auskunftspflichten (Art. 15 DSGVO)

Den datenschutzrechtlich Verantwortlichen treffen (nicht nur im Zusammenhang mit 56
automatisierten Einzelfallentscheidungen) zahlreiche **Informations**- (s. insb. Art. 13, 14 DSGVO) und **Auskunftspflichten** (s. insb. Art. 15 DSGVO). Sofern die automatisierte Einzelfallentscheidung auf eine Einwilligung der betroffenen Person gestützt werden soll, erlangen die Informationspflichten außerdem dadurch besondere Bedeutung, dass die datenschutzrechtliche Einwilligung „in informierter Weise" erfolgen muss (s. Art. 4 Nr. 11 DSGVO).

Sollen automatisierte Einzelfallentscheidungen zum Einsatz kommen, ist insbesondere 57
über diesen Umstand sowie „über die involvierte Logik sowie die Tragweite und die angestrebten Auswirkungen einer derartigen Verarbeitung" zu informieren (Art. 13 Abs. 2 lit. f, Art. 14 Abs. 2 lit. g, Art. 15 Abs. 1 lit. h DSGVO). Das wirft unmittelbar die Frage auf, welche Informationen zu dem der automatisierten Einzelfallentscheidung zugrunde liegenden **Algorithmus** und in welcher Detailliertheit zu geben sind.[138] Speziell bei (gegebenenfalls zukünftigen) nicht-deterministischen Algorithmen, also der sprichwörtlichen „Künstlichen Intelligenz", bereitet das erhebliche Probleme, zeichnen diese sich doch per definitionem dadurch aus, dass sie nicht (durchweg) zu vorhersehbaren Ergebnissen führen. Abhilfe mag hier dereinst schaffen, dass an Algorithmen geforscht wird, die eine getroffene Entscheidung erklären, also offenlegen können, welche Parameter letztlich zur konkreten Entscheidung beigetragen haben (sog. **„Explainable AI"** **„XAI"**).[139]

[135] In diese Richtung von Lewinski in BeckOK DatenschutzR, 40. Ed. 1.5.2022, DS-GVO Art. 22 Rn. 43. – Mit Recht weist Lüttringhaus in Looschelders/Michael Düsseldorfer Vorträge zum Versicherungsrecht 2020, 2021, S. 23 (35) darauf hin, dass diese Voraussetzung für die derzeit verfügbaren Systeme wohl kaum jemals zu bejahen wäre.

[136] S. Simitis/Hornung/Spiecker genannt Döhmann/Scholz Datenschutzrecht, 2019, DSGVO Art. 22 Rn. 42; Armbrüster/Prill ZfV 2020, 110 (111 f.).

[137] Ebenso Lüttringhaus in Looschelders/Michael Düsseldorfer Vorträge zum Versicherungsrecht 2020, 2021, S. 23 (35 f.); Lüttringhaus VW 6/2020, 88 (89); offener Armbrüster/Prill ZfV 2020, 110 (112).

[138] Hierzu eingehend Krügel/Pfeiffenbring in Ebers/Heinze/Krügel/Steinrötter Künstliche Intelligenz und Robotik, 2020, § 11 Rn. 70 ff.

[139] Näher zu XAI Käde/v. Maltzan CR 2020, 66 ff.; Körner in Kaulartz/Braegelmann Rechtshandbuch Artificial Intelligence und Maschine Learning, 2020, Kap. 2.4; Niederée/Neijdl, in Ebers/Heinze/Krügel/Steinrötter Künstliche Intelligenz und Robotik, 2020, § 2 Rn. 123 ff.

58 Daneben sind Algorithmen in der Regel ausgesprochen wertvolle **Geschäftsgeheimnisse**.[140] Ihre Offenbarung würde nicht nur Konkurrenten in die Hände spielen, sondern auch Möglichkeiten der gezielten Beeinflussung eröffnen. Wer etwa genau weiß, worauf Telematik-Algorithmen ihre „Prämienkalkulation" oder Fraud-Detection-Systeme ihr Urteil stützen, der ist in der Lage, die Ergebnisse zu manipulieren. Vor Inkrafttreten der DSGVO hatte der **BGH** zum Auskunftsanspruch aus § 34 Abs. 4 BDSG aF entschieden, dass eine durch eine **Bonitätsauskunft** betroffene Person zwar einen Anspruch auf Auskunft darüber hat, welche personenbezogenen Daten in den Scorewert einfließen,[141] jedoch sowohl die Scoreformel selbst, also die abstrakte Methode der Scorewertberechnung, als auch die allgemeinen Rechengrößen, wie etwa die herangezogenen statistischen Werte, die Gewichtung einzelner Berechnungselemente bei der Ermittlung des Wahrscheinlichkeitswerts und die Bildung etwaiger Vergleichsgruppen, nicht offenbart werden müssen.[142]

59 Wie sich der **EuGH dazu positionieren würde, ist bislang offen**. Richtig dürfte sein, auch unter der DSGVO keine überspannten Anforderungen an die „aussagekräftige[n] Informationen über die involvierte Logik" zu stellen, sondern grundlegende Angaben zum eingesetzten Algorithmus und dessen Struktur bzw. Funktionsweise, zur verwendeten Datenbasis und zu den maßgeblichen Faktoren und Parametern zu verlangen.[143] Erst recht gilt dies für nicht-deterministische Systeme. Zwar kann die per se beschränkte oder nicht gegebene Vorhersehbarkeit nicht zu einem völligen Leerlaufen der Informations- und Auskunftspflichten führen.[144] Zu hohe Anforderungen an die Erklärbarkeit, jedenfalls solange nicht Explainable AI der Standard ist, drohen aber Innovationen zu behindern.[145] Zwar muss nicht alles technisch Mögliche auch zulässig sein;[146] wenn jedoch ein gesellschaftlich konsentiertes Bedürfnis für eine bestimmte Technologie besteht, muss dies mit den dem Datenschutzrecht im Allgemeinen und der Regelung zur automatisierten Einzelfallentscheidung im Besonderen in angemessenen Ausgleich gebracht werden. Dabei ist zu bedenken, dass hier nicht die Verarbeitung von Daten überhaupt in Frage steht, sondern lediglich die automatisierte Entscheidungsfindung. Mit Grund ist außerdem darauf hingewiesen worden, dass auch das Zustandekommen von menschlichen Entscheidungen für Außenstehende oft nicht nachvollziehbar ist.[147]

60 Offen ist auch, ob die zeitlich vor der automatisierten Entscheidung zu erfüllenden Informationspflichten aus Art. 13 Abs. 2 lit. f DSVGO einerseits und der auch (und gerade) nach der Entscheidung in Betracht kommende Auskunftsanspruch aus Art. 15 Abs. 1 lit. h DSGVO andererseits – wiewohl identisch formuliert – **inhaltlich identisch** sind.[148]

---

[140] Vgl. BGHZ 200, 38 Rn. 15, 27 = NJW 2014, 1235 (zur „Scoreformel" der Schufa und zum früheren Auskunftsanspruch aus § 34 Abs. 4 BDSG aF).

[141] BGHZ 200, 38 Rn. 18 = NJW 2014, 1235.

[142] BGHZ 200, 38 Rn. 22 ff. = NJW 2014, 1235.

[143] Paal/Hennemann in Paal/Pauly DS-GVO BDSG, 3. Aufl. 2021, DS-GVO Art. 13 Rn. 31c; Kumkar/Roth-Isigkeit JZ 2020, 277 (284 ff.) betonen, dass einerseits die „Lesbarkeit" und die Anfechtbarkeit der Entscheidung durch die betroffene Person sicherzustellen, andererseits aber auch eine technisch bedingt begrenzte oder fehlende Erklärbarkeit zu berücksichtigen sei. Für eine Abwägung im Einzelfall Sesing MMR 2021, 288 (291).

[144] Paal/Hennemann in Paal/Pauly DS-GVO BDSG, 3. Aufl. 2021, DS-GVO Art. 13 Rn. 31e.

[145] Paal/Hennemann in Paal/Pauly DS-GVO BDSG, 3. Aufl. 2021, DS-GVO Art. 13 Rn. 31e; Kumkar/Roth-Isigkeit JZ 2020, 277 (285).

[146] S. Kumkar/Roth-Isigkeit JZ 2020, 277 (285).

[147] Wischmeyer AöR 2018, 1 (8, 54); Meyer ZRP 2018, 233 (236); Krügel/Pfeiffenbring in Ebers/Heinze/Krügel/Steinrötter Künstliche Intelligenz und Robotik, 2020, § 11 Rn. 77.

[148] Dafür Schmidt-Wudy in BeckOK DatenschutzR, 40. Ed. 1.5.2022, DS-GVO Art. 13 Rn. 77 iVm Art. 14 Rn. 77; Paal in Paal/Pauly DS-GVO BDSG, 3. Aufl. 2021, DS-GVO Art. 15 Rn. 31; Martini in Paal/Pauly DS-GVO BDSG, 3. Aufl. 2021, DS-GVO Art. 22 Rn. 41c; dagegen aA Krügel/Pfeiffenbring in Ebers/Heinze/Krügel/Steinrötter Künstliche Intelligenz und Robotik, 2020, § 11 Rn. 77: mit Blick auf Erwägungsgrund 71 S. 4 DSGVO und den Transparenzgrundsatz aus Art. 5 Abs. 1 lit. a DSGVO seien bei Art. 15 Abs. 1 lit. h DSGVO „konkretere und detaillierte Angaben" geschuldet; Bäcker in Kühling/Buchner DS-GVO BDSG, 3. Auflage 2020, DS-GVO Art. 15 Rn. 27; Mester in Taeger/Gabel DSGVO – BDSG – TTDSG, 4. Aufl. 2022, DSGVO Art. 15 Rn. 12.

Klar ist insofern nur, dass die nach Art. 13 Abs. 2 lit. f DSVGO geschuldeten Informationen abstrakter Natur sein müssen, da eine konkrete Entscheidung zum Zeitpunkt ihres Bestehens noch gar nicht erfolgt ist.[149] Zwar könnten (gegebenenfalls) bei einem nach Entscheidungsfindung geltend gemachten Auskunftsanspruch nach Art. 15 Abs. 1 lit. h DSGVO konkrete, dh auf die getroffene Entscheidung und ihre Grundlagen bezogene Angaben gemacht werden; die zu Art. 13, 14 DSGVO identische Formulierung sowie der im Tatbestand durch die „angestrebten Auswirkungen" angelegte Zukunftsbezug sprechen jedoch dagegen, den Auskunftsanspruch aus Art. 15 Abs. 1 lit. h DSGVO anders zu verstehen, insbesondere weiterreichend zu fassen, als die Informationspflichten aus Art. 13 Abs. 2 lit. f DSVGO.[150]

Versicherer, die automatisierte Einzelfallentscheidungen iSv Art. 22 Abs. 1 DSGVO einsetzen möchten, müssen daher informieren oder Auskunft erteilen, jedenfalls über diesen Umstand des Einsatzes eines solchen Systems informieren sowie die möglichen Konsequenzen dieser Entscheidung für den Betroffenen, etwa die automatische Prämienanpassung im Telematiktarif. Was die Informationen zur „involvierten Logik" anlangt, sind – bis zur Präzisierung durch die Rechtsprechung – in Anlehnung an die Schufa-Entscheidung des BGH jedenfalls grundlegende Angaben zum eingesetzten Algorithmus und dessen Struktur bzw. Funktionsweise, zur verwendeten Datenbasis und zu den maßgeblichen Faktoren und Parametern zu machen. Die konkrete Funktionsweise des Algorithmus, dessen genaue Parametrierung etc. muss dagegen nicht offengelegt werden. 61

Ein generelles und umfassendes (nachträgliches) „**Recht auf Erläuterung**" einer automatisiert getroffenen Entscheidung lässt sich – entgegen bisweilen vertretener Auffassung – schließlich auch nicht aus Art. 22 Abs. 3 DSGVO iVm Erwägungsgrund 71 S. 4 DSGVO herleiten.[151] 62

II. Individualisierte Prämiengestaltung („Telematiktarife")

Automatisierte Systeme sind geradezu prädestiniert dazu, aus beim Versicherer vorhandenen sowie von diesem erhebbaren Daten Schadensrisiken individuell und viel granularer zu bestimmen als dies herkömmlich der Fall ist.[152] Dies kann auch während der Laufzeit einer Versicherung geschehen. Der Weg zu individualisierten und gegebenenfalls fortlaufend an die aktuelle Risikoeinschätzung angepassten Prämien sowie zu individualisierten Versicherungsprodukten[153] überhaupt scheint geebnet. Für den Versicherer ist das zugleich ein Mittel der aktiven Risikosteuerung, indem etwa bei sich abzeichnenden Krankheiten oder bereits bei „ungesunder Lebensweise" Kontakt mit dem Versicherten aufgenommen werden kann.[154] Schließlich können solche Systeme mittels der erlangten Daten einen Beitrag zur Verbesserung der Schadensregulierung und der Betrugsprävention leisten, beispielsweise indem sich in der Kfz-Versicherung Unfallhergänge genauer rekonstruieren lassen.[155] Für den Versicherungsnehmer kann das insbesondere durch günstigere Prämien oder sonstige Incentives attraktiv sein.[156] 63

[149] Krügel/Pfeiffenbring in Ebers/Heinze/Krügel/Steinrötter Künstliche Intelligenz und Robotik, 2020, § 11 Rn. 76; Kumkar/Roth-Isigkeit JZ 2020, 277 (283).
[150] Kumkar/Roth-Isigkeit JZ 2020, 277 (283).
[151] Eingehend Wachter/Mittelstadt/Floridi Int. Data Privacy Law 7 (2017), 76 ff.; ferner Kumkar/Roth-Isigkeit JZ 2020, 277 (280 f.), mit dem Hinweis, dass im Einzelfall anderes gelten könne.
[152] Transchel/Keller VW 11/2016, 36; Brand VersR 2019, 725 (726); Lüttringhaus FS Basedow, 2018, 55 (56).
[153] Brand VersR 2019, 725 (726).
[154] S. Brand VersR 2019, 725 (726).
[155] Brand VersR 2019, 725 (726).
[156] Brand VersR 2019, 725 (726).

64 Tatsächlich wurde vor einiger Zeit mit sog. **Telematiktarifen**[157] in der Kfz-Versicherung experimentiert. Dabei wurde das individuelle Fahrverhalten (Beschleunigung, Bremsen, Höchstgeschwindigkeit etc.; „**pay as you drive**") aufgezeichnet und vom Versicherer genutzt, Rabatte auf die Versicherungsprämie zu gewähren.[158] Weil hierzulande das Preisniveau bei der Kfz-Versicherung jedoch ohnehin sehr niedrig ist und deshalb keine substanziellen Nachlässe möglich waren, war es mit Blick auf die allenfalls geringen Vorteile nicht attraktiv, das eigene Fahrverhalten offenzulegen; die Telematiktarife in der Kfz-Versicherung waren auf dem deutschen Markt[159] nicht erfolgreich.[160]

65 Breit diskutiert werden Telematiktarife bei Personenversicherungen, insbesondere bei der Krankenversicherung („**pay as you live**"). Dabei besteht schon keine Einigkeit darüber, ob derlei eher positiv oder eher negativ zu bewerten ist.[161] Die rechtliche Zulässigkeit solcher Tarife hängt sodann stark von der Sparte und der konkreten Ausgestaltung ab.[162] Dabei stehen zwar wohl weder das Verbot des versicherungsfremden Geschäfts aus § 15 Abs. 1 S. 1 VAG[163] noch das Sondervergütungs- und Provisionsabgabeverbot aus § 48b VAG grundsätzlich entgegen.[164] Zweifelhaft ist aber die Vereinbarkeit einer telematikbasierten (gegebenenfalls fortlaufenden) Prämienanpassung – anders als die Gewährung von Rabatten, Boni etc. – mit den Vorgaben der Prämienanpassung bei der Lebens- (§ 163 Abs. 1 VVG), Berufsunfähigkeits- (§ 176 VVG) und Krankenversicherung (§ 203 Abs. 2 VVG).[165] Kaum oder nicht überwindbare Hürden stellen bei der Krankenversicherung die gesetzlichen Vorgaben zur Prämienkalkulation (§ 160 VAG iVm §§ 2, 6, 10 KVAV)[166] sowie der aus dem Ausschluss der Vorschriften zur Gefahrerhöhung (§ 194 Abs. 1 S. 2 VVG) möglicherweise zu entnehmende Rechtsgedanke der Unbeachtlichkeit späterer Risikofaktoren[167] dar. Weitere Problempunkte bei den Personenversicherungen sind die Vorgaben zur Überschussbeteiligung und zur Gleichbehandlung.[168] Generell bedarf schließlich die AGB-Kontrolle[169] sowie die Vereinbarkeit von Telematiktarifen mit allgemeinen, insbesondere grundrechtlichen Vorgaben[170] näherer Betrachtung.

[157] S. dazu den Sammelband Schmidt-Kessel/Wandt/Grimm Telematiktarife & Co., 2018; Brand VersR 2019, 725 ff.; Koch VersR 2020, 1413 ff.; Lüttringhaus FS Basedow, 2018, 55 (57 ff.); Brömmelmeyer r+s 2017, 225 ff.

[158] Näher Klimke r+s 2015, 217; Schumann Pay As You Drive, 2017; speziell zu datenschutzrechtlichen Fragen Brockmeyer in Hoeren/Sieber/Holznagel Handbuch Multimedia-Recht, 56. EL 2021, Teil 15.5 Rn. 38 ff.; zur Kalkulation solcher Tarife s. Weidner/Transchel ZVersWiss 104 (2015), 595 ff.

[159] Anderes wird für das Vereinigte Königreich, für Frankreich und für Italien sowie für die USA berichtet, s. Pertot VersR 2018, 217; Weidner/Transchel ZVersWiss 104 (2015), 595 (596).

[160] Ebert in Ebers/Heinze/Krügel/Steinrötter Künstliche Intelligenz und Robotik, 2020, § 16 Rn. 9.

[161] S. dazu Brand VersR 2019, 725 (726 f.); Looschelders ZVersWiss 104 (2015), 481 ff.

[162] Näher Brand VersR 2019, 725 (727 ff.); Brömmelmeyer r+s 2017, 225 ff.

[163] S. Brand VersR 2019, 725 (727 f.); Möller in Bruck/Möller VVG, Bd. 10, 9. Aufl. 2020, VVG Einl. §§ 192 ff. Rn. 72; Heitzer/Brasseler in Schmidt-Kessel/Wandt/Grimm Telematiktarife & Co., 2018, S. 141, 157 f.

[164] S. Brand VersR 2019, 725 (728 f.); Möller in Bruck/Möller VVG, Bd. 10, 9. Aufl. 2020, VVG Einl. §§ 192 ff. Rn. 72; Stadler in Schmidt-Kessel/Wandt/Grimm Telematiktarife & Co., 2018, S. 169, 176.

[165] S. Brand VersR 2019, 725 (728 f.); Brömmelmeyer r+s 2017, 225 (228 f.).

[166] Brand VersR 2019, 725 (729); Möller in Bruck/Möller VVG, Bd. 10, 9. Aufl. 2020, VVG Einl. §§ 192 ff. Rn. 73.

[167] Rudkowski ZVersWiss 106 (2017), 453 (459 f.); ferner Pohlmann in Schmidt-Kessel/Wandt/Grimm Telematiktarife & Co., 2018, S. 73, 98 f.; aA Brand VersR 2019, 725 (731 f.); Möller in Bruck/Möller VVG, Bd. 10, 9. Aufl. 2020, VVG Einl. §§ 192 ff. Rn. 78. Zu dieser Frage bei der Lebens- und Berufsunfähigkeitsversicherung s. Brömmelmeyer r+s 2017, 225 (229). Generell zur Vereinbarkeit von Telematiktarifen mit den §§ 23 ff. VVG Koch VersR 2020, 1413 (1416 ff.) (von vornherein nicht anwendbar); Lüttringhaus FS Basedow, 2018, 55 (62 f.) (zulässig, wenn und weil eine drohende Beitragserhöhung durch die Chance einer Beitragsreduktion ausgeglichen wird).

[168] S. Brand VersR 2019, 725 (729 ff.); Möller in Bruck/Möller VVG, Bd. 10, 9. Aufl. 2020, VVG Einl. §§ 192 ff. Rn. 74 ff.; Brömmelmeyer r+s 2017, 225 (227 f.).

[169] S. dazu Brömmelmeyer r+s 2017, 225 (229 ff.); Lüttringhaus FS Basedow, 2018, 55 (64 ff.); Rudkowski ZVersWiss 106 (2017), 453 (460 ff.).

[170] S. Lüttringhaus FS Basedow, 2018, 55 (68 ff.).

III. Anbahnung und Abschluss von Versicherungsverträgen

Automatisierte Systeme können bei Anbahnung und Abschluss von Versicherungsverträgen zur Anwendung kommen. Zu denken ist hier insbesondere an die automatisierte Beratung potentieller Versicherungsnehmer („**Robo-Advice**“) und an den automatisierten Abschluss des Versicherungsvertrags, einschließlich einer dafür notwendigen Risikoprüfung und Prämienkalkulation („**Smart Underwriting**“). Auch hier hängt die juristische Bewertung maßgeblich vom Grad der Automatisierung ab. Solange solche Systeme lediglich einen menschlichen Sachbearbeiter unterstützen, ihn beispielsweise durch Antragsfragen führen oder nach seinen Vorgaben Vergleiche verschiedener Versicherungen oder Tarife anstellen etc., sind sie lediglich Werkzeuge in dessen Hand, vergleichbar einem papiernen Fragenkatalog bzw. einem händischen Versicherungsvergleich. Mit zunehmender Automatisierung und schließlich beim Übergang zu (teilweiser) Autonomie sinkt der menschliche Einfluss und lässt (versicherungs-)vertragsrechtliche Fragen möglicherweise in einem anderen Licht erscheinen. Einigen soll im Folgenden nachgegangen werden. 66

1. Vertragsabschluss

Beim Abschluss des Versicherungsvertrags durch ein automatisiertes System stellt sich insbesondere die Frage nach der dafür notwendigen **Willenserklärung** aufseiten des Versicherers. Das ist unproblematisch, wenn das System lediglich die „fertige“ Willenserklärung eines Menschen, namentlich das Versicherungsangebot des Sachbearbeiters, an den potentiellen Vertragspartner übermittelt; es handelt sich hier lediglich um eine **elektronisch übermittelte** Willenserklärung.[171] 67

Seit langem ist indes auch für **„automatisch“ generierte** Erklärungen nahezu einhellig anerkannt, dass diese rechtsgeschäftliche **Willenserklärungen** sein können. Dem liegt die Erwägung zugrunde, dass auch in diesem Fall der Inhalt der automatisch generierten Erklärung letztlich auf den Willen desjenigen zurückführbar ist, der sich des Systems bedient, weil dieser das System in einer bestimmten Weise programmiert und zum Einsatz gebracht hat.[172] 68

An seine Grenzen stößt dieses Modell jedoch möglicherweise bei **autonomen**, dh nicht-deterministisch agierenden Systemen, denn die generierte **Willenserklärung** ist dann per definitionem nicht mehr (vollständig) auf den beherrschenden Willen desjenigen, der das System für sich einsetzt, zurückführbar. Die dazu diskutierten Lösungsansätze sind vielfältig.[173] Jedenfalls solange die Technik nicht den Stand der sog. „starken KI“ erreicht, dürfte das bisherige Modell indes zu durchaus sachgerechten Ergebnissen führen, selbst wenn die generierte Erklärung infolge selbständiger Weiterentwicklung des Systems („maschinelles Lernen“) per definitionem nicht mehr (vollständig) deterministisch durch Programmierung vorherbestimmt ist. Zum einen ist auch bei heutigen deterministischen Systemen die Vorbestimmtheit und Vorhersehbarkeit zwar theoretisch gegeben, praktisch aber oft kaum noch greifbar. Zum anderen leuchtet nicht ein, warum die Generierung und Abgabe einer rechtsgeschäftlichen Willenserklärung nicht privatautonom einer autonomen Entität übertragen werden können sollen; die Blanketterklärung zur Ausfüllung durch einen Dritten ist anerkannt.[174] 69

[171] S. Säcker in MüKoBGB, Bd. 1, 9. Aufl. 2021, BGB Einl. BGB Rn. 190; Singer in Staudinger, 2021, BGB Vorbem. zu §§ 116 ff. Rn. 57.

[172] S. nur Säcker in MüKoBGB, Bd. 1, 9. Aufl. 2021, BGB Einl. BGB Rn. 191; Singer in Staudinger, 2021, BGB Vorbem. zu §§ 116 ff. Rn. 57.

[173] Dazu Wendehorst/Grinzinger in Ebers/Heinze/Krügel/Steinrötter Künstliche Intelligenz und Robotik, 2020, § 4 Rn. 28 ff. und Pieper in Kaulartz/Braegelmann Rechtshandbuch Artificial Intelligence und Maschine Learning, 2020, Kap. 6.2 Rn. 9 ff., jeweils auch zu weiteren Fragen der Rechtsgeschäftslehre, wie etwa Abgabe und Zugang, Auslegung, AGB, Willensmängel etc.

[174] Wendehorst/Grinzinger in Ebers/Heinze/Krügel/Steinrötter Künstliche Intelligenz und Robotik, 2020, § 4 Rn. 35 f.

70 Beim gegenwärtigen Stand der Technik muss sich der Versicherer demnach die durch die von ihm eingesetzten Systeme generierten Erklärungen grundsätzlich als eigene rechtsgeschäftliche Willenserklärung zurechnen lassen.

2. Vertragsanbahnung, insbesondere Beratung

71 Dem Vertragsabschuss vorgelagert ist die Anbahnung eines Versicherungsvertrags und dabei insbesondere die **Beratung** des potentiellen Versicherungsnehmers. Nach § 6 Abs. 1 VVG – für Versicherungsvermittler, das sind Versicherungsvertreter und Versicherungsmakler (§ 59 Abs. 1 S. 1 VVG), gilt nach § 61 VVG Vergleichbares – hat der Versicherer den Versicherungsnehmer, soweit nach der Schwierigkeit, die angebotene Versicherung zu beurteilen, oder der Person des Versicherungsnehmers und dessen Situation hierfür Anlass besteht, nach seinen Wünschen und Bedürfnissen zu **befragen** und, auch unter Berücksichtigung eines angemessenen Verhältnisses zwischen Beratungsaufwand und der vom Versicherungsnehmer zu zahlenden Prämien, zu **beraten** sowie die **Gründe** für jeden zu einer bestimmten Versicherung erteilten Rat anzugeben und all dies unter Berücksichtigung der Komplexität des angebotenen Versicherungsvertrags zu **dokumentieren**.

72 **a) Zulässigkeit einer Beratung durch „Robo-Advisor"?** Das wirft zunächst die Frage auf, ob diese **Beratung zwingend durch einen Menschen** erfolgen muss. In der Literatur wird dies vereinzelt unter Verweis auf die Vorgaben der Versicherungsvertrieb-RL (EU) 2016/97 bejaht: Aus der Definition der „Beratung" als „die Abgabe einer persönlichen Empfehlung an einen Kunden, entweder auf dessen Wunsch oder auf Initiative des Versicherungsvertreibers hinsichtlich eines oder mehrerer Versicherungsverträge" (Art. 2 Abs. 1 Nr. 15 Versicherungsvertrieb-RL (EU) 2016/97) folge, dass eine Person tätig werden müsse, die eine individuelle Bewertung einer Kundensituation auf Basis eigener Einstellungen, Werte und Erfahrungen vornimmt, was bei durch Rechenregeln erstellten Angeboten nicht erfüllt sei.[175] Dem ist mit der ganz überwiegenden Literatur nicht zu folgen.[176] Die von der Versicherungsvertrieb-RL (EU) 2016/97 geforderte „persönliche Empfehlung" nimmt nicht Bezug auf eine Empfehlung durch eine Person, sondern darauf, dass die Empfehlung „persönlich" im Sinne von individualisiert für den zu Beratenden erfolgt.[177] Entscheidend ist mithin, dass dem zukünftigen Versicherungsnehmer eine **auf ihn zugeschnittene Beratung** zuteil wird. Sofern ein automatisiertes System dies (technisch) leisten kann,[178] steht einer Beratung potentieller Versicherungsnehmer durch ein solches System versicherungsrechtlich nichts im Weg.[179]

73 **b) Aufklärung über die automatisierte Beratung?** Obschon die Beratung durch einen Menschen versicherungsrechtlich nicht geboten ist, mithin auch kein darauf gerichteter **Anspruch** des potentiellen Versicherungsnehmers besteht,[180] bleibt doch die Frage, ob über den Umstand der automatisierten Beratung **aufzuklären** ist, zumindest in den Fällen, in denen dies nicht schon aus den tatsächlichen Umständen offensichtlich ist. Eine solche Pflicht wird bisweilen aus § 6 Abs. 1 VVG (bzw. bei der Versicherungsvermittlung aus § 61 Abs. 1 VVG) abgeleitet.[181] Sieht man den Normzweck der Beratungspflicht primär darin, dass der potentielle Versicherungsnehmer seinen Versicherungsbedarf beurteilen

[175] Beenken r+s 2017, 617 (619).
[176] S. Brand ZVers 2019, 3 (10 f.); Waldkirch in Linardatos Rechtshandbuch Robo Advice, 2020, § 19 Rn. 11; ferner Armbrüster r+s 2017, 57 (60); Notthoff r+s 2018, 523 (525).
[177] Brand ZVers 2019, 3 (10 f.); Waldkirch in Linardatos Rechtshandbuch Robo Advice, 2020, § 19 Rn. 11.
[178] S. dazu Waldkirch in Linardatos Rechtshandbuch Robo Advice, 2020, § 19 Rn. 13–15.
[179] Waldkirch in Linardatos Rechtshandbuch Robo Advice, 2020, § 19 Rn. 11.
[180] S. Waldkirch in Linardatos Rechtshandbuch Robo Advice, 2020, § 19 Rn. 12.
[181] S. Brand ZVers 2019, 3 (11).

und eine seinen Bedürfnissen entsprechende Versicherung auswählen kann,[182] dann spricht das eher gegen eine Aufklärungspflicht über eine automatisierte Beratung,[183] vorausgesetzt natürlich, diese wird den inhaltlichen Anforderungen des § 6 VVG (§ 61 VVG) an eine ordnungsgemäße Beratung gerecht. Im Falle einer insuffizienten automatisierten Beratung hat der (potentielle) Versicherungsnehmer einen Schadensersatzanspruch gegen den Versicherer (§ 6 Abs. 5 VVG), sodass es einem streng rational handelnden Kunden letztlich sogar egal sein müsste, „wer" ihn berät. Dementsprechend wäre dann auch eine generelle vorvertragliche Aufklärungspflicht aus Treu und Glauben zu verneinen.[184] Schließlich finden sich auch in § 1 Abs. 1 VVG-InfoV und § 15 VersVermV keine Anknüpfungspunkte für eine solche Aufklärungspflicht.[185] Jenseits einer Rechtspflicht könnte es aber im Interesse der Akzeptanz und vertrauensbildenden Transparenz ratsam sein, über den Umstand der automatisierten Beratung zu informieren.[186]

c) Gesteigerter Beratungsumfang? Ob und gegebenenfalls welchen Einfluss der Ein- 74
satz automatisierter Systeme bei der Beratung Einfluss auf das **konkrete Pflichtenprogramm** im Rahmen der §§ 6, 61 VVG hat, ist noch nicht abschließend ausgelotet.[187] Ein Zurückbleiben hinter einer herkömmlichen Beratung durch einen menschlichen Berater kann jedenfalls nicht damit gerechtfertigt werden, dass ein System technisch „noch nicht so weit ist". Wenn ein System das rechtlich Gebotene nicht leistet, kann es nicht eingesetzt werden, ohne ein entsprechendes Haftungsrisiko im Falle einer zu einem Schaden führenden Falschberatung zu begründen. Insofern ist es nicht anders als bei einer Beratung durch einen nicht hinreichend qualifizierten Menschen. § 6 Abs. 6 HS. 2 VVG aF, der den Versicherer von der Beratung bei im Fernabsatz geschlossenen Versicherungsverträgen völlig freistellte mit der Begründung, die Beratungspflicht könne dabei „praktisch nicht erfüllt werden", wurde im Februar 2018 wieder aufgehoben.

Umgekehrt könnten tatsächlich **bessere „Beratungsfähigkeiten"** automatisierter 75
Systeme, insbesondere wenn und weil diese über viel mehr Daten verfügen und diese viel schneller verarbeiten können, dazu führen, dass zugleich auch das **rechtlich Geschuldete steigt**.[188] Jedenfalls bei Beratungen bzw. Versicherungsprodukten, die die sich durch neue Technologien ergebenden neuen, besseren Möglichkeiten als besonderes Merkmal herausstellen, könnte dies naheliegen.[189]

Derselbe Effekt könnte daraus resultieren, dass § 6 Abs. 1 S. 1, § 61 Abs. 1 S. 1 VVG den 76
Umfang der Beratung auch von einem angemessenen Verhältnis zwischen Beratungsaufwand und den zu zahlenden Prämien abhängig macht. Unter der Prämisse, dass die Beratung durch ein automatisiertes System für den Versicherer (bzw. Versicherungsvermittler) kostengünstiger ist als die Beratung durch einen menschlichen Kollegen, müsste dies eine Verschiebung des dem Versicherer Zumutbaren zugunsten des Beratenen zur Folge haben.[190] Entscheidend ist dabei, was als berücksichtigungsfähiger Beratungsaufwand anzusehen ist. Für die Entwicklungs- bzw. Anschaffungskosten des Systems sowie etwaige Fortentwicklungskosten wird dies unter Verweis auf die ebenfalls nicht darunter zu fassenden Ausbildungskosten menschlicher Berater verneint.[191] Damit blieben im We-

[182] S. Armbrüster in MüKoVVG, Bd. 1, 2. Aufl. 2016, VVG § 6 Rn. 2.
[183] S. Waldkirch in Linardatos Rechtshandbuch Robo Advice, 2020, § 19 Rn. 17.
[184] Waldkirch in Linardatos Rechtshandbuch Robo Advice, 2020, § 19 Rn. 18.
[185] Waldkirch in Linardatos Rechtshandbuch Robo Advice, 2020, § 19 Rn. 17.
[186] Waldkirch in Linardatos Rechtshandbuch Robo Advice, 2020, § 19 Rn. 19, plädiert aus diesen Gründen für die Einführung einer Aufklärungspflicht de lege ferenda.
[187] Eingehend dazu Waldkirch in Linardatos Rechtshandbuch Robo Advice, 2020, § 19 Rn. 20 ff.
[188] S. Lüttringhaus in Looschelders/Michael Düsseldorfer Vorträge zum Versicherungsrecht 2020, 2021, S. 23 (48 ff.); ders. VW 6/2020, 88 (90).
[189] Lüttringhaus in Looschelders/Michael Düsseldorfer Vorträge zum Versicherungsrecht 2020, 2021, S. 23 (49 f.); ders. VW 6/2020, 88 (90).
[190] Waldkirch in Linardatos Rechtshandbuch Robo Advice, 2020, § 19 Rn. 37.
[191] S. Waldkirch in Linardatos Rechtshandbuch Robo Advice, 2020, § 19 Rn. 37.

sentlichen die – funktional wohl den Lohnkosten entsprechenden – laufenden Kosten des Systems für die Dauer der Beratung. Bei als Dienst („as a Service") von einem Dritten bezogener automatisierter Beratung müsste dann wohl zeitanteilig das dafür gezahlte Entgelt angesetzt werden. Mit Blick darauf, dass der Hauptaufwand automatisierter Systeme in der Entwicklung, Anschaffung und Fortentwicklung besteht, der einzelne Beratungsfall dann aber kaum Aufwand bereitet, dürfte es tatsächlich naheliegen, dass der **Proportionalitätsvorbehalt** – jedenfalls in seinem herkömmlichen Verständnis – die Beratungspflicht bei automatisierten Systemen regelmäßig nicht (mehr) begrenzt.[192]

77 **Problematisch** dabei ist, dass auf diese Weise beim Einsatz automatisierter Systeme allein deshalb ein gesteigertes Pflichtenprogramm besteht, weil diese in der Lage sind, besser oder mit geringerem Beratungsaufwand zu beraten. Weil keine Pflicht für den Versicherer besteht, ein solches System einzusetzen, könnte dies dazu führen, dass dieser die Investition in ein solches System unterlässt und es bei der – für sich genommen ausreichenden – menschlichen Beratung belässt. Den zu Beratenden entginge dadurch eine noch bessere Beratung. Zwar mögen sich höhere Kosten eines automatisierten Systems für den Versicherer in anderer Weise, etwa in Form eines modernen Unternehmensimages, amortisieren. Es besteht aber die Gefahr, dass sich überlegene Innovationen allein deshalb nicht durchsetzen, weil ihr Einsatz zu erhöhten Pflichten führt, was insgesamt eine negative Kostenbilanz verursacht. Vor diesem Hintergrund sollten erhöhte Anforderungen an Beratungspflichten nicht allein und ohne weiteres aus neuen technischen Möglichkeiten abgeleitet werden.

78 **d) Haftung bei Beratungsfehlern.** Der **Versicherer** ist bei **Beratungsfehlern** dem Versicherungsnehmer zum **Ersatz** des daraus entstehenden **Schadens** verpflichtet, sofern er die Pflichtverletzung nicht zu vertreten hat (§ 6 Abs. 5 VVG; entsprechend § 63 VVG für Beratungsfehler von Versicherungsvermittlern). Bedient sich der Versicherer zur Erfüllung seiner Beratungspflichten eines automatisierten Systems und „berät" dieses falsch, stellt sich die Frage, ob der Versicherer dafür einzustehen hat. Hätte sich der Versicherer eines angestellten Beraters bedient, wäre dies nach § 278 S. 1 BGB zu lösen, da diese Person Erfüllungshilfe des Versicherers in Bezug auf dessen Beratungspflicht ist.[193] Ob eine analoge Anwendung des § 278 S. 1 BGB auf das „Verschulden" automatisierter Systeme möglich oder gar geboten ist,[194] wird in der Literatur lebhaft diskutiert, bislang noch ganz überwiegend aber abgelehnt.[195] Anknüpfungspunkt für ein **Vertretenmüssen** ist vielmehr unmittelbar der Einsatz des Systems, dieser muss sorgfaltsgemäß sein.[196] Wer die Beratung automatisiert durchführen lässt, muss nach Maßgabe der im Verkehr erforderlichen Sorgfalt (§ 276 Abs. 2 BGB) sicherstellen, dass das System dazu in der Lage ist. Dieses Konzept stößt freilich an seine Grenzen, wenn beispielsweise ein nach diesem Maßstab sorgfaltsgemäß betriebenes automatisiertes System infolge fehlerhaften Lernens einen falschen Rat gibt, der bei einem menschlichen Berater als vorwerfbarer Beratungsfehler einzuordnen wäre. Mangels Zurechenbarkeit dieses „Verschuldens" des Systems, wie es beim menschlichen Berater nach § 278 S. 1 BGB erfolgte, müsste eine Haftung des Versicherers

[192] Waldkirch in Linardatos Rechtshandbuch Robo Advice, 2020, § 19 Rn. 37.

[193] S. nur Rudy in in Prölss/Martin VVG, 31. Aufl. 2021, VVG § 6 Rn. 58.

[194] Dafür etwa aus dem jüngeren Schrifttum Hacker RW 2018, 243 (250 ff.); Schirmer JZ 2016, 660 (664 f.); befürwortend auch Wendehorst/Grinzinger in Ebers/Heinze/Krügel/Steinrötter Künstliche Intelligenz und Robotik, 2020, § 4 Rn. 84 f., 91.

[195] S. etwa Schaub in BeckOGK, 1.3.2022, BGB § 278 Rn. 16; Grundmann in MüKoBGB, Bd. 2, 8. Aufl. 2019, BGB § 278 Rn. 46; Caspers in Staudinger, 2019, BGB § 278 Rn. 5; Grapentin Vertragsschluss und vertragliches Verschulden beim Einsatz von Künstlicher Intelligenz und Softwareagenten, 2018, S. 128 ff.; Klingbeil JZ 2019, 718 (719 ff.).

[196] S. Schaub in BeckOGK, 1.3.2022, BGB § 276 Rn. 88.13; Grundmann in MüKoBGB, Bd. 2, 8. Aufl. 2019, BGB § 278 46; Caspers in Staudinger, 2019, BGB § 278 Rn. 5; Pieper in Kaulartz/Braegelmann Rechtshandbuch Artificial Intelligence und Maschine Learning, 2020, Kap. 6.2 Rn. 62 ff.; Hacker RW 2018, 243 (249 f.).

ausscheiden.[197] Anderes gälte, wenn man bereits den Einsatz eines selbstlernfähigen, also „intelligenten" Systems angesichts der damit verbundenen per definitionem nicht (mehr vollständig) beherrschbaren Gefahren als per se sorgfaltswidrig ansieht, was aber mit Blick auf die dadurch contra legem etablierte faktische Gefährdungshaftung nicht überzeugt.[198]

IV. Versicherungsaufsichtsrecht

Der Privatversicherungssektor unterliegt einer umfangreichen **staatlichen Aufsicht**.[199] Demgemäß spielt auch das Versicherungsaufsichtsrecht eine erhebliche Rolle beim Einsatz automatisierter Systeme in der Versicherungswirtschaft.[200] Die **Bundesanstalt für Finanzdienstleistungsaufsicht** (BaFin) als zuständige Aufsichtsbehörde (§ 320 Abs. 1 VAG) hat weitreichende Aufsichtsbefugnisse gegenüber den Versicherern (s. §§ 43, 294 VAG).[201] Auf einige versicherungsaufsichtsrechtliche Fragen im Zusammenhang mit Telematiktarifen wurde bereits hingewiesen.[202] In Bezug auf automatisierte Einzelfallentscheidungen wird beispielsweise diskutiert, ob die BaFin, gestützt auf ihre aufsichtsrechtlichen Befugnisse, in größerem Umfang Einblick in die zugrundeliegenden Algorithmen verlangen könnte als dies den davon betroffenen Personen auf Grundlage der Art. 13–15 DSGVO möglich ist.[203] Schließlich wirft auch der Vertrieb von Versicherungen unter Einsatz automatisierter Systeme zahlreiche aufsichtsrechtliche Fragen auf, etwa zu einem etwaigen Gebot der Erklärbarkeit und Nachvollziehbarkeit der Entscheidungen, zu Diskriminierungsverboten und aufsichtsrechtlichen Gleichbehandlungsgeboten und zu den aufsichtsrechtlichen Anforderungen an die Geschäftsorganisation.[204] 79

D. Fazit

Automatisierte Systeme werfen auch im Versicherungsrecht zahlreiche Rechtsfragen auf, sowohl hinsichtlich der Versicherung solcher Systeme als auch beim Einsatz solcher Systeme beim Versicherer. Lediglich einige konnten hier skizziert werden. Schon dabei hat sich aber gezeigt, dass Einiges mit dem bekannten Instrumentarium bereits jetzt durchaus gut beherrschbar ist, Vieles näherer Untersuchung bedarf und Manches wohl nur der Gesetzgeber lösen kann. 80

Literatur

Achenbach, Die Cyber-Versicherung – Überblick und Analyse, VersR 2017, 1493
Ammann, KI as a Service, CR 2020, 295
Armbrüster, Privatversicherungsrecht, 2. Aufl. 2019
Armbrüster/Prill, Künstliche Intelligenz im Versicherungssektor – rechtliche Herausforderungen, ZfV 2020, 110
Armbrüster/Schilbach, Nichtigkeit von VersVerträgen wegen Verbots- oder Sittenverstoßes, r+s 2016, 109
Armbrüster, Der Abschluss von Versicherungsverträgen über das Internet, r+s 2017, 57
Armbrüster, Verantwortungsverlagerung und Versicherungsschutz – Das Beispiel des automatisierten Fahrens, in Gless/Seelmann, Intelligente Agenten und das Recht, 2016, S. 205
Avdullai/Korn/Hoben, Neuronale Netze und Zeitreihenansätze zur Vorhersage des auslösenden Faktors in der privaten Krankenversicherung, ZVersWiss 110 (2021), 21

[197] S. Waldkirch in Linardatos Rechtshandbuch Robo Advice, 2020, § 19 Rn. 65.
[198] Zu den Einwänden → Rn. 8.
[199] Bruns Privatversicherungsrecht, § 33 Rn. 3.
[200] Näher Amman CR 2020, 633 (637 ff.); speziell zu Rundschreiben, Mitteilungen und Verlautbarungen der BaFin Schäfers in Linardatos Rechtshandbuch Robo Advice, 2020, § 20 Rn. 8.
[201] Zum Einsatz von KI bei der Versicherungsaufsicht s. Lüttringhaus in Looschelders/Michael Düsseldorfer Vorträge zum Versicherungsrecht 2020, 2021, S. 23 (50 ff.).
[202] → Rn. 65.
[203] Erwägend Armbrüster/Prill ZfV 2020, 110 (113).
[204] Eingehend in Linardatos Rechtshandbuch Robo Advice, 2020, § 20 Rn. 15 ff.

Beck,Der rechtliche Status autonomer Maschinen, AJP/PJA 2017, 183
Beck, Über Sinn und Unsinn von Statusfragen – zu Vor- und Nachteilen der Einführung einer elektronischen Person, in Hilgendorf/Günther, Robotik und Gesetzgebung, 2013, S. 239
Beckmann/Matusche-Beckmann, Versicherungsrechts-Handbuch, 3. Aufl. 2015
Beenken, Beratungspflichten nach der IDD und ihre Umsetzung ins deutsche Recht, r+s 2017, 617
Bitterich, Neuseeländische Accident Compensation als Volksunfallversicherung in der Bewährung: Der Injury Prevention, Rehabilitation, and Compensation Act 2001, RabelsZ 67 (2003), 494
Borges, Haftung für selbstfahrende Autos, CR 2016, 272
Borges, New Liability Concepts: the Potential of Insurance and Compensation Funds, in Lohsse/Schulze/Staudenmayer, Liability for Artificial Intelligence and the Internet of Things, 2019, S. 145
Borges, Rechtliche Rahmenbedingungen für autonome Systeme, NJW 2018, 977
Brand, Die Zukunft des Versicherungsvertriebs, ZVers 2019, 3
Brand, Zulässigkeit und Ausgestaltung von Telematiktarifen, VersR 2019, 725
Brömmelmeyer, Belohnungen für gesundheitsbewusstes Verhalten in der Lebens- und Berufsunfähigkeitsversicherung? Rechtliche Rahmenbedingungen für Vitalitäts-Tarife, r+s 2017, 225
Bruck/Möller Versicherungsvertragsgesetz, hrsg. v. Baumann/Beckmann/Johannsen/Johannsen/Koch, 4. Bd., 9. Aufl. 2013 (zitiert als: Bearbeiter in Bruck/Möller VVG, Bd. 4, 9. Aufl. 2013)
Bruck/Möller Versicherungsvertragsgesetz, hrsg. v. Baumann/Beckmann/Johannsen/Johannsen/Koch, Bd. 10, 9. Aufl. 2020 (zitiert als: Bearbeiter in Bruck/Möller VVG, Bd. 10, 9. Aufl. 2020)
Bruck/Möller Versicherungsvertragsgesetz, hrsg. v. Baumann/Beckmann/Johannsen/Johannsen/Koch, Bd. 12, 9. Aufl. 2018 (zitiert als: Bearbeiter in Bruck/Möller VVG, Bd. 12, 9. Aufl. 2018)
Bruns, Privatversicherungsrecht, 2015
Buck-Heeb/Dieckmann, Zivilrechtliche Haftung von Halter und Fahrer bei Einsatz (teil-)automatisierter Fahrfunktionen, in Oppermann/Stender-Vorwachs, Autonomes Fahren, 2. Aufl. 2020, Kap. 3.1.1
Burmann/Heß/Hühnermann/Jahnke Straßenverkehrsrecht, 27. Aufl. 2022
Dammann, Erfolge und Defizite der EU-Datenschutzgrundverordnung. Erwarteter Fortschritt, Schwächen und überraschende Innovationen, ZD 2016, 307
Däubler/Wedde/Weichert/Sommer, EU-DSGVO und BDSG, 2. Aufl. 2020
Denga, Deliktische Haftung für künstliche Intelligenz, CR 2018, 69
Devlin, Some Werfare Implications of No-Fault Automobile Insurance, 10 Int'l Rev. L. & Econ. 193 ff. (1990)
Dreher, Die Versicherung als Rechtsprodukt, 1991
Ebert, KI und Versicherung, in Ebers/Heinze/Krügel/Steinrötter, Künstliche Intelligenz und Robotik, 2020, § 16
Eichelberger, Autonomes Fahren und Privatversicherungsrecht, in Oppermann/Stender-Vorwachs, Autonomes Fahren, 2. Aufl. 2020, Kap. 3.1.3
Eichelberger, Das Blockieren einer Internet-Seite als strafbare Nötigung, DuD 2006, 490
Eichelberger, Ersatz immaterieller Schäden bei Datenschutzverstößen, in Specht-Riemenschneider/Buchner/Heinze/Thomsen, Festschrift für Jürgen Taeger, 2020, 137 (zitiert als: Eichelberger FS Taeger, 2020, 137); aktualisierte Fassung in WRP 2021, 159
Eichelberger, Innovationsrelevante Regeln des allgemeinen Zivilrechts und ihre Innovationswirkung, in Hilty/Jaeger/Lamping, Herausforderung Innovation, 2012, S. 45
Eichelberger, Zivilrechtliche Haftung für KI und smarte Robotik, in Ebers/Heinze/Krügel/Steinrötter, Künstliche Intelligenz und Robotik, 2020, § 5
Eidenmüller, The Rise of Robots and the Law of Humans, ZEuP 2017, 765
EIOPA (European Insurance and Occupational Pensions Authority), Artificial Intelligence Governance Principles: Trustworthy Artificial Intelligence in the European Insurance Sector, 2021, abrufbar unter https://doi.org/10.2854/49874 (zuletzt abgerufen am: 1.5.2022) (zitiert als: EIOPA Artificial Intelligence Governance Principles, 2021)
EIOPA (European Insurance and Occupational Pensions Authority), Big Data Analytics in Motor and Health Insurance: A Thematic Review, 2019, abrufbar unter https://doi.org/10.2854/54208 (zuletzt abgerufen am: 1.5.2022) (zitiert als: EIOPA Big Data Analytics in Motor and Health Insurance, 2019)
Erichsen, Cyber-Risiken und Cyber-Versicherung: Abgrenzung und/oder Ergänzung zu anderen Versicherungssparten, CCZ 2015, 247
Ferid/Sonnenberger, Das Französische Zivilrecht, Bd. 2, 2. Aufl. 1986
Feyock/Jacobsen/Lemor, Kraftfahrtversicherung, 3. Aufl. 2009
Freise, Rechtsfragen des automatisierten Fahrens, VersR 2019, 65
Gless/Janal, Hochautomatisiertes und autonomes Autofahren – Risiko und rechtliche Verantwortung, JR 2016, 561
Gleß/Weigend, Intelligente Agenten und das Strafrecht, ZStW 126 (2014), 561
Gola, DSGVO, 2. Aufl. 2018
Gola/Heckmann, BDSG, 13. Aufl. 2019
Goretzky, Online durchgeführte Risikoprüfung und Schadensregulierung, VersR 2019, 916
Grapentin, Vertragsschluss und vertragliches Verschulden beim Einsatz von Künstlicher Intelligenz und Softwareagenten, 2018
Greger, Haftungsumfang beim automatisierten Fahren, NZV 2018, 1

Grützmacher, Die deliktische Haftung für autonome Systeme – Industrie 4.0 als Herausforderung für das bestehende Recht?, CR 2016, 695
Günther, Datenträgerklauseln und Sachschaden, VersR 2018, 205
Hacker, Verhaltens- und Wissenszurechnung beim Einsatz von Künstlicher Intelligenz, RW 2018, 243
Hammel, Besonderheiten der Kraftfahrtversicherung bei Personenkraftwagen mit Fahrerassistenzsystemen, VersR 2016, 281
Hammel, Haftung und Versicherung bei Personenkraftwagen mit Fahrerassistenzsystemen, 2016 (zitiert als: Hammel/Wandt Haftung und Versicherung bei Personenkraftwagen mit Fahrerassistenzsystemen, 2016)Hanisch, Zivilrechtliche Haftungskonzepte für Robotik, in HilgendorfRobotik im Kontext von Recht und Moral, 2014, S. 27
Hänold, Profiling und automatisierte Einzelfallentscheidung im Versicherungsbereich, ABIDA-Gutachten, 2019, abrufbar unter https://doi.org/10.15488/5123 (zuletzt abgerufen am: 1.5.2022) (zitiert als: Hänold Profiling und automatisierte Einzelfallentscheidung im Versicherungsbereich, 2019)
Hausmann/Lämmel, Künstliche Intelligenz in der automatisierten Dokumentenverarbeitung am Beispiel von Krankenversicherungen, in Barton/Müller, Künstliche Intelligenz in der Anwendung, 2021, Kap. 10
Herberger, „Künstliche Intelligenz" und Recht – Ein Orientierungsversuch, NJW 2018, 2825
Hey, Die außervertragliche Haftung des Herstellers autonomer Fahrzeuge bei Unfällen im Straßenverkehr, 2019
Hilgendorf, Können Roboter schuldhaft handeln?, in Beck, Jenseits von Mensch und Maschine, 2012, S. 119
Hoeren/Sieber/Holznagel, Handbuch Multimedia-Recht, 56. EL, 2021
Hofmann, Der Umgang mit technischen Risiken, CR 2020, 282
Horner/Kaulartz, Haftung 4.0. Verschiebung des Sorgfaltsmaßstabs bei Herstellung und Nutzung autonomer Systeme, CR 2016, 7
Janal, Die deliktische Haftung beim Einsatz von Robotern – Lehren aus der Haftung für Sachen und Gehilfen, in Gless/Seelmann, Intelligente Agenten und das Recht, 2016, 141
Jänich/Schrader/Reck, Rechtsprobleme des autonomen Fahrens, NZV 2015, 313
Jourdan/Matschi, Wie weit kann die Technik den Fahrer ersetzen? Entwickler oder Gesetzgeber, wer gibt die Richtung vor?, NZV 2015, 26
Käde/von Maltzan, Die Erklärbarkeit von Künstlicher Intelligenz (KI), CR 2020, 66
Kirn/Müller-Hengstenberg, Intelligente (Software-)Agenten: Von der Automatisierung zur Autonomie? Verselbstständigung technischer Systeme, MMR 2014, 225
Klimke, Telematik-Tarife in der Kfz-Versicherung, r+s 2015, 217
Klingbeil, Schuldnerhaftung für Roboterversagen, JZ 2019, 718
Kluge/Müller, Autonome Systeme – Überlegungen zur Forderung nach einer „Roboterhaftung", in Taeger, Smart world – smart law?, 2016, S. 989
Koch, Zum Umgang mit fehlerhaften Prämienfaktoren in telematikbasierten Versicherungstarifen, VersR 2020, 1413
Koch, Verteilung des Haftpflichtversicherungs-/Regressrisikos bei Kfz-Unfällen während der Fahrzeugführung im Autopilot-Modus gem. § 1 a Abs. 2 StVG, VersR 2018, 901
König, (Vorerst) Keine Haftungsbefreiung für Halter und Fahrer automatisierter Kraftfahrzeuge, JZ 2017, 323
Körner, Nachvollziehbarkeit von KI-basierten Entscheidungen, in Kaulartz/Braegelmann, Rechtshandbuch Artificial Intelligence und Machine Learning, 2020, Kap. 2.4
Kötz/Wagner, Deliktsrecht, 14. Aufl. 2021
Krügel/Pfeiffenbring, Datenschutzrechtliche Herausforderungen von KI, in Ebers/Heinze/Krügel/Steinrötter, Künstliche Intelligenz und Robotik, 2020, § 11
Kühling/Buchner, Datenschutz-Grundverordnung, BDSG, 3. Aufl. 2020
Kumkar/Roth-Isigkeit, Erklärungspflichten bei automatisierten Datenverarbeitungen nach der DSGVO, JZ 2020, 277
Langheid/Wandt, Münchener Kommentar zum Versicherungsvertragsgesetz, Bd. 1, 2. Aufl. 2016 (zitiert als: Bearbeiter in MüKoVVG, Bd. 1, 2. Aufl. 2016)
Langheid/Wandt, Münchener Kommentar zum Versicherungsvertragsgesetz, Bd. 2, 2. Aufl. 2017 (zitiert als: Bearbeiter in MüKoVVG, Bd. 2, 2. Aufl. 2017)
Langheid/Wandt, Münchener Kommentar zum Versicherungsvertragsgesetz, Bd. 3, 2. Aufl. 2017 (zitiert als: Bearbeiter in MüKoVVG, Bd. 3, 2. Aufl. 2017)
Lohmann/Rusch, Fahrassistenzsysteme und selbstfahrende Fahrzeuge im Lichte von Haftpflicht und Versicherung, HAVE 2015, 349
Lomen, Die zweite Verteidigungslinie – Cyber-Versicherung – Versicherungsschutz für Risiken aus der Sphäre von Industrie 4.0, in Andelfinger/Hänisch, Industrie 4.0. Wie cyber-physische Systeme die Arbeitswelt verändern, 2017, Kap. 9
Looschelders, Fragmentierung der Kollektive in der Privatversicherung – juristische Implikationen, ZVersWiss 104 (2015), 481
Lüttringhaus, Auf wackligem Fundament. Rechtsfragen der Künstlichen Intelligenz in der Versicherungsindustrie, VW 6/2020, 88

Lüttringhaus, Der Einsatz von KI in der Versicherungswirtschaft: Datenschutz- und aufsichtsrechtliche Herausforderungen und versicherungsvertragliche Auswirkungen, in Looschelders/Michael, Düsseldorfer Vorträge zum Versicherungsrecht 2020, 2021
Lüttringhaus, Mehr Freiheit wagen im Versicherungsrecht durch daten- und risikoadjustierte Versicherungstarife, in Dutta/Heinze, „Mehr Freiheit wagen", 2018, 55 (zitiert als: Lüttringhaus FS Basedow, 2018, 55)
Lüttringhaus, Versicherungsvertragsrecht und Künstliche Intelligenz: Kenntnis- und Verhaltenszurechnung zum Versicherungsnehmer, in Grote/Rixecker/Wandt, Versicherungsrecht in Wissenschaft und Praxis, Festschrift für Theo Langheid zum 70. Geburtstag, 2022 (im Erscheinen)
Malek/Schilbach, Versichertes Risiko in der Cyber-Versicherung – Umfang und Grenzen des Deckungsschutzes, VersR 2019, 1321
Malek/Schütz, Cyberversicherung: Rechtliche und praktische Herausforderungen, r+s 2019, 421
Mehrbrey/Schreibauer, Haftungsverhältnisse bei Cyber-Angriffen. Ansprüche und Haftungsrisiken von Unternehmen und Organen, MMR 2016, 75
Meyer, Künstliche Intelligenz und die Rolle des Rechts für Innovation. Rechtliche Rationalitätsanforderungen an zukünftige Regulierung, ZRP 2018, 233
Nehm, Autonomes Fahren – Bremsen Ethik und Recht den Fortschritt aus?, JZ 2018, 398
Niederée/Neijdl, Technische Grundlagen der KI, in Ebers/Heinze/Krügel/Steinrötter, Künstliche Intelligenz und Robotik, 2020, § 2
Notthoff, Der Versicherungsvertragsabschluss im Internet, r+s 2018, 523
Oppermann/Stender-Vorwachs, Autonomes Fahren, 2. Aufl. 2020
Paal/Pauly, Datenschutz-Grundverordnung Bundesdatenschutzgesetz, 3. Aufl. 2021 (zitiert als: Bearbeiter in Paal/Pauly DS-GVO BDSG, 3. Aufl. 2021)
Pataki, Die Empfehlungen des Verkehrsgerichtstages 2018 zum automatisierten Fahren aus der Sicht der Versicherer, DAR 2018, 133
Pehm, Systeme der Unfallhaftung beim automatisierten Verkehr. Eine rechtsvergleichende Analyse der Haftungsrisiken, IWRZ 2018, 259
Pertot, Kfz-Versicherung und Telematik-Tarife: Die neue Gesetzesregelung in Italien, VersR 2018, 271
Pieper, Vertragsschluss mit KI, Anfechtung und Schadensersatz, in Kaulartz/Braegelmann, Rechtshandbuch Artificial Intelligence und Machine Learning, 2020, Kap. 6.4
Prölss/Martin: Versicherungsvertragsgesetz, 31. Aufl. 2021 (zitiert als: Bearbeiter in Prölss/Martin VVG, 31. Aufl. 2021)
Pütz/Maier Haftung und Versicherungsschutz bei Cyber-Angriffen auf ein Kfz, r+s 2019, 444
Reichwald/Pfisterer, Autonomie und Intelligenz im Internet der Dinge. Möglichkeiten und Grenzen autonomer Handlungen, CR 2016, 208
Riehm, Nein zur ePerson! Gegen die Anerkennung einer digitalen Rechtspersönlichkeit, RDi 2020, 42
Rudkowski, Vertragsrechtliche Anforderungen an die Gestaltung von „Self-Tracking"-Tarifen in der Privatversicherung, ZVersWiss 106 (2017), 453
Rüffer/Halbach/Schimikowski, Versicherungsvertragsgesetz, 4. Aufl. 2020 (zitiert als: Bearbeiter in Rüffer/Halbach/Schimikowski VVG, 4. Aufl. 2020)
Säcker/Rixecker/Otcker/Limperg, Münchener Kommentar zum Bürgerlichen Gesetzbuch, Bd. 1, 9. Aufl. 2021 (zitiert als: Bearbeiter in MüKoBGB, Bd. 1, 9. Aufl. 2021)
Säcker/Rixecker/Oetker/Limperg, Münchener Kommentar zum Bürgerlichen Gesetzbuch, Bd. 2, 8. Aufl. 2016 (zitiert als: Bearbeiter in MüKoBGB, Bd. 2, 8. Aufl. 2016)
Säcker/Rixecker/Oetker/Limperg, Münchener Kommentar zum Bürgerlichen Gesetzbuch, Bd. 7, 8. Aufl. 2020 (zitiert als: Bearbeiter in MüKoBGB, Bd. 7, 8. Aufl. 2020)
Schäfer/Ott, Lehrbuch der ökonomischen Analyse des Zivilrechts, 6. Aufl. 2021
Schäfers, Robo Advice aus der Perspektive des Versicherungsaufsichtsrechts, in Linardatos, Rechtshandbuch Robo Advice, 2020, § 20
Schartel/Stadler, Autonomes Fahren aus haftungs- und versicherungsrechtlicher Perspektive, in Kompaß, Methodenentwicklung für Aktive Sicherheit und Automatisiertes Fahren, 2017, 229
Schirmer, Rechtsfähige Roboter?, JZ 2016, 660
Schirmer, Robotik und Verkehr, RW 2018, 453
Schmidt-Kessel/Grimm, Telematiktarife & Co. – Versichertendaten als Prämienersatz, 2018 (zitiert als: Bearbeiter in Schmidt-Kessel/Wandt/Grimm Telematiktarife & Co., 2018)
Schrader, Haftungsfragen für Schäden beim Einsatz automatisierter Fahrzeuge im Straßenverkehr, DAR 2016, 242
Schubert, Der Automated and Electric Vehicles Act 2018 – ein (weiterer) Irrweg für das Vereinigte Königreich?, PHi 2018, 210
Schumann, Pay As You Drive, 2017
Schweighofer, Rechtliche Aspekte der Robotik, in Christaller ua, Robotik, 2001, Kap. 5
Sesing, Umfang und Grenzen der Pflicht zur Bereitstellung aussagekräftiger Informationen über die involvierte Logik, MMR 2021, 288
Sigulla/Visser, Künstliche Intelligenz und Versicherung, PHi 2018, 198
Simitis/Hornung/Spiecker genannt Döhmann, Datenschutzrecht, 2019
Singler, Die Kfz-Versicherung autonomer Fahrzeuge, NZV 2017, 353

Sosnitza, Das Internet der Dinge – Herausforderung oder gewohntes Terrain für das Zivilrecht?, CR 2016, 764
Spindler, Roboter, Automation, künstliche Intelligenz, selbst-steuernde Kfz – Braucht das Recht neue Haftungskategorien?, CR 2015, 766
Spindler, User Liability and Strict Liability in the Internet of Things and for Robots, in: Lohsse/Schulze/Staudenmayer, Liability for Artificial Intelligence and the Internet of Things, 2019, S. 125
Stadler, Autonomes Fahren aus versicherungsrechtlicher Perspektive, in 33. und 34. Münsterischer Versicherungstag, 2017, 3
v. Staudinger, Kommentar zum Bürgerlichen Gesetzbuch mit Einführungsgesetz und Nebengesetzen, Buch 1, §§ 90–124; §§ 130–133, Neubearbeitung 2021 (zitiert als: Bearbeiter in Staudinger, 2021)
v. Staudinger, Kommentar zum Bürgerlichen Gesetzbuch mit Einführungsgesetzen und Nebengesetzen, Buch 2, Recht der Schuldverhältnisse, BGB §§ 255–304, Neubearbeitung 2019 (zitiert als: Bearbeiter in Staudinger, 2019)
Taeger/Gabel, DSGVO – BDSG – TTDSG, 3. Aufl. 2019
Ternig, Automatisiertes Fahren: Wer führt – Mensch oder Maschine, zfs 2016, 303
Teubner, Digitale Rechtssubjekte?, AcP 218 (2018), 155
Thöne, Autonome Systeme und deliktische Haftung, 2020
Transchel/Keller, Rabatte gegen Daten. Mit der Telematik bricht ein neues Zeitalter in der Kfz-Versicherung an – auch in der Tarifierung, VW 11/2016, 36
Vogt, Fahrerassistenzsysteme: Neue Technik – Neue Rechtsfragen?, NZV 2003, 153
Wachter/Mittelstadt/Floridi, Why a Right to Explanation of Automated Decision-Making Does Not Exist in the General Data Protection Regulation, Int. Data Privacy Law 7 (2017), 76
Wagner, Haftung für Künstliche Intelligenz – Eine Gesetzesinitiative des Europäischen Parlaments, ZEuP 2021, 545
Wagner, Produkthaftung für autonome Systeme, AcP 217 (2017), 707
Wagner, Robot Liability, in Lohsse/Schulze/Staudenmayer, Liability for Artificial Intelligence and the Internet of Things, 2019, S. 27
Wagner, Robot, Inc.: Personhood for Autonomous Systems?, 88 Fordham L. Rev. 591 (2019)
Wagner, Verantwortlichkeit im Zeichen digitaler Techniken, VersR 2020, 717
Waldkirch, Robo Advice im Versicherungsvertragsrecht, in Linardatos, Rechtshandbuch Robo Advice, 2020, § 19
Weick, Die rechtliche Bewältigung von Schäden durch Bäume, NJW 2011, 1702
Weidner/Transchel, Aktuarielle Besonderheiten bei der Kalkulation von Telematik-Tarifen in der Kfz-Versicherung, ZVersWiss 104 (2015), 595
Wendehorst/Grinzinger, Vertragsrechtliche Fragestellungen beim Einsatz intelligenter Agenten, in Ebers/Heinze/Krügel/Steinrötter, Künstliche Intelligenz und Robotik, 2020, § 4
Wettig, Vertragsschluss mittels elektronischer Agenten, 2010
Wischmeyer, Regulierung intelligenter Systeme, AöR 143 (2018), 1
Wöbbeking, Deliktische Haftung de lege ferenda, in Kaulartz/Braegelmann, Rechtshandbuch Artificial Intelligence und Maschine Learning, 2020, Kap. 4.2
Wolff/Brink, Beck'scher Online-Kommentar Datenschutzrecht (zitiert als: Bearbeiter in BeckOK DatenschutzR)
Wrede/Freers/Graf von der Schulenburg, Herausforderungen und Implikationen für das Cyber-Risikomanagement sowie die Versicherung von Cyberrisiken – Eine empirische Analyse, ZVersWiss 107 (2018), 405
Zech, Entscheidungen digitaler autonomer Systeme: Empfehlen sich Regelungen zu Verantwortung und Haftung?, Gutachten A zum 73. Deutschen Juristentag 2020 (zitiert als: Gutachten A zum 73. DJT 2020)
Zech, Künstliche Intelligenz und Haftungsfragen, ZfPW 2019, 198
Zech, Zivilrechtliche Haftung für den Einsatz von Robotern – Zuweisung von Automatisierungs- und Autonomierisiken, in Gless/Seelmann, Intelligente Agenten und das Recht, 2016, 163
Zetter, Countdown to Zero Day, Stuxnet and the Launch of the World's First Digital Weapon, 2014

3.10 Haftung des Herstellers für automatisierte Systeme

Übersicht

A. Erweiterte Zugriffsmöglichkeit des Herstellers – erweiterte haftungsbegründende Pflichten

I. Haftungsrechtlich relevanter Zeitpunkt und Risikozuweisung

Für die Inanspruchnahme des Herstellers eines fehlerhaften Produkts kommt sowohl die **1**
vertragliche als auch die außervertragliche Haftung in Betracht. Beide Haftungssysteme bestehen nebeneinander, ohne sich auszuschließen.[1]

[1] BGH NJW 1992, 1039, 1041 – Hochzeitsessen.

2 Die vertragliche Haftung setzt eine vertragliche Beziehung mit einem entsprechenden Pflichtenprogramm der Vertragspartner voraus. Obwohl jeder Absatzvorgang die Begründung vertraglicher Beziehungen beinhaltet und somit eine Haftung grundsätzlich möglich ist, war die Inanspruchnahme des Herstellers auf dieser Grundlage bisher eher selten, da die Einstandspflicht in der Lieferkette – soweit zulässig – weitgehend vertraglich ausgeschlossen wurde.[2] Für einen speziellen Bereich von automatisierten Produkten (solche mit digitalen Elementen) wird dies im Verbrauchsgüterkauf nunmehr nicht mehr möglich sein. Das Pflichtenprogramm wird erweitert. Haftungsrelevanter Zeitpunkt beim Kaufvertrag ist der Gefahrübergang[3], in der Regel bei Übergabe.[4] Zu diesem Zeitpunkt müssen die kaufvertraglich geschuldeten Eigenschaften der Kaufsache vorliegen. Während der anschließenden Gewährleistungszeit muss der Verkäufer für Mängel einstehen, die bereits bei Gefahrübergang vorlagen.[5] Ist der Verkäufer nicht gleichsam der Hersteller, haftet der Hersteller iRd Rückgriffs des Verkäufers entlang der Lieferkette, sofern dafür die Voraussetzungen vorliegen, vgl. § 445a I BGB.

3 Die außervertragliche Haftung des Herstellers besteht gegenüber jedem, auch und vor allem denjenigen (Dritten), mit denen der Hersteller in keiner (auch nur mittelbaren – entlang der Lieferkette – bestehenden) vertraglichen Beziehung steht. Haftungsgrund ist kein Verstoß gegen ein vertragliches Versprechen, sondern bei der deliktisch begründeten Produzentenhaftung die Verletzung einer Verkehrspflicht[6], bei der gefährdungshaftungsgeprägten[7] Produkthaftung das Inverkehrbringen eines fehlerhaften Produkts, was in großen Teilen mit der Verkehrspflichtverletzung einhergeht.[8] Die bisherige Herstellerhaftung für fehlerhafte Produkte ist (abgesehen von der deliktischen Produktbeobachtungspflicht) auf den Zeitpunkt des Inverkehrbringens fokussiert: Zu diesem Zeitpunkt konkretisieren sich die Verkehrspflichten des Herstellers und die Sicherheitserwartungen an das Produkt.[9]

4 Die mit dem Zeitpunkt des Gefahrübergangs und des Inverkehrbringens bewirkte haftungsrechtliche Zäsur orientiert sich an der Zuweisung von Risikosphären, auf die der Hersteller bzw. Verkäufer Einfluss nehmen (sie daher steuern und beherrschen) kann. Diese Möglichkeit der Einflussnahme ist mit zunehmender Automatisierung nicht mehr wie bisher begrenzt, sondern erweitert sich erheblich. Haftungsrechtlich bedeutet dies eine schleichende Ausdehnung der Haftung des Herstellers über diese Zäsurzeitpunkte hinaus in Richtung einer Betreiberhaftung für automatisierte Systeme.

II. Erosion der Zäsurwirkung des Gefahrübergangs

5 Güter dienen der Bedürfnisbefriedigung.[10] Traditionell diente der endgültige Güteraustausch als Paradigma der Bedürfnisbefriedigung. Dies wird besonders in der wirtschaftlich überragenden Bedeutung des Kaufvertrages als Standardtypus des Vertragsrechts erkenn-

[2] Einschränkungen der vertraglichen Abdingbarkeit gelten bspw. iRd Kaufvertrages, wenn der Letztkäufer ein Verbraucher ist und der Letztverkäufer in diesem Verhältnis unabdingbar einzustehen hat (§§ 445a, 478 II 1 BGB).

[3] Westermann in MüKoBGB, 8. Aufl. 2019, BGB § 434 Rn. 50.

[4] Westermann in MüKoBGB, 8. Aufl. 2019, BGB § 446 Rn. 7.

[5] Faust in BeckOK BGB, 61. Ed. 1.11.2021, BGB § 438 Rn. 4.

[6] Wagner AcP 2017, 707 (711).

[7] Wegen des fehlenden Verschuldenserfordernisses näher an der Gefährdungshaftung Taschner ZEuP 2012, 560; BGH NJW 2014, 2106 (Rn. 11) – Überspannungsschaden; dagegen (Fehlerbegriffe sind identisch): Wagner in MüKoBGB 8. Aufl. 2020, ProdHaftG Einl. Rn. 18; Wagner in MüKoBGB 8. Aufl. 2020, ProdHaftG § 3 Rn. 3 (Mischsystem aus Haftung für Verhaltensunrecht und Gefahr): Oechsler in Staudinger, Bd. 2, 2018, Einl. §§ 1 ProdHaftG Rn. 27 mwN.

[8] Wagner AcP 2017, 707 (711).

[9] Wagner in MüKoBGB, 8. Aufl. 2020, § 823 Rn. 962; Oechsler in Staudinger, Bd. 2, 2018, § 3 ProdHaftG Rn. 79, (Definition des Inverkehrbringens); Oechsler in Staudinger, Bd. 2, 2018, § 1 ProdHaftG Rn. 44 ff.

[10] Eichhorn Das Prinzip Wirtschaftlichkeit – Basiswissen der Betriebswirtschaftslehre, 4. Aufl. 2016, S. 45.

bar.[11] Im Gegensatz dazu werden Gegenstände gemietet, deren Nutzung der Bedürfnisbefriedigung dient, der Erwerb zu Eigentum jedoch am „Wollen" oder „Können" scheitert. Kennzeichnend für den Kaufvertrag sind das singuläre und punktuelle Leistungsaustauschverhältnis zum Zeitpunkt des Gefahrübergangs sowie die auf die vertragliche Abrede begrenzte Einstandspflicht des Verkäufers für die nachfolgende Verwendungseignung des Kaufgegenstandes.

Mittlerweile rückt der einmalige und endgültige Güteraustausch in den Hintergrund: 6
Auch abseits hochpreisiger Anlagegüter fokussiert sich der Güteraustausch auf die tatsächlich beabsichtigte Bedürfnisbefriedigung. Dadurch rückt die Funktion einer Sache in den Fokus und deren rechtliche Zuordnung verliert an Bedeutung. Die Verwendung der Kaufsache wird regelmäßig Hauptzweck des Vertragsabschlusses. Besonders deutlich wird dieser Paradigmenwechsel bei automatisierten Systemen: Der Vertragszweck besteht nicht mehr darin, die Sache zu erwerben, um sie zu haben, sondern um sie nutzen zu können.[12] Da die Automatisierung auf die Optimierung von Abläufen (Prozessen) angelegt ist, kommt es weniger auf die Eigenschaften der Sache – die nicht funktionsbeeinflussend sind (zB Farbe) – an als vielmehr auf die Einsetzbarkeit der Sache, dh, welche Funktion die Sache erfüllen kann. Die Funktionserfüllung liegt jedoch zeitlich nach dem Gefahrübergang (idR die Übergabe). Zudem sind die Anforderungen an die Funktionserfüllung und damit einhergehend an die Sache von den jeweiligen (sich auch wandelnden) Prozessen abhängig, in deren Kontext die Sache die ihr zugedachte Funktion erfüllen soll.

Daher erodiert die Zäsurwirkung des Gefahrübergangs. Beispielgebend hierfür sind Sa- 7
chen mit digitalen Elementen.[13] Anders als bei herkömmlicher analoger bzw. mechanischer Automatisierung kann die Funktion der Kaufsache oftmals nur mit Hilfe der dauerhaften Bereitstellung einer digitalen Dienstleistung realisiert werden. Diese erbringt idR nicht der letzte in der Vertriebskette (Verkäufer), obwohl er die Funktion zwar „mitverkauft" und nunmehr auch für diese gewährleistungsrechtlich – zumindest in den ersten zwei Jahren ab Ablieferung der Sache – einzustehen hat.[14]

Meist bestimmt der Hersteller einer Sache, auf welche Art die Funktionen der Sache 8
realisiert werden. Für ihn bedeutet die skizzierte Ausdehnung der Einflussnahme auf die Sache – auch und vor allem nach Gefahrübergang – eine Ausdehnung seiner Einstandspflicht. Er hat nunmehr für von ihm angebotene digitale Inhalte und digitale Dienstleistungen gewährleistungsrechtlich einzustehen, die er selbst (gegenüber einem Verbraucher) erbringt (§§ 327 ff. BGB). Zudem haftet der Hersteller als Regressschuldner entlang der Lieferkette, wenn ein Glied der Lieferkette iRd eigenen Gewährleistungshaftung Aufwendungen tätigen musste (§ 445a BGB). Das gilt auch, wenn der Letztverkäufer eine Sache mit digitalen Elementen einem Verbraucher verkauft hat und wegen eines Mangels an dem digitalen Element in Anspruch (§§ 475b f. BGB) genommen wurde. Das Besondere daran ist die Streckung der Einstandspflicht, die mit der Möglichkeit des erweiterten Zugriffs des Herstellers auf die Sache iRd Automatisierung gleichläuft, dh, die Erweiterung der möglichen Einflussnahme begründet eine Erweiterung der Haftungszuweisung.[15]

[11] Vgl. Mansel AcP 2004, 398 (399).

[12] Kumkar ZfpW 2020, 306 (313); Gsell ZUM 2018, 75 (80).

[13] Bsp.: Smarte Uhren, Saugroboter, Waschmaschinen; vgl. Gesetz zur Regelung des Verkaufs von Sachen mit digitalen Elementen und anderer Aspekte des Kaufvertrags (RegE (Warenkauf vom 9.3.2021, BT-Drs. 19/27424)), zur Umsetzung der Richtlinie (EU) 2019/771 über bestimmte vertragsrechtliche Aspekte des Warenkaufs (ABl. L 136, 28), Tabelle 4, S. 18 mit weiteren Beispielen.

[14] Vgl. §§ 434 I, 475b II, I 2, 475c II, I 1 BGB (bei „dauerhafter" Bereitstellung der dig. Elemente).

[15] Begr. zu § 475b III BGB, BT-Drs. 19/27424, 31 f.: wonach aufgrund von Fernzugriffsmöglichkeiten bei Sachen mit digitalen Elementen diese im Gegensatz zu herkömmlichen Sachen auch nach der Lieferung nicht vollständig außerhalb der Sphäre des Unternehmers sind.

III. Erosion der Zäsurwirkung des Inverkehrbringens

9 Die Produkthaftung beruht auf dem Gedanken, dass der Hersteller für Schäden einzustehen hat, die auf einem Produktfehler beruhen.[16] Ein Produktfehler in diesem Sinne liegt vor, wenn der Hersteller den an ihn gerichteten Verkehrspflichten (namentlich Konstruktions-, Fabrikations- und Instruktionspflichten) nicht entsprochen hat.[17] Diese Pflichten sind ex ante zu statuieren und bestehen nur bis zum Zeitpunkt des Inverkehrbringens.[18] Nach der traditionellen Vorstellung verliert der Hersteller in diesem Zeitpunkt („am Werkstor") die Kontrolle über das Produkt.[19] Das ist der Grund für die Begrenzung seiner Einstandspflicht und die Fokussierung der produkthaftungsrechtlichen Fehlertypenlehre auf den Zeitpunkt des Inverkehrbringens, was in §3 II ProdHaftG besonders deutlich zum Ausdruck kommt.

10 Durch die Automatisierung und der damit verbundenen herstellerseitig erhöhten Möglichkeit der Einflussnahme auf die sicherheitsrelevanten Eigenschaften eines Produkts nach Inverkehrbringen erscheint die Rechtfertigung des Zeitpunktes des Inverkehrbringens als Zäsur für Trennung der Risikobereiche zunehmend fraglich.[20] Der Hersteller ändert mit jedem Einfluss auf die Steuerung der Sache die sicherheitsrelevanten Eigenschaften, sei es punktuell oder grundlegend durch ein Update[21] oder fortlaufend durch Bereitstellung einer digitalen Dienstleistung bei einer automatisierten Steuerung[22].

11 Nimmt der Hersteller nicht aktiv Einfluss auf die Steuerung einer Sache, besteht dennoch – auch bereits bisher – die aus der deliktischen Produzentenhaftung entwickelte Pflicht zur Beobachtung des Produkts nach dessen Inverkehrbringen („im Feld") im Hinblick auf Produktgefahren, die erst bei der Benutzung erkennbar werden.[23] Diese Pflicht wird bei automatisierten Systemen besonders relevant: Sofern Unsicherheiten bei der automatisierten Steuerung während der Konstruktion noch nicht bekannt waren und sich erst im Nachhinein bei deren Einsatz im Feld zeigen, lösen diese Beobachtungen des Herstellers Handlungspflichten aus.[24] Je größer das Einsatzspektrum der automatisierten Systeme ist, desto umfangreicher werden die Produktbeobachtungspflichten.[25]

12 Andererseits wirkt sich die Möglichkeit der Einflussnahme auf das Produkt auch bei der Konkretisierung der durch die Produktbeobachtungspflicht begründeten Handlungspflichten aus. Während früher die Rechtsfolge idR auf Warnungen und Produktrückrufe beschränkt war,[26] rückt zunehmend die Aktualisierung der Steuerungselemente in den

[16] Oechsler in Staudinger, Bd. 2, 2018, Einl. ProdHaftG Rn. 1 f.; MüKoBGB/, 8. Aufl. 2020, ProdHaftG §3 Rn. 1; Haag in Geigel Der Haftpflichtprozess mit Einschluss des materiellen Haftpflichtrechts, 28. Aufl. 2020, Kap. 14 Rn. 296 f.

[17] Wagner in MüKoBGB, 8. Aufl. 2020, §823 Rn. 806; Wagner AcP 2017, 707 (724 f.).

[18] Wagner AcP 2017, 707 (749).

[19] Wagner in MüKoBGB, 8. Aufl. 2020, ProdHaftG §1 Rn. 24 f.: virtuelles Werkstor reicht (cloudbasierter Vertrieb); EuGH NJW 2006, 825 (Rn. 32) – O'Byrne/Sanofi Pasteur.

[20] Hierzu auch: Wagner in MüKoBGB, 8. Aufl. 2020, ProdHaftG §3 Rn. 36; Schrader DAR 2018, 314 (319).

[21] Gomille JZ 2016, 76 (80 f.); Zu einer Updatepflicht bei digitalen Produkten basierend auf dem Gedanken der Produktbeobachtungspflicht: Raue NJW 2017, 1841 (1844 ff.); Wiesemann/Mattheis/Wende MMR 2020, 139; Schrader/Engstler MMR 2018, 356 ff.

[22] Womit sich die Frage nach einem revolvierenden Inverkehrbringen stellt, „Dynamisierung des Zeitpunkts des Inverkehrbringens", Wagner in MüKoBGB, 8. Aufl. 2020, §823 Rn. 965 ff.

[23] BGH NJW 1981, 1606 (1607) – Apfelschorf; BGH NJW 1981, 1603 (1604) – Derosal; BGH NJW 1987, 1009 (1010) – Honda; BGH NJW 2009, 1080 (Rn. 10 ff.) – Pflegebetten; Seehafer/Kohler EuZW 2020, 213 (218).

[24] Für eine Pflicht zur Nachrüstung der Steuerungssoftware: Geistfeld 105 California Law Review 2017, 1611 (1646 f.); Spindler NJW 2004, 3145 (3147); Droste CCZ 2015, 105 (108); Wagner AcP 2017, 707 (755 f.); zur technischen Möglichkeit der vereinfachten Produktbeobachtung bei vernetzten Produkten: Gomille JZ 2016, 76 (80 f.).

[25] Gomille JZ 2016, 76 (80); ua zur Erstreckung auf Zubehör von Dritten: Wagner AcP 2017, 707 (750, 752 f.) und Schrader NZV 2018, 489 (492).

[26] Ausführlich: Wagner in MüKoBGB, 8. Aufl. 2020, §823 Rn. 992, 998 f., 1000 ff.

Blick,[27] was freilich die Abgrenzung vom produkthaftungsrechtlich erfassten Integritätsinteresse zu dem vertragsrechtlich erfassten Äquivalenzverhältnis[28] zunehmend erschwert.

Letztlich führt die Automatisierung der Systeme iRd Produktbeobachtungspflicht dazu, dass der Hersteller die damit einhergehende, verbleibende Zugriffsmöglichkeit auch nutzen muss, um bei der Beobachtung der Sicherheitseigenschaften der eigenen Produkte im Markt bspw. Kundenbeschwerden zu identifizieren und deren Relevanz zu bewerten. 13

Je umfangreicher der Hersteller Einfluss auf den Betrieb der Sache nehmen kann, desto mehr wird ihm die damit verbundene Gefahr zugewiesen und die Zäsur des Inverkehrbringens erodiert. 14

IV. Die Entwicklung beeinflussende Rechtsbereiche und -instrumente

Sowohl die vertragliche als auch die außervertragliche Haftung kennzeichnet einerseits eine nationale sowie eine europäische Rechtsentwicklung. Die Beeinflussung in beiden Haftungsbereichen ist nicht einheitlich. 15

1. Rechtsquellen und Entwicklungslinien der vertraglichen Haftung

Steuerungskomponenten in automatisierten Systemen unterlagen nach dem bisherigen nationalen Recht regelmäßig keinem zwingenden Gewährleistungssystem. Dadurch war es dem Verkäufer möglich, bloß die Hardware zu liefern, deren beabsichtigte Funktionen erst und nur durch die Hinzufügung von Dienstleistungen Dritter realisiert werden können. Es entsprach üblicher Rechtspraxis, dass der Verkäufer sein Leistungsversprechen auf die Lieferung der Hardware reduzierte und hinsichtlich des Dienstes auf (die zum Zeitpunkt des Gefahrübergangs bestehende) Möglichkeit verwies, mit einem Dritten einen entsprechenden Vertrag schließen zu können. Der Dienstleistungserbringer konnte in Ermangelung einer zwingenden Gewährleistungshaftung jede Verpflichtung ausschließen.[29] Damit fand regelmäßig eine Spaltung der Vertragsverhältnisse zwischen Erbringung der Hardware und der Steuerungskomponenten statt. 16

Durch Art. 7 I lit. d der Richtlinie (EU) 771/2019 (Warenkauf)[30] wird für den Verbrauchsgüterkauf zwingend vorgegeben, dass der Verkäufer sowohl für kaufvertraglich vereinbarte Funktionen der Kaufsache als auch für solche haftet, die der Verbraucher vernünftigerweise erwarten[31] kann. Diese Haftung betrifft jede Form der Automatisierung, die in Waren enthalten oder mit ihnen verbunden ist, auch wenn sie von Dritten erbracht wird.[32] Die Umsetzung dieser Richtlinie erfolgt ausschließlich für den Verbrauchsgüter- 17

[27] Bei automatisierten Systemen kann die Pflicht zum Rückruf iFd Pflicht zum Update bestehen: Wagner AcP 2017, 707 (755 ff.).

[28] Eindrücklich hierzu BGH NJW 2009, 1080 (1082 Rn. 19) – Pflegebetten.

[29] Bsp. Microsoft Servicevertrag: „…WERDEN ALLE DIENSTE „WIE BESEHEN", „OHNE GARANTIE DER FEHLERFREIHEIT" UND „WIE VERFÜGBAR" BEREITGESTELLT…", abrufbar unter https://www.microsoft.com/de-de/servicesagreement/ (zuletzt abgerufen am: 7.4.2021); iCloud AGB: „…DIR IST BEKANNT UND DU ERKLÄRST DICH AUSDRÜCKLICH DAMIT EINVERSTANDEN, DASS DER DIENST „WIE GESEHEN" UND „SOWEIT VERFÜGBAR" BEREITGESTELLT WIRD…", abrufbar unter https://www.apple.com/de/legal/internet-services/icloud/de/terms.html (zuletzt abgerufen am: 7.4.2021).

[30] Richtlinie (EU) 2019/771 vom 20.5.2019 über bestimmte vertragsrechtliche Aspekte des Warenkaufs, zur Änderung der Verordnung (EU) 2017/2394 und der Richtlinie 2009/22/EG sowie zur Aufhebung der Richtlinie 1999/44/EG, (ABl. L 136, 28).

[31] Diese objektiven Beschaffenheitsanforderungen gelten nunmehr für alle Kaufverträge (auch B2B, wo allerdings durch einfache Vereinbarung davon abgewichen werden kann), vgl. § 434 III BGB und Begr. zu § 434 III BGB, BT-Drs. 19/27424, 22 ff.

[32] Vgl. Art. 3 III 2 WKRL und § 475b I 1 BGB.

kauf und ist am 1.1.2022 in Kraft getreten[33] (§§ 475b ff. BGB).[34] Im B2B-Bereich bleibt es dagegen bei der „freien" Aushandelbarkeit etwaiger Funktionen der Kaufsache.[35]

18 Werden die Steuerungskomponenten in Form digitaler Inhalte oder digitaler Dienstleistungen von einem Unternehmer (aus kaufvertraglicher Perspektive ist das idR ein „Dritter", meistens der Hersteller) an einen Verbraucher erbracht, unterliegt dieser Vertrag nunmehr der zwingenden Gewährleistungshaftung der § 327, §§ 327a ff. BGB[36] für diese digitalen Produkte. Diese Regeln beruhen auf der Umsetzung der Richtlinie (EU) 770/2019 (Digitale Inhalte) und traten ebenfalls mit Wirkung zum 1.1.2022 in Kraft[37].

2. Rechtsquellen und Perspektiven der außervertraglichen Haftung

19 Die Entwicklung der Produkthaftung erfolgt traditionell zweigleisig: Im nationalen Recht entwickelte die Rechtsprechung aus der deliktischen Haftung, ursprünglich gestützt auf § 823 II BGB iVm einer die Produktsicherheit statuierenden Norm, eine Einstandspflicht des Herstellers.[38] Bereits frühzeitig wurden aber auch abseits speziell normierter Sicherheitsanforderungen allgemeine Verkehrspflichten in Bezug auf das Inverkehrbringen von Produkten sowie die Haftung für diese aus § 823 I BGB entwickelt. Diese Produzentenhaftung zeichnet sich durch eine hohe Flexibilität iSe Anpassungsfähigkeit aus, um neuartige Produktgefahren adäquat erfassen zu können.

20 Das Produkthaftungsgesetz von 1989[39] beruht auf der Umsetzung der Produkthaftungsrichtlinie 85/374/EWG[40]. Die (zwingenden) Haftungsvoraussetzungen nach der Produkthaftung sind zwar im Gegensatz zur deliktisch begründeten (weitgehend dispositiven) Produzentenhaftung geringer, aber sowohl die geschützten Rechtsgüter als auch die Rechtsfolgen sind enger gefasst. Die Konturen sind teils klarer umrissen, was aber der Produkthaftung die Flexibilität nimmt.[41] Die Weiterentwicklung der unionsrechtlich begründeten Produkthaftung erweist sich als politisch schwerfällig.[42]

21 Zu beobachten sind drei Entwicklungsstränge, um neuartigen Gefahren im Rahmen von automatisierten Systemen einen Haftungsrahmen zu geben:

22 Erstens gewinnt die bestehende Halterhaftung an Bedeutung, indem diese teilweise schleichend ausgedehnt wird. Obwohl die Gefahren von den Herstellern (iRd Entwicklung der Automatisierung) geschaffen werden, erfolgt eine haftungsrechtliche Erfassung nicht in einer Anpassung der produktbezogenen Haftung für Schäden, sondern die Haftungsrisiken werden häufig von den bestehenden Haftungssystemen mitumfasst. Exemplarisch ist dies bei der Automatisierung im Kraftfahrzeugsektor zu beobachten: Hier herrscht einmütige Zustimmung, dass für die mit der Automatisierung verbundenen

[33] Vorgabe aus Art. 24 WKRL; zur Anwendbarkeit Art. 229 § 58 EGBGB.

[34] BT-Drs. 19/27424 (Fn. 31).

[35] Zu diesem Defizit Schrader NZV 2021, 67 (70).

[36] Gesetz zur Umsetzung der Richtlinie über bestimmte vertragsrechtliche Aspekte der Bereitstellung digitaler Inhalte und digitaler Dienstleistungen (RegE (Digitale Inhalte vom 17.3.2021, BT-Drs. 19/27653)): betrifft die Richtlinie (EU) 2019/770 (ABl. L 136, S. 1).

[37] Art. 24 I DIRL; zur Anwendbarkeit Art. 229 § 57 EGBGB.

[38] Ursprünglich in den USA 1968 entwickelt: California Supreme Court, 59 Cal. 2d 57, 377 P 2d 8897 (1963) (Greenman v. Yuba Power Products Inc.); NJW 1969, 269 (274) – Hühnerpest; LG Aachen Beschl.v. 18.12.1970 – 4 KMs 1/68, 15 115/67, JZ 1971, 507 – Contergan; Lehmann NJW 1992, 1721.

[39] BGBl. I (1989), 2198.

[40] Richtlinie 85/374/EWG des Rates vom 25. Juli 1985 zur Angleichung der Rechts- und Verwaltungsvorschriften der Mitgliedstaaten über die Haftung für fehlerhafte Produkte (ABl. EG 1985 L 210, 29).

[41] Dies zeigt sich vor allem iRd Diskussion, ob Software eine Sache iSd § 1 I ProdHaftG ist sowie dem fehlenden Ausgleich bei Datenverlust.

[42] Wiederholter Hinweis auf die Notwendigkeit der Aktualisierung der Produkthaftungs-RL, COM (2020) 65 final S. 15 ff., die geplanten Leitlinien („Softlaw") waren bis zu Jahresmitte 2019 angekündigt (COM (2018) 246 final, S. 11); Ankündigung der Überarbeitung (Aktualisierung der ProdHaft-RL u. evtl. Schaffung eines zusätzlichen neuen Rechtsrahmens) des Haftungsrahmens in 2022: COM (2021), 205 final, Coordinated plan on Artificial Intelligence 2021 Review, S. 33.

erhöhten Gefahren[43] durch die eingreifende Halterhaftung ein optimaler Opferschutz gewährleistet werden kann und damit gleichsam die Halterhaftung aus dem StVG das angemessene Instrument darstellt.[44]

Zweitens zielen europäische Regelungsvorhaben weniger auf die Neuschaffung bestehender Regelungen (zB der vielfach angeregten Änderung der ProdHaft-RiLi)[45] als vielmehr auf die Anpassung im Wege von „Softlaw“[46] sowie einer Neukonzeptionierung von Haftungsregeln für neuartige Gefahrenbereiche. Daher wird derzeit eine Haftung des bzw. der Betreiber von KI-Systemen diskutiert.[47] Diese Haftung soll nicht produktbezogen, sondern steuerungs- und einflussbezogen ausgestaltet sein. Wer auf eine KI Einfluss nimmt oder nehmen kann, soll auf Ersatz der Schäden haften, die in dem Zusammenhang mit dem Betrieb eintreten.[48] Dabei wird ein risikobasierter Regelungsansatz gewählt.[49] 23

Drittens sind einzelne nationale Regelungsvorhaben zu beobachten. Diese betreffen häufig kleinteilige Ansätze und bringen eher eine Vielzahl technischer Anforderungen mit sich, als ein übergeordnetes Haftungskonzept erkennbar werden zu lassen. Beispielhaft hierfür sind die politischen Vorstöße, im StVG dem assistierten[50] und autonomen[51] Fahren einen verlässlichen Rechtsrahmen zu geben. Die hauptsächlich (technische) Zulassungsfragen betreffenden Regelungen der §§ 1a-1c StVG und §§ 1d-1l StVG-E stützen haftungsrechtliche Fragen ausschließlich[52] auf den hier erstgenannten Ansatz: Die Halterhaftung decke auch etwaige Entwicklungsrisiken ab und eine Regelung zum Verhältnis der Produkthaftung zur Halterhaftung bedürfe es nicht, weil dies Versicherungen unter sich klären würden.[53] 24

B. Vertragliche Haftung des Herstellers für automatisierte Produkte

Die eigene vertragsrechtliche Haftung des Herstellers setzt entweder eine Garantieaussage des Herstellers (§ 443 BGB) oder eine Begründung der Verpflichtung des Herstellers 25

[43] Die Haftungssumme (der Halterhaftung!) für Schäden im Zusammenhang mit der Fahrzeugautomatisierung ist schlicht verdoppelt worden, auch um das mögliche Entfallen der verschuldensabhängigen – aber der Höhe nach unbegrenzten – Fahrerhaftung aufzufangen, BT-Drs. 18/11300, 24

[44] Empfehlung der Ausschüsse, BR-Drs. 155/21, S. 1 f., 31 f., zum Gesetzentwurf der Bundesregierung (RegE (StVG-ÄG 2021)) „zur Änderung des Straßenverkehrsgesetzes und des Pflichtversicherungsgesetzes- Gesetz zum autonomen Fahren“.

[45] Das Europäische Parlament fordert durch einen Initiativbericht neben der Aktualisierung der Produkthaftungs-RL durch Leitlinien die Schaffung eines neuen Rechtsrahmens zur Haftung der Betreiber von KI-Systemen, P9 TA(2020)0276, S. 13 ff.; zu entwickelten Leitlinien für eine vertrauenswürdige KI durch eine von der Kommission beauftragte externe Expertengruppe: Hochrangige Expertengruppe für Künstliche Intelligenz, Entwurf der Ethik-Leitlinien für eine vertrauenswürdige KI, April 2019.

[46] Neue Ankündigung für das Jahr 2022, COM (2021), 205 final, S. 33; bisherige Bewertung der damit betrauten Expert Group on Liability and New Technologies, 27.11.2019, S. 3 ff.

[47] Hinweis auf die Schaffung eines solchen im Weißbuch der EU-Kommission, COM (2020) 65 final, S. 20 ff.; detaillierter Vorschlag eines derartigen Rechtsrahmens in Form einer Verordnung durch einen Initiativbericht des Europäischen Parlaments, P9 TA(2020)0276, S. 1 ff.; Befürworten einer Betreiberhaftung: Zech, ZfPW 2019, 198, 214 f.

[48] Verschuldensunabhängige Haftung ist vorgesehen für KI-Systeme mit hohem Risiko, P9 TA(2020)0276, Art. 4, während für andere KI-Systeme eine verschuldensabhängige Haftung (allerdings mit einer Verschuldensvermutung) gelten soll, P9 TA(2020)0276, Art. 8.

[49] Dieser Ansatz wird verbreitet in der Debatte favorisiert: EU High Level Expert Group, Policy and Investment Recommendations, S. 37 f.; Datenethikkommission, Gutachten, S. 173 ff., Weißbuch der EU-Kommission, COM (2020) 65 final, S. 20 ff.

[50] Achtes StVG-ÄG, BGBl. (2017) I, 1648 ff.

[51] Gesetzentwurf der Bundesregierung (RegE (StVG-ÄG 2021)) „zur Änderung des Straßenverkehrsgesetzes und des Pflichtversicherungsgesetzes- Gesetz zum autonomen Fahren“ vom 8.2.2021.

[52] Zur Auswirkung der StVG-Änderung 2017 auf die Produkthaftung Schrader DAR 2018, 314.

[53] Dieser zweifelhafte materiellrechtliche Regelungsansatz findet sich in der Begründung zum Gesetzentwurf der Bundesregierung zum Gesetz zur Änderung des Straßenverkehrsgesetzes, (RegE (StVG-ÄG 2017) vom 20.2.2017, BT-Drs. 18/11300, 14).

voraus, digitale Inhalte dem (Verbraucher-) Nutzer bereitzustellen (§§ 327 ff. BGB). Daneben trifft den Hersteller im Rahmen des Lieferantenrückgriffs (§ 445a BGB) die Pflicht, seinem Käufer Ersatz der Aufwendungen zu leisten, die dieser wiederum gegenüber dessen Käufer im Rahmen der Nacherfüllung zu tragen hatte, wobei diese Regresskette vom ursprünglichen Endkunden bis zum Hersteller reichen kann.

I. Eigene vertragliche Verpflichtung des Herstellers

1. Hersteller als Garantiegeber

26 Aussagen des Herstellers über die Beschaffenheit der Kaufsache führen gem. § 434 I 3 BGB in erster Linie zu der Gewährleistungshaftung des Verkäufers der Sache für deren objektive Beschaffenheitsanforderungen gem. § 434 I 2 Nr. 2 BGB. Dies gilt auch weiterhin, § 434 III 1 Nr. 2 lit. a) BGB.[54]

27 Zudem haftet der Hersteller für Abweichungen der Sache von einer Beschaffenheit, die in einer Erklärung oder einschlägigen Werbung von ihm beschrieben ist und die vor oder bei Abschluss des Kaufvertrags verfügbar war, § 434 I BGB. Dem Käufer stehen im Garantiefall zusätzlich zu den gesetzlichen Gewährleistungsansprüchen die Rechte gegenüber dem Garantiegeber zu. Eine solche Garantie kann sich auf die Haltbarkeit (§ 443 II BGB), aber auch auf sämtliche andere Beschaffenheitsanforderungen der Sache beziehen. Nunmehr wurde der Kreis der Beschaffenheitsanforderungen ausgedehnt, die zum Verkäuferpflichtenprogramm gehören. Insbesondere sind in der Neuformulierung des § 434 III 2 BGB dafür beispielhaft[55] neben der Haltbarkeit auch die „Funktionalität, Kompatibilität und Sicherheit" genannt. Diese Beschaffenheitsmerkmale betreffen vorrangig den beabsichtigten Einsatz der Sache und insbesondere die Anforderungen, die im Rahmen automatisierter Systeme relevant werden und zum bestimmungsgemäßen Einsatz erforderlich sind. Damit wird die Herstellergarantie künftig etwas weniger Bedeutung erlangen, weil das Pflichtenprogramm des Herstellers bereits umfassender ausgestaltet sein wird. Der Hersteller wird hierdurch freilich nicht unmittelbar verpflichtet, sondern der jeweilige Verkäufer, der jedoch entlang der Lieferkette Regress nehmen kann.

28 Das Bestehen einer Garantie setzt eine vertragliche Vereinbarung zwischen dem Garantiegeber (Hersteller) und dem Käufer voraus, deren Begründung zwar streitig,[56] aber letztlich für das Bestehen des Anspruchs aus der Garantie unerheblich ist.[57] Zwar konkretisiert § 479 BGB für den B2C-Bereich die inhaltlichen Anforderungen an eine Garantieerklärung (insbes. ist nunmehr die Garantieerklärung dem Verbraucher immer in Textform zur Verfügung zu stellen [nicht wie bisher erst auf sein Verlangen], § 479 II BGB), jedoch liegt der Wert einer Herstellergarantie bei dem Kauf automatisierter Systeme durch die herstellereigene verpflichtende Beschreibung darin, dass er für diese eigenen Aussagen – bspw. auf der Produktverpackung – zu Funktionen der Sache einzustehen hat. Da solche Verpackungsgestaltungen bisher erheblichen Auslegungsspielraum für den Umfang der Garantie ließen,[58] ist ein gewisses Maß an Mindestanforderungen in der Neuregelung des § 479 BGB (vor allem im Bereich der Automatisierung: „Was soll automatisch funktionieren, was bleibt manuell?") zu begrüßen.

[54] Begr. zu § 434 III BGB, BT-Drs. 19/27424, 22 ff.

[55] Begr. zu § 434 III BGB, BT-Drs. 19/27424, 22 ff.

[56] Faust in BeckOK BGB, 61. Ed. 1.11.2021, BGB § 443 Rn. 18 ff.; Stöber in BeckOGK, 1.11.2021, BGB § 443 Rn. 53; Picht, NJW 2014, 2609, 2611.

[57] Büdenbender in NK-BGB, Bd. 2, 4. Aufl. 2021, BGB § 443 Rn. 9.

[58] Zum Problem der notwendigen Auslegung Faust in BeckOK BGB, 61. Ed. 1.11.2021, BGB § 443 Rn. 37 ff.

2. Hersteller als Bereitsteller digitaler Produkte

a) Überblick. Digitale Produkte sind digitale Inhalte (Daten) und digitale Dienstleistungen (alle Handlungen, die mit Daten [idR durch Software] vorgenommen werden, zB speichern, übertragen, löschen usw.), § 327 II BGB. Unter den Begriff „digitale Produkte" fallen nur die unkörperlichen Inhalte oder Dienstleistungen, nicht hingegen die davon abzugrenzenden „Sachen mit digitalen Elementen", bei denen nur das digitale Element ein mit der („smarten") Sache (physisches Element) verbundenes digitales Produkt ist. 29

Digitale Produkte sind mittlerweile das Kernelement jeder Automatisierung. Der Unterschied zu mechanischen Steuerelementen iSv automatisierten Systemen liegt in der wesentlich einfacheren Anpassungsmöglichkeit digitaler Steuerelemente (Software) im Vergleich zu mechanischen Steuerungseinheiten (zB Zahnradsteuerung in Waschmaschinen). 30

b) Haftungskonzept ab 1.1.2022 für Sachen mit digitalen Elementen. Üblicherweise stellt der Hersteller eines automatisierten Systems auch die notwendigen Steuerungselemente bereit oder beauftragt hierzu Dritte. Bisher fehlte ein zwingendes Gewährleistungssystem für digitale Produkte. Daher konnten sämtliche etwaige vertragliche Ansprüche bzgl. der Bereitstellung des digitalen Steuerungselements ausgeschlossen werden. Nunmehr (ab 1.1.2022) gilt im B2C-Bereich ein zwingendes Gewährleistungssystem, das auf die Umsetzung der „Warenkauf"-Richtlinie[59] und der „Digitale-Inhalte"-Richtlinie[60] zurückgeht. Aus Herstellersicht sind bzgl. seiner Haftung nunmehr drei Szenarien zu unterscheiden: 31

- Der Hersteller stellt digitale Produkte bereit, insbesondere um damit Funktionen in den von ihm hergestellten Sachen zu ermöglichen (va Nutzerkonto auf Server). Erfolgt dies gegenüber einem Verbraucher, gelten nunmehr §§ 327, 327a–u BGB (im unmittelbaren Anschluss unter c) dargestellt).
- Der Hersteller verkauft seine Sache mit digitalen Elementen ohne Zwischenhändler an einen Verbraucher (Direktvertrieb). Dann trägt er die kaufrechtliche Gewährleistungshaftung, die sich auch auf die Bereitstellung des digitalen Elements erstreckt, unabhängig davon, ob er selbst oder ein Dritter das digitale Element bereitstellt, §§ 475b ff. BGB. Die kaufrechtliche Gewährleistung gilt vorrangig vor den §§ 327 ff. BGB, wenn die digitalen Elemente gemäß dem Kaufvertrag bereitgestellt werden (unten unter 3. dargestellt). Wenn der Hersteller, der die Dienste bereitstellt, auch der Verkäufer ist, richtet sich die Gewährleistung primär nach dem Kaufrecht (§§ 475b ff. BGB).
- Der Hersteller vertreibt die Sache mit digitalen Elementen über Zwischenhändler. Dann haftet er als (letztes) Glied in der Vertriebskette aus kaufrechtlicher Gewährleistung (zwar nur) seinem unmittelbaren Abnehmer gegenüber, allerdings auch unter den Bedingungen des erweiterten Lieferantenregresses gem. § 445a BGB (unten unter 11. dargestellt).

c) Gewährleistung des Bereitstellers digitaler Inhalte (§§ 327 ff. BGB). Stellt der unternehmerische Hersteller digitale Produkte an einen Verbraucher bereit (§ 327 I BGB), müssen diese digitalen Produkte den subjektiven und objektiven Anforderungen gem. §§ 327d–e BGB entsprechen sowie notwendige Aktualisierungen bereitgestellt werden, § 327f BGB. Üblicherweise wird die Gewährleistungshaftung durch einen entsprechenden Vertragsschluss zwischen Unternehmer und Verbraucher begründet. Dieser Vertrag wird häufig bei gekauften Sachen mit digitalen Produkten nach dem Kaufvertrag mit dem jeweiligen Bereitsteller digitaler Produkte (oft aber nicht zwingend dem Hersteller) durch Aktivierung der Gerätesoftware vollzogen. Vertragsinhalt ist der Austausch von der 32

[59] BT-Drs. 19/27424 (Fn. 31).
[60] BT-Drs. 19/27653 (Fn. 36).

Bereitstellung eines digitalen Produkts und der Zahlung eines Preises, § 327 I 1 BGB. Die Gewährleistungshaftung des Unternehmers gilt jedoch gem. § 327 III BGB auch, wenn sich der Verbraucher nicht zur Zahlung eines Preises verpflichtet, sondern sich bloß dazu verpflichtet, personenbezogene Daten zur Verfügung zu stellen, deren Umfang über die für die unmittelbare Vertragsabwicklung notwendigen Daten hinausgeht (§§ 327 III, 312 Ia 2 BGB). Das Besondere ist, dass die Gewährleistungshaftung auch dann eingreift, wenn der Verbraucher personenbezogene Daten (ohne entsprechende Verpflichtung hierzu) bloß tatsächlich bereitstellt, § 327 III BGB.[61] Daher trifft den Bereitsteller digitaler Produkte auch dann die Gewährleistungshaftung gegenüber dem Verbraucher, wenn die vertragliche Konstruktion unklar ist und das Verhältnis zwischen beiden auf einem (auch unbemerkten) Abgreifen von personenbezogenen Daten beruht. Dies bedeutet eine erhebliche Ausweitung der eigenen Gewährleistungshaftung des die digitalen Produkte (bspw. als digitales [Steuerungs-]Element in Sachen) bereitstellenden Unternehmers, der in der Regel der Hersteller der Sache ist.

33 Wird das digitale Produkt im Rahmen eines Kaufvertrages bereitgestellt, weil es für die nach dem Kaufvertrag geschuldete Funktion der Sache erforderlich ist („Sache mit digitalem Element"), gilt gem. §§ 327 a III, 475b I BGB das kaufrechtliche Gewährleistungssystem vorrangig (unten unter 3.). Dies bezieht sich jedoch nur auf die Haftung des Verkäufers. Dafür gelten – auch im Hinblick auf das digitale Element – nicht §§ 327 ff. BGB, sondern §§ 475b ff. BGB, wenn das digitale Element für die Funktion der Kaufsache notwendig ist und dieses gemäß dem Kaufvertrag bereitgestellt wird. Dann trifft den Verkäufer – im Zweifel: § 475b I 2 BGB – die Pflicht, auch das digitale Element bereitzustellen. Nur für die Verkäuferhaftung gelten §§ 327 ff. BGB nicht; für die Haftung des Dritten (bspw. Hersteller), der die digitalen Produkte bereitstellt, gilt hingegen regelmäßig die Haftung gem. §§ 327 ff. BGB.

34 Hinsichtlich der Gewährleistungshaftung ist die einmalige von der dauerhaften Bereitstellung zu unterscheiden. Die einmalige Bereitstellung spielt vor allem beim Erwerb von Softwareprodukten eine Rolle, wenn dem Nutzer ein fertiges Produkt einmalig bereitgestellt wird. Diese Haftung trifft den jeweiligen Vertragspartner, dh den „Verkäufer" der Software. Daher kommt der Haftung gem. §§ 327 ff. BGB desjenigen, der die digitalen Produkte letztlich „hergestellt" (dh programmiert) hat, keine eigenständige Bedeutung zu; er stellt das digitale Produkt nicht dem Nutzer bereit. Für die Gewährleistungsrechte des Endverbrauchers ist die eigenständige Haftung des Herstellers eines automatisierten Systems insoweit irrelevant, zB wenn eine Heizungsanlage geliefert wird, deren Wirkungsgrad mittels in der Steuereinheit integrierter (einmalig bereitgestellter) Software durch die Messwerte eines Temperatursensors automatisch gesteuert werden kann. Für diese einmalige Bereitstellung der für die kaufvertraglich notwendigen Funktionen der Steuerungssoftware haftet (nur) der Verkäufer, §§ 327 III, 475b I 2 BGB. Den Hersteller trifft insoweit keine weitere vertragliche Pflicht (abgesehen von der Inanspruchnahme iRd Lieferantenregresses).

35 Davon zu unterscheiden ist die fortlaufende Bereitstellung über einen Zeitraum hinweg. Eine solche ist bspw. dann erforderlich, wenn eine Heizungsanlage automatisch in Abhängigkeit der Außentemperatur gesteuert wird und dieser Temperaturwert nicht von einem lokalen Sensor, sondern aus bereitgestellten Wetterdaten bezogen wird. Die Pflicht zur fortlaufenden Bereitstellung dieser digitalen Inhalte (Wetterdaten) richtet sich einerseits für den Verkäufer nach §§ 475b ff. BGB sowie andererseits für den die Wetterdaten bereitstellenden Unternehmer nach §§ 327 ff. BGB. Die Haftung des die Wetterdaten liefernden Unternehmers setzt aber entweder einen entgeltlichen Vertrag über die Bereitstellung voraus oder zumindest die „Gegenleistung" des Verbrauchers, personenbezogene Daten

[61] Darunter fällt auch das sog. Abgreifen von Daten, vgl. Begr. zu § 327 III, BT-Drs. 19/27653, 41 unter Bezugnahme auf die EDPS-Stellungnahme 4/2017 zur Digitale-Inhalte-RL v. 14.3.2017, 12; dazu Schrader JA 2021, 177 (179).

bereitzustellen. Die Haftung des Unternehmers richtet sich daher nach der konkreten Ausgestaltung des Geschäftsmodells und der Technologie: Oftmals können automatisiert gesteuerte Systeme durch Netzwerkeffekte (mehrfache Nutzung von Messwerten aggregierter Daten) erhöhten Nutzwert haben. Das betrifft zB die antizipierte Steuerung aufgrund von aggregiertem Nutzerverhalten. Ein bekanntes Beispiel dafür sind Stauwarner, die auf der Auswertung der Standortdaten und dem Bewegungsvektor von zahlreichen Nutzern von Navigationsdiensten basieren. Ähnliches ist auch bei Heizungssteuerungen denkbar, wenn die Vorlauftemperatur einer Anlage in Abhängigkeit von anderen, ebenfalls gesteuerten Objekten in der Umgebung angepasst wird, so dass das Haus bereits beheizt wird, bevor die Kaltwetterfront das Haus langsam auskühlt. Für diese Funktionalität (Nutzung von Netzwerkeffekten) ist es unerlässlich, dass personenbezogene Daten (Heiztemperaturkurven) dem Bereitsteller der digitalen Dienste zur Verfügung gestellt werden. Dadurch wird dessen Gewährleistungshaftung gem. §§ 327 ff. BGB so lange begründet, wie ihm personenbezogene Daten bereitgestellt werden bzw. sich der Verbraucher zu deren Bereitstellung verpflichtet hat, § 327 III BGB.

Von erheblicher Bedeutung ist die Pflicht des Unternehmers, Aktualisierungen bereit- 36
zustellen, die für den Erhalt der Vertragsmäßigkeit des digitalen Produkts erforderlich sind sowie über diese zu informieren, § 327f I 1 BGB. Dies bezieht sich vor allem auf Sicherheitsaktualisierungen, § 327f I 2 BGB. Bei einer dauerhaften Bereitstellung besteht diese Pflicht über den gesamten Bereitstellungszeitraum, § 327f I 3 Nr. 1 BGB. Bei der einmaligen Bereitstellung besteht die Aktualisierungspflicht so lange, wie sie „der Verbraucher aufgrund der Art und des Zwecks des digitalen Produkts und unter Berücksichtigung der Umstände und der Art des Vertrags erwarten kann", § 327f I 3 Nr. 2 BGB. Von der Aktualisierungspflicht kann gem. § 327h BGB (nur) durch ausdrückliche und gesonderte Vereinbarung abgewichen werden.

3. Hersteller als Verkäufer im Direktvertrieb

Vertreibt der Hersteller das automatisierte System ohne Zwischenhändler, unterliegt er 37
der kaufrechtlichen Gewährleistungshaftung. Ist der Käufer Verbraucher, gelten nunmehr zusätzlich die besonderen Pflichten des (unternehmerischen) Verkäufers (!) im Hinblick auf die Bereitstellung des digitalen Elements, unabhängig davon, ob es von ihm oder einem Dritten bereitgestellt wird, § 475b I 1 BGB; im Direktvertrieb ohne Rückgriffsmöglichkeit.

Der Verkäufer schuldet die Bereitstellung des digitalen Elements grundsätzlich so, wie 38
es im Kaufvertrag vereinbart wurde. Die Verpflichtung kann sich auch daraus ergeben, dass das digitale Element für die kaufvertraglich beschriebene Funktion notwendig ist, § 475b I 2 BGB. Im Zweifel ist dann anzunehmen, dass der Verkäufer auch die Bereitstellung des digitalen Elements schuldet, § 475b I 3 BGB. Ist eine dauerhafte Bereitstellung vereinbart, muss der Bereitstellungszeitraum mindestens zwei Jahre betragen, § 475c II, 1 1 BGB. Für den Erhalt der Sache notwendige Aktualisierungen sind über den gesamten Bereitstellungszeitraum (mindestens jedoch zwei Jahre) vom Verkäufer geschuldet; er muss über solche Aktualisierungen informieren, § 475c III BGB.

Ist bei der dauerhaften Bereitstellung ein Zeitraum nicht vereinbart, muss das digitale 39
Element so lange aktualisiert und damit auch bereitgestellt werden, wie der Verbraucher dies „aufgrund der Art und des Zwecks der Sache und ihrer digitalen Elemente sowie unter Berücksichtigung der Umstände und der Art des Vertrags erwarten kann" (dh „vernünftigerweise"[62]), § 475c I 2 BGB iVm § 475b IV 1 Nr. 2 BGB.

[62] Der Duktus der Richtlinie („vernünftigerweise") ist durch die genannte Umschreibung an die übliche nationale im Kaufrecht verwendete Definition angeglichen worden, vgl. Begr. zu § 475b IV BGB, BT-Drs. 19/27424, 33 f.

40 Bei einmaliger Bereitstellung schuldet der Verkäufer so lange für den Erhalt der Sache notwendige Aktualisierungen, wie der Verbraucher diese vernünftigerweise erwarten kann, § 475b IV Nr. 2 BGB, dh, der Zeitraum ist objektiv zu bestimmen.

41 Zusätzlich zur nunmehr geltenden einjährigen Beweislastumkehr für Sachmängel (§ 477 I BGB) besteht eine Beweislastumkehr auch hinsichtlich der digitalen Elemente, allerdings für den gesamten Bereitstellungszeitraum, mindestens jedoch für zwei Jahre (§ 477 II BGB), mit dem Inhalt, dass vermutet wird, dass das digitale Element während der bisherigen Dauer der Bereitstellung mangelhaft war. Daher muss der Verkäufer darlegen und beweisen, dass das digitale Element überhaupt und in welchem Zeitraum den Anforderungen des § 434 BGB und § 475b BGB entsprochen hat.

42 Durch die nunmehr geltende Gleichwertigkeit der objektiven und subjektiven Anforderungen kann nicht mehr durch einfache Beschaffenheitsvereinbarung von der objektiv zu erwartenden Beschaffenheit abgewichen werden. Stattdessen können Abweichungen von der objektiv zu erwartenden Beschaffenheit sowie von objektiv zu erwartenden Aktualisierungen (nur) durch ausdrückliche und gesonderte Vereinbarung festgelegt werden (§ 476 I 1 Nr. 2 BGB), soweit der Verbraucher zuvor von der Abweichung eigens in Kenntnis gesetzt wurde (§ 476 I 1 Nr. 2 BGB).

II. Vom Verkäufer abgeleitete Haftung des Herstellers entlang der Lieferkette

43 Eine vertragliche Durchgriffshaftung des Letztabnehmers beim Hersteller besteht nicht. Der Hersteller haftet jedoch seinem Abnehmer (Lieferant) gegenüber auf Ersatz der Aufwendungen, die der Lieferant gegenüber dem Käufer der neuen Sache iRd Nacherfüllung zu tragen hatte, § 445a I BGB. Bei der Geltendmachung eigener Gewährleistungsansprüche des Verkäufers gegen seinen Lieferanten bedarf es der sonst notwendigen Fristsetzung in dem Verhältnis zum Hersteller nicht, § 445a II BGB. Der Rückgriff ist auch bei längeren Lieferantenketten möglich; Voraussetzung ist allerdings, dass alle Lieferanten Unternehmer sind, § 445a III BGB;[63] der Letztabnehmer kann Unternehmer oder Verbraucher sein.

44 Voraussetzung für einen Rückgriff des jeweiligen Lieferanten bei seinem eigenen Verkäufer ist neben den entstandenen Aufwendungen iRd Nacherfüllung im Verhältnis Lieferant und dessen Käufer, dass der Mangel bei Gefahrübergang auf den Lieferanten (iRd Kaufvertrages zwischen Lieferant und dessen Verkäufer) vorlag, § 445a I BGB. Daher muss die Sache (auch) iSd Kaufvertrages zwischen Lieferanten und dessen Verkäufer mangelhaft sein. Damit ist ein Lieferantenrückgriff ausgeschlossen, wenn bspw. der Lieferant mit dem Letztabnehmer (subjektiv) eine Beschaffenheit vereinbart, die im Verhältnis zwischen Lieferant und dessen Verkäufer nicht geschuldet ist.[64] Diese Begrenzung besteht jedoch nur bei subjektiven Beschaffenheitsvereinbarungen. Objektive Anforderungen an die Kaufsache gelten dagegen idR auch in den vorausgegangenen Kaufverträgen. Wird die objektiv zu erwartende Beschaffenheit von einer Äußerung eines Gliedes der Vertriebskette beeinflusst (§ 434 I 3 BGB; § 434 III 1 Nr. 2 lit. b BGB), reicht die Haftung bis zu diesem Glied. Besondere Bedeutung gewinnt daher die nunmehr geltende Ausweitung der objektiven Anforderungen an die Kaufsache[65], vor allem wenn es sich dabei um eine Sache mit digitalen Elementen handelt, die einem Verbraucher als Letztabnehmer verkauft wird, denn dann ist die Rückgriffshaftung ebenfalls erweitert, um letztlich bis zum Hersteller zu reichen.

45 Zusätzlich wird die bisher geltende zeitliche Beschränkung der Haftung des Lieferanten auf fünf Jahre gem. § 445b II 2 BGB aufgehoben. Diese Beschränkung führte auch bisher schon beim Verkauf von solchen Sachen zu unbilligen Ergebnissen, bei denen die Gewähr-

[63] Faust in BeckOK BGB, 61. Ed. 1.11.2021, BGB § 445a Rn. 8.

[64] Begr. zu § 445a BGB, BT-Drs. 19/27424, 27.

[65] Vor allem auch in Bezug auf die Funktionalität, Kompatibilität und Sicherheit, weil diese nunmehr ausdrücklich zur üblichen Beschaffenheit gehören werden, § 434 III 2 BGB.

leistungsfrist länger als zwei Jahre lief (Baustoffe).[66] Das Problem würde sich bei Sachen mit digitalen Inhalten vervielfachen, denn durch die teilweise flexible Gewährleistungsfrist jenseits der zwei Jahre für das digitale Element tritt diese Situation künftig noch häufiger auf. Für den Hersteller bedeutet dies eine erweiterte Einstandspflicht.

Für die Herstellerhaftung iRd Regresses wird künftig die Ausdehnung der Haftung des Letztverkäufers gegenüber dem Verbraucherkäufer Auswirkungen haben. Ist der Letztabnehmer Verbraucher, trifft dessen Verkäufer auch das nur für Verbraucherverträge geltende Pflichtenprogramm gem. §§ 475b ff. BGB, einschließlich der zu seinen Lasten wirkenden Beweislastumkehr gem. § 477 BGB. Die den Letztverkäufer treffende Verpflichtung bzgl. der objektiven Beschaffenheitsanforderungen wird er idR im Rahmen des Regresses als Aufwand gem. § 445a I BGB bei seinem Verkäufer geltend machen können, wozu auch die sich aus §§ 475b, 475c BGB ergebenden Pflichten zählen sowie die (objektive) Anforderung im Hinblick auf die Bereitstellung von Aktualisierungen. Betrifft dies die Pflicht zur Bereitstellung von Aktualisierungen, ist insoweit der sonst relevante Zeitpunkt des Gefahrübergangs (vom Lieferanten auf dessen Käufer) unerheblich, weil diese Pflicht naturgemäß erst nach Gefahrübergang entsteht.[67] 46

Zu Gunsten des Lieferanten greift die Beweislastumkehr (§ 477 BGB) auch im Verhältnis zu seinem Verkäufer (§ 478 BGB). Daher hat der Hersteller zumindest während der Beweislastumkehr umfassend für die Haltbarkeit[68] und die Funktionsfähigkeit der für die Automatisierung einer Sache notwendigen digitalen Elemente entlang der Lieferkette im Wege des Regresses einzustehen. 47

C. Außervertragliche Haftung des Herstellers für automatisierte Produkte

I. Zweispurige außervertragliche Herstellerhaftung für fehlerhafte Produkte

Das nationale Produkthaftungsrecht beruht auf zwei verschiedenen Rechtsquellen: Einerseits entwickelte die Rechtsprechung eine auf § 823 I BGB gestützte Haftung des Herstellers, die auf der Verletzung von Verkehrspflichten beruht.[69] Andererseits haftet der Hersteller für Schäden, die auf einem Fehler des Produkts beruhen, nach dem ProdHaftG als Umsetzung der Richtlinie 85/374/EWG. Der augenfälligste Unterschied beider Haftungssysteme liegt nur auf den ersten Blick in den subjektiven Anforderungen: Während die deliktische Haftung gem. § 823 I BGB vorsätzliches oder fahrlässiges Handeln voraussetzt, reicht für das Eingreifen der harmonisierten Produkthaftung bereits das Vorliegen eines Produktfehlers ohne subjektive Voraussetzungen, § 1 I 1 ProdHaftG. Allerdings nähern sich beide Haftungssysteme einander an: Das in § 823 I BGB vorausgesetzte Verschulden wird iRd Produzentenhaftung regelmäßig vermutet.[70] Die subjektiven Anforderungen bei der Haftung nach § 823 I BGB iFv Sorgfaltsanforderungen fließen mittelbar bei der Produkthaftung nach dem ProdHaftG in die wertende Bestimmung 48

[66] Begr. zu § 445a BGB, BT-Drs. 19/27424, 27.

[67] Begr. zu § 445a BGB, BT-Drs. 19/27424, 27, wo betont wird, dass der Hersteller eher als der Verkäufer technisch in der Lage sei, erforderliche Aktualisierungen anzubieten und eine effektive Verpflichtung nur dann bestehe, wenn diese Pflicht durch die Lieferkette bis zum Hersteller weitergereicht werden könne.

[68] Obwohl mit der Formulierung der objektiven Anforderungen keine Haltbarkeitsgarantie statuiert werden sollte, Begr. zu § 434 III BGB, BT-Drs. 19/27424, 24, wird allgemein in der Regelung einer Beweislastumkehr eine faktische Haltbarkeitsgarantie gesehen, vgl. Bach/Wöbbeking, NJW 2020, 2672 (Rn. 11); Schrader NZV 2021, 19 (22).

[69] Ursprünglich wurde die Haftung auf § 823 II BGB gestützt und nur aus gesondert normierten Pflichten hergeleitet (zB Produktsicherheitsvorschriften); mittlerweile sind die deliktischen Anforderungen iRd Verkehrspflichten denen der Produktfehlerlehre nach dem ProdHaftG angenähert, BGH NJW 1969, 269, 274 – Hühnerpest.

[70] BGH NJW 1969, 269, 274 – Hühnerpest; BGH NJW 1992, 1039 (1041) – Hochzeitsessen.

des Produktfehlers anhand der berechtigten Sicherheitswartungen (§ 3 ProdHaftG) ein.[71] Mithin ist die relevante „Vorhersehbarkeit" iRv Sorgfaltsanforderungen an den Hersteller von weniger tragender Bedeutung für dessen Haftung, als bei der Automatisierung anzunehmen wäre. Schließlich verflüchtigt sich mit zunehmender Automatisierung nicht nur die Nachvollziehbarkeit der Kausalketten,[72] sondern auch die Vorhersehbarkeit der künftigen Eigenschaften des Produkts, womit die Anforderungen an eine in Verkehr gebrachte Sache, die fortan automatisiert agiert, ebenfalls verblassen.[73]

49 Vielmehr liegt daher bei genauerer Betrachtung der Hauptunterschied beider Haftungssysteme in der Ausprägung der Flexibilität bzgl. ihrer Weiterentwicklung. Die deliktisch begründete Produzentenhaftung erfährt ihre Konturen im Wesentlichen durch richterliche Rechtsfortbildung.[74] Dies führt zu einer hohen Flexibilität und begründet damit die Möglichkeit, auch bei rasch voranschreitender Ausweitung von Automatisierung angemessene Risikozuweisungen zu finden.

50 Dagegen ist die unionsrechtlich vorgegebene Produkthaftung an teils enge Voraussetzungen gebunden, denen das Vorstellungsbild von Produktgefahren aus den Neunzigerjahren des letzten Jahrhunderts zugrunde liegt. Die Angleichung dieses Haftungssystems an technische Veränderungen (wie der zunehmenden Automatisierung von Produkten) erweist sich als schwerfällig, was die bisherigen Vorstöße der EU im Hinblick auf die Anpassung der Produkthaftungsrichtlinie an die aktuellen Gefahren, die von Produkten ausgehen, zeigt.[75]

51 Die bestehende hohe Flexibilität der deliktischen Produzentenhaftung wird bereits sichtbar bei der ursprünglichen Ausdifferenzierung etwaiger Produktfehler iRv Verkehrspflichten, aber auch iRd geschützten Rechtsgüter (deren Kreis wesentlich weiter ist als nach dem ProdHaftG) sowie des personellen (Herstellerbegriffs)[76] und sachlichen (Fehlerbegriffs) Anwendungsbereichs der Produzentenhaftung. Während bei der richterrechtlich geprägten Produzentenhaftung unter den Begriff des (fehlerhaften) Produkts auch im Rahmen der Automatisierung verwendete Software gefasst werden kann, stellt sich dies bei der Produkthaftung wegen der Abgrenzung zur (nicht erfassten) Dienstleistung als bislang ungelöstes Problem dar.[77]

52 Die Ausdehnung der Pflichten des Herstellers über den Zeitpunkt des Inverkehrbringens hinaus erscheint durch die unionsrechtlichen Vorgaben nicht ohne deren Änderung

[71] Fehlerbegriff „verschlüsselt" die dem Hersteller obliegenden Sorgfaltspflichtverletzungen, Wagner AcP 2017, 707 (711).

[72] Eichelberger in Ebers/Heinze/Krügel/Steinrötter Künstliche Intelligenz und Robotik, 2020, § 5 Rn. 3.

[73] Zech, in Gless/Seelmann Intelligente Agenten und das Recht, 2016, S. 163, 167; Reichwald/Pfisterer CR 2016, 208(211 f.).

[74] Thöne Autonome Systeme und deliktische Haftung 2020, S. 55 f.; allgemein zur Prägung des Haftungsrechts durch judizielle Kasuistik: Brüggemeier Prinzipien des Haftungsrechts, 1999, S. 20 ff., 24 ff.; zur Dogmatik: Jansen Die Struktur des Haftungsrechts, 2003, S. 21 ff.

[75] Zur wiederholten Ankündigung einer Aktualisierung der ProdHaft-RL durch einen softlaw-Ansatz auf europäischer Ebene s. COM (2020) 65 final S. 15 ff., die geplanten Leitlinien („Softlaw") waren bis zu Jahresmitte 2019 angekündigt (COM (2018) 246 final, S. 11); Ankündigung der Überarbeitung (Aktualisierung der ProdHaft-RL u. evtl. Schaffung eines zusätzlichen neuen Rechtsrahmens) des Haftungsrahmens in 2022: COM (2021), 205 final, Coordinated plan on Artificial Intelligence 2021 Review, S. 33; das Europäische Parlament fordert durch einen Initiativbericht neben der Aktualisierung der Produkthaftungs-RL durch Leitlinien die Schaffung eines neuen Rechtsrahmens zur Haftung der Betreiber von KI-Systemen, P9 TA(2020)0276, S. 13 ff.; zu entwickelten Leitlinien für eine vertrauenswürdige KI durch eine von der Kommission beauftragte externe Expertengruppe: Hochrangige Expertengruppe für Künstliche Intelligenz, Entwurf der Ethik-Leitlinien für eine vertrauenswürdige KI, April 2019; erster konkreter Vorschlag für die sicherheits- und zulassungsrechtliche Regelung von KI-Systemen, COM (2021), 206 final, siehe auch Abschnitt 3.15; kritisch, ob die diskutierten Änderungen auch eine Änderung der Richtlinie erfordern: Seehafer/Kohler EuZW 2020, 213 (218).

[76] Wobei der Herstellerbegriff nach § 4 ProdHaftG weiter ist („Quasi-Hersteller") als nach der deliktischen Produzentenhaftung.

[77] Bericht der EU-Kommission über die Auswirkungen künstlicher Intelligenz, des Internets der Dinge und der Robotik in Hinblick auf Sicherheit und Haftung, COM (2020) 64 final, S. 16 f.

möglich, während es iRd deliktischen Haftung kein Problem darstellt, die Verkehrspflicht auch auf die Produktbeobachtung (nach dem Inverkehrbringen) auszudehnen.

Mit einer solchen Ausdehnung der Pflichten untrennbar verbunden ist die Frage nach der einschlägigen Rechtsfolge bei einer Pflichtverletzung und damit dem Umfang der Haftung. Während hier die unionsrechtlich vorgegebene Haftung nach dem Produkthaftungsgesetz auf Schadensersatz begrenzt ist, eröffnet sich nach der deliktisch begründeten Produktbeobachtungspflicht die Möglichkeit, den Hersteller auch insoweit präventiv (gefahrvermeidend, statt iRd Zahlung liquidierend) tätig werden zu lassen. In diesem Bereich offenbart sich aber auch der Nachteil der erhöhten Flexibilität, die zu einer ausufernden Haftung des Herstellers führen und somit der notwendigen klaren Begrenzung der Herstellerhaftung diametral gegenüberstehen kann – vor allem bzgl. der Abgrenzung des deliktischen Integritätsinteresses von dem vertraglichen Äquivalenzinteresse.[78] Das Ausmaß der hohen Flexibilität erfährt dort seine Grenzen, wo es dem Hersteller schier unmöglich wird, vor Inverkehrbringen des Produkts die Grenzen der eigenen Haftung zu erkennen. 53

Mit zunehmender Automatisierung geht eine Erhöhung der Gefahren einher, die von fehlerhaften Produkten ausgehen können. Um diesen Gefahren angemessen begegnen zu können, steht einerseits das aufgrund der engen und präzisen Grenzen relativ starre Instrument (zB Sachschäden nur bei privatem Gebrauch erfasst, Haftungshöchstsummen, Selbstbeteiligung) des unionsrechtlich vorgegebenen ProdHaftG zur Verfügung. Andererseits bietet die deliktisch begründete Produzentenhaftung eine hohe Flexibilität (insbesondere durch die Möglichkeit der richterrechtlichen Ausformung), um Konturen für die Haftung des Herstellers fehlerhafter Produkte zu entwickeln.[79] 54

Entsprechend der vertraglichen Haftung kommt der außervertraglichen Haftung durch die Automatisierung und der damit verbundenen erweiterten Möglichkeit der Einflussnahme des Herstellers auf das Produkt und die von diesem ausgehenden Gefahren auch nach dem Inverkehrbringen künftig erhebliche Bedeutung zu, denn der Verlust der Kontrolle des Herstellers wird bislang als Grund für die haftungsrechtlich relevante zeitliche Zäsur angesehen. Eine solche Weiterentwicklung der Haftung ist am ehesten bei der richterrechtlich entwickelten Produzentenhaftung zu erwarten. Im europäischen Kontext erscheint eine außerhalb der bisherigen Regelungen zur Produkthaftung ansetzende Neuregelung der Betreiberhaftung von autonomen Systemen am ehesten konsensfähig (unten unter E.). 55

II. Geschützte Rechtsgüter

1. Von § 1 ProdHaftG erfasste Rechtsgüter

Die vom ProdHaftG geschützten Rechtsgüter beschränken sich auf das Leben, den Körper, die Gesundheit sowie Sachen, § 1 I 1 ProdHaftG. Gem. § 1 I 2 ProdHaftG muss bei der Beschädigung einer Sache jedoch „eine andere Sache als das fehlerhafte Produkt beschädigt" worden und zudem „diese andere Sache ihrer Art nach gewöhnlich für den privaten Ge- oder Verbrauch bestimmt und hierzu von dem Geschädigten hauptsächlich verwendet worden [sein]".[80] Dies schränkt die Haftung des Herstellers zwar erheblich ein, vermeidet jedoch auch Abgrenzungsprobleme zur vertraglichen Haftung auf das Äquivalenzinteresse. 56

Dieser Rechtsgüterschutz nach dem ProdHaftG begründet eine weitreichende Haftung vor allem für industriell hergestellte Massenware, auch wenn diese Automatisierungsele- 57

[78] Vgl. exemplarisch hierzu BGH NJW 2009, 1080 Rn. 12 ff. – Pflegebetten; streitig hierzu Wagner in MüKoBGB, 8. Aufl. 2020, BGB § 823 Rn. 1000 ff.

[79] Daher entlädt sich die Streitfrage nach der Passgenauigkeit der Regeln zur Produkthaftung für autonome Systeme (vgl. hierzu Horner/Kaulartz InTer 2016, 22 (26) und Wagner AcP 2017, 707 (711)) insoweit in das Entwicklungspotential beider Rechtsbereiche.

[80] Ferner besteht bei einer Sachbeschädigung eine Selbstbeteiligung iHv 500 Euro, § 11 ProdHaftG.

mente enthält und selbst dann, wenn das schadenstiftende Ereignis auf einer Fehlfunktion in der Automatisierung beruht. Beispielsweise können Leben, Körper und Gesundheit von einer (fehlerhaft) nicht automatisch abschaltenden Heizdecke ebenso verletzt werden wie von einem hochkomplexen Pflegeroboter.[81] Weiterhin kann ein Fahrzeug als Sache von einem sich automatisch schließenden Garagentor beschädigt werden.

2. Von § 823 I BGB erfasste Rechtsgüter

58 Der Kreis der potentiell gefährdeten Rechtsgüter erweitert sich vor allem mit zunehmender Automatisierung der Produkte. Daher gewinnen die von § 823 I BGB neben den vom ProdHaftG ebenfalls erfassten Rechtsgütern zunehmend an Bedeutung.

59 Die ausdrücklich genannte (als auf die Fortbewegung reduziert verstandene)[82] Freiheit, einen beliebigen Ort aufsuchen zu können, kann durch eine Fehlfunktion smarter Schlösser eines Hauses betroffen sein, wenn der Betroffene im Haus eingesperrt wird.[83]

60 Größere Bedeutung können die unter „sonstige Rechte" des § 823 I BGB fallenden Rahmenrechte erlangen. Bei automatisiert ablaufenden Prozessen ist die Tragweite von Verletzungen des allgemeinen Persönlichkeitsrechts vielfach höher: Verwendet die Steuerung eines Kommunikationsgeräts automatisiert ausgewählte Bilder aus einer im gleichen Netzwerk (aber nur für dessen Nutzer) freigegebenen Mediathek als Profilbild, können dadurch weit mehr persönlichkeitsrechtliche Belange betroffen sein, als durch §§ 22, 23 KUG erfasst werden (bspw. Intimfotos)[84]. Ferner wird das allgemeine Persönlichkeitsrecht bei automatisiert erstellten Nachrichten Bedeutung erlangen, wenn dadurch beleidigende Äußerungen getätigt werden.[85]

61 Bisher wird dem Recht am eingerichteten und ausgeübten Gewerbebetrieb im Rahmen automatisierter Systeme weniger Relevanz beigemessen.[86] Dies erscheint im Ergebnis zutreffend, denn es fehlt häufig an der Betriebsbezogenheit des Eingriffs.[87] Weist die automatisierte Steuerung eine Betriebsbezogenheit auf, wird in etwaigen Anwendungsfällen allerdings das Lauterkeitsrecht vorrangig sein. Ein denkbares Beispiel ist die automatisierte Preisunterbietung eines Mitbewerbers, die sowohl objektiv unter der Grenze des Selbstkostenpreises als auch subjektiv in Verdrängungsabsicht durch die automatisierte Preisanpassung vorgenommen wird.[88] Solche Fälle sind zwar selten, aber wenn sie den Tatbestand der gezielten Behinderung gem. § 4 Nr. 4 UWG erfüllen, ist ein Anspruch gem. § 823 I BGB (Recht am eingerichteten und ausgeübten Gewerbebetrieb) ausgeschlossen.[89] Werden dagegen bspw. Dokumente in einer automatisierten Dokumentenablage aufgrund einer Fehlfunktion nicht wieder aufgefunden, liegt darin idR kein betriebsbezogener Eingriff.

[81] Zu diesen Beck MedR 2018, 772 (776).

[82] Wagner in MüKoBGB, 8. Aufl. 2020, BGB § 823 Rn. 239.

[83] Bsp. von Eichelberger in Ebers/Heinze/Krügel/Steinrötter Künstliche Intelligenz und Robotik, 2020, § 5 Rn. 8.

[84] Die Konstellation BGH NJW 2016, 1094 könnte insoweit weiterentwickelt werden: Nicht das bloße Haben und Betrachten der Fotos, sondern auch die Gefahr unbeabsichtigt-automatisierter Weitergabe dürfte den im Ergebnis bestehenden Lösungsanspruch stützen.

[85] Vgl. bereits bei automatisiert erstellten Ergänzungsvorschlägen von Suchanfragen Paal ZEuP 2016, 591 (614 ff.).

[86] Eichelberger in Ebers/Heinze/Krügel/Steinrötter Künstliche Intelligenz und Robotik, 2020, § 5 Rn. 10.

[87] „Unmittelbare Eingriffe in das Recht am bestehenden Gewerbebetrieb […] sind nur diejenigen, die gegen den Betrieb als solchen gerichtet, also betriebsbezogen sind und nicht vom Gewerbebetrieb ohne weiteres ablösbare Rechte oder Rechtsgüter betreffen." StRspr, vgl. BGH GRUR 2014, 904 (Rn. 12), NJW-RR 2005, 673 (675).

[88] BGH GRUR 2009, 416 (Rn. 13) – Küchentiefstpreis-Garantie; BGH GRUR 2018, 946 (Rn. 46) – Bonusaktion für Taxi App.

[89] § 823 I BGB ist insoweit nur ein Auffangtatbestand: BGH NJW 1989, 707 (708); OLG Köln MMR 2012, 462 (463).

Der Anspruch gem. §823 I BGB ist nicht darauf beschränkt, dass es sich bei der be- 62
schädigten Sache um eine andere als das Produkt selbst handeln muss.[90] Erfasst wird vielmehr umfassend „das Eigentum", unabhängig von der Nutzungsart (privat/gewerblich) und grundsätzlich auch dann, wenn es sich bei der beschädigten Sache um das fehlerhafte Produkt selbst handelt. Dabei ergibt sich jedoch eine Einschränkung aus der Systematik: Während durch das Deliktsrecht lediglich das Integritätsinteresse geschützt ist, wird vom Vertragsrecht das Äquivalenzinteresse erfasst.[91] Dennoch verläuft die Abgrenzung, welches Interesse tangiert ist, nicht anhand der Bestimmung der erworbenen Sache und der sonstigen Rechtsgüter des Geschädigten. Vielmehr kann auch ein Teil der erworbenen Sache vom Schutz des §823 I BGB erfasst werden, wenn dieser funktional abgrenzbar ist, die restliche (mangelfreie) Sache als solche selbständig nutzbar ist und der Schaden nicht stoffgleich zum Mangel ist.[92] Dies führt bei erworbenen Systemen mit einem Automatisierungsteil zu erheblichen Abgrenzungsschwierigkeiten: Liegt der schadensstiftende Fehler im Automatisierungsteil und wirkt sich dies auf die restliche (ebenfalls erworbene) Sache aus, muss anhand der obigen Kriterien abgegrenzt werden, ob der fehlerlose Teil der Gesamtsache entsprechend funktional abgrenzbar war. Der BGH hat dies bereits in den bekannten Entscheidungen „Schwimmerschalter"[93] und „Gasbowdenzug"[94] zu Einzelteilen entschieden, die Automatisierungselemente waren und deren Fehlfunktion die Restsache beschädigten: Der defekte Schwimmerschalter schaltete die Heizdrähte trotz fehlender zu heizender Flüssigkeit nicht ab, woraufhin die gesamte Anlage abbrannte. Der Gasbowdenzug verklemmte sich in dessen Hülle, so dass das Gaspedal nicht automatisch wieder in den Ruhezustand gelangte und das angetriebene Fahrzeug außer Kontrolle geriet und verunfallte. Obwohl diese älteren Entscheidungen mechanisch automatische Steuerungen aufwiesen, sind diese Grundsätze auch in der heutigen elektronischen Steuerung maßgeblich: Das fehlerhafte (Steuerungs-)Teil ist von der (an sich fehlerfreien) Gesamtsache, in der sich der Fehler weiter fortgesetzt hat („Weiterfresserschaden") abzugrenzen.[95] Diese Abgrenzung bereitet Schwierigkeiten: Zwar ist ein Lenkrad eines herkömmlichen Fahrzeugs ein funktional abgrenzbares Einzelteil[96], aber die Steuerungssoftware eines autonomen Fahrzeugs lässt sich von dem Fahrzeug nicht in der Weise trennen, dass das Fahrzeug dann noch eigenständig nutzbar wäre.[97] Dann kann ein Automatisierungselement, das funktional für die Gesamtsache notwendig ist, idR kein abgrenzbares Einzelteil sein. Folge davon ist, dass eine mangelhafte Automatisierungssteuerung idR dazu führt, dass die Gesamtsache mangelhaft ist und die Grenzlinie der erfassten Rechtsgüter in Fällen der Produkte mit Automatisierungsteil dort verläuft, wo sie auch im ProdHaftG zu ziehen ist: Von §823 I BGB ist dann nur solch eine Sache erfasst, die eine andere Sache als die erworbene ist, auch wenn bloß der Automatisierungsteil mangelhaft ist.[98]

3. Bislang nicht erfasste Rechtsgüter

Von §823 I BGB sind reine Vermögensschaden nicht erfasst. Diese können bspw. 63
durch fehlerhafte automatisierte Wertpapierkäufe (FinTech) entstehen.[99] Ein Schaden iFd Abschlusses eines Kaufvertrages über ein „bemakeltes Fahrzeug", bei dem die Auto-

[90] Zur Abgrenzung zum ProdHaftG: Begründung ProdHaftG, BT-Drs. 11/2447, 13.
[91] BGH NJW 2009, 1080 (1081 Rn. 12) – Pflegebetten; BGH NJW 1983, 810 (811) – Gaszug.
[92] BGH NJW 1983, 810 – Gaszug.
[93] BGH NJW 1977, 379 – Schwimmerschalter.
[94] BGH NJW 1983, 810 – Gaszug.
[95] BGH NJW 1977, 379 (381) – Schwimmerschalter.
[96] Wagner AcP 2017, 707 (723).
[97] Spindler CR 2015, 766 (768); Sosnitza CR 2016, 764 (769 f.).
[98] Ebenso: Eichelberger in Ebers/Heinze/Krügel/Steinrötter Künstliche Intelligenz und Robotik, 2020, §5 Rn. 9.
[99] Eichelberger in Ebers/Heinze/Krügel/Steinrötter Künstliche Intelligenz und Robotik, 2020, §5 Rn. 11.

matisierungsfunktion dem Nutzer unbekannt ist (bspw. andere Abgasmesswerte durch eine angepasste Motorsteuerung erzeugt werden, wenn das Fahrzeug eine Testumgebung erkennt), wird ebenfalls von keinem in § 823 I BGB genannten Rechtsgut erfasst.[100] Für solche Fälle kommt eine Haftung des Herstellers nach § 826 BGB bei einer vorsätzlichen sittenwidrigen Schädigung[101] oder gem. § 823 II BGB iVm einem entsprechenden Schutzgesetz in Betracht.[102]

64 Automatisierte Abläufe werden nicht nur von Daten beeinflusst, sondern verändern häufig auch Datenbestände. Kommt es in dem Zusammenhang zu einem Datenverlust, begründet dies nur dann einen Anspruch aus § 823 I BGB, wenn ihre Verkörperung beschädigt wurde, dh der Datenträger als Sache beschädigt wurde[103] (zB Überhitzung von Speicherzellen). Werden die Daten dagegen bspw. in der Cloud gespeichert und (ggfls. durch automatisierte Prozesse) gelöscht, wird dies vom in § 823 I BGB enthaltenen Eigentumsbegriff nicht umfasst,[104] weil es ein „Dateneigentum" an der Bedeutung (sog. semantische Information) der gespeicherten Daten (derzeit) nicht gibt.[105]

III. Sachlicher und persönlicher Anwendungsbereich

1. Produktbegriff

65 Nicht jeder Fehler eines Erzeugnisses führt zu einer Haftung des Herstellers. Da die deliktische Produzentenhaftung auf der Verletzung von an den Hersteller gerichteten Verkehrspflichten beruht, ergeben sich aus dem haftungsrechtlich relevanten Produktbegriff kaum Einschränkungen.

66 Anders ist dies jedoch bei der Produkthaftung nach dem ProdHaftG. Zwar wird das ProdHaftG-Pflichtenprogramm ähnlich wie die Verkehrspflichten nach § 823 I BGB definiert, jedoch müssen Verstöße zu einem Fehler eines „Produktes" führen. Der Produktbegriff ist in § 2 ProdHaftG auf bewegliche Sachen und Elektrizität begrenzt. Diese Regelung beruht auf Art. 2 S. 1 und 3 ProdHaft-RiLi. Die Fokussierung auf Sachen führte zu einem andauernden Streit,[106] ob Software zu den produkthaftungsrechtlichen Sachen zählt. Weitgehend einheitlich wird angenommen, dass in einer Sache enthaltene Steuerungssoftware zu der Sache zählt, auch wenn die Gefahrenursache in der fehlerhaften Software liegt.[107] Mechanische Automatisierungen einer Sache fallen daher unproblematisch unter den Produktbegriff des § 2 ProdHaftG.

67 Schwieriger ist die Abgrenzung, wenn es sich um reine Softwareprodukte handelt.[108] Weder von der Richtlinie noch von dem ProdHaftG sollen Dienstleistungen erfasst werden.[109] Da jede Automatisierung ein Teil einer Dienstleistung ist, die mit dem Produkt erbracht wird, wird diese Abgrenzungsfrage mit zunehmender Automatisierung bedeutsamer für die Haftung des Herstellers. Mittlerweile wird unter Verweis auf den Sinn und

[100] Ring SVR 2020 401, 407; ungewollter Vertrag als Schaden vom weiten Schadensbegriffsverständnis nach § 826 BGB umfasst: BGH NJW 2020, 1962, (1967 Rn. 44 ff.) – EA189; kritisch dazu: Weiler NZV 2019, 545 (557).

[101] BGH NJW 2020, 1962 (Rn. 13) – EA189.

[102] Hier als Schutzgesetz bspw. §§ 6 Abs. 1, 27 Abs. 1 EG-FGV: BGH NJW 2020, 1962 (1970 Rn. 72 ff.)– EA189.

[103] Wagner in MüKoBGB, 8. Aufl. 2020, BGB § 823 Rn. 246.

[104] Wagner in MüKoBGB, 8. Aufl. 2020, BGB § 823 Rn. 332.

[105] Wagner in MüKoBGB, 8. Aufl. 2020, BGB § 823 Rn. 333 ff.

[106] Oechsler in Staudinger, Bd. 2, 2018, § 2 ProdHaftG Rn. 64 ff. mwN; s. auch Bericht der EU-Kommission über die Auswirkungen künstlicher Intelligenz, des Internets der Dinge und der Robotik in Hinblick auf Sicherheit und Haftung, COM (2020) 64 final, S. 16 f.

[107] Schrader NZV 2018, 489 (491); Wagner AcP 2017, 707 (714 f.); Wagner im MüKoBGB, 8. Aufl. 2020, ProdHaftG § 2 Rn. 6, 21 ff.

[108] Bericht COM(2020) 64 final, S. 17; Zech Gutachten 73. DJT, A 67 f.

[109] Wagner in MüKoBGB, 8. Aufl. 2020, ProdhaftG § 2 Rn. 5; Oechsler in Staudinger, Bd. 2, 2018, § 2 ProdHaftG Rn. 2, 14.

Zweck des ProdHaftG verbreitet angenommen, dass auch Standardsoftware unter den Produktbegriff des § 2 ProdHaftG fällt.[110]

68 Diese Erweiterung mag begrüßenswert sein, ist rechtstechnisch jedoch nicht einfach und zieht Folgeprobleme nach sich. Die Subsumtion von Software unter den Produktbegriff entspricht den durch diese vielfach verursachten tatsächlichen Gefahren, für die Hersteller heutzutage einzustehen haben sollten. Problematisch dabei ist der unionsrechtliche Hintergrund der derzeitigen Regelung, die nach ihrem Wortlaut („Sachen") als auch nach der beabsichtigten Abgrenzung zu den nicht erfassten Dienstleistungen eine solche Subsumtion nur schwerlich zulässt und nur durch (unionsrechtlichen) Rechtssetzungsakt eine solche Erweiterung auch auf Standardsoftware erfahren kann. Darüber wird derzeit vielfach verhandelt,[111] sogar in Entschließungen der EU eine solche Erweiterung gefordert,[112] wobei ein unmittelbares Ergebnis noch nicht in greifbare Nähe gerückt zu sein scheint.[113] Auch diese breit geführte Diskussion spricht bereits gegen einen vermeintlichen Konsens, dass es nur klarstellender Natur sei, Software auch als vom Anwendungsbereich der Richtlinie erfasst anzusehen. Die Abgrenzung von Produkten zu Dienstleistungen hat den praktischen Hintergrund, dass Sachen in den Verkehr gebracht werden können und der Zugriff des Herstellers auf die Gefahrträchtigkeit damit eine Zäsur erfährt. Diese Zäsur gibt es bei Dienstleistungen naturgemäß nicht. Damit ist unklar, wann die „gelieferte", bereitgestellte bzw. auch gelegentlich aktualisierte Software eigentlich in den Verkehr gebracht wurde und damit das Einstehen des Herstellers – durch die Fixierung der Anforderungen an den Hersteller bzgl. des Umfangs und des Zeitpunkts – definiert werden kann.

2. Hersteller als Haftungssubjekt

69 Aus der Sicht des Geschädigten erschwert eine vorhandene Automatisierung eines Produkts die Identifizierung des Haftungsschuldners: einerseits durch das vermeintlich selbständige Tätigwerden des automatisierten Produkts, andererseits durch die Komplexität von Zulieferketten und dem Zusammenspiel von Einzelkomponenten.

70 Haftungssubjekt ist entweder eine natürliche oder eine juristische Person; eine e-Person gibt es nicht[114], auch wenn dies teilweise angedacht wurde.[115] Das „selbständige" Tätigwerden (auch im Sinne einer „autonomen" Entscheidung eines Systems) begründet trotz teilweiser Ähnlichkeit zu menschlichem Verhalten keine Haftung „des Systems", denn dieses ist nicht rechtsfähig und kann daher weder verantwortlich für Rechtsgutverletzungen und Schäden sein noch zur Rechenschaft gezogen werden und haften.

[110] Rebin in BeckOGK, 1.2.2022, ProdHaftG § 2 Rn. 49 ff.; Wagner AcP 2017, 707 (716); Wagner in MüKoBGB, 8. Aufl. 2020, ProdHaftG § 2 Rn. 21 ff.; Taeger CR 1996, 257 (260 ff.).

[111] Expert Group on Liability and New Technologies – New Technologie Formation, Liability for Artificial Intelligence and other emerging digital technologies, 27.11.2019, S. 3 ff.; High Level Expert-Group; Zech ZfPW 2019, 198 (212).

[112] Weißbuch der EU-Kommission vom 19.2.2020 enthält den wiederholten Hinweis auf die Notwendigkeit der Aktualisierung der Produkthaftungs-RL, COM (2020) 65 final S. 15 ff.; Initiativbericht des EU-Parlaments, P9 TA(2020)0276, S. 13 Nr. 6, 24 Erwägungsgr. 23 KI-VO-E.

[113] Ankündigung von Leitlinien ursprünglich für Mitte des Jahres 2019, COM (2018) 246 final, S. 11; bisher sind der Bericht der Expert Group (vgl. Weißbuch der EU-Kommission vom 19.2.2020 enthält den wiederholten Hinweis auf die Notwendigkeit der Aktualisierung der Produkthaftungs-RL, COM (2020) 65 final S. 15 ff.; Initiativbericht des EU-Parlaments, P9 TA(2020)0276, S. 13 Nr. 6, 24 Erwägungsgr. 23 KI-VO-E) sowie das Weißbuch der EU-Kommission, COM (2020) 65 final erschienen; Neuankündigung der Überarbeitung für 2022: COM (2021), 205 final, S. 33.

[114] Riehm RDi 2020, 42; Spindler CR 2015, 766 f., 774 f.; Schaub, JZ 2017, 342 (345 f.); Gless/Janal JR 2016, 561 (571); Teubner AcP 2018, 155 (160 ff.); Schirmer JZ 2016, 660 (665 f.).

[115] Entwurf eines Initiativberichts des Rechtsausschusses des EU-Parlaments mit Empfehlungen zu zivilrechtlichen Regelungen im Bereich Robotik, 31.5.2016, 2015/2103(INL), S. 6 Erwägungsgr. S.: „neue Regeln, die sich darauf konzentrieren, wie eine Maschine […] haftbar gemacht werden kann"; im finalen angenommenen Initiativbericht, P8 TA(2017)0051 findet sich dieser Gedanke nicht mehr wieder, S. 8 Erwägungsgr. AD.; Mayinger Die künstliche Person – Untersuchung rechtlicher Veränderungen durch die Installation von Softwareagenten im Rahmen von Industrie 4.0, unter besonderer Berücksichtigung des Datenschutzrechts, 2017, S. 232, 251 ff.

71 Die Haftung für fehlerhafte Produkte trifft „den Hersteller". Nach tatsächlichem Verständnis fällt hierunter freilich jeder, der das Endprodukt zusammensetzt. Der nach dem ProdHaftG relevante Begriff des Herstellers ist jedoch wesentlich weiter gefasst: Einerseits zählen darunter auch die Hersteller von Teilprodukten (§ 4 I 1 ProdHaftG), andererseits auch der sog. Quasi-Hersteller, der sich durch Anbringen seines Namens oder seiner Marke als Hersteller ausgibt (§ 4 I 2 ProdHaftG) sowie der Importeur (§ 4 II ProdHaftG). Der Zulieferer haftet allerdings dann nicht, wenn das zugelieferte Produkt bei seinem Inverkehrbringen keinen Fehler aufwies, § 1 II Nr. 3 ProdHaftG.

72 Für die Produzentenhaftung gem. § 823 I BGB gelten in Ermangelung vergleichbarer Regelungen die üblichen Haftungszuweisungen. Dies führt zu einem etwas verkleinerten Kreis der in Betracht kommenden „Hersteller";[116] bspw. zählt weder der Importeur[117] noch der Markenanbringer[118] allein deswegen als Hersteller. Vielmehr setzt die deliktische Haftung eine Verletzung der die jeweilige Person treffenden Verkehrssicherungspflichten voraus.[119]

73 Bei automatisierten Produkten kann gerade das Zusammenspiel der einzelnen Teilprodukte und die Eignung jedes Teilprodukts für den Einsatz im Gesamtsystem für ein fehlerfreies Endprodukt zu erheblichen Problemen führen. Auf den Anspruch des Geschädigten wirkt sich dies nur in Sonderkonstellationen aus, denn der Endhersteller haftet in jedem Fall für den Produktfehler. Schwierigkeiten bereiten Rückgriffskonstellationen der als Gesamtschuldner haftenden Hersteller (§ 5 ProdHaftG). In diesem Kontext gewinnt die Frage an Bedeutung, wem die Konstruktionsverantwortung obliegt. Primär wird dies der Endhersteller sein, der die Entscheidung trifft, Bauteile mit Standardspezifikation oder gesondert vereinbarter Spezifikation zu verbauen. Für die Eignung des zugelieferten Teils für das Gesamtprodukt muss daher der Teilehersteller nur dann einstehen, wenn dies von den Spezifikationen abweicht oder ihn selbst Instruktionspflichten im Hinblick auf die geplante oder erwartete Verwendung treffen. Diese nehmen bei automatisierten Systemen allerdings zu, bei denen gerade das komplexe Zusammenspiel von einzelnen Komponenten die Sicherheitseigenschaften des Endprodukts beeinflussen. Beruht die Automatisierung auf einer Softwaresteuerung, gilt zwar im Grundsatz nichts Anderes, jedoch können die Instruktionspflichten des Teilezulieferers wegen des auch vom Endhersteller nicht unmittelbar erkennbaren (und somit nicht in seinen Konstruktionsplan einfließenden), wohl aber vom Zulieferer der Software erkennbaren Gefahrenpotentials erheblich an Bedeutung gewinnen.[120]

IV. Pflichtenprogramm des Herstellers

74 Die Vermeidung von Schäden durch fehlerhafte Produkte wird durch das an den Hersteller gerichtete Pflichtenprogramm maßgeblich geprägt. Die Konkretisierung erfolgt anhand der für § 823 I BGB entwickelten Verkehrspflichten sowie der größtenteils (abgesehen von der Produktbeobachtungspflicht) parallel dazu verlaufenden[121] Bestimmung des Produktfehlers anhand der berechtigten Sicherheitserwartungen (§ 3 ProdHaftG).

1. Konkretisierung der Verkehrspflichten und berechtigten Sicherheitserwartungen

75 Die Anforderungen an den Hersteller können in die Bereiche der Konstruktion und Fabrikation des Produkts sowie der Instruktion der Nutzer zergliedert werden. Für die

[116] Spickhoff in BeckOGK, 1.5.2021, ProdHaftG § 4 Rn. 1.
[117] BGH NJW 1980, 1219 – Klapprad.
[118] BGH NJW 1981, 1606 (1609) – Apfelschorf.
[119] Wagner in MüKoBGB, 8. Aufl. 2020, § 823 Rn. 933.
[120] Wagner AcP 2017, 707 (721 f.).
[121] Wagner AcP 2017, 707 (724).

Produkthaftung enthält §3 ProdHaftG hierfür den Oberbegriff der berechtigten Sicherheitserwartungen, die an das Produkt gestellt werden können.

Ferner folgt aus der deliktischen Verkehrspflicht die nach dem Inverkehrbringen bestehende Produktbeobachtungspflicht (unten 2.). 76

a) Konstruktionsfehler. Die Rechtsprechung operiert mit der Definition, dass ein Konstruktionsfehler vorliege, „wenn das Produkt schon seiner Konzeption nach unter dem gebotenen Sicherheitsstandard bleibt", wobei es für den Hersteller darauf ankomme, „Maßnahmen zu treffen, die zur Vermeidung einer Gefahr objektiv erforderlich und nach objektiven Maßstäben zumutbar sind".[122] Die erforderlichen Sicherheitsmaßnahmen sind an dem vorhandenen Stand der Technik und Wissenschaft zu messen, die zum Zeitpunkt des Inverkehrbringens konstruktiv möglich sind.[123] 77

Die an den Hersteller iRd Konstruktion gerichteten Anforderungen betreffen den Sicherheitsstandard, den die gesamte Serie erfüllen muss. Kommt es hierbei zu Abweichungen, haftet jedem Produkt der Serie dieser Fehler an. Im Hinblick auf Elemente der Automatisierung von Produkten sind die Anforderungen an die Konstruktion von besonderer Bedeutung, denn der Hersteller muss die Gefahren des Gebrauchs, mit dem billigerweise gerechnet werden kann (§3 I lit. b ProdHaftG), antizipieren und entsprechend konstruktiv verhindern. 78

Wie die Sicherheitsanforderungen an automatisierte Produkte konkret bestimmt werden sollen, wird unterschiedlich beantwortet. Einigkeit kann nur bezüglich der Minimal- und Maximalgrenzen der an den Hersteller gestellten Anforderungen verzeichnet werden. 79

aa) Erwartung zwischen „Einhaltung von Normen" und „keiner völligen Gefahrlosigkeit". Als Mindestanforderung kann die Einhaltung bestehender (öffentlich-rechtlicher bzw. technischer) Normen angesehen werden, die die Sicherheit eines Produkts betreffen.[124] Allerdings existieren für die Automatisierung nur wenige technische[125] oder sicherheitsrechtliche Normen[126] und, wenn solche technischen Normen existieren, können sie nur als grober Anhaltspunkt dienen, da diese bekanntlich nur die Anforderung zum jeweiligen Zeitpunkt ihrer Einführung wiedergeben können.[127] Dass die Nichteinhaltung von Sicherheitsvorschriften auch zur Einstandspflicht für daraus resultierende Schäden führt, erklärt sich bereits aus dem ursprünglichen Haftungsgrund der Produzentenhaftung aus der Verletzung eines die Sicherheit des Produkts betreffenden Schutznorm iVm §823 II BGB.[128] Daran hat sich auch durch die Konkretisierung der Verkehrspflichten iRd §823 I BGB nichts geändert. 80

Die Rechtsprechung hat das Maximalmaß der zu erwartenden Sicherheitsanforderungen mit der Formulierung umrissen, dass der Verbraucher eine völlige Gefahrlosigkeit nicht erwarten könne.[129] 81

Allerdings ist dies kein Freibrief für den Hersteller bezüglich etwaiger Risiken, die vermeintlich nicht beherrschbar seien, weil ein etwaiges gefährliches „Verhalten" eines 82

---

[122] BGH NJW 2009, 2952 (2953) – Airbag.

[123] BGH NJW 2009, 2952 (2953) – Airbag; ferner BGH NJW 1988, 2611; BGH NJW 1995, 2162f. – Mineralwasserflasche; BGH NJW 1990, 906 (907).

[124] Wagner AcP 2017, 707 (729ff.).

[125] Zum eingeschränkten produkthaftungsrechtlichen Regelungsertrag der ISO 26262 (Anforderungen an F&E sowie Herstellung softwaregestützter Steuergeräte in Fahrzeugen): Spindler CR 2015, 766 (771); Wagner AcP 2017, 707 (730f.); v. Bodungen/Hoffmann NZV 2018, 97 (99, 101f.).

[126] Wagner AcP 2017, 707 (729ff.).

[127] Zur ähnlichen Problematik der Relevanz von DIN-Normen (Schallschutz), die hinter den fortgeschrittenen anerkannten Regeln der Technik zurückbleiben BGH NZM 2009, 590 (Rn. 14); zur eingeschränkten Aktualität technischer Normen vgl. bereits: Entwurf eines Gesetzes über die Haftung für fehlerhafte Produkte (Begr. zu §3 ProdHaftG) vom 9.6.1988, BT-Drs. 11/2447, 19.

[128] Angedeutet in der Alternativbegründung BGH NJW 1969, 269 (274) – Hühnerpest.

[129] BGH NJW 2009, 1669 (Rn. 12) – Kirschtaler.

Produkts zum Zeitpunkt des Inverkehrbringens nicht im Detail abschätzbar gewesen sei. Eine zu umfangreiche Beachtung eines solchen Einwandes würde zu einer unsachgemäßen Verengung der Haftung für fehlerhafte Produkte führen, die sich insbesondere bei automatisierten Produkten offenbart. Beurteilungszeitpunkt für die an das Produkt zu stellenden konstruktiven Anforderungen an die Sicherheit ist das Inverkehrbringen des jeweiligen Produkts, §§ 3 I lit. c, II ProdHaftG. Als überaus problematisch erweist sich die dabei notwendige ex ante-Betrachtung, denn im Falle eines eingetretenen Schadens liegt die Annahme der Abweichung vom gebotenen Sicherheitsstandard nahe.[130] Ebenso schwierig erscheint jedoch auch die Verteidigung des Herstellers auf die vermeintlich fehlende Planungs- und Steuerungsmöglichkeit des (letztlich schädigenden) „Verhaltens" des Produkts, das auf eine Automatisierung zurückgeht. Für die Konkretisierung der Pflichten des Herstellers an die Konstruktion sind zwei Ansätze zu verzeichnen, die sich auch auf automatisierte Produkte auswirken: die Anwendung des risk-utility-Tests (Abwägung der Kosten-Nutzen-Relation) sowie die Änderung der Sorgfaltsanforderungen iRd Konstruktion von einem anthropozentrischen zu einem systembezogenen Maßstab.

83 **bb) Verhältnis von berechtigten Sicherheitserwartungen und Kosten-Nutzen-Abwägung.** Die nach § 3 I ProdHaftG vorgesehene Ausrichtung des Sicherheitsmaßstabes an den berechtigten Sicherheitserwartungen der Nutzer steht in der Kritik: Es handele sich um ein normatives Kriterium, das nicht durch empirische Verbrauchererwartungen ausgefüllt werden könne und damit inhaltsleer sei.[131] Stattdessen sei aus dem Vergleich von Kosten und Nutzen einer möglichen Alternativkonstruktion zu entscheiden, ob der Hersteller diese Konstruktionsvariante hätte wählen müssen.[132] Es ist daher zu fragen, ob der eingetretene Schaden durch eine andere Art der Konstruktion vermieden worden wäre und ob die dafür erforderlichen Kosten im Vergleich zur Schadensvermeidung außer Verhältnis gewesen wären.

84 Der BGH greift auf Elemente der Kosten-Nutzen-Relation bei der Abwägung der Zumutbarkeit der vom Hersteller zu ergreifenden Maßnahmen zurück.[133] Allerdings ist die Kosten-Nutzen-Relation nur ein Belang (iRd wirtschaftlichen Auswirkungen), der in die Abwägung einzustellen ist, welche konkreten Sicherungsmaßnahmen erforderlich und dem Hersteller zumutbar sind.[134] Die Abwägung beginnt mit der Bestimmung des Maßstabes der Zumutbarkeit, die vom Rang der gefährdeten Rechtsgüter abhängt: Gefahren für Leben und Gesundheit von Menschen verlangen per se weitergehende Maßnahmen als kleinere körperliche Beeinträchtigungen oder Eigentums- und Besitzstörungen.[135]

85 Der Kritik[136] gegen die Einbeziehung der Kosten-Nutzen-Relation in die Bestimmung der an den Hersteller zu richtenden Sicherheitsanforderungen ist im Ansatz beizupflichten. Die Bestimmung der gebotenen Sicherheitsmaßnahmen, die der Hersteller ergreifen muss, hat unmittelbaren Einfluss auf die Fehlerhaftigkeit des Produkts und damit auf die Haftung des Herstellers. Daher geht mit einer Absenkung des gebotenen Sicherheitsmaßstabes die Reduzierung der Haftung des Herstellers einher. Bezieht man in die Bestimmung der gebotenen Sicherheitsmaßnahmen die wirtschaftlichen Interessen des Herstellers in erheblichem Umfang ein, bedeutet dies eine Reduzierung seiner Haftung, wenn seine wirtschaftlichen Aufwendungen steigen würden, um Sicherheitsmaßnahmen zu ergreifen. Dreh- und Angelpunkt ist das Kriterium der Zumutbarkeit der zu ergreifenden Maßnah-

[130] Wagner AcP 2017, 707 (731 f.).
[131] Wagner AcP 2017, 707 (732).
[132] Der Vorschlag orientiert sich an dem im US-amerikanischen Recht die Produkthaftung prägenden „risk-utility-test", vgl. Wagner AcP 2017, 707 (732); Wagner/Witte ZEuP 2005, 895 (903); Kötz FS Lorenz, 1991, 109 (116 f.).
[133] BGH NJW 2009, 2954 (Rn. 18) – Airbag.
[134] BGH NJW 1990, 906 (907).
[135] BGH NJW 2009, 2954 (Rn. 18) – Airbag.
[136] Taschner ZEuP 2012, 560 (564).

men. Was dem Hersteller zuzumuten ist, sollte jedoch weniger auf seine wirtschaftliche Belastung bezogen als vielmehr im Hinblick auf den Sicherheitsgewinn für den Nutzer definiert werden. Dies folgt aus der Zielrichtung des Produkthaftungsrechts, welches darauf angelegt ist, Gefahren zu vermeiden, die von Produkten ausgehen.[137] Dazu werden dem Hersteller Anreize gegeben, für die Sicherheit seiner Produkte selbst zu sorgen, dh, das Sicherheitsbedürfnis wird für den Hersteller internalisiert.[138] Um das Ziel der Produktsicherheit zu optimieren, erscheint es wenig plausibel, die notwendigen wirtschaftlichen Aufwendungen des Herstellers in das Verhältnis zu einem „Nutzen" zu setzen, wenn dieser Nutzen gerade die Gefahr schafft. Wenn die von dem Produkt ausgehende Gefahr in der Unberechenbarkeit innovativer automatisierter Systeme ihre Ursache hat, dann muss es konsequenterweise die Pflicht des Herstellers sein, diese Gefahren konstruktiv zu verhindern, anstatt sie in eine generelle Wirtschaftlichkeitsanalyse einzustellen. Liegt der „Nutzen" des Produkts bloß im Komfortgewinn eines ansonsten auch bereits vorhandenen Produkts (die Temperatur im Fahrzeug wird automatisch reguliert), muss den Hersteller die Pflicht treffen, diesen Nutzen so gefahrlos wie möglich konstruktiv umzusetzen. Sollte sich diese Automatisierung als unwirtschaftlich herausstellen, wird die Marktakzeptanz dem Hersteller den Weg weisen. Die umgekehrte Absenkung der Notwendigkeit von Sicherheitsmaßnahmen zur Erreichung eines wirtschaftlich tragbaren Ergebnisses führt zu einer grundlosen Privilegierung des Herstellers. Dies muss zumindest dann gelten, wenn sich der Nutzen des Produkts in einem Komfortgewinn für den Nutzer erschöpft. Führt der Nutzen hingegen zu einem Sicherheitsgewinn (Licht am Fahrzeug wird automatisch eingeschaltet), muss dieser Nutzen in der Abwägung hinreichend Berücksichtigung finden, insbesondere dann, wenn damit die Schaffung neuer Gefahren verbunden ist.[139] Da ein solcher Sicherheitsgewinn bei Automatisierungselementen in Produkten oftmals nicht bloß marginale Nebenfolge ist, sondern zentrales Anliegen[140], stellt sich zwangsläufig die Folgefrage, welches Ziel der Hersteller anstreben muss, dh, welchen Maßstab er erfüllen muss. Dafür kommen im Wesentlichen zwei Bezugsgrößen in Betracht: welchen Sicherheitsstandard ein Mensch in der Situation anstelle der Automatisierung erreichen könnte (anthropozentrischer Maßstab) oder welcher Sicherheitsstandard mit dem jeweiligen System erreicht werden kann (systembezogener Maßstab).

cc) Anthropozentrischer oder bzw. und systembezogener Maßstab. Kennzeichnendes Element der Automatisierung ist die Übertragung von Steuerungseingriffen vom Menschen auf Maschinen. Dies verfolgt aus Nutzerperspektive zwei Ziele: Komfortgewinn als Erleichterung bei der Nutzung und allgemeine Erhöhung der Sicherheit des Produkts. Aus produkthaftungsrechtlicher Sicht ist vor allem der Aspekt der Erhöhung der Sicherheit bedeutsam, denn die berechtigten Sicherheitserwartungen werden gem. § 3 I lit. a ProdHaftG insbesondere durch die Darbietung des Produkts beeinflusst. Besonders deutlich wird dies im Kontext der Fahrzeugautomatisierung. Hauptunfallursache im Straßenverkehr sind menschliche Fehlentscheidungen in Fahrsituationen.[141] Stellen Kraftfahrzeughersteller heraus, diese Unfallursache zu minimieren, gehören diese Ankündigungen zur 86

[137] ABl. EG v. 7. 8. 1985 Nr L 210/29, Richtlinie 85/374/EWG des Rates vom 25.7.1985, Produkthaftung soll für „eine gerechte Zuweisung der mit der modernen technischen Produktion verbundenen Risiken in sachgerechter Weise" sorgen.

[138] Schäfer/Ott Lehrbuch der ökonomischen Analyse des Zivilrechts, 6. Aufl. 2020, S. 256 f., 307 f.

[139] Wie zB die sich versehentlich (ohne Unfallereignis) öffnenden Airbags, wenn dadurch zwar schwere Gesundheitsschäden verhindert werden können, aber andere Gefahren geschaffen werden, die derzeit konstruktiv nicht vermieden werden können.

[140] Zur „Vision Zero": Jourdan/Matschi NZV 2015, 26; von Bodungen/Hoffmann NZV 2016, 449 (450); Schrader DAR 2016, 242; Hey Die außervertragliche Haftung des Herstellers autonomer Fahrzeuge bei Unfällen im Straßenverkehr – Eine Untersuchung zur Haftung beim autonomen Fahren, 2019, S. 44.

[141] Technische Mängel und Wartungsmängel machen 0,9%, menschliches Fehlverhalten 88% der Unfallursachen aus, vgl. Statistisches Bundesamt Fachserie 8 Reihe 7, Verkehr, 2019, S. 49.

Darbietung des Produkts.[142] Außerdem wird die Sicherheit, die „berechtigterweise erwartet werden kann" (§ 3 I ProdHaftG), auch durch gesetzgeberische Wertungen beeinflusst, wenn bspw. Fahrzeugautomatisierungen zulassungsrechtlich mit dem Argument positiv erfasst werden, dass durch den Einsatz der Fahrassistenzsysteme die Unfallzahlen künftig vermindert werden.[143] Aus dieser Perspektive wurde als Vergleichsmaß für die Sicherheit einer Automatisierung vorgeschlagen, dass das automatisierte Produkt zumindest den Sicherheitsstandard bieten muss, der von einem vergleichbaren Fahrer in der Situation zu erwarten ist.[144]

87 Der solchermaßen auf den Menschen bezogene (anthropozentrische) Maßstab beschreibt das Mindestmaß an Sicherheit, das an ein automatisiertes System zu stellen ist. Insoweit besteht weitgehend Einigkeit, denn durch die neue Technologie dürfen die vorhandenen Risiken nicht erhöht werden.[145] Erhebliche Schwierigkeiten bereitet die Konkretisierung der weiteren Anforderungen an die Sicherheit des Produkts, die vom Hersteller automatisierter Produkte zu erfüllen sind. Hierfür ist ein systembezogener Maßstab vorgeschlagen worden.[146] Damit soll der Bezugspunkt geändert werden: Statt den Sicherheitsmaßstab an das einzelne automatisierte Produkt anzulegen und den Vergleich zur Sicherheit bei menschlicher Steuerung zu führen, soll es darauf ankommen, ob ein Sicherheitsgewinn einer ganzen Gruppe von Produkten zu verzeichnen ist, bspw. einer Fahrzeugflotte. Dieser Vorschlag fußt auf der Überlegung, dass autonome Systeme im Verbund reagieren, lernen und „sich verhalten", anstatt jedes Produkt für sich.[147] Gegen die Einbeziehung des „Verhaltens" der ganzen Produktserie spricht allerdings bereits die zeitliche Begrenzung der Herstellerpflichten in Bezug auf die Konstruktionsanforderungen: Sie enden mit dem Inverkehrbringen. Der nachfolgende Lernprozess muss daher bei Inverkehrgabe so gestaltet sein, dass er die zu erwartende Sicherheit bietet. Ob dies die Lernfähigkeit in der systemischen Einheit einer Produktgruppe betrifft, mag bezweifelt werden, denn produkthaftungsrechtlich steht immer das einzelne Produkt im Fokus. Bei der Bestimmung der Sicherheitsanforderungen kommt es auf den jeweiligen Zeitpunkt der Inverkehrgabe des einzelnen Produkts an, nicht auf die gesamte Produktgruppe. Daher muss jedes einzelne Produkt auf die berechtigten Sicherheitserwartungen in den Blick genommen werden. Folglich ist nicht bloß die systemische Steuerung der Automatisierung für die Herstellerpflicht entscheidend, sondern die Vermeidung der vom Produkt ausgehenden Gefahren: Das kann an der Optimierung der Automatisierung und auch deren dafür vorgesehenen Lernvorgängen ansetzen, beschränkt sich jedoch nicht darauf. Vielmehr muss der Hersteller bei unbekannten „Lerngefahren" (oder „Intelligenzrisiken") entsprechende Sicherheitsvorkehrungen treffen. Ob diese nur in der konkreten Steuerung oder in anderen Produkteigenschaften (bspw. übergeordnete Selbstabschaltung) zu konstruieren sind, ist zwar dem Hersteller überlassen, wohl aber dem Ziel der Gefahrminimierung unterworfen.

88 Für die Konkretisierung der Anforderungen an den Hersteller wird das Verhältnis von anthropozentrischem zum systembezogenen Maßstab teilweise als alternativ eingeordnet, wobei statt des anthropozentrischen nur noch der systembezogene Maßstab für Produkte mit autonomer Steuerung ausschlaggebend sein soll.[148] Im Ergebnis führt dies jedoch zu einer Haftungsprivilegierung des Herstellers einer Technologie, die Schäden bloß umverteilt, anstatt die Eintrittswahrscheinlichkeit zu verringern. Selbst wenn nach utilitaristischem Modell in der Summe weniger Schäden mit Einsatz der Technologie zu

[142] Schrader DAR 2018, 314 (317 f.).
[143] Gesetzentwurf der Bundesregierung (RegE (StVG-ÄG 2021)) „zur Änderung des Straßenverkehrsgesetzes und des Pflichtversicherungsgesetzes- Gesetz zum autonomen Fahren" vom 8.2.2021, S. 34.
[144] Borges CR 2016, 272 (275 f.); Gomille JZ 2016, 76 (77); Schrader DAR 2018, 314 (318).
[145] So auch zustimmend Wagner AcP 2017, 707 (734).
[146] Wagner AcP 2017, 707, 735 ff.; zurückhaltend Eichelberger in Ebers/Heinze/Krügel/Steinrötter Künstliche Intelligenz und Robotik, 2020, § 5 Rn. 16 f.
[147] Wagner AcP 2017, 707 (735 ff.).
[148] Wagner in MüKoBGB, 8. Aufl. 2020, ProdHaftG § 3 Rn. 32, 44.

verzeichnen sind als ohne deren Einsatz, rechtfertigt eine solche Schadensumverteilung nicht den Entfall der Haftung für Schäden, die durch den Einsatz der Technologie entstehen.[149] Schließlich muss als Alternative das Ausbleiben des Technologieeinsatzes angesehen werden und in dem Fall gilt selbstverständlich der anthropozentrische Maßstab, denn dann muss der Mensch diese Steuerungsaufgabe wahrnehmen. Wird der Schadenseintritt dadurch verhindert, besteht kein Anlass, den Hersteller, der durch die Inverkehrgabe des Produkts mit der Technologie die Gefahr geschaffen hat, nicht haften zu lassen. Andernfalls läge nämlich kein Gewinn an Sicherheit, sondern bloß an Komfort für den Nutzer vor. Die Gefahren hierfür demjenigen haftungsrechtlich zuzuordnen, der sie geschaffen hat, erscheint vor allem deshalb gerechtfertigt, weil der ökonomische Nutzen des Vertriebs der Technologie schließlich auch dem Hersteller zugeordnet wird.

b) Instruktionsfehler. Nutzer des Produkts sind „vor denjenigen Gefahren zu warnen, 89
die aus der Verwendung des Produkts entstehen können".[150] Damit sind zunächst Restrisiken gemeint, die konstruktiv nicht vermieden werden können. Allerdings bedeutet das nicht, dass Konstruktionsfehler mit einer umfassenderen Instruktion ausgeglichen werden könnten. Vielmehr werden davon nur diejenigen Gefahren erfasst, bei denen vom Hersteller nicht verlangt werden kann, sie konstruktiv zu lösen, dh solche, die keinen Konstruktionsfehler begründen, aber dennoch dem Produkt anhaften. Bekanntes Beispiel sind fehlausgelöste Airbags durch Erschütterungen des Fahrzeugs, denen aber kein Auffahrunfall vorausging: Wenn diese Fehlfunktion zum Zeitpunkt des Inverkehrbingens konstruktiv nicht vermieden werden kann, muss der Nutzer über diese Gefahren aufgeklärt werden, damit er eine eigenverantwortliche Entscheidung darüber treffen kann, ob er „sich in Anbetracht der mit dem Produkt verbundenen Vorteile den mit seiner Verwendung verbundenen Gefahren aussetzen" will.[151] Solche Instruktionspflichten bestehen sowohl für den bestimmungsgemäßen Gebrauch als auch für Gefahren, die bei naheliegendem Fehlgebrauch drohen, vgl. §3 I lit.b ProdHaftG: Gebrauch, „mit dem billigerweise gerechnet werden kann".

Dies eröffnet eine neue Dimension der Instruktionspflicht. Der Hersteller eines an sich 90
ungefährlichen Produkts, das erst durch eine unsachgemäße Handhabung gefährlich wird, muss vor solchen Gefahren warnen. Dies ist immer dann der Fall, wenn diese Gefahren nicht zum allgemeinen Gefahrenwissen des Benutzerkreises zählen[152] und die Verwendung in der allgemeinen Zweckbestimmung liegt.[153]

Für automatisierte Systeme ergeben sich daher aus beiden Gründen erhebliche Instruk- 91
tionspflichten. Restrisiken des automatisierten Systems müssen dem Nutzer vor Augen geführt werden. Dies betrifft vorrangig Risiken, die verdeckt bestehen, weil sie gerade nicht konstruktiv abgefangen werden können. Kann bspw. ein Rasenmähroboter zwar menschliche Füße detektieren und die Sichel im Kontaktfall stoppen, nicht aber Kleintiere, die dann der spezifischen Gefahr des automatisierten Systems ausgesetzt sind, muss der Nutzer über diese Detektionsdefizite informiert werden, damit er den Einsatz in seinem Umfeld entsprechend sichern kann (Kleintiere während des Einsatzes fernhalten). Zum anderen erhöht sich bei automatisierten Systemen die Wahrscheinlichkeit der Fehleinschätzung von Gefahren bei der Nutzung, weil die Funktionsweise der Automatisierung oft im Verborgenen stattfindet, nicht transparent und somit aus Sicht des Nutzers schwer nachvollziehbar ist.[154] Daher kann ein an sich sicheres Produkt durch einen Einsatz außerhalb des ihm zugedachten Verwendungszweck gefährlich werden. Es geht dabei weniger

[149] Im Ergebnis ebenso: Arbeitsgruppe „Digitaler Neustart", Bericht vom 15.4.2019, S.217ff.
[150] BGH NJW 1992, 560 – Kindertee.
[151] BGH NJW 2009, 2952 (Rn.23) – Airbag; BGH NJW 1975, 825.
[152] BGH NJW 2009, 2952 (Rn.23) – Airbag; BGH NJW 1999, 2815 (2816) – Reißwolf.
[153] BGH NJW 1989, 707 (708).
[154] Zu diesem „Blackboxeffekt" ist im Zusammenhang mit KI der Begriff der „Opazität" geprägt worden, vgl. Bericht COM (2020) 64 final, S.11.

um bewusste Fehlanwendungen als vielmehr um Situationen, in denen dem Nutzer die Grenzen der Einsatzmöglichkeiten nicht hinreichend klar sind.[155] Bei verringertem Nutzerverständnis für die komplexen Zusammenhänge der Automatisierung verstärkt sich die Instruktionspflicht des Herstellers, der dieses System konstruiert hat und damit über ein erheblich erweitertes Gefahrenwissen verfügt als der Nutzer. Mit anderen Worten steigen die Instruktionspflichten des Herstellers mit bestehender Informationsasymmetrie zwischen Hersteller und Nutzer.

92 **c) Fabrikationsfehler.** Fabrikationsfehler betreffen die Abweichung einzelner Produkte von dem Standard, den sich der Hersteller durch seine Konstruktion selbst gesetzt hat.[156] Im Gegensatz zum Konstruktionsfehler sind bei den Fabrikationsfehlern immer nur einzelne Produkte betroffen.[157] Solche können bei automatisierten Produkten bspw. im Einbau eines nicht funktionsfähigen Sensors auftreten. Im Übrigen ergeben sich kaum Besonderheiten bei automatisierten Produkten. Allenfalls bei der Qualitätskontrolle durch den Hersteller, in deren Rahmen etwaige Fabrikationsfehler aufgespürt werden könnten, ist auf die Funktionsfähigkeit des automatisierten Teils besonders zu achten, wenn dieses bspw. fehleranfällig ist.

93 Im Hinblick auf erforderliche Qualitätssicherungsverfahren („Auslieferungskontrolle")[158] muss konsequenterweise auch vom Hersteller selbst gefordert werden, auf automatisierte Systeme zurückzugreifen, um etwaige Fabrikationsfehler zu erkennen.

2. Maßgeblicher Zeitpunkt und die Besonderheit der Produktbeobachtungspflicht

94 Beurteilungszeitpunkt für das Vorliegen eines Produktfehlers ist das Inverkehrbringen des jeweiligen Produkts. Zu diesem Zeitpunkt wird die Pflicht des Herstellers, die berechtigten Sicherheitserwartungen zu erfüllen, konkretisiert. Erfüllt ein Produkt zu diesem Zeitpunkt die Sicherheitsanforderungen (§ 3 I lit. c ProdHaftG), wird dieses Produkt nicht dadurch fehlerhaft, weil nachfolgend ein verbessertes Produkt in den Verkehr gebracht wird, § 3 II ProdHaftG, dh die Sicherheitsanforderungen sich im Nachhinein erhöhen.[159] Der Maßstab der Produkthaftung für fehlerhafte Produkte ist daher rückblickend – auf den Zeitpunkt des Inverkehrbringens – ausgerichtet.[160] Die zu verhindernde Gefahr betrifft freilich einen nach Inverkehrbringen eintretenden Umstand. Das Produkt darf – gemessen an den zum Zeitpunkt des Inverkehrbringens geltenden Sicherheitserwartungen – nicht gefährlich sein, wenn es genutzt wird (während des Gebrauchs). Dieser Bezugspunkt hat erhebliche Auswirkungen auf die Beurteilung automatisierter Produkte. Die entscheidende Frage ist darauf gerichtet, ob das (automatisierte) Produkt, so wie es in Verkehr gebracht wurde, zu diesem Zeitpunkt so konzipiert war, dass es unter dem gebotenen Sicherheitsstandard zurückbleibt oder diesen erfüllt und der Schaden dennoch eingetreten ist. Der Hersteller hat daher die künftige Nutzung mit den ihm derzeit (Inverkehrbringen) zur Verfügung stehenden Mitteln entsprechend sicher zu gestalten.

95 Nimmt der Hersteller auf die Produkteigenschaften auch nach dem Inverkehrbringen weiterhin Einfluss (bspw. durch die Bereitstellung von aktualisierten Steuerungsdaten, die das Produkt automatisiert abruft), stellt sich die Frage, wann die Zäsurwirkung des Inverkehrbringens anzunehmen ist. Es könnte – wie bisher – weiterhin auf das Inverkehrbringen der physischen Komponente eines automatisierten Systems abgestellt werden. Dafür spricht insbesondere die Qualifikation der häufig vom Hersteller (zusätzlich)

[155] Eichelberger in Ebers/Heinze/Krügel/Steinrötter Künstliche Intelligenz und Robotik, 2020, § § 5 Rn. 26; Schrader DAR 2016, 242 (243).
[156] Wagner in MüKoBGB, 8. Aufl. 2020, ProdHaftG § 3 Rn. 42.
[157] BGH BeckRS 1956, 31371324,BB 1956, 572.
[158] BGH NJW 1969, 269, 275 – Hühnerpest.
[159] Wagner in MüKoBGB,8. Aufl. 2020, ProdHaftG § 3 Rn. 39.
[160] Wagner in MüKoBGB,8. Aufl. 2020, ProdHaftG § 3 Rn. 38.

erbrachten Automatisierungsfunktion als Dienstleistung, womit konsequenterweise die Annahme naheliegt, dass diese nicht in den Anwendungsbereich des ProdHaftG fällt. Die deliktischen Verkehrspflichten würden dennoch gelten. Andererseits könnte aber auch jede vom Hersteller kontrollierte Automatisierungsfunktion als ein erneutes Inverkehrbringen angesehen werden, sodass der Zeitpunkt des Inverkehrbringens dynamisch zu bestimmen wäre.[161] Dies sollte insbesondere dann angenommen werden, wenn Funktionen des Produkts erstmals freigeschaltet werden und sich dadurch die Sicherheitseigenschaften des Produkts ändern.[162] Gleiches gilt für eingespielte Updates.[163]

Der Zeitpunkt des Inverkehrbringens markiert jedoch nur hinsichtlich der Fehlerhaftig- **96** keit des Produkts eine Zäsur. Zwar wird das Produkt durch nachfolgend neue Erkenntnismöglichkeiten nicht fehlerhaft. Dennoch trifft den Hersteller nach Inverkehrbringen des Produkts im Hinblick auf Gefahren bei der Nutzung eine Produktbeobachtungspflicht.[164] Diese wirkt präventiv und hat die Verhinderung künftiger Schadensfälle zum Inhalt.[165] Da der Produktbeobachtungspflicht bei automatisierten Systemen eine erhebliche Bedeutung[166] zukommt, ist ihr ein gesonderter Abschnitt gewidmet.[167]

3. Subjektive Anforderungen: (kein) Verschulden und Entlastung

a) Deliktische Produzentenhaftung und Beweislastverteilung. Die deliktisch be- **97** gründeten Verkehrspflichten der Produzentenhaftung haben eine subjektive Komponente in Form der für § 823 I BGB zumindest erforderlichen Fahrlässigkeit der Verkehrspflichtverletzung. Allerdings gilt für den Bereich der Produzentenhaftung bzgl. der Sorgfaltspflichtverletzung eine Beweislastumkehr zugunsten des Geschädigten. Dies wurde anfänglich mit der Unüberschaubarkeit der komplexen Abläufe bei der Produktion von industriellen Massengütern begründet,[168] später aber auch auf kleinere Betriebe ausgedehnt.[169] Für die Produktbeobachtungspflicht gilt die Beweislastumkehr nicht, sondern nur für Fabrikations-, Konstruktions- und Instruktionspflichten.[170] Diese Differenzierung wird damit begründet, dass der Hersteller an der Produktionssphäre und dem Herstellungsprozess „näher daran" sei, den Sachverhalt aufzuklären[171] und zudem habe er einen wesentlich leichteren Einblick in die Produktionssphäre als ein Außenstehender, was auf die Produktbeobachtung nicht zuträfe.[172]

Die für eine solche Differenzierung vom BGH ausgeführte Begründung kann im Be- **98** reich derzeit üblicher automatisierter Produkte nicht mehr überzeugen. Maßgeblicher Grund für die Ausklammerung der Produktbeobachtungspflicht von der Beweislastumkehr ist die Überlegung, dass die Erkenntnisse und Erfahrungen mit dem Produkt allgemein und damit nicht allein dem Bereich des Produzenten, sondern auch dem Benutzer zugänglich seien.[173] Dies ist angesichts der häufig automatisiert erstellten – und direkt an den Hersteller übertragenen – Fehlerberichte bei der Nutzung solcher Produkte heutzu-

[161] Was allerdings die Zäsurwirkung des Inverkehrbringens am deutlichsten verwässert. Zu Erwägungen der Änderung des Verständnisses des Zeitpunkts des Inverkehrbringens: KI-Weißbuch, COM (2020) 65 final, S. 18; Stellungnahme d. Bundesreg. zum KI-Weißbuch, S. 25.

[162] Schrader DAR 2018, 314 (319).

[163] Wagner in MüKoBGB, 8. Aufl. 2020, § 823 Rn. 965.

[164] BGH NJW 1981, 1606 (1607) – Apfelschorf; BGH NJW 1981, 1603 (1604) – Derosal; BGH NJW 1987, 1009 (1010) – Honda; BGH NJW 2009, 1080 (Rn. 10 ff.) – Pflegebetten.

[165] Taschner ZEuP 2012, 560 (563).

[166] Diese wird künftig weiter zunehmen, Seehafer/Kohler EuZW 2020, 213 (218).

[167] → Kap. 3.12. Rn. 1 ff.

[168] BGH NJW 1969, 269 (275) – Hühnerpest.

[169] BGH NJW 1992, 1039 (1041) – Hochzeitsessen.

[170] BGH NJW 1981, 1603 (1605) – Apfelschorf.

[171] BGH NJW 1969, 269 (275) – Hühnerpest.

[172] Eichelberger in Ebers/Heinze/Krügel/Steinrötter Künstliche Intelligenz und Robotik, 2020, § 5 Rn. 27 mwN.

[173] BGH NJW 1981, 1603 (1605) – Apfelschorf.

tage anders: Der Nutzer hat allenfalls einen Einblick in den eigenen Fehlerbericht, nicht jedoch weiterführende Informationen. Häufig enthalten Fehlerberichte auch personenbezogene Daten, die besonderem Schutz unterliegen[174] und nicht öffentlich zugänglich sein können. Im Rahmen der Produktbeobachtung reduzieren sich die Erkenntnisquellen damit auf solche in der Sphäre des Herstellers. Die Beweislastumkehr nicht auch auf die Produktbeobachtung anzuwenden, kann mit dieser Begründung nicht mehr überzeugen. Lediglich der Vergleich zur Produkthaftung nach dem ProdHaftG kann die derzeitige Lage erklären: Weil das ProdHaftG keine Beobachtungspflicht nach Inverkehrbringen vorsieht, fehlt insoweit ein „Vorbild" iF einer verschuldensunabhängigen Pflicht, die mit Hilfe einer Beweislastumkehr abgebildet werden könnte oder müsste.

99 In praktischer Hinsicht ergeben sich aus der Umkehr der Beweislastverteilung im Übrigen nur sehr geringe Abweichungen zwischen der deliktischen Produzentenhaftung und (sofern einschlägig) der Produkthaftung nach dem ProdHaftG. Der insoweit relevante Einwand, das schadenstiftende Ereignis gehe auf einen technisch nicht feststellbaren „Ausreißer"[175] zurück, kann bei automatisierten Systemen Bedeutung erlangen. Ein solcher Einwand verfängt wegen des denknotwendig singulären Ereignisses eines Ausreißers allenfalls bei Fabrikationsfehlern, nicht dagegen bei Konstruktionsfehlern.[176] Freilich steigen mit zunehmender Komplexität der automatisierten Produkte auch die Anforderungen an die Qualitätskontrolle, mit der solche Fabrikationsfehler erkannt werden könnten[177] – allerdings bei bestehendem Verschuldenserfordernis nur im Rahmen der Zumutbarkeit. Daher hat der Hersteller darzulegen und zu beweisen, dass trotz Einhaltung der ihm zumutbaren Qualitätssicherungsmaßnahmen der Fabrikationsfehler dennoch unerkannt bleiben konnte. Diese Fälle sind angesichts der automatisiert ablaufenden und engmaschigen Fertigungskontrollen ein eher seltenes Phänomen.

100 **b) Verschuldensunabhängige Produkthaftung und Enthaftung für Entwicklungsrisiken.** Das ProdHaftG enthält kein Verschuldenserfordernis. Dennoch gewinnen subjektive Elemente im Bereich der Enthaftung – insbesondere bei automatisierten Systemen – an Bedeutung. Ist ein Produkt zum Zeitpunkt des Inverkehrbringens fehlerhaft, entfällt die Haftung des Herstellers dennoch, wenn der Fehler nach dem Stand der Wissenschaft und Technik zu diesem Zeitpunkt nicht erkannt werden konnte, § 1 II Nr. 5 ProdHaftG. Dieser Tatbestand beeinflusst den Fehlerbegriff nicht, denn die Anforderungen an die Konstruktion[178] betreffen das technisch Mögliche (Konstruktionsfehler), während der Enthaftungstatbestand die Grenzen der menschlichen Erkenntnis betrifft.[179]

101 Nur wenn die von dem Produkt ausgehende Gefahr „nach dem Stand der Wissenschaft und Technik" nicht erkannt werden konnte, liegt ein Entwicklungsrisiko vor, für das der Hersteller nicht einzustehen hat. Die an den Hersteller gerichteten Anforderungen gehen über die deliktischen Sorgfaltsanforderungen hinaus. Es kommt nicht bloß auf den Stand der Technik, sondern auch den der Wissenschaft an, wobei es für die Erkennbarkeit jedoch auf das objektiv zugängliche Gefahrenwissen ankommt.[180] Weder reicht die Einhaltung eines branchenüblichen Standards aus[181] noch sind die Anforderungen durch

[174] Kiparski/Sassenberg CR 2018, 596 (601 f.).

[175] BGH NJW 1995, 2162 (2163) – Mineralwasserflasche; BGH NJW 1969, 269 (275) – Hühnerpest.

[176] Wagner in MüKoBGB, 8. Aufl. 2020, Einl. ProdHaftG Rn. 18 ff.; ProdHaftG § 3 Rn. 42 f.; Wagner AcP 2017, 707 (712).

[177] Steege, NZV 2021, 6 (8 f.).

[178] Fabrikationsfehler sind von der Ausnahme des § 1 II Nr. 5 ProdHaftG nicht erfasst, BGH NJW 1995, 2162 (2163) – Mineralwasserflasche.

[179] BGH NJW 2013, 1302 (Rn. 9) – Heißwasser-Untertischgerät; Wagner in MüKoBGB, 8. Aufl. 2020, ProdHaftG § 1 Rn. 52 mit weiteren Beispielsfällen.

[180] Begründung ProdHaftG, BT-Drs. 11/2447, 15; Seibl in BeckOGK, 1.4.2022, ProdHaftG § 1 Rn. 123.

[181] BGH NJW 2009, 2952 (Rn. 16) – Airbag.

subjektive Erkenntnismöglichkeiten des einzelnen Herstellers beschränkt.[182] Dabei müssen konsequenterweise auch die konkreten Umstände des Herstellers außer Acht bleiben,[183] denn aus der Sicht des Geschädigten, auf dessen Schutz das ProdHaftG zielt, spielt es keine Rolle, ob das Produkt von einem Startup oder einem etablierten Unternehmen stammt und somit erwartet werden könnte, auch entlegene – aber objektiv zugängliche – Erkenntnisquellen auszuwerten. Solche Differenzierungen sollten auf das Vertragsverhältnis beschränkt werden, in dessen Rahmen die Parteien die Wahl haben, sich dem Risiko auszusetzen. Die Rechtsprechung stellt im Hinblick auf Instruktionspflichten darauf ab, dass den Verwendern eines Produkts „eine eigenverantwortliche Entscheidung darüber ermöglicht werden [müsse], ob sie sich in Anbetracht der mit dem Produkt verbundenen Vorteile den mit seiner Verwendung verbundenen Gefahren aussetzen wollen".[184] Dies deutet zwar an, dass es darauf ankäme, dass sich der Nutzer als potentiell Geschädigter der Gefahr informiert aussetzt, jedoch trifft dies auf unbeteiligte Drittbetroffene nicht zu. Gerade für diese Personen ist mangels vertraglicher Sonderbeziehung der Schutzbereich des Produkthaftungsrechts weit zu ziehen. Ihre Interessen müssen nicht bloß bei den berechtigten Sicherheitserwartungen iRd Fehlerbegriffs Eingang finden, sondern auch in die Entscheidung über das Eingreifen des Enthaftungstatbestandes durch Entwicklungsrisiken.[185] Führt eine gefahrträchtige Automatisierung eines Produkts zu einem erheblichen Sicherheitsgewinn, so muss der Zuwachs an Sicherheit auch und vor allem bei den gefährdeten Personen eintreten. Andernfalls ist ein Haftungsentfall kaum erklärbar, wenn die Automatisierung lediglich für den jeweiligen Nutzer einen Komfortgewinn und – allenfalls für ihn – einen teilweisen Sicherheitsgewinn bedeutet. Diese Erwägungen werden derzeit iRd automatisierten Fahrens deutlich sichtbar und unter dem Blickwinkel ethisch-moralischer Fragen, insbesondere der Programmierung des Verhaltens des automatisierten Systems in Dilemmasituationen diskutiert.[186]

Wie allgemein kommt es im Bereich der Automatisierung darauf an, ob die potentielle Gefährlichkeit des Produkts im Zeitpunkt seiner Inverkehrgabe nicht erkannt werden konnte, wobei es dabei auf das zu Grunde liegende allgemeine, mit der gewählten Konzeption verbundene, Fehlerrisiko ankommt.[187] Daher sind sowohl Unsicherheiten als auch die Unberechenbarkeit des künftigen Verhaltens automatisierter Systeme während ihres Betriebes gerade keine Entwicklungsrisiken iSd § 1 II Nr. 5 ProdHaftG, denn dieses Autonomie-[188] bzw. Intelligenzrisiko[189] ist bei Inverkehrbringen bekannt. Es ist Aufgabe des Herstellers, vorhandene konstruktive Möglichkeiten zur Gefahrvermeidung zu ergreifen. Diese Anforderungen wachsen freilich erheblich, je komplexer automatische Steuerungen werden und desto umfangreicher mögliche Gefahren werden. Existieren konstruktive Möglichkeiten, das (objektiv nach dem Stand der Wissenschaft und Technik erkennbare) „Gefährlichwerden" des Produkts zu verhindern, sind diese zu ergreifen.[190] Die Bestimmung des zumutbaren Aufwandes der Gefahrvermeidungsmaßnahmen ist dabei in erster Linie an der Bedeutung der gefährdeten Rechtsgüter zu messen.[191] 102

[182] BGH NJW 2013, 1302 (Rn. 9) – Heißwasser-Untertischgerät.
[183] AA Wagner in MüKoBGB, 8. Aufl. 2020, ProdHaftG § 1 Rn. 58.
[184] BGH NJW 2009, 2952 (Rn. 24) – Airbag mwN.
[185] Kötz FS Lorenz, 1991, 109 (117 f.) schlägt daher vor, diesen Aspekt durch eine Ausweitung der Risiko-Nutzen-Abwägung bereits in den Fehlerbegriff aufzunehmen.
[186] Bericht der Ethik-Kommission Automatisiertes und vernetztes Fahren des Bundesministeriums für Verkehr und digitale Infrastruktur, Juni 2017, S. 10, 16 ff.
[187] BGH NJW 2009, 2952 (Rn. 28 ff.) – Airbag.
[188] Zech, ZfPW 2019, 198 (213).
[189] Eichelberger in Ebers/Heinze/Krügel/Steinrötter Künstliche Intelligenz und Robotik, 2020, § 5 Rn. 5.
[190] Treffend Teubner AcP 2018, 155 (190): "programmierte Nichtprognostizierbarkeit".
[191] BGH NJW 2009, 2952 (Rn. 18 ff.) – Airbag.

V. Rechtsfolgen und Umfang der Haftung

103 Die Haftung nach dem ProdHaftG ist ausschließlich auf Schadensersatz gerichtet, § 1 I ProdHaftG. Sie ist bei Personenschäden der Höhe nach begrenzt (§ 10 ProdHaftG) und im Falle der Sachbeschädigung besteht eine Selbstbeteiligung iHv 500 Euro (§ 11 ProdHaftG). Für automatisierte Systeme sind beide Grenzen relevant: Während Hersteller vor massenhafter Inanspruchnahme wegen Bagatellschäden geschützt werden, kann der Haftungshöchstbetrag wegen der Summenbegrenzung für alle auf einen Fehler zurückgehenden Schäden (§ 10 II ProdHaftG) bei automatisierten Produkten ein ernstes Hindernis werden. Dabei ist weniger an einzelne hohe Schadenssummen zu denken, sondern wegen der positiven Skaleneffekte der Steuerungselemente der Automatisierung sind vor allem die Streuschäden relevant. Denkbar sind hier bspw. Fehlfunktionen bei der heimischen Beleuchtungsautomatisierung, die Schlafstörungen und damit verbunden weitere Erkrankungen hervorrufen und die wegen der Kürze der wahrnehmbaren Lichtreize zwar den Schlaf stören, dafür aber lange Zeit unbemerkt bleiben. Da solche Fehler die gesamte Serie betreffen können, ist die Haftungshöchstsumme rasch erreicht. Für die bisher weniger bekannten Gefahren der Fahrzeugautomatisierung hat der Gesetzgeber[192] außerhalb des ProdHaftG die Haftungshöchstgrenzen der Kraftfahrzeug-Haftpflichtversicherung pauschal verdoppelt, § 12 StVG.[193]

104 Die Rechtsfolge der deliktisch begründeten Produkthaftung ist umfangreicher (weder Selbstbehalt noch Haftungshöchstgrenzen existieren) und teils diffiziler. Die Haftung aus § 823 I BGB ist auf Ersatz des Schadens gerichtet, der durch das fehlerhafte Produkt entstand. Traditionell schwierig ist die Bestimmung der Rechtsfolge der Verletzung der Produktbeobachtungspflicht, da diese Pflicht sowohl sehr weit gefächert ist (Auswertung von Kundenbeschwerden, Warnung vor Produktgefahren, Rückrufaktionen) als auch ihre Verletzung idR nicht unmittelbar zu einem Schadenseintritt führt.[194] Durch die mit der Automatisierung verbundenen, erweiterten Möglichkeiten der Kenntnisnahme etwaiger Produktgefahren drängt sich nicht erst bei der Konkretisierung der Produktbeobachtungspflichten die Frage auf, ob eine technisch mögliche Produktbeobachtung bereits in die Anforderung an die Konstruktion aufgenommen werden muss. Konkret bedeutet das, dass der steuernde Zugriff des Herstellers auf das automatisierte Produkt genutzt werden muss, die Konstruktion des Produkts so zu wählen, dass (datenschutzkonform) Fehlerprotokolle und Einsatzszenarien an den Hersteller gemeldet werden (können), um etwaige Reaktionspflichten des Herstellers auszulösen. Diese Reaktionspflichten sind freilich bei sinkendem Aufwand von klassischen Rückrufaktionen durch die digitale Zugriffsmöglichkeit des Herstellers erheblich erweitert, namentlich das Roll-out eines automatischen Updates zur Vermeidung einer bekannten Gefahr.[195] Künftig wird zu erwägen sein, ob die fehlende Möglichkeit eines Roll-outs von Updates bereits einen Konstruktionsfehler darstellt. Für den B2C-Bereich ist diese Frage wegen der künftigen vertraglichen Gewährleistungshaftung, die sich auch auf die Bereitstellung von Updates bezieht, abgemildert. Jedoch gilt die Produkthaftung nicht nur als Verbraucherschutzrecht. Daher kann die Automatisierung nicht nur eine Schwachstelle, sondern ein Baustein zur Erhöhung für die Sicherheit des Produkts sein.

[192] Die Verdopplung wurde mit fehlender Erfahrung begründet: StVG-ÄndG, Begr. zu § 12 StVG, BT-Drs. 18/11300, 14 f., 24.

[193] Armbrüster ZRP 2017, 83 (84).

[194] Details → Kap. 3.12. Rn. 1 ff.

[195] Wagner in MüKoBGB, 8. Aufl. 2020, ProdHaftG § 3 Rn. 36; Helle MedR 2020, 993 (997); Arbeitsgruppe „Digitaler Neustart", Bericht vom 15.4.2019, S. 196.

D. Automatisierung als sittenwidrige Schädigung

Die fehlende Überschaubarkeit der Funktionsweise automatisierter Systeme gibt Herstellern die Möglichkeit, auf (bei den Kunden iRd Nutzung ablaufende) Prozesse Einfluss zu nehmen. Erfolgt eine solche automatisierte Steuerung in der Absicht, vereinbarte bzw. zulassungsrechtlich notwendige Produkteigenschaften nur in besonderen (automatisch detektierten) Konstellationen zu erreichen, die unter Normalbedingungen jedoch nicht erreicht werden, kann der dies veranlassende Hersteller gem. §826 BGB wegen einer vorsätzlich sittenwidrigen Schädigung haften.[196] Den Hersteller kann in solchen Konstellationen die sekundäre Darlegungslast hinsichtlich der konkret handelnden Person im Unternehmen und der Kenntnis des Vorstandes davon treffen.[197] 105

E. Künftige Betreiberhaftung (auch) des Herstellers

Die derzeit als europäische Verordnung geplanten (zusätzlich zu der Anpassung der bestehenden Regelungen)[198] Regelungen der zivilrechtlichen Haftung beim Einsatz künstlicher Intelligenz[199] werden auch den Hersteller adressieren, wenn dieser als „Betreiber" eines KI-Systems anzusehen ist. Ein Betreiber eines KI-Systems ist im Gegensatz zum „Frontend"-Betreiber auch der „Backend"-Betreiber, der „auf kontinuierlicher Basis die Merkmale der Technologie definiert und Daten und einen wesentlichen Backend-Support-Dienst bereitstellt und daher auch ein gewisses Maß an Kontrolle über ein mit dem Betrieb und der Funktionsweise des KI-Systems verbundenes Risiko ausübt".[200] Dies ist hinsichtlich der Funktionsweise des Steuerungselements von automatisierten Systemen idR anzunehmen. Hat der Hersteller somit Kontrolle über das Betriebsrisiko (als „Backend"-Betreiber), so soll ihn eine Gefährdungshaftung treffen, wenn das KI-System ein hohes Risiko aufweist, was idR dann der Fall ist, wenn es in einem kritischen Sektor eingesetzt wird (Art. 4 KI-VO-E). Bezüglich aller KI-Systeme, die nicht unter Art. 4 KI-VO-E fallen, ist eine verschuldensabhängige Haftung des Betreibers geplant, wobei jedoch das Verschulden vermutet wird (Art. 8 KI-VO-E). Die geplante KI-VO soll für den Hersteller subsidiär zur Produkthaftung gelten, dh, sofern die Haftung des Herstellers bereits von der Produkthaftungsrichtlinie abgedeckt ist, gilt er nicht als „Betreiber" des KI-Systems, Art. 3 lit. d KI-VO-E.[201] 106

Literatur

Armbrüster, Automatisiertes Fahren – Paradigmenwechsel im Straßenverkehrsrecht?, ZRP 2017, 83–86

Bach/Wöbbeking, Das Haltbarkeitserfordernis der Warenkauf-RL als neuer Hebel für mehr Nachhaltigkeit?, NJW 2020, 2672–2678

Beck, Zum Einsatz von Robotern im Palliativ- und Hospizbereich, MedR 2018, 772–778

Borges, Haftung für selbstfahrende Autos – Warum eine Kausalhaftung für selbstfahrende Autos gesetzlich geregelt werden sollte, CR 2016, 272–280

Brüggemeier, Prinzipien des Haftungsrechts – Eine systematische Darstellung auf rechtsvergleichender Grundlage, 1999 (zitiert als: Brüggemeier Prinzipien des Haftungsrechts, 1999)

Droste, Produktbeobachtungspflichten der Automobilhersteller bei Software in Zeiten vernetzten Fahrens, CCZ 2015, 105–110

[196] BGH NJW 2020, 1962 (Rn. 13) – EA189.

[197] BGH NJW 2020, 2804 (Rn. 15 ff.); BGH NJW 2020, 1962 (Rn. 37 ff.).

[198] KI-Weißbuch COM (2020) 65 final, S. 18 f; Änderungen 2022 angekündigt: COM (2021), 205 final, S. 35.

[199] Initiativbericht des Europäischen Parlaments, P9 TA(2020)0276.

[200] Art. 3 lit. f KI-VO-E.

[201] Zu den produkthaftungsrechtlichen Implikationen von Westphalen, VuR 2020, 248; Unger, ZRP 2020, 234.

Eichelberger, Zivilrechtliche Haftung für KI und smarte Robotik, in Ebers/Heinze/Krügel/Steinrötter, Künstliche Intelligenz und Robotik, 2020, S. 172–199
Eichhorn, Das Prinzip der Wirtschaftlichkeit – Basiswissen der Betriebswirtschaftslehre, 4. Aufl. 2016
Ethik-Kommission, Automatisiertes und Vernetztes Fahren – Eingesetzt durch den Bundesminister für Verkehr und digitale Infrastruktur, Bericht Juni 2017 (zitiert als: Ethik-Kommission Automatisiertes und vernetztes Fahren des Bundesministeriums für Verkehr und digitale Infrastruktur, Juni 2017)
Geigel, Der Haftpflichtprozess mit Einschluss des materiellen Haftpflichtrechts, 28. Aufl. 2020
Geistfeld, A Roadmap for Autonomous Vehicles: State Tort Liability, Automobile Insurance, and Federal Saftey Regulation, California Law Review, 2017, S. 1611–1694
Gless/Janal, Hochautomatisches und autonomes Autofahren – Risiko und rechtliche Verantwortung, JR 2016, 561–575
Gomille, Herstellerhaftung für automatisierte Fahrzeuge, JZ 2016, 76–82
Gsell, Der europäische Richtlinienvorschlag zu bestimmten vertragsrechtlichen Aspekten der Bereitstellung digitaler Inhalte, ZUM 2018, 75–80
Gsell/Krüger/Lorenz/Reymann, beck-online.GROSSKOMMENTAR, (zitiert als: Bearbeiter in BeckOGK)
Hau/Poseck, Beck'scher Online-Kommentar BGB (zitiert als: Bearbeiter in BeckOK BGB)
Helle, Intelligente Medizinprodukte: Ist der geltende Rechtsrahmen noch aktuell?, MedR 2020, 993–999
Horner/Kaulartz, Haftung 4.0, InTer 2016, 22–27
Jansen, Die Struktur des Haftungsrechts – Geschichte, Theorie und Dogmatik außervertraglicher Ansprüche auf Schadensersatz, 11. Aufl. 2003 (zitiert als: Jansen Die Struktur des Haftungsrechts, 2003)
Jourdan/Matschi, Automatisiertes Fahren – Wie weit kann die Technik den Fahrer ersetzen? Entwickler oder Gesetzgeber, wer gibt die Richtung vor?, NZV 2015, 26–29
Kiparski/Sassenberg, Internet of Things – Aktuelle Entwicklungen und Branchenbesonderheiten bei Connected Cars, eHealth und Co., CR 2018, 596–603
Kötz, Ist die Produkthaftung eine vom Verschulden unabhängige Haftung?, in Pfister/Will, Festschrift für Werner Lorenz zum siebzigsten Geburtstag, 1991, S. 109–121 (zitiert als: Kötz FS Lorenz, 1991, 109)
Kukmar, Herausforderungen eines Gewährleistungsrechts im digitalen Zeitalter, ZfPW 2020, 306–332
Lehmann, Produkt- und Produzentenhaftung für Software, NJW 1992, 1721–1725
Mansel, Kaufrechtsreform in Europa und die Dogmatik des deutschen Leistungsstörungsrechts, AcP 2004, 396–456
Mayinger, Die künstliche Person – Untersuchung rechtlicher Veränderungen durch die Installation von Softwareagenten im Rahmen von Industrie 4.0, unter besonderer Berücksichtigung des Datenschutzrechts, 2017
Paal, Online-Suchmaschinen – Persönlichkeitsrechts- und Datenschutz – Internationale Zuständigkeit, anwendbares Recht und sachrechtliche Fragen, ZEuP 2016, 591–626
Picht, Die kaufrechtliche Garantie im Verbraucherrechterichtlinien-Umgehungsgesetz, NJW 2014, 2609–2613
Raue, Haftung für unsichere Software, NJW 2017, 1841–1846
Reichwald/Pfisterer, Autonomie und Intelligenz im Internet der Dinge – Möglichkeiten und Grenzen autonomer Handlungen, CR 2016, 208–212
Riehm, Nein zur ePerson! – Gegen die Anerkennung einer digitalen Rechtspersönlichkeit, RDi 2020, 42–48
Ring, Diesel-Abgasskandal und kein Ende der rechtlichen Auseinandersetzungen vor dem BGH, SVR 2020, 401–408
Schäfer/Ott, Lehrbuch der ökonomischen Analyse des Zivilrechts, 6. Aufl. 2020
Schaub, Interaktion von Mensch und Maschine, JZ 2017, 342–349
Schirmer, Rechtsfähige Roboter?, JZ 2016, 660–666
Schrader, Haftung für fehlerhaft zugelieferte Dienste in Fahrzeugen, NZV 2018, 489–496
Schrader, Herstellerhaftung nach dem StVG-ÄndG 2017, DAR 2018, 314–320
Schrader, Umsetzung der Warenkauf-Richtlinie: Auswirkungen auf die Haltbarkeit von Fahrzeugen mit digitalen Elementen, NZV 2021, 67–72
Schrader, Verträge über digitale Produkte: „lediglich rechtlicher Vorteil" für den Minderjährigen?, JA 2021, 177–184
Schrader, Haftungsfragen für Schäden beim Einsatz automatisierter Fahrzeuge im Straßenverkehr, DAR 2016, 242–246
Hey, Die außervertragliche Haftung des Herstellers autonomer Fahrzeuge bei Unfällen im Straßenverkehr – Eine Untersuchung zur Haftung beim autonomen Fahren, 2019
Schrader/Engstler, Anspruch auf die Bereitstellung von Software-Updates? – Unklare Begründung eines eingeschränkt notwendigen Anspruchs, MMR 2018, 356–361
Seehafer/Kohler, Künstliche Intelligenz: Updates für das Produkthaftungsrecht – Mögliche Anpassungen der europäischen Produkthaftungsrichtlinie für neue Technologien, EuZW 2020, 213–218
Spindler, IT-Sicherheit und Produkthaftung – Sicherheitslücken, Pflichten der Hersteller und der Softwarenutzer, NJW 2004, 3145–3150

Spindler, Roboter, Automation, künstliche Intelligenz, selbst-steuernde Kfz – Braucht das Recht neue Haftungskategorien? – Eine kritische Analyse möglicher Haftungsgrundlagen für autonome Steuerungen, CR 2015, 766–776
Statistisches Bundesamt, Fachserie 8 Reihe 7: Verkehr – Verkehrsunfälle, 2019
Steege, Auswirkungen von künstlicher Intelligenz auf die Produzentenhaftung in Verkehr und Mobilität – Zum Thema des Plenarvortrags auf dem 59. Deutschen Verkehrsgerichtstag, NZV 2021, 6–13
Taschner, Produkthaftung – Noch einmal: Verschuldenshaftung oder vom Verschulden unabhängige Haftung?, ZEuP 2012, 560–567
Taeger, Produkt- und Produzentenhaftung bei Schäden durch fehlerhafte Computerprogramme, CR 1996, 257–271
Teubner, Digitale Rechtssubjekte? – Zum privatrechtlichen Status autonomer Softwareagenten, AcP 2018, 155–205
Thöne, Autonome Systeme und deliktische Haftung – Verschulden als Instrument adäquater Haftungsallokation?, 2020
Unger, Grundfragen eines neuen europäischen Rechtsrahmens für KI, ZRP 2020, 234–237
von Bodungen/Hoffmann, Hoch- und vollautomatisiertes Fahren ante portas – Auswirkungen des 8. StVG-Änderungsgesetzes auf die Herstellerhaftung, NZV 2018, 97–102
von Bodungen/Hoffmann, Autonomes Fahren – Haftungsverschiebung entlang der Supply Chain? (2. Teil), NZV 2016, 503–509
von Westphalen, Produkthaftungsrechtliche Erwägungen beim Versagen Künstlicher Intelligenz (KI) unter Beachtung der Mitteilung der Kommission COM(2020), VuR 2020, 248–254
Wagner, Produkthaftung für autonome Systeme, AcP 2017, 707–765
Wagner/Witte, Tabakklagen, ZEuP 2005, 895–918
Weiler, Der Vertrag als Schaden in VW-Abgasverfahren gegen den Hersteller, NZV 2019, 545–558
Wiesemann/Mattheis/Wende, Software-Updates bei vernetzten Geräten – Besteht ein Update-Recht der Hersteller an der Steuerungssoftware ihrer Produkte?, MMR 2020, 139–144
Zech, Künstliche Intelligenz und Haftungsfragen, ZfPW 2019, 198–219
Zech, Entscheidungen digitaler autonomer Systeme: Empfehlen sich Regelungen zu Verantwortung und Haftung?, in: Verhandlungen des 73. Deutschen Juristentages, Band I: Gutachten A, 2020 (zitiert als: Zech Gutachten 73. DJT, A)
Zech, Zivilrechtliche Haftung für den Einsatz von Robotern – Zuweisung von Automatisierungs- und Autonomierisiken, in Gless/Seelmann, Intelligente Agenten und das Recht, 2016, S. 163–204

3.11 Produkt- und Produzentenhaftung im Kontext künstlicher Intelligenz

Übersicht

A. Einleitung

KI ist derzeit in aller Munde, sowohl in der medialen Öffentlichkeit als auch in Gesetzgebung[1] und Wirtschaft. Schon jetzt werden immer mehr Abläufe und Produkte digitalisiert sowie automatisiert.[2] KI ist kein herkömmliches Produkt, sondern eine Technologie. Neben zahlreichen Chancen stehen jedoch auch nicht-intendierte Nebenfolgen im Mittel- 1

[1] Insbesondere auf europäischer Ebene: Proposal for a REGULATION OF THE EUROPEAN PARLIAMENT AND OF THE COUNCIL; LAYING DOWN HARMONISED RULES ON ARTIFICIAL INTELLIGENCE (ARTIFICIAL INTELLIGENCE ACT) AND AMENDING CERTAIN UNION LEGISLATIVE ACTS, Brussels, 21.4.2021, COM (2021) 206 final. Die Ausführungen bauen auf meinen Beitrag Steege, NZV 2021, 6 auf.

[2] Zu den gängigen Begriffen (teil-) automatisierte und autonome Systeme eingehend Specht/Herold MMR 2018, 40.

punkt von Schlagzeilen, etwa die algorithmenbasierte Diskriminierung.[3] Zu beachten ist, dass es je nach Einsatzgebiet unterschiedliche Chancen und Risiken gibt. Diskutiert wird der Einsatz von KI etwa in der Wirtschaft, in der Medizin,[4] im Straßenverkehr oder direkt in Unternehmen, zB zur Einstellung von Mitarbeitern.[5] Mit Blick auf den Straßenverkehr der Zukunft steht das autonome Fahren sowohl in den Medien als auch in der rechts- und ingenieurswissenschaftlichen Diskussion im Mittelpunkt.[6] Jedoch gilt es zu beachten, dass KI nicht per se mit autonomen Fahren gleichzusetzen ist, da beide Technologien auch ohne die jeweils andere genutzt werden können.[7]

2 In der rechtswissenschaftlichen Diskussion werden zahlreiche Bereiche im Kontext von KI thematisiert.[8] Die Spannweite reicht von Aspekten des Datenschutzrechts hinsichtlich der Datenverarbeitung und der Nutzung von Trainingsdaten oder dem Scoring sowie dem (transatlantischen) Datentransfer.[9] Heiß diskutiert wird – insbesondere in Bezug auf KI zugeschriebener Attribute – ob KI eine eigene Rechtspersönlichkeit (e-Person) haben sollte.[10] Bezüglich des Haftungsrechts wird iR der Produkt- und Produzentenhaftung thematisiert, ob Software und KI in den Anwendungsbereich des Produkthaftungsgesetzes sowie der deliktischen Produzentenhaftung fallen. Zudem wird auch die Geeignetheit des bestehenden Schutzniveaus untersucht. Dabei können sich Besonderheiten je nach Use-Case ergeben. So besteht bspw. im Straßenverkehr mit der Halterhaftung bereits eine Gefährdungshaftung.[11] Ganzheitlich wird jedoch im Zusammenhang mit KI angedacht, eine Gefährdungshaftung als Betreiberhaftung auszugestalten und einzuführen.[12] Immaterialgüterrechtlich geht es insbesondere darum, ob Erzeugnisse einer KI dem immaterialgüterrechtlichen Schutz unterfallen.[13] Verfassungsrechtliche Fragen stellen sich vorrangig hinsichtlich des Demokratieprinzips.[14] Auch im Medienrecht werden zahlreiche Fragestellungen in Bezug auf KI behandelt. Dies betrifft ua den Einsatz von Chat-Bots sowie deren despektierliches oder diskriminierendes Verhalten.[15] Werden Chats-Bots im Bewerbungsverfahren eingesetzt,[16] stellen sich darüber hinaus arbeitsrechtliche und datenschutzrechtliche Fragen.[17] Des Weiteren wird im Wettbewerbs- und Kartellrecht untersucht, wie Preisanpassungen durch KI zu bewerten sind. Von großer ökonomischer Bedeutung ist die Frage, ob Konzerne Startups Zugang zu Daten gewähren müssen, um deren KI zu trainieren, da sich ein deutliches Datengefälle (Datenvorsprung) ausmachen lässt.[18]

3 Technologischer Fortschritt und kontinuierliche Entwicklung bringen neue Produkte hervor, die ihrerseits dem anwendbaren Haftungsregime unterliegen. Das Recht nimmt dabei jedoch auch eine Ermöglichungsfunktion ein. Gleichwohl führt das Haftungsregime auch zu einer Regulierung und hat eine Kompensationsfunktion. Kommt es zu Schäden durch fehlerhafte Produkte mit KI oder durch KI, steht die Frage nach Schadensersatz

[3] Ausführlich Steege MMR 2019, 715 ff.
[4] Steege GuP 2021, 125 ff.
[5] Zum Einsatz von KI in Personalentscheidungen siehe nur Freyler NZA 2020, 284.
[6] Dass das autonome Fahren in aller Munde ist, konstatierte schon Weber NZV 2016, 249.
[7] Steege SVR 2021, 1 (3 f.).
[8] Ein aktueller Überblick findet sich etwa bei Steege SVR 2021.
[9] Steege/Kuß in Chibanguza/Kuß/Steege Künstliche Intelligenz, 2021.
[10] Riehm RDI 2020, 42 ff.; Spindler JZ 2016, 815 f.; Mit Bezug auf die Unterscheidung von Leibniz hinsichtlich natürlicher und künstlicher Maschinen siehe Meder in Oppermann/Stender-Vorwachs Autonomes Fahren, 2. Aufl. 2020, S. 44 f.
[11] Steege SVR 2021, 1, 2.
[12] So etwa Borges NJW 2018, 977 (980 ff.).
[13] Ory/Sorge NJW 2019, 710; Hetmank/Lauber-Rönsberg GRUR 2018, 574.
[14] Klaas MMR 2019, 84.
[15] Steege SVR 2021, 1 (2).
[16] Söbbing InTeR 2018, 64, 65.
[17] Steege SVR 2021, 1 (2).
[18] Eingehend zu Rechten an Daten und Datenzugang siehe nur Stender-Vorwachs/Steege NJOZ 2018, 1361 (1366 f.).

im Raum. Im Bereich der Produkt- und Produzentenhaftung ergeben sich zahlreiche Fragestellungen im Zusammenhang mit KI, angefangen, ob beides auf KI anwendbar ist und wie die Auswirkungen von KI auf die Produkt- und Produzentenhaftung sind. Diese Fragestellungen lassen sich zumeist nicht ohne Weiteres mit den bisherigen Rechtsgrundsätzen beantworten, so dass eine vertiefte Auseinandersetzung reizvoll und lohnend ist.

Zunehmende Automatisierung führt dazu, dass der Mensch aus dem „Geschehen“ genommen wird und stattdessen das jeweilige Produkt „handelt“. Dies lässt sich am Beispiel des autonomen Fahrens verdeutlichen: Bei Fahrzeugen der SAE Level 4 und 5 gibt es keinen menschlichen Fahrzeugführer mehr, sondern lediglich Insassen, die nicht in den aktiven Fahrvorgang eingreifen können.[19] Existiert kein Fahrzeugführer mehr, so findet die Fahrerhaftung nach § 18 StVG keine Anwendung. Dies ist beim autonomen Fahren der Fall.[20] Damit verbleibt es bei der Halterhaftung,[21] der Fahrzeughaftpflichtversicherung[22] sowie der Produkthaftung des Herstellers und dessen Produkthaftpflichtversicherung. Oftmals ist daher auch die Rede von einer Haftungsverschiebung.[23] 4

Im Folgenden sollen die Auswirkungen von KI auf die Produkt- und Produzentenhaftung beleuchtet werden. Ob es vollumfassend zutreffend ist, dass das Produkthaftungsrecht nicht auf Haftungsfragen zugeschnitten ist, die sich im Kontext mit autonomen Systemen stellen,[24] wird sich zeigen. 5

B. Künstliche Intelligenz – Definitionen

Eine einheitliche Definition von KI existiert nicht. Dies erschwert die juristische Bewertung, ob eine Pflichtverletzung des Herstellers vorliegt, keinesfalls. Jedoch liegt die Herausforderung darin, in die Zukunft blickend zu untersuchen, welche Auswirkungen KI auf die verschuldensunabhängige Produkthaftung sowie auf die deliktische Produzentenhaftung nach § 823 Abs. 1 BGB hat, da dafür hinreichend präzise feststehen muss, was KI ist und welche Merkmale sie auszeichnen. 6

[19] 2021 hat der Gesetzgeber mit den §§ 1d ff. StVG einen Rechtsrahmen für das fahrerlose, autonome Fahren des SAE Level 4 geschaffen.

[20] Steege SVR 2021, 128 (136).

[21] Zur Halterhaftung beim automatisierten und autonomen Fahren siehe Steege in Haus/Krumm/Quarch Gesamtes Verkehrsrecht, 3. Aufl. 2021, Anh. III zu §§ 1a-1c StVG Rn. 9 ff.

[22] Zum Versicherungsrecht bei automatisierten und autonomen Fahrzeugen siehe Steege in Haus/Krumm/Quarch Gesamtes Verkehrsrecht, 3. Aufl. 2021, Anh. III zu §§ 1a-1c StVG Rn. 79 ff.

[23] Eingehend dazu v. Bodungen/Hoffmann NZV 2016, 449 ff.; v. Bodungen/Hoffmann NZV 2016, 503 ff.; Helmig PHI 2016, 188 (192) betont, dass die Haftung von Software-Zulieferern zunehmen wird; aA Wagner AcP 217 (2017), 707 (709), der jedoch von einem erheblichen Sicherheitszuwachs durch autonome Systeme ausgeht.

[24] Horner/Kaulartz InTeR 2016, 22 (26.)

I. Bericht der Europäischen Kommission

7 Der Bericht der Europäischen Kommission[25] aus dem Jahr 2020[26] legt folgende Definition von KI zu Grunde, aus der hervorgeht, dass KI vollständig autonom oder mit lediglich geringer menschlicher Steuerung oder Aufsicht agiert.[27]

„Künstliche Intelligenz, Internet der Dinge und Robotik weisen viele gemeinsame Merkmale auf. Sie können Konnektivität' Autonomie und Datenabhängigkeit miteinander verknüpfen, um Aufgaben ohne oder nur mit geringer menschlicher Steuerung oder Aufsicht auszuführen. KI-gestützte Systeme können zudem ihre Leistung verbessern, indem sie aus Erfahrungen lernen. Ihre Komplexität spiegelt sich sowohl in der Vielfalt der an der Lieferkette beteiligten Wirtschaftsakteure als auch in der Vielzahl von Komponenten, Teilen, Software, Systemen oder Dienstleistungen wider, die zusammen die neuen technologischen Ökosysteme bilden. Hinzu kommt die Offenheit für Aktualisierungen und Verbesserungen nach der Markteinführung dieser Technologien. Die enormen beteiligten Datenmengen, der Rückgriff auf Algorithmen und die Opazität der KI-Entscheidungsfindung erschweren die Vorhersage des Verhaltens eines KI-gestützten Produkts und das Verständnis der potenziellen Schadensursachen. Schließlich können Konnektivität und Offenheit KI-Produkte und IoT-Produkte anfällig für Cyberbedrohungen machen."

1. Herausforderungen für die Produkt- und Produzentenhaftung

8 Diese Definition von KI enthält primär vier Herausforderungen für die Produkt- und Produzentenhaftung,[28] welche durch die Merkmale Komplexität, Multikausalität,[29] Autonomie und Opazität bedingt sind.[30]

9 **a) Komplexität.** Kennzeichnend für KI ist, dass sie ihr Potenzial erst eingebettet in eine IoT-Umgebung ausnutzen kann. In einer solchen interagieren vernetzte Maschinen, Dienste und Geräte.[31] Diese faktische Komplexität erschwert die Vorhersagbarkeit von Zeitpunkt und Grund eines Schadenseintritts, wodurch es für Benutzer eines KI-Produkts schwer ist, organisatorische Maßnahmen zur Schadensprävention zu ergreifen.[32] Dies betrifft indes nicht ausschließlich Betreiber und Nutzer, welche die sichere Verwendung des KI-Produkts gewährleisten müssen, sondern auch Hersteller stehen vor der Herausforderung, ein sicheres Produkt zu entwickeln.[33]

10 Als Folge der faktischen Komplexität wird oftmals ungewiss sein, wer für einen Schaden verantwortlich ist und somit haften muss,[34] was sich deutlich nachteilig auf die

[25] Bericht über die Auswirkung künstlicher Intelligenz, des Internets der Dinge und der Robotik in Hinblick auf Sicherheit und Haftung der Europäischen Kommission an das Europäische Parlament, den Rat und den Europäischen Wirtschafts- und Sozialausschuss v. 19.2.2020, COM (2020) 64 final, S. 2.

[26] Eine frühere Definition findet sich in der Mitteilung der Kommission an das europäische Parlament, den europäischen Rat, den Rat, den europäischen Wirtschafts- und Sozialausschuss und den Ausschuss der Regionen, Künstliche Intelligenz für Europa, v. 25.4.2018, COM (2018) 237 final, S. 1. Sie lautet: „Künstliche Intelligenz (KI) bezeichnet Systeme mit einem 'intelligenten' Verhalten, die ihre Umgebung analysieren und mit einem gewissen Grad an Autonomie handeln, um bestimmte Ziele zu erreichen. KI-basierte Systeme können rein softwaregestützt in einer virtuellen Umgebung arbeiten (zB Sprachassistenten, Bildanalysesoftware, Suchmaschinen, Sprach- und Gesichtserkennungssysteme), aber auch in Hardware-Systeme eingebettet sein (zB moderne Roboter, autonome Pkw, Drohnen oder Anwendungen des 'Internet der Dinge')."

[27] Steege NZV 2021, 6.

[28] Die der KI innewohnende Autonomie wirkt sich im Vertragsrecht mit Blick auf die Zurechnung von Willenserklärungen aus. Siehe hierzu v. Westphalen ZIP 2020, 437 ff.

[29] Hierzu unten unter VI. Kausalität zwischen Pflichtverletzung und Schaden.

[30] Steege NZV 2021, 6; Steege SVR 2021, 1 (4).

[31] Bericht über die Auswirkung künstlicher Intelligenz, des Internets der Dinge und der Robotik in Hinblick auf Sicherheit und Haftung der Europäischen Kommission an das Europäische Parlament, den Rat und den Europäischen Wirtschafts- und Sozialausschuss v. 19.2.2020, COM (2020) 64 final, S. 17.

[32] Steege NZV 2021, 6.

[33] Steege NZV 2021, 6.

[34] In diese Richtung auch Seehafer/Kohler EuZW 2020, 213 (216).

Rechtsdurchsetzung des Geschädigten auswirkt. Denn dieser muss die verantwortliche Person benennen, wodurch enorme Kosten entstehen können. Darüber hinaus muss er die weiteren, für einen Anspruch notwendigen Tatbestandsvoraussetzungen beweisen.[35] Die Europäische Kommission schlägt Beweiserleichterungen und eine Umkehr der Beweislast vor, damit es Geschädigten möglich ist, ihre Ansprüche durchzusetzen.[36]

b) Autonomie. Die Autonomie einer KI ist ausgehend von der Definition der Europäischen Kommission deren relevantestes Merkmal. Autonomie meint in diesem Zusammenhang das Fehlen eines Determinismus, welcher herkömmliche Wenn-Dann-Software ausmacht.[37] Die so verstandene KI kommt ohne jegliche (bzw. geringe) menschliche Steuerung oder Aufsicht aus. In der Möglichkeit, selbstständig zu lernen[38] und das Verhalten des Systems anzupassen,[39] soll der Unterschied zu konventionellen IT-Systemen liegen. 11

Dadurch kommt es zu unvorhersehbaren Handlungen. Nicht sicher ist dabei indes, ob bestimmte Handlungen bei gleichen Voraussetzungen reproduzierbar sind.[40] Dieser Aspekt hat vor allem für die Bereiche Compliance, Zertifizierung und Produktsicherheit große Bedeutung. Je nach Einsatzbereich ist zudem zu beachten, dass eine diffizile Regulierung vorhanden sein kann, etwa im Bereich der Kraftfahrzeuge, wo eine Vielzahl unterschiedlicher Regelungen ineinandergreift. 12

Unklar hinsichtlich der Produktsicherheit bezüglich Schnittstellen, Konnektivität, Cybersecurity und Software-Updates[41] ist, ob KI ihre eigene Sicherheit durch Veränderung sicherheitsrelevanter Attribute beeinflussen kann, was nach der Definition der Europäischen Kommission möglich erscheint. 13

Mit Blick auf die Produkt- und Produzentenhaftung ist aber fraglich, was gilt, wenn ein Produkt zum Zeitpunkt des Inverkehrbringens keinen Produktfehler aufweist, jedoch maßgebliche Aspekte der Konstruktion autonom verändert.[42] Zudem ist die Zurechnung der unvorhersehbaren, autonomen Entscheidungen problematisch. 14

In diesem Zusammenhang ist von autonomen Kraftfahrzeugen, Robotern oder weiteren lernfähigen IT-Systemen die Rede, die ein „Eigenleben" führen.[43] Davon ausgehend wird seit geraumer Zeit diskutiert, ob eine sogenannte e-Person geschaffen werden sollte.[44] Eine Rechtssubjektivität von Maschinen begegnet jedoch gewichtigen Bedenken. Unvorhersehbare Verhaltensweisen werfen Fragen der Zurechnung und Abgrenzung von Risikosphären auf. 15

c) Opazität. Als letzte große Herausforderung lässt sich die der KI und darüber hinaus einer Vielzahl von Algorithmen innewohnende Opazität benennen. Problematisch ist hierbei, dass sich die Entscheidungen einer KI nicht nachvollziehen lassen, eine eindeutige 16

---

35 Steege NZV 2021, 6.

36 Bericht über die Auswirkung künstlicher Intelligenz, des Internets der Dinge und der Robotik in Hinblick auf Sicherheit und Haftung der Europäischen Kommission an das Europäische Parlament, den Rat und den Europäischen Wirtschafts- und Sozialausschuss v. 19.2.2020, COM (2020) 64 final, S. 17.

37 Zur Turing-Berechenbarkeit etwa Grützmacher CR 2016, 695 (697); Reichwald/Pfisterer CR 2016, 208 (211).

38 Zur Lernfähigkeit Reichwald/Pfisterer CR 2016, 208 (210).

39 Stiemerling CR 2015, 762; v. Westphalen ZIP 2019, 889.

40 Zur Unvorhersehbarkeit auch Gleß/Weigend, ZStW 126 (2014), 561 (564 f.); Schirmer JZ 2019, 711; Teubner AcP 218 (2018), 155 (164); Borges NJW 2018, 977 (978).

41 Software-Updates bringen ganz eigene Probleme mit sich. So stellt sich etwa die Frage, ob sie ein neues Produkt iSd Produkthaftungsgesetzes darstellen, Fristen dadurch erneut laufen und ein fehlerhaftes Software-Update dazu führt, dass das im Zeitpunkt des Inverkehrbringens fehlerfreie Produkt nunmehr fehlerhaft wird. Zu letztgenanntem Aspekt siehe Seehafer/Kohler EuZW 2020, 213 (215).

42 Hierzu v. Westphalen VuR 2020, 248 (250).

43 So etwa Beck JR 2009, 225 (228 ff.); Müller-Hengstenberg/Kirn MMR 2014, 307 (312 ff.); kritisch zu der pauschalen Annahme, dass Automobilhersteller Kraftfahrzeuge mit selbstlernender KI auf die Straße bringen, Steege SVR 2021, 1–6.

44 Dafür etwa Kersten JZ 2015, 1; Matthias Automaten als Träger von Rechten, 2008.

Aussage über die involvierte Logik für den Betroffenen also nicht möglich ist. So ist die Rede von Blackbox-Algorithmen, deren Entscheidungen keinem Wenn-Dann-Schema folgen.[45] Für den Geschädigten resultieren daraus Probleme hinsichtlich der Beweisbarkeit, wobei selbst im Fall eines Zugangs zum Quellcode iR eines Prozesses fraglich wäre, ob er daraus validierbare Schlüsse ziehen könnte.

17 In diesem Zusammenhang steht insbesondere algorithmenbasierte Diskriminierung im Mittelpunkt und damit unmittelbar die Entwicklung von Algorithmen und KI sowie die Qualität der Trainings- und Testdaten.

18 Eine mögliche Zertifizierung von KI erfordert nicht nur Aufschluss über die Testdatensätze, sondern auch eine nachvollziehbare involvierte Logik sowie reproduzierbare Entscheidungen der KI bei ein und demselben Input.

19 Bekanntgewordene Vorkommnisse diskriminierender Art oder anderer, nicht-intendierter Nebenfolgen[46] lassen Rufe nach einer Regulierung von KI in bestimmten sensiblen Sektoren nachvollziehbar erscheinen.

2. Zwischenergebnis

20 Die aufgezeigten Merkmale von KI betreffen verschiedene Aspekte des Deliktsrechts und insbesondere der Produkt- und Produzentenhaftung. Dies reicht von Fragen der Beweislast bis hin zum Verschulden.

II. Hochrangige Expertengruppe für Künstliche Intelligenz

21 Im Juni 2018 wurde die „Hochrangige Expertengruppe für Künstliche Intelligenz“ von der Europäischen Kommission eingesetzt. In ihrem Bericht[47] „Eine Definition der KI: Wichtigste Fähigkeiten und Wissenschaftsgebiete“ erweitert die Hochrangige Expertengruppe die bisherige Definition der Europäischen Kommission um einige Aspekte und schlägt folgende Definition vor:

„Systeme der künstlichen Intelligenz (KI-Systeme) sind vom Menschen entwickelte Softwaresysteme (und gegebenenfalls auch Hardwaresysteme)3, die in Bezug auf ein komplexes Ziel auf physischer oder digitaler Ebene handeln, indem sie ihre Umgebung durch Datenerfassung wahrnehmen, die gesammelten strukturierten oder unstrukturierten Daten interpretieren, Schlussfolgerungen daraus ziehen oder die aus diesen Daten abgeleiteten Informationen verarbeiten, und über das bestmögliche Handeln zur Erreichung des vorgegebenen Ziels entscheiden. KI-Systeme können entweder symbolische Regeln verwenden oder ein numerisches Modell erlernen, und sind auch in der Lage, die Auswirkungen ihrer früheren Handlungen auf die Umgebung zu analysieren und ihr Verhalten entsprechend anzupassen.
Als wissenschaftliche Disziplin umfasst die KI mehrere Ansätze und Techniken wie zB maschinelles Lernen (Beispiele dafür sind „Deep Learning“ und bestärkendes Lernen), maschinelles Denken (es umfasst Planung, Terminierung, Wissensrepräsentation und Schlussfolgerung, Suche und Optimierung) und die Robotik (sie umfasst Steuerung, Wahrnehmung, Sensoren und Aktoren sowie die Einbeziehung aller anderen Techniken in cyber-physische Systeme).“[48]

[45] Zu algorithmenbasierter Diskriminierung und fehlender Transparenz durch Blackbox-Algorithmen im Quellcode Steege MMR 2019, 715 ff.

[46] Beispiele lassen sich bei Steege MMR 2019, 715 ff. finden.

[47] Hochrangige Expertengruppe für Künstliche Intelligenz Eine Definition der KI: Wichtigste Fähigkeiten und Wissenschaftsgebiete, April 2019.

[48] Hochrangige Expertengruppe für Künstliche Intelligenz, Eine Definition der KI: Wichtigste Fähigkeiten und Wissenschaftsgebiete April 2019, S. 6.

III. Europäischer Verordnungsentwurf zur Regulierung von künstlicher Intelligenz

Ein echtes Novum stellt der europäische Verordnungsentwurf mit dem Titel „Regulation on a European approach for artificial intelligence" aus dem April 2021 dar.[49] 22

Art. 3 des Verordnungsentwurfs sieht in Abs. 1 Nr. 1 erstmals eine harmonisierte Definition von KI vor. Danach handelt es sich bei KI um: 23

„'artificial intelligence system or AI system' means software that is developed with one or more of the approaches and techniques listed in Annex I and can, for a given set of human-defined objectives, generate outputs such as content, predictions, recommendations, or decisions influencing real or virtual environments. AI systems are designed to operate with varying levels of autonomy. An AI system can be used as a component of a product, also when not embedded therein, or on a stand-alone basis and its outputs may serve to partially or fully automate certain activities, including the provision of a service, the management of a process, the making of a decision or the taking of an action".

Eine weitergehende Konkretisierung findet sich in Annex I des Verordnungsentwurfs. 24 Dort werden abschließend Methoden zur Herstellung von KI sowie diesbezügliche Ansätze genannt, die ebenfalls in den Anwendungsbereich von KI nach Art. 3 Abs. 1 Nr. 1 des Verordnungsentwurfs fallen. Enumerativ genannt sind in den Nummern a–c die folgenden Methoden und Ansätze:

„Machine learning approaches, including supervised, unsupervised and reinforcement learning, using a wide variety of methods including deep learning; Logic- and knowledge-based approaches, including knowledge representation, inductive (logic) programming, knowledge bases, inference/deductive engines, (symbolic) reasoning and expert systems; Statistical approaches, Bayesian estimation, search and optimization methods."

Entscheidend ist bei dieser Definition der sehr weite Ansatz, wonach auch Machine Learning sowie weitere Ansätze und Methoden KI iSd Art. 3 Abs. 1 des Verordnungsentwurfs darstellen. Kurz bemerkt sei, dass auch der Anwendungsbereich des Entwurfs weitreichend ist und das Inverkehrbringen, Einsetzen und Benutzen von KI erfasst wird.

Von der Definition unmittelbar umfasst werden bspw. Vorhersagen, Empfehlungen 25 oder Entscheidungen, die reale oder virtuelle Umgebungen beeinflussen. Der entscheidende Grad an Autonomie wird ebenfalls weit gefasst, da von unterschiedlichen Graden an Autonomie die Rede ist. Rechnung trägt die Definition ebenfalls dem Umstand, dass KI eine Technologie ist und nicht ein feststehendes Produkt wie bspw. ein Kühlschrank. Daher werden verschiedene Erscheinungsformen von KI erfasst, etwa als Bestandteil eines Produkts, gleich ob eingebettet oder als eigenständiges System. Auch die Reichweite der Auswirkungen hinsichtlich der Automation wird weit gehalten. Ausreichend ist, wenn Tätigkeiten teilweise oder vollständig automatisiert werden. Erfasst werden aber auch die Erbringung einer Dienstleistung, die Steuerung eines Prozesses, die Entscheidungsfindung sowie das Ausführen einer Handlung.

Die weitere Entwicklung dieses Verordnungsentwurfs im Gesetzgebungsprozess bleibt 26 spannend und betrifft durch den sektorbasierten Ansatz zahlreiche Use-Cases.[50]

[49] Proposal for a REGULATION OF THE EUROPEAN PARLIAMENT AND OF THE COUNCIL; LAYING DOWN HARMONISED RULES ON ARTIFICIAL INTELLIGENCE (ARTIFICIAL INTELLIGENCE ACT) AND AMENDING CERTAIN UNION LEGISLATIVE ACTS, Brussels, 21.4.2021, COM (2021) 206 final.

[50] Eine Bewertung des Verordnungsentwurfs und Ausführungen zur grundsätzlichen Herausforderung für den Gesetzgeber hinsichtlich der Regulierung einer neuen Technologie finden sich bei Steege GuP 2021, 125 ff.

C. Deliktische Produzentenhaftung nach § 823 Abs. 1 BGB und Produkthaftung nach dem Produkthaftungsgesetz

27 Die deliktische Produzentenhaftung nach § 823 Abs. 1 BGB ist eine Weiterentwicklung der allgemeinen Verkehrspflichten und ein spezieller Unterfall. In der ursprünglichen Konzeption des BGB fand diese Ausgestaltung nicht die nötige Berücksichtigung.[51] In einer langen Weiterentwicklung und Ausformung der deliktischen Produzentenhaftung durch die Rechtsprechung wurde die Rechtsstellung eines durch einen Produktfehler Geschädigten verbessert.[52] Begründet wird dieser Schutz einerseits durch die stetig weiter voranschreitende und zunehmende Technik sowie dem dadurch erheblich gestiegenen Produktrisiko und andererseits mit der Schutzbedürftigkeit des Verbrauchers, der sich mit einer Komplexität und Unüberschaubarkeit einer industriellen Massenproduktion konfrontiert sieht und dadurch der Nachweis einer konkreten Verantwortlichkeit des Herstellers erschwert oder gar unmöglich ist. Darüber hinaus wird auf die jeweilige Risikosphäre abgestellt und angeführt, dass das Nutzen-Kosten-Prinzip dafürspreche, das Produktrisiko eher dem Hersteller als dem Verbraucher anzulasten, da der Hersteller einerseits das Risiko versichern und andererseits über die Preisgestaltung auf sämtliche Nutzer umwälzen kann.[53]

28 In dem berühmten Hühnerpest-Urteil legte der Bundesgerichtshof 1968 die Grundsätze der deliktischen Produzentenhaftung fest.[54] Ihr anschließend folgender Ausbau geschah losgelöst von einer möglichen Anknüpfung an einen Verbraucher iS des § 13 BGB, so dass anders als nach dem Produkthaftungsgesetz auch im Bereich Business-to-Business dieser Schutz besteht.[55] Grundsätzlich muss der Geschädigte sämtliche Tatbestandsvoraussetzungen des § 823 Abs. 1 BGB darlegen und beweisen. Mit Blick auf das Verschulden tritt jedoch eine Umkehr der Beweislast ein, so dass der Hersteller beweisen muss, dass ihn kein Verschulden trifft.

29 Das Produkthaftungsrecht fußt in Deutschland jedoch nicht nur auf der deliktischen Produzentenhaftung nach § 823 Abs. 1 BGB. Ende des 20. Jahrhunderts setzten auf europäischer Ebene gesetzgeberische Aktivitäten im Bereich der Produkthaftung ein. Am 1.1.1990 trat das Produkthaftungsgesetz (ProdHaftG)[56] in Kraft. Es setzte die vom Rat der Europäischen Union im Jahr 1985 erlassene Produkthaftungsrichtlinie[57] in nationales Recht um. Nach hM handelt es sich bei § 1 Abs. 1 S. 1 ProdHaftG um eine Gefährdungshaftung des Warenherstellers und ihm gleichstehender Personen.[58] Die deliktische Produzentenhaftung ist demgegenüber eine Verschuldenshaftung. Wenngleich die harmonisierte Produkthaftung im Gegensatz zum Deliktsrecht kein Verschulden iS einer persönlichen Vorwerfbarkeit erfordert, bedeutet dies nicht, dass nicht auch hier das Verhalten des Herstellers maßgeblich ist, welches einen Verstoß gegen die im Verkehr erforderliche Sorgfalt gem. § 276 Abs. 2 BGB betrifft.[59]

30 Gemäß § 15 Abs. 2 ProdHaftG bleiben Vorschriften, die dem Ersatzpflichtigen eine weitergehende Haftung als die nach dem Produkthaftungsgesetz auferlegen, unberührt.

[51] Katzenmeier JuS 2003, 943 (943 f.).

[52] Katzenmeier in NK-BGB, 4. Aufl. 2021, BGB § 823 Rn. 281.

[53] Katzenmeier in NK-BGB, 4. Aufl. 2021, BGB § 823 Rn. 281.

[54] BGHZ 51, 91 = NJW 1969, 269. Die zuvor durch das RG ergangenen Urteile (etwa RGZ 87, 1, 4) erlangten jedoch nicht das gleiche Gewicht wie das Hühnerpest-Urteil.

[55] BGHZ 51, 91; 67, 359 = NJW 1977, 379; BGHZ 80, 186 = NJW 1981, 1603; BGHZ 80, 199 = NJW 1981, 1606; BGH NJW 1992, 1225; 1998, 1941; 1998, 2282.

[56] ProdHaftG v. 15.12.1989 (BGB1. 1989 I, S. 2198).

[57] RL 85/34/EWG zur Angleichung der Rechts- und Verwaltungsvorschriften der Mitgliedsstaaten über die Haftung für fehlerhafte Produkte v. 25.7.1985, AB1. 1985 L 210, 29.

[58] Marburger AcP 192 (1992), 1 (10 ff.); Katzenmeier in NK-BGB, 4. Aufl. 2021, BGB § 823 Rn. 284; Taschner NJW 1986, 611 (612); aA, wonach es sich um eine verschuldensunabhängige Haftung für objektives Verhaltensunrecht handeln solle, etwa Schlechtriem FS Rittner 1991, 545 (549 ff.).

[59] Wagner AcP 217 (2017), 707 (711).

Deshalb besteht zwischen den §§ 823 ff. BGB und dem Produkthaftungsgesetz Anspruchskonkurrenz.

Neben dem Produkthaftungsgesetz ist im öffentlichen Recht das Produktsicherheitsgesetz (ProdSG)[60] zu beachten.[61] 31

In der Praxis wird dem Produkthaftungsgesetz eine geringe Bedeutung attestiert, da einige Regelungen im Gegensatz zur deliktischen Produzentenhaftung nachteilig sind, etwa die Haftungseinschränkung bei Sachschäden nach § 1 Abs. 1 S. 2 ProdHaftG oder die Selbstbeteiligung nach § 11 ProdHaftG. Hinzu tritt, dass das von der Rechtsprechung entwickelte Schutzniveau der deliktischen Produzentenhaftung nicht hinter dem Schutzniveau des Produkthaftungsgesetzes zurücktritt.[62] 32

Auf den ersten Blick erscheinen deliktische Produzentenhaftung und harmonisierte Produkthaftung sehr unterschiedlich. Doch über das Verschuldensmerkmal hinaus ist etwa der Fehlerbegriff identisch und auch beim Fabrikationsfehler ist der Unterschied marginal. Das Verschuldenserfordernis wirkt sich in der Rechtspraxis zudem nicht spürbar aus. Dies hängt damit zusammen, dass für die deliktische Produzentenhaftung die Pflichtverletzung des Herstellers maßgeblich ist und nicht der Produktfehler. Denn beachtet ein Hersteller die im Verkehr erforderliche Sorgfalt, handelt er nach § 276 Abs. 2 BGB nicht fahrlässig und bringt kein fehlerhaftes Produkt auf den Markt.[63] Diese Verlagerung der Sorgfaltsanforderungen des § 276 Abs. 2 BGB in den Fehlerbegriff führt dazu, dass für das Verschulden ansonsten kein Raum mehr bleibt. Denn § 276 BGB regelt, wann schuldhaftes Handeln vorliegt.[64] Im Prozess ist es daher maßgeblich, ob sich ein Produktfehler beweisen lässt – das Verschulden tritt zurück. 33

Parallelen zeigen sich auch iR der Beweislastverteilung. Nach § 1 Abs. 4 ProdHaftG trägt der Geschädigte die Beweislast für den Fehler, den Schaden sowie die Rechtsgutsverletzung und die haftungsbegründende Kausalität zwischen Fehler und Schaden.[65] Gleiches gilt für § 823 Abs. 1 BGB. Doch obwohl eigentlich der Geschädigte sämtliche Voraussetzungen nachweisen muss, beschränkt sich der Bundesgerichtshof auf den Nachweis des Produktfehlers. Nachweise und Darlegungen zum pflichtwidrigen Verhalten des Herstellers sind nicht notwendig.[66] Die Darlegungs- und Beweislast des Geschädigten erstreckt sich zudem nicht auf Vorgänge in der Sphäre des Unternehmens, die für den Fehler maßgeblich waren. Vielmehr muss der Hersteller darlegen und beweisen, welche Personen welche Maßnahmen ergriffen haben.[67] In diesem Zusammenhang gewinnen Organisationspflichten an Bedeutung. Festhalten lässt sich, dass auch mit Blick auf die Beweislast die Unterschiede zwischen der harmonisierten Produkthaftung und der deliktischen Produzentenhaftung gering sind.[68] Ähnlichkeiten lassen sich zudem auch in den jeweiligen Haftungsadressaten des § 4 ProdHaftG und des § 823 Abs. 1 BGB ausmachen. 34

Zu Recht wird betont, dass auch autonome Systeme nichts an dieser Parallelität und weitgehenden Kongruenz beider Haftungsregime ändern.[69] Das Inverkehrbringen von unkontrollierbaren Produkten führt keinesfalls zu einer Haftungserleichterung oder einem 35

[60] ProdSG v. 8.11.2011 (BGBl. 2011 I, S. 2178), in Kraft getreten am 1.12.2011 als Reaktion auf die Verordnung (EG) Nr. 765/2008, ABl. 2008 L 2180, 30 sowie den Beschluss Nr. 768/2008/EG, ABl. 2008 L 218, 82. Dazu Kapoor/Klindt NVwZ 2012, 719.

[61] Jedoch ist ein Produktfehler nach dem ProdHaftG nicht ausgeschlossen, wenn er nach dem ProdSG nicht vorliegt.

[62] Katzenmeier in NK-BGB, 4. Aufl. 2021, BGB § 823 Rn. 286.

[63] Wagner AcP 217 (2017), 707 (712).

[64] So auch Wagner AcP 217 (2017), 707 (712).

[65] Förster in BeckOK BGB, 58. Ed. 1.5.2021, ProdHaftG § 1 Rn. 70.

[66] Ständige Rspr. seit BGHZ 51, 91 (102) – Hühnerpest; BGHZ 104, 323 (332) – Limonadenflasche.

[67] BGH NJW 1968, 247 (248 f.) – Schubstrebe; BGH NJW 1973, 1602 (1603 f.) – Feuerwerkskörper.

[68] So auch Wagner AcP 217 (2017), 707 (713).

[69] Wagner AcP 217 (2017), 707 (713).

Haftungsentfall für den Hersteller.[70] Vielmehr führt die erhöhte Gefahr dazu, dass gleichsam parallel zu der Gefahr die Sorgfaltspflichten angespannt werden.

I. Anwendungsbereich – Erfassung von Software?

36 Zu klären ist zunächst, ob KI und Software ein Produkt iSd deliktischen Produzentenhaftung darstellen, folglich der Anwendungsbereich eröffnet ist, und wo etwaige Vorteile zur harmonisierten Produkthaftung liegen.

37 Der Begriff des Produkts ist iR der deliktischen Produzentenhaftung nach § 823 Abs. 1 BGB weiter gefasst als nach § 2 ProdHaftG, wonach ein Produkt jede bewegliche Sache ist.[71] Folglich handelt es sich dabei um jeden körperlichen Gegenstand.[72] Maßgeblich ist dabei lediglich die räumliche Abgrenzbarkeit des Gegenstands, nicht jedoch der Aggregatzustand. Unerheblich ist zudem, ob und wie das Produkt mittels sinnlicher Wahrnehmung erfassbar ist.[73] Unbedeutend ist auch, wie das Produkt hergestellt wird.[74] Umfasst werden folglich in Handarbeit gefertigte sowie in industrieller Massenproduktion hergestellte Produkte. Nicht notwendig ist also die heutzutage weitgehend übliche industrielle Massenfertigung.[75] Nicht erfasst werden hingegen von § 1 Abs. 1 ProdHaftG Dienstleistungen, so dass im Kontext der Handarbeit, bspw. bei Handwerkern oder Künstlern, darauf zu achten ist, ob lediglich eine Dienstleistung vorliegt. Im juristischen Schrifttum wird diesbezüglich teilweise auf die Verkehrsanschauung[76] oder die Art der jeweiligen Dienstleistung abgestellt. Bei letzterem ist daher die Frage entscheidend, ob das Unternehmen mit seinem Tätigwerden die Sicherheit des Produkts insgesamt übernehmen möchte oder lediglich durch Gebrauch und Verschleiß aufgetretene Mängel beseitigen will.[77] Gemäß § 2 ProdHaftG muss es sich um eine bewegliche Sache handeln. Nicht erfasst werden somit Grundstücke oder Gebäude, die auch nach einer Veräußerung nicht dem Inverkehrbringen unterfallen.

38 Diesen Einschränkungen unterliegt die deliktische Produzentenhaftung nicht, was sich dogmatisch damit begründen lässt, dass diese nach § 823 Abs. 1 BGB auf der Verletzung von Verkehrs- und Organisationspflichten fußt, so dass es im Gegensatz zu einem Produkt iS des § 2 ProdHaftG nicht auf bestimmte Eigenschaften des Produkts ankommt.[78]

39 Insofern sind sowohl die Eigenschaften als auch die Beschaffenheit des Produkts unerheblich. Damit kommt es nicht darauf an, wie das Produkt gefertigt wurde, woher es stammt und wie es in Verkehr gebracht wurde.[79] Die bei der deliktischen Produzentenhaftung gem. § 823 Abs. 1 BGB anzutreffende Entkopplung des Anknüpfungspunktes, weg vom Produkt hin zu den Verkehrs- und Organisationspflichten, ist mit Blick auf die Flexibilität der deliktischen Produzentenhaftung ein Vorteil gegenüber der verschuldensunabhängigen Produkthaftung nach dem ProdHaftG.[80]

40 Dadurch sind ausschließlich die Rechtsgutsverletzung sowie die Verletzung einer Verkehrs- oder Organisationspflicht entscheidend. Hieraus folgt, dass technische Anlagen als Ganzes ebenso erfasst werden, wie auch Abfall.[81] Unerheblich ist ebenfalls der Aggregatzustand.[82] Weiterhin lassen sich beispielhaft nennen: Konsumgüter, Nahrungs-

[70] So aber Wendt/Oberländer InTeR 2016, 58 (63); aA Wagner AcP 217 (2017), 707 (713).
[71] Steege NZV 2021, 6 (7).
[72] v. Westphalen NJW 1990, 83 (87).
[73] Wagner in MüKoBGB, Bd. 7, 8. Aufl. 2020, ProdHaftG § 2 Rn. 3.
[74] BGH NJW 1992, 1039, 1040 f.; OLG Frankfurt NJW 1995, 2498.
[75] BGHZ 116, 104 (111) = NJW 1992, 1039 (1040 f.); OLG Frankfurt NJW 1995, 2498.
[76] v. Westphalen in Foerste/Graf v. Westphalen Produkthaftungshandbuch, 3. Aufl. 2012, § 47 Rn. 9.
[77] Wagner in MüKoBGB, Bd. 7, 8. Aufl. 2020, ProdHaftG § 2 Rn. 5.
[78] So auch Spindler in BeckOGK, 1.11.2021, BGB § 823 Rn. 625.
[79] Spindler in BeckOGK, 1.11.2021, BGB § 823 Rn. 622.
[80] Steege NZV 2021, 6 (7).
[81] BGH NJW 1997, 379; BGH NJW 1976, 46.
[82] Auch Wasserdampf stellt ein Produkt dar, siehe BGHZ 59, 303 (309) = NJW 1972, 2300 (2302).

mittel,[83] Maschinen,[84] Kraftfahrzeuge und Motorräder,[85] chemische Erzeugnisse[86] sowie abgetrennte Körperteile.[87] Aber auch bei der Transfusion von menschlichem Blut wurde die deliktische Produzentenhaftung ebenso angewendet[88] wie bei fehlerhaften Angaben zur Medikamentendosierung in einem Medizinhandbuch.[89] Da die Art und Weise des Herstellungsprozesses nicht von Belang ist, werden ebenso individuell oder in Handarbeit gefertigte Produkte erfasst, im Bereich der Mobilität bspw. Prototypen, Kleinserien, Unikate oder limitierte Fahrzeuge.[90]

Somit fällt Software als auch KI unter den Produktbegriff der deliktischen Produzen- 41
tenhaftung nach §823 Abs. 1 BGB, denn dort kommt es nicht auf die Verkörperung einer Sache an.[91] Daher kommt es nicht auf den Streit im juristischen Schrifttum hinsichtlich der Sacheigenschaft von Software an, der lediglich iR des §2 ProdHaftG zum Tragen kommt.[92] Die dortigen Versuche, danach zu unterscheiden, ob sich die Software auf einem gegenständlichen Datenträger befindet, führt zu beliebigen, gar unsystematischen Ergebnissen, so dass Software, die aus einer Cloud heruntergeladen wird, anders behandelt wird als Software, die von einer DVD heruntergeladen wird.[93] Wird richtigerweise davon ausgegangen, dass sowohl individuell hergestellte als auch Standardsoftware von §2 ProdHaftG erfasst wird, da das Ziel der europäischen harmonisierten Produkthaftung darin liegt, für den Hersteller Anreize zu einer sorgfältigen Produktion zu schaffen und den Nutzer vor möglichen Gefahren und Schäden, die aus dem Gebrauch des Produkts resultieren, zu schützen,[94] lässt sich nicht negieren, dass die Auslegung des Art. 2 RL 85/374/EWG maßgeblich ist, denn diese sieht vor, dass *Produkt* jede bewegliche Sache ist, auch wenn sie einen Teil einer anderen beweglichen oder unbeweglichen Sache darstellt.[95] Des Weiteren ist nach Art. 2 S. 2 RL 85/374/EWG unter Produkt auch Elektrizität zu fassen. Ausgehend vom Wortlaut der Richtlinie wird die Einbeziehung von Software in den Anwendungsbereich der harmonisierten Produkthaftung erschwert. Die explizite Nennung von Elektrizität in Art. 2 S. 2 RL 85/374/EWG verdeutlicht, dass der historische Gesetzgeber sich über die Differenzierung und die mit nicht-körperlichen Gegenständen verbundene Problematik bewusst war.[96] Diese Nennung wäre überflüssig, wenn eine teleologische Auslegung des Terms „bewegliche Sache" ebenfalls unkörperliche Güter erfassen würde. Hieraus resultiert jedoch keinesfalls, dass im Umkehrschluss nicht-körperliche Güter, die keine Elektrizität sind, nicht in den Anwendungsbereich der harmonisierten Produkthaftung fallen.[97] Es handelt sich bei der ausdrücklichen Nennung vielmehr um eine Klarstellung. Mehr noch: Der Gesetzgeber griff das bekannteste nicht-körperliche Gut auf, welches zu dem damaligen Zeitpunkt industriell und in Masse hergestellt und vertrieben wurde.[98] In Bezug auf heutige Standardsoftware lässt sich postulieren, dass der Grundgedanke der außervertraglichen Haftung auch auf diese zutrifft: Die Fehlerhaftig-

[83] BGHZ 116, 104, 107 = NJW 1992, 1039 (1040).
[84] BGH NJW 1975, 1827 (1828).
[85] BGHZ 99, 167 (170) = NJW 1987, 1009 (1010).
[86] BGHZ 80, 186 (188) = NJW 1981, 1603; BGHZ 80, 199 (201) = NJW 1981, 1606 (1607); BGH NJW 1994, 517 (518).
[87] Spindler in BeckOGK, 1.11.2021, BGB §823 Rn. 622.
[88] OLG Hamburg NJW 1990, 2322.
[89] Foerste NJW 1991, 1433f.
[90] Steege NZV 2021, 6 (7).
[91] Spindler in BeckOGK, 1.11.2021, BGB §823 Rn. 729; aA Katzenmeier in NK-BGB, 4. Aufl. 2021, BGB §823 Rn. 298, der dadurch zu einem Ausschluss von Dienstleistungen gelangt.
[92] Spindler NJW 2004, 3145; Spindler NJW 1999, 3737; Software als Produkt iSd ProdHaftG annehmend: Hofmann CR 2020, 282 (284).
[93] So auch Wagner in MüKoBGB, Bd. 7, 8. Aufl. 2020, ProdHaftG §2 Rn. 22.
[94] Wagner in MüKoBGB, Bd. 7, 8. Aufl. 2020, ProdHaftG §2 Rn. 27.
[95] Art. 2 neu gefasst mit Wirkung v. 4.6.1999 durch RL v. 10.5.1999 (ABl. L 141 S. 20).
[96] Wagner in MüKoBGB, Bd. 7, 8. Aufl. 2020, ProdHaftG §2 Rn. 27.
[97] Wagner in MüKoBGB, Bd. 7, 8. Aufl. 2020, ProdHaftG §2 Rn. 27.
[98] So auch Wagner in MüKoBGB, Bd. 7, 8. Aufl. 2020, ProdHaftG §2 Rn. 25.

keit kann bejaht werden, jedoch ist es dem Geschädigten nicht möglich, die jeweiligen Sorgfaltspflichtverletzungen darzulegen und zu beweisen.[99]

42 In letzter Konsequenz wirkt sich dies bspw. auf sämtliche im Fahrzeug verbaute Software aus und erfasst folglich auch die in ein Fahrzeug integrierte KI.[100] Somit kommt es nicht darauf an, ob es sich um Embedded Software, sonstige Software oder vernetzte KI-Produkte handelt. Liegt zudem nicht eine reine Softwarelösung vor, sondern ein automatisiertes, autonomes System oder KI, in welches eine fehlerhafte Software integriert ist, so kommt es auf den Streit nicht an, denn *Produkt* iS des Produkthaftungsgesetzes meint nicht einzelne Komponenten, sondern stets das jeweilige Endprodukt, welches in Verkehr gebracht wird.

43 Es lässt sich festhalten, dass (Fahrzeug-) Software und KI von § 2 ProdHaftG sowie von der deliktischen Produzentenhaftung nach § 823 Abs. 1 BGB erfasst werden. Die Auswirkungen sind groß: Erfasst wird daher sämtlich verbaute Software, bspw. in einem Kraftfahrzeug, sowie KI, die als Komponente oder eigenständiges Produkt hergestellt wird.

44 Neben dem Sachbegriff ist bei der Distribution von Software über das Internet das Inverkehrbringen problematisch. Hierzu lassen sich zwei Entscheidungen des Europäischen Gerichtshofs heranziehen.[101] Danach kommt es beim Inverkehrbringen nach Art. 7 lit. a), b) der Richtlinie nicht darauf an, dass das Produkt den Herrschaftsbereich des Herstellers verlassen hat.[102]

45 Ein haftungsrechtlicher Anspruch gegen den Hersteller von Software und KI ist daher keinesfalls ausgeschlossen.[103]

II. Verantwortliche Person

46 Zu beachten gilt es indes, dass je nach Use-Case, in dem die KI oder das KI-Produkt eingesetzt wird, unterschiedliche Haftungsadressaten in Betracht kommen.

1. Haftungsadressaten und Haftungskonzept

47 Thematisiert wird im Zusammenhang mit KI und sogenannten autonomen Systemen außerdem die Frage des passenden Haftungskonzepts.[104] Dabei wird oftmals auf automatisierte und autonome Fahrzeuge rekurriert. Im Straßenverkehr existiert ein Haftungsdreiklang von Halter- und Fahrerhaftung sowie Produzentenhaftung. Dabei ist jede Haftung anders ausgestaltet. Für den Halter des Kraftfahrzeugs greift die verschuldensunabhängige Haftung nach § 7 StVG. Der Fahrzeugführer haftet hingegen für vermutetes Verschulden gem. § 18 Abs. 1 StVG, der Hersteller eines Kraftfahrzeugs entweder nach der deliktischen Produzentenhaftung gem. § 823 Abs. 1 BGB oder nach dem verschuldensunabhängigen Produkthaftungsgesetz. Im juristischen Schrifttum wird teilweise vorgeschlagen, diesen Dreiklang um eine Kausalhaftung des Automobilherstellers autonomer Fahrzeuge zu erweitern.[105] Begründet wird dies vor allem durch einen dadurch entstehenden Anreiz für den Automobilhersteller, die autonomen Fahrzeuge so sicher wie möglich herzustellen.[106] Eine solche angedachte Weiterentwicklung des Rechtsrahmens und der Haftungskonzepte im Straßenverkehr stößt auf Kritik.[107]

---

[99] So auch Wagner AcP 217 (2017), 707 (718).
[100] Steege NZV 2021, 6 (8).
[101] EuGH NJW 2001, 2781 (2783); EuGH EuZW 2006, 184; BGHZ 200, 242 (Rn. 21) – Überspannungsschaden.
[102] Wagner AcP 217 (2017), 707 (719).
[103] AA Krug beck.digitax 2020, 74 (77), der einen Rückgriff für „unwahrscheinlich" hält.
[104] Vgl. Borges NJW 2018, 977 (980).
[105] Borges CR 2016, 277; Kütük-Markendorf CR 2017, 349 (354).
[106] Borges NJW 2018, 977, 980.
[107] Schaub JZ 2017, 342 (348); v. Bodungen/Hoffmann NZV 2016, 503 (508); Sosnitza CR 2016, 764 (772); Wagner/Goeble ZD 2017, 263 (266).

2. Beteiligte und deren Rolle

Bei der Frage, wer für Schäden durch KI haftet, müssen die jeweils Beteiligten und deren Rolle klar unterschieden werden, da dies auch für das jeweilige Haftungskonzept ausschlaggebend ist.[108] Insgesamt lassen sich drei Rollen ausmachen. Erstens der Hersteller der KI/des Produkts, zweitens der jeweilige Betreiber, der über den konkreten Betrieb des Produkts entscheidet, sowie drittens der Benutzer, der das Produkt im jeweiligen Einzelfall steuert und dadurch bedient.[109] 48

Die deliktische Produzentenhaftung erfasst nicht nur den Hersteller eines Produkts. Ansprüche des Geschädigten können sich auch gegen Zulieferer fehlerhafter Teilprodukte richten sowie gegen Importeure und Vertriebshändler.[110] Maßgeblich ist dabei, ob die jeweilige Person in ihrem Organisations- und Gefahrenbereich die im Verkehr erforderliche Sorgfalt außer Acht gelassen hat.[111] Pflichten von Importeuren oder Zwischenhändlern werden im Vergleich zu Herstellern von der Rechtsprechung weniger streng ausgestaltet.[112] 49

Im Unterschied dazu knüpft das Produkthaftungsgesetz unmittelbar an einen Produktfehler an. Verantwortliche sind dabei die in §4 ProdHaftG genannten Personen. Unerheblich ist, ob sie den Produktfehler erkennen oder verhindern hätten können.[113] Dies führt dazu, dass Zulieferer, Importeure, Lieferanten und Quasi-Hersteller nach dem Produkthaftungsgesetz einer strengeren Haftung unterworfen werden als nach der deliktischen Produzentenhaftung.[114] 50

Die Haftung von für Produktkennzeichnungsverfahren zuständige staatliche und beliehene Stellen (etwa Zertifizierungsstellen) erfolgt ebenfalls nur aus dem allgemeinen Deliktsrecht, da im Sonderdelikts- und öffentlichen Produktsicherheitsrecht keine Haftung vorgesehen ist.[115] 51

a) Hersteller, Zulieferer. Die Haftung der deliktischen Produzentenhaftung trifft den Hersteller. Hersteller meint dabei nicht ausschließlich industrielle Großunternehmen. Vielmehr fallen unter den Term auch handwerkliche und familiäre Kleinbetriebe.[116] Eine Legaldefinition des Herstellers findet sich der Natur der Sache geschuldet nicht in §823 BGB. 52

Im Unterschied dazu existiert für die Produkthaftung in §4 ProdHaftG eine Legaldefinition, in der die haftenden Personen benannt werden. Nach Abs. 1 S. 1 ist Hersteller iS des Produkthaftungsgesetzes derjenige, der das Endprodukt, einen Grundstoff oder ein Teilprodukt hergestellt hat. Nach S. 2 gilt als Hersteller ebenfalls jeder, der sich durch das Anbringen seines Namens, seiner Marke oder eines anderen unterscheidungskräftigen Kennzeichens als Hersteller ausgibt. 53

Gemäß §4 Abs. 2 ProdHaftG gilt als Hersteller ferner, wer ein Produkt zum Zweck des Verkaufs, der Vermietung, des Mietkaufs oder einer anderen Form des Vertriebs mit wirtschaftlichem Zweck iR seiner geschäftlichen Tätigkeit in den Geltungsbereich des Abkommens über den Europäischen Wirtschaftsraum einführt oder verbringt. 54

In §4 Abs. 3 ProdHaftG ist schließlich der Fall geregelt, dass der Hersteller eines Produkts nicht mehr festgestellt werden kann. In diesem Fall gilt jeder Lieferant als dessen 55

108 So auch Borges NJW 2018, 977 (980).

109 Eine solche Dreiteilung von Haftungsadressat und Haftungskonzept besteht ebenfalls für Kraftfahrzeuge.

110 Katzenmeier in NK-BGB, 4. Aufl. 2021, BGB §823 Rn. 299.

111 Katzenmeier in NK-BGB, 4. Aufl. 2021, BGB §823 Rn. 299.

112 Vgl. etwa BGH NJW 1980, 1219; 1981, 1269 (1270); 1994, 517 (519); OLG Hamm VersR 2005, 1444; OLG Celle VersR 2006, 1647.

113 Katzenmeier in NK-BGB, 4. Aufl. 2021, BGB §823 Rn. 299.

114 Kötz/Wagner Deliktsrecht, 13. Aufl. 2016, Rn. 648.

115 Vgl. etwa EuGH NJW 2017, 1161; nachfolgend BGH NJW 2017, 2617. Umfassendere Haftung dieser Stellen fordern etwa Wagner JZ 2018, 130; Brüggemeier, MedR 2017, 527 (529 f.); Brüggemeier JZ 2018, 191.

116 BGHZ 116, 104 (109 f.) = NJW 1992, 1039 (1040 f.) – Hochzeitsessen; Brüggemeier ZIP 1992, 415; Giesen JZ 1993, 675.

Hersteller, es sei denn, dass er dem Geschädigten innerhalb eines Monats, nachdem ihm dessen diesbezügliche Aufforderung zugegangen ist, den Hersteller oder diejenige Person benennt, die ihm das Produkt geliefert hat. Dies gilt auch für ein eingeführtes Produkt, wenn sich bei diesem die in Abs. 2 genannte Person nicht feststellen lässt, selbst wenn der Name des Herstellers bekannt ist, § 4 Abs. 3 S. 2 ProdHaftG.

56 Stellt ein Unternehmen das fehlerhafte Produkt vollständig in eigener Arbeit her, haftet einzig das Unternehmen als Hersteller für durch die Fehlerhaftigkeit des Produkts entstandene Schäden.[117] Heutzutage ist die Produktion jedoch von Arbeitsteilung geprägt und Hersteller nutzen oftmals zahlreiche Zulieferer. Wer dann haftet, ist oftmals komplizierter und gewinnt an Bedeutung, je komplexer ein automatisiertes oder autonomes System ist und sich mitunter nicht genau ausmachen lässt, weshalb ein Fehler entstand.

57 Wird ein Produkt in Arbeitsteilung hergestellt, ist im Verhältnis zwischen Endhersteller und jeweiligem Zulieferer im Grundsatz von getrennten Verantwortungsbereichen auszugehen.[118] Folgende Verantwortlichkeiten lassen sich dabei ausmachen: Den Zulieferer trifft die Pflicht dafür zu sorgen, dass sein Teilprodukt iR des bestimmungsgemäßen Gebrauchs in der Weiterverarbeitung durch den Hersteller ohne Einschränkungen fehlerfrei und ohne Gefährdung des Eigentums Dritter verwendet werden kann.[119] Für das Endprodukt haftet der Hersteller bei Montage- und Verarbeitungsfehlern.[120] Seine Verantwortung erfasst fehlerhafte Zulieferteile nur dann, wenn der Zulieferer nach seinen Anweisungen oder Plänen gefertigt hat.[121] Weiterhin ist er verantwortlich für eine sorgfältige Auswahl seiner Lieferanten,[122] des Materials[123] und die Wareneingangskontrolle.[124] § 1 Abs. 3 S. 1 ProdHaftG stellt klar, dass die Ersatzpflicht des Herstellers eines Teilprodukts ausgeschlossen ist, wenn der Fehler durch die Konstruktion des Produkts, in welches das Teilprodukt eingearbeitet wurde, oder durch die Anleitungen des Herstellers des Endprodukts verursacht worden ist. Diese Regelung folgt dem Grundgedanken, dass der Hersteller des Endprodukts für die Konstruktion verantwortlich ist, die arbeitsteiligen Prozesse organisieren und das Zusammenspiel einzelner Komponenten planen muss. Passt eine Komponente nicht in das Endprodukt, weil sie nicht dafür geeignet ist und kauft sie der Hersteller gleichwohl hinzu, ohne die Funktionalität zu überprüfen, ist der Zulieferer nicht haftbar. Neben Fehlern in der Konstruktionsphase erfasst § 1 Abs. 3 S. 1 2. Var. ProdHaftG den Fall, dass der Zulieferer das Teilprodukt nach der Anleitung des Herstellers fertigt. Obwohl der Zulieferer nach § 3 ProdHaftG ein fehlerhaftes Bauteil in den Verkehr gebracht hat, haftet er dafür nicht. Dies lässt sich ebenfalls mit den jeweiligen Verantwortungsbereichen begründen, denn der Endhersteller ist verantwortlich dafür, dass das Teilprodukt einwandfrei mit dem Endprodukt harmoniert, wenn nach seinen Vorgaben produziert wird.

58 Für Roboter, automatisierte und autonome Systeme sowie intelligente Medizinprodukte folgt daraus für die verwendete Software, dass der Zulieferer einer Software für einen Fehler nicht haftet, wenn die Software nach Anleitung des Herstellers des Endprodukts angefertigt wurde. Hersteller müssen ebenfalls beachten, dass sie Software nicht leicht-

[117] BGH NJW 1994, 517 (519); BGH NJW 1994, 932 (933); BGH NJW 1995, 1286 (1287); BGH NJW 2006, 1589 (1591).

[118] Fuchs JZ 1994, 533; Brüggemeier Deliktsrecht, 1986, Rn. 589 ff.; Wagner in MüKoBGB, Bd. 7, 8. Aufl. 2020, § 823 Rn. 926 ff.; Spindler in BeckOGK, 1.11.2021, BGB § 823 Rn. 681, 687.

[119] BGH NJW 1968, 247 (248); BGH NJW 1996, 2224; BGHZ 117, 183 (187) = NJW 1992, 1225 (1226); BGHZ 138, 230 = NJW 1998, 1942.

[120] BGH NJW 1975, 1827 (1828); OLG Dresden VersR 1998, 59 (60).

[121] BGHZ 67, 359 (362) = NJW 1977, 379 (380); BGH NJW 1975, 1827 (1828); BGH NJW 1994, 3349 (3350).

[122] BGH VersR 1972, 559 (560).

[123] BGH NJW 1996, 2224 (2225); OLG Köln NJW-RR 1990, 414.

[124] BGHZ 116, 104 (112 f.) = NJW 1992, 1039 (1041) – Hochzeitsessen, eingehend Fuchs JZ 1994, 533 (534). Zur Wareneingangskontrolle nach § 377 HGB sowie der diesbezüglichen ISO siehe im Automotive-Kontext nur Helmig PHI 2014, 86 ff.

hin dazukaufen können, nur weil diese in anderen Produkten einwandfrei funktioniert. Kommt es in ihrem Produkt zu einem Fehler, haftet ebenfalls nicht der Zulieferer.[125]

Hier und im Zusammenhang mit der Komplexität von autonomen Systemen und KI ist bereits ausgeführt worden, dass mitunter nicht ersichtlich ist, durch welches Teilprodukt es zu einem Fehler des Endprodukts kam. Für den einfachen Fall, dass es einen Endhersteller gibt, der das autonome System oder die KI in Verkehr gebracht hat, gilt in diesem Kontext folgendes: Haben die jeweiligen Software-Zulieferer die Software nach Anleitung des Herstellers des Endprodukts programmiert oder resultiert der Fehler aus dem Wechselspiel verschiedener Teilprodukte, haftet ebenfalls der Endhersteller, da beide Szenarien in seinem Verantwortungsbereich liegen und er für das Endprodukt die Verantwortung trägt. Gleichwohl lässt sich eine Distinktion ausmachen, wenn die Software nicht nach speziellen Vorgaben des Endherstellers programmiert wurde, sondern Standard-Software hinzugekauft wurde. Auch hier gilt zunächst der Grundsatz, dass der Zulieferer nach § 1 Abs. 3 ProdHaftG nicht haften muss. Jedoch lässt sich überlegen, ob sich daran etwas ändert, wenn der Zulieferer erkennt oder hätte erkennen müssen, dass sein Bauteil nicht geeignet ist, im Endprodukt eingesetzt zu werden. Damit rückt das Wissen des Zulieferers in den Mittelpunkt. Allerdings stellt § 1 Abs. 3 ProdHaftG lediglich auf objektive Kriterien ab und knüpft nicht an das Wissen des Zulieferers an.[126] Eine Auslegung des § 1 Abs. 3 ProdHaftG dahingehend, dass nur der gutgläubige Zulieferer erfasst wird, vermag nicht zu überzeugen.[127] 59

In einer solchen Situation geht das Schutzniveau der deliktischen Produzentenhaftung nach § 823 Abs. 1 BGB über das der harmonisierten Produkthaftung hinaus. So haftet der Zulieferer, wenn er erkannt hat oder hätte erkennen müssen, dass sein Bauteil nicht geeignet ist, im Endprodukt eingesetzt zu werden.[128] Er ist zudem gehalten, die Produktion nach Anleitung des Herstellers abzulehnen, wenn er erkennt, dass dadurch ein Sicherheitsrisiko im Endprodukt entsteht, der Endhersteller gleichwohl auf eine Produktion nach seinen Vorgaben besteht.[129] 60

b) Quasi-Hersteller. Im Gegensatz zur Haftung nach § 4 Abs. 1 S. 2 ProdHaftG trifft den Quasi-Hersteller keine deliktische Haftung.[130] Der Bundesgerichtshof begründet dies damit, dass nur dem wirklichen Hersteller das Vertrauen entgegengebracht wird. Nur in wenigen, besonderen Fällen ist es denkbar, dass dies auch bei einem bloßen Namensgeber der Fall ist. Dies wird bei besonderer Bekanntheit oder großem Einfluss auf den Hersteller angenommen.[131] 61

Gefordert wird daher eine Ausdehnung der deliktischen Produzentenhaftung auf den Quasi-Hersteller, da es Geschädigten nicht zugemutet werden kann, unter hohem Aufwand nach dem tatsächlichen Hersteller zu suchen.[132] 62

III. Rechtsgutsverletzung

Zur Haftungsbegründung ist ein schädigendes Ereignis erforderlich. § 1 Abs. 1 S. 1 ProdHaftG sieht eine Haftung vor, wenn jemand getötet wird, sein Körper oder seine Gesundheit verletzt oder eine Sache beschädigt wird. S. 2 schränkt den Anwendungsbereich 63

[125] So auch Wagner AcP 217 (2017), 707 (721).
[126] Wagner AcP 217 (2017), 707 (722).
[127] So auch Wagner AcP 217 (2017), 707 (722).
[128] BGH VersR 1970, 469 (470) – Arbeitsbühne; BGH NJW-RR 1990, 406 – Expander.
[129] OLG Karlsruhe NJW-RR 1995, 594 (596) – Dunstabzugshaube.
[130] Katzenmeier in NK-BGB, 4. Aufl. 2021, BGB § 823 Rn. 301.
[131] BGH NJW 1980, 1219; BGH NJW 1994, 517 (519).
[132] Schiemann in Erman, 16. Aufl. 2020, BGB § 823 Rn. 123; BGH NJW 1995, 1286, Brüggemeier JZ 1995, 905; OLG Karlsruhe VersR 1994, 1119; Sprau in Grüneberg, 81. Aufl. 2022, BGB § 823 Rn. 184; Neutral: Katzenmeier in NK-BGB, 4. Aufl. 2021, BGB § 823 Rn. 301.

im Zusammenhang mit einer Sachbeschädigung indes ein. Die in § 1 Abs. 1 S. 1 ProdHaftG enthaltene Regelung gilt nur dann, wenn eine andere Sache als das fehlerhafte Produkt beschädigt wird und diese ihrer Art nach gewöhnlich für den privaten Ge- oder Verbrauch bestimmt ist und hierzu von dem Geschädigten hauptsächlich verwendet worden ist. § 823 Abs. 1 BGB umfasst das Leben, den Körper, die Gesundheit, die Freiheit, das Eigentum sowie sonstige Rechte. Beide Haftungsregime erfassen also Personenschäden sowie Schäden an weiteren Gegenständen. Problematisch hingegen sind sogenannte Weiterfressermängel, die neuerdings auch im Kontext von autonomen Fahrzeugen thematisiert werden.[133]

IV. Pflichten bis zum Inverkehrbringen

64 Zugespitzt lässt sich formulieren, dass der Hersteller eine Schädigung Dritter ausschließen muss, wenn er gefährliche Produkte in den Verkehr bringt.[134]

65 Bis zum Inverkehrbringen treffen den Hersteller eine Vielzahl von Pflichten.[135] Die jeweiligen Verkehrs- und Organisationspflichten entstehen dabei nach den allgemeinen Grundsätzen der Verkehrs- und Organisationspflichtdogmatik.[136] Dabei kommt es einerseits auf die berechtigten Sicherheitserwartungen bezüglich des Verkehrs und andererseits auf den zumutbaren Aufwand an.[137] Die berechtigten Sicherheitserwartungen werden insbesondere durch den Preis, die Bestimmung des Produkts und durch Werbeversprechen des Herstellers beeinflusst.[138]

66 Die berechtigten Sicherheitserwartungen folgen jedoch nicht stets aus den (fehlenden) Warnhinweisen des Herstellers. Fehlt ein Warnhinweis bei einem Produkt (Kirschkuchen), kann nicht davon ausgegangen werden, dass das Produkt vollständig ohne Kirschkerne ist.[139]

67 Im Bereich der Produzentenhaftung existiert eine große Anzahl an Kasuistik. Die durch die Rechtsprechung jeweils herausgebildeten Pflichten wurden im Laufe der Rechtsprechung zu Fallgruppen ausgebaut, die methodisch besehen der Rechtspraxis eine Orientierungshilfe bieten. Die Fallgruppen sind dabei nicht rein phänomenologisch, sondern ausgehend vom Produktlebenszyklus gebildet. Der Lebenszyklus startet bei der Konstruktion des Produkts, erfasst die Produktion bis hin zu späteren Pflichten nach dem Inverkehrbringen.[140]

68 Folgende Fehlerkategorien haben sich dabei herausgebildet:[141]

- Konstruktion
- Fabrikation
- Instruktion
- Produktbeobachtung

69 Für Konstruktions-, Fabrikations- und Instruktionsfehler haftet der Hersteller nur bis zum Zeitpunkt der Inverkehrgabe.[142] Danach kann der Produzent lediglich Produktbeob-

[133] Dazu Wagner AcP 217 (2017), 707 (723 f.); Eingehend zum Weiterfressermangel Förster in BeckOK BGB, 58. Ed. 1.5.2021, ProdHaftG § 1 Rn. 22 ff.

[134] Wagner in MüKoBGB, Bd. 7, 8. Aufl. 2020, § 823 Rn. 643.

[135] Zu den nachfolgenden Fehlerkategorien siehe bzgl. des automatisierten/autonomen Fahrens auch Steege in Haus/Krumm/Quarch Gesamtes Verkehrsrecht, 3. Aufl. 2021, Anh. III zu §§ 1a-1c StVG Rn. 59 ff.; allg. Sprau in Grüneberg, 81. Aufl. 2022, BGB § 823 Rn. 175 ff.

[136] Zur Entstehung von Verkehrspflichten siehe Spindler in BeckOGK, 1.11.2021, BGB § 823 Rn. 387 ff.

[137] BGH NJW 1988, 2611; OLG Köln BeckRS 2016, 06177 Rn. 13; Steege NZV 2021, 6 (8).

[138] Anders PHI 2009, 230 (236).

[139] BGH NJW 2009, 1669.

[140] So auch Reusch in Kaulartz/Braegelmann Rechtshandbuch Artificial Intelligence und Machine Learning, 2020, Kap. 4.1 Rn. 35.

[141] Zu den nachfolgenden Fehlerkategorien siehe bzgl. des automatisierten/ autonomen Fahrens auch Steege in Haus/Krumm/Quarch Gesamtes Verkehrsrecht, 3. Aufl. 2021, Anh. III zu §§ 1a-1c StVG Rn. 59 ff.; allg. Sprau in Grüneberg, 81. Aufl. 2022, BGB § 823 Rn. 175 ff.

[142] Spindler in BeckOGK, 1.11.2020, BGB § 823 Rn. 635.

achtungspflichten verletzen.[143] Ihn trifft jedoch nur dann die Pflicht zur Gefahrenabwehr und entsprechenden Maßnahmen, wenn sie im jeweiligen Zeitpunkt erforderlich und zumutbar sind.[144]

1. Entwicklungsfehler

Ist ein Fehler, wobei von dem jeweiligen Stand von Wissenschaft und Technik aus- 70
zugehen ist, nicht erkennbar und entsteht durch ihn ein Schaden, so wird dieser von der deliktischen Produzentenhaftung nach §823 Abs. 1 BGB nicht erfasst.[145] Maßgeblicher Zeitpunkt ist dabei das Inverkehrbringen des jeweiligen Produkts, nicht jedoch die zeitlich frühere Konstruktionsphase.[146] Obwohl unstreitig ein Produktfehler vorliegt, fehlt es an der objektiven Pflichtverletzung des Herstellers, denn ihn trifft keine Pflicht, ex ante nicht erkennbare Schäden zu erkennen und zu verhindern.[147]

Bei der Annahme eines Entwicklungsfehlers kommt es darauf an, dass nach dem Zeit- 71
punkt der Inverkehrgabe nach dem Stand von Wissenschaft und Technik nicht erkennbar war, dass von dem Produkt eine potenzielle Gefährlichkeit ausgeht, da die Möglichkeiten Maßnahmen zu treffen, um den Fehler zu erkennen, noch nicht ausgereift genug waren.[148]

Die Bedeutung von Entwicklungsfehlern wird insbesondere bei selbstlernenden Sys- 72
temen thematisiert.[149]

Vor allem bei neuen Technologien, die über die Entwicklung hinaus noch nicht hinrei- 73
chend erforscht, und daher im Markt nicht erprobt sind, besteht eine gewisse Unvorhersehbarkeit, welche insbesondere bei autonomen Systemen sowie KI aufgrund des hohen Grads an Autonomie angenommen werden kann. Daraus resultiert jedoch keine Verpflichtung des Herstellers, die Inverkehrgabe des Produkts zu untersagen.[150]

2. Konstruktionsfehler, Sorgfaltsmaßstab, öffentliches Sicherheitsrecht und technische Normen

Wenn das Produkt nicht derart konstruiert ist, dass es ein durchschnittlicher Benutzer 74
iR des Verwendungszwecks (berechtigte Sicherheitserwartungen) gefahrlos verwenden kann, liegt ein Konstruktionsfehler vor.[151] Der Hersteller muss iRdes Konstruktionsprozesses potenzielle Gefahren durch eine sich abzeichnende Zweckentfremdung einerseits sowie durch unsachgemäßen Gebrauch durch den Benutzer andererseits berücksichtigen.[152] Erreicht das Produkt den gebotenen Sicherheitsstandard nicht, liegt ebenfalls ein Produktfehler vor.[153] Ein Konstruktionsfehler betrifft folglich immer die gesamte Serie.

Bestehen bessere Alternativkonstruktionen, ist deren Verwendung nicht per se erforder- 75
lich. Es kommt darauf an, ob sie bereits für die Serienproduktion geeignet, dh ausreichend erprobt und ausgereift sind. Handelt es sich hingegen lediglich um theoretische Konzepte oder ist die Erprobung noch nicht abgeschlossen, so ist die Verwendung der scheinbar besseren Alternativkonstruktion nicht erforderlich.[154] Die Erforderlichkeit ist jedoch nicht

[143] Spindler in BeckOGK, 1.11.2020, BGB §823 Rn. 635.
[144] v. Bar in Lieb Produktverantwortung und Risikoakzeptanz, 1998, S. 29, 33.
[145] BGH NJW 2009, 2952; BGH NJW-RR 1990, 406f.
[146] Steege NZV 2021, 6 (8); Jänich/Schrader/Reck NZV 2015, 313 (317); Vogt NZV 2003, 153 (159).
[147] BGH NJW 2009, 2952 (Rn. 27); BGH NJW 1969, 269; Wagner VersR 1999, 1441 (1450f.); Spindler in BeckOGK, 1.11.2021, BGB §823 Rn. 633.
[148] BGHZ 181, 253 = NJW 2009, 2952 (Rn. 28); BGHZ 105, 346 (354) = NJW 1989, 707; Kullmann NZV 2002, 1 (4); Spindler in BeckOGK, 1.11.2020, BGB §823 Rn. 636.
[149] Dazu Etzkorn MMR 2020, 360.
[150] Wagner VersR 2020, 717 (727); Wagner AcP 217 (2017), 707 (728); Riehm/Meier in Fischer/Hoppen/Wimmers, DGRI Jahrbuch 2018, 2019, S. 1 Rn. 27.
[151] BGH NJW 2013, 1302 (1303); BGH NJW 2009, 2952 (2953); Kullmann NZV 2002, 1 (4).
[152] BGH NJW 2013, 1302 (Rn. 14); BGH NJW 1988, 2611; Kullmann NZV 2002, 1 (4).
[153] BGH NJW 2009, 2952 (Rn. 15).
[154] Fuchs/Baumgärtner JuS 2011, 1057 (1058).

die einzige Einschränkung, denn die jeweiligen Sicherungsmaßnahmen müssen dem Hersteller auch zumutbar sein.[155]

76 Die notwendigen, zumutbaren Sicherungsmaßnahmen werden anhand der vom Produkt ausgehenden Gefahren beurteilt.[156] Maßgeblich sind dabei die potenziell gefährdeten Rechtsgüter.[157] Bei erheblichen Gefahren für Leben und Gesundheit muss der Hersteller umfangreichere Maßnahmen ergreifen als bei Eigentums- oder Besitzstörungen und unerheblichen körperlichen Beeinträchtigungen.[158] Diese weitergehenden, strengeren Pflichten resultieren nicht zuletzt aus dem verfassungsrechtlichen Schutz von Leben und körperlicher Unversehrtheit nach Art. 2 S. 2 GG.[159]

77 Insgesamt sind damit folgende Kriterien in die Überlegung einzubeziehen: Die jeweiligen Verbrauchergewohnheiten, Produktionskosten, Absatzpotenziale des modifizierten Produkts sowie eine Kosten-Nutzen-Analyse.[160]

78 Den Hersteller trifft zudem die Pflicht, Verbrauchererwartungen herauszuarbeiten.[161] Hierfür müssen sämtliche, vorhandene Möglichkeiten genutzt werden, wie die Auswertung von Fachzeitschriften und wissenschaftlichen Tagungen,[162] das Beobachten von Produkten der Wettbewerber sowie verbesserte Sicherheitsstandards.[163]

79 Im Kontext von Fahrzeugen betrafen Konstruktionsfehler versagende Bremsen[164] sowie Airbags, die auf holperiger Straße auslösten.[165]

80 Für Programmierer von KI wird angenommen, dass diese nach dem Stand der Technik Lernfehler der KI vermeiden können.[166]

81 Opazität und sogenannte Blackbox-Algorithmen führen dazu, dass nicht-intendierte Nebenfolgen nicht erklärbar sind und auftreten. Diskriminierende Effekte können nur durch die Auswahl von Trainingsdaten und das Training verhindert werden. Beidem kommt iRd Konstruktionsphase eine Schlüsselrolle zu.

82 Weder KI noch zunehmende Automatisierung wirken sich in besonderem Maße auf den Konstruktionsprozess aus. Je nach Sektor, in dem die KI eingesetzt wird, kommt es auf die oben aufgezeigten Bewertungen seitens des Herstellers an. So verbleibt es letztendlich bei den für den Hersteller bekannten Herausforderungen und Anforderungen.[167]

83 Im Zusammenhang mit der Konstruktion stellt sich das sogenannte Collingridge-Dilemma, welches in der Sozialwissenschaft thematisiert, in der Rechtswissenschaft indes vernachlässigt wird. Dieses gewinnt jedoch mit zunehmender Digitalisierung und Automatisierung an Bedeutung.[168]

84 Bei einem Schadensereignis kann nicht per se angenommen werden, dass ein Konstruktionsfehler bei einem automatisierten System besteht. Gleiches gilt für autonome Systeme sowie KI. Vielmehr ist ein Konstruktionsfehler von einem Entwicklungsrisiko abzugrenzen, welches diesen neuen Technologien geradezu immanent ist.[169]

85 Die Grundlinien des Konstruktionsfehlers sind damit gezeichnet. Einzelnen Aspekten wird im Folgenden nachgegangen.

[155] Fuchs/Baumgärtner JuS 2011, 1057 (1058).
[156] BGH VersR 2009, 1307 (1308); BVerfG NJW 1997, 249.
[157] BGH VersR 2007, 72 (73); Spindler in BeckOGK, 1.11.2021, BGB § 823 Rn. 635.
[158] BGH VersR 2007, 72 (73); BGH VersR 2009, 1307 (1308).
[159] Steege NZV 2021, 6 (8).
[160] BGHZ 181, 253 (258 ff.) = NJW 2009, 2952 (2953 f.); zustimmend Fuchs/Baumgärtner JuS 2011, 1057 (1058).
[161] Kullmann NJW 2002, 30 (32).
[162] Spindler in BeckOGK, 1.11.2021, BGB § 823 Rn. 636.
[163] v. Westphalen ZIP 1992, 18 (22 f.).
[164] RGZ 163, 21 – Bremsen I.
[165] BGHZ 181, 253 – Airbags.
[166] Lohmann, AJP 2017, 152 (158).
[167] So auch Wendt/Oberländer InTeR 2016, 58 (61).
[168] Zum Collingridge-Dilemma Steege GuP 2021, 125, 128.
[169] v. Westphalen ZIP 2019, 889 (832).

Softwarebasierte Anwendungen rücken Hackerangriffe in den Mittelpunkt. Diese Gefahr stellt sich für autonome Fahrzeuge wie autonome Systeme und vernetzte KI-Systeme gleichermaßen.[170] Ist ein Produkt nicht gegen Hackerangriffe geschützt, kann ein Konstruktionsfehler vorliegen.[171] Solange die Systeme vom Hersteller in kleinen Stückzahlen getestet werden, von der Außenwelt abgeschirmt sind und Datenübertragungen nicht über offene Netze erfolgen, ist der Anreiz für Hacker, die Systeme anzugreifen, gering. In dieser Situation sind die Hersteller zudem im Vorteil, da sie Angriffe und Schadsoftware besonders gut erkennen und dementsprechend handeln können. Gelangen die Produkte jedoch auf den Markt, ändern sich beide Parameter grundlegend. Die Attraktivität für Hacker steigt an, während Hersteller weniger Einflussmöglichkeiten haben, die Systeme nicht mehr in geschützter Umgebung betrieben werden und das Erkennen ebenfalls nicht mehr derart einfach ist.[172] 86

Wird ein autonomes System gehackt, liegt nicht per se ein Konstruktionsfehler vor. Gleichwohl wird vertreten, dass ein Konstruktionsfehler vorliegt, wenn ein System nicht hundertprozentig gegen unautorisierte Zugriffe durch Dritte geschützt ist.[173] Diese Forderung gleicht einer unbedingten Pflicht des Herstellers, die zu einer unbedingten Einstandspflicht führt. Wie bereits aufgezeigt, bestimmen sich die notwendigen Sicherheitsvorkehrungen nach verschiedenen Aspekten, etwa den gefährdeten Rechtsgütern einerseits und den zumutbaren Maßnahmen des Herstellers andererseits. In der Praxis kommt es folglich mitunter darauf an, um welches System es sich handelt und welche Gefahren von einem Hackerangriff ausgehen. 87

Ein solcher unbedingter Schutz ist im Deliktsrecht auch nicht erforderlich, auch hier begrenzt die Zumutbarkeit die Pflichten des Herstellers. Dieser kann iR des Konstruktionsprozesses auch nicht mehr tun, als das ihm Mögliche und Zumutbare. Wenn die eingangs aufgezeigten Aspekte vom Hersteller berücksichtigt werden, liegt kein Konstruktionsfehler vor. Hat der Hersteller alles ihm Mögliche getan, so kann er Benutzer vor einem verbleibenden Restrisiko warnen (Instruktionspflicht) und so seine Haftung ausschließen.[174] Jedoch kann der Hersteller nicht sämtliche Risiken auf die Nutzer verlagern und so seine Maßnahmen geringhalten. Denn die Konstruktionspflicht geht der Instruktionspflicht nach.[175] Dies folgt schon aus dem Lebenszyklus eines Produkts. Ansonsten wäre es dem Hersteller leichthin möglich, durch umfangreiche Angaben und Hinweise sämtliche Sicherheitsanforderungen zu umgehen und lediglich auf die Risiken zu verweisen oder jegliche Verwendung, welche Gefahren birgt, zu untersagen.[176] 88

Kommt es durch automatisierte Systeme zu einem Schaden, wird teilweise angenommen, dass dadurch zwingendermaßen auch ein Konstruktionsfehler vorliegt.[177] Am Beispiel des autonomen Fahrens wird als Argument angeführt, dass die Fahrzeuge so programmiert werden, dass Unfälle vermieden werden.[178] Gleichwohl reicht ein schädigendes Ereignis nicht per se dafür aus, dass ein Konstruktionsfehler vorliegt. Diese Annahme greift zu kurz. Daher bedeutet ein Unfall eines autonomen Systems nicht, dass ein Konstruktionsfehler vorliegt.[179] Auch der Bundesgerichtshof führt aus, dass ein „all- 89

[170] So warnt die Allianz Versicherung, dass autonome Fahrzeuge ein beliebtes Ziel für Hacker darstellen könnten, Wenig, Autonomes Fahren – Allianz warnt vor Hackerangriffen, in: Versicherungsbote, v. 23.9.2020, abrufbar unter https://www.versicherungsbote.de/id/4897715/Autonomes-Fahren-Allianz-fuerchtet-Hackerangriffe/ (zuletzt abgerufen am: 1.5.2022).

[171] Geistfeld, 105 Cal. L. Rev. 2017, 1611 (1662).

[172] So auch Geistfeld, 105 Cal. L. Rev. 2017, 1611 (1662).

[173] Gomille JZ 2016, 76 (78).

[174] Geistfeld, 105 Cal. L. Rev. 2017, 1611 (1669 ff.).

[175] LG Düsseldorf NJW-RR 2006, 1033 (1034).

[176] LG Düsseldorf NJW-RR 2006, 1033 (1034).

[177] Zech in Gless/Seelmann Intelligente Agenten und das Recht, 2016, S. 163, 192.

[178] Wagner AcP 217 (2017), 707 (728).

[179] Wagner AcP 217 (2017), 707 (728).

gemeines Verbot, andere nicht zu gefährden, [...] utopisch" ist.[180] Verlangt werden vom Deliktsrecht diejenigen Sorgfaltsmaßnahmen, „die ein umsichtiger und verständiger, in vernünftigen Grenzen vorsichtiger Mensch für notwendig und ausreichend hält, um andere vor Schäden zu bewahren".[181] Der Grundsatz, dass vollständige Sicherheit nicht möglich ist, gilt folgerichtig auch für das Produkthaftungsrecht.[182] *Wagner* betont in diesem Zusammenhang zu Recht, „Die Produkthaftung ist keine absolute Haftung für sämtliche Schäden, die durch ein Produkt verursacht worden sind, sondern eine Haftung für die Pflichtverletzung durch Inverkehrbringen fehlerhafte Produkte. Die Funktion des Fehlerbegriffs besteht folglich darin, zwischen relativ sicheren und relativ unsicheren Produkten zu unterscheiden und den Hersteller nur für solche Schäden haftbar zu machen, die durch letztere verursacht wurden."[183]

90 Wenn nicht jeder Fehler einen Konstruktionsfehler bedingt, stellt sich die Frage, anhand welchen Maßstabs bestimmt werden kann, ob ein Produkt fehlerhaft ist. Denn wie aufgezeigt, kann bei KI ebenso wie bei automatisierten Systemen keine absolute Sicherheit gefordert werden und die Annahme eines Konstruktionsfehlers bei jedem Fehler oder schädigendem Ereignis würde eine Überspannung der Sorgfaltspflichten darstellen. Auch in diesem Kontext gilt, was zu der Instruktionspflicht über Restrisiken gesagt wurde.

91 Auf der Suche nach dem zutreffenden Maßstab kommen das öffentliche Sicherheitsrecht einerseits sowie technische Normen andererseits in Betracht. Bei der Bestimmung von deliktischen Sorgfaltspflichten können öffentlich-rechtliche Regelungen als Orientierung und Annäherung herangezogen werden. Jedoch stellen sie lediglich Mindeststandards dar und determinieren die deliktischen Sorgfaltspflichten nicht.[184] Wird von diesen Regelungen abgewichen, ohne dass gleichwertige oder bessere Maßnahmen ergriffen werden, liegt ein Verstoß gegen die Sorgfaltspflichten vor.[185] Im Gegensatz dazu führt die Einhaltung der Regelungen durch den Hersteller nicht dazu, dass er von einer Haftung befreit wird. Denn kann der Hersteller erkennen, dass es zu Schäden kommen wird, obwohl er die öffentlich-rechtlichen Sicherheitsstandards einhält, und sind technologische Maßnahmen zur Verhinderung dieser Schäden möglich, so muss er davon Gebrauch machen.[186]

92 In der Praxis enthalten öffentlich-rechtliche Sicherheitsstandards oftmals keine detaillierten Regelungen, sondern verweisen auf § 276 BGB sowie auf technische Normen.[187] Dieser Verweis führt indes nicht dazu, dass technische Normen bindende Geltungswirkung gegenüber dem Hersteller und seiner Konstruktion beanspruchen. Ihr Wesen erstreckt sich in einer Orientierungshilfe – nicht mehr und nicht weniger.[188]

93 Je nach Branche finden sich zahlreiche technische Normen, wobei ISO- und DIN-Normen die prominentesten sind. Im Automotivebereich kommt der ISO 26262 (Road vehicles – Functional safety) ein zentraler Stellenwert zu.[189] Sie regelt sicherheitsrelevante elektronische oder elektrische Systeme in Kraftfahrzeugen bei deren Entwicklung und Herstellung. Die enthaltenen „safety goals" sind jedoch keine konkreten Anforderungen, sondern vielmehr offene Standards.[190] Auch die ISO 26262 geht davon aus, dass eine un-

[180] BGHZ 195, 30 (Rn. 7); BGHZ 108, 273 (274 f.).
[181] BGHZ 195, 30 (Rn. 6); BGH VersR 2014, 642 Rn. 9; BGH NJW 2014, 1588 (Rn. 12).
[182] BGH NJW 2009, 1669 (Rn. 8); Wagner AcP 217 (2017), 707 (728).
[183] Wagner AcP 217 (2017), 707 (728 f.).
[184] BGH NJW 2008, 3779 (Rn. 16); BGHZ 139, 43 (46 f.) – Feuerwerkskörper I; BGHZ 139 79 (83) – Feuerwerkskörper II; BGH NJW 1987, 372 (373); OLG Schleswig NJW-RR 2008, 691 f. – Geschirrspülmaschine; OLG Karlsruhe VersR 2003, 1584 (1585) – Buschholzhackmaschine.
[185] Wagner AcP 217 (2017), 707 (730).
[186] BGH NJW 1987, 372 (373).
[187] Zur Qualität von privatrechtlichen Regelungen eingehend Meder Ius non scriptum – Traditionen privater Rechtsetzung, 2. Aufl. 2009; Buck-Heeb/Dieckmann Selbstregulierung im Privatrecht, 2009.
[188] BGHZ 92, 143 (151 f.); BGHZ 103, 338 (341 f.); Wagner AcP 217 (2017), 707 (730).
[189] Zu der ISO-Norm Duisberg/Appt PHI 2010, 214; Helmig PHI 2012, 32; Helmig PHI 2016, 188 (191); Spindler CR 2015, 766 (771).
[190] Helmig PHI 2012, 32 (33).

bedingte Sicherheit nicht erreichbar ist. Dasjenige Risiko, welches den Zielen der Norm zuwider läuft, wird als „risk judged to be unacceptable in a certain context according to valid societal moral concepts" beschrieben.[191] So postuliert *Helmig*, die Norm sei „keine Norm für die Herstellung konkreter sicherheitsrelevanter Produkte".[192] Um einen Fehler des Produkts anzunehmen, können Gerichte dafür nicht einfach die ISO 26262 heranziehen. Doch auch, wenn die ISO 26262 konkrete Vorgaben für die Entwicklung beinhalten würde, resultiert daraus keine abschließende Konkretisierung der zivilrechtlichen Sorgfaltspflichten.[193] Dafür fehlt es den technischen Normen an Bindungswirkung.

Wenn also weder öffentlich-rechtliche Regelungen noch technische Normen die deliktischen Sorgfaltspflichten determinieren, stellt sich die Frage, wie genau der jeweilig einschlägige Sorgfaltsmaßstab und die damit verbundenen Anforderungen an den Hersteller bestimmt werden können. Dies dürfte für Hersteller die schwierigste Frage bei der Konstruktion eines Produkts sein. Dies gilt umso mehr für neue Technologien wie automatisierte Systeme und KI. Jede Technik kann stetig verbessert und weiterentwickelt werden, wodurch ein kontinuierlicher Sicherheitsgewinn möglich ist. Ist ein Produkt bereits auf dem Markt und kommt es zu schädigenden Ereignissen, steht ex post gemeinhin fest, welche Fehler zu welchem Schaden führen und welche Schwachstellen bestehen.[194] Plant der Hersteller ein Produkt in Verkehr zu bringen, muss er indes ex ante beurteilen, ob die getroffenen Maßnahmen und Eigenschaften des Produkts sicher genug sind. 94

Zu diesem Zeitpunkt ist es für den Hersteller jedoch noch nicht möglich, sämtliche Risiken zu überblicken. Damit ist der gewichtige Aspekt der Risikobewertung durch die Technikfolgenabschätzung betroffen. Erschwert wird eine Vorhersage von möglichen Risiken durch die sogenannte Kontingenz. Damit ist nicht weniger gemeint als das „Phänomen der Mehrdeutigkeit und Mehrgleisigkeit der Zukunft".[195] Die Technikfolgenabschätzung steht jedoch vor einem grundlegenden Dilemma. Am Anfang einer neuen Technologie stehen ihre Risiken kaum fest. Es haben sich noch keine Standards abgezeichnet und auf die Entwicklung kann noch eingewirkt werden. Ist die Technologie reguliert, stehen zwar die Risiken hinlänglich fest, und sind bekannt, jedoch ist es schwer, die Technologie anzupassen und Entwicklungsmethoden sowie die Konstruktion zu ändern (sogenanntes Collingridge-Dilemma).[196] Bei der Frage, welche Risiken einem Produkt innewohnen, kommt der Risikobewertung folglich besondere Relevanz zu. 95

Ist ein Produkt in Verkehr gebracht und tritt ein Fehler auf, müssen Gerichte einen Rückschaufehler vermeiden und auf das ex ante vorhandene Wissen abstellen.[197] Was für das Deliktsrecht gilt, trifft auch hier zu, so dass eine ex post Betrachtung verboten ist. Folglich müssen Gerichte diejenigen Sicherheitserwartungen und Sicherheitsanforderungen herausarbeiten, die sich zum Zeitpunkt des Inverkehrbringens stellen.[198] *Zech* spricht in diesem Zusammenhang davon, dass für Hersteller „das Problem der hinreichenden Vorhersehbarkeit der Sorgfaltsstandards für die Rechtsunterworfenen" besteht.[199] 96

Letztlich gilt auch in diesem Kontext, was eingangs ausgeführt wurde: Die notwendigen und zumutbaren Sicherungsmaßnahmen müssen anhand der vom jeweiligen Produkt ausgehenden Gefahren beurteilt werden.[200] Entscheidend sind die potenziell gefährdeten Rechtsgüter.[201] Bei erheblichen Gefahren für Leben und Gesundheit muss der Hersteller umfangreichere Maßnahmen ergreifen als bei Eigentums- oder Besitzstörungen sowie un- 97

191 ISO 26262 (2018) 3.176.
192 Helmig PHI 2012, 32 (35).
193 So auch Wagner AcP 217 (2017), 707 (731).
194 Ebenfalls Wagner AcP 217 (2017), 707 (731).
195 Renn APuZ 6-7/2014, 3.
196 Ausführlich hierzu im Kontext von KI in der Medizin Steege GuP 2021, 125 (128).
197 Zech ZfPW 2019, 198, 211; Kötz/Wagner Deliktsrecht, 2016, Rn. 81.
198 Wagner AcP 217 (2017), 707, (731).
199 Zech ZfPW 2019, 198 (211).
200 BGH VersR 2009, 1307 (1308); BVerfG NJW 1997, 249.
201 BGH VersR 2007, 72 (73); Spindler in BeckOGK, 1.11.2021, BGB § 823 Rn. 635.

erheblichen körperlichen Beeinträchtigungen.[202] Alles in allem sind folgende Kriterien in die Bewertung einzubeziehen: Die jeweiligen Verbrauchergewohnheiten, Produktionskosten, Absatzpotenziale des modifizierten Produkts sowie eine Kosten-Nutzen-Analyse.[203]

98 Mit zunehmendem Automatisierungsgrad wird im juristischen Schrifttum die Frage aufgeworfen, ob bei KI und autonomen Systemen nicht vielmehr ein anthropozentrischer Sorgfaltsmaßstab zugrunde gelegt werden müsste.[204] Teilweise wird davon ausgegangen, dass aufgrund des zu erwartenden Sicherheitsgewinns der Mensch und dessen Sorgfaltspflichten die „Untergrenze der an automatisierte bzw. autonome Systeme zu stellenden Sicherheitserwartungen“[205] darstellt.

3. Fabrikationsfehler und Qualitätskontrolle

99 Eine weitere Fehlerkategorie stellen die Fabrikationsfehler dar, welche die mangelhafte Herstellung einzelner Bauteile oder Produkte betreffen.[206] In diesem Kontext kommt den deliktischen Organisationspflichten eine große Bedeutung zu: Der Hersteller muss Produktion und Produktionsablauf so organisieren, dass während des Herstellungsprozesses keine Bearbeitungs-, Fabrikations- oder Fertigungsfehler auftreten.[207] Diese Organisationspflichten ziehen sich durch alle relevanten betrieblichen Abläufe des Herstellers und sind auch für die Qualitätskontrolle von Belang. Dieses Wechselspiel erlangt in dem Moment zunehmendes Gewicht, wenn zwar die Fertigung und die dortigen Prozesse auf die Herstellung eines fehlerfreien Produkts ausgerichtet sind,[208] aber nicht ausgeschlossen werden kann, dass bestimmte Materialfehler oder menschliche Fehler eintreten können.[209]

100 Zu Qualitätskontrollen existiert eine Vielzahl an Rechtsprechung, der hohe Anforderungen an die Qualitätskontrolle zu entnehmen sind. Wenngleich oftmals postuliert wird, dass den Hersteller eine Pflicht zur Qualitätskontrolle trifft, muss dies aus dogmatischen Erwägungen verneint werden.[210] Der Grund hierfür lässt sich mit dem Wesen und der Dogmatik der maßgeblichen Organisationspflichten begründen. Denn wie die organisationsbedürftige Sphäre ausgestaltet wird, steht dem Organisationspflichtigen frei („Wie“ = Ausgestaltung der Organisation). Lediglich das „Ob“ der Organisation lässt sich fordern („Ob“ = Bestehen einer Organisation).

101 Gleichwohl sollte in der Praxis die Qualitätskontrolle nicht unterschätzt werden. Sie bietet den gewichtigen Vorteil, dass durch das Zusammenspiel von Fertigungsablauf und Qualitätskontrolle Fehler im Fertigungsablauf ausgeglichen werden können und diese weniger Gewicht erlangt, wenn der Fertigungsablauf perfektioniert wurde.[211] In der Praxis anzutreffende und hilfreiche Qualitätsmanagementsysteme wie ISO 9000 ff. befreien den Hersteller jedoch nicht von seiner Haftung, da es ausschließlich darauf ankommt, ob die jeweiligen Anforderungen in der gelebten Praxis beachtet werden und gleichwohl ein Fehler vorkommen kann.

---

[202] BGH VersR 2007, 72 (73); BGH VersR 2009, 1307 (1308).

[203] BGHZ 181, 253 (258 ff.) = NJW 2009, 2952 (2953 f.); zustimmend Fuchs/Baumgärtner JuS 2011, 1057 (1058).

[204] Dafür Borges CR 2016, 272 (275 f.); Gomille JZ 2016, 76 (77); für das automatisierte Fahren Greger NZV 2018, 1 (4); aA Wagner AcP 217 (2017), 707 (733 f.).

[205] Eingehend hierzu v. Bodungen in Chibanguza/Kuß/Steege Künstliche Intelligenz, 2021, Rn. 18, mit einem umfassenden Überblick zu den verschiedenen Auffassungen und Literaturstimmen; dafür: v. Bodungen/Hoffmann NZV 2016, 503 (504 f.); Gomille JZ 2016, 76 (77); Gasser in Maurer/Gerdes/Lenz/Winner Autonomes Fahren, 2015, S. 543, 560.

[206] BGH VersR 1956, 410 (411); Michalski BB 1998, 961, 962.

[207] So auch Kullmann NZV 2002, 1 (4).

[208] BGH NJW 1989, 707.

[209] Kullmann NZV 2002, 1 (4 f.).

[210] So aber Steindorff AcP 170 (1970), 93 (114 f.); Brüggemeier WM 1982, 1294 (1300 f.); aA Spindler in BeckOGK, 1.11.2021, BGB § 823 Rn. 642.

[211] Wagner in MüKoBGB, Bd. 7, 8. Aufl. 2020, BGB § 823 Rn. 974, der auf die wirtschaftliche Freiheit des Herstellers abstellt.

Die Rechtsprechung zu Fabrikationsfehlern ist vielfältig und betrifft etliche Produkte. Exemplarisch seien im Zusammenhang mit dem Straßenverkehr Urteile zu Fahrrädern mit mangelhaften Fahrradnaben genannt, wodurch die Pedale durchdrehten und es zu einem Unfall kam.[212] Bei Kraftfahrzeugen waren bereits fehlerhafte Transistoren für Zentralverriegelungsanlagen,[213] Reifen,[214] unsichere Bremsanlagen,[215] mangelhafte Schubstreben,[216] fehlerhafte Ventile,[217] Airbags,[218] der Gaszug,[219] der Motor[220] und fehlerhafte Nockenwellensteuerräder[221] Gegenstand der Judikatur zum Fabrikationsfehler. Neben diesen Hardware-Komponenten dürften Fabrikationsfehler in Zukunft auch softwareseitig auftreten. Schlägt bspw. die Implementierung der Software in das Endprodukt fehl, oder erfolgt unvollständig oder fehlerhaft und bleibt dies unbemerkt, so liegt ebenfalls ein Fabrikationsfehler vor.[222] Auch Schadsoftware kann einen Fabrikationsfehler begründen.[223] Dies ist jedoch ausschließlich dann der Fall, wenn das Produkt mit der Schadsoftware in Verkehr gebracht wurde.[224] Wird auf das Produkt nach dem Inverkehrbringen durch einen Hackerangriff eine Schadsoftware aufgespielt, liegt kein Fabrikationsfehler vor. Vielmehr ist zu prüfen, ob ein Konstruktionsfehler vorliegt. 102

Dem Schubstrebenfall[225] des Bundesgerichtshofs lassen sich zwei wesentliche Ebenen ausmachen, die es zu beachten gilt. Die erste Ebene betrifft Organisationspflichten des Herstellers, welcher durch entsprechende Anordnungen sicherstellen muss, dass ein geeigneter Ersatz feststeht, wenn Personal in der Qualitätskontrolle ausfällt. Diese Vertretungsanforderungen wurden auch in weiterer Rechtsprechung näher konkretisiert und fügen sich in den Rahmen der Rechtsprechung zu deliktischen Organisationspflichten ein. Die zweite Ebene betrifft die implementierte Qualitätskontrolle des Herstellers. Interessant ist insbesondere der personelle Aspekt in Bezug auf die Qualitätskontrolle, die die fachliche Qualifikation des Mitarbeiters betrifft. Dieser muss folgende Kompetenzen und Qualifikationen aufweisen und anhand derer ausgewählt worden sein: Ausbildung, Zuverlässigkeit, Fähigkeit und Geschicklichkeit. 103

4. Fehlerbegriff und Fehlerverdacht

In der Praxis von besonderer Bedeutung sind sowohl der Fehlerverdacht als auch der Fehlerbegriff. Der Verdacht eines Fehlers führt grundsätzlich nicht schon dazu, ein fehlerhaftes Produkt anzunehmen.[226] Den Geschädigten trifft vielmehr die Pflicht nachzuweisen, dass ein Produktfehler vorliegt[227] und dabei die Beweislast, dass das Produkt einen Fehler hat, sowie die Kausalität zwischen Produktfehler und eingetretener Rechtsgutsverletzung zu beweisen.[228] Dieser Grundsatz gilt sowohl für die deliktische Produzentenhaftung nach §823 Abs. 1 BGB als auch für die harmonisierte Produkthaftung nach §1 Abs. 4 ProdHaftG (vgl. auch Art. 4 RL 85/374/EWG). 104

[212] OLG Dresden VersR 1998, 59.
[213] BGH NJW 1998, 1942.
[214] BGH NJW 1978, 2241 (2242) – Hinterreifen I; BGH NJW 2004, 1032 (1033) – Hinterreifen II.
[215] BGH VersR 1971, 80.
[216] BGH NJW 1968, 247 (248).
[217] OLG Köln NJW-RR 1991, 740.
[218] AG München NJW-RR 2001, 321.
[219] BGHZ 86, 256 (258 ff.) – Gaszug.
[220] BGH NJW 1992, 1678 – Austauschmotor.
[221] BGH NJW 1992, 1678.
[222] Gomille JZ 2016, 76 (77 f.); Wendt/Oberländer InTeR 2016, 58 (61).
[223] Gomille JZ 2016, 76 (77 f.).
[224] Wagner AcP 217 (2017), 707 (725).
[225] BGH NJW 1968, 247 (248).
[226] Spindler in BeckOGK, 1.11.2021, BGB §823 Rn. 645.
[227] StRspr seit BGH NJW 1969, 269 (274); BGH NJW 1988, 2611 (2613); LG Berlin VersR 2013, 1454 (1455).
[228] StRspr seit BGH NJW 1969, 269 (274); BGH NJW 1988, 2611 (2613); LG Berlin VersR 2013, 1454 (1455).

105 Maßgeblich ist somit der zugrunde gelegte Fehlerbegriff, der determiniert, wann ein Produktfehler vorliegt. Eine Legaldefinition des Fehlerbegriffs findet sich in §3 Abs. 1 ProdHaftG. Danach liegt ein Produktfehler vor, wenn das Produkt nicht die Sicherheit bietet, die unter Berücksichtigung aller Umstände berechtigterweise erwartet werden kann. Dies gilt insbesondere für seine Darbietung, den Gebrauch, mit dem billigerweise gerechnet werden kann, sowie den Zeitpunkt, in dem es in Verkehr gebracht wurde.[229]

106 Der maßgebliche Zeitpunkt für die Beurteilung, ob ein Produktfehler vorliegt, ist das Inverkehrbringen. Eine Betrachtung ex post, ausgehend vom schädigenden Ereignis oder dem Prozess, verbietet sich.[230] Auch für die deliktische Produzentenhaftung ist der Sorgfaltsmaßstab und damit die im Verkehr erforderliche Sorgfalt des §276 Abs. 2 BGB ex ante ausschlaggebend. Hier wird ebenfalls die Parallele zwischen der harmonisierten Produkthaftung und der deliktischen Produzentenhaftung deutlich, denn auch nach §3 Abs. 1 lit. c) ProdHaftG kommt es auf den Zeitpunkt des Inverkehrbringens an. Die kontinuierliche technische Weiterentwicklung greift auch der Gesetzgeber auf. So stellt §3 Abs. 2 ProdHaftG klar: „Ein Produkt hat nicht allein deshalb einen Fehler, weil später ein verbessertes Produkt in den Verkehr gebracht wurde". Daraus wird deutlich, dass es nur auf den Zeitpunkt des Inverkehrbringens ankommen kann und dass später zugängliche Erkenntnisse keine Berücksichtigung finden können. Etwas anderes würde für den Hersteller auch ein permanentes, unverhältnismäßiges Haftungsrisiko bedeuten, schließlich stellen sich Risiken einer Technologie mit zunehmendem Einsatz und zunehmender Verbreitung heraus.[231] Letztlich ist das bereits Ausgeführte hinsichtlich eines Entwicklungsfehlers zu beachten, der ebenfalls dazu führt, dass die Haftung des Herstellers ausgeschlossen ist. Nach §1 Abs. 2 Nr. 5 ProdHaftG ist die Ersatzpflicht ausgeschlossen, wenn „der Fehler nach dem Stand der Wissenschaft und Technik in dem Zeitpunkt, in dem der Hersteller das Produkt in den Verkehr brachte, nicht erkannt werden konnte".[232]

107 Für KI und automatisierte Systeme gilt daher, dass der Hersteller im Zeitpunkt des Inverkehrbringens die anwendbaren Sicherheitsstandards einhalten muss. Daneben muss er prüfen, ob sich erkennbare Gefahren abzeichnen oder hätten erkennbar sein müssen. Eine technologische Weiterentwicklung und höhere Sicherheitsstandards nach dem Inverkehrbringen des Produkts wirken sich nicht auf die Feststellung eines Produktfehlers aus. Der mögliche Grad der Autonomie einer KI wurde hier immer wieder betont. Daraus kann gefolgert werden, dass der Hersteller nicht sämtliche Gefahren erkennen kann.[233] Grundsätzlich gilt auch hier, was in der Risikosoziologie schon lange bekannt ist: Nicht alle Risiken einer Technologie stehen von Anfang an fest. Manche treten erst später überraschend auf. Gleichwohl ist es für den Hersteller als Entwickler möglich, bestimmte Gefahrenlinien zu erkennen, die sich bereits frühzeitig abzeichnen.

108 Das Verhältnis des in §3 Abs. 1 ProdHaftG normierten Fehlerbegriffs zu demjenigen der deliktischen Produzentenhaftung berührt das Grundverständnis der spezialgesetzlichen Produkthaftung.[234] Sowohl der Gesetzgeber als auch der Bundesgerichtshof gehen davon aus, dass beide Fehlerbegriffe identisch sind.[235] Dieser Gleichklang wird durch den Wortlaut des §3 Abs. 1 ProdHaftG deutlich, der auf die berechtigten Sicherheitserwartungen zum Zeitpunkt des Inverkehrbringens abstellt. Dieser Aspekt ist ebenfalls für die deliktische Produzentenhaftung nach §823 Abs. 1 BGB entscheidend.[236] Die Europäische

[229] Steege in Haus/Krumm/Quarch Gesamtes Verkehrsrecht, 3. Aufl. 2021, Anh. III zu §§ 1a-1c StVG Rn. 52ff.
[230] BGHZ 181, 253 (Rn. 17) – Airbags; BGH VersR 1960, 1095 (1096) – Kühlmaschine.
[231] Steege GuP 2021, 125 (128).
[232] Eingehend zum Stand von Wissenschaft und Technik im Kontext von KI, Reusch in Kaulartz/Braegelmann Rechtshandbuch Artificial Intelligence und Machine Learning, 2020, Kap. 4.1 Rn. 91 ff.
[233] Sosnitza CR 2016, 764 (769); aA Wagner AcP 217 (2017), 707 (750).
[234] Wagner in MüKoBGB, Bd. 7, 8. Aufl. 2020, ProdHaftG §3 Rn. 3.
[235] BT-Drs. 11/2447, 17f.; BGH NJW 2009, 2952f. – Airbags; BGH NJW 2009, 1669 (Rn. 6); BGH NJW 2014, 2106.
[236] Wagner in MüKoBGB, Bd. 7, 8. Aufl. 2020, ProdHaftG §3 Rn. 3.

Kommission schlägt im Kontext von KI aufgrund von Komplexität und Multikausalität sowie Problemen bei der Benennung des Verantwortlichen sowohl Beweiserleichterungen als auch eine Umkehr der Beweislast vor, damit es Geschädigten möglich ist, ihre Ansprüche durchzusetzen.[237] Auch im Kontext des teleoperierten und autonomen Fahrens wird darauf hingewiesen, dass Geschädigte Ansprüche nicht geltend machen können, weil sie keinen Zugang zum jeweiligen Quellcode der Fahrzeugsoftware haben, um einen Fehler nachzuweisen.[238] Mit Blick auf den Straßenverkehr wird unter Verweis auf die Halterhaftung nach §7 StVG formuliert, dass die Beweisnot des Geschädigten gelindert wird.[239] Kommen automatisierte Systeme oder KI-Systeme hingegen in Bereichen zum Einsatz, in denen keine dreiteilige Haftung wie im Straßenverkehr nebst entsprechenden Versicherungen besteht, ist die Beweisnot des Geschädigten deutlich größer. Dies zeigt die damit verbundenen Vorteile des Haftungsdreiklangs im Straßenverkehr deutlich auf.

Zwischen harmonisierter Produkthaftung und deliktischer Produzentenhaftung besteht **109** ein gewichtiger struktureller Unterschied. In der deliktischen Produzentenhaftung ist der Produktfehler kein Tatbestandsmerkmal, sondern dient der Verteilung der Beweislast zwischen Geschädigtem und Hersteller.[240] Die Haftung des Herstellers knüpft bei der deliktischen Produzentenhaftung an die Verletzung einer Verkehrs- oder Organisationspflicht an. So lassen sich mit Ausnahme des Fabrikationsfehlers die jeweiligen Fehlerkategorien in entsprechende deliktische Sorgfaltspflichten des Herstellers aufteilen. Dies führt dazu, dass bei einem Fabrikationsfehler die Haftung nach dem Produkthaftungsgesetz weitreichender ist als die deliktische Haftung, da es ausschließlich auf das mangelhafte Produkt am Ende des Fertigungsprozesses ankommt.[241] So haftet der Hersteller sogar für sogenannte Ausreißer, obwohl diese auch bei Beachtung größtmöglicher Sorgfalt entstehen können.[242] Aber auch bei einem Fabrikationsfehler kann der Nutzer keine vollständige Sicherheit verlangen. Daher ist der Hersteller nicht verpflichtet, ein vollständiges Ausbleiben von Fabrikationsfehlern zu gewährleisten.[243] Zwischen deliktischer Produzentenhaftung und harmonisierter Produkthaftung ist der Unterschied auch im Kontext der Fabrikationsfehler äußerst gering.[244]

Wann explizit von einem Fehlerverdacht auszugehen ist, hängt von dem betroffenen **110** Produkt und den maßgeblichen Umständen des Einzelfalls ab. Durch das Urteil des Europäischen Gerichtshofs vom 5. März 2015 [245] ist eine neue Bewertung hinsichtlich der Annahme eines Fehlers bei einem Fehlerverdacht notwendig. Danach wird bereits ein Produktfehler angenommen, wenn das Produkt ein erhebliches Schadenspotenzial für gewichtige Rechtsgüter wie Leben aufweist. Die Position des Europäischen Gerichtshofs zur harmonisierten Produkthaftungsrichtlinie lässt sich auf die deliktische Produzentenhaftung übertragen.[246] Bei Produkten wie bspw. Herzschrittmachern, die Gegenstand des EuGH-Urteils waren, kann der Betroffene nicht den Schadenseintritt – in diesem Fall den Tod – abwarten. Für Betroffene ist dabei zusätzlich entscheidend, dass sie nicht die Möglichkeit haben, das jeweilige Produkt nicht zu verwenden, da sie zwingend auf dieses angewiesen sind.

[237] Bericht über die Auswirkung künstlicher Intelligenz, des Internets der Dinge und der Robotik in Hinblick auf Sicherheit und Haftung der Europäischen Kommission an das Europäische Parlament, den Rat und den Europäischen Wirtschafts- und Sozialausschuss v. 19.2.2020, COM (2020) 64 final, S. 17.

[238] Lutz/Tang/Lienkamp NZV 2013, 57 (61).

[239] Wagner AcP 217 (2017) 707 (747).

[240] Wagner in MüKoBGB, Bd. 7, 8. Aufl. 2020, ProdHaftG §3 Rn. 3.

[241] BGH NJW 2014, 2106; zust. Wagner in MüKoBGB, Bd. 7, 8. Aufl. 2020, ProdHaftG §3 Rn. 3.

[242] BGHZ 129, 353 (358 ff.) – Mineralwasserflasche.

[243] BGH NJW 2009, 1669 (Rn. 6 ff.) – Kirschtaler.

[244] Wagner AcP 217 (2017), 707 (712).

[245] EuGH, Urt. v. 5.3.2015 – C-503/13, C-504/13 (Boston Scientific Medizintechnik GmbH/AOK Sachsen-Anhalt ua) = NJW 2015, 1163.

[246] Spindler in BeckOGK, 1.11.2021, BGB §823 Rn. 645.

111 Ausgehend von dieser Rechtsprechung ist ein bloßer Fehlerverdacht keinesfalls ausreichend, um zulässigerweise einen Produktfehler zu bejahen. Es kommt vielmehr maßgeblich auf zwei kumulative Aspekte an. Einerseits sind die potenziell gefährdeten Rechtsgüter und deren Rang entscheidend. Andererseits ist maßgeblich, ob es für den Betroffenen zumutbar ist, das Produkt nicht zu verwenden, um mögliche Schäden zu verhindern. Der Aspekt der Zumutbarkeit der Nichtverwendung des Produkts vermag mit Blick auf die Gefahrensteuerung einerseits und den eigenverantwortlichen Umgang mit Gefahrenquellen und unterschiedlich gefährlichen Produkten andererseits zu überzeugen. Danach entscheidet grundsätzlich der Benutzer eigenverantwortlich, welches Produkt er benutzt und welches Gefahrenpotenzial von diesem ausgeht.

112 Das Abstellen auf die betroffenen Rechtsgüter und die Frage der Zumutbarkeit der Nichtverwendung präzisiert in der Praxis den Fehlerbegriff nur bedingt. Es kommt je nach Produkt auf die Umstände des Einzelfalls an, da abhängig vom jeweiligen Produkt eine andere Gefahr anzunehmen ist und auch weitere Aspekte, wie Anzahl der Produkte insgesamt, maßgeblich sind. Je nach Produkt reicht daher bereits eine geringe Ausfallquote, um den Fehlerbegriff zu erfüllen. Dies resultiert dann maßgeblich aus dem potenziell gefährdeten Rechtsgut. Wie gering diese Quote sein kann, ist jedoch weiterhin unklar.[247] Eine Pauschalisierung verbietet sich, da es auf das gefährdete Rechtsgut und den potenziellen Schaden ankommt. Folgende Formel lässt sich jedoch herausarbeiten und der bisherigen Rechtsprechung sowie der Entscheidung des Europäischen Gerichtshofs entnehmen: „Je gewichtiger das betroffene Rechtsgut und je erheblicher der mögliche Schaden, wie beispielsweise der Tod einer Person, sind auch kleine Ausfallwahrscheinlichkeiten, beziehungsweise wenige fehlerhafte Produkte aus einer Produktionsserie ausreichend, um den Fehlerbegriff zu begründen."[248]

113 Für die Industrie besonders relevant ist die Übertragbarkeit dieser Grundsätze, weg von den Herzschrittmachern, hin auf andere Produkte. Rekapituliert man die von der Rechtsprechung aufgestellten Anforderungen und die Gewichtigkeit der Umstände des Einzelfalls, lässt sich postulieren, dass sich die Rechtsprechung indes nicht auf jegliche Produkte anwenden lässt.[249] Bei anderen Produkten kommt es der Judikatur des Europäischen Gerichtshofs folgend, auf den jeweiligen Einzelfall an.[250]

114 Von Interesse ist in diesem Zusammenhang die Übertragbarkeit auf automatisierte Systeme und KI. In diesem Kontext stellt sich daher die Frage, ob auch hier ein Fehlerverdacht ein fehlerhaftes Produkt begründet. Dabei kommt ein erschwerender Faktor hinzu: Automatisierung bedeutet erstmal nicht mehr und nicht weniger, als dass ehemals händische Schritte durch Technik ersetzt werden und so der Prozess automatisiert wird. KI hingegen ist eine schillernde Technologie, aber kein fest umrissener Begriff, noch ein spezifisches Produkt. Daher gibt es zahlreiche Einsatzbereiche, entweder als Stand-alone Software, als Komponente oder als Produkt. KI kann in der Medizin zum Einsatz kommen, etwa als Diagnoseunterstützung für den Arzt. Ebenso gut kann eine Dosierung und Verabreichung von Medikamenten durch KI erfolgen. Aber auch Unternehmen können KI in verschiedenen Umgebungen anwenden, bspw. im Bereich Human Resources (HR).[251] Dies verdeutlicht, wie unterschiedlich Einsatzszenarien und Auswirkungen sowie Gefahren und daraus resultierende schädigende Ereignisse sein können.

115 Ausgehend von den aus der Rechtsprechung abstrahierten Kriterien kommt es ausschlaggebend auf die gefährdeten Rechtsgüter und den möglichen Schaden an. Dies lässt sich am Beispiel des Straßenverkehrs verdeutlichen. Obwohl im Straßenverkehr hochrangige Rechtsgüter und erhebliche Schadenspotenziale für Gesundheit und Leben

[247] Timke NJW 2015, 3060 (3063), lässt offen, ob es ausreichend ist, wenn nur ein Produkt aus einer Serie fehlerhaft ist.
[248] Steege NZV 2021, 6 (9).
[249] Timke NJW 2015, 3060 (3063 f.).
[250] Burckhardt BB 2015, 661 (662).
[251] Zum Einsatz von KI in Unternehmen Steege MMR 2019, 715 (718 ff.).

Betroffener bestehen, ist die Zumutbarkeit, auf andere Produkte auszuweichen und das betroffene Produkt nicht zu verwenden, gegeben.[252] Dadurch kommt es zu einer Relativierung des Problems der Komplexität, bei dem Zeitpunkt und Grund des Schadenseintritts nicht vorhersehbar sind. Etwas anderes gilt jedoch dann, wenn der Übergang von der zunehmenden Automatisierung des Straßenverkehrs, weg vom sogenannten Mischverkehr, hin zum rein autonomen Straßenverkehr abgeschlossen ist und autonome Fahrzeuge KI einsetzen, die für die Fahrzeugsteuerung verantwortlich ist, gleichwohl ein solcher Einsatz nicht wahrscheinlich erscheint.[253] Angenommen, dies wäre der Fall, dann würde ein Verzicht auf diese Produkte ein Verzicht auf Mobilität bedeuten. Je nach Produkt kommt es selbstverständlich auch hier auf den Einzelfall an. Bei welcher Ausfallquote ein fehlerhaftes KI-Produkt anzunehmen ist, bleibt abzuwarten.[254]

Aus alledem lässt sich festhalten, dass eine Übertragbarkeit auf automatisierte und autonome Fahrzeuge ebenso wie auf automatisierte Systeme und KI-Produkte nicht ohne Weiteres gegeben ist. Die Umstände des jeweiligen Einzelfalls sind maßgeblich, wobei vieles im Bereich des Straßenverkehrs für eine restriktive Übertragbarkeit spricht.[255] In anderen Branchen kann dies selbstredend anders sein, insbesondere in der Medizin. **116**

5. Instruktionsfehler

Instruktionspflichten erlangen im Zusammenhang mit KI zunehmend an Bedeutung. **117** Aber auch zunehmende Automatisierung führt dazu, dass Instruktionspflichten gewährleisten, dass Benutzer eigenverantwortlich mit einer von einem Produkt ausgehenden Gefahr umgehen können.[256] Zudem ermöglichen sie dem Verwender, potenziellen Gefahren vorzubeugen[257] und klären den Benutzer schließlich über immanente Gefahren des Produkts auf.[258] So hat der Hersteller für Schäden zu haften, die aufgrund mangelnder Information des Verwenders darüber, welche Produktgefahren trotz fehlerfreier Herstellung dem Produkt anhaften, eingetreten sind.[259]

Von der Instruktionspflicht des Herstellers umfasst ist der naheliegende Fehlgebrauch **118** durch den Benutzer.[260] Bei der Ermittlung, wann ein naheliegender Fehlgebrauch anzunehmen ist, kommt es primär auf die gefährdeten Rechtsgüter an, so dass bei einer Gefahr für das Leben und die körperliche Unversehrtheit ein strengerer Maßstab gilt.[261] Fehlt eine Bedienungsanleitung vollständig, liegt ein Instruktionsfehler vor.[262] Je nach Komplexität des Produkts steht der Hersteller vor einem Dilemma: Zu wenig Informationen erhöhen das Risiko, dass der Benutzer nicht ausreichend informiert ist. Zu viele Informationen können den Benutzer überfordern und ebenfalls schädlich sein. Die Aufnahme von Informationen ist in diesem Zusammenhang nicht nur an der Menge an Informationen und der grundsätzlichen Frage festzumachen, ob der Benutzer überhaupt in der Lage ist, die Menge an Informationen aufzunehmen, sondern auch, wie diese bereitgestellt werden müssen. Ob der Hersteller über das Ziel hinausschießt oder zu wenig Informationen bereitstellt, kann bei automatisierten Systemen oder KI ein schmaler Grad sein.[263] Hinzu

[252] Steege NZV 2021, 6 (10).
[253] Steege NZV 2021, 6 (12).
[254] Steege NZV 2021, 6 (9).
[255] Steege NZV 2021, 6 (10).
[256] Steege NZV 2021, 6 (10).
[257] BGH NJW 2009, 2952 (2954); BGH NJW 1972, 2217 (2220); BGHZ 64, 46 (49f.) – Haartonicum; BGHZ 116, 60 (65f.) – Kindertee I.
[258] OLG Frankfurt aM NJW-RR, 1994, 346 (347).
[259] BGH NJW 1975, 1457; BGH NJW 1992, 560; BGH NJW 1998, 2905; BGH NJW 1987, 372.
[260] BGH NJW 1989, 707; BGH NJW 1989, 1542; BGH NJW 1992, 560; BGH NJW 1994, 3349 (3350); OLG Bamberg VersR 2010, 403; Dahm-Loraing/Koyuncu PHI 2010, 142.
[261] BGH NJW 2013, 1302 (Rn. 13); BGH NJW 1992, 560 (561); zust. Spindler in BeckOGK, 1.11.2021, BGB § 823 Rn. 649.
[262] OLG Karlsruhe VersR 1998, 63 (64).
[263] Steege NZV 2021, 6 (10).

kommt die Art und Weise, wie die Informationen dem Verwender zur Verfügung gestellt werden. Bei automatisierten Fahrzeugen ist zu überlegen, ob herkömmliche Gebrauchsanweisungen ausreichend sind.[264] Bei KI und komplexen Systemen, bei denen mehrere Dienste und Geräte interagieren, ist dagegen fraglich, wie der Hersteller effektiv über eventuelle Gefahren aufklären kann, um dem Verwender einen eigenverantwortlichen Umgang mit potenziellen, dem Produkt innewohnenden Gefahren zu ermöglichen. Dies wird insbesondere davon abhängen, wie diese Systeme eingesetzt werden. Auch hier gilt der von der Rechtsprechung geforderte Grundsatz, dass die grafische und drucktechnische Gestaltung prägnant sein muss.[265]

119 Wird davon ausgegangen, dass das Gefahrenpotenzial von KI im Vergleich zu herkömmlichen Produkten deutlich höher ist,[266] nehmen dadurch gleichzeitig die Anforderungen an die Instruktion zu.[267] An diesem allgemeinen Grundsatz[268] ändern auch automatisierte Systeme nichts. Den Hersteller trifft dann die Pflicht, auf eine erhöhte Gefahr, die von dem Produkt ausgeht, hinzuweisen. Dies ermöglicht dem Benutzer einen eigenverantwortlichen Umgang mit dem Produkt und den möglichen Gefahren. Strengere Anforderungen an die Instruktionspflicht resultieren insbesondere durch Komplexität, Multikausalität und Opazität.[269] Dabei muss der Hersteller für sein Produkt ermitteln, wie weitreichend diese drei Eigenschaften ausgeprägt sind.

120 Insbesondere die Opazität von Algorithmen und mögliche algorithmenbasierte Diskriminierung[270] führen zu erheblichen Effekten, über die der Hersteller aufklären muss. So ist ein eigenverantwortlicher Umgang des Benutzers mit der vom Produkt ausgehenden Gefahr möglich, so dass der Verwender das Produkt im Verhältnis zu Dritten so benutzen kann, dass auch bei diesen ein verantwortlicher Umgang mit der Technik gewährleistet wird.[271] In diesem Kontext haben Organisationspflichten des Betreibers/Verwenders eines solchen Produkts einen eminenten Stellenwert, denn die Verwendung ist so zu organisieren, dass Gefahren für Dritte möglichst ausgeschlossen werden.[272]

121 Opazität führt zu einer großen Herausforderung. Nicht-intendierte Nebenfolgen des Herstellers müssen gleichwohl so gut wie möglich erkannt und sodann darüber informiert werden.

122 Die Instruktionspflicht kann grundsätzlich je nach Personenkreis unterschiedlich ausfallen. Für Betreiber, die selber professionell tätig sind, können weniger umfangreiche Anforderungen gelten.[273] Jedoch muss nicht jeder professionell tätige Betreiber automatisierter und autonomer Systeme sowie von KI über spezielle Kenntnisse in diesem Bereich verfügen. Anders kann es etwa bei automatisierten und autonomen Fahrzeugen sein, wenn der Endkunde eine Privatperson ist. Für autonome Fahrzeuge iS der §§ 1d ff. StVG dürften die Kunden jedoch professionelle Betreiber sein, da das Gesetz MaaS/TaaS-Angebote regelt und weniger auf den Einsatz privater dual-mode Fahrzeuge abzielt.[274]

[264] Steege NZV 2021, 6 (10).
[265] BGH NJW 1995, 1286 (1287) – Kindertee III; OLG Düsseldorf NJW-RR 1992, 534, 535 – Sauna-Aufgusskonzentrat; LG Hildesheim VersR 1992, 365; mit Blick auf Gefahrensymbole BGH NJW 1987, 372 (373) – Verzinkungsspray.
[266] So Wendt/Oberländer InTeR 2016, 58 (62), aufgrund der unvorhersehbaren Handlungen und Reaktionen von selbstveränderlichen Maschinen.
[267] Steege NZV 2021, 6 (10).
[268] Die Intensität der Pflicht hängt von der Gefahr und den gefährdeten Rechtsgütern ab. BGH NJW 2009, 2952 (Rn. 24) – Airbag; OLG Karlsruhe, r+s 1997, 242 – Selbstladepistole.
[269] Steege NZV 2021, 6 (10).
[270] Eingehend Steege MMR 2019, 715.
[271] Steege NZV 2021, 6 (10).
[272] Steege NZV 2021, 6 (10).
[273] Vgl. BGH VersR 1996, 979 (981).
[274] Umfassend zum Gesetz zum autonomen Fahren siehe nur Steege SVR 2021, 128 ff.

V. Pflichten nach dem Inverkehrbringen

Im Nachfolgenden sollen die Pflichten des Herstellers nach dem Inverkehrbringen aufgezeigt werden. Entsprechende Organisations- und Verkehrspflichten bestehen auch nach dem Inverkehrbringen.[275] Im Zusammenhang mit dem Apfelschorf-Fall führt der Bundesgerichtshof aus, dass der Hersteller „der Allgemeinheit gegenüber verpflichtet [ist], diese Produkte sowohl auf noch nicht bekannte schädliche Eigenschaften hin zu beobachten als sich auch über deren sonstige, eine Gefahrenlage schaffenden Verwendungsfolgen zu informieren".[276] 123

1. Produktbeobachtung

Nur kurz, aber der Vollständigkeit halber, sei hier auf Produktbeobachtungspflichten eingegangen.[277] Produktbeobachtungspflichten erfordern, dass der Hersteller auch nach dem Inverkehrbringen prüft, ob sein Produkt weiterhin sicher ist.[278] Die Haftung knüpft dabei an die Schaffung einer Gefahr durch den Hersteller an, so dass es unerheblich ist, aus welcher der oben genannten Fehlerkategorien die Gefahr letztendlich resultiert.[279] Ist eine Fehlfunktion des Produkts auf Abnutzungen oder durch den Verwender zugefügte Schäden zurückzuführen, so ist der Hersteller indes nicht verantwortlich, da kein Produktfehler vorliegt.[280] 124

Produktbeobachtungspflichten bilden ein Wechselspiel mit den Konstruktionspflichten des Herstellers.[281] Erlangt er durch Ausübung seiner Produktbeobachtung Kenntnis von Defiziten oder Mängeln seines Produkts, so muss er diese in der Konstruktionsphase berücksichtigen und beheben.[282] Setzt er dies nicht um, verletzt er seine Sorgfaltspflichten, da die nun in Verkehr gebrachten Produkte einen Konstruktionsfehler aufweisen.[283] 125

Es lassen sich die passive Produktbeobachtungspflicht,[284] bei der sich der Hersteller auf Reklamationen beschränkt, also eine passive und ausschließlich auf dem Zufall basierende Kenntniserlangung, und die aktive Produktbeobachtungpflicht unterscheiden, wobei erstere nicht ausreichend ist.[285] Bei der aktiven Produktbeobachtung geht es um zuvor unbekannte Gefahren, die von dem Produkt ausgehen.[286] Zunehmende Automatisierung und der Einsatz von KI führen zu keiner Änderung der Produktbeobachtungspflicht. Diese trifft den Hersteller weiterhin. Der Produzent muss unter Berücksichtigung der Zumutbarkeit von sich aus (aktiv) Fachliteratur auswerten, wissenschaftliche Tagungen,[287] dortige Ergebnisse, Erfahrungen von Konkurrenzherstellern sowie deren Produktverbesserungen hinsichtlich der Sicherheitsstandards beobachten[288] und die so gewonnenen Erkenntnisse verwerten und festhalten.[289] 126

---

[275] Staudinger in HK-BGB, 10. Aufl. 2019, BGB § 823 Rn. 176.
[276] BGHZ 80, 199 (202) – Apfelschorf.
[277] Eingehend hierzu → Kap. 3.12 Rn. 1 ff.
[278] Missverständlich insoweit Teichmann in Jauernig, 17. Aufl. 2018, BGB § 823 Rn. 137, der von einem begründeten Anlass spricht.
[279] Michalski BB 1998, 961 (962 f.).
[280] Spindler in BeckOGK, 1.11.2021, BGB § 823 Rn. 657.
[281] Steege NZV 2021, 6 (10).
[282] Steege NZV 2021, 6 (10).
[283] Hofmann CR 2020, 282 (286).
[284] Zunehmende technische Möglichkeiten führen zu einer Erweiterung der passiven Produktbeobachtungspflicht, Droste CCZ 2015, 105 (110).
[285] BGH NJW 1994, 517 (519); BGH NJW-RR 1995, 342 (343); Foerste NJW 1994, 909; Michalski BB 1998, 961 (963); Staudinger in HK-BGB, 10. Aufl. 2019, BGB § 823 Rn. 176.
[286] BGH NJW 2009, 1080; BGH NJW 1981, 1606; BGH NJW 1994, 3349 (3350); Kullmann NZV 2002, 1 (6); Michalski BB 1998, 961 (963).
[287] BGH NJW 1992, 560; BGH NJW 1981, 1603; BGH NJW 1995, 1286 (1287 f.); BGH VersR 1971, 80 (81 f.); Brüggemeier WM 1982, 1294 (1301 f.).
[288] BGH NJW 1990, 906 (907); Kunz BB 1994, 450; Michalski BB 1998, 961 (963).
[289] Spindler in BeckOGK, 1.11.2021, BGB § 823 Rn. 658.

127 Je nach Produkt hat die Produktbeobachtungspflicht eine spezielle Ausprägung. Bei Kraftfahrzeugen wird bspw. die Auswertung von Fahrzeugdaten iR der aktiven Produktbeobachtung als für den Automobilhersteller zumutbar angesehen.[290]

128 Interessant erscheint ein Ansatz, bei dem das jeweilige Produkt selbstständig eine Fehleranalyse durchführt. Heutige Kraftfahrzeuge können bspw. eine Vielzahl ihrer Funktionen überprüfen. Dies stellt für Hersteller automatisierter Systeme sowie von KI einen wertvollen Ansatz dar, Produktfehler zu erkennen und von Kundenberichten unabhängiger zu sein.[291] Ob eine solche Analyse zu der aktiven oder passiven Produktbeobachtung zählt, ist umstritten.[292]

129 Ein anderer Aspekt betrifft Zubehör. Im Mittelpunkt steht dabei die Frage, ob Hersteller auch die Verwendung ihres Produkts in Kombination mit Zubehör eines Fremdherstellers berücksichtigen müssen. Beim Einsatz in komplexe Systeme eingebetteter KI stellt sich die Frage, ob den Hersteller auch eine Produktbeobachtungspflicht hinsichtlich der Kombination mit Zubehör trifft.[293] Dies lässt sich unter Beachtung der Dogmatik der deliktischen Produzentenhaftung gem. § 823 Abs. 1 BGB nicht ohne Weiteres beantworten. Grundsätzlich ist die Rechtsprechung mit ihrer geforderten weiten Produktbeobachtungspflicht kritisch zu beurteilen.[294] Wird die Verkehrspflichtdogmatik zugrunde gelegt und auch den Hersteller treffende Organisationspflichten beachtet, so lässt sich postulieren, dass der Hersteller nur für diejenigen Gefahren verantwortlich ist, die von ihm geschaffen wurden.[295] Erhöht ein Dritter eine Gefahr, so liegt dies nicht in der Sphäre des Herstellers.[296] Warnt der Hersteller in der Bedienungsanleitung vor dem Gebrauch von Fremdzubehör und damit verbundenen Gefahren und erlaubt lediglich vom Hersteller autorisiertes oder eigens hergestelltes Zubehör, so fehlt einer weitergehenden Produktbeobachtungspflicht die rechtliche Grundlage. Eine solche Warnung ist als ausreichend anzusehen.[297] Diese Grundsätze sind auch auf KI und komplexe, automatisierte Systeme zu übertragen. Jedoch ist mit Blick auf die Konnektivität und Offenheit (Schnittstellen) von KI durch den Hersteller eine weitergehende Gefahr geschaffen, die sich auf die Kombination mit anderen Produkten oder Diensten richtet. In diesem Fall muss der Hersteller seine organisationsbedürftige Sphäre dergestalt ausgestalten, dass sich seine Produktbeobachtung auch auf Zubehör und die kombinierte Verwendung mit anderen Produkten und Diensten richtet.[298]

130 Die Produktbeobachtungspflicht erstreckt sich außerdem auf Zubehör von Drittanbietern, sofern es sich um gemeinhin vielfach verwendetes Zubehör handelt, mit dem der Hersteller von Anfang an rechnen muss.[299] Unklar ist hierbei, wann eine solche Offenkundigkeit anzunehmen ist, so dass die Grenzen verschwimmen.[300] Je nach Produkt ist die Kombination mit Zubehör wahrscheinlicher, so dass der Hersteller davon ausgehend zumindest gleich den Anforderungen der aktiven Produktbeobachtungspflicht überprüfen sollte, ob von einer Kombination mit Zubehör eines Fremdherstellers die Rede ist.

131 Je nach Use-Case ändert sich die Strenge der Produktbeobachtungspflicht. Dies lässt sich am Beispiel des Straßenverkehrs verdeutlichen, wo erhebliche Gefahren für hochrangige Rechtsgüter, wie Leib und Leben sowie Gesundheit existieren, so dass die Intensität

[290] Chibanguza/Schubmann GmbHR 2019, 313 (316).

[291] Zu solch einer integrierten Produktbeobachtung durch selbstständige Fehleranalysen des Systems etwa Schmid CR 2019, 141 (143); Wagner AcP 217 (2017), 707 (751).

[292] Nach Wagner AcP 217 (2017), 707, 751, handelt es sich um eine passive Produktbeobachtung.

[293] Die Rspr. nimmt dies schon jetzt mit Blick auf Zubehörteile von Drittherstellern an, welche in Kombination mit dem eigenen Produkt verwendet werden; BGH NJW 1987, 1009; BGH NJW 1995, 1286 (1287 f.); zust. Kunz BB 1994, 450 (451); krit. Spindler in BeckOGK, 1.11.2021, BGB § 823 Rn. 660.

[294] Steege NZV 2021, 6 (11).

[295] Steege NZV 2021, 6 (11).

[296] So auch Ulmer ZHR 152 (1988), 564 (579); Spindler in BeckOGK, 1.11.2021, BGB § 823 Rn. 661.

[297] BGH NJW 1987, 1009; zust. Spindler in BeckOGK, 1.11.2021, BGB § 823 Rn. 661.

[298] Steege NZV 2021, 6 (11).

[299] Spindler in BeckOGK, 1.11.2021, BGB § 823 Rn. 661.

[300] Steege NZV 2021, 6 (11).

der Produktbeobachtungspflichten von grundlegendem Interesse ist. Die Intensität hängt dabei von dem Schadenspotenzial einerseits und von der Abstraktheit der Gefahr andererseits ab, wobei auch hier die (wirtschaftliche) Zumutbarkeit eine Begrenzung darstellt.[301] Grundlegend lässt sich postulieren, dass die Produktbeobachtungspflicht bei tradierten Produkten auf dem Markt schwächer ist, sofern diese ausreichend erprobt sind und in hoher Stückzahl existieren.[302] Anders hingegen ist dies bei umfangreichen Neuentwicklungen mit erheblichem Schadenspotenzial.[303] Zu diesen Neuentwicklungen zählen etwa automatisierte Systeme oder KI, wie sie von der Europäischen Kommission definiert wird. Dies sollten Hersteller nach der Inverkehrgabe beachten und den Prozess ihrer Produktbeobachtung entsprechend anpassen.

Auf rechtspolitischer Ebene wird – gerade auch im Zusammenhang mit KI – gefordert, **132**
dass Produktbeobachtungspflichten auch im europäischen Produkthaftungsrecht Einzug finden.[304]

2. Warnpflichten

Neben der Produktbeobachtungspflicht existiert zudem die sogenannte Warnpflicht, **133**
denn die bloße Produktbeobachtung durch den Hersteller ist zum eigenverantwortlichen Umgang mit Gefahren und zur Gefahrenabwendung nicht ausreichend. Den Hersteller trifft dabei die Pflicht, vor Produktgefahren zu warnen und den Benutzer entsprechend zu informieren.[305] Die Intensität wird durch die Schwere der Gefahr einerseits und den drohenden Schäden sowie der Eintrittswahrscheinlichkeit und den gefährdeten Rechtsgütern andererseits bestimmt.[306] Eine weitergehende Pflicht besteht dem Grundsatz nach nicht.[307] Zu berücksichtigen ist jedoch die Effektivität der getroffenen Maßnahme, in concreto die Warnung. Das Merkmal der Effektivität lässt sich der Rechtsprechung des Bundesgerichtshofs entnehmen.[308] So ist der Hersteller grundsätzlich weder zum Rückruf noch zur Reparatur von bereits im Feld befindlicher Produkte verpflichtet. Dies betrifft vielmehr den Bereich des Vertragsrechts.[309] Weitergehende Pflichten als die Warnung treffen den Hersteller nur in zwei Konstellationen: Erstens, wenn die jeweiligen Verbraucher die Warnung nicht zur Kenntnis nehmen oder zweitens bewusst nicht beachten und (kumulativ!) dadurch nicht nur der Verbraucher, sondern auch Dritte gefährdet werden.[310]

An diesen Grundsätzen ändert sich auch bei automatisierten Systemen und KI nichts. **134**
So muss ein Hersteller von KI-Produkten davor warnen, wenn Produktgefahren bekannt werden. Eine Ausnahme hiervon, wie sie noch das Landgericht Köln[311] im Jahr 1999 für eine mit einem Virus verseuchte Diskette annahm, ist abzulehnen.[312]

a) Software-Updates – Zwischen Warnpflichten und Äquivalenzinteresse. Der **135**
Quellcode einer Software ist nie gänzlich fehlerfrei. Je mehr Zeilen Code ein Programm hat, desto mehr (exponentiell) fehlerhafte Zeilen werden existieren.[313] Besondere Bedeutung kommt folglich Software-Updates zu. Offenbaren sich dem Hersteller durch seine Marktbeobachtung iR der Produktbeobachtungspflicht Sicherheitslücken, muss er die

[301] Steege NZV 2021, 6 (11).
[302] Steege NZV 2021, 6 (11).
[303] Sack BB 1985, 813 (815 f.).
[304] Hacker NJW 2020, 2142 (2145).
[305] BGH NJW 2009, 1080; BGH NJW 1994, 517; BGH NJW-RR 1995, 342 (343); OLG Frankfurt aM VersR 1996, 982; OLG Saarbrücken NJW-RR 2013, 271, 272.
[306] BGHZ 80, 186 (191) – Derosal; BGHZ 179, 157 (Rn. 10) – Pflegebetten.
[307] BGHZ 80, 186 (191) – Derosal; BGHZ 80, 199 (203) – Benomyl.
[308] BGHZ 179, 157 (Rn. 11 ff.) – Pflegebetten.
[309] BGHZ 179, 157 (Rn. 11) – Pflegebetten.
[310] BGHZ 179, 157 Rn. 11 – Pflegebetten; zustimmend Wagner AcP 217 (2017), 707 (755).
[311] LG Köln NJW 1999 3206.
[312] Steege NZV 2021, 6 (11).
[313] Raue NJW 2017, 1841; Wiesemann/Mattheis/Wende MMR 2020, 139.

Architektur (Konstruktion) der Software für alle ab diesem Zeitpunkt folgenden Programme ändern und die Lücke entsprechend schließen.[314] Ist die Software bereits im Einsatz, bestehen zwei Möglichkeiten: Erstens kann der Hersteller vor den jeweiligen Gefahren warnen und zweitens kann die Sicherheitslücke mit einem Software-Update geschlossen werden.[315] Insbesondere bei Software, die im Straßenverkehr zum Einsatz kommt – gleich ob in assistierten, teilautomatisierten, hoch- und vollautomatisierten oder gar autonomen Fahrzeugen – drohen durch Sicherheitslücken und veraltete Software erhebliche Gefahren für Leib und Leben der Straßenverkehrsteilnehmer.[316] Dies gilt gleichermaßen für sämtliche automatisierte Systeme und KI, die maßgeblich durch die jeweilige Steuerungssoftware beeinflusst werden.

136 **b) Verpflichtung des Herstellers zum Software-Update.** Kontrovers diskutiert wird die daran anschließende Frage, ob eine Pflicht des Herstellers zur Bereitstellung eines Software-Updates existiert, und falls ja, woraus diese folgt.[317] Die bisherige restriktive Handhabung eines Rückrufs in der Rechtsprechung wird insbesondere durch die damit verbundenen Kosten für den Hersteller deutlich, an der Hardware etwas zu ändern. Hinzu tritt, dass eine unbedingte Pflicht zum Produktrückruf die Anknüpfung an das Inverkehrbringen als maßgeblichen Zeitpunkt konterkarieren würde.[318]

137 Folgende grundlegende Gedanken stellen sich dahingegen mit Blick auf Fahrzeugsoftware: Insbesondere bei automatisierten Fahrzeugen sind Software-Updates hinsichtlich möglicher Gefahren und potenzieller Schadenseintritte sinnvoll. Wird die deliktische Pflicht des Herstellers bejaht, ein Software-Update zur Verfügung zu stellen, ist zu überlegen, wie lange eine solche Pflicht existiert. Auch hier dürfte das Kriterium der Zumutbarkeit die jeweilige Grenze darstellen.[319] *Wagner* befürwortet bei Software-Updates eine weitergehende Pflicht als bisher angenommen wird, so dass bei erkannten Gefahren ein Update der Software für den Hersteller verpflichtend ist. Des Weiteren sind Software-Updates nicht mit einem herkömmlichen Rückruf vergleichbar, sondern einfacher und kostengünstiger durchzuführen, so dass dadurch weitergehende Nachrüstpflichten anzunehmen sind.[320]

138 In der Praxis weitaus relevanter dürften jedoch Fälle sein, in denen Hersteller ein Software-Update zur Verfügung stellen und Fahrzeughalter oder Insassen (bei Wegfall des menschlichen Fahrers) dieses nicht installieren. Verweigert der Nutzer das vom Hersteller zur Verfügung gestellte Software-Update, geht die Gefahr auf den Nutzer über und der Hersteller wird entlastet.[321]

139 Spielt der Hersteller ein Software-Update auf das jeweilige System auf, führt dies dazu, dass die Instruktionspflicht des Herstellers wiederauflebt, sofern durch die Aktualisierung des Programms neue Risiken erwachsen. Den Hersteller trifft sodann die Pflicht, den Nutzer entsprechend zu informieren.[322]

[314] Steege NZV 2021, 6 (11).
[315] Steege NZV 2021, 6 (11).
[316] Die Stufen der Automatisierung finden sich in dem internationalen Standard SAE J 3016. Die Klassifizierung durch die BASt weicht von den sprachlichen Termini und der Einteilung ab. Eine uneinheitliche Terminologie wird auch durch das Gesetz zum autonomen Fahren aus dem Jahr 2021 fortgeführt, Steege SVR 2021, 128 (129 f.).
[317] Einen Anspruch verneinend: Rockstroh/Kunkel MMR 2017, 77 (81); Schrader/Engstler MMR 2018, 356 (360); Spindler NJW 2004, 3145 (3148); Bejahend: Raue NJW 2017, 1841 (1844). Mit Blick auf das Produktsicherheitsgesetz: Wiebe NJW 2019, 625.
[318] So auch Wagner AcP 217 (2017), 707 (756).
[319] Steege NZV 2021, 6 (12).
[320] Gomille JZ 2016, 76 (80 f.); Droste CCZ 2015, 105 (108); Wagner AcP 217 (2017), 707 (756); aA Orthwein/Obst CR 2009, 1; Spindler CR 2015, 766 (770).
[321] Hartmann PHI 2017, 42 (46).
[322] Hartmann PHI 2017, 42 (46).

Ein großer Bereich sind zudem weitergehende Anforderungen an Software-Updates, welche aus dem Bereich der Software-Update-Managementsysteme sowie der Cybersecurity(-Managementsysteme)[323] und entsprechender Systeme beim Hersteller resultieren. Aber auch die General-Safety-Regulation oder die Typgenehmigungsverordnung 2018/858 stellen diesbezüglich Anforderungen, die sich bei zunehmender Digitalisierung, Vernetzung und Automatisierung verändern werden. 140

c) Rückruf. Ist eine Warnung nicht ausreichend, kann bei besonders großem Schadenspotenzial für Leib und Leben der Hersteller verpflichtet sein, sein Produkt zurückzurufen.[324] Besonderheiten ergeben sich hierfür durch den Einsatz von KI nicht.[325] 141

VI. Kausalität zwischen Pflichtverletzung und Schaden

Die Pflichtverletzung des Herstellers muss zudem kausal für die eingetretene Rechtsgutsverletzung sein. Diesen Nachweis muss der Geschädigte erbringen.[326] 142

Problematisch ist in diesem Zusammenhang die auftretende Multikausalität, die insbesondere bei KI und automatisierten Systemen für möglich gehalten wird. Für Geschädigte stellt sich das Problem, den richtigen Verantwortlichen zu ermitteln und sodann die notwendigen Tatbestandsvoraussetzungen zu beweisen.[327] Zwei Aspekte kommen hierbei zum Tragen. Zum einen ist der jeweilige Schaden ex ante nicht vorhersehbar, da er vollständig aus der Autonomie der KI resultiert. Zum anderen ist die Wahrscheinlichkeit hoch, dass unklar ist, wessen Handlung für den eingetretenen Schaden ursächlich war.[328] Dem Geschädigten obliegt es aufzuzeigen, wer für den Schaden verantwortlich ist. 143

Dies scheint auf den ersten Blick einen Widerspruch darzustellen, denn das Produkthaftungsrecht bietet mit dem Produzenten einen eindeutig bestimmbaren Verantwortlichen. Die angesprochenen Zubehörfälle zeigen ebenfalls auf, unter welchen Bedingungen der Produzent verantwortlich ist, wenn das Produkt mit Zubehör verwendet wird und dadurch ein Schaden eintritt. Bei einem solch hochkomplexen KI-Produkt, bei dem mehrere Dienste und Maschinen interagieren, ist jedoch offen, welcher Sphäre die Handlung zuzurechnen ist.[329] Ähnlich den Zubehörfällen werden dabei mehrere Produkte miteinander verwendet. Aufgrund der hohen Komplexität lässt sich jedoch unter Umständen nicht ermitteln, welches Produkt fehlerhaft war und somit, welcher Hersteller verantwortlich ist. 144

Wird KI nicht in einer komplexen Umgebung verwendet, so dass Multikausalität nicht zu befürchten ist, entstehen keine Probleme für die bestehende Produkt- und Produzentenhaftung. 145

VII. Verschulden

Die deliktische Produzentenhaftung erfordert ein Verschulden des Herstellers. Mangels Rechtspersönlichkeit kommt eine Haftung automatisierter Systeme nicht in Betracht, so dass es auch nicht auf ihr Verschulden ankommen kann.[330] 146

[323] Durch die UNECE verabschiedet etwa die UN-Regulierung 155 der UNECE WP.29 zu Cybersicherheit sowie die Norm ISO/SAE 21434, woraus sich zahlreiche Anforderungen für Automobilhersteller ergeben.

[324] Thürmann VersR 1999, 145 (146); ausführlich Spindler in BeckOGK, 1.11.2021, BGB § 823 Rn. 664–667.

[325] Steege NZV 2021, 6 (12).

[326] BGH NJW 1989, 1542 (1545); BGH NJW 1992, 560 (562 f.); BGH VersR 1981, 1181 (1182); OLG Karlsruhe VersR 2003, 1584 (1586).

[327] Zech ZfPW 2019, 198 (207).

[328] Steege NZV 2021, 6 (12).

[329] Steege NZV 2021, 6 (12).

[330] Zur Haftung von Robotern siehe auch Kluge/Müller InTeR 2017, 24 ff.

147 Ein Verschulden des Herstellers kann nicht ohne Weiteres angenommen werden. Fahrlässiges Handeln liegt gem. § 276 Abs. 2 BGB dann vor, wenn die im Verkehr erforderliche Sorgfalt außer Acht gelassen wurde. Im Zusammenhang mit KI kommt es insbesondere auf die Erkennbarkeit und Vermeidbarkeit der Tatbestandsverwirklichung an. KI handelt jedoch gerade nicht deterministisch, so dass die Autonomie zu der Überlegung führt, ob der Hersteller ex ante erahnen kann, wie sich seine KI weiterentwickelt und künftig handelt.[331] Die Autonomie der KI lässt sich auch nicht einfach in eine der oben aufgezeigten Fehlerkategorien einordnen. Schließlich sind Komplexität und Autonomie die Wesensmerkmale einer KI. Das Verschuldensprinzip stößt bei diesem Grad an Autonomie an seine Grenzen.[332] Demgegenüber haftet der Hersteller bei einer Gefährdungshaftung, bspw. nach dem Produkthaftungsgesetz, unproblematisch. Es verwundert folglich nicht, dass in diesem Zusammenhang überlegt wird, diese Risiken mittels Gefährdungshaftung,[333] Haftungsfonds,[334] Proportionalhaftung oder Pflichtversicherung[335] zu begrenzen.[336] Gleichwohl wird von vielen Stimmen im juristischen Schrifttum das geltende Haftungssystem als ausreichend angesehen.[337]

148 Es bleibt abzuwarten, ob das Verschuldensprinzip bei KI effektiv ist, oder ob Haftungslücken entstehen. Schon jetzt lässt sich jedoch beobachten, dass die Rechtsprechung im Zusammenhang mit Digitalisierung bei Organisations- und Verkehrspflichten besonders strenge Anforderungen an den Pflichtigen stellt.[338]

149 Bei (teil-) automatisierten Systemen bestehen die soeben erwähnten Probleme mit Blick auf das Verschulden nicht, so dass diese bezüglich der deliktischen Produzentenhaftung als unproblematisch anzusehen sind.

150 Die Vor- und Nachteile der Verschuldenshaftung führen zu der Fragestellung, welches Haftungskonzept für KI und autonom agierende Systeme im Allgemeinen prädestiniert ist. Je nach Haftungskonzept bestehen sowohl für den Geschädigten als auch für den Hersteller, Betreiber und Nutzer Vor- und Nachteile. Mit Blick auf die Erforschung neuer Technologien ist zudem zu beachten, dass je nach Haftungskonzept Anreize für möglichst sichere Produkte erreicht werden, ein zu großes Haftungsrisiko jedoch eine technologische Entwicklung hemmen kann, so dass die Frage des Haftungskonzepts durchaus auch dazu führen kann, dass keine technikfreundliche Umgebung für Entwickler und Hersteller anzutreffen ist.

VIII. Schaffung einer Betreiberhaftung

151 Die Schaffung einer Betreiberhaftung wird teilweise angedacht, erscheint aber nicht notwendig.[339]

IX. Exkurs: Pflichten der Betreiber

152 Den Betreiber von KI, aber auch von automatisierten Maschinen, treffen Pflichten zur Sicherung der jeweiligen Gefahrenquelle, gleich ob es sich um einen Roboter, ein

331 Steege NZV 2021, 6 (12).
332 Steege NZV 2021, 6 (12).
333 Borges CR 2016, 272 (279 f.); Bräutigam/Klindt NJW 2015, 1137; Horner/Kaulartz InTeR 2016, 22 (24); Schaub JZ 2017, 342 (348); Spindler CR 2015, 766 (775).
334 Entschließung des Europäischen Parlaments v. 16.2.2017 mit Empfehlungen an die Kommission zu zivilrechtlichen Regelungen im Bereich Robotik (2015/2103 [INL]) – P8_TA(2017)0051 Ziff. 58, 59, S. 18 f.
335 Spindler CR 2015, 766 (775); aA Horner/Kaulartz CR 2016, 7 (14).
336 Zumindest für Low-Risk KI ablehnend v. Westphalen VuR 2020, 248 (254), der eine Gefährdungshaftung und das Mittel der Beweislastumkehr als ausreichend erachtet.
337 v. Bodungen/Hoffmann NZV 2016, 503 (508); Grützmacher CR 2016, 695 (697 f.); v. Westphalen VuR 2020, 248 (254).
338 Steege, Organisationspflichten und Organisationsverschulden, 2022, S. 311.
339 Dazu Steege NZV 2021, 6 (13).

vernetztes System oder ein automatisiertes oder autonomes Fahrzeug handelt.[340] Klar muss auch hier sein, dass nicht jeder automatisierte Roboter oder jedwedes automatisierte Fahrzeug per se mit KI gleichzusetzen ist.[341] Eine solche rechtliche Betrachtung nimmt der Technologie und dem Produkt KI jedwede Schärfe, die es jedoch braucht, um eine rechtliche Bewertung zu ermöglichen, die sich nicht bloß auf bestehende Ausführungen zu anderen Technologien kapriziert.

Mit Blick auf die bestehenden Pflichten zur (Ab)Sicherung der Gefahrenquelle steht **153** außer Frage, dass deren Bestehen davon unabhängig ist, ob das Verhalten der jeweiligen Produkte vorhersehbar ist oder nicht. Maßgeblich ist ausschließlich die Erhöhung eines Risikos bzw. die Schaffung einer Gefahr sowie die dadurch entstehenden Organisations- und Verkehrspflichten.[342] Zu berücksichtigen ist dabei jedoch, inwiefern die Betreiber in der Lage sind, die jeweilige Gefahr einzuschätzen, diese zu beherrschen und durch entsprechende Maßnahmen zu steuern. Daher wird im Schrifttum auch primär auf fachkundige Betreiber abgestellt.[343] Verschärfend könnte gleichwohl daran angesetzt werden, dass sich der Betreiber eines Produkts überhaupt erst dafür entscheidet, es zu verwenden und somit die Gefahr schafft, die er zudem nicht beherrschen kann. Gegen eine solche weitreichende Anknüpfung der deliktischen Haftung spricht, dass dies quasi einem Verbot eines solchen Produkts und der Verwendung gleichkommen würde. Jedoch wird dagegengehalten, dass keineswegs eine unbedingte Sicherheit vor möglichen Gefahren gefordert wird – diese könnte auch nicht erreicht werden. Vielmehr kommt es auf die sozialadäquate Dimension der Risikosteuerung an.[344]

D. Fazit und Ausblick

Automatisierte Systeme und KI wirken sich nicht per se auf die Produzentenhaftung aus. **154** Maßgeblich ist vielmehr, welche Eigenschaften das jeweilige Produkt hat und wie autonom die Systeme letztendlich sind. Damit steht und fällt die Frage nach der Auswirkung auf die Produkt- und Produzentenhaftung insgesamt. Ein hoher Grad an Autonomie wirkt sich wie aufgezeigt spürbar auf die deliktische Produzentenhaftung aus und verdeutlicht zugleich Vorteile der verschuldensunabhängigen Gefährdungshaftung wie bspw. nach der Spezialvorschrift des Produkthaftungsgesetzes. Gleichwohl hat sich gezeigt, dass die Unterschiede zwischen den beiden Haftungsregimen mitunter marginaler Natur sind.

Die iR des § 823 Abs. 1 BGB entwickelten Fehlerkategorien sind bei KI nahezu un- **155** verändert anwendbar. Jedoch führen Komplexität und Multikausalität zu erheblichen Problemen. Vor allem hinsichtlich des Verschuldens zeigt sich, dass ein solches aufgrund der KI innewohnenden Autonomie nur schwerlich zu bejahen ist, so dass Haftungslücken entstehen könnten. In der Praxis der Produkthaftungsprozesse mag sich die Frage des Verschuldens insoweit relativieren, als dass die Pflichtverletzung des Herstellers maßgeblich ist und für „weiteres" Verschulden insofern kaum Raum übrig bleibt. In dem Zusammenhang kann auch von einer Verlagerung des Verschuldens gesprochen werden.

Aber auch eine Gefährdungshaftung für autonome Systeme und KI-Produkte ist nicht **156** der goldene Weg. Ist bspw. unklar, wer für einen Schaden verantwortlich ist, bietet auch eine verschuldensunabhängige Haftung keinen Mehrwert, denn auch dort muss der Hersteller ermittelt werden.

340 Spindler in BeckOGK, 1.11.2021, BGB § 823 Rn. 748.
341 Steege SVR 2021, 1 (3).
342 Spindler CR 2015, 766 (768); folgend Grützmacher CR 2016, 695 (696); Zech Gutachten Teil A, S. 37.
343 Spindler in BeckOGK, 1.11.2021, BGB § 823 Rn. 748.
344 Wagner VersR 2020, 717 (727).

157 Deutlich wurde indes, dass die deliktische Produzentenhaftung bei teilautomatisierten und automatisierten Systemen unproblematisch anwendbar ist. Diese Automatisierungsgrade bereiten keine nennenswerten Probleme. Solange KI nicht vollständig autonom agiert, ist die deliktische Produzentenhaftung ausreichend effektiv und bedarf keiner Modifikation. Wäre dies indes der Fall, müsste das Recht dieser Hürde insgesamt begegnen. Es handelt sich folglich nicht um eine punktuelle Schwäche der deliktischen Produzentenhaftung nach § 823 Abs. 1 BGB. Die Flexibilität von Organisations- und Verkehrspflichten bietet iR der deliktischen Produzentenhaftung einen großen Vorteil, weil sie sich auf unterschiedlichste Sachverhalte und Automatisierungsgrade anwenden lassen. Dies betrifft insbesondere auch die Intensität der Pflichten, die der Hersteller von der Konstruktion bis zu den jeweiligen Pflichten nach dem Inverkehrbringen beachten muss.

158 Wenn KI in einem Produkt zum Einsatz kommt, muss ein Fehler in Verbindung mit der KI ursächlich für den eingetretenen Schaden sein. Das bedeutet, dass dadurch Schäden aus der Betrachtung fallen, welche durch ein Produkt verursacht wurden, das zwar KI einsetzt, diese aber für den Schaden nicht ursächlich ist.

159 In der Rechtsprechung ist schon jetzt auffallend, dass bei der Digitalisierung hinsichtlich der Sorgfaltspflichten strengere Maßstäbe angelegt werden. Digitalisierung und Automatisierung rechtfertigen dies per se nicht. Die Rechtsprechung schießt über ihr Ziel – eines effektiven Schutzes – hinaus.

160 Eine weitergehende Regulierung von KI und die Einführung einer neuartigen Gefährdungshaftung de lege ferenda sollte nicht vorschnell angedacht werden. Zumindest das deutsche Deliktsrecht lässt sich äußerst flexibel auf die zunehmende Automatisierung anwenden. Es hat sich gezeigt, wie wertvoll die Verkehrs- und Organisationspflichten als Teil der deliktischen Sorgfaltspflichten sind. Die Zweigleisigkeit des Haftungsregimes aus harmonisierter Produkthaftung und deliktischer Produzentenhaftung erweist sich als tradiertes und ausbalanciertes System, welches auch in Zukunft anwendbar ist. Eine Novellierung der europäischen Produkthaftungsrichtlinie ist dennoch zu begrüßen. Dort besteht im Gegensatz zur deliktischen Produzentenhaftung gem. § 823 Abs. 1 BGB die Problematik, dass umstritten ist, ob Software und KI ein Produkt darstellen. Eine Klarstellung des Gesetzgebers ist somit zu begrüßen. Die Ausgewogenheit des Haftungsrechts sollte jedoch auf nationaler sowie europäischer Ebene beibehalten werden.

161 Wenngleich der bestehende kodifizierte Haftungsrahmen keiner grundlegenden Überarbeitungen bedarf, sind einzelne Klarstellungen und Anpassungen begrüßenswert. Da automatisierte Systeme und KI-Produkte maßgeblich auf Software basieren, sollte überdacht werden, ob die bisherige Rechtsprechung mit Blick auf weitergehende Pflichten als die Warnung vor Gefahren um Software-Updates erweitert werden sollte. Die Steuerungssoftware wird für nachfolgende Produktgenerationen ohnehin weiterentwickelt und lässt sich im Gegensatz zu einer Hardwarenachrüstung deutlich kostengünstiger und schneller durchführen, so dass dies mit Blick auf das Kriterium der wirtschaftlichen Zumutbarkeit weitergehender Pflichten berücksichtigt werden sollte.

162 Spannend bleiben die weiteren gesetzgeberischen Aktivitäten auf europäischer Ebene mit Blick auf den Verordnungsentwurf zur Regulierung von KI. Wie sich jedoch gezeigt hat, sind sowohl die harmonisierte Produkthaftung als auch die deliktische Produzentenhaftung bereit für die kommenden Technologien und führen einerseits zu ausreichenden Anreizen für die Hersteller zur Entwicklung sicherer Produkte und andererseits sind die Haftungsanknüpfung und -begründung effektiv und flexibel.

Literatur

Anders, Die berechtigte Sicherheitserwartung, Phi 2009, 230–237

v. Bar, Die Grenzen der Haftung des Produzenten, in Lieb, Produktverantwortung und Risikoakzeptanz, 1998, 29–47

Beck, Grundlegende Fragen zum rechtlichen Umgang mit der Robotik, JR 2009, 225–230

v. Bodungen, Automatisiertes Fahren und Produkthaftung, in Chibanguza/Kuß/Steege, Künstliche Intelligenz, 2021

v. Bodungen/Hoffmann, Autonomes Fahren – Haftungsverschiebung entlang der Supply Chain? (Teil 1), NZV 2016,449–454
v. Bodungen/Hoffmann, Autonomes Fahren – Haftungsverschiebung entlang der Supply Chain? (Teil 2), NZV 2016, 503–509
Borges, Die Haftung für selbstfahrende Autos, CR 2016, 272–280
Borges, Rechtliche Rahmenbedingungen für autonome Systeme, NJW 2018, 977–982
Bräutigam/Klindt, Industrie 4.0, das Internet der Dinge und das Recht, NJW 2015, 1137–1142
Brüggemeier, Produzentenhaftung nach § 823 Abs. 1 BGB. Bestandsaufnahme und Perspektiven weiterer judizieller Rechtsentwicklung, WM 1982, 1294–1309
Brüggemeier, Deliktsrecht, 1986
Brüggemeier, Anm. zu BGH, Urteil v. 19.11.1991 – VI ZR 171/91 – Hochzeitsessen, ZIP 1992, 415
Brüggemeier, Instruktionspflicht bei der Vermarktung von Kindertees und Fruchtsäften hinsichtlich der Kariesgefahr durch Dauernuckeln, JZ 1995, 905–906
Brüggemeier, Fehlerhafte Brustimplantate und die Haftung der Zertifizierungsinstitute – Das EuGH-Urteil in der Rechtssache Schmitt v. TÜV Rheinland, MedR 2017, 527–531
Brüggemeier, Luxemburg locuta, causa finita? Eine Nachbetrachtung der juristischen Behandlung der sog. PIP-Affaire in Deutschland, JZ 2018, 191–196
Buck-Heeb/Dieckmann, Selbstregulierung im Privatrecht, 2009
Burckhardt, EuGH: Haftung für fehlerhafte Produkte, BB 2015, 661–662
Chibanguza/Schubmann, Die Produktbeobachtungspflicht im Wandel der Digitalisierung und die Haftung der handelnden Personen, GmbHR 2019, 313–321
Dahm-Loraing/Koyuncu, Haftung für Medizinprodukte, PHI 2010, 142–153
Duisberg/Appt, „Funktionale Sicherheit" iS der neuen ISO 26262 – Haftungsrechtliche (Un-) Sicherheit?, PHi 2010, 214
Etzkorn, Bedeutung der „Entwicklungslücke" bei selbstlernenden Systemen, MMR 2020, 360–365
Foerste, Die Produkthaftung für Druckwerke, NJW 1991, 1433–1443
Foerste, Neues zur Produkthaftung – Passive Beobachtungspflicht und Äquivalenzinteresse, NJW 1994, 909–911
Foerste/Graf v. Westphalen, Produkthaftungshandbuch, 3. Aufl. 2012
Freyler, Robot-Recruiting, Künstliche Intelligenz und das Antidiskriminierungsrecht, NZA 2020, 284–290
Fuchs, Arbeitsteilung und Haftung, JZ 1994, 533–540
Fuchs/Baumgärtner, Ansprüche aus Produzentenhaftung und Produkthaftung, JuS 2011, 1057–1063
Geistfeld, A Roadmap for Autonomous Vehicles: State Tort Liability, Automobile Insurance, and Federal Safety Regulation, California Law Review 2017
Grüneberg, Bürgerliches Gesetzbuch, 81. Aufl. 2022 (zitiert als: Grüneberg, 81. Aufl. 2022)
Gsell/Krüger/Lorenz/Reymann, beck-online.GROSSKOMMENTAR, Stand: 1.5.2021 (zitiert als: Bearbeiter in BeckOGK, 1.11.2021)
Federal Safety Regulation, 105 Cal. L. Rev. 2017, 1611
Giesen, Zur Reichweite der Umkehr der Beweislast bei der Produzentenhaftung aus Verschulden, JZ 1993, 675–678
Gleß/Weigend, Intelligente Agenten und das Strafrecht, ZStW 126 (2014), 561–591
Gomille, Herstellerhaftung für automatisierte Fahrzeuge, JZ 2016, 76–82
Greger, Haftungsfragen beim automatisierten Fahren, NZV 2018, 1
Grützmacher, Die deliktische Haftung für autonome Systeme – Industrie 4.0 als Herausforderung für das bestehende Recht?, CR 2016, 695–698
Hacker, Europäische und nationale Regulierung von Künstlicher Intelligenz, NJW 2020, 2142
Haus/Krumm/Quarch, Gesamtes Verkehrsrecht, 3. Aufl. 2021
Helmig, Funktionale Sicherheit nach ISO 26262 und Produkthaftung für No-trouble-found-Fälle, PHI 2012, 32–37
Helmig, Haftungsfalle Wareneingangsprüfung in der Automobilzulieferindustrie, PHI 2014, 86–90
Helmig, Sicherheitserwartungen für automatisierte und autonome Fahrzeuge: Haftung aus Basis- vs. Zukunftstechnologie, PHI 2016, 188–196
Hetmank/Lauber-Rönsberg, Künstliche Intelligenz – Herausforderungen für das Immaterialgüterrecht, GRUR 2018, 574–582
Hofmann, Der Einfluss von Digitalisierung und künstlicher Intelligenz auf das Haftungsrecht. Der Umgang mit technischen 2020, Risiken, CR 282–288
Horner/Kaulartz, Haftung 4.0, CR 2016, 7–14
Horner/Kaulartz, Haftung 4.0, InTeR 2016, 22–27
Jänich/Schrader/Reck, Rechtsprobleme des autonomen Fahrens, NZV 2015, 313–318
Kapoor/Klindt, Das neue deutsche Produktsicherheitsgesetz (ProdSG), NVwZ 2012, 719–724
Katzenmeier, Entwicklungen des Produkthaftungsrechts, JuS 2003, 943–951
Kersten, Menschen und Maschinen. Rechtliche Konturen instrumenteller, symbiotischer und autonomer Konstellationen, JZ 2015, 1–8

Kirn/Müller-Hengstenberg, Intelligente (Software-)Agenten: Eine neue Herausforderung unseres Rechtssystems – Rechtliche Konsequenzen der „Verselbstständigung" technischer Systeme, MMR 2014, 307–313
Klaas, Demokratieprinzip im Spannungsfeld mit künstlicher Intelligenz, MMR 2019, 84–90
Kluge/Müller,Autonome Systeme, InTeR 2017, 24–31
Kötz/Wagner, Deliktsrecht, 13. Aufl. 2016
Krug, Haftung im Rahmen der Anwendung von künstlicher Intelligenz. Betrachtung unter Berücksichtigung der Besonderheiten des steuerberatenden Berufsstands, beck.digitax 2020, 74–80
Kullmann, Die Rechtsprechung des BGH zum Produkthaftpflichtrecht in den Jahren 2000 und 2001, NJW 2002, 30–36
Kullmann, Produkthaftung für Verkehrsmittel – Die Rechtsprechung des Bundesgerichtshofes, NZV 2002, 1
Kunz, Die Produktbeobachtungs- und die Befundsicherungspflicht als Verkehrssicherungspflichten des Warenherstellers, BB 1994, 450–454
Kütük-Markendorf, Die hoch- oder vollautomatisierte Fahrfunktion als Vorstufe zum autonomen Fahren, CR 2017, 349–355
Lohmann, Roboter als Wundertüten – eine zivilrechtliche Haftungsanalyse, AJP 2017, 152–162
Lutz/Tang/Lienkamp, Die rechtliche Situation von teleoperierten und autonomen Fahrzeugen, NZV 2013, 57–63
Marburger, Grundsatzfragen des Haftungsrechts unter dem Einfluß der gesetzlichen Regelungen zur Produzenten- und zur Umwelthaftung, AcP 192 (1992), 1–34
Matthias, Automaten als Träger von Rechten, 2008
Maurer/Gerdes/Lenz/Winner, Autonomes Fahren, 2015
Meder, Ius non scriptum – Traditionen privater Rechtsetzung, 2. Aufl. 2009
Meder, Leibniz und das autonome Fahren. Zur Vorgeschichte der Ideen von selbststeuernden Maschinen, technischer Kinetik und Robotik in Oppermann/Stender-Vorwachs, Autonomes Fahren, 2. Aufl. 2020, Kap. 2.1.1
Michalski, Produktbeobachtung und Rückrufpflicht des Produzenten, BB 1998, 961–965
Ory/Sorge, Schöpfung durch Künstliche Intelligenz?, NJW 2019, 710–713
Raue, Haftung für unsichere Software, NJW 2017, 1841–1846
Reichwald/Pfisterer, Autonomie und Intelligenz im Internet der Dinge, CR 2016, 208–212
Renn, Mit Sicherheit ins Ungewisse. Möglichkeiten und Grenzen der Technikfolgenabschätzung, APuZ 6–7/2014, 3–10
Reusch, Produkthaftung, in Kaulartz/Braegelmann, Rechtshandbuch Artificial Intelligence und Machine Learning, 2020, Kap. 4.1
Riehm, Nein zur ePerson!, RDI 2020, 42–48
Riehm/Meier, in Fischer/Hoppen/Wimmers, DGRI Jahrbuch 2018, 2019, 1–36
Rockstroh/Kunkel, IT-Sicherheit in Produktionsumgebungen, MMR 2017, 77–82
Sack, Produzentenhaftung und Produktbeobachtungspflicht, BB 1985, 813–819
Säcker/Rixecker/Oetker/Limperg, Münchener Kommentar zum Bürgerlichen Gesetzbuch, Bd. 7, 8. Aufl. 2020 (zitiert als: Bearbeiter in MüKoBGB, Bd. 7, 8. Aufl. 2020)
Schaub, Interaktion von Mensch und Maschine, JZ 2017, 342–349
Schirmer, Von Mäusen, Menschen und Maschinen – Autonome Systeme in der Architektur der Rechtsfähigkeit, JZ 2019, 711–718
Schlechtriem, Dogma und Sachfrage – Überlegungen zum Fehlerbegriff des Produkthaftungsgesetzes, in v. Löwisch/Schmidt-Leithoff/Schmiedel, Beiträge zum Handels- und Wirtschaftsrecht, Festschrift für Fritz Rittner zum 70. Geburtstag, 1991, 545–560 (zitiert als: Schlechtriem FS Rittner 1991, 545)
Schmid, Pflicht zur "integrierten Produktbeobachtung" für automatisierte und vernetzte Systeme, CR 2019, 141–147
Schrader/Engstler, Anspruch auf Bereitstellung von Software-Updates?, MMR 2018, 356–361
Seehafer/Kohler, Künstliche Intelligenz: Updates für das Produkthaftungsrecht?, EuZW 2020, 213–218
Söbbing, Künstliche Intelligenz im HR-Recruiting-Prozess: Rechtliche Rahmenbedingungen und Möglichkeiten, InTeR 2018, 64–67
Sosnitza, Das Internet der Dinge – Herausforderung oder gewohntes Terrain für das Zivilrecht?, CR 2016, 764–772
Specht/Herold, Roboter als Vertragspartner?, MMR 2018, 40–44
Spindler, Das Jahr-2000-Problem: Produzentenhaftung und Mitverschulden der Softwarenutzer, NJW 1999, 3737–3745
Spindler, IT-Sicherheit und Produkthaftung – Sicherheitslücken, Pflichten der Hersteller und der Softwarenutzer, NJW 2004, 3145–3150
Spindler, Roboter, Automation, künstliche Intelligenz, selbst-steuernde Kfz – Braucht das Recht neue Haftungskategorien?, CR 2015, 766–776
Spindler, Digitale Wirtschaft – analoges Recht: Braucht das BGB ein Update?, JZ 2016, 805–816
Steege, Algorithmenbasierte Diskriminierung durch Einsatz von Künstlicher Intelligenz. Rechtsvergleichende Überlegungen und relevante Einsatzgebiete, MMR 2019, 715–721

Steege, Auswirkungen von künstlicher Intelligenz auf die Produzentenhaftung in Verkehr und Mobilität. Zum Thema des Plenarvortrags auf dem 59. Deutschen Verkehrsgerichtstag, NZV 2021, 6–13
Steege, Künstliche Intelligenz und Mobilität, SVR 2021, 1–6
Steege, Gesetzesentwurf zum autonomen Fahren (Level 4), SVR 2021,128–137
Steege, Chancen und Risiken beim Einsatz künstlicher Intelligenz in der Medizin. Haftungs-, datenschutzrechtliche sowie ethische Aspekte, GuP 2021, 125–135
Steege, Organisationspflichten und Organisationsverschulden, Legitimation, Haftungsbegründung und Haftungsvermeidung, 2022
Steege/Kuß, Datenschutzrecht und KI, in Chibanguza/Kuß/Steege, Künstliche Intelligenz, 2022, S. 129–152
Steindorff, Repräsentanten- und Gehilfenversagen und Qualitätsregelungen in der Industrie, AcP 170 (1970), 93–132
Stender-Vorwachs/Steege, Wem gehören unsere Daten? Zivilrechtliche Analyse zur Notwendigkeit eines dinglichen Eigentums an Daten, der Datenzuordnung und des Datenzugangs, NJOZ 2018, 1361–1367
Stiemerling, "Künstliche Intelligenz" – Automatisierung geistiger Arbeit, Big Data und das Internet der Dinge, CR 2015, 762–765
Taschner, Die künftige Produzentenhaftung in Deutschland, NJW 1986, 611
Teubner, Digitale Rechtssubjekte?, AcP 218 (2018), 155–205
Timke, Erhöhtes Ausfallrisiko von Medizinprodukten als Produktfehler, NJW 2015, 3060–3064
Ulmer, Produktbeobachtungs-, Prüfungs- und Warnpflichten eines Warenherstellers in bezug auf Fremdprodukte?, ZHR 152, (1988), 564–599
Vogt, Fahrerassistenzsysteme – Neue Technik – Neue Rechtsfragen?, NZV 2003, 153–160
Wagner, Produkthaftung für autonome Systeme, AcP 217 (2017), 707–765
v. Westphalen, Produkthaftungsrechtliche Erwägungen beim Versagen Künstlicher Intelligenz (KI) unter Beachtung der Mitteilung der Kommission COM(2020) 64 final, VuR 2020, 248–254
v. Westphalen, Das neue Produkthaftungsgesetz, NJW 1990, 83–93
v. Westphalen, Das Milupa-Urteil – eine beträchtliche Verschärfung der Produkthaftung ZIP 1992, 18–24
v. Westphalen, Haftungsfragen beim Einsatz Künstlicher Intelligenz in Ergänzung der Produkthaftungs-RL 85/374/EWG ZIP 2019, 889–895
v. Westphalen, Verzweifelte Suche nach der verlorenen Vertragsfreiheit ZIP 2020, 437–446
Wiesemann/Mattheis/Wende, Software-Updates bei vernetzten Geräten. Besteht ein Update-Recht der Hersteller an der Steuerungssoftware ihrer Produkte?, MMR 2020, 139–144
Zech, Künstliche Intelligenz und Haftungsfragen, ZfPW 2019, 198–219
Zech, Entscheidungen digitaler autonomer Systeme: Empfehlen sich Regelungen zu Verantwortung und Haftung?, Verhandlungen des 73. DJT 2020, Band 1: Gutachten Teil A, 1. Aufl. 2020 (zitiert als: Zech Gutachten Teil A)

3.12 Produktbeobachtung

Übersicht

A. Einleitung

1 Auch die Produktbeobachtungspflicht unterliegt im Zuge der Digitalisierung und den als weitere Stufe zu sehenden auf Künstlicher Intelligenz (KI) basierenden Lösungen einem Wandel. Folge hiervon ist eine Verschiebung und Intensivierung der den Hersteller treffenden Pflichten zur Überwachung eigener Produkte im Feld. Diese Veränderungen werden derzeit verschiedenen Orts diskutiert[1], wie etwa im Hinblick auf sog. Use-Cases betreffend selbstfahrende Fahrzeuge[2] oder Medizinprodukte[3]. Daneben setzt sich diese Diskussion auch in Bezug auf die Pflicht zur Produktbeobachtung im Allgemeinen fort.[4] Die vorstehend genannten Lebensbereiche und von diesen erfassten Produkte weisen im Falle eines Fehlers häufig ein hohes Risiko für die Gesundheit der Nutzer und weiterer mit dem Produkt in Berührung kommender Akteure sowie deren Rechtsgütern auf, sodass sich oftmals intensive Überwachungspflichten ergeben.

2 Auch von Seiten des Gesetzgebers ist die aktuelle Entwicklung im Zusammenhang mit der Produkthaftung und der mit dieser eng verknüpften Produktbeobachtung erkannt worden. Dies zeigt etwa die KI-Strategie der Bundesregierung.[5] Auf EU-Ebene hat die Kommission am 19. Februar 2020 zunächst ein **Weißbuch zur Künstlichen Intelligenz** vorgelegt, welches ua auch mögliche Implikationen von KI auf das bestehende System der

[1] Grds. siehe dazu etwa Chibanguza in Chibanguza/Kuß/Steege Künstliche Intelligenz, 2021, § 5 Kap. K. Rn. 17 ff.; Chibanguza /Schubmann GmbHR 2019, 313 ff.; Schmid CR 2019, 141 ff.

[2] Siehe etwa Steege NZV 2021, 6 (10 f.).

[3] Böck/Theurer DB 2021, 520 ff.; Droste MPR 2018, 109 ff.

[4] Chibanguza/Schubmann GmbHR 2019, 313 ff.; Hacker NJW 2020, 2142 (2145); Reusch in Kaulartz/Braegelmann Rechtshandbuch Artificial Intelligence und Machine Learning, 2020, Kap. 4.1 Rn. 144 ff.

[5] Siehe die unter der Bezeichnung „*Strategie Künstliche Intelligenz der Bundesregierung*", erfolgte Veröffentlichung, abrufbar unter: https://www.bmbf.de/shareddees/downloads/files/nationale_Ki_strategie.html (zuletzt abgerufen am: 5.5.2022).

Produkthaftung in den Blick nimmt.[6] Hinzu kommt der am 21. April 2021 vorgelegte **Verordnungsentwurf** zur Regelung der Verwendung von KI.[7] Zu Sondermaterien, wie etwa dem der Medizinprodukte, sind aufgrund der bei diesen im Falle von Fehlern betroffenen besonders hochrangigen Rechtsgütern, namentlich Gesundheit und Leben, in der vergangenen Zeit ebenfalls legislative Tätigkeiten zu beobachten gewesen, wie etwa die seit dem 26. Mai 2021 geltende **Medizinproduktevorordnung** (MDR) zeigt.[8] Ergänzung finden diese Aktivitäten durch diverse Veröffentlichungen von Nichtregierungsorganisationen, welche ebenfalls Fragestellungen von KI und Produkthaftung beleuchten[9]. Auch von Seiten der Gerichte sind etwa mit der **Pflegebettenentscheidung**[10] oder dem Urteil zur Einstandspflicht betreffend fehlerhafte **Brustimplantate**,[11] wichtige Richtersprüche im Zusammenhang mit Medizinprodukten ergangen, obgleich diese nicht unmittelbar im digitalen Kontext zu sehen sind.

3 Doch nicht nur die genannten „Spezialanwendungen“ aus den Bereichen autonome Mobilität und Gesundheit erfahren zunehmend eine Verknüpfung mit automatisierten und KI basierten Lösungen oder jedenfalls digitalen Komponenten; auch herkömmliche Produkte werden zunehmend mit Software ausgestattet und vernetzungsfähig ausgestaltet, sodass der Nutzer diese beispielsweise über sein Smartphone steuern kann. Verwiesen sei hier auf die zahlreichen *Internet-of-Things*-Anwendungen[12]. Dies sind nur einige Beispiele einer zunehmenden Verbreitung von Big Data-Algorithmen und Künstlicher Intelligenz sowie einer rasant voranschreitenden Vernetzung im Zuge des Internet of Things, zeigen aber auch, dass die mit der Digitalisierung einhergehenden Änderungen nicht nur den industriellen Bereich prägen werden, sondern auch konkrete Lebensbereiche, wie etwa Haushaltsanwendungen oder den Entertainmentsektor, nachhaltig verändern. Diese Entwicklungen und mit ihnen einhergehenden (technischen) Möglichkeiten geben Anlass, die aus ihnen folgenden neuen Anforderungen an die Produktbeobachtung zu untersuchen und darzustellen.

I. Die Pflicht zur Produktbeobachtung – Ein Überblick

4 Zunächst ist im Hinblick auf die Pflicht zur Produktbeobachtung[13] festzustellen, dass der Umstand, dass automatisierte Anwendungen und KI-Lösungen auf einer **Software** basieren, nichts an dieser den Hersteller treffenden Vorgabe zur Überwachung ändert.[14]

[6] Europäische Kommission Weißbuch zur Künstlichen Intelligenz – ein europäisches Konzept für Exzellenz und Vertrauen, COM(2020) 65 final.

[7] Europäische Kommission Regulation of the European Parliament and of the Council laying down harmonised Rules on Artificial Intelligence (Artificial Intelligence Act) and amending certain Union Legislative Acts, COM(2021) 206 final 2021/0106 (COD), nachfolgend bezeichnet als „VO-KI-Entwurf“. Siehe zu dem VO-KI-Entwurf etwa Bomhard/Merkle RDi 2021, 276 ff.

[8] Verordnung (EU) 2017/745 des Europäischen Parlaments und des Rates vom 5.4.2017 über Medizinprodukte, zur Änderung der Richtlinie 2001/83/EG, der Verordnung (EG) Nr. 178/2002 und der Verordnung (EG) Nr. 1223/2009 und zur Aufhebung der Richtlinien 90/385/EWG und 93/42/EWG des Rates, Abl. EU L 117 v. 5.5.2017, S. 1 ff.; siehe zur MPV und Herstellungspflichten sowie Haftungsrisiken bei IT-Sicherheitslücken Böck/Theurer DB 2021, 520 ff.

[9] Siehe etwa beispielhaft die Studie der Bertelsmann Stiftung unter dem Titel „KI in Unternehmen – Ein Praxisleitfaden zu rechtlichen Fragen“, https://www.bertelsmann-stiftung.de/publikationen/publikation/did/ki_in_unternehmen (zuletzt abgerufen am: 5.5.2022).

[10] BGH Urt. v. 9.6.2015 – Az. VI ZR 284/12 („Pflegebettenentscheidung“), abgedruckt in NJW 2015, 3096 ff.

[11] Zu Brustimplantaten: BGH Urt. 9.4.2015 – VII ZR 36/14, abgedruckt in VuR 2015, 268 ff.; EuGH Urt. v. 16.2.2017 –C-219/15, abgedruckt in NJW 2017, 1161 ff.; BGH Urt. v. 22.6.2017 –VII ZR 36/14, abgedruckt in NJW 2017, 2617 ff.

[12] Siehe im Hinblick auf das Internet of Things und Fragen der Vertragsgestaltung Heydn MMR 2020, 503 ff.

[13] Zur Produkthaftung siehe vorstehend umfassend → Kap. 3.11 Rn. 1. ff.

[14] In diesem Sinne auch Hans GWR 2016, 393 (394 f.); Wiesner in Leupold/Wiebe/Glossner Münchener AnwaltshandbuchLeupold/Wiebe/Glossner Münchener Anwaltshandbuch IT-Recht, 4. Aufl. 2021,

Denn die aus dem Deliktsrecht folgende Produkthaftung unterscheidet insofern nicht danach, ob ein Schaden durch ein rein physisches Produkt, oder eben durch eine Software verursacht worden ist bzw. eine Beeinträchtigung droht. Mit anderen Worten erfolgt keine Beschränkung auf die Überwachung der Hardware, sondern auch Software ist zu beobachten. Da Fehler in der Konzeption einer Software unvermeidbar sind, folgt hieraus auch eine gesteigerte Pflicht zur Produktbeobachtung.[15] Ein Programmierfehler und daraus folgende Fehlfunktionen des Systems können insbesondere in gefahrenträchtigen Bereich, wie denen der Medizinprodukte oder aber der Mobilität, erhebliche Schäden verursachen.[16]

Die Pflicht zur Produktbeobachtung ist in zeitlicher Hinsicht, ausgehend von dem Lebenszyklus eines Produkts, die letzte Fallgruppe bzw. Fehlerkategorie der herstellerseitig möglichen Verkehrspflichtverletzungen. Sie bildet den Abschluss der Unterscheidung in Fehler im Hinblick auf die **Konstruktion, Fabrikation sowie Instruktion**.[17] Die Pflicht zur Produktbeobachtung ergibt sich aus verschiedenen Rechtsgebieten.[18] Konzentriert man sich – wie vorliegend der Fall – auf die sog. Produkthaftung im engeren Sinne, so ist die Pflicht zur Produktbeobachtung dogmatisch der **deliktsrechtlichen Herstellerhaftung** zu entnehmen und wurde durch die Rechtsprechung entwickelt. Normativer Anknüpfungspunkt ist insoweit die Regelung aus § 823 Abs. 1 BGB[19]. 5

Die Heranziehung des Produkthaftungsgesetzes (ProdHaftG) zur Begründung einer Pflicht zur Produktbeobachtung scheidet hingegen aus, da dieses Gesetze im Hinblick auf die Fehlerhaftigkeit von Produkten auf den Zeitpunkt ihres Inverkehrbringens rekurriert.[20] Denklogisch setzt die Pflicht zur Produktbeobachtung jedoch erst nach diesem Zeitpunkt an, mit der Folge, dass sich aus dem Produkthaftungsgesetz keine Verpflichtung zur Beobachtung der im Feld befindlichen Produkte ergibt. Zeigt sich im Rahmen der Produktbeobachtung, dass Gefahren von einem Produkt nach seinem Inverkehrbringen ausgehen, so sind in aller Regel in der Folge durch den Hersteller solche Maßnahmen einzuleiten, welche diesen entgegenwirken.[21] Kommt der Hersteller dieser Verpflichtung nicht nach, begründet dies im Falle einer Schädigung und bei Vorliegen der weiteren Voraussetzungen einen Schadensersatzanspruch. 6

II. Passive und aktive Produktbeobachtungspflicht

1. Passive Produktbeobachtungspflicht

Inhaltlich weist die Produktbeobachtungspflicht zwei Stoßrichtungen auf. Auf der einen Seite besteht eine ***passive* Produktbeobachtungspflicht**, nach welcher Anzeigen zu möglichen Risiken in Bezug auf ein Produkt, welche dem Hersteller zur Kenntnis gebracht werden, im ersten Schritt entgegenzunehmen sind. Im Weiteren sind solche Mitteilungen, die sich auf Schadensfälle oder (angebliche) Defizite im Hinblick auf die Sicherheit eines Produkts beziehen, zu untersuchen und zu sammeln. Je nach Größe des Unternehmens und den von den Produkten ausgehenden potentiellen Gefahren sind zu- 7

Kap. 10.6 Rn. 49.

[15] v. Bodungen/Hoffmann NZV 2016, 503 (506); Spindler Haftung für autonome Systeme, 2020, S. 255 (264); Spindler CR 2015, 766 (769).

[16] Zu dem Feld der Medizinsoftware, Frost/Kießling MPR 2020, 178 (183). Zu Fahrzeugen Droste CCZ 2015, 105 (108).

[17] Foerste in Foerste/ von Westphalen Produkthaftungshandbuch, 2012, § 24 Rn. 69 f., nach welchem eine starre Abgrenzung zwischen den einzelnen Herstellerpflichten ausscheidet, da sich diese jedenfalls zum Teil ergänzen. Wendt/Oberländer InTeR 2016, 58 (61 f.); Klindt BB 2009, 792.

[18] Chibanguza/Schubmann GmbHR 2019, 313.

[19] Frost/Kießling MPR 2020, 178 (183); Michalski BB 1998, 961(962) auch zur Entwicklung durch die Rechtsprechung.

[20] Frost/Kießling MPR 2020, 178 (181).

[21] Frost/Kießling MPR 2020, 178 (183); Steege in NK-GVR, 3. Aufl. 2021, 3. Aufl. 2021, Anhang III zu §§ 11a-11c StVG, 74.

dem interne Verfahren einzuführen und vorzuhalten, um die genannte Auswertung und Überprüfung vornehmen zu können.[22] Dies umfasst auch das Vorhalten von mit ausreichenden Entscheidungsbefugnissen ausgestatteten Gremien aus den relevanten Unternehmensbereichen, um solchen Hinweisen in adäquater Form nachgehen zu können. Nicht erst seit der Vernetzung von Produkten ergeben sich für die Hersteller in der Regel keine besonderen Schwierigkeiten aus der Informationsbeschaffung im Zusammenhang mit der passiven Produktbeobachtung. Vielmehr ergibt sich die Herausforderung daraus, die Masse der an den Hersteller herangetragenen Meldungen und Informationen auszuwerten.[23] Vernetzte Produkte übermitteln regelmäßig in deutlich größerem Umfang und in höherer Frequenz Informationen über den Produktzustand bzw. lassen sich ihnen diese Daten entnehmen. Für den Hersteller folgt aus der Pflicht zur passiven Beobachtung seiner Produkte somit, dass er an ihn herangetragene Vorkommnisse nicht bloß ignorieren kann, sondern sich mit diesen konkret auseinanderzusetzen hat. Ausgangspunkt für ein herstellerseitiges Tätigwerden im Zusammenhang mit der passiven Produktbeobachtung ist insofern jedoch immer ein konkreter Anlass.[24]

2. Aktive Produktbeobachtungspflicht

8 Anders stellt sich die Situation in Bezug auf die den Hersteller ebenfalls treffende Verpflichtung zur ***aktiven* Produktbeobachtung** dar. Ausgangspunkt für diese ist zunächst die Errichtung einer Struktur, durch die der Hersteller Informationen über seine im Feld befindlichen Produkte erhält. Sicherzustellen ist dabei, dass später bekannt werdende und aus dem Produkt folgende Risiken dem Hersteller zugetragen und einer Auswertung zugeführt werden.[25] Diese Pflicht zielt darauf ab, dass die in den Markt gebrachten Produkte proaktiv auf ihre Entwicklung und von ihnen ausgehende (potenzielle) Gefahren zu beobachten und sofern erforderlich entsprechende Abhilfemaßnahmen zu ergreifen sind.[26] Auch hier erhöhen die zukünftig dem Hersteller zugänglichen umfangreichen technischen Möglichkeiten im Falle von automatisierten und vernetzten Produkten die an diesen zu richtenden Anforderungen zur aktiven Produktbeobachtung. Diese Steigerung der Möglichkeiten bezieht sich dabei nicht nur auf die Erlangung der Informationen, sondern auch auf ihre Auswertung. Auch diese kann, und je höherwertig das Rechtsgut ist im Zweifel muss, mittels automatisierter Systeme bzw. auf Künstlicher Intelligenz basierenden Systemen erfolgen.

9 Neben der Beschaffung von Daten aus dem Produkt selbst ist Bestandteil der aktiven Produktbeobachtung auch die Auseinandersetzung mit Produkten von Wettbewerbern sowie die Verfolgung der relevanten Diskussion in Wissenschaft und Praxis betreffend den Kreis der eigenen Produkte.[27] Ging dies in der „analogen Welt" noch so weit, dem Hersteller die Teilnahme an entsprechenden Fachkonferenzen abzuverlangen, so muss heute durch ihn die Sichtung entsprechender öffentlich zugänglicher Datenbanken und Wissensplattformen, einschließlich Bewertungsportalen und Foren, sichergestellt werden.[28] Sofern technisch möglich, sind auf diesem Wege erlangte Informationen bzw. Daten zukünftig sodann auch einer softwarebasierten Überprüfung der aus dem eigenen Produkt gewonnenen Daten zugrunde zu legen. Es gilt entsprechende automatisierte Überprüfungen vorzusehen.

[22] Siehe auch Droste CCZ 2015, 105 (106).
[23] Gomille JZ 2016, 76 (79); Klindt/Wende BB 2016, 1419; Wagner VersR 2014, 905 (906); Fischer/Schucht BB 2018, 67 (69).
[24] Foerste in Foerste/von Westphalen Produkthaftungshandbuch, 2012, § 24 Rn. 376.
[25] In diesem Sinne Fischer/Schucht BB 2018, 67 (69); Klindt/Wende BB 2016, 1419; Wagner VersR 2014, 905 (906).
[26] Chibanguza/Schubmann GmbHR 2019, 313 (314).
[27] Vgl. Reusch in Kaulartz/Braegelmann Rechtshandbuch Artificial Intelligence und Machine Learning, 2020, Kap. 4.1 Rn. 152.
[28] Siehe grds. zur aktiven Produktbeobachtung auch Droste CCZ 2015, 105 (106).

Bei KI basierten System, aber auch bei anderen, automatisiert agierenden Anwendungen, ist es technisch zunehmend möglich, die Produkte dahingehend zu ergänzen, dass diese in der Lage sind, sich fortwährend selbst zu beobachten.[29] Eine solche unter dem Stichwort der **Selbstdiagnose** bzw. **integrierten Produktbeobachtung** diskutierte Ausgestaltung hätte zur Folge, dass die Beobachtung des Produktes automatisiert erfolgt. Je nach Ausgestaltung könnten die so erlangten Informationen unmittelbar durch das Produkt selbst einer Überprüfung zugeführt werden, oder aber mittels Datenverbindung durch den Hersteller nach Übermittlung zur Grundlage der weiteren Beobachtung gemacht werden. Die Annahme einer solchen Vorgabe bestimmt sich nach hier vertretener Ansicht auch anhand des Kriteriums der **Zumutbarkeit**.[30] Daraus folgt, dass bei drohenden Schäden für weniger sensible und hochwertige Rechtsgüter eine solche Möglichkeit zur Selbstdiagnose jedenfalls nach derzeitigem Stand der Technik nicht zu verlangen ist. Für sensible Bereiche, wie den der Medizintechnik oder der autonomen Mobilität, erscheint das Vorhalten solcher Lösungen im Rahmen der aktiven Produktbeobachtung jedoch mindestens vertretbar. Dies jedenfalls dort, wo das autonome oder KI basierte System in gefahrenträchtigen Bereichen zum Einsatz kommt bzw. sich auf diese auswirkt. 10

Die Folge hiervon ist, dass die Beziehung zwischen der Größe des abzuwendenden Schadens auf der einen Seite und dem hierfür notwendigen Aufwand auf der anderen Seite immer weniger von Relevanz werden wird. Die Sichtung und Auswertung von aus dem Produkt folgenden Daten wird durch entsprechende softwarebasierte Instrumente rund um die Uhr möglich sein, bzw. ist es in Teilen schon heute. Dies steigert zwangsläufig auch die an den Hersteller zu richtenden Anforderungen zur Beobachtung seines sich im Feld befindlichen Produkts. Herstellerseitig wird man somit, jedenfalls in Zukunft, in vielen Bereichen der Vorgabe zur aktiven Produktbeobachtung nur dann entsprechen, wenn diese auch die permanente Auswertung von Datenquellen umfasst.[31] Ein Grund für diese Verschiebung ist dabei nicht nur die weniger aufwändige Möglichkeit zur Erlangung der Informationen, sondern eben auch die zu ihrer leichteren Auswertung. 11

Das bisher oftmals zugunsten des Herstellers fruchtbar gemachte Kriterium der Zumutbarkeit wird sich insoweit im Hinblick auf die Vorgabe zur aktiven und im Besonderen zur passiven Pflicht zur Produktbeobachtung zu Lasten der Hersteller verschieben.[32] 12

III. Inhalt und Umfang der Produktbeobachtungspflicht

In inhaltlicher Hinsicht ist für den **Umfang** der den Hersteller treffenden Pflicht zur Produktbeobachtung maßgebliches Kriterium die Wechselwirkung zwischen der Größe des möglichen Schadens auf der einen Seite und andererseits dem zu seiner Vermeidung notwendigen Aufwand als wiederum begrenzendes Element.[33] Der mögliche Schadensumfang ist danach zu ermitteln, indem das Produkt aus Schadenshöhe und Eintrittswahrscheinlichkeit gebildet wird, wobei die Schadenshöhe wiederum vom Rang des betroffenen Rechtsguts und der Intensität seiner Verletzung abhängt.[34] Dabei werden auch regelmäßig die berechtigten Erwartungen an die Produktsicherheit der mit diesem in Be- 13

[29] Siehe hierzu Chibanguza in Chibanguza/Kuß/Steege Künstliche Intelligenz, 2021, § 5 Kap. K. Rn. 25; Schmid CR 2019, 141 (143).

[30] In diesem Sinne auch Wende in Sassenberg/Faber Rechtshandbuch Industrie 4.0, 2. Aufl. 2020, § 4 Rn. 23.

[31] In diesem Sinne auch Piltz/Reusch BB 2017, 841.

[32] So bereits Chibanguza/Schubmann GmbHR 2019, 313 (315 f.) im Weiteren auch zu einer möglichen persönlichen Verantwortung der handelnden Personen; Droste CCZ 2015, 105 (110).

[33] Droste CCZ 2015, 105 (106); Michalski BB 1998, 961 (964).

[34] Chibanguza in Chibanguza/Kuß/Steege Künstliche Intelligenz, 2021, § 5 Kap. K. Rn. 20; Schmid CR 2019, 141 (143); Wagner VersR 2014, 905 (906).

rührung kommenden Verkehrsteilnehmer einbezogen.[35] Dieser Kreis der Verkehrsteilnehmer wird zukünftig, jedenfalls bei automatisierten sowie KI-Lösungen und der mit ihnen im Vergleich zu rein physischen Produkten leichteren Verbreitung, weiter gefasst sein.

14 Die bisher bestehende allgemeine Ansicht, nach welcher die vom Anlass unabhängige und lückenlose Überwachung von Produkten nicht verlangt werden könne, wird sich in Zukunft für KI basierte Lösungen – nichts Anderes gilt auch für vernetzte automatisierte Systeme – nicht aufrechterhalten lassen.[36] Denn die technische und wirtschaftliche **Zumutbarkeit** verschiebt sich durch die Möglichkeit zur Implementierung neuer automatisierter Kontrollsysteme zulasten der Hersteller.[37] Dies wird zu einer Ausweitung der herstellerseitig bestehenden Vorgaben zur Produktbeobachtung und damit Verschärfung der Haftung führen.[38] Grund hierfür ist zunächst, dass zur Verfügung stehen hocheffizienter Systeme, mit welchen sehr zeitnah bis hin zu Untersuchungen in Echtzeit, durch den Hersteller die Produkte überwacht werden können. Dabei spielen auch die erzeugten Datenmengen und zu ihrer Verarbeitung notwendigen Rechenkapazitäten mehr und mehr eine untergeordnete Rolle. Hinzu kommt, dass diese Daten oftmals ein Nebenprodukt darstellen und somit ohnehin im Rahmen der Nutzung des Produkts erhoben werden.[39] Aus Sicht des Herstellers gilt es jedoch zu beachten, dass die Grenzen der Zumutbarkeit dadurch erreicht werden können, dass mit dem Vorhalten einer dauerhaften Datenverbindung ebenfalls eine nicht unerhebliche Belastung einhergehen kann. Trotz allem, sind zukünftig sogar Konstellationen denkbar, die einen Konstruktionsfehler begründen, wenn eine automatisierte Überwachung nicht bereits konstruktiv vorgesehen ist.[40]

15 Aus dem Umstand, dass ein Produkt unter Einsatz sog. **neuronaler Netze** bzw. KI autonom agiert, ergibt sich kein Argument, in diesen Fällen keine Pflicht zur Produktbeobachtung vorzusehen. Vielmehr zeigen sich diesbezüglich durch den, entgegen dem Befund bei reinen Hardware-Produkten einer stetigen Änderung unterliegendem Produktzustand, neuartige Risiken. Diese folgen bereits daraus, dass die umfassende Prüfung und anschließende Überwachung der in einem solchen Produkt erfolgenden Abläufe nicht möglich ist. Eine solche stetige Veränderung würde bei vor ihrem Einsatz abschließend trainierten System nicht vorliegen.[41] Hinzu kommt, dass ähnlich wie bei der Programmierung von Software, es im Rahmen der notwendigen Lernprozesse zu Fehlern kommt, da das Entstehen neuronaler Netze auf Basis von Versuchen stattfindet.[42] Die eigentlichen im Rahmen der Versuche erfolgenden Lernprozesse lassen sich dabei nicht vollständig und umfassend überwachen.[43] Einer Überprüfung zugänglich sind hier vielmehr die im Rahmen des neuronalen Netzes erzeugten Daten. Diese Datensätze gilt es dann jedoch herstellerseitig ebenfalls einer Beobachtung und somit Auswertung zuzuführen.

16 Wie angesprochen, lässt sich eine generelle Aussage zum Umfang der Produktbeobachtungspflicht nicht treffen, da es stets auf den konkreten Einzelfall ankommt. Unerheblich ist dabei der **Ursprung eines Fehlers**, sodass es nicht entscheidend ist, ob die Gefahr aus einer mangelhaften Konstruktion, Produktion oder Instruktion folgt. Vielmehr gilt es das

---

[35] Siehe hierzu grds. auch BGH Urt. v. 7.12.1993 – VI ZR 74/93, NJW 1994, 517 (518); Feldle Zivilrechtliche Haftung im automatisierten Straßenverkehr, 2020, S. 199, 211 f.; Wagner in MüKoBGB, Bd. 7, 8. Aufl. 2020, BGB § 823 Rn. 954 ff.

[36] Siehe dazu etwa Wende in Sassenberg/Faber Rechtshandbuch Industrie 4.0, 2. Aufl. 2020, § 4 Rn. 23; Chibanguza/Schubmann GmbHR 2019, 313 (315).

[37] Heuer-James/Chibanguza/Stücker BB 2018, 2818 (2930); Gomille JZ 2016, 76 (80); Wende in Sassenberg/Faber Rechtshandbuch Industrie 4.0, 2. Aufl. 2020, § 4 Rn. 23.

[38] Chibanguza in Chibanguza/Kuß/Steege Künstliche Intelligenz, 2021, § 5 Kap. K. Rn. 20. Zu dieser Frage ebenfalls: Hartmann DAR 2015, 122 (124); v. Bodungen/Hoffmann, NZV 2016, 503 (506).

[39] Schmid CR 2019, 141 (145); Hartmann DAR 2015, 122 (124).

[40] Eichelberger in Ebers/Heinze/Krügel/Steinrötter, Künstliche Intelligenz und Robotik, 2020, § 5 Rn. 33.

[41] Siehe hierzu Hacker NJW 2020, 2142 (2145) unter dem Stichwort „*offline learning*".

[42] Droste MPR 2018, 109 (110).

[43] Sosnitza CR 2016, 764 (769); Grützmacher CR 2016, 695 (696).

Produkt auf jedwede mögliche von ihm ausgehende Gefahr zu beobachtet. Die an den Hersteller zu richtenden Anforderungen und von ihm zu fordernden Handlungen orientieren sich dabei an dem gefährdeten Rechtsgut. Mit anderen Worten, je höherrangig das bedrohte Rechtsgut ist, umso intensivere Anstrengungen sind zu verlangen.[44]

Wie vorstehend bereits angesprochen, ist die Pflicht zur Produktbeobachtung jedoch nicht nur auf die eigenen Produkte beschränkt, sondern umfasst auch die Beobachtung der Entwicklung der wichtigsten **Konkurrenzprodukte**.[45] Hierüber hinausgehend, umfasst die Produktbeobachtungspflicht auch notwendige **Zubehörteile**[46] sowie Teile, mit welchen die eigenen Produkte in Berührung kommen bzw. kombiniert werden.[47] Zubehörteile und ihr Zusammenspiel mit dem Hauptprodukt sind danach gerade auch auf die aus der Kombination folgenden möglichen Gefahren hin zu beobachten.[48] Dies gilt zunächst uneingeschränkt für empfohlene bzw. notwendige Zubehörteile. Im Hinblick auf typische Zubehörteile[49], welche den ganz wesentlichen Teil der Gruppe des Zubehörs ausmachen, bejaht der BGH seit der Honda-Entscheidung weitgehend auch die Einstandspflicht des Herstellers für Schäden, die aus der Kombination mit diesen Zubehörteilen folgen. Mit anderen Worten besteht auch für diese eine Pflicht zur Produktbeobachtung, wobei diesbezüglich zur Vermeidung einer unkontrollierten Belastung des Herstellers letztlich keine allumfassende Pflicht anzunehmen ist. 17

Insoweit trifft den Hersteller des Hauptprodukts bzw. Zubehörteils zunächst die Pflicht zur Beobachtung seines eigenen und eben darüberhinausgehend eine solche Pflicht betreffend dessen Zusammenspiel mit weiteren. Im Hinblick auf automatisierte Systeme ist diesbezüglich zunächst an die Kombination von Hardware und Software, wie sie zum Beispiel bei einem autonomen Fahrzeug zum Einsatz kommen, zu denken. Relevant wird diese Pflicht zur Beobachtung von Produkten anderer Hersteller auch im Hinblick auf die Kombination von reinen Softwarelösungen, wie zum Beispiel Betriebssystemen und den auf diesen laufenden Programmen (Apps). Auch hier können sich selbstverständlich aus dem Zusammenspiel gefahren ergeben und zB den Ausfall bzw. Fehlfunktion der Displays zur Folge haben.[50] Zu denken ist weiter etwa an Sicherheitslücken, welche aus der Installation von Apps folgen, durch welche ein unberechtigter Zugriff auf das zugrunde liegende Betriebssystem mit all den daraus folgenden verschiedensten Gefahren für die Nutzer und Dritte resultieren können.[51] 18

IV. Zeitlicher Rahmen der Produktbeobachtung

In **zeitlicher Hinsicht** ist abhängig von dem jeweiligen Produkt und der von ihm ausgehenden abstrakten Gefahr eine Reduzierung der Pflicht zur Produktbeobachtung denkbar, auch wenn es keine klaren zeitlichen Grenzen gibt.[52] Dies kann, sofern die von 19

[44] Gomille JZ 2016, 76 (80); Michalski BB 1998, 961 (964); Wagner in MüKoBGB, Bd. 7, 8. Aufl. 2020, BGB § 823, Rn. 990.

[45] Michalski BB 1998, 961 (963); Steege in NK-GVR, 3. Aufl. 2021, Anhang III zu §§ 11a-1c StVG, 75; Wagner VersR 2014, S. 905 (906).

[46] BGH, Urt. v. 9.12.1986 – Az. VI ZR 65/86, abgedruckt in NJW 1987, 1009 (1011); Michalski BB 1998, 961 (963); Wiesner in Leupold/Wiebe/Glossner Münchener AnwaltshandbuchLeupold/Wiebe/Glossner Münchener Anwaltshandbuch IT-Recht, 4. Aufl. 2021, Teil 10.6 Rn. 49.

[47] So auch Reusch in in Kaulartz/Braegelmann Rechtshandbuch Artificial Intelligence und Machine Learning, 2020, Kap. 4.1, Rn. 147.

[48] BGH, Urt. v. 9.12.1986 – Az. VI ZR 65/86, abgedruckt in NJW 1987, 1009 (1010); Wiesner in Leupold/Wiebe/Glossner Münchener AnwaltshandbuchLeupold/Wiebe/Glossner Münchener Anwaltshandbuch IT-Recht, 4. Aufl. 2021, Teil 10.6 Rn. 49.

[49] Foerste in Foerste/von Westphalen Produkthaftungshandbuch, 2012, § 25 Rn. 182 spricht von "*Fakultatives Zubehör*" bzw. in Fn. 358 unter Verweis auf Ulmer ZHR 152 (1988), 564 (574) von „*üblichem Zubehör*".

[50] Hans GWR 2016, 393 (395 f.).

[51] Zu den Haftungsfragen im Zusammenhang mit unsicherer Software siehe umfassend Raue, NJW 2017, 1841 (1841 ff.).

[52] Differenzierend Stöhr PHi 2015, 206 (209 f.) mwN; siehe auch Schucht BB 2020, 1990 (1991).

dem Produkt ausgehende Gefahr mit einer überwiegenden Sicherheit nicht mehr besteht, auch zur Beendigung der hier interessierenden Pflichten führen. Die Annahme einer solchen Reduzierung stellt jedoch nicht die Regel dar, da sich mögliche Gefahren tatsächlich erst nach längerer Zeit, oftmals nach vielen Jahren, zeigen. In Zukunft wird sich hier auch keine Änderung im Falle von softwarebasierten Lösungen ergeben.[53] Im Gegenteil wird es auch darauf ankommen, von dieser ausgehenden Gefahren über ihren gesamten Lebenszyklus zu beobachten.[54] Risiken können sich auch bei Softwareprodukten erst nach längerer Zeit zeigen, sodass Parallelen zur bisherigen Situation bei Materialermüdung bestehen.[55] Eine besondere Herausforderung ergibt sich in diesem Zusammenhang dann, wenn die Software im weiteren Verlauf ihres Lebenszyklus zusammen mit anderer Hardware oder Betriebssystemen angewendet wird. Abhilfe können hier herstellerseitig in der Software angelegte **Begrenzungen der Nutzbarkeit** bieten, sodass nach diesem Zeitpunkt ihr Einsatz nicht mehr möglich ist. Eine solche Begrenzung wäre jedoch im initialen Kaufvertrag explizit zu vereinbaren.

V. Weitere rechtliche Rahmenbedingungen der Produktbeobachtung – insbesondere Datenschutz

20 Eine für die Praxis äußerst relevant Limitierung der Verpflichtung zur Produktbeobachtung besteht dort, wo der Hersteller an die Grenze des aus technischer und wirtschaftlicher Sicht **Möglichen und Zumutbaren** stößt.[56]

21 Darüber hinaus findet in rechtlicher Hinsicht die Produktbeobachtung ihre Grenzen zunächst einmal im Rahmen des **rechtlich zulässigen**. Aus Sicht des zur Produktbeobachtung verpflichteten Herstellers ist zu beachten, dass die für die vollständige Überwachung der eigenen Produkte notwendigen Daten – dies gilt auch für etwaige Zubehörteile – keinen (vertrags)rechtlichen Beschränkungen unterliegen, die eine Nutzung verhindern. Mit anderen Worten ist sicherzustellen, dass die zur Produktbeobachtung notwendigen Daten auf Grundlage **vertraglicher Regelungen** zum Zwecke der Produktbeobachtung genutzt werden dürfen. Dies gilt zum einen im Verhältnis zu eigenen Zulieferern, als auch dort, wo Vertragspartnern selbst Rechte an Daten des Herstellers eingeräumt werden. Die fraglichen Datensätze unterliegen keinem Ausschließlichkeitsrecht, sodass vertragliche Befugniseinräumungen bzw. -zuordnungen angezeigt sind.[57] Der Hersteller muss im jeweiligen Einzelfall daher prüfen, welche Daten entstehen und korrespondierend die notwendigen Einräumungen der Rechte in Übereinkünften fixieren.

22 Eine Produktbeobachtung im digitalen Kontext sieht sich darüber hinaus auch mit den zwingenden Vorgaben des **Datenschutzes** konfrontiert.[58] Dies gilt insbesondere für den Umgang mit **personenbezogenen Daten**, die durch die Nutzung des Produkts im Feld entstehen.[59] Die Verarbeitung personenbezogener Daten, um eine solche handelt es sich bei der Nutzung zur Produktbeobachtung, ist nur zulässig, sofern diese in rechtmäßiger

[53] Siehe zur Produktbeobachtung bei Software auch Raue NJW 2017, 1841 (1844).

[54] Siehe grds. Wittbrodt InTeR 2020, 74 (78 und 79).

[55] Foerste in Foerste/von Westphalen Produkthaftungshandbuch, 2012, § 24 Rn. 386 zur Frage von zum Teil erst nach vielen Jahren auftretenden Gefahren und überraschenden Materialermüdung; hierzu auch Stöhr PHi 2015, 206 (209). Im Hinblick auf Medikamente OLG Köln, Urt. vom 17.09.1993, 20 U 26/93, NJW-RR 1994, 91 (91 f.).

[56] Chibanguza/Schubmann GmbHR 2019, 313 (315); Wagner in MüKoBGB, Bd. 7, 8. Aufl. 2020, BGB § 823, Rn. 990; Steege in NK-GVR, 3. Aufl. 2021, Anhang III zu §§ 11a-1c StVG, 55.

[57] Zur Diskussion um die Rechte an durch Sensoren erzeugte Daten Denga NJW 2018, 1371 (1371 ff.); Zech CR 2015, 137 (137 ff.); Richter/Globicnik in Chibanguza/Kuß/SteegeKünstliche Intelligenz, 2021, § 2 Kap. A. Rn. 1 ff.

[58] Steege in NK-GVR, 3. Aufl. 2021, Anhang III zu §§ 11a-1c StVG, 75 mwN.

[59] Zu den datenschutzrechtlichen Anforderungen im Einzelnen siehe auch Piltz/Reusch BB 2017, 841 mwN. Siehe außerdem im Zusammenhang mit dem autonomen Fahren Lüdemann ZD 2015, 247 ff.; Steege MMR 2019, 509 ff.

Weise erfolgt, vgl. Art. 5 und Art. 6 DS-GVO. Das hier in Erwägung zu ziehende Vorgehen auf Grundlage von Art. 6 Abs. 1 UAbs. 1 lit. a) DS-GVO, und der Einholung einer Einwilligung zur Datenverarbeitung durch die betroffene Person kommt in der vorliegend interessierenden Konstellation nur bedingt nicht in Betracht. Die aus Sicht des zur Produktbeobachtung verpflichten Herstellers erforderliche Rechtssicherheit, während der gesamten Lebensdauer die zur Beobachtung notwendigen Daten nutzen zu können, sieht sich der Regelung aus Art. 7 Abs. 3 DS-GVO gegenüber, welche der betroffenen Person das Recht einräumt, ihre Einwilligung jederzeit zu widerrufen.[60] Insofern würde im Falle eines Widerrufs die Nutzung der Daten für den Hersteller nicht mehr möglich sein. Hinzu kommt, dass die einwilligenden Personen hinreichend zu informieren sind, wobei auch eine ausreichende Transparenz sicherzustellen ist. Bei den oftmals technisch komplexen Vorgängen ergeben sich daher auch vor dem Hintergrund dieser Anforderungen Bedenken im Hinblick auf die Möglichkeit der Einholung einer **wirksamen Einwilligung** als solcher.[61] Die Datenverarbeitung im Rahmen der Produktbeobachtung lässt sich zudem, sofern kein zusätzliches Vertragsverhältnis, etwa in Form eines Dienstleistungsvertrages vereinbart wird, nicht auf die Regelung des Art. 6 Abs. 1 UAbs. 1 lit. b) DS-GVO stützen. Denn nach dieser ist die Verarbeitung von Daten nur im Zusammenhang mit der Erfüllung eines Vertrages bzw. Durchführung vorvertraglicher Maßnahmen zulässig, sofern die betroffene Person Vertragspartei ist und eine Anfrage dieser voranging.

Die weiteren denkbaren Regelungen aus Art. 6 Abs. 1 UAbs. 1 lit. c) DS-GVO bzw. **23**
Art. 6 Abs. 1 UAbs. 1 lit. d) DS-GVO vermögen die Rechtmäßigkeit der Datenverarbeitung ebenfalls nicht zu begründen, da in Bezug auf die erstgenannte Vorgabe die Verarbeitung zur Erfüllung einer rechtlichen Verpflichtung notwendig wäre. Mangels Kodifizierung der Pflicht zur Produktbeobachtung – es handelt sich um eine durch die Rechtsprechung entwickelte Vorgabe – ist diese Regelung daher nicht anwendbar.[62] Die Heranziehung des Art. 6 Abs. 1 UAbs. 1 lit. d) DS-GVO ließe sich zwar mit der Argumentation vertreten, dass mit der Produktbeobachtung der von der Norm geforderte Schutz lebenswichtiger Interessen der Betroffenen Person oder anderer Personen bezweckt wird. Doch zum einen geht nicht von jedem Produktfehler auch eine Gefahr für das menschliche Leben aus. Oftmals handelt es sich vielmehr um eine solche für die Gesundheit oder Vermögenswerte. Hinzu kommt, dass die, wie jedoch für die Produktbeobachtung erforderlich, umfassende Beobachtung ebenfalls nicht durch diese Norm getragen würde, da Art. 6 Abs. 1 UAbs. 1 lit. d) DS-GVO vielmehr auf Ausnahmesituation und nicht die ansatzlose Überwachung abzielt.[63]

Im Ergebnis wird sich der Hersteller daher im Wesentlichen auf die Regelung des **24**
Art. 6 Abs. 1 UAbs. 1 lit. f) DS-GVO stützen müssen. Die danach vorzunehmende **Interessenabwägung** wird nach hier vertretener Ansicht auch regelmäßig im Sinne des Herstellers ausfallen.[64] Diese Interessenabwägung ist dabei ausschließlich anhand von normativen Aspekten vorzunehmen.[65] Aus Sicht der Hersteller sollten im Weiteren, etwa bei der Zusammenarbeit mit Zulieferern, nur die Ergebnisse der Datenanalyse geteilt werden, da sich andernfalls die Schwelle im Rahmen der Abwägung zu ihren Lasten verschiebt.[66] Denn zweifelsohne zielt die Produktbeobachtung auf die Wahrung der berechtigten Interessen der Produktnutzer, bzw. solcher Personen, die mit diesem in Be-

[60] Zur Möglichkeit des Widerrufs einer einmal erteilten Einwilligung zur Datenverarbeitung im Zusammenhang mit dem automatisierten und autonomen Fahren Steege MMR 2019, 509 (511).

[61] Chibanguza in Chibanguza/Kuß/Steege Künstliche Intelligenz, 2021, § 4 Kap. H. Rn. 19 im Zusammenhang mit Medizinprodukten. Piltz/Reusch BB 2017, 841 (842 f.). Grds. Steege MMR 2019, 509 (511); Klink-Straub/Straub NJW 2018, 3201 (3204 f.).

[62] Chibanguza in Chibanguza/Kuß/Steege Künstliche Intelligenz, 2021, § 4 Kap. H. Rn. 20.

[63] Schmid CR 2019, 141 (146).

[64] Zur Frage der Interessenabwägung betreffend die Datenverarbeitung bei automatisierten und autonomen Fahrzeugen Klink-Straub/Straub NJW 2018, 3201 (3204); Steege MMR 2019, 509 (511 f.).

[65] Steege MMR 2019, 509 (512).

[66] So bereits Steege MMR 2019, 509 (512).

rührung kommen, ab. In der weit überwiegenden Zahl ist daher auch nicht erkennbar, dass, die nach der Norm in die Abwägung einzubringenden Interessen oder Grundrechte und Grundfreiheiten der betroffenen Personen, die den Schutz der fraglichen personenbezogenen Daten erfordern, überwiegen. Aus Sicht des Herstellers wäre hier jedoch zur Erlangung von Rechtssicherheit eine klarstellende Regelung wünschenswert. Im Hinblick auf die Interessenabwägung lässt sich dabei für den Hersteller und die Rechtmäßigkeit der Datenverarbeitung anführen, dass die Produktbeobachtung im Zusammenhang mit der Erfüllung von Vorgaben öffentlich-rechtlicher Natur erfolgt, jedenfalls aber solchen der rechtsprechungsseitig entwickelten Verkehrssicherungspflichten.[67] Es ergibt sich aus dem Vorstehenden, dass sich dem Datenschutzrecht keine Vorgaben entnehmen lassen, nach welchen eine datenbasierte Produktbeobachtung bereits grds. nicht möglich wäre, es bedarf jedoch im jeweiligen Einzelfall eines differenzierten Vorgehens.

25 Weiter steht auch das **Geschäftsgeheimnisgesetz** (GeschGehG) der Produktbeobachtung nicht entgegen. Die Regelung in § 3 Abs. 1 Nr. 2 a) GeschGehG erlaubt insofern ein sog. **Reverse Engineering**, um welches es sich bei der aktiven Produktbeobachtung[68] im Hinblick auf die Untersuchung der Erzeugnisse der wichtigsten Wettbewerber auf mögliche Rückschlüsse betreffend die Sicherheit der eigenen Produkte, handeln kann. In Bezug auf ein Reverse Engineering von Software gilt es jedoch zu beachten, dass hier ein etwaiger urheberrechtlicher Schutz besteht, welcher verletzt werden könnte. Der § 3 Abs. 1 Nr. 2 a) GeschGehG rechtfertigt insoweit keinen Verstoß gegen das Urheberrecht.

VI. Reaktionspflichten

26 Als Folge der Identifizierung eines potenziellen Produktfehlers und einer von dieser ausgehenden Gefahr, ist durch den Hersteller ein solcher Fehler entweder zu beseitigen, oder aber mit Sicherheit auszuschließen, dass ein solcher doch nicht vorliegt. Nach der Rechtsprechung des BGH[69] trifft den Hersteller grds. zunächst eine Warnpflicht zur Gefahrenabwendung.[70] Insoweit ist die deutliche und umfassende Warnung vor der Weiterverwendung genügend. Für die Annahme einer Verpflichtung zum Ausspruch eines Produktrückrufs ist das Vorliegen besonderer Umstände vonnöten. Dies ist insofern auch dogmatisch richtig, da nur so die Unterscheidung zwischen dem Integritätsinteresse, auf welche die deliktische Produkthaftung abzielt, auf der einen Seite und dem Äquivalenzinteresse, welchem das Vertragsrecht Rechnung trägt, auf der anderen Seite, sicherzustellen ist.[71]

27 Die beschriebenen einfacheren Möglichkeiten zur Erlangung von Daten über die sich im Feld befindlichen Produkte bei vernetzten Systemen haben gleichzeitig zur Folge, dass im Falle der Identifizierung von Gefährdungen, auch eine **schnellere Reaktion** durch den Hersteller möglich sein wird.[72] Vernetzte Produkte bieten nicht nur die Möglichkeit zur Erlangung von Daten, sondern oftmals auch zur Übermittlung von Informationen auf diese, welche dann etwa auf dem Display als Hinweis oder Warnung erscheinen können. Schon heute sind softwarebasierte Systeme, wie zum Beispiel vernetzte Fahrzeuge, im

[67] Chibanguza in Chibanguza/Kuß/Steege Künstliche Intelligenz, 2021, § 4 Kap. H. Rn. 21.

[68] Siehe hierzu bereits vorstehend unter → Rn. 8 ff.

[69] BGH, Urt. v. 16.12.2008 –VI ZR 170/07, NJW 2009, S. 1080 ff. Im Hinblick auf vernetzte Produkte Böck/Theurer BB 2021, 520 (525).

[70] Wagner VersR 2014, 905 (907 f.).

[71] Chibanguza in Chibanguza/Kuß/Steege Künstliche Intelligenz, 2021, § 5 Kap. K. Rn. 21; Klindt BB 2009, 792 (793), welcher bei einem darüber hinausgehenden Verhalten von „Kulanz" des Herstellers spricht; Wiesner in Leupold/Wiebe/Glossner Münchener AnwaltshandbuchLeupold/Wiebe/Glossner Münchener Anwaltshandbuch IT-Recht, 4. Aufl. 2021, Teil 10.6 Rn. 50.

[72] Böck/Theurer BB 2021, 520 (525); Chibanguza/Schubmann GmbHR 2019, 313 (316); May/Gaden InTeR 2018, 110 (112); Schrader DAR 2018, 314 (317).

Feld, welche eine solche Kommunikation durch den Hersteller ermöglichen.[73] Davon ausgehend wird mit zunehmender weiterer Vernetzung von Produkten, jedenfalls im Hinblick auf solche bei denen die Gefährdung besonders hochwertiger Rechtsgüter droht, die Implementierung entsprechender Möglichkeiten für eine Warnung durch den Hersteller vorzusehen sein. Über diese Kommunikationswege ist dann abhängig von der jeweiligen Gefahr etwa eine visuelle oder akustische Warnung auszusprechen und als Ultima Ratio auch eine schrittweise Stilllegung bzw. bei Fahrzeugen zB Verlangsamung ein denkbares Mittel zur Abwehr von Gefahren.[74] Im Rahmen der Abwägung, ob eine Stilllegung vorgenommen werden soll, sind dabei auch die Risiken, welche von einer solchen Stilllegung ausgehen können, wiederum zu berücksichtigen.

Im Hinblick auf die herstellerseitig zu ergreifenden Maßnahmen sind dabei zukünftig **28** mehr und mehr auch die **Sicherheitserwartungen** der mit dem Produkt in Berührung kommenden zu berücksichtigen. Hier zeigt sich eine dahingehende Tendenz, dass bei automatisierten Lösungen aus dem Kreise der Nutzer eine höhere Erwartungshaltung im Hinblick an die Sicherheit der Produkte gestellt wird, was die herstellerseitig anzulegenden Maßnahmen im Zusammenhang mit der Produktbeobachtung ebenfalls steigern dürfte.[75] In diesem Zusammenhang sind auch die bereits angesprochenen neuronalen Netze zu sehen, deren Lernprozesse zwangsläufig Fehler beinhalten. Dieser Umstand wird ebenfalls die Intensivierung der Produktbeobachtungspflichten mit sich bringen.

VII. Kein Bestehen einer grundsätzlichen Pflicht zu Software-Updates

Für Softwarebasierte Produkte wird in diesem Zusammenhang diskutiert, in welcher **29** Form auf Fehler zu reagieren ist.[76] Nicht zuletzt für Standardsoftware wird eine Update-Pflicht teilweise bejaht, mit der Folge, dass zumindest für den Zeitraum ihres Vertriebs der Hersteller auch interne Ressourcen für die Programmierung von Updates bereithalten müsse.[77] Eines der Argumente zur Bejahung einer solchen Pflicht ist der Umstand, dass teilweise die Vornahme eines **Updates** der Software weniger aufwendig ist, als der Ausspruch einer Warnung bzw. die Durchführung eines Rückrufs, zum Beispiel in die Werkstätten des Automobilherstellers.[78] Aus der Praxis sind etwa mit Tesla im Jahre 2012 bereits Fälle bekannt, in welchen Automobilhersteller Updates von Betriebssystemen über eine Datenverbindung aufgespielt haben.[79] Hierfür spricht unter Sicherheitsgesichtspunkten im Falle von Produktfehlern in sensiblen Bereichen, etwa im Falle der Möglichkeit zum unberechtigten Zugriff von außen auf ein Betriebssystem, das so der Kreis potenzieller Kenntnisträger möglichst gering gehalten wird. Andernfalls wäre im Falle von öffentli-

[73] Siehe Hartmann DAR 2015, 122 (124) zu möglichen Gefahrenwarnungen über zentrale Bediendisplays in Fahrzeugen. Für die in der analogen Welt zu stellenden Anforderungen im Hinblick auf Gefahrenwarnungen siehe etwa Michalski BB 1998, 961 (964).

[74] Zur möglichen Stilllegung siehe Wagner in MüKoBGB, Bd. 7, 8. Aufl. 2020, BGB § 823 Rn. 1008 und unter Rn. 279 zu eigentumsrechtlichen Fragen im Zusammenhang mit der Stilllegung eines Produkts; ebenso Grünvogel/Dörrenbächer ZVertriebsR 2019, 87 (90); Schrader DAR 2018, 314 (317) mit Beispiel.

[75] Siehe grds. auch Schmid CR 2019, 141 (145).

[76] Siehe hierzu Chibanguza in Chibanguza/Kuß/Steege Künstliche Intelligenz, 2021, § 5 Kap. K., Rn. 27; Sommer, Haftung für autonome Systeme, S. 279.

[77] Zur Pflicht zur Durchführung von Updates Freise, VersR 2019, S. 65 (70); Wagner in MüKoBGB, Bd. 7, 8. Aufl. 2020, BGB § 823 Rn. 1008; Raue, NJW 2017, S. 1841 (1844); Wiesner in Leupold/Wiebe/Glossner Münchener AnwaltshandbuchLeupold/Wiebe/Glossner Münchener Anwaltshandbuch IT-Recht, 4. Aufl. 2021, Teil 10.6 Rn. 50.

[78] Reusch BB 2019, S. 904 (909). In diesem Sinne wohl auch Wagner in MüKoBGB, Bd. 7, 8. Aufl. 2020, BGB § 823 Rn. 1008.

[79] Siehe hierzu Smith, Geo. L. J. 102, 2014, S. 1777 (1788) auch mit Verweisen auf weitere Hersteller in Fn. 81.

chen Mitteilungen sicherlich davon auszugehen, dass hier weitere Angreifer auf den Plan gerufen werden könnten.[80]

30 Auch wenn sich aus dem vorstehenden Argumente für eine **Update-Pflicht** des Herstellers anstelle einer Warnpflicht im Falle von Produktfehlern entnehmen lassen – und diese zT auch vertreten wird[81] – ist diesem Ansatz kritisch zu begegnen. Eine solche Annahme würde im Ergebnis die Unterscheidung zwischen dem Integritätsinteresse auf der einen Seite und dem Äquivalenzinteresse andererseits konterkarieren. Vor diesem Hintergrund dürfte eine Pflicht zu Updates nur in den Konstellationen anzunehmen sein, in welchen für besonders hohe Rechtsgüter, zu denken ist hier in erster Linie an Leben und Gesundheit, ernsthafte Gefahren aufgrund der Fehlerhaftigkeit des Produktes drohen.[82] Zudem dürften die dem Hersteller grundsätzlich offenstehende Warnhinweise ein geeignetes Mittel darstellen. Gegen eine generelle Updatepflicht spricht zudem, dass gerade im Bereich automatisierter Lösungen oftmals ein Zusammenspiel verschiedener Programme stattfindet. Daher ist im Falle eines Updates auch stets zu berücksichtigen, dass sich ein solches möglicherweise nachteilig auf andere Anwendungen auswirken kann.[83] Darüber hinaus gilt es bei bestimmten Produkten, wie etwa Kraftfahrzeugen oder medizinischen Anwendungen, zu beachten, dass dort zwingende zulassungsrechtliche Vorgaben bestehen, und diesen auch nachträgliche Updates entsprechen müssen.

VIII. Besonderheiten in sensiblen Bereichen am Beispiel der Medizinprodukte

31 Wie bereits vorstehend angesprochen, sind gemessen an der Schutzbedürftigkeit bzw. dem Rang eines Rechtsguts auch unterschiedliche Anforderungen an den Umfang der herstellerseitig zu erbringen Produktbeobachtung zu stellen. Neben dem Bereich der autonomen Mobilität gilt dies ganz besonders für den Sektor der Medizinprodukte, mit dort gesteigerten Pflichten zur Beobachtung der Produkte.[84] Typischerweise sind vom Einsatz von Medizinprodukten die Gesundheit bzw. das menschliche Leben betroffen. Dies zieht für die Beobachtung der durch den Hersteller in den Markt gebrachten Produkte eine Intensivierung der an diesen zu richtenden Pflichten zur Beobachtung nach sich.[85] Grundsätzlich gesprochen, ergibt sich dadurch die Verpflichtung für den Hersteller, die technisch gegebenen Möglichkeiten zur Produktbeobachtung auch umfänglich nutzbar zu machen.[86] Dies bringt es als Anforderung mit sich, dass der Hersteller die technischen Entwicklungen intensiv beobachten und sodann auch nach Möglichkeit im Rahmen der eigenen Produkte zur Anwendung bringen muss. Bestandteil hiervon ist auch die im Rahmen der aktiven Produktbeobachtung angesprochene Vorgabe, die wichtigsten Produkte von Wettbewerbern zu beobachten.

32 Bestätigung finden die vorstehenden Ausführungen auch darin, dass – hier zwar aus dem Bereich des öffentlichen Rechts folgend – Art. 10 Abs. 10iVm Art. 83 MDR eine Regelung zur Erfassung und Auswertung von durch das Medizinprodukt erzeugten Daten

[80] Böck/Theurer, BB 2021, S. 520 (525); Eichelberger in Ebers/Heinze/Krügel/Steinrötter, Künstliche Intelligenz und Robotik, 2020, § 5 Rn. 39; Grünvogel/Dörrenbächer ZVertriebsR 2019, 87 (89); Spindler CR 2005, 741 (743); May/Gaden InTeR 2018, 110 (113).

[81] Grünvogel/Dörrenbächer ZVertriebsR 2019, 87 (89); Reusch BB 2019, 904 (909); Wittbrodt InTeR 2020, 74 (81). In diese Richtung auch Raue NJW 2017, 1841 (1844).

[82] Spindler Haftung für autonome Systeme, 2020, S. 255, 264 f.

[83] Siehe ähnlich hierzu Orthwein/ Obst CR 2009, 1 (4).

[84] Siehe hierzu eingehend Chibanguza in Chibanguza/Kuß/Steege Künstliche Intelligenz, 2021, § 4 Kap. H. Zu Künstlicher Intelligenz im Bereich des Gesundheitswesens siehe grds. Frost/Kießling MPR 2020, 178 ff. Außerdem zu digitalen Medizinprodukten Jakobs/Huber MPR 2019, 1 ff.; Ortner/Daubenbüchel NJW 2016, 2918 ff.

[85] So auch Frost/Kießling MPR 2020, 178 (183); Michalski BB 1998, 961 (964).

[86] Zu den rechtlichen Grenzen zur Nutzung von Daten im Zusammenhang mit der Produktbeobachtung siehe eingehend bei Chibanguza in Chibanguza/Kuß/Steege Künstliche Intelligenz, 2021, § 4 Kap. H. Rn. 18 ff.

vorsieht. Danach hat der Hersteller, ähnlich einer Pflicht zur aktiven Produktbeobachtung, ein solches **System zur Überwachung** einzurichten, welches aktiv und systematisch relevante Daten betreffend Qualität, Leistung sowie Sicherheit der Produkte im gesamten Zeitraum ihrer Anwendung sammelt, speichert, sowie einer Auswertung zuführt.[87] Aus dogmatischer Sicht ist in diesem Zusammenhang jedoch anzumerken, dass dies keine deliktsrechtliche bzw. zivilrechtliche Pflicht zur Produktbeobachtung darstellt. Anders wird dies wohl zum Teil in der Rechtsprechung[88] vertreten, wonach die öffentlich-rechtlichen Produktbeobachtungs- und Reaktionspflichten auch die zivilrechtlichen Produktbeobachtungspflichten beeinflussen sollen, sodass eine Erfüllung der diesbezüglichen Vorgaben auch zu einer Erfüllung der zivilrechtlichen Pflichten führt. Daher können die deliktsrechtlichen Pflichten durchaus strenger ausfallen. Es streitet jedoch für die Aussage, dass die Analyse der durch ein Produkt im Rahmen seiner Anwendung erzeugten Daten auch ein Teil der deliktsrechtlichen Produktbeobachtungspflicht ausmachen kann, bzw. sogar muss.

Für das Feld der Medizinprodukte gilt zudem, dass die vorstehend abgelehnte allge- 33
meine Verpflichtung zur Vornahme von **Updates** durch den Hersteller hier tatsächlich als eine der wenigen Ausnahmen zum Tragen kommen kann. Dies jedenfalls im Falle von solchen Medizinprodukten, welche in besonders sensiblen Bereichen Einsatz finden, wie zum Beispiel Herzschrittmachern oder anderen Produkten zur Überwachung bzw. Unterstützung lebensnotwendiger Vitalfunktionen. Hierfür spricht auch das Argument, dass die Warnung vor solchen Gefahren, welche von dem Produkt ausgehen können, oftmals zu viel Zeit in Anspruch nehmen würde.

IX. Produktbeobachtung und der Kommissionsvorschlag für eine Verordnung zur Regulierung Künstlicher Intelligenz

Zwar lassen sich dem Entwurf der EU-Kommission für eine **Verordnung zur Regu-** 34
lierung Künstlicher Intelligenz keine unmittelbaren Regelungen entnehmen, welche die nach deutschem Recht aus der Produzentenhaftung folgenden und vorstehend gesehenen Pflichten von Herstellern zur Produktbeobachtung modifizieren würden.[89] Nichtsdestotrotz, finden sich in dem Entwurf verschiedentliche Regelungen im Hinblick auf die Überwachung von Künstlicher Intelligenz für die Zeit nach ihrem Inverkehrbringen. Diese Überwachung wird in Art. 3 Ziffer 25 VO-KI-Entwurf wie folgt definiert: „*'post-market monitoring' means all activities carried out by providers of AI systems to proactively collect and review experience gained from the use of AI systems they place on the market or put into service for the purpose of identifying any need to immediately apply any necessary corrective or preventive actions*". Hiervon ausgehend, stellt der 78. Erwägungsgrund VO-KI-Entwurf die Vorgabe auf, dass Anbieter von KI ein Überwachungssystem vorhalten sollten. Ein solches ist nach diesem Erwägungsgrund ein Schlüsselwerkzeug, um mögliche Risiken, die von mit KI ausgestatteten Systemen ausgehen können, effizient und zeitnah erkennen zu können. Hiernach ist für solche KI basierten Systeme gerade charakteristisch, dass sie sich auch nach ihrer Verfügbarkeit auf dem Markt weiterentwickeln und insofern „lernen".

Art. 9 VO-KI-Entwurf sieht im Hinblick auf High-Risk-KI die Einführung und Be- 35
treibung eines **Risikomanagementsystems** vor, dass zu aktualisieren ist und solche KI Systeme während ihres gesamten Lebenszyklus systematisch überwacht. Dabei sollen auch die im Rahmen des *Post-Market Monitorings* erhaltenen Daten ausgewertet werden. Systeme mit High-Risk-KI sollen nach Art. 12 VO-KI-Entwurf dabei so ausgestaltet sein, dass sie in der Lage sind, im Betrieb entstehe Daten aufzuzeichnen.[90] Hierdurch soll

[87] Chibanguza in Chibanguza/Kuß/Steege Künstliche Intelligenz, 2021, § 4 Kap. H. Rn. 13.
[88] OLG Düsseldorf, Urt. v. 14.3.2012 – 15 U 122/10, NJOZ 2012, 1404 ff.
[89] Siehe grundsätzlich zu den Rechtsfragen einer Regulierung von Künstlicher Intelligenz auf europäischer und nationaler Ebene Hacker NJW 2020, 2142 ff.
[90] Bomhard/Merkle RDi 2021, 276 (280).

erreicht werden, die Abläufe innerhalb des KI basierten Systems nachvollziehen zu können. Das nach Art. 17 KI-VO-Entwurf von Anbietern von High-Risk-KI vorzuhaltende **Qualitätsmanagementsystem** umfasst ua nach Ziffer 1. lit. (g) KI-VO-Entwurf auch die Vorgabe, dass dieses das Risikomanagementsystem (vgl. Art. 9 VO-KI-Entwurf) mitumfasst. Entsprechendes gilt gem. Art. 17 Ziffer 1. lit. (h) KI-VO-Entwurf auch für das Post-Market Monitoring.

36 Die Einzelheiten im Hinblick auf das **Post-Market Monitoring** finden sich in Art. 61 VO-KI-Entwurf. Danach haben Anbieter von High-Risk-KI ein solches System vorzuhalten, welches im Verhältnis zu der Natur und den mit dem konkreten System einhergehenden Risiken steht, vgl. Art. 61 Ziffer 1. VO-KI-Entwurf. Insofern besteht hiernach, ähnlich wie im Rahmen der vorstehend gesehenen Verpflichtung zur Produktbeobachtung folgend aus der Produzentenhaftung, die Vorgabe, solche Maßnahmen zu ergreifen, die im Verhältnis zu den von dem Produkt ausgehenden Risiken stehen. Das System soll zudem nach Art. 61 Ziffer 2. VO-KI-Entwurf aktiv und systematisch Informationen und Daten betreffend die KI über ihren gesamten Lebenszyklus sammeln. Die hier nun vorgesehenen Vorgaben im Hinblick auf die Ausgestaltung und den Umfang des Post-Market Monitoring sind insoweit in Teilen vergleichbar zu den aus nationaler Sicht richterrechtlich entwickelten Voraussetzungen im Zusammenhang mit der Pflicht zur Produktbeobachtung im Rahmen der deliktischen Produzentenhaftung. Der Programmierer von High-Risk-KI-Lösungen hat insofern ebenfalls gemessen an den drohenden Beeinträchtigungen, die von seiner KI ausgehen können, und den mit dieser in Berührung kommenden zu schützenden Gütern, entsprechende Vorkehrungen zur Überwachung zu treffen. Sie mag zukünftig Basis für das Verlangen entsprechender Maßnahmen im Rahmen der deliktischen Produzentenhaftung sein.

37 Grundlage für dieses Post-Market Monitoring soll ein entsprechender Plan sein, welcher auch Teil der technischen Dokumentation der KI ist (vgl. Art. 61 Ziffer 3. VO-KI-Entwurf). Nach Art. 62 VO-KI-Entwurf sollen Anbieter von High-Risk-KI ernsthafte Zwischenfälle oder Fehlfunktionen ihrer Systeme den zuständigen nationalen Marktüberwachungsbehörden melden. In organisatorischer Hinsicht wird im Rahmen der einleitenden Ausführungen des VO-KI-Entwurfs klargestellt, dass mit diesem nicht beabsichtigt wird, auf Ebene der Mitgliedstaaten eine bestimmte behördliche Struktur zur Überwachung vorzugeben.[91] Ohnehin würde dies für die öffentlich-rechtlichen Vorgaben zur Produktbeobachtung von Relevanz sein, sodass sich für die hier interessierenden Pflichten zur Produktbeobachtung aus der deliktischen Produzentenhaftung keine Änderungen ergeben würden.

B. Fazit

38 Als Fazit ergibt sich für die Pflicht zur Produktbeobachtung, dass die zunehmende Automatisierung bzw. Entwicklung KI-basierter Lösungen, ganz erheblich zur Komplexität dieser Produkte beitragen wird. Folge hiervon ist zum einen die Möglichkeit der Erlangung von umfangreichen Daten betreffend die Produkte, welche wiederum zur Grundlage der weiteren Auswertung und Identifizierung von Gefahren gemacht werden können. Auf der anderen Seite folgt hieraus auch ein höheres Fehlerrisiko der Produkte. Aus dem Umstand, dass automatisierte Lösungen verstärkt in sensiblen Bereichen, wie etwa auf dem Feld der Medizinprodukte sowie dem der autonomen Mobilität zum Einsatz kommen, ergibt sich für die Produktbeobachtung, dass Hersteller zunehmend verpflichtet sein werden, die technischen Möglichkeiten zur Produktbeobachtung und sofern erforderlich Abwehr von Gefahren, auszunutzen. Grund hierfür ist, dass hier oftmals mit

[91] Vgl. Titel VIII, S. 15 der Erläuterungen des VO-KI-Entwurf.

Leben und Gesundheit hohe Rechtsgüter betroffen sind, was sich entsprechend zulasten der Hersteller im Rahmen der Abwägung zur Ermittlung der Zumutbarkeit niederschlägt. Die Pflicht zur Produktbeobachtung beinhaltet dabei zum einen alle relevanten Daten, welche sich aus dem Produkt im Feld ergeben zu erheben und zum anderen sodann auch einer automatisierten Auswertung zuzuführen. Sofern technisch möglich, sind auch Selbstdiagnosefunktionen als Möglichkeit zu berücksichtigen. Die konkrete Intensität bemisst sich dabei dann jedoch anhand des konkreten Produkts und der von diesen ausgehenden Gefahren. Bei vernetzten Lösungen gilt es für die Kommunikation etwaiger Korrekturmaßnahmen zu prüfen, inwieweit auch eine direkte Kommunikation über das fragliche Produkt, zum Beispiel über Display-Mitteilungen, möglich und zumutbar ist.

Aus den oftmals zitierten gesteigerten Anforderungen anautomatisierte und vernetzte **39** Produkte ergibt sich als Kehrseite für die Hersteller jedoch auch die Möglichkeit, im Rahmen der Produktbeobachtung haftungsrechtliche Risiken um ein deutliches Maß zu minimieren. Die sich hieraus ergebenden positiven Folgen sind nicht zuletzt die Vermeidung von Schäden, ein geringeres wirtschaftliches Risiko, eine Reduzierung von Rückrufen und im Ergebnis eine positive öffentliche Wahrnehmung der Hersteller.

Der notwendigen Auswertung von Daten stehen im Ergebnis auch keine rechtlichen **40** Vorgaben, zu denken ist insbesondere an den Datenschutz, entgegen. Hier kommt neben der Einwilligung des Betroffenen auch eine oftmals zugunsten des Herstellers ausfallende Interessenabwägung im Sinne von Art. 6 Abs. 1 UAbs. 1 lit. f) DS-GVO in Betracht. Ergänzend sind durch den Hersteller mit den Nutzern sowie etwaigen Zulieferern vertragliche Übereinkünfte zur Datennutzung zu schließen.

Die gesteigerten Vorgaben an die Beobachtung durch die aus vernetzten Produkten **41** folgenden Daten bringen darüber hinaus für den Hersteller die Verpflichtung mit sich, zukünftig entsprechende interne organisatorische Strukturen einzurichten und vorzuhalten. Dies gilt zunächst für die Frage der Sammlung und Auswertung der Daten. Zudem aber wird es vor allem in Großkonzernen mehr als bisher darauf ankommen, durch entsprechende interne Vernetzungen sicherzustellen, dass die erlangten Informationen auch den zuständigen Stellen ohne Verzögerung zur weiteren Beobachtung und Prüfung zur Verfügung stehen.

Der Entwurf der EU-Kommission für eine Verordnung zur Regulierung Künstlicher **42** Intelligenz beinhaltet keine Änderungen im Hinblick auf die deliktische Produzentenhaftung und hier im Speziellen die Vorgabe zur Produktbeobachtung. Festzustellen ist in Bezug auf den Entwurf jedoch, dass er in der vorliegenden Form den Entwicklern von High-Risk-KI-Lösungen umfassende Vorgaben betreffend das sog. Post-Market Monitoring macht, welche in Teilen denen zur deliktischen Produktbeobachtung ähnlich sind.

Literatur

Böck/Theurer, Herstellerpflichten und Haftungsrisiken bei IT-Sicherheitslücken vernetzter Produkte, DB 2021, 520ff.

Bomhard/Merkle, Europäische KI-Verordnung – Der aktuelle Kommissionsentwurf und praktische Auswirkungen, RDi 2021, 276ff.

Chibanguza/Kuß/Steege, Handbuch Künstliche Intelligenz, 2021

Chibanguza/Schubmann, Die Produktbeobachtungspflicht im Wandel der Digitalisierung und die Haftung der handelnden Personen, GmbHR 2019, 313ff.

Denga, Gemengelage privaten Datenrechts, NJW 2018, 1371ff.

Droste, Intelligente Medizinprodukte: Verantwortlichkeiten des Herstellers und ärztliche Sorgfaltspflichten, MPR 2018, 109ff.

Droste, Produktbeobachtungspflichten der Automobilhersteller bei Software in Zeiten vernetzten Fahrens, CCZ 2015, 105ff.

Ebers/Heinze/Krügel/Steinrötter, Künstliche Intelligenz und Robotik, 2020

Freise, Rechtsfragen des automatisierten Fahrens, VersR 2019, 65ff.

Feldle, Zivilrechtliche Haftung im automatisierten Straßenverkehr – Hackerangriffe, Sicherheitserwartungen und erlaubte Nebentätigkeiten in Digitalisierung, Automatisierung, KI und Recht, Festgabe zum 10-jährigen Bestehen der Forschungsstelle RobotRecht, 2020, S. 199ff. (zitiert als: Feldle Zivilrechtliche Haftung im automatisierten Straßenverkehr, 2020)

Fischer/Schucht, Organpflichten und Organhaftung im Produktsicherheits- und Produkthaftungsrecht, BB 2018, 67ff.
Foerste/von Westphalen, Produkthaftungshandbuch, 2012
Frost/Kießling, Künstliche Intelligenz im Bereich des Gesundheitswesens und damit verbundene haftungsrechtliche Herausforderungen, MPR 2020, 178ff.
Gomille, Herstellerhaftung für automatisierte Fahrzeuge, JZ 2016, 76ff.
Grünvogel/Dörrenbächer, Smartere Anforderungen an smarte Hausgeräte? – Der Maßstab für die Produktbeobachtungspflicht bei vernetzten Hausgeräten im Wandel, ZVertriebsR 2019, 87ff.
Grützmacher, Die deliktische Haftung für autonome Systeme – Industrie 4.0 als Herausforderung für das bestehende Recht? Ein Plädoyer für die Nutzung von Beweislastregeln und wider den vorschnellen Ruf nach der Einführung einer Gefährdungshaftung, CR 2016, 695ff.
Hacker, Europäische und nationale Regulierung von Künstlicher Intelligenz, NJW 2020, 2142ff.
Hans, Automotive Software 2.0: Risiken und Haftungsfragen, GWR 2016, 393ff.
Hartmann, Big Data und Produkthaftung – Produkthaftungsrechtliche Chancen und Risiken des Einsatzes von Big Data-Technologien im Automobil, DAR 2015, 122ff.
Haus/Krumm/Quarch, Nomos Kommentar Gesamtes Verkehrsrecht, 2021 (zitiert als: Bearbeiter in NK-GVR, 3. Aufl. 2021)
Heuer-James/Chibanguza/Stücker, Industrie 4.0 – vertrags- und haftungsrechtliche Fragestellungen, BB 2018, 2818ff.
Heydn, Internet of Things: Probleme und Vertragsgestaltung, MMR 2020, 503ff.
Jakobs/Huber, Software als Medizinprodukt: Haftungs- und versicherungsrechtliche Aspekte, MPR 2019, 1ff.
Kaulartz/Braegelmann, Rechtshandbuch Artificial Intelligence und Machine Learning, 2020
Klindt/Wende, Produktbeobachtungspflichten 2.0 – Social-Media-Monitoring und Web-Screening, BB 2016, 1419ff.
Klindt, Produktrückrufe und deren Kostenerstattung nach der Pflegebetten-Entscheidung des BGH, BB 2009, 792ff.
Klink-Straub/Straub, Nächste Ausfahrt DS-GVO – Datenschutzrechtliche Herausforderungen beim automatisierten Fahren, NJW 2018, 3201ff.
Lüdemann, Connected Cars – Das vernetzte Auto nimmt Fahrt auf, der Datenschutz bleibt zurück, ZD 2015, 247ff.
Leupold/Wiebe/Glossner, Münchener Anwaltshandbuch IT-Recht, 4. Aufl. 2021
May/Gaden, Vernetzte Fahrzeuge, InTeR 2018, 110ff.
Michalski, Produktbeobachtung und Rückrufpflicht des Produzenten, BB 1998, 961ff.
Orthwein/Obst, Embedded Systems – Updatepflichten für Hersteller hardwarenaher Software, CR 2009, 1ff.
Ortner/Daubenbüchel, Medizinprodukte 4.0 – Haftung, Datenschutz, IT-Sicherheit, NJW 2016, 2918ff.
Piltz/Reusch, Internet der Dinge: Datenschutzrechtliche Anforderungen bei der Produktbeobachtung, BB 2017, 841ff.
Raue, Haftung für unsichere Software, NJW 2017, 1841ff.
Reusch, Mobile Updates – Updatability, Update-Pflicht und produkthaftungsrechtlicher Rahmen, BB 2019, 904ff.
Säcker/Rixecker/Oetker/Limperg, Münchener Kommentar zum Bürgerlichen Gesetzbuch, Bd. 7, 8. Aufl. 2020 (zitiert als: Bearbeiter in MüKoBGB, Bd. 7, 8. Aufl. 2020)
Sassenberg/Faber, Rechtshandbuch Industrie 4.0 und Internet of Things, 2020
Schmid, Pflicht zur „integrierten Produktbeobachtung" für automatisierte und vernetzte Systeme – Die Verkehrssicherungspflichten des Herstellers als dogmatische Grundlage einer zukunftsfähigeren Produktbeobachtung, CR 2019, 141ff.
Schrader, Herstellerhaftung nach dem StVG-ÄndG 2017, DAR 2018, 314ff.
Schucht, Die Produktlebensdauer im Produktsicherheitsrecht, BB 2020, 1990ff.
Smith, Proximity-Driven Liability, Geo. L. J. 102 (2014), 1777ff.
Sommer, Haftung für autonome Systeme, 2020
Sosnitza, Das Internet der Dinge – Herausforderung oder gewohntes Terrain für das Zivilrecht?, CR 2016, 764ff.
Spindler, Haftung für autonome Systeme – ein Update in Digitalisierung, Automatisierung, KI und Recht, Festgabe zum 10-jährigen Bestehen der Forschungsstelle RobotRecht, 2020, S. 255ff. (zitiert als: Spindler Haftung für autonome Systeme, 2020)
Spindler, Roboter, Automation, künstliche Intelligenz, selbststeuernde Kfz – Braucht das Recht neue Haftungskategorien? Eine kritische Analyse möglicher Haftungsgrundlagen für autonome Steuerungen, CR 2015, 766ff.
Spindler, Haftung und Verantwortlichkeit im IT-Recht – Ein Rück- und Ausblick zu den Bewährungsproben der allgemeinen Grundsätze des Haftungsrechts, CR 2005, 741ff.
Steege, Auswirkungen von künstlicher Intelligenz auf die Produzentenhaftung in Verkehr und Mobilität – Zum Thema des Plenarvortrags auf dem 59. Deutschen Verkehrsgerichtstag, NZV 2021, 6ff.
Steege, Ist die DS-GVO zeitgemäß für das autonome Fahren? Datenschutzrechtliche Aspekte der Entwicklung, Erprobung und Nutzung automatisierter und autonomer Fahrzeuge, MMR 2019, 509ff.

Stöhr, Dauerhaftigkeit der Produktbeobachtung, PHi 2015, 206ff.
von Bodungen/Hoffmann, Autonomes Fahren – Haftungsverschiebung entlang der Supply Chain? (2. Teil), NZV 2016, 503ff.
Wagner, Produktvigilanz und Haftung, VersR 2014, 905ff.
Wendt/Oberländer, Produkt- und Produzentenhaftung bei selbstständig veränderlichen Systemen – Ein Überblick, InTeR 2016, 58ff.
Zech, Daten als Wirtschaftsgut – Überlegungen zu einem „Recht des Datenerzeugers" – Gibt es für Anwenderdaten ein eigenes Vermögensrecht bzw. ein übertragbares Ausschließlichkeitsrecht?, CR 2015, 137ff.

3.13 The New World of Information and New Technologies in Constitutional and Administrative Law

Übersicht

A. Digital and Law

The attitude of jurists towards the new reality of the digital world[1] is not very different from that of common people. As a matter of fact, their reactions oscillate between the following opposite poles: 1

a) Euphoria, consisting in looking to the digital as a "miraculous solution" to all the problems of mankind. This optimism towards the effects of information technology in human societies sometimes rushes in search of new utopias. Like Toffler's "third wave"[2], in which the "electronic cottages", that our homes will become, are seen as a "global microcosm", a "cocoon" capable of solving all the political, economic, and social problems of modern societies. Corresponding to this, some specialists in Constitutional and Administrative Law uncritically accept a total opening to the "new world" of digitization in the field of law, always confident that the emerging legal problems will be solved in the future by the progress of science.

b) Scepticism towards information and new technologies, usually accompanied by technological ignorance and rejection. The digital is just a new reality in the world of facts, which has no consequences in the world of law, and the computers are seen as "one machine more", a kind of "sophisticated new type-writer-machine", they say. These Constitutional and Administrative Law specialists tend to say that there is no need for specific legal regulation for digitization and new technologies. There is no need for international principles or global standards on internet; there is no need to place the general principles of the information society or the new rights of digital citizenship in the Constitution; there is no need to specifically regulate the functioning of the Public Administration, nor to establish special digital procedures; there is no need to regulate legal action against administrative decisions taken by machines, there is no need to preview rules to allow challenging the algorithms, or their use in front of a judge; there is no need…; there is no need…

---

[1] See Castels The Information Age: Economy, Society and Culture, v. I The Rise of the Network Society, v. II: The Power of Identity, v. III End of Millennium,,, Blackwell Publishers, Oxford, 1996 (I), 1997 (II), 1998 (III); A Era da Informação: Economia, Sociedade e Cultura, vol I A Sociedade em Rede, vol. II O Poder da Identidade, vol. III O Fim do Milénio, Fundação Calouste Gulbenkian, Lisboa 2002–2003.

[2] Toffler The Third Wave, 1980, A Terceira Vaga, 1984. See also: Toffler, Future Chock, 1970, Choque do Futuro, Livros do Brasil, Lisboa, 1971; Toffler, Powershift, Bantam Books, 1991, Os Novos Poderes, Livros do Brasil, Lisboa, 1991; Toffler/Toffler, Creating a New Civilization, Turner Publishing, 1995; Criando uma Nova Civilização, Livros do Brasil, Lisboa, 1995.

2 In my view, both extremes of euphoria and scepticism are to be avoided, rather openness and critical thinking are needed to deal with these new phenomena. Information and new technologies are not a "miracle recipe" for all of humanity's problems nor "the devil on the loose". In fact, information and new technologies bring huge changes in the behaviour of individuals, communities, political powers, with its advantages and disadvantages, challenges and risks, benefits and damages. All these transformations in the world of facts could not and should not remain outside the legal reality.

3 It is time now, using a realistic approach, to analyse some of the consequences of information and new technologies in the field of Public Law:

1. Technological changes do have drastic consequences in the action of public authorities, of the legislative, the administrative, or the judiciary powers. There is the work done by the machines acted by men, the replacement of paper documents by digital ones, the need to find out new digital procedures and processes, in the decision-making-process. In terms of the organisation of the services, there is also a problem that should be considered, that is the "mass production" of court decisions, procedures, appeals. And the same happens with the "mass production" of deputies, administrative officers, lawyers, judges. This leads Balkin to question whether the government should adopt a "factory model", and whether it is possible to "rationalize legal work without losing the human dimension" (Balkin)[3]?
2. Information availability. We are facing an indispensable tool for law actors and public services. As a matter of fact, the new technologies simplify the tasks of lawyers providing an easy and reliable way to find status, law, regulations, court decisions; an easy way to make data research, information treatment. In a nutshell, we may say that we face a change in the behaviour of all the law actors (judges, administration, lawyer's offices) (Balkin)[4]. One could also pose the question whether is still there a place for law theory and philosophy? Or if too much information could not come to the result of too less law? How to avoid that the banalisation of the machines transforms their users into "flesh and blood machines"?
3. Specific legal problems arise from the use of information and new technologies in each one of the law fields. Just to point out some of the most relevant ones in public law: a) in fundamental rights: the right of digital self-determination, the right to access, to amend, to erase digital data, the right to be forgotten; b) in administrative law: the mass-produced administrative decisions, the authorization and the limits for automation, the digital procedures, the algorithms and their (administrative and judiciary) control, judicial ways to control digital decisions.
4. Specific problems of law teaching. The use of information and new technologies is also relevant for law teaching and learning. Pedagogical tools like the power point, the web pages, the blogs, the v-Law Reviews, the long-distance lectures and conferences, the (educational) gaming, the electronical quiz(es), became well-known nowadays in all Faculties and Law Schools. Specially during the COVID-19 Pandemic times (that are not completely over yet), the lectures were performed exclusively or mainly by video-conference and all the interactive digital ways of teaching were used in a daily basis[5]. That shows very well the importance of a pedagogical approach more directed to the

[3] Balkin What is a Posrmodern Consitutionalism, in Michigan Law Review, 1992, p. 1–19. See also: Pereira da Silva, A Cultura a que Tenho Direito – Direitos Fundamentais e Cultura, Almedina, Coimbra, p. 21–25.

[4] Balkin What is a Posrmodern Consitutionalism, in Michigan Law Review, 1992, p. 1–19. See also: Pereira da Silva, A Cultura a que Tenho Direito – Direitos Fundamentais e Cultura, Almedina, Coimbra, p. 21–25.

[5] See, for the ELPIS approach to new pedagogical methods, Germelmann Innovative Teaching in European Legal Education – International Conference within the Framework of the 2019 ELPIS Network Meeting,,, Nomos, Baden-Baden, 2021. See also Pereira da Silva, "My Fair Lady": Introductive Lecture, in Germelmann Innovative Teaching in European Legal Education – International Conference within the Framework of the 2019 ELPIS Network Meeting, Nomos, Baden-Baden, 2021, p. 41–53.

"law problem" then to the "theoretical study" of the doctrine, and more interested in discovering "how to do it" instead of "how to solve it", as Fenge/Cramer-Franck/ Westphalen pointed out[6].

B. Information and New Technologies in Constitutional Law

In this topic about Digital information and Constitutional law, I will deal with three points, which are as follows: 4

1. Constitutional theory Approach
2. Evolution of the State model. The Post Social State
3. New digital fundamental rights

I. Constitutional theory approach

Technological changes require the renewal of Constitutional Law theoretical approach. 5 Nowadays the law actor needs to understand the changes in the reality to be able to provide the "right law" to the case in question.

We are living in a "post-modern society", characterized by "industrial practices and 6 mass production mechanisms", not only applied to material objects (cars, computers) but also to "spiritual products" like the law, the arts and music, the information and knowledge, and all kinds of services of the mind (Balkin)[7]. As, in the past, "it was impossible to understand modernism without understanding the industrial revolution,,, nowadays it is "impossible to understand postmodernism without understanding cultural and technological changes,, (Balkin)[8].

Therefore, a broader vision is demanded for law actors, that should include a "culturalist" point of view. The law actors need to understand "law in the books" as well as "law in action", they need to combine values, principles and interests with status, regulations, and facts. 7

A multiplicity of approaches is possible in this "culturalist" perspective. Häberle sees 8 "law as culture", therefore he understands "Constitutional theory as a cultural science" (and not just an economic or social science). And he points out the necessity to understand both law and society, "the culture of the law" and "the law of culture", to make effective "an open constitution for an open society"[9].

Different but complementary is the position of the "legal critics", also called as "critical 9 legal studies" or "postmodern jurisprudence" (White, Douzinas, Warrington, McVeigh, Ward, Minda, Luederssen, Levinson, Balkin[10]). This doctrinal current seeks to obtain the

[6] Fenge/Cramer-Franck/Westphal Legal Education in Europe – Germany, in International Journal of the Legal Professions, vol. II, n. 11995, p. 96.

[7] Balkin What is a Posrmodern Consitutionalism, in Michigan Law Review, 1992, p. 9. See also: Pereira da Silva A Cultura a que Tenho Direito – Direitos Fundamentais e Cultura, Almedina, Coimbra, p. 16–24.

[8] Balkin What is a Postmodern C.?, cit., in Michigan L. R., cit., 1992, p. 11–12. See also: Pereira da Silva A Cultura a que Tenho Direito – Direitos Fundamentais e Cultura, Almedina, Coimbra, p. 16–24.

[9] Häberle Verfassungslehre als Kulturwissenschaft, 2 ed., Duncker & Humblot, 1998; Teoria de la Constitutcón como Ciencia de la Cultura, Tecnos, Madrid, 2000, p. 61–62.

[10] White Heracles' Bow. Essays on the Rhetoric and Poetics of the Law, University of Wisconsin Press, Madison, 1985; Justice as Translation. An Essay in Cultural and Legal Criticism, The University of Chicago Press, Chicago, 1990; The Edge of Meaning, University of Chicago Press, Chicago, 2001; Douzinas/ Warrington/McVeigh Postmodern Jurisprudence – The Law of Text in the Texts of the Law, Routledge, London / New York, 1991; Ward Law and Literature, in Law and Critique ("Springer Philosophy of Law Journal"), volume IV, n. 1, 1993, p 43; Introduction to Critical Legal Theory, 2nd. ed., Cavendish Publishing, London / Sidney / Portland, Oregon, 2004; Minda Postmodern Legal Movements: Law and Jurisprudence at Century's End, New York University Press, New York, 1995; Luederssen Produktive Spiegelungen: Recht in Literatur, Theater und Film, 2nd. ed., Nomos, Baden-Baden, 2002; Levinson/Balkin

contribution of numerous other disciplines of knowledge for the correct understanding of Law. In this effort to mix different sciences with the science of law, several combinations have been tested: "law as literature"[11], "law (or justice) as translation" (White)[12], "law as music", "law as performative art" (or "law as performing art") (Balkin / Levinson[13].

10 Personally, I always try to combine different cultural approaches, as I did before in some of my writings: a) "law as culinary", an approach to Administrative Law as a "recipe", understanding "mandatory and discretional powers as a cookbook", by looking of the "arbitrary and capricious standard" as a kind of "gourmet experience"; b) "law as cinema" (Greenfield/Osborn/Robson[14]), trying to understand the problems of environmental law using a list of "environmental films"; c) "law as psychoanalysis", which is the title of one of mine books, in which I try to laydown the "Administrative Process Law at the Couch of Psychoanalysis".

11 Nowadays, the demands arising from the transformations in the domain of information and new technologies force the use of new scientific disciplines, as well as the intensification of the recourse to the culturalist method, under penalty of not understanding the current law trends. So, we need also to study, among many others:

- Media sociology is nowadays a relevant scientific approach to law and politics. As a matter of fact, there are huge changes produced by the media in the way institutions work. When we look to Parliament, Administration, Courts, political parties, we attended first a movement "from newspapers to the televisions" (Balkin), and then another movement "from the televisions to the internet" ("you-tube", "facebook" "my space", "blogs", "apps", "twitter", and all kind of social media). And all these movements transform the way the speech is made and spread out by "political marketing", "sound-bytes", "law-bytes", "fake news". If we look at a recent American episode, after the latest presidential elections, the assault to the Capitol, we attend a mix of internet social media with live speeches (like the President's one) from political rallies, combining "hate-speech" and "fake news", and appealing to the "irrationality of mass behaviour".
- Neurosciences, especially computational neurosciences, in which the functiouring of the mind ist studied for it's application in digital tools that allow the evaluation of public decisious (wether political or legal). Eagleman studies the brain and applies it in digital tools to assess law decisions. He discovered that the brain "isn't fully pre-programmed, but instead shapes itself by interacting with the world. As we grow, we constantly rewrite our brain's circuitry to tackle challenges, leverage opportunities, and understand the social structures around us„. This shows "how our brains incessantly reconfigure their own wiring„, in a process that he calls "live wired" applicable to digital tools (Eagleman)[15]. He runs a "Center for Science and Law„ based in the University of Stanford, defined as "independent non-profit", conceived to "leverage technology to bridge the gap between neuroscience and the law, and harness data science, and legal research to advance justice". One of the tools developed by this Center is the "Neurocognitive Risk

Law, Music and other Performing Arts, in University of Pennsylvania Law Review, volume n.º 139, 1991, páginas 1597 e seguintes; Balkin Cultural Software: A Theory of Ideology, Yale University Press, Yale, 1998; Balkin/Levinson Law and Performance, in http://www.yale.edu/lawweb/jbalkin/articles/london21.htm p. 1; Balkin/Levinson Interpreting Law and Music: Performance Notes on "The Banjo Serenader" and "The Lying Crowd of Jews", in Cardozo Law Review, n.º 20, 1999, p. 1513.

[11] White Heracles' B. E. on the R. and P. of the L., cit., p. 122–123.

[12] White Justice as T. An E. in C. and L. C., cit. p. 229.

[13] Balkin/Levinson Law and P., cit., in http://www.yale.edu/lawweb/jbalkin/articles/london21.htm, cit., p. 1. Vide também Balkin/Levinson Interpreting L. and M.: P. N. on "The B. S." and "The L. C. of J.", cit., in Cardozo L. R., cit., p. 1513.

[14] Greenfield/Osborn/Robson Film and the Law, Cavendish Publishing, London / Sidney, 2001. Vide também Presno Linere/Rivaya, Una Introducción Cinematográfica al Derecho, Tirant lo Blanch, Valência, 2006.

[15] Eagleman Livewired – The Inside Story of Ever-changing Brain, Panteheon Books, New York, 2020; O Cérebro em Ação – Nos Bastidores do Cérebro em Constante Mudança (port. transl), Lua de Papel, Alfragide, 2021 (p. 15–66).

Assessment" (NCR), a scientific tool "to measure decision making", that can be used "to identify criminal offenders most likely to commit another crime"[16], a very useful mean for assessing courts in penal judgements;
- Probability and Statistics are more and more useful in the field of civil liability[17], namely in environmental liability (and other risk situations). As a matter of fact, the "theory of environmental law adequate causality", cannot always mean the search of the remote concrete fact in a complex chain of causes, which may be replaced by a reasoning of Probability and Statistics to determine the predictable cause(s) of the facts.

II. Evolution of the State model. Post Social State and Constitution

Information and new technologies also have consequences in "the comprehension and the practice of the law, the constitution, the human rights, and the democracy,,. In a nutshell, we need "to understand how culture and post-modern technologies influenced the law as institution" (Balkin)[18]. 12

In my view, the Sate evolution goes like this[19]: 13
- we first had the Liberal State (18th and 19th. centuries), characterized by a non- interventionist philosophy of the public powers in the civil society, and the public task to guarantee the rights to liberty and to own property by means of public security ("first generation" of fundamental rights);
- then we had the Social State (end of 19th century and the 20th.century, until the seventies) with the new economic, social and cultural tasks for the public powers, mainly executed through the "service provider administration" (the "Leistungsverwaltung", in the words of Bachof[20], created to render a service, to establish rights or to allocate goods and services to the individuals), and the economic, social and cultural fundamental rights ("second generation" of fundamental rights);
- and we are now living in the Post-Social State (since the seventies on), that is a constitutional response for the crisis of the Welfare State, with the idea to increase the regulation instead of the self-production of goods and services by the Administration. In the Post Social State. the public powers try to regulate and to create infra-structures to fulfil public tasks with the cooperation of the individuals (the "Infrastruktur Verwaltung", in the words of Faber[21]), and new fundamental rights are created in new domains of aggression of the human personality like in the fields of the environment, the information and technologies[22], together with new procedural rights ("third generation" of fundamental rights).

After the first period of its implantation, and the subsequent period where the State model had to deal with the financial crisis and imposed the rule of of the "balanced budget" (2008), nowadays after the COVID-19 pandemic (2020), we can talk about a new period 14

[16] See https://scilaw.org/.

[17] Finkelstein Basic Concepts of Probability and Statistics in the Law, Springer, New York, 2009.

[18] Balkin What is a Postmodern C.?, cit., in Michigan L. R., cit., 1992, p. 13.

[19] Pereira da Silva, Festrede von Prof. Dr. Dr hc (Hannover) Pereira da Silva, anlässlich der Verleihung der Ehrendoktorwürde der Juristischen Fakultät der LUH am 2.11.2018, in Fenge/Germelmann/Oppermann/Pereira da Silva, International Legal Studies IV, Universitätsverlag Halle Wittenberg, Halle in der Saale, 2019, p. 232–253.

[20] Bachof Die Dogmatik des Verwaltungsrechts vor den Gegenwartsaufgaben der Verwaltung, in „Veröffentlichungen der Vereinigung der Deutschen Staatsrechtslehrer", n. 30, Walter de Gruyter, Berlin, 1972, p. 277.

[21] Faber Vorbemerkungen zu einer Theorie des Verwaltungsrechts in der nachindustriellen Gesellschaft, in Auf einem Dritten Weg – Festschrift für Helmut Ridder zum siebzigsten Geburtstag, Luchterhand, 1989, p. 291; „Verwaltungsrecht", 3rd. ed., 1992, J.C.B. Mohr (Paul Siebeck), Tübingen.

[22] Castells/Himannen The Information Society and the Welfare State, Oxford University Press, Oxford, 2002, A Sociedade da informação e o Estado-Providência – O Modelo Finlandês, F.C.G., Lisboa, 2007.

of the Post-Social State, with a renewed tonic on the protection of the environment (the topic of "fight the climate change" became now more crucial) and the expansion and the regulation of the digital in a safe and human-rights-friendly way, are seen as the two main finalities or goals for State powers. Together with these two main goals, also the public task of health protection, after the pandemic crisis, gained an essential constitutional dimension among the other State tasks (See the European and the National Plans for Recovery and Resilience)[23].

15 Coming back to the question of information and new technologies we must take in consideration both their individual and collective or social dimension. In fact, the digital world goes from the individual use of internet into the social media and the technological companies, and this double dimension brings increasing risks and threats to fundamental rights, to democracy, and to the Constitution. As Balaguer points out, "there are many areas in which social networks have generated dysfunctions from a constitutional and democratic point of view. From fundamental rights to electoral processes, passing through the configuration of the constitutional order, in a context in which the conditions of space and time have been transformed due to globalization and technological development. New cultural guidelines and new paradigms are emerging and their impact on constitutionalism is very broad„[24].

16 We are facing a global and multifaceted problem that requires Law answers from all the sources and levels: international, national, regional, and local. From a Constitutional point of view, this is a question that deals with: Global constitutionalism, European Constitution, and National Constitutions[25], and must be considered under a double dimension: objective (constitutional principles, goals, tasks for public authorities) and subjective (fundamental rights, human dignity protection). As we said before, "the novelty here is the emergence of constitutional issues "beyond the state" (CASSESE)[26], it is the fact that formal distinctions between human rights and fundamental rights have been overcome, it is the attempt at building a "global constitutionalism", or a "European constitutionalism", alongside state constitutionalism„.[27]

III. New digital fundamental rights

17 The history of fundamental rights shows the need to adopt a flexible and changeable notion, in which the successive "generations", following the evolution of the different State models, try to respond to the challenges and threats that the human's person dignity has been affected over times. As we just said, in the 3rd. generation of rights, born with the "Post Social State", information and new technologies together with the environment and health protection are not just the most "fashionable" constitutional values, establishing goals, principles and tasks to State action, but also give rise to new fundamental rights – the right to access to data, to digital self-determination, to data protection; the right to the environment; the rights of human protection in the field of genetics and biotechnology; the procedural rights.

[23] See Pereira da Silva The European Union's Extraordinary Measures facing the Actual Economic Crisis and the Difficulties of the Member States ELPIS Joint Conference Introductory Speech (Handout), in http://www.elpisnetwork.eu/wp-content/uploads/2021/02/Prof.-Vasco-Pereira-da-Silva-Joint-Conference-Introductory-Speech-final-version.pdf.

[24] Balaguer Callejón Redes Sociales, Companias Tecnológicas y Democracia (Social Works, Technological Companies and Democracy), in Revista de Derecho Constitucional Europeo, n. 32, 2019, https://www.ugr.es/~redce/REDCE32/articulos/04_F_BALAGUER.htm.

[25] See: Pereira da Silva, Direito Constitucional e Administrativo sem Fronteiras, Almedina, Coimbra, 2020.

[26] Cassese Oltre lo Stato, Editori Laterza, Roma, 2006.

[27] Pereira da Silva A Cultura a que T. D. – D. F. e C., cit., p. 42.

Looking closer to the rights of information and new technologies, in the global constitutionalism there is a "Charter of Human Rights and Principles for the Internet,,, created by the United Nations Internet Governance forum (a new international subject constituted by "multi-stakeholders": governments, business and civil society groups) [28]. 18

In my view, this Charter, no matter its formal nature and value, has material constitutional content what already allow us to speak of "Fundamental Digital Rights without Frontiers", as "implicit general principles of the international or global order, ready for application in private and public relations as well as implemented and verified by administrative bodies and judges". In an alternative way, "one may argue also that these implicit principles of rights for digital information arise from the deepest ethical values of the international community, therefore are a part of the so-called modern version of the "ius cogens". Or in another dogmatic alternative way, is also possible to say that these fundamental digital rights are the result (or are in the process-making) of "an international customary practice, as a repeated behaviour with the general conviction of its obligatory nature that goes beyond the legal texts (even if it comes from them)"[29]. 19

It is not about a single Constitution for the entire global legal order we are talking here (Cassese [30]). It is however, "the manifestation of a constitutional phenomenon without frontiers, insofar as individuals are considered as subjects of the global legal order, where there is direct applicability of human rights norms to domestic legal relations, and where we have also subjective legal protection conferred by true courts, constituted according to the international order, which defend citizens even against the actions and omissions of their own States. What we are watching here are phenomena of "multilevel constitutionalism", distinct according to the regional, national, federal, European, and global level in question (Pernice[31]) or, if you prefer, questions of compatibilization of "partial constitutions" (in the restricted domain of human/fundamental rights) at all the levels of the legal order (Häberle[32]),,[33]. 20

At the European Constitution level, there is the "Charter of Fundamental Rights", that enshrines the right to the protection of personal data (art. 8), that also includes the right of access and to rectify data, and the guaranty of control by an independent authority[34]. The European Charter on Fundamental Rights is a part of the "European Constitution" (at least in the material sense) although this does not mean that one can (or should) speak of a "European State"[35]. 21

Apart from the Charter, there are some other formally legislative texts with material constitutional level, establishing fundamental rights on information and new technologies such as: 22

[28] See https://drive.google.com/file/d/1dyhXJLBLKJ0v_0sUHHRNEaUzKzp2dFr_/view.

[29] Pereira da Silva Green Constitution. The Fundamental Right to the Environment, in: Cremades J., Hermida C. (eds), Encyclopedia of Contemporary Constitutionalism, Springer 2022, https://doi.org/10.1007/978-3-319-31739.7 160-1.

[30] Cassese Oltre lo S., cit., 2006, p. 187.

[31] Pernice 2009. The Treaty of Lisbon: Multilevel constitutionalism in action, Humboldt-Universität zu Berlin, WHI-Paper 2/09. http://www.whiberlin.de/ documents/whi-paper0209.pdf, 2016. Cf. global constitutionalism and the internet: Taking people seriously. In Law beyond the state. Pasts and futures, ed. R. Hofmann and S. Kadelbach, 151. Frankfurt/New York.

[32] Häberle El Constitucionalismo Universal desde las Constituciones Parciales Nacionales e Internacionales. Siete Tesis, in Direito Público, n. 54, 2013, p. 9.

[33] Pereira da Silva Green Constitution. The Fundamental Right to the Environment, in Cremades/ Hermida Encyclopedia of Contemporary Constitutionalism, Springer 2022, https://doi.org/10.1007/978-3-319-31739.7 160-1.

[34] Article 8 (Protection of personal data) 1. Everyone has the right to the protection of personal data concerning him or her. 2. Such data must be processed fairly for specified purposes and on the basis of the consent of the person concerned or some other legitimate basis laid down by law. Everyone has the right of access to data which has been collected concerning him or her, and the right to have it rectified. 3. Compliance with these rules shall be subject to control by an independent authority.

[35] Pereira da Silva Festrede von Prof. Dr. Dr. hc (Hannover) Pereira da Silva, anlässlich der Verleihung der Ehrendoktorwürde der Juristischen Fakultät der LUH am 2.11.2018, in cit. p. 13.

- the Directive 2009/136/CE of the European Parliament and the Council, of 25 November, on the (review of the) EU regulatory framework for electronic communications networks and services[36];
- the Regulation (EU) 2015/2120 of the European Parliament .and the Council, of 25 November, on open internet access[37];
- the Regulation (EU) 2016/679 of the European Parliament and the Council of 27 April, on the General Data Protection Regulation[38];
- the Directive 2018/1972, of the European Parliament and the Council, of 11 December, on the European Electronic Communications Code[39];
- the 2021–2027 Long-Term EU Budget and Next Generation EU[40], on the European Pact of Recovery and Resilience, in which the environment, the digital and the health are considered as essential objectives of the EU[41].

23 In Portugal, the article 35 of the Constitution enshrines fundamental rights in the field of information and new technologies. As a matter of fact, the original version of 1976, was limited to establish rights towards the manual archives, but it was extended to reach also the digital archives, after the constitutional revisions of 1982, 1989 and 1997. The Constitution establishes namely: the right of access (to review, to update) to computer data (n. 1); the guaranty of protection of personal data implemented through an independent administrative authority (n. 2); the prohibition of using personal data of any kind (philosophical, religious, private, ethnic origin) unless legally authorized with guarantees of non-discrimination or for statistical treatment (n. 3); access by third parties is prohibited, except in exceptional cases provided for by law (n. 4); prohibition of creation of a single national number (n. 5); right of access to public computer networks, with the exception of personal data and data of national interest (n. 6); extension of digital data protection also for manual files (n. 7).

24 Lately (Law n. 27/2021, of May 17) it was introduced a new instrument, the "Charter of Human Rights in the Digital Age", formally a simple Law but materially of constitutional content. The law was unanimously approved by the Portuguese Parliament ("Assembleia da República") and immediately promulgated by the President of the Republic.

25 The Charter was a good idea but with implementation problems. Immediately after the vote, a lively discussion began in the media on the dangers of freedom of speech and state intervention in the digital, together with some criticism on the control powers attributed to the independent administrative authority for the media ("Alta Autoridade para a Comunicação Social"), considered not to be truly independent.

26 On July 29 (2021), the President of the Republic decided to send the art. 6 of the Charter to the Constitutional Court, invoking the following grounds[42]:

- Legal definition of the concept of disinformation. According to the President there were problems of densification and determination of concepts; risks of collision of the legal provisions with the content of freedom of information and other constitutional principles; problems of proportionality of the measures restricting fundamental rights.

---

[36] See: https://eur-lex.europa.eu/LexUriServ/LexUriServ.do?uri=OJ:L:2009:337:0011:0036:en:PDF.

[37] See: https://eur-lex.europa.eu/legal-content/EN/TXT/?uri=uriserv:OJ.L_.2015.310.01.0001.01.ENG.

[38] See: https://eur-lex.europa.eu/legal content/EN/TXT/?uri=uriserv:OJ.L_.2015.310.01.0001.01.ENG.

[39] See: https://eur-lex.europa.eu/legal-content/EN/TXT/?uri=CELEX:32018L1972.

[40] See: https://ec.europa.eu/info/strategy/eu-budget/long-term-eu-budget/2021-2027_en.

[41] See Pereira da Silva The European Union's Extraordinary Measures facing the Actual Economic Crisis and the Difficulties of the Member States ELPIS Joint Conference Introductory Speech (Handout), in http://www.elpisnetwork.eu/wp-content/uploads/2021/02/Prof.-Vasco-Pereira-da-Silva-Joint-Conference-Introductory-Speech-final-version.pdf.

[42] See Página Oficial da Presidência da República Portuguesa – Atualidade https://www.presidencia.pt/atualidade/toda-a-atualidade/2021/07/artigo-sexto-da-carta-portuguesa-dos-direitos-humanos-na-era-digital/#main-content.

– Sanctioning powers of the independent administrative authority. According to the President, the law used vague and indeterminate concepts to define the powers of the independent administrative authority It was also pointed out the need to avoid situations of censorship.
– Fact-checking structures and quality seals. Law does not indicate who are the structures responsible for verifying the truth about the facts reported by the media to give "quality seals", nor what are their competences.

It is time now for the Constitutional Court to decide about the unconstitutionality of the art. 6. Meanwhile, several norms of the Charter depend on subsequent regulation which is now suspended. We'll wait and see.

C. Information and New Technologies in Administrative Law

A typical characterizing element of the Post-Social State in which we live is the multiplication of Administration decisions that result from the use of machines[43]. From traffic regulation to tax settlement, and the attribution of salaries and pensions, passing through the algorithms that determine the decision criteria, the phenomenon of "administration through machines" (Schmidt)[44] is increasing every day. In the beginning, the first problem in this matter was to know how to make compatible the language of Administrative Law and the languages of the new technologies? 27

The first solution to solve the problem of compatibility was the (German) "theory of the two levels" ("Zwei-Stufen Lehre") (Zeidler[45]). It was based in the notion that there should be a separation between the human activity of the public authorities and the mechanical one, the first being a legal activity that could be controlled by the judges, the second being technical, and therefore could not be submitted to the law standards. 28

In the discussion brought by this "schizophrenic theory", the main critics were as follows: 29

– the emission of decisions by the computers is programmed by human beings because the computers do not work by themselves. The accountability of the computer decision therefore is the accountability of the person(s) working with the machine. So, there should be no difference between the Administration "through the machines" and the "manual" in this matter, from the legal point of view.
– Administrative law deals with decisions produced by "public bodies", that is to say that the decisions are produced by a person in the use of public competences: So, the administrative decision is a "fictional" institutional decision, attributable to an authority and not to the person who performed it. Public decisions are not personal decisions, but decisions produced by persons and machines using "the hat" of a public body (as the American doctrine uses to say). From the administrative law point of view, it is indifferent that the decisions are produced by a computer or a person, the important is to know if they are legal or not. In a nutshell, we may say that legal standards are applicable to computer decisions as to persons decisions using public competences or acting "under the hat" of public bodies. On the contrary, the "theory of the two levels" was "oriented towards the "will" of the administrative agents instead of the competences and goals of the public bodies,, (Badura)[46]

[43] See: Pereira da Silva, Em Busca do Ato Administrativo Perdido, Almedina, Coimbra,1996, p. 481–488.
[44] Schmidt Enführung in die Probleme des Verwaltungsrechts, Beck, München, 1982, p. 254.
[45] Zeidler Über die Technisierung der Verwaltung – Eine Einführung in die juristische Beurteilung der modernen Verwaltung, C. F. Müller, Karlsruhe, 1959.
[46] Badura Das Verwaltungsverfahren, in Erichsen/Martens Allgemeines Verwaltungsrecht, 9 e., Walter de Gruyter, Berlin / New York, 1992, p. 469.

30 On the other hand, some of the concerns of the "two levels theory" were correct, mainly the idea of the need of a special regulation for administrative decisions produced by machines. As a matter of fact, there are specific legal problems of the "administration through machines" that may not be ignored, such as: procedures, form, protection of the citizens. The administration by machines can not mean an "escape to the law", therefore it should be a special regulation for it, together with the application of the general principles of the administrative activity.

31 Looking back to the problem of compatibility between law and machines, we should conclude that equal problems require equal treatment, therefore "a computer result is an administrative act, a computer programme is an administrative regulation,, (Badura)[47]. The consequence of this conclusion is that administration by machines is submitted to general and special administrative rules, in all the domains of substantive, procedural and processual Law.

32 Regarding Administrative Justice, the novelty is that all the digital activity can be taken to a court, so there is a judicial litigation space for digital matters[48]. Like in all other administrative decisions, any individual can go to court to ask for the annulment, the condemnation, or any other measure against digital action of the administration, including reacting against an illegal algorithm[49].

33 In Portugal, the legal basis for the control of digital administrative behaviour is the art. 268°, n°. 4, of the Constitution, that enshrines the fundamental right to access the court in Administrative Justice, establishing the possibility of reaction against administrative action in a material sense. The constitutional norm determines the "disregard of the form of the administrative action to allow its judicial control", which means that the digital behaviour of the Administration should have the same treatment given to all other administrative ways of action.

34 However, in Portugal there is a need for specific regulation on administrative action through the machines. If we look at the Administrative Procedure Code (D. L. 442/ 91, 15th. November), in its original version, the situation was like this:

- on one hand. the article 2, nr. 1 and 4, establishes that the general principles of the administrative activity are applicable even to the technical and digital activity of the administration;
- on the other hand, all the rules of the Code were conceived to non- automated procedures, so it does not specifically deal with the problems of the administration by the machines

35 On the contrary, as it has been defended for some doctrine[50], there is a need for specific legislation in this field, for the following reasons:

[47] Badura Das Verwaltungsverfahren, in Erichsen/Martens Allgemeines Verwaltungsrecht, 9 e., Walter de Gruyter, Berlin / New York, 1992, p. 468.

[48] Iliopoulos-Strang/Levits/Postacs/Ziller The Challenges of Digital Communication for the State and its Democratic State Form, Nomos/Stämpfli/Sakkoulas, Baden-Baden, 2021.

[49] Kucina Algorithms in Courts and Predictive Justice, in Iliopoulos-Strang/Levits/Postacs/Ziller The Challenges of Digital Communication for the State and its Democratic State Form, Nomos/Stämpfli/Sakkoulas, Baden-Baden, 2021, p. 27.

[50] Rebelo des Sousa Regime do Ato Administratvo, in Direito e Justiça, v. VI, 1983, p. 40; Pereira da Silva Functions and Purposes of the Administrative Procedure: New Problems and New Solutions, in Caccese/Mehde/Harlow/Pascale Gonod/Pereira da Silva/Battini/Juergens/Duarte Functions and Purposes of the Administrative Procedure: New Problems and New Solutions ("e-book"), ICJP, Lisboa, 2011, http://www.icjp.pt/publicacoes, p. 71, Primeiro Comentário acerca do Projeto de Revisão do Código de Procedimento Administrativo (a recordar um texto de Steinbeck), in Cadernos de Justiça Administrativa, n° 101 (Homenagem ao Professor Doutor António Cândido de Oliveira), Setembro/Outubro 2013, p. 83; "O Inverno do Nosso Descontentamento" – As Impugnações Administrativas no Projeto de Revisão do CPA, in Cadernos de Justiça Administrativa, n. 100 (XV Seminário de Justiça Administrativa), 2007, p. 120.

c) Automation of the administration can collide with fundamental rights. According to art. 18th, n. 1, b) of the Portuguese Constitution, the possibility of aggression of fundamental rights should be ruled by law.
d) Law should determine the field of application and the limits of automation in the public administration,
e) Special law is needed for special procedures, as in general for issues of form and procedure for the administrative action through the machines requires

There was a Reform of the Administrative Procedure Code in 2015, and it enshrines 36 now some general principles in digital matters (basically article 14. Of the Code of Administrative Procedure). According to this article ("Principles for government in e-government"): 1) The bodies and services of the Public Administration should use electronic means in the exercise of their activity, to promote administrative efficiency, transparency and proximity to interested parties; 2) The electronic means used must guarantee the availability, access, integrity, authenticity, confidentiality, preservation and security of information; 3) The use of electronic means, within the limits established by the Constitution and the law, is subject to the guarantees provided for in this Code and the general principles of administrative activity; 4) Administrative services must provide the electronic means necessary to establish a relationship with the public administration and disclose them in an appropriate manner, so that interested parties can use them in the exercise of their legally protected rights and interests, namely to formulate their claims, obtain and provide information, make inquiries, present allegations, make payments and challenge administrative acts; 5) Interested parties have the right to have equal access to the services of the Administration and, under no circumstances, the use of electronic means may imply unforeseen restrictions or discrimination for persons related to the Administration by non-electronic means; 6) The provisions of the previous number do not affect the adoption of positive differentiation measures for the use by interested parties of electronic means in their relations with the public administration.

It was a good step in the right direction, but it was not enough. Here are some problems 37 resulting from this regulation:

– some of the rules are not adequate nor effective, (for example art. 14, n. 1, "The bodies and services of the Public Administration should use electronic means in the exercise of their activity");
– Administrative Procedure Code rules do not regulate any kind of digital procedure. We need however specific rules for specific digital procedures;
– the rules in question do not establish the limits of procedural digital issues for the protection of fundamental rights.

It is time now to finish my article. I'll do it "making a wish" for more and better legal 38 regulation of digital both in Constitutional and Administrative Law at all their levels: international or global, European, national, regional and local.

3.14 Legal Tech (Online-Anwalt)

Übersicht

A. Was ist Legal Tech?

Es gibt eine ganze Reihe von Handbüchern, die sich mit Legal Tech befassen[1] und seit neuestem auch Zeitschriften, die sich dem Thema verschrieben haben.[2] Der Begriff ist zwischenzeitlich fast in aller Munde. Ein Blick auf Google Ngram Viewer zeigt, welches exponentielle Wachstum die Verwendung des Begriffs Legal Tech seit 2014 erfahren hat. Dennoch entzieht sich der Begriff einer scharfen Definition. *Groh* definiert den Begriff sehr weit, indem er unter Legal Technology Informationstechnik versteht, welche in irgendeiner Weise das juristische Arbeiten unterstützt.[3] **1**

Die meisten versuchen den Begriff phänomenologisch zu erfassen. Der Techindex von Stanford Codex umfasst 1880 Firmen, die aber nicht (mehr) alle am Markt präsent sind. Unterteilt werden diese nachfolgenden Kriterien: Analytics, Compliance, Document Automation, Legal Education, Legal Research, Marketplace, Online Dispute Resolution, Practice Management und eDiscovery.[4] Eine dem sehr ähnliche Einteilung hat *Dominik Tobschall* für den deutschen Markt vorgenommen. Er unterscheidet zwischen Standardized legal advice products; Consumer legal advice; Legal Process Outsourcing; HR, Directories, Rating & Content; Academic Initiatives & Education; Tools; AI/eDiscovery/Automation Tools; Contract Assembly & Tools; Legal Practice Management; Legal databases.[5] Unter den jeweiligen Oberbegriffen verbergen sich zum Teil ganz heterogene Dinge. So **2**

[1] Breidenbach/Glatz Rechtshandbuch Legal Tech, 2. Aufl. 2021; Ebers/Heinze/Krügel/Steinrötter Künstliche Intelligenz und Robotik, 2020; Hartung/Bues/Halbleib Legal Tech 2018; Kaulartz/Braegelmann Rechtshandbuch Artificial Intelligence and Machine Learning, 2020.

[2] Legal-Tech.de magazin; Legal Tech Verzeichnis; Legal Tech – Zeitschrift für die digitale Rechtsanwendung (LTZ); RDi – Recht Digital; REthinking Law.

[3] Groh in Weber, Rechtswörterbuch, 27. Ed. 2021, Stichwort: Legal Tech; so auch Fries NJW 2016, 2860 (2862) und Wagner BB 2017, 898.

[4] https://techindex.law.stanford.edu/ (zuletzt abgerufen am: 6.4.2022).

[5] https://tobschall.de/legaltech/ (zuletzt abgerufen am: 6.4.2022).

werden zB als Legal Databases elektronische Gesetzessammlungen genauso verstanden wie juristische Datenbanken (beck-online, Juris oder WoltersKluwer).

3 Neben einem solchen produktbezogenen Ansatz der Systematisierung von Legal Tech wird versucht, Legal Tech über ein Disruptionspotential zu erfassen.[6] Es wird gefragt, in welchem Umfang sich die Legal Tech Anwendung auf die juristische Arbeit auswirkt und ob die juristische Arbeit in ihrer Gesamtstruktur hierdurch verändert wird. Dabei werden unterschiedliche Stufen der Veränderung unterschieden. Auf der Stufe 1.0. wird die herkömmliche juristische Arbeit lediglich durch Legal Tech unterstützt. Als Beispiel dient *Oliver Goodenough*, auf den diese Einteilung zurückgeht, die Sichtung großer Datenmengen durch ein einfaches Suchprogramm.[7] War auf der Stufe 1.0. noch eine Nachbereitung durch Rechtsanwälte erforderlich, soll auf der Stufe 2.0. dies durch den Einsatz von Künstlicher Intelligenz in weit größerem Umfang obsolet werden. So ermöglichen auf der Stufe 2.0. die lernenden Algorithmen, die Suchbegriffe des eDiscovery zu modifizieren und zu optimieren. Auch Verträge soll der Computer entwickeln können. Schließlich soll auf der Ebene 3.0. das ganze System ersetzt werden. Die bestehenden Gesetze und rechtlichen Lösungen sollen nicht mit der Hilfe eines Computerprogramms abgearbeitet werden, sondern der Code (Law is Code) soll im Grunde bereits die bestehenden rechtlichen Lösungen ersetzen.[8] Das Recht wird nicht mehr analog geschrieben, sondern gleich im Code. In gewisser Weise können hierunter Smart Contracts verstanden werden, welche bereits die Vertragsabwicklung und Vertragsstörungen in sich programmiert haben.

4 Ein anderer Ansatz Legal Tech zu erfassen fragt danach, ob die eingesetzte Technik lediglich die anwaltliche Tätigkeit unterstützt, ohne jedoch die juristische Leistungserbringung selbst grundlegend zu verändern (Office Tech) oder ob die Algorithmen die eigentliche juristische Tätigkeit selbst betreffen (Legal Tech im engeren Sinne).[9] Allerdings vermag auch diese Einteilung nicht zu eindeutigen Ergebnissen zu führen. Dies lässt sich am Beispiel der industriellen Produktion der Schriftsätze darstellen. Vor der weitflächigen Verbreitung der Schreibmaschine im ersten Viertel des 20. Jahrhunderts wurden die Schriftsätze noch mit Federkiel verfasst. Rein technisch war damit der Erstellung von Schriftsätzen bereits Grenzen gesetzt. Bis zum PC und den Textverarbeitungsprogrammen konnte ein kleiner Tippfehler noch mit Tipp-Ex korrigiert werden, die Umarbeitung von Schriftsätzen bedeutete, dass diese gänzlich neugeschrieben werden mussten. Mit dem Einzug des PC und der Textverarbeitungsprogramme wurde es möglich, die Schriftsätze schneller zu erstellen und leichter zu korrigieren. Kanzleien konnten Textbausteine speichern und so wiederverwenden. Werke, wie Vorwerk, Das Prozessformularbuch[10] bieten Formulierungsmuster zum Download an. Spätestens wenn die Schriftsätze in Individualverfahren, welchen aber eine große Anzahl gleichförmiger Schadensfälle zugrunde liegt, industriell mit Hilfe von Datenbanken und Templates hergestellt werden,[11] findet der Wechsel von Office Tech zu Legal Tech statt. Es stellt sich dann rechtlich die Frage, ob die auf diese Weise hergestellten Schriftsätze noch den Anforderungen von § 520 ZPO genügen.[12] (hierzu näher → Rn. 33 f.)

5 Denkbar wäre es auch, Legal Tech durch die besonderen auf Legal Tech zugeschnittenen Regulierungen zu erfassen. Dies entspricht dem Verständnis des anwaltlichen Berufsrechts. Das materielle anwaltliche Berufsrecht lässt sich als die Summe aller Normen begreifen,

[6] Wagner BB 2017, 898.

[7] Goodenough Legal Technology 3.0, abrufbar unter https://www.huffpost.com/entry/legal-technology-30_b_6603658 (zuletzt abgerufen am: 6.4.2022).

[8] Zu dem Konzept auch Brechmann Legal Tech und das Anwaltsmonopol, 2021, S. 8

[9] Hartung in Hartung/Bues/Halbleib Legal Tech, 2018, S. 8; in diesem Sinne auch Brechmann, Legal Tech und das Anwaltsmonopol, 2021, S. 10.

[10] Vorwerk Das Prozessformularbuch, 11. Aufl. 2019.

[11] Hierzu Breidenbach/Glatz Rechtshandbuch Legal Tech, 2. Aufl. 2021 § 2.

[12] Ganz allgemein zur Funktion des Anwaltlichen Schriftsatzes Wolf FS 190 Jahre Rechtsanwalts- und Notarverein Hannover, 2021, 205 ff.

welche das Verhalten der Berufsträger entgegen des normalen Marktverhaltens steuern.[13] Unter Legal Tech würde demnach die in dem sogenannten Legal Tech Gesetz[14] geregelte Tätigkeit von Inkassounternehmen fallen.[15] Problematisch dabei ist allerdings, dass die dort getroffenen Regelungen mit Legal Tech nur sehr am Rande etwas zu tun haben. Zwar bedienen sich die sogenannten Legal Tech Unternehmen des Internets und einfacher Eingabemasken, um in bestimmten, einfach strukturierten Fällen, wie der Entschädigung von Flugverspätungen, Kunden zu aggregieren und zugleich automatisiert die Entscheidung zu treffen, ob ein Fall, meist gegen Erfolgsbeteiligung und Prozessfinanzierung, angenommen werden soll. Die Durchsetzung des Anspruchs selbst erfolgt aber in einem analogen Gerichtsverfahren. Strittig war dabei, ob das Geschäftsmodell in dieser Form mit dem RDG vereinbar ist. (→ Rn. 10f.).

Aufgrund der Entwicklungsdynamik des Legal Tech Bereichs kann der Begriff jedenfalls derzeit über den eines schlagwortartigen Sammelbegriffs nicht hinausgehen. Im Nachfolgenden werden daher einige ausgewählte Aspekte von Legal Tech näher eingeordnet. 6

B. Legal Tech und das RDG

Legal Tech Unternehmen bieten in Deutschland unterschiedliche Dienstleistungen an, bei denen sich immer die Frage stellt, in welchem Umfang die Dienstleistung mit dem RDG vereinbar ist.[16] Im Wesentlichen lassen sich die Aktivitäten in vier Kategorien erfassen. Zum einen geht es um die Geltendmachung von Ansprüchen von Verbrauchern gegen Unternehmen, wie Fluggastentschädigungsansprüche. Regelmäßig bietet das Legal Tech Unternehmen dabei nicht nur die Einziehung der Forderung an, sondern auch die Finanzierung der Forderungseinziehung gegen Erfolgshonorar. Eng damit zusammen hängt die Frage, ob das Inkassounternehmen neben der reinen Einziehung den Schuldner auch auffordern darf, künftig keine nach der Mietpreisbremse überhöhte Forderung zu stellen.[17] Strittig ist auch, ob es von der Inkassolizenz noch umfasst ist, wenn die Tätigkeit des Inkassounternehmens nicht primär auf eine außergerichtliche Geltendmachung abzielt, sondern von Anfang an auf eine gerichtliche.[18] Kann man die vorgenannten Fallgruppen als Unterfall der Reichweite einer Inkassolizenz begreifen, liegt im Fall einer automatisierten Vertragserstellung (*smartlaw*) keine Inkassolizenz vor. Maßgebend war in diesem Fall, ob man in der softwaregestützten Erstellung eines Vertrags eine fremde Rechtsdienstleistung iSd § 2 Abs. 1 RDG sehen kann.[19] 7

Wie sich aus der Zusammenschau von BRAO und RDG ergibt, ist die Erbringung einer Rechtsdienstleistung in Deutschland grundsätzlich verboten, es sei denn, es besteht ein Erlaubnistatbestand.[20] RDG und BRAO bilden also zusammen ein Verbot mit Erlaubnisvorbehalt.[21] Da das RDG nur noch die außergerichtliche Rechtsdienstleistung erfasst, 8

[13] Wolf in Gaier/Wolf/Göcken Anwaltliches Berufsrecht, 3. Aufl. 2020, Einl. Rn. 2.
[14] Zur Begrifflichkeit Feiter/Schlander DStR 2021, 1725ff.
[15] Gesetz zur Förderung verbrauchergerechter Angebote im Rechtsdienstleistungsmarkt v. 10.8.2021, BGBl. 2021 I 3415.
[16] Fries NJW 2018, 2904; Hartung BB 2017, 2825 (2828f.); Hartung AnwBl Online 2019, 353ff.; Henssler NJW 2019, 545 (546f.); Iddeker/Islam AnwBl Online 2021, 264; Kilian NJW 2019, 1401ff.; Mann/Schnuch NJW 2019, 3477ff.; Remmertz BRAK-Mitt 2019, 219; Remmertz BRAK-Mitt 2018, 231 (233f.); Römermann/Günter NJW 2019, 551 (552); Valdini BB 2017, 1609 (1611f.); Wolf BRAK-Mitt. 2020, 250; Wolf/Flegler IPA Working Paper 2/2020, abrufbar unter https://www.jura.uni-hannover.de/fileadmin/jura/Fakultaet/Professuren/Prof._Dr._Wolf/Aktuelles/Dokumente/Stellungnahme_des_IPA_zum_Gesetzentwurf_der_Bundesregierung_02_2021.pdf (zuletzt abgerufen am: 6.4.2022); Zimmermann AnwBl Online 2019, 815 (817).
[17] Hierzu BGH BeckRS 2022, 3929.
[18] Hierzu einerseits BGH BeckRS 2021, 20906 und anderseits LG Stuttgart BeckRS 2022, 1731.
[19] BGH NJW 2021, 3125.
[20] Wolf in Gaier/Wolf/Göcken Anwaltliches Berufsrecht, 3. Aufl. 2020, RDG Vor § 1 Rn. 4.
[21] Wolf in Gaier/Wolf/Göcken Anwaltliches Berufsrecht, 3. Aufl. 2020, RDG Vor § 1 Rn. 4.

ergibt sich der Erlaubnistatbestand, bzw. das Verbotsgesetz für die gerichtliche Rechtsdienstleistung aus §§ 78, 79 ZPO. Das RDG sichert daher die wirtschaftsaufsichtsrechtlichen Maßnahmen der BRAO ab, indem § 3 RDG das allgemeine Verbot der Erbringung der Rechtsdienstleistung statuiert, soweit nicht nach dem RDG oder nach anderen Gesetzen abweichend geregelt.[22] Das allgemeine Verbot der selbstständigen Erbringung von außergerichtlichen Rechtsdienstleistungen richtet sich an jedermann und damit auch an die Rechtsanwälte. Gesetzessystematisch ergibt sich die Erlaubnis zur außergerichtlichen Rechtsdienstleistung für die Rechtsanwälte erst aus § 3 BRAO. Für Inkassounternehmen ergibt sich die Genehmigung zur Erbringung der Rechtsdienstleistung aus der Inkassogenehmigung nach § 10 Abs. 1 Nr. 1 RDG[23] sowie für die gerichtliche Geltendmachung der Forderung aus § 79 Abs. 1 ZPO.

9 Die Frage, ob bzw. inwieweit die Geschäftsmodelle der Legal Tech Unternehmen mit dem RDG vereinbar sind, wird bzw. wurde kontrovers diskutiert.[24] Im Nachfolgenden soll die Diskussion anhand von drei Leitentscheidungen des BGH nachgezeichnet werden.

I. wenigermiete.de/LexFox-Entscheidung des BGH – Inkassodienstleistung

10 Die *wenigermiete.de* bzw. *LexFox* Entscheidung des BGH[25] war die erste von einigen wegweisenden Grundsatzentscheidungen des BGH, die in den letzten Jahren im Bereich der Anwendung von Legal Tech auf dem deutschen Rechtsmarkt ergangen ist.

11 Die LexFox-GmbH hat unter einer Inkassolizenz nach § 2 Abs. 2 S. 1 iVm § 10 Abs. 1 Nr. 1 RDG unter der Adresse *wenigermiete.de* ein Portal für Verbraucher angeboten. In diesem Portal kann der Verbraucher durch Eingabe der relevanten Daten zunächst unentgeltlich überprüfen, ob die aktuell gezahlte Miete 10 % über der sich aus dem Mietspiegel ergebenden, ortsüblichen Vergleichsmiete liegt. Anschließend hat der Verbraucher die Möglichkeit, LexFox im Rahmen eines entgeltlichen Geschäftsbesorgungsvertrags mit der Feststellung sowie Durchsetzung seiner Ansprüche im Rahmen der Mietpreisbremse zu beauftragen, also insb. einen Anspruch auf Rückzahlung zu viel gezahlter Miete gegen den Vermieter geltend zu machen. Dazu tritt der Mieter alle sich aus diesem Rahmen ergebenden Ansprüche treuhänderisch und unwiderruflich an LexFox ab. Als Entgelt sehen die AGB ein Drittel der ersparten Summe, also die überzahlte Miete für 4 Monate, vor.[26]

12 Der BGH hat sich in der Entscheidung einem weiten Verständnis des Begriffs der Inkassodienstleistung angeschlossen.

13 „Aufgrund der vorstehend dargestellten Entstehungsgeschichte des Rechtsdienstleistungsgesetzes und vor allem im Hinblick auf die von dem Gesetzgeber mit diesem Gesetz verfolgte Zielsetzung einer Liberalisierung des Berufsrechts und einer Öffnung des Rechtsdienstleistungsrechts für künftige Entwicklung sowohl im gesellschaftlichen Bereich als auch auf dem Gebiet der Dienstleistungsberufe sind die für die rechtliche Beurteilung im Streitfall maßgeblichen Vorschriften der § 2 Abs. 2 Satz 1, § 10 Abs. 1 Satz 1 Nr. 1 RDG dahin auszulegen, dass der darin enthaltene Begriff der Inkassodienstleistung nicht in einem zu engen Sinne verstanden werden darf, wie dies seitens des Berufungsgerichts erfolgt ist und auch von einem Teil der Instanzgerichte und der Literatur vertreten wird. Vielmehr

[22] Vgl. zum Ganzen Wolf in Gaier/Wolf/Göcken Anwaltliches Berufsrecht, 3. Aufl. 2020, RDG Vor § 1 Rn. 4.

[23] Vgl. dazu Siegmund in Gaier/Wolf/Göcken Anwaltliches Berufsrecht, 3. Aufl. 2020, RDG § 10 Rn. 1 f., 45 ff.

[24] Dafür LG Berlin NJW 2018, 2901; LG Berlin Grundeigentum 2018, 1231; Remmertz BRAK Mitt. 2017, 55 (59); Degen/Krahmer GRUR-Prax 2016, 363. Dagegen LG Berlin, Urt. v. 15.1.2019 – 15 O 60/18; LG Berlin NJW 2018, 2898; LG Berlin VuR 2018, 466; Rott VuR 2018, 443.

[25] BGH NJW 2020, 208; kritisch dazu Wolf BRAK-Mitt. 2020, 250, die Entscheidung wurde BGH wurde erneut bestätigt in BGH BeckRS 2022, 3929.

[26] Zum Sachverhalt vgl. BGH NJW 2020, 208.

ist insoweit – innerhalb des Rahmens des mit dem Rechtsdienstleistungsgesetz verfolgten Schutzzwecks (§ 1 Abs. 1 Satz 2 RDG) – eine eher großzügige Betrachtung geboten."[27]

Legal Tech-Anbieter wie LexFox bewegen sich danach auch selbst dann noch im Rahmen ihrer Inkassolizenz, wenn der Anspruch bei Beauftragung noch gar nicht besteht und der Anbieter den Verbraucher vor Abtretung der Forderung zum Bestehen eben dieser noch berät.[28] Grund dafür war die mit der Einführung des RDG im Jahr 2008 bezweckte Deregulierung und Liberalisierung des deutschen Rechtsberatungsmarkts, das RDG sollte sich gerade für neue Berufsbilder öffnen.[29] Die Entscheidung des BGH bezieht sich dabei ausdrücklich auf das BVerfG, das ein enges Verständnis der Inkassodienstleistung unter dem Rechtsberatungsgesetz im Hinblick auf die Berufsausübungsfreiheit der Inkassodienstleister aus Art. 12 GG für verfassungswidrig erklärt hatte.[30] 14

Der Zweck des RDG, den Rechtssuchenden vor unqualifizierter Rechtsberatung zu bewahren,[31] werde dadurch sichergestellt, dass auch der Legal Tech-Anbieter als Inkassodienstleister eine besondere Sachkunde nachweisen muss, die für die Erteilung der Inkassolizenz behördlich überprüft wird.[32] Für den Rechtssuchenden und die Rechtspflege bestehe dann keine Gefahr, soweit der Anbieter im Rahmen seiner Erlaubnis und damit seiner besonderen Sachkunde bei der Abtretung der Forderung auch eine Bewertung der Rechtslage und Erfolgsaussichten für die Beitreibung etwaiger Forderungen vornimmt.[33] Eine umfassende rechtliche Forderungsprüfung ist dem Legal Tech-Anbieter als Inkassodienstleister im Rahmen der Abtretung ausweislich der Gesetzesbegründung ausdrücklich gestattet.[34] Diese Erlaubnis umfasse nach Ansicht des BGH auch die Vornahme von forderungsbegründenden Handlungen für den Verbraucher, wie die (qualifizierte) Rüge im Rahmen des § 556g Abs. 2 S. 1 BGB sowie Geltendmachung von Hilfsansprüchen zur Durchsetzung der Forderung, insb. Auskunftsansprüche, wie den des § 556g Abs. 3 BGB.[35] 15

Den Legal Tech-Anbietern steht es dabei auch frei, mit den Verbrauchern ein Erfolgshonorar zu vereinbaren und ihnen zuzusagen, sie im Falle des Misserfolgs von allen Kosten freizustellen. Rechtsanwälten ist dies insb. im Hinblick auf § 49b BRAO zwar nicht möglich,[36] in der darin liegenden Ungleichbehandlung hat der BGH aber keinen Wertungswiderspruch zum RDG gesehen, der zur Überschreitung der Inkassolizenz hätte führen können.[37] Der Legal Tech-Anbieter als Inkassodienstleister ist kein Organ der Rechtspflege, weshalb auch der Gesetzgeber davon abgesehen hat, die strengen Berufspflichten des Rechtsanwalts auf den Inkassodienstleister zu übertragen.[38] Die Zusage an den Verbraucher, diesen im Fall des Misserfolgs von den Kosten freizustellen, führt für Inkassodienstleister auch nicht zur Unvereinbarkeit mit einer anderen Leistungspflicht und damit zum Verstoß gegen § 4 RDG.[39] Beim Angebot der Legal Tech-Unternehmen zur 16

[27] BGH NJW 2020, 208 (Rn. 141).
[28] BGH NJW 2020, 208 (Rn. 141 ff.).
[29] BGH NJW 2020, 208 (Rn. 114).
[30] BVerfG NJW 2002, 1190; BGH NJW 2019, 2018 (Rn. 116 ff.).
[31] Dazu Deckenbrock in Deckenbrock/Henssler RDG, 5. Aufl. 2021, § 1 Rn. 6.
[32] BGH NJW 2020, 208 (Rn. 114).
[33] BGH NJW 2020, 208 (Rn. 121 f., 154).
[34] BT-Drs. 16/3655, 26 f; vgl. BGH NJW 2020, 208 (Rn. 153).
[35] BGH NJW 2020, 208 (Rn. 157 ff.); kritisch dazu: Deckenbrock/Henssler in Deckenbrock/Henssler RDG, § 2 Rn. 95b; Wolf/Flegler Viele Fragen bleiben offen, LTO v. 11.06.2021 (zuletzt abgerufen am: 6.4.2022).
[36] Zur Änderung der Rechtslage im Hinblick auf Erfolgshonorare durch das sog. „Legal Tech Gesetz" Wolf/Flegler IPA Working Paper 2/2020, S. 36 f., abrufbar unter https://www.jura.uni-hannover.de/fileadmin/jura/Fakultaet/Professuren/Prof._Dr._Wolf/Aktuelles/Dokumente/Stellungnahme_des_IPA_zum_Gesetzentwurf_der_Bundesregierung_02_2021.pdf (zuletzt abgerufen am: 6.4.2022); Wolf/Flegler Viele Fragen bleiben offen, LTO v. 11.06.2021 (zuletzt abgerufen am: 6.4.2022).
[37] BGH NJW 2020, 208 (Rn. 170 ff.); aA LG Berlin Grundeigentum 2019 252; Greger MDR 2018, 897; Henssler NJW 2019, 545 (548 f.); Mann/Schuch NJW 2019, 3477 (3480 f.).
[38] BGH NJW 2020, 208 (Rn. 173 ff., 185).
[39] BGH NJW 2020, 208 (Rn. 199 ff.); aA Greger MDR 2018, 897; Henssler NJW 2019, 545 (548 f.); Singer BRAK-Mitt. 2019, 211 (214); Valdini VV 2017, 1609, 1610.

Kostenfreistellung handelt es sich nach Auffassung des BGH bereits nicht um eine andere Leistungspflicht im Sinne des § 4 RDG.[40] Der Befürchtung, dass ein Interessenkonflikt entsteht, wenn der Legal Tech-Anbieter bei schlechten Erfolgsaussichten einen für den Verbraucher nachteiligen Vergleich abschließt, anstatt das Risiko eines kostenintensiven Prozesses in Kauf zu nehmen, kann durch Vereinbarungen in AGB entgegengewirkt werden.[41] Diese müssen dann vorsehen, dass der Legal Tech-Anbieter einen Vergleich ohne Zustimmung des Verbrauchers nicht schließen darf.[42]

17 Zugleich ist in der Entscheidung keine pauschale Erlaubnis für Legal Tech-Anbieter im Rahmen ihrer Inkassolizenz zu sehen. Der BGH hat vielmehr ausdrücklich darauf hingewiesen, dass sich für die Einordnung der jeweiligen Angebote unter das RDG keine allgemeingültigen Maßstäbe aufstellen lassen.[43] Jedes Legal Tech-Angebot ist daher für sich anhand des Zwecks des RDG sowie der beteiligten grundrechtlichen Positionen, also insb. der Berufsausübungsfreiheit des Inkassodienstleisters aus Art. 12 GG sowie der Eigentumsgarantie des Verbrauchers aus Art. 14 GG, auf die Vereinbarkeit mit der Inkassolizenz zu prüfen.[44]

18 Mit Verabschiedung des sog. Legal Tech Gesetzes[45] ist der deutsche Rechtsmarkt teilweise weiter liberalisiert worden. Dabei hat sich der Gesetzgeber auch der in der *wenigermiete.de* Entscheidung des BGH aufgeworfenen Frage angenommen. Danach darf das Inkassounternehmen nun ausweislich des neuen § 2 Abs. 1 S. 1 RDG auch „die auf die Einziehung bezogene rechtliche Prüfung und Beratung" durchführen. Mit der Änderung des § 5 Abs. 1 RDG wurde die Ausnahme für als Nebentätigkeit zu einer Hauptdienstleitung erbrachten Rechtsdienstleistungen erweitert. In den neugeschaffenen §§ 13a bis 13c RDG sind den Inkassounternehmen umfangreiche Auskunfts- und Informationspflichten auferlegt worden, die insbesondere die Vereinbarung eines Erfolgshonorars betreffen. Inwieweit die Änderung durch das Gesetz tatsächlich verbrauchergerechte Angebote fördern kann bzw. bereits gefördert hat, ist in der Literatur hoch umstritten[46] und vom Gesetzgeber in der aktuellen Legislaturperiode zu überprüfen.

19 Dabei wird insbesondere die Vergütung der Tätigkeit der Legal Tech Inkassounternehmen vor dem Hintergrund von § 13c Abs. 2 RDG noch einer kritischen Diskussion bedürfen. Nach dieser Bestimmung darf die Vergütung des Legal Tech Inkassounternehmens nicht unangemessen hoch sein. Andernfalls kann die Vergütung herabgesetzt werden. Im Grunde hat der Gesetzgeber für die Legal Tech Inkassounternehmen damit die dem deutschen Recht eigentlich unbekannte *laesio enormis*[47] eingeführt. Bislang noch ungeklärt ist, wann die Vergütung unangemessen hoch ist. Um dies zu bestimmen, muss man sich Folgendes verdeutlichen:

20 Die Inkassounternehmen, die als Legal Tech Unternehmen die Ansprüche von Verbrauchern geltend machen, arbeiten meist auf Erfolgshonorarbasis. Sie übernehmen die Kosten der Rechtsverfolgung gegen ein Erfolgshonorar. In der Regel fordern die Legal Tech Unternehmen zwischen 25 % und 35 % des geltend gemachten Anspruchs, zuzüglich

[40] BGH NJW 2020, 208 (Rn. 199 ff.).

[41] Vgl. BGH NJW 2020, 208 (Rn. 205 ff.); vgl. zum Interessengleichlauf auch Hartung BB 2017, 2825 (2827); Römermann/Günther NJW 2019, 551 (554 f.).

[42] Vgl. BGH NJW 2020, 208 (Rn. 205 ff.).

[43] BGH NJW 2020, 208 (Rn. 109).

[44] BGH NJW 2020, 208 (Rn. 110).

[45] Gesetz zur Förderung verbrauchergerechter Angebote im Rechtsdienstleistungsmarkt v. 10.8.2021, BGBl. 2021 I 3415.

[46] Bereits der Gesetzesentwurf ist im Rechtsausschuss lebhaft diskutiert worden, vgl. Bericht des Deutschen Bundestags, abrufbar unter https://www.bundestag.de/dokumente/textarchiv/2021/kw18-pa-recht-dienstleistungsmarkt-837660 (zuletzt abgerufen am: 6.4.2022); dafür: Hartung AnwBl Online 2021, 152; Petrasincu/Unseld RDi 2021, 363; Stadler RDi 2021, 513. Kritisch dazu: Wolf/Flegler Viele Fragen bleiben offen, LTO v. 11.06.2021, zuletzt abgerufen am: 6.4.2022); Lemke RDi 2021, 224.

[47] Wolf/von Bismarck JA 2010, 841, auch mwN.

MwSt., als Erfolgshonorar.[48] Um ökonomisch auf der Basis eines Erfolgshonorars arbeiten zu können, müssen Legal Tech-Unternehmer die Fälle, welche sie annehmen, nach der Erfolgswahrscheinlichkeit selektieren. Der Legal Tech-Unternehmer stellt für die Führung des Verfahrens Eigenkapital zur Verfügung, welches voll im Risiko ist. Daher müssen bei der ökonomischen Betrachtung die Grundsätze des equity capital herangezogen werden. Die Verfahrenskosten sind bei einem Erfolgshonorar voll im Risiko des Investors. Konsequenz dessen ist, dass das Inkassounternehmen auf Erfolgshonorarbasis nur Verfahren mit sehr hoher Erfolgswahrscheinlichkeit führt. Die Erfolgsprognose muss in der Regel mindestens über 70% liegen. *Flightright* selbst spricht von einer Erfolgsquote von 99% der klageweise geltend gemachten Ansprüche.[49] Zwar lassen sich einerseits Fälle mit einer sehr geringen Erfolgsquote ökonomisch auf Erfolgshonorarbasis nicht darstellen, anderseits dürfte aber eine Verzinsung des capital at risk, welche um ein Vielfaches die im Bereich des Private Equity bestehende Renditeerwartung übertrifft, im Hinblick auf § 13c Abs. 2 RDG keinen Bestand mehr haben. Capital at risk ist in diesem Sinne derjenige Kapitalbetrag, welchen das Inkasso Legal Tech tatsächlich und potentiell in die Forderungsdurchsetzung investiert. Bei der Finanzierung einer Forderungsdurchsetzung setzt sich der Betrag aus Gebührenanspruch des eigenen Rechtsanwalts, Gerichtskosten und Gebührenanspruch des gegnerischen Rechtsanwalts im Unterliegensfall zusammen. Hierbei lässt sich noch einmal zwischen dem tatsächlich investierten Kapital (invested capital) und dem maximal zur Verfügung zu stellendem Kapital (committed capital) unterscheiden.

Problematisch im Hinblick auf § 13c Abs. 2 RDG ist dabei, dass die Legal Tech Inkasso- **21**
unternehmen für die Berechnung des Erfolgshonorars in der Regel nicht eine bestimmte Verzinsung ihres eingesetzten Kapitals, unabhängig davon ob committed capital oder invested capital, zugrunde legen, sondern einen bestimmten Prozentsatz vom Streitwert. Je höher der Streitwert ist, desto geringer sind jedoch prozentual die Verfahrenskosten.[50] Mit anderen Worten steigert sich die Verzinsung des eingesetzten Kapitals bei dieser Berechnung des Erfolgshonorars exponentiell.[51] Ab wann man die Verzinsung des durch das Inkassounternehmen aufgewandten Kapitals als unangemessen im Sinne von § 13c Abs. 2 RDG ansehen muss, ist letztlich arbiträr. Die auf den ersten Blick einfache Berechnungsmethode des Erfolgshonorars birgt aber bei hohen Streitwerten die Gefahr, dass das Erfolgshonorar ohne Cap als unangemessen beurteilt wird.

II. Air-Berlin Entscheidung des BGH[52] – Sammelklage-Inkasso

Die A. PLC & Co. KG fiel in Insolvenz.[53] Aus diesem Grund konnte eine Reihe von **22**
Flügen nicht mehr durchgeführt werden. Mit der Behauptung, der beklagte Geschäftsführer der A. PLC habe zu spät den Insolvenzantrag gestellt, verklagte ein Inkassounternehmen den Geschäftsführer auf Schadensersatz. Die Ansprüche hat sich das Inkassounternehmen zuvor von Kunden der A. PLC & Co. KG abtreten lassen.

Der BGH hatte im Revisionsverfahren die Frage zu entscheiden, ob auf eine Inkassoli- **23**
zenz auch die unmittelbare gerichtliche Verfolgung von Ansprüchen gestützt werden kann. Vor der Entscheidung des BGH hatte das LG München I im sogenannten LKW Kartell die Klage eines Inkassounternehmens abgewiesen, welches sich Schadensersatzansprüche

[48] Vgl. https://www.flightright.de/kosten (zuletzt abgerufen am: 6.4.2022).
[49] Vgl. https://legal-tech-verzeichnis.de/flightright/ (zuletzt abgerufen am: 6.4.2022).
[50] Wolf ZZP 128 (2015), 69 (88 ff.).
[51] Für die Frage, ob die Vergütung unangemessen hoch ist, müssen die Gemeinkosten des Inkassounternehmens außer Betracht bleiben. Auf diese hat der Verbraucher keinen Einfluss, sie sind ihm unbekannt und schließlich spielen diese aus der Sicht des Verbrauchers keine Rolle, wenn er mit der Rechtsdurchsetzung einen Rechtsanwalt ohne Erfolgshonorar beauftragt.
[52] BGH NJW 2021, 3056; Bauermeister ZIP 2021, 2625; Engler AnwBl Online 2021, 540; Nuys/Gleitsmann BB 2022, 259; Makatsch/Kacholdt NZKart 2021, 486, beachte aber LG Stuttgart BeckRS 2022, 362.
[53] Zum Sachverhalt BGH NJW 2021, 3056 (3056 f.).

gegen die Kartellanten hatte abtreten lassen. Das LG München I hatte seine Entscheidung mit zwei zentralen Argumenten begründet: Eine Inkassolizenz, so die Argumentation des LG München I, würde eine Inkassozession, welche von Anfang an auf die gerichtliche Geltendmachung der Inkassoforderung abziele, nicht tragen.[54] Zum zweiten sei die ordnungsgemäße Erfüllung des Inkassoauftrags im Sinne von § 4 RDG aF nicht sichergestellt, weil ein Interessengegensatz zwischen den Zedenten untereinander sowie zwischen dem Inkassounternehmen und den Zedenten und dem Prozessfinanzierer bestehen könne.[55]

24 Der BGH hat die Argumente des LG München klar zurückgewiesen.[56] In einem ersten Schritt betont der BGH, dass weder § 2 Abs. 1 S. 1 RDG noch § 10 Abs. 1 S. 1 Nr. 1 RDG von außergerichtlicher oder gerichtlicher Forderungseinziehung sprechen.[57] Lediglich dort, wo der Gesetzgeber den Begriff außergerichtliche Rechtsdienstleistung in § 1 Abs. 1 S. 1 und § 3 RDG verwendet, erfolgt dies adressatenbezogen.[58] Hinzu kommt, dass Handlungen, welche an die Gerichte adressiert sind, nicht von § 3 RDG erfasst werden.[59] Dieses Verständnis liegt auch § 79 ZPO zu Grunde. Denn nach § 79 Abs. 1 S. 2 ZPO dürfen Inkassounternehmen Forderungen, welche ihnen treuhänderisch übertragen wurden, zwar gerichtlich geltend machen, sie müssen sich allerdings auch im Parteiprozess eines Anwalts bedienen.[60] Für den Schutz des Rechtssuchenden (Zedenten) mache es keinen Unterschied, ob vor der gerichtlichen Geltendmachung ein außergerichtlicher Einigungsversuch unternommen worden sei.

25 Widerstreitende Interessen bestünden grundsätzlich beim Geschäftsmodell des Sammelklage-Inkassos nicht, so der BGH.[61] Zum einen müssten widerstreitende Interessen mit einer anderen Leistungspflicht bestehen. Eine andere Leistungspflicht im Sinne von § 4 RDG sei jedoch nicht, so der BGH, die Freistellung von den Kosten des Sammelinkassos und des Erfolgshonorars.[62] Es liege eine so enge Verknüpfung mit der Forderungseinziehung vor, dass nicht von einer anderen Leistungspflicht gesprochen werden könne.[63]

26 Gleichfalls konnte der BGH keine widerstreitenden Interessen in der Geltendmachung der Forderungen aller Zedenten sehen.[64] Die gleichzeitige Verpflichtung, die Ansprüche der anderen Zedenten geltend zu machen, seien zwar wechselseitig andere Verpflichtungen im Sinne von § 4 RDG. Jedoch folge hieraus nicht ein im Rahmen von § 4 RDG bedeutsamer Interessenkonflikt.[65] Zwar könne nicht ausgeschlossenen werden, dass zB die Vergleichssumme geringer ausfällt, wenn das Inkassounternehmen Forderungen mit geringerer Durchsetzungsaussicht mitgebündelt hat. Jedoch würden die erheblichen Vorteile der gebündelten Geltendmachung der Forderungen eine mögliche Verwässerung einzelner Forderungen ausgleichen. Die Vorteile seien insbesondere die Gebührendegression, die Streuung des Kostenrisikos einer Beweisaufnahme und eine erhebliche Stärkung der Verhandlungsmacht der Gläubiger[66].

27 Ob mit der Entscheidung des BGH in dem A. PLC & Co. KG Fall endgültig die Tür zu einem Sammelklage-Inkasso aufgestoßen wurde, ist allerdings noch nicht klar. In dem Rundholz-Kartellfall hat das LG Stuttgart ein Sammelklage-Inkasso für unzulässig gehalten.[67] Die Befugnisse des Inkassounternehmens nach § 10 Abs. 1 Nr. 1 RDG i.V.m. § 11

[54] LG München I NZKart 2020, 145 ff.
[55] LG München I NZKart 2020, 145 ff.
[56] BGH NJW 2021, 3056 (Rn. 18).
[57] BGH NJW 2021, 3056 (Rn. 18 f.).
[58] BGH NJW 2021, 3056 (Rn. 19).
[59] Wolf in Gaier/Wolf/Göcken Anwaltliches Berufsrecht, 3. Aufl. 2020, RDG § 3 Rn. 7.
[60] BGH NJW 2021, 3056 (Rn. 19).
[61] BGH NJW 2021, 3056 (Rn. 45 f.).
[62] BGH NJW 2021, 3056 (Rn. 48).
[63] BGH NJW 2021, 3056 (Rn. 48).
[64] BGH NJW 2021, 3056 (Rn. 49 f.).
[65] BGH NJW 2021, 3056 (Rn. 53 f.).
[66] BGH NJW 2021, 3056 (Rn. 55).
[67] LG Stuttgart GRUR-Prax 2022, 161.

RDG können sich nicht auf die Geltendmachung von Kartellschadensersatzansprüchen erstrecken, weil es dem Inkassounternehmen insoweit an Kompetenz mangelt.

III. smartlaw Entscheidung des BGH – Rechtsdienstleistung

In welchem Umfang das RDG Legal Tech ermöglicht oder verhindert, war auch im Fall des Vertrags- und Dokumenten Generators *smartlaw* von WoltersKluwer Gegenstand eines bis zum BGH führenden Verfahrens.[68] *Smartlaw* stellt dem Nutzer zur Erstellung eines Vertragsentwurfs eine Reihe von Fragen, die dieser durch Auswahl vorgegebener Antworten sowie teilweise auch durch die Beantwortung offener Fragen beantworten muss. Die im Rahmen dieser Befragung verwendeten Rechtsbegriffe werden jeweils in der Nutzeroberfläche erläutert. Der Nutzer muss auf diese Weise Angaben zum Inhalt, Gegenstand und der gewünschten Reichweite seines Vertrags machen. Anhand dieser Angaben generiert *smartlaw* unter Verwendung von Textbausteinen ein auf die Wünsche und Antworten des Nutzers individuell angepasstes Vertragsdokument. Die Leistung kann entweder im Rahmen eines Abo-Modells oder als Einzelbezug bezahlt werden.[69] 28

Zunächst hat der BGH in seiner Entscheidung deutlich gemacht, dass es sich bei *smartlaw* um eine Rechtsdienstleistung im Sinne von § 2 RDG handelt. Es ist nicht möglich, die ursprüngliche Bereitstellung und das Programmieren der Software von der späteren Anwendung getrennt zu betrachten.[70] Eine Rechtsdienstleistung müsse nicht zwingend die Tätigkeit einer natürlichen oder juristischen Person sein. Zwar habe der Gesetzgeber vor Augen gehabt, dass die Rechtsdienstleistung durch eine natürliche oder juristische Person erbracht wird, jedoch schließe dies nicht aus, dass die Rechtsdienstleistung mit Hilfe eines Computerprogramms erbracht werden könne.[71] 29

Smartlaw übte aus der Sicht des BGH, obwohl ausschließlich softwarebasiert gearbeitet wird, eine Rechtsdienstleistung im Sinne von § 2 RDG aus. Allerdings läge, so der BGH, keine konkrete fremde Tätigkeit vor. Angebote wie *smartlaw* funktionierten wie intuitiv geführte Formularhandbücher, in denen den Lesern lediglich für gewisse Sachverhaltskonstellationen entsprechende Vertragsklauseln vorgeschlagen würden.[72] Fragen Legal Tech-Systeme in diesem Kontext Daten und Angaben vom Nutzer ab, werde die für abstrakte Angelegenheiten erstellte Vertragsklausel nicht zu einer konkreten. 30

„*Eine solche abstrakte Angelegenheit wird nicht dadurch zu einer konkreten Angelegenheit, dass der Nutzer des Rechtsdokumentengenerators durch die Beantwortung der vorgegebenen Fragen Angaben zu einem realen Sachverhalt macht. Seine Eingaben bewirken lediglich, dass die Textbausteine, die die Beklagte den Antworten bereits zuvor zugeordnet hat, abgerufen und zu einem Vertragsdokument zusammengestellt werden. Das auf diese Weise individualisierte Dokument wird daher nicht in Ansehung eines der Beklagten unterbreiteten konkreten Falls, sondern mit Blick auf die im Vorhinein konzipierten fiktiven Einzelfälle erstellt*“.[73]

Solange das Legal Tech-Angebot Rückfragen für die Anpassung der standardisierten Klauseln an den Einzelfall, Ergänzungen oder Vervollständigungen des Vertragstexts nicht vorsieht und deshalb eine Berücksichtigung der Besonderheiten des tatsächlichen Sachverhalts nicht möglich ist, bleibe es bei der abstrakten Kombination der für fiktive Fälle 31

[68] Zum RDG als Maßstab für den Legal Tech Bereich Wolf/Künnen BRAK-Mitt, 2019, 274.
[69] Zum Sachverhalt vgl. BGH NJW 2021, 3125.
[70] BGH NJW 2021, 3125 (Rn. 26); Plog/Lose AnwBl 2021, 131; Rack CB 2021/Sonderbeilage 1, 10; Remmertz BRAK-Mitt. 2017, 55 (57 f.); Remmertz BRAK-Mitt. 2018, 231 (231); Timmermann/Hundertmark RDi 2021, 269.
[71] BGH NJW 2021, 3125 (Rn. 26 f.).
[72] BGH NJW 2021, 3125 (Rn. 26); vgl. auch Deckenbrock AnwBl Online 2020, 178 (179 f.); Timmermann/Hundertmark RDi 2021, 269 (Rn. 29); aA Fries ZRP 2018, 161 (162); Krenzler BRAK-Mitt. 2020, 119 (121); Wessels MMR 2020, 59 f.
[73] BGH NJW 2021, 3125 (Rn. 35).

abstrakt erstellter Textbausteine.[74] Dabei darf ein Legal Tech-Angebot auch offene Fragen stellen, solange dabei allgemeine Vorgaben wie der Vertragsgegenstand oder allgemeine Daten wie die Vergütung angegeben werden, ohne dass eine rechtliche Erfassung der individuellen Verhältnisse der Nutzer möglich ist.[75]

32 Damit der oben (→ Rn. 7 f.) bereits angesprochene Zweck des RDG nicht eine andere Bewertung des Legal Tech-Angebots erforderlich macht, darf das Angebot auch nicht den Anschein erwecken, tatsächlich den Einzelfall für den Nutzer rechtlich zu prüfen.[76]

IV. Zusammenfassung

33 Das anwaltliche Berufsrecht, insbesondere das RDG, setzt der Anwendung und Entwicklung von Legal Tech-Angeboten Grenzen. Die ersten beiden hier nachgezeichneten Legal Tech-Angebote verwenden zwar Algorithmen, jedoch ist die eigentliche Rechtsanwendung dann doch analog. Man benutzt das Internet, um Fälle einzuwerben und dabei deren Erfolgsaussicht zu kalkulieren. Auch wenn die Entscheidungen zur industrialisierten Fertigung von Berufungsschriftsätzen[77] und zu *smartlaw* scheinbar nichts miteinander zu tun haben, weisen sie dennoch eine Gemeinsamkeit auf. Computerprogramme sind aus der Sicht des BGH nicht geeignet, auf die individuellen Besonderheiten des Falls genügend zu reagieren.

C. Industrialisierung von Schriftsätzen

34 Unser Zivilrecht basiert auf dem Zwei-Personen-Verhältnis. Die prozessrechtliche Durchsetzung des Anspruchs wird im aktionenrechtlichen Denken[78] immer mitgedacht. Der Zwei-Parteien-Prozess ist bereits in unserem Denken in Anspruchsgrundlagen enthalten.[79] Unausgesprochen liegt dem eine handwerkliche Fertigung der Produkte zugrunde, die Anlass für Ansprüche nachfolgender Prozesse geben. Die individualisierten Ansprüche beruhen auf individuell festzustellenden Voraussetzungen, die im Prozess vorzutragen und zu beweisen sind. Und auch bei der industriellen Fertigung standen im Vordergrund meist einzelne Ausreißer, also Produkte, bei denen ein Fertigungsfehler aufgetreten ist.

35 Werden hingegen durch ein Produkt oder eine fehlerhafte Produktinformation sehr viele Personen geschädigt, kann der Zwei-Parteien-Prozess rasch an seine Grenzen gelangen. Bislang hat man versucht, diese Situation entweder durch die Gründung einer Stiftung[80] oder durch die Schaffung neuer Formen des kollektiven Rechtsschutzes zu bewältigen. So wurde das KapMuG aus Anlass des Telekom-Verfahrens geschaffen,[81] Anlass für die Musterfeststellungsklage waren die Dieselverfahren.[82]

36 Die Attraktivität der Musterfeststellungsklage leidet aus der Perspektive des Prozessvertreters des klagenden Verbands jedoch unter der Streitwertbegrenzung auf 250.000 € in § 48 Abs. 1 S. 2 GKG. Der Prozessvertreter des klagenden Verbands erhält einen nach RVG berechneten Gebührenanspruch von ca. 6000 €. Demgegenüber dürften die Vertreter des beklagten Unternehmens in der Regel auf der Basis eines Stundenhonorars abrechnen.[83]

[74] BGH NJW 2021, 3125 (Rn. 36).
[75] BGH NJW 2021, 3125 (Rn. 36).
[76] BGH NJW 2021, 3125 (Rn. 38 f.).
[77] Siehe dazu → Rn. 33 f.
[78] Vgl. dazu Kaufmann JZ 1964, 462; Medicus AcP 174 (1974), 313.
[79] Medicus AcP 174 (1974), 313 ff.
[80] ZB Contergan-Stiftung.
[81] Möllers/Weichert NJW 2005, 2737. Zur Überforderung des Zwei-Parteien-Prozesses und die Reaktion des Gesetzgebers mit dem KapMuG Lange in Vorwerk/Wolf KapMuG, 2. Aufl., 2020, Einl. Rn. 1 ff.
[82] Hierzu Syrbe NJW 2021, 225 ff.
[83] Zur Kritik Röthemeyer Musterfeststellungsklage, 2. Auflg. 2020, GKG § 48 Rn. 2.

Demgegenüber ist es für die Klägeranwälte, die auch Angreiferkanzleien genannt werden, deutlich lohnender, die über das Internet eingesammelten Ansprüche ihrer Mandate,[84] mit Individualklagen zu verfolgen.[85] Eine Kanzlei, die 10.000 Verfahren generiert hat und einen durchschnittlichen Schadensersatzanspruch von 10.000 € geltend macht, hat einen RVG-Gebührenwert von 18.504.500 € in ihren Akten. Die Gebührenordnung geht eigentlich davon aus, dass jeder Schriftsatz individuell erstellt werden muss. Das heißt der Gebührenanspruch ist so kalkuliert, dass ein Rechtsanwalt den Sachverhalt einzeln für die jeweilige Klage erfassen, die rechtliche Recherche durchführen, den Schriftsatz oder die Schriftsätze verfassen und die Sache vor dem Landgericht mündlich verhandeln kann. 37

Für die Angreiferkanzleien wird es noch deutlich lukrativer, wenn sie zu den Gebühren für individuell erarbeitete Schriftsätze mit industriell erarbeiteten Schriftsätzen agieren können. Es ist daher nicht verwunderlich, dass die industrielle Fertigungstiefe in dem Augenblick ergriffen worden ist, in dem die technischen Voraussetzungen hierfür geschaffen wurden. Es geht also darum, die Möglichkeit zu nutzen, mit geringeren Kosten und weniger Personalaufwand gesteigerte Qualität in kürzerer Zeit anbieten zu können.[86] 38

Unter dem Stichwort der Industrialisierung werden zwei unterschiedliche Erscheinungsformen diskutiert. Zum einen geht es um die Verbesserung des Knowledge Managements innerhalb der eigenen Kanzlei. Juristisches Wissen und darauf aufbauend juristische Formulierungen sollen innerhalb einer Kanzlei für alle Mitarbeiter zur Verfügung gestellt werden. Vereinfacht ausgedrückt geht es um ein elektronisches Formularbuch für die eigene Kanzlei. Als Beispiel hierfür mag ein von einer Kanzlei erarbeiteter M&A Vertrag mit unterschiedlichen Lösungsansätzen dienen. 39

Die industrialisierte Schriftsatzproduktion findet aber auch im Rahmen von Massenverfahren, wie dem Dieselskandal, statt. Über Template-Funktionen und Datenbankstrukturen werden die Schriftsätze weitgehend automatisiert erstellt.[87] Hier stellt sich insbesondere im Berufungsverfahren die Frage, ob die so erstellten Schriftsätze den Anforderungen des § 520 ZPO genügen. 40

Die Vorteile eines Knowledge Managements liegen zunächst auf der Hand.[88] Der Einsatz von Wissensmanagement bietet die Chance einer erheblich besseren Schriftsatzerstellung und – auch in der Rechtsprechung erprobten – Erstellung von Vertragsentwürfen. Argumente oder Argumentationsmuster und ganze Argumentationsstrukturen tauchen im Rahmen der Tätigkeit eines Rechtsanwalts immer wieder auf. Im traditionellen Ansatz war für den Wissenstransfer erforderlich, dass ein bereits einmal an einem ähnlichen Problem beteiligter Anwalt sich zumindest kurzfristig auch im neuen Fall einbringt und an seine Ausarbeitungen erinnern kann. Industrielle Fertigung erlaubt es hingegen, bereits bekannte Argumente und Argumentationsmuster in eine Wissensarchitektur[89] einzugliedern. Für bestimmte Situationen kann dann jedem Nutzer angezeigt werden, welches Argument oder Argumentationsmuster im aktuellen Mandat sinnvoll sein kann.[90] Das Wissen des Einzelnen aus dem früheren Fall wird damit allen Anwälten einer Kanzlei zugänglich. So kann auch der junge Associate Aufgaben übernehmen, die bislang die jahrelange Erfahrung eines dienstälteren Kollegen oder Partners erfordert haben. 41

Zugleich sorgt die Industrialisierung damit für eine Form der Nachhaltigkeit. Juristische Argumente werden vom individuellen Einzelstück zur (digitalen) Massenware. Ein einmal entwickeltes Argument kann in die Wissensarchitektur aufgenommen und recycelt werden. Jede Stellungnahme, jeder Schriftsatz – auch der der Gegenseite, jede Entscheidung 42

[84] Siehe zB https://www.ra-goldenstein.de/dieselskandal/vw-volkswagen/ (zuletzt abgerufen am: 6.4.2022).
[85] Vgl. auch Wend in Breidenbach/Glatz Rechtshandbuch Legal Tech, 2. Aufl. 2021, S. 66.
[86] Vgl. Breidenbach in Breidenbach/Glatz Rechtshandbuch Legal Tech, 2. Aufl. 2021, S. 41 f.
[87] Vgl. Wend in Breidenbach/Glatz Rechtshandbuch Legal Tech, 2. Aufl. 2021, S. 66.
[88] Vgl. Breidenbach in Breidenbach/Glatz Rechtshandbuch Legal Tech, 2. Aufl. 2021, S. 45.
[89] Begriff nach Breidenbach in Breidenbach/Glatz Rechtshandbuch Legal Tech, 2. Aufl. 2021, S. 45.
[90] Breidenbach in Breidenbach/Glatz Rechtshandbuch Legal Tech, 2. Aufl. 2021, S. 45.

trägt induktiv[91] zur Anreicherung der Wissensarchitektur bei. Gerade in standardisierten Massenverfahren wie Fluggastentschädigungen, Schadensersatz im Kapitalmarkt oder der Automobilbranche lässt sich so eine enorme Zeitersparnis generieren, da hier nicht nur die rechtliche Argumentation, sondern auch der eigentlich individuelle Sachverhalt durch Textbausteine abgebildet werden kann.[92]

43 Dabei wird zum Teil auch auf eine Visualisierung der so geschaffenen Wissensarchitektur gesetzt.[93] Je besser sich die Informationen visualisieren lassen soll, desto intuitiver soll die Nutzung sein. [94] Visualisierung beinhaltet aber auch häufig den Verlust von Komplexität.

44 Der „Industrialisierung der Rechtsdienstleistung“[95] liegt damit ein Perspektivwechsel zu Grunde. Der Schriftsatz darf nicht mehr als einheitlicher juristischer Text verstanden werden,[96] sondern muss als Summe seiner Argumente betrachtet werden, die sich aus Textbausteinen zusammensetzen lässt.[97] Infolgedessen verschiebt sich die Aufgabe und damit das Handwerk des Anwalts. Anstatt am Gesamtwerk Schriftsatz anfänglich anzusetzen, geht es nunmehr um die Analyse und Bewertung der vorhandenen und zusammengesetzten Textbausteine. Anstatt die ursprünglichen Optionen zu ermitteln und abzuwägen, muss der Anwalt im Rahmen der industriellen Fertigung die Änderungsoptionen identifizieren und bewerten.[98] Nur so kann er an den gebotenen Stellen die notwendige Individualisierung vornehmen und die Qualität der juristischen Arbeit gewährleisten.

45 Industrielle Fertigung von Schriftsätzen[99] bewegt sich in einem Spannungsfeld zwischen zwei wesentlichen Herausforderungen: Zugang zu Recht als Basis des rechtlichen Gehörs und die dafür zu gewährleistende Qualität juristischer Arbeit.[100] Höhere Effizienz, Kosten- und Zeitersparnis können potentiell den Zugang zu Recht erleichtern. Die Automatisierung darf dabei aber nur so weit gehen, wie die Qualität des Resultats gewährleistet ist. Es ist niemandem geholfen, wenn die Rechtsdienstleistung günstiger wird oder einfacher verfügbar ist, wenn dem Rechtsuchenden nicht konsequent geholfen wird; ein Zustand Masse statt Klasse ist zu vermeiden. Um dies sicherzustellen, lassen sich Voraussetzungen für eine industrielle Fertigung aufstellen. Eine „optimierte Fertigung“[101] setzt Atomisierung, Individualisierung, Visualisierung, Flexibilisierung, Versionierung, Einbettung in Prozesse und ein Rollenkonzept voraus.[102]

46 Ein Problem mit der Qualität stellt sich insbesondere, wenn Schriftsätze aus Datenbanken mit Hilfe von Templates generiert werden. Sowohl die Klageschrift als auch die Berufungsbegründungsschrift müssen hinreichend individualisiert und substantiiert sein. Die Individualisierung eines mit einem Textbaustein erstellten Schriftsatzes muss die vom Mandanten bereitgestellten Sachverhaltsinformationen, Daten, Summen, Namen, Werte etc. in die Textbausteine inhaltlich integrieren.[103] Gleichzeitig muss der Textbaustein grammatikalisch an seinen Inhalt angepasst werden, Singular oder Plural, männlich oder weiblich etc.[104] Der

[91] Dazu im Allgemeinen Wolf, Präjudizien vor Schiedsgerichten in Wilhelmi/Stürner Post-M&A Schiedsverfahren, 2019, S. 89 f.
[92] Breidenbach in Breidenbach/Glatz Rechtshandbuch Legal Tech, 2. Aufl. 2021, S. 44.
[93] Breidenbach in Breidenbach/Glatz Rechtshandbuch Legal Tech, 2. Aufl. 2021, S. 46.
[94] Beispiele nach Breidenbach in Breidenbach/Glatz Rechtshandbuch Legal Tech, 2. Aufl. 2021, S. 46.
[95] Nach Breidenbach in Breidenbach/Glatz Rechtshandbuch Legal Tech, 2. Aufl. 2021, S. 42.
[96] Breidenbach in Breidenbach/Glatz Rechtshandbuch Legal Tech, 2. Aufl. 2021, S. 42.
[97] „Lego for Law“, Breidenbach in Breidenbach/Glatz Rechtshandbuch Legal Tech, 2. Aufl. 2021, S. 57.
[98] Breidenbach in Breidenbach/Glatz Rechtshandbuch Legal Tech, 2. Aufl. 2021, S. 44.
[99] „Digitale Fertigungsstraße“, Wend in Breidenbach/Glatz Rechtshandbuch Legal Tech, 2. Aufl. 2021, S. 66.
[100] Breidenbach in Breidenbach/Glatz Rechtshandbuch Legal Tech, 2. Aufl. 2021, S. 43.
[101] Breidenbach in Breidenbach/Glatz Rechtshandbuch Legal Tech, 2. Aufl. 2021, S. 46.
[102] Für die digitale Fertigungsstraße konkretisiert Wend die 5 Etappen als Input-Management, Processing, Output-Management, Reporting und Projektsteuerung, Wend in Breidenbach/Glatz Rechtshandbuch Legal Tech, 2. Aufl. 2021, S. 66.
[103] Breidenbach in Breidenbach/Glatz Rechtshandbuch Legal Tech, 2. Aufl. 2021, S. 47.
[104] Breidenbach in Breidenbach/Glatz Rechtshandbuch Legal Tech, 2. Aufl. 2021, S. 47.

so erstellte Schriftsatz soll sich wie handgefertigt lesen,[105] in Wirklichkeit handelt es sich trotz der unterschiedliche Eingaben nur um eine von vielen Versionen des gleichen, vermeintlich handgefertigten Schriftsatzes.

Die sich aus der industriellen Produktion von Schriftsätzen ergebenden Probleme sind zuletzt akut geworden, als in der Rechtsprechung der Oberlandesgerichte und des BGH mehrere Berufungen im sog. VW-Dieselskandal aufgrund fehlender Individualisierung bei der Verwendung von Textbausteinen als unzulässig zurückgewiesen worden sind. 47

Nach § 520 Abs. 1 ZPO ist die Berufung zu begründen, nach § 520 Abs. 3 Nr. 2 ZPO müssen die Umstände, aus denen sich die Rechtsverletzung sowie deren Erheblichkeit für die angefochtene Entscheidung ergibt, enthalten sein. § 520 Abs. 3 Nr. 3 ZPO sieht ähnliches für die Tatsachenfeststellungen vor. Danach muss die Berufungsbegründung auf den individuellen Fall zugeschnitten sein, der Berufungsführer muss verständlich angeben, welche bestimmten Punkte des angefochtenen Urteils er für unrichtig hält oder gegen welche bestimmten rechtlichen oder tatsächlichen Feststellungen er sich im Einzelnen richtet.[106] Pauschale, allgemein gehaltene oder formelhafte Angriffe genügen dafür nicht.[107] 48

Schon vor der aufkommenden Welle der VW-Abgasskandal-Verfahren hat die deutsche Rechtsprechung die Anforderungen insofern konkretisiert, als es für eine hinreichende Individualisierung nicht genügt, wenn ein aus Textbausteinen zusammengesetzter oder aus einem anderen Verfahren stammender Schriftsatz höchstens sporadisch auf das angegriffene Urteil eingeht.[108] Es verwundert daher nicht, wenn zunächst das OLG München[109] mit anschließender Bestätigung durch den BGH[110] eine Berufung als unzulässig abgewiesen hat, bei der die Berufungsbegründung aus Textbausteinen bestand, die offensichtlich einem anderen Verfahren zuzuordnen waren.[111] Während im zu Grunde liegenden Verfahren die Beklagte lediglich Verkäuferin, aber nicht Herstellerin des streitbefangenen PKW war, ging die Begründung von der Herstellereigenschaft der Beklagten aus. Noch deutlicher wurde es jedoch, als nicht auf das angefochtene Urteil, sondern auf die Entscheidung eines anderen Verfahrens, insbesondere auf deren Seite 13 verwiesen wurde, ohne dass die tatsächlich angegriffene Entscheidung selbst eine Seite 13 enthielt. Inwiefern in diesem Fall allerdings tatsächlich ein *automation bias* und nicht einfach ein „klassischer" Fehler Ursache der „Verwechslung" war, lässt sich nur schwierig aufklären. 49

Auch das OLG Köln hatte die Berufung in einem ähnlichen Verfahren des VW-Dieselskandals als unzulässig abgewiesen.[112] Die Berufungsbegründung war in mehrfacher Hinsicht mangelhaft, deliktische Ausführungen fanden sich unter Überschriften zum nicht relevanten Nacherfüllungsanspruch, die Ausführungen waren in weiten Teilen abstrakt gehalten, die Klägerin wurde als Kläger bezeichnet. In der anschließenden Rechtsbeschwerde hat der BGH die Berufungsbegründung hingegen für ausreichend individualisiert gehalten.[113] Dazu hat er insbesondere auf die richtige Bezeichnung des verbauten Motors als individuellen und hinreichend konkreten Fallbezug abgestellt. Die Begründung mache noch in ausreichenderweise deutlich, dass die Auffassung des LG im Hinblick auf die deliktischen Ansprüche nicht genügen könne, auch wenn diese unter der thematisch nicht passenden Überschrift „Möglichkeit der Nacherfüllung" aufgeführt werden. 50

Auch in der Entscheidung, die zur Berufung zum OLG Koblenz führte, spielte ein angeblich vom Abgasskandal betroffener PKW die Hauptrolle. Das LG Koblenz hat die Klage, das OLG Koblenz die dagegen gerichtete Berufung des Klägers abgewiesen, da sie den 51

[105] Breidenbach in Breidenbach/Glatz Rechtshandbuch Legal Tech, 2. Aufl. 2021, S. 47.
[106] Rimmelspacher in MüKoZPO, Bd. 2, 6. Aufl. 2020, ZPO § 520 Rn. 41.
[107] Rimmelspacher in MüKoZPO, Bd. 2, 6. Aufl. 2020, ZPO § 520 Rn. 42.
[108] BGH NJW-RR 2019, 937 (Rn. 13); BGH Beschl. v. 22.5.2014 – IX ZB 46/12, BeckRS 2014, 12010 (Rn. 7); BGH NJW-RR 2008, 1308 (Rn. 12).
[109] OLG München, Beschl. v. 5.08-2019 – 19 U 4246/18, BeckRS 2019, 43194.
[110] BGH NJW-RR 2020, 1187.
[111] So auch ausdrücklich BGH NJW-RR 2019, 937 (Rn. 13).
[112] OLG Köln, Beschl. v. 4.8.2020 – 14 U 81/19, BeckRS 2020, 47125.
[113] BGH NJW-RR 2021, 1438.

Anforderungen an die Begründungsdichte des §520 Abs. 3 S. 2 ZPO nicht gerecht werde. In der hiergegen gerichteten Rechtsbeschwerde hat der BGH hingegen die Begründung für ausreichend erachtet.[114] Das LG hat die Abweisung auf mehrere, selbstständig tragende Begründungen gestützt. In diesem Fall muss die Berufung alle tragenden Begründungen selbstständig und hinreichend individualisiert angreifen.[115] Der Annahme, der Kläger habe seine Berufung auch hinsichtlich der zweiten, selbstständig tragenden Begründung des LG hinreichend begründet, steht nicht entgegen, dass der Kläger in ebendieser auch Ausführungen zur Aktivlegitimation vorgelegt hat, die „am Inhalt des angegriffenen Urteils völlig vorbeigehen".[116]

52 Die beispielhaft skizzierten Entscheidungen verdeutlichen, warum industrielle Schriftsatzfertigung in der Individualisierung eine Grenze findet. Zunächst steigt gerade in den Massenverfahren, in denen sich eine Standardisierung besonders anbietet, auch das Risiko des *automation bias*. Jede auch nur graduelle Sachverhaltsänderung macht eine Individualisierung erforderlich, deren Inhalt nicht standardisiert werden kann. So kann sich die gesamte Argumentationslinie oder Begründungsstruktur ändern, wenn bei sonst identischem Sachverhalt ein Zeuge oder eine Partei im Verfahren graduell anders aussagt.[117] Erfolgt nun keine weitere Einzelfallprüfung, was gerade bei Massenverfahren in aller Regel nicht der Fall sein dürfte, ist der industriell gefertigte Schriftsatz mangelhaft, der Anwalt genügt damit den Anforderungen an gute anwaltliche Sorgfalt nicht.[118] Daher stellt auch der BGH fest, „dass derartige Mängel bei Schriftsätzen in so genannten 'Massenverfahren' häufiger unterlaufen können als sonst."[119]

53 Industrielle Fertigung scheitert auch dann, wenn die Individualisierung nicht mehr über den Sachverhalt als wertungsfreies Bezugselement erfolgt. Wenn es wie im Rahmen von §520 Abs. 3 S. 2 ZPO auf das hinreichend konkrete Widerlegen der jeweiligen, tragenden Begründungsstränge des angegriffenen Urteils ankommt, muss nicht nur der Sachverhalt – um im Abgasskandal zu bleiben, Parteien, Fahrzeug, Kaufdatum, Schaden etc. – korrekt bezeichnet werden, sondern auch die Urteilsbegründungen identifiziert werden. Spätestens bei der Frage, inwieweit der jeweilige Begründungsstrang das angegriffene Urteil trägt, ist die Wertung des bearbeitenden Rechtsanwalts zwingend erforderlich. An dieser Stelle können Textbausteine im Sinne einer Wissensarchitektur die argumentative Arbeit des Anwalts unterstützen. Da KI aber Wertentscheidungen nicht treffen kann, scheitert hier die industrielle Fertigung von Schriftsätzen.

D. Wirklichkeitserfassung durch Big Data und Algorithmen

I. Digitale Berechnung der juristischen Wirklichkeit

54 Die Frage, in welchem Umfang sich mit großen Datenmengen (Big Data) auch die juristische Wirklichkeit durch Algorithmen berechnen lässt, regt derzeit die Phantasie an[120] und hat Eingang in eine ganze Reihe von Anwendungen gefunden.[121] In der Regel ohne Auseinandersetzung mit der theoretischen Mathematik und deren Grundlagen.[122]

[114] BGH NJW-RR 2021, 789.
[115] BGH NJW-RR 2021, 789 (Rn. 5); BGH, Beschl. v. 27.10.2020 – VI ZB 6/20, BeckRS 2020, 31235 (Rn. 8); Toussaint FD-ZVR 2020, 430079.
[116] BGH NJW-RR 2021, 789 (Rn. 11).
[117] Dieser Sachverhalt lag BGH Beschl. v. 27.10.2020 – VI ZB 6/20, BeckRS 2020, 31235 zu Grunde.
[118] Vgl. BGH NJW-RR 2021, 1438 (Rn. 9).
[119] BGH NJW-RR 2021, 1438 (Rn. 9).
[120] Hoch Acp 219 (2019), 646 (657 ff.).
[121] Siehe Bues in Hartung/Bues/Halbleib Legal Tech, S. 279 Rn. 1178.
[122] Hierzu Hoffmann Die Gödel'schen Unvollständigkeitssätze, 2013, S. 289 ff. und ders., Grenzen der Mathematik, 3. Auflg. 2018, S. 271 ff. Anders hingegen Kilian DB 1971, S. 273 ff. und Hoffmann in Pohle/Lenk Der Weg in die „Digitalisierung" der Gesellschaft, 2021, S. 303 ff.

Die digitale Berechnung der Wirklichkeit wird in unterschiedlichen Bereichen vorangetrieben. Ein Bereich, der zu unserem Arbeitsalltag gehört, aber in diesem Zusammenhang kaum als solches wahrgenommen wird, sind Rechtsdatenbanken. Die Fülle der Information wäre im Kern völlig wertlos, wenn diese nicht nach bestimmten Kriterien gewichtet würde. Für den Bereich der Internetrecherche über eine der bekannten Suchmaschinen wird diese Frage zumindest diskutiert.[123] Nicht offengelegt werden aber die Algorithmen, wie die Daten durchsucht werden. Der KI-Verordnungsentwurf der EU[124] will für Hochrisiko-KI-Systeme eine Offenlegung des Algorithmus erzwingen. Ob Legal Tech Anwendungen und Datenbanken jedoch darunterfallen, ist aber fraglich (→ Kap. 3.15).[125] 55

Derzeit wird versucht und dafür geworben, alle Gerichtsentscheidungen digital zu erfassen.[126] Der Nutzen einer solchen Datenbank ist vor allem für die Vorhersage gerichtlicher Entscheidungen bedeutsam. Ob es zulässig ist, solche Daten mit den persönlichen Daten der Richter zu verbinden, muss kritisch hinterfragt werden.[127] In Frankreich wurde durch das Gesetz zur Reform der Justiz 2019[128] verboten, die Identitätsdaten der Richter mit dem Ziel zu verwenden, deren Entscheidungspraxis zu analysieren und Entscheidungen vorherzusagen. „Les données d'identité des magistrats et des membres du greffe ne peuvent faire l'objet d'une réutilisation ayant pour objet ou pour effet d'évaluer, d'analyser, de comparer ou de prédire leurs pratiques professionnelles réelles ou supposées."[129] 56

Die Anwendung der Analyse von Daten mit Hilfe von Algorithmen findet auch im Bereich der eDiscovery statt. Es geht dabei um die Erfassung der elektronisch vorliegenden Dokumente, wie Verträge oder Emails, nach bestimmten Kriterien. In Deutschland wird mit der eDiscovery Software vor allem im Rahmen von Compliance-Untersuchungen sowie bei der Due Diligence im M&A Bereich gearbeitet. Aufschlussreich für die Leistungsfähigkeit solcher Systeme ist die Frage der Haftung bei ihrem Einsatz. Näher besprochen werden soll auch die Arbeitsweise der Urteilsvorhersage. Dabei ist auch der Frage nachzugehen, ob solche Systeme die richterliche Entscheidungsfindung ersetzen können. 57

II. Haftungsrisiko des Rechtsanwalts beim Einsatz von Legal Tech

Bisher ist das Haftungsrisiko aus dem Einsatz von KI im Bereich Legal Tech in der deutschen Literatur stiefmütterlich behandelt worden.[130] Deutlicher hingegen hat es die *International Bar Association* im Kontext des Einsatzes von KI im Rahmen der Due Diligence zum Ausdruck gebracht. 58

„As already mentioned, AI can certainly be used to improve the due diligence process; however, the use of AI implies certain risks. One of the main problems that AI software users face is that hardly anyone really knows what the program is doing exactly and how it gets its results, except the few people that developed the software, of course. However, lawyers that use AI for due diligence usually only see the results, but they have to keep in mind that mistakes can still be caused by a failure in the software or by insufficient training

[123] Hierzu Siegmund Suchmaschinenalgorithmen im Kartellrecht in der EU und den USA, 2017, S. 41 ff. und Cardon in Seyfert Algorithmuskulturen, 2017, S. 131 ff.

[124] Verordnung des Europäischen Parlaments und des Rates zur Festlegung harmonisierter Vorschriften für Künstliche Intelligenz (Gesetz über Künstliche Intelligenz), COM(2021) 206 final.

[125] Engelmann/Brunotte/Lütkens RDi 2021, 317 (Rn. 23), ordnen die meisten Legal Tech Anwendung als Anwendung mit geringem Risiko ein, Hochrisikosysteme fänden sich eher in E-Justice.

[126] Hamann JZ 2021, 656

[127] Kuchenbauer JZ 2021, 647 ff.

[128] LOI n° 2019-222 du 23 mars 2019 de programmation 2018-2022 et de réforme pour la justice (1).

[129] Art. 33 LOI n° 2019-222 du 23 mars 2019 de programmation 2018-2022 et de réforme pour la justice.

[130] Mit Bezug zu Legal Tech Jungk AnwBl 2017, 776; Wagner BB 2018, 1097; Werthmann in Ebers/Heinze/Krügel/Steinrötter Künstliche Intelligenz und Robotik, 2020, § 22 Rn. 106; Zimmermann, AnwBl Online 2019, 815. Haftung für KI im Allgemeinen Weber/Kiefner/Jobst NZG 2018, 1131; Wendehorst/Grinzinger in Ebers/Heinze/Krügel/Steinrötter Künstliche Intelligenz und Robotik, 2020, § 4; Eichelberger in Ebers/Heinze/Krügel/Steinrötter Künstliche Intelligenz und Robotik, 2020, § 5.

of the program; it might, for example, occur that the system overlooks or misinterprets certain documents that contain ambiguous or not highly standardised terms."[131]

59 Wichtig ist dabei zunächst die auch von der IBA aufgezeigte Differenzierung. Diskutiert werden soll nur die Haftung des Anwalts für Fehler, die durch Fehlfunktionen der Software oder nicht ausreichendes oder falsches Anlernen der KI entstanden sind. Davon ausgenommen sind Fälle, in denen die Software mit falschen Daten gefüttert[132] oder das Ergebnis fehlerhaft verwendet wird, etwa ein automatisch erstellter Schriftsatz verspätet bei Gericht eingereicht wird. Insofern liegt unproblematisch Haftung aus eigenem Verschulden des Rechtsanwalts vor.

1. (Vertragliche) Haftung des Anwalts

60 Für Nachteile des Mandanten aus einer fehlerhaften anwaltlichen Beratung steht diesem ein Anspruch gegen seinen Anwalt aus §§ 280 Abs. 1, 675 Abs. 1, 611 Abs. 1 BGB zu.[133] Die dem Anwalt obliegenden Pflichten ergeben sich dabei aus dem konkreten Mandatsverhältnis, wobei der Anwalt in der Regel weder einen Erfolg noch vollständig richtiges Verhalten schuldet.[134] Im Rahmen der Anwendung einer KI können in einer Due Diligence Vertragsklauseln übersehen und in der Auswertung nicht berücksichtigt werden. Auch in den oben (→ Rn. 33 f.) aufgezeigten Fehlern industrieller Schriftsatzfertigung liegen anwaltliche Pflichtverletzungen. Neben dem Schaden kommt es für einen Ersatzanspruch auf ein Vertretenmüssen des Anwalts an. Fest steht zumindest, dass derjenige, der die KI einsetzt und damit die Vorteile der Anwendung genießt, auch die entsprechenden Risiken zu tragen hat. Daher ist zu klären, inwieweit der Anwalt auch für die Fehler der KI einzustehen hat bzw. wie eine entsprechende Einstandspflicht dogmatisch begründet werden kann.

a) Haftung als eigenes Verschulden

61 Im Rahmen des Beratungsvertrags muss der Anwalt zunächst für eigenen Vorsatz und Fahrlässigkeit einstehen, § 276 BGB. Nicht schon haftungsbegründend kann der generelle Einsatz der KI sein.[135] Relevant wird die KI erst bei fehlerhafter Nutzung bzw. Fehlfunktionen.

62 Maßstab für die Haftung infolge von Fahrlässigkeit bildet die übliche, von einem Rechtsanwalt zu erwartende Sorgfalt.[136] Unter Berücksichtigung der Kriterien von Vorhersehbarkeit und Vermeidbarkeit haftet der Anwalt bei der Anwendung von KI daher dann, wenn er die Fehlfunktion bzw. den daraus resultierenden Fehler aufgrund durchschnittlicher von einem Anwalt zu erwartenden Kenntnisse unter Berücksichtigung der konkreten Erfordernisse des Mandatsverhältnisses gegenüber seinem Mandanten hätte erkennen und vermeiden können.[137] Zu berücksichtigen sind dabei auch jeweils der Status des Anwalts, §§ 1-3 BRAO sowie die daraus erwachsenen Berufspflichten, insb. §§ 43, 43a BRAO.[138] Fehler bei der Anwendung von KI sind in einer weiteren Differenzierung den berufsspezifischen Sorgfaltspflichten zuzuordnen.[139]

---

[131] IBA Corporate and M&A Law Committee Legal Due Diligence Guidelines, September 2018, S. 39 f.

[132] Vgl. zur Bedeutung des Input-Managements auch Wend in Breidenbach/Glatz Rechtshandbuch Legal Tech, 2. Aufl. 2021, S. 67.

[133] Borgmann/Jungk/Schwaiger Anwaltshaftung, 6. Aufl. 2020, Kap. V Rn. 9; Vollkommer/Greger/Heinemann AnwaltshaftungsR, 5. Aufl. 2021, § 1 Rn. 1 f., 4.

[134] Borgmann/Jungk/Schwaiger Anwaltshaftung, 6. Aufl. 2020, Kap. V Rn. 30.

[135] Vgl. Wendehorst/Grinzinger in Ebers/Heinze/Krügel/Steinrötter Künstliche Intelligenz und Robotik, 2020, § 4 Rn. 79; für den Einsatz der KI im Bereich der Unternehmensführung, Grigoleit in Grigoleit AktG, 2. Aufl. 2020, § 76 Rn. 86, 87.

[136] BGH NJW 1999, 724, mwN; vgl. auch Schultz in Gaier/Wolf/Göcken Anwaltliches Berufsrecht, 3. Aufl. 2020, Haftung, Rn. 72.

[137] Vollkommer/Greger/Heinemann AnwaltshaftungsR, 5. Aufl. 2021, § 17 Rn. 6.

[138] Schultz in Gaier/Wolf/Göcken Anwaltliches Berufsrecht, 3. Aufl. 2020, Haftung, Rn. 72; Vollkommer/Greger/Heinemann AnwaltshaftungsR, 5. Aufl. 2021, § 17 Rn. 4.

[139] Zur Differenzierung zwischen berufsspezifischen-, mandatsspezifischen und situationsspezifischen Sorgfaltspflichtverletzungen vgl. Vollkommer/Greger/Heinemann AnwaltshaftungsR, 5. Aufl. 2021, § 17

Erkennt der Anwalt die Fehlfunktion der KI bzw. entdeckt er (zufällig) den Fehler im Ergebnis und verwendet das Ergebnis trotzdem, handelt er in Bezug auf den von der KI erzeugten Fehler vorsätzlich. Insofern verschiebt sich die Pflichtverletzung vom Fehler der KI zum Verwenden des fehlerhaften Arbeitsprodukts wider besseren Wissens.[140] 63

Im Bereich der Fahrlässigkeit lässt sich eine ähnliche Verschiebung des Schwerpunkts der Vorwerfbarkeit vornehmen.[141] Hätte der Anwalt nach seinem Wissensstand den Fehler der KI selbst erkennen und die Pflichtverletzung so vermeiden können, liegt eine Form des Auswahlverschuldens vor.[142] Setzt der Rechtsanwalt etwa KI ein, von der bereits bekannt ist, dass die Ergebnisse nicht verlässlich sind, liegt bereits darin das Außerachtlassen der üblicherweise vom Rechtsanwalt zu erwartenden Sorgfalt. 64

Ist die KI per se nicht fehlerhaft, hätte der Rechtsanwalt aber den konkreten Fehler in der KI oder den konkreten Fehler im Ergebnis erkennen und deshalb die Pflichtverletzung vermeiden können, ist ihm insofern Fahrlässigkeit vorzuwerfen, als er es unterlassen hat, das Arbeitsergebnis der KI zu überprüfen. Damit lässt sich die Frage der Haftung auf das Bestehen bzw. den Umfang einer Pflicht des Rechtsanwalts reduzieren, die von der KI erzeugten Arbeitsergebnisse noch einmal händisch zu überprüfen.[143] Je höher die Anforderungen an eine solche Überwachungs- und Überprüfungspflicht gestellt werden, desto geringer werden die Vorteile des Einsatzes der KI.[144] Wenn jeder standardisiert erstellte Schriftsatz eines Massenverfahrens noch einmal anwaltlich detailliert geprüft werden müsste, würde der Einsatz der KI deutlich weniger Effizienzgewinne bringen.[145] Sachlich ist dies jedoch gerechtfertigt. Der Anwalt, der noch immer die Vorteile des Einsatzes verwerten kann, darf sich seiner Haftung nicht dadurch entledigen können, dass er die Aufgabe (oder einen Teil davon) einer KI überträgt.[146] Es ist mit dem Status des Rechtsanwalts aus § 3 BRAO als unabhängigen Berater und rechtlichen Vertreter in allen Angelegenheiten nicht zu vereinbaren, wenn man den Mandanten für Schäden, die aus fehlerhaft arbeitender KI resultieren, auf eventuelle Ansprüche gegen den Hersteller verweisen würde.[147] Auch in anderen Bereichen, in denen KI zur Anwendung kommt, sind entsprechende Pflichten anerkannt. So darf auch in der Leitung der Aktiengesellschaft KI zur Informationsbeschaffung automatisiert eingesetzt werden.[148] Der Einsatz geht aber mit einer Steuerungs- und Überwachungsverantwortung einher, aus der sich insbesondere auch eine Pflicht ergibt, den Einsatz der KI in einer Weise zu organisieren, dass fehlerhaften KI-Entscheidungen vorgebeugt wird.[149] 65

Mit einer Weiterentwicklung der KI könnte in Zukunft aber die Verwendung zum Standard anwaltlicher Praxis gehören und daher üblich werden. Dann könnte auch die üblicherweise von einem Rechtsanwalt zu erwartende Sorgfalt anzupassen sein, etwa nach Vorbild des § 831 Abs. 1 S. 2 BGB. Die Haftung des Anwalts für die KI könnte dann entfallen, wenn der Anwalt nachweisen kann, dass die KI sorgfältig entwickelt, vom Anwalt 66

Rn. 10 ff.

[140] Vgl. Wendehorst/Grinzinger in Ebers/Heinze/Krügel/Steinrötter Künstliche Intelligenz und Robotik, 2020, § 4 Rn. 81.

[141] Borgmann/Jungk/Schwaiger Anwaltshaftung, 6. Aufl. 2020, Kap. V. Rn. 33.

[142] Vgl. dazu Vollkommer/Greger/Heinemann AnwaltshaftungsR, 5. Aufl. 2021, § 18 Rn. 5.

[143] Eine Art „Fehlerverhütungspflicht" gegenüber der KI, wie sie für den Anwalt bereits gegenüber dem Gericht anerkannt ist, vgl. Vollkommer/Greger/Heinemann AnwaltshaftungsR, 5. Aufl. 2021, § 13 Rn. 14.

[144] Wend geht für die digitale Fertigungsstraße sogar von einem automatischen Versand der Schriftsätze aus, Wend in Breidenbach/Glatz Rechtshandbuch Legal Tech, 2. Aufl. 2021, S. 69.

[145] Vgl. Wendehorst/Grinzinger in Ebers/Heinze/Krügel/Steinrötter Künstliche Intelligenz und Robotik, 2020, § 4 Rn. 79.

[146] Anders bei Problemen mit der Verwendung etwa des Telefax. Für Störungen aus dem Gefahrenbereich des Empfängers soll der Anwalt nicht verantwortlich sein, die Störung entstammt dann aber auch nicht seiner Sphäre, vgl. BGH NJW-RR 1997, 250; Vollkommer/Greger/Heinemann AnwaltshaftungsR, 5. Aufl. 2021, § 17 Rn. 28.

[147] Vgl. Vollkommer/Greger/Heinemann AnwaltshaftungsR, 5. Aufl. 2021, § 17 Rn. 4.

[148] Fleischer in BeckOGK, 1.2.2022, AktG § 76 Rn. 77.

[149] Fleischer in BeckOGK, 1.2.2022, AktG § 76 Rn. 77.

sorgfältig ausgewählt worden ist und dieser in regelmäßigen Stichproben die Ergebnisse überprüft.[150] Entsprechende Kriterien für eine Exkulpation wären dann genau zu bestimmen und *de lege ferenda*, zusammen mit der grundsätzlichen Möglichkeit der Exkulpation, vom Gesetzgeber zu regeln.

b) Eigenhaftung der KI

67 Eine Eigenhaftung der KI scheidet auch im Bereich der Anwaltshaftung mangels Verschuldensfähigkeit der KI aus.[151] Darüber hinaus fehlt es derzeit an einer Haftungsmasse der KI, an der die entsprechende Haftung scheitern würde.[152]

c) Zurechnung des Fehlers der KI über § 278 BGB (analog)

68 Setzte der Rechtsanwalt für die Aufgabe statt einer KI eine studentische Hilfskraft, einen wissenschaftlichen Mitarbeiter, einen Referendar etc. ein, ist dem Anwalt der Fehler nach § 278 BGB zuzurechnen.[153] Es liegt daher zunächst Nahe, auch Fehler einer KI entsprechend zuzurechnen, sofern diese die menschliche Arbeit ersetzt. Eine Zurechnung von Verschulden technischer Hilfsmittel wird von der hM bislang jedoch abgelehnt.[154] Eine analoge Anwendung von § 278 BGB auf KI findet in der Literatur zwar zunehmend Zuspruch,[155] wird von der hA jedoch weiterhin abgelehnt.[156]

69 Nach § 278 BGB soll sich der Schuldner, der sich zur Erfüllung seiner Verpflichtung eines Dritten bedient, dadurch nicht von der Haftung befreien können.[157] Ob der Dritte dabei Mensch oder Maschine ist, spielt für den Telos der Norm keine Rolle. Die Haftungslücke für die Fehlerhaftigkeit des Ergebnisses, das nicht durch Eigenverschulden des Rechtsanwalts entstanden ist, besteht ohne Anwendung des § 278 BGB bei Einsatz von menschlichen Unterstützern ebenso wie beim Einsatz vom KI. Je komplexer, umfassender und autonomer der Einsatz der KI ist, desto mehr muss eine Haftungslücke erst recht vermieden werden.[158] Während so die planwidrige Regelungslücke besteht, wird der Anwendungsbereich von § 278 BGB aber auf menschliches Verhalten reduziert. Die nicht nachvollziehbaren Handlungen der KI, die nicht als menschlich qualifiziert werden können, seien damit aber nicht vergleichbar.[159]

70 Zugleich ist anerkannt, dass der Zulieferer grds. nicht Erfüllungsgehilfe des Schuldners ist.[160] Der Anwalt muss sich daher auch nicht nach § 278 BGB das Verschulden des Her-

---

[150] Die im Rahmen der Wiedereinsetzung relevante Exkulpation des Anwalts bei Fristablauf infolge des Verschuldens seines Büropersonals ist nur im Rahmen des § 233 ZPO relevant; Vollkommer/Greger/Heinemann AnwaltshaftungsR, 5. Aufl. 2021, § 19 Rn. 40. Im Rahmen der Anwaltshaftung muss sich der Anwalt das Verschulden seines Personals zurechnen lassen, § 278 ZPO, siehe → Rn. 67 f. Zu den Auswirkungen der EU KI-Verordnung vgl. Engelmann/Brunotte/Lütkens RDi 2021, 317 sowie → Kap. 3.15.

[151] Wendehorst/Grinzinger in Ebers/Heinze/Krügel/Steinrötter Künstliche Intelligenz und Robotik, 2020, § 4 Rn. 82, mwN.

[152] Wendehorst/Grinzinger in Ebers/Heinze/Krügel/Steinrötter Künstliche Intelligenz und Robotik, 2020, § 4 Rn. 82, mwN.

[153] Vollkommer/Greger/Heinemann AnwaltshaftungsR, 5. Aufl. 2021, § 18 Rn. 28.

[154] Grundmann in MüKoBGB, Bd. 2, 8. Aufl. 2019, § 278 Rn. 46; Günther/Böglmüller BB 2017, 53 (55); Lieser JZ 1971, 759 (761); Müller-Hengstenberg/Kirn MMR 2014, 307 (311); Schaub in BeckOGK, 1.12.2021, BGB § 278 Rn. 17.

[155] Vgl. bei Wendehorst/Grinzinger in Ebers/Heinze/Krügel/Steinrötter Künstliche Intelligenz und Robotik, 2020, § 4 Rn. 83, mwN.

[156] Caspers in Staudinger 2019, BGB § 278 Rn. 5; Grundmann in MüKoBGB, Bd. 2, 8. Aufl. 2019, § 278 Rn. 46; Günther/Böglmüller BB 2017, 53 (55) Müller-Hengstenberg/Kirn MMR 2014, 307(311); Schaub in BeckOGK, 1.12.2021, BGB § 278 Rn. 17.

[157] Lorenz in BeckOK BGB, 61. Ed. 1.2.2022, BGB § 278 Rn. 1.

[158] Wendehorst/Grinzinger in Ebers/Heinze/Krügel/Steinrötter Künstliche Intelligenz und Robotik, 2020, § 4 Rn. 84, auch mwN.

[159] Wendehorst/Grinzinger in Ebers/Heinze/Krügel/Steinrötter Künstliche Intelligenz und Robotik, 2020, § 4 Rn. 85, auch mwN.

[160] BGH NJW 2009, 2674; BGH NJW 2008, 2837; Ernst in MüKoBGB, 8. Aufl. 2019, BGB § 280 Rn. 64.

stellers der KI zurechnen lassen. Für Rechtssicherheit würde daher auch an dieser Stelle eine Lösung *de lege ferenda* durch den Gesetzgeber sorgen.

2. Deliktische Haftung des Rechtsanwalts

Eine deliktische Haftung des Anwalts dürfte in aller Regel schon am grds. fehlenden Schutz von Vermögensschäden durch die §§823ff. BGB scheitern.[161] Ausnahmen sind hier die Einleitung von unberechtigten Zwangsvollstreckungsmaßnahmen bzw. die unberechtigte Inanspruchnahme Dritter.[162] 71

3. Haftung des Herstellers der Legal Tech Anwendung

Zuletzt kommt eine Haftung des Herstellers der KI in Betracht. Diese kann sich für den Mandanten unmittelbar nur dann ergeben, wenn er die Rechtsdienstleistung direkt beim Hersteller der Legal Tech Anwendung in Anspruch nimmt. Ebenso kann der Rechtsanwalt möglicherweise vertragliche Ersatz- bzw. Regressansprüche gegen den Hersteller geltend machen. Vertragliche Direktansprüche des Mandanten gegen den Hersteller scheiden in der Regel aber aus, wenn der Rechtsanwalt die KI angewendet hat. 72

Für Direktansprüche des Mandanten gegen den Hersteller kommen damit grds. nur deliktische Ansprüche in Betracht, sowohl im Wege der Produzentenhaftung im Rahmen von §823 Abs. 1 BGB als auch im Wege der Produkthaftung nach dem Produkthaftungsgesetz.[163] Für die Produzentenhaftung nach §823 Abs. 1 BGB gilt jedoch auch in diesem Kontext, dass reine Vermögensschäden nicht geschützt sind.[164] 73

III. Robo Judges oder Predictive Analytics

In seinem Buch Online Courts fordert *Richard Susskind* den Einsatz von KI, um hierdurch richterliche Entscheidungen zu ersetzen.[165] Zwar mehren sich die Stimmen, die vor einem solchen Einsatz von KI-Programmen warnen.[166] Jedoch wird immer wieder von einem solchen Einsatz von Robo Judges geredet.[167] Wäre es aber zumindest theoretisch möglich, den Richter durch ein KI-Programm zu ersetzen? 74

Bei der Ersetzung einer richtigen Entscheidung durch die Entscheidung eines Computers, also die Berechnung der richterlichen Entscheidung durch einen Algorithmus,[168] kann man verallgemeinert zwischen zwei unterschiedlichen Ansätzen unterscheiden. 75

Der weitaus ältere Ansatz versucht, juristische Texte in die formale Sprache der Logik zu übersetzen. *Gottfried Wilhelm Leibniz* schwebte vor, mit einer Jurisprudentia Rationalis, aufbauend auf einer Characteristica Universalis, juristische Fragestellungen berechnen zu können.[169] Bislang haben sich alle Versuche, rechtliche Probleme mit Hilfe der formalen Logik zu entscheiden, als nicht zielführend erwiesen.[170] Bereits die sprachliche Vagheit sowie die Notwendigkeit der Urteilskraft, um das Allgemeine im Besonderen (Fall) zu erkennen, lässt sich in einem rein regelbasierten Modell nicht abbilden.[171] 76

---

[161] Förster in BeckOK BGB, 61. Ed. 1.2.2022, BGB §823 Rn. 3.
[162] Vollkommer/Greger/Heinemann AnwaltshaftungsR, 5. Aufl. 2021, §8 Rn. 1.
[163] Ausführliche Darstellung bei Eichelberger in Ebers/Heinze/Krügel/Steinrötter Künstliche Intelligenz und Robotik, 2020, §5.
[164] Eichelberger in Ebers/Heinze/Krügel/Steinrötter Künstliche Intelligenz und Robotik, 2020, §5 Rn. 9; für die Produkthaftung ergibt sich dies bereits aus der Aufzählung des §1 ProdHaftG.
[165] Susskind Online Courts and the future of Justice, 2019.
[166] Eidenmüller/Wagner Law by Algorithm, 2021, 254ff.
[167] Nur Hoch AcP 219 (2019), 646 (698f.).
[168] Dazu bereits Wolf/Künnen FS Vorwerk 2019, 365 (369f.).
[169] Vgl. dazu bei Schneider ARSP 52 (1966), 553; Wolf/Künnen FS Vorwerk 2019, 365.
[170] Branding Artif Intell Law 25 (2017), 5f.
[171] Wolf/Künnen FS Vorwerk 2019, 365 (367f.); vgl. auch Nida-Rümelin, Vernunft und Freiheit in Sturma Vernunft und Freiheit, 2012; Kilian DB 1971, 273ff. und Nida-Rümelin in Pohle/Lenk Der Weg

77 Anders verhält es sich mit dem zweiten Ansatz, mathematische Erkenntnisse auf juristische Fragestellungen zu übertragen, dem datenzentrierten Ansatz. Dabei werden die Gerichtsentscheidungen nach formalen, nicht-juristischen Kriterien analysiert.[172] Hierzu werden die Gerichtsentscheidungen dekonstruiert. Der dogmatische Begründungszusammenhang wird aufgelöst und bestimmte Urteilspassagen als N-Gramm erfasst.[173] Unter einem Gramm versteht man entweder einzelne Buchstaben oder Wörter. N drückt die Anzahl der Buchstaben oder Wörter aus, welche zu einem N-Gramm für die Analyse zusammengefasst werden. Ein Bi-Gramm besteht folglich entweder aus zwei Buchstaben oder, wenn die Einheit Gramm sich auf ein Wort bezieht, aus zwei Wörtern.[174]

78 Die auf diese Weise gewonnenen Rohdaten werden weiter aufbereitet. In einem ersten Schritt werden hierzu diejenigen N-Gramme gefiltert, welche in ganz unterschiedlichen Texten häufig verwendet werden, ohne charakteristisch für den Text zu sein, zB „das" oder „wie".[175] Dies erfolgt nach der *Term Frequency-Inverse Document Frequency (TF-IDF)* Methode.[176] Maßstab ist dabei nicht irgendeine Wortbedeutung, sondern nur die Häufigkeit der Verwendung der N-Gramme.[177] Der Text lässt sich weiter nach bestimmten Kriterien untersuchen, die alle eins gemein haben: Sie haben nichts mit einem juristisch-dogmatischen Argument zu tun, sie lassen sich aber mit Vektoren darstellen und damit mit Referenztexten vergleichen.[178]

79 Die Programmierungen solcher Case-Predictive Analytics mögen hervorragende Programmierungsleistungen und deshalb von erheblichem intellektuellem Reiz mit ganz beachtlicher Anziehungskraft sein. Sicherlich gibt es auch Bereiche, in denen jenseits des intellektuellen Spiels Erkenntnisse daraus gewonnen werden können.

80 Aber: Die Entscheidungsfindung, warum etwa der Anspruch auf Nachbesserung oder Schadensersatz abgewiesen wird, ist nicht mehr nachvollziehbar. Sie beruht nicht auf den inhaltlich-juristischen Argumenten, sondern auf formalen Kriterien. Verbildlicht könnte ein Anspruch auf Nacherfüllung wegen mangelhafter Leistung einer günstigen Einbauküche etwa deshalb abgewiesen werden, weil Nacherfüllungsansprüche für Einbauküchen im Wert von unter 800 € in der Regel abgewiesen werden.

81 An die Stelle einer juristisch-argumentativ abgesicherten Entscheidung tritt die Wahrscheinlichkeitsprognose der KI, wie ein Richter entschieden hätte. Es geht dabei um eine für die Parteien nicht mehr erkennbare und damit adressierbare Mustererkennung. *Susskind* beschreibt daher auch die Arbeitsweise von KI-Systemen wie folgt: „(...) many contemporary AI Systems operate not by copying human beings; instead, they function in quite different and unhuman ways."[179]

82 Wie immer man "unhuman" übersetzen will, als unmenschlich, unhuman, grausam oder übermenschlich, mit unserem Denken, Handeln und Schreiben ist die Bewertung des Einzelfalls nicht mehr erreichbar.

83 Sehr offen knüpft *Susskind* zB an die Arbeiten von Karl *Llewellyn* und die amerikanische Schule des Rechtsrealismus an.[180] Richterliche Entscheidungen würden ohnehin nicht durch rechtliche Argumente gesteuert, vielmehr dienen diese nur dazu, die aus anderen Gründen getroffenen Entscheidungen nachträglich zu verbrämen. Richterliche

in die „Digitalisierung" der Gesellschaft, 2021, S. 303 ff., 329 ff.; Nida-Rümelin Humanistische Reflexionen, 2016, S. 149 f.

172 Medvedeva/Vols/Wieling ist es gelungen, auf Basis dieser Methode und Analyse der EGMR-Rechtsprechung eine Trefferquote von 75% in der Vorhersage zu erreichen, Medvedeva/Vols/Wieling Artif Intell Law 28, 2020, S. Medvedeva/Vols/Wieling Artif Intell Law 28, 2020, S. 237.

173 Medvedeva/Vols/Wieling Artif Intell Law 28, 2020, S. 237, 249 f.

174 Medvedeva/Vols/Wieling Artif Intell Law 28, 2020, S. 237, 249 ff.

175 Medvedeva/Vols/Wieling Artif Intell Law 28, 2020, S. 237, 249 f.

176 Vgl. bei Medvedeva/Vols/Wieling Artif Intell Law 28, 2020, S. 237, 250.

177 Medvedeva/Vols/Wieling Artif Intell Law 28, 2020, S. 237, 250 f.

178 Vgl. dazu bei Wolf/Künnen FS Vorwerk 2019, 365 (368 f.).

179 Susskind Online Courts and the future of Justice, 2019, S. 274.

180 Susskind Online Courts and the future of Justice, 2019, S. 274, 284 ff.

Entscheidungen werden nach diesen Theorien nicht mit rechtlichen Kategorien, sondern außerrechtlichen Kategorien erklärt.[181]

Die von *Susskind* empfohlene Methode widerspricht diametral den Grundsätzen einer demokratischen und humanen Gesellschaft. Gerichtsverfahren sind im Kern nichts anderes als ein Prozess, in dem sich die Beteiligten von Gründen affizieren lassen. Es gehört zur Würde des Menschen, Entscheidungen nicht einfach hinnehmen zu müssen, sondern durch ein Nehmen und Geben von Gründen auf diesen Entscheidungsprozess Einfluss nehmen zu können. Das, was *Nida-Rümelin* als Affizieren von Gründen beschreibt,[182] ist in die Sprache des Prozessrechts übersetzt das faire Verfahren und das rechtliche Gehör. Eine Entscheidungserrechnung mit Wahrscheinlichkeitsprognosen ohne Einfluss der Parteien auf den Algorithmus und ohne Geben und Nehmen von Gründen verhält sich kontradiktorisch zu dem, was eine humane, sich zu ihren Widersprüchen bekennende Gesellschaft erfordert.[183] 84

Die Ironie dieses tief in der Kalifornischen Ideologie verhafteten Denkens, welche eine Welt ohne Menschenwürde, Freiheit und Demokratie für fortschrittlich und effizient hält,[184] ist, dass man sich im Machine Learning-Umfeld zumeist der Programmiersprache Python bedient. Der Name Python leitet sich von der Komikergruppe des surrealen britischen Humors Monty Python ab.[185] Zugleich ist Python aber auch der Name der Drachin gewesen, die das Orakel von Delphi bewachte. Von dort mache die Priesterin Pythia, durch Dämpfe in einen rauschhaften Zustand versetzt, ihre Weissagungen. 85

Die auf die KI gestützte Mustererkennung und die damit einhergehende Entscheidungsvorhersage macht den Bürger zum Empfänger eines Orakelspruchs. Er ist nicht mehr Subjekt eines Verfahrens der Rechtsfindung, sondern Objekt. Die Entscheidung hätte er hinzunehmen wie den Spruch eines Orakels. War die Aufklärung die Befreiung aus der selbstverschuldeten Unmündigkeit, wäre eine derartige gerichtliche Entscheidungsfindung die selbstverschuldete Begründung der Unmündigkeit. 86

Literatur

Borgmann/Jungk/Schwaiger Anwaltshaftung, 6. Aufl. 2020
Brechmann, Legal Tech und das Anwaltsmonopol, 2021
Breidenbach/Glatz, Rechtshandbuch Legal Tech, 2. Aufl. 2021
Deckenbrock/Henssler, RDG, 5. Aufl. 2021
Ebers/Heinze/Krügel/Steinrötter, Künstliche Intelligenz und Robotik, 2020
Eidenmüller/Wagner, Law by Algorithm, 2021
Gaier/Wolf/Göcken, Anwaltliches Berufsrecht, 3. Aufl. 2020
Goodenough, Legal Technology 3.0, abrufbar unter https://www.huffpost.com/entry/legal-technology-30_b_6603658 (zuletzt abgerufen am: 6.4.2022)
Grigoleit, Aktiengesetz, 2. Aufl. 2020 (zitiert als: Bearbeiter in Grigoleit AktG, 2. Aufl. 2020)
Gesell/Krüger/Lorenz /Reymann, beck-online GROSSKOMMENTAR, Stand: 1.12.2021 (zitiert als: Bearbeiter in BeckOGK, 1.12.2021)
Hartung/Bues/Halbleib, Legal Tech, 2018
Hau/Poseck, Beck'scher Online-Kommentar BGB, 61. Ed.11.2.2022 (zitiert als: Bearbeiter in BeckOK BGB, 61. Ed. 1.2.2022, BGB)
Hoffmann, Die Gödel'schen Unvollständigkeitssätze, 2013
Krüger/Rauscher, Münchener Kommentar zur Zivilprozessordnung, Bd. 2, 6. Aufl. 2020 (zitiert als: Bearbeiter in MüKoZPO, Bd. 2, 6. Aufl. 2020)
Medvedeva/Vols/Wieling, Artif Intell Law 28, 2020
Nemitz/Pfeffer, Prinzip Mensch, 2020
Nida-Rümelin, Humanistische Reflexionen, 2016
Pohle/Lenk, Der Weg in die „Digitalisierung" der Gesellschaft, 2021,
Rechtsanwalts- und Notarverein Hannover, Festschrift FS 190 Jahre Rechtsanwalts- und Notarverein Hannover, 2021 (zitiert als: FS 190 Jahre Rechtsanwalts- und Notarverein Hannover, 2021)
Röthemeyer, Musterfeststellungsklage, 2. Aufl. 2020

[181] Hierzu Wolf ZRP 2013, 20 (21).
[182] Nida-Rümelin Humanistische Reflexionen, 2016, S. 260 ff.
[183] Hierzu auch Wolf/Künnen FS Vorwerk 2019, 365 (373 f.).
[184] Nemitz/Pfeffer Prinzip Mensch, 2020, S. 91.
[185] https://docs.python.org/3/tutorial/appetite.html (zuletzt abgerufen am: 6.4.2022).

Säcker/Rixecker/Oetker/Limperg, Münchener Kommentar zum Bürgerlichen Gesetzbuch, Bd. 2, 8. Aufl. 2019 (zitiert als: Bearbeiter in MüKoBGB, Bd. 2, 8. Aufl. 2019)
Seyfert, Algorithmuskulturen, 2017
Siegmund, Suchmaschinenalgorithmen im Kartellrecht in der EU und den USA, 2017
Spindler/Stilz, beck-online GROSSKOMMENTAR, Stand: 1.2.2022 (zitiert als:
Bearbeiter in BeckOGK, 1.2.2022)
v. Staudinger, Kommentar zum Bürgerlichen Gesetzbuch mit Einführungsgesetzen und Nebengesetzen, Buch 2, Recht der Schuldverhältnisse, BGB §§ 255–304, Neubearbeitung 2019 (zitiert als: Bearbeiter in Staudinger, 2019)
Susskind, Online Courts and the future of Justice, 2019
Vollkommer/Greger/Heinemann, AnwaltshaftungsR, 5. Aufl. 2021
Vorwerk, Das Prozessformularbuch, 11. Auflg. 2019
Vorwerk/Wolf KapMuG, 2. Aufl., 2020
Weber, Rechtswörterbuch, 27. Ed. 2021
Wolf, Präjudizien vor Schiedsgerichten in Wilhelmi/Stürner, Post-M&A Schiedsverfahren, 2019
Wolf/Flegler IPA Working Paper 2/2020, abrufbar unter https://www.jura.uni-hannover.de/fileadmin/jura/Fakultaet/Professuren/Prof._Dr._Wolf/Aktuelles/Dokumente/Stellungnahme_des_IPA_zum_Gesetzentwurf_der_Bundesregierung_02_2021.pdf (zuletzt abgerufen am: 6.4.2022)
Wolf/Flegler, IPA Working Paper 2/2020, S. 36 f., abrufbar unter https://www.jura.uni-hannover.de/fileadmin/jura/Fakultaet/Professuren/Prof._Dr._Wolf/Aktuelles/Dokumente/Stellungnahme_des_IPA_zum_Gesetzentwurf_der_Bundesregierung_02_2021.pdf (zuletzt abgerufen am: 6.4.2022)
Wolf/Flegler, Viele Fragen bleiben offen, LTO v. 11.06.2021, zuletzt abgerufen am: 6.4.2022)

3.15 Der Entwurf der EU-Verordnung für Künstliche Intelligenz

Übersicht

A. Einleitung

Im eigentlichen Wortsinn autonom entscheiden können Systeme nur, wenn sie KI-basierte Entscheidungen treffen.[1] Dabei bringt es die Autonomität – man unterscheidet hierzu korrespondierend verschiedene Grade der Autonomität[2] – mit sich, dass derartige Entscheidungen, im Rechtssinne Willenserklärung[3] oder Handlungen, mehr oder minder unvorhersehbar erfolgen. Insoweit stellt sich nicht nur das Problem der Zurechenbarkeit 1

[1] Vgl. dazu auch Linke Digitale Wissensorganisation – Wissenszurechnung beim Einsatz autonomer Systeme, 2021, S. 30ff., insbes. S. 32.

[2] Unterschieden werden seit Sheridan/Verplank, Human and Computer Control of Undersea Teleoperators, 1978, S. 8–17, abrufbar unter https://apps.dtic.mil/sti/pdfs/ADA057655.pdf (zuletzt abgerufen am: 9.5.2022) 10 Stufen der Autonomie; vgl. dazu Reichwald/Pfisterer CR 2016, 208 (210f.); Linke Digitale Wissensorganisation – Wissenszurechnung beim Einsatz autonomer Systeme, 2021, S. 78f.

[3] Zu den Problemen der Willenserklärungen Grützmacher/Heckmann CR 2019, 553.

durch autonome Entscheidung zum menschlichen Handeln,[4] sondern in der Folge auch das Problem, ob autonome Systeme im ausreichenden Maße sichere und rechtskonforme Entscheidungen treffen.

2 Dieses hat die EU-Kommission am 21.April 2021 bewogen, einen Vorschlag für eine Verordnung des europäischen Parlaments und des Rates zur Festlegung harmonisierte Vorschriften für künstliche Intelligenz (Gesetz über künstliche Intelligenz) und zur Änderung bestimmter Rechtsakte der Union[5] (nachfolgend kurz" KI-VO-E") vorzulegen. Es folgen ua die Stellungnahmen des Europäischen Wirtschafts- und Sozialausschusses vom 22.9.2021,[6] des Ausschusses der Regionen vom 2. Dezember 2021[7] und der Zentralbank vom 29. Dezember 2021[8] sowie die Befassung mit dem Vorschlag der KI-Verordnung durch das Committee on the Internal Market and Consumer Protection und das Committee on Civil Libertie, Justice and Home Affairs.[9] Vorausgegangen waren dem Vorschlag seit 2017 wiederholt erhobene Forderung nach legislativen Maßnahmen zur Gewährleistung eines reibungslosen Funktionieren des Binnenmarkts für Systeme der künstlichen Intelligenz (KI System) durch den **Europäischen Rat** sowie schließlich das **Europäische Parlament**[10] sowie Weißbuch Kommission zur KI mit dem Untertitel „Ein europäisches Konzept für Exzellenz und Vertrauen" vom 19. Februar 2020[11]. Laut Begründung des KI-VO-E geht diese auf die von der Kommissionspräsidentin *von der Leyen* verfolgten politischen Leitlinie „*Eine Union, die mehr erreichen will*" zurück und soll nach den Vorstellungen des europäischen Rates ein Stück „Künstliche Intelligenz 'Made Europe' „bringen.[12] Ziel der europäischen Institutionen ist es dabei in Übereinstimmung mit den Werten und Grundrechten der EU Regelungen zu schaffen, die dafür sorgen, „*dass Privatpersonen und andere Nutzer KI-gestützten Lösungen vertrauen und gleichzeitig Unter-*

[4] Zur Problematik der Wissenszurechnung Linke Digitale Wissensorganisation – Wissenszurechnung beim Einsatz autonomer Systeme, 2021, passim.

[5] COM(2021) 206 final 2021/0106 (COD) (https://eur-lex.europa.eu/resource.html?uri=cellar:e0649735-a372-11eb-9585-01aa75ed71a1.0019.02/DOC_1&format=PDF, zuletzt abgerufen am: 9.5.2022).

[6] ABl. EU Nr. C 517 vom 22.12.2021, S. 61.

[7] ABl. EUR Nr. C 97 com 28.2.2022, S. 60.

[8] ABl. EU Nr. C 115 com 11.3.2022, S. 5.

[9] Draft Report, COM2021/0206 – C9-0146/2021 – 2021/0106(COD), https://www.eurparl.europa.eu/doceo/document/CJ40-PR-731563_EN.pdf (zuletzt abgerufen am: 9.5.2022).

[10] Europäischer Rat Tagung des Europäischen Rates (19.10.2017) – Schlussfolgerung, EUCO 14/17, 2017, S. 7, Rdnr. 11, Bulletpoint 4 (https://data.consilium.europa.eu/doc/document/ST-14-2017-INIT/de/pdf, zuletzt abgerufen am: 9.5.2022); Rat der Europäischen Union, Künstliche Intelligenz b) Schlussfolgerungen zu dem koordinierten Plan für künstliche Intelligenz – Annahme, 6177/19, 2019, passim (https://data.consilium.europa.eu/doc/document/ST-6177-2019-INIT/de/pdf, zuletzt abgerufen am: 9.5.2022); Europäischer Rat, Außerordentliche Tagung des Europäischen Rates (1. und 2. Oktober 2020) – Schlussfolgerungen, EUCO 13/20, 2020, S. 6, Rdnr. 13, Bulletpoint 3 (https://data.consilium.europa.eu/doc/document/ST-13-2020-INIT/de/pdf, zuletzt abgerufen am: 9.5.2022); Rat der Europäischen Union, Schlussfolgerungen des Vorsitzes – Die Charta der Grundrechte im Zusammenhang mit künstlicher Intelligenz und dem digitalen Wandel, 11481/20, 2020 (https://data.consilium.europa.eu/doc/document/ST-11481-2020-INIT/de/pdf, zuletzt abgerufen am: 9.5.2022); Europäische Parlament, Entschließung vom 20.10.2020 mit Empfehlungen an die Kommission zu dem Rahmen für die ethischen Aspekte von künstlicher Intelligenz, Robotik und damit zusammenhängenden Technologien, 2020/2012 (INL), abrufbar unter https://www.europarl.europa.eu/doceo/document/TA-9-2020-0275_DE.pdf (zuletzt abgerufen am: 9.5.2022). Daneben steht mit Blick auf die zivilrechtliche Haftung die Forderung durch die Entschließung des Europäischen Parlaments vom 20. Oktober 2020 mit Empfehlungen an die Kommission für eine Regelung der zivilrechtlichen Haftung beim Einsatz künstlicher Intelligenz, 2020/2014(INL), abrufbar unter https://www.europarl.europa.eu/doceo/document/TA-9-2020-0276_DE.pdf (zuletzt abgerufen am: 9.5.2022).

[11] EU-Kommission Weißbuch zur künstlichen Intelligenz – Ein europäisches Konzept für Exzellenz und Vertrauen, COM(2020) 65 final, 2020 (https://ec.europa.eu/info/sites/default/files/commission-white-paper-artificial-intelligence-feb2020_de.pdf, zuletzt abgerufen am: 9.5.2022).

[12] Begründung, KI-VO-E (COM(2021) 206 final 2021/0106 (COD) (https://eur-lex.europa.eu/resource.html?uri=cellar:e0649735-a372-11eb-9585-01aa75ed71a1.0019.02/DOC_1&format=PDF, zuletzt abgerufen am: 9.5.2022), S. 1 f.

nehmen Anreize erhalten, diese zu entwickeln".[13] So nimmt die EU-Kommission für sich in Anspruch ein weltweit führendes[14] Stück Gesetzgebung auf den Weg zu bringen, welches folgende Ziele anstrebt:
- die Gewährleistung der **Sicherheit** von KI-Systemen,
- die Wahrung von **Grundrechten** und die Werte der Union,
- die Gewährleistung ausreichender **Rechtssicherheit** zur Förderung von Investitionen in KI
- die Stärkung einer **Governance**
- die wirksame **Durchsetzung** des geltenden Rechts zur Wahrung der Grundrechte sowie die Sicherheitsanforderungen an KI-Systeme,
- die Erleichterung der Entwicklung eines Binnenmarkts für rechtskonforme, sichere und vertrauenswürdige KI-Anwendungen und
- die Verhinderung einer Marktfragmentierung des europäischen Binnenmarktes.[15]

Es liegt auf der Hand, dass derlei Ziele, in einem gewissen Umfang kollidieren können. 3
Denn die Schaffung von Sicherheit und die Wahrung von Grundrechten und Werten der Union erfordert, wie der KI-VO-E eindrucksvoll zeigt, ein nicht unerhebliches Maß an Regulatorik, welches dem Ziel der **Förderung von Investitionen in KI** naturgemäß entgegenstehen muss. Dieses gilt insbes., soweit dieses jungen und kleinen Unternehmen (Startups) – wenn auch aus guten Gründen – einen nicht unerheblichen (finanziellen und personellen) Aufwand zur Erreichung einer entsprechenden Compliance aufbürdet. Dies hat auch die EU-Kommission erkannt, wie sich daran zeigt, dass sie spezifische Maßnahmen für **kleine Nutzer und Kleinanbieter** von Hochrisiko-KI-System vorsieht,[16] die diesen die Compliance ein Stück weit erleichtern sollen. Sie hat vor diesem Hintergrund eine **horizontale Regulierung** gewählt,[17] die es den von der Regulierung betroffenen ermöglicht, eine Compliance für verschiedene Anwendungsszenarien ihrer KI zu verfolgen, und diese rechtlich zwingend lediglich für sog. **Hochrisiko-KI-Systeme** vorgesehen (Art. 6 ff. KI-VO-E), während der Einsatz intolerabler KI naturgemäß komplett verboten werden soll (Art. 5 KI-VO-E). Insofern steht in der Tat der gesetzgeberische Versuch im Raume, einen rechtssicheren Rahmen zu schaffen, der bei einer ausgewogenen Beachtung von Risiken und Chancen der KI mittels der so geschaffenen Rechtssicherheit die Förderung von Investitionen KI in Europa hoffentlich eines Tages unterstützen – und nicht verhindern – wird. Es würde sich dann auch zeigen, wie mit den durch die KI-VO-E nicht oder nur mit Blick auf Transparenzvorschriften regulierten **KI-Systemen ohne hohes Risiko** zu verfahren ist, die nach der Vorstellung der EU-Kommission nur einer unverbindlichen **Selbstregulierung** unterliegen sollen (Art. 69 KI-VO-E).

[13] Begründung, KI-VO-E (COM(2021) 206 final 2021/0106 (COD) (https://eur-lex.europa.eu/resource.html?uri=cellar:e0649735-a372-11eb-9585-01aa75ed71a1.0019.02/DOC_1&format=PDF, zuletzt abgerufen am: 9.5.2022), S. 1.

[14] Begründung, KI-VO-E (COM(2021) 206 final 2021/0106 (COD) (https://eur-lex.europa.eu/resource.html?uri=cellar:e0649735-a372-11eb-9585-01aa75ed71a1.0019.02/DOC_1&format=PDF, zuletzt abgerufen am: 9.5.2022), S. 2.

[15] Begründung, KI-VO-E (COM(2021) 206 final 2021/0106 (COD) (https://eur-lex.europa.eu/resource.html?uri=cellar:e0649735-a372-11eb-9585-01aa75ed71a1.0019.02/DOC_1&format=PDF, zuletzt abgerufen am: 9.5.2022), S. 3.

[16] Begründung, KI-VO-E (COM(2021) 206 final 2021/0106 (COD) (https://eur-lex.europa.eu/resource.html?uri=cellar:e0649735-a372-11eb-9585-01aa75ed71a1.0019.02/DOC_1&format=PDF, zuletzt abgerufen am: 9.5.2022), S. 12.

[17] Generell skeptisch gegenüber einem solchen horizontalen, nicht sektorspezifischen Ansatz ITechLaw Responsible AI – Global Policy Framework, 2019, S. 87.

B. Der Entwurf der KI-VO-E im Überblick

4 Die Kommission schlägt mit dem KI-VO-E vor, ein Stück KI spezifisches Sicherheitsrecht zu schaffen. Der insgesamt 85 Artikel umfassende Entwurf würde, nachdem er alle legislativen Hürden genommen hat, ein Stück originäres, öffentlich-rechtlich geprägtes EU-Recht mit direkter Wirkung darstellen, welches im Rahmen seiner Anwendung (dazu → Rn. 5 ff.) und Regulierung (dazu → Rn. 21 ff.) nicht nur direkt sanktioniert (dazu → Rn. 56 ff.) ist, sondern auch zivil- und strafrechtliche Wirkung (dazu → Rn. 76 ff.) entfalten kann.

I. Anwendungsbereich

5 Anwendbar wäre das KI-Sicherheitsrecht nach der KI-VO-E primär auf autonom agierende Systeme, seien dies etwa autonome Maschinen oder Produktionsanlagen, Roboter, intelligente IoT-Komponenten oder auch Bots, Mustererkennungssysteme und Expertensysteme. Der Anwendungsbereich der KI-VO-E ist dank ihres horizontalen Ansatzes denkbar weit, in Teilen zu weit, mitunter aber auch eingeschränkt.

1. Sachlicher Anwendungsbereich, insbes. die Legaldefinition von KI-Systemen

6 Der Anwendungsbereich der KI-VO-E wird in sachlicher Hinsicht zentral durch den Begriff der KI-Systeme in Art. 3 Nr. 1 KI-VO-E bestimmt. Diese werden dort **legaldefiniert** als Software, die mit einer oder mehreren der in Anhang I zur KI-VO-E aufgeführten Techniken und Konzepte entwickelt worden ist und im Hinblick auf eine Reihe von Zielen, die vom Menschen festgelegt werden, Ergebnisse wie Inhalte, Vorhersagen, Empfehlungen oder Entscheidungen hervorbringen kann, die das Umfeld beeinflussen, mit dem sie interagieren.

7 Auffällig ist dabei auf den ersten Blick, dass nach dieser Legaldefinition ***vom Menschen festgelegte Ziele*** vorliegen müssen, was außer Acht lässt, dass KI-Systeme mit so genannter starker KI, so sie denn jemals zum Einsatz kommen,[18] eines Tages ihre Ziele mitunter selbst definieren.[19] Allerdings ist wohl im Erst-recht-Schluss davon auszugehen, dass derartige Zielsetzungen ebenfalls erfasst würden.[20] Eine KI-VO, die auf diesem Wege starke KI teils ausklammern würde, verfehlte jedenfalls ihr Ziel. Angeregt wurde daher eine Änderung des Verordnungsentwurfs durch die Streichung des Merkmals der Festlegung durch Menschen.[21]

8 Betrachtet man nun den in **Anhang I** zur KI-VO-E **technischen Anknüpfungspunkt** der Legaldefinition des Artikel 3 Abs. 1 KI-VO-E, so fällt auf, dass dieser denkbar weiter bzw. tendenziell zu weit gewählt ist; denn erfasst sein sollen:

a) Konzepte des maschinellen Lernens, mit beaufsichtigtem, unbeaufsichtigtem und bestärkendem Lernen unter Verwendung einer breiten Palette von Methoden, einschließlich des tiefen Lernens (Deep Learning);
b) Logik- und wissensgestützte Konzepte, einschließlich Wissensrepräsentation, induktiver (logischer) Programmierung, Wissensgrundlagen, Inferenz- und Deduktionsmaschinen, (symbolischer) Schlussfolgerungs- und Expertensysteme; sowie
c) Statistische Ansätze, Bayessche Schätz-, Such- und Optimierungsmethoden.

---

[18] Zur starken KI und zum Streit um die sog. Singularität Grützmacher CR 2021, 433 (434).

[19] S. auch Grützmacher/Füllsack ITRB 2021, 159 (160).

[20] Grützmacher CR 2021, 433 (Fn. 49); Grützmacher/Füllsack ITRB 2021, 159 (160).

[21] Draft Report des Committee on the Internal Market and Consumer Protection und des Committee on Civil Liberties, Justice and Home Affairs, COM2022/0206 – C9-0146/2021 – 2021/0106(COD), https://www.europarl.europa.eu/doceo/document/CJ40-PR-731563_EN.pdf (zuletzt abgerufen am: 9.5.2022), S. 46).

Jedenfalls ist die Gefahrenlage bei Schlussfolgerungs- und Expertensystemen, mitunter auch statistische Ansätzen sowie Such- und Optimierungsmethoden, wohl eine andere als bei Systemen der (fortgeschrittenen) schwachen oder gar starken KI.[22] Zumindest bei klassischen Expertensystemen dürfte das **Problem der Unvorhersehbarkeit**[23] **sowie der sog. Black-Box-Effekt**[24] nicht bzw. nicht in gleichem Maße bestehen.[25] Eine übermäßige Regulierung, zumal von bewährten Technologien, die bisher keine signifikant erhöhten Risiken für Rechtsgüter gezeigt haben, sollte vor dem Hintergrund des von der KI-VO-E verfolgten Ziels der Innovationsförderung[26] vermieden werden.[27] 9

Zu beachten ist weiter, dass die KI-VO nach Artikel 2 Abs. 2 KI-VO-E keine bzw. mit Blick auf Art. 84 KI-VO-E nur begrenzt Anwendung auf die in Artikel 2 Abs. 2 KI-VO-E durch Verweis auf entsprechende Verordnungen und Richtlinien spezifizierten Produkte oder Systeme, namentlich der **Fahrzeug- und Luftfahrtindustrie**,[28] finden. Unterschieden wird insofern zwischen der Anwendung der geplanten KI-VO auf die dem sog. Neuen Rechtsrahmen („New Legislative Framework", NLF) unterfallenden Produkten (zB Maschinen, medizinische Geräte, Spielzeug) mit den Produkten des sog. Alten Rechtsrahmens („Old Approach").[29] 10

Dieses mag vor dem Hintergrund erklärbar sein, dass diese Bereiche industriepolitisch besonders sensibel und ohnehin schon national, europäisch und international hoch reguliert sind, sollte künftig aber nach ersten Erfahrungen mit der KI-VO schnellstmöglich revidiert werden. Im Zeitalter autonomer Systeme ist absehbar, dass sowohl Kraftfahrzeuge als auch Flugzeuge mit anderen KI-basierten Systemen der sie begleitenden Infrastrukturen noch stärker kommunizieren und vernetzt agieren werden. Ohne eine weitergehende Harmonisierung aber wären hier insofern Abgrenzungsschwierigkeiten unvermeidbar; eine Ungleichbehandlung wäre zudem meist schwer zu rechtfertigen. So hat auch die EU-Kommission in Aussicht gestellt, dass die mit dem KI-VO-E geplante KI-VO ***role model*** auch für diese Bereiche sein soll.[30] 11

2. Persönlicher Anwendungsbereich

Nach Art. 2 Abs. 1 KI-VO-E gilt dieser für Anbieter wie Nutzer von KI-Systemen. Darunter versteht die KI-VO-E *„eine natürliche oder juristische Person, Behörde, Einrichtung oder sonstige Stelle,"* 12

– „die ein KI-System entwickelt oder entwickeln lässt, um es unter ihrem eigenen Namen oder ihrer eigenen Marke – entgeltlich oder unentgeltlich – **in Verkehr zu bringen oder in Betrieb zu nehmen**" (**Anbieter** gemäß Art. 3 Abs. 1 Nr. 2) oder

[22] Vgl. Grützmacher CR 2021, 433 (438); Grützmacher/Füllsack ITRB 2021, 159 (160).

[23] Dazu → Rn. 61 ff.; teils auch Autonomierisiko genannt, vgl. Linke Digitale Wissensorganisation – Wissenszurechnung beim Einsatz autonomer Systeme, 2021, S. 33.

[24] Dazu Käde/von Maltzan CR 2020, 66 (67 ff.); vgl. auch Linke Digitale Wissensorganisation – Wissenszurechnung beim Einsatz autonomer Systeme, 2021, S. 33, 44 f.

[25] Kritisch daher schon Spindler CR 2021361 (363) unter Hinweis auf die Definition der High Level Expert Group on AI Ethics Guidelines for Trustworthy AI",2019 (vgl. dort S. 13 f., 16 f.), abrufbar unter https://www.aepd.es/sites/default/files/2019-12/ai-ethics-guidelines.pdf (zuletzt abgerufen am: 9.5.2022) sowie Level Expert Group on AI Assessment List for Trustworthy Artificial Intelligence (ALTAI) for self-assessment, 2020 (vgl. dort S. 14 f.), abrufbar unter https://ec.europa.eu/newsroom/dae/document.cfm?doc_id=68342 (zuletzt abgerufen am: 9.5.2022).

[26] S.→ Rn. 49.

[27] Grützmacher CR 2021, 433 (438); Grützmacher/Füllsack ITRB 2021, 159 (160); Spindler CR 2021, 361 (363).

[28] S.auch Anhang II KI-VO-E, Abschnitt B.

[29] Begründung, KI-VO-E (COM(2021) 206 final 2021/0106 (COD) (https://eur-lex.europa.eu/resource.html?uri=cellar:e0649735-a372-11eb-9585-01aa75ed71a1.0019.02/DOC_1&format=PDF, zuletzt abgerufen am: 9.5.2022), S. 5; s. dazu auch Spindler CR 2021, 361 (364).

[30] Begründung, KI-VO-E (COM(2021) 206 final 2021/0106 (COD) (https://eur-lex.europa.eu/resource.html?uri=cellar:e0649735-a372-11eb-9585-01aa75ed71a1.0019.02/DOC_1&format=PDF, zuletzt abgerufen am: 9.5.2022), S. 5.

– „die ein KI-System **in eigener Verantwortung verwendet**, es sei denn, das KI-System wird im Rahmen einer persönlichen und nicht beruflichen Tätigkeit verwendet"(**Nutzer** gem. gemäß Art. 3 Abs. 1 Nr. 4).

13 Regelungsadressaten sollen also zunächst einmal Hersteller sowie private und staatliche Betreiber von KI sein.[31] Da es auf die Entgeltlichkeit nicht ankommt, unterfallen auch Open Source-basierte KI-Projekt der KI-VO-E.[32] Als Anbieter erfasst werden also bspw. Cloud-Provider, die aber genauso gut nur Nutzer sein können, wenn sie das System nicht entwickelt bzw. nicht entwickeln lassen haben, sondern nur erworben bzw. lizenziert haben, um es in eigener Verantwortung für den Zugriff durch Dritte zu betreiben. Nutzer sind nach deren Definition geschäftliche oder staatliche Nutzer. Die **Privatnutzung** ist also **außen vor**. Nicht klar ist mit Blick auf die Qualifikation als Nutzer, inwieweit Idealvereine oder NGOs aus der Definition des Nutzers ausgenommen sind, obwohl diese ebenso wie Nutzer in der Industrie KI-Systeme zum Einsatz bringen könnten (etwa als Hochrisiko-KI-System klassifizierte HR-Systeme[33]).

3. Territorialer Anwendungsbereich

14 Mit Blick auf ihre territoriale Anwendung zielt die KI-VO-E (analog zu DSGVO) auf einen internationalen Einsatz ab. Denn das **KI-Sicherheitsrecht** wird insoweit ein Stück weit **exportiert,** wenn es laut Art. 2 Abs. 1 lit. c) KI-VO-E auch auf Anbieter und Nutzer von KI-Systemen Anwendung finden soll, *„die in einem Drittland niedergelassen oder ansässig sind, wenn das vom System hervorgebracht Ergebnis in der* [Europäischen] *Union verwendet wird*". Dieses ist sachgerecht, sind doch Systeme heute weltweit vernetzt, die von ihnen errechneten bzw. ausgegebenen Ergebnisse mithin universal einsetzbar.[34] Zu beachten ist insoweit, dass weder der Anbieter noch der Nutzer in der EU ansässig sein müssen, es also **reicht, wenn die Ergebnisse Auswirkungen in der EU** haben.[35] Diese weitgehende Anwendung lässt sich ähnlich wie die DSGVO im Datenschutzrecht mit den geschützten Rechtsgütern, insbesondere der Sicherheit, mithin etwa der körperlichen Unversehrtheit, sowie der Wahrung der Grundrechte und Werte der Europäischen Union rechtfertigen. Sie geht über den des herkömmlichen Produktsicherheitsrechts hinaus.[36]

15 Über das Internet erreichbare bzw. gesteuerte autonome Systeme werden vor diesem Hintergrund ggf. entweder ein einheitliches KI-System nutzen müssen, das konform mit Blick auf die europäischen Regelung ist, oder aber zwei bzw. mehrere unterschiedliche Systeme zum Einsatz bringen müssen, die je nach ihren Auswirkungen differenzierend arbeiten.

II. Arten von KI und ihre Regulierung

16 Die KI-VO-E unterscheidet drei Arten von KI und unterwirft diese jeweils einem eigenständigen Regelungsregime, nämlich in verbotene KI-Systeme (→ Rn. 17 ff.), Hochrisiko-KI-Systeme (→ Rn. 21 ff.) und sonstige KI-Systeme ohne hohes Risiko (→ Rn. 43 ff.).

[31] Spindler CR 2021, 361 (363).
[32] Spindler CR 2021, 361 (363).
[33] Siehe → Rn. 22.
[34] S. auch die Begründung in Erwgr. 11 KI-VO-E.
[35] Vgl. auch Erwgr. 10 und 11 KI-VO-E und Spindler CR 2021, 361 (363). Für eine noch weitgehende Fassung *("or affects natural persons within the Union")* plädiert der Draft Report des Committee on the Internal Market and Consumer Protection und des Committee on Civil Liberties, Justice and Home Affairs, COM2022/0206 – C9.0146/2021 – 2021/0106(COD), abrufbar unter https://www.eurparl.europa.eu/doceo/document/CJ40-PR-731563_EN.pdf (zuletzt abgerufen am: 9.5.2022), S. 44.
[36] Spindler CR 2021, 361 (363); vgl. auch Grützmacher/Füllsack ITRB 2021, 159 (160).

1. Verbotene KI-Systeme

Gerade vor dem Hintergrund der Eingriffe in Grundrechte,[37] sei es durch den Staat oder (etwa in Form einer Diskriminierung) durch Private,[38] verbietet Art. 5 KI-VO-E einige besonders unannehmbar riskante[39] bzw. – richtiger – intolerable[40] KI-Systeme. 17

Diese verbotenen KI-Systeme bzw. genauer KI-Praktiken werden in Art. 5 KI-VO-E enumerativ aufgeführt und umfassen das Inverkehrbringen, die Inbetriebnahme oder die Verwendung: 18

– von KI-Systemen, die Techniken der **unterschwelligen Beeinflussung** außerhalb des Bewusstseins einer Person[41] einsetzen (lit. a)) bzw. die eine **Schwäche** oder Schutzbedürftigkeit einer bestimmten Gruppe von **Personen** aufgrund ihres Alters oder ihrer körperlichen oder geistigen Behinderung ausnutzen (lit. b), um das Verhalten einer Person in einer Weise wesentlich zu beeinflussen, die dieser Person oder einer anderen Person einen physischen oder psychischen Schaden zufügt oder zufügen kann;[42]
– von KI-Systemen durch **Behörden** oder in deren Auftrag zur Bewertung oder Klassifizierung der Vertrauenswürdigkeit natürlicher Personen über einen bestimmten Zeitraum auf der Grundlage ihres sozialen Verhaltens oder bekannter oder vorhergesagter persönlicher Eigenschaften oder Persönlichkeitsmerkmale, soweit die **soziale Bewertung** einer der in lit. c) näher beschriebenen Diskriminierung (Schlechterstellung oder Benachteiligung) bestimmter natürlicher Personen oder ganzer Gruppen natürlicher Personen in sozialen Zusammenhängen bzw. im Hinblick auf ihr soziales Verhalten oder dessen Tragweite ungerechtfertigt oder unverhältnismäßig ist;[43]
– sowie die Verwendung **biometrischer Echtzeit-Fernidentifizierungssysteme**[44] in öffentlich zugänglichen Räumen **zu Strafverfolgungszwecken**, außer wenn diese Verwendung für die in lit. d) genauer normierten Zwecke der Suche nach Verbrechensopfern, Abwendung von Terroranschlägen oder zur Verfolgung von schweren Straftaten (mit einer Freiheitsstrafe oder einer freiheitsentziehenden Maßregel der Sicherung im Höchstmaß von mindestens drei Jahren) erforderlich ist.[45]

Diese Verbote sind zwar für sich überzeugend;[46] ihre Abgrenzung zu weiteren ähnlich gravierenden oder sogar angrenzenden KI-Systemen (zB biometrische Fernidentifizierungssysteme, die nicht Echtzeit und/oder in öffentlich zugänglichen Räumen in privatem oder öffentlichem Besitz[47] eingesetzt werden) erscheint hingegen mehr als fragwürdig und 19

[37] Begründung, KI-VO-E (COM(2021) 206 final 2021/0106 (COD) (https://eur-lex.europa.eu/resource.html?uri=cellar:e0649735-a372-11eb-9585-01aa75ed71a1.0019.02/DOC_1&format=PDF) (zuletzt abgerufen am: 9.5.2022), Ziff. 5.2.2., S. 15.

[38] Eine bezogen auf die Entwickler und Anbieter von KI an den Grundrechten, insbes. die Verhinderung von Diskriminierung, ausgerichtete Gesetzgebung fordert auch ITechLaw Responsible AI – Global Policy Framework, 2019, S. 57.

[39] Begründung, KI-VO-E (COM(2021) 206 final 2021/0106 (COD) (https://eur-lex.europa.eu/resource.html?uri=cellar:e0649735-a372-11eb-9585-01aa75ed71a1.0019.02/DOC_1&format=PDF) (zuletzt abgerufen am: 9.5.2022), Ziff. 5.2.2., S. 15.

[40] Vgl. auch Erwgr. 15 KI-VO-E („... *weil sie im Widerspruch zu den Werten der Union stehen, nämlich der Achtung der Menschenwürde, Freiheit, Gleichheit, Demokratie und Rechtsstaatlichkeit sowie der Grundrechte in der Union, einschließlich des Rechts auf Nichtdiskriminierung, Datenschutz und Privatsphäre sowie der Rechte des Kindes*“) sowie Erwgr. 16 und 17 KI-VO-E.

[41] Siehe zu sog. Dark Patterns allgemein auch Martini/Drews/Seeliger/Weinzierl ZfDR 2021, 47 ff.

[42] Dazu Erwgr. 16 KI-VO-E.

[43] Dazu Erwgr. 17 KI-VO-E.

[44] Siehe die Definitionen in Art. 3 Nr. 36 und 37 KI-VO-E. Zu den Beschränkungen durch Art. 5 Abs. 2 KI-VO-E und Art. 5 Abs. 1 lit. b) und lit. e) DSGVO mit Blick auf Zweckbindungen und Datenlöschungspflichten Spindler CR 2021, 361 (365). S. zur Gesichtserkennung ITechLaw Responsible AI – Global Policy Framework, 2019, S. 141 f.

[45] Dazu Erwgr. 19 KI-VO-E.

[46] Siehe mit Blick auf Art. 5 lit. a) KI-VO-E zum verfassungsrechtlichen bzw. sonstigen Gebot gesetzgeberischer Maßnahmen bei sog. Dark Patterns Martini/Drews/Seeliger/Weinzierl ZfDR 2021, 47 (53 f., 71 ff.).

[47] Dazu Art. 3 Nr. 36 und 37 sowie Erwgr. 9, 20 ff. KI-VO-E.

teils unnötig limitiert,[48] die Differenzierung in Erwgr. 7 KI-VO-E etwa insofern wenig eingängig.

20 Unklar bleibt, wovon genau die EU-Kommission sich bei der Auswahl der enumerativ aufgezählten verbotenen KI-Praktiken hat leiten lassen, auch wenn andererseits im Sinne der Innovationsförderung die Beschränkung auf bestimmte besonders inakzeptable Praktiken zu begrüßen ist.[49]

2. Die Regulierung der Hochrisiko-KI-Systeme

21 Der Schwerpunkt der Verordnung liegt auf der auch für autonome Systeme besonders relevanten sog. Hochrisiko-KI-Systeme.

22 **a) Hochrisiko-KI-Systeme.** Als Hochrisiko-KI-Systeme werden in Art. 6 KI-VO-E **zwei Gruppen** von KI-System legaldefiniert, nämlich die primär sicherheitskritischen bzw. gesundheitsgefährdenden und die primär grundrechtsrelevanten KI-Systeme[50]:

- Als Hochrisiko-KI-System gelten danach zum einen KI-Systeme iSv Art. 3 Nr. 1 KI-VO-E (dazu oben I.1.), wenn diese (i) als Sicherheitskomponente eines unter die im Anhang II aufgeführten EU-weit harmonisierten (**produktsicherheitsrelevanten**) Rechtsvorschriften fallenden Produkts verwendet werden sollen oder (ii) selbst ein solches Produkt darstelle (lit. a) ***und*** das Produkt, dessen Sicherheitskomponente das KI-System ist, oder das KI-System selbst als Produkt nach den besagten Rechtsvorschriften für seine Vermarktung (Inverkehrbringen) oder seinen Betrieb (Inbetriebnahme) einer **Konformitätsbewertung** durch Dritte unterzogen werden muss.[51]
- Zum anderen gelten zusätzlich zu diesen Hochrisiko-KI-Systemen die in Anhang III des KO-VI-E **enumerativ aufgezählten** KI-Systeme ebenfalls als hochriskant. Anhang III des KO-VI-E führt insofern vor allem **besonders gefährliche oder grundrechtsrelevante** Systeme auf, namentlich dort näher spezifizierte Systeme (1.) zur biometrischen Identifizierung und Kategorisierung natürlicher Personen,[52] (2.) zur Verwaltung und zum Betrieb kritischer Infrastrukturen,[53] (3.) zur allgemeinen und beruf-

[48] Ausführlich Veale/ Zuiderveen Borgesius CRi 2021, 97 (101 f.); Spindler CR 2021, 361 (365, 374) kritisiert überdies zu Recht die für Rechtsuntersicherheit sorgende Interessenabwägung in Art. 5 lit. c KI-VO-E und äußert auch zu Art. 5 lit. d KI-VO-E kritisch, *„dass mit den relativ weitreichenden Öffnungsklauseln Tür und Tor für eine biometrische Erkennung eröffnet wird"*, sowie auch, dass *„biometrische Identifizierungsverfahren … für private Betreiber grundsätzlich … zulässig bleiben"*; dazu DAV, Stellungnahme SN 57/21 zum KI-Verordnungsvorschlag der EU-Kommission, https://anwaltverein.de/de/newsroom/sn-57-21-ki-verordnungs vorschlag-der-eu-kommission (zuletzt abgerufen am: 9.5.2022), S. 6 ff.; für die Aufnahme auch von KI-Systemen zur Risikoanalyse mit Blick auf die Begehung krimineller Handlungen Draft Report des Committee on the Internal Market and Consumer Protection und des Committee on Civil Liberties, Justice and Home Affairs, COM2022/0206 – C9.0146/2021 – 2021/0106(COD), abrufbar unter https://www.eurparl.europa.eu/doceo/document/CJ40-PR-731563_EM.pdf (zuletzt abgerufen am: 9.5.2022), S. 54.

[49] Zur weit geht demgegenüber die Forderung von v. Schirach Jeder Mensch, 2021, S. 11, eines Grundrechts mit Blick auf „Künstliche Intelligenz", das lauten soll: *„Jeder Mensch hat das Recht, dass ihn belastende Algorithmen transparent, überprüfbar und fair sind. Wesentliche Entscheidungen muss ein Mensch treffen."*, welches im Zweifel aufgrund des Satzes 2 ein weitgehendes Verbot (wirklich) autonomer Systeme zur Folge hätte.

[50] Vgl. Erwgr. 27 und 28 KI-VO-E.

[51] Dazu auch Erwgr. 29 ff. KI-VO-E. Sog. Stand-Alone KI-Systeme hingegen sind nach Art. 43 Abs. 2 KI-VO-E nur auf Basis einer internen Kontrolle zu bewerten und – das ist regulatorisches Neuland (Spindler CR 2021, 361 (363, 370)) – mit einem CE-Kennzeichen zu versehen, stellen dann aber, es sei denn, dass sie Art. 6 Abs. 2 KI-VO-E, unterfallen, keine Hochrisiko-Systeme dar (zumindest missverständlich insofern Spindler CR 2021, 361 (366, Rn. 30 aE)). Verfehlt ist hingegen die im Draft Report des Committee on the Internal Market and Consumer Protection und des Committee on Civil Liberties, Justice and Home Affairs, COM2022/0206 – C9.0146/2021 – 2021/0106(COD), abrufbar unter https://www.eurparl.europa.eu/doceo/document/CJ40-PR-731563_EN.pdf (zuletzt abgerufen am: 9.5.2022), S. 46 geforderte Ergänzung der Definition in Richtung eines Grundrechtsschutzes *("… or the fundamental rights …")*.

[52] S. auch die Begründung in Erwgr. 33 KI-VO-E.

[53] S. auch die Begründung in Erwgr. 34 KI-VO-E (*„…, da ihr Ausfall oder ihre Störung in großem Umfang das Leben und die Gesundheit von Menschen gefährden und zu erheblichen Störungen bei der normalen Durchführung sozialer und wirtschaftlicher Tätigkeiten führen kann"*).

lichen Bildung, [54] (4.) zur Beschäftigung, zum Personalmanagement und zum Zugang zur Selbstständigkeit,[55] (5.) zum Zugang zu und zur Inanspruchnahme grundlegender privater und öffentlicher Dienste und Leistungen,[56] (6.) zur Strafverfolgung,[57] (7.) zur Nutzung im Kontext von Migrations- und Asylfragen und zur Grenzkontrolle[58] und schließlich (8.) zum Einsatz in der Rechtspflege und bei demokratischen Prozessen[59].

Während also die Hochrisiko-KI-Systeme im Sinne von Abs. 1 vor allem den Aspekt 23 der Gefahrenabwehr und Gewährleistung einer Produktsicherheit im Fokus haben, zielen die des Abs. 2 des Art. 6 KI-VO-E – ausgenommen vielleicht der KI-Systeme zur Verwaltung und zum Betrieb kritischer Infrastrukturen – primär auf die Gewährleistung von Grundrechten und Grundwerten ab. Der Katalog des Anhang III soll nach Art. 7 KI-VO-E geändert werden können.[60]

b) Anforderungen an und Pflichten beim Angebot und der Nutzung der Hochrisiko-KI-Systeme. Der KI-VO-E wartet in den Art. 8 ff. KI-VO-E mit einem weiten 24 Katalog an Anforderungen und Pflichten auf. Diese reichen vom Risiko- und Qualitätsmanagement und Zertifizierungsanforderungen (Konformitätsbewertungen) bis hin zu den separat in den Art. 61 f. geregelten Beobachtungspflichten nach dem Inverkehrbringen. Viele hier für das KI-Sicherheitsrecht fruchtbar gemachte Ansätze sind aus der deliktischen Produzenzhaftung, dem Produkthaftungsrecht und auch dem Produktsicherheitsrecht so oder so ähnlich bekannt. In ihrer konkreten Ausführung reichen die im KI-VO-E statuierten Pflichten jedoch regelmäßig weiter (dazu auch unter C.).

aa) Anforderungen und Pflichten des Anbieters an Hochrisiko-KI-Systeme. Der 25 KI-VO-E führt in Kapitel 2, also den Artikel 8–15 zahlreichen Anforderungen auf, die sodann im Kapitel 3, und zwar insbesondere im Rahmen der Pflichten des Anbieters wieder aufgegriffen und deren Erfüllung Letzterem vorgeschrieben werden.

(1) Anforderungen an Hochrisiko-KI-Systeme. Laut Art. 8 Abs. 1 KI-VO-E sind 26 folgende Anforderungen des Kapitel 2 einzuhalten, die sich bei näherem Hinsehen oft als Pflichten ohne spezifischen Normadressaten darstellen. Es finden sich insofern Vorgaben für Hochrisiko-KI-Systeme zur:

- Einrichtung, Anwendung, Dokumentation und Aufrechterhaltung eines **Risikomanagementsystem** (Art. 9 KI-VO-E);

[54] S.a. die Begründung in Erwgr. 37 KI-VO-E. („*Insbesondere KI-Systeme, die zur Kreditpunktebewertung oder zur Bewertung der Kreditwürdigkeit natürlicher Personen verwendet werden, sollten als Hochrisiko-KI-Systeme eingestuft werden, da sie den Zugang dieser Personen zu Finanzmitteln oder wesentlichen Dienstleistungen wie Wohnraum, Elektrizität und Telekommunikationsdienstleistungen bestimmen.* [Diese] *KI-Systeme … können zur Diskriminierung … führen …*“).

[55] S.auch die Begründung in Erwgr. 36 KI-VO-E. Besondere Vorsicht beim Einsatz im Personalwesen fordert auch ITechLaw Responsible AI – Global Policy Framework, 2019, S. 57, 142 f.

[56] S.auch die Begründung in Erwgr. 37 KI-VO-E.

[57] S.auch die Begründung in Erwgr. 38 KI-VO-E; zur kritischen Würdigung der Entwicklungen in den USA von Systemen zur Strafzumessung vgl. ITechLaw Responsible AI – Global Policy Framework, 2019, S. 138 f. Demgegenüber kann KI bei Online-Durchsuchung durchaus positive Effekte haben, dazu Gleizer in Beck/Kusche/Valerius Digitalisierung, Automatisierung, KI und Recht, 2020, S. 535 ff.; ebenso bei der Strafverfolgung bei Delikten gegen die IT-Sicherheit Golla/Korenke in Ebers/Steinrötter Künstliche Intelligenz und smarte Robotik im IT-Sicherheitsrecht, 2021, S. 263 ff.

[58] S.auch die Begründung in Erwgr. 39 KI-VO-E.

[59] S.auch die Begründung in Erwgr. 40 KI-VO-E.

[60] Siehe dazu auch die umfassenden Änderungsvorschläge des Draft Report des Committee on the Internal Market and Consumer Protection und des Committee on Civil Liberties, Justice and Home Affairs, COM2022/0206 – C9.0146/2021 – 2021/0106(COD), abrufbar unter https://www.eurparl.europa.eu/doceo/document/CJ40-PR-731563_En.pdf (zuletzt abgerufen am: 9.5.2022), S. 55 ff.

- Entwicklung und Training der Hochrisiko-KI-Systeme mittels Trainings-, Validierungs- und Testdatensätzen gemäß bestimmter **Qualitätskriterien für die Daten** – Daten-Governance (Art. 10 KI-VO-E);[61]
- **technischer Dokumentation** vor und nach dem Inverkehrbringen / Erstbetrieb (Art. 11 KI-VO-E);
- automatischen Aufzeichnung von Vorgängen und Ereignissen (**Protokollierung**) entsprechend anerkannten Normen oder gemeinsamen Spezifikationen (Art. 12 KI-VO-E);[62]
- **Transparenz**[63] und Bereitstellung von **Informationen** (etwa über Merkmale, Fähigkeiten und Leistungsgrenzen, Zweckbestimmung, Maß an Genauigkeit, Robustheit und Cybersicherheit des Hochrisiko-KI-System) für die Nutzer (Artikel 13 KI-VO-E);[64]
- Ermöglichung der menschlichen Aufsicht mit geeigneten Werkzeugen einer **Mensch-Maschine-Schnittstelle** während der Verwendung (Artikel 14 KI-VO-E);[65]
- Genauigkeit, Robustheit und **Cybersicherheit**[66] von Hochrisiko-KI-Systemen in Ansehung ihrer Zweckbestimmung (Artikel 15 KI-VO-E).

27 Es finden sich also Vorgaben zum Risikomanagement (Risikomanagementsystem nach Art. 9 KI-VO-E), welches zentral für ein pro-aktives Handeln ist,[67] und zu qualitativen bzw. inhaltlichen Vorgaben an die KI und deren Erstellung (Datenqualität nach Art. 10 KI-VO-E, Mensch-Maschine-Schnittstelle nach Artikel 14 KI-VO-E, Anforderung an Genauigkeit, Robustheit und Cybersicherheit nach Artikel 15 KI-VO-E) und zu Dokumentations- und Informationspflichten (Technischer Dokumentation nach Art. 11 KI-VO-E, Protokollierung nach Art. 12 KI-VO-E und Informationen für die Nutzer nach Artikel 13 KI-VO-E). Von Anforderungen an die Hochrisiko-KI-Systeme zu sprechen, wie Art. 8 Abs. 1 KI-VO-E das tut, verwirrt insofern. Vielmehr geht es um Anforderung an diese und an deren Entwicklung und Verwendung bzw. den Betrieb. Bei der Gewährleistung der Einhaltung dieser Anforderungen soll nach Art. 8 Abs. 2 KI-VO-E der Zweckbestimmung des Hochrisiko-KI-Systems und dem in Artikel 9 genannten Risikomanagementsystem Rechnung getragen.

28 **(2) Pflichten der Anbieter.** Die so relativierten Anforderungen der Art. 8 ff. KI-VO-E übersetzten sich in Pflichten des Anbieters, weil deren Erfüllung nach Art. 16 lit. a) KI-VO-E sicherzustellen ist. Weitere Pflichten des Anbieters treten nach Art. 16 KI-VO-E hinzu, namentlich die Pflichten:

---

[61] Dazu näher Grützmacher CR 2021, 433 (434, 439 f.).

[62] Unklar ist, inwieweit die Aufzeichnungspflicht bei personenbezogenen Daten durch die Pflichten zur Datenlöschung und -sparsamkeit nach Art. 5 Abs. 1 lit. b) und c) DSGVO begrenzt werden (dafür Spindler CR 2021, 361 (368)).

[63] Transparenzpflichten sollen tendenziell vertrauensbildend sein und der Diskriminierung entgegenwirken, vgl. dazu auch ITechLaw Responsible AI – Global Policy Framework, 2019, S. 105 ff., 147.

[64] Zu weiteren Details Spindler CR 2021, 361 (368). Siehe dazu auch die Beiträge von Labudde in Ebers/Steinrötter Künstliche Intelligenz und smarte Robotik im IT-Sicherheitsrecht, 2021, S. 25 ff.; Fedler in Ebers/Steinrötter Künstliche Intelligenz und smarte Robotik im IT-Sicherheitsrecht, 2021, S. 91 ff. und Ekrot/Philipp in Ebers/Steinrötter Künstliche Intelligenz und smarte Robotik im IT-Sicherheitsrecht, 2021, S. 169 ff.

[65] Veale/Zuiderveen Borgesius CRi 2021, 97 (104) merken zu Recht an, es fehle insofern an einer entsprechenden Pflicht der Nutzer, gäbe aber die über den direkt regulierten Anbieter vermittelte Überwachungspflicht gemäß der Gebrauchsanweisung aus Art. 29 Abs. 4 S. 1 KI-VO-E. Siehe auch die Vorschläge zur Ergänzung des Art. 29 Abs. 1 KI-VO-E des Committee on the Internal Market and Consumer Protection und des Committee on Civil Liberties, Justice and Home Affairs. COM2021/0206 – C9-0146/2021 – 2021/106(COD), abrufbar unter https://europart.europa.eu/doceo/document/CJ40-PR-731563:EN.pdf (zuletzt abgerufen am: 9.5.2022), S. 79 f.

[66] Dazu näher Spindler CR 2021, 361 (367 f.).

[67] Vgl. ITechLaw Responsible AI – Global Policy Framework, 2019, S. 91, 92 f.

- über ein **Qualitätsmanagementsystem** entsprechend Art. 17 KI-VO-E zu verfügen (lit. b);[68]
- die **technische Dokumentation** des Hochrisiko-KI-Systems zu erstellen (lit. c), was sich wohl mit den Pflichten aus Art. 16 lit. a) iVm 11 KI-VO-E decken sollte;
- die von ihren Hochrisiko-KI-Systemen ihrer Kontrolle unterliegenden, automatisch erzeugten **Protokolle aufzubewahren** (lit. d)), was mit Art. 20 KI-VO-E korrespondiert und mit den Pflichten aus Art. 16 lit. a iVm 12 KI-VO-E, das die Systeme so konzipiert und entwickelt sind, dass sie die Aufzeichnungen von Vorgängen und Ereignissen ermöglichen;[69]
- sicherzustellen, dass das Hochrisiko-KI-System vor dem Inverkehrbringen bzw. Betrieb dem betreffenden **Konformitätsbewertungsverfahren** unterzogen wird (lit. e)), was sich auch aus Art. 19 KI-VO-E ergibt;
- den in Art. 51 KI-VO-E genannten **Registrierungspflichten**[70] nachzukommen (lit. f));
- die erforderlichen **Korrekturmaßnahmen** zu ergreifen, wenn das Hochrisiko-KI-System die Anforderungen in Kapitel 2 nicht erfüllt (lit. g)), was sich im Übrigen auch aus Art. 21 KI-VO-E ergibt, was teils so auch in Art. 22 KI-VO-E geregelt ist;
- die zuständigen nationalen Behörden und ggf. die notifizierte Stelle über die **Nichtkonformität** und bereits ergriffene Korrekturmaßnahmen zu **informieren** (lit. h)), was wiederum so in Teilen auch Art. 22 KI-VO-E zu entnehmen ist;
- die **CE-Kennzeichnung** an ihren Hochrisiko-KI-Systemen anzubringen, um die Konformität mit dieser Verordnung gemäß Art. 49 KI-VO-E anzuzeigen (lit. i));
- auf Anfrage einer zuständigen nationalen Behörde **nachweisen**, dass das Hochrisiko-KI-System die **Anforderungen** in Kapitel 2 erfüllt (lit. j))
- die Beobachtung nach dem Inverkehrbringen gemäß Art. 61 KI-VO-E[71].

Diese teils **unsystematischen Überschneidungen** der Pflichten sind der Rechtsan- 29
wendung nicht dienlich, zumal weitere in Art. 16 KI-VO-E nicht erwähnte Pflichten des Anbieters hinzutreten.[72] So muss der Anbieter nach Art. 22 KI-VO-E Behörden und ggf. die notifizierte Stelle auch über ihm bekannt werdende Risiken im Sinne von Art. 65 KI-VO-E informieren oder nach Art. 23 KI-VO-E mit den zuständigen Behörden zusammenarbeiten. In Ansehung dieses Normen-“Wirrwarrs“ ist zu hoffen, dass der Verordnungsgeber vor der endgültigen Verabschiedung der KI-VO seine Hausaufgaben macht und die Normen der Kapitel 2 und 3 sinnvoll zusammenfasst, auf Redundanzen und Widersprüche prüft, vor diesem Hintergrund kürzt sowie die Normen schließlich sinnvoll sortiert.

bb) Pflichten der Nutzer. Geradezu übersichtlich muten im Vergleich die Pflichten 30
der Nutzer[73] an, die am Ende des Kapitel 3 in Art. 29 KI-VO-E geregelt sind. Nutzer müssen danach

[68] Vgl. auch die Forderung der ITechLaw Responsible AI – Global Policy Framework, 2019, S. 92 nach internen Guidelines.

[69] Siehe dazu auch den präzisierenden Vorschlag des Committee on the Internal Market and Consumer Protection und des Committee on Civil Liberties, Justice and Home Affairs. COM2021/0206 – C9-0146/2021 – 2021/106(COD), abrufbar unter https://europart.europa.eu/doceo/document/CJ40-PR-731563:EN.pdf (zuletzt abgerufen am: 9.5.2022), S. 66.

[70] Siehe dazu Art. 51, 60 Abs. iVm Annex VIII KI-VO-E.

[71] Vgl. auch Art. 9 Abs. 2 lit. c), 12 Abs. 3 und 17 Abs. 1 lit. h) KI-VO-E.

[72] Veale/Zuiderveen Borgesius CRi 2021, 97 (112) führen diese auf das Patchwork des Entwurfs auf Basis verschiedener Grundlagen zurück und führen dazu aus: “[The Act] *is stitched together from 1980s product safety regulation, fundamental rights protection, surveillance and consumer protection law. We have sought to illustrate how this patchwork does not make the Act comprehensive and watertight. Indeed, these pieces and their interaction may leave the instrument making little sense and impact.*“.

[73] Es ist in der Tat sinnvoll auch die Nutzer in die Verantwortung zu nehmen; dafür auch und zu weltweiten Ansätzen dieser Art ITechLaw Responsible AI – Global Policy Framework, 2019, S. 82ff.

- Systeme entsprechend der den Systemen beigefügten **Gebrauchsanweisung** und gemäß den Absätzen 2 und 5 des Art 29 KI-VO-E verwenden (Abs. 1),[74]
- dafür sorgen, dass **Eingabedaten**, die ihrer **Kontrolle** unterliegen, der Zweckbestimmung des Hochrisiko-KI-Systems entsprechen (Abs. 3),
- den Betrieb des Hochrisiko-KI-Systems überwachen und Anbieter oder Händler auf **Risiken** im Sinne des Art. 65 Abs. 1 KI-VO-E, den Vorfall oder eine Fehlfunktion im Sinne des Artikels 62[75] **hinweisen** bzw., wenn sie den Anbieter[76] nicht erreichen können, sogar die Behörde sowie die Verwendung des Systems aussetzen bzw. unterbrechen (Abs. 4),[77]
- die von ihrem Hochrisiko-KI-System automatisch erzeugten **Protokolle aufzubewahren**, soweit diese Protokolle ihrer Kontrolle unterliegen (Abs. 5),[78]
- auf Basis der nach Art. 13 KI-VOE bereitgestellten Informationen eine **Datenschutz-Folgenabschätzung** gemäß Art. 35 DSGVO vorzunehmen (Abs. 6).[79]

31 Aus diesen Pflichten ergeben sich nicht nur erhebliche bußgeldbewerte Pflichten (siehe dazu unter B.III.2.c)), sondern auch erhebliche Haftungsrisiken. So könnten – ggf. etwa im Rahmen von § 823 Abs. 1 und vor allem als Schutzgesetz iSv § 823 Abs. 2 BGB (dazu unter D.I. und II.) – bei entsprechenden Schäden Ansprüche Dritter im Falle der Nichteinhaltung der Gebrauchsanweisung (Abs. 1) und – noch gravierender – bei mangelnder Überwachung oder Information des Anbieters (Abs. 4) bestehen.

32 **cc) Die Abgrenzung der Verantwortlichkeiten.** Nutzer gelten als Anbieter iSd KI-VO-E und unterliegen daher den Anbieterpflichten gemäß Art. 16 KI-VO-E, wenn sie ein Hochrisiko-KI-System unter ihrem Namen oder ihrer Marke in Verkehr bringen oder in Betrieb nehmen (lit. a); wenn sie die **Zweckbestimmung** eines Hochrisiko-KI-Systems **verändern** (lit. b)) und wenn sie eine wesentliche **Änderung** an dem Hochrisiko-KI-System **vornehmen** (lit. c)). Das ist insoweit grundsätzlich nachvollziehbar, erschwert Nutzern aber die Veredelung von KI-Systemen, also die Nutzung im Rahmen erweiterter eigener Angebote, weil es ihnen aufgrund gewisser Informationsdefizite oft kaum möglich sein wird, die Anbieterpflichten zu erfüllen. Zu Recht gefordert wird überdies, den KI-VO-E dahingehend zu ergänzen dass Nutzer auch durch solche Änderungen in die Verantwortung geraten, die erst dazu führen, dass ein Hochrisiko-KI-System vorliegt.[80]

[74] Ähnliches kennt man im deutschen Recht für autonome Systeme im Kfz-Bereich, nämlich aus § 1a Abs. 1 bzw. § 1b Abs. 2 StVG; siehe dazu Buck-Heeb/Dieckmann in Oppermann/Stender-Vorwachs Autonomes Fahren, 2. Aufl. 2020, S. 151 f., 156 ff. Weiter wird noch die Ergänzung einer gesetzlichen Verpflichtung der Sicherstellung ausreichender Kompetenzen bzw. eines Trianing des Bedienpersonals gefordert (so Committee on the Internal Market and Consumer Protection und des Committee on Civil Liberties, Justice and Home Affairs. COM2021/0206 – C9-0146/2021 – 2021/106(COD), abrufbar unter https://europart.europa.eu/doceo/document/CJ40-PR-731563:EN.pdf (zuletzt abgerufen am: 9.5.2022), S. 79 f.).

[75] Siehe dazu Art. 62 Abs. 1 und Abs. 3 aE KI-VO-E. Inwieweit damit – wie Spindler CR 2021, 361 (372) meint – bei Risiken etwa der öffentlichen Sicherheit keine Meldung an die Behörden erfolgen müsste, erscheint fraglich. Denn auch diese Risiken werden oft grundrechtsrelevant sein.

[76] Gemeint ist wohl auch der Händler (arg. e. Art. 29 Abs. 4 S. 3 KI-VO-E).

[77] Für Kreditinstitute gilt die Überwachungspflicht nach Art 29 Abs. 4 KI-VO-E als erfüllt, wenn die Vorschriften über Regelungen, Verfahren und Mechanismen der internen Unternehmensführung gemäß Art 74 der genannten Richtlinie 2013/36/EU eingehalten werden.

[78] Kreditinstitute haben die Protokolle als Teil ihrer Dokumentation über die Regelungen, Verfahren und Mechanismen der internen Unternehmensführung gemäß Artikel 74 der genannten Richtlinie 2013/36/EU aufzubewahren.

[79] Siehe zur Datenschutzfolgeabschätzung, LDI Baden-Württemberg, Liste von Verarbeitungsvorgängen nach Art. 35 Abs. 4 DS-GVO, abrufbar unter https://www.baden-wuerttemberg.datenschutz.de/wp-content/uploads/2018/05/Liste-von-Verarbeitungsvorgängen-nach-Art.-35-Abs.-4-DS-GVO-LfDI-BW.pdf (zuletzt abgerufen am: 9.5.2022), Bsp. 9 und 11; zum Datenschutz bei KI-Systemen allgemein ITechLaw Responsible AI – Global Policy Framework, 2019, S. 231 ff.

[80] Committee on the Internal Market and Consumer Protection und des Committee on Civil Liberties, Justice and Home Affairs. COM2021/0206 – C9-0146/2021 – 2021/106(COD), abrufbar unter https://europart.europa.eu/doceo/document/CJ40-PR-731563:EN.pdf (zuletzt abgerufen am: 9.5.2022), S. 77 f.

Was überrascht, ist hingegen, dass der Anbieter, der das Hochrisiko-KI-System ursprünglich in Verkehr gebracht oder in Betrieb genommen hatte, seinerseits nach Abs. 2 in den Fällen des Abs. 1 lit. b) und c) nicht mehr als Anbieter für die Zwecke des KI-VO-E gelten soll. Das widerspricht fundamental dem aus dem Produkthaftungsrechts anerkannten Grundsatz „Konstruktion vor Instruktion" und auch dem in diesem Kontext nach § 3 Abs. 1 ProdHaftG geregelten Prinzip, dass der Hersteller für einen *„erwartbaren Gebrauch"*[81] oder im Deliktsrecht gar Produktmissbrauch[82] haftet.[83] Und in der Tat klingt eher diese als die Grenzziehung in Art. 28 Abs. 2 KI-VO-E auch in zahlreichen Normen des KI-VO-E an.[84] Die Grenze für die Verantwortlichkeit sollte daher mit Blick auf die Verantwortung des Anbieters noch ein Stück weit verschoben werden, es sei denn, dass man diesen wohl zu Gunsten der Innovationsförderung (aber zu Lasten des Rechtsgüterschutzes) aus der Haftung entlassen will[85]; dann müssten aber die anderen Art. 9 Abs. 2 lit. b), 4 lit. c), Art. 13 Abs. 3 lit. b) (iii) und Art. 14 Abs. 2 KI-VO-E angepasst werden. 33

dd) Sonstige Akteure. Weitere (regelmäßig deckungsgleiche) Pflichten finden sich in den Art. 25- 28 KI-VO-E für Bevollmächtigte, Importeure und Händler.[86] 34

c) Harmonisierte Normen, gemeinsame Spezifikationen, Konformitätsbewertungsverfahren und EU-Datenbank. Das Konformitätsverfahren, insbesondere die hierfür herangezogenen harmonisierten Normen und gemeinsamen Spezifikationen – respektive der diese ergänzenden Vermutungsregelung – stellen, wie *Spindler*[87] betont, ein, wenn nicht gar das zentrale Instrument des KI-VO-E dar.[88] 35

aa) Harmonisierte Normen und gemeinsame Spezifikationen. Weiter enthält der KI-VO-E mit Blick auf Hochrisiko-KI-Systeme nicht nur einen Anforderungs- und Pflichtenkatalog, sondern setzt, wie sich insbesondere Art. 9 Abs. 3 S. 2 KI-VO-E für die Frage des sorgfältigen, risikoadäquaten Umgang mit Hochrisiko-KI-Systemen zeigt, auch auf eine harmonisierte Normung (Art. 40 KI-VO-E) und den Rückgriff auf sog. gemeinsam Spezifikationen (Art. 41 KI-VO-E). 36

Dementsprechend regeln die Art. 40 und 41 KI-VO-E die Reichweite der Normwirkung sowie die Grundlagen zum Erlass entsprechender Spezifikationen. 37

Die **harmonisierende Normung** erfolgt dabei auf Basis der EU-VO Nr. 1025/2012[89] regelmäßig durch Vergabe entsprechender Aufträge zum Entwurf der Normen durch die EU-Kommission an Standardisierungsorganisationen, namentlich das CEN – European Committe for Standardisation – und das CENELEC – European Committe for Electrotechnical Standardisation, was zu Recht mit Blick auf Verlagerung wesentlicher Aspekt der 38

[81] Vgl. dazu Wagner in MüKoBGB, Bd. 7, 8. Aufl. 2020, ProdHaftG § 3 Rn. 23 ff.

[82] Dies nur bei der Möglichkeit zu einer kostengünstige Schadensprävention im Kontext eines vorhersehbaren Produktmissbrauchs, Wagner in MüKoBGB, Bd. 7, 8. Aufl. 2020, BGB § 823 Rn. 957 unter Hinweis auf BGHZ 105, 346 (351) = NJW 1989, 707 (708) – Fischfutter; BGHZ 116, 60 (65) = NJW 1992, 560 – Kindertee I; BGH NJW 1981, 2514 (2515) – Kältemittel.

[83] Grützmacher CR 2021, 433 (441 f.); aA Spindler CR 2021, 361 (369), der die Abgrenzung gutheißt.

[84] So in Art. 9 Abs. 2 lit. b), 4 lit. c), Art. 13 Abs. 3 lit. b) (iii) und Art. 14 Abs. 2 KI-VO-E.

[85] Grützmacher CR 2021, 433 (441 f.).

[86] Dazu Spindler CR 2021, 361 (368 f.).

[87] Spindler CR 2021, 361 (362, 372).

[88] Dazu auch Begründung, KI-VO-E ((COM(2021) 206 final 2021/0106 (COD) (https://eur-lex.europa.eu/resource.html?uri=cellar:e0649735-a372-11eb-9585-01aa75ed71a1.0019.02/DOC_1&format=PDF) (zuletzt abgerufen am: 9.5.2022), S. 16.

[89] Verordnung (EU) Nr. 1025/2012 des Europäischen Parlaments und des Rates vom 25. Oktober 2012 zur europäischen Normung, zur Änderung der Richtlinien 89/686/EWG und 93/15/EWG des Rates sowie der Richtlinien 94/9/EG, 94/25/EG, 95/16/EG, 97/23/EG, 98/34/EG, 2004/22/EG, 2007/23/EG, 2009/23/EG und 2009/105/EG des Europäischen Parlaments und des Rates und zur Aufhebung des Beschlusses 87/95/EWG des Rates und des Beschlusses Nr. 1673/2006/EG des Europäischen Parlaments und des Rates, ABl. EU Nr. L 316 vom 14. November 2012, S. 12.

Regulierung durch den KI-VO-E und mit Blick auf die Grundrechtsrelevanz der Materie kritisch kommentiert wird.[90]

39 Nicht weniger kritisch ist es, wenn die EU-Kommission im Wege von Durchführungsrechtsakten **gemeinsame Spezifikationen** für die Anforderungen in Kapitel 2 dieses Titels festlegen können sollte, soweit dieses in Ansehung von Regelungslücken, Sicherheitsbedenken oder drohenden Grundrechtseingriffen angezeigt ist.

40 Auch wenn der Rückgriff auf diese Form der Normsetzung und Spezifikationen alternativlos sein sollte, stellte sich bei den harmonisierten Normen die Frage, ob der europäische Gesetzgeber hier immer schnell genug agieren können wird bzw. ob er eigentlich noch der maßgebliche Akteur ist. Bei den – vielleicht beschleunigt verabschiedeten – gemeinsamen Spezifikationen auf der Basis von der EU-Kommission erlassenen Durchführungsrechtsakte fragt sich gerade im Grundrechtskontext zudem noch, ob diese Verlagerung der Gesetzgebungskompetenz rechtpolitisch wirklich überzeugt.[91]

41 **bb) Konformitätsbewertungsverfahren und EU-Datenbank.** Nach Art. 40 und 41 Abs. 3 KI-VO-E soll die Erfüllung der harmonisierten Norm bzw. der gemeinsamen Spezifikationen ggf. dazu führen, dass die Konformität mit den Anforderungen nach Kapitel 2 (dazu → Rn. 54 f. vermutet wird. Weitere Vermutungsregelungen mit Blick auf die Data Governance und Cyber Security finden sich in Art. 42 KI-VO-E. Sodann regelt Art. 43 KI-VO-E das **Konformitätsverfahren** für Hochrisiko-KI-Systeme (soweit diese nicht nach Art. 47 KI-VO-E von diesem ausgenommen sind), das entweder im Wege der **internen Kontrolle** vorzunehmen (Abs. 1 lit. a))[92] oder durch eine **notifizierte Stelle** durchzuführen (Abs. 1 lit. b)) und zu bescheinigen (Art. 44 KI-VO-E) ist.[93] Das Resultat der Konformitätsprüfung ist ggf. die EU-Konformitätserklärung nach Art. 48 KI-VO-E, die nach Art. 50 KI-VO-E zusammen mit anderen dort angegebenen Dokumenten und Unterlagen 10 Jahre aufzubewahren ist, sowie die letztlich darauf fußende CE-Konformitätskennzeichnung nach Art. 49 KI-VO-E.

42 Vor dem Inverkehrbringen oder der Inbetriebnahme eines in Artikel 6 Absatz 2 genannten Hochrisiko-KI-Systems ist dieses gemäß Art. 51 KI-VO-E vom Anbieter oder gegebenenfalls seinem Bevollmächtigten bei der EU zu registrieren. Die Kommission soll dazu nach Art. 60 KI-VO-E in Zusammenarbeit mit den Mitgliedstaaten eine öffentlich zugängliche EU-Datenbank mit Informationen über gemäß Art. 51 KI-VO-E registrierte Hochrisiko-KI-Systeme errichten und pflegen. Zweck dieser Registrierungspflicht des Anbieters ist es, die Hochrisiko-KI-Systeme im Markt gegenüber der Öffentlichkeit transparenter zu machen und die Aufsicht sowie die Ex-post-Überwachung durch die zuständigen Behörden zu stärken.[94]

3. Transparenzpflichten und Selbstregulierung für nicht hochriskante KI-Systeme

43 **a) Transparenzpflichten für bestimmte nicht hochriskante KI-Systeme.** Unberührt der Vorgaben zur Transparenz nach Art. 13 KI-VO-E für Hochrisiko-KI-System (vgl. Art. 52 Abs. 4 KI-VO-E), gelten nach Art. 52 KI-VO-E für bestimmte nichthochriskante KI-System **spezielle Transparenzpflichten**. So sind nach Art. 52 Abs. 1 KI-VO-E KI-Systeme die für die **Interaktion mit natürlichen Personen** bestimmt sind, so zu

[90] Veale/Zuiderveen Borgesius CRi 2021, 97 (105 f.).

[91] Ähnlich auch Spindler CR 2021, 361 (374), der hier ein Problem aufgrund der zahlreichen unbestimmten Faktoren sieht.

[92] S. auch Annex III und Annex IV der KI-VO-E.

[93] Zur Durchführung nach Maßgabe des Annex VII Spindler CR 2021, 361 (370). Zum Einspruch gegen Entscheidungen der notifizierten Stellen und deren Meldeplichten gegenüber Behörden siehe Art. 45 und 46 KI-VO-E.

[94] Begründung, KI-VO-E ((COM(2021) 206 final 2021/0106 (COD) (https://eur-lex.europa.eu/resource.html?uri=cellar:e0649735-a372-11eb-9585-01aa75ed71a1.0019.02/DOC_1&format=PDF, zuletzt abgerufen am: 9.5.2022), S. 17.

konzipieren und entwickeln, dass natürlichen Personen mitgeteilt wird, dass sie, soweit nicht offensichtlich, es mit einem KI-System zu tun haben.[95] Erkennt das KI-System Emotionen oder kategorisiert es Meschen biometrisch, gelten nach Art. 52 Abs. 2 KI-VO-E besondere Informationspflichten.[96] Und der Nutzer eines KI-Systems, das Bild-, Ton- oder Videoinhalte erzeugt oder manipuliert, die wirklichen Personen, Gegenständen, Orten oder anderen Einrichtungen oder Ereignissen merklich ähneln und einer Person fälschlicherweise als echt oder wahrhaftig erscheinen würden („Deepfake")[97], müssen nach Art. 52 Abs. 3 KI-VO-E offenlegen, dass die Inhalte künstlich erzeugt oder manipuliert wurden.

In allen drei Fällen gelten diese speziellen Transparenzpflichten aber nicht, wenn die KI-Systeme auf Basis entsprechender gesetzlicher Befugnisse der Aufdeckung, Verhütung, Ermittlung und Verfolgung von Straftaten dienen; letzteren Falls besteht zudem eine Ausnahme, wenn die KI-Systeme für die Ausübung der durch die Charta der Grundrechte der Europäischen Union garantierten Rechte auf freie Meinungsäußerung und auf Freiheit der Kunst und Wissenschaft erforderlich sind und geeignete Schutzvorkehrungen für die Rechte und Freiheiten Dritter bestehen. Zudem ist auch kein Opt-Out-Recht für die Nutzer von Diensten vorgesehen.[98] 44

b) Selbstregulierung nicht hochriskanter KI-Systeme. Darüber hinaus regt der KI-VO-E in Art 69 nur die Aufstellung von **Verhaltenskodizes** an bzw. sieht eine entsprechende Förderung vor. Damit soll erreicht werden, dass die in Titel III Kapitel 2 genannten Anforderungen auf nichthochriskante KI-Systeme Anwendung finden. Geschehen soll dies auf der Grundlage technischer Spezifikationen und Lösungen, die geeignet sind, die Einhaltung dieser Anforderungen mit Blick auf die Zweckbestimmung der Systeme zu gewährleisten. Eine Pflicht für solche Verhaltenskodizes besteht allerdings nicht. Nach der Vorstellung der EU-Kommission, sollen die Verhaltenskodizes, wie sich aus Art. 41 Abs. 3 ergibt, von einzelnen KI-System-Anbietern und/oder von Interessenvertretungen dieser Anbieter aufgestellt werden und Nutzer und Interessenträger sowie deren Interessenvertretungen ggf. einbezogen werden. Kleinanbieter und Startups sollen nach Abs. 4 bei der Aufstellung von Verhaltenskodizes in besonderem Maße gefördert werden. 45

Da die Selbstregulierung also freiwillig und der Verstoß gegen einen von der Industrie auferlegten Code-of-Conduct regelmäßig ohne rechtliche Folgen ist, ist ggf. kritisch zu monitoren, ob die Selbstregulierung ausreichend ist.[99] Auf der anderen Seite hat Sie zunächst einmal den Vorteil, besagten Kleinanbieter und Startups nicht über Gebühr zu regulatorische Anforderungen aufzuerlegen, was diesen bei ihrer Entwicklung hilft. 46

Es bleibt aber die Frage, ob die entsprechenden Anwender und Nutzer, den Anforderungen und Pflichten der KI-VO-E nicht gleichwohl indirekt unterliegen (dazu in der Folge → Rn. 79 ff.). 47

[95] Das gilt nach Abs. 1 S. 2 „nicht für gesetzlich zur Aufdeckung, Verhütung, Ermittlung und Verfolgung von Straftaten zugelassene KI-Systeme, es sei denn, diese Systeme stehen der Öffentlichkeit zur Anzeige einer Straftat zur Verfügung".

[96] Nach Abs. 2 gilt diese „Vorgabe … nicht für gesetzlich zur Aufdeckung, Verhütung, Ermittlung und Verfolgung von Straftaten zugelassene KI-Systeme, die zur biometrischen Kategorisierung verwendet werden".

[97] Dazu ITechLaw Responsible AI – Global Policy Framework, 2019, S. 52 f.

[98] Spindler CR 2021, 361 (368).

[99] Kritischer (zumindest für die Finanzindustrie) Schemmel in Wischmeyer/Rademacher Regulating Artificial Intelligence, 2020, S. 272; siehe dazu auch Hoffmann-Riem in Wischmeyer/Rademacher Regulating Artificial Intelligence, 2020, S. 20 f.; vgl. auch Spindler CR 2021, 361 (371).

III. Ergänzende Regelungen, insbesondere zur Innovationsförderung, zu Fach- und Aufsichtsbehörden sowie zur Rechtsdurchsetzung

48 Weitere ergänzende Regelungen komplettieren das regulatorische Regime des KI-VO-E, nämlich insbes. solche zur Innovationsförderung und solche zur Aufsicht und Rechtsdurchsetzung.

1. Maßnahmen zur Innovationsförderung

49 Nach dem dargelegten Anforderungs- und Pflichtenkatalog steht die Regulierung nach dem KI-VO-E aufgrund all ihrer Vorgaben unter dem Druck, noch ausreichend technikfreundlich zu sein. Daher sieht der KI-VO-E Maßnahmen zur Innovationsförderung, wie etwa die in Art. 53 KI-VO-E geregelten KI-Reallabore („Sandboxes"), die, was gerade für Startups wichtig werden wird, eine kontrollierte Umgebung bieten sollen, um die Entwicklung, Erprobung und Validierung innovativer KI-Systeme für einen begrenzten Zeitraum vor ihrem Inverkehrbringen oder ihrer Inbetriebnahme nach einem spezifischen Plan zu erleichtern (Art. 53 Abs. 1 KI-VO-E) und die Weiterverarbeitung personenbezogener Daten für bestimmte innovative KI-Systeme in deren Umfeld unter bestimmten Bedingungen erlauben (Art. 54 Abs. 1 KI-VO-E). Außerdem sollen nach Art 55 KI-VO-E bestimmte Maßnahmen für Kleinanbieter und Start-Ups ergriffen werden, so zB nach Abs. 1 lit. a) zum erleichterten Zugang zu KI-Laboren. Es darf aber bezweifelt werden, ob all diese Maßnahmen, die keine „Grace Period" vorsehen, sondern im Gegenteil auch eine weitergehende Zusammenarbeit mit den Behörden fordern, ausreichend sind, um Startups und KMUs von der Last der Regulierung in nötigem Maße zu befreien.[100]

2. Der Europäische Ausschuss für KI und Aufsichtsbehörden

50 Der KI-VO-E schafft zudem in den Art. 56ff.[101] weitere Einrichtungen und Stellen.

51 **a) Der Europäische Ausschuss für KI.** Vorgesehen ist zunächst einmal eine die EU-Kommission und die sonstigen auch nationalen Behörden „lediglich" – insbes. bei Leitlinien und durch Analysen – beratende und unterstützende Stelle in Form des Europäisches Ausschusses für KI (Art. 56ff. KI-VO-E).

52 **b) Notifizierende Behörden sowie Konformitätsbewertungsstellen bzw. notifizierte Stellen.** Weitere Behörden sollen sich um die Konformitätsbewertung, Aufsicht und Rechtsdurchsetzung kümmern.

53 **aa) Notifizierende Behörden und Marktüberwachungsbehörden (nationale Aufsichtsbehörden).** Zunächst sind die nationalen Aufsichtsbehörden nach Art. 59 Abs. 2 KI-VO-E aus der Reihe der zuständigen nationalen Behörden zu benennen. Diese sind im Regelfall janusköpfig:

- Nach Art. 3 Nr. 19 und 30 Abs. 1 KI-VO-E sollen die EU-Mitgliedsstaaten notifizierende Behörde[102] benennen oder schaffen, die für die Einrichtung und Durchführung der erforderlichen Verfahren zur Bewertung, **Benennung** und Notifizierung von

[100] Kritisch wohl auch Spindler CR 2021, 361 (371, 374).

[101] Siehe auch die zahlreichen Ergänzungsvorschläge des Committee on the Internal Market and Consumer Protection und des Committee on Civil Liberties, Justice and Home Affairs. COM2021/0206 – C9-0146/2021 – 2021/106(COD), abrufbar unter https://europart.europa.eu/doceo/document/CJ40-PR-731563:EN.pdf (zuletzt abgerufen am: 9.5.2022), S. 97ff.

[102] Nach Art. 30 KI-VO-E können diese etwa nationale Akkreditierungsstelle iSd Verordnung (EG) Nr. 765/2008 vom 9. Juli 2008 über die Vorschriften für die Akkreditierung und Marktüberwachung im Zusammenhang mit der Vermarktung von Produkten und zur Aufhebung der Verordnung (EWG) Nr. 339/93 des Rates sein.

Konformitätsbewertungsstellen und für deren Überwachung zuständig ist. Sie können Benennungen auch widerrufen, einschränken oder aussetzen (Art. 36, 37 KI-VO-E), dürfen aber nach Art. 30 Abs. 5 KI-VO-E weder Tätigkeiten, die Konformitätsbewertungsstellen durchführen, noch Beratungsleistungen auf einer gewerblichen oder wettbewerblichen Basis anbieten oder erbringen.

– Notifizierende Behörden agieren im Regelfall nach Art. 59 KI-VO-E zudem, wenn nicht der EU-Mitgliedstaat nach Abs. 2 aus organisatorischen und administrativen Gründen mehrere Behörden schafft, **auch** als **Marktüberwachungsbehörden**. Ausgestattet sind die Marktüberwachungsbehörden mit Kompetenz zur Durchführung von Tätigkeit bzw. zum Ergreifen von **Maßnahmen, die in der Verordnung (EU) 2019/1020 vorgesehen** sind. Die Marktüberwachungsbehörden sind ua von Risiken im Sinne von Art. 65 KI-VO-E von Hochrisikosystemen zu informieren (Art. 26 Abs. 2, KI-VO-E); sie können zudem auf die Dauer der erforderlichen Konformitätsbewertungsverfahren befristete Ausnahmegenehmigungen für das Inverkehrbringen und die Inbetriebnahme bestimmter Hochrisiko-KI-System nach Art. 47 KI-VO-E erteilen. Den Marktdurchsetzungsbehörden sind nach Art. 62 KI-VO-E **Meldungen** über **schwerwiegende Vorfälle und Fehlfunktionen** zu machen, soweit diese Grundrechtsrelevanz haben.[103] Sie überwachen den Markt und kontrollieren die KI-Systeme (Art. 63 KI-VO-E). Für spezifische Hochrisiko-KI-Systeme oder spezifische Anbieter bzw. Nutzer sollen nach Art. 63 Abs. 3–6 KI-VO-E spezielle Behörden (etwa die BaFin) als Marktüberwachungsbehörden gelten. Nach Art. 64 Abs. 1 KI-VO-E sollen die Marktüberwachungsbehörden uneingeschränkten **Zugang** zu den von den Anbietern genutzten **Trainings-, Validierungs- und Testdatensätzen**[104] erhalten, und zwar auch über Anwendungsprogrammierschnittstellen (API) oder sonstige für den Fernzugriff geeignete technische Mittel und Instrumente, nach Abs. 2 unter Umständen. sogar zum **Quellcode** sowie nach Abs. 3 zu nach dem KI-VO-E zu erstellenden Unterlagen, also zur Dokumentation. Wenn das nicht reicht, kann sie Tests durchführen (Art. 64 Abs. 4 KI-VO-E). Die Marktüberwachungsbehörde kann KI-Systeme[105] mit bestimmen Risiken **überprüfen** und ggf. bei materieller Non-Compliance Korrekturmaßnahmen einfordern (Art. 65 KI-VO-E) bzw. fordern Formalfehler abzustellen (Ar. 68 KI-VO-E). Aber auch bei konformen KI-Systemen, die bestimmte schwerwiegende Risiken bergen, kann die Behörde ausnahmsweise Maßnahmen ergreifen bzw. einfordern und dazu Fristen setzen (Art. 67 KI-VO-E).

Gefordert wird zudem eine Ergänzung der KI-VO-E um Reglungen zur Beschwerde durch Betroffene und für Eingriffs- und Untersuchungsbefugnisse auch der EU-Kommission.[106]

bb) Konformitätsbewertungsstellen bzw. notifizierte Stellen. Daneben gibt es Konformitätsbewertungsstellen bzw. notifizierte Stellen. Nach Art. 3 Nr. 21 KI-VO-E ist eine „Konformitätsbewertungsstelle" eine Stelle, die Konformitätsbewertungstätigkeiten einschließlich Prüfungen, Zertifizierungen und Kontrollen nach den Regelungen des KI-VO-E durchführt und dabei als unabhängige, neutrale Dritte auftritt.[107] Sie ist nach Art. 3 Nr. 21 KI-VO-E eine „notifizierte Stelle", wenn sie gemäß der Verordnung und anderen einschlägigen Harmonisierungsvorschriften der Union benannt wurde und 54

[103] Dazu ITechLaw Responsible AI – Global Policy Framework, 2019, S. 92.

[104] Siehe zu deren Legaldefinitionen Art. 3 Nr. 29–31 KI-VO-E.

[105] Das bezieht sich auch auf solche, die nicht hochriskant sind, vgl. Spindler CR 2021, 361 (373).

[106] Siehe die umfangreichen Regelungsvorschläge für ergänzende Art. 68a–68k des Committee on the Internal Market and Consumer Protection und des Committee on Civil Liberties, Justice and Home Affairs. COM2021/0206 – C9-0146/2021 – 2021/106(COD), abrufbar unter https://europart.europa.eu/doceo/document/CJ40-PR-731563:EN.pdf (zuletzt abgerufen am: 9.5.2022).

[107] Denkbar sollen nach Art. 39 KI-VO-E auf der Basis entsprechender Abkommen auch Konformitätsbewertungsstellen in Drittländern sein.

nach Art. 32 Abs. 1 unter Berücksichtigung der Anforderungen gem. Art. 33 KI-VO-E ordnungsgemäß durch die notifizierenden Behörde notifiziert wurde. Die notifizierten Stellen **führen** nach Art. 33 Abs. 1. KI-VO-E die **Konformitätsbewertungsverfahren** nach Art. 43 KI-VO-E **durch.**

55 Die notifizierten Stellen sollen die technische Dokumentation für Hochrisiko-Systeme einsehen können (Art. 11 Abs. 1 KI-VO-E) und sind ggf. über die Nichtkonformität und ergriffene Korrekturmaßnahmen zu informieren (Art. 16 lit. h) sowie Art. 22 KI-VO-E). Die Kommunikation mit ihnen spielt eine Rolle im Rahmen des Qualitätsmanagementsystems (Art. 17 Abs. 1 lit. j) KI-VO-E). Die notifizierten Stellen erstellen und widerrufen nach Art. 44 KI-VO-E **Konformitätsbescheinigungen**. Gegen diese Entscheidungen soll nach Art. 45 KI-VO-E Einspruch eingelegt werden können. Die notifizierten Stellen treffen nach Art. 46 KI-VO-E zahlreiche Meldepflichten gegenüber notifizierenden Behörden (Abs. 1) wie auch gegenüber anderen notifizierten Stellen (Abs. 2). Sie werden mitunter im Rahmen der CE-Konformitätskennzeichnung benannt (Art. 49 Abs. 3).[108] Orchestriert werden die notifizierten Stellen ggf. durch die EU-Kommission (Art. 38 KI-VO-E).

56 **c) Sanktionen und Bußgelder.** Nach Art. 71 KI-VO-E[109] sollen die Mitgliedstaaten Vorschriften für Sanktionen, beispielsweise in Form von **Geldbußen**, die bei Verstößen gegen diese Verordnung Anwendung finden, vorsehen und alle Maßnahmen ergreifen, die für deren ordnungsgemäße und wirksame Durchsetzung notwendig sind. Folgende Geldbußen sollen verhängt werden, und zwar je nachdem, welcher Betrag höher ist:

- bei der Missachtung des Verbots der in **Art. 5 KI-VO-E** genannten KI-Praktiken sowie bei Verstößen gegen die in **Artikel 10 KI-VO-E zu Daten und zur Datengovernance** festgelegten Anforderungen Geldbußen von bis zu 30 000 000 EUR oder – im Falle von Unternehmen – von bis zu 6 % des gesamten weltweiten Jahresumsatzes des vorangegangenen Geschäftsjahres;
- bei Verstößen KI-Systeme gegen die im KI-VO-E sonst festgelegten **Anforderungen oder Pflichten** Geldbußen von bis zu 20 000 000 EUR oder – im Falle von Unternehmen – von bis zu 4 % des gesamten weltweiten Jahresumsatzes des vorangegangenen Geschäftsjahres;
- bei **falschen, unvollständigen oder irreführenden Angaben** gegenüber notifizierten Stellen und zuständigen nationalen Behörden auf deren Auskunftsverlangen hin Geldbußen von bis zu 10 000 000 EUR oder – im Falle von Unternehmen – von bis zu 2 % des gesamten weltweiten Jahresumsatzes des vorangegangenen Geschäftsjahres.

57 Zu beachten ist, dass es anders als bei Art. 83 DSGVO nicht auf den Konzern-, sondern auf den Unternehmensumsatz ieS ankommt.[110] Verschiedene Faktoren bestimmen dabei nach Art. 71 Abs. 6 KI-VO-E die genaue Höhe des Bußgeldes.

58 Überdies soll nach Art. 72 KI-VO-E der Europäische Datenschutzbeauftragte auch gegen Organe, Einrichtungen und sonstige Stellen der Union, die in den Anwendungsbereich dieser Verordnung fallen, Geldbußen verhängen können, und zwar von bis zu 500.000 EUR bei der Missachtung des Verbots der in Art. 5 KI-VO-E oder bei der Nichtkonformität des KI-Systems mit den in Art. 10 KI-VO-E festgelegten Anforderungen bzw. von bis zu 250.000 EUR bei sonstigen Verstößen.

---

[108] S. weiter Art. 68 Abs. 1 lit. 3 KI-VO-E; vgl. auch Art. 50 lit. c und d) KI-VO-E.

[109] Siehe auch die Vorschläge für eine Ergänzung der Norm durch das Committee on the Internal Market and Consumer Protection und des Committee on Civil Liberties, Justice and Home Affairs. COM2021/0206 – C9-0146/2021 – 2021/106(COD), abrufbar unter https://europart.europa.eu/doceo/document/CJ40-PR-731563:EN.pdf (zuletzt abgerufen am: 9.5.2022), S. 146 f.

[110] Grützmacher/Füllsack ITRB 2021, 159 (163); Spindler CR 2021, 361 (373).

d) Vertraulichkeit. Die zuständigen nationalen Behörden und notifizierten Stellen, die ja in der Tat wie oben unter 2. b) dargelegt in den Besitz besonders sensibler Informationen kommen können, haben **nach Art 70 KI-VO-E die Vertraulichkeit der Informationen und Daten** zu wahren. Sie haben insbesondere die Rechte des geistigen Eigentums, vertrauliche Geschäftsinformationen oder Geschäftsgeheimnisse natürlicher oder juristischer Personen, auch **Quellcodes**, mit Ausnahme der in Artikel 5 der Richtlinie 2016/943 über den Schutz vertraulichen Know-hows und vertraulicher Geschäftsinformationen (Geschäftsgeheimnisse) vor rechtswidrigem Erwerb sowie rechtswidriger Nutzung und Offenlegung genannten Fälle zu schützen. Auch wenn die Behörden in begrenztem Umfang Informationen austauschen dürfen, dürfen diese Informationen im Übrigen nach Art 70 KI-VO nicht ohne Weiteres zugänglich gemacht werden. 59

C. Rechtliche Problemfelder der KI und Regelungsansätze des KI-VO-E

Der eigentliche Fortschritt der KI-VO liegt im Angang spezifischer, rechtlicher Problemfelder, indem, wie es die Begründung des Entwurfs treffend herausstellt, „*konkrete Anforderungen zur Minimierung des Risikos der Diskriminierung durch Algorithmen, vor allem in Bezug auf Entwurf und Qualität von für die Entwicklung von KI-Systemen verwendeten Datensätzen, aufgenommen wurden, und Tests, Risikomanagement, Dokumentation und menschliche Aufsicht über die gesamte Lebensdauer von KI-Systemen hinweg verbindlich vorgeschrieben werden*“.[111] 60

I. Das Risiko der Unvorhersehbarkeit

KI-Systeme und insbesondere Hochrisiko-KI-Systeme können deshalb so gefährlich sein, weil ihr Verhalten, zumindest, sofern es sich um sogenannte **starke KI** handelt, schwer vorhersehbar ist. Denn starke KI handelt im Idealfall eigenständig und nach übergeordneten Prinzipien, dh nicht auf einen konkreten Anwendungsfall bezogen; solche KI ist selbstlernend und kann auch mit Unsicherheiten umgehen.[112] Sie kommt dem menschlichen Denken und Handeln dann nahe und unterstützt dies nicht lediglich durch Problemlösungen zu spezifischen Anwendungsbereichen, welche auf den Prinzipien der Mathematik und Informatik erfolgen, wie dieses bei schwacher KI der Fall ist. Starke KI ist mithin nicht lediglich selbstlernend, sondern verändert mitunter auch die ihr zugrundeliegenden Methodiken und Algorithmen.[113] Sobald sich eine solche KI eines Tages durchsetzen wird, bestünde ein imminentes Risiko der Unvorhersehbarkeit ihrer Handlungen. Es besteht ein **sog. Black-Box-Effekt**[114]. 61

Diesen gibt es ein Stück weit auch bei **schwacher KI.** Aber auch schon sogenannte schwache KI führt die Rechtsordnung an die Grenzen ihrer Möglichkeiten, weil die Rechtsordnung in aller Regel für die Zurechenbarkeit von Willenserklärungen und Handlungen an die Vorhersehbarkeit des Handelns der Systeme ansetzt[115]. Immerhin kann schwache KI ausgiebig getestet werden, weil sie sich regelmäßig auf begrenzte Anwendungsfelder bezieht. Auch verändert sie ihre grundlegende Methodik nicht; allerdings 62

[111] Begründung, KI-VO-E (COM(2021) 206 final 2021/0106 (COD) (https://eur-lex.europa.eu/resource.html?uri=cellar:e0649735-a372-11eb-9585-01aa75ed71a1.0019.02/DOC_1&format=PDF, zuletzt abgerufen am: 9.5.2022), S. 4.

[112] Vgl. dazu Wikipedia zu KI, https://de.wikipedia.org/wiki/Künstliche_Intelligenz (zuletzt abgerufen am: 9.5.2022).

[113] Vgl. dazu Wikipedia zu KI, https://de.wikipedia.org/wiki/Künstliche_Intelligenz (zuletzt abgerufen am: 9.5.2022).

[114] Dazu Käde/von Maltzan CR 2020, 66 (67 ff.); vgl. auch Linke Digitale Wissensorganisation – Wissenszurechnung beim Einsatz autonomer Systeme, 2021, S. 33, 44 f.

[115] Grützmacher CR 2021, 433 (434) f.; zum Zusammenhang zwischen Vorhersehbarkeit und Vermeidbarkeit Gleizer in Beck/Kusche/Valerius Digitalisierung, Automatisierung, KI und Recht, 2020, S. 220 ff.

gibt es heute zahlreiche KI-Systeme, die sich **selbstlernend fortlaufend optimieren.**[116] Auch hier kommt es zum Problem der Unvorhersehbarkeit, der hiermit verbundenen Handlungen oder eben auch der dadurch resultierenden Gefahren. Dieses ist insbesondere für die deliktische Haftung im Rahmen der Produzentenhaftung anerkannt, gilt aber gleichermaßen auch für die Produkthaftung, weil nach § 3 ProdHaftG ein Fehler nur dann vorliegt, wenn ein Produkt die erwartbare Sicherheit nicht einhält.[117] Diese Art von Systemen sind daher nach Art. 43 Abs. 4 KI-VO-E wohl im Laufe ihres Betriebs **erneut zu zertifizieren,** nämlich bei wesentlichen Veränderungen.[118]

63 Dieses Risiko selbstlernender oder gar völlig autarker sich selbst verändernder KI-Systeme vermag auch der KI-VO-E nicht umfassend zu adressieren. Immerhin aber bestehen auf der Basis des KI-VO-E **Anforderungen für ein Risiko- und Qualitätsmanagement**, welche geeignet erscheinen, die **Risiken** der Systeme ein Stück weit **zu reduzieren**, nämlich durch die erhöhten Qualitätsanforderungen. – In diesem Kontext zu betonen ist, dass Art. 9 Abs. 4 S. 1 KI-VO-E deutlich macht, dass keine Risikoreduzierung auf null, sondern „nur" ein akzeptables (Rest-)Risiko gefordert ist.[119] Das ist mit Blick auf die angestrebte Harmonisierung eine Herausforderung und zugleich innovationsfördernd, mithin zu begrüßen. Dass allerdings gemäß Art. 9 Abs. 3 S. 2 KI-VO-E neben den harmonisierten Normen bzw. gemeinsamen Spezifikationen (dazu oben unter B.II.2.c)) nur auf den anerkannten und nicht auf den aktuellen Stand der Technik abgestellt wird, ist für Hochrisiko-KI-Systeme unzureichend.[120] – Ein besonderes Augenmerk liegt nach Art. 9 Abs. 5–7 KI-VO-E auf dem Testen der Hochrisiko-KI-System.

II. Das Trainingsproblem

64 KI-Systeme zeichnen sich überdies dadurch aus, dass sie insbesondere im Fall von neuronalen Netzen, aber auch im Falle sonstiger wissensbasierter KI-Systeme zunächst einmal mit **Big Data** bzw. auf Basis entsprechender Use Cases **trainiert werden** müssen.[121] Es kommt dabei hinzu, dass dieses Training **nicht zwingend vom Hersteller** bzw. Anbieter der KI-Systeme vorgenommen werden muss, sondern je nach Fallkonstellation auch durch den Nutzer erfolgen kann. Gerade das Training der Systeme, die Nutzung, etwa die Nutzung von relevanten und korrekten Daten, hat einen alles andere als unerheblichen Effekt auf die Funktionsfähigkeit des KI-Systems bzw. dessen Fehlverhalten. Dabei ist zu unterscheiden zwischen dem sog. *supervised* und dem *unsupervised learning.*[122] Gerade letzteres erhöht naturgemäß das Risiko eines späteren Fehlverhaltens der KI.

65 Die Tatsache, dass nunmehr aufgrund von Art. 10 Abs. 2 KI-VO-E Trainings-, Validierungs- und Testdatensätze einem geeigneten Daten-Governance- und Verwaltungsverfahren unterworfen werden müssen, erhöht also im Zweifel die Qualität der betroffenen KI-Systeme.

[116] Vgl. dazu Wikipedia zu KI, https://de.wikipedia.org/wiki/Künstliche_Intelligenz (zuletzt abgerufen am: 9.5.2022); Grützmacher CR 2021, 433 (434), 435.

[117] Vgl. zur Gleichbehandlung von Produzenten- und Produkthaftungsrecht Grützmacher CR 2016, 695 (696); Grützmacher CR 2021, 433 (434f.); Hofmann CR 2020, 282 (284); Wagner AcP 217 (2017), 708 (712): „*Der Unterschied* [zu § 823 Abs. 1 BGB] *ist … hauchdünn, wenn er denn überhaupt existiert.*".

[118] Vgl. Spindler CR 2021, 361 (370) (auch unter Hinweis auf die 5-jährige Gültigkeit der Zertifikate nach Art. 44 Abs. 2 KI-VO-E).

[119] Grützmacher CR 2021, 433 (439); Spindler CR 2021, 361 (366); vgl. zur diesem entsprechenden derzeitigen Rechtslage Wagner AcP 217 (2017), 708 (728f.).

[120] Grützmacher CR 2021, 433 (439); Grützmacher/Füllsack ITRB 2021, 159 (161).

[121] Linke Digitale Wissensorganisation – Wissenszurechnung beim Einsatz autonomer Systeme, 2021, S. 33f. Zu der sich anschließenden Frage des Zugangs zu solchen Daten („Open Data and Fair Competition") ITechLaw Responsible AI – Global Policy Framework, 2019, S. 196ff.

[122] Linke Digitale Wissensorganisation – Wissenszurechnung beim Einsatz autonomer Systeme, 2021, S. 42.

Dabei fällt allerdings auf, dass die nach Art. 10 Abs. 3 KI-VO-E gestellten Anforderungen äußerst hoch sind. So müssen Trainings- Validierungs- und Testdatensätze **relevant, repräsentativ**[123]**, fehlerfrei** und **vollständig** sein. Dieses zu erreichen, dürfte teils schwer, wenn nicht gar unmöglich sein[124]. Denn Daten sind oftmals fehlerhaft und selten vollständig. Im Übrigen ist es bei einigen Daten sogar gewünscht, dass diese nicht fehlerfrei sind, sondern fehlerhaft, gerade um Fehler bei der Datenerhebung später ordnungsgemäß verarbeiten zu können, oder auch um Daten zu verschleiern, deren Realdaten rechtlich kritisch sind (etwa aus Datenschutzgründen).[125] 66

Weiter sollen die besagten Daten statistisch geeignet sein, und zwar insbesondere auch in Bezug auf die Personen oder Personengruppen, auf die das Hochrisiko-KI-System bestimmungsgemäß angewandt werden soll (Abs. 3 Satz 2). Sie sollen weiter nach Abs. 4, soweit diese für die Zweckbestimmung erforderlich ist, den Merkmalen oder Elementen entsprechen, die für die besonderen geografischen, verhaltensbezogenen und funktionalen Rahmenbedingungen typisch sind. 67

All diese Regelungen fordern also möglichst präzise Trainings- sowie eben auch Validierungs- und Testdatensätze. Dafür sollen dann nach Art. 10 Abs. 5 KI-VO-E ausnahmsweise und im strikt begrenzten Umfang auch die Grenzen des Art. 9 DSGVO überschritten werden dürfen.[126] Art. 10 KI-VO-E sichert insoweit eine gesteigerte Trainings- und Testqualität ab. Allerdings beziehen sich entsprechende Pflichten nach Art. 16 lit. a KI-VO-E lediglich auf den Anbieter, **nicht** jedoch auf **Nutzer**,[127] die das System ebenfalls trainieren könnten. Hier wäre eine Nachbesserung sicher angezeigt.[128] So oder so ist es der Verdienst des Verordnungsvorschlags, das Bewusstsein für besondere Relevanz des Trainings zu steigern. Dieses zeigt sich letztlich auch in den entsprechenden Bußgeldvorschriften, welche mit Blick auf Art. 10 KI-VO-E erhöht sind, wie sich aus Artikel 71 Abs. 3 lit. b KI-VO-E ergibt. Und soweit der Nutzer von Hochrisiko-KI-Systemen das Training selbst durchführt, sollte für eine gesteigerte Gefahrenabwehr dadurch gesorgt sein, dass Art. 29 Abs. 3 KI-VO-E diesen verpflichtet, das System sorgfältig zu beobachten bzw. sogar zu überwachen. 68

Schließlich sei bereits an dieser Stelle erwähnt, dass es nicht nur aus zivil- sondern auch aus strafrechtlicher Sicht (dazu → Rn. 80) darauf ankommen kann, nachzuweisen, dass während des Trainings nicht ausreichend sorgfältig gearbeitet wurde. Auch hierfür trägt der KI-VO-E Sorge (dazu → Rn. 73 ff.). 69

[123] Siehe zu dieser Forderung als Voraussetzung für faire und nichtdiskriminierende Systeme ITechLaw Responsible AI – Global Policy Framework, 2019, S. 135 ff., 147 f.

[124] Grützmacher CR 2021, 433 (434, 439 f.); Grützmacher/Füllsack ITRB 2021, 159 (162); das verkennt Spindler CR 2021, 361 (367), wenn der davon spricht, die Anforderungen seien eigentlich selbstverständliche.

[125] S. dazu Entschließung der 97. Konferenz der unabhängigen Datenschutzaufsichtsbehörden des Bundes und der Länder vom 3.4.2019, „Hambacher Erklärung zur Künstlichen Intelligenz Sieben datenschutzrechtliche Anforderungen", S. 3 f. unter Nr. 2 und Nr. 5, abrufbar unter https://www.bfdi.bund.de/SharedDocs/Downloads/DE/DSK/DSKEntschliessungen/97DSK_HambacherErklaerung.pdf?__blob=publicationFile&v=3 (zuletzt abgerufen am: 9.5.2022); siehe weiter allgemein zu personenbezogenen Testdaten Schneider in Specht/Mantz Handbuch Europäisches und deutsches Datenschutzrecht, 2019, § 15 Rn. 50 ff. sowie ITechLaw Responsible AI – Global Policy Framework, 2019, S. 231 ff.

[126] Veale/Zuiderveen Borgesius CRi 2021, 97 (103) weisen zu Recht auf die Problematik hin, dass dieses nur für Hochrisiko-KI-Systeme gelten soll, obwohl die Befolgung des Art. 10 KI-VO-E gemäß Art. 69 KI-VO-E auch für sonstige KI-Systeme angeregt wird; gegen die Limitierung des Datenschutzes hingegen die verfehlten Änderungsvorschläge des Draft Report des Committee on the Internal Market and Consumer Protection und des Committee on Civil Liberties, Justice and Home Affairs. COM2021/0206 – C9-0146/2021 – 2021/106(COD), abrufbar unter https://europarl.europa.eu/doceo/document/CJ40-PR-731563 – EN.pdf (zuletzt abgerufen am: 9.5.2022), S. 63 f.

[127] Bei personenbezogenen Daten greift mitunter Art. 5 Abs. 1 lit. d DSGVO, vgl. Spindler CR 2021, 361 (364) („*nur sehr rudimentär … gesteuert*").

[128] Kritisch auch Spindler CR 2021, 361 (369).

III. Die Verantwortlichkeitsverschiebung bei Selbstoptimierung und -lernen

70 Wie bereits unter I. angedeutet, optimieren sich die Systeme bzw. lernen die Systeme mitunter fortlaufend. Gerade in jüngerer Zeit trifft dieses auch auf Systeme der sogenannten schwachen KI zu. Mithin kann der **Hersteller** die hiermit verbundenen **Gefahren gar nicht mehr ohne weiteres proaktiv ausschalten**. Das zivilrechtliche System der Produzenten- und Produkthaftung hat insofern seine Grenzen, als es im Wesentlichen auf das Inverkehrbringen abstellt[129]. Gerade die Produzentenhaftung ist historisch stark mit der Trias der Pflichten zu einer sorgfältigen Konstruktion, Entwicklung und Fabrikation sowie Instruktion verbunden[130]. Mit der Selbstoptimierung bzw. dem Selbstlernen der Systeme verschiebt sich jedoch die Gefahrenzone zusehends in den Bereich der späteren Nutzung der Systeme. Zivilrechtlich wurde insoweit vorgeschlagen, die aus der Produzentenhaftung bekannte Produktbeobachtungspflicht weiter auszubauen[131]. Auch hierfür sorgte der Entwurf der KI-VO-E, namentlich in den Art. 12 und 14 und vor allem auch Art. 29 Abs. 4 KI-VO-E. Während insofern der Anbieter dafür sorgen muss, dass die Hochrisiko-KI-Systeme **Aufzeichnungs- und Protokollierungsmöglichkeiten** besitzen und eine menschliche Aufsicht des Systems ermöglichen, sieht Art. 29 Abs. 4 sogar vor, dass nunmehr nicht nur der Anbieter, sondern vielmehr der Nutzer den Betrieb des Hochrisiko-Systems überwachen muss.[132]

71 Diese **Verschiebung der Verantwortlichkeit** und Zuweisung **zum Nutzer** ist folgerichtig und unter dem Aspekt des *Cheapest Cost Avoider* **zu begrüßen**.[133] Denn während zivilrechtlich der Hersteller bzw. in der Terminologie des KI-VO-E Anbieter eine Produktbeobachtungspflicht selbst für Zusatzprodukte auch nach Inverkehrbringen trägt, würde diese überspannt, wenn es darum geht, die im Einzelfall ja beim Nutzer individuell ausgeprägten Systeme zu überwachen. Während man dem Anbieter vielleicht noch zumuten kann, normiertes Zubehör im Blick zu behalten,[134] dürfte es ihm tendenziell unmöglich sein, eine Vielzahl verschieden optimierter bzw. selbst angelernter KI-Systeme weiter zu beobachten.[135] Insofern ist die Reichweite der Pflichten nach Art. 61 KI-VO-E kritisch zu betrachten; die Verschiebung der Beobachtungspflichten (zumindest auch) Richtung der Nutzer ist aber zu begrüßen.[136]

72 Allerdings ist zu hinterfragen, ob die tendenziell innovationsfeindliche **Überwachungspflicht** (im Englischen: Monitoring) des Nutzers im Gegensatz zu einer reinen Beobachtungspflicht den Bogen nicht **überspannt**.[137] Denn müssen Hochrisiko-KI-Systeme, wie es sich dieses aus Art. 29 Abs. 4 KI-VO-E zu ergeben scheint, auch mit Hilfe entsprechender Möglichkeiten der menschlichen Aufsicht (Artikel 14 KI-VO-E) ganzzeitlich überwacht werden, besteht das Risiko, dass eine solche Überwachung innovationsschädlich ist. Schließlich liegt es in der Natur der Sache, dass KI-Systeme autark und eben nicht die ganze Zeit überwacht handeln sollen; sonst könnte zumindest in einigen Bereichen gleich der Mensch die entsprechenden Tätigkeiten ausführen bzw. zumindest

[129] Grützmacher CR 2021, 433 (434, 435).

[130] S. etwa Wagner in MüKoBGB, Bd. 7, 8. Aufl. 2020, BGB § 823 Rn. 970 ff.

[131] Wagner AcP 217 (2017), 708 (751), der eine Vernetzung der Systeme ins Spiel bringt.

[132] Diese Pflichten verschärfend noch die Änderungsvorschläge des Draft Report des Committee on the Internal Market and Consumer Protection und des Committee on Civil Liberties, Justice and Home Affairs. COM2021/0206 – C9-0146/2021 – 2021/106(COD), abrufbar unter https://europarl.europa.eu/doceo/document/CJ40-PR-731563-EN.pdf (zuletzt abgerufen am: 9.5.2022), S. 65, 81.

[133] Grützmacher CR 2021, 433 (435); für das Deliktsrecht allg. Hofmann CR 2020, 282 (285); ausführlich Wagner AcP 217 (2017), 708 (751); s. auch Eichelberger in Ebers/Heinze/Krügel/Steinrötter, Künstliche Intelligenz und Robotik, 2020, S. 198.

[134] BGH v. 9.12.1986 – VI ZR 65/86, BGHZ 99, 167 (174) – Honda.

[135] Grützmacher CR 2021, 433 (435).

[136] Grützmacher CR 2021, 433 (434).

[137] Grützmacher/Füllsack ITRB 2021, 159 (162); gerade auch mit Blick auf starke KI Grützmacher CR 2021, 433 (443 f.); keine Kritik äußert insofern Spindler CR 2021, 361 (367).

final entscheiden. Hier wäre vielleicht auch eine im Vergleich etwas abgemilderte Beobachtungspflicht ausreichend. Immerhin ist aber vorgesehen, dass der Anbieter den Grad der erforderlichen Überwachung nach Art. 29 Abs. 4 KI-VO-E selbst durch Vorgaben in der Gebrauchsanweisung festlegen kann; muss dabei allerdings seine Pflichten zum Risikomanagement nach Art. 9 KI-VO-E beachten.[138]

IV. Das Beweisproblem

Größtes Problem bei der Gefahrenabwehr wie auch bei der rückwirkenden Betrachtung 73
des fehlerhaften Verhaltens von KI-Systemen ist, dass deren Verhalten, erst recht, wenn sie mit anderen KI-Systemen (Probleme der Datenflut und **Netzwerkeffekte**) oder Menschen interagieren,[139] im Nachhinein kaum noch nachvollzogen werden kann. Wie bereits oben unter I. ausgeführt, ist es ex ante fast unmöglich, vorauszusagen, wie die Systeme reagieren. Um aber die dann doch oftmals ex post zu erkennenden Fehler der Systeme nachweisen zu können, bedarf es einer genauen Übersicht sowohl über die im Zweifel massenhaft verarbeiteten und **entscheidungsrelevanten Daten** zur Rekonstruktion der Umstände der Rechtsgutverletzung wie auch der **Trainingszustände und -daten** zur Beurteilung von Trainingsfehlern. Insofern besteht aus zivilrechtlicher Sicht ein Beweisproblem[140] und aus Sicht der Gefahrenabwehr ein Erkenntnisproblem, wenn es um die Gefahrenabwehr geht, bzw. ein Beweisproblem, wenn es darum geht nachzuweisen, dass ein Anbieter bzw. Nutzer bußgeldrelevant den Risiken nicht sorgfältig entgegengetreten ist.

Dieses Beweisproblem wird nunmehr immerhin durch die KI-VO-E abgemildert, 74
wenn Artikel 12 KI-VO-E eine entsprechende **Aufzeichnung der Event-Daten** sowie auch der **Trainingsdaten** fordert und sowohl der Hersteller (vgl. → Rn. 26 f., 28) als auch der Nutzer (vgl. → Rn. 30) verpflichtet sind, entsprechende Daten aufzubewahren.[141] – Bekannt ist das bisher nur aus der Regulierung der Luft- und Schifffahrt und teils auch aus der des Straßenverkehrs.[142] Im Übrigen besteht nur ganz ausnahmsweise eine sog. Befunderhebungspflicht.[143] – Ähnliches gilt mit Blick auf die Beweisführung für die Dokumentationspflichten im Rahmen des Qualitätsmanagementprogramms (Art. 17 iVm 16 lit. b KI-VO-E).[144]

Unklar ist insofern nur noch, inwieweit auf diese Daten und Dokumente auch durch 75
Geschädigte zurückgegriffen werden kann, zumal die **Vertraulichkeit** entsprechender Daten diesem nach Artikel 70 KI-VO-E (dazu oben unter → Rn. 59) entgegenstehen

[138] Vgl. Veale/ Zuiderveen Borgesius CRi 2021, 97 (103 f.).

[139] Dazu näher Grützmacher CR 2016, 695 (697); Grützmacher CR 2021, 433 (435 f.) (erst recht bei starker KI); Zech Gutachten A zum 73. Dt. Juristentag, 2020, S. A 73, 84 f. Vgl. Linke Digitale Wissensorganisation – Wissenszurechnung beim Einsatz autonomer Systeme, 2021, S. 33 („Verbund- bzw. Vernetzungsrisiko") mwN.

[140] Grützmacher CR 2021, 433 (435 f.); Zech Gutachten A zum 73. Dt. Juristentag, 2020, S. 73, 83 f.

[141] Grützmacher CR 2021, 433 (434, 440); ob diese Aufzeichnungspflichten, wie Spindler CR 2021, 361 (367) meint, auch dem Black-Box-Problem entgegenwirkt, kann ein Stück weit bezweifelt werden; siehe zu den Aufzeichnungspflichten auch die Änderungsvorschläge des Draft Report des Committee on the Internal Market and Consumer Protection und des Committee on Civil Liberties, Justice and Home Affairs. COM2021/0206 – C9-0146/2021 – 2021/106(COD), abrufbar unter https://europarl.europa.eu/doceo/document/CJ40-PR-731563-EN.pdf (zuletzt abgerufen am: 9.5.2022), S. 65 f., 81.

[142] Vgl. Anhang IV, Abschnitt 1, CAT.GEN.MPA.195 der Verordnung (EU) Nr. 965/2012 der Kommission v. 5.10.2012 zur Festlegung technischer Vorschriften und von Verwaltungsverfahren in Bezug auf den Flugbetrieb gemäß der Verordnung (EG) Nr. 216/2008 des Europäischen Parlaments und des Rates, ABl. EU Nr. L 296 v. 25.10.2012, 1 (geändert durch Verordnung (EU) 2015/2338 v. 11.12.2015, ABl. EU Nr. L 330 v. 16.12.2015, 1); Art. 10 der Richtlinie 2002/59/EG v. 27.6.2002 über die Einrichtung eines gemeinschaftlichen Überwachungs- und Informationssystems für den Schiffsverkehr und zur Aufhebung der Richtlinie 93/75/EWG des Rates, ABl. EU Nr. L 208 v. 5.8.2002, 10 sowie § 63a StVG.

[143] Vgl. BGH v. 7.6.1988 – VI ZR 91/87, NJW 1988, 2611 (2613 f.) – Mehrweg-Limonadenfall; dazu Eichelberger in Ebers/Heinze/Krügel/Steinrötter Künstliche Intelligenz und Robotik, 2020, S. 185.

[144] Vgl. Grützmacher CR 2021, 433 (440).

könnte. Grundsätzlich wird aber das Beweisproblem ganz erheblich abgemildert (siehe auch unten unter → Rn. 82).

D. Auswirkung auf die Behandlung autonomer Systeme im nationalen Recht

76 Die KI-VO-E hätte, sobald sie einmal nach den weiteren Gesetzgebungsschritten verabschiedet würde, direkte und indirekte Auswirkungen auf das nationale Recht.

I. Direkte Auswirkungen

77 Die KI-VO-E würde zu gegebener Zeit **Schutzgesetz im Sinn des § 823 Abs. 2 BGB** werden[145]. Sie ist insofern vergleichbar mit dem Produktsicherheitsrecht und zielt auf den Schutz individueller Rechtsgüter ab. Dieses unterscheidet sie von der DSGVO, für die dieses oder zumindest zahlreiche Normen umstritten ist[146]. Denn hiergegen spricht auch nicht das umfassende Regelungsregime des KI-VO-E, weil dieses ganz evident nicht auf eine abschließende Regelung angelegt ist. Das würde mithin, was bis dato umstritten war[147] und zu begrüßen wäre,[148] sogar zu deliktisch untermauerten **Rückrufansprüchen** führen.[149] Problematischer erschienen indes deliktische Ansprüche gegen die Nutzer wegen der Verletzung der Pflichten zur **Befolgung der Anbieterinstruktionen** nach Art. 29 Abs. 1 KI-VO-E und der **Überwachungs- und Meldepflichten** nach Art. 29 Abs. 1 KI-VO-E.[150]

78 Weiter könnten Wettbewerber Verstöße gegen die Verordnung als Verletzung von Marktverhaltensregeln iSv **§ 3a UWG** geltend machen.[151]

II. Indirekte Auswirkungen

1. Verkehrspflichten und Sorgfaltsmaßstäbe

79 Die zahlreichen Pflichten des KI-VO-E würden dazu führen, dass die Verkehrspflichten im Rahmen der deliktischen Haftung nach § 823 Abs. 1 BGB wie auch der entsprechende Sorgfaltsmaßstab näher konturiert würde. Sie übersetzen sich im Zweifel nahezu eins-zu-eins in die deliktischen Pflichten.[152] Insofern dürfte durch eine künftige KI-VO teils das

[145] Grützmacher CR 2021, 433 (437 f.); Grützmacher/Füllsack ITRB 2021, 159 (163); Spindler CR 2021, 361 (362).

[146] Befürwortend etwa Gola/Piltz in Gola DS-GVO, 2. Aufl. 2018, DS-GVO Art. 82 Rn. 26 mit Verweis auf den Schutzzweck der DS-GVO (Art. 1 Abs. 1 DS-GVO); eher ablehnend etwa Nemitz in Ehmann/Selmayr DS-GVO, 2. Aufl. 2018, DS-GVO Art. 82 Fn. 9.

[147] Rückrufansprüche sind weitergehend anerkannt im Strafrecht (BGH v. 6.7.1990 – 2 StR 549/89 – Lederspray), allenfalls bedingt allerdings im Zivilrecht (BGH v. 16.12.2008 – VI ZR 170/07, NJW 2009, 1080 (Rn. 19) – Pflegebetten; zu § 26 Abs. 2 ProdSG Wagner in MüKoBGB, Bd. 7, 8. Aufl. 2020, BGB § 823 Rn. 1033).

[148] Vgl. auch Wagner AcP 217 (2017), 708 (755).

[149] Grützmacher CR 2021, 433 (440).

[150] Kritisch schon Grützmacher CR 2021, 433 (441).

[151] Grützmacher CR 2021, 433 (442); Grützmacher/Füllsack ITRB 2021, 159 (163).

[152] Vgl. auch Wagner, AcP 217 (2017), 708 (725): „*Das Haftungsrecht wird die Standards des öffentlichen Sicherheitsrechts nicht ignorieren.* [Es ist] *eine wichtige Orientierungshilfe bei der Konturierung privatrechtlicher Sorgfaltsvorschriften.*"; Wagner in MüKoBGB, Bd. 7, 8. Aufl. 2020, BGB § 823 Rn. 533 zur „Präzisierungs- und Ergänzungsfunktionen des Abs. 2 bei Rechtsgutsverletzungen".

Problem der mangelnden bzw. unklaren **Sorgfaltsmaßstäbe**[153] behoben werden.[154] Es bleibt allerdings die Frage, ob die Normen dafür im Einzelnen ausreichend klar sind.[155]

Gleiches könnte auch, was kritisch zu hinterfragen ist, die Sorgfaltsmaßstäbe[156] für die **80** strafrechtlichen Fahrlässigkeitsdelikte prägen bzw. das sogenannte erlaubte Risiko[157] im Rahmen strafrechtsrelevanten Handelns festlegen.

In Summe bestimmen mitunter eines Tages die Regelungen KI-VO-E bzw. die über **81** Art. 40 und 41 KI-VO-E einbezogenen Normen und Spezifikationen (siehe → Rn. 36 ff.) auch den entsprechenden Pflichtenkatalog nach nationalem Recht.

2. Auswirkungen in Ansehung des Zivilprozessrechts (Beweislage und Beweisregeln)

Überdiese würden sich bei Verabschiedung einer dem KI-VO-E entsprechenden Ver- **82** ordnung mit Blick auf die diversen Dokumentations-, und Aufzeichnungspflichten (dazu → Rn. 26 f., 28, 30 und → Rn. 70, 74) zivilprozessuale Fragen stellen. Namentlich ist offen, ob und inwieweit Geschädigte sich angesichts der vorhandenen Informationen auf die sog. sekundäre Darlegungslast des vermeintlichen Verletzers berufen[158], Besichtigungsansprüche nach § 809 BGB geltend machen sowie erfolgreich einen Antrag auf Vorlage von Urkunden nach § 142 ZPO stellen könnten.[159]

E. Fazit und Ausblick

Mit der KI-VO-E betritt die Kommission Neuland. Der Entwurf enthält zahlreiche An- **83** sätze, welche bestehende Probleme der rechtlichen Behandlung der KI entschärfen könnten. Das so geschaffene KI-Sicherheitsrecht würde auch mit Blick auf die **zivilrechtliche Haftung von außerordentlicher Bedeutung** sein. Dieses gilt auch dann, wenn zudem durch die EU noch eine Regelung zur Gefährdungshaftung für KI-Systeme eingeführt wird, zumal dieses nach derzeitigem Stand wohl vor allen Dingen die Nutzer von KI-Systemen trifft[160]. Der KI-VO-E **bedarf** in vielerlei Hinsicht noch der **Nachbesserung**.[161] Normen sind zu straffen und Redundanzen zu beseitigen. Vor allem ist zu hinterfragen,

[153] Grützmacher CR 2021, 433 (436); Zech Gutachten A zum 73. Dt. Juristentag, 2020, S. A 55 f., A 73. zu früheren Initiativen in dieser Richtung Spindler CR 2021, 361 (369 f.) mwN.

[154] Grützmacher CR 2021, 433 (442) mit einem Überblick über insofern in Betracht kommende Normen des KI-VO-E.

[155] Siehe etwa ablehnend zur ISO 26262 (FuSi) im Kfz-Bereich Helmig PHI 2012, 32 (33); sich diesem anschließend Wagner AcP 217 (2017), 708 (731).

[156] Zum Problem der unklaren Sorgfaltsmaßstäbe im Strafrecht Beck in Ebers/Heinze/Krügel/Steinrötter Künstliche Intelligenz und Robotik, 2020, S. 255 ff.

[157] Dazu Beck in Ebers/Heinze/Krügel/Steinrötter Künstliche Intelligenz und Robotik, 2020, S. 255 ff., 258 f. sowie → Kap. 3.8 Rn. 48 ff.

[158] Vgl. zu einer möglichen Beweislastumkehr im Rahmen von § 823 Abs. 1 BGB Grützmacher CR 2016, 695 (698); Grützmacher CR 2021, 433 (436); Eichelberger in Ebers/Heinze/Krügel/Steinrötter Künstliche Intelligenz und Robotik, 2020, S. 195.

[159] Siehe dazu näher Grützmacher CR 2021, 433 (443); auf Basis des geltenden Rechts Eichelberger in Ebers/Heinze/Krügel/Steinrötter Künstliche Intelligenz und Robotik, 2020, S. 184 f.

[160] Vgl. Vorschlag des EU-Parlaments vom 20.10.2020, mit dem die EU-Kommission zur Schaffung einer „Gefährdungshaftung" aufgefordert wird, der allerdings nach Art. 4 Abs. 1 die verschuldensunabhängige Betreiberhaftung für hochriskante KI-Systeme an den durch diese herbeigeführten Schäden („Schaden vom KI-System verursacht") und – anders etwa als bei § 7 StVG – an der (reinen) Betriebsgefahr anknüpft (vgl. Entschließung des EP v. 20.10.2020 mit Empfehlungen an die Kommission für eine Regelung der zivilrechtlichen Haftung beim Einsatz künstlicher Intelligenz (2020/2014(INL), abrufbar unter https://www.europarl.europa.eu/doceo/document/TA-9-2020-0276_DE.pdf (zuletzt abgerufen am: 9.5.2022); dazu Etzkorn CR 2020, 764; Grützmacher CR 2021, 433 (437).

[161] Siehe dazu insb. auch Draft Report des Committee on the Internal Market and Consumer Protection und des Committee on Civil Liberties, Justice and Home Affairs. COM2021/0206 – C9-0146/2021 – 2021/106(COD), abrufbar unter https://europarl.europa.eu/doceo/document/CJ40-PR-731563-EN.pdf (zuletzt abgerufen am: 9.5.2022).

ob die umfassende Überwachung von KI-Systemen nicht im Ergebnis innovationsschädlich wäre.[162] Auch fragt sich, ob der Nutzer wirklich für eine mangelnde Überwachung bzw. Information von Herstellern und Behörden in diesem Kontext derart stark in die Haftung geraten sollte, wie dieses nach heutiger Prägung des KI-VO-E, insbesondere im Zusammenspiel mit §823 BGB, der Fall sein könnte[163].

Insofern bleiben die nächsten gesetzgeberischen Schritte abzuwarten.

Literatur

Beck, Strafrechtliche Implikationen von KI und Robotik, in Ebers/Heinze/Krügel/Steinrötter, Künstliche Intelligenz und Robotik, 2020, S. 174ff.

Beck/Kusche/Valerius, Digitalisierung, Automatisierung, KI und Recht, 2020

DAV, Stellungnahme SN 57/21 zum KI-Verordnungsvorschlag der EU-Kommission, abrufbar unter https://anwaltverein.de/de/newsroom/sn-57-21-ki-verordnungsvorschlag-der-eu-kommission (zuletzt abgerufen am: 9.5.2022)

DSK, Entschließung der 97. Konferenz der unabhängigen Datenschutzaufsichtsbehörden des Bundes und der Länder, Hambacher Schloss 3.4.2019, Hambacher Erklärung zur Künstlichen Intelligenz Sieben datenschutzrechtliche Anforderungen, abrufbar unter https://www.bfdi.bund.de/SharedDocs/Downloads/DE/DSK/DSKEntschliessungen/97DSK_HambacherErklaerung.pdf?__blob=publicationFile&v=3 (zuletzt abgerufen am: 9.5.2022)

Ebers/Steinrötter, Künstliche Intelligenz und smarte Robotik im IT-Sicherheitsrecht, 2021, S. 25ff.

Ehmann/Selmayr, DS-GVO, 2. Aufl. 2018

Eichelberger, Zivilrechtliche Haftung für KI und smarte Robotik, in Ebers/Heinze/Krügel/Steinrötter, Künstliche Intelligenz und Robotik, 2020, S. 242ff.

Ekrot/Philipp, Das deutsche IT-Sicherheitsrecht und Anforderungen an KI-System sowie smaret Robotik, in Ebers/Steinrötter, Künstliche Intelligenz und smarte Robotik im IT-Sicherheitsrecht, 2021, 169ff.

Etzkorn, Die Initiative des EU-Parlaments für eine EU-Verordnung zur zivilrechtlichen Haftung beim Einsatz von KI – Wie sich das EU-Parlament die unionsrechtliche Regelung der zivilrechtlichen Haftung beim Einsatz von KI vorstellt, CR 2020, 764

Fedler, Robotik und IT-Sicherheit – Bestandsaufnahme und Lösungsansätze, in Ebers/Steinrötter, Künstliche Intelligenz und smarte Robotik im IT-Sicherheitsrecht, 2021, 91ff.

Gleizer, Algorithmischer Kernbereich, Zum Einsatz von Künstlicher Intelligenz in der Online-Durchsuchung als Staatspflicht, in Beck/Kusche/Valerius, Digitalisierung, Automatisierung, KI und Recht, Robotik und Recht, Bd. 20, 2020, S. 535ff. (zitiert als: Gleizer in Beck/Kusche/Valerius Digitalisierung, Automatisierung, KI und Recht, 2020)

Golla/Korenke, Künstliche Intelligenz als Mittel zur Verfolgung und Begehung von Straftaten gegen die IT-Sicherheit, in Ebers/Steinrötter, Künstliche Intelligenz und smarte Robotik im IT-Sicherheitsrecht, 2021, 263ff.

Grützmacher, Die deliktische Haftung für autonome Systeme – Industrie 4.0 als Herausforderung für das bestehende Recht?, CR 2016, 695

Grützmacher, Die zivilrechtliche Haftung für KI nach dem Entwurf der geplanten KI-VO – Potentielle zivilrechtliche Auswirkungen des geplanten KI-Sicherheitsrechts: ein neues Schutzgesetz iSv §823 Abs. 2 BGB am Horizon, CR 2021, 433

Grützmacher/Füllsack, Der Entwurf einer EU-KI-Verordnung – Ein erster Überblick über den Vorschlag der Kommission v. 21.4.2021, ITRB 2021, 159

Grützmacher/Heckmann, Autonome Systeme und KI – vom vollautomatisierten zum autonomen Vertragsschluss? Die Grenzen der Willenserklärung, CR 2019, 553

Haagen, Haftungsbeschränkung bei technisch nicht vermeidbaren Risiken, in Beck/Kusche/Valerius, Digitalisierung, Automatisierung, KI und Recht, Robotik und Recht, Bd. 20, 2020, S. 215ff. (zitiert als: Haagen in Beck/Kusche/Valerius Digitalisierung, Automatisierung, KI und Recht, 2020)

Helmig, Funktionale Sicherheit nach ISO 26262 und Produkthaftung für No-trouble-found-Fälle, PHI 2012, 32

High Level Expert Group on Artificial Intelligence set up by the European Commission, Ethics Guidelines for Trustworthy AI",2019, abrufbar unter https://www.aepd.es/sites/default/files/2019-12/ai-ethics-guidelines.pdf (zuletzt abgerufen am: 9.5.2022)

High Level Expert Group on Artificial Intelligence set up by the European Commission, Assessment List for Trustworthy Artificial Intelligence (ALTAI) for self-assessment, 2020, abrufbar unter https://ec.europa.eu/newsroom/dae/document.cfm?doc_id=68342 (zuletzt abgerufen am: 9.5.2022)

Hoffmann-Riem, Artificial Intelligence as a Challenge for Law and Regulation, in Wischmeyer/Rademacher, Regulating Artificial Intelligence, 2020, S. 1ff.

Hofmann, Der Einfluss von Digitalisierung und künstlicher Intelligenz auf das Haftungsrecht – Der Umgang mit technischen Risiken, CR 2020, 282

[162] Grützmacher CR 2021, 433 (443).

[163] Vgl. Grützmacher/Füllsack ITRB 2021, 159 (162).

ITECHLAW in Morgan, Responsible AI – A Global Policy Framework, 2019
Käde/von Maltzan, Die Erklärbarkeit von Künstlicher Intelligenz (KI) – Entmystifizierung der Black Box und Chancen für das Recht, CR 2020, 66
Linke, Digitale Wissensorganisation – Wissenszurechnung beim Einsatz autonome Systeme, 2021
Labudde, Künstliche Intelligenz und IT-Sicherheit – eine Bestandsaufnahme, in Ebers/Steinrötter, Künstliche Intelligenz und smarte Robotik im IT-Sicherheitsrecht, 2021, S. 25 ff.
Martini/Drews/Seeliger/Weinzierl, Dark Patterns – Phänomenologie und Antworten der Rechtsordnung, ZfDR 2021, 47
Reichwald/Pfisterer, Autonomie und Intelligenz im Internet der Dinge – Möglichkeiten und Grenzen autonomer Handlungen, CR 2016, 208
Säcker/Rixecker/Oetker/Limperg, Münchener Kommentar zum Bürgerlichen Gesetzbuch, Bd. 7, 8. Aufl. 2020 (zitiert als: Bearbeiter in MüKoBGB, Bd. 7, 8. Aufl. 2020)
Schemmel, Artificial Intelligence and the Financial Markets: Business as Usual? in Wischmeyer/Rademacher, Regulating Artificial Intelligence, 2020, S. 255 ff.
Schneider, Datenschutz in der Informationstechnik, in Specht/Mantz, Handbuch Europäisches und deutsches Datenschutzrecht, 2019
Sheridan/Verplank, Human and Computer Control of Undersea Teleoperators, 1978, abrufbar unter https://apps.dtic.mil/sti/pdfs/ADA057655.pdf (zuletzt abgerufen am: 9.5.2022)
Spindler, Der Vorschlag der EU-Kommission für eine Verordnung zur Regulierung der Künstlichen Intelligenz (KI-VO-E) – Ansatz, Instrumente, Qualität und Kontext, CR 2021, 361
Veale/Zuiderveen Borgesius, Demystifying the Draft EU Artificial Intelligence Act, CRi 2021, 97
von Schirach, Jeder Mensch, 2021
Wagner, Produkthaftung für autonome Systeme, AcP 217 (2017), 708
Wischmeyer/Rademacher, Regulating Artificial Intelligence, 2020
Zech, Gutachten A zum 73. Deutschen Juristentag Hamburg 2020/Bonn 2022 – Entscheidungen digitaler autonomer Systeme: Empfehlen sich Regelungen zur Verantwortung und Haftung, 2020 (zitiert als: Zech Gutachten A zum 73. Dt. Juristentag, 2020)

Sachverzeichnis